Arena를 이용한 시뮬레이션 모델링 2판

SIMULATION MODELING AND ARENA

Manuel D. Rossetti

장성용 • 문덕희 • 이영해 • 최성훈 • 홍성조 옮김

WILEY

TEXT BOOKS
텍스트북스

Simulation modeling and Arena, Second edition
Manuel D. Rossetti

ISBN 978-1-118-60791-6

역자소개

장성용 서울과학기술대학교 산업정보시스템공학과 교수 | syjang@seoultech.ac.kr
문덕희 창원대학교 산업시스템공학과 교수 | dhmoon@sarim.changwon.ac.kr
이영해 한양대학교 기계정보경영공학부 정보경영공학전공 교수 | yhlee@hanyang.ac.kr
최성훈 상명대학교 경영공학과 교수 | shchoi@smu.ac.kr
홍성조 동국대학교 산업시스템공학과 교수 | sjhong@dongguk.edu

Arena를 이용한 시뮬레이션 모델링 2판

발행일 2016년 8월 31일
저 자 Manuel D. Rossetti
역 자 장성용, 문덕희, 이영해, 최성훈, 홍성조
발행인 이한성 **발행처** 텍스트북스 **주소** 경기도 파주시 광인사길 121(문발동 507-9)
전 화 031-944-5725 **팩스** 031-944-5735 **웹사이트** www.textbooks.co.kr
등록번호 제406-2011-000132호

ISBN: 978-89-93543-61-2 93560
정가 32,000원

Introduction 저자 서문

주요 독자

이산 사건 시뮬레이션은 복잡한 시스템을 모델링하는 데 중요한 도구이다. 그것은 제조, 교통 및 서비스 시스템을 컴퓨터 프로그램으로 표현하여 실험을 하는 데 이용된다. 컴퓨터 프로그램을 통해서 시스템을 표현함으로써 모델링이 될 시스템을 간섭하지 않고도 공학적 설계 변경을 검증할 수 있도록 해준다. 시뮬레이션 모델링에는 시스템 모델링, 컴퓨터 프로그래밍, 확률 및 통계학 그리고 공학 설계의 요소들이 포함되어 있다. 시뮬레이션 모델링이 이들의 도전적인 주제들을 개별적으로 포함하고 있기 때문에 강의하는 자나 독자 모두 시뮬레이션 모델링을 가르치고 배우는 데 어려움이 있을 수 있다. 강의하는 사람들은 컴퓨터 프로그래밍 개념, 확률 모델링 및 통계적 분석, 공장 및 공급망과 같은 복잡한 시스템을 모델링하는 방법과 같은 과업에 직면한다. 또한 시뮬레이션 모델링과 관련한 복잡성 때문에 전문적인 컴퓨터 언어가 필요하고 독자들은 모델 구축 과정에서 활용할 수 있도록 이를 학습하여야 한다. 이 책은 강의자들에게 이러한 과중한 과업에 도움을 줄 수 있도록 의도하였다.

전통적으로 시뮬레이션의 이론적인 측면(주로 통계학적인)을 강조하는 것과 시뮬레이션 언어 혹은 패키지를 강조하는 것의 두 가지 유형의 시뮬레이션 교재들이 있다. 이 책의 의도는 모델 구축의 기교를 추가하고 강조하면서 시뮬레이션 교재들의 두 가지 측면을 통합하려는 것이다. 그래서 모델링에 대한 장들과 시뮬레이션의 통계적인 측면을 강조하는 장들을 포함하고 있다. 그러나 통계적 분석에 대한 부분은 두 가지 주제의 중요성을 강조할 목적으로 모델링과 통합하였다. 이 책은 시뮬레이션을 가르치기 위한 주요한 모델링 도구로서 Arena™ 시뮬레이션 환경을 활용하고 있다. Arena™는 전 세계적으로 시뮬레이션 모델링 분야에서 선도적인 패키지 중 하나이며 강력하고 적극적인 사용자 기반을 보유하고 있다. 이 책은 Arena™를 1차적인 모델링 도구로 사용하기는 하나 Arena™에 대한 사용자 매뉴얼 역할을 의도하는 것은 아니다. 대신 Arena™는 중요한 시뮬레이션 개념들을 설명하기 위한 도구로서 활용된다.

시뮬레이션을 가장 잘 학습할 수 있는 방법은 직접 실행해보는 것이라고 확신한다. 이 책은 독자들이 교재에 탐닉할 수 있도록 구조화되어 있고 격려해주고 있다. 자료들을 표현하는 개괄적인 접근법은 교육의 수작업(hands-on) 개념에 입각하고 있다. 집필 스타일은 비형식적이고 지도서 형태(tutorial)이며, 독자들이 각 장을 읽어 가면서 실행해볼 수 있는 예제 중심으로 되어 있다. 이 책은 확률과 통계학 그리고 컴퓨터 프로그래밍에 대한 기본 지식을 전제로 하고 있다. 위의 전제들에도 불구하고 이 주제들에 대한 기초를 독자들이 복습할 수 있도록 통합된 자료들을 제시해주고 있다. 그래서 이 책을 사용하는 강사들은 이 자료들을 형식적으로 다루어서는 안 되고 이 책을 읽는 독자들이 시뮬레이션 내용 범위 내에서 이러한 주제들을 인식할 수 있도록 확신할 수 있어야 한다.

이 책의 구성

첫 장은 시뮬레이션 모델링 분야에 대한 서론이며 Arena™ 모델링 환경에 대해서도 소개하고 있다. 1장 이후에 독자들은 시뮬레이션이 무엇인지를 알아야 하며 시뮬레이션의 유형들을 구분할 수 있어야 한다. 이 장에서는 강의실 및 현장에서 유용한 것으로 입증된 전체적인 시뮬레이션 방법론을 기술하고 있다.

2장에서는 난수 발생과 확률분포로부터 확률 변량을 발생하는 이론 및 방법을 제시하고 있다. 게다가 독자들은 난수 발생기와 그 제어가 시뮬레이션 모델링에 왜 중요한지를 이해해야 한다. 의사 난수의 검정도 제시된다. 이 장 이후에 독자들은 의사 난수열을 발생하고 검정하는 방법을 알 수 있어야 한다. 뿐만 아니라 난수를 발생시키는 몇가지 방법들이 논의된다(역 변환 방법, 채택/기각법, 합성법, 중첩법). 이들 기법은 컴퓨터 기법의 추가 부담 없이 도입된다.

3장의 초점은 스프레드시트 환경에서 몬테칼로 기법을 소개하는 것이다. 독자들은 2장에서 논의된 난수와 확률변량 생성 방법을 실행하는 것을 학습할 것이다. 게다가 이 장에서는 스프레드시트에서 기초 시뮬레이션 방법을 구축하고 실행하는 것에 대한 자료들을 제공한다. 샘플링, 샘플 크기 결정 및 통계적 추론의 개념도 설명된다.

4장은 Arena™를 소개하고 있다. 먼저 3장에서 제시된 것과 유사한 간단한 몬테칼로 시뮬레이션을 실행하는 데 Arena™를 사용한다. 4장에서는 이산 사건 시계가 어떻게 “작동(tick)”하는지에 대한 중요한 개념과 활동 다이어그램 기법들을 이용한 프로세스 모델링 단계를 제시하고 있다. 독자들이 도구에 편안함을 느낄 수 있도록 단순하나 포괄적인 Arena™ 예제가 제시된다. 마지막으로 디버깅과 Arena™가 프로세스 사건 및 개체들을 어떻게 처리하는지가 논의된다.

5장에서는 프로세스 지향형의 모델링을 보다 상세히 다루고 있다. 시뮬레이션에서의 통계적인 측면이 이 장 안에서 깊게 다루어진다. Arena™의 Basic Process 템플릿이 심도 있게 다루어진다. 프로세스 지향형의 모델링에서의 중요한 개념들(예; 개체, 속성, 활동, 상태 변수 등)이 다양한 예제들을 통해 논의된다. 그뿐만 아니라 제어 흐름, 입출력, 변수, 배열 및 디버깅을 포함해서 Arena™에 대한 보다 세부적인 이해를 제공해 준다. 5장을 마치고 나면 독자들은 Arena™를 이용해서 하나의 프로세스 관점에서 관심 있는 시스템을 모델링할 수 있어야 한다.

6장에서는 시뮬레이션에서의 무작위성의 역할을 강조한다. 3장을 마치면 독자들은 R과 ArenaTM 입력 분석기와 같은 도구들을 이용해서 시뮬레이션에 요구되는 입력 분포들을 모델링할 수 있어야 한다.

7장에서는 시뮬레이션에서 확률적인 요소들을 포함하는 모델을 개발하는 데 있어서 시뮬레이션 출력 분석에서 무작위성을 처리하는 데 도움이 될 수 있는 주요한 방법들을 논의하고 있다. 다양한 유형의 통계적인 수치들(관측치 기반 대비 시간 지속적인)이 정의되고 그것들을 분석하기 위한 통계적인 기법들이 소개된다. 특히 이 장에서는 유한 기간 시뮬레이션의 반복 기법, 초기화-임시 상태 분석, 반복-절단법 및 배치 평균법을 다루고 있다. 또한 경쟁 대안 기반의 의사결정을 수행하기 위한 시뮬레이션 활용 방안을 제시하고 있다.

8장은 모델 구축으로 돌아가서 대기행렬 및 재고 시스템에 대한 중요한 모델링 상황을 모델링하기 위한 모델들을 제공하고 있다. 이들 시스템에 대해 분석적인 기법과 시뮬레이션 기법을 모두 다루고 있다. 이 주제들에 대해 별도의 과목에서 강의를 하고 있는 강사들은 이 시스템들을 시뮬레이트하는 것에 집중할 기회를 제공하고 있다. 분석적인 기법들은 연속성을 상실하지 않고 쉽게 넘어갈 수 있으나 독자들은 시뮬레이션을 통해 시스템들에 대해 가장 잘 이해할 수 있을 것이다. 이 교재가 별도로 다루어지지 않은 상황에서는 독자들이 대기행렬 이론을 적용할 수 있고 재고 모델들을 이해할 수 있도록 이 주제들에 대한 배경 지식이 제공된다. 기본적인 모델들은 독자들이 현실적인 상황을 모델링할 때 시뮬레이션이 용이하게 적용될 수 있도록 확장된다.

9장에서는 Arena™에서의 개체 이동 및 자재 취급 구조체들을 심도 있게 다루고 있다. 독자들은 자원 제약하의 이동, 자유 경로 이동 장비, 컨베이어 그리고 고정 경로 이동 장비를 학습하게 된다. 이 요소들을 포함한 모델들의 애니메이션도 강조된다.

10장은 Arena™를 사용하는 데 관련된 다양한 고급 주제들을 설명하고 있다. 특히 이 장에서는 Arena의 활동 기반의 원가 모델을 다루고 있고 자원들과 관련된 모델링의 고급 주제들(예; 스케줄 및 고장 모델링)에 대해 제시하고 있다. 이 장은 또한 이전 장에서 다루지 않은 유용한 모듈들(예: 피킹 작업장, 포괄 작업장, 선발 및 제거 개체)을 제시하고 있다. Visual Basic과 Arena™를 사용하는 방법에 대해서도 다루고 있다.

마지막으로 11장에서는 Arena를 이용한 상세한 사례 연구를 제시하고 있다. IIE/Rockwell Software 경진대회 문제에 대해 전적으로 해법을 제공하고 있다. 이 장에서는 독자들이 교과목에서 프로젝트가 주어지면 그러한 유형의 문제들을 해결할 수 있도록 준비시켜 줄 것이다. 이 장은 시뮬레이션 프로젝트를 수행하는 데 필요한 몇 가지 실용적인 충고들을 제공해준다.

주요 특징

- 각 장은 특정한 학습목표로 시작한다.
- Arena와 통합된 결과 분석. 시뮬레이션의 통계적 측면(예; 결과 분석)이 Arena™와 같은 도구와 통합되어 있다. 시뮬레이션의 통계적인 측면에 대한 보다 상세한 논의가 다른 시뮬레이션 언어 기반의 어떤 교재보다 상세히 제시되어 있다.
- 연구에 의하면 활동 기반의 학습이 학생들에게 자료 기억에 결정적이라는 것을 보여주고 있다. 이 교재는 학생들이 각 장을 학습하면서 컴퓨터에서 스스로 따라할 수 있도록

모델 구축과 관련해서 조직화되어 있다. 강사들은 교재 안의 모델 구축에 대한 활동들을 실행하거나 컴퓨터 실습실에서 실습할 수 있도록 제공해야 한다.

- 시뮬레이션의 컴퓨터 프로그래밍 측면의 특별 강조. 이 교재를 기반으로 수강하는 학생들은 적어도 초보 수준의 컴퓨터 프로그래밍 과목을 하나쯤은 이미 수강했을 것으로 생각되나 이 정도의 배경 지식을 가지고 있는 학생들도 문제 해결에 컴퓨터를 활용할 수 있을 정도로 충분하지는 않다. 이론 기반의 교재들이 이러한 내용들을 다루지 않으며, 시뮬레이션 언어 기반의 교재들은 모델링 환경들이 컴퓨터 비지향형의 사용자들에게 매력적으로 보이도록 프로그래밍 측면을 경시하려는 경향이 있다. 이 책은 시뮬레이션 환경의 내부 작동을 이해할 수 있도록 권장하고 "블랙박스"를 알기 쉽게 설명하려는 의도를 제공한다. 시뮬레이션 환경의 언어적인 요소들은 학생들이 이미 학습한 내용에 대한 적합한 비유(analogy)를 만들어낼 수 있도록 표준적인 컴퓨터 언어 요소들과 비교하여 제시된다. 의사코드를 상세히 제공함으로써 프로그래밍 구조에 대한 이해를 증진시키고 있다.
- Arena™가 모델링 도구이기는 하나 이 교재에서 제시된 개념적인 모델링 프로세스들은 언어 독립적인 기법에 기반을 둔 것으로써 풍부한 도표, 기초적인 흐름도, 활동 다이어그램 기법, 의사코드 개발 등을 포함하고 있다. 어느 시뮬레이션 환경에서도 실행 가능한 모델을 위한 명세서를 개발하는 데 중점을 두었다.
- 운영과학 분야에서의 전통적인 확률 모델 취급. 하나의 장을 대기행렬 및 재고 모델에 할애하였다. 많은 교육 과정에서 분석적인 모델들은 다른 교과목에서 다루어진다. 저자의 의견으로는 분석적인 방법과 더불어 전통적인 모델에 대한 시뮬레이션이 이 주제에 대해 보다 심도 있는 학습에 유용하다고 생각한다. 그뿐만 아니라 단순한 시스템에 대하여 분석적인 기법과 시뮬레이션 기법 모두 전통적인 모델들을 표현함으로써 복잡하고 보다 실용적인 확장을 가능하게 해준다.
- 포괄적인 예제, 연습문제, 질문 및 문제 집합들이 저자의 강의, 연구 및 산업체 경험을 통해 개발되었다.
- 독자들은 www.arenasimulation.com 직접 Arena 소프트웨어를 내려 받을 수 있다. 각 장의 예제 파일들(예; Arena™와 엑셀)이 저자 교과목 사이트에서 가용하다. 전체적인 강의 슬라이드가 독자 및 강사들이 강의실에서만 사용하는 것을 전제로 가용하다. 마지막으로 다수의 연습문제들에 대한 해답이 강사들에게만 가용하다.

강의 계획서 제안

이 교재의 초기 원고는 저자가 Arkansas 대학교에서 강의하면서 수년 동안 사용해왔다. 저자가 강의한 교과목은 3, 4학년의 산업공학과 학생들을 대상으로 개설된 것이다. 그뿐만 아니라 시뮬레이션 강의를 수강하지 못했던 대학원생들도 이 교과목을 수강했다. 대학원생들에게는 이 교재에 제시된 보다 이론적인 측면(예; 채택/기각법)에 대해 추가적인 과제를 부여했고 시험도 실시하였다. 저자는 한 학기 16주 동안에 1장에서 9장까지 다룰 수 있었다. 전형적인 주제 개요는 다음과 같다.

강의 횟수	주요 내용	관련 장
1	개요	1장
2	난수 발생	2장
2	확률변량 발생	2장
2	스프레드시트 시뮬레이션	3장
2	Arena 개요	4장
4	기본 공정 모델링	5장
2	입력 모델링	6장
2	유한 구간 시뮬레이션	7장
3	무한 구간 시뮬레이션	7장
1	대안 비교	7장
4	대기행렬 이론 모델	8장
5	개체 이동 및 자재처리 구조체	9장
30	—	—

저자는 이 교과목에서 시험을 3회 실시하였고 하나의 프로젝트를 활용하였다. 첫 시험에서는 1~3장을 다루었다. 두 번째 시험에서는 4~6장을 다루었다. 세 번째 시험에서는 7~9장을 다루었다. 마지막 프로젝트를 준비할 때 이전에 학습한 내용과 10, 11장의 주요 요소들이 활용되기 때문에 공식적인 시험에서는 10, 11장을 제외하였다. 학기 중 학생들에게 과제들를 부과하고 온라인 질문을 통해 과제에 대한 퀴드를 보았다. 정규 강의뿐 아니라 주당 1일 컴퓨터 기반의 실험실 미팅도 가졌다. 이 기간 동안에 학생들로 하여금 이 교재의 예제를 기반으로 컴퓨터를 활용하여 과제를 수행하도록 하였다.

저자 소개

Manuel D. Rossetti 박사는 오하이오 주 캔톤 시에서 성장하였다. 오하이오 주립대학교에서 산업공학으로 박사 및 석사를 받았으며 신시내티대학교에서 산업공학 전공으로 학부를 졸업하였다. Arkansas 주립대학교의 등록 교육공학자이다.

Rossetti 박사는 1999년 8월에 Arkansas 대학교 산업공학과 교수가 되었다. 그는 2003년에 종신교수로서 부교수가 되었고 2010년 8월에 교수로 승진하였다. 그는 2010년 8월에 산업공학과 부학과장에 지명되었다. Rossetti 박사는 현재 국립과학재단의 물류 및 유통 분야의 우수연구센터와 대학 협동연구센터의 장을 맡아 수고하고 있다.

그의 연구 관심사는 제조, 의료, 물류 및 수송 시스템의 디자인, 분석 및 최적화를 통계적 모델링, 컴퓨터 시뮬레이션 및 수학적 모델링 기법을 활용하는 것이다. Rossetti 박사는 수송, 제조, 의료 및 시뮬레이션 관련 85개 이상의 저널 및 학술대회에서 논문을 발표해왔고 연구비도 4백만 달러 이상을 받아왔다. 그의 연구비 후원기관에는 Pine Bluff Arsenal, Arkansas 주 과학기술국, 국방 물류국, 해군 시스템 공급단, 공군 연구단, 월-마트사, 교통연구위원회, 미국 교통부 그리고 국립과학재단이 포함되어 있다.

Rossetti 박사는 1997/1998년에 Lily Endowment가 설립한 Lily Teaching Fellow로 지명되었으며, 2002년에 UA Baum Teaching Enhancement Grant를 받았다. Rossetti 박사는 2002, 2008 그리고 2011년에 UA 산업공학 분야 우수 강의상을 수상하였다. 그는 또한 2007년과 2009년에 산업공학 분야 학생들 투표에서 최우수 IE 강의자로 선정되기도 했다. Rossetti 박사는 2011~2012년에 공과대학을 위한 John L. 유명 강의자상을 2013년에는 Arkansas 대학교에서 최고의 명예로 수여되는 Charles and Nadine Baum 강의상을 수상하였고 2013년에 Rossetti 박사는 Arkansas 대학교 강의 아카데미에 선정되었다.

Preface 역자 서문

시뮬레이션은 제조, 물류, 교통, 유통, 통신 및 컴퓨터 시스템, 국방 시스템 등은 다양한 분야에서 폭넓게 적용되어 오고 있다. 특히 시스템이 보다 복잡해지고 동적인 특성을 갖게 되고 시스템을 구성하고 있는 구성 요소들의 작동 원리가 다양성을 지니고 확률적인 변동이 많은 시스템일수록 유용해지고 있다. 그 이유는 기존의 공학적, 수리적 혹은 통계적 분석 기법, 경영과학 기법 등 최적화 기법은 복잡한 시스템의 동적 혹은 확률적 특성을 충분히 반영해서 최적의 해를 구하기 어렵고, 구한다 하더라도 시간의 변동에 따른 불확실성으로 인해 실무적으로 적용하기가 어렵기 때문이다.

일반적인 문제 해결 기법은 크게 수리적 모형과 시뮬레이션 모형의 두 분야로 대별해볼 수 있다. 수리적 모형의 경우 대개는 정적인 시스템을 수리적 모델링 과정을 거치고 최적해 혹은 근사해를 구할 수 있는 알고리즘을 통해 나온 결과를 활용하게 된다. 대상 시스템이 비교적 단순하고 동적인 특성이 적고 변동성이 적은 경우에는 이 분석적인 결과가 대단히 유용하고 복잡한 시스템에 확장해서 바람직한 해를 제공할 수도 있을 것이다. 그러나 시스템이 복잡하고 다단계로 이루어지고 불확실성이 많이 내포된 시스템의 경우 컴퓨터 모델링을 기반으로 하는 시뮬레이션이 보다 유용하다고 볼 수 있다.

시뮬레이션 기법은 먼저 복잡한 시스템을 이해하기 쉽고 실행 가능한 형태로 모델링할 수 있어야 한다. 시스템 모델링은 실제 혹은 제안 시스템을 이해하고 디자인하고 최선의 운영방안을 탐색하기 위해서 최우선적으로 필요하며 현 시스템을 잘 반영할 수 있을 경우에 결과도 바람직한 결과를 제공해줄 수 있을 것이다. 시스템 모델링 및 실험을 위해서는 우선 좋은 시뮬레이션 언어가 필수적이다. 초기에는 어셈블리어, FORTRAN, C언어 등과 같은 범용의 언어를 이용해서 시뮬레이션 모델을 구축하였으나 모델링의 복잡한 특성을 잘 반영하기는 대단히 어려워서 시뮬레이션의 전용 언어들이 개발되어 활용되고 있으며 특히 요즈음에는 애니메이션 기능과 통합, 입출력 자료 분석 및 결과의 통계적 분석, 대안 비교 혹은 최적 혹은 최선 대안을 탐색하기 위한 최적화 기법과의 통합이 이루어져 왔다. 또한 시스템의 실시간 제어 기능 등을 포함하는 방향으로 시뮬레이션 언어가 발전되고 있다. 한편으로는 통신 시스템과 같은 특정 분야의 전문적인 용어나 기술 등을 반영한 시뮬레이션 전용 언어인 시뮬레이터도 다수 개발되어 활용되고 있다.

본 교재는 시뮬레이션 전용 언어로서 실무 측면에서나 교육 측면에서 세계에서 가장 선도적인 시뮬레이션 전용 언어 중의 하나인 Arena™를 활용해서 모델링 및 실험 결과 분석기법 등을 기술하고 있다. 특히 국내 학계에서는 Arena™가 시뮬레이션 교과목에서 가장 많이 활용되고 있는 것으로 알려져 있다. 이는 한국시뮬레이션학회에서 주관해온 전국대학생시뮬레이션 경진대회에 그동안 출전해온 팀들의 90% 이상이 Arena를 사용하고 있는 현실이 이점을 잘 반영하고 있다. 기존에 대학 강단에서 많이 활용되어온 시뮬레이션 교재들은 주로 Arena™ 언어 기반의 모델링 중심으로 기술되어 있는 측면이 있다.

본 교재는 기존 교재들이 시뮬레이션 모델링 및 분석에서 중요하나 비교적 소홀히 취급해온 확률분포 추정, 난수 발생, 확률 변수 발생 그리고 실험 결과 분석 기법 그리고 대기행렬 및 재고 시스템 모델 등의 수리적 모형과 그것들의 시뮬레이션 모형으로 확장 등에 대해 보다 비중 있게 다루고 있다. 또한 모델링 방식에서도 기본적으로 Arena™를 중심으로 제시하고 있으나 다른 시뮬레이션 언어나 일반 범용 언어를 이용해서도 쉽게 모델을 전환할 수 있도록 의사코드(pseudo-code) 혹은 활동 다이어그램 등과 같은 보편적인 모델링 방식을 병행하고 있다. 또한 현장 실무에서의 적용성을 높이기 위한 물류 및 자재취급 시스템, SCM 그리고 거의 실제적이고 복잡한 시스템인 국제시뮬레이션 경진대회 문제에 대한 상세한 분석 및 모델링 등 일반적인 시뮬레이션 문제해결 사례를 구체적으로 제시하고 있다.

이 교재는 이러한 다양한 장점을 가지고 있어 대학 강단이나 현장 실무에서 유용하게 강의하고 스스로 학습하는 데 대단히 유용하다고 판단하여 역서로 출간하게 되었다.

제2판에서는 난수 발생 및 확률변량 발생에 대한 지식을 보완하였고 엑셀과 같은 스프레드시트를 활용한 몬테칼로 시뮬레이션 방식을 도입하였으며 본 교재가 주 모델링 도구로 활용하고 있는 Arena™ 소프트웨어 사용법을 보다 쉽게 익힐 수 있도록 별도의 장을 도입하여 독자들에게 유용하도록 하였다.

원저자가 의도한 대로 충실히 반영하여 번역하려고 노력하였으나 혹시 다소나마 오류가 있을 경우 이는 전적으로 역자들의 실수에 의한 것이며, 추후 이를 반영해서 보다 양호한 교재로 발전할 수 있도록 노력할 것을 다짐하면서 많은 조언과 지도를 부탁드린다.

마지막으로 제2판 번역서의 한국어판 발행을 승낙해준 Rossetti 교수에게 감사를 드리며 아울러 이 책의 출판을 맡아 수고해주신 텍스트북스 출판사에 감사를 드린다.

역자를 대표하여
2016년 8월
張成湧 씀

Contents 차례

저자 서문 v

역자 서문 xi

Chapter 01 시뮬레이션 모델링 1

1.1 시뮬레이션 모델링 1

1.2 왜 시뮬레이션이 필요한가? 2

1.3 컴퓨터 시뮬레이션의 유형 4

1.4 시뮬레이션: 설명적(Descriptive) 혹은 규범적(Prescriptive) 모델링? 6

1.5 시뮬레이션의 임의성(Randomness) 7

1.6 시뮬레이션 언어 8

1.7 시뮬레이션 방법론(Methodology) 9

1.8 교재의 구성 17

연습문제 17

Chapter 02 시뮬레이션에서 확률사상 생성 19

2.1 시뮬레이션의 확률적 성질 19

2.2 난수 20

2.3 난수 생성기 21

2.4 난수 검정 27

2.4.1 분포 검정 27

2.4.2 독립성 검정 36

2.5 분포들로부터 확률변량 생성 39

2.5.1 역 변환법 40

2.5.2 중첩법 49

2.5.3 채택-기각법 50

2.5.4 혼합분포, 절단분포, 이동 확률변량 53

2.6 요약 56

연습문제 57

Chapter 03 장 스프레드시트 시뮬레이션 65

3.1 스프레드시트 환경에서 시뮬레이션 65
3.2 유용한 스프레드시트 함수와 방법 66
3.2.1 RAND()와 RANDBETWEEN() 활용 66
3.2.2 VLOOKUP() 사용 68
3.2.3 반복 표본 추출을 위한 데이터 표 사용 70
3.2.4 VBA 사용 71
3.3 스프레드시트 시뮬레이션 예제 72
3.3.1 간단한 몬테칼로 적분 73
3.3.2 고전적인 신문 판매자 재고 문제 76
3.3.3 랜덤 현금흐름 시뮬레이션 79
3.4 기초 통계적 개념 82
3.4.1 점 추정과 구간 추정 82
3.4.2 표본의 크기 결정 84
3.5 요약 89
연습문제 89

Chapter 04 ARENA™를 이용한 시뮬레이션 기초 99

4.1 서론 99
4.2 ARENA의 환경 100
4.3 ARENA를 이용한 간단한 몬테칼로 시뮬레이션 102
4.3.1 Arena™를 이용한 면적 추정 103
4.3.2 Arena를 이용한 신문판매 문제 105
4.4 이산 사건 시계의 작동원리 109
4.5 간단한 동적 이산 사건 시스템의 모델링 113
4.5.1 드라이브 스루 약국 113
4.5.2. 시스템 모델링 113
4.5.3 Arena™에서 모델 적용 116
4.5.4 도착과정의 정의 117
4.5.5 자원(Resources)의 정의 119
4.5.6 프로세스의 정의 120
4.5.7 실행 모수(Run Parameters)의 지정 121
4.5.8 결과 분석 123
4.6 드라이브 스루 약국모델의 확장 126
4.7 드라이브 스루 약국문제의 애니메이션 128

4.8 ARENA^{TM}의 도움말(HELP) 137
4.9 SIMAN과 RUN CONTROLLER 138
4.9.1 SIMAN의 MOD 파일과 EXP 파일 138
4.9.2 Run Controller의 활용 143
4.10 ARENA에서 사건과 개체를 관리하는 법 150
4.11 요약 155
연습문제 156

Chapter 05 기본적인 프로세스 모델링 167
5.1 프로세스 지향형 시뮬레이션의 요소 167
5.2 개체, 속성 그리고 변수 168
5.3 개체의 생성과 소멸 169
5.4 변수와 속성의 정의 174
5.5 개체 처리 179
5.6 속성, 변수 그리고 입/출력 181
5.6.1 약국모델 수정 181
5.6.2 ASSIGN 모듈의 사용 185
5.6.3 READWRITE 모듈의 사용 187
5.6.4 RECORD Module 사용 190
5.6.5 변수의 애니메이션 192
5.6.6 모델 실행시키기 194
5.7 ARENA^{TM}에서의 흐름제어 197
5.7.1 논리적, 확률적인 조건 197
5.7.2 반복루프 203
5.7.3 예제: 반복루프, 표현식과 하위모델 203
5.8 개체의 묶음과 해체 218
5.8.1 한국 티셔츠 모델 예제 219
5.9 요약 231
연습문제 233

Chapter 06 시뮬레이션에서 무작위성 모델링 241
6.1 확률변수와 확률분포 241
6.2 이산분포를 이용한 모델링 246
6.3 연속분포를 이용한 모델링 248
6.4 입력분포 모델링 250
6.5 이산분포 적합화 252

6.5.1 포아송분포 적합 252
6.5.2 자료의 시각화 253
6.5.3 자료에 대한 통계분석 256
6.5.4 모델의 적합도 검정 258
6.6 연속 확률변수 적합화 262
6.6.1 자료의 시각화 263
6.6.2 통계적 자료 요약 264
6.6.3 분포의 가설과 검정 265
6.6.4 적합 시각화 271
6.7 입력분석기 이용 275
6.8 추가적인 입력모델 개념 284
6.9 Arena로 무작위성 모델링 286
6.9.1 모델 개념화 287
6.9.2 모델 구현 290
6.10 요약 300
연습문제 300

Chapter 07 시뮬레이션 출력 분석 305
7.1 통계 변수의 형태 306
7.2 출력분석과 관련한 시뮬레이션 형태 311
7.3 유한구간 시뮬레이션의 분석 313
7.3.1 반복실험 수 결정 315
7.3.2 유한구간 예 318
7.3.3 Arena에서 유한구간 시뮬레이션의 순차적 샘플링 325
7.4 무한구간 시뮬레이션의 분석 328
7.4.1 초기상태 효과를 평가 333
7.4.2 Arena에서 반복-절단 방법의 실행 339
7.4.3 출력 분석기에서 워밍업 기간 찾기 342
7.4.4 배치평균법 353
7.4.5 배치평균법의 실행 356
7.5 시스템 대안 비교 360
7.5.1 두 시스템의 비교 361
7.5.2 복수 시스템의 분석 379
7.6 요약 390
연습문제 391

Chapter 08 대기행렬 및 재고 시스템 모델링 401

8.1 서론 401
8.2 단일 대기행렬 작업장 402
8.2.1 대기행렬 표기 방식 404
8.2.2 리틀 공식 406
8.2.3 마코비안 단일 대기행렬 시스템의 공식 유도 409
8.3 대기행렬 분석 예제 및 응용 414
8.3.1 무한 용량 대기행렬 예제 415
8.3.2 유한 용량 대기행렬 예제 420
8.4 마코비안이 아닌 대기행렬 및 근사화 425
8.5 Arena™에서 단일 대기행렬 시뮬레이션 426
8.5.1 예제: 기계 간섭 최적화모델 426
8.5.2 기계 간섭 모델에 OptQuest 사용 433
8.5.3 개체의 초기 거절 및 중간 이탈 모델링 436
8.6 개체의 대기 및 신호 443
8.6.1 HOLD/SIGNAL로 M/M/1 모델 실행 444
8.7 대기 네트워크 작업장 449
8.7.1 STATION, ROUTE 및 SEQUENCE 모듈 454
8.8 재고 시스템 461
8.8.1 (r, Q) 재고 관리 정책 모델링 462
8.8.2 다단계 재고 시스템의 모델링 472
8.9 요약 479
연습문제 480

Chapter 09 개체 이동 및 자재취급 구조체 497

9.1 서론 497
9.2 자원제약이 있는 이동 498
9.2.1 자원제약이 있는 이동 실행 500
9.2.2 자원제약이 있는 이동의 애니메이션 506
9.3 이동 장비 제약이 있는 이동 509
9.3.1 이동 장비로서 작업자가 있는 수리 및 검사 작업장 512
9.3.2 이동 장비 애니메이션 518
9.4 컨베이어가 있는 시스템 모델링 520
9.4.1 컨베이어가 있는 검사 및 수리 작업장 525
9.4.2 컨베이어 애니메이션 529
9.4.3 컨베이어 모델링에서의 기타 이슈들 531

9.5 유도경로 이동 장비 모델링 538
9.6 요약 547
연습문제 547

Chapter 10 ARENA 모델링을 위한 고급 토픽 555
10.1 서론 555
10.2 비정상 과정 556
10.2.1 솎음 방법 560
10.2.2 율전도 방법 561
10.3 고급 자원 모델링 564
10.3.1 계획된 용량 변경 565
10.3.2 가동률 계산 572
10.3.3 자원 고장 모델링 574
10.4 STATISTICS 모듈을 이용한 빈도 통계표 작성 577
10.5 개체와 자원 비용 580
10.5.1 자원 비용 580
10.5.2 개체 비용 584
10.6 기타 모델링 개념 588
10.6.1 피킹 작업장 588
10.6.2 포괄 작업장 모델링 592
10.6.3 개체 선발과 제거 597
10.7 ARENA™의 프로그래밍 개념 605
10.7.1 Arena™가 생성한 액세스 파일 사용하기 605
10.7.2 파일, 엑셀 및 엑세스 사용 610
10.7.3 Arena™와 VBA 622
10.7.4 상관관계가 있는 확률변수 값 생성하기 636
10.8 요약 639
연습문제 639

Chapter 11 시뮬레이션 모델링 응용 647
11.1 서론 647
11.2 SM Testing 경진대회 문제 설명 649
11.3 상세 해답 655
11.4 상세 모델링 660
11.4.1 컨베이어와 스테이션 모델링 661
11.4.2 샘플 및 검사 셀 모델링 663

11.4.3 샘플 홀더와 적재/양하 구역 모델링 670
11.4.4 성능 평가척도 모델링 673
11.4.5 시뮬레이션 기간과 실행 파라미터 674
11.4.6 예비 실험 분석 678
11.5 최종 실험 분석 및 결과 679
11.5.1 프로세스 분석기 사용 680
11.5.2 문제에 OptQuest 적용하기 685
11.5.3 새로운 로직 대안의 조사 686
11.6 민감도 분석 687
11.7 프로젝트 완료하기 687
11.8 몇 가지 최종 고려 사항 690
연습문제 691

참고문헌 693
부록 A: 일반 분포 697
부록 B: 통계표 703
부록 C: ARENA의 분포, 연산자 및 함수 711
부록 D: 대기행렬 이론 공식 713
부록 E: 재고 이론 분석 결과식 717
부록 F: 유용한 수식 719
부록 G: ARENA패널별 모듈 721
찾아보기 725

CHAPTER 01

시뮬레이션 모델링

Simulation Modeling

학습목표

- 컴퓨터 시뮬레이션이 무엇인지 이해할 수 있다.
- 시뮬레이션이 왜 중요한 해석도구인지 이해할 수 있다.
- 컴퓨터 시뮬레이션의 다양한 유형에 대해 이해할 수 있다.
- 시뮬레이션의 방법론에 대해 이해할 수 있다.

1.1 시뮬레이션 모델링

이 책을 통하여 독자는 시스템설계의 전체적 윤곽을 분석하기 위하여 컴퓨터 환경 하에서 시스템을 어떻게 모델로 만들 것인지 배우게 될 것이다. 이 때, 독자가 만들고 실험할 모델을 시뮬레이션 모델이라고 부른다. 시뮬레이션 모델을 개발할 경우에 개발자는 개발하고자 하는 모델이 대상시스템을 적절하게 묘사할 수 있도록 모델의 품질에 신경을 쓴다. 이와 같이 시스템을 묘사하는 것을 시뮬레이션이라고 한다. 시뮬레이션 모델을 실행시킬 때 시뮬레이션을 수행한다고 말한다. 다시 말해서 시뮬레이션이란 시뮬레이션을 수행하는 활동을 의미한다. 시뮬레이션이란 실제 시스템을 관찰하기 위한 차선의 방법이다. 만일 개발자가 개발한 시뮬레이션 모델이 실제 시스템을 잘 묘사하고 있다는 확신이 있다면 실제 시스템의 어떻게 거동되는지에 대해 참조할 목적으로 사용할 수 있다. 또한 시스템을 이해하고 시스템의 성능을 개선하기 위해 무엇을 해야 할지 추론하기 위한 도구로 사용할 수 있다.

일반적으로 시뮬레이션에는 다양한 형태가 있다. 많은 사람들은 LIFE™라는 보드게임을 알 것이다. 게임을 하는 사람은 게임 안에서 대학에도 가고, 취직도 하며, 심지어 결혼도 하고 최종적으로 은퇴를 하는 등 실제 삶을 사는 것처럼 게임을 한다. 즉 이 보드게임은 실제 삶이라는 것을 시뮬레이션하는 것이라고 하겠다. 다른 사례는 군대에서 많이 활용하는 전쟁게임(war game)인데 실제 전투상황을 가정하여 시뮬레이션을 하는 것이다. 위에서 예로 든 두 가지 시뮬레이션 모두 시뮬레이션을 하고자 하는 실제 시스템을 물리적으로 표현하고 있다. 보드게임, 게임규칙, 게임을 하는 사람을 반영하여 시뮬레이션 모델을 만든다. 전쟁터, 교전규칙, 전투병 모두 물리적으로 표현된다. 하지만 어느 누구도 이 책을 통하여 개발하는 시뮬레이션이 실제 상황이라고는 생각하지 않는다. 이것이 시뮬레이션을 할 때 첫 번째로 명심해야 할 점이다. 시뮬레이션이라고 하는 것은 실제 상황을 비슷하게 표현하는 모델 혹은 묘사에 지나지 않는다. 비록 당신이 고도의 기술을 활용하고 많은 시간을 들여서 실제 상황과 비슷하게 시뮬레이션을 만들더라도 그것은 결코 실제 상황이 될 수 없다. 당신이 장난감 비행기가 진짜 비행기라고 생각하지 않듯이 어떤 시스템에 대한 시뮬레이션을 실제 시스템이라고 착각해서는 안 된다. 이 지적에 대해 당신은 설마하고 비웃을지 모르겠지만 실제로 당신이 시뮬레이션을 수행하게 되면 이 지적사항을 잊어버리는 사람들을 자주 보게 될 것이다. 제발 이러한 사람의 부류에 포함되지 말기 바란다.

앞에서 설명한 모든 사례들은 물리적인 표현이나 모델을 포함하고 있다. 이 책에서는 실제 상황을 시뮬레이션하기 위한 컴퓨터 모델을 개발하게 될 것이다. Ranvindran [1987]은 컴퓨터 시뮬레이션을 다음과 같이 정의하였다. "컴퓨터 시뮬레이션이란 디지털컴퓨터를 이용하여 실험을 수행하는 계산 기술로서 시간의 흐름에 따라서 시스템이 어떻게 행동하는지를 묘사하기 위한 논리모형, 수리모형 등을 포함한다." 또한 컴퓨터 시뮬레이션은 시뮬레이션의 진행을 통제하고 상호작용을 통제할 수 있도록 실제 상황을 압축한 추가적인 기능을 제공한다. 더 나아가 컴퓨터시뮬레이션이 비록 실제 시스템과 다소 차이가 있지만 실제 상황에서 시도할 수 없는 기능들을 제공할 수 있다. 예를 들어 항공기 조종 시뮬레이터에는 실제 훈련을 통하여 연습을 하기에는 비용이 너무 많이 소요된다든지 혹은 너무 위험한 긴급 상황을 포함시킨다. 이러한 컴퓨터 모델의 묘사능력은 컴퓨터 시뮬레이션을 사용하는 주요한 이유 중의 하나다.

1.2 왜 시뮬레이션이 필요한가?

다음과 같은 상황을 분석한다고 가정해 보자. 환자가 응급실에 임의로 도착하는데 요일별로 도착하는 분포가 다르다. 심지어 시간대별로 도착분포가 변화한다. 병원에는 도착하는 환자들의 상태를 모니터링 할 수 있는 응급환자 분류실(triage station)이 있다. 만일 환자의 상황이 위급한 상태라면 즉시 응급실의 병상으로 보내져서 의사와 간호사의 처치를 받는다. 이 경우에는 환자의 입원수속(인적사항)을 보호자로부터 받는다. 하지만 환자의 상태가 위급하지 않다면 환자는 진료수속을 직접 해야 한다. 따라서 대기실로 가서 입원실과 의사와 간호사를 지정받는다. 응급실에 있는 의사와 간호사는 주기적으로 환자를 검사하고 증상을 진단한다. 환자의 치료가 진행되면서 환자는 필요에 따라 MRI, X-ray 같은 다른 검사를 받기 위해 다른 장소로 이동하기도 한다. 궁극적으로 환자는 응급처치를 받고 퇴원하거나 아니면 정식으로 입원하게 된다.

이 병원은 응급실 자원의 효율성을 높이고 환자에 대한 서비스 수준을 높이기 위하여 연구를 수행하고자 한다. 이러한 상황에 대해 조사하기 위해 당신은 응급실의 성과를 평가하기 위한 다음과 같은 평가지표를 이해해야 한다.

- 매일 대기하는 환자의 평균인원수와 최대인원수
- 응급실에서 환자들이 평균적으로 대기하는 시간과 총 체류시간
- 시간당 평균적으로 필요한 방의 수
- 의사, 간호사, 혹은 특정 장비의 가동률

응급실 운영의 중요성 때문에 이 병원에서는 환자추적 시스템을 이용하여 각 부서에서 소요된 시간에 대한 과거 자료를 확보하고 있다. 이 기록을 활용하여 응급실의 현재 상태에 대한 운영효율을 추정할 수 있을 것이다. 이러한 정보를 이용할 수 있음에도 불구하고 응급실에 대한 연구를 수행하기 위해서는 향후에 이 부서가 어떻게 운영방식을 변경해야 하는 지에 대한 제안을 할 필요가 있다. 따라서 이러한 운영방식의 변경이 향후 이 시스템을 어떻게 변화시킬 것인지에 대한 예측을 해야 할 것이며, 이러한 변화가 시스템의 운영효율에 어떠한 영향을 미칠 것인지도 예측해야 한다. 이러한 상황에서 당신이 실제로 응급실을 변화시켜서 실험을 하고자 한다면 환자들의 생명을 위험하게 할 것이다. 따라서 실제 시스템보다는 모델을 구축해서 변화의 효과를 예측하는 것이 타당하다. 만일 이 모델이 현실상황과 유사하다고 인정을 받는다면 변화가 실제 시스템에 어떠한 영향을 미칠 것인지를 참조할 수 있다. 이것이 시뮬레이션 기술이 활용되는 이유다.

운영과학이나 산업공학 기술에 대한 지식을 가지고 있는 독자들은 이러한 응급실 문제는 대기행렬 모형으로 분석할 수 있을 것이라고 생각할 것이다. 대기행렬 모형에 대해서는 다음에 다시 설명할 기회가 있겠지만, 응급실 시스템은 환자에게 의사, 간호사, 병상을 어떻게 할당할 것인지에 대한 정책이 매우 복잡하기 때문에 대기행렬모형을 이용하기 곤란하다. 또한 방문하는 환자의 수가 시간대별로 다르고, 의료진의 근무 인원도 시간대별로 다른 것과 같이 동적 상황을 고려한다면 현재 개발된 대기행렬 이론을 활용한 분석 기법으로는 이 문제를 접근할 수 없다. 대기행렬모형은 이 시스템의 일부분에 대해서는 활용될 수 있겠지만 동적인 상황을 고려한 전체 시스템을 분석하는 방법으로는 적합하지 않다. 하지만 시뮬레이션 모델을 이용하면 이것이 가능하다.

시뮬레이션 모델링의 대표적 장점은 복잡한 전체 시스템을 표현할 수 있고, 동시에 각 요소들 사이의 복잡한 관련성을 표현할 수 있다는 것이다. 이러한 시뮬레이션 묘사능력은 복잡한 절차를 모델링할 수 있는 유연성을 제공한다. 결과적으로 실제상황에서 모든 주요 요소들 사이의 상호작용을 모델 안에서 반영시킬 수 있다. 이러한 상호작용의 모델링은 시뮬레이션이 실제 시스템을 그대로 묘사하기 때문에 시뮬레이션 모델링 과정에 그대로 반영이 된다. 미래에 시스템 행태에 대한 예측은 다양한 모델링 시나리오를 이용하여 시간의 흐름에 따라 어떻게 변하는지 관찰함으로써 달성할 수 있다. 현실 시스템은 수리적 모델을 활용하기에는 너무나 복잡하며, 실제시스템을 사용하여 실험을 하기에는 비용이 너무 많이 든다. 시뮬레이션 모델은 이러한 복잡한 상황을 반영해 주면서 적은 비용으로 실제 시스템이 어떠한 행태를 보이는지 분석할 수 있는 기법이다.

1.3 컴퓨터 시뮬레이션의 유형

시뮬레이션 모델의 주요 목적은 특정 시스템을 시간의 흐름에 따라 관찰하여 필요한 정보를 수집하는 것이다. 많은 사람들이 일반적으로 **시스템**의 정확한 의미가 무엇인지 생각하지 않은 채 시스템이라는 용어를 흔히 사용하고 있다. Blancard와 Fabrycky [1990]는 "시스템이란 공통의 목표를 달성하기 위하여 작용하는 관련된 모든 구성요소들의 집합"이라고 정의하였다. 시스템 엔지니어링에서는 시스템에 대해 다음과 같이 좀 더 표준화된 정의를 내리고 있다.

> "시스템이라는 것은 사람, 제품, 공정(혹은 절차)들의 복합체로서 정의된 요구사항을 만족시킬 수 있어야 한다. 완벽한 시스템은 시스템의 효율을 달성하고, 제공하고, 유지하는데 필요한 설비, 장비(하드웨어 혹은 소프트웨어), 원자재, 서비스, 자료, 숙련된 작업자, 기술 등을 포함하여야 한다."(Air Force Systems Command [1991]).

그림 1.1은 시스템이 실제 환경 속에 포함되어 있다는 사실을 보여주고 있는데, 일반적으로 시스템은 입력물을 내부 요인들을 활용하여 출력물로 전환시킨다. 특정한 시스템을 모델로 만드는 방법은 그 모델을 어디에 사용할 것인지와 어떻게 그 시스템을 파악할 것인지에 달려있다. 모델을 만드는 사람의 해당 시스템에 대한 관점은 시스템을 어떻게 개념화할 지에 영향을 미친다. 예를 들면 응급실 문제에서 시스템의 범위를 구급차를 배차하고, 운송하는 과정까지 넓힐 것인지 또는 수술실에서 일어나는 상세한 사항까지 대상시스템에 포함시킬 것인지 등이다. 응급실은 이와 같은 구성 요소들을 명백하게 포함하고 있다. 하지만 개념설정 단계에서 당신은 이러한 요소들을 포함시킬 수도 있고, 포함시키지 않을 수도 있다. 따라서 대상시스템을 어떻게 개념화할 것인지에 대한 당신의 판단은 모델에서 시스템을 얼마나 간단하게 만들 것인지에 영향을 미치게 되며, 이는 곧 모델의 정밀도에 영향을 미치는 것이다. 이 때 명심해야 할

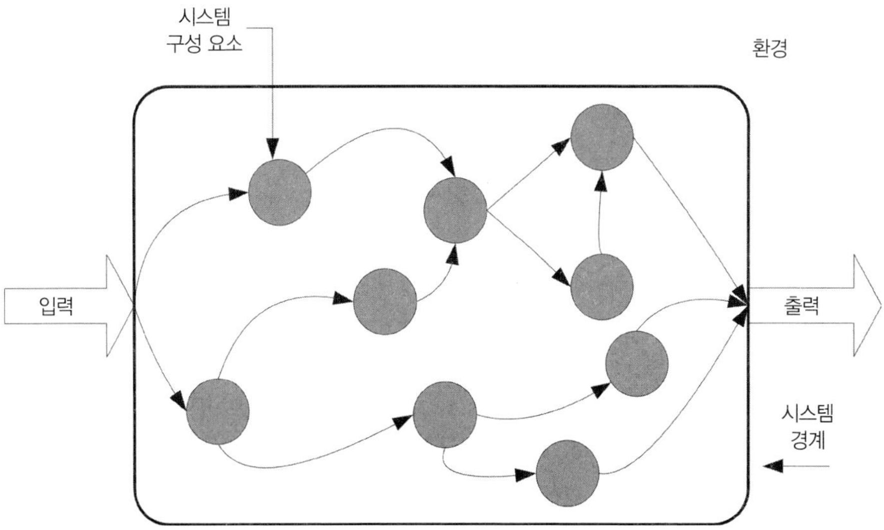

그림 1.1 시스템의 개념도

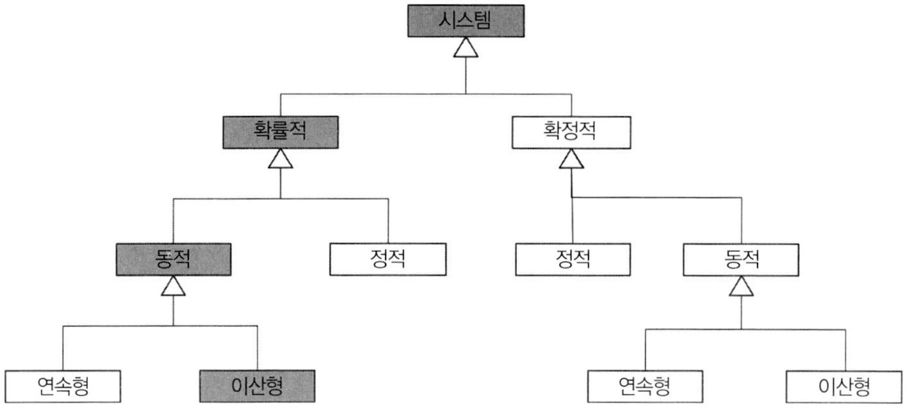

그림 1.2 시스템의 일반적 분류

점은 매우 합리적이고 논리적인 서로 다른 두 사람이 있다고 하더라도 각각의 사회관, 세계관에 따라 동일한 시스템을 완전히 다르게 개념화할 수 있다는 것이다.

분석하고자 하는 시스템에 대해 개념을 잡는 것이 모델 구축에 영향을 미치기 때문에 일반적으로 사용되는 시스템 분류도(classification)가 유용하게 쓰인다. 시스템은 사람이 만든 것(예를 들어 제조시스템)인지 아니면 자연적(예를 들어 태양계)으로 생겨난 것인지로 구분된다. 또한 시스템은 물리적 시스템(예를 들어 공항) 혹은 개념 시스템(수학함수로 이루어진 시스템)으로 구분하기도 한다. 만일 시스템에서 확률적(stochastic) 혹은 임의적(random)인 행태가 중요하다면 이러한 시스템을 확률적 시스템이라고 하며, 그렇지 않은 경우에는 확정적(deterministic)시스템으로 분류한다. 또 하나의 분류방식은 시간의 흐름이라는 관점에서 시스템을 보는 것이다. 만일 시스템이 시간의 흐름에 영향을 크게 받지 않는다면 정적(Static) 시스템이라고 하고, 영향을 많이 받으면 동적(dynamic) 시스템이라고 분류한다. 만일 어떤 시스템이 동적이라면 시간이라는 관점에서 어떻게 전개할 것인지 고민하게 될 것이다. 동적시스템이 어느 특정 시간에 처하는 상태가 이산적(discrete)이라면 이산 시스템이고, 시간의 흐름에 따라 변위가 연속적(continuous)으로 변한다면 연속적 시스템이다. 이러한 분류는 당신이 얼마나 정밀하게 모델을 구축하려고 하느냐에 따라 변한다. 만일 당신이 어떤 시스템을 이산적으로 하려고 개념을 잡는다면 그 시스템을 이산 시스템이라 정의할 것이다. 그림 1.2는 일반적인 시스템의 분류방법이다. 이 교재에서는 확률적이고, 동적이며, 이산적인 시스템을 다룬다.

시뮬레이션모델의 주목적은 시간의 흐름에 따라 대상 시스템에서 어떠한 일이 발생하는지에 대한 관측치를 수집하는 것이다. 이러한 측면에서 볼 때 시뮬레이션의 두 가지 명백히 다른 유형이 이산적인가 연속적인가 하는 것이다.

이산적인 시간에 시스템이 이산적으로 변하듯이 이산사건 시뮬레이션에서는 시스템에 변화가 일어나는 특정 시간에 특정지점(selected point)에서 관측자료 값들을 수집한다. 이러한 특정지점을 사건(event)이라 한다. 반면에 연속시뮬레이션에서는 시스템의 상황이 시간의 흐름에 따라 연속적으로 변화하기 때문에 모든 시점에서 연속적으로 관측값을 수집한다. 이 교재에서는 이산사건시뮬레이션 모델을 다룬다.

두 가지 유형의 시뮬레이션에 대한 차이점을 설명하기 위하여 패스트푸트점의 계산대와 기름의 탱크를 채우는 설비에 대해 비교해 보자. 패스트푸드점 계산대에서는 시스템에 변화가 일어나는 상황은 고객이 주문을 하기 위해 도착하거나 또는 고객이 주문한 음식을 받는 경우다. 이 두 가지 사건이 발생할 때 대기행렬에서 기다리는 고객의 수, 혹은 고객이 대기행렬에서 기다린 시간과 같은 성과지표가 다시 계산되어야 한다. 시간적인 관점에서 볼 때 사건이 일어나지 않는 다른 시점에서는 대기행렬의 길이와 같은 성과지표는 그 값이 변하지 않으며 평균대기시간과 같은 성과지표는 고객의 대기가 완료된 이후에나 계산된다. 이러한 이유 때문에 이 시스템은 시간의 흐름에 대해 연속적으로 관측을 할 필요가 없다는 의미다. 이 시스템에서는 사건이 발생하는 특정 시점(이것을 이산시점이라고 한다)에 대해서만 관측을 하면 된다. 따라서 이러한 시스템에는 이산사건시뮬레이션이 적합하다.

기름탱크 충전설비의 경우에는 주요한 성과지표의 하나가 현재 기름탱크가 얼마나 차 있느냐 하는 것이다. 기름은 액체이기 때문에 이산적으로 표현하는 것이 곤란하다. 이 말은 기름이 연속적으로 탱크에 흘러들어가기 때문에 탱크의 수위가 어느 정도인지 알기만 하면 되는 것이지 기름 분자가 얼마나 들어갔는지를 조사할 필요는 없다는 것이다. 이 경우에 시간의 흐름에 다라 기름이 흘러가는 속도를 정의하는 함수로 시스템 모델을 표현할 수 있으며, 출력물도 시간의 함수로 표현된다. 이러한 시스템은 미분방정식을 이용하여 시뮬레이션 모델을 구축한다. 미분방정식으로 구성된 함수들의 해는 시간의 흐름에 따라 모델로 만들어진 시스템의 상태를 통합하는 수치적 방법을 포함하고 있다. 즉 연속적인 시간을 아주 짧은 단위로 잘게 쪼개서 이산적으로 표현하는 것이다.

시스템을 모델링할 때 이산적인 관점이나 연속적인 관점 두 가지를 동시에 사용해야 하는 경우가 빈번히 발생한다. 예를 들어 기름탱크차가 항구에 도착해서 기름을 채우는 상황에서는 차량의 도착과정은 이산적으로 발생한다. 이와 같은 시뮬레이션 모델의 유형을 연속적-이산적 혼합모형이라고 한다. 몇몇 시뮬레이션 언어는 이산적 모델과 연속적 모델을 모두 구축할 수 있다. 그러나 본 교재에서는 연속적 모델이나 연속-이산혼합모델에 대해서는 다루지 않는다. 이러한 문제에 대해 알고 싶으면 다른 문헌을 참고하기 바란다. 본 교재에서는 이산형 모델에 초점을 맞춘다.

1.4 시뮬레이션: 설명적(Descriptive) 혹은 규범적(Prescriptive) 모델링?

설명적 모델이란 시스템이 어떻게 거동(擧動)하는지를 표현하는 것이다. 시뮬레이션은 설명적 모델링 기술이 그 핵심이다. 시뮬레이션은 기존의 시스템이나 새로 제안하는 시스템의 거동이나 특징을 묘사하기 위해 사용된다. 하지만 시뮬레이션을 주요 용도는 제안하고자 하는 시스템의 거동에 대해 추정하는 것이다. 이러한 상황에서 시뮬레이션은 해(solution)를 찾아내기 위해 사용된다. 규범적 모델은 우리에게 무엇을 할 것인지를 알려준다. 다시 말해서 시뮬레이션은 규범적 모델링에도 사용될 수 있다는 것이다. 그림 1.3은 시뮬레이션을 이용하여 해를 제시하는 개념을 보여준다.

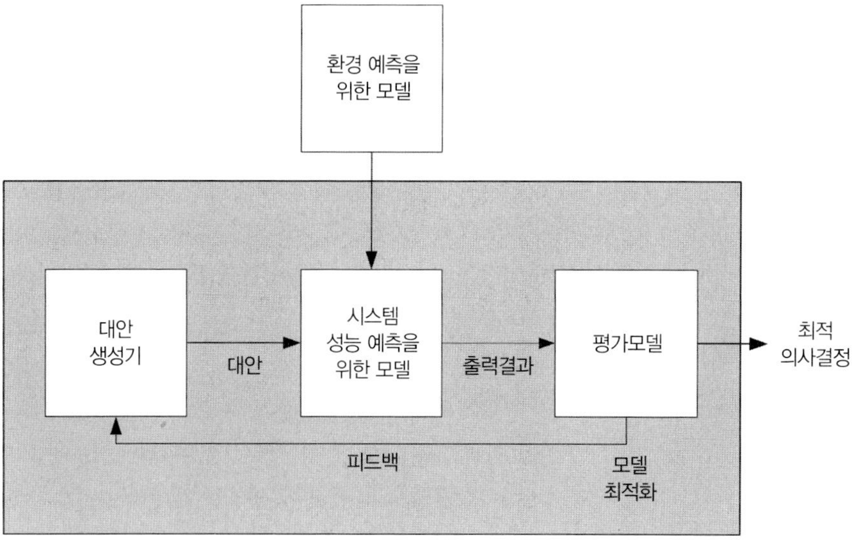

그림 1.3 규범분석을 위한 시뮬레이션의 활용

이 그림에서 시뮬레이션 모델은 시스템의 거동을 예측하기 위해 사용된다. 입력모델은 시스템과 그 주변상황의 특징을 나타내기 위해 사용된다. 평가모델(evaluative model)이란 시뮬레이션 모델의 출력(성과)을 평가하기 위한 것으로 출력이 원하는 목적에 부합하는 지 평가한다. 대안생성기(alternative generator)란 다양한 시나리오를 만들어서 시뮬레이션 모델에 반영시킴으로써 시뮬레이션의 결과를 평가받게 하기 위한 목적을 가진다. 시뮬레이션 모델에 입력된 자료는 시뮬레이션 과정을 거쳐서 출력으로 변환되며, 평가된 결과는 피드백(feedback) 과정을 거쳐서 다시 대안생성(alternative generator)과정에 반영됨으로써 궁극적으로 최적 해를 찾을 수 있게 된다.

예를 들어서 약국모델에서 고객의 대기시간이 3분 이상 될 확률이 10% 이내가 되어야 한다고 가정하자. 이 경우에 대안 설계과정에서 서비스를 하는 약사의 수를 변화시켜야 할 것이다. 이 때 각각의 대안은 고객의 대기 시간이 주어진 목표에 부합하는 지 평가를 받게 된다. 이와 같은 간단한 예제에서 독자는 주어진 평가기준에 부합하도록 자기 자신만의 대안생성기나 평가모델을 만들어야 한다. 하지만 좀 더 복잡한 상황에서는 목표도 다양하며 입력 자료도 수백 가지가 될 수 있다. 이러한 상황에서는 시뮬레이션을 이용한 최적화 기법이나 경험적 탐색방법(heuristic search) 등이 사용된다. 이와 같은 방법은 시뮬레이션을 이용하는 연구 분야에서 매우 중요한 역할을 한다.

1.5 시뮬레이션의 임의성(Randomness)

실제 상황에서 고객의 시스템에 도착하는 도착과정과 서비스를 받는 서비스과정은 임의성을 가진다. 비록 두 과정이 임의성을 가진다고 당신이 임의성을 묘사하거나 모델로 만들 수 없다는 것은 아니다. 어떠한 상황은 시뮬레이션 하고 싶다면 임의성을 모델에 반영할 수 있어야 한다. 이러한 임의성을 모델로 표현하기 위한 한 가지 방법은 특정한 확률분포함수를 따르는 확률변수를 사용하여 현상을 표현하는 것이다. 예를 들어 고객의 도착이 포아송 과정(Poisson process)에 따라 발생한다면 고객의 도착시간간격 분포는 지수분포(exponential distribution)를 따른 다는 것이 확률론에서 증명되어 있다. 일반적으로 고객이 어떻게 도착하는 지에 대한 정보는 실제 관측이나 아니면 과거의 자료에 의해 얻을 수 있다. 만일 두 가지 모두 불가능하다면 확률모델을 이용하여 임의과정을 표현할 수 있도록 그럴듯한 가정을 해야 한다.

과거의 자료를 이용할 수 있는 경우에는 모델에 반영시키기 위해 두 가지 방법을 사용할 수 있다. 첫 번째 방법은 과거 자료를 이용하여 적당한 확률모델을 찾는 것이다. 두 번째 방법은 과거의 실제 자료를 직접 이용하도록 시뮬레이션 모델을 개발하는 것이다. 하지만 두 번째 방법은 바람직하지 않다. 그 첫 번째 이유는 대부분의 경우 수집된 자료가 시뮬레이션에서 그대로 사용할 수 있도록 되어 있지 않다는 점 때문이다. 두 번째 이유는 시뮬레이션 모델을 이용하여 실험을 해야 하기 때문에 과거의 자료가 실험을 하기 위한 다양한 시나리오에 맞지 않다는 점이다. 예를 들어서 당신이 확보한 자료가 하루 동안 고객이 도착한 실적 자료라고 하자. 하지만 당신이 1달 동안 시뮬레이션 실험을 해야 한다고 하자. 이 경우에 하루의 자료를 매일 반복해서 사용한다면 30일 동안 매일 동일한 상황을 시뮬레이션하는 것에 지나지 않는다. 차라리 과거자료로부터 시간이 길어져도 활용할 수 있는 확률모델을 개발하거나, 아니면 시뮬레이션 모델을 구축하는 과정에서 필요한 자료를 확보하여 확률모델을 구축하는 것이 좋다. 6장에서 확률분포를 모델링하는 도구와 기술에 대해 설명할 것이다.

확률모형이 개발되면 (0,1) 사이에서 일양분포(uniform distribution)를 따르는 난수(random number)를 사용하여 무작위 표본을 얻기 위해 통계적 기법을 적용한다. 이러한 무작위 표본은 미래에 발생하는 사건에 대응하여 시간을 결정하는 데 사용된다. 예를 들어 도착시간간격이 지수분포를 따르면 지수분포로부터 얻어진 무작위 표본은 다음번 도착시간까지 얼마나 걸리는 지에 대한 시간간격을 결정하기 위해 사용된다. 시뮬레이션 모델에서 난수(Random Number)와 확률변수(random variable)를 생성하는 방법은 2장에서 소개한다.

1.6 시뮬레이션 언어

이산사건 시뮬레이션을 하기 위해서는 무수히 많은 계산을 해야 한다. 따라서 필요한 계산을 하기 위해서 컴퓨터의 사용이 필수적이다. 하지만 엄청난 계산량이 시뮬레이션을 수행하기 위한 유일한 장애는 아니다. 앞에서 언급한 은행시스템 사례을 고려해 볼 때 복잡한 논리구조가 구축되어야 한다는 것을 발견했을 것이며, 컴퓨터 모델로 해당 상황을 구축하기에 앞서서 전문가가 필요하다는 것을 인식했을 것이다. FORTRAN, Visual Basic, C/C++, 혹은 JAVA 와 같은 일반적인 언어를 사용하여 시뮬레이션 모델을 개발하고자 시도한다면 상당한 수준의 기술이 필요하다. 만일 사용자의 짐을 덜어줄 특수한 용도의 라이브러리가 이러한 언어에서 제공되지 않는다면 시뮬레이션은 최고급 프로그래머나 활용할 수 있는 기술이 되었을 것이다. 하지만 다행스럽게도 시뮬레이션에서 반복적인 계산을 해야 한다는 특징으로 인하여 시뮬레이션 모델에 활용할 수 있는 라이브러리의 개발을 가능하게 하였다. 예를 들어서 사건을 순서대로 정렬하고 진행시키거나 난수를 발생시키고, 통계량을 수집하는 것과 같은 라이브러리나 패키지를 사용할 수 있어야 한다. 이 책의 저자는 JAVA를 이용하여 이산사건 시뮬레이션에 사용할 수 있는 각종 라이브러리를 개발하였다(Rossetti [2008] 참조).

컴퓨터의 연산능력과 저장능력은 특수한 시뮬레이션 언어의 개발을 가능하게 하였다. 어떤 언어는 연속 혹은 이산 사건 시뮬레이션에 적합하도록 개발되었고, 두 가지 모두 사용할 수 있는 시뮬레이션 언어도 개발되었다. 모든 시뮬레이션 언어는 표준화된 프로그래밍 편의기능을 제공하는데 사용자가 이러한 편의기능의 장점을 어떻게 쉽게 사용할 수 있는가 하는 것이 다른 점이다. 어떤 모델링 상황을 표현하는 데 있어서 언어가 얼마나 유연성이 있는가 하는 것은 상쇄관계(trade-off)가 있다. 일반적으로 복잡한 상황을 표현하는 데 있어서 매우 유연성이 있는 언어는 사용자가 모델 논리를 개발하기 위하여 더 많은 노력을 해야 한다. SIMSCRIPT™와 같은 언어는 좀 더 많은 프로그램을 사용자가 직접 작성하도록 되어 있는 반면에 ProModel™이나 ARENA™는 단순히 제공되는 기능을 끌어다 붙이는(drag and drop) 방법을 이용하도록 되어 있다.

어떤 시뮬레이션 언어를 사용할지 결정하는 것은 어려운 일이다. 다양한 종류의 언어가 개발되어 있으며, 각각의 장단점을 가지고 있다. INFORMS(Institute for Operation Research and Management Science)에서는 매년 상용 소프트웨어에 대한 검토결과를 제공하고 있다(예를 들어 http://lionhrthub.com/orms/ 참조). 소프트웨어에 대한 비교결과는 앞에서 언급한 사이트에서는 물론 매년 개최되는 Winter Simulation 학술대회(www.wintersim.org)에서도 얻을 수 있다. 이 학회에서는 각종 상용소프트웨어를 전시하고, 다양한 소프트웨어를 사용한 결과를 발표하고 있다. 과거의 학술대회 발표논문집은 INFORMS의 시뮬레이션 분과 사이트(http://www.informs-sim.org/wcspapers.html 참조)에서 검색이 가능하다.

저자의 경험에 의하면 ARENA™는 사용하기 편리하고, 학생이 활용할 수 있는 소프트웨어도 무료로 제공되기 때문에 이 교재에서 소개한다. 모든 시뮬레이션 언어가 나름대로의 결함을 가지고 있지만 시뮬레이션 언어를 사용하는 것이 시뮬레이션에 대한 학습효과를 높이는 데 필연적이다. 대부분의 시뮬레이션 언어 공급회사에서는 사용자가 소프트웨어를 잘 다룰 수 있도록 서비스를 제공하고 있다. ARENA™는 학계에서나 산업계에서 가장 보편적으로 사용되고 있으며, 시뮬레이션 언어 시장에서 가장 경쟁력이 있는 제품이다. 일단 한 가지 시뮬레이션 언어를 잘 배우고 나면 다른 언어로 쉽게 변경할 수 있으며, 특정한 상황에 어떤 시뮬레이션 언어가 적합한 지 쉽게 이해할 수 있을 것이다.

ARENA™는 기본적으로 절차(process) 지향형 언어다. 이 말은 ARENA™를 사용할 때 사용자는 "개체(entity)"가 시스템을 흘러가면서 겪는 경험의 과정을 묘사해야 한다. 독자는 이 교재를 통하여 어떻게 ARENA™를 이용하여 프로세스 모델링을 하는 방법을 학습하게 될 것이다.

1.7 시뮬레이션 방법론(Methodology)

이 절에서는 시뮬레이션 모델링 단계에 대하여 수행절차에 입각하여 설명하도록 하겠다. 방법론이란 수행해야할 연속적인 단계를 의미한다. 시뮬레이션은 시스템 모델링을 포함하고 있기 때문에 시스템분석을 통하여 문제를 해결하는 일반적인 절차에 입각하여 방법론이 구성된다. 주어진 문제를 해결하는 일반적인 방법론은 다음과 같다.

1. 문제를 정의한다(define the problem).
2. 성능을 평가할 성과지표를 결정한다(establish measures of performance evaluation).
3. 대안을 생성한다(generate alternative solutions).
4. 대안들의 순위를 결정한다(rank alternative solutions).
5. 필요한 만큼 평가하고 반복한다(evaluate and iterate as necessary).
6. 실행하고 결과를 평가한다(excute and evaluate the solution).

이 방법론은 앞에서 제시한 여섯 단계의 첫 글자를 따서 DEGREE라 부른다. 문제를 해결하기 위한 DEGREE라는 방법론은 문제해결 과정에서 사용할 수 있는 일련의 단계를 의미한다. 첫 번째 단계는 당신이 올바른 문제를 해결하려고 하는 지에 대한 확신을 갖는 데 도움을 준다. 두 번째 단계는 당신이 주어진 문제를 해결하려고 하는 이유가 타당한 것인지 확인을 하기 위한 단계다. 그 말은 당신이 사용하는 성과지표가 당신의 문제와 일치해야 한다는 것이다. 3단계와 4단계는 해당 문제에 대해 다양한 해를 검토하고 평가해야 한다는 것을 확인하는 단계다. 다시 말해서 이 단계는 해당 문제에 대한 올바른 해를 찾는다는 것을 확신시켜주는 단계다. 우수한 방법론은 방법론이 얼마나 잘 맞는지를 분석자가 평가하고 싶어한다는 점을 인식하고 만들어진다. 5단계에서는 분석자는 프로세스가 어떻게 진행되며 반복을 허용하는지 평가한다. 비록 반복이라는 것이 중요한 개념이기는 하지만 모델을 만드는 많은 사람에게는 이질적인 것으로 받아들여진다. 반복이라는 것은 문제해결과정이 요구하는 모델의 적합도를 만족시키기 위해 적정수준의 정밀도를 달성할 때까지 반복되어야 한다는 것을 의미한다. 모델링은 시작하기에 적당한 수준에서 시작을 해야지 전체상황을 한꺼번에 고려하려고 하면 안 된다. 모델은 작은 범위에서 개발을 시작하고, 당신이 목적하는 수준에 도달할 때까지 범위를 키워 나가야 한다. 일단 시작을 하고 각 단계에서 확대하는 것이 중요하다. 그리고 모델이 당신이 의도하는 바와 같이 현실을 표현할 때까지 지속적으로 단계를 반복해야 한다. 마지막 단계는 종종 간과된다. 시뮬레이션은 주어진 문제에 대한 해를 추천하기 위해 사용된다. 이 단계가 의미하는 바는 만일 당신에게 기회가 주어진다면 의사결정을 실행함으로써 해를 수행하라는 것이다. 마지막으로 항상 이 과정을 추적함으로써 제시한 해에 대해서 예상된 효과가 얻어진다는 것을 확인해야 한다.

DEGREE라는 문제해결 방법론은 당신에게 도움을 줄 것이다. 그러나 시뮬레이션은 일반적인 문제해결절차를 수행하는 과정에서 추가적으로 해야 할 독특한 활동을 포함한다. 만일 시뮬레이션을 필요로 하는 어떤 문제에 DEGREE라는 절차를 적용할 때에는 시뮬레이션이 일반적인 문제해결절차와 어떻게 상호작용을 하는 지에 대해 고려하여 DEGREE 방법론을 변형시켜야 한다.

그림 1.4는 시뮬레이션을 문제해결에 적용하기 위하여 변경된 일반적인 방법론이다.

1. 문제 구성(problem formulation)
   (a) 문제의 정의(define the problem)
   (b) 시스템의 정의(define the system)
   (c) 성과지표 결정(establish performance metrics)
   (d) 개념모델 구축(build conceptual model)
   (e) 모델의 가정 정리(document model assumptions)
2. 시뮬레이션 모델 구축(simulation model building)
   (a) 모델의 번역(model translation)
   (b) 입력자료 모델링
   (c) 검증(verification)
   (d) 타당성 검토(validation)
3. 실험설계 및 분석(experimental design and analysis)
   (a) 사전 실험 수행(preliminary runs)
   (b) 최종 실험(final experiments)
   (c) 결과 분석(analysis of results)
4. 평가 및 반복(evaluate and iterate)
   (a) 문서화(documentation)
   (b) 모델 매뉴얼(model manual)
   (c) 사용자 매뉴얼(analysis of results)
5. 적용(implementation)

첫 번째 절차는 문제구성(problem formulation)으로 DEGREE 방법론의 처음 두 단계(step)를 포함하고 있다. 두 번째 절차는 모델구축(model building) 절차로 DEGREE 방법론의 3단계(step)의 핵심이다. 모델을 구축할 때에는 직접적으로 혹은 암시적으로 설계 대안을 개발해야 한다. 3차 단계(phase)는 실험설계와 분석(experimental design and analysis) 단계로서 DEGREE 방법론의 3단계(step) 일부와 4단계(step)를 함축하고 있다. 실험을 설계하는 과정에서 설계 대안이 구체적으로 결정되어야 하며, 또한 실험결과를 분석할 때에는 문제의 목표를 감안하여 대안의 가치가 평가되어야 한다. 네 번째 절차는 평가와 반복(evaluate and iterate)으로서 반복의 개념을 결정하는 단계다. 마지막으로 다섯 번째와 여섯 번째 절차는 문서화와 적용(documentation and implementation) 단계로 시뮬레이션을 완료하는 단계다. 문서화란 시뮬레이션 모델을 현재는 물론 미래에 다시 활용하기 위해 반드시 필요한 것이다. 그리고 적용 단계에서는 추천된 해를 이용하여 시뮬레이션 프로젝트가 마무리 되지 않는다면 시뮬레이션 프로젝트는 실패한 것이라는 점을 인식해야 한다.

문제구성(problem formulation) 단계는 다섯 가지의 기본 활동으로 구성된다.

1. 문제를 정의한다.
2. 시스템을 정의한다.

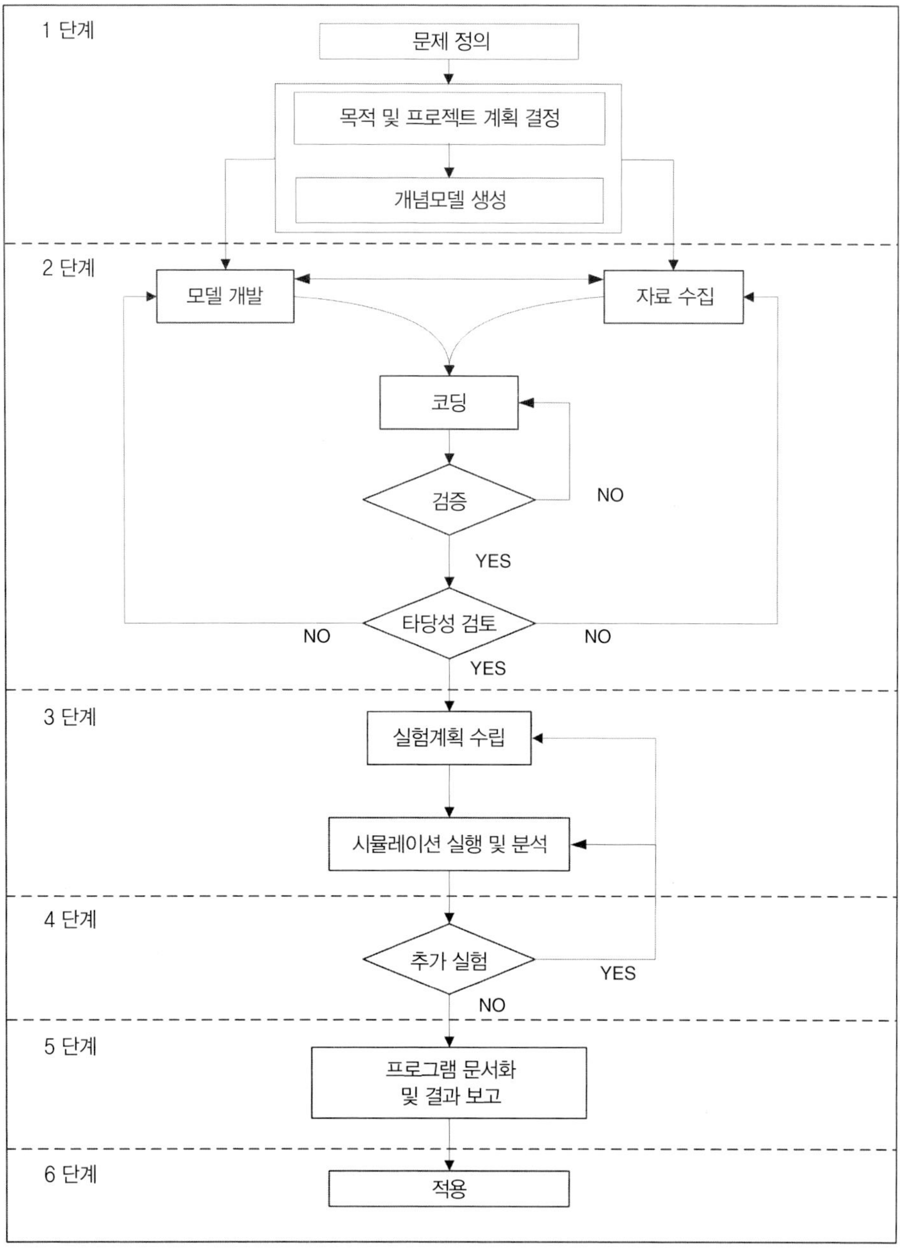

그림 1.4 일반적인 시뮬레이션 수행절차

3. 성과지표를 정의한다.

4. 개념모델을 구축한다.

5. 모델링에 필요한 가정을 문서로 정리한다.

우리는 감지된 필요성에 의하여 문제해결을 시작한다. 이러한 활동들은 문제를 판단하고,

문제의 요구사항을 이해하는데 도움이 된다. 문제를 정의하는 활동의 기본적인 결과물은 문제 정의서(problem definition statements)이다. 문제 정의서란 문제에 대해 서술적으로 설명을 하는 것이다. 문제 정의서는 분석하는 사람이나 제 삼자에게 문제를 정확하고 함축적으로 설명하기 위해 반드시 필요하다. 문제 정의서는 모델링 과정에서 필요한 모든 가정들을 포함하고 있어야 한다. 가정을 문서화하는 것은 중요한 일로서 검증(verification), 타당성검토(validation), 실험분석 단계에서 가정이 모델에 미치는 효과를 확인한다. 잘 기술된 문제정의서는 문제를 잘 이해하고, 모든 관계자가 문제의 본질과 연구의 목적에 대해 같은 견해를 가질 수 있도록 도움을 준다. 시뮬레이션 연구의 일반적인 목적은 다음과 같은 것들을 포함하고 있다.

1. 비교(*Comparison*): 특정 목적에 관련된 다양한 요인에 대하여 다양한 대안과 각각의 성과지표를 비교한다.
2. 최적화(*Optimization*): 이것은 특수한 형태의 비교과정으로서 제약조건을 고려한 상태에서 목적함수를 최적화시키기 위해 적합한 시스템의 구조를 발견하기 위한 노력을 의미한다.
3. 예측(*Prediction*): 미래의 어느 시점에 시스템이 어떻게 변할지 예측하는 것이다.
4. 조사(*Investigation*): 다양한 입력 자료가 주어졌을 때 시스템이 어떻게 반응하는지를 간파하고, 통찰력을 얻기 위한 활동이다.

이러한 일반적인 목적은 연구대상 문제를 명확히 하기 위해 필요하다. 문제정의에서는 연구목적, 모델로부터 얻을 출력자료, 검토해야 할 시나리오나 의사결정 내용에 대해 상세히 기술해야 한다.

이 단계에서 두 번째로 해야 할 활동은 시스템을 정의하는 것이다. 시스템 정의서(system definition statements)는 시스템, 특히 시스템의 범위를 정확하고 압축적으로 표현하기 위해 필요하다. 시스템 정의서란 시스템에 대해 서술적으로 설명을 하고, 필요에 따라서는 시스템을 구성하는 주요 요소에 대해 그림으로 표현한 것을 포함해야 한다. 이것은 시뮬레이션 연구가 제 삼자의 관심사항에 적합하도록 초점이 맞추어져야 하며, 프로젝트의 범위를 잘 이해시킬 수 있도록 명확하게 되어야 한다는 것이다.

문제와 시스템을 정의할 때에는 시스템 성능을 어떻게 측정할 것인지를 먼저 생각해야 한다. 문제구성의 세 번째 활동은 분석자가 모델에 활용할 성과지표를 명확하게 정의하도록 도와주는 것이다. 여러 가지의 시나리오를 의미 있게 비교하기 위해 시스템의 목표와 시스템의 성능을 측정할 측정 가능한 성과지표(metrics)가 필요하다. 분석에 사용될 모델(예를 들어 시뮬레이션 모델)에서 얻는 계량적이고 통계적인 측정값, 시스템 분석에서 얻는 계량적인 측정값(비용/이익 등), 계량적인 척도(예를 들어 기술적 타당성 혹은 작업자의 타당성) 등이 성과지표에 포함되어야 한다. 시스템의 의사결정권자가 가장 중요하다고 생각하고 시뮬레이션 연구의 목적에 직접적으로 연결된 성과지표를 정의하는 데 초점을 맞추어야 한다. 어느 시스템 시나리오가 의사결정자의 선호도에 가장 적합한지 결정하기 위해 대안에 대한 평가는 객관적이고 편향적이지 않게 수행되어야 한다.

문제 정의서, 시스템 정의서, 명확한 성능평가지표는 문제구성 단계에서 결정되어야 좀 더 자세한 모델링을 할 수 있다. 이러한 활동들은 기술된 문서형태로 되어야 한다. 이 교재에서 여러분은 주어진 문제에 대해 모델을 하는 방법을 배울 것이다. 시뮬레이션연구의 문제구성 단계에 대한 연습을 하기 위해서는 스스로 예제 문제를 만들어 보는 것도 좋은 방법이다. 문서는 시뮬레이션 분석자가 주어진 상황에 대해 임의의 시뮬레이션 언어를 사용하여 모델을 구축할 수 있을 정도로 상세히 작성되어야 한다. 11장에 있는 예제는 문제 정의서와 시스템 정의서의 아주 훌륭한 사례다. 만일 독자가 시뮬레이션을 배우는 과정에서 실제 현실의 프로젝트를 수행할 기회를 가진다면 이 교재에 있은 예제 문제들과 11장에서 사례로 제시된 사례를 이용하면 합리적인 문제 정의서, 시스템 정의서를 작성할 수 있을 것이다.

연구대상인 문제와 시스템을 잘 이해하면 상세한 모델구축을 할 준비가 된 것이다. 모델구성이 ARENA™를 이용하여 프로그램을 개발하는 것은 아니다. 모델을 개발하기 위한 소프트웨어를 사용하기 이전에 개념모델을 하는 도구를 사용해서 개념 도표(conceptual diagram), 플로우차트(flow chart) 등을 작성하는 것이다. 개념모델을 하는 도구를 사용하는 목적은 시스템에 대해 좀 더 상세하게 묘사를 함으로써 추후에 컴퓨터 프로그램으로 개발하기 쉽게 하자는 것이다. 일반적인 서술방법은 시뮬레이션의 대상인 시스템에서 어느 부분이 중요한 것인지 규명하는데 도움을 준다. 상세한 서술은 시뮬레이션 모델을 개발하고 프로그램을 짜는 일에 도움을 준다. 이와 관련된 도표들은 다음과 같다.

1. **컨텍스트 다이어그램**(*context diagram*): 컨텍스트 다이어그램은 일반적인 시스템을 묘사하는데 도움을 준다. 이 도표는 시스템에서 당면하는 흐름의 형태를 그림으로 표현한다. 컨텍스트 다이어그램은 시스템설명문서의 일부다. 컨텍스트 다이어그램을 만드는 방법에 대해서 특별히 규정된 방법은 없다. 만일 당신이 예술가적 소질이 있다면 컨텍스트 다이어그램을 만드는 과정에서 당신의 능력을 발휘하여 근사하게 작성해도 된다.
2. **활동 다이어그램**(*activity diagram*): 활동 다이어그램이란 개체가 어떻게 흘러가며, 자원들과 어떠한 연관 관계를 가지는가를 그림으로 표현한 것이다. 만일 개체가 일시적인 것이라면(예를 들어 개체가 생성된 후 시스템을 흘러가서 사라진다), 활동 다이어그램을 활동 흐름 다이어그램(activity flow diagram)이라고 부른다. 만일 개체가 영구적이라면(시뮬레이션이 끝날 때까지 개체가 없어지지 않고 시스템에 존재하는 경우) 활동 다이어그램을 활동 주기 다이어그램(activity cycle diagram)이라고 부른다. 이 교재에서는 활동 다이어그램을 심도 있게 다룬다.
3. **소프트웨어 엔지니어링 다이어그램**(*software engineering diagram*): 시뮬레이션은 일종의 소프트웨어를 개발하는 것과 같기 때문에 모델을 구축하는 사람에게 정보를 주기 위해 소프트웨어 공학에서 사용되는 다양한 도표 기법들이 사용된다. 플로차트, 데이터베이스 다이어그램, IDEF (ICAM DEFinition language) 다이어그램, UML(Unified Modeling Language) 다이어그램, 상태차트(state chart) 등이 복잡한 모델링 상황을 문서로 만드는 데 사용된다. 이러한 기법들은 시스템의 구성 요소들을 묘사하고 이해하는데 초점을 맞추기 때문에 개발하고 코딩하는 작업을 도와준다. 이 교재에서 활동 다이

어그램은 간단한 플로차트에 사용되는 기호(도형)들을 이용하여 작성될 것이며, 간단한 상태 도표는 다양한 개념을 소개하기 위해 사용될 것이다.

모델링 과정에서 시스템에 대한 기본적인 양상(모습)과 거동을 표현하는 개념모델을 먼저 만들어야 한다. 그 후에 상세한 내용을 추가해야 하며, 추가적인 기능도 고려해야 한다. 마지막으로 사용 가능한 입력 자료의 품질과 연구의 목적에 부합하는 타당성의 정도에 비례하여 모델이 복잡해진다는 사실을 잊지 말아야 한다.

고려하는 상황에 대한 충실한 개념모델을 만든 후에는 시뮬레이션 모델을 개발하기 시작한다. 시뮬레이션 모델구축단계 동안에는 사전에 개발된 개념모델을 이용하여 대체시스템에 대한 설계안이 개발되어야 한다. 시뮬레이션 모델 개발에 필요한 장비, 자원, 시간 등을 명확히 하기 위해 추가적인 프로젝트 수행계획을 마련해야 한다. 그 후 대안을 평가하기 위한 시뮬레이션 모델을 개발하고, 검증하고, 타당성 검토를 한 후 분석 준비를 해야 한다. 시뮬레이션 프로젝트를 수행하기 위해서는 다음과 같은 과정이 필요하다.

- 입력 자료의 준비(*input data preparation*): 입력 자료의 특징을 결정하고, 향후에 수집해야 할 자료를 결정하기 위해 분석하는 과정이다. 필요한 자료를 분야별로 구분해야 한다. 이러한 구분은 모델 개발 과정에서 사용될 모델의 다른 양상을 확립한다.
- 모델 변환(*model translation*): 모델을 컴퓨터 코드로 개발하는 작업은 개념 모델을 컴퓨터 시뮬레이션 프로그램으로 변환하는 것이다.
- 검증(*verification*): 컴퓨터 시뮬레이션 모델의 검증은 프로그램이 의도한 대로 실행되는지 알아보기 위해 수행한다. 검증은 시뮬레이션 코드 어디에 오류가 있는지를 확인하는 것이다. 특별히 중요한 오류에는 흐름을 잘못 통제한 오류, 개체 생성의 오류, 자원을 놓아 주지(release) 않은 오류, 논리적 혹은 수리적 오류, 통계량 수집의 오류 등이 포함된다. 모델의 검증에는 동일한 난수 초기값(seed)을 시나리오를 반복해서 실험하는 것도 포함된다. 또한 다양한 요소(factor)와 그 값들을 변화시키면서 기대했던 대로 시스템이 반응을 하는지 확인하는 민감도 분석 과정도 포함된다. 그리고 시뮬레이션 코드에 대해 각각의 모듈을 시험하는 것도 포함된다.
- 타당성 검토(*validation*): 시뮬레이션 모델의 타당성 검토는 시뮬레이션 모델이 실제 시스템을 적절하게 묘사하고 있는지 확인하는 과정이다. 시뮬레이션 모델은 시스템에 대해 의문을 가지고 있는 다양한 사람들에게 공개된다. 모델의 현실성에 관련된 입력 자료들은 시뮬레이션의 타당성 확보에 매우 중요하다. 더 나아가 현실 상황의 성과지표와 시뮬레이션 모델의 실험 결과가 일치하는지 확인하기 위해 시스템에 대한 추가 관측이 요구된다. 시뮬레이션 모델의 실험 결과와 현실 시스템의 결과를 통계적으로 검증하여 두 결과 사이에 유의차가 존재하는지 확인하는 방법이 간단한 타당성 검토 방법이다.

모델을 번역하는 일은 독자가 시뮬레이션 모델을 어떻게 개발하는지 학습하는 과정에서 각 장에서 중요하게 다뤄질 내용이다. 검증과 타당성 검토 기술은 본 교재에서 중요하게 다루지는 않는다, 그 이유는 본 교재에서 제시하는 모델은 교육을 위한 사례모델들이기 때문이다. 그렇다고 해서 검증이나 타당성 검토가 중요하지 않다는 것은 결코 아니다. 타당성 검토에 대해 좀 더 알고 싶으면 Balci [1997, 1998]의 논문과 같은 참고문헌을 공부하기 바란다.

모델을 검증하고, 타당성 검토를 하여 더 이상의 오류가 없다고 확신하면 프로젝트의 목표와 목적에 대해 조사하기 위한 실험을 수행한다. 본 실험에서 사용하게 될 모수들의 값을 확인하기 위해 예비 실험을 실시한다. 실험방법은 시뮬레이션 모델을 이용하여 현재 운영하는 시스템의 통계량을 비교 평가하는 것이다. 그리고 시뮬레이션 모델을 잠재적인 시나리오에 맞도록 변경하고, 새로운 통계량을 수집하기 위해 다시 실험을 해야 한다. 이러한 과정은 제안된 각종 시나리오에 대해 반복 수행되어야 하며, 각 대안들에 대한 통계량을 수집하여 비교해야 한다. 이러한 과정을 거쳐서 다양한 시나리오에 대한 객관적인 비교 검토가 수행되는 것이다.

대안이 몇 개밖에 없는 경우에는 '한 번에 한 가지씩'처리하는 방법이 타당하다. 하지만 모델의 성과지표에 영향을 미치는 설계 요인들이 매우 많은 경우가 빈번하게 발생한다. 이 경우에 분석하는 사람은 실험 계획법이라는 방법을 이용하는 것을 고려해보아야 한다. 이 단계에서는 실험 수행 과정에서 필요한 교차 실험 계획법(factorial experimental design)이나 배칭(batching), 초기 편의 방지 기법(initialization bias prevention), 분산 감소 기법(variance reduction technique), 다중 비교 절차(multiple comparison procedure) 같은 진보된 출력 분석 기법이 사용된다. 이 과정에서 전 단계에서 개발되었던 정량적 모델들을 확인해야 한다. 시뮬레이션 프로젝트를 수행할 때 컴퓨터 시뮬레이션 모델은 각각의 설계 요점에 대해 규정된 실험 설계를 해야 한다.

시스템에 대한 의사결정자가 제시한 평가기준과 시뮬레이션 모델의 실험결과를 이용하여 대안 시나리오를 분석하고 우선순위를 매겨야 한다. 복수의 성과지표를 가지고 그들 사이에 절충이 필요한 대안 시나리오를 비교하기 위해서는 특수한 방법이 사용되어야 한다.

만일 시뮬레이션이 당초 생각하였던 목적을 달성하였다면 추천된 해에 대해 문서화 작업을 하고 적용해야 한다. 그렇지 않으면 추가적인 자료, 모델, 실험, 분석을 하여 당초 목적을 달성하도록 반복수행을 지속한다. 문서를 훌륭하게 만들기 위해 두 가지 작업을 해야 한다. 그 두 가지는 본인이나 다른 분석자가 사용할 기술적인 매뉴얼과 사용하는 사람에게 제공할 사용자 매뉴얼이다. 기술적 매뉴얼을 잘 만들면 프로젝트의 내용이 수정되었을 때 잘 활용할 수 있는데 소프트웨어의 재활용성이라는 측면에서 공헌하는 바가 크다. 이 교재에서 제공하는 예제모델에 대해 문서화를 하는 접근방법은 당신이 개발한 모델에 대해 문서화를 하는 작업에 활용할 수 있다. 때때로 시뮬레이션 모델은 비전문가가 사용하게 될 수도 있다. 이러한 상황에 대비하여 모델을 사용하고 실행하는 방법을 문서화하는 것은 피할 수 없는 일이다. 사용자 매뉴얼은 시뮬레이션에 대해 잘 모르거나 프로그램을 할 줄 모르는 사람도 사용할 수 있도록 만들어야 한다. 따라서 주요 내용을 명확하고 간략하게 기술해야 한다. 프로젝트 수행의 일환으로 분석자는 추천된 시스템을 적용할 계획을 수립해야 한다. 그리고 적용하고 통합하는 과정을 추적해야 한다. 적용이 끝나면 제안된 해가 당초 의도했던 목적에 부합되는지 평가해야 한다.

1.8 교재의 구성

본 장에서는 시뮬레이션의 기본 개념에 대해 소개하였다. 2장에서는 난수(random number)발생 방법이나 특정한 확률분포를 가지는 난수발생방법(random number generator)에 대한 수학적 기초를 다룰 것이다. 3장에서는 스프레드시트(spreadsheet)을 이용하여 시뮬레이션에서 모델의 무작위성(randomness)을 확보하는 방법에 대해 학습할 것이다. 4장에서는 이산사건 시뮬레이션의 기초를 소개할 것이며, 이를 위해 모델링 도구인 Arena™를 소개한다. 5장에서는 Arena™를 이용하여 프로세스 모델링을 하는 방법을 자세하게 소개할 것이다. 이와 같은 처음 5개 장을 학습하고 나면 독자들은 관심이 있는 다양한 시스템에 시뮬레이션 모델을 만들 수 있게 될 것이다. 훌륭한 시뮬레이션 모델이 되기 위해서는 데이터 모델링을 어떻게 하느냐가 중요한데, 데이터 모델링에서는 시뮬레이션 모델에서 사용할 확률 모형이 중요하다. 6장에서는 시뮬레이션의 입력분포를 모델링하는 방법에 대해서 소개한다. 시뮬레이션에서 확률 모델을 입력 모수로 사용한다면 시뮬레이션의 결과 자료도 무작위성을 가진다. 7장에서는 시뮬레이션 출력 자료를 분석하는 데 사용할 통계적 기법에 대해 소개한다. 또한 Arena™를 이용해서 이와 같은 작업을 쉽게 할 수 있는 방법에 대해 소개하겠다. 7장까지의 내용을 학습하면 독자는 적절한 통계방법을 사용하여 모델을 만들고 분석할 수 있게 될 것이다.

본 교재의 나머지 부분에서는 좀 더 심도 있는 모델 개발을 하기 위한 내용들을 소개한다. 8장에서는 대기행렬과 재고가 포함된 일반적인 상황을 다루는 모델링 방법에 대하여 소개한다. 자재 취급 시스템을 포함하는 상황의 모델링은 9장에서 다룬다. 다음으로 10장에서는 시뮬레이션 모델링에서 사용되는 다양한 주제에 대해 소개하고, Arena™의 프로그래밍 능력에 대해 논의한다. 마지막 장에서는 실제 사례를 통하여 시뮬레이션을 활용하는 방법에 대해 소개한다. 이와 같은 학습과정을 통하여 시뮬레이션 모델을 보다 현실 상황에 가깝게 개발하는 방법을 위한 기본을 다지게 될 것이다.

시뮬레이션은 분석자가 시스템의 효율을 개선하기 위해 사용하는 도구이다. 이 교재에서 논의될 Arena™의 기능 이외에도 시뮬레이션에는 다양한 기능들이 있다. 이 기능들을 독자가 배운다면 매우 유용하게 사용할 수 있을 것이다.

연습문제

1.1 http://www.informs-sim.org/wscpapers.html 을 검색해서 실제 현실에 시뮬레이션을 어떻게 활용하는 지에 대한 사례를 조사하고, 이런 분석을 위해 시뮬레이션이 왜 중요한지 논의하라.

1.2 Balci [1998b]. (http://www.informs-cs.org/wsc98papers/006.PDF)의 논문을 읽고 검증과 타당성 검토의 차이가 무엇인지 생각하라. 또한 검증과 타당성 검토가 시뮬레이션에서 왜 중요한지 생각하라.

1.3 고객이 차에 주유를 하기 위해 두 대의 주유기가 있는 주유소에 도착하였다. 각 주유기는

동시에 두 대의 차량에 주유를 할 수 있도록 되어 있다. 만일 고객이 도착했을 때 주유할 공간이 없으면 고객은 그냥 돌아간다. 이 주유소의 효율에 대해 평가하기 위해서는 어떠한 항목을 측정하여 평가해야 할까? 이 시스템을 시뮬레이션 하기 위해 고객의 도착시간 간격과 주유시간에 대한 자료를 어떻게 수집할 것인지 설명하라.

1.4 다음의 시스템이 이산 시스템인지 연속 시스템인지 구분하라.

(a) 전기 충전기(시간 t 시점에 충전된 전기 충전량에 대해 관심이 있음)

(b) 온라인 게임 시스템(시간 t 시점에 Halo 4라는 온라인 게임에 접속하고 있는 고객의 수에 관심이 있음)

(c) 공항(하루에 출발하는 항공기의 출발시간 지연비율에 관심이 있음)

1.5 다음의 시스템이 이산 시스템인지 연속 시스템인지 구분하라.

(a) 주차장

(b) 파예트빌 셰일(Fayetteville Shale) 가스정에 저장된 가스량

(c) PCB (Printed circuit boad) 생산 공장

1.6 다음의 시스템이 이산 시스템인지 연속 시스템인지 구분하라.

(a) 엘리베이터 시스템(각 층에서 엘리베이터를 기다리는 고객의 수와 엘리베이터를 갈아타는 고객의 수에 관심이 있음)

(b) 법원(재판을 기다리는 사건의 수에 관심이 있음)

(c) 출발지에서 목적지까지 운항중인 항공기의 비행경로 상 위치

1.7 모델을 개념화한다는 것은 어떤 의미인가? 모델을 개념화하는 과정에서 발생할 수 있는 일의 예를 들어보라.

1.8 시간과 일반적인 절차를 포함하는 모델을 컴퓨터 코드로 만들고 개념모델을 컴퓨터 시뮬레이션 프로그램으로 표현하는 것을 ____이라고 한다.

1.9 다음 중에서 시뮬레이션의 문제구성과정에 포함되지 않는 것은?

(a) 시스템의 정의

(b) 성과지표의 결정

(c) 검증

(d) 개념모델의 구축

1.10 시뮬레이션 연구의 일반적인 목적은 (a) 특정 목적에 관련된 다양한 요인에 대하여 다양한 대안과 각각의 성과지표를 ( )하는 것과 (b) 미래의 어느 시점에 시스템의 거동이 어떻게 변할지를 ( )하는 것을 포함하고 있다.

1.11 시뮬레이션 모델의 검증은 시뮬레이션 모델이 실제 시스템을 적절하게 묘사하고 있는지를 확인하는 것이라는 의미는 참인가? 거짓인가?

CHAPTER 02

시뮬레이션에서 확률사상 생성

Generating Randomness In Simulatlon

학습목표

- 선형 합동 의사난수 생성방법을 설명하고 사용할 수 있다.
- 최신의 의사난수 생성방법을 알 수 있다.
- 스트림, 종자, 기간 등과 같은 의사난수 생성방법에서의 핵심 용어를 정의하고 사용할 수 있다.
- 의사난수의 검정에 있어서 주요 검토 사항을 설명할 수 있다.
- 역 누적분포함수(CDF)에 기초한 확률변량 생성 알고리즘을 유도하고 실행할 수 있다.
- 확률변량을 생성하기 위해 중첩 알고리즘을 설명하고 실행할 수 있다.
- 확률변량을 생성하기 위해 기각 채택 알고리즘을 설명하고 실행할 수 있다.

2.1 시뮬레이션의 확률적 성질

시스템의 성능을 규명하기 위하여 시뮬레이션을 활용하는 가장 중요한 장점 중의 하나는 확률사상(randomness)을 모델링에 포함할 수 있는 유연성에 있다. 1장에서 언급한 것과 같이, 시뮬레이션에 있어서 무작위성은 확률변수나 확률분포를 이용하여 모델링할 수 있다. 따라서 시뮬레이션 언어는 확률변량을 생성할 수 있어야 한다. 확률변량이란 확률변수의 실제 값을 말한다.

본 장에서는 시뮬레이션 언어가 어떻게 확률사상을 생성하는지를 학습하게 된다. 확률사상을 생성하기 위해서는 모형에 내재된 확률적인 현상처럼 작동할 수 있도록 하기 위한 알고리즘을 필요로 한다. 본 장의 첫 번째 부분에 이러한 알고리즘에 대한 기초적 내용이 기술되어 있고, 그 다음으로 주어진 확률사상을 여러 가지 확률변수(예를 들면, 정규, 포아송 등)로 변환할 수 있는 방법을 다룬다. 이러한 절차를 다루는 알고리즘은 본 장의 두 번째 부분에 기술되어 있다.

2.2 난수

본 절에서는 0과 1사이에 일양분포를 따르는 난수를 생성하는 방법을 설명한다. 일반적으로 상용 시뮬레이션 패키지는 난수 생성을 위한 추가적인 지원을 하고 있지만 다음과 같은 이유로 이러한 절차가 어떻게 진행되는지 이해할 필요가 있다.

1. 의사결정 개선을 위해 시뮬레이션 실험에 사용되는 난수를 조정해야 할 필요가 있을 수 있다.
2. 상업용 패키지에 필요로 하는 확률변수를 생성할 수 있는 함수가 없을 수 있다. 이러한 경우 이것을 스스로 만들 수 있어야 한다.

또한 시뮬레이션은 상업용 패키지보다 더 광범위하게 사용되고 있다. 그러므로 시뮬레이션을 어떠한 컴퓨터 언어로도 수행할 수 있어야 하고, 훌륭한 모델 설계자는 시뮬레이션에서 주요 입력 사항이 어떻게 수행되는지를 알아야 한다.

시뮬레이션에서는 쉽게 얻을 수 있는 많은 양의 난수들을 필요로 한다. 일반적으로 난수를 어떻게 생성하는지 생각해보자.

1. 주사위, 동전, 여러 색의 공
2. 특별히 설계된 전자 장비
3. 알고리즘

컴퓨터 시뮬레이션에 있어서는 알고리즘으로 난수를 생성하는 것이 가장 좋을 수 있다; 그러나 난수 생성을 위해 알고리즘을 이용할 경우에는 엄격하게 말해 무작위적(random)이라고 할 수 없다. 이러한 이유로 컴퓨터 시뮬레이션에 사용되는 난수는 의사 무작위(pseudorandom)라고 부른다.

정의 2.1 | 의사 무작위 난수

일련의 의사난수(pseudorandom number) U_i는 진짜 일양 난수 $U(0, 1)$와 통계적으로 같은 성질을 가지는 (0, 1) 사이의 확정적인 일련의 수이다(Ripley [1987]).

알고리즘으로부터 생성된 의사난수가 그들의 특성이 실제 $U(0, 1)$ 난수의 특성과 유의하게 다르지 않다는 것을 보여 주기 위하여 일련의 통계적 검정이 이루어진다. 의사난수를 생성하는 알고리즘을 난수 생성기(random number generator)라고 부른다. 일련의 검정을 통과함은 물론이고 난수 생성기는 신속해야 하고 필요할 때에 일련의 난수를 재생성할 수 있어야 있다.

다음 절에서는 난수 생성방법에 대해서 설명한다. 난수와 확률변수 생성에 관한 보다 자세한 내용은 Fishman [2006]과 Devroye [1986]를 참고하기 바란다.

2.3 난수 생성기

과학 계산의 역사를 거치면서 의사난수를 생성하기 위하여 많은 기법과 알고리즘이 제안되고 사용되어 왔다. 이 장에서는 많은 시뮬레이션 환경에서 사용되어온(지금도 사용하고 있는) 일반적 기법에 대하여 설명한다. 몇 가지 형태의 난수 생성기는 최근 시뮬레이션에서 많이 사용되고 있고 특히 Arena[TM]에서 사용되는 것에 대해 간략히 논의하고자 한다.

선형 합동 생성기(linear congruential generator, LCG)는 일련의 의사난수를 만들기 위한 재귀적 알고리즘(recursive algorithm)이다. 알고리즘으로부터 새로 생성하는 의사난수는 이전에 생성한 난수를 이용하여 생성한다. 따라서 **종자**(*seed*)라고 불리는 초기값이 필요하다. 종자의 값이 주어지면 알고리즘에 의해 일련의 의사난수가 정해진다. LCG의 기본 정의는 다음과 같다.

정의 2.2 | 의사 무작위 난수

LCG는 다음과 같은 재귀적 관계식에 따라 0과 $m-1$ 사이의 일련의 정수($R_0, R_1, \ldots$)를 정의한다.

$$R_{i+1} = (aR_i + c) \bmod m \quad \text{for } i = 0, 1, 2, \ldots. \qquad \text{(식 2.1)}$$

여기서 R_0는 종자이고, a는 상수의 승수라고 부르고, c는 증분, m은 계수(modulus)라고 부른다. 또한 (m, a, c, R_0)는 $a > 0$, $c \geq 0$, $m > a$, $m > c$, $m > R_0$, $0 \leq R_i \leq m-1$인 정수이다.

의사 일양난수를 구하기 위하여 다음 식을 사용한다.

$$U_i = \frac{R_i}{m} \qquad \text{(식 2.2)}$$

LCG는 일련의 정수와 의사난수로 사용할 수 있는 일련의 실수(유리수)를 정의한다는 것을 기억하자. 의사난수는 통계적 검정을 "기만"할 수 있음을 명심해야 한다. 초기값, 승수, 증분, 그리고 계수의 선택, 즉 LCG의 모수에 따라 생성기에 의해 만들어진 수들의 특성이 정해진다. 적절하게 선택된 모수로 LCG는 의사난수를 만들게 된다. 이것을 확실하게 이해하기 위하여 다음 예제를 살펴보자.

예제 2.1 간단한 LCG

모수($m = 8$, $a = 5$, $c = 1$, $R_0 = 5$)로 LCG에 의해 첫 9개의 R_i와 U_i를 계산하라.

먼저 mod 연산자를 이용한 계산 과정을 살펴보자. mod 연산자는 다음과 같이 정의된다.

$$\begin{aligned} z &= y \bmod m \\ &= y - m\left\lfloor \frac{y}{m} \right\rfloor \end{aligned}$$

여기서 $\lfloor x \rfloor$는 플로어 연산자(floor operator) 즉, x보다 적거나 같은 최대 정수를 돌려준다. 예를 들면

$$\begin{aligned} z &= 17 \bmod 3 \\ &= 17 - 3\left\lfloor \frac{17}{3} \right\rfloor \\ &= 17 - \lfloor 5.\overline{66} \rfloor \\ &= 17 - 3 \times 5 = 2 \end{aligned}$$

따라서 mod 연산자는 $y \geq m$일 때는(0을 포함하여) 정수의 나머지를, $y < m$일 때는 y가 된다. 예를 들면, $z = 6 \bmod 9 \Longleftrightarrow z = 6 - 9\left\lfloor \frac{6}{9} \right\rfloor = 6 - 9 \times 0 = 6$. 식 (2.1) LCG의 모수를 사용하면 다음과 같은 의사난수가 얻어진다.

$$\begin{aligned} R_1 &= (5R_0 + 1) \bmod 8 = 26 \bmod 8 = 2 \Rightarrow U_1 = 0.25 \\ R_2 &= (5R_1 + 1) \bmod 8 = 11 \bmod 8 = 3 \Rightarrow U_2 = 0.375 \\ R_3 &= (5R_2 + 1) \bmod 8 = 16 \bmod 8 = 0 \Rightarrow U_3 = 0.0 \\ R_4 &= (5R_3 + 1) \bmod 8 = 1 \bmod 8 = 1 \Rightarrow U_4 = 0.125 \\ R_5 &= 6 \Rightarrow U_5 = 0.75 \\ R_6 &= 7 \Rightarrow U_6 = 0.875 \\ R_7 &= 4 \Rightarrow U_7 = 0.5 \\ R_8 &= 5 \Rightarrow U_8 = 0.625 \\ R_9 &= 2 \Rightarrow U_9 = 0.25 \end{aligned}$$

예제 2.1에서 U_i는 $m = 8$을 포함한 분수이다. 이 수들은 완전히 무작위적으로 보이지는 않는다. U_i는 $0 \leq R_i \leq m - 1$이기 때문에 유리수, $0, \frac{1}{m}, \frac{2}{m}, \frac{3}{m}, \ldots, \frac{(m-1)}{m}$ 값만 가질 수 있다. 따라서 m이 아주 작으면 구간 [0, 1) 사이에 있는 구간이 되고, m이 크면 U_i는 [0, 1) 사이의 보다 조밀한 구간이 된다.

일련의 수열(sequence)을 앞에서 생성한 수와 동일한 수로 생성하게 되면 이러한 수열이 반복 혹은 순환(cycle)될 것이다. LCG의 중요한 특징은 거의 m에 가까운 긴 순환을 갖는다는 것이다. 이 순환의 길이를 LCG의 주기(*period*)라고 부른다. 이상적으로는 LCG의 주기는 m과 같다. 이런 경우에 LCG는 완전주기(full period)가 달성되었다고 말한다. 위의 예제에서 본 것처럼 LCG는 완전주기이다. 최근까지 대부분의 컴퓨터가 32비트이므로 일반적인 m값은 이진수를 사용하는 32비트 컴퓨터에서 가장 큰 정수인 $2^{31} - 1 = 2{,}147{,}483{,}647$이다. m의 이러한 선택은 소수(prime number)는 특수한 특성을 갖는 소수가 되도록 한다.

LCG의 적절한 모수 선택을 통하여 바람직한 의사난수 특성을 얻을 수 있다. Hull and Dobell [1962]에 의해 제안된 다음 이론은 LCG가 최대로 가능한 순환을 갖는지 아닌지를 확인할 수 있게 한다(Law [2007]).

정리 2.1 | LCG 완전주기 조건

LCG가 완전주기를 갖기 위한 필요충분조건은 다음 3가지 조건을 만족하는 것이다.

1. m과 c를 나누어떨어지는 유일한 양의 정수는 1이다. 즉, c와 m는 1 이외의 공약수(*common factor*)를 갖지 않는다.
2. q가 m을 나누어떨어지게 하는 소수라고 하면 $(a - 1)$을 q로 나누어떨어져야 한다. 즉, $(a - 1)$은 m을 나누어지게 하는 모든 소수의 배수이다.
3. 만약 m이 4로 나누어떨어지면 $(a - 1)$도 4로 나누어떨어져야 한다. 즉, m이 4의 배수면 $(a - 1)$도 4의 배수이다.

이제 이 이론을 예제 LCG에 적용해서 완전주기를 갖는지 아닌지를 확인해보라.

예제 2.2 LCG가 완전주기를 달성하는지 확인

정리 2.1을 사용하여 예제 2.1의 LCG가 완전주기가 되는지를 확인하라.

이론을 적용하기 위하여 생성기가 3가지 조건을 만족하는지를 확인해야 한다.

- 조건1: c와 m는 1보다 큰 공약수를 갖지 않는다.
  $m = 8$의 약수는 1, 2, 4, 8이고 $c = 1$이기 때문에 조건1을 만족한다.
- 조건2: $(a - 1)$은 m을 나누어떨어지게 하는 모든 소수의 배수이다.
  처음 몇 개의 소수는 (1, 2, 3, 5, 7)이다. $m = 8$을 나누어떨어지게 하는 소수 $q = 1, 2$이다. $a = 5$이고 $(a - 1) = 4$이므로 4는 $q = 1, 2$의 배수이다.
- 조건3: 만약 4로 m이 나누어떨어지면 4로 $(a - 1)$이 나누어떨어져야 한다.
  $m = 8$이므로 4로 m이 나누어떨어지고 4로 $(a - 1) = 4$도 나누어떨어진다.

주어진 세 조건이 모두 충족되므로 LCG는 완전주기를 갖는다.

이론을 보다 쉽게 적용할 수 있는 몇 가지 간단한 조건도 있다(Bank 등 [2005]). $m = 2^b$(m은 2의 멱수) 그리고 $c \neq 0$인 경우, 가능한 가장 긴 주기는 m이고, c와 m의 최대공약수가 1이 되도록 그리고 정수 k에 대하여 $a = 4k + 1$이 되도록 c를 선택하면 완전주기가 된다. 앞의 LCG 예제는 이러한 상황을 만족하고 있다.

$m = 2^b$ 그리고 $c = 0$인 경우, R_0가 홀수이고 $a = 8k + 3$ 혹은 $a = 8k + 5$ ($k = 0, 1, 2,$ 등)이면 가능한 가장 긴 주기는 $m/4$이고 완전주기가 달성 가능하다.

소수 m과 $c = 0$일 때 PMMLCG(prime modulus multiplicative congruential generator)

라 불리는 LCG의 특수한 경우를 정의한다.

이 경우에 가능한 가장 긴 주기는 $m - 1$이고, $a^k - 1$이 m으로 나누어떨어지는 최소의 정수 k 가 $m - 1$이면 완전주기가 달성 가능하다.

최근 20년에 걸쳐 32비트 컴퓨터가 보편화되었다. 또한 $2^{31} - 1 = 2,147,483,647$이 소수이다. 이런 이유로 $2^{31} - 1$이 $c = 0$인 m의 값으로 선택되어 왔다. 승수 a에 대한 2개의 일반적인 값은 다음과 같다.

$$a = 630,360,016$$
$$a = 16,807$$

후자는 수년 동안 Arena에서 사용되었다. PMMLCG는 완전주기가 얻어지지 않을 수도 있다. 그러나 승수를 적절하게 선택하면 $m - 1$ 길이의 차선의 주기를 얻을 수 있다. 이 경우 $R_i \in \{1, 2, \ldots, m - 1\}$이므로 $U_i \in (0, 1)$이다. 0은 실현 가능하지 않기 때문에 $U_i \in (0,1)$에 대한 제약은 여러 가지 확률분포로부터 확률변수를 생성할 때 매우 유용하다.

LCG를 이용할 때 알고리즘의 초기값으로 시작 종자를 부여하여야 한다. 이 종자는 소프트웨어 내에서 필요 시 생성기에서 생성할 수열을 결정한다. 생성기 순환 때문에 그림 2.1에 표시된 것처럼 큰 원으로 된 목록으로 일련의 수를 고려할 수 있다. 초기값 $R_0 = 5$로 시작하면 수열 $\{2, 3, 0, 1, 6, 7, 4, 5\}$를 얻는다. 초기값 $R_0 = 1$로 시작하면 수열 $\{6, 7, 4, 5, 2, 3, 0, 1\}$을 얻는다. 이들 두 수열은 중복되지만 각각의 앞의 절반 부분 $\{2, 3, 0, 1\}$과 $\{6, 7, 4, 5\}$는 중복되지 않는다. 만약에 이들 두 개의 수열 각각으로부터 4개의 난수만 사용한다면 그 수들은 중복되지 않는다. 이것으로부터 스트림(stream)을 정의할 수 있다:

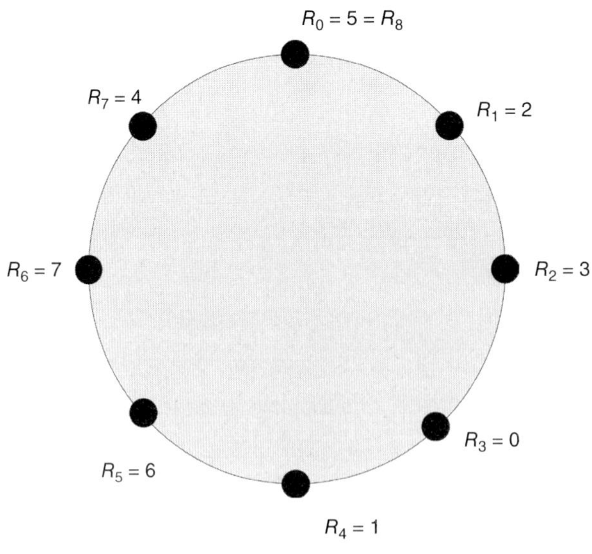

그림 2.1 예제 2.1에 대한 R_i 열

정의 2.3 | 난수 스트림

주어진 종자에 의해 생성된 난수들의 부분 열을 난수 스트림(random number stream)이라고 부른다.

난수 생성기에 의해 만들어진 수열은 특정 종자와 연관된 스트림인 부분 열로 분리한다. 그리고 첫 번째 부분 열을 스트림 1, 두 번째 부분 열을 스트림 2와 같이 부른다. 각각의 스트림은 다시 겹치지 않는 난수의 부분 열 혹은 부분 스트림으로 나눌 수 있다.

이번 예제에서 스트림 1은 종자 $R_0 = 5$에 의해 정의된 것이다. 그러나 m이 큰 수일 경우 $R_0 =$ 123,098,345와 같이 종자가 훨씬 더 커질 것이다. 이와 같은 큰 정수를 기억하기보다는 종자에 스트림 번호를 할당한다. 그리고 그 수열은 자신의 스트림 번호로 참조된다. 자연히 종자와 스트림을 연관시키면 각 스트림 내에서 중복되지 않는 난수의 수가 매우 커지도록 전체 수열을 나눌 수 있다. 이렇게 함으로써 어떤 스트림이 사용될 때 다음 스트림으로 이어질 수 있는 확률이 매우 작아진다. 따라서 m을 가능한 한 크게 하고 중복되지 않는 난수가 가능한 한 많이 포함되는 많은 스트림을 가지게 된다. 최신의 컴퓨터에서는 $m = 2^{31} - 1 = 2,147,483,647$조차도 큰 수는 아니다. 대규모 시뮬레이션에서 여러분은 쉽게 이 모든 난수를 다 사용할 수 있다.

시뮬레이션 언어들에 있는 난수 생성기는 "원"을 독립된 난수의 집합으로 분할하는 스트림 집합이 포함되어 있다. 만약 수열 내에 있는 난수를 모두 사용하지 않는다면 그 스트림은 독립이다. 이러한 스트림은 시뮬레이션과 관련한 무작위성이 이루어지도록 한다. 시뮬레이션을 수행하는 동안 특정한 스트림을 모델 내의 특정 확률과정에 관련시킬 수 있다. 이렇게 하면 난수에 의해 출력에 중요한 차이가 나타나는지를 확인할 수 있는 이점이 있다. 또한 여러 대안의 시뮬레이션에 사용된 난수가 보다 일치하도록 한다.

이제 난수 생성기를 사용하는 시뮬레이션 언어를 사용하는 초보자의 공통적인 질문에 대답할 수 있다. 즉, **만약 시뮬레이션에서 난수를 사용하고 있다면 프로그램을 실행할 때마다 왜 동일한 결과가 얻어지는가?** 또한 이 질문과 유사한 질문으로 **프로그램을 실행할 때마다 다른 확률적 결과를 얻고자 하면 어떻게 하면 되는가?** 첫 질문에 대한 대답은 프로그램을 매번 실행할 때마다 사용하고 있는 난수 생성기가 동일한 종자로 시작하기 때문이다. 따라서 매번 동일한 의사난수를 사용하게 된다. 다음 질문에 대한 대답은 프로그램이 다른 결과를 생성하기를 원한다면 난수 생성기가 다른 종자(즉 다른 스트림)을 사용하도록 하는 것이다. 후자는 반드시 올바른 목적만은 아니다. 예를 들면 여러분이 시뮬레이션 프로그램을 개발할 때 여러분의 프로그램이 올바르게 작동하는지를 알 수 있도록 반복되는 결과를 얻을 필요가 있다. 불행하게도 많은 초보자는 시뮬레이션 프로그램의 종자를 "무작위적으로" 설정하기 위해 컴퓨터 시계(computer clock)를 사용하는 것으로 알고 있다. 이것은 좋지 않은 생각이고 이 책에서는 권장하지 않는다. 이러한 생각은 게이머가 여러 가지 무작위적인 환경을 경험할 수 있도록 하기 위한 게임 시뮬레이션에 더 적합하다.

현재의 계산 능력 하에서는 중요한 시뮬레이션 연구를 수행하는 데는 20억 개 이상의 난수가 사용되기 때문에 이전에 설명한 PMMLCG는 불충분하다. 따라서 매우 긴 기간을 갖는 새로운 종류의 난수 생성기가 개발되었다. L'Ecuyer 등[2002]에 기술되어 있는 난수 생성기가 바로 그것이다. 이것은 약 3×10^{57} 기간을 가지는 2개의 재귀적인 생성기의 조합으로 되어 있으며, 많은 상업용 패키지에서 현재 사용되고 있다. 이 알고리즘은 Law [2007]에 의해 정의되었다.

$$R_{1,i} = (1,403,580R_{1,i-2} - 810,728R_{1,i-3})[\text{mod}(2^{32} - 209)] \quad \text{(식 2.3)}$$

$$R_{2,i} = (527,612R_{2,i-1} - 1,370,589R_{2,i-3})[\text{mod}(2^{32} - 22,853)] \quad \text{(식 2.4)}$$

$$Y_i = (R_{1,i} - R_{2,i})[\text{mod}(2^{32} - 209)] \quad \text{(식 2.5)}$$

$$U_i = \frac{Y_i}{2^{32} - 209} \quad \text{(식 2.6)}$$

이 생성기가 어떻게 작동하는지를 알아보기 위하여 생성기로부터 의사난수 첫 열의 생성을 고려해보자. 생성기는 처음 6개 값의 벡터 $(R_{1,0}, R_{1,1}, R_{1,2}, R_{2,0}, R_{2,1}, R_{2,2})$를 초기 종자로 한다. 먼저 최초로 생성된 U_i는 인덱스 3으로 시작한다. 예제 2.3은 5개의 의사난수를 생성하기 위한 예이다.

예제 2.3 L'Ecuyer 등(2002)의 난수 생성기

다음과 같은 초기 종자 벡터를 사용하여 L'Ecuyer 등[2002]의 난수 생성기로부터 5개의 의사난수를 생성하라.

$$\{R_{1,0}, R_{1,1}, R_{1,2}, R_{2,0}, R_{2,1}, R_{2,2}\} = \{12345, 12345, 12345, 12345, 12345, 12345\}$$

	$i = 3$	$i = 4$	$i = 5$	$i = 6$	$i = 7$
$Z_{1,i-3} =$	12345	12345	12345	3023790853	3023790853
$Z_{1,i-2} =$	12345	12345	3023790853	3023790853	3385359573
$Z_{1,i-1} =$	12345	3023790853	3023790853	3385359573	1322208174
$Z_{2,i-3} =$	12345	12345	12345	2478282264	1655725443
$Z_{2,i-2} =$	12345	12345	2478282264	1655725443	2057415812
$Z_{2,i-1} =$	12345	2478282264	1655725443	2057415812	2070190165
$Z_{1,i} =$	3023790853	3023790853	3385359573	1322208174	2930192941
$Z_{2,i} =$	2478282264	1655725443	2057415812	2070190165	1978299747
$Y_i =$	545508589	1368065410	1327943761	3546985096	951893194
$U_i =$	0.127011122076	0.318527565471	0.309186015655	0.82584686312	0.221629915834

이 생성기에 대한 이론적인 토대를 탐구하는 것은 이 책의 범위를 벗어나지만 새로운 생성기의 사용은 개념적으로 이미 설명한 것과 비슷하다. 이 생성기는 복수 개의 독립적인 스트림을 부스트림과 함께 정의할 수 있도록 한다.

이 생성기의 매력적인 부분은 순수한 기간의 크기이다. L'Ecuyer 등[2002]의 분석에 의하면, 평균적인 데스크톱 컴퓨터가 연속적인 계산 연수로 생성기의 사이클을 완전히 소진하는 능력을 가질 때까지는 앞으로 약 219년이 걸릴 것이라고 한다. 기간의 길이와 함께 또한 생성기는 스트림 길이가 1.7×10^{38}인 약 1.8×10^{19}개의 많은 스트림의 수와 스트림당 2.3×10^{15}개의 번호를 갖는 길이 7.6×10^{22}인 부스트림을 가지고 있다. 이러한 특성으로 인하여 시뮬레이션을 수행할 때 난수 중복에 대한 걱정은 하지 않아도 된다. 생성기는 엄격한 통계적 검정을 거쳤고 훌륭한 통계적 특성을 가지고 있는 것으로 알려져 있다.

2.4 난수 검정

여기서는 난수 생성기의 통계적 특성을 검정하기 위한 항목들에 대한 개요를 살펴본다. 본질적으로 난수 생성기는 서로 독립이고 동일한 분포(IID)를 하는 $U(0, 1)$ 확률변수들을 생성하는 것이다. 생성기로부터 얻은 하나의 표본은 IID인 $U(0, 1)$분포를 한다는 가설이 설정된다. 그리고 이 가설은 여러 가지 통계적 검정을 거쳐야 한다. 이용할 수 있는 많은 검정이 있다. 예를 들면 Soto [1999]와 L'Ecuyer 등[1992]을 들 수 있다. 전형적인 검정은 다음과 같은 것을 조사한다.

- 분포적 특성: 예를 들면, 카이제곱과 콜모고로프-스미르노프(K-S) 검정
- 독립성: 예를 들면, 상관 검정과 런 검정
- 패턴: 예를 들면, 포커 검정과 갭 검정

난수 생성기의 질을 고려할 때 수열에 대한 보다 높은 차원의 특성을 고려할 필요가 있다. 예를 들면 수열 검정(serial test)은 보다 높은 차원의 카이제곱 검정이다.

2.4.1 분포 검정

본질적으로 분포 검정은 귀무가설(null hypothesis) $H_0 : U_i \sim U(0, 1)$과 대립가설(alternative hypothesis) $H_a : U_i \nsim U(0, 1)$를 조사한다. 즉, 귀무가설은 생성된 수들이 구간 0과 1사이의 일양분포를 따른다는 것이고 귀무가설은 생성된 수들이 구간 0과 1 사이의 일양분포를 하지 않는다는 것이다.

가설검정을 할 때, 2가지 방법으로 할 수 있다: (i) 사전에 명시한 제1종 오류와 기준값(critical value)을 비교하는 것 혹은 (ii) 사전에 명시한 제1종 오류(Type 1 error)와 p-값(p-value)을 비교하는 것이다. 예를 들면, 첫 번째 경우, 제1종 오류 $\alpha = 0.05$라고 가정하면, 검정을 위해 적절한 기준값을 찾아 검정 통계량을 계산하고 검정통계량이 너무 극단적(검정에 따라서 너무 크거나 너무 작음)이면 귀무가설 H_0를 기각한다. 두 번째 경우 계산된 검정 통계량에 대한 p-값을 계산해서 p-값이 미리 정한 제1종 오류보다 작거나 같으면 귀무가설 H_0를 기각한다.

본 교재에서는 p-값이 결과의 유의성에 관한 추가적인 정보를 제공하기 때문에 가설 검정에 p-값 접근법을 활용한다. 통계적 검정에서 p-값은 측정된 검정통계량이 유의미하기 위한 최소의 α의 수준이다. 이 최소의 α의 수준을 검정에 대한 측정된 유의수준이라고 부른다. p-값이 작을수록 그 결과는 통계적으로 더 유의미하게 고려할 수 있다. 따라서 p-값과 고려 중인 유의수준(significant level) α를 비교한다. 따라서 가설검정에 p-값 접근법을 사용할 때, 검정 기준(testing criterion)은 다음과 같다.

- 만약 p-값 $> \alpha$ 이면 H_0를 기각하지 않는다.
- 만약 p-값 $\leq \alpha$ 이면 H_0를 기각한다.

p-값에 대한 다른 해석은 H_0가 사실이라고 가정할 때 검정통계량이 적어도 측정치만큼 극단적인 값을 얻을 확률이다. H_0가 사실이라고 가정하자. 그러면 검정통계량은 주어진 확률분포를 따를 것이다. p-값은 H_0가 사실이라는 가정하에서 검정통계량이 실제로 얻어진 값보다 더 극단적인 값을 얻을 확률로 해석할 수 있다. 가설검정에서 p-값을 계산하는 것은 귀무가설을 채택하거나 기각하기 위한 다른 판단 기준을 제공한다. 제1종 오류에 대하여

$$\alpha = P(\text{제1종 오류}) = P(\text{귀무가설이 사실임에도 기각})$$

이것은 의사결정에서 실수를 할 확률을 나타낸다. p-값은 귀무가설이 사실이라는 가정하에서 보다 극단적이 될 검정통계량과 관련된 관측 기회를 나타낸다. 작은 p-값은 H_0 가정하에서 관측치가 거의 발생할 수 없다는 것을 나타낸다. 만약 p-값이 작다면, 관측치만큼 극단적인 결과가 일어날 수 있지만, H_0하에서는 있음직하지 않다는 것을 나타내다. 다시 말하면, 확률 그 자체로는 결과를 적절하게 설명할 수 없다. 따라서 작은 p-값에 대해서 관측된 결과에 대한 그럴듯한 설명으로써 H_0를 기각할 수 있다. 만약 p-값이 크면 그 관측치만큼 극단적인 결과가 높은 확률로 일어날 수 있다는 것을 나타낸다. 예를 들면, p-값이 0.001이라고 가정하자. 이것은 H_0가 사실일 경우 검정통계치가 적어도 측정치만큼 극단적인 값을 가질 수 있는 가능성이 1,000분의 1이라는 것을 의미한다. 이것은 1,000번 중에 1번이 드물게 일어나는 사건인지 아닌지를 가리는 것이다. 다시 말하면 여러분은 스스로 이와 같이 드문 사건이 관측되어 다행이라고 생각할 수 있다. 만약 실제로 관측되어 이것을 다행한 일이라고 생각하지 않는다면 여러분은 이것은 어느 정도 우리의 뜻과는 다르다고 의심할 수도 있다. 다시 말하면, H_0가 사실이라는 여러분의 가정은 잘못일 수 있다는 것이다. 그러므로 귀무가설 H_0를 기각하고 대립가설 H_a를 채택한다. 여기서 여러분이 잘못된 의사결정을 할 위험은 여러분이 드문 사건이라고 생각하는 것 즉, α 수준이다.

일련의 의사난수의 분포적 특성을 조사하는 데 카이제곱 검정(χ-squared test)과 K-S 검정이라는 2가지 중요한 검정을 사용할 수 있다.

2.4.1.1 카이제곱 적합도 검정 카이제곱 검정은 자료의 범위를 k 구간으로 나누고, 각 구간에 있는 측정치의 수가 가정한 분포가 옳다고 가정할 때 그 구간에 있을 기대치(expected value)와 비슷한지를 검사한다. $\vec{x} = (x_1, x_2, \ldots, x_n)$을 측정치 집합이라고 하자. $b_0, b_1, \ldots, b_k$를$(b_0, b_1], (b_1, b_2], \ldots, (b_{k-1}, b_k]$와 같이 서로 중첩되지 않은 인접한 구간을 구성하는 각 구간의 경계치(끝 점)라고 하자. 이들 구간은 동일한 폭을 가질 필요는 없다. 또한 b_0를 $-\infty$ 로 두면 $(-\infty, b_1]$이 되고, b_k를 ∞로 두면 $(b_{k-1}, +\infty)$가 된다.

각 구간에 있는 측정치의 수를 계산하기 위하여 다음과 같은 함수를 이용하면 유용하다.

$$c(\vec{x} \leq b) = \#\{x_i \leq b\}\ i = 1, \ldots, n \qquad \text{(식 2.7)}$$

$c(\vec{x} \le b)$는 b보다 작거나 같은 측정치의 수를 나타낸다. c_j를 j번째 구간 $(b_{j-1}, b_j]$에 포함된 측정된 x값들을 나타낸다고 하자. 그러면 c_j는 다음 식으로 정해진다.

$$c_j = c(\vec{x} \le b_j) - c(\vec{x} \le b_{j-1}) \quad \text{(식 2.8)}$$

여기서 $\sum_{j=1}^{k} c_j = n$이다. 스프레드시트에서 COUNTIF(range, criteria) 함수를 이용하면 쉽게 식 (2.7)과 (2.8)을 구현할 수 있다. 카이제곱 검정 통계량은 다음과 같다.

$$\chi_0^2 = \sum_{j=1}^{k} \frac{(c_j - np_j)^2}{np_j} \quad \text{(식 2.9)}$$

np_j값은 n개가 측정되었을 때, j번째 구간에 있어야 할 관측치의 기대 수이다.

큰 n값에 대하여 계산된 χ_0^2가 $\chi^2_{\alpha,k-s-1}$보다 크면 귀무가설을 기각하는 $1 - \alpha$ 수준의 카이제곱 검정을 실시한다. 여기서 s는 가정한 분포에 대해 추정한 모수의 수를 나타낸다. $\chi^2_{\alpha,k-s-1}$는 카이제곱 확률변수 χ^2가 $P\left\{\chi^2 > \chi^2_{\alpha,k-s-1}\right\} = \alpha$인 상한값이다. 이 검정에 대한 p-값, $P\left\{\chi^2_{\alpha,k-s-1} > \chi_0^2\right\}$은 다음 식을 이용하여 엑셀에서 구할 수 있다:

$$\text{CHISQ.DIST.RT}(\chi_0^2, k - s - 1)$$

통계 패키지 R에서의 식은 다음과 같다.

$$\text{pchisq}(\chi_0^2, k - s - 1, lower.tail = FALSE)$$

귀무가설은 자료가 가정한 분포부터 얻어진다는 것이고 대립가설은 자료가 가정한 분포로부터 얻어진 것이 아니라는 것이다.

자료가 $U(0,1)$인지를 검정하기 위하여 다음과 같은 절차를 따른다:

1. 구간 (0, 1)을 $\Delta b = b_j - b_{j-1}$가 되도록 k개의 동일한 구간으로 나눈다. 따라서 $p_j = \frac{1}{k}$, $j = 1, 2, \ldots, k$. 따라서 각 구간에 있을 기대 수는 $np_j = n \times \frac{1}{k} = \frac{n}{k}$.
2. 실용적인 규칙에 따라 각 구간에 있을 기대 수 np_j는 적어도 5개가 되도록 한다. 따라서 $\frac{n}{k} \ge 5$ 혹은 $n \ge 5k$ 혹은 $k \le \frac{n}{5}$이다. 따라서 주어진 n값에 대하여 구간의 수는 $k \le \frac{n}{5}$가 되도록 선택한다.
3. 분포에 대한 모수 $a = 0$와 $b = 1$이 알려져 있기 때문에, $s = 0$이다. 그러므로 만약 $\chi_0^2 > \chi^2_{\alpha,k-s-1}$ 혹은 p-값이 α보다 작으면 $H_0 : U_i \sim U(0, 1)$는 기각한다.

만약 p_j를 $\frac{1}{k}$로 선택한다면 식 (2.9)는 다음과 같이 변형된다.

$$\chi_0^2 = \frac{k}{n} \sum_{j=1}^{k} \left(c_j - \frac{n}{k}\right)^2 \quad \text{(식 2.10)}$$

예제 2.4 의사난수에 대한 카이제곱 검정

의사난수 생성기로부터 다음과 같이 100개의 측정치를 얻었다고 하자. 이 수들이 $U(0,1)$분포를 따르는지 카이제곱 검정을 실시하라.

0.971	0.668	0.742	0.171	0.350	0.931	0.803	0.848	0.160	0.0
0.687	0.799	0.530	0.933	0.105	0.783	0.828	0.177	0.535	0.6
0.314	0.345	0.034	0.472	0.607	0.501	0.818	0.506	0.407	0.6
0.752	0.771	0.006	0.749	0.116	0.849	0.016	0.605	0.920	0.8
0.830	0.746	0.531	0.686	0.254	0.139	0.911	0.493	0.684	0.9
0.040	0.798	0.845	0.461	0.385	0.099	0.724	0.636	0.846	0.8
0.468	0.339	0.079	0.902	0.866	0.054	0.265	0.586	0.638	0.8
0.951	0.842	0.241	0.251	0.548	0.952	0.017	0.544	0.316	0.7
0.074	0.730	0.285	0.940	0.214	0.679	0.087	0.700	0.332	0.6
0.061	0.164	0.775	0.015	0.224	0.474	0.521	0.777	0.764	0.1

$n = 100$이기 때문에 구간의 수는 20개보다 적거나 같아야 한다. 여기서 $k = 10$으로 하자. 그러면 모든 j에 대하여 $p_j = 0.1$이다

j	b_{j-1}	b_j	p_j	$c(\vec{x} \le b_{j-1})$	$c(\vec{x} \le b_j)$	c_j	np_j	$\frac{(c_j - np_j)^2}{np_j}$
1	0	0.1	0.1	0	13	13	10	0.9
2	0.1	0.2	0.1	13	21	8	10	0.4
3	0.2	0.3	0.1	21	28	7	10	0.9
4	0.3	0.4	0.1	28	35	7	10	0.9
5	0.4	0.5	0.1	35	41	6	10	1.6
6	0.5	0.6	0.1	41	50	9	10	0.1
7	0.6	0.7	0.1	50	63	13	10	0.9
8	0.7	0.8	0.1	63	77	14	10	1.6
9	0.8	0.9	0.1	77	90	13	10	0.9
10	0.9	1	0.1	90	100	10	10	0

마지막 열을 합하면

$$\chi_0^2 = \sum_{j=1}^{k} \frac{(c_j - np_j)^2}{np_j} = 8.2$$

자유도(degree of freedom) $k - s - 1 = 10 - 0 - 1 = 9$에 대하여 p값을 계산하면 $p\{\chi_9^2 > 8.2\} = 0.514$이다. 따라서 이와 같이 큰 p-값이 주어져서 측정된 자료가 $U(0, 1)$을 따른다는 가설을 기각할 수 없다.

예제 2.4를 스프레드시트로 푼 것은 본 장에 포함되어 있는 스프레드시트 *Ch2Spreadsheet*

*Examples*의 *Chi-square Test U*(0, 1)을 참조하기 바란다. 또한 R 통계 패키지를 이용하여 검정을 쉽게 수행할 수 있다. 파일 *u01data.txt*에 이 예제에 대한 PRNs가 있다고 가정하면 다음 R 명령어에 의해 검정이 실행된다.

```
> data <- read.table("u01data.txt")
> b = seq(0,1, by = 0.1)
> h = hist(data$V1, b, right = FALSE)
> chisq.test(h$counts)

Chi-squared test for given probabilities

data:  h$counts
X-squared = 8.2, df = 9, p-value = 0.5141
```

2.4.1.2 고차원 카이제곱 검정 의사난수는 구간 (0, 1)사이에 일양분포를 따르고 있는 것만은 아니고 단위 면적 내 $\{(x, y): x \in (0, 1), y \in (0, 1)\}$, 단위 공간, 고차원의 d에서 일양분포를 할 수도 있다.

Law [2007]에 기술된 시리얼 검정을 통하여 의사난수의 다차원의 특성에 대한 검정을 할 수 있다. 일련의 의사난수를 크기가 d인 중첩되지 않은 벡터로 구성할 수 있다고 하자. 그 벡터들은 d-차원 단위 공간에서 일양분포를 따르는 IID한 확률벡터가 된다. 이렇게 하여 고차원에서의 일양성에 대한 검정을 개발할 수 있다. 시리얼 검정을 하기 위하여

1. 구간 (0, 1)을 동일한 크기의 k개의 구간으로 나눈다.
2. 각 크기 d인 n개의 의사난수 벡터를 생성한다.

$$
\begin{aligned}
\vec{U}_1 &= (U_1, U_2, \ldots, U_d)\\
\vec{U}_2 &= (U_{d+1}, U_{d+2}, \cdots, U_{2d})\\
&\vdots\\
\vec{U}_n &= (U_{(n-1)d+1}, U_{(n-1)d+2}, \cdots, U_{nd})
\end{aligned}
$$

3. $c_{j_1 j_2, \ldots, j_d}$를 부분구간 j_1 내의 첫 번째 값, 부분구간 j_2 내의 두 번째 값, 등의 값을 갖는 $\vec{U}_i$의 개수라고 하자.
4. 다음 값을 계산

$$\chi_0^2(d) = \frac{k^d}{n} \sum_{j_1=1}^{k} \sum_{j_2=1}^{k} \cdots \sum_{j_d=1}^{k} \left(c_{j_1 j_2, \ldots j_d} - \frac{n}{k^d} \right)^2 \qquad \text{(식 2.11)}$$

5. $\chi_0^2(\mathrm{d}) > \chi^2_{\alpha, k^d-1}$ 혹은 p-값 $P\{\chi^2_{k^d-1} > \chi_0^2(d)\}$가 α보다 작으면 $\vec{U}_i$가 d-차원 단위 공간에 일양분포를 따르고 있다는 가설을 기각한다.

Law [2007]는 $c_{j_1 j_2, \ldots, j_d}$를 계산하는 알고리즘을 제안하였다. 이 검정은 일양분포를 따르는 난수를 어떻게 다차원 공간으로 채우는지를 실험하는 것이다. 이것은 자연과학에서 흔히 볼

수 있는 다차원 적분에 대한 평가를 위해 시뮬레이션을 실행할 때 매우 중요한 역할을 한다.

예제 2.5 R에 의한 2차원 카이제곱 검정

앞 예제와 동일한 자료에 대하여 통계 패키지 R을 이용하여 2차원 카이제곱 검정을 실시하라. 차원 각각에 대하여 4개의 구간을 사용하라.

목록 2.1에 주어진 코드는 식 (2.11)을 계산하기 위해 R에서의 명령어를 이해하기 위해 문법적으로 기술되었고 몇 가지 분류와 표 기능을 사용하고 있다. 목록 2.2에 있는 결과는 구간별로 기대 수가 5보다 작기 때문에 예시 목적으로만 나타낸 것이다. 그러나 구간 표를 보면 2차원 구간에 있는 개수는 기대 수에 가깝다는 것을 볼 수 있다. *p*-값은 PRNs 각 쌍에서 일양성이 없다는 가설을 기각할 수 없다. R 코드는 더 많은 표본이나 더 높은 차원 검정을 위해 일반화할 수 있다. 독자는 더 많은 자료를 가지고 코드를 실행해보기를 바란다.

목록 2.1 | 예제 2.5에 대한 *R* 코드

```
nd = 100 #number of data points
data <- read.table("u01data.txt") # read in the data
d = 2 # dimensions to test
n = nd/d # number of vectors
m = t(matrix(data$V1,nrow=d)) # convert to matrix and transpose
b = seq(0,1, by = 0.25) # setup the cut points
xg = cut(m[,1],b,right=FALSE) # classify the x dimension
yg = cut(m[,2],b,right=FALSE) # classify the y dimension
xy = table(xg,yg) # tabulate the classifications
k = length(b) - 1 # the number of intervals
en = n/(k^d) # the expected number in an interval
vxy = c(xy) # convert matrix to vector for easier summing
vxymen = vxy-en # subtract expected number from each element
vxymen2 = vxymen*vxymen # square each element
schi = sum(vxymen2) # compute sum of squares
chi = schi/en # compute the chi-square test statistic
dof = (k^d) - 1 # compute the degrees of freedom
pv = pchisq(chi,dof, lower.tail=FALSE) # compute the p-value
# print out the results
cat("#observations = ", nd,"\n")
cat("#vectors = ", n, "\n")
cat("size of vectors, d = ", d, "\n")
cat("#intervals =", k, "\n")
cat("cut points = ", b, "\n")
cat("expected # in each interval, n/k^d = ", en, "\n")
cat("interval tabulation = \n")
print(xy)
cat("\n")
cat("chisq value =", chi,"\n")
cat("dof =", dof,"\n")
cat("p-value = ",pv,"\n")
```

2.4.1.3 콜모고로프-스미르노프 검정 K-S 검정은 검정통계량을 표로 만들기 위한 구간 설정에 의존하지 않고, 가정한 분포 $\hat{F}(x)$와 경험분포를 비교하는 것이다. K-S 검정은 확률변수의 두 범위 사이의 최대 절대오차를 검토함으로써 이론적 CDF와 경험적 CDF를 비교한다. K-S 검정은 Law [2007]에 자세하게 설명되어 있고, 이 검정에 대한 장점과 단점에 대해서도 기술하고 있다. 예를 들면, Law [2007]는 K-S 검정이 카이제곱 검정보다 더 우수하고 적은 표본으로도 사용할 수 있다고 지적하였다.

K-S 검정을 실시하기 위하여 경험적 분포를 계산할 수 있어야 한다. 경험적 분포는 x보다 작거나 같은 측정치의 비율이다. 식 (2.7)로부터 경험적 분포를 식 (2.12)와 같이 정의할 수 있다.

$$\tilde{F}_n(x) = \frac{c(\vec{x} \leq x)}{n} \qquad \text{(식 2.12)}$$

이 정의를 공식화하기 위하여 표본 x_i $(i = 1, 2, \ldots, n)$를 크기 순으로 나열하면 $x_{(i)}(i = 1, 2, \ldots, n)$을 얻는다. 여기서 $x_{(1)}$는 표본 중 가장 작은 것, $x_{(2)}$는 두 번째로 작은 것을 나타내고, $x_{(n)}$은 가장 큰 것을 나타낸다. 이와 같이 정렬된 수를 순서통계량(order statistic)이라 하고, $x_{(i)}$를 i번째 순서통계량이라 한다.

경험적 분포는 각 $i = 1, 2, \ldots, n$에 대하여 i번째 순서통계량보다 작거나 같은 자료 값들의 비율을 나타내기 때문에 식 (2.12)는 다음과 같이 다시 쓸 수가 있다.

$$\tilde{F}_n(x_{(i)}) = \frac{i}{n} \qquad \text{(식 2.13)}$$

이 개정된 정의에 의하면 $x_{(i)}$가 주어졌을 때, $x_{(i)}$보다 작거나 같은 자료의 수는 순서통계량의 정의에 의해 i가 된다. 각 순서통계량에 대하여 다음과 같이 나타낼 수 있다.

목록 2.2 | 예제 2.5에 대한 *R* 코드에 의한 결과

```
Output:
#observations =  100
#vectors =  50
size of vectors, d =  2
#intervals = 4
cut points =  0 0.25 0.5 0.75 1
expected # in each interval, n/k^d =  3.125
interval tabulation =
           yg
xg          [0,0.25) [0.25,0.5) [0.5,0.75) [0.75,1)
  [0,0.25)         5          0          3        2
  [0.25,0.5)       2          1          2        7
  [0.5,0.75)       3          3          3        7
  [0.75,1)         4          1          4        3

chisq value = 18.48
dof = 15
p-value =  0.2382715
```

$$\tilde{F}_n(x_{(1)}) = \frac{1}{n}$$
$$\tilde{F}_n(x_{(2)}) = \frac{2}{n}$$
$$\vdots$$
$$\tilde{F}_n(x_{(i)}) = \frac{i}{n}$$
$$\vdots$$
$$\tilde{F}_n(x_{(n)}) = \frac{n}{n} = 1$$

경험적 분포를 정의할 때 흔히 다음과 같은 연속성 보정이 이루어진다:

$$\tilde{F}_n(x_{(i)}) = \frac{i - 0.5}{n}$$

이렇게 함으로써 연속분포에 대한 검정을 할 수 있다. 경험적 분포에 대해 정렬과 계산은 스프레드시트 혹은 통계 패키지 R을 이용하여 쉽게 수행할 수 있다.

K-S 검정통계량 D_n은 $D_n = \max\{D_n^+, D_n^-\}$과 같이 정의된다. 여기서

$$\begin{aligned} D_n^+ &= \max_{1 \le i \le n} \{\tilde{F}_n(x_{(i)}) - \hat{F}(x_{(i)})\} \\ &= \max_{1 \le i \le n} \left\{\frac{i}{n} - \hat{F}(x_{(i)})\right\} \\ D_n^- &= \max_{1 \le i \le n} \{\hat{F}(x_{(i)}) - \tilde{F}_n(x_{(i-1)})\} \\ &= \max_{1 \le i \le n} \left\{\hat{F}(x_{(i)}) - \frac{i-1}{n}\right\} \end{aligned}$$

K-S 검정통계량 D_n은 분포의 범위에 걸쳐서 가정한 분포와 경험적 분포와의 최장 수직거리를 나타낸다. 부록 B에 제1종 유의수준 α에서 D_n이 임계치(critical value) D_α보다 크면 귀무가설을 기각하는 K-S 검정을 위한 임계치(critical value)가 주어져 있다.

K-S 검정통계량은 가정한 분포에 대한 CDF를 알면 엑셀을 이용하여 쉽게 구할 수 있다. 직관적으로는 K-S 통계량이 큰 값이면 경험적 분포와 가정한 분포의 부적합성을 나타낸다. 귀무가설은 측정치가 가정한 분포에서 나온 것이라는 것이다. K-S 검정은 이산자료(discrete data)에도 적용할 수 있지만 임계치를 구하기 위하여 특별한 표를 사용하여야 한다. 또한 원래 형태에서 보면 K-S 검정은 가정한 분포에 대한 모수는 자료로부터 추정하는 것이 아니라 알려져 있다고 가정하고 있다. 추정한 모수를 가지고 K-S 검정을 실시할 경우에 대한 연구를 보면 K-S 검정은 실제로 제1종 오류가 정의된 것보다 작게 될 것이라는 측면에서 보수적인 경향이 있다.

의사난수 검정에 K-S 검정을 적용할 때, 가정한 분포는 0과 1 사이의 일양분포이다. 구간 (a, b)상의 일양분포의 CDF 함수는 다음과 같다.

$$F(x) = P\{X \le x\} = \frac{x-a}{b-a} \quad \text{for } a < x < b \qquad (식\ 2.14)$$

따라서 $a = 0$이고 $b = 1$이기 때문에 $U(0, 1)$분포에 대해 $F(x) = x$이다. 따라서 D_n^+와 D_n^-는 다음과 같이 간단하게 계산할 수 있다.

$$D_n^+ = \max_{1 \le i \le n} \left\{ \frac{i}{n} - \hat{F}(x_{(i)}) \right\}$$
$$= \max_{1 \le i \le n} \left\{ \frac{i}{n} - x_{(i)} \right\}$$
$$D_n^- = \max_{1 \le i \le n} \left\{ \hat{F}(x_{(i)}) - \frac{i-1}{n} \right\}$$
$$= \max_{1 \le i \le n} \left\{ x_{(i)} - \frac{i-1}{n} \right\}$$

예제 2.6 PRN$_s$가 $U(0, 1)$이라는 가설에 대한 K-S 검정

예제 2.4에 주어진 자료를 가지고, 유의수준 $\alpha = 0.05$에서 K-S 적합도 검정을 실시하여 자료가 $U(0, 1)$ 분포를 따르는지 아닌지를 검정하라.

계산은 표 형태로 구하면 좋은데 스프레드시트를 사용하면 편리하다. 두 번째 열은 자료를 순서대로 나열한 것이고, 일양분포에 대한 검정이기 때문에 $F(x) = x$이고, 다섯 번째 열은 단순히 $F(x_{(i)}) = x_{(i)}$를 나타낸 것이다. 다른 열들은 다음과 같다.

i	$x_{(i)}$	i/n	$\frac{i-1}{n}$	$F(x_{(i)})$	$\frac{i}{n} - F(x_{(i)})$	$F(x_{(i)}) - \frac{i-1}{n}$
1	0.006	0.010	0.000	0.006	0.004	0.006
2	0.015	0.020	0.010	0.015	0.005	0.005
3	0.016	0.030	0.020	0.016	0.014	−0.004
4	0.017	0.040	0.030	0.017	0.023	−0.013
5	0.034	0.050	0.040	0.034	0.016	−0.006
⋮	⋮	⋮	⋮	⋮	⋮	⋮
95	0.933	0.950	0.940	0.933	0.017	−0.007
96	0.938	0.960	0.950	0.938	0.022	−0.012
97	0.940	0.970	0.960	0.940	0.030	−0.020
98	0.951	0.980	0.970	0.951	0.029	−0.019
99	0.952	0.990	0.980	0.952	0.038	−0.028
100	0.971	1.000	0.990	0.971	0.029	−0.019

D_n^+와 D_n^-을 계산하면 다음과 같다.

$$D_n^+ = \max_{1 \le i \le n} \left\{ \frac{i}{n} - x_{(i)} \right\}$$
$$= 0.108$$
$$D_n^- = \max_{1 \le i \le n} \left\{ x_{(i)} - \frac{i-1}{n} \right\}$$
$$= 0.038$$

따라서

$$D_n = \max\{D_n^+, D_n^-\} = \max\{0.108, 0.038\} = 0.108$$

부록 B를 참조하면 표본의 크기가 35보다 큰 표본에 대한 근사치를 사용하면 $D_{0.05} \approx 1.35/\sqrt{n}$이다. 따라서 $D_{0.05} \approx 1.35/\sqrt{100} = 0.135$이다. $D_n < D_{0.05}$이기 때문에 자료가 0과 1 사이의 일양분포를 따른다는 귀무가설을 기각할 수 없다.

예제 2.6에 대한 K-S 검정은 통계 패키지 R을 이용하여 수행할 수도 있다. 파일 *u01data.txt*에 이 예제에 대한 자료가 있다고 가정하고 다음과 같은 R 명령어로 검정을 수행할 수 있다:

```
> data <- read.table("u01data.txt")
> ks.test(data,"punif",0,1)

 One-sample Kolmogorov-Smirnov test

data:  data
D = 0.1081, p-value = 0.1932
alternative hypothesis: two-sided
```

검정에 대한 p-값이 $a = 0.05$보다 크기 때문에 자료가 $U(0, 1)$분포를 따른다는 귀무가설을 기각할 수 없다.

2.4.2 독립성 검정

의사난수는 서로 독립인 $U(0,1)$분포를 하여야 한다. 특히 확률변수와 의사난수의 독립성을 조사하기 위하여 여러 가지 방법이 고안되었다. 이러한 방법은 크게 두 가지 부류로 나눌 수 있다. 즉, (i) 시계열의 독립성 검정과 (ii) 자료의 패턴에 대한 검정. 여기서는 자기상관도(autocorrelation plot)에 의한 독립성을 조사하고 다른 방법에 대해서는 간략히 논의한다.

2.4.2.1 자기상관도 자기상관도로 자료 내의 의존성을 쉽게 파악할 수 있다. 자기상관도는 래그 수 대 래그-k 상관관계 그래프를 그리는 시계열 분석 도구이다. 이 용어를 이해하기 위하여 시계열에 관한 몇 가지 배경 지식을 살펴보자. 시계열은 관찰 순서대로 나열한 일련의 관측치 $X_1, X_2, \ldots, X_n$이다. 시계열 $X_1, X_2, \ldots, X_n$이 만약 다음 사항을 만족하면 공분산 정상(covariance stationary)이라고 말한다:

- X_i의 평균 $E[X_i]$이 존재하고 시간에 관계없이 일정하다. 즉, $\mu = E[X_i]$, $i = 1, 2, \ldots, n$.
- X_i의 분산 $Var[X_i]$이 존재하고 시간에 관계없이 일정하다. 즉, $\sigma^2 = \mathrm{Var}[X_i]$ $i = 1, 2, \ldots, n$.
- 래그-k 자기상관, $\rho_k = \mathrm{Corr}[X_i X_{i+k}]$는 시간 i의 함수가 아니고, 점들 사이의 거리 k의 함수이다. 즉, 시계열 내의 임의의 두 점 사이의 상관관계는 시계열 내의 그 점들의 위치와는 관계없이 시계열 내의 두 점 사이의 거리에만 의존한다.

두 확률변수 사이의 상호계수는 다음과 같이 정의됨을 상기하자.

$$\text{Corr}[XY] = \frac{\text{Cov}[XY]}{\sqrt{Var[X]Var[Y]}} \tag{식 2.15}$$

여기서 공분산 Cov[XY]는 다음과 같이 정의된다.

$$\text{Cov}[XY] = \text{E}[(X - \text{E}[X])(Y - \text{E}[Y])] = \text{E}[XY] - \text{E}[X]\text{E}[Y] \tag{식 2.16}$$

두 확률변수 X,Y 사이의 상관관계는 선형관계의 정도를 나타낸다. 상관관계는 단위가 없고 [-1, 1] 사이의 값을 갖는다. 확률변수들 사이의 상관관계가 0보다 작으면 확률변수들이 **음의 상관관계**(*negative correlated*)가 있다고 한다. 이것은 X가 커지면 Y는 작아지는 경향이 있고, 반대로 X가 작아지면 Y는 커지는 경향이 있다. 확률변수 사이의 상관관계가 양수면 확률변수들이 **양의 상관관계**(*positive correlated*)가 있다고 한다. 이것은 X가 커지면 Y도 커지는 경향이 있고, 반대로 X가 작아지면 Y도 작아지는 경향이 있다. 만약 상관계수가 0이면 확률변수들은 상관관계가 없다고 말한다. 만약 X와 Y가 서로 독립인 확률변수이면 그들 사이의 상관관계는 0이 될 것이다. 그 반대는 반드시 성립되지는 않지만, 상관관계 평가를 통하여 두 확률변수 사이의 선형적 의존성에 대해서는 어느 정도 알 수 있다.

공분산 정상인 시계열에서 k번째 점만큼 떨어져 있는 두 확률변수 사이의 자기상관은 다음과 같이 주어진다.

$$\begin{aligned}\rho_k = \text{Corr}[X_iX_{i+k}] &= \frac{\text{Cov}[X_iX_{i+k}]}{\sqrt{Var[X_i]Var[X_{i+k}]}} \\ &= \frac{\text{Cov}[X_iX_{i+k}]}{\sigma^2} \text{ for } k = 1, 2, \ldots\end{aligned} \tag{식 2.17}$$

k값이 증가시키면서 ρ_k을 그린 도표를 자기상관도라고 부른다. 위에 정의한 것과 같이 자기상관함수는 이론적인 함수이다. 자료가 있으면 실제 시계열로부터 ρ_k의 값을 추정하여야 한다. 이것은 ρ_k에 대한 추정치를 구하는 것이다. Law [2007]은 다음 식의 도표를 제안하였다.

$$\hat{\rho}_k = \frac{\hat{C}_k}{S^2(n)} \tag{식 2.18}$$

단,

$$\hat{C}_k = \frac{1}{n-k}\sum_{i=1}^{n-k}(X_i - \overline{X}(n))(X_{i+k} - \overline{X}(n)) \tag{식 2.19}$$

$$S^2(n) = \frac{1}{n-1}\sum_{i=1}^{n}(X_i - \overline{X}(n))^2 \tag{식 2.20}$$

$$\overline{X}(n) = \frac{1}{n}\sum_{i=1}^{n}X_i \tag{식 2.21}$$

는 각각 표본공분산(sample covariance), 표본분산(sample variance), 표본평균(sample average)이다.

일부 시계열분석 책, 예를 들면 Box 등[1994]에서는 표본 자기상관함수에 대하여 다음과 같이 약간 다른 정의를 하고 있다:

$$r_k = \frac{c_k}{c_0} = \frac{\sum_{i=1}^{n-k}(X_i - \overline{X}(n))(X_{i+k} - \overline{X}(n))}{\sum_{i=1}^{n}(X_i - \overline{X}(n))^2} \tag{식 2.22}$$

단,

$$c_k = \frac{1}{n}\sum_{i=1}^{n-k}(X_i - \overline{X}(n))(X_{i+k} - \overline{X}(n)) \tag{식 2.23}$$

식 (2.22)의 분자는 n-k개의 항이 있고, 분모는 n개의 항을 가지고 있다. k에 따른 r_k의 그래프를 상관도(correlogram) 혹은 표본자기상관도(sample autocorrelation plot)라고 부른다. 자료가 서로 상관이 없는 경우 k값에 대해 r_k는 거의 0이 된다. 그러나 특히 큰 k값에 대하여 r_k에 대한 추정량이 종종 크게 변동된다는 것이다. 그러나 자기상관도는 독립성에 대한 훌륭한 정보를 제공한다.

여러 가지 시계열 기법과 그에 대한 가정을 가지고 검정을 할 수 있다. 시계열이 백색 잡음(white noise)이라는 가정 즉, 모든 $\rho_k = 0$인 $N(0, 1)$하에서 간단한 검정을 할 수 있다. Box 등[1994]은 큰 n에 대하여 $Var(r_k) \approx \frac{1}{n}$ 임을 보여주었다. 따라서 독립성에 대한 빠른 검정은 표본상관관계(sampled correlation)가 0 주위의 적절한 신뢰 범위 이내에 있는지를 조사하면 된다. 예를 들면, $n = 100$이라고 가정하자. 그러면 $Var(r_k) \approx \frac{1}{100} = 0.01$, 표준편차는 $\sqrt{0.01} = 0.1$이다. 대략적으로 95% 신뢰구간은 0에서 약 $\pm 1.645 \times 0.1 = \pm 0.1645$의 신뢰범위가 얻어진다. 그러므로 r_k의 그래프가 이 신뢰범위를 벗어나지 않는 한 자료는 독립일 가능성이 크다.

표본상관도는 자기상관관계를 계산하면 쉽게 그릴 수 있다. 일반적으로 최대 래그는 자료 집합 크기의 10분의 1보다 크지 않게 설정한다. 왜냐하면 큰 래그에 대한 추정량은 신뢰할 수 없기 때문이다.

자기상관도는 통계 소프트웨어 R를 이용하여 쉽게 얻을 수 있다. 파일 *u01data.txt*에 이 예제에 대한 자료가 있다고 가정하고 다음과 같은 R 명령어를 실행하면 자기상관도가 얻어진다. 그 결과는 그림 2.2와 같다. r_0값은 추정된 분산을 나타낸다. 그림에서 보는 바와 같이 acf() R 함수는 도표 내에 신뢰범위를 자동적으로 표시하게 한다. 예를 들면, r_k의 어떠한 값도 신뢰범위 밖에 있지 않으므로 이 자료는 독립성이 있다고 결론 내릴 수 있다.

```
> data <- read.table("u01data.txt")
> rho = acf(data, main = "Autocorrelation Plot of PRN Data",
lag.max = 9)
> rho
Autocorrelations of series data, by lag
    0     1      2     3     4      5      6     7      8      9
1.000 0.015 -0.068 0.008 0.179 -0.197 -0.187 0.066 -0.095 -0.120
```

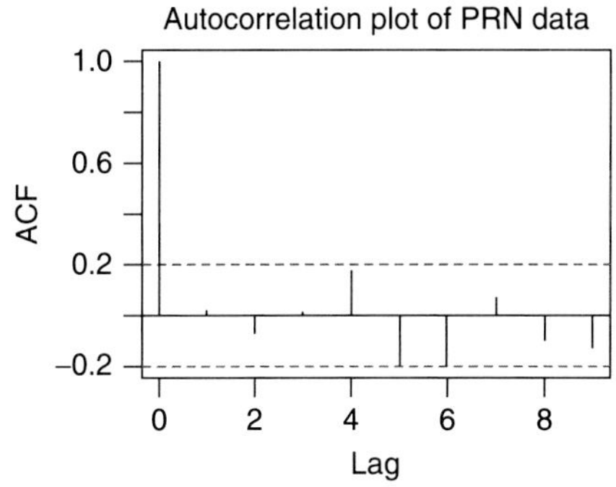

그림 2.2 자료 *u01data.txt*에 대한 자기상관도

표 2.1 런업과 런다운 예제

0.90	0.13	0.27	0.41	0.71	0.28	0.18	0.22	0.26	0.19	0.61	0.87	0.95	0.21	0.79
	−	+	+	+	−	−	−	+	−	+	+	+	−	+

2.4.2.2 패턴 검정 의사난수에 있어서의 패턴 검정에 관한 상세한 설명은 이 책의 범위를 벗어나지만 예를 들어 간단히 소개한다.

자기상관 검정은 순차적인 독립성을 조사하는 것이다. 그러나 수열이 서로 다른 패턴을 갖지 않아야 할 필요도 있다. 예를 들면 런 검정은 "위로 향하거나" 혹은 "아래로 향하는"패턴을 검정하려는 것이다. 런업-다운 검정은 업과 다운 런의 수를 세거나 혹은 총 런 수 대 런의 기대수를 세는 것이다. 런은 비슷한 사건이 연속해서 일어나고 뒤이어 다른 사건이 일어나는 것이다. 런의 길이는 런에 있는 사건의 수이다. 표 2.1은 간단한 수열에 대해 런업과 런다운을 계산하는 예를 보여주고 있다. 표에는 8개의 런이 있다(4개의 런업과 4개의 런다운).

숫자 패턴도 또한 검사된다. 갭 검정은 특정한 수의 반복 사이에 나타나는 숫자의 수를 센다. 그리고 갭의 기대 수와 비교하기 위하여 K-S 검정 통계량을 사용한다. 포커 검정은 일련의 수들(쌍, 혹은 같은 수 3장 등)에서 어떤 수가 반복되는 빈도를 가지고 독립성을 검사한다. 이 검정에 대한 보다 자세한 설명은 Banks 등[2005]을 참조하기 바란다.

이러한 모든 검정은 실제로 중요한가? 그렇다. 여러분은 시뮬레이션 분석에서 사용하고 있는 생성기가 어떠한지를 항상 알아야 한다. 난수 생성기를 개발하고 검정하는 것은 매우 중요한 일이다. 여러분은 좋은 생성기와 믿을 만한 검정을 거친 소프트웨어를 사용하여야 한다.

2.5 분포들로부터 확률변량 생성

시뮬레이션에 있어서 의사난수는 확률분포 모델로부터 표본을 생성하기 위한 기초 역할을 한다. 이제 난수 생성기가 엄격하게 검정되었고 $U_i \sim U(0, 1)$인 수열을 생성한다고 가정하자. 우리는 $U_i \sim U(0, 1)$를 가지고 확률분포를 따르는 변량을 생성한다.

확률분포로부터 얻은 실현치를 확률변량(random variate)이라고 부른다. 시뮬레이션에서는 입력으로 많은 종류의 확률분포를 사용한다. 따라서 확률분포로부터 확률변량을 생성하는 방법이 필요하다. 즉, 여러분은 확률분포로부터 표본을 어떻게 생성하는가? 확률변량을 생성하는 데 있어서 목표는 난수 $U_i \sim U(0, 1)$를 가지고 분포 $F(x)$를 따르는 표본 X_i를 생성하는 것이다. 확률변량을 생성하기 위한 4가지 기본적인 단계 혹은 방법이 있다:

1. 역 변환 혹은 역 CDF 방법(inverse transform 혹은 inverse CDF method)
2. 중첩(convolution)
3. 채택-기각(acceptance-rejection)
4. 혼합과 절단분포(mixed and truncated distribution)

다음 절에서는 이러한 방법에 대하여 논의한다.

2.5.1 역 변환법

역 변환법은 CDF에 대한 역 변환이 쉽게 되거나 수치적으로 계산될 수 있는 경우 확률변량을 생성하기 위해 가장 많이 사용되는 방법이다. 역 변환법의 장점은 생성된 모든 U_i에 대하여 상응하는 X_i를 생성할 수 있는 것이다.

역 변환법은 그림 2.3에 예를 든 것과 같이 역 CDF를 사용한다. 첫째 0과 1 사이 (U-축)의 u_i를 생성하고 $F^{-1}(\cdot)$를 이용하여 이에 상응하는 x_i를 찾는다. 여러 개의 u_i에 대한 x_i는 x-축을 따라 분포하게 된다. 이 방법의 좋은 점은 u_i와 x_i 사이에 1대1 대응 관계가 있다는 것이다. 다시 말하면, 각 u_i에 대해 CDF의 단조성 때문에 유일하게 하나의 x_i가 존재한다.

그림 2.3에 예를 든 것은 다음 이론에 근거하고 있다.

정리 2.2 | LCG 역 변환법

X는 분포 $F(x)$를 따르는 확률변수라고 하자($X \sim F(x)$). 다른 확률변수 Y를 $Y = F(X)$로 정의하자. 즉 Y는 X값에 대한 $F(\cdot)$를 계산하여 정해진다. Y를 이와 같이 정하면 $Y \sim U(0, 1)$이다.

증명. (정리 2.2 증명) 증명은 Y의 CDF를 구하기 위하여 CDF의 정의를 이용한다.

$$
\begin{aligned}
F(y) &= P\{Y \le y\} \\
&= P\{F(X) \le y\} \text{ 에 대한 치환} \\
&= P\{F^{-1}(F(X)) \le F^{-1}(y)\} \text{ 역 함수 적용} \\
&= P\{X \le F^{-1}(y)\} \text{ 역 함수 정의} \\
&= F(F^{-1}(y)) \text{ CDF 정의} \\
&= y \text{ 역 함수 정의}
\end{aligned}
$$

$P(Y \le y) = y$는 $U(0,1)$ 확률변수를 정의하는 것이기 때문에 증명이 완료되었다.

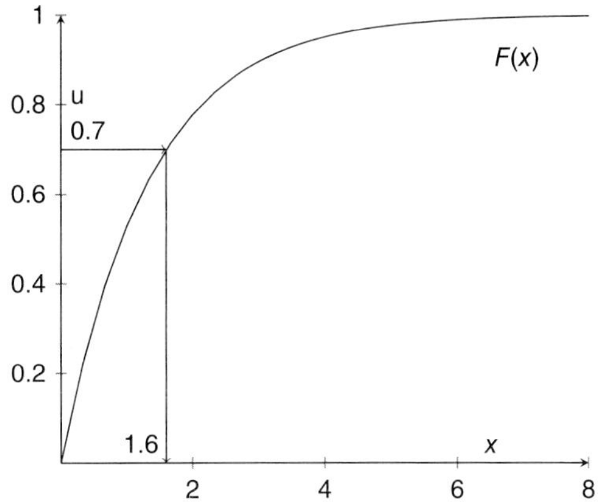

그림 2.3 역 변환법 예

이 결과는 역으로도 성립한다. 만약에 일양분포를 따르는 확률변수를 가지고 시작하면 $F(x)$ 분포를 따르는 확률변수를 얻을 수 있다. 이것은 $U_i \sim U(0, 1)$를 생성하고 역 CDF를 사용하여 난수를 적합한 확률변량으로 변환한다.

예시 2.1 연속 역 CDF법

```
1: u = rand()
2: x = F^{-1}(u)
3: RETURN x
```

이제 의사난수를 생성하는 함수 *rand*()를 가지고 있다고 하자. 그러면 예시 2.1은 역 변환 알고리즘에 대한 의사코드를 나타낸다. 첫째 줄은 난수를 생성하는 것이고, 둘째 줄은 역 변환, 셋째 줄은 해당 확률변수가 만들어 지는 것이다.

예제 2.7은 지수분포에 대한 역변환법을 예로 든 것이다.

예시 2.2는 지수분포에 대한 역변환 알고리즘을 예로 든 것이다.

예제 2.7 지수분포에 대한 역 변환법

지수분포는 흔히 어떤 사건(예를 들면, 고장 날 때까지 시간 혹은 도착할 때까지 시간)이 일어날 때까지의 시간을 모델링할 때 사용되고 다음과 같은 형태를 가진다.

$$f(x) = \begin{cases} 0.0 & \text{if } x < 0 \\ \lambda e^{-\lambda x} & \text{if } x \geq 0 \end{cases}$$

그리고

$$\mathrm{E}[X] = \frac{1}{\lambda} \qquad \mathrm{Var}[X] = \frac{1}{\lambda^2}$$

역 CDF를 구하고 지수분포에 대한 역 CDF 알고리즘을 기술하라. $\lambda = 0.75$이고 $u = 0.7$은 의사난수를 나타낸다고 가정하자. 이러한 상황에서 지수분포를 따르는 확률변량을 생성하라.

역 CDF법을 적용하기 위하여, 먼저 CDF를 계산하여야 한다.

$x < 0$에 대하여

$$F(x) = P\{X \le x\} = \int_{-\infty}^{x} f(u)\,du = \int_{-\infty}^{x} 0du = 0$$

$x \ge 0$에 대하여

$$\begin{aligned}
F(x) = P\{X \le x\} &= \int_{-\infty}^{x} f(u)du \\
&= \int_{-\infty}^{0} f(u)du + \int_{0}^{x} f(u)du \\
&= \int_{0}^{x} \lambda e^{\lambda u} du = -\int_{0}^{x} e^{-\lambda u}(-\lambda)du \\
&= -e^{\lambda u}\Big|_{0}^{x} = -e^{\lambda x} - (-e^{0}) = 1 - e^{-\lambda x}
\end{aligned}$$

따라서 지수분포의 CDF는 다음과 같다.

$$F(x) = \begin{cases} 0 & \text{if } x < 0 \\ 1 - e^{-\lambda x} & \text{if } x \ge 0 \end{cases}$$

이제 CDF에 대한 역 변환은 $u = F(x)$로 두고 $x = F^{-1}(u)$를 풀면 된다.

$$\begin{aligned}
u &= 1 - e^{-\lambda x} \\
x &= \frac{-1}{\lambda} \ln\,(1-u) = F^{-1}(u)
\end{aligned}$$

$\lambda = 0.75$이고 $u = 0.7$은 의사난수를 나타낸다고 가정하면 생성된 x는 다음과 같다.

$$x = \frac{-1}{0.75} \ln\,(1 - 0.7) = 1.6053$$

예시 2.2 Expo($1/\lambda$) 역 CDF법

```
u = U(0,1)
x = (-1/λ) ln(1 − u)
RETURN x
```

예제 2.8 $U(a, b)$에 대한 역 변환법

(a, b) 사이의 일양분포는 분석가가 많은 정보를 가지고 있지 않고, 주어진 범위에서 사건이 발생할 가능성이 거의 동일하다고만 가정할 수 있는 상황을 모델링하는 데 자주 사용된다. 일양분포는 다음과 같은 특성을 가지고 있다:

$$X \sim \text{Uniform}(a, b)$$

$$f(x) = \begin{cases} \dfrac{1}{b-a} & a \le x \le b \\ 0 & \text{otherwise} \end{cases}$$

$$\text{E}[X] = \frac{a+b}{2} \qquad \text{Var}[X] = \frac{(b-a)^2}{12}$$

$$F(x) = \begin{cases} 0.0 & x < a \\ \dfrac{x-a}{b-a} & a \le x \le b \\ 1.0 & x > b \end{cases}$$

역 CDF를 구하고 $U(a, b)$일양분포에 대한 역 CDF 알고리즘을 기술하라. $a = 5$, $b = 35$이고 $u = 0.25$은 의사난수를 나타낸다고 가정하자. 이러한 상황에서 $U(5, 35)$일양분포를 따르는 확률변량을 생성하라.

CDF에 대한 역 변환은 $u = F(x)$로 두고 $x = F^{-1}(u)$를 풀면 된다.

$$u = \frac{x-a}{b-a}$$

$$u(b-a) = x - a$$

$$x = a + u(b-a) = F^{-1}(u)$$

$a = 5$, $b = 35$이고 $u = 0.25$일 때 생성된 x는 다음과 같다.

$$F^{-1}(u) = x = 5 + 0.25 \times (35 - 5) = 5 + 7.5 = 12.5$$

u의 값은 먼저 $(0, b-a)$의 범위로 크기를 조절하고 (a, b)범위로 이동한다. 일양분포에 대해서 이러한 변환은 $F(x)$의 형태로 인해 선형(linear)이다. 예시 2.3은 연속 $U(a, b)$에 대한 역 변환 알고리즘을 요약한 것이다.

예시 2.3 $U(a, b)$ 역 CDF법

```
1: u = U(0,1)
2: x = a + u(b − a)
3: RETURN x
```

역 CDF법은 이산형 분포에도 적용할 수 있다. $x_1, x_2, \ldots, x_n$(n은 무한대 일수 있음)의 값을 갖는 이산 확률변수 X에 대한 확률분포를 확률질량함수(probability mass function: PMT)라고 부르고 다음과 같이 나타낸다.

$$f(x_i) = P(X = x_i)$$

여기서 모든 x_i에 대하여 $f(x_i) \geq 0$ 이고,

$$\sum_{i=1}^{n} f(x_i) = 1$$

CDF는 다음과 같다.

$$F(x) = P(X \leq x) = \sum_{x_i \leq x} f(x_i)$$

그리고 $0 \leq F(x) \leq 1$이고, $x \leq y$이면 $F(x) \leq F(y)$이다. 이산형 분포에 역 변환법을 적용하여 주어진 y에 대한 x값을 찾기 위하여 CDF를 활용한다. 예제 2.9는 이러한 과정을 보여주고 있다.

예제 2.9 이산형 분포에 대한 역 CDF법

다음과 같은 이산 PMF와 CDF를 갖는 확률변수 X가 있다고 하자.

x_i	1	2	3	4
$f(x_i)$	0.4	0.3	0.2	0.1

이 확률변수에 대한 PMF와 CDF를 그리고, 이 확률변수로부터 난수를 생성하기 위하여 역 CDF를 구하고, 마지막으로 주어진 의사난수 $u_1 = 0.934$와 $u_2 = 0.1582$에 대한 2개의 확률변수를 생성하라.

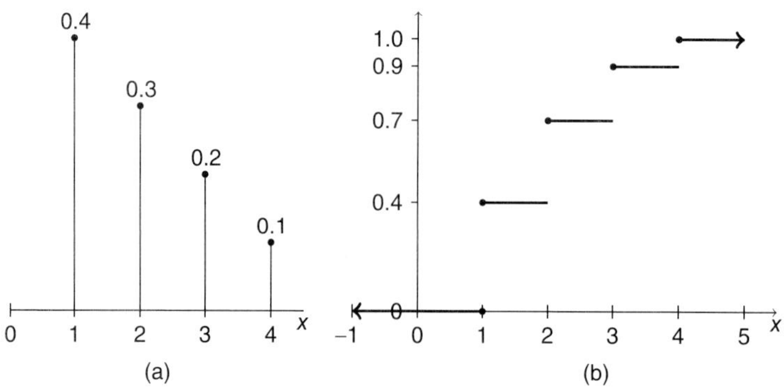

그림 2.4 그림 (a) PMF 와 (b) CDF 예

PMF와 CDF의 함수 형태는 다음과 같다.

$$P\{X = x\} = \begin{cases} 0.4 & x = 1 \\ 0.3 & x = 2 \\ 0.2 & x = 3 \\ 0.1 & x = 4 \end{cases} \qquad F(x) = \begin{cases} 0.0 & \text{if } x < 1 \\ 0.4 & \text{if } 1 \le x < 2 \\ 0.7 & \text{if } 2 \le x < 3 \\ 0.9 & \text{if } 3 \le x < 4 \\ 1.0 & \text{if } x \ge 4 \end{cases}$$

그림 2.4는 이 이산 확률변수에 대한 PMF와 CDF를 나타낸 것이다. 그림 2.4에서 구간 (0.4, 0.7]에 있는 임의의 u_i에 대응하는 x_i는 2임을 알 수 있다. 따라서 이 분포로부터의 확률변량 생성은 역 CDF를 나타내는 다음 식을 이용하여 할 수 있다.

$$F^{-1}(u) = \begin{cases} 1 & \text{if } 0.0 \le u \le 0.4 \\ 2 & \text{if } 0.4 < u \le 0.7 \\ 3 & \text{if } 0.7 < u \le 0.9 \\ 4 & \text{if } 0.9 < u \le 1.0 \end{cases} \qquad \text{(식 2.24)}$$

$u_i = 0.934$면 식 (2.24)로부터 $x = 4$. $u_2 = 0.1582$면 $x = 1$이다. 따라서 주어진 u에 해당하는 x를 찾기 위해서 식 (2.24)를 사용한다.

이산형 분포에 대해서 주어진 u에 대해 역 CDF에서 $F(x_{i-1}) < u \le F(x_i)$인 x_i을 찾는다. 따라서 임의의 주어진 u에 대한 생성과정은 해당 x_i에 대한 탐색표(lookup table)와 같다. 이것은 간단히 조건 $F(x_{i-1}) < u \le F(x_i)$이 참일 때까지 검색하는 것이다. $F(x)$는 x값에 대해 증가함수이기 때문에 상한 임계치만 확인하면 된다. 예시 2.4는 이러한 것을 알고리즘으로 나타낸 것이다.

예시 2.4에서 $F(x) \le u$ 검사가 참이면 순환과정(while loop)은 다음 구간으로 이동한다. 만약 이 검사가 참이 아니면 $u > F(x)$가 참이어야 한다. 순환과정이 종료되고 x는 맨 마지막에 검사한 값이 된다. 따라서 다음 구간에서 상한 임계치만 검사하면 된다. 이러한 과정을 수행하는 보다 복잡하고 보다 편리한 다른 방법은 Fishman [2006]과 Ripley [1987]을 참고하기 바란다.

예시 2.4 이산 역 CDF

```
u = rand()
i = 1
x = x_i
WHILE F(x) ≤ u
    i = i + 1
    x = x_i
END WHILE
RETURN x
```

이산 확률변수에 대해 역 변환법을 적용하면 베르누이(Bernoulli) 확률변량은 예시 2.5에 나타낸 것처럼 쉽게 생성할 수 있다.

예시 2.5 베르누이(p) 역 CDF법

```
u = rand()
IF (u ≤ p) THEN
    x = 1
ELSE
    x = 0
END IF
RETURN x
```

이산 일양 확률변수를 생성하기 위하여 역 변환법을 사용하면 예시 2.6에 나타낸 것과 같다.

예시 2.6 이산 $U(a, b)$ 역 CDF법

```
u = rand()
x = a + ⌊(b − a + 1)u⌋
RETURN x
```

역 변환법은 기하 확률변수 생성에도 사용할 수 있다. 기하분포는 다양한 정의 방법이 있다. 확률변수 X를 한 번의 성공이 있을 때까지 필요한 베르누이 시행(bernoulli trial) 횟수라고 하자. 따라서 X는 1, 2, . . . 의 값을 가지고 그 분포는 다음과 같다.

$$P\{X = k\} = (1 - p)^{k-1}p \qquad \text{(식 2.25)}$$

본 교재에서는 이것을 이동된 기하(truncated geometric)라고 부르기로 한다. 이동된 기하 확률변수를 생성하기 위한 알고리즘은 예시 2.7에 나타내었다.

만약 기하 확률변수를 최초의 성공이 있을 때까지의 실패의 횟수 $Y = X - 1$이라고 정의하면 Y는 0, 1, 2 . . . 의 값을 가지고 확률분포는 다음과 같다:

$$P\{Y = k\} = (1 - p)^{k}p \qquad \text{(식 2.26)}$$

본 교재에서는 이 분포를 기하분포로 부르기로 한다. 기하 확률변수를 생성하기 위한 알고리즘은 예시 2.8에 나타내었다.

예시 2.7 이동된 기하(p) 역 CDF법

```
u = rand()
x = 1 + ⌊ln(1−u) / ln(1−p)⌋
RETURN x
```

예시 2.8 기하(p) 역 CDF법

```
u = rand()
y = ⌊ln(1−u) / ln(1−p)⌋
RETURN y
```

포아송분포는 어떤 시간 구간, 공간 내에서 발생한 사건의 수를 모델링하는 데 자주 사용된다. 예를 들면,

- 한 시간 동안 병원 진료실에 걸려온 전화 횟수
- 어느 날 은행에 도착한 고객의 수
- 한 시간 동안 교차로에 도착한 자동차의 대수
- 부품의 단위 길이 내에 있는 결함의 개수
- 어떤 책 내에 있는 오타의 수
- 1마일의 길 위 노면에 생긴 구멍의 수

어떤 특정 실수 구간이 있고 그 구간에서 사건이 랜덤하게 발생한다고 가정하자. 그 구간을 다음과 같이 아주 짧은 부분 구간으로 나눌 수 있다면 포아송분포를 유도할 수 있다.

- 어떤 부분 구간 동안 하나 이상의 사건이 발생할 확률은 0이다.
- 어떤 부분 구간 동안 하나의 사건이 발생할 확률은 모든 구간에서 동일하고 그 부분 구간의 길이에 비례한다.
- 각 부분 구간 동안 발생한 사건의 수는 다른 부분 구간과는 독립이다.

하나의 사건이 어떤 부분 구간에서 일어날 확률을 p라고 하고, n을 부분 구간의 수라고 하자. 하나의 사건은 어떤 부분 구간에 포함될 수도 있고 그렇지 않을 수도 있다. 이것은 베르누이 시행으로 생각할 수 있다. n개의 부분 구간이 있다고 가정하면 큰 구간(전체 구간) 내에서 발생한 사건의 수는 기대치 $n * p$를 갖는 이항 확률변수가 된다. $\lambda = np$로 일정하게 두고 큰 구간을 구간의 길이를 점점 작게 한 부분 구간으로 나누어 간다고 하자. λ를 일정하게 유지하기 위해서는 n을 증가시키고 p는 감소시킨다.

n개의 부분 구간 내에서 x개의 사건이 발생할 확률은 얼마가 되는가?

$$\binom{n}{x}\left(\frac{\lambda}{n}\right)^x\left(1-\frac{\lambda}{n}\right)^{n-x}$$

n을 무한대로 하면

$$\lim_{n\to\infty}\binom{n}{x}\left(\frac{\lambda}{n}\right)^x\left(1-\frac{\lambda}{n}\right)^{n-x}$$

포아송분포를 얻게 된다:

$$P\{X=x\}=\frac{e^{-\lambda}\lambda^x}{x!}\quad \lambda>0,\quad x=0,1,\ldots$$

$$\mathrm{E}[X]=\lambda$$

$$Var[X]=\lambda$$

포아송 확률변수가 어떤 구간 내에 발생하는 사건의 수을 나타낸다면, 그 확률변수의 평균은 동일한 길이의 구간에서는 기대치와 같아야 한다. 단위 구간 동안 발생하는 사건의 수를 조사할 때 포아송분포는 다음과 같이 쓰여진다.

$$P\{X(t)=x\}=\frac{e^{-\lambda t}(\lambda t)^x}{x!}$$

여기서 $X(t)$는 t시간 단위 동안 발생하는 사건의 수를 나타낸다. 이것은 지수분포와 중요한 관계를 가진다.

$X(t)$를 기대치가 $E[X(t)] = \lambda$인 t시간 동안의 도착 수를 나타내는 포아송 확률변수라고 하자. 그 구간 동안 사건이 발생하지 않을 확률은 얼마인가?

$$P\{X(t)=0\}=\frac{e^{-\lambda t}(\lambda t)^0}{0!}=e^{-\lambda t}$$

이것은 $(0, t)$ 사이에 사건이 발생하지 않을 확률이다. T를 임의의 시작시점(시간)부터 하나의 도착이 있을 때까지의 시간이라고 하자. $T > t$일 확률은 얼마인가? 즉, 도착 시간이 t 이후일 확률은 얼마인가? T가 t보다 크다는 것은 t 이전에는 아무도 도착하지 않아야 한다. 따라서 이 두 사건은 동일한 사건이다. 즉, $\{T > t\} = \{X(t) = 0\}$이다. 따라서 $P\{T > t\} = P\{X(t) = 0\} = e^{-\lambda t}$이다. $T \le t$일 확률은 얼마인가?

$$P\{T \le t\} = 1 - P\{T > t\} = 1 - e^{-\lambda t}$$

이것은 T의 CDF이고 지수분포이다. 따라서 T는 사건이 발생하는 간격 시간을 나타내고 T가 평균이 $1/\lambda$인 지수분포를 하면, t시간 동안 발생하는 사건의 수는 평균이 $E[X(t)] = \lambda t$인 포아송분포를 따른다. 따라서 평균이 λ인 포아송변량을 생성하기 위한 한 가지 방법은 사건 간의 시간이 평균이 $1/\lambda$인 지수분포를 할 때 t까지 발생한 사건의 수를 세는 것으로 유도할 수 있다.

예제 2.10 포아송분포로부터 생성

$X(t)$를 t시간 동안 어떤 은행에 도착하는 고객 수라고 하자. $X(t)$가 단위 시간당 평균 $\lambda = 4$인 포아송분포를 따른다고 가정하자. 2시간 동안 도착하는 고객의 수인 $X(2)$를 생성하기 위하여 예제 2.4의 PRN의 첫 행을 사용하라.

포아송분포와 지수분포 사이의 관계로 인하여 사건발생 간격시간 T는 평균 $0.25 = 1/\lambda$인 지수분포를 따른다. 따라서

$$T_i = \frac{-1}{\lambda}\ln\,(1-u_i) = -0.25\ln\,(1-u_i)$$

$$A_i = \sum_{k=1}^{i} T_k$$

여기서 T_i는 $i-1$번째와 i번째 도착 사이의 시간을 나타내고 A_i는 i번째 도착 시간을 나타낸다. 예제 2.4로부터 u_i를 사용하면 A_i가 2시간이 경과할 때까지 T_i와 A_i를 계산할 수 있다.

i	u_i	T_i	A_i
1	0.971	0.881	0.881
2	0.687	0.290	1.171
3	0.314	0.094	1.265
4	0.752	0.349	1.614
5	0.830	0.443	2.057

5번째 고객의 도착은 2시간 후에 일어나기 때문에 $X(2) = 4$이다. 즉 2시간 동안 4명의 고객이 도착하였다.

역 변환법은 일반적으로 $F^{-1}(\cdot)$이 정형화된 형태(closed form)로 주어질 때 이용할 수 있고 쉽게 계산된다. 생성된 각 X에 대해 하나의 $U(0,1)$를 사용하는 장점도 있다. 이것은 시뮬레이션 실험에서 사용한 특정한 기법이 프로세스를 개선하는지를 알아보는 데 도움이 된다. 이러한 장점 때문에 많은 시뮬레이션 패키지에서 정형화된 $F^{-1}(\cdot)$이 존재하지 않아 수치 해석적으로 함수를 변환하는 경우에도 역 변환법을 사용하고 있다.

2.5.2 중첩법

많은 확률변수들은 몇 가지 함수 관계를 통하여 서로 관련되어 있다. 가장 대표적인 관계 중에 하나는 중첩 관계(convolution relationship)이다. 두 개 혹은 그 이상의 확률변수의 합을 **중첩**이라고 부른다. $Y_i \sim G(y)$는 서로 독립이고 동일하게 분포(IID)하는 확률변수라고 하자. $X = \sum_{i=1}^{n} Y_i$라고 하자. 그러면 X의 분포를 Y의 n-차 중첩이라고 말한다. 중첩과 관련이 있는 몇 가지 대표적인 확률변수는 다음과 같다:

- 이항 확률변수는 베르누이 확률변수의 합이다.
- 음의 이항 확률변수는 기하 확률변수의 합이다.
- 얼랑 확률변수는 지수 확률변수의 합이다.
- 정규 확률변수는 다른 정규 확률변수의 합이다.
- 카이-제곱 확률변수는 정규 확률변수의 제곱의 합이다.

기본적인 중첩 생성 알고리즘은 단순히 $Y_i \sim G(y)$를 생성하고 생성된 확률변수를 합한다. 예를 들면, $Y_i \sim exp(E[Y_i] = 1/\lambda)$이라고 가정하자. 즉, Y는 비율모수 λ를 갖는 지수분포이다. 이제 $X = \sum_{i=1}^{r} Y_i$로 정의하자. 우리는 X가 평균이 $E[X] = r/\lambda$이고 $Var[X] = r/\lambda^2$인 모수(r, λ)를 갖는 얼랑분포를 따른다는 것을 알 수 있다. 따라서 얼랑(r, λ)는 평균 $1/\lambda$를 갖는 r개 지수분포의 r-차 중첩이다.

예제 2.11 얼랑(r, λ) 확률변량 생성

다음과 같은 의사난수 $u_1 = 0.35$, $u_2 = 0.64$, $u_3 = 0.14$를 사용하여 모수 $r = 3$과 $\lambda = 0.5$를 갖는 얼랑분포로부터의 확률변량을 생성하라.

이것은 각각 모수 $\lambda = 0.5$를 갖는 3개의 지수분포를 따르는 확률변량을 생성하여 더하면 된다.

$$y_1 = \frac{-1}{\lambda} \ln\,(1-u_1) = \frac{-1}{0.5} \ln\,(1-0.35) = 0.8616$$

$$y_2 = \frac{-1}{\lambda} \ln\,(1-u_2) = \frac{-1}{0.5} \ln\,(1-0.64) = 2.0433$$

$$y_3 = \frac{-1}{\lambda} \ln\,(1-u_3) = \frac{-1}{0.5} \ln\,(1-0.14) = 0.3016$$

$$x = y_1 + y_2 + y_3 = 0.8616 + 2.0433 + 0.3016 = 3.2065$$

이 장의 많은 연습문제를 통하여 독자들이 중첩법을 통하여 여러 가지 확률변량을 생성할 수 있도록 한다. 간편성으로 인하여 중첩법은 쉽게 수행할 수 있다. 그러나 특히 n이 큰 값인 경우 등 많은 경우에는 보다 효율적인 알고리즘을 이용할 수 있다.

2.5.3 채택-기각법

채택-기각법(acceptance-rejection method)에서는 표본이 필요한 확률밀도함수(PDF) $f(x)$를 보다 쉽게 표본을 얻을 수 있는 "대리" PDF $w(x)$로 대체한다. 다음 예는 $w(x)$로부터 취한 표본을 $f(x)$를 따르는 확률변량으로 바로 사용할 수 있도록 하기 위하여 $w(x)$가 어떻게 정의되는지를 보여주고 있다. PDF $w(x)$는 $f(x)$함수에 대한 중심함수(majorizing function) 구축에 달려있다. $f(x)$에 대한 중심함수 $g(x)$란 모든 $-\infty < x < \infty$ 에 대하여 $g(x) \geq f(x)$인 함수를 말한다. 그림 2.5는 $f(x)$에 대한 중심함수의 개념을 보여주고 있다. 이것은 단순히 하나의 함수가 어디서나 $f(x)$보다 크다는 것을 의미한다.

또한 $f(x)$에 대한 중심함수가 되기 위해서는 $g(x)$가 유한영역을 가져야 한다. 다시 말하면,

$$c = \int_{-\infty}^{+\infty} g(x)\, dx \qquad \text{(식 2.27)}$$

만약 $w(x)$가 $w(x) = g(x)/c$로 정의된다면, $w(x)$는 PDF가 된다. 채택-기각법은 $w(x)$로부터의 확률변량 W를 생성하는 것으로 시작한다. $w(x)$는 예를 들면, 역 변환법에 의한 것과 같이

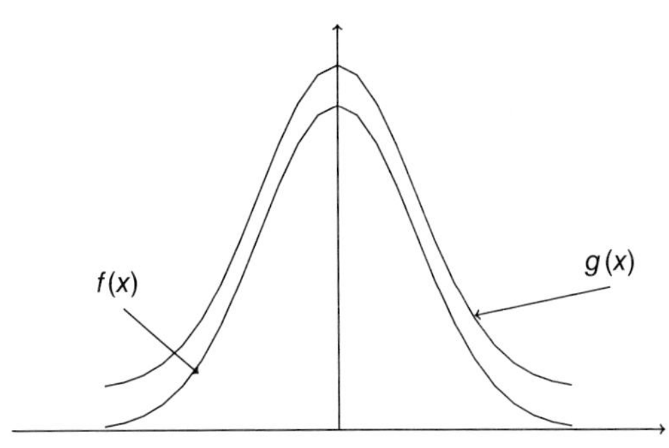

그림 2.5 중심함수 예

쉽게 표본을 취할 수 있도록 선택된다는 것을 상기하자. U를 (0, 1) 사이의 일양난수라고 하자. 예시 2.9는 이러한 절차의 각 단계를 나타내었다. $U \times g(W) \leq f(W)$가 될 때까지 U와 W에 대한 표본을 취하고 W가 주어진다. 만약 $U \times g(W) > f(W)$이면 반복이 종료된다.

예시 2.9 채택-기각 알고리즘

```
REPEAT
   Generate W ~ w(x)
   Generate U ~ U(0,1)
UNTIL U × g(W) ≤ f(W)
RETURN W
```

절차의 타당성은 $W = w$가 채택되는 조건하에서 W에 대한 CDF, $P\{W \leq w | W = w \text{ 채택}\}$를 유도하는 데 달려있다. 이것에 대한 증명은 여러분에게 맡겨둔다.

채택-기각 방법의 효율성은 기각 확률이 줄어들 때 확대된다. 채택-기각법은 좋은 직관적이고 기하학적인 함축적 의미를 가진다.

예제 2.12 채택-기각법

범위 [−1, 1] 사이에 분포하는 다음과 같은 PDF를 고려하자. $f(x)$에 대한 채택-기각법을 개발하라.

$$f(x) = \begin{cases} \frac{3}{4}\left(1 - x^2\right) & -1 \leq x \leq 1 \\ 0 & \text{otherwise} \end{cases}$$

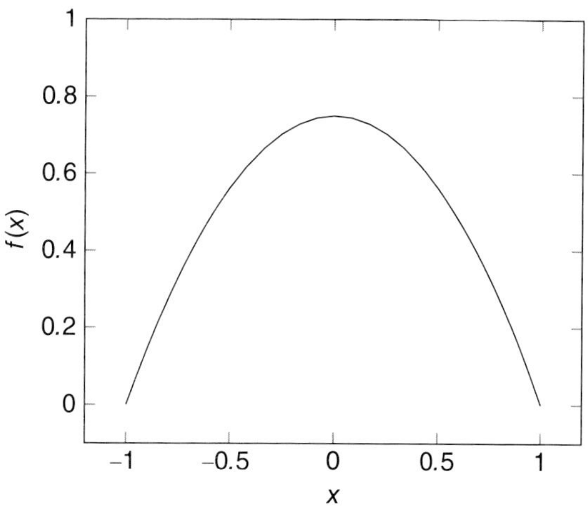

$f(x)$에 대한 채택-기각법을 유도하는 첫 번째 단계는 적절한 중심함수를 선택하는 것이다. 중심함수를 선택하기 위한 간단한 방법은 $g(x)$를 $f(x)$의 최대값으로 두는 것이다. $f(x)$의 그림에서 보는 바와 같이 x가 0일 때 3/4이 최대값이 되므로 $g(x) = 3/4$로 둔다. 다음으로 $g(x)$에 대한 CDF를 구해야 한다. CDF로서 $w(x) = g(x)/c$로 정의하라. c를 구하기 위하여 중심함수 아래 있는 면적을 계산할 필요가 있다.

$$c = \int_{-1}^{1} g(x)dx = \int_{-1}^{1} \frac{3}{4}dx = \frac{3}{2}$$

따라서

$$w(x) = \begin{cases} \frac{1}{2} & -1 \le x \le 1 \\ 0 & \text{otherwise} \end{cases}$$

이것은 $w(x)$가 $[-1, 1]$ 사이에 일양분포를 따른다는 것을 나타내는 것이다. 예제 2.8로부터 범위 (a, b) 사이에 일양분포는 $a + U(b - a)$를 이용하여 생성할 수 있다. 따라서 이 경우 $a = -1$, $b = 1$이고 $b - a = 1 - (-1) = 2$. 채택-기각 알고리즘을 예시 2.10에 나타내었다.

예시 2.10 예제 2.12에 대한 A/R 알고리즘

```
1: REPEAT
2:     Generate U_1 ~ U(0,1)
3:     W = -1 + 2U_1
4:     Generate U_2 ~ U(0,1)
5:     f = 3/4 (1 - W^2)
6: UNTIL U_2 × 3/4 ≤ f
7: RETURN W
```

예시 2.10에서 단계2와 단계3은 $w(x)$로부터 확률변량 W를 생성하는 것이다. W는 $[-1, 1]$의 범위에 있기 때문에(X의 범위와 같이) 단계 5는 단순히 단지 f항으로 W와 관련된 높이를 구하는 것이다. 단계4는 U_2를 생성한다. $U_2 \times \frac{3}{4}$의 범위는 $\left[0, \frac{3}{4}\right]$이다. 이 범위는 f의 가능한 값의 범위에 해당한다. 따라서 단계6에서 $\left[0, \frac{3}{4}\right]$ 사이의 하나의 점이 수직축에 따라 후보점의 높이 $f(W)$와 비교된다. 만약 그 점이 $f(W)$ 아래 있으면 W는 채택되고, 그렇지 않으면 W는 기각되고 다른 후보점을 생성하게 된다. 다시 말하면 곡선 아래 있는 하나의 점이 생성되면 그 점은 채택된다.

예제 2.12에서 예로 든 것처럼, 채택 확률은 $g(x)$가 $f(x)$에 얼마나 근접한가에 달려있다. $g(x)$ 아래 면적에 대해 $f(x)$ 아래 면적의 비율이 채택 확률이다. $f(x)$ 아래 면적은 1이기 때문에 채택 확률 P_a는 다음과 같다.

$$P_a = \frac{1}{\int_{-\infty}^{+\infty} g(x)dx} = \frac{1}{c} \qquad \text{(식 2.28)}$$

여기서 c는 식 (2.27)에서 주어진다. 예제 2.12에 대해 채택 확률은 $P_a = 2/3$이다. 이 예제로부터 $g(x)$가 PDF $f(x)$와 유사할수록 채택 확률이 더 커진다는 것을 알 수 있다. 채택-기각법을 이용하여 확률변량을 효율적으로 생성하는 데 있어서 가장 중요한 것은 $f(x)$와 같은 범위에 있는 적절한 중심함수를 구하는 것이다. 예제에서는 $f(x)$가 유한범위를 가지고 있었기 때문에 쉬웠다. $f(x)$가 무한범위를 가지면 좋은 중심함수를 구하기 위해 더 복잡한 절차가 있을 수 있기 때문에 보다 어렵다.

2.5.4 혼합분포, 절단분포, 이동 확률변량

이 절에서는 앞에서 논의한 방법을 기초로 하여 3가지 확률변량 생성방법을 설명한다. 이들 방법은 고려중인 불확실성을 모델링하는 데 보다 유연성을 갖는다. 먼저 혼합분포에 대해 정의하고 몇 가지 예를 들어보자.

정의 2.4 | 혼합분포

확률변수 X의 CDF가 다음과 같은 형태를 가질 때 확률변수 X의 분포는 혼합분포(mixture distribution)를 따른다.

$$F_X(x) = \sum_{i=1}^{k} \omega_i F_{X_i}(x) \qquad (\text{식 } 2.29)$$

여기서, $0 < \omega_i < 1$이고 $\sum_{i=1}^{k} \omega_i = 1, k \geq 2$는 연속 혹은 이산 확률변수 X_i , $i = 1, 2, \ldots , k$의 CDF이다.

ω_i는 다음과 같이 이산 확률분포로 생각할 수 있다. I를 범위 $I \in \{1, . . . , k\}$를 갖는 확률변수라고 하자. 여기서 $P\{I = i\} = \omega_i$는 i번째 분포 $F_{X_i}(x)$가 선택될 확률이다. 그러면 $F_x(x)$에서 생성하는 절차는 $g(i) = P\{I = i\} = \omega_i$로부터 I를 생성하고 $F_x(x)$로부터 X를 생성한다. 예시 2.11은 이 절차를 나타낸 것이다.

예시 2.11 혼합분포 알고리즘

```
1: Generate I ~ g(i)
2: Generate X ~ F_{X_I}(x)
3: RETURN X
```

혼합분포는 2개 혹은 그 이상의 분포를 결합하는 것이기 때문에 모델링에 있어서 보다 유연성을 갖는다. 예를 들면, 확률 강좌 초반에 소개되는 정규분포, 와이블분포, 대수정규분포와 같은 많은 표준 분포는 하나의 최빈치(mode)를 갖는다. 혼합분포는 하나 이상의 최빈치를 갖는 자료들을 모델링하는 데 자주 사용된다.

혼합분포의 예로써 초지수분포(hyperexponential distribution)를 예로 들고자 한다. 초지수분포는 높은 변동성을 갖는 상황을 모델링하는 데 유용하다. 변동계수(coefficient of variation)는 확률변수 X의 기대치에 대한 표준편차의 비율 $c_v = \sigma/\mu$로 정의된다. 여기서 $\sigma = \sqrt{Var[X]}$ $\mu = E[X]$이다. 초지수분포는 $c_v > 1$이다. 초지수분포는 서로 다른 단계를 가지는 서비스 시간을 모델링하는데 일반적으로 사용된다. 이러한 상황의 예로써는 계산대에서 신용카드 혹은 현금으로 결제하는 경우를 들 수 있다. 예제 2.13은 초지수분포로부터 확률변량을 생성하는 예를 보여주고 있다.

예제 2.13 초지수분포

신용카드로 결제하는 데 소요되는 시간 X_1은 평균이 1.5분이 지수분포를 따르고 현금으로 결제하는데 소요되는 시간 X_2는 평균이 1.1분인 지수분포를 따른다고 가정하자. 또한 어떤 사람이 신용카드로 결제할 확률이 70%이다. 그러면 결제에 소요되는 서비스 시간 X는 모수 $\omega_1 = 0.7$, $\omega_2 = 0.3$, $\lambda_1 = 1/1.5$, $\lambda_2 = 1/1.1$을 갖는 초지수분포를 따른다.

$$F_X(x) = \omega_1 F_{X_1}(x) + \omega_2 F_{X_2}(x)$$
$$F_{X_1}(x) = 1 - \exp\ (-\lambda_1 x)$$
$$F_{X_2}(x) = 1 - \exp\ (-\lambda_2 x)$$

이 분포에 대한 알고리즘을 유도하고, 2개의 의사난수 $u_1 = 0.54$, $u_2 = 0.12$를 가지고 $F_x(x)$로부터 확률변량을 생성하라.

결제 서비스 시간 X를 생성하기 위하여 예시 2.12에 나타낸 알고리즘을 사용할 수 있다.

예시 2.12 예제 2.13에 대한 알고리즘

```
Generate u ~ U(0,1)
Generate v ~ U(0,1)
IF u ≤ 0.7 THEN
    X = F_{X_1}^{-1}(v) = -1.5 ln (1 - v)
ELSE
    X = F_{X_2}^{-1}(v) = -1.1 ln (1 - v)
END IF
RETURN X
```

$u_1 = 0.54$을 사용하면 $0.54 \le 0.7$이기 때문에

$$X = F_{X_1}^{-1}(0.12) = -1.5 \ln\ (1 - 0.12) = 0.19175$$

예제 2.13에서 $F_{X_i}(x)$로부터 X를 생성하기 위해 2개의 지수 확률변수를 생성하는 역 변환법을 사용한다. 일반적으로 혼합분포에 대한 $F_{X_i}(x)$는 임의의 분포가 될 수 있다. 예를 들면, 감마분포와 대수정규분포의 혼합이 될 수도 있다. 개별 $F_{X_i}(x)$로부터 확률변량을 생성하기 위해서는 그 분포에 가장 적절한 생성법을 사용하게 된다. 예를 들면 $F_{X_1}(x)$은 역 변환법, $F_{X_2}(x)$는 채택-기각법, $F_{X_3}(x)$은 중첩법을 사용할 수 있다. 이렇게 하면 모델링과 확률변량 생성에서 융통성을 가질 수 있다.

일반적으로 확률변량이 생성되는 범위를 통제할 필요가 있는 경우가 있다. 예를 들면 시간을 포함하는 경우(흔히 시뮬레이션의 경우) 음수가 생성되지 않아야 한다. 다른 예로는 특정 시간보다 짧은 시간으로는 물리적으로 일 처리가 불가능한 경우가 있을 수 있다. 다음 2가지 생성법은 이러한 상황을 모델링하는 데 도움이 된다.

절단분포(*truncated distribution*)는 확률분포의 범위가 제한된 또 다른 분포로부터 유도되는 분포이다. 절단분포는 연속적이거나 이산적일 수 있다. 여기서는 연속인 경우를 예로 든다. PDF가 $f(x)$이고 CDF가 $F(x)$인 확률변수 X가 있다고 하자. 우리는 구간 $[a, b](a < b)$ 사이에 있는 $f(x)$를 구하고자 한다고 하자. 여기서 구간 $[a,b]$는 $f(x)$의 원래 구간의 부분집합(subset)이다. $a = -\infty$, $b = \infty$라고 할 수도 있다. 이와 같이 $f(x)$를 제한하면 $X|a \le X \le b$인 새로운 확률변수가 된다. 즉, X가 $[a, b]$에 있는 값을 가지고 X는 확률변수이다. 확률변수는 확률분포를 갖

는다. 문제는 이러한 새로운 확률변수에 대한 확률분포는 어떻게 되고 이 분포로부터 어떻게 확률변량을 생성하는가 이다.

이 새로운 확률변수는 $a \leq X \leq b$인 X에 대한 조건부 분포에 의해 지배되고 다음과 같은 형태가 된다:

$$f(x|a \leq X \leq b) = f^*(x) = \begin{cases} \frac{g(x)}{F(b)-F(a)} & a \leq x \leq b \\ 0 & \text{otherwise} \end{cases} \qquad (\text{식 } 2.30)$$

여기서

$$.g(x) = \begin{cases} f(x) & a \leq x \leq b \\ 0 & \text{otherwise} \end{cases} \qquad (\text{식 } 2.31)$$

$g(x)$는 확률밀도함수가 아니다. 확률밀도함수가 되기 위해서는 $g(x)$의 면적을 구하여 그 면적으로 나누어주어야 한다. $g(x)$의 면적은 다음과 같다.

$$\begin{aligned} \int_{-\infty}^{+\infty} g(x)dx &= \int_{-\infty}^{a} g(x)dx + \int_{a}^{b} g(x)dx + \int_{b}^{+\infty} g(x)dx \\ &= \int_{-\infty}^{a} 0\,dx + \int_{a}^{b} f(x)dx + \int_{b}^{+\infty} 0\,dx \\ &= \int_{a}^{b} f(x)dx = F(b) - F(a) \end{aligned}$$

따라서 $f^*(x)$는 단순이 $f(x)$를 다시 가중화(reweighting)한 것이다. $f^*(x)$에 대한 CDF는 다음과 같다.

$$F^*(x) = \begin{cases} 0 & \text{if } x < a \\ \frac{F(x)-F(a)}{F(b)-F(a)} & a \leq x \leq b \\ 0 & \text{if } b < x \end{cases} \qquad (\text{식 } 2.32)$$

$f^*(x)$로부터 확률변량을 생성하는 알고리즘을 예시 2.13에 나타내었다.

예시 2.13 절단분포 알고리즘

```
1: Generate u ~ U(0,1)
2: W = F(a) + (F(b) - F(a))u
3: X = F^-1(W)
4: RETURN X
```

알고리즘의 1, 2행은 $(F(a), F(b))$ 사이에 일양분포를 따르는 확률변수 W를 생성하는 것이고 그다음 원래 분포의 역 CDF에 그 값을 이용하여 $a \leq X \leq b$인 X를 생성한다.

예제 2.14 절단분포 예제

X는 고속도로에서 2개의 균열사이의 거리를 나타낸다고 하자. X는 평균이 10미터인 지수분포를 따른다고 가정하자. 의사난수 0.23을 사용하여 3과 6미터 사이로 제한된 거리를 생성하라.

평균 10을 갖는 지수분포에 대한 CDF는 다음과 같다.

$$F(x) = 1 - e^{-x/10}$$

따라서 $F(3) = 1 - \exp(-3/10) = 0.259$이고 $F(6) = 0.451$이다. 지수분포는 다음과 같은 역 CDF를 갖는다.

$$F^{-1}(u) = \frac{-1}{\lambda} \ln (1 - u)$$

먼저, $u = 0.23$을 사용하여 $F(3)$과 $F(6)$ 사이에 일양분포를 따르는 난수를 생성한다.

$$W = 0.259 + (0.451 - 0.259) \times 0.23 = 0.3032$$

그러므로 거리를 생성하면 다음과 같다.

$$X = -10 \times \ln (1 - 0.3032) = 3.612$$

마지막으로 이동된 분포(shifted distribution)에 대해 논의하고자 한다. X가 주어진 분포 $f(x)$를 갖는다고 가정하면, $X + \delta$ 의 분포는 이동된 분포라고 하고 $g(x) = f(x - \delta)$를 따른다. 이동된 분포로부터 확률변량을 생성하는 것은 $F(x)$를 따르는 X를 생성하고 δ를 더하면 된다.

예제 2.15 이동된 분포 예제

X는 생산을 위해 기계를 준비하는 데 걸리는 시간이라고 하자. 과거 시간연구 결과에 의하면 이 시간은 5.5분 이내로는 되지 않고 5.5분 이상 걸리며 형상모수 $\alpha = 5$이고 척도모수 $\beta = 3$을 갖는 와이블분포를 따른다고 알려져 있다. $u = 0.73$인 의사난수를 사용하여 준비를 위해 소요되는 시간을 생성하라.

와이블분포는 정형화된 CDF가 있다.

$$F(x) = 1 - e^{(-x/\beta)^{\alpha}} \quad \text{(식 2.33)}$$

따라서 역 CDF는 다음과 같다.

$$F^{-1}(u) = \beta[-\ln (1 - u)]^{1/\alpha} \quad \text{(식 2.34)}$$

그러므로 준비 시간을 생성하면 다음과 같다.

$$5.5 + 5[-\ln (1 - 0.73)]^{1/3} = 5.47$$

2.6 요약

이 장은 다음과 같은 시뮬레이션에 사용되는 중요한 개념을 다루었다.

- 난수 생성

- 난수 검정
- 확률변량 생성과 그 절차

이러한 주제는 시뮬레이션에서 확률적 요소를 모델링하기 위한 중요한 기초를 제공한다. 난수가 어떻게 생성되는지 뿐만 아니라 이러한 난수를 어떻게 여러 가지 확률분포를 따르는 확률변량 생성을 위해 변환하는지를 알게 된다. 이러한 이해를 바탕으로 확률적 요소를 포함하는 시뮬레이션 모형을 수립할 수 있는 준비를 하게 된다. 3장에서는 스프레드시트 모델링에 불확실성을 어떻게 반영하는지를 설명하게 된다.

연습문제

2.1 주어진 종자로부터 생성된 일련의 난수를 난수 (a)________________라고 부른다.

2.2 임의의 분포로부터 확률변수를 생성하는 3가지 중요한 방법을 말하라.

(a) ____________ (b)______________ (C) ________________

2.3 (a = 13, m = 64, 초기값 $X0$ = 1, 2, 3, 4)를 갖는 곱셈 합동 생성기(multiplicative congruential generator)를 고려하자.

(a) 이 생성기가 이들 모수에 대하여 최대 기간을 달성할 수 있는가? 본문에 제시된 이론을 사용하여 여러분의 답을 증명하라.

(b) 주어진 초기값 각각으로부터 일양 확률변수에 대한 기간의 값을 생성하라.

2.4 (a = 11, m = 64, 초기값 $X0$ = 1, 2, 3, 4)를 갖는 곱셈 합동 생성기를 고려하자.

(a) 이 생성기가 이들 모수에 대하여 최대 기간을 달성할 수 있는가? 본문에 제시된 이론을 사용하여 여러분의 답을 증명하라.

(b) 주어진 각 초기값으로부터 일양 확률변수에 대한 기간의 값을 생성하라.

2.5 다음 LCG 생성기를 분석하라: 정리 2.1을 사용하여

(a) 이 생성기에 대한 최대 가능한 기간 길이는 얼마인가? 이 생성기는 최대 가능한 기간을 달성할 수 있는가? 답에 대한 합당한 근거를 설명하라.

(b) 이 생성기로 2개의 의사 일양 난수를 생성하라.

2.6 다음 LCG를 분석하라. $X_i = (11X_{i-1} + 5)(\text{mod}\ (16))$, $X_0 = 1$.

(a) 이 생성기에 대한 최대 가능한 기간 길이는 얼마인가? 이 생성기는 최대 가능한 기간을 달성할 수 있는가? 본문에 제시된 이론을 사용하여 여러분의 답을 평가하라.

(b) 이 생성기로 2개의 의사 일양 난수를 생성하라.

2.7 다음 LCG 생성기를 분석하라: 정리 2.1을 사용하여 $X_i = (4X_{i-1} + 3)(\text{mod}\ (16))$, $X_0 = 11$.

(a) 이 생성기에 대한 최대 가능한 기간 길이는 얼마인가? 이 생성기는 최대 가능한 기간을 달성할 수 있는가? 답에 대한 합당한 근거를 설명하라.

(b) 이 생성기로 2개의 의사 일양 난수를 생성하라.

2.8 다음 LCG 생성기를 분석하라: 정리 2.1을 사용하여 $X_i = (8X_{i-1} + 1)(\text{mod } (10))$, $X_0 = 3$.

(a) 이 생성기에 대한 최대 가능한 기간 길이는 얼마인가? 이 생성기는 최대 가능한 기간을 달성할 수 있는가? 답에 대한 합당한 근거를 설명하라.

(b) 이 생성기로 2개의 의사 일양 난수를 생성하라.

2.9 다음 결과는 100개의 일양(0, 1) 난수 표본에 대한 기술통계분석 결과이다.

n	100
$\bar{x}$	0.4615
s	0.2915
Minimum	0.0102
First quartile	0.1841
median	0.4609
Third quartile	0.7039
Maximum	0.9687
D^+	0.090733
D^-	0.080733

(a) 평균에 대한 95% 신뢰구간을 구하라. 이 신뢰구간을 구하기 위해 필요한 모든 가정을 설명하라.

(b) $\alpha = 0.01$ 수준에서 K-S검정 결과를 근거하여 여러분의 결론은 어떤 것인가? 통계학으로부터 여러분의 결론이 올바른지를 평가하라.

2.10 다음과 같은 (0, 1) 난수열을 고려하자.

0.943	0.398	0.372	0.943	0.204	0.794
0.498	0.528	0.272	0.899	0.294	0.156
0.102	0.057	0.409	0.398	0.400	0.997

K-S 검정과 카이제곱 검정 모두를 사용하여 이 수열이 $U(0, 1)$ 분포를 하는지를 검정하라.

2.11 다음과 같은 의사난수를 고려하자.

0.2379	0.7551	0.2989	0.247	0.3237
0.2972	0.8469	0.4566	0.6146	0.6723
0.9496	0.2268	0.8699	0.9084	0.5649
0.3045	0.6964	0.1709	0.3387	0.9804
0.1246	0.842	0.6557	0.9672	0.3356
0.3525	0.8075	0.9462	0.9583	0.3807
0.1489	0.5480	0.9537	0.9376	0.8364
0.5095	0.4047	0.9058	0.3795	0.6242
0.5195	0.6545	0.1117	0.3258	0.8589
0.6536	0.3427	0.6653	0.7864	0.5824

(a) 10개의 구간을 갖는 카이제곱 적합도 검정을 사용하여 95% 신뢰 수준에서 이들 수가 $U(0,1)$에서 추출된 것이라는 가설을 검정하라.

(b) K-S 검정을 사용하여 95% 신뢰 수준에서 이들 수가 $U(0,1)$에서 추출된 것이라는 가설을 검정하라.

(c) 95% 신뢰 수준에서 2D 카이제곱 검정을 사용하여 이들 수가 단위 공간 $\{(x, y) : x \in (0, 1), y \in (0, 1)\}$에 일양분포한다는 가설을 검정하라.

(d) 이들 수가 0에 대한 래그-1 상관관계를 갖는다는 가설을 검정하라. 이 수들의 자기상관도를 그려라.

2.12 PMF가 $p(x)$인 확률변수 X에 대한 다음과 같은 이산 확률분포를 고려하자.

x	0	1	2	3	4
$p(x)$	0.3	0.2	0.2	0.1	0.2

(a) 확률변수 X에 대한 CDF $F(x)$를 구하라.

(b) 예제 2.9를 보고, CDF에 대한 요약 그래프를 만들어라.

(c) 예제 2.9를 보고, 이산분포 p(x)로부터 표본을 취하는 데 사용할 수 있는 Lookup표를 만들어라.

(d) 연습문제 2.10에 있는 일련의 일양난수(첫 행에서 시작해서 대각선으로 읽음)를 사용하여 3개의 X값을 생성하라.

2.13 다음과 같은 일양난수를 고려하자

U_1	U_2	U_3	U_4	U_5	U_6	U_7	U_8
0.9396	0.1694	0.7487	0.3830	0.5137	0.0083	0.6028	0.8727

(a) 첫 번째 난수를 사용하여 평균이 10인 지수분포를 따르는 확률변수를 생성하라.

(b) 두 번째 난수를 사용하여 (12, 22) 사이에 이산일양분포를 따르는 확률변량을 생성하라.

2.14 다음과 같은 일양난수를 고려하자.

U_1	U_2	U_3	U_4	U_5	U_6	U_7	U_8
0.9559	0.5814	0.6534	0.5548	0.5330	0.5219	0.2839	0.3734

(a) U_8을 사용하여 최소값이 12, 최대값이 22인 일양분포를 따르는 확률변수를 생성하라.

(b) U_1과 U_2를 사용하여 얼랑분포($r = 2, \beta = 3$)를 하는 확률변량을 생성하라.

(c)어느 날의 잡지 수요가 다음 확률분포를 따른다.

x	40	50	60	70	80
$P(X = x)$	0.44	0.22	0.16	0.12	0.06

U_1에서 시작해서 이 문제에 대해 주어진 난수를 사용하여 이 분포를 따르는 4개의 확률변량을 생성하라.

2.15 고객이 시간당 평균이 7인 포아송 과정에 따라 ATM에 도착한다고 가정하자. 연습문제 2.10에 주어진 자료를 사용하여 처음 6명 고객에 대한 도착 시간을 역 변환법을 이용하여 구하라.

2.16 매일 벤치 수리에 쓰이는 부품의 수요는 다음과 같은 이산 PMF로 나타낼 수 있다.

D	0	1	2
$p(D)$	0.3	0.2	0.5

연습문제 2.10의 (0, 1) 난수열을 사용하여 처음 4일 동안의 수요를 생성하라. 1행의 왼쪽에서 오른쪽으로 수를 읽어 사용하라.

2.17 자동창고시스템에 대한 서비스 시간은 이동된 지수분포를 따른다. 검색이 최소 15초가 소요되는 것으로 알려져 있다. 지수분포의 모스는 $\lambda = 45$이다. 연습문제 2.10의 (0, 1) 난수를사용하여(첫 행에서 시작) 이 상황에 대해 2개의 서비스 시간을 생성하라.

2.18 컴퓨터 프린터 팬이 고장날 때까지의 시간은 형상모수 $\alpha = 2$와 척도모수 $\beta = 3$을 갖는 와이블분포를 따른다. 연습문제 2.10(첫 번째 행에서 시작)에 주어진 (0, 1) 난수열을 사용하여 이 상황에 대한 2개의 고장 시간을 생성하라.

2.19 컴퓨터 프린터 팬이 고장날 때까지의 시간은 형상모수 $\alpha = 2$와 척도모수 $\beta = 3$을 갖는 와이블분포를 따른다. 조사결과 이 분포는 1.5와 4.5 범위에만 있는 것으로 나타났다. 연습문제 2.10(첫 번째 행에서 시작)에 주어진 (0, 1) 난수열을 사용하여 이 절단분포에 대한 2개의 고장 시간을 생성하라.

2.20 자본 프로젝트에 대한 이율이 알려져 있지 않다. 어떤 회계사는 다음 해 최소이율이 2%와 5% 사이에 있을 것으로 추정하였다. 회계사는 이율이 이 범위에서 어떤 값으로 정해질 가능성은 모두 동일하다고 믿고 있다. 여러분은 이 프로젝트에 대한 현금흐름분석을 위하여 이율을 생성하려고 한다. 연습문제 2.10(첫 번째 행에서 시작)에 주어진 (0, 1) 난수열을 사용하여 이 상황에 대해 독립된 2개의 이율을 생성하라.

2.21 고객이 시간당 평균이 10인 포아송분포에 따라 서비스 시설에 도착한다. 설비에는 2명의 서버가 있다. 경험에 의하면 도착 고객의 60%가 첫 번째 서버를 선호하고 있다. 문제 14에 주어진 (0, 1) 난수열을 사용하여 처음 9명 고객의 도착 시간과 선호한 서버를 구하라. 행1의 왼쪽에서 오른쪽으로 수를 읽어 사용하라.

2.22 다음 삼각분포 함수를 고려하자.

$$F(x) = \begin{cases} 0 & x < a \\ \dfrac{(x-a)^2}{(b-a)(c-a)} & a \le x \le c \\ 1 - \dfrac{(b-x)^2}{(b-a)(b-c)} & c < x \le b \\ 1 & b < x \end{cases}$$

(a) 이 분포에 대한 역 변환 알고리즘을 유도하라.

(b) 연습문제 2.10의 첫 번째 행의 난수를 사용하여 $a = 2$, $c = 5$, $b = 10$을 갖는 삼각분포를 하는 5개의 확률변수를 생성하라.

2.23 다음과 같은 PDF를 고려하자:

$$f(x) = \begin{cases} \dfrac{3x^2}{2} & -1 \leq x \leq 1 \\ 0 & \text{otherwise} \end{cases}$$

(a) 이 분포에 대한 역 변환 알고리즘을 작성하라.

(b) 연습문제 2.10의 난수 첫 번째 행을 사용하고 여러분의 알고리즘을 이용하여 2개의 확률변량을 생성하라.

2.24 다음과 같은 PDF를 고려하자:

$$f(x) = \begin{cases} 0.5x - 1 & 2 \leq x \leq 4 \\ 0 & \text{otherwise} \end{cases}$$

(a) 이 분포에 대한 역 변환 알고리즘을 작성하라.

(b) 연습문제 2.10의 난수 첫 번째 행을 사용하고 여러분의 알고리즘을 이용하여 2개의 확률변량을 생성하라.

2.25 다음과 같은 PDF를 고려하자:

$$f(x) = \begin{cases} \dfrac{2x}{25} & 0 \leq x \leq 5 \\ 0 & \text{otherwise} \end{cases}$$

(a) 이 분포에 대한 역 변환 알고리즘을 작성하라.

(b) 연습문제 2.10의 난수 첫 번째 행을 사용하고 여러분의 알고리즘을 이용하여 2개의 확률변량을 생성하라.

2.26 다음과 같은 PDF를 고려하자:

$$f(x) = \begin{cases} \dfrac{2}{x^3} & x > 1 \\ 0 & x \leq 1 \end{cases}$$

(a) 이 분포에 대한 역 변환 알고리즘을 작성하라.

(b) 연습문제 2.10의 난수 첫 번째 행을 사용하고 여러분의 알고리즘을 이용하여 2개의 확률변량을 생성하라.

2.27 자동화된 생산 프로세스에 대하여 고장날 때까지의 시간은 레일리(Rayleigh) 분포에 따른다고 알려져 있다.

$$f(x) = \begin{cases} 2\beta^{-2} x e^{(-(x/\beta)^2)} & x > 0 \\ 0 & \text{otherwise} \end{cases} \tag{2.35}$$

(a) 이 분포를 따르는 확률변수를 생성하기 위한 알고리즘을 구하라.

(b) 연습문제 2.10의 첫 번째 행의 난수를 사용하여 $\beta = 2$인 여러분의 알고리즘을 사용하여 5개의 확률변수를 생성하라.

2.28 연습문제 2.10의 처음 2개 행에 있는 난수를 사용하여 다음 각 방법을 이용하여 5개의 음의 이항분포($r = 4$, $p = 0.4$)를 따르는 5개의 확률변수를 생성하라.

(a) 중첩법 사용

(b) 4개의 성공이 있을 때까지의 베르누이시행 횟수 사용

2.29 어떤 일을 처리하는 데 걸리는 시간은 2개의 분포로 구성되어 있다. 30%의 확률로 처리시간이 평균이 20분이고 표준편차가 2분인 대수정규분포를 따르고, 70%의 확률로 처리시간이 10분과 20분 사이의 일양분포를 따른다. 연습문제 2.10의 난수 첫 번째 행을 사용하여 두 개의 일 처리 시간을 생성하라. 힌트: $X \sim \ln(\mu, \sigma^2)$이면 $(X) \sim N(\mu, \sigma^2)$이고 그 역도 성립한다. 또한

$$\mathrm{E}[X] = e^{\mu+\sigma^2/2}$$

$$\mathrm{Var}[X] = e^{2\mu+\sigma^2}(e^{\sigma^2} - 1)$$

2.30 환자에 대한 서비스 시간은 2개의 분포로 구성되어 있다. 25%의 확률로 서비스 시간이 20분에서 25분 사이의 일양분포를 따르고, 75%의 확률로 서비스 시간이 형상모수 2와 척도모수 4.5을 갖는 와이블분포를 따른다. 조사결과 이 분포는 1.5와 4.5 범위에만 있는 것으로 나타났다. 연습문제 2.10의 난수 첫 번째 행을 사용하여 두 환자에 대한 서비스 시간을 생성하라.

2.31 만약 $Z \sim N(0,1)$이고, $Y = \sum_{i=1}^{k} Z_i^2$이면 $Y \sim \chi_k^2$이다. 여기서 χ_k^2는 자유도(degree of freedom) k를 갖는 카이제곱 확률변수이다. 연습문제 2.10의 난수 첫 번째 행을 사용하여 두 개의 χ_5^2 확률변량을 생성하라.

2.32 확률변량을 생성하기 위한 (a)_________기법에 있어서 알고리즘의 효율성을 높일 수 있도록 (b)_________가 가능한 한 높게 보장되도록 하기 위해 여러분이 생성하기를 원하는 분포와 가능한 한 가까운 (c)_________분포를 원한다.

2.33 임의의 x에 대해 다음 식을 보여줌으로써 연속확률변수에 대한 채택-기각법이 유효하다는 것을 증명하라.

$$P\{X \leq x\} = \int_{-\infty}^{x} f(y)dy$$

힌트: E를 채택이 발생하는 사건이라고 하고 조건부 확률을 사용하라.

2.34 다음과 같은 PDF를 고려하자:

$$f(x) = \begin{cases} \dfrac{3x^2}{2} & -1 \leq x \leq 1 \\ 0 & \text{otherwise} \end{cases}$$

(a) 이 분포에 대한 채택-기각 알고리즘을 작성하라.

(b) 연습문제 2.10의 난수 첫 번째 행을 사용하고 여러분의 알고리즘을 이용하여 2개의 확률변량을 생성하라.

2.35 다음과 같은 감마분포를 고려하자. 이 문제는 Cheng [1977]에서 인용한 것이다. 또한 Ahrens와 Dieter [1972]를 참조하기 바란다.

$$f(x) = \beta^{-\alpha} x^{\alpha-1} \frac{e^{-x/\beta}}{\Gamma(\alpha)}$$

여기서 $x > 0$이고, $\alpha > 0$는 형상모수, $\beta > 0$는 척도모수이다. α가 양의 정수인 경우, 분포는 얼랑분포가 되고, $\alpha = 1$이면 음의 지수분포가 된다. 채택-기각 방법은 $0 < \alpha < 1$이고 $\alpha > 1$인 경우에 적용할 수 있다. $0 < \alpha < 1$인 경우에는 Ahrens와 Dieter [1972]를 참조하기 바란다. $\alpha > 1$인 경우 Cheng [1977]은 다음과 같은 중심 함수를 제안하였다.

$$g(x) = \left[\frac{4\alpha^{\alpha} e^{-\alpha}}{a\Gamma(\alpha)}\right] h(x)$$

여기서 $a = \sqrt{(2\alpha - 1)}, b = \alpha^{a}$, $b = \alpha^{a}$, $h(x)$는 $g(x)$가 다음 밀도 함수로 전환될 때 얻어지는 확률분포 함수이다.

$$h(x) = ab\frac{x^{a-1}}{(b + x^{a})^2} \qquad \text{for } x > 0$$

(a) $h(x)$로부터 생성을 위한 역 변환 알고리즘을 개발하라.

(b) 연습문제 2.10에 주어진 자료를 이용하여 도착 간격 시간이 채택-기각 방법에 의해 모수 $\alpha = 2$, $\beta = 10$을 갖는 감마분포로 주어졌을 때 첫 번째 고객의 도착 시간을 구하라.

2.36 부품이 평균 λ를 갖는 포아송 과정에 따라 3대의 드릴 프레스가 있는 기계 센터에 도착한다고 하자. 도착하는 부품은 각각 확률 $p_1, p_2, p_3 (p_1 + p_2 + p_3 = 1, p_i > 0, i = 1, 2, 3)$의 확률로 3대의 드릴 프레스 중 하나에 할당된다. 각 드릴 프레스에 도착하는 부품의 도착 간격 시간은 어떤 분포를 따르는가? 그 분포의 모수를 구하라.

만약 p_1, p_2, p_3가 각각 0.25, 0.45, 0.3이고 λ는 분당 12와 같다고 가정하자. 연습문제 2.10의 난수 첫 번째 행을 사용하여 처음 3개의 도착 시간을 생성하라.

CHAPTER 03

장 스프레드시트 시뮬레이션

Spreadsheet Simulation

학습목표

- 스프레드시트 환경에서 난수를 생성할 수 있다.
- 스프레드시트로 여러 가지 함수에 대한 확률변수를 생성할 수 있다.
- 스프레드시트 환경에서 몬테칼로 시뮬레이션을 수행할 수 있다.
- 몬테칼로 시뮬레이션에 대한 통계적 양을 계산할 수 있다.
- 몬테칼로 시뮬레이션에 대한 표본의 크기를 결정할 수 있다.

3.1 스프레드시트 환경에서 시뮬레이션

이 장에서는 스프레드시트 환경에서 기본적인 시뮬레이션을 어떻게 실행하는지를 학습한다. 스프레드시트 환경의 신속성은 2장에서 논의한 여러 가지 방법에 대한 이해를 용이하게 할 것이다. 또한 적당히 복잡한 스프레드시트 시뮬레이션을 간단하게 수행할 수 있는 유용한 모델링 도구인 스프레드시트에서 사용할 수 있는 몇 가지 함수에 대해 학습하게 된다. 여러분은 시스레드시트 환경에서 시뮬레이션을 수행하기 위해 고급 추가기능 도구들이 얼마나 유용한지를 알게 될 것이다.

다음 절에서는 2장의 이론을 스프레드시트를 사용하여 연습하게 된다.

3.2 유용한 스프레드시트 함수와 방법

이 절에서는 스프레드시트로 2장에서 논의한 몇 가지 난수 생성기법을 수행하는 방법에 대해 논의한다. 목표는 이러한 개념이 어떻게 실행되는지를 보여주는 데 있다.

3.2.1 RAND()와 RANDBETWEEN() 활용

엑셀 워크북 *SimilationRandomnessInExcel.xls*에는 이 절에서 논의될 예제를 수록하고 있다. Excel^{TM}의 RAND() 함수는 (0, 1) 사이에 일양분포를 따르는 난수를 생성한다. 이 난수로부터 2장에서 논의한 방법을 사용하여 많은 다른 확률변수를 생성할 수 있다.

RAND() 함수는 "능동적인(active)" 함수이다. 즉, 워크시트가 계산을 할 때마다 RAND() 함수로부터 새로운 값을 계산하여 표시한다. 예를 들어, 한 셀의 자료가 수정되면 워크시트는 다시 계산을 하게 된다. 앞으로 보게 되는 것처럼 많은 확률변수를 시뮬레이션하는 대규모 스프레드시트로 작업을 하려고 할 때는 이것은 불편할 수 있다.

Excel^{TM}은 또한 [*a*, *b*] 사이의 정수의 난수를 생성하는 RANDBETWEEN(*a*, *b*) 스프레드시트 함수를 가지고 있다. 이 함수 또한 능동적 함수이다. 자동계산을 중지하기 위해서는 그림

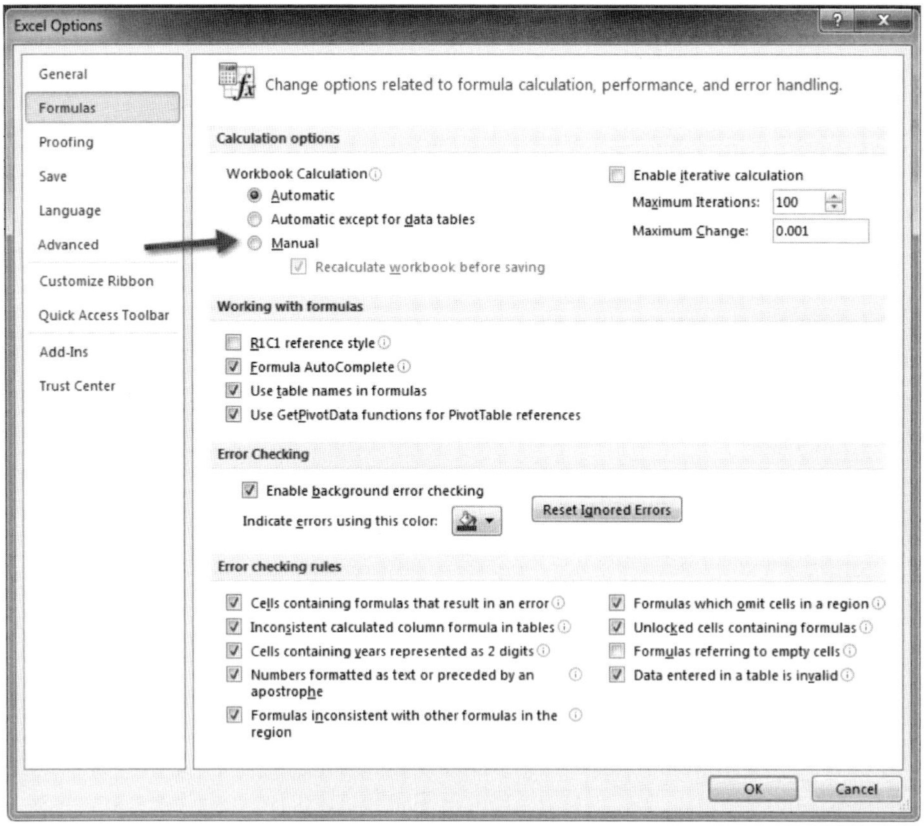

그림 3.1 스프레드시트를 수동계산으로 설정

B5 fx =RAND()

	A	B	C	D
1		min=	2	
2		max=	10	
3				
4		U(0,1)	DU(min,max)	U(min,max)
5	1	0.478231133	5	9.229413517
6	2	0.786127707	3	9.153368806
7	3	0.158092971	2	8.131687769
8	4	0.605374938	8	4.690445215
9	5	0.138187052	10	8.877661769
10	6	0.909570015	5	3.748755936
11	7	0.700547878	4	7.361288708
12	8	0.539418158	2	2.451534615
13	9	0.543234406	4	5.705660412
14	10	0.508808182	5	5.739570912

그림 3.2 RAND() 함수 사용

3.1에서 보는 바와 같이 수동(manual)으로 스프레드시트에 옵션을 설정할 수 있다. 자동계산을 중지하였을 때 다시 계산을 위해서는 F9를 사용할 수 있다.

만약 여러분이 이 절에서 주어진 스프레드시트를 다시 만들고 따라하고 있다면 여러분이 만든 난수와 스크린 샷에 주어진 것과는 다를 수 있다는 것을 기억하기 바란다. 왜냐하면 RAND() 함수에는 종자(seed)를 설정할 방법이 없기 때문이다(그림 3.2). RAND()와 RANDBETWEEN(a, b) 함수를 이용하여 많은 유용한 일을 할 수 있다(그림 3.3).

(a, b) 사이의 일양난수를 얻기 위해서는 다음 셀 수식을 사용한다.

$$= a + (b - a) * \text{RAND}()$$

$(b - a) * RAND()$는 0과 $(b - a)$ 사이의 수를 생성한다. 그다음 a를 더하면 그 수는 x-축의 적절한 범위로 이동하게 된다. 이것이 역 변환법이다.

C5 fx =RANDBETWEEN($C$1,$C$2)

	A	B	C	
1		min=	2	
2		max=	10	
3				
4		U(0,1)	DU(min,max)	U(min,
5	1	=RAND()	=RANDBETWEEN($C$1,$C$2)	=$C$1+
6	2	=RAND()	=RANDBETWEEN($C$1,$C$2)	=$C$1+
7	3	=RAND()	=RANDBETWEEN($C$1,$C$2)	=$C$1+
8	4	=RAND()	=RANDBETWEEN($C$1,$C$2)	=$C$1+
9	5	=RAND()	=RANDBETWEEN($C$1,$C$2)	=$C$1+
10	6	=RAND()	=RANDBETWEEN($C$1,$C$2)	=$C$1+
11	7	=RAND()	=RANDBETWEEN($C$1,$C$2)	=$C$1+
12	8	=RAND()	=RANDBETWEEN($C$1,$C$2)	=$C$1+
13	9	=RAND()	=RANDBETWEEN($C$1,$C$2)	=$C$1+
14	10	=RAND()	=RANDBETWEEN($C$1,$C$2)	=$C$1+

그림 3.3 RAND()와 RANDBETWEEN() 함수 사용

RANDBETWEEN(a, b) 함수는 a와 b 사이의 이산 일양난수를 생성하는 함수이다. 만약 RANDBETWEEN() 함수를 이용할 수 없는 경우에는 다음과 같이 할 수 있다.

$$= a + \text{INT}((b - a + 1) * \text{RAND}())$$

베르누이(p) 확률변수(p는 성공확률)는 스프레드시트의 IF() 함수에 RAND() 함수를 결합 사용하여 실행할 수 있다.

$$= \text{IF}(\text{RAND}() <= p, 1, 0)$$

이항 확률변수를 생성하기 위해서는 베르누이 시행 결과를 가진 셀을 합한다. 이렇게 하여 중첩법을 실행할 수 있다. 이동된 기하분포(shifted geometric distribution)는 다음과 같은 셀 식을 이용하여 실행할 수 있다.

$$= 1 + \text{INT}(\text{LN}\ (1 - \text{RAND}())/\text{LN}\ (1 - p))$$

이것은 예시 2.7에서 제시된 기하분포에 대한 역 변환 알고리즘이다.

많은 연속분포도 그 분포에 대한 역 누적함수(CDF) 함수를 이용할 수 있기 때문에 스프레드시트로 쉽게 실행할 수 있다. 이러한 식에서 확률이 필요한 곳에 RAND() 함수로 대체한다. 예를 들면, 정규 확률변수를 시뮬레이션하기 위해서는 다음 셀 식을 이용한다.

$$= \text{NORM.INV}(\text{RAND}(), \mu, \sigma)$$

여기서 μ와 σ는 각각 얻고자 하는 정규 확률변량에 대한 평균과 표준편차이다. 그림 3.4는 스프레드시트로 쉽게 실행할 수 있는 여러 가지 확률변수를 보여주고 있다. 이것은 이 장의 예제 스프레드시트 안에 *Distribution*이라는 이름의 시트에 있는 것이다.

3.2.2 VLOOKUP() 사용

VLOOKUP 셀 함수는 이산분포에 대한 역 변환법을 쉽게 수행할 수 있는 방법을 제공한다. 예를 들어, VLOOKUP 함수로 실행해보자. X를 $X \in (1, 2, 3, 4)$인 확률변수이고 그 확률질량함수(PMF)와 CDF는 표 3.1에 주어져 있다고 하자.

이것은 예제 2.9에서 사용한 것과 동일한 분포이다. VLOOKUP 함수를 사용하기 위해서는 식 (2.24)를 실행하는 look-up 표를 만들어야 한다:

$$F^{-1}(u) = \begin{cases} 1 & \text{if} \quad 0.0 \le u \le 0.4 \\ 2 & \text{if} \quad 0.4 < u \le 0.7 \\ 3 & \text{if} \quad 0.7 < u \le 0.9 \\ 4 & \text{if} \quad 0.9 < u \le 1.0 \end{cases}$$

VLOOKUP으로 표를 생성하기 위하여 스프레드시트를 그림 3.5에 표시한 것과 같이 수립하여야 한다.

	A	B	C	D	E
1					Formula
2	Uniform(0,1)			0.845009617	=RAND()
3		min	max		
4	Discrete Uniform(min,max)	3	10	8	=RANDBETWEEN(B5,C5)
5		min	max		
6	Uniform(min,max)	4	20	18.66724518	=B7+(C7-B7)*RAND()
7			p		
8	Bernoulli(p)		0.7	1	=IF(RAND()<=C9,1,0)
9			p		
10	Geometric(p)		0.3	2	=1+INT(LN(1-RAND())/LN(1-C11))
11			mean		
12	Exponential(mean)		5	4.359013352	=-C13*LN(1-RAND())
13		scale	shape		
14	Weibull(scale, shape)	5	3	3.975532185	=B15*POWER(-LN(1-RAND()),1/C15)
15		alpha1	alpha2		
16	Beta(alpha1, alpha2)	5	1.5	0.807041407	=BETAINV(RAND(),B17,C17)
17			DF		
18	ChiSquare		5	14.12091438	=CHIINV(RAND(),C19)
19		scale	shape		
20	Gamma(scale,shape)	2	10	19.06188666	=GAMMAINV(RAND(),C21,B21)
21		mean	std dev		
22		5	3		
23	Lognormal(mean, std dev)	1.455695563	0.554513	5.012218975	=LOGINV(RAND(),B24,C24)
24		mean	std dev		
25	Normal(mean, std dev)	10	2	10.50135199	=NORMINV(RAND(),B25,C25)

그림 3.4 스프레드시트로 분포 생성

표 **3.1** VLOOKUP 예제에 대한 PMF와 CDF

x_i	1	2	3	4
$f(x_i)$	0.4	0.3	0.2	0.1
$F(x_i)$	0.4	0.7	0.9	1.0

A8 fx =VLOOKUP(RAND(),B3:D6,3)

	A	B	C	D	E
1					
2	PMF	LR	CDF	X	
3	0.4	0	0.4	1	
4	0.3	0.4	0.7	2	
5	0.2	0.7	0.9	3	
6	0.1	0.9	1	4	
7					
8	2	=VLOOKUP(RAND(),B3:D6,3)			

그림 3.5 VLOOKUP표 설정

- PMF열은 PMF 값이다.
- LR열은 값의 범위의 하한치(lower limit)이다. 예를 들면, 확률변수 U가 (0, 0.4) 사이의 값을 갖는다면 $X = 1$이 된다. 여기서 CDF열은 범위 상한을 표시한다.
- X열은 확률변수의 가능한 값을 나타낸다.

이제 다음 식을 사용할 수 있다.

$$= \text{VLOOKUP(RAND()), CellRange, 3)}$$

여기서 Cell Range는 LR-X열에 대한 범위이다. 이 예제에서 Cell Range는 B3:D6이다. RAND()는 0과 1 사이의 난수를 생성한다. 이 수는 표의 Cell Range의 1번째 열을 검색하여 대응하는 3번째 열에 있는 값을 표시한다. 이는 VLOOKUP이 검색하는 방법이기 때문이다. 이와 같은 일반적인 구조는 모든 이산 확률변수에 적용할 수 있다. 사실 X열은 숫자이어야 하는 것은 아니다. 문자를 포함할 수 있고 VLOOKUP 함수는 적절한 확률로 랜덤하게 값을 선택한다.

다음 절에서는 데이터 표를 사용하여 랜덤 표본을 생성하는 방법을 설명한다.

3.2.3 반복 표본 추출을 위한 데이터 표 사용

그림 3.5는 VLOOKUP() 함수를 사용하여 주어진 PMF를 따르는 하나의 확률변수를 생성하는 방법을 예로 들었다. 해당 분포로부터 추가적인 관측치를 구하기 위하여 다음과 같은 2가지 일을 할 수 있다: (i) 식을 다른 셀로 복사한다. 혹은 (ii) 스프레드시트 환경에서 데이터 표 기능을 사용한다. 이전의 예제는 첫 번째 방법을 사용하여 식을 복사하여 넣었다. 데이터 표를 사용하는 두 번째 방법은 보다 일반적이고 시뮬레이션의 모수 변화를 용이하게 한다. 이 절에서는 기본적인 방법을 예로 든다. 3.3절은 보다 완벽한 방법으로 데이터 표 사용 예를 든다.

이제 PMF로부터 20번 생성을 반복하기를 원한다고 하자. 이것은 시프레드시트에 약간의 준비를 하여 데이터 표를 사용하여 할 수 있다. 데이터 표는 셀 함수로 한 개 혹은 두 개 변수의 변화를 허용할 수 있는 셀의 범위를 나타낸다. 이것은 한 번의 조작으로 여러 개의 결과를 쉽게 계산할 수 있다. 데이터 표는 하나의 시트에 결과에 대한 표를 쉽게 나타낼 수 있다. 열에 주어진 데이터 표의 경우 데이터 표의 왼쪽 열에 있는 값은 열 입력 셀(column input cell)에 지정된 셀로 대입되고 출력 셀(데이터 표의 첫 행)이 다시 계산된다. 그러면 스프레드시트는 다시 계산되어 각 입력 값에 대해 데이터 표의 첫 번째 행의 값이 주어진다.

다음 절차는 시뮬레이션을 반복하기 위하여 데이터 표를 수립하는 방법을 설명하고 있다. 그림 3.6은 이 절차를 스프레드시트로 예시한 것이다.

1. 반복할 횟수를 나타내는 열을 만든다. 이 예제에서는 F열이다.
2. 반복되기를 원하는 셀을 만든다. 이 예제에서는 A8셀이다.
3. 데이터 표를 첫 번째 반복의 오른쪽 위에 셀을 설정하여 반복을 필요로 하는 셀과 반복되어야 하는 셀을 묶는다. 이 예제에서는 셀 G4가 셀 A8과 같도록 설정한다.
4. 데이터 표를 구성하는 셀을 선택한다. 이 예제에서는 범위 F4:G24를 선택한다.
5. 스프레드시트 메뉴로부터 데이터 표 기능을 적용한다. 이것은 데이터(data) $\Longrightarrow$ 가상분석(what-iF) $\Longrightarrow$ 데이터 표(data table)이다. 행 입력 셀과 열 입력 셀을 요구하는 대화상자가 나타난다. 표는 열로 되어 있기 때문에 여기서는 열 입력 셀만 필요하다.
6. 열 입력 셀에는 임의 빈 칸인 셀을 입력한다. 이 예제에서는 F4셀을 행 입력 셀로 선택하였다. 행 입력 셀은 빈 칸으로 두고 확인(OK) 버튼을 클릭한다.

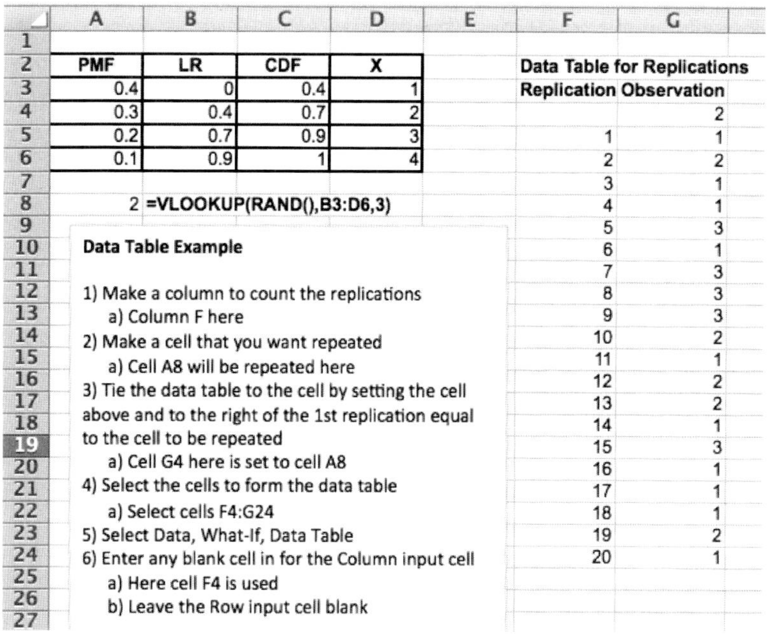

그림 3.6 데이터 표 스프레드시트 결과

시뮬레이션의 경우 빈 칸의 입력 셀을 선택함으로써 데이터 표는 여러 번 식을 수행하는 묘수를 쓸 수 있다. 입력 셀이 빈 칸이기 때문에 아무 것도 대입되지 않지만 스프레드시트는 다시 계산된다. 이러한 재계산이 새로운 난수를 생성하게 되고 자료 행에 나타난다. 그 결과 데이터 표의 각 행에 있는 복수 개의 표본이 생성된다.

대규모 데이터 표는 많은 양의 계산 시간을 필요로 한다. 그림 3.1에 표시한 것처럼 자동 계산 기능을 해제함으로써 스프레드시트로 작업을 보다 수월하게 할 수 있다. 데이터 표만 "수동 (automatic except tables)" 옵션은 데이터 표가 자동으로 재계산하지 않는 것을 제외하고 스프레드시트가 정상적으로 작동하게 한다. 우리는 데이터 표를 얻기 위하여 스프레드시트를 수동으로 재계산할 필요가 있다.

3.2.4 VBA 사용

만약 스프레드시트 셀 수식이 적절하지 않으면 여러분은 VBA 함수로 확률변량 생성 알고리즘을 항상 실행할 수 있다. 목록 3.1과 3.2는 $U(0, 1)$ 난수를 생성하기 위하여 VBA 함수 Rnd()을 어떻게 사용하고 교재에서 설명한 알고리즘을 어떻게 실행하는지를 보여주고 있다. 이러한 함수는 예제 스프레드시트에서 Random이라는 이름의 VBA 모듈에서 찾을 수 있다.

VBA 함수 bernoulliRV(p As Double)는 성공확률을 모수로 가진다. 함수 Rnd()는 U(0,1)을 생성하고 $1\text{-}p$와 비교된다. 비교가 참이면 함수의 결과는 0이고 그렇지 않으면 1이다. 이것은 베르누이 확률변수에 대한 역 변환 알고리즘이다.

VBA 함수 *binomialRV(p, As Double, n as Integer)*는 입력 요소로 성공 확률을 가지고 중첩 알고리즘을 사용하여 이항 확률변수를 생성한다. 함수 *expo()*와 *weibuleRV()*는 각각 지수분포와 와이블분포에 대한 역 변환 알고리즘을 사용한다. 이러한 함수들은 스프레드시트의 VBA 모듈에 있기 때문에 스프레드시트의 임의의 셀에 VBA 내장함수를 사용하면 된다.

목록 **3.1** 베르누이와 이항 확률변수에 대한 VBA 함수

```
Public Function bernoulliRV(p As Double) As Integer
    If (Rnd() < (1 - p)) Then
        bernoulliRV = 0
    Else
        bernoulliRV = 1
    End If
End Function
Public Function binomialRV(p As Double, n As Integer) As Integer
    Dim X As Integer
    Dim i As Integer
    X = 0
    For i = 1 To n
        X = X + bernoulliRV(p)
    Next i
    binomialRV = X
End Function
```

목록 **3.2** 지수와 와이블 확률변수에 대한 VBA

```
Public Function expo(mean As Double) As Double
    expo = -mean * Log(1 - Rnd())
End Function
Public Function weibullRV(scaleB As Double, shapeA As Double) As
Double
    weibullRV = scaleB * (-Log(1 - Rnd())) ^ (1 / shapeA)
End Function
```

다음 절에서는 이 절에서 논의한 개념을 사용하여 간단한 스프레드시트 시뮬레이션 방법을 예로 든다.

3.3 스프레드시트 시뮬레이션 예제

스프레드시트는 시뮬레이션을 수행하기 위하여 쉽게 사용할 수 있다. 이 절에서는 3가지의 대표적인 예제를 들어 스프레드시트를 사용하여 시뮬레이션하는 방법을 설명한다. 모든 시뮬레이션의 중요한 측면은 잘 조직화되고 문서화되는 것이다. 스프레드시트는 발견하기 어려운 내제한 오류가 있는 것으로 악명이 높기 때문에 이것이 특히 중요하다. Powell 등 [2008]과 Rajalingham 등 [2000]은 스프레드시트 모델링과 관련된 몇 가지 품질관리와 오류 문제를 지

적하였다. 스프레드시트 사용을 결정하기 전에 스프레드시트로 문서화하기 위한 장점과 마찬가지로 한계점을 이해하는 것이 중요하다(LeBlanc and Galbreth [2009] 참조). 또한 스프레드시트 도구에 내포된 몇 가지 문제점과 오류를 알아야 한다. 이러한 중요한 주제에 대해 보다 상세한 내용에 대해서는 McCullough and Heiser [2008]와 거기에 있는 참고문헌을 참조하기 바란다. 하지만 스프레드시트를 사용하여 시뮬레이션을 어떻게 조직화하는지에 대한 몇 가지 중요한 사례를 보여주는 예제를 사용한다.

3.3.1 간단한 몬테칼로 적분

몬테칼로(Monte-Carlo)라는 용어는 컴퓨터로 표현된 모델/방정식으로부터 반복적으로 표본을 추출하여 추정하고자 하는 값들을 예측하기 위한 방법과 기법들을 말한다. 이런 근거로 봤을 때, 이 용어는 컴퓨터 시뮬레이션과 비슷한 용어이다. 몬테칼로라는 용어는 원래 도박과 게임으로 잘 알려진 모나코 왕국에 있는 몬테칼로 카지노에서 온 것이다. 하나의 몬테칼로법이 있는 것이 아니라 알고리즘과 기법의 집합체이다. 사실 앞에서 설명한 난수 생성과 확률변량 생성에 관한 아이디어는 몬테칼로법의 기본을 형성하고 있다.

이 장에서는 특별히 정적 시뮬레이션(static simulation)에 있어서 확률변수의 기대치를 생성하고 추정하기 위한 기법에 몬테칼로 용어를 한정한다. 정적 시뮬레이션에 있어서 시간의 개념은 시스템 다이나믹스(시간과 더불어 변화하는 사회의 모양을 모형화하여 분석하는 수법)에 비해 비교적 간단하다. 정적 시뮬레이션에서 시간은 규칙적으로 째깍거리고 각 째깍거리는 시점에서 시스템의 상태가 변한다(새로운 관측이 진행됨). 이것은 시스템의 상태가 시간과 더불어 진화해가고 상태가 불규칙적인 시간에 변하는 동적 시뮬레이션(dynamic simulation)과 대조적이다. 동적 시뮬레이션(특히 이산-사건 시뮬레이션)은 이후 장들의 주제가 된다.

여기서는 몬테칼로법 기본적인 사용 예(함수의 면적 추정)를 든다. $a \leq x \leq b$ 범위에서 정의된 어떤 함수 $g(x)$가 있고 다음 적분을 평가하기를 원한다고 하자:

$$\theta = \int_a^b g(x)\, dx \qquad \text{(식 3.1)}$$

몬테칼로법에서는 추정 문제로 표현해서 이 적분을 평가할 수 있다. 이것은 잘 선택한 확률변수에 대한 기대치를 추정하는 문제가 된다. 확률변수에 대한 여러 가지 다른 선택 방법이 존재함에도 불구하고 우리는 예시 목적으로 가장 간단한 하나를 선택한다. $X \sim U(a, b)$에 대하여 Y를 다음과 같이 정의하자:

$$Y = (b - a)g(X) \qquad \text{(식 3.2)}$$

Y는 또 하나의 확률변수인 $g(X)$로 정의된다. 확률변수의 함수는 또한 확률변수이기 때문에 Y는 확률변수이다. 따라서 Y의 기대치는 다음과 같이 계산된다:

$$\mathrm{E}[Y] = \mathrm{E}[(b - a)g(X)] = (b - a)\,\mathrm{E}[g(X)] \qquad \text{(식 3.3)}$$

이제 $E[g(X)]$를 구해보자. 정의에 따라

$$E_X[g(X)] = \int_a^b g(x)\, f_X(x)\, dx$$

그리고 확률변수 $X \sim U(a, b)$에 대한 확률밀도함수는 다음과 같다.

$$f_X(x) = \begin{cases} \frac{1}{b-a} & a \le x \le b \\ 0 & \text{otherwise} \end{cases}$$

그러므로

$$E_X[g(X)] = \int_a^b g(x)\, f_X(x)\, dx = \int_a^b g(x) \frac{1}{b-a}\, dx$$

식 (3.3)에 대입하면

$$\begin{aligned} E[Y] &= E[(b-a)g(X)] = (b-a)E[g(X)] \\ &= (b-a)\int_a^b g(x)\frac{1}{b-a}\, dx \\ &= \int_a^b g(x)\, dx = \theta \end{aligned}$$

그러므로 Y의 기대치를 추정함으로써 원하는 적분을 추정할 수 있다. 기초 통계학에서 $E[Y]$에 대한 좋은 추정치는 Y에 대한 관측치의 표본 평균이다. $Y_1, Y_2, \ldots, Y_n$을 Y의 관측치에 대한 랜덤 표본이라고 하자. X_i는 X에 대한 i번째 관측치라고 하자. 각각의 X_i를 식 (3.2)에 대입하면 Y에 대한 i번째 관측치를 얻는다.

$$Y_i = (b-a)g(X_i) \qquad \text{(식 3.4)}$$

그러면 $Y_1, Y_2, \ldots, Y_n$의 표본 평균은 다음과 같다.

$$\begin{aligned} \overline{Y}(n) &= \frac{1}{n}\sum_{i=1}^{n} Y_i = \frac{1}{n}\sum_{i=1}^{n}(b-a)g(X_i) \\ &= (b-a)\frac{1}{n}\sum_{i=1}^{n} g(X_i) \end{aligned}$$

여기서 $X_i \sim U(a, b)$. 따라서 간단하게 $X_i \sim U(a, b)$를 생성해서 X_i를 관심 대상인 함수 $g(x)$에 넣고 평균을 취해서 $(b-a)$로 곱하면 적분을 추정할 수 있다. 모든 적분에 대해 이것이 가능하고 다차원 적분에 대해서도 가능하다. 한편 이러한 논의는 단일 값 함수에 대한 것이지만 다변량 함수를 사용하여 다차원 적분으로 조정할 수 있다. 이제 스프레드시트를 사용하여 곡선 아래 있는 면적을 추정하는 예를 들어보자.

예제 3.1 곡선 아래 면적 추정

다음 그림에서 나타낸 것과 같이 1과 4의 범위에서 $f(x) = x^{\frac{1}{2}}$ 아래 있는 면적을 추정하기를 원한다고 하자. 즉 다음 적분을 평가하기를 원한다.

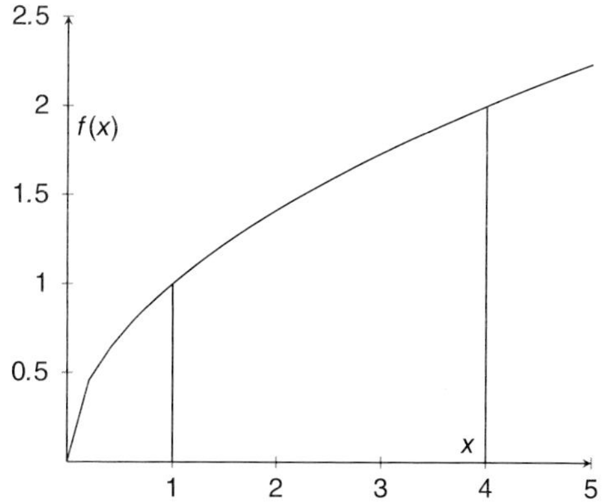

$$\theta = \int_1^4 x^{\frac{1}{2}}\, dx = \frac{14}{3} = 4.66 \qquad \text{(식 3.5)}$$

앞에서 설명한 이론에 따라, $X_i \sim U(1, 4)$를 생성하고 $\overline{Y}$를 계산한다. 여기서 $Y_i = (4 - 1)\sqrt{X_i} = 3\sqrt{X_i}$. 이것은 스프레드시트를 이용하여 쉽게 할 수 있다. 또한 이 예제에 대하여 실제 면적을 알고 있기 때문에 몬테칼로법이 맞는지를 확인할 수 있다.

이 문제에 대한 스프레드시트 해는 이 장에 딸려있는 스프레드시트의 *Simulation MC* 탭에 있다. 그 절차는 $X_i \sim U(a, b)$를 생성해서 X_i를 관심 대상인 함수 $f(x)$에 넣고 평균을 취해서 $(b - a)$로 곱한다는 것을 기억하자. 그 절차는 매우 간단하다.

1. 난수 $U(0, 1)$를 보관하기 위하여 하나의 열을 사용한다(예, B열).
2. 표본 $X_i \sim U(a, b)$를 보관하기 위하여 하나의 열을 사용한다(예, C열).
3. 표본 $f(X_i)$를 보관하기 위하여 하나의 열을 사용한다(예, D열).
4. 표본 $Y_i = (b - a)f(X_i)$를 보관하기 위하여 하나의 열을 사용한다(예, E열).
5. AVERAGE() 함수를 사용하여 Y_i의 표본 평균을 계산한다(예, 셀 E4).

그림 3.7은 이 문제를 스프레드시트로 수립하는 방법을 보여주고 있다. 스프레드시트가 어떻게 정렬되어 있는지 주목하자: 상단에 입력, 하단에 시뮬레이션 결과, 그리고 시뮬레이션 실행 설명문인 네모 상자로 되어 있다.

예제 3.1은 매우 간단한 함수 아래 면적을 추정하는 것이다. 실은 간단한 계산으로 면적이 $\theta = 14/3 = 4.66$이라는 것을 안다. 해에서 본 것처럼 시뮬레이션 결과(셀 F4)는 실제 값에 아주 근사하다. 추정된 값과 실제 값 사이의 차이는 **표본 오차**(*sample error*) 때문이다. 이 주제는

	A	B	C	D	E
1				True Area =	4.6666667
2		Lower Limit a =	1		
3		Upper Limit b =	4		
4				Average =	4.7421464
5					
6	n	U(0,1)	X ~ U(a,b)	f(X)	Y =(b-a)f(X)
7	1	0.997191473	3.9915744	1.9978925	5.9936775
8	2	0.989081344	3.967244	1.9917942	5.9753825
9	3	0.21772085	1.6531625	1.2857537	3.8572611
10	4	0.661895436	2.9856863	1.7279139	5.1837416
11	5	0.404142642	2.2124279	1.4874233	4.4622698
12	6	0.296216657	1.88865	1.3742816	4.1228449
13	7	0.613861009	2.841583	1.6856996	5.0570987
14	8	0.37081048	2.1124314	1.4534206	4.3602618
15	9	0.904623825	3.7138715	1.9271408	5.7814223
16	10	0.99243608	3.9773082	1.994319	5.982957
17	11	0.452834101	2.3585023	1.5357416	4.6072248
18	12	0.174478216	1.5234346	1.2342749	3.7028248
19	13	0.228178088	1.6845343	1.2978961	3.8936883
20	14	0.035379788	1.1061394	1.0517316	3.1551948
21	15	0.507718358	2.5231551	1.5884442	4.7653327
22	16	0.983199878	3.9495996	1.98736	5.9620799
23	17	0.689793097	3.0693793	1.7519644	5.2558932
24	18	0.272101333	1.816304	1.3477032	4.0431097
25	19	0.799774928	3.3993248	1.8437258	5.5311774
26	20	0.034046554	1.1021397	1.0498284	3.1494852
27					

Simulating the Area

Want to estimate the area under the curve:

f(x) = sqrt(x)

over the range [1, 4]

The true area is 14/3 = 4.6666 (see cell E1).

1) column B holds values from rand() to generate U(0,1)
2) column C generates X ~ U(a, b) using inverse transform

X = a + (b-a)*U

e.g. row 7: =$C$2 + ($C$3-$C$2)*B7

3) column D evaluates f(x) at the generated X

e.g. row 7: =SQRT(C7)

4) column E evaluates Y = (b-a)*f(X)

e.g. row 7: =($C$3-$C$2)*D7

5) cell E4 computes the average of the Y's

=AVERAGE(E7:E26)

Notice how close cell E4 is to cell E1

그림 3.7 스프레드시트 면적 추정 예제

3.4절에서 논의하기로 한다.

이 예제가 아주 간단하지만 기본적인 개념은 모든 복잡한 함수에 사용될 수 있고, 다차원 적분에도 쉽게 적용될 수 있다.

3.3.2 고전적인 신문 판매자 재고 문제

신문 판매자 모델은 불확실한 수요에 직면하고 있는 의사결정자가 다가오는 기간에 대해 얼마나 많은 양을 주문해야 하는가를 모델링하는 고전적인 재고관리 모형이다. 신문가판대에서 신문을 파는 관점에서 신문 판매인을 고용한다. 그 판매인은 부족하거나 많이 남지 않게 하려면 어느 날 시작 시점에서 얼마나 많은 신문을 재고로 가지고 있어야 하는가를 예측하여야 한다. 이러한 문제는 예를 들면 비행기 좌석과 같이 다른 많은 흥미로운 상황으로 일반화할 수 있다. 신문 판매자 모델에 대한 논의는 재고관리 입문서에 종종 기술되어 있다. 독자는 재고 모델에 대한 논의를 Muckstadt and Sapras [2010]에서 참조 바란다.

기본 모델은 한 주기를 고려한다. 그러나 복수 기간(혹은 무한대)의 미래 수요 분석을 고려하기 위해 확장할 수 있다. 모델 내 비용은 몇 가지 변수로 표현된다.

D를 그 기간에 대한 수요를 나타내는 확률변수라고 하자. $F(d) = \mathrm{P}\{D \le d\}$는 수요에 대한 CDF라고 하자. $G(q, D)$를 q단위 수요가 있는 기간의 시작 시점에 q단위의 주문이 이루어졌을 때 그 기간 말의 순수익(profit)을 나타낸다고 하자. 모수 q는 이 문제와 관련된 의사결정변수이다. 신문 판매자가 선택한 q의 값에 따라 순수익 혹은 손실(loss)이 발생할 것이다.

$D \geq q$ 혹은 $D < q$인 2가지 경우가 있다. 즉 수요가 그 기간의 시작 시점에서 주문한 양보다 크거나 같을 때 그리고 그 기간의 시작 시점에서 주문한 양보다 작을 때이다. $D \geq q$이면 신문 판매자는 신문이 부족하고 $D < q$이면 신문이 남는다.

이 상황에 대한 수익 모델을 개발하기 위하여 몇 가지 모델 모수를 정의할 필요가 있다. 또한 q의 선택과 관련된 수입(revenue)과 손실을 결정하기 위하여 부족하게 되는 양과 남게 되는 양을 결정할 필요가 있다. c를 구입비용이라고 하자. 이것은 신문 판매자가 신문 공급자에게 지불하는 비용이다. s를 판매가라고 하자. 이것은 신문 판매자가 고객으로부터 받는 신문 값이다. u를 잔존가(salvage value) 즉, 계획한 기간 후에 해당 품목에 대해 받을 수 있는 단위당 금액이다. 예를 들면 잔존가는 남아 있는 신문을 리사이클센터에 팔 때 받는 금액이 된다. 여기서 판매가 > 구입가 > 잔존가로 가정한다.

어느 날 계획하고 있는 신문 판매자의 상황을 고려해보자. 얼마나 많은 양이 팔릴 것인가? 만약 D가 그날의 수요이고 q부의 신문으로 시작했다면 판매할 수 있는 부수는 기껏해야 $\min(D, q)$이다. 즉 D가 q보다 크면 q부만 팔 수 있고, D가 q보다 작으면 D부만 팔 수 있다.

팔리지 않고 남은 부수는 얼마가 될까? 만약 D가 그날의 수요이고 q부의 신문으로 시작했다면 다음 2가지 경우가 있다: (i) 수요가 주문한 양보다 작거나($D < q$), (ii) 수요가 주문한 양보다 크거나 같은($D \geq q$)이다. 첫 번째 경우에서는 $q - D$가 남는 양이고, 두 번째 경우는 남는 양이 0이다. 따라서 어느 날 판매하고 남은 양은 $\max(0, q - D)$이다. 신문 판매자는 q부를 단가 c에 구입하기 때문에 구입비용은 $c \times q$이다. 따라서 순수익에 대해 다음 식이 성립한다.

$$G(D, q) = s \times \min(D, q) + u \times \max(0, q - D) - c \times q \qquad \text{(식 3.6)}$$

순수익은 판매수입 더하기 잔존수입 빼기 구입비이다. 판매수입은 판매가 곱하기 판매량이다. 잔존수입은 잔존가 곱하기 남아 있는 양이다. 구입비는 구입 단가 곱하기 주문량이다. q에 대한 최적 값을 찾기 위하여 기대 순수익을 최대로 해야 한다. D가 확률변수이기 때문에 $G(D, q)$ 또한 확률변수이다. 식 (3.6)에 기대치를 구하면 다음과 같다.

$$g(q) = \mathrm{E}[G(D, q)] = s\mathrm{E}[\min(D, q)] + u\mathrm{E}[\max(0, q - D)] - cq$$

이 식이 최적화되느냐 아니냐는 D의 분포의 형태에 의존한다. 그러나 시뮬레이션을 임의의 주어진 q에 대하여 이 기대치를 추정하는 데 사용할 수 있다. 다음 예제를 보자.

예제 3.2 Sly's BBQ 날개 문제

Sly's 편의점에서는 한 개의 BBQ 닭 날개를 25센트에 판매하고 있다. 한 조각을 만드는 데 드는 비용은 15센트이다. 그날 팔리지 않은 BBQ 닭 날개는 지역 식료품 저장고에서 개당 2센트에 구매해간다. Sly가 하루에 30개의 닭 날개를 만들기로 했다고 가정하면 수요분포가 표 3.2와 같을 때 기대 순수익은 얼마인가?

	A	B	C	D	E	F	G
1	**Sly's Convenience Store Example**						
2	**Inputs**			**Demand Distribution**			
3	cost per unit c =	0.15		**PMF**	**LR**	**CDF**	**D**
4	price per unit s =	0.25		0.1	0	0.1	5
5	salvage per unit u =	0.02		0.2	0.1	0.3	10
6				0.3	0.3	0.6	40
7	**Decision Variable**			0.2	0.6	0.8	45
8	Order Quantiy q =	30		0.1	0.8	0.9	50
9				0.05	0.9	0.95	55
10	**Outputs**			0.05	0.95	1	60
11	Daily Demand	5					
12	Amount Sold	5		u =	0		
13	Amount Left Over	25		D =	5		
14	Sales Revenue	1.25					
15	Salvage Revenue	0.5					
16	Ordering Cost	4.5					
17	Profit	-2.75					
18							
19	**Simulation Summary**						
20	Average =	1.528					
21							
22	**Data Table**						
23		-2.75					
24	1	3					
25	2	3					
26	3	-1.6					
27	4	-1.6					
118	95	3					
119	96	-1.6					
120	97	-1.6					
121	98	-2.75					
122	99	-1.6					
123	100	3					

그림 3.8 Sly's 편의점 스프레드시트 모델

표 **3.2** BBQ 닭 날개 수요분포

d_i	5	10	40	45	50	55	60
$f(d_i)$	0.1	0.2	0.3	0.2	0.1	0.05	0.05
$F(d_i)$	0.1	0.3	0.6	0.8	0.9	0.95	1.0

스프레드시트 모형을 만들기 위하여 먼저 스프레드시트의 배치를 어떻게 할 것인가를 개념화하여야 한다. 먼저 스프레드시트 맨 위에 명칭을 잘 붙인 입력 자료를 배치한다. 그림 3.8은 이러한 배치를 보여주고 있다. 입력 자료와 의사결정변수가 명확하게 명칭이 부여되어 있고 수요분포는 스프레드시트 맨 위에 위치하고 있다. 시뮬레이션을 수행하는 데 사용되는 데이터 표는 아래쪽에 있다. 아래쪽에 데이터 표를 배치하면 데이터 표에 행을 추가하기가 편리하다. 또한 명칭이 잘 부여된 중간 계산들이 있다. 순수익뿐만 아니라 순수익 관련 요소(예를 들면, 판매수입과 잔존수입)도 보인다. 이것은 시뮬레이션 요소들에 대한 추가적인 분석이 용이하게 하고 시뮬레이션의 오류를 수정할 수 있도록 한다. 그림 3.9는 이 모델에 대한 스프레드시트 식을 보여주고 있다. 수요를 생성하기 위하여 look-up 표를 사용하였고 일별 순수익을 시뮬레이션하기 위해 데이터 표가 사용되었다.

	A	B	C	D	E	F	G
1	Sly's Convenience S						
2	Inputs			Demand			
3	cost per unit c =	0.15		PMF	LR	CDF	D
4	price per unit s =	0.25		0.1	0	=D4	5
5	salvage per unit u =	0.02		0.2	=F4	=F4+D5	10
6				0.3	=F5	=F5+D6	40
7	Decision Variable			0.2	=F6	=F6+D7	45
8	Order Quantiy q =	30		0.1	=F7	=F7+D8	50
9				0.05	=F8	=F8+D9	55
10	Outputs			0.05	=F9	=F9+D10	60
11	Daily Demand	=E13					
12	Amount Sold	=MIN(B11,B8)		u =	=RAND()		
13	Amount Left Over	=MAX(0,B8-B11)		D =	=VLOOKUP(E12,E4:G10,3)		
14	Sales Revenue	=B12*B4					
15	Salvage Revenue	=B13*B5					
16	Ordering Cost	=B8*B3					
17	Profit	=B14+B15-B16					
18							
19	Simulation Summary						
20	Average =	=AVERAGE(B24:B123)					
21							
22	Data Table						
23		=B17					
24	1	=TABLE(,A23)					
25	2	=TABLE(,A23)					
26	3	=TABLE(,A23)					
27	4	=TABLE(,A23)					

그림 3.9 Sly's 편의점 스프레드시트 모델에 대한 스프레드시트 수식

3.3.3 랜덤 현금흐름 시뮬레이션

이 절에서는 확률적 요소를 가지고 있는 현금흐름분석을 수반하는 약간 더 복잡한 상황을 살펴본다. 기억하는 바와 같이 현금흐름분석은 일반적으로 경제성공학 관점에서 여러 가지 대안을 평가하기 위해 수행된다. 경제성공학 소개 자료에서는 현금흐름은 어떠한 확률적 요소를 포함하고 있지 않다. 그러나 실제로 현금흐름분석에서 정확한 값을 얻는 것은 매우 어렵다. 요소들은 흔히 자료로부터 추정되거나 주관적인 추정으로 만들어진다. 시뮬레이션은 내제된 불확실성을 고려할 수 있는 문제에 적용해서 현금흐름분석에 근거하여 이루어지는 의사결정에 대한 위험성을 평가하는 도구를 제공한다. 예제 3.3은 이러한 개념을 예로 든다.

예제 3.3 확률적 현금흐름분석

어떤 회사에서 공장의 충전 포장 라인을 검사하기 위하여 새로운 저울 측정기 여부를 결정하고자 한다. 측정기로 전체 충전 공정을 보다 잘 통제할 수 있고 그 결과 과도한 충전을 줄일 수 있다. 측정기의 비용은 초기에 $800인 것으로 알려져 있다. 연간 비용은 평균이 $100이고 표준편차가 $10인 정규분포를 따르는 것으로 추정되었다. 충전 공정 통제에 따른 추가적인 절약 금액은 평균 $300, 표준편차가 $50인 정규분포를 따르는 것으로 추정되었다. 잔존가는 $90와 $100 사이에서 일양분포를 하는 것으로 추정되었다. 측정기의 수명은 측정기의 사용량에 따라 다르다. 제조부서는 측정기의 사용수명을 표 3.3에 주어진 확률로 4년과 7년 사이에서 변할 수 있다고 추정하였다.

이율이 최근에 변동되어, 회사는 분석을 하는 데 적용할 이율을 확신할 수가 없다. 안전하게 하기 위하여 이율은 $\alpha = 5.0$과 $\beta = 1.5$를 갖고 6과 9 범위에 있는 베타 확률변수로 모델링하기로 하였다. 상황에 대한 모든 불확실한 요소를 고려하여 회사는 의사결정에 따른 기대 현가

(expected present value)와 의사결정으로 인한 손실(negative return)이 발생할 가능성을 평가하기 위하여 시뮬레이션 분석을 하기로 결정하였다.

현금흐름을 수반하는 예제 3.3에 대한 해를 구하기 위해 Excel™에서 이용할 수 있는 식에 대한 기초적인 이해가 필요하다. 이 문제는 경제성분석 문제이고 현가 계산을 사용하여 풀 수 있다. Excel™ 함수 PV로 다음과 같이 기간 말에 발생하는 미래가(future value)에 대한 현가를 계산하게 된다.

$$P = F\left[\frac{1}{(1+i)^n}\right] = F(P/F, i, n) = \text{PV}(i, n, \cdot, -F) \qquad (\text{식 } 3.7)$$

표 **3.3** 사용 수명 분포

Years	4	5	6	7
f(years)	0.3	0.4	0.1	0.2
F(years)	0.3	0.7	0.8	1.0

PV는 여러 개의 옵션 모수를 가지고 있다. 함수 PV는 다음과 같이 여러 기간 말에 발생하는 일련의 미래가에 대한 현가를 계산한다.

$$P = A\left[\frac{(1+i)^n - 1}{i(1+i)^n}\right] = A(P/A, i, n) = \text{PV}(i, n, -A) \qquad (\text{식 } 3.8)$$

그러나 잔존가, 연간 비용(annual cost), 연간 절약비용에 대한 현가 계산에 있어서 이 문제에서는 위 함수에 대한 입력 값이 확률변수라는 것을 알 수 있다. 즉 i, n, F 그리고 A는 주어진 확률분포로부터 결정되어야 한다. 기본적 식은 다음과 같다.

1. $S \sim U(90, 100)$은 잔존가를 나타내는 확률변수라고 하자.
2. $C \sim N(\mu = 100, \sigma = 10)$은 연간 비용을 나타내는 확률변수라고 하자.
3. $Y \sim N(\mu = 300, \sigma = 50)$은 연간 절약 금액을 나타내는 확률변수라고 하자.
4. N은 표 3.3에 주어진 분포를 따르는 사용 수명을 나타내는 확률변수라고 하자.
5. I는 이율을 나타내는 확률변수라고 하자.
6. 비용에 대한 현가: $P_1 = C(P/A, I, N)$
7. 절약 금액에 대한 현가: $P_2 = C(P/A, I, N)$
8. 잔존가에 대한 현가: $P_3 = S(P/F, I, N)$
9. 순 현가: $P = -800 - P_1 + P_2 + P_3$

PV() 함수와 잔존가, 연간 비용, 연가 절약 금액, 사용 수명, 이율에 대해 랜덤하게 생성한 값을 사용하면 순 현가에 대한 값을 시뮬레이트할 수 있다.

다음은 예제 3.3에 대한 해를 얻기 위하여 스프레드시트를 어떻게 수립해야 하는지에 대해

	A	B	C	D	E
1	**Inputs**				
2	**Initial Cost**	-$800.00			
3	**Annual Cost**				
4	mean	-$100.00			
5	std dev	$10.00			
6	**Annual Savings**				
7	mean	$300.00			
8	std dev	$50.00			
9	**Salvage Value**				
10	min	$90.00			
11	max	$100.00			
12	**Useful Life**	**PMF**	**LR**	**CDF**	**Life**
13		0.30	0	0.3	4
14		0.40	0.3	0.7	5
15		0.10	0.7	0.8	6
16		0.20	0.8	1	7
17	**Interest Rate**				
18	alpha	5.00			
19	beta	1.50			
20	min	6.00%			
21	max	9.00%			

그림 3.10 확률 현금흐름 시뮬레이션 입력

논의한다. 잘 작성된 스프레드시트 시뮬레이션은 세 부분으로 분리된다: (i)입력, (ii) 출력, (iii) 시뮬레이션. 입력과 출력은 이 절에서 논의된다. 3.4절에서 시뮬레이션 데이터 표 수행에 대해 논의하게 된다. 그림 3.10은 시뮬레이션에 대한 입력 영역을 보여주고 있다. 분포의 모수는 공통 영역으로 배치하였다. 이렇게 하면 모수를 변화시켜 다른 시뮬레이션 결과를 쉽게 얻을 수 있게 된다.

그림 3.11은 시뮬레이션 실행에 사용된 스프레드시트 수식을 보여주고 있다. 이 예제에서 시뮬레이션은 입력 영역을 이용하여 연간 비용과 연간 절약 금액을 모의하기 위하여 NORMINV 함수를 사용한다. 잔존가는 셀 B27에 시뮬레이트된다. 여기서 $U(0, 1)$은 원하는 범위로 이동되고 크기가 조정된다. 이것은 역함수를 이용하여 $S \sim U(90, 100)$을 제공한다. 사용수명은 VLOOKUP 함수를 사용하여 시뮬레이트된다. 마지막으로 이율은 BETAINV 함수

	A	B	C
22			
23	**Outputs**		
24	Initial Cost	-$800.00	
25	Annual Cost	-102.069	
26	Annual Savings	183.9268	
27	Salvage Value	$98.14	
28	Useful Life	7	
29	Interest Rate	0.072705	
30	PV of Salvage	$60.05	
31	PV of Annual Cost	($544.93)	
32	PV of Annual Savings	$981.96	
33	Net Present Value	-$302.93	

그림 3.11 확률 현금흐름 시뮬레이션 출력 결과

	A	B
22		
23	**Outputs**	
24	Initial Cost	=B2
25	Annual Cost	=NORMINV(RAND(),B4,B5)
26	Annual Savings	=NORMINV(RAND(),B7,B8)
27	Salvage Value	=B10+(B11-B10)*RAND()
28	Useful Life	=VLOOKUP(RAND(),C13:E16,3)
29	Interest Rate	=BETAINV(RAND(),B18,B19,B20,B21)
30	PV of Salvage	=PV(B29,B28,,-B27)
31	PV of Annual Cost	=PV(B29,B28,-B25)
32	PV of Annual Savings	=PV(B29,B28,-B26)
33	Net Present Value	=B24+B31+B32+B30

그림 3.12 확률 현금흐름 시뮬레이션 출력 수식

를 사용하여 시뮬레이트된다. 그러면 원하는 현가는 엑셀의 PV() 함수로 계산된다.

그림 3.12에서 보는 바와 같이 식들을 사용하여 하나의 현가를 얻는다. 불확실성으로 인하여 하나의 관측치만으로 이 현금흐름에 관한 의사결정을 하는 삼는 것은 어리석은 것이 될 수 있다. 다음 절에서는 의사결정을 신뢰하기 위해서 얼마나 많은 관측치가 필요한지에 대해 논의한다.

3.4 기초 통계적 개념

예로 든 스프레드시트 시뮬레이션 모델은 관심이 있는 양을 하나의 점 추정치(point estimate) 즉 $\bar{X}$로 추정하였다. 예를 들면 그림 3.7에서는 곡선 아래 면적은 4.66이라는 것을 알고 있다. 그러나 AVERAGE() 함수에 의해서 계산된 점 추정치는 20개의 표본에 의해 4.74였다. 따라서 추정치에 표본 오차(sampling error)가 있다. 이 절에서 조사되는 핵심 질문은 "시뮬레이션 실험에서 어떻게 표본 오차를 통제할 수 있는가"이다. 우리가 할 수 있는 방법은 점 추정치에 높은 신뢰도를 가질 수 있도록 표본의 수를 결정하는 것이다. 이 문제와 관련하여 몇 가지 통계적 개념을 다시 살펴볼 필요가 있다.

3.4.1 점 추정과 구간 추정

x_i를 크기 n인 표본 $x_1, x_2, \ldots, x_n$에서 i번째 관측치라고 하자. 표본에 대한 확률변수를 $X_1, X_2, \ldots, X_n$로 나타내자. 만약 1) X_i가 서로 독립이고 2) 모든 X_i가 동일한 분포를 가지면 확률변수는 확률 표본을 형성한다. 우리는 이 두 가지 가정이 성립한다고 가정하자. X에 대해 알려지지 않은 CDF를 $F(x)$로 나타내고 X의 기대치와 분산을 각각 $E[X] = \mu$, $Var[X] = \sigma^2$으로 정의하자.

통계량(statistic)은 표본에서 확률변수의 함수이다. 표본에 근거하여 모르는 값을 추정하기 위해 사용된 임의의 통계량을 추정량(estimator)이라고 부른다. 기대치 $E[X] = \mu$에 대한 좋은 추정치는 어떤 것인가? 통계적 적합도의 의미에 대해 자세하게 들어가지 않고, 우리는 표본의 평균이 일반적으로 $E[X] = \mu$에 대한 좋은 추정치라는 것을 알고 있다. 표본의 평균은 다음과

같이 정의한다:

$$\overline{X} = \frac{1}{n}\sum_{i=1}^{n} X_i \tag{식 3.9}$$

$\overline{X}$는 표본에서 확률변수의 함수이기 때문에 확률변수이다. 표본에서 확률변수의 함수이기 때문에 $\overline{X}$는 통계량이 된다.

모든 확률변수는 자신의 확률분포를 가진다. 통계량에 대한 확률분포는 표본분포라고 불린다. 통계량에 대한 표본분포는 통계량과 관련된 점 추정치에 대한 신뢰구간을 구하는 데 사용된다. 점 추정치는 자료가 수립되면 통계량으로부터 얻어진다. 표본 평균에 대한 점 추정치는 표본으로부터 다음과 같이 계산된다.

$$\bar{x} = \frac{1}{n}\sum_{i=1}^{n} x_i \tag{식 3.10}$$

신뢰구간은 점 추정치에 대한 확실성의 정도를 나타낸다. 특정 신뢰구간이 모수 μ가 그 구간 내에 있다는 것을 의미하는 것은 아니다. 사실 실제 모수는 구간에 있거나 구간 내에 없다. 대신에 그 구간을 계산하는 데 사용된 과정에 관한 보증으로써 신뢰수준(confidence level) $1 - \alpha$를 생각해야 한다. 즉 신뢰구간 계산 과정은 각각 n개의 표본을 가지고 많은 수의 신뢰구간이 계산된다면, μ의 진짜 값을 포함하고 있는 구간의 비율이 약 $1 - \alpha$임을 보증하는 것이다. 값 α는 신뢰구간 계산 과정이 진짜 모수를 포함하지 않는 구간을 만들 위험성을 나타낸다. 임의의 하나의 신뢰구간은 관심 있는 실제 모수를 포함할 수도 있고 그렇지 않을 수도 있다. 실제 모수를 알 수 없기 때문에 우리는 신뢰구간을 점 추정치에 근거한 잘못된 의사결정을 할 위험을 평가하기 위하여 사용할 수 있다. 여러분은 여러분의 의사결정에 확신을 하거나 역으로 잘못된 의사결정을 할 α의 위험성이 있다는 것을 알 수 있다. 신뢰구간을 사용하여 해고당할 위험성으로써 α를 생각하자. 만약 여러분이 표본의 분포를 알고 있다면 신뢰구간 계산 과정을 구축할 수 있다.

표본의 크기는 $\overline{X}$의 분포가 정규분포를 할 만큼 충분히 많다는 가정하에, 점 추정치 $\bar{x}$에 대한 근사적인 신뢰구간을 구할 수 있다. 표본의 분산을 다음과 같이 정의하자:

$$s^2(n) = \frac{1}{n-1}\sum_{i=1}^{n}(x_i - \bar{x})^2 \tag{식 3.11}$$

이것은 $Var[X] = \sigma^2$에 대한 좋은 추정치이다. 그러면 μ에 대한 $(1 - \alpha)100\%$ 신뢰구간은 다음과 같다:

$$\bar{x} \pm t_{\alpha/2,n-1}\frac{s}{\sqrt{n}} \tag{식 3.12}$$

여기서 $t_{\alpha/2,\, n-1}$은 자유도(degree of freedom) $n - 1$을 갖는 Student t-분포의 상위 $100(1 - \alpha/2)$퍼센트인 점이다. Excel™의 T.INV(p, degrees freedom) 함수는 주어진 확률과 자

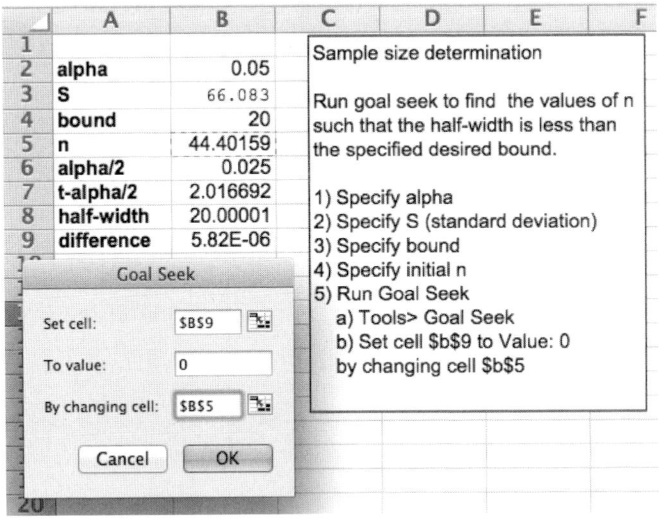

그림 3.13 표본의 크기를 반복적으로 결정하기 위한 해 찾기

유도에 대하여 왼쪽 꼬리 Student *tt*-분포 값을 계산한다. 따라서 오른쪽 꼬리 값을 구하기 위하여 확률에서 1을 빼면 된다. 이 장에 딸린 스프레드시트에서 시트 탭 명 *TINV*는 이 함수의 예를 보여주고 있다. $t_{\alpha/2, n-1}$를 계산하기 위하여 다음 식을 사용한다.

$$t_{\alpha/2,n-1} = \text{T.INV}(1 - \alpha/2, n - 1) \qquad \text{(식 3.13)}$$

3.4.2 표본의 크기 결정

점 추정치에 대한 신뢰구간은 표본에 얼마나 많은 관측치를 가져야 할지를 결정하는 데 사용할 수 있다. 식 (3.12)로부터

$$h = t_{\alpha/2,n-1}\frac{s}{\sqrt{n}} \qquad \text{(식 3.14)}$$

는 신뢰구간의 절반 폭(half-width)이라고 불린다. 여러분은 다음 식을 만족하는 표본의 크기를 취함으로써 절반 폭에 경계치 E를 둘 수 있다.

$$h = t_{\alpha/2,n-1}\frac{s}{\sqrt{n}} \leq E \qquad \text{(식 3.15)}$$

불행하게도 $t_{\alpha/2, n-1}$는 n에 의존한다. 따라서 식 (3.15)는 반복식(iterative equation)이다. 즉, 조건이 만족할 때까지 여러 다른 n값으로 계산을 시도해야 한다. 그림 3.13은 이 장에 딸려 있는 스프레드시트 탭 명 *SampleSize*의 스냅 사진이다. 스프레드시트에서 필요로 하는 값을 반복적으로 찾기 위하여 해 찾기(goal seek)가 사용되었다.

대안으로는 정규분포를 사용하여 필요한 표본의 크기를 근사적으로 구할 수 있다. 식 (3.15)를 n에 대하여 풀면 다음 식을 얻는다.

$$n \geq \left(\frac{t_{\alpha/2,n-1}s}{E}\right)^2 \qquad \text{(식 3.16)}$$

n이 커지면 $t_{\alpha/2,n-1}$는 표준정규분포의 상위 $100(1-\alpha/2)$퍼센트인 점 $z_{\alpha/2}$에 수렴한다. 따라서 다음 근사식을 얻는다.

$$n \geq \left(\frac{z_{\alpha/2}s}{E}\right)^2 \qquad \text{(식 3.17)}$$

일반적으로 이식은 큰 n값 즉 $n > 50$인 경우에는 적절하다. 이들 두 방법은 표준편차에 대한 초기치를 필요로 한다. 이러한 방법을 사용하기 위하여 표준편차에 대한 초기 추정치를 구하기 위하여 예비표본(예를 들면, $n = 5$)을 취하여야 한다. s에 대한 값이 주어지면 원하는 경계치를 설정하고 식을 사용한다. 경계치는 설정해야 할 문제이고 수행 척도에 의존하며 여러분의 주관적인 통제하에 있다. 여러분은 어떤 경계치가 주어진 상황에 적당한지를 결정해야 한다. 한 가지 고려할 것은 경계치는 n 평가를 위해 분모에서 제곱이 되어 있다. 따라서 E가 조금 변하면 아주 큰 표본이 필요할 수 있다.

예제 3.4 표본 크기 결정

우리는 스프레드시트 시뮬레이션으로부터 모평균에 대해서 ±0.1 내에 있는 것을 99% 확신할 수 있는 스프레드시트 시뮬레이션 출력을 추정할 필요가 있다고 가정하자. 크기 $n = 10$인 예비표본을 취하여 $s = 6$을 추정하였다. 적절한 표본의 크기를 정하라.

식 (3.17)을 사용하여 99% 신뢰구간에 대해 $\alpha = 0.01$, $\alpha/2 = 0.005$. 따라서 $z_{0.005} = 2.576$. 이것을 대입하면

$$n \geq \left(\frac{z_{\alpha/2}s}{E}\right)^2 = \left(\frac{2.576 \times 6}{0.1}\right)^2 = 23,888.8 = 23,889$$

만약 관심 있는 값이 비율이면 다른 방법이 사용된다. 특히 비율 p에 대한 $100 \times (1-\alpha)\%$의 큰 표본 신뢰구간은 다음과 같다.

$$\hat{p} \pm z_{\alpha/2}\sqrt{\frac{\hat{p}(1-\hat{p})}{n}} \qquad \text{(식 3.18)}$$

여기서 $\hat{p}$은 p의 추정치이다. 따라서 다음 식을 이용하여 표본의 크기를 정할 수 있다.

$$n = \left(\frac{z_{\alpha/2}}{E}\right)^2 \hat{p}(1-\hat{p}) \qquad \text{(식 3.19)}$$

또한 표본의 크기를 결정하는 데 필요한 초기 추정치 $\hat{p}$를 구하기 위하여 예비 샘플링을 할 필요가 있다. 예비 샘플링을 할 수 없다면 $\hat{p} = 0.5$로 흔히 가정된다.

만약 하나 이상의 수행 척도에 관심이 있다면 수행 척도 각각에 대해 이러한 표본 크기 기법을 사용할 수 있고, 그리고 수행 척도 간에 요구되는 최대 표본 크기를 사용한다. 예제 3.3에

이러한 방법을 예로 들어 보자.

예제 3.5 확률 현금흐름분석(계속)

우리는 예제 3.3에서 설명한 상황에 대하여 기대 현가를 추정하는 데 관심이 있다고 가정하자. 우리는 실제 기대 현가에 대한 추정치가 ± $10 내에 있다고 95% 신뢰하고 싶다. 또한 현가가 음수일 확률을 추정하고자 한다. 즉, 우리는 주어진 상황에서 손실에 대한 위험을 추정하고자 한다.

예제 3.5를 풀기 위하여 소규모 예비 작업을 할 수 있도록 하고 현가가 음수가 될 확률을 추정할 수 있도록 스프레드시트를 수정할 필요가 있다. 확률을 추정하기 위해서는 지시변수(indicator variable)를 정의하는 것이 유용하다. 지시변수는 확률과 관련된 조건이 참이면 1의 값을 가지고 거짓이면 0값을 가진다.

X는 알려지지 않은 현가를 나타낸다고 하자. 그러면 우리는 $E[X]$와 $p = P\{X < 0\}$을 추정하는 데 관심이 있다. 이러한 값들을 추정하기 위하여 랜덤하게 표본 $X_1, X_2, \ldots, X_n$을 생성하고, $\bar{X}$로 $E[X]$를 추정할 수 있다. p를 추정하기 위하여 다음과 같은 지시변수를 정의한다.

	G	H	I
1	**Simulation Statistics**	**NPV**	**P(NPV < 0)**
2	**Sample Average**	=AVERAGE(H20:H49)	=AVERAGE(I20:I49)
3	**Standard Error**	=H5/SQRT(H11)	=I5/SQRT(I11)
4	**Median**	=MEDIAN(H20:H49)	=MEDIAN(I20:I49)
5	**Standard Deviation**	=STDEV(H20:H49)	=STDEV(I20:I49)
6	**Sample Variance**	=VAR(H20:H49)	=VAR(I20:I49)
7	**Range**	=H9-H8	=I9-I8
8	**Minimum**	=MIN(H20:H49)	=MIN(I20:I49)
9	**Maximum**	=MAX(H20:H49)	=MAX(I20:I49)
10	**Sum**	=SUM(H20:H49)	=SUM(I20:I49)
11	**Count**	=COUNT(H20:H49)	=COUNT(I20:I49)
12	**Alpha**	0.05	0.05
13	**T-Value(Alpha/2,n-1)**	=T.INV(1-H12/2,H11-1)	=T.INV(1-I12/2,I11-1)
14	**CI Half-Width**	=H13*H3	=I13*I3
15	**LL-Confidence Interval**	=H2-H14	=I2-I14
16	**UL-Confidence Interval**	=H2+H14	=I2+I14
17			
18	**Simulation Data Table**		
19		=B33	
20	1	=TABLE(,G19)	=IF(H20<0,1,0)
21	2	=TABLE(,G19)	=IF(H21<0,1,0)
22	3	=TABLE(,G19)	=IF(H22<0,1,0)
23	4	=TABLE(,G19)	=IF(H23<0,1,0)
24	5	=TABLE(,G19)	=IF(H24<0,1,0)
25	6	=TABLE(,G19)	=IF(H25<0,1,0)
26	7	=TABLE(,G19)	=IF(H26<0,1,0)
27	8	=TABLE(,G19)	=IF(H27<0,1,0)
28	9	=TABLE(,G19)	=IF(H28<0,1,0)
29	10	=TABLE(,G19)	=IF(H29<0,1,0)

그림 3.14 현금흐름 시뮬레이션 요약 식

$$Y_i = \begin{cases} 1 & X_i < 0 \\ 0 & X_i \geq 0 \end{cases} \qquad \text{(식 3.20)}$$

지시변수 Y_i로 p를 추정하기 위해 $\overline{Y}$가 사용된다. 표본평균 $\overline{Y}$에 대한 정의를 다시 보기 바란다. Y_i는 $X_i < 0$일 때만 1이기 때문에 $\sum_{i=1}^{n} Y_i$는 표본에서 1의 수를 단순히 더한 것이다. 따라서 $\sum_{i=1}^{n} Y_i$는 표본에서 발생한 사건 $X_i < 0$의 횟수를 나타낸다. 이것을 $\#\{X_i < 0\}$이라고 하자. 총 발생 가능한 횟수에 대해서 사건이 발생한 횟수의 비(ratio)는 비율을 나타낸다. 따라서 p에 대한 추정치는 다음과 같다.

$$\hat{p} = \overline{Y} = \frac{1}{n}\sum_{i=1}^{n} Y_i = \frac{\#\{X_i < 0\}}{n}$$

그러므로 지시변수에 대한 평균을 계산하는 것은 구하고자 하는 확률을 추정하는 것이 된다. 스프레드시트로 지시변수를 실행하기 위하여 다음과 같이 스프레드시트 식 IF(참조 셀 < 0, 1, 0)이 사용된다. 여기서 참조 셀(cell reference)은 현가에 대한 관측치를 말한다.

그림 3.14는 데이터 표를 사용하여 여러 개의 현금흐름을 시뮬레이션하기 위해 준비된 스프레드시트를 보여주고 있다. 시뮬레이션 결과를 요약하기 위하여 스프레드시트 통계 함수가 얼마나 유용한지를 보자. 함수 AVERAGE(), STDDEV(), COUNT(), T.INV()가 식 (3.12)을

	G	H	I	J
1	Simulation Statistics	NPV	P(NPV < 0)	
2	Sample Average	85.16036	0.4	
3	Standard Error	40.71579	0.090972	
4	Median	61.3453	0	
5	Standard Deviation	223.0095	0.498273	
6	Sample Variance	49733.26	0.248276	
7	Range	891.265	1	
8	Minimum	-387.753	0	
9	Maximum	503.5121	1	
10	Sum	2554.811	12	
11	Count	30	30	
12	Alpha	0.05	0.05	
13	T-Value(Alpha/2,n-1)	2.04523	2.04523	
14	CI Half-Width	83.27313	0.186058	
15	LL-Confidence Interval	1.887226	0.213942	
16	UL-Confidence Interval	168.4335	0.586058	
17				
18	Simulation Data Table			
19		-$344.64		
20	1	423.6894	0	=IF(H20<0,1,0)
21	2	-247.635	1	
22	3	-167.293	1	
23	4	83.08767	0	
24	5	439.5662	0	
25	6	245.4963	0	
26	7	163.4001	0	
27	8	-55.7688	1	
28	9	-97.0344	1	
29	10	-207.699	1	

그림 3.15 30개 관측치에 대한 현금흐름 시뮬레이션 결과

	G	H	I
1	Simulation Statistics	NPV	P(NPV < 0)
2	Sample Average	69.12068	0.425955
3	Standard Error	5.546058	0.011315
4	Median	49.18056	0
5	Standard Deviation	242.4458	0.494616
6	Sample Variance	58779.99	0.244645
7	Range	1668.144	1
8	Minimum	-713.756	0
9	Maximum	954.3876	1
10	Sum	132089.6	814
11	Count	1911	1911
12	Alpha	0.05	1.05
13	T-Value(Alpha/2,n-1)	1.961207	-0.06272
14	CI Half-Width	10.87697	-0.00071
15	LL-Confidence Interval	58.24371	0.426665
16	UL-Confidence Interval	79.99765	0.425245

그림 3.16 표본 크기 $n = 1911$에 대한 현금흐름 시뮬레이션 결과

실행하는 데 사용되었다. 이들 함수는 시뮬레이션 결과를 요약하는 능동함수이다. 만약 스프레드시트가 다시 계산되면 요약 통계량도 수정될 것이다. 그림 3.15는 $n = 30$개 관측치에 대한 예비 실행 결과를 보여주고 있다. 표본 평균이 85.16이고 표준편차가 223으로 아주 크다. 이로 인하여 아주 넓은 신뢰구간 (1.88, 168.43)이 되었다. 신뢰구간 절반 폭 $10 요건을 충족하기 위해서는 큰 표본이 필요하게 된다. 식 (3.17)을 이용하여 다음 식을 얻는다.

$$
\begin{aligned}
n &\geq \left(\frac{z_{\alpha/2}s}{E}\right)^2 \\
&\geq \left(\frac{1.96 \times 223}{10}\right)^2 \approxeq 1910.3
\end{aligned}
$$

따라서 $n = 1911$을 선택하면 신뢰구간 절반 폭을 충족하게 된다. 그림 3.16은 $n = 1911$에 대한 결과를 보여주고 있다. 추정된 절반 폭은 $10.88로 $10에 아주 근사하다. $n = 1911$에 대한 결과는 주어진 상황에 대해 기대 현가가 (58.243, 79.997) 사이에 있을 것이라는 것을 95% 신뢰할 수 있다는 것은 나타낸다. 그러나 현금흐름에 있어서의 큰 변동성으로 인하여 음의 현가를 가질 확률은 약 42%로 추정되었다. 이것은 상대적으로 위험한 상황으로 보인다.

의문을 가질 수 있는 것은 왜 결과로 나타난 절반 폭이 원하는 값을 약간 초과했느냐이다. 이것은 절반 폭이 $10 이하가 되기 위해서는 $n = 1911$보다 많은 표본이 필요하다는 것을 암시하고 있다. 식 (3.17)은 근사치에 지나지 않고 30개의 관측치로 예비 시행한 결과이다. $n = 1911$에 대한 표준편차 값 (242.0)은 $n = 30$일 때 값 (223.0)보다 크다. 따라서 예비 표본에 대해 상당한 표준오차가 있었다. 그러나 여전히 표본 크기에 대해서 아주 합리적인 제안이다.

이러한 예제를 바탕으로 여러분은 스프레드시트로 시뮬레이션이 어떻게 수행되는지에 대한 기초적인 이해를 하게 되었을 것이다. 또한 스프레드시트로 다양한 확률분포를 따르는 확률변수를 어떻게 생성하는지를 학습하였다. 이러한 개념을 통하여 시뮬레이션에 불확실성을 어떻게 다룰 것인가에 대한 보다 많은 이해를 갖게 된다. 스프레드시트로 시뮬레이션을 발전시키

는 데 관심이 있다면 여러분이 탐구할 수 있는 스프레드시트 시뮬레이션을 용이하게 하는 많은 정교한 소프트웨어 패키지들이 있다.

3.5 요약

이 장은 다음 내용을 포함하여 스프레드시트 시뮬레이션에 사용된 몇 가지 중요한 개념을 소개하였다.

- 난수와 확률변수 생성
- 몬테칼로법 소개
- 시뮬레이션을 수행하기 위한 스프레드시트 수립 방법
- 시뮬레이션에서 기초적 통계 개념

이 장에서 수행된 스프레드시트 모델링은 확률 요소를 포함하는 시뮬레이션을 어떻게 실제로 통계적 실험하는지를 예시하였다. 시뮬레이션으로부터의 출력은 통계적 모델을 이용하여 분석되어야 하고 실험은 표본 오차를 통제하기 위하여 주의 깊게 계획되어야 한다.

그러나 스프레드시트 환경은 시간과 더불어 변화하는 복잡한 동적 요소를 가지는 시스템을 모델링하는 면에서는 많은 제약이 있다. 다음 장에서 이산-사건 동적 시뮬레이션에 대한 모델링 개념을 소개한다.

연습문제

3.1 $a = 13, m = 64$ 그리고 종자 $X_0 = 1, 2, 3, 4$를 갖는 곱셈 합동생성기를 고려하자. 이 생성기로부터 난수를 생성하기 위한 스프레드시트를 수립하라.

3.2 $a = 13, m = 64$ 그리고 종자 $X_0 = 1, 2, 3, 4$를 갖는 곱셈 합동생성기를 고려하자. 이 생성기로부터 난수를 생성하기 위한 스프레드시트를 수립하라.

3.3 스프레드시트를 사용하여 1,000개의 일양$U(0, 1)$ 난수를 생성하라.

(a) 난수가 구간 (0, 1) 사이에 일양분포를 한다는 가설을 기각할 수 있는지 $\alpha = 0.05$인 K – S 검정을 실시하라.

(b) 난수가 구간 (0, 1) 사이에 일양분포를 한다는 가설을 기각할 수 있는지 $\alpha = 0.05$이고 10개의 구간을 갖는 카이제곱 검정을 실시하라.

(c) 95% 신뢰수준으로 2차원 카이제곱 검정을 사용하여 난수들이 단위 정사각형 내에 있는지, $\{(x, y) : x \in (0, 1), y \in (0, 1)\}$를 검정하라. 각 범위에서 10개의 구간을 사용하라.

(d) 난수가 0에 대한 래그-1 상관관계를 갖는지 검정하라. 난수에 대한 자기상관도를 그려라.

(e) 적절한 통계 패키지를 이용할 수 있다면 난수의 무작위성을 검정하기 위하여 런 검정을 실시하라. 이 검정을 수행하기 위하여 통계 패키지의 비모수 런 검정 기능을 사용하라.

(f) 스프레드시트 난수 생성기의 적절성을 평가하라.

3.4 성공 확률 0.35를 갖는 베르누이 확률변수를 생성하기 위하여 스프레드시트 수식을 한 줄로 쓰라.

3.5 평균 10.0, 분산 4.0을 갖는 정규분포를 하는 확률변수를 생성하기 위하여 스프레드시트 수식을 한 줄로 쓰라.

3.6 시간당 5의 비율모수를 갖는 이항분포를 하는 확률변수를 생성하기 위하여 스프레드시트 수식을 한 줄로 쓰라.

3.7 자동화된 저장과 검색시스템에 대한 서비스 시간은 이동된 지수분포를 따른다. 모든 검색에 최소 15초가 소요된다고 알려져 있다. 지부분포의 모수는 $\lambda = 45$이다. 서비스 시간에 대한 20개의 관측치를 생성하기 위한 스프레드시트를 수립하라.

3.8 컴퓨터 프린터 팬이 고장 날 때까지의 시간은 형상모수 $\alpha = 2$와 척도모수 $\beta = 3$을 갖는 와이블분포를 따른다. 컴퓨터 프린터 팬에 대한 10개의 고장 시간을 생성하기 위한 스프레드시트를 수립하라.

3.9 컴퓨터 프린터 팬이 고장 날 때까지의 시간은 형상모수 $\alpha = 2$와 척도모수 $\beta = 3$을 갖는 와이블분포를 따른다. 이 분포는 1.5와 4.5 범위에만 있는 것으로 나타났다.

(a) 이 이동 분포로부터 100개의 관측치를 생성하기 위한 스프레드시트를 수립하라.

(b) 좋아하는 소프트웨어를 사용하여 여러분의 관측치에 대한 히스토그램을 작성하라.

3.10 자본 프로젝트에 대해 이율이 알려져 있지 않다. 어떤 회계사는 다음 해 이율이 2%와 5% 사이에 있을 것으로 추정하였다. 회계사는 이율이 이 범위에서 어떤 값으로 정해질 가능성은 모두 동일하다고 믿고 있다. 여러분은 이 프로젝트에 대한 현금흐름분석을 위하여 이율을 생성하려고 한다. 이 자본 프로젝트 분석에 대해 5개의 이율을 생성하는 스프레드시트를 수립하라.

3.11 다음 확률밀도함수로부터 30개의 관측치를 생성하기 위한 스프레드시트를 수립하라.

$$f(x) = \begin{cases} \frac{3x^2}{2} & -1 \le x \le 1 \\ 0 & \text{otherwise} \end{cases}$$

3.12 환자에 대한 서비스시간은 2개의 분포로 구성되어 있다. 25%의 확률로 서비스 시간이 20분에서 25분 사이의 일양분포를 하고, 75%의 확률로 서비스 시간이 형상모수 2와 척도모수 4.5을 갖는 와이블분포를 따른다.

(a) 서비스 시간에 대한 100개의 관측치를 생성하기 위한 스프레드시트를 수립하라.

(b) 좋아하는 소프트웨어를 사용하여 여러분의 관측치에 대한 히스토그램을 작성하라.

(c) 분포에 대한 이론적 기대치를 계산하라.

(d) 분포에 대한 기대치를 추정하고 기대치에 대한 95% 신뢰구간을 계산하라. 계산된 신뢰구간이 분포의 이론적 기대치를 포함하였는가?

3.13 X는 $N(\mu = 2, \sigma = 1.5)$인 정규분포를 따르는 확률변수라고 하자. 스프레드시트를 사용하여 X에 대한 100개의 관측치를 생성하라.

(a) 관측치로부터 평균을 추정하라. 이 점 추정치에 대한 95% 신뢰구간을 계산하라.

(b) 관측치로부터 분산을 추정하라. 이 점 추정치에 대한 95% 신뢰구간을 계산하라.

(c) 관측치로부터 $P\{X \geq 3\}$을 추정하라. 이 점 추정치에 대한 95% 신뢰구간을 계산하라.

3.14 금속연마 공정에서 매 시간 20개의 표본이 선택된다. 일반적으로 부품의 2%는 재작업이 필요하다. X는 20의 표본 중에서 재작업이 필요한 부품의 수를 나타낸다고 하자. 만약 X가 평균에서 3 표준편차를 초과하면 공정이 문제가 있는 것으로 의심한다. 스프레드시트를 사용하여 이 공정에 대하여 30시간 시뮬레이션을 실시하라. 즉 크기 20의 30개 표본을 취하고 X가 기대치보다 3 표준편차를 초과할 확률을 추정한다.

3.15 PMF가 $p(x)$인 확률변수 X에 대해 다음과 같은 이산 확률분포를 고려하자.

x	0	1	2	3	4
$p(x)$	0.3	0.2	0.2	0.1	0.2

(a) 이산 확률분포 $p(x)$로부터 표본을 결정하는 데 사용할 look-up 표를 생성하라. 예제 2.9를 참조하라.

(b) 위의 스프레드시트를 사용하여 확률변수 X에 대한 30개의 표본을 생성하라.

3.16 고객이 시간당 평균이 7명인 포아송과정에 따라 ATM에 도착한다고 가정하자. 처음 6명 고객에 대한 도착 시간을 생성하기 위한 스프레드시트를 개발하라.

3.17 매일 벤치 수리에 쓰이는 부품의 수요는 다음과 같은 이산 PMF로 나타낼 수 있다.

Demand	0	1	2
Probability	0.3	0.2	0.5

스프레드시트를 수립하여 처음 4일간의 수요를 생성하라.

3.18 고객이 시간당 평균이 10명인 포아송분포에 따라 서비스 시설에 도착한다. 시설에는 2명의 서버가 있다. 경험에 의하면 도착 고객의 60%가 첫 번째 서버를 선호하고 있다. 각각의 서버에 처음 3명 고객의 도착을 생성하기 위한 스프레드시트를 수립하라.

3.19 부품 제조시스템에서 경과된 시간에 대한 $n = 10$개의 관측치가 수집되었다. 분석을 통하여 평균 시스템 시간(시스템에 체류한 시간)에 대한 95% 신뢰구간을 [18.595, 32.421]을 구했다.

(a) 실제 평균 시스템 시간의 ±2분 내에 있는 95% 신뢰구간을 얻기 위해 필요한 대략적인 표본의 수를 구하라.

(b) 실제 평균 시스템 시간의 분 내에 있는 95% 신뢰구간을 얻기 위해 필요한 대략적인 표본의 수를 구하라.

3.20 스프레드시트와 몬테칼로법을 이용하여 ±0.01 내에 대한 95% 신뢰할 수 있는 다음 적분을 추정하라.

$$\int_1^4 \left(\sqrt{x} + \frac{1}{2\sqrt{x}} \right) dx$$

3.21 스프레드시트와 몬테칼로법을 이용하여 ±0.01 내에 대한 99% 신뢰할 수 있는 다음 적분을 추정하라.

$$\int_0^{\pi} (\sin(x) - 8x^2)\, dx$$

3.22 스프레드시트와 몬테칼로법을 이용하여 ±0.01 내에 대한 99% 신뢰할 수 있는 다음 적분을 추정하라.

$$\theta = \int_0^1 \int_0^1 (4x^2y + y^2)\, dx\, dy$$

3.23 다음 삼각분포를 고려하자.

$$F(x) = \begin{cases} 0 & x < a \\ \dfrac{(x-a)^2}{(b-a)(c-a)} & a \le x \le c \\ 1 - \dfrac{(b-x)^2}{(b-a)(b-c)} & c < x \le b \\ 1 & b < x \end{cases}$$

(a) 모수 min = a, mode = c, max = b를 갖는 삼각분포에 대한 역 CDF를 계산하기 위하여 다음과 같은 주석을 갖는 VBA 함수를 실행하라. u는 0과 1 사이의 수이다.

```
Public Function invTriangularCDF(min As Double, mode As
Double,
          max As Double, double u) As Double
End Function
```

(b) 모수 $a = 2, c = 5, b = 10$을 갖는 삼각분포에 대한 1,000개의 관측치를 스프레드시트를 사용하여 생성하라.

(c) 좋아하는 통계 소프트웨어를 이용하여 모수 $a = 2, c = 5, b = 10$을 갖는 삼각분포에 대한 1,000개의 관측치에 대한 히스토그램을 그려라.

3.24 어떤 회사는 다음 표에 주어진 순 현금흐름을 갖는 A와 B 두 가지 투자 안에 투자할지 투자하지 않을지를 결정하려고 한다. 여기서 $N(\mu, \sigma)$는 현금흐름 값이 평균과 표준편차를 가지는 정규분포를 나타낸다.

End of Year	0	1	2	3	4
A	$N(-250, 10)$	$N(75, 10)$	$N(75, 10)$	$N(175, 20)$	$N(150, 40)$
B	$N(-250, 5)$	$N(150, 10)$	$N(150, 10)$	$N(75, 20)$	$N(75, 30)$

이율이 최근에 변동되었고, 분석에 적용할 이율을 확신할 수가 없다. 따라서 이율

은 $\alpha_1 = 4.0$과 $\alpha_2 = 1.2$를 가지고 2%과 7% 범위에 있는 베타 확률변수로 모델링하기로 하였다. 모든 불확실한 요소를 고려하여 상황을 평가하기 위하여 시뮬레이션 분석을 하기로 결정하였다.

(a) 두 대안에 대한 기대 현가를 비교하라. 대안 A가 대안 B보다 현가가 높을 확률을 추정하라

(b) P$\{\overline{PV}(A) > \overline{PV}(B)\}$를 ± 0.10 내로 추정한 95% 신뢰구간이 되는 데 필요한 표본의 크기를 정하라. 여기서 $PV(A)$와 $PV(B)$는 각각 대안 A와 B의 현가이다.

3.25 U-모양의 구조물은 부품 A, B, C로 구성된다. 사진은 아래 그림과 같다. A의 길이는 평균이 20 mm이고 표준편차는 0.2 mm인 대수정규분포를 따르고, 부품 B와 C의 두께는 최소 4.98 mm이고 최대 5.02 mm인 일양분포를 따른다. 모든 부품은 서로 독립이라고 가정하자. 갭 D가 ± 0.10 mm 내에서 95% 확신으로 10.1 mm보다 작거나 같은 확률을 추정하기 위한 스프레드시트 모형을 개발하라.

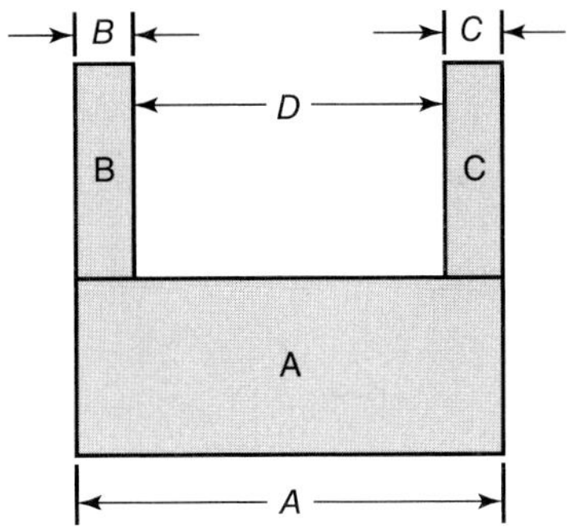

3.26 철도 혹은 트럭을 이용하여 New York과 Los Angeles 사이에 수송이 이루어진다. 두 가지 방식 모두 중간에 St. Louis를 경유한다. 각 수송 방식에 대해 주요 도시 사이의 평균 수송시간과 표준편차는 다음 그림에 주어져 있다.

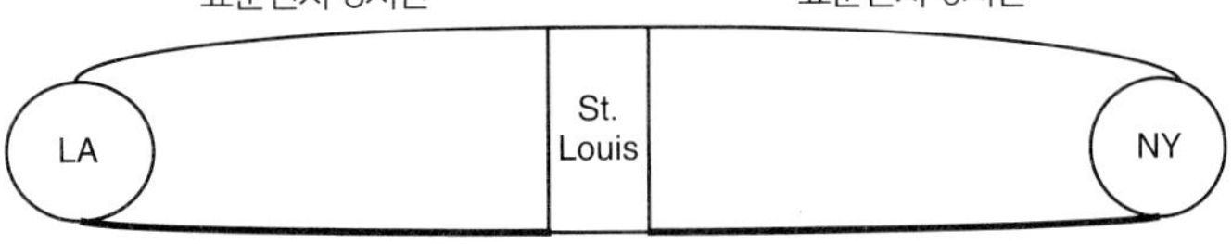

어느 방향이든 수송 시간은 그림에 주어진 것과 같이 대수정규분포를 따른다. 예를 들면, 트럭으로 New York에서 St. Louis까지(혹은 St. Louis에서 New York까지) 수송시간은 평균이 30시간이고 표준편차가 6시간이다. 또한 St. Louis에서 환적하는 시간(transfer time)은 트럭에 대해서(트럭에서 트럭으로) 모수(8,10,12) 시간인 삼각분포를 따른다. 철도가 포함된 경우(철도에서 트럭, 트럭에서 철도, 철도에 철도 등) 모수

(13,15,17) 시간을 갖는 삼각분포를 따른다. 우리는 New York에서 Los Angeles로 가는 수송시간이 가장 짧게 걸리는 조합을 찾고자 한다. 이 문제에 대하여 스프레드시트 시뮬레이션을 개발하라.

(a) 얼마나 많은 수송 조합이 가능한가?

(b) 트럭으로만 수송할 경우에 대한 총 수송 시간을 나타내는 스프레드시트 수식을 쓰라.

(c) 각 수송 조합에 대한 평균 수송 시간과 어떤 수송조합으로 85시간 이내에 수송할 수 있을 확률을 추정하라.

(d) 수송조합이 가장 짧게 될 확률을 구하라.

(e) 트럭만의 수송조합에 대해 95%의 확신을 가지고 0.5시간 내에 있을 평균 수송 시간을 추정하는 데 필요한 표본의 크기를 정하라.

3.27 자동화된 생산 공정에 대하여 고장 날 때까지의 시간은 다음과 같은 레일리(Rayleigh) 분포를 따른다고 알려져 있다.

$$f(x) = \begin{cases} 2\beta^{-2}xe^{(-(x/\beta)^2)} & x > 0 \\ 0 & \text{otherwise} \end{cases} \qquad \text{(식 3.21)}$$

$\beta = 2$인 알고리즘으로부터 5개의 확률변수를 생성하기 위한 스프레드시트를 수립하라.

3.28 어떤 회사는 YBox 게임기를 생산하여 판매하고 있다. 이 회사의 순수익 함수는 다음과 같다.

순수익 = (단위당 판매가 − 단위당 생산비용) × (판매량) − 고정비용

게임기의 개당 판매가는 $200이고 다른 변수는 다음과 같은 확률분포를 따른다.

Unit cost	80	90	100	110
Probability	0.20	0.40	0.30	0.10

Quantity sold	1,000	2,000	3,000
Probability	0.10	0.60	0.30

Fixed cost	50,000	65,000	80,000
Probability	0.40	0.30	0.30

스프레드시트를 사용하여 순수익에 대한 1,000개의 관측치를 생성하라.

(a) 좋아하는 소프트웨어 패키지를 사용하여 관측치에 대한 히스토그램을 그려라.

(b) 표본으로부터 평균 순수익을 추정하고 평균 순수익에 대한 99% 신뢰구간을 계산하라

(c) 순수익이 양의 값(positive)을 가질 확률을 추정하라.

3.29 T. Wilson은 각 경기에 앞서 스포츠 잡지매거진 가판대를 운영하고 있다. 그는 33센트에 매거진을 구입해서 50센트에 판매할 수 있다. 경기가 끝날 때까지 팔리지 않은 매거진은 폐품으로 1부에 5센트에 팔린다. 매거진은 10부 묶음으로만 구매할 수 있다. 따라서 그는

가판대에 쌓아두기 위해 10, 20, 30부 등으로 구입한다. 수요를 충족시키지 못한 경우에는 제공되지 못한 각 매거진 수요당 17센트의 판매 손실이 발생한다. T. Wilson의 순수익은 다음 식과 같다.

$$
\begin{aligned}
\text{순수익} &= (\text{판매 수입}) - (\text{구입비용}) \\
&\quad - (\text{초과 수요에 대한 손실}) \\
&\quad + (\text{폐품 판매로 인한 잔존가})
\end{aligned}
$$

매 경기 일에 잠재적 수요가 동일하지는 않다. 경기 일은 현재 순위표, 경기 상대, 주말 경기 날에 계획된 다른 이벤트 개최 유무 등에 따라 다르다. 각 경기 날에 3가지 유형의 수요가 있다: high, medium, low. 각 경기 일의 수요는 다음 확률분포를 따른다.

Type of Day	High	Medium	Low
Probability	0.35	0.45	0.20

따라서 매거진에 대한 수요량은 다음 확률분포를 따른다.

	High		Medium		Low	
Demand	PMF	CDF	PMF	CDF	PMF	CDF
40	0.03	0.03	0.1	0.1	0.44	0.44
50	0.05	0.08	0.18	0.28	0.22	0.66
60	0.15	0.23	0.4	0.68	0.16	0.82
70	0.2	0.43	0.2	0.88	0.12	0.94
80	0.35	0.78	0.08	0.96	0.06	1.0
90	0.15	0.93	0.04	1.0		
100	0.07	1.0				

Q는 가판대에 두기 위해(재고량) 구입한 잡지 부수를 나타낸다고 하자. D는 경기 일의 수요를 나타낸다고 하자. 만약 $D > Q$이면 Wilson은 Q만큼만 판매하고 $D - Q$만큼의 판매 손실(lost sale)이 발생한다. 만약 $D < Q$이면 Wilson은 D만큼만 판매하고 $Q - D$만큼은 폐품으로 처분한다. 그는 $Q = 50$으로 정했다고 하자. 평균 순수익과 순수익이 0보다 클 확률을 추정하라. ±\$0.5 이내로 95% 확신할 수 있는 평균 순수익을 추정하기 위한 스프레드시트 모델을 개발하라.

3.30 창고에 부품을 두기 위한 자동창고(automated storage and retrieval system)에서 이동시간은 3가지로 구성된다. X는 정확한 통로까지 이동하는 데 걸리는 시간이라고 하자. Y는 통로를 따라 정확한 위치까지 이동하는 데 걸리는 시간이라고 하자. Z는 선반 위의 정확한 위치까지 이동하는 데 걸리는 시간이라고 하자. X, Y, Z의 분포는 다음과 같다고 가정한다.

- $X \sim$ 평균이 20초이고 표준편차가 10초인 대수정규분포
- $Y \sim$ 최소 10초, 최대 15초인 일양분포
- $Z \sim$ 최소 5초, 최대 10초인 일양분포

부품을 위치시키는 데까지 걸리는 총시간을 추정하고, 부품을 위치시키는 데까지 걸리는 시간이 60초를 초과할 확률을 추정할 수 있는 스프레드시트를 개발하라. 분석은 1,000개의 관측치를 이용하라.

3.31 조달기간(lead time)이 순간적이지 않을 때 재고 관리 시스템에서 조달기간 수요가 발생한다. 조달기간은 주문을 한 시점부터 주문이 입고될 때까지의 시간을 말한다. 조달기간은 확률변수이다. 조달기간 동안 수요 또한 불확실하게 발생한다. 따라서 조달기간 수요는 조달기간 동안의 수요의 합으로 정의되는 확률변수이다. 즉 $\text{LDT} = \sum_{i=1}^{T} D_i$, 여기서 i는 조달기간의 시간구간, T는 조달기간이다. 조달기간 수요에 대한 분포는 확률변수 LDT에 대한 관측치를 얻기 위하여 조달기간에 대한 많은 사이클과 조달기간 동안 발생하는 수요를 모의해서 정해진다. LDT는 불확실한 수요에 대한 확률변수의 중첩이다. 어떤 부품에 대한 일별 수요는 다음 PMF에 의해 주어진다고 가정하자.

Daily demand (items)	4	5	6	7	8
Probability	0.10	0.30	0.35	0.10	0.15

조달기간은 주문하고부터 회사가 공급자로부터 주문품을 받을 때까지의 기간(일)이다.

(a) 조달기간이 상수 10일이라고 가정하자. 스프레드시트를 사용하여 1,000개의 LDT를 생성하라. 1,000개 관측치에 대한 요약 통계표를 작성하라. LDT가 10보다 크거나 같을 가능성을 추정하라. 추정치에 대한 95% 신뢰구간을 구하라. 좋아하는 통계 패키지를 사용하여 LDT에 대한 빈도표(frequency diagram)를 그려라.

(b) 조달기간이 확률모수가 0.2인 이동된 기하분포를 따른다고 가정하자. 스프레드시트를 사용하여 1,000개의 LDT를 생성하라. 1,000개 관측치에 대한 요약 통계표를 작성하라. LDT가 10보다 크거나 같을 가능성을 추정하라. 추정치에 대한 95% 신뢰구간을 구하라. 좋아하는 통계 패키지를 사용하여 LDT에 대한 빈도표를 그려라.

3.32 아래 방법으로 모수 $r = 4, p = 0.4$를 갖는 음의 이항분포로부터 5개의 확률변수를 생성하기 위한 스프레드시트를 수립하라.

(a) 중첩법

(b) 4번의 성공을 얻을 때까지의 베르누이 시행의 수

3.33 만약 $Z \sim N(0, 1)$, $Y = \sum_{i=1}^{k} Z_i^2$이면, $Y \sim \chi_k^2$ 여기서 χ_k^2은 자유도 k인 카이제곱 확률변수이다. 스프레드시트를 사용하여 5개의 χ_5^2 확률변수를 생성하라.

3.34 확률변수를 생성하는 채택-기각 법을 사용하여 다음과 같은 확률밀도함수를 따르는 30개의 관측치를 생성하기 위한 스프레드시트를 수립하라.

$$f(x) = \begin{cases} \frac{3x^2}{2} & -1 \le x \le 1 \\ 0 & \text{otherwise} \end{cases}$$

3.35 다음과 같은 감마분포를 고려하자. 이 문제는 Cheng [1977]에 있다(Ahrens and Dieter [1972] 참조).

$$f(x) = \beta^{-\alpha} x^{\alpha-1} \frac{e^{-x/\beta}}{\Gamma(\alpha)}$$

여기서 $x > 0$이고, $\alpha > 0$는 형상모수, $\beta > 0$는 척도모수이다. α가 양의 정수인 경우, 얼랑 분포가 되고, $\alpha = 1$이면 음의 지수분포가 된다. 채택-기각 법은 $0 < \alpha < 1$이고 또 인 $\alpha > 1$의 경우에 적용할 수 있다. $0 < \alpha < 1$인 경우에 대해서는 Ahrens and Dieter [1972]를 참조하기 바란다. $\alpha > 1$인 경우에 대해서 Cheng [1977]은 다음과 같은 중심함수를 제안하였다.

$$g(x) = \left[\frac{4\alpha^{\alpha} e^{-\alpha}}{a\Gamma(\alpha)} \right] h(x)$$

여기서 $a = \sqrt{(2\alpha - 1)}, b = \alpha^{a}$ 그리고 $h(x)$는 $g(x)$가 다음 밀도함수로 전환될 때 얻어지는 확률분포함수이다.

$$h(x) = ab \frac{x^{a-1}}{(b + x^{a})^{2}} \qquad for x > 0$$

(a) 채택-기각 법으로 모수 $\alpha = 2$와 $\beta = 10$을 갖는 감마분포를 따르는 확률변수를 생성하기 위한 스프레드시트를 수립하라.

(b) 좋아하는 소프트웨어를 사용하여 위 스프레드시트를 통해 얻은 1,000개의 관측치에 대한 히스토그램을 그려라.

3.36 U_1과 U_2는 다음과 같이 정의된 2개의 독립인 일양(0, 1) 확률변수라고 하자. 이 절차는 Box와 Muller [1958]가 한 것이다.

$$X_1 = \cos(2\pi U_2)\sqrt{-2\ln(U_1)}$$
$$X_2 = \sin(2\pi U_2)\sqrt{-2\ln(U_1)}$$

그러면 X_1과 X_2는 서로 독립이고 표준정규분포, 즉 $N(0, 1)$을 따르는 확률변수가 된다는 것을 보일 수 있다. 정규 확률변수를 생성하기 위해 스프레드시트를 사용하여 Box와 Muller 알고리즘을 실행하라. 이 방법을 이용하여 1,000개의 $N(\mu = 2, \sigma = 0.075)$ 확률변수를 생성하라.

(a) 관측치에 대한 히스토그램을 그려라.

(b) 관측치에 대한 정규확률도를 그려라.

3.37 지수분포의 무기억성(lack of memory property)은 Δt를 마지막 사건의 발생 이후 경과된 시간이 주어졌을 때 다음 사건이 발생할 때까지의 잔여 시간 t는 Δt와 독립이라는 것이다. 이것은 $P\{X > \Delta t + t | X > \Delta t\} = P\{X > t\}$를 의미한다. 지수분포가 무기억성을 가짐을 증명하라.

3.38 경험적으로 지수분포에 대한 무기억성을 검정할 수 있는 시뮬레이션 실험을 기술하라. 연습문제 3.37을 참조하라. 여러분의 시뮬레이션 실험을 스프레드시트로 실행하고 경험적

으로 무기억성을 검정하라. 무기억성이 의미하는 것이 무엇인지를 자신의 말로 설명하라.

3.39 부품이 평균 λ를 갖는 포아송과정에 따라 3대의 드릴 프레스가 있는 기계 센터에 도착한다고 하자. 도착하는 부품은 각각 확률 $p_1, p_2, p_3(p_1 + p_2 + p_3 = 1, p_i > 0, i = 1, 2, 3)$로 3대의 드릴 프레스 중 하나에 랜덤하게 할당된다. 각 드릴 프레스에 도착하는 부품의 도착 간격 시간은 어떤 분포를 하는가? 그 분포의 모수를 구하라.

(a) 만약 p_1, p_2, p_3가 각각 0.25, 0.45, 0.3이고 λ는 분당 12와 같다고 가정하자. 처음 3개의 도착 시간을 생성하기 위한 스프레드시트를 수립하라.

ARENA^{TM}를 이용한 시뮬레이션 기초

Introduction To Simulation In Arena^{TM}

학습목표

이 장을 학습하면 독자는 다음과 같은 성과를 얻게 될 것이다.

- Arena^{TM} 환경에서 기본적인 구성요소를 이해한다.
- Arena^{TM}를 이용하여 간단한 몬테칼로(Monte-Carlo) 시뮬레이션을 수행할 수 있다.
- 이산 사건 동적시스템(DEDS)의 특징을 인식하고 정의할 수 있다.
- 시간이 DEDS에서 어떻게 전개되는지 설명할 수 있다.
- 활동 흐름 다이어그램(activity flow diagram)을 이해하고 작성할 수 있다.
- Arena^{TM}를 이용한 간단한 모델을 만들고, 실험을 수행하며, 애니메이션을 하고, 결과를 해석할 수 있다.

4.1 서론

이 장에서는 시뮬레이션 모델을 개발하고 실행하기 위해 사용하게 될 Arena^{TM}라는 소프트웨어에 대해서 소개하도록 한다. 모델링 환경에 대해 간략하게 소개한 후 3장에서 소개했던 예제들에 대해 Arena^{TM}를 이용하여 어떻게 시뮬레이션을 수행하게 되는지 설명할 것이다. 그리고 나서 본 교재에서 중점을 두고 있는 이산 사건 동적시스템(DEDS)에 대해 본격적으로 학습한다. 1장에서 정의하였듯이 DEDS는 시간의 흐름에 따라서 동적으로 변화하는 시스템을 의미한다. 4장에서는 시간이라는 것이 DEDS에 어떤 식으로 반영이 되는지 소개하고, 간단한 대기행렬 시스템을 Arena^{TM}를 이용하여 어떻게 모델링하는지 소개한다. 이제 Arena^{TM}의 세계로 들어가보자.

4.2 ARENA의 환경

Arena™는 컴퓨터 시뮬레이션 모델을 개발하고 실행할 수 있는 상용소프트웨어다. Arena™는 SIMAN이라고 하는 시뮬레이션 전용 언어를 기반으로 개발되었는데, 필요한 요소를 선택하여 끌어다 붙이는 방법으로 모델을 만들 수 있도록 되어 있다. Arena™ 환경에는 모델 개발에 필요한 다양한 기능을 모아놓은 패널(panel)이 있다. 또한 모델을 애니메이션 하고, 실행하며 결과를 볼 수 있는 기능들이 툴바(toolbar)라는 메뉴형태로 제공되고 있다.

그림 4.1은 Arena™ 환경의 View, Draw, Animate, Animate Transfer 툴바를 보여준다. 더 나아가 프로젝트바(Project Bar)에는 Advanced Transfer, Advanced Process, Basic Process, Flow Process 같은 프로젝트 템플릿(project template)과 Report 패널, Navigate 패널이 포함되어 있다. 프로젝트 템플릿 구역에서 마우스의 오른쪽 버튼을 누르면 프로젝트 템플릿을 활성화/비활성화할 수 있는 메뉴를 확인할 수 있다. 다이아몬드 형태의 플로차트 기호로 표시되는 프로젝트 템플릿을 이용하여 모델 창(model window)에서 모델을 개발한다. 정상적으로 Advanced Transfer 패널과 Flow Process 패널은 초기에 활성화되지 않는다. 복잡한 모델을 구현하기 위해서는 프로젝트바에 위에서 언급한 두 가지 패널을 추가적으로 활성화하면 된다. 더 나아가 모듈의 크기와 보기 조건을 조절할 수 있다. 예를 들어 모듈의 그림을 크게 할

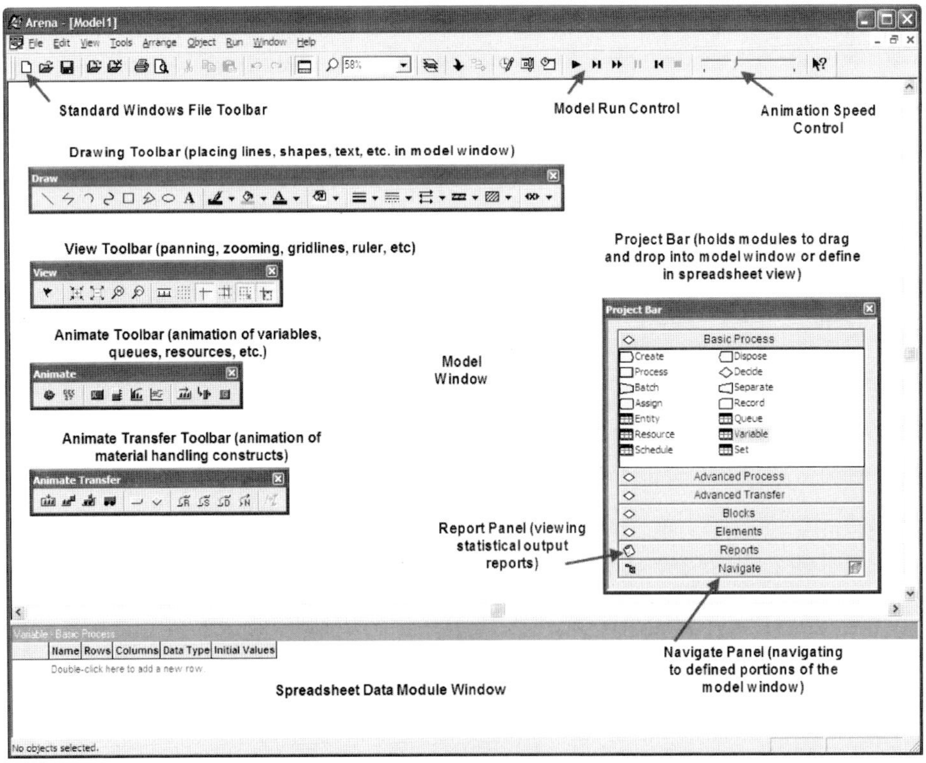

그림 4.1 Arena™ 환경

수도 있고, 작게 할 수도 있으며, 글자만으로 표시되도록 할 수 있다.

Report 패널에서는 시뮬레이션을 수행한 후 생성되는 결과를 세부 항목별로 제공한다. Navigation 패널에서는 모델 창에서 사전에 지정한 구역에 대해 링크(북마크: bookmarks)를 정의하고 사용할 수 있다. Arena^{TM} 환경에서는 툴바 모델 창과 스프레트시트(자료) 창으로 구역이 구분되어 있다. 프로젝트 템플릿에 있는 플로차트(flow chart)에서 사용하는 기호와 유사한 기호를 모델 창으로 끌어다 붙이면 된다. 이러한 플로차트에서 사용하는 기호와 유사한 기호를 **모듈**(*module*)이라고 한다.

스프레드시트 보기 창(Spreadsheet Data Module Window)은 현재 모델 창에서 선택된 모듈에 대해 자료를 행렬 형식으로 보여준다. 그리고 플로차트 형식의 기호가 아닌 데이터 모듈(예를 들어, VARIABLE)에 대해 입력된 값을 보여준다. 앞으로 이 교재를 통하여 다양한 종류의 플로차트 모듈과 데이터 모듈에 대해 각각의 특성을 학습하게 될 것이다.

툴바를 보이게 하거나 감추기 위해서는 회색으로 된 툴바 지역을 오른쪽 마우스로 눌러서 팝업 메뉴에 있는 원하는 툴바를 선택하면 된다. 또한 화면의 어느 곳에라도 툴바를 끌어서 위치를 지정할 수 있다. 그림 4.2은 Arena^{TM} 환경에서 툴바와 프로젝트바가 정위치에 배치된 화면을 보여준다. CREATE, PROCESS, DISPOSE 같은 모듈은 모델 창에 있는 basic process 패널에서 가져온 것이며, 스프레드시트 창에는 CREATE 모듈에 대한 정보가 제시되어 있다. 앞으로 이 교재에서는 모듈의 이름을 표기할 때는 영어 대문자를 사용하도록 규칙을 정하여 독자가 Arena^{TM}를 사용하는 데 편리하도록 할 것이다. 또한 모델을 개념적으로 이해하기 쉽도록 하기 위해 작성하는 문장 형식의 의사코드(pseudo-code)를 작성할 때도 모듈의 이름을 그대로 사용할 것이다.

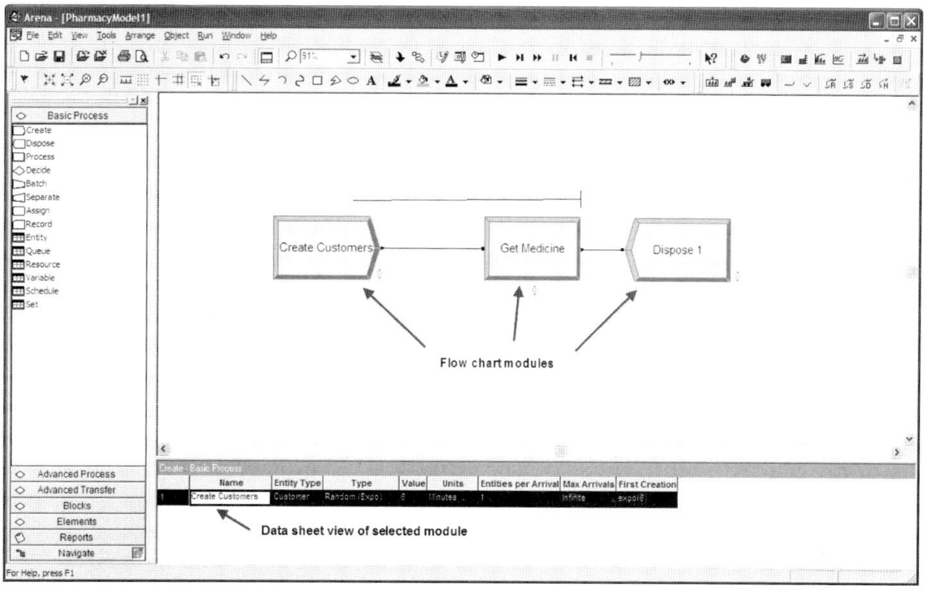

그림 4.2 Arena^{TM} 환경에서 toolbar의 모습

4.3 ARENA를 이용한 간단한 몬테칼로 시뮬레이션

Arena™을 사용하여 개발된 예제모델은 이 교재에서 계속 사용하게 될 것이다. 이 모델들은 교재에 포함된 CD에 저장되어 있다. 독자들은 교재에서 설명되는 내용이 모델에 어떻게 적용되었는지 완벽하게 살펴보아야 한다. 하지만 이러한 예제들로부터 최대한의 지식을 습득하기 위해서는 Arena™를 이용하여 직접 모델을 만들어보아야 한다. 때로는 백지 상태에서 모델을 만들어보도록 해야 하며, 연습용 모델을 이용하여 더욱 발전된 모델을 만들 수 있도록 해야 한다. 이러한 예제모델을 이용하여 학습하는 것은 이 교재에 설명된 내용을 잘 이해하기 위해 매우 중요하다. 이제 Arena™를 이용하여 학습을 시작해보자.

이 절에서는 앞의 3장에서 다루었던 몬테칼로 시뮬레이션에 대해 다시 생각해보고, 스프레드시트 모델이 Arena™에서 그대로 사용이 되는지 알아보도록 하겠다. 먼저 이 시뮬레이션을 수행하기 위해 필요한 4개의 Arena™ 프로그래밍 모듈에 대해 소개한다.

- CREATE. 이 모듈은 개체가 다른 모듈을 방문하여 논리를 수행할 수 있도록 개체를 생성시키는 역할을 한다.
- ASSIGN. 이 모듈은 모델의 변수에 특정한 값을 할당할 수 있도록 한다.
- RECORD. 이 모듈은 특정한 통계량을 수집할 수 있도록 해준다.
- DISPOSE. 이 모듈은 생성된 개체가 모델에서 해야 할 역할을 모두 수행한 후 소멸되도록 해준다.
- VARIABLE. 이 모듈은 모델에서 사용할 각종 변수를 정의하고, 그 초기값을 지정할 수 있도록 해준다.

VARIABLE, CREATE, ASSIGN, RECORD, DISPOSE 등의 모듈은 앞에서 설명한 기능 이외에 추가적 기능들이 있지만 일단 예제모델을 만드는 데 필요한 기본 기능만 소개하고, 추가적 기능은 차후에 소개하도록 하겠다.

다음으로 Arena™에서 사용할 수 있는 수학함수나 분포함수에 대해 기본적으로 이해할 필요가 있다. Arena™에서 사용할 수 있는 수학함수나 분포함수는 매우 다양하지만 일단 3장에서 소개했던 몬테칼로 시뮬레이션을 수행하는 데 필요한 몇 가지 함수만 먼저 소개하도록 하겠다.

다음은 우리가 사용하게 될 수학함수와 분포함수에 대한 간략한 설명이다.

- UNIF(a, b). 이 함수는 최소값 a, 최대값 b를 가지는 일양분포(uniform distribution)의 확률변수 값을 생성해준다.
- NORM(mean, std.dev.). 이 함수는 평균이 mean, 표준편차가 std.dev. 값을 가지는 정규분포(normal distribution)의 확률변수 값을 생성해준다.
- BETA(alpha1, alpha2). 이 함수는 형상모수가 alpha1, alpha2인 베타분포(beta distribution)의 확률변수 값을 생성해준다.
- DISC(cp_1, v_1, cp_2, v_2, ...). 이 함수는 누적확률밀도함수(CDF)에서 $cp_i = P\{X \leq v_i\}$의 관계를 가지는 한 쌍의 cp_i, v_i들로 표현되는 경험적 이산확률분포의 확률변수 값을 생성

해준다.

- SQRT(x). 이 함수는 x의 제곱근해를 계산해준다.
- MN(x1, x2, ...) 이 함수는 x1, x2 등의 최소값을 계산해준다.
- MX(x1, x2, ...) 이 함수는 x1, x2 등의 최대값을 계산해준다.
- **. 이 연산자는 거듭제곱을 의미한다. 예를 들어 x**3 = x^3이다.

4.3.1 Arena^{TM}를 이용한 면적 추정

예제 3.1을 다시 생각해보자. 이 예제에서 우리는 x가 1부터 4까지 범위에 대해 $f(x) = x^{\frac{1}{2}}$이라는 함수의 면적을 구하려고 한다. 예시 4.1은 이 함수의 면적을 구하는 기본적인 의사코드를 보여준다.

예시 4.1 면적 계산을 위한 의사코드

```
CREATE 1 entity
ASSIGN
   vXi = UNIF(1,4)
   vFx = SQRT(vXi)
   vY = (4.0 - 1.0)vFx
END ASSIGN
RECORD vY
DISPOSE
```

CREATE 모듈에서는 개체 1개를 생성해서 예시 4.1의 나머지 코드를 수행하도록 한다. 개체의 개념에 대해서는 차후에 상세하게 학습할 것이다. 이 예제를 수행하기 위해 개체가 나머지 명령부분을 어떻게 실행시키는지 하나하나 살펴보자. ASSIGN 모듈에서는 x값을 생성하고, $f(x)$ 값을 계산한 후 y값을 계산한다. RECORD 모듈에서는 y값에 대한 통계량을 수집한다. 마지막으로 DISPOSE에서는 생성되었던 개체를 소멸시킨다. 이와 같은 것이 바로 의사코드이다. 이 의사코드가 Arena^{TM}의 프로그램과 동일한 것은 아니다. 하지만 Arena^{TM}를 이용하여 모델링을 할 때 프로그램의 개념을 잡는 데 도움이 될 것이다.

그림 4.3은 Arena^{TM} 환경에서의 플로차트를 보여준다. CREATE, ASSIGN, RECORD, DISPOSE 모듈은 모델 창에 배치되었다. CREATE 모듈에서는 다른 모듈들을 방문할 개체를 생성한다. 그림 4.4는 "Max Arrivals"라는 항목에 1이라는 값을 설정함으로써 개체를 1개만 생성시키는 사례를 보여준다. "First Creation"이라는 항목에 0.0이라는 값이 설정되었기 때문에 시간 0에 첫 번째 개체가 생성된다. CREATE 모듈에 대한 좀 더 자세한 내용은 4장 후반부에 다시 소개하도록 하겠다. 생성된 개체는 ASSIGN이라는 다음 모듈로 들어가서 ASSIGN에 포함된 논리들을 실행한다.

ASSIGN 모듈에서는 모델에서 필요한 각종 항목에 대해 값을 할당한다. 그림 4.5에서는 x라는 변수값을 생성한 후 $f(x)$ 값을 계산하고, y값을 계산하는 과정을 보여준다. 이때 변수값의 할당은 문장이 쓰인 순서대로 이뤄진다는 것을 기억해야 하는데, 프로그램을 할 때 이 순서를 정확히 하는 것이 매우 중요하다.

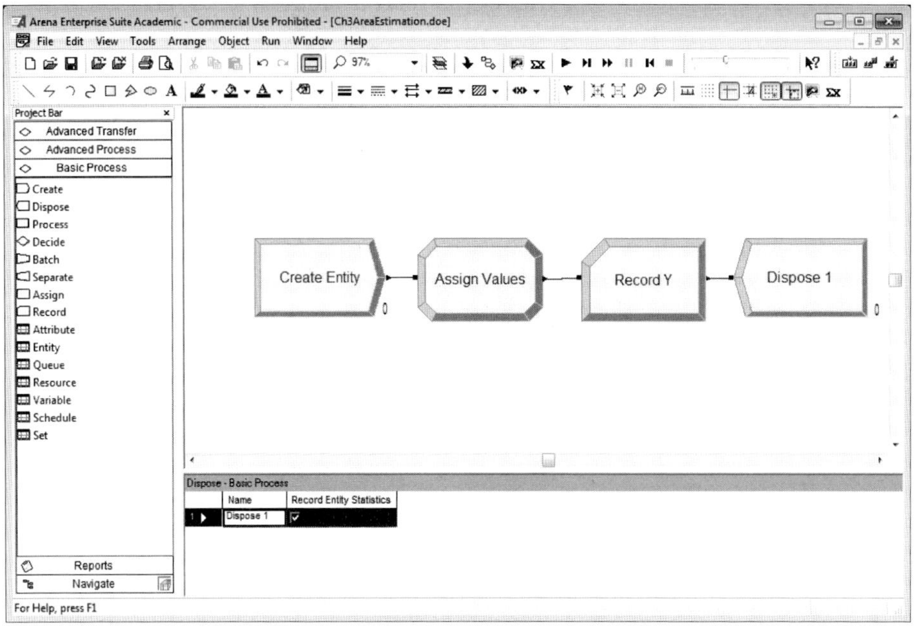

그림 4.3 곡선의 면적을 구하는 Arena™ 모델

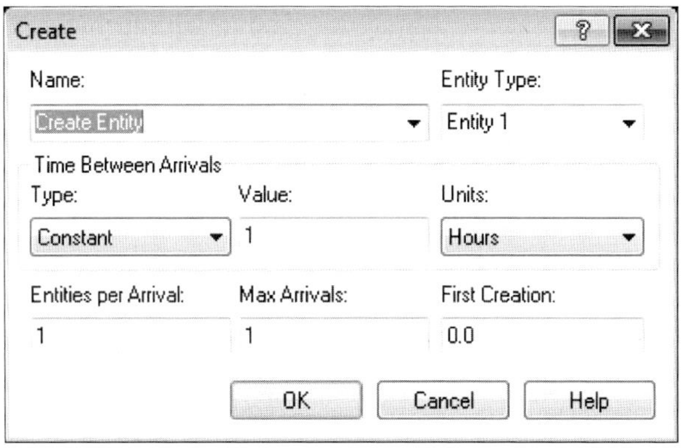

그림 4.4 CREATE 모듈에서 개체 1개 생성

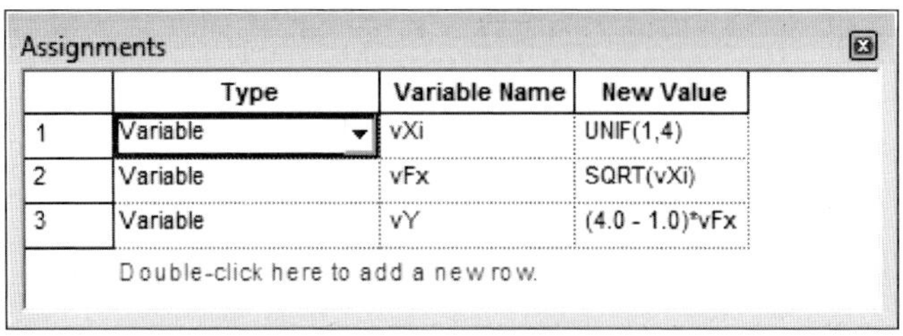

그림 4.5 ASSIGN 모듈에서 변수값을 할당

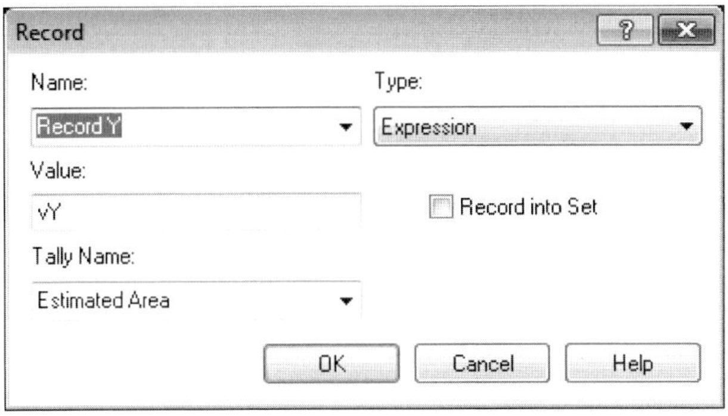

그림 4.6 RECORD 모듈에서 결과값 기록

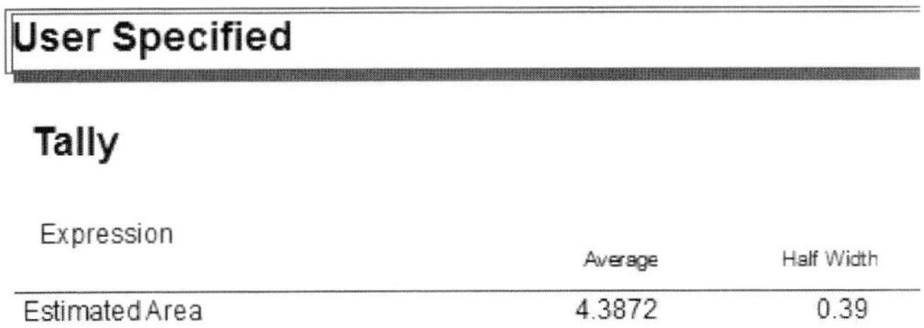

그림 4.7 면적 추정 결과

그림 4.6은 RECORD 모듈을 보여준다. "Value"라는 항목에 기록된 변수 *vY*의 값의 통계량을 구하는 데 "Type"이 Expression으로 되어 있기 때문에 개체가 이 모듈을 지나갈 때마다 매번 *vY*의 값을 관측한다. 이렇게 구해진 통계량은 "Tally Name"이라는 항목에 기록된 Estimated Area라는 이름으로 그림 4.7에 제시된 것과 같은 Arena™ 결과 보고서에 표시된다.

모델을 실행하기 위해서는 필요한 관측횟수를 지정해야 하는데, 이 예제에서는 개체가 1개만 생성되기 때문에 각 실험에서는 1개의 관측치만 얻을 수 있다. 따라서 그림 4.8과 같은 Arena™의 Run Setup 메뉴에서 실험조건을 설정해야 하는데, 20개의 관측치가 필요한 경우 "Number of Replications"라는 항목에 20을 기입하면 된다. Replication에 대해서는 추후에 다시 설명을 할 것이다. 각각의 반복실험은 서로 독립적으로 수행되기 때문에 서로 독립인 임의표본(random sample)값을 얻을 수 있다.

그림 4.7의 결과보고서에서 곡선 면적의 추정치를 알 수 있는데 RECORD 모듈에 의해 얻어진 면적의 평균값은 4.3872로 3장에서 얻은 4.667과 비슷한 값을 가짐을 알 수 있다. 앞서 설명하였듯이 이 값의 차이는 표본오류에 기인한다. 3장에서 소개된 다른 몬테칼로 시뮬레이션의 예제들도 이와 유사한 형태로 진행된다.

4.3.2 Arena를 이용한 신문판매 문제

3.3.2절에서 소개했던 신문판매 문제를 다시 생각해보자. 이 문제에 사용될 의사코드에는 다음과 같은 분포로부터 수요를 생성하는 것이 포함되어야 한다.

d_i	5	10	40	45	50	55	60
$f(d_i)$	0.1	0.2	0.3	0.2	0.1	0.05	0.05
$F(d_i)$	0.1	0.3	0.6	0.8	0.9	0.95	1.0

이 분포로부터 수요를 생성시키기 위해서는 DISC()라는 함수를 이용해야 한다. 이미 위의 표에서 누적확률을 계산했기 때문에 수요를 생성시키는 함수는 다음과 같이 기록하면 된다.

DISC(0.1, 5, 0.3, 10, 0.6, 40, 0.8, 45, 0.9, 50, 0.95, 55, 1.0, 60)

$(F(d_i), d_i)$라는 쌍에서 맨 마지막에 나오는 $F(d_i)$값은 반드시 1.0이 되어야 한다.

먼저 이 모델을 만들 때 사용하게 될 변수들에 대해 정의해보자. 이때 필요한 내용은 수요, 판매량, 매일 남는 잔여수량, 판매수익, 잔존수입, 판매단가, 원가, 1부당 잔존가치, 주문수량 등으로 다음과 같이 변수를 정의하도록 하자.

- vDenamd: 매일 발생하는 수요
- vAmtSold: 매일 판매되는 수량
- vAmtLeft: 매일 판매되고 남는 수량
- vSalesRevenue: 판매수익

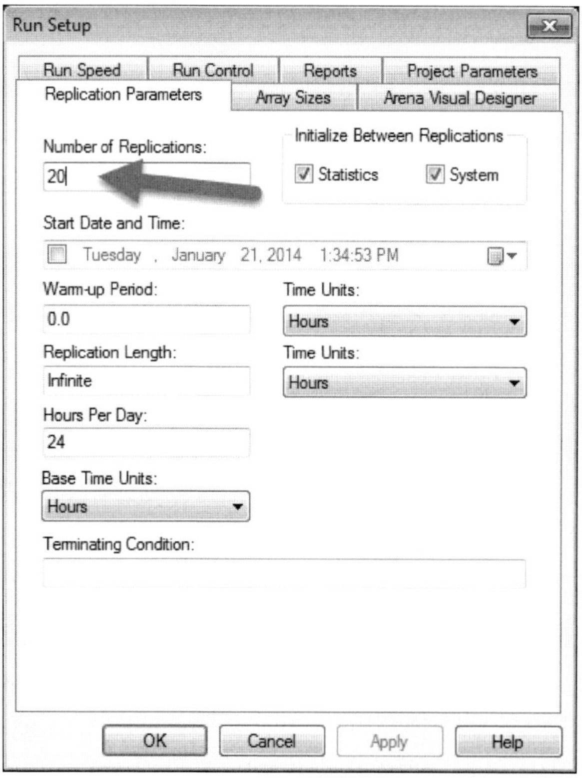

그림 4.8 20회 반복 시뮬레이션에 대한 조건 설정

- vSalvageRevenue: 잔존수입
- vPricePerUnit: 신문 1부당 판매가격으로 \$0.25라고 하자.
- vPricePerUni: 신문 1부당 구입원가로 \$0.15라고 하자.
- vSalvagePerUnit: 판매되지 않은 신문 1부의 잔존가치로 \$0.02라고 하자.
- vOrderQty: 매일 주문하는 주문수량으로 30이라고 하자.

이 문제에 대한 의사코드는 아래 예시 4.2와 같다. CREATE 모듈은 하루를 의미하는 개체를 생성한다. ASSIGN 모듈에서는 신문판매 문제에 관련된 논리들을 실행시키는 역할을 한다. MN() 함수는 수요량과 주문량 중에서 최소값을 계산하는 데 사용된다. MX() 함수는 판매되지 않은 신문의 수량을 계산하기 위해 사용된다. DISC()는 누적확률분포(CDF)를 이용하여 매일의 수요량을 결정하기 위해 사용된다. 나머지 수식들은 3장에서 설명했던 내용과 동일하다. 이 문제의 플로차트는 그림 4.9와 같은데 이 플로차트는 앞의 예제에서 사용한 것과 동일하다.

예시 4.2 신문판매 문제의 의사코드

```
CREATE 1 entity
ASSIGN
   vDemand = DISC(0.1,5,0.3,10,0.6,40,0.8,45,0.9,50,0.95,55,1.0,60)
   vAmtSold = MN(vDemand, vOrderQty)
   vAmtLeft = MX(0, vOrderQty - vDemand)
   vSalesRevenue = vAmtSold*vPricePerUnit
   vSalvageRevenue = vAmtLeft*vSalvagePerUnit
   vOrderingCost = vCostPerUnit*vOrderQty
   vProfit = vSalesRevenue + vSalvageRevenue - vOrderingCost
END ASSIGN
RECORD vProfit
DISPOSE
```

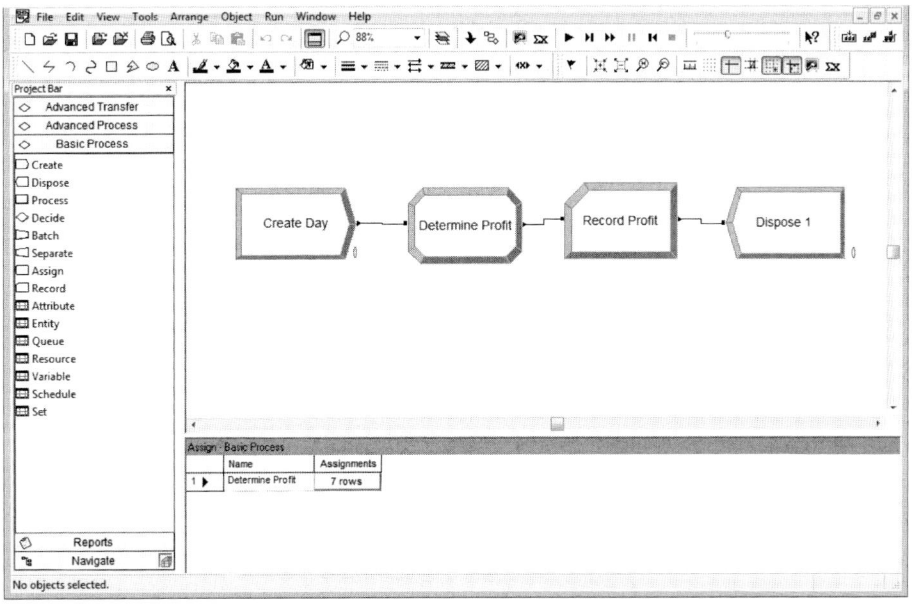

그림 4.9 신문판매 문제의 Arena™ 모델

Variable - Basic Process

	Name	Rows	Columns	Data Type	Clear Option	File Name	Initial Values
1	vCostPerUnit			Real	System		1 rows
2	vPricePerUnit			Real	System		1 rows
3	vSalvagePerUnit			Real	System		1 rows
4	vOrderQty			Real	System		1 rows
5	vDemand			Real	System		0 rows
6	vAmtSold			Real	System		0 rows
7	vAmtLeft			Real	System		0 rows
8	vSalesRevenue			Real	System		0 rows
9	vSalvageRevenue			Real	System		0 rows
10	vOrderingCost			Real	System		0 rows
11	vProfit			Real	System		0 rows

Double-click here to add a new row.

Initial Values

	0.15

그림 4.10 신문판매 문제의 변수 정의

의사코드에 제시된 바와 같이 변수들을 정의하기 위해서는 그림 4.10과 같이 VARIABLE이라는 모듈을 사용하여 변수를 선언하고, 초기값을 지정해주어야 하는데, 그림 4.10은 *vCostPerUnit*이라는 변수에 초기값을 0.15로 설정하는 사례다. CREATE의 역할은 앞서 설명한 예제와 동일하다. CREATE에서 생성된 개체는 다음 모듈인 ASSIGN 모듈로 들어가서 그림 4.11에 있는 내용을 수행한다. 이때에도 ASSIGN에서는 앞에서 설명한 예제에서와 같은 과정에 따라 의사코드의 내용을 수행한다. 100일간 시뮬레이션을 실행한 결과가 그림 4.12에 제시되어 있는데 3장에서 얻은 값과 유사한 결과를 보여준다.

이 절에서는 시간의 흐름이 중요하지 않은 상황에 대해 Arena^{TM}를 이용하여 모델을 개발하는 과정에 대해 설명하였다. 신문판매 문제의 경우 매일의 수요에 대해 시뮬레이션을 하였는데, 이때 시간이라는 것은 일정한 간격을 가진다. 곡선의 면적을 구했던 예제에서도 시간의 흐름이라는 것은 시뮬레이션을 할 때 반영되지 않았다. 이러한 형태의 시뮬레이션을 흔히 정적 시뮬레이션(static simulation)이라고 한다. 다음 절에서는 시간의 흐름이 시스템의 거동에 영향을 미치는 경우에 대해 살펴보도록 한다. 또한 시간이 반드시 일정한 간격(예를 들어, 1시간, 2시간 등)으로 진행되지 않아도 된다는 점을 고려하게 될 것이다. 이러한 상황이 앞으로 이 교재에서 주로 다루게 될 내용이다.

Assignments

	Type	Variable Name	New Value
1	Variable	vDemand	DISC(0.1, 5, 0.3, 10, 0.6, 40, 0.8, 45, 0.9, 50, 0.95, 55, 1.0, 60)
2	Variable	vAmtSold	MN(vDemand, vOrderQty)
3	Variable	vAmtLeft	MX(0, vOrderQty - vDemand)
4	Variable	vSalesRevenue	vAmtSold*vPricePerUnit
5	Variable	vSalvageRevenue	vAmtLeft*vSalvagePerUnit
6	Variable	vOrderingCost	vCostPerUnit*vOrderQty
7	Variable	vProfit	vSalesRevenue + vSalvageRevenue - vOrderingCost

Double-click here to add a new row.

그림 4.11 신문판매 문제에서 ASSIGNMENT를 이용한 변수 할당

User Specified

Tally

Expression	Average	Half Width
Record Profit	1.3440	0.47

그림 4.12 신문판매 문제에서 100일간 실험을 반복한 결과

4.4 이산 사건 시계의 작동원리

이 절에서는 이산 사건 시뮬레이션에서 시간이 어떻게 반영되는지에 대한 개념을 소개한다. 이 주제는 또한 독자가 시뮬레이션 모델링의 다양한 요소를 좀 더 깊이 이해한 후에 다시 언급하도록 하겠다.

이산 사건 동적 시스템에서 사건이란 시스템의 상태에 변화를 일으키는 순간에 발생하는 어떤 변화를 의미한다. 사건이란 시스템의 상태에 변화를 초래하는 행동을 야기하는 정보의 전달로 개념화된다. 예를 들어 하나의 대기행렬이 있고, 두 명의 상담원이 고객 서비스를 하는 은행을 생각해보자. 이 상황에서 관심의 대상이 되는 것은 두 명의 상담원(가동 중 혹은 유휴 상태)과 대기행렬에서 고객이 머무는 것이다. 오전 9시에 은행이 문을 여는 순간을 시뮬레이션에서는 시점 0이라고 가정하자. 만일 하루 종일 은행에 고객이 도착하지 않는다면 시스템의 상태는 하루 종일 아무 변화가 없다는 점은 자명하다. 더 나아가 은행에 고객이 한 명 도착한다면 은행에 있는 고객의 수는 0에서 1로 증가한다. 다시 말해서 고객의 도착은 은행의 상태를 변화시킨다. 따라서 고객의 도착은 사건으로 정의되어야 한다.

그림 4.13은 고객이 도착하는 사건에 대한 시간축을 보여주고 있다. 도착 시간이 실제로는 양의 값을 가지는 실수값이 되겠지만 일단 반올림하여 정수라고 가정하자. 그림에 표시된 대로

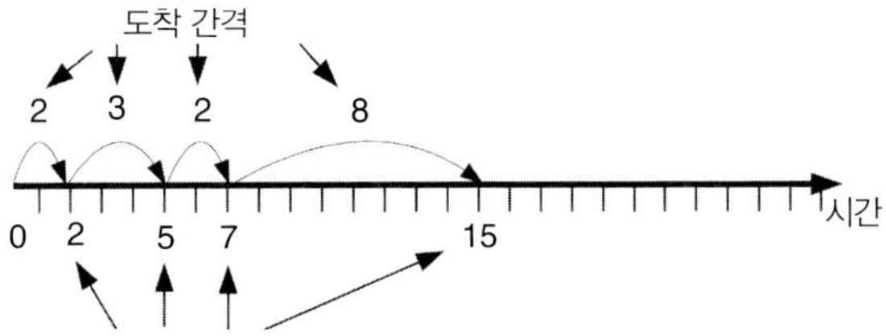

고객	도착 시간	도착 간격
1	2	2
2	5	3
3	7	2
4	15	8

그림 4.13 고객의 도착과정

첫 번째 고객은 시간 2에 도착을 하고, 그 후 3분이 지나서 시간 5에 두 번째 고객이 도착한다. 이산 사건이라는 관점에서 볼 때 시간[0, 2) 범위에는 시스템에 아무런 변화가 일어나지 않았다. 그러나 시간 2에 고객이 도착한다는 사건이 발생하였고, 이 사건과 관련된 후속 활동이 시스템의 상태라는 측면에서 필요하다. 하나의 사건은 시스템 상태에 변화를 초래하는 활동을 일으키기 때문에 모델을 만드는 사람은 "고객이 도착할 때 발생하는 행동은 무엇일까?"하는 의문을 가진다.

- 고객이 대기행렬에 들어간다.
- 만일 가용한 상담원이 있다면 고객은 즉시 대기행렬을 떠나서 상담원에게로 가고, 상담원은 상담 서비스를 시작한다.
- 만일 유휴 상태인 상담원이 없다면 고객은 대기행렬에서 한 명의 상담원이 상담을 마쳐서 유휴 상태가 될 때까지 기다린다.

이제 첫 번째 고객이 도착하는 상황에 대해 생각해보자. 은행은 오전 9시에 문을 연다. 이때 은행에는 한 사람의 고객도 없고, 두 사람의 상담원은 유휴 상태로 있다. 오전 9시 2분(시간 2)에 첫 번째 고객이 도착하는 동시에 고객은 즉시 대기행렬을 빠져나가서 서비스를 받기 시작한다. 서비스를 마친 다음에 고객은 은행을 빠져나간다. 고객이 서비스를 완료할 때(그리고 은행을 떠날 때) 은행에 있는 고객의 수는 1명 감소된다. 고객이 서비스를 마쳤을 때 어떤 행동이 발생할지는 명백하다. 이 시스템에서 두 번째로 발생하는 사건에 관련된 행동은 고객이 서비스를 완료했다는 사건이다. 이 사건에서 어떤 활동이 발생할까?

- 고객이 은행을 떠난다.
- 만일 대기행렬에서 대기 중인 고객이 있다면 상담원은 고객에게 상담 창구로 오라고 호명한다. 그러면 대기 중인 고객은 대기행렬을 빠져 나와서 상담원과 상담을 시작한다.
- 만일 대기행렬에 고객이 아무도 없다면 상담원은 유휴 상태로 상태가 변경된다.

그림 4.14는 그림 4.13에서 도착한 4명의 고객에 대한 서비스 시간을 보여 준다. 시간 2에 도착한 고객 1은 도착 순간 서비스를 받는 고객이 아무도 없기 때문에 즉시 서비스를 받기 시작한다. 이 시점을 오전 9시 2분이라 하자. 따라서 고객 1이 서비스를 마치는 시간을 사전에 계산할 수 있다. 그림에서 볼 수 있듯이 고객 1은 시간 10(현재 시간 + 서비스 시간 = 2 + 8 = 10)에 서비스를 마친다. 따라서 시간의 흐름을 고려한 은행 상황을 모델링하는 사람에게는 고객의 서비스 시간에 대한 정보가 필요하다. 각 고객의 서비스 시간은 고객이 서비스받기 시작하는 시점에 대한 정보와 연계되어 고객이 서비스를 마치고 은행을 떠나는 시간을 사전에 계산할 수 있게 해준다. 그림 4.14와 은행의 업무를 주의 깊게 살펴보면 고객은 도착한 시점에 즉시 서비스를 받거나, 아니면 다른 고객이 은행을 떠나는 순간에 서비스를 받기 시작한다는 것을 알 수 있다. 후자의 경우는 고객이 서비스를 마치고 떠나는 순간 대기행렬에서 기다리는 고객이 없을 경우에 해당된다. 즉 고객이 서비스를 마치는 순간과 고객이 도착하는 순간에 은행이라는 시스템을 시뮬레이트하기 위한 사건이 발생한다.

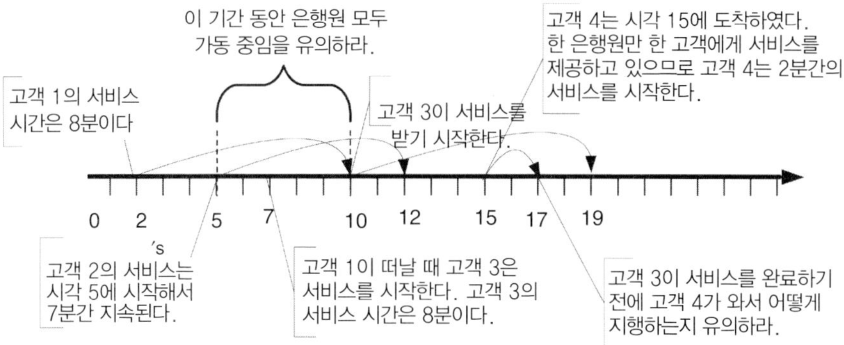

고객	서비스 시작 시각	서비스 시간	서비스 완료 시간
1	2	8	10
2	5	7	12
3	10	9	19
4	15	2	17

그림 4.14 고객 서비스 과정

그림 4.13, 그림 4.14에 제시된 대로 고객이 도착하고 서비스를 마치는 사건이 결합되면 시스템에서 시간 순서대로 사건들이 어떻게 발생하는지가 결정된다. 그림 4.15는 모든 사건을 발생 시간이 빠른 것부터 순서대로 표시한 것이다. 시간 2에 첫 번째 고객이 도착하는 사건이 발생하고, 시간 5에 두 번째 고객이 도착한다. 여러분이 어떤 시스템을 시뮬레이트할 때는 사건들의 순서를 만들어야 하는데, 그래야만 어떤 사건이 발생했을 때 시스템의 상태를 변화시키는 적절한 활동을 발생시킬 수 있다.

실제 상황은 단순히 시간의 흐름에 따라 전개된다. 하지만 시스템을 시뮬레이트하기 위해서는 사건을 재발생시켜야 한다. 시뮬레이션에서는 시스템의 상태에 변화를 일으키는 활동에 대해 부가적인 논리를 추가함으로써 사건을 생성시킨다. 이러한 부가적인 논리는 현재의 사건에 대한 활동에 의해 생성되는 미래 사건들의 일정(schedule)을 만든다. 예를 들어 고객이 도착을 하면 다음번 고객의 도착 시간이 결정되고, 미래의 그 시간에 고객이 도착하도록 일정이 계획된다. 이 방법은 현재 시간에 다음번 고객이 도착할 때까지의 소요 기간을 더하여 다음번 고객이 도착하는 시간을 결정하게 된다. 따라서 모든 고객이 도착하는 시간이 시뮬레이션 시작 단계에서 결정될 필요가 없다. 예를 들어 시간 2에 첫 번째 고객이 도착한다고 하자. 두 번째 고객은 시간 5에 도착한다. 따라서 두 번째 고객의 도착 시간 간격인 3분이 현재 시간 2에 더해져서 두 번째 고객의 도착 시간은 5로 결정되는 것이다. 매번 고객이 새로 도착할 때마다 이러한 방식의 논리가 작동하여 다음 고객의 도착 시간을 결정함으로써 시뮬레이션이 계속 유지된다.

이와 유사한 일정계획(scheduling) 논리가 서비스가 끝나는 사건에도 적용된다. 예를 들어 고객 1이 시간 2에 도착해서 바로 서비스를 받기 시작한다고 하자. 이 고객의 서비스가 끝나는 시간은 12로 결정된다(현재 시간 + 서비스 소요 시간 = 2 + 10 = 12). 물론 시간 12 이전에 다른 사건이 발생하도록 계획되어 있을 수도 있다. 더 나아가 다른 사건들이 시간 12 이전에 발생

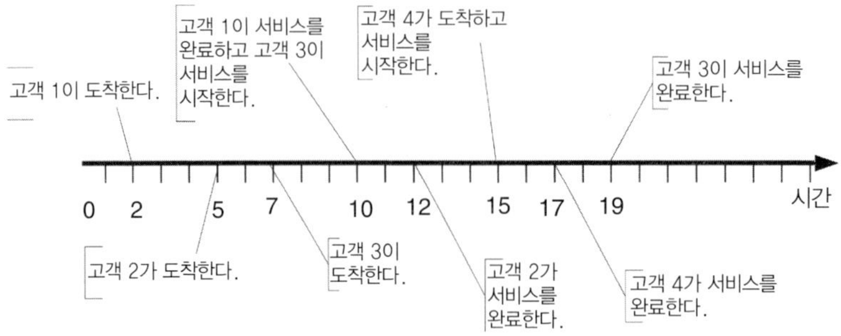

시각	사건	설명
0	은행 개방	
2	도착	고객 1이 도착해서 8분간의 서비스에 들어가게 되어 한 은행원이 가동 상태가 된다.
5	도착	고객 2이 도착해서 7분간의 서비스에 들어가게 되어 두 번째 은행원이 가동 상태가 된다.
7	도착	고객 3이 도착해서 대기행렬에서 기다린다.
10	서비스 완료	고객 1이 서비스를 완료하고 고객 3은 대기행렬에서 나와 9분간의 서비스에 들어간다.
12	서비스 완료	고객 2가 서비스를 완료하고 대기행렬에 고객이 없기 때문에 한 은행원은 유휴 상태가 된다.
15	도착	고객 4가 도착해서 2분간의 서비스에 들어가게 되어 한 은행원이 가동 상태가 된다.
17	서비스 완료	고객 4가 서비스를 완료하여 한 은행원이 유휴 상태가 된다.
19	서비스 완료	고객 3이 서비스를 완료한다.

그림 4.15 사건이 발생하는 순서

하도록 새롭게 추가될 수도 있다. 이러한 시나리오로부터 만일 독자가 컴퓨터 프로그램을 개발할 경우에 어떻게 이 상황을 반영해야 할지에 대한 아이디어를 얻을 수 있을 것이다.

이러한 직관은 컴퓨터 시뮬레이션을 수행할 때 사건이 발생하는 시간에만 컴퓨터 수행 논리를 활성화하면 되는지를 설명해준다. 간단히 설명하면 두 개의 사건 사이에 시스템의 상태에는 아무런 변화가 없다는 것이다. 따라서 시간을 0.1, 0.2, 0.3으로 조금씩 증가시키면서(이때 혹시라도 상태에 변화가 생기는 것을 놓치지 않기 위해 시간의 증가 범위를 더욱 세밀하게 해야 한다고 생각할 수도 있다) 시스템 상태에 변화가 발생하는지를 일일이 확인할 필요가 없다. 따라서 이산 사건 시뮬레이션에서 시뮬레이션 시계는 일정한 시간 간격으로 고정시켜 시간이 지속적으로 흘러가게 할 필요가 없다는 것이다. 대신에 시뮬레이션 시계는 다음 사건이 발생하는 시간으로 한꺼번에 시간을 흘러가게 하면 된다. 시뮬레이션이 현재 사건에서 다음번 사건으로 이동함에 따라 현재 시뮬레이션 시간도 다음번 사건이 발생하는 시간으로 갱신하면 된다. 이와 동시에 다음번 사건이 발생할 때 시스템에 어떠한 변화가 발생하는지를 갱신하면 된다. 이것이 시뮬레이션이 시간의 흐름을 반영하는 방법이다.

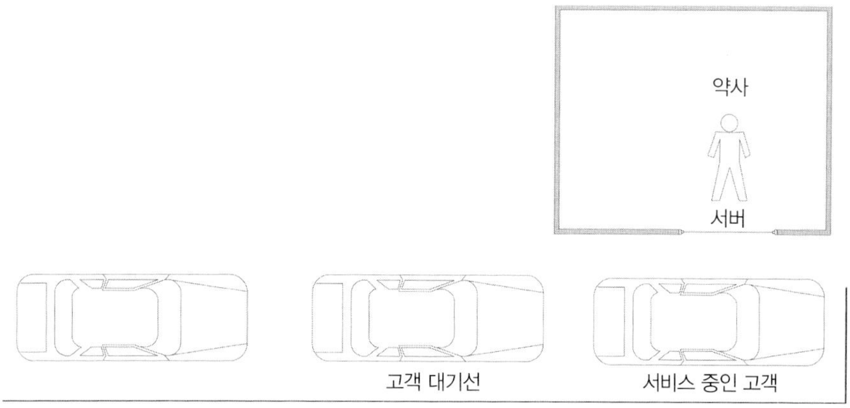

그림 4.16 드라이브 스루 약국

4.5 간단한 동적 이산 사건 시스템의 모델링

이 절에서는 이 앞에서 논의했던 것처럼 시스템의 상태가 시간의 흐름에 따라 이산적으로 변하는 시스템에 대해 모델링하는 방법을 소개하고자 한다.

4.5.1 드라이브 스루 약국

이 예제는 약사가 1명 있고, 고객이 기다리는 대기행렬도 1개인 소규모 약국에 대한 것이다. 시간당 평균 10명의 고객이 포아송과정에 의해 약국에 도착하는데 고객은 승용차를 탄 채(drive-through) 약국의 주문창에서 주문을 한다. 약사가 고객의 주문을 처리하는 데 소요되는 시간은 임의로 달라지는데, 서비스 시간에 대한 분석 결과에 의하면 평균 3분인 지수분포를 따르는 것으로 하면 적합하다고 한다. 약국에 도착한 고객은 도착한 순서대로 서비스를 받으며, 고객이 기다릴 수 있는 장소는 옆에 있는 잡화점의 주차장이 고객을 수용하기에 충분히 넓기 때문에 아무런 제약이 없다.

이러한 약국 시스템은 단일 서버(server), 단일 대기행렬(queue) 시스템으로 개념화될 수 있는데 여기에서 서버는 약사를 의미한다. 그림 4.16은 이 시스템의 개념도를 그린 것이다. 만일 약사가 서비스를 제공하느라고 바쁘면 새로 도착하는 고객은 대기행렬에서 기다린다. 관리자는 이러한 상황하에서 약사의 서비스를 받기 위해 대기행렬에서 얼마나 오랫동안 기다려야 하는지에 대해 관심을 가지고 있다. 또한 대기행렬에서 기다리는 차량의 대수가 얼마나 많아지는지에 대해서도 관심이 있다. 마지막으로 약사가 지나치게 바쁜 것인지 아닌지에 대해 확인하기 위하여 약사의 가동률(utilization)을 예측하고 싶어 한다.

4.5.2. 시스템 모델링

Arena[TM]는 "개체(entity)"가 시스템에서 거치는 과정들을 모로 만들 수 있도록 되어 있다. 따라서 첫 번째 질문은 "시스템이 무엇인가?"에 대한 것이다. 현재 상황에서 시스템은 그림 4.16에 묘사된 바와 같이 약사와 잠재적인 고객들로 구성된다. 이제 전체 시스템에 대해 생각해보자. 개체라는 것은 중요한 개념적인 것으로 시스템 내부를 돌아다니면서 시스템의 자원을 사용한다. 따라서 Arena^{TM} 모델을 개발할 때 첫 번째로 질문해야 할 것 중 하나는 **"무엇이 개체인가?"**에 대한 것이다. 현재 상황에서 개체는 약국을 방문하는 고객으로 정의한다. 그 이유는 고객이 이산적이고, 시스템에 도착하며, 시스템을 돌아다니고, 시스템을 떠나가기 때문이다.

개체는 시스템을 돌아다니는 것으로 자주 사용되기 때문에 **"개체가 사용하는 자원은 무엇인가?"**라는 질문을 자연스럽게 하게 된다. 자원은 개체가 사용하는 그 무엇으로 개체가 시스템을 흘러 다니는 것을 제한하기도 한다. 이 예제에서 개체가 약을 받기 위해서는 약사가 필요하다. 따라서 약사가 자원으로 모델링된다.

Arena^{TM}는 개체가 시스템을 흘러 다니는 과정을 모델링하는 것이기 때문에 **"무엇이 프로세스 흐름(*process flow*)인가?"**라는 의문을 가지는 것은 당연하다. 이 질문에 대답하기 위해서 답으로 당신이 개체라고 가정하고 **"내가 무엇을 할 것인가?"**라고 묻는다면 개념적으로 유용할 것이다. 이 상황에서는 고객이 도착하고, 서비스를 받으며, 돌아간다. 초기 모델링을 하기 위해서는 시스템의 요소(element)를 규명하고, 그 요소들이 어떤 역할을 하는지 확인해야 한다. 그런 다음에는 당신이 시스템에 대해 이해한 것을 Arena^{TM}로 개발하기 위하여 개념 모델을 만들어야 한다. 현재 고려하고 있는 간단한 약국 문제에서 개념 모델은 이미 그림 4.16에 제시되어 있다. 독자는 이 교재를 학습해나가는 과정에서 다른 형태의 개념 모델 구축 기술을 배우게 될 것이다. 개념 모델을 이용하여 Arena^{TM}로 모델을 만들기 위해서는 좀 더 논리적인 모델링 방법을 배워야 한다. 이 상황에 대해 의사코드(pseudo-code)를 만드는 것이 논리 모델링에 유용하다. 이 예제에 사용되는 의사코드는 다음과 같다.

- 포아송 도착 과정에 의해 고객을 생성시킨다.
- 고객이 약국에서 프로세스를 진행한다.
- 고객이 시스템을 떠나면 소멸시킨다.

의사코드는 개체(고객)가 약국에 도착하고(create), 서비스를 받고(process), 떠나는(dispose) 논리적 흐름을 표현해준다.

또 다른 유용한 개념 모델링 방법은 **활동 다이어그램**(*activity diagram*)이다. **활동**(*activity*)은 완료하기 위해서 시간이 필요한 공정(operation)이다. 활동은 시간 간격 동안 객체 상태와 관련이 있다. 활동은 두 사건의 발생으로 정의되는데 활동의 시작 시간과 종료 시간을 의미하고, 이 활동에 관련된 상태에 들어가는 시점과 나가는 시점을 표시한다. 활동 다이어그램은 개체와 개체가 자원들과 시스템 내에서 상호 작용을 하는 프로세스(활동들의 단계)를 도식화한 것이다. 만일 개체가 임시적인 경우(만일 개체가 시스템을 흘러나가는 경우)에는 활동 다이어그램을 활동 흐름 다이어그램(activity flow diagram)이라고 부른다. 만일 개체가 영구적인 경우(개체가 시뮬레이션이 끝날 때까지 시스템에 그대로 있는 경우)에는 활동 다이어그램을 활동 주기 다이어그램(activity cycle diagram)이라고 부른다. 활동 다이어그램을 표현하는 방법은 매우 간단하며, 추가적인 개념을 설명하기 위해 보강될 수 있다.

대기행렬: 대기행렬의 이름이 기록된 원으로 표시한다.

활동: 적당한 설명이 기록된 사각형으로 표시한다.

자원: 자원에 대한 이름이 기록된 작은 원으로 표시한다.

직선/호: 개체가 활동을 예약하거나 자원을 점유하는 것과 같은 흐름(선후 순서)을 의미하며, 점선은 자원을 점유(seize)하거나 해제(release)하는 것을 의미한다.

지그재그선: 개체의 생성과 소멸을 의미한다.

활동 다이어그램은 개체가 자원과 어떻게 작용을 하는지 설명하는 데 특히 유용하다. 활동 다이어그램은 손으로 그리기도 쉬울 뿐더러 의사소통에 매우 유용하다. 활동 다이어그램은 사용하는 기호들이 단순하기 때문에 시뮬레이션에 대한 사전 지식이 부족한 사람들과도 쉽게 의견 교환을 할 수 있다. 활동 다이어그램은 Arena™를 이용하여 시뮬레이션 모델을 만들기 위해 먼저 시스템에 대한 개념 모델을 문서화하는 데 매우 유용한 구조를 가지고 있다.

그림 4.17은 약국문제에 대한 활동 다이어그램이다. 이 그림은 Visio라는 소프트웨어를 이용하여 만들었는데 이 장과 관련하여 제공되는 파일에 있다. 만일 다른 활동 다이어그램을 그리고자 하는 경우에는 제공된 그림에서 복사–붙이기를 통하여 활용이 가능하다. 그림의 상단에 있는 지그재그선은 개체의 생성을 의미한다. 반드시 필요한 것은 아니지만 이 다이어그램은 Arena™를 이용하여 CREATE라는 문장을 표현하기 위한 의사코드 역할을 한다. 고객이 약국에 도착하여 사라질 때까지 어떠한 일이 발생하는지 생각해보자. 화살표를 따라 진행해보면 먼

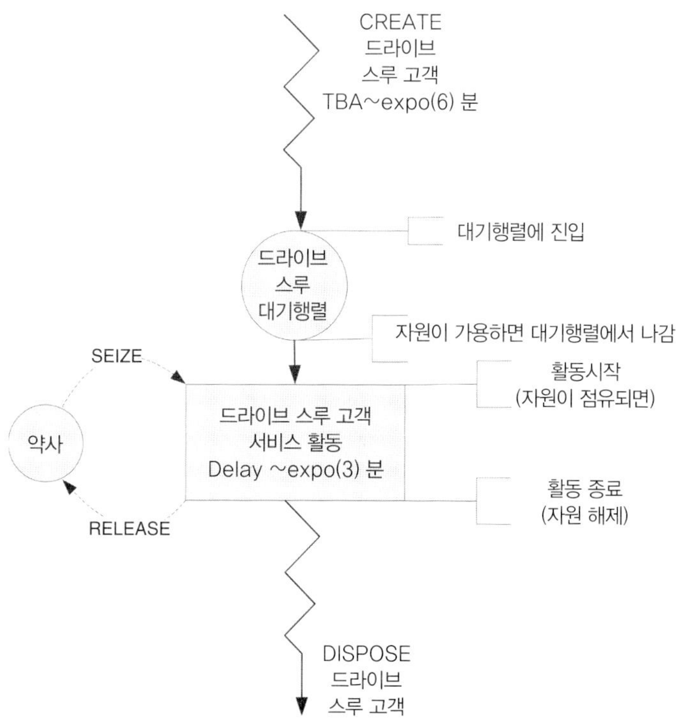

그림 4.17 드라이브 스루 약국문제의 활동 다이어그램

저 고객이 생성(create)되고 대기행렬에 들어간다. 다이어그램에는 고객이 도착해서 대기할 수 있는 대기행렬이 한 개뿐임이 명기되어 있다. 다이어그램에서 개체의 흐름을 살펴보자. 고객이 대기행렬에 들어가면 각각의 고객은 활동을 개시한다. 이 경우에 활동은 자원을 필요로 한다. 여기에서 약사는 자원(원으로 표시)이 되며, 서비스 활동을 표현하는 사각형 그림 다음에 연결되어 있다.

고객은 서비스 활동을 받기 위해 자원을 필요로 한다. 이 내용은 약사라는 원의 윗부분에서 서비스 활동을 의미하는 사각형의 윗부분으로 점선 화살표를 이용하여 연결되어 있다. 만일 고객이 자원을 점유하지 못하면 고객은 대기행렬에서 기다린다. 만일 서비스를 받기 위한 필요한 수만큼의 자원을 확보하게 되면 서비스 활동을 진행하게 된다. 서비스를 받는 활동은 시간이 지연되는 것(delay)으로 표현할 수 있는데 그 시간만큼 자원이 사용된다는 의미이다. 서비스 활동이 끝나면 고객은 약사라는 자원을 놓아준다(release). 이 부분은 사각형의 하단부와 자원의 하단부를 연결하는 점선 화살표로 표시된다. 서비스 활동이 종료되면 고객은 시스템을 떠난다. 이 내용은 지그재그선으로 표시되는데 DISPOSE라는 용어로 표현한다. 활동 다이어그램에서 점선 화살표는 Arena™를 이용하여 모델링을 할 때 SEIZE 혹은 RELEASE라는 용어로 표현된다. 이와 같은 시스템에 대한 개념 모델을 정리하면 다음과 같다.

시스템: 이 시스템은 자원의 역할을 하는 약사와 개체의 역할을 하는 고객, 고객이 대기하는 공간인 대기행렬로 구성된다. 이 시스템의 상태는 시스템 내의 고객 수, 대기행렬에 있는 고객 수, 서비스를 받고 있는 고객의 수로 정의한다.

사건: 고객은 도착 시간 간격(사건 사이의 시간 간격)이 평균 6분인 지수분포에 따라 시스템에 도착한다.

활동: 고객의 서비스 시간은 평균 3분인 지수분포를 따른다.

조건부 지연(conditional delay): 조건부 지연이라는 것은 개체가 진행을 하기위해 어떤 조건이 발생할 때까지 기다리는 것을 의미한다. 이 시스템에서 조건부 지연은 고객이 서비스를 받기 위해서 약사가 가용한 상태가 될 때까지 기다리는 것을 말한다.

시스템에 대한 개념을 확고하게 할 수 있는 활동 다이어그램과 그림에 표현된 것과 같은 의사코드를 이용하여 Arena™에서 모델을 개발하게 된다.

4.5.3 Arena™에서 모델 적용

아직 모델을 만들지 않았다면 일단 Arena™를 시작한다. Basic Process 패널에 있는 CREATE, PROCESS, DISPOSE 모듈을 선택하여 모델 창으로 끌어다 놓는다. 그리고 각 모듈이 그림 4.18에 있는 것과 같이 선으로 연결되어 있는지 확인한다. 모듈을 화면창에 끌어다 놓기 위해서는 Basic Process 패널에 있는 해당 모듈을 마우스를 이용하여 선택한 후 버튼을 누른 상태로 화면창의 원하는 위치에 끌어오면 된다. 화면창에 있는 모듈이 활성화되어 있다면 다음번에 가져오는 모듈은 활성화된 모듈에 자동으로 연결된다. 만일 자동으로 연결되지 않았다면 메뉴바에 있는 connect라는 아이콘을 이용하여 강제적으로 연결시킬 수 있다. 먼저 아

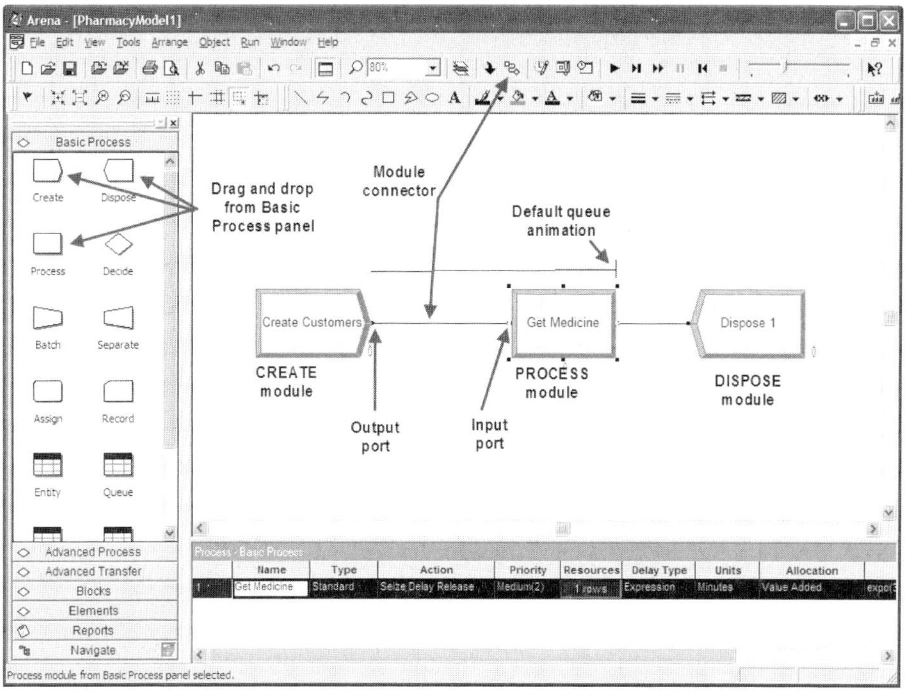

그림 4.18 약국문제의 시뮬레이션모델 개관

이콘을 선택하고 마우스를 화면 창으로 가져오면 십자 표시가 나타난다. 이 표시를 선행모듈의 출구점(Output port) 근처로 이동하여 마우스의 왼쪽 버튼을 누르면 자동으로 출구점에 연결된다. 그다음에 마우스를 이동하여 후속모듈의 입구점(Input port) 근처로 가지고 간 후 마우스의 왼쪽 버튼을 다시 누르면 두 모듈이 연결된다. 이와 같이 실행을 했을 때 각 모듈의 이름이 CREATE 1, PROCESS 1 등으로 표시되어 있어 그림 4.18에 있는 모듈의 이름과 다를 것이다. 모듈의 이름은 사용자가 대화상자를 이용하여 변경할 수 있다.

4.5.4 도착과정의 정의

Arena™에서는 개체가 모델에 들어가지 않으면 아무런 상황도 발생하지 않는다. CREATE 모듈에 의해 개체를 모델에 투입한다. 현재 설명 중인 예제에서 약국을 방문하는 고객은 시간당 평균 10명이 도착하는 포아송 프로세스에 의해 도착한다($\lambda = 10/$시간). 확률론에 의하면 이 경우 고객이 도착하는 시간 간격은 평균이 $1/\lambda$인 지수분포를 따른다고 되어 있다. 따라서 이 예제에서 고객의 도착 시간 간격의 평균값은 6분이다.

$$\frac{1}{\lambda} = \frac{1\text{시간}}{10\text{명}} \times \frac{60\text{분}}{\text{시간}} = \frac{6\text{분}}{1\text{명}} \qquad (\text{식 } 4.1)$$

마우스로 CREATE 모듈을 더블클릭하면 대화상자가 열리며, 그림 4.19와 같이 자료를 입력할 수 있다. Time Between Arrivals라는 텍스트박스에는 기본적으로 지수분포 Random

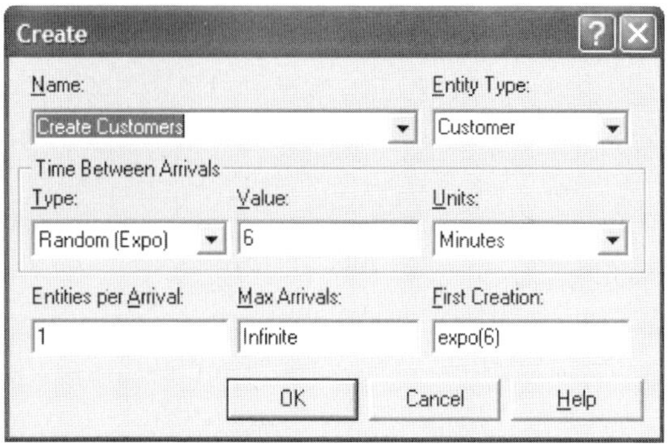

그림 4.19 CREATE 모듈

(expo)가 입력되어 있다. 이 상태에서 Value는 고객들의 평균 도착 시간 간격을 의미한다. Entities per Arrival에는 고객이 도착할 때 동시에 몇 명씩 도착하는지를 입력한다. Max Arrivals에는 CREATE 모듈에서 얼마나 많은 개체를 생성시키는지에 대한 상한값을 기록한다. 이 예제에서는 도착하는 고객의 수가 얼마나 될지 결정되지 않았기 때문에 Max Arrivals에는 초기 설정 값인 "무한대(Infinite)"로 입력한다. First Creation이라는 항목에는 첫 번째 고객이 도착하는 시간을 입력한다. 기술적으로 포아송 도착 과정을 위한 첫 번째 사건이 발생할 때까지의 시간은 지수분포를 따른다. 따라서 expo(6)이라는 함수가 입력되었다. 여기에서 expo (*mean*)은 Arena™에서 사용되는 용어로, 첫 번째 고객이 도착하는 시간은 평균이 주어진 값을 가지는 지수분포에 의해 결정된다는 것을 의미한다.

이때 시간의 단위를 결정해야 하는데, 만일 분(minute) 단위 시간을 사용하는 것이 맞다면 OK 버튼을 누르면 된다. OK 버튼을 누르지 않고 창을 닫으면 입력한 모든 자료가 없어진다. 더 나아가 모델을 구축해나갈수록 무엇이 잘못되었는지 잘 모르게 된다. 따라서 모델을 만들어 가는 과정에서 수시로 모델을 저장해야 한다.

진행하기 전에 개체와 관련해서 해야 할 일이 하나 더 있다. 고객은 자동차를 타고 약국에 도착하기 때문에 CREATE에서 정의된 고객이라는 개체의 그림을 바꾸어주어야 한다. Basic Process 패널에 있는 ENTITY라는 모듈에서 그림을 바꿀 수 있다. ENTITY 모듈은 데이터 모듈이다. 데이터 모듈은 모델 창에 끌어다 붙일 수 없다. 데이터 모듈은 사용자가 스프레드시트 창이나 대화상자를 이용하여 정보를 입력하는 곳이다. 스프레드시트 화면에 행을 선택하여 마우스의 오른쪽 버튼을 누른 후 대화상자(dialog box)를 선택하면 대화상자가 나타난다. Basic Process 패널에 있는 ENTITY 모듈을 선택하고, 스프레드시트 화면에서 그림 4.20에 있는 것

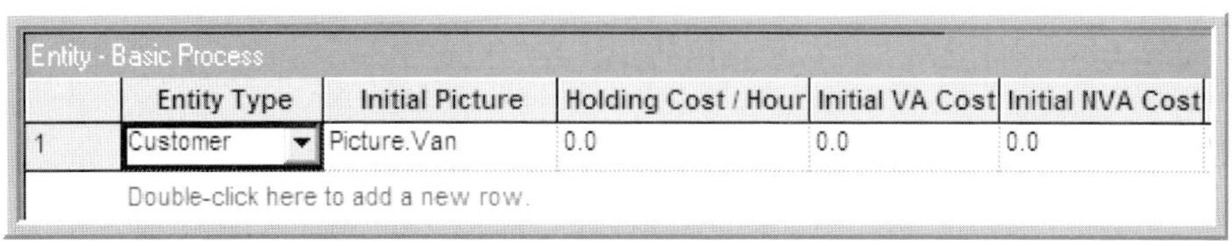
Entity - Basic Process

	Entity Type	Initial Picture	Holding Cost / Hour	Initial VA Cost	Initial NVA Cost
1	Customer	Picture.Van	0.0	0.0	0.0
	Double-click here to add a new row.				

그림 4.20 ENTITY 모듈

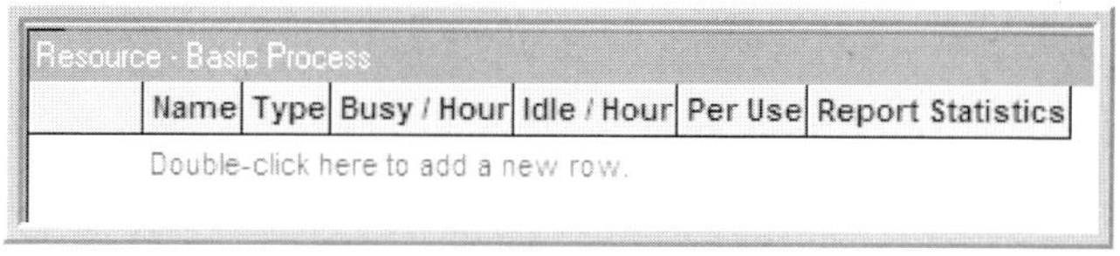

그림 4.21 스프레드시트 창의 RESOURCE 데이터 모듈

과 같이 개체(entity)의 그림을 선택하면 된다.

4.5.5 자원(Resources)의 정의

Basic Process 패널에서 데이터 모듈인 RESOURCE 모듈을 선택한다. RESOURCE 모듈을 선택하면 스프레드시트 창에 해당 화면이 나타난다. 그림 4.21에 있는 것처럼 마우스를 행에 놓고 더블클릭하면 자원이 추가된다.

자원이 추가되면 해당 자원에 마우스를 옮기고 오른쪽 버튼을 누른다. 이때 메뉴가 활성화되는데 이 중에서 edit via dialog를 선택하면 그림 4.22와 같이 자료를 입력할 수 있는 대화상자가 활성화된다. 물론 이 대화상자를 이용하지 않고 스프레드시트 화면에서 직접 자료를 입력해도 된다. 이것은 모델에서 사용할 자원을 정의하는 일이다. 자원의 이름을 Pharmacist라고 정의하고 자원의 수량을 1로 하자. 이제 고객이 PROCESS 모듈에서 이 자원을 어떻게 사용할지를 정의하면 된다.

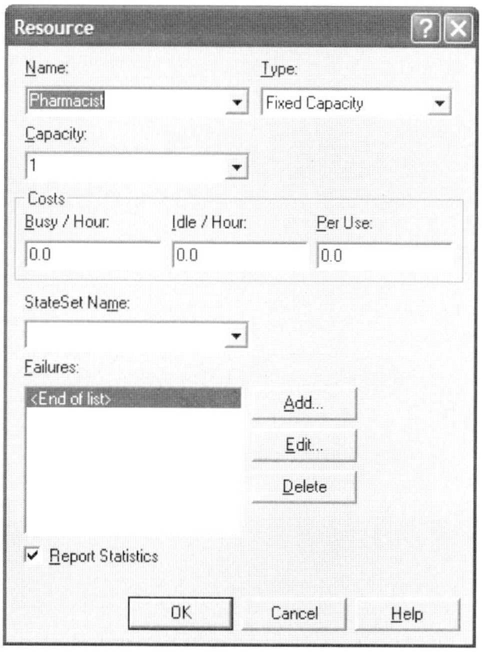

그림 4.22 RESOURCE 대화상자

4.5.6 프로세스의 정의

프로세스(process)라는 것은 개체가 경험해야 할 활동의 집합으로 이해하면 된다. 프로세스가 일어나는 방법은 두 가지가 있는데 하나는 자원이 제한된 경우이고 다른 하나는 자원에 제한이 없는 경우이다. 이 예제에서 약사는 1명이고, 고객은 약사가 바쁠 때는 기다려야 하기 때문에 자원이 제한적인 경우에 해당된다. PROCESS라는 모듈은 Arena™에서 프로세스를 모델링할 때 사용한다. PROCESS 모듈에서 개체가 자원을 일정 사용 시간 동안 **점유**하도록 하면 된다. 사용 기간이 지나면 자원을 '해제(*released*)'하도록 한다. 이와 같은 과정을 의사코드로 기술하면 예시 4.3과 같다.

예시 4.3 약국모델의 의사코드

```
CREATE customers with EXPO(6) time between arrivals
PROCESS customers
   SEIZE 1 pharmacist
   DELAY for EXPO(3) minutes
   RELEASE 1 pharmacist
END PROCESS
DISPOSE customer
```

PROCESS 모듈을 열어서 그림 4.23에 있는 것과 같이 정보를 입력한다. Action이라는 메뉴의 내부에서 SEIZE, DELAY, RELEASE를 선택한다. 다음으로 Add 버튼을 누른 후 표시

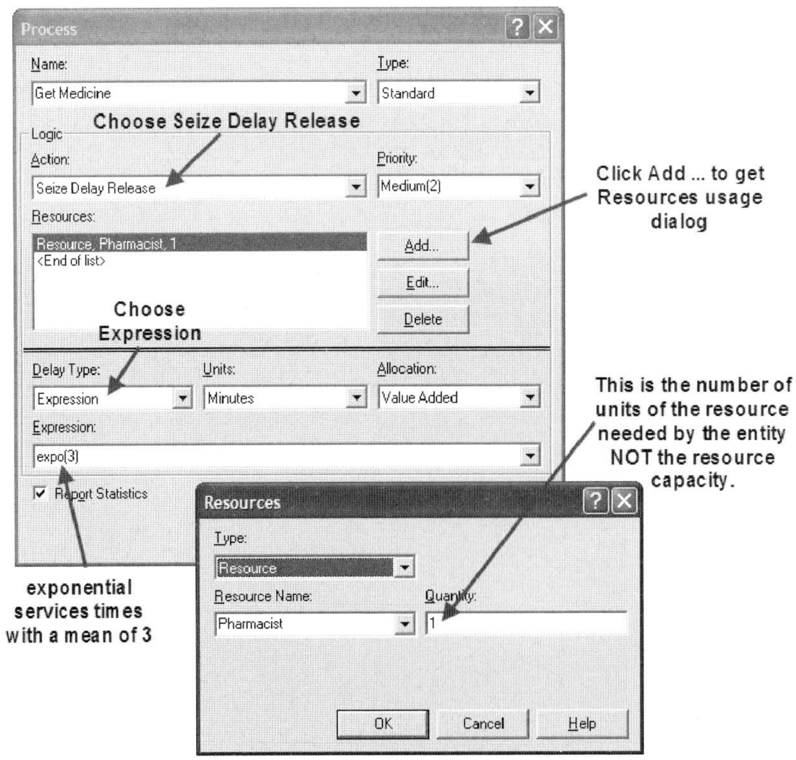

그림 4.23 PROCESS 모듈에서 SEIZE, DELAY, RELEASE 옵션을 선택한 경우의 화면

되는 메뉴에서 고객이 사용하게 될 자원의 이름을 지정한다. Delay Type 영역에서 입력 유형을 Expression으로 선택하면 Expression이라는 영역이 표시되는데, 여기에 expo(3)이라고 입력한다. 이러한 작업은 서비스 시간을 의미하는 지연이 평균이 3분인 지수분포에 따라 임의로 결정되도록 정의하는 것이다. 이때 시간 단위(unit)를 분 단위로 일치시키도록 주의해야 한다. 이렇게 하면 시뮬레이션 모델을 실행할 준비가 끝난 것이다.

4.5.7 실행 모수(Run Parameters)의 지정

약국은 하루 24시간, 1주일 7일간, 즉 1년 내내 계속 문을 연다고 하자. 그리고 고객들의 도착 과정은 시간대별로 다르지 않고 일 년 내내 똑같은 분포로 발생한다고 가정하자. 마지막으로 관리자는 장기적으로 안정적인 상태에서 고객이 평균적으로 대기하는 시간, 약국에 평균적으로 있는 고객의 수, 약사의 가동률에 관심이 있다고 하자.

이 시스템을 시간의 경과에 따라 시뮬레이트하기 위해 시뮬레이션 모델의 실행 기간을 얼마로 하면 될 것인가를 결정해야 한다. 장기적인 성과 지표 값을 얻기 위해서 실행 기간을 무한대로 하면 된다. 하지만 현실적으로 시뮬레이션을 그렇게 오랫동안 실행할 수는 없다. 간단히 하기 위해서 10,000시간 동안 시뮬레이션을 수행하면 된다고 가정하자. Arena™에서 상단 메뉴에 있는 Run을 선택한 후 Setup을 선택하자. Setup 대화상자에서 다시 Replication Parameters라는 탭을 선택하면 그림 4.24와 같은 대화상자가 나타난다. Replication Length라는 텍스트박스는 시뮬레이션을 얼마나 오랫동안 실행할 것인지 입력하는 곳이다. 물론 여기에

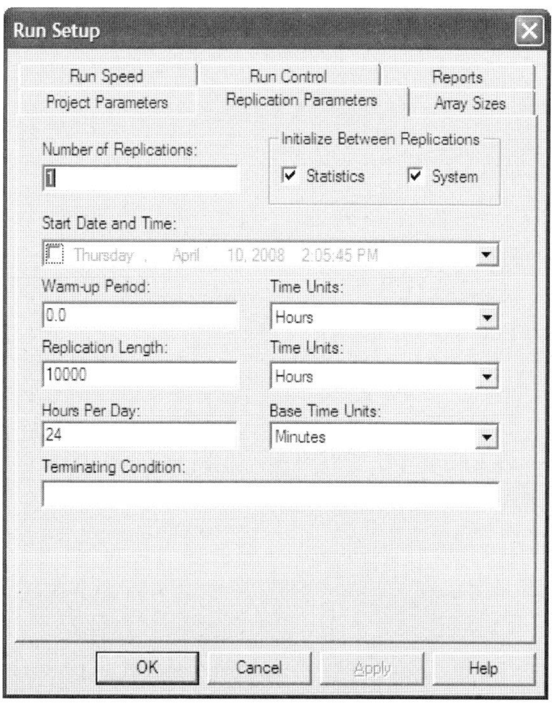

그림 4.24 Run Setup 메뉴에서 수행 시간 지정

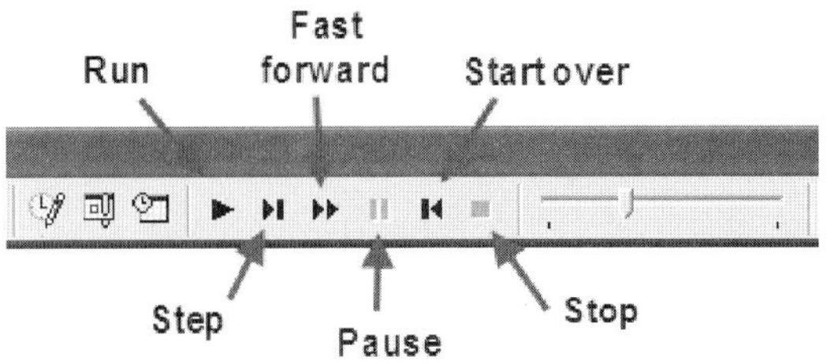

그림 4.25 VCR 실행 툴바

서도 시간 단위를 일치시키기 위해 Minutes로 변경한다. 시간 단위를 분으로 결정하는 것은 최종 결과 보고서에 나오는 각종 통계 단위의 시간 단위를 분으로 표시하겠다는 의미이다.

이제 시뮬레이션 모델을 실행할 준비가 끝났다. 실행은 Run 메뉴에서 수행해도 되고, 아니면 상단 메뉴에서 그림 4.25에 있는 것과 같이 VCR에서 흔히 볼 수 있는 실행 도구를 이용해도 된다. Run 버튼은 시뮬레이션의 종료 조건이 충족될 때까지 실행시키라는 명령이다. Fast forward 버튼은 애니메이션을 보여 주지 않은 채 시뮬레이션의 종료 조건이 충족될 때까지 실행시키라는 명령이다. Pause 버튼은 시뮬레이션의 실행을 잠시 중단시키는 기능을 하며, Start over 버튼은 중단되었던 것을 계속 실행시키는 기능을 한다. Stop 버튼은 시뮬레이션 실행을 종료시키는 역할을 한다. Animation slider는 애니메이션 속도를 빠르게(오른쪽) 혹은 느리게(왼쪽) 조정할 수 있는 역할을 한다.

시뮬레이션을 실행시키면 고객이 대기행렬에서 기다리는 것을 화면에서 볼 수 있다. 시뮬레이션 실행 기간이 매우 길기 때문에 VCR 실행 툴바의 Fast forward 버튼을 이용하여 애니메이션을 표시하지 않은 채 시뮬레이션을 실행해야 한다. Fast forward 버튼을 이용하는 대신에

그림 4.26 애니메이션을 제거한 상태로 배치 실행

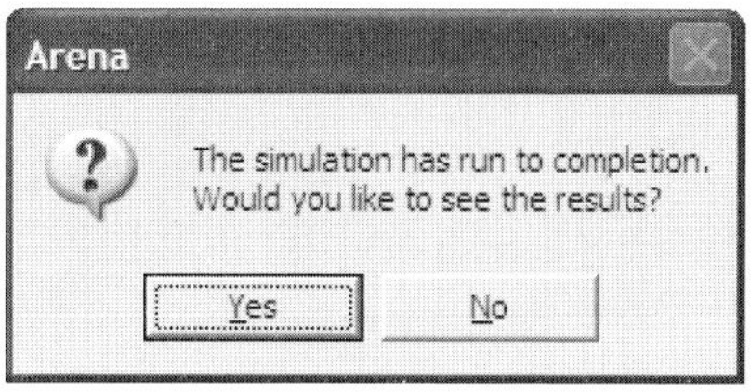

그림 4.27 실행완료 대화상자

애니메이션을 제거한 채 배치(batch) 모드에서 모델의 실행 속도를 최대로 하여 모델을 실행할 수도 있다. 이 방법을 사용하기 위해서는 그림 4.26에 있는 것과 같이 Run 메뉴에서 지정할 수 있으며, 지정 후에 VCR 실행 툴바의 Run 버튼을 누르면 애니메이션이 제거된 상태로 더욱 빠르게 모델이 실행된다.

4.5.8 결과 분석

시뮬레이션 모델을 실행한 후에는 시뮬레이션 실험이 종료되었으며, 실험 결과를 볼 것인가를 묻는 대화상자가 화면에 표시된다(그림 4.27 참조). 이때 Yes라고 선택하면 결과 화면이 표시된다. ArenaTM에서는 시뮬레이션 결과 보고서를 데이터 베이스에 기록하며, 표준화된 보고서를 제공하기 위해서 Crystal ReportsTM라는 도구를 사용한다. 원하는 통계량을 보기 위해서는 보고서 보기 영역에서 해당되는 하위 메뉴를 선택하면 된다.

그림 4.28에 있는 것과 같이 결과 보고서를 보기 위해 직접 시도해보자. 보고서에 의하면 고객은 대기행렬에서 평균 3분 정도 기다린다는 것을 알 수 있다. ArenaTM 보고서는 대기행렬에서의 평균 대기 시간과 95% 신뢰구간 절반폭(half-width)을 동시에 제공한다. 또한 원하는 통계량을 보기 위해서는 보고서 보기 영역에서 해당되는 하위메뉴를 선택하면 된다. 그림 4.28에 있는 것과 같이 결과보고서를 보기 위해 직접 시도해보자. 보고서에 의하면 고객은 대기행렬에서 평균 3분 정도 기다린다는 것을 알 수 있다. ArenaTM 보고서는 대기행렬에서의 평균 대기시간과, 95% 신뢰구간을 동시에 제공한다. 또한 ArenaTM 보고서에는 관측값의 최대값과 최소값도 제공한다. 실제 결과보고서에 의하면 고객이 대기행렬에서 기다림 시간 중 최대시간은 16분이다. 약사의 가동률은 약 50%이다. 이 결과는 약사는 근무 시간 중 50% 정도 일을 한다는 것을 의미한다. 이러한 유형의 시스템에서 약사는 약국의 다른 업무도 수행해야 하기 때문에 50%의 가동률이 나쁜 것은 아니다. 또한 보고서에서는 대기행렬에 평균적으로 머무르는 고객의 수는 1명이 되지 않는 다는 것을 알 수 있다. 프로젝트 바에 있는 Report Panel 을 이용하여 원하는 보고서를 선택할 수 있다.

ArenaTM에서는 이러한 출력 결과물을 문서 양식으로도 제공한다. Windows File Explorer를 이용하여 그림 4.29에 제시된 바와 같이 *modelname.out* 파일을 선택한다. 이 파일은 그림 4.30에 있듯이 Notepad와 문서편집기를 이용하여 볼 수 있다.

그림 4.29는 모델을 실행한 후 추가적으로 생성되는 파일들이다. *modelname.mlb* 파일은 Microsoft AccessTM 데이터베이스 파일로 Crystal ReportsTM를 이용하여 정보를 볼 수 있다.

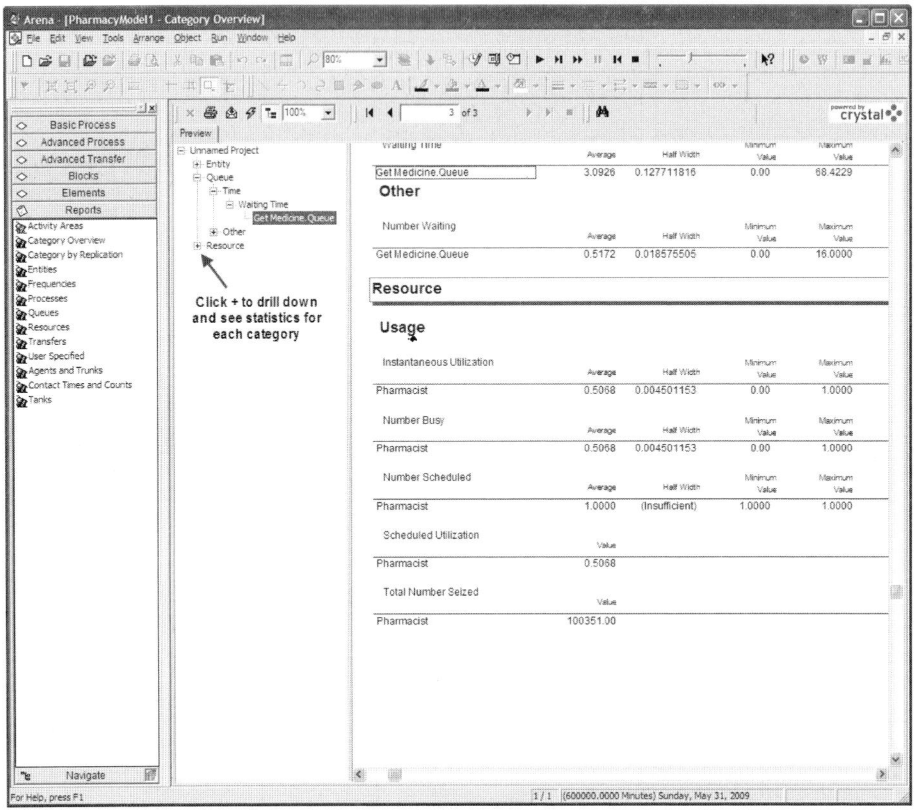

그림 4.28 약국모델에 대한 실험결과 보고서

modelname.p 파일은 모델을 검토하고 실행할 때 생성되는 파일이다. 만일 모델 검토 시 오류가 있거나 경고가 발생하면 이 오류 파일은 *modelname.doe* 파일이 있는 폴더에 생성된다.

이러한 단일 자원, 단일 대기행렬 시스템은 현실 상황에서 쉽게 발견할 수 있다. 사실 이러한 상황에 대해서는 운용과학(operations research)이라는 학문 분야의 한 지류인 대기행렬 이

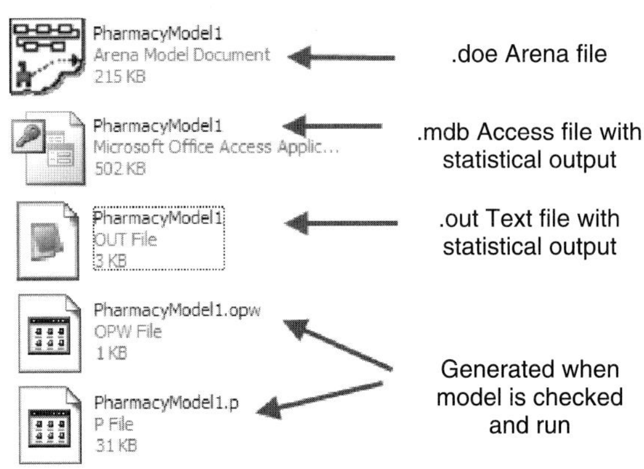

그림 4.29 Arena^{TM}를 실행할 때 생성되는 파일

```
PharmacyModel1 - Notepad
File  Edit  Format  View  Help

                              ARENA Simulation Results
                               Industrial Engineering

                          Summary for Replication 1 of 1

Project: Unnamed Project                               Run execution date : 4/10/2008
Analyst:                                               Model revision date: 4/10/2008

Replication ended at time      : 600000.0 Minutes
Base Time Units: Minutes

                                   TALLY VARIABLES

Identifier                           Average   Half Width  Minimum     Maximum   Observations
_____________________________________________________________________________________________

Customer.VATime                      3.0301    .02175     2.0142E-05 37.451     100350
Customer.NVATime                     .00000    .00000     .00000     .00000     100350
Customer.WaitTime                    3.0926    .12771     .00000     68.422     100350
Customer.TranTime                    .00000    .00000     .00000     .00000     100350
Customer.OtherTime                   .00000    .00000     .00000     .00000     100350
Customer.TotalTime                   6.1227    .14416     2.0142E-05 70.525     100350
Get Medicine.Queue.WaitingTime       3.0925    .12771     .00000     68.422     100351

                              DISCRETE-CHANGE VARIABLES

Identifier                           Average   Half Width  Minimum     Maximum   Final Value
_____________________________________________________________________________________________

Customer.WIP                         1.0240    .02218     .00000     17.000     1.0000
Pharmacist.NumberBusy                .50679    .00450     .00000     1.0000     1.0000
Pharmacist.NumberScheduled           1.0000    (Insuf)    1.0000     1.0000     1.0000
Pharmacist.Utilization               .50679    .00450     .00000     1.0000     1.0000
Get Medicine.Queue.NumberInQueue     .51724    .01858     .00000     16.000     .00000

                                      OUTPUTS

Identifier                            Value
_____________________________________________________

Customer.NumberIn                    1.0035E+05
Customer.NumberOut                   1.0035E+05
Pharmacist.NumberSeized              1.0035E+05
Pharmacist.ScheduledUtilization      .50679
System.NumberOut                     1.0035E+05

Simulation run time: 0.02 minutes.
Simulation run complete.
```

그림 4.30 문서형태의 결과보고서

론에서 많은 연구가 되어 있다. 8장에서는 마코비안(Markovian) 대기행렬 시스템의 평가 지표에 대해 수식 결과가 제시되어 있다. 이 장에서 설명하고 있는 약국 시스템은 M/M/1 대기 모형의 사례이다. 첫 번째 M은 도착 과정이 마르코프(Markov) 도착 과정을 따른다는 것을 의미하며, 두 번째 M은 서비스가 마르코프 서비스 시간을 가진다는 것을 의미한다. 마지막으로 숫자 1은 자원이 1개라는 의미이다. 대기행렬 이론에 의하면 M/M/1 모형에서 대기행렬에서 기다리는 평균 고객의 수 L_q는 다음과 같이 계산된다.

$$L_q = \frac{\rho^2}{1-\rho} \tag{식 4.2}$$

$$\rho = \lambda/\mu \tag{식 4.3}$$

$$\lambda = \text{대기행렬에 도착하는 비율} \tag{식 4.4}$$

$$\mu = \text{서비스율} \tag{식 4.5}$$

더 나아가 대기행렬에서 평균적으로 기다리는 시간을 $W_p = L_p/\lambda$로 계산하는데 이 예제에서 $\lambda = 1/6$이며(이 의미는 고객이 평균 6분에 한 사람씩 도착한다는 것임), $\mu = 1/3$(이 의미는 한 사람의 고객은 평균 3분의 서비스를 받는다는 것임)이다. 따라서 수식으로 제시된 바와 같이 L_q와 W_q를 계산하면 다음과 같다.

$$\rho = 0.5$$
$$L_q = \frac{0.5 \times 0.5}{1 - 0.5} = 0.5$$
$$W_q = \frac{0.5}{1/6} = 3\text{분}$$

이론적인 결과와 시뮬레이션 실험결과를 비교하면 두 결과가 거의 일치한다는 사실을 발견하게 된다. 약간의 오차는 시뮬레이션에서 통계적인 샘플링(sampling)오차라고 보면 된다. 차후에 대기행렬에 대한 이론적인 접근과 시뮬레이션과 비교하게 될 것이다. 이러한 수학적인 분석결과는 고객의 도착시간간격분포와 서비스시간분포가 지수분포라는 특수한 상황에 대해서 가능하다. 하지만 이 분포가 정규분포 같은 일반적 분포인 경우에는 쉽게 분석을 하지 못한다. 하지만 시뮬레이션을 이용하면 다양한 대기행렬 모형에 대해 대기행렬에서 기다리는 평균 고객의 수는 물론 다른 평가지표에 대해서도 쉽게 결과를 예측할 수 있다. 예를 들어 대기행렬에 3대 이상의 차량(고객)이 기다리는 확률이 얼마인지도 시뮬레이션을 통하여 추정할 수 있다.

4.6 드라이브 스루 약국모델의 확장

드라이브 스루 약국모델은 고객이 도착해서 서비스를 받고, 시스템을 떠나는 매우 간단한 프로세스로 구성된다. 이제 이 문제를 좀 더 현실적으로 만들기 위해서 고객이 도착했을 때 대기하는 다른 고객이 많으면 기다리지 않고 서비스를 포기하는 의사결정을 하는 상황을 생각해보자. 이 경우에 대기행렬에서 기다리는 고객의 수가 4명 이상인 경우에 고객은 다른 약국을 찾아 떠난다. 이 상황을 모델링하기 위해서 고객이 상황에 따라 다른 경로를 택할 수 있도록 해주어야 하는데, 이때 DECIDE 모듈을 이용하면 된다. 그림 4.31에 있는 것과 같이 DECIDE 모듈은 2

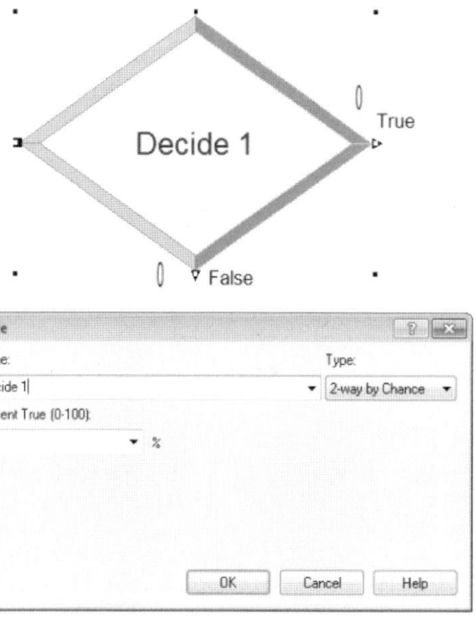

그림 4.31 DECIDE 모듈과 내부 구조

개 이상의 출구점을 허용할 수 있다. 따라서 DECIDE 모듈의 입구점으로 들어온 개체가 이 모듈을 빠져나갈 때 여러 경로를 선택할 수 있다. 이러한 경로는 확률에 의해 선택하는 방법이나 특정한 조건에 의해 선택하는 방법을 사용하게 된다.

약국에 도착한 고객이 다른 약국으로 가는 경우를 모델링하기 위해 DECIDE 모듈 안에 있는 조건을 활용하면 된다. 다른 약국으로 가겠다고 결정하는 조건은 대기행렬에 얼마나 많은 고객이 기다리고 있느냐에 의해 결정된다. 이것은 *NQ(queue name)*라는 함수를 이용하면 가능하다. *NQ(queue name)* 함수는 해당 대기행렬에서 기다리는 개체의 수를 알려준다. 이 예제 모델에서 고객은 *Get Medicine.Queue*라고 명명된 대기행렬에서 기다린다. 이때 해당 대기행렬의 이름은 PROCESS 모듈의 Queue라는 항목에서 알 수 있다. 따라서 고객이 도착했을 때 *NQ(Get Medicine.Queue)* < = 3의 조건을 만족하는지 확인하여 의사결정을 하면 된다. 이와 같이 변경된 의사코드가 예시 4.4에 제시되어 있다.

예시 4.4 DECIDE를 포함한 약국모델의 의사코드

```
CREATE customers with EXPO(6) time between arrivals
DECIDE If NQ(Get Medicine.Queue) <= 3
   PROCESS customers
      SEIZE 1 pharmacist
      DELAY for EXPO(3) minutes
      RELEASE 1 pharmacist
   END PROCESS
END DECIDE
DISPOSE customer
```

이 의사코드를 기반으로 하면 고객은 대기행렬에 3대 이하의 차량이 있을 경우에만 PROCESS 모듈로 들어간다. 그림 4.32는 수정된 모델의 개요를 보여주는데 새로운 모델에서는 DISPOSE가 두 개라는 것을 유심히 보기 바란다. 아래에 있는 DISPOSE는 서비스를 포기하고 떠나는(이러한 상황을 balk라고 한다) 고객을 위한 것이다. 그림 4.33은 고객이 경로를 선택하기 위해서 *NQ()* 함수를 활용하는 것을 보여준다.

이 모델을 앞에서와 같은 조건에서 실행시키면 그림 4.34에 제시된 바와 같이 약사의 가동률도 떨어지고, 대기 시간도 줄어든 것을 볼 수 있다. 그 이유는 적은 수의 고객이 시스템에 들어가기 때문인데, 다음 장에서 긴 대기행렬로 인해 고객이 포기하고 떠나는 확률이 얼마나 되

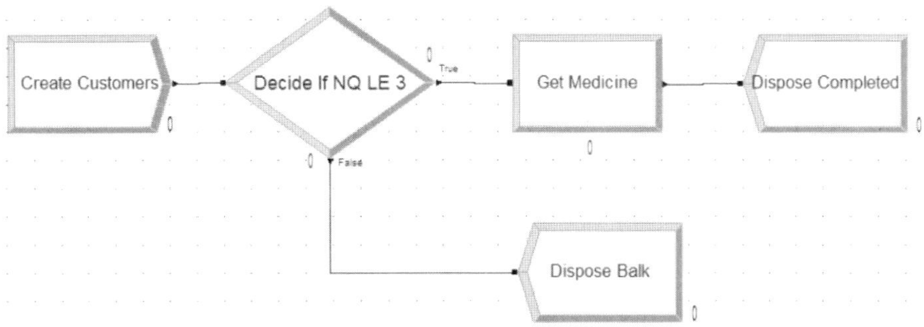

그림 4.32 DECIDE를 포함한 약국모델 개요

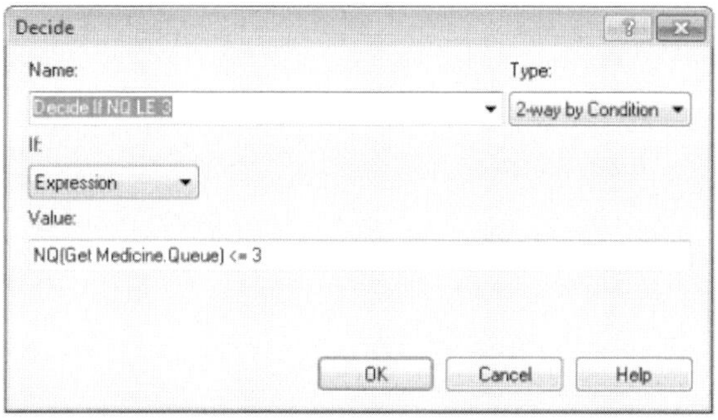

그림 4.33 DECIDE 모듈에서 조건을 사용하는 사례

Time

Waiting Time

	Average	Half Width
Get Medicine.Queue	2.5724	0.077521344

Other

Number Waiting

	Average	Half Width
Get Medicine.Queue	0.4213	0.011593416

Resource

Usage

Instantaneous Utilization

	Average	Half Width
Pharmacist	0.4943	0.004910555

Number Busy

	Average	Half Width
Pharmacist	0.4943	0.004910555

그림 4.34 DECIDE 모듈이 포함된 확장된 약국문제의 실험결과

는지를 규명하는 방법에 대해 배우게 될 것이다.

4.7 드라이브 스루 약국문제의 애니메이션

애니메이션 기능을 켠 상태에서 약국모델을 실행하면 Arena^{TM}가 제공하는 기본적인 애니메이션 기능에 대해 알게 된다. 대기행렬에 대한 그림은 PROCESS 모듈 위에 선으로 표시되는데 여기에는 약사를 기다리는 차량이 그림으로 표시된다. 이 이외에도 Arena^{TM}에서는 다른 다양한 유형의 애니메이션 기능을 모델에 포함시킬 수 있다. 애니메이션 기능은 모델이 당초 의도한 대로 구축되어 실행되는지를 검토하는 검증(verification) 단계와 모델이 실제 상황과 유사

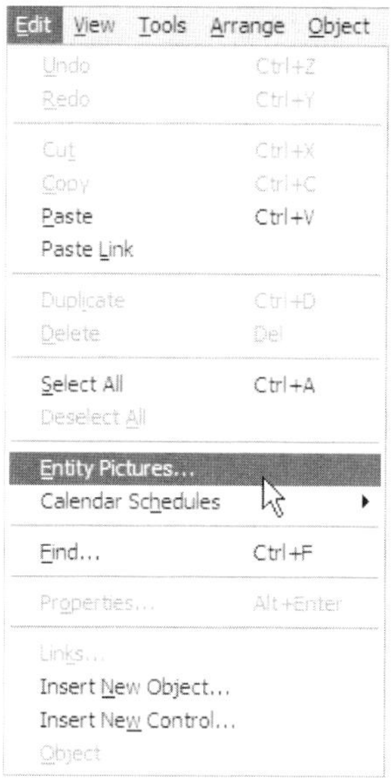

그림 4.35 개체의 그림을 바꾸기 위한 메뉴

한지를 검토하는 타당성검토(validation) 단계에 유용하게 활용된다. 앞으로 고객의 그림은 밴에서 승용차로 바꾸고, 약국 건물 그림을 포함시키며, 약사의 현재 상태(가동 혹은 유휴)를 표시하게 될 것이다. 또한 대기행렬에서 기다리는 승용차의 수를 숫자 혹은 그래프를 이용하여 표현하게 될 것이다.

개체의 형태(Entity type)을 정의할 때 당초에 개체의 그림은 밴으로 설정되어 있다. Arena™에는 이 모델에서 사용할 수 있는 다양한 종류의 그림이 미리 만들어져서 제공되고 있다. 사용 가능한 개체의 그림들은 그림 4.35에 있는 바와 같이 Edit 메뉴에서 찾을 수 있다.

Edit 메뉴에서 Entity Pictures를 선택하면, 그림 4.37과 같은 개체 그림 설정 상자(entity picture placement dialog box)가 화면에 표시된다. 개체 그림 설정 상자는 그림목록(왼쪽 구역)과 그림 라이브러리(오른쪽 구역)의 두 기능으로 분리되어 있다. 그림목록에는 ENTITY 모듈에서 정의한 각 개체의 그림이 나열되어 있다. 화면을 아래로 내려가면서 검색하면 밴의 그림을 발견할 것이다. 그림 4.36과 같이 컴퓨터의 Arena™이 설치된 폴더에서 파일을 검색하면 *Vehicles.plb*라는 파일을 찾을 수 있다. 만일 *Vehicles.plb*라는 파일을 선택했다면 그림 4.37과 같은 개체그림 설정상자가 나타날 것이다.

차량 라이브러리를 검색하여 빨간색 차량을 선택한 후 ≪ 버튼을 이용하여 그림 목록으로 복사한다. 마지막으로 이 그림에 대해 목록에서 개체의 이름을 부여한다(예를 들어, Red Car). 이제 ENTITY 모듈로 돌아가서 해당 개체의 그림 이름을 입력한다. 이때 Initial Picture라는 열에 Red Car라는 그림의 이름은 표시되지 않는다. 하지만 그림의 이름이 이미 설정되어 있기 때문에 Red Car라고 입력하면 시뮬레이션이 수행될 때 Red Car의 그림이 표시된다.

이제 약국 건물의 그림을 그리기 위해 Arena™의 그리기 툴바(drawing toolbar)에 대해 설명하도록 한다. Arena™는 Window에서 일반적으로 사용되는 선긋기, 사각형, 다각형 등과 같

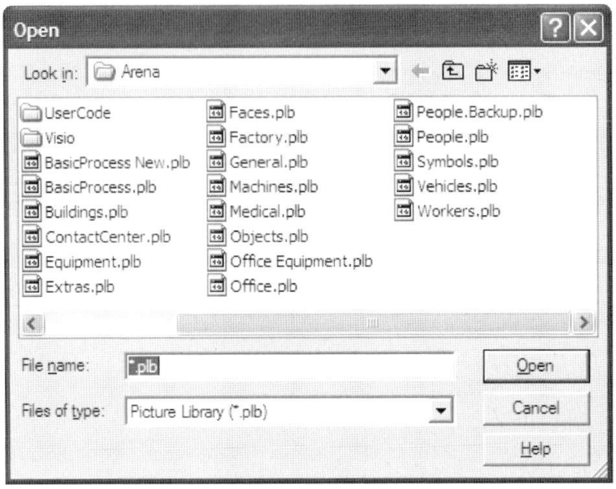

그림 4.36 Arena™의 그림 라이브러리 파일

은 그리기 도구는 물론 문자열 삽입, 색칠하기와 같은 표준 툴바를 제공한다. 이러한 도구들은 그림 4.38과 같은 그리기 툴바에서 사용 가능하다. 또한 그림의 위치를 지정하기 위해 편리한 기능인 눈금자, 눈금선 등을 사용해도 된다. 이 예제에서 약국의 그림은 개략적으로 그리도록 한다. 약국건물은 단순히 박스로 표시할 것이며, 차를 타고 도착하는 드라이브 스루 레인은 차

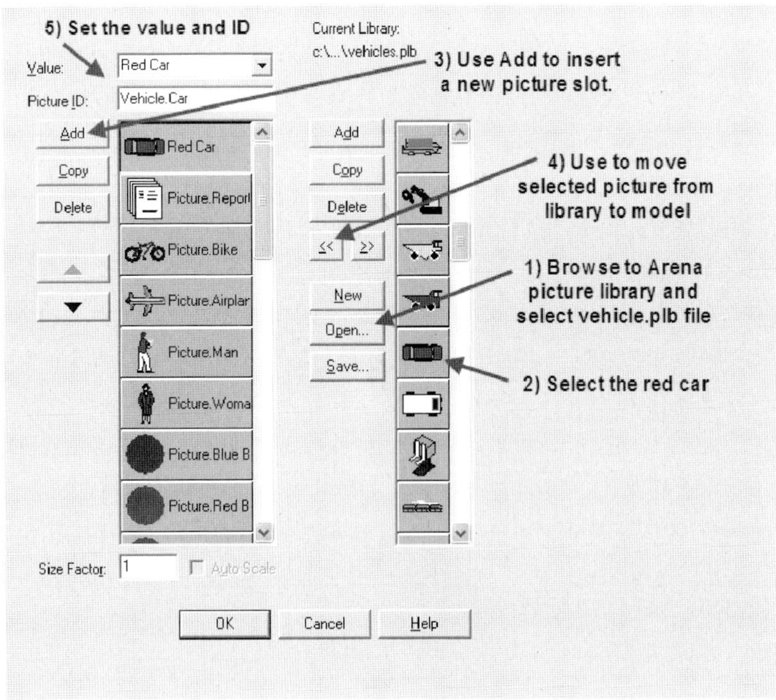

그림 4.37 개체 그림 설정 상자(Entity picture placement dialog box)

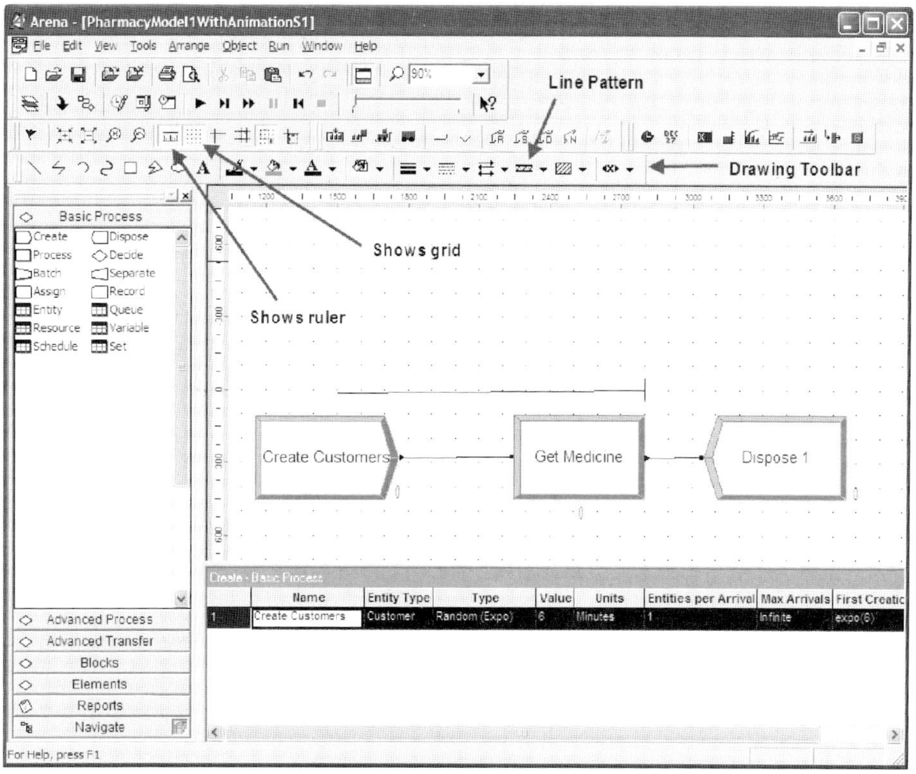

그림 4.38 Arena^{TM}의 그리기 툴바

선 모양의 선으로 표시한다. 그리고 약사가 서비스를 하는 창문은 3포인트 두께를 가지는 선 2개로 표시한다.

그림 4.39는 약국모델의 배경그림을 보여준다. Arena^{TM}의 그림 그리기 기능은 컴퓨터를 이용하여 그림을 그리는 일반적인 방법과 동일하다. 해당 아이콘을 선택하여 창에 끌어 붙인 후 색 채우기, 선의 종류, 두께 등을 변경하면 된다. 이 예제에 대한 그림은 *PharmacyModel-1WithAnimationS1.doe*라는 파일을 열면 볼 수 있다.

다음 단계로 언제 약사가 일을 하고, 언제 유휴상태인지 알기 위해서 자원을 그림으로 표시하도록 하자. 또한 고객이 어디에서 서비스를 받고 있는지, 그리고 대기행렬에서 기다리는 자동차의 모습도 표현해보자.

Arena^{TM}에서 자원은 idle(유휴), busy(가동 중), inactive(비활성), failed(고장)이라는 4가지의 기본적인 상태로 정의된다. Inactive와 failed에 대해서는 추후에 다시 설명하겠다. Idle 상태라는 것은 적어도 1개 이상의 자원이 사용가능한 상태를 의미한다. 약국모델에서는 약사가 단 1명이기 때문에 약사가 고객에게 서비스를 하고 있지 않으면 idle 상태로 본다. 반면에 busy 상태는 현재 활용 중인 모든 자원이 개체에게 점유된 경우를 의미한다. 약국모델에서는 약사가 단 1명이므로 이 약사가 고객을 서비스하고 있으면 busy 상태가 된다. 애니메이션을 만들 때 약사의 상태를 그림으로 다르게 표시하도록 하자. 이 작업은 animate 툴바에 있는 Resource(자원)를 선택하여 그릴 수 있다.

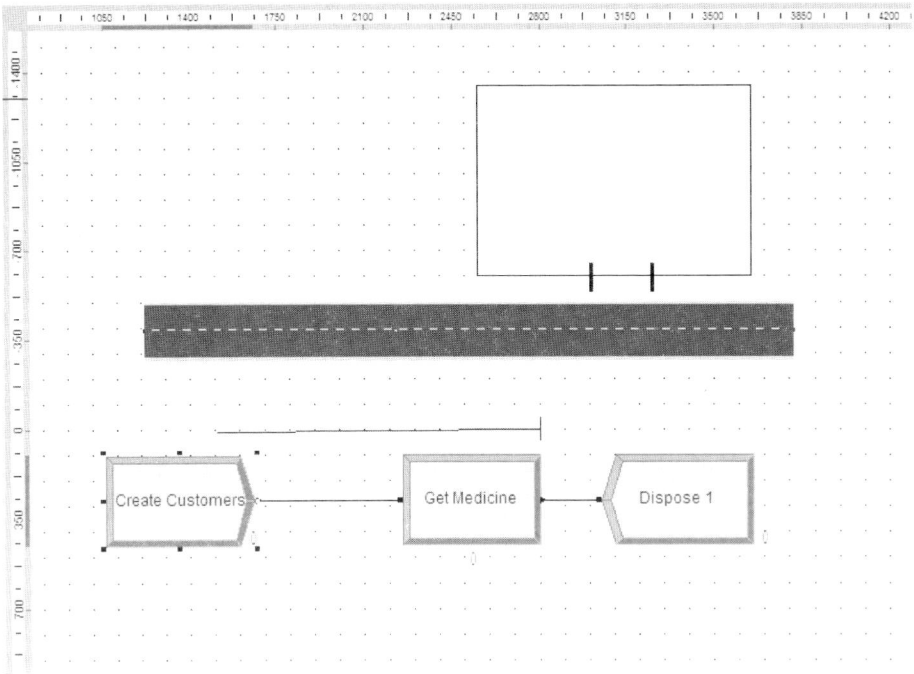

그림 4.39 ARENA™에서 그린 약국의 개략적인 그림

1. Animate 도구모음에 있는 Resource(자원) 버튼을 선택한다.
2. 자원 그림 그리기 대화상자가 나타난다. Open이라는 버튼을 선택하여 *people.plb*라는 그림 라이브러리 파일을 탐색한다. 이때 Arena™가 설치되어 있는 폴더를 찾아야 한다(예를 들어, C: \Program Files\Rockwell Software\Arena).
3. 그림 4.40에 있는 것과 같이 그림의 라이브러리목록으로부터 "사람을 위에서 본 그림"을 선택한 후 Copy 버튼을 선택한다. 그러면 선택한 그림이 복사되어 한 개 더 생성된다.
4. 복사가 끝나면 복사된 그림을 두 번 클릭한다. 그러면 그림을 편집할 수 있는 화면이 나타나는데, 일반적인 그림 그리기 기능과 유사한 방법으로 그림을 수정할 수 있다. 간단히 연습을 하기 위해 그림을 선택하여 색상을 초록색으로 변경해보자. 만일 그림 4.40과 같이 사람의 머리는 검정색으로 그대로 두고, 몸통의 색깔만 초록색으로 바꾸고 싶다면 그림을 선택한 후 오른쪽 마우스를 누르면 나타나는 메뉴에서 ungroup을 선택하면 된다. 그 후 필요한 부분을 선택하여 색상을 변경하면 된다.
5. 그림 편집화면을 닫으면 원래 화면으로 돌아간다. 당초에 흰색으로 표시된 사람 그림을 idle 상태의 그림으로 하고, 새로 만든 초록색 그림을 busy 상태의 그림으로 교체한다. 이 작업을 수행하기 위해서는 먼저 왼쪽에 있는 idle 버튼을 선택하여 활성화시킨다. 그 다음에 오른쪽에 있는 흰색 사람 버튼을 선택한다. 왼쪽과 오른쪽의 두 버튼이 활성화되었으면 Transfer (≪) 버튼을 눌러서 그림을 바꾼다. Busy 상태의 그림을 초록색 사

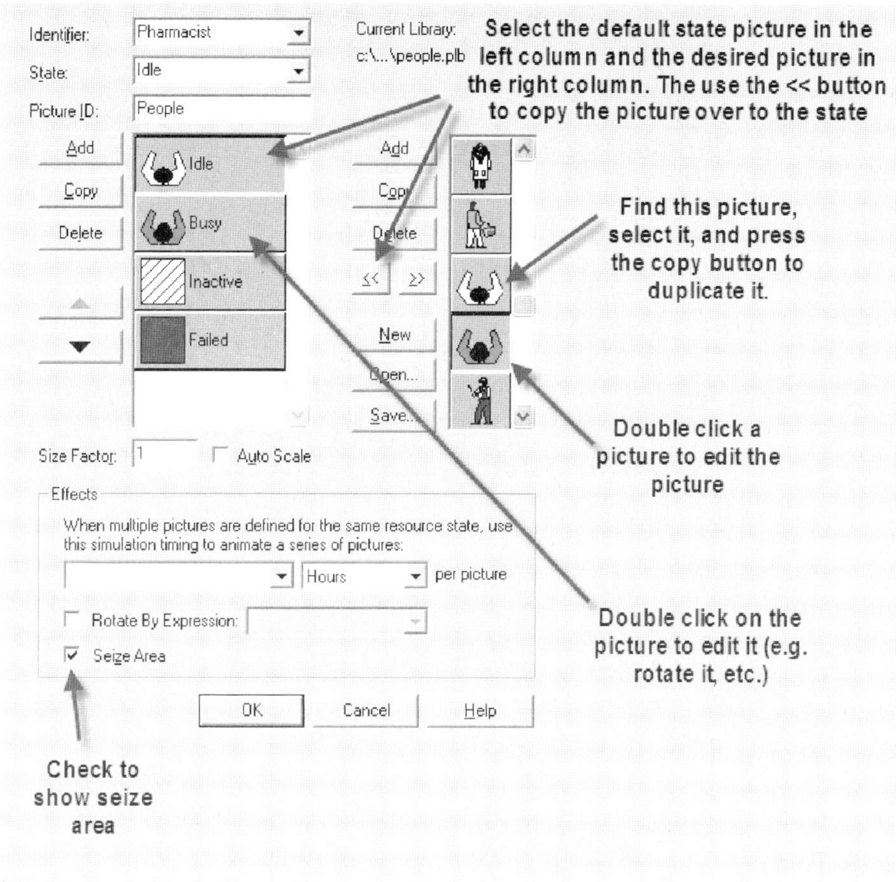

그림 4.40 자원의 그림을 변경하는 방법

람의 그림으로 바꾸는 과정도 유사하다. 먼저 왼쪽에 있는 Busy 버튼을 선택하여 활성화시킨다. 그다음에 오른쪽에 있는 초록색 사람 버튼을 선택한다. 왼쪽과 오른쪽의 두 버튼이 활성화되었으면 Transfer (≪) 버튼을 눌러서 그림을 바꾼다. 이 과정을 거치면 시뮬레이션 모델에서 약사의 그림이 선택한 사람 그림으로 바뀐다.

6. 그림 편집을 끝낸 후 모델로 돌아가면 약사의 그림이 표시되는데, 고객을 맞이하는 창에 등을 지고 있는 모습으로 설정이 될 것이다. 따라서 약사의 얼굴 부분이 창을 향하도록 180도 회전시켜야 한다. 따라서 다시 그림 편집기로 들어간다. 전체 그림을 선택한 후 메뉴의 Arrange > Rotate를 선택하면 그림이 시계방향으로 90도 회전된다. 이와 같은 작업을 두 번 반복하면 원하는 그림을 얻을 수 있다. 또 다른 방법으로 Arrange > Horizontal Flip을 선택하면 한번에 180도가 회전된다. 그림편집기를 닫고 busy 상태의 그림도 동일한 방법으로 변경하면 된다.
7. 왼쪽 하단에 있는 Seize Area 버튼을 눌러서 선택한다.
8. 나머지 부분은 바꾸지 않고 그대로 둔 상태로 OK 단추를 눌러서 개체그림설정상자를 닫는다. 이때 Arena™에서는 그림라이브러리를 갱신할 것인지 아니면 그대로 둘 것인

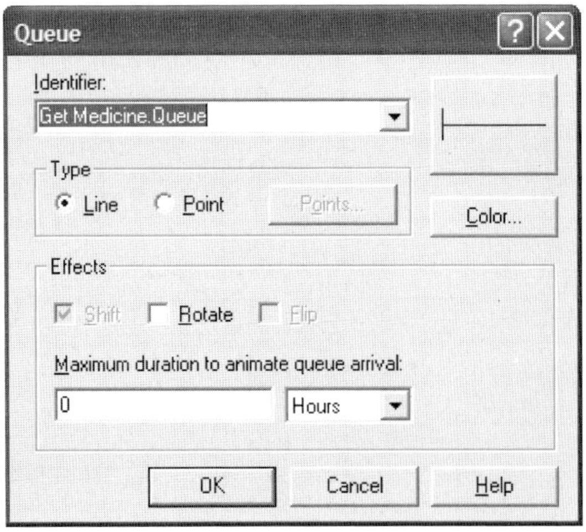

그림 4.41 대기행렬 애니메이션을 위한 대화상자

지 묻는 대화창이 표시된다. 이때 yes를 선택하면 그동안 작업한 내용이 *people.plb*라는 라이브러리에 추가되어 저장된다. 시뮬레이션 모델 창으로 가면 화면에 커서가 + 자 모양으로 표시되는데, 약사의 그림을 표현하고 싶은 위치로 이동시켜서 마우스 버튼을 누르면 그림의 위치가 지정된다.

이제 약국에 약사를 배치시키는 작업이 완료되었으며, 애니메이션에서 약사가 고객에게 서비스하는 화면이 보기 좋게 표현할 수 있다. 이 작업은 자원의 그림에 표시되어 있는 Seize Area (동그라미 2개로 표시)를 움직여서 구현할 수 있다. 기본적으로 Seize Area는 자원의 그림에 표시되지 않는다. 하지만 앞의 7단계에서 Seize Area를 선택하였기 때문에 자원의 그림에 표시가 된다. 따라서 Seize Area 그림을 선택하여 통로에서 약사와 가까운 적당한 위치에 가져다 놓는다. 다음은 길에서 차량이 대기하는 모양을 표현하기 위하여 대기행렬(queue)의 그림을 그리는 방법이다. 일단 Get Medicine이라고 이름이 붙여진 PROCESS 모듈의 위에 표시되어 있는 대기행렬 그림을 삭제한다. Animate 툴바에 있는 Queue 버튼으로 이동하여 선택한다. 이제 새로운 대기행렬 그림을 만들어서 Get Medicine이라고 이름이 붙여진 PROCESS 모듈에 연결시켜 통행로에 배치시킨다. 그림 4.41과 같이 Queue animation 대화상자에 입력을 한다. 그 후 OK 단추를 누르면 화면에 커서가 + 자 모양으로 표시되는데 이것을 이용하여 대기행렬의 그림을 그릴 수 있다.

애니메이션을 위한 마지막 작업은 약국에서 서비스를 받기 위해 기다리고 있는 차량의 수를 전광판으로 표시하는 것이다. 애니메이션 툴바에서 Variable (변수) 단추를 선택한 후 화면에 나타나는 대화상자에 그림 4.42와 같이 정보를 입력하자. 대화상자를 닫으면 시뮬레이션 모델화면에 커서가 + 자 모양으로 표시되는데, 이것을 이용하여 그림 4.43과 같이 약국 안에 전광판 그림을 그릴 수 있다.

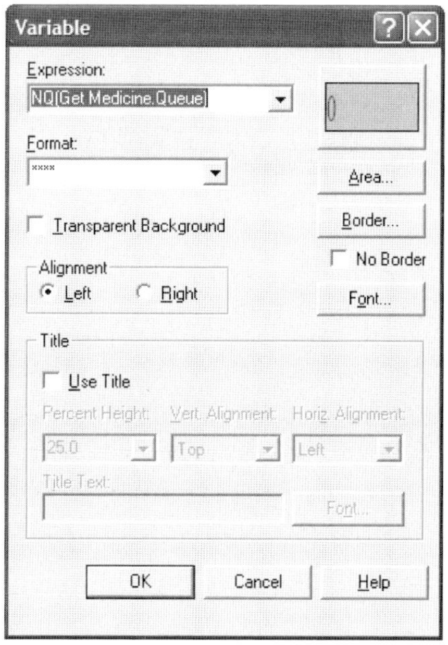

그림 4.42 변수 애니메이션을 위한 대화상자

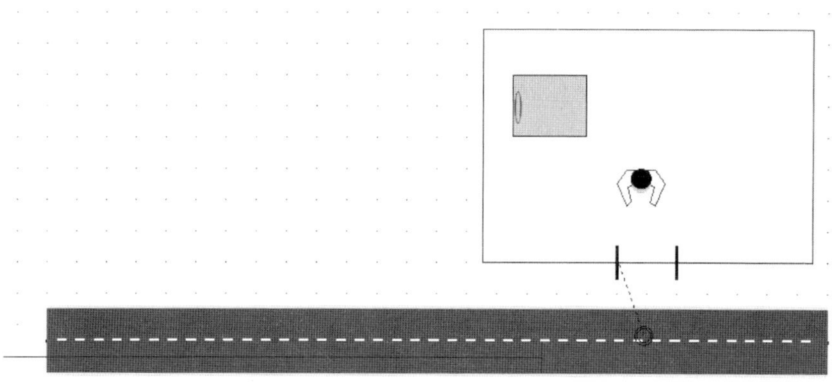

그림 4.43 약국 예제의 최종 애니메이션 화면

시뮬레이션을 실행하기 전에 해야 할 마지막 작업은 플로차트 모듈(시뮬레이션 모델의 논리를 표현한 것)과 연결된 애니메이션 기능을 해제하는 일이다. 이 작업은 고객(차량)이 플로차트 모듈에 애니메이션으로 표시되는 것을 없앰으로써 혼란을 방지하기 위한 것이다. 메뉴에 있는 Object를 선택하면 그림 4.44 같은 하위 메뉴가 표시되며, 여기에서 Animate Connectors가 선택되어 있는 것을 해제하면 된다.

애니메이션 기능이 포함된 최종 완성모델을 *PharmacyModel1WithAnimationS2.doe*라는 이름의 파일로 저장하자. 만일 애니메이션 기능을 사용하는 상태로 시뮬레이션을 실행하면 약사가 가동 중인지 아니면 유휴 상태인지 알 수 있고, 차량이 서비스 받고 있는 상태도 확인할

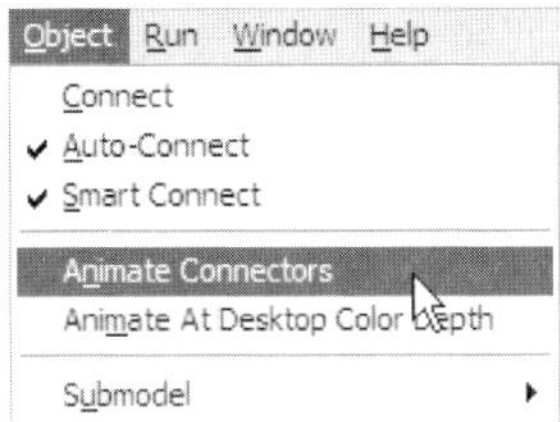

그림 4.44 애니메이션 연결의 해제

수 있으며, 차량이 대기행렬에서 기다리는 모습과 현재 대기행렬에 몇 대의 차량이 대기하고 있는지도 화면상에서 확인할 수 있다.

애니메이션은 시뮬레이션 과정에서 중요한 역할을 한다. 애니메이션은 의사결정자나 전문가에게 모델을 설명하는 데 매우 중요한 역할을 한다. 이 사례를 통하여 독자는 Arena™에서 애니메이션을 표현하는 방법의 대부분을 배웠다고 하겠다. 기본적인 애니메이션 구현방법은 당초 플로차트 모듈에서 제공하는 애니메이션 기능을 사용하는 것이다. 애니메이션이 모델의 타당성을 점검하고 의사결정자가 확신을 가지도록 하는데, 중요한 경우에 시뮬레이션모델 개발자는 애니메이션을 구현하기 위해 더욱 많은 시간과 노력을 투자해야 한다. 때때로 애니메이션은 기존에 개발된 모델에 있는 애니메이션을 이용하여 쉽게 개발할 수 있는데, Navigate 바를 이용하여 기존 모델을 쉽게 볼 수 있다. 다양한 사례 모델이 그림 4.45와 같이 Arena™에서 제공하고 있는 Example folder에 저장되어 있다(예를 들어, *FlexibleManufacturing.doe*). 만일 Arena™에서 제공하고 있는 그리기 기능이 부족하다고 생각한다면 Visio™ 나 AutoCAD™ 같은 소프트웨어를 이용하여 그림을 그린 후 Arena™에 배경화면으로 가져와(import)도 된다. 이 방법에 대한 상세한 설명이 필요하면 Arena™의 도움말(help) 메뉴에서 importing Visio drawings나 importing AutoCAD drawings라는 검색어를 이용하면 된다. Arena™에서는 3D Player를 이용하여 3차원(3D) 애니메이션도 가능하다. 3D Player는 별도로 선택하는 기능으

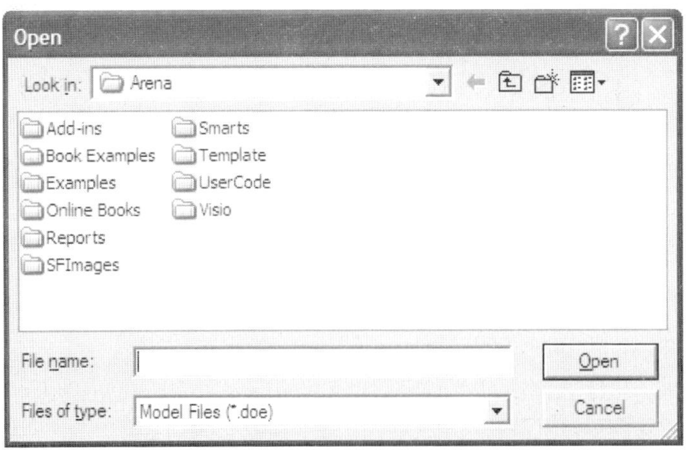

그림 4.45 Arena™ 폴더 구조

로 이 교재에서는 다루지 않도록 하겠다.

이 교재의 앞부분에서는 사용자가 모델을 만드는 방법에 대해 집중하도록 하기 위해 플로 차트 모듈에서 기본적으로 제공하는 애니메이션 기능을 사용한다. 그러나 9장에서 컨베이어(conveyor)나 운반차(transporter) 같은 자재취급시스템을 모델링 할 때 좀 더 상세한 애니메이션 방법에 대해 설명하도록 하겠다.

4.8 ARENA^{TM}의 도움말(HELP)

Arena^{TM}는 강력한 도움말(Help) 시스템을 제공하고 있다. 각 모듈의 대화상자에는 Help 단추가 있어서 관련된 도움말 기능과 연결된다. 각 도움말 파일에서 중요한 용어들은 하이퍼링크 기능을 이용하여 해당 항목으로 즉시 연결되도록 하고 있다. 그림 4.46에 있는 것과 같이 도움말 기능의 일부로 모델링 절차에 대한 설명도 제공하고 있다.

예제 파일은 Arena^{TM}에서 어떤 기능이 사용가능한지 감을 잡는 데 매우 유용하다. 이 교재에서는 다양한 개념을 표현하기 위한 많은 Arena^{TM} 예제파일을 제공한다. 예를 들어 Smarts folder에는 간단한 Arena^{TM}들이 소개되어 있기 때문에 사용자가 특정 모듈을 사용하는 방법을 습득하기에 유용하다. 또한 Arena^{TM}의 도움말(Help) 기능을 활용하면 많은 도움을 받을 것이

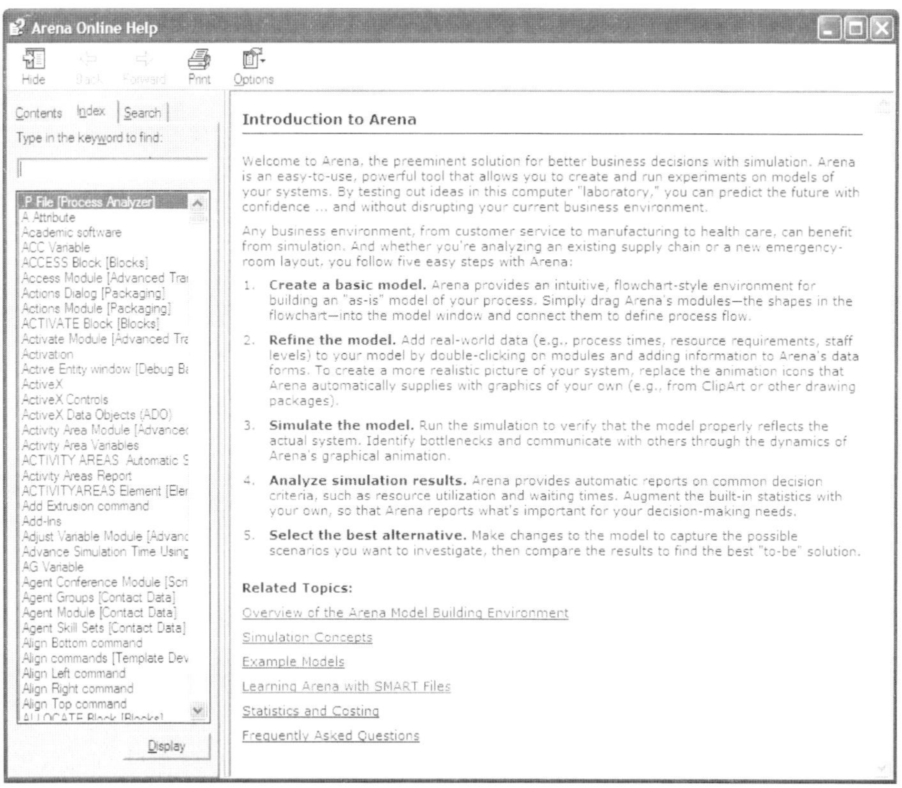

그림 4.46 Arena^{TM} 도움말 시스템

다. 온라인 도움말 기능과는 별도로 Arena™에는 도움말 문서를 PDF 형태로 제공한다. 이 문서는 Online Books 폴더에서 "Arena™ User's Guide"에 소개되어 있다.

4.9 SIMAN과 RUN CONTROLLER

Visual Basic이나 JAVA 같은 프로그래밍 언어에서 프로그램을 하는 사람은 먼저 사용하게 될 데이터의 유형을 정의해야 하며(정수, 실수, 배정도수 등), 변수, 배열, 클래스 등을 선언해야 한다. 그 후 프로그램을 하는 사람은 이러한 데이터를 사용하여 원하는 작업을 할 수 있도록 if-then, while 같은 흐름을 통제하는 문장을 사용하게 된다. Arena™을 이용하여 프로그래밍을 하는 것은 C 언어와 같은 기본적인 프로그래밍 언어를 이용하여 프로그램을 하는 것과는 다르다. Arena™에서는 플로차트 모듈과 데이터 모듈이 모델에 내재되어 있다. 플로차트 모듈을 끌어다 붙인 후 모듈 내부의 각 항목에 필요한 자료를 기입함으로써 프로그래밍 작업을 할 수 있다. 프로그래밍과 동시에 작성한 프로그램이 당초 의도한 대로 작동하는지 검증하기 위한 디버깅을 해야 한다. 디버깅을 잘 하기 위해서는 Arena™의 근간이 되는 SIMAN이라는 언어에 대해 좀 더 잘 이해하고 있어야 한다. SIMAN 코드는 Arena™에서 생성된 후 컴파일이 되고, 실행된다. 이 절에서는 SIMAN과 Run Controller라고 불리는 Arena™의 디버깅 도구에 대해 설명하도록 한다. Arena™를 이용하여 프로그램을 작성하는 과정을 좀 더 잘 이해하기 위해서는 Arena™의 내부 구조에 대해서 살펴볼 필요가 있다.

4.9.1 SIMAN의 MOD 파일과 EXP 파일

이 절에서는 앞에서 살펴보았던 약국 문제를 다시 다루도록 한다. 그림 4.47에 있는 것과 같이 Run/SIMAN/View 메뉴를 이용하면 SIMAN 프로그램과 관련된 두 개의 파일이 생성되는 것을 볼 수 있는데, 이 두 개의 파일은 *mod* (model) 파일과 *exp* (experiment) 파일이다.

mod 파일은 모델 창에 만들어진 플로차트 모듈을 SIMAN 언어로 표현한다. 반면에 *exp* 파

그림 4.47 Run SIMAN View 메뉴

일은 데이터 모듈과 시뮬레이션 실행에 필요한 모수들을 SIMAN 언어로 표현한다. 즉 *mod* 파일이 모델을 나타낸다면 *exp* 파일은 실험 데이터를 나타내는 것이다.

목록 4.1은 약국모델의 *exp* 파일이다. C 언어나 C++ 언어에 익숙한 독자라면 *exp* 파일의 내용이 C 언어나 C++ 언어를 이용하여 프로그램을 작성할 때 헤더(header) 부분과 유사하다는 것을 알 수 있을 것이다. *exp* 파일은 시뮬레이션을 실행할 때 모델에서 사용하게 되는 요소들(elements)을 정의하는 내용을 담고 있다. *exp* 파일을 구성하는 기본적인 요소에는 PROJECT, VARIABLES, QUEUES, RESOURCES, PICTURES, REPLICATE, ENTITIES 등이 포함된다. 이외에도 본 예제에서는 사용하지 않았기 때문에 목록 4.1에는 포함되지 않았지만 TALLIES, OUTPUTS 등이 널리 사용된다. Arena™ 환경에서 이러한 요소들을 어떻게 사용하는지는 앞으로 심도 있게 논의할 것이다. 예를 들어 RESOURCES라는 요소에서는 Pharmacist라고 이름 붙여진 자원이 모델에서 사용되고 있다는 것을 설명한다. 독자들이 SIMAN 언어의 문법을 정확하게 이해할 필요는 없지만 각 요소들이 어떤 것을 의미하고 있는지 대략적으로 이해하는 것이 향후 모델에 오류가 발생했을 때 진단하고, 원인을 찾는 과정에서 유용할 것이다. 이러한 요소들은 모델을 만들어 나가는 과정에서 정의해야 한다는 것을 명심해야 하며, 특히 데이터 모듈들은 Arena™ 환경에서 직접 입력하게 될 것이다.

목록 4.2는 약국모델의 *mod* 파일이다. 이 파일은 C나 C++ 프로그램에서 "*. *c*" 나 "*. *cpp*"의 확장자를 가지는 파일과 같은 기능을 한다. 이 파일은 모델의 플로차트 역할을 한다. 이 코드에서 " ; "는 설명문 역할을 한다. SIMAN의 명령어는 대문자로 표현하도록 한다. 예를 들어 ASSIGN이라는 명령어는 특정 변수에 수식을 할당하는 것과 같이 값이나 수식을 할당하는 용도로 쓰인다. 모델 창에서 제일 쉽게 볼 수 있는 두 개의 명령어가 CREATE와 DISPOSE다. 설명문이 아닌 SIMAN 문장들에는 번호가 부여되어 있는데, 예를 들어 57$ 문장은 DISPOSE다. 이 번호들은 코드를 실행하는 데 유용하게 사용되는데, 예를 들어 NEXT()라는 것은 다음번에 수행할 문장번호를 지정하는 것이다. 문장번호 54$에서 NEXT(1$)라는 것은 문장번호 54$에 있는 ASSIGN을 수행한 다음에 개체가 1$의 문장번호가 붙은 ASSIGN으로 간다는 것을 의미한다. 독자는 Arena™에서 (CREATE, PROCESS, DISPOSE)라는 세 개의 모듈을 작성하면 목록 4.2에 있는 SIMAN 코드가 자동으로 만들어진다는 것을 이해하면 된다. 이 과정에서 통계량을 자동으로 수집하기 위해 여러 종류의 SIMAN 코드가 추가된다는 것을 기억하기 바란다. 앞서 언급했듯이 SIMAN 코드의 문법에 대해 정확히 알 필요는 없다. 하지만 대략적으로 코드의 기능과 내용을 이해하고 있으면 복잡한 시스템에 대한 모델을 개발하고 디버깅할 때 많은 도움이 될 것이다. 이러한 SIMAN 코드는 모델 창에서 만들어진 모델을 변환하여 만들어진다. 하지만 이 SIMAN 코드가 직접 실행이 되는 것은 아니며, 모델을 실행하기 위해서는 SIMAN 코드의 문법오류를 검증한 후, C나 C++에서와 같이 컴파일 과정을 거쳐 실행할 수 있는 상태로 변환된다.

C 언어를 이용한 프로그램에서는 프로그램의 시작점을 정하기 위해 main()이라는 명령어를 사용한다. 하지만 Arena™에는 main()과 같은 기능을 하는 것이 없다. 따라서 Arena™에서 만든 모델을 SIMAN 코드로 변환했을 때 시작점을 지정하는 것이 생성되지 않는다. 그렇다

목록 4.1 | 약국모델의 SIMAN *exe* 파일

```
PROJECT,        "Unnamed Project"," ",,,No,Yes,Yes,Yes,No,No,No,No,
   No,No;

VARIABLES:      Get Medicine.WIP,CLEAR(System),CATEGORY("Exclude-
    Exclude"),DATATYPE(Real):
                Dispose 1.NumberOut,CLEAR(Statistics),
                    CATEGORY("Exclude"):
                Create Customers.NumberOut,CLEAR(Statistics),
                    CATEGORY("Exclude"):
                Get Medicine.NumberIn,CLEAR(Statistics),
                    CATEGORY("Exclude"):
                Get Medicine.NumberOut,CLEAR(Statistics),
                    CATEGORY("Exclude");

QUEUES:         Get Medicine.Queue,FIFO,,AUTOSTATS(Yes,,);

PICTURES:       Picture.Airplane:
                Picture.Green Ball:
                Picture.Blue Page:
                Picture.Telephone:
                Picture.Blue Ball:
                Picture.Yellow Page:
                Picture.EMail:
                Picture.Yellow Ball:
                Picture.Bike:
                Picture.Report:
                Picture.Van:
                Picture.Widgets:
                Picture.Envelope:
                Picture.Fax:
                Picture.Truck:
                Picture.Person:
                Picture.Letter:
                Picture.Box:
                Picture.Woman:
                Picture.Package:
                Picture.Man:
                Picture.Diskette:
                Picture.Boat:
                Picture.Red Page:
                Picture.Ball:
                Picture.Green Page:
                Picture.Red Ball;

RESOURCES:      Pharmacist,Capacity(1),,,COST(0.0,0.0,0.0),
    CATEGORY(Resources),,AUTOSTATS(Yes,,);

REPLICATE,      1,,HoursToBaseTime(10000),Yes,Yes,,,,24,Minutes,
    No,No,,,Yes;

ENTITIES:       Customer,Picture.Van,0.0,0.0,0.0,0.0,0.0,0.0,
    AUTOSTATS(Yes,,);
```

목록 4.2 | 약국모델의 SIMAN *mod* 파일

```
;
;     Model statements for module:  BasicProcess.Create 1
   (Create Customers)
;
2$            CREATE,        1,MinutesToBaseTime(expo(6)),
   Customer:MinutesToBaseTime(EXPO(6)):NEXT(3$);

3$            ASSIGN:        Create Customers.NumberOut=Create
   Customers.NumberOut + 1:NEXT(0$);
;
;
;     Model statements for module:  BasicProcess.Process 1
   (Get Medicine)
;
0$            ASSIGN:        Get Medicine.NumberIn=Get Medicine.
   NumberIn + 1:
                             Get Medicine.WIP=Get Medicine.WIP+1;
9$            QUEUE,         Get Medicine.Queue;
8$            SEIZE,         2,VA:
                             Pharmacist,1:NEXT(7$);

7$            DELAY:         expo(3),,VA;
6$            RELEASE:       Pharmacist,1;
54$           ASSIGN:        Get Medicine.NumberOut=Get Medicine.
   NumberOut + 1:
                             Get Medicine.WIP=Get Medicine.WIP-1:
                                NEXT(1$);
;
;
;     Model statements for module:  BasicProcess.Dispose 1
   (Dispose 1)
;
1$            ASSIGN:        Dispose 1.NumberOut=Dispose 1.
   NumberOut + 1;
57$           DISPOSE:       Yes;
```

면 Arena™ 모델은 어디에서 시작할까? 이 질문에 대한 답을 얻기 위해서는 아직까지 배우지 않았던 시뮬레이션의 다양한 측면에 대해 알아야 하며, 이제 그것에 대한 설명을 시작하도록 하겠다.

시뮬레이션 프로그램은 특정 시점에 시스템에서 어떤 사건이 발생하는지를 모델링하는 것이다. 이러한 사건들은 시간의 흐름에 따라서 순차적으로 정렬이 된 후 순서에 따라 실행된다. Arena™에서는 가장 먼저 발생하는 사건을 실행하기 시작해서 더 이상 실행해야 할 사건이 없어질 때까지 각 사건을 순차적으로 실행한다. 물론 독자들은 첫 번째 사건이 어떻게 만들어지는지 궁금할 것이다. Arena™에서는 첫 번째 사건이 CREATE 모듈의 “First Creation”에 입력된 시간에 발생하는 것으로 인식한다. 그림 4.48은 CREATE 모듈의 대화 창이다. 이 창에서

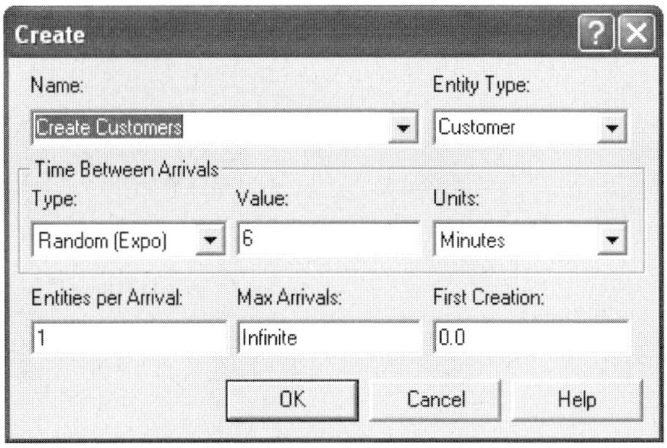

그림 4.48 CREATE 모듈의 대화 창

"First Creation"이라는 항목에는 첫 번째 개체가 생성되는 시간을 실수값으로 입력하게 되어 있다. 다음번 개체가 생성되는 시간 간격은 "Time Between Arrivals"라는 항목에서 입력하면 되는데, 그림에서는 평균이 6분인 지수분포에 의해 다음번 개체가 생성되는 사건의 발생시점이 결정되도록 지정하였다.

관심이 많은 독자라면 "동시에 두 개의 사건이 발생하면 어떻게 하나?"라는 궁금증을 가지게 될 것이다. 즉 모델에 두 개 이상의 CREATE 모듈이 있고, 각 모듈의 "First Creation"에 입력된 값이 동일하다면 어떻게 될 것인가 하는 것이다. 실제로 여러 개의 CREATE 모듈에서 "First Creation" 시간을 0.0으로 설정하는 경우는 흔하게 발생한다. 그렇다면 어느 CREATE를 먼저 실행할까? 여러 개의 CREATE 모듈이 있고, 각 모듈의 "First Creation" 시간이 다르다면 가장 작은 값을 가지는 CREATE가 먼저 실행된다. 하지만 모든 "First Creation" 시간이 같다면 가장 먼저 나오는 CREATE가 일반적으로 먼저 실행된다.[1]

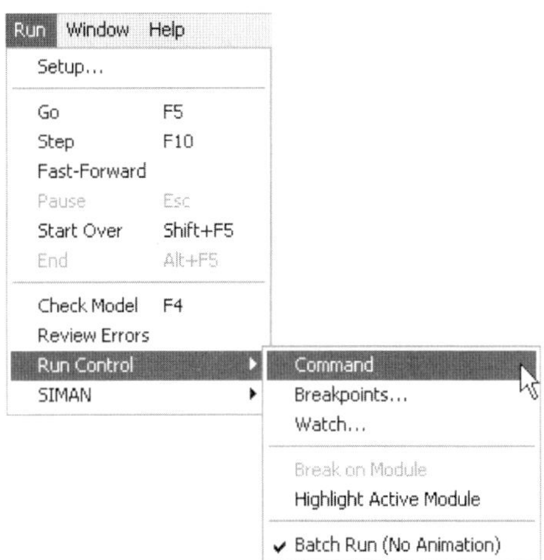

그림 4.49 Run Controller를 활성화하는 방법

[1] 일반적으로 그렇다고 하는 의미이다. Arena™에서 내부적으로 사건을 생성해서 최초의 사건순서를 결정하기도 한다.

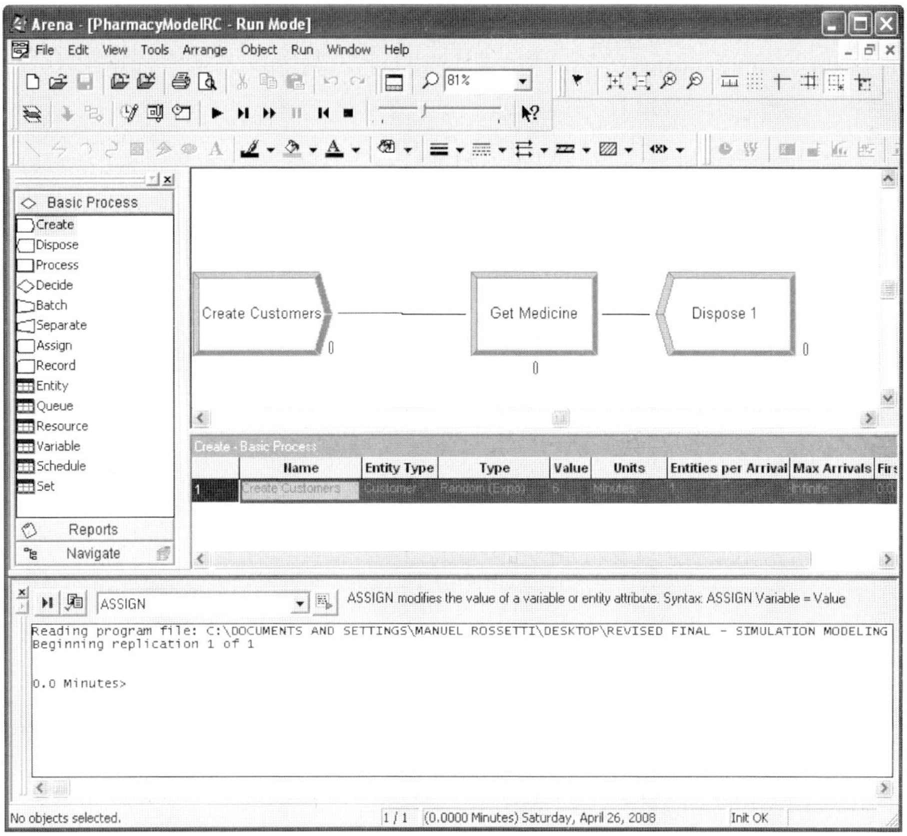

그림 4.50 Arena™ 환경에서 Run Controller를 활성화한 모습

4.9.2 Run Controller의 활용

어떠한 컴퓨터 프로그래밍 작업에서든지 모델을 디버깅하기 위해 상당한 양의 시간과 노력이 투입된다. Arena™를 이용한 시뮬레이션 모델링도 예외는 아니다. 독자는 이미 READWRITE 모듈을 이용하여 어떻게 추적을 하는지 학습하였다. 하지만 이 절에서는 Arena™ 환경에서 제공하고 있는 디버깅과 추적 기능에 대해 소개하도록 하겠다. Arena™의 디버깅과 추적 기능은 두 가지 중요한 방식으로 제공된다. 그 두 가지는 Run Controller와 애니메이션 기능이다. Arena™의 기본적인 애니메이션 기능은 이미 소개한 바가 있다. 애니메이션 기능을 활용하여 개발한 모델의 논리를 점검하는 것은 강력하게 추천할 만한 방법이다. 애니메이션에 관한 내용은 이 교재의 모든 부분에서 계속 다루게 될 것이므로, 특별히 이 절에서는 그림 4.49에 제시된 바와 같이 Arena™의 Run 메뉴에 있는 Run Controller를 사용하는 방법에 대해 집중적으로 소개하겠다.

그림 4.50은 처음에 만든 약국모델에서 Run Controller를 활성화했을 때 Arena™ 환경이 어떠한 형태로 바뀌는지 보여준다. Run Controller는 다양한 명령어를 이용하여 사용자가 추적하고 디버깅할 수 있도록 지원한다. 이제 Run Controller에서 사용할 수 있는 다양한 명령어와

기능에 대해 살펴보자. Arena™의 도움말(Help)로 가서 색인 검색 부분에 "Command-Driven Run Controller Introduction."이라고 입력해보자. 그러면 그림 4.51과 같은 내용의 화면을 볼 수 있다.

Run Controller는 Arena™ 시스템이 디버깅 모드에서 수행될 수 있도록 허용하고 있다. Run Controller에서 추적(trace) 옵션을 설정하고, 변수와 속성을 "watch" 하고, 특정한 시간이나 조건에 도달할 때까지 모델을 실행하고, 개체의 속성에 할당된 값들을 점검하는 등의 작업을 할 수 있다. 도움말에서는 Run Controller의 명령어와 연동된 하이퍼링크를 사용할 수 있다. 또한 Run Controller에 사용되는 명령어의 목록도 확인할 수 있다. 이들 중 어느 하나를 선택한다면 Run Controller 환경에서 해당 명령어를 어떻게 사용하는지에 대한 상세한 설명을 볼 수 있다.

약국 예제에서 간단한 명령어를 선택하여 어떻게 진행이 되는지 살펴보자. 일단 Arena™에서 약국모델을 열고, 다시 CREATE 모듈을 열어서 첫 번째 개체의 도착 시간이 0.0으로 설정되었는지 확인하자. 또한 PROCESS 모듈에서 지연에 대한 값이 EXPO(5)로 설정되었는지 확

Command-Driven Run Controller Introduction

A model can compile without errors, but may still produce invalid results when executed. Debugging is the process of isolating and correcting the errors that produce invalid results. The Run Controller allows you to monitor interactively the execution of the simulation so that errors can be isolated and corrected.

The key to debugging is to determine what is happening at critical points in the model. The Run Controller allows you to step through or suspend execution of the model at critical points (called breakpoints) to examine the values of system status variables.

The Run Controller is invoked by selecting the Command option from the Run menu. It can be invoked at the start of the simulation run or at any time during execution by first pressing the Escape key. The Run Controller then prompts you to enter commands interactively from the keyboard.

See Run Controller Commands for a complete listing of available commands.

The command prompt is marked by the current value of simulated time, TNOW. Execute commands by typing the command name and any modifying keywords and operands at the prompt, and then hitting Enter.

Some Rules to Remember:

- Two- or three-letter abbreviations are sufficient to specify any command or keyword uniquely when entering a command.
- The Escape key may be used to abort the display generated by a given command.
- Unique identification numbers are assigned to each entity. These numbers appear in trace statements as entities move through the model, and when using certain commands to view queue contents, the event calendar, and so on.
- Intercepts, traces, and watch points set on entities apply only to the active entity—the entity currently executing blocks. Attempting to set an intercept, trace, or watch point when the selected entity does not currently exist in the model will result in an error. Setting a break point ensures that an entity is active when the break is reached; see the SET BREAK command.
- To end the current simulation replication with a summary report, use the END command. The QUIT command terminates the simulation run without issuing a summary report.
- The Run Controller assigns identification numbers when setting watch points or trace output based on conditions, expressions, or times. When canceling these watch points or trace conditions, the identifier may be used instead of the exact condition, expression, or time.

In some cases, repeats of an operand or group of operands may be specified by separating each set of repeated operands with a comma. Also in some cases, a range of values may be entered. When indicating a range, use a hyphen (-) or double periods (..) to separate the low and high numbers, or use the wild card symbol (*) to represent all values. When entering expressions, spaces are treated as punctuation or part of symbol names so extra spaces should not be included.

그림 4.51 Arena™ 도움말 시스템

인하자. 그러면 출력 파일이 그림과 같이 되는지 확인할 수 있을 것이다. 첫 번째 개체가 도착하는 것은 다음에 논의하도록 하겠다.

이제 그림 4.49에 제시된 바와 같이 Run Controller를 작동시켜 보자. 그러면 모델이 실행 상태로 될 것이다. Arena™는 첫 번째 실행 단계에서 일단 정지된 상태가 될 것이며, 화면은 그림 4.50과 같은 형태로 변할 것이다. 먼저 추적을 on 상태로 하자. Arena™에서는 추적 결과를 SIMAN 코드에 포함시켜서 출력한다. 현재 모듈에 대한 정보와 활동 중인 개체에 대한 정보가 표시된다(그림 4.52, 그림 4.53). 추적 기능을 작동시키기 위해서 프롬프트에 "set trace" 라고 직접 입력하거나 명령어 선택 메뉴에서 해당 명령어를 선택하면 된다. 그리고 엔터 버튼을 누르면 된다.

이제 모델을 한 단계씩 실행하기 위해 VCR 실행 버튼을 누른다. 이 버튼은 그림 4.54에 표시되어 있다. 다시 한 단계를 실행한다. 그러면 명령어 창에는 그림 4.54와 같이 표시가 될 것

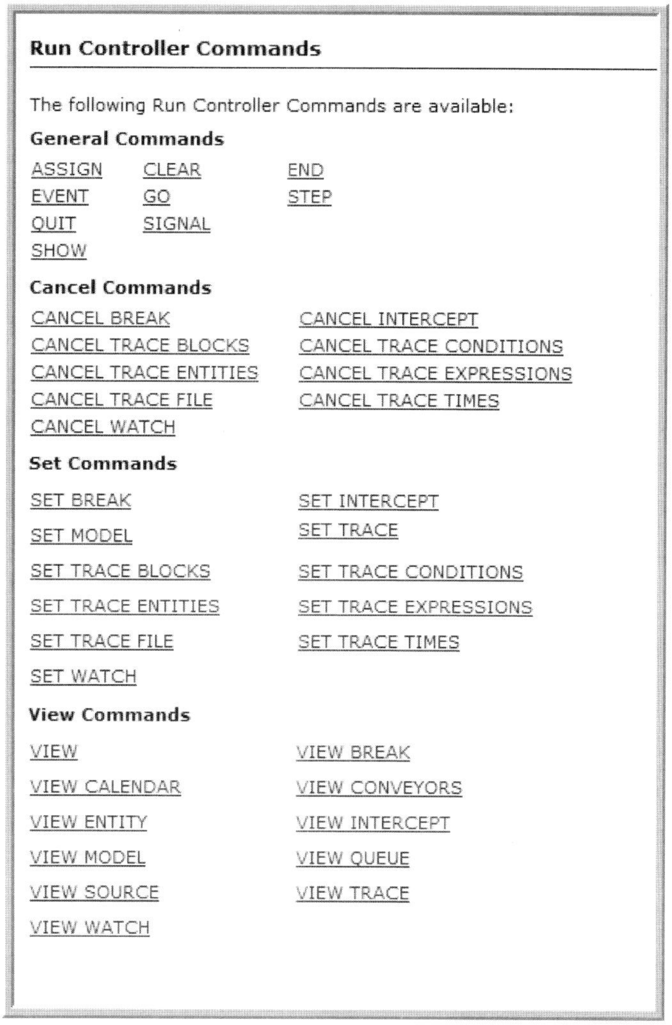
Run Controller Commands

The following Run Controller Commands are available:

General Commands

ASSIGN CLEAR END
EVENT GO STEP
QUIT SIGNAL
SHOW

Cancel Commands

CANCEL BREAK, CANCEL INTERCEPT
CANCEL TRACE BLOCKS, CANCEL TRACE CONDITIONS
CANCEL TRACE ENTITIES, CANCEL TRACE EXPRESSIONS
CANCEL TRACE FILE, CANCEL TRACE TIMES
CANCEL WATCH

Set Commands

SET BREAK, SET INTERCEPT
SET MODEL, SET TRACE
SET TRACE BLOCKS, SET TRACE CONDITIONS
SET TRACE ENTITIES, SET TRACE EXPRESSIONS
SET TRACE FILE, SET TRACE TIMES
SET WATCH

View Commands

VIEW, VIEW BREAK
VIEW CALENDAR, VIEW CONVEYORS
VIEW ENTITY, VIEW INTERCEPT
VIEW MODEL, VIEW QUEUE
VIEW SOURCE, VIEW TRACE
VIEW WATCH

그림 4.52 Arena™의 Run Controller에서 제공하는 명령어

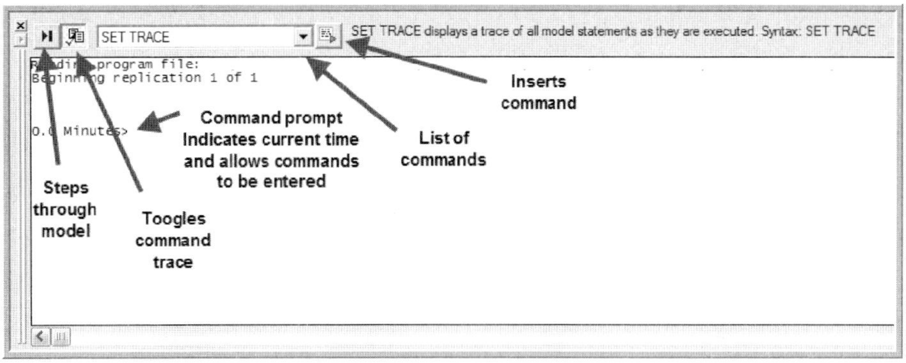

그림 4.53 Run Controller에 있는 명령어 사용법

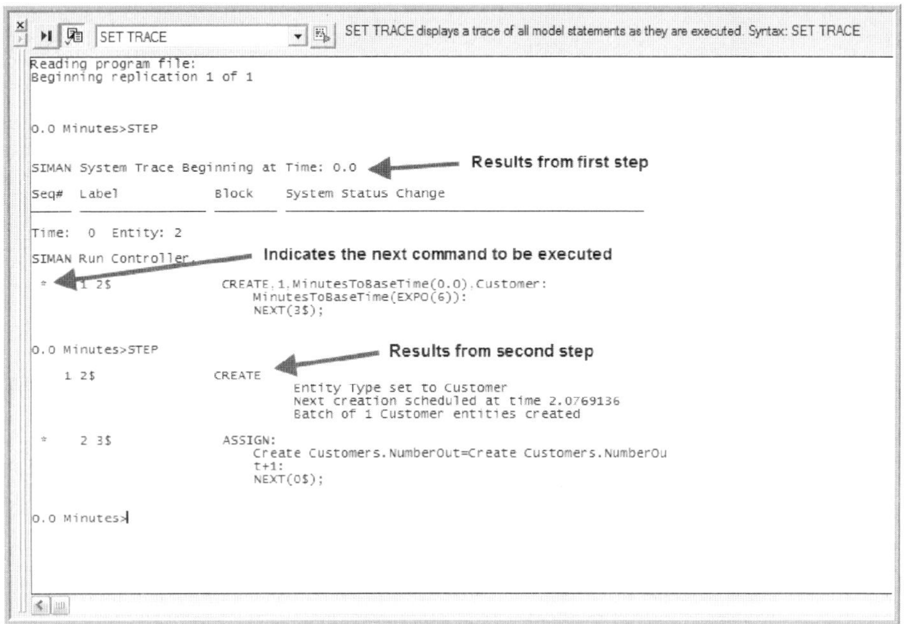

그림 4.54 두 단계를 진행한 후의 Run Controller 출력 화면

이다. CREATE 모듈에서 첫 번째 개체의 도착 시간이 0.0으로 설정되었다는 것을 기억하자. 우리는 이것을 명령어 창에서 확인할 수 있다. 또한 추적 결과물에 의하면 두 번째 개체가 도착하는 시간은 2.0769136임을 알 수 있다. 추적 출력물에서 별표로 표시된 문장은 다음번에 실행될 SIMAN 문장을 의미한다. 다음 단계가 실행되면 마찬가지로 그다음에 실행할 문장이 표기된다.

Single step 버튼을 두 번 누르면 ASSIGN 문장이 실행되고, 현재의 개체가 QUEUE 문장을 실행하는 과정임을 알 수 있다. 일곱 단계 후에는 Run Controller의 출력물이 그림 4.55와 같이 표시된다.

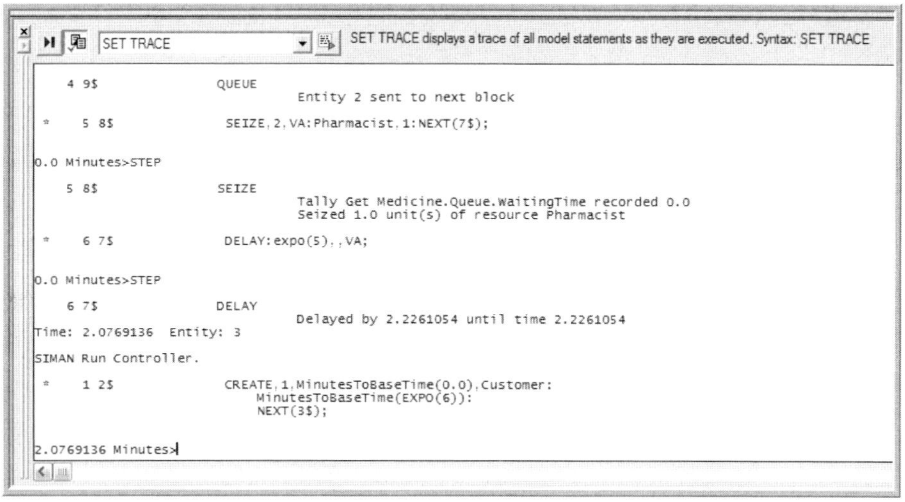

그림 4.55 일곱 단계를 진행한 후의 Run Controller 출력 화면

이러한 추적 결과물로부터 개체는 QUEUE 블록으로부터 즉시 SEIZE 블록으로 보내져서 약사라는 자원 1단위(명)를 점유하였음을 알 수 있다. 그리고 DELAY 블록에 의해서 개체의 서비스가 종료되는 시간이 2.2261054가 된다. 이 시간이 개체가 서비스를 받은 시간이 된다. 이 개체는 시간 0.0에 도착하였기 때문에 개체가 시스템을 떠나는 시간도 2.2261054가 된다. 이와 같은 과정을 정리하면 다음과 같다. 첫 번째로 도착한 개체 2(Entity 2)는 시간 0.0에 생성되어 시스템에 도착하고, 즉시 약사를 점유하려고 시도한다. 약사는 시뮬레이션 시작 시점에 유휴 상태를 유지하고 있으므로 개체가 대기행렬에서 기다릴 필요가 없이 즉시 서비스를 받을 수 있다.

그리고 새로운 변화가 발생한다. 시간이 0.0에서 2.0769136으로 갑자기 진행된다. 앞에서 설명하였듯이 이 시간은 CREATE 모듈에서 두 번째 개체가 생성되어 도착하는 시간이다. 이 개체의 번호는 3번으로 지정되고, 개체 3이 활동 개체가 된다. 그렇다면 개체 2에는 무슨 일이 일어났을까? 개체 2는 DELAY 모듈에 의해 미래의 사건 목록(FEL)에 설정된 시간까지 기다리다가 시간이 2.2261054가 되면 다시 활동을 시작한다. VIEW CALENDAR 명령을 사용하여 사건 달력(event calendar)에 등록된 사건들의 목록을 볼 수 있다. 그림 4.56은 VIEW CALENDAR 명령을 사용했을 때 화면에 표시되는 내용이다. Arena™에서 스케줄링된 개체를 유지하기 위해 두 가지의 데이터 구조가 사용된다. 첫 번째는 "current events chain"으로 현재 시간에 예정된 개체를 표시한다. 두 번째는 "future events heap"로 미래에 예정된 개체들을 표시한다.

이 출력 화면에 의하면 현재 시간에 스케줄링된 다른 개체는 없으며 개체 2가 2.2261054에 활성화될 것이라고 기록되어 있다. 이 개체는 기록된 대로 "도착(arrive)"하지 않을 것이다. 이것은 Arena™ 출력의 문제점이다. 실제로 적합한 용어는 "활성화(activate)"이다. 또한 사건 달력에는 개체 1번이 시간 600,000.0에 시뮬레이션을 종료시키도록 스케줄링되어 있다고 명기되

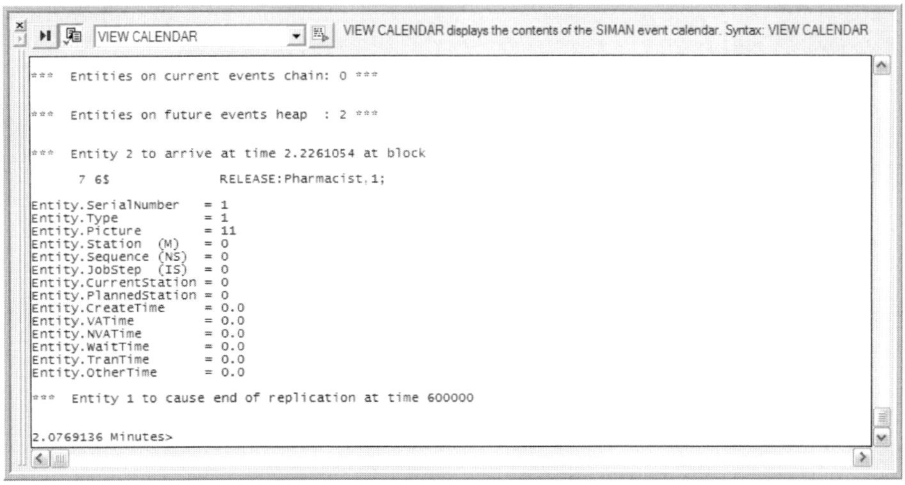

그림 4.56 VIEW CALENDAR 출력물

어 있다. Arena™는 시뮬레이션 종료를 지정하는 사건을 스케줄링하기 위해 내부적으로 개체를 사용하고 있다. 만일 사건 달력에 많은 개체가 존재한다면 VIEW CALENDAR 명령의 결과는 매우 장황하게 될 것이다.

모델을 한 단계 더 실행시키면 다음번 개체가 생성되어 시스템에 도착한다. 이 내용은 CREATE 모듈의 마지막 추적에서 예견된 바 있다.

Run Controller는 주어진 조건이 발생하면 실행을 중지시키는 권한을 가지고 있다. 만일 대기행렬에 적어도 2명의 고객이 있는 경우, 대기행렬에 대기 중인 고객의 수라는 속성값에 관심이 있다고 하자. 이때 대기행렬에서 기다리는 고객의 수에 대하여 "WATCH"라는 명령을 설정하면 이 조건이 충족될 때마다 Arena™는 실행을 중단시킨다. 그러면 VIEW QUEUE라는 명령어를 사용하여 대기행렬에서 기다리는 고객에 대한 정보를 알 수 있다. Run Controller의 프롬프트에 SET WATCH NQ(Get Medicine.Queue) == 2라고 조심스럽게 명령어를 입력하자. 그러면 화면에 그림 4.57과 같이 내용이 표시될 것이다.

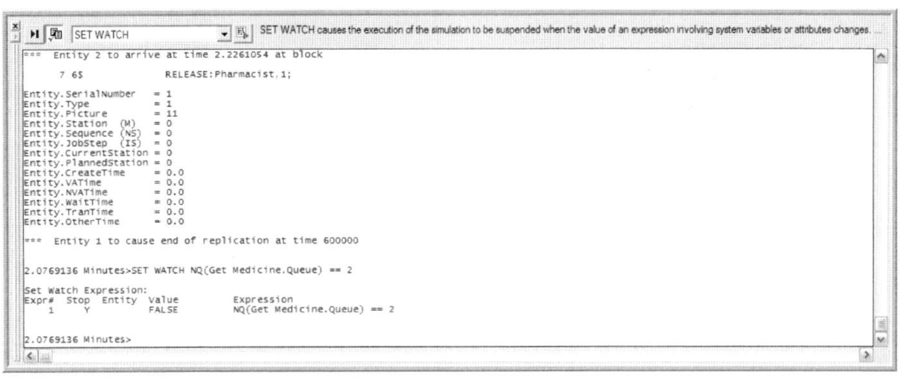

그림 4.57 WATCH의 출력물

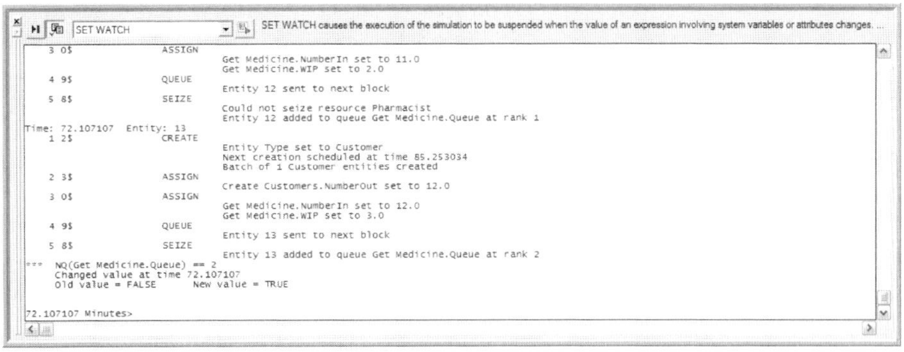

그림 4.58 WATCH 조건 사용에 대한 결과

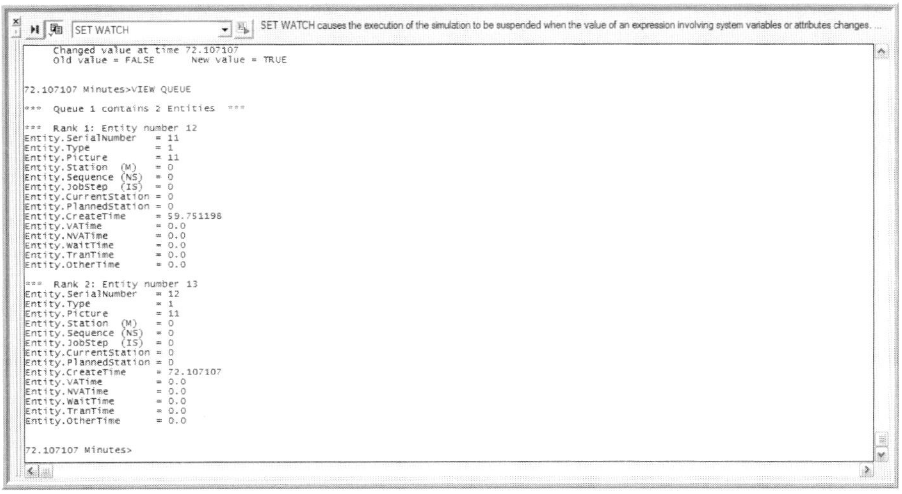

그림 4.59 VIEW QUEUE 명령어 사용 결과

이때 Run Controller의 프롬프트에 GO라고 명령을 입력하면 다음번 WATCH 조건이 충족될 때까지 Arena^{TM}가 실행된다(그림 4.58 참조). VIEW QUEUE 명령을 사용하면 그림 4.49에 제시된 것처럼 모든 대기행렬에 대기 중인 개체에 대한 정보가 표시된다. 이때 특정한 대기행렬이나 특정한 개체에 대해 선택해서 볼 수도 있다. 이렇게 특수한 명령을 사용하는 방법은 Arena^{TM}의 도움말을 참고하기 바란다.

Arena^{TM} Run Command Controller에 디버그 바(debug bar)가 있는데, 그림 4.59에 있는 것처럼 Run > Run Control > Breakpoints 메뉴를 이용하여 접근할 수도 있다. 이 기능을 사용하면 정지지점(breakpoint)을 쉽게 설정할 수 있고, 사건 달력을 볼 수 있으며, 활동 중인 개체의 속성을 볼 수 있고, 모델에 대한 다양한 watch 기능을 설정할 수 있다. 그림 4.60은 다음 단계를 실행한 후 디버그 바의 모습이다. 이 그림에서 활동 중인 개체의 탭(active entity tab)을 이용하면 현재 활동 중인 개체의 속성 정보를 볼 수 있다. 디버그 바의 기능은 다른 디버거들과 유사하다. Arena^{TM}의 도움말 시스템에는 디버그 바에 있는 탭들을 어떻게 사용하는지 설명되

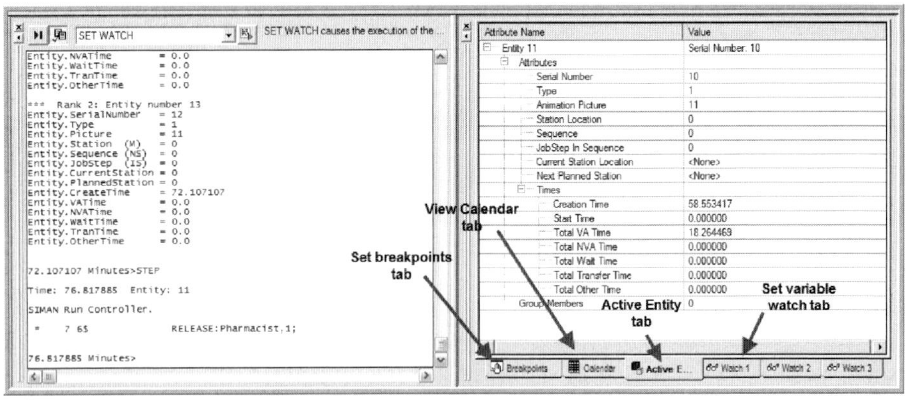

그림 4.60 Run Controller에서의 디버그 창

어 있다. 상세한 설명을 보기 원하면 Arena™의 도움말에서 *Debug Bar*라는 단어로 검색해보기 바란다.

이외에도 디버깅을 하는 과정에서 유용하게 사용할 수 있는 많은 명령어가 있다. 여기에서는 몇몇 명령어에 대해서 설명한다. 아래 명령어들은 어떤 기능을 수행할까?

- go until 10.0
- show NR(*)
- show NQ(*)
- view entity

모델을 다시 실행시키고 추적 기능을 켠 후에 위의 명령어들을 입력해보자. 그리고 어떠한 상황이 전개되는지 살펴보자.

이제 Run Controller에 대해 몇 가지만 더 설명하면 된다. 모델이 끝까지 실행되었거나 아니면 당신이 실행하는 도중에 Run Controller 화면에는 그때까지 계산된 각종 통계량이 문서 방식으로 제공되는데, 이 정보는 매우 유용하다. 또한 모델에 대한 추적 작업을 완료한 다음에는 CANCEL TRACE라는 명령어를 입력하여 그동안 켜놓았던 추적 기능을 해제해야 한다. 그리고 추적 기능이 해제된 상태로 모델을 저장해야 한다. Run Controller를 통하여 모델을 실행시키지 않더라도 일단 모델에 대한 추적 기능을 켜면 Arena™에서는 추적 결과물이 자동으로 생성되며, 이는 모델의 실행 속도를 급격하게 떨어뜨리는 원인이 된다. 또한 추적결과를 저장하기 위해 매우 큰 기억 공간(memory)이 필요하다. 그 결과 메모리 부족으로 인하여 생각하지 않았던 오류가 발생한다. 따라서 추적 기능을 해제하고 모델을 다시 저장하는 것을 잊지 말기 바란다.

4.10 ARENA에서 사건과 개체를 관리하는 법

Run Controller를 이용하면 독자는 Arena™이 어떻게 작동하는지 감을 잡을 수 있을 것이다. 즉 개체가 어떻게 진행되는지를 알 수 있게 된다는 의미다. Run Controller를 이용하면 개체가 시스템을 돌아다니는 과정을 추적할 수 있다. 이 절에서는 Arena™이 개체를 어떻게 진행시키는지에 대한 개념모델을 설명하도록 하겠다. 이 절에서 소개하는 내용의 상당 부분은 Schriber and Brunner [1998]에서 인용된 것임을 밝혀둔다.

Arena™에서 개체가 진행되는 과정은 철저히 프로세스 기반으로 이뤄진다. 모델을 만드는 사람은 개체가 생성된 후 소멸될 때까지 시스템 내에서 움직이는, 다시 말해 개체의 생애를 묘사해야 한다. 다른 의미로 시스템이 개체를 처리하는 과정이다. 개체는 CREATE 모듈에 의해 생성되며, 다양한 플로차트 모듈을 거치고, DISPOSE 모듈에 의해 시스템에서 소멸된다. 개체는 여러 과정을 거치면서 시스템의 상태를 변경하는 사건을 발생시킨다. 또한 개체는 다음번 사건을 예약하는 역할도 한다.

개체의 이동과 사건의 진행은 직접적인 관계가 있다. 시뮬레이션 언어는 사건달력이라는 만들어서 미래에 발생할 사건의 일정을 관리한다. 이것은 사람들이 자신의 일정표를 작성하는 것과 같다. 미래에 발생할 사건은 사건달력에 기록되고, 시간이 흘러서 사건이 발생할 시점이 도래하면 사건이 진행된다. 이산 사건 모델링에서 시계는 사건이 발생하는 시점에만 작동하며, 갱신되어 시스템의 변화를 반영시킨다. 따라서 개체의 이동이 사건의 발생시점을 예약하고, 진행되도록 하는 것이다.

Schriber and Brunner [1998]에 의하면 사건을 진행시키는 두 종류의 단계가 있는데, 첫 번째는 개체이동단계(entity movement phase, EMP)이고, 두 번째는 시계갱신단계(clock update phase, CUP)다. CUP는 단순하다. 즉 현재 시점에 실행해야 할 모든 사건이 종료되면 다음번 사건이 예정된 시점으로 시뮬레이션 시계를 일시에 돌려놓고, 새로 갱신된 시간에 그 사건들을 실행하는 개념이다. 반면에 사건이 처리되는 것은 EMP와 관련이 있다. 따라서 이러한 과정이 어떻게 진행되는지를 이해라는 것은 개체가 모델에서 어떻게 움직이는지를 이해하는 것과 같다. 여기서 명심해야 할 것은 특정 시점에 사건은 하나만 처리가 된다는 점이다. 즉 특정 시점에 하나의 개체만 이동할 수 있다. 이것은 하나의 개체가 움직이면 나머지 개체들은 움직일 수 없다는 것과 같은 의미다. 하지만 움직이지 않는 개체들은 각기 현재 상태에서 다양한 이유에 의해 움직이지 않을 수도 있다.

Schriber and Brunner [1998]는 개체의 생애를 다음과 같은 다섯 가지 상태로 구분하였다.

1. 활성상태(*Active State*). 이 상태는 개체가 현재 어떤 일을 수행하고 있는 상태를 의미한다. 현재 개체가 움직이고 있다면 이것도 활성상태에 포함된다. 우리는 활성상태에 있는 개체를 활성개체(*active entity*)라고 부른다. 럭비경기를 예를 들자면 활성개체는 럭비공을 들고 있는 선수와 같다. 활성개체는 럭비공을 들고 어떤 저항에 부딪힐 때까지 모델 내부를 달리는 것과 같다. 여기서 저항이란 주어진 작업을 모두 수행했다는 의미와 같다. 저항에 부딪히면 럭비공을 다른 개체에 넘겨주고 다른 상태가 되는 것이다. 새로 공을 넘겨받은 개체는 활성개체가 되어 모델을 돌아다니게 된다.
2. 준비상태(*Ready State*). 준비상태에 있는 개체란 현재의 시뮬레이션 시점에서 움직일 준비가 되어 있는 개체를 의미한다. 럭비경기를 예로 들면 공을 받아 모델 내부를 뛸 수 있는 준비된 선수들이 준비상태에 있는 개체다. 따라서 준비상태인 개체는 여럿일 수 있

다. 이 과정에서 의사결정을 해야 할 것은 준비상태에 있는 복수의 개체 중에서 누구에게 공을 넘겨주어서 새로 뛰도록 할 것인가이다. 이때 공을 넘겨받은 개체는 준비상태에서 활성상태로 상태가 바뀐다.

3. **시간-지연상태(*Time-Delayed State*).** 시간-지연상태에 있는 개체란 미래의 어느 시점에 준비상태가 될 수 있도록 일정이 잡혀져 있는 개체를 의미한다. 시간-지연상태에 있는 개체는 사건달력에 사건의 발생이 예정되어 있다. 이 사건의 목적은 개체의 상태를 준비상태로 변경하는 것이다. 활성개체가 PROCESS 모듈에서 정의된 대로 작업을 완료하면 새로운 사건이 예정되며, 활성개체의 상태는 시간-지연상태로 변경된다.
4. **조건-지연상태(*Condition-Delayed State*).** 조건-지연상태에 있는 개체란 특정 조건이 만족되면 준비상태로 변환할 수 있도록 모델에서 대기를 하고 있는 개체를 의미한다. 예를 들어 한 개체가 필요한 자원이 확보될 때까지 기다리고 있다면 조건-지연상태에 있는 것이다. 대기의 원인이 되는 조건이 제거되면 조건-지연 개체가 준비상태의 개체가 될 수 있는지 EMP 논리가 판단한다. 이런 과정은 자동적으로 수행된다.
5. **휴면상태(*Dormant State*).** 휴면상태란 개체가 모델 내에서 자동적으로 진행되는 시간이나 조건을 기다리지 않는 상태를 의미한다. 휴면상태는 개체의 상태를 휴면상태에서 준비상태로 변경하기 위해 특별한 논리가 모델에 추가되어야 하는 상황을 의미한다.

그림 4.61은 개체들이 앞에서 설명한 다섯 가지 상태에 따라 상태가 변하는 것을 보여준다. 이 그림에 의하면 개체가 생성되었을 때 개체의 상태는 준비상태이거나 시간-지연상태가 된다. CREATE 모듈은 개체를 시간-지연상태로 만들고, SEPARATE 모듈[2]은 개체를 준비상태로 만든다. 준비상태에 있는 개체만이 활성상태가 될 수 있다. 활성상태에 있는 개체는 준비상태 혹은 세 종류의 지연상태(시간-지연상태, 조건-지연상태, 휴면상태)로 상태 변경이 가능하고, 또한 DISPOSE에 의해 소멸될 수 있다. 세 종류의 지연상태에서는 준비상태로 변경이 가능하다.

어떤 개체가 활성개체가 아니라면 메모리의 어디엔가 보관되어 있어야 한다. 준비상태에 있는 개체는 current event list (CEL)에 보관된다. CEL은 현재 시점에 움직일 수 있는 모든 후보 개체들을 관리한다. 이 목록은 우선적으로 진행되는데 개체는 CEL에 다음과 같은 네 가지 원인에 의해 기록된다.

1. 개체가 시간-지연 개체였는데 현재 시점으로 이동할 계획이 있다.
2. 개체가 조건-지연 개체였는데 장애요인이 제거되었다.
3. 개체가 휴면상태에 있었는데 사용자가 개체를 CEL로 보내기 위한 특별한 논리를 실행했다.
4. 개체가 SEPARATE 모듈을 실행시켜서 활성개체를 복제했다. 이때 복제된 개체는 자동적으로 CEL로 보내져서 준비상태가 된다.

[2]5장에서 소개할 것임

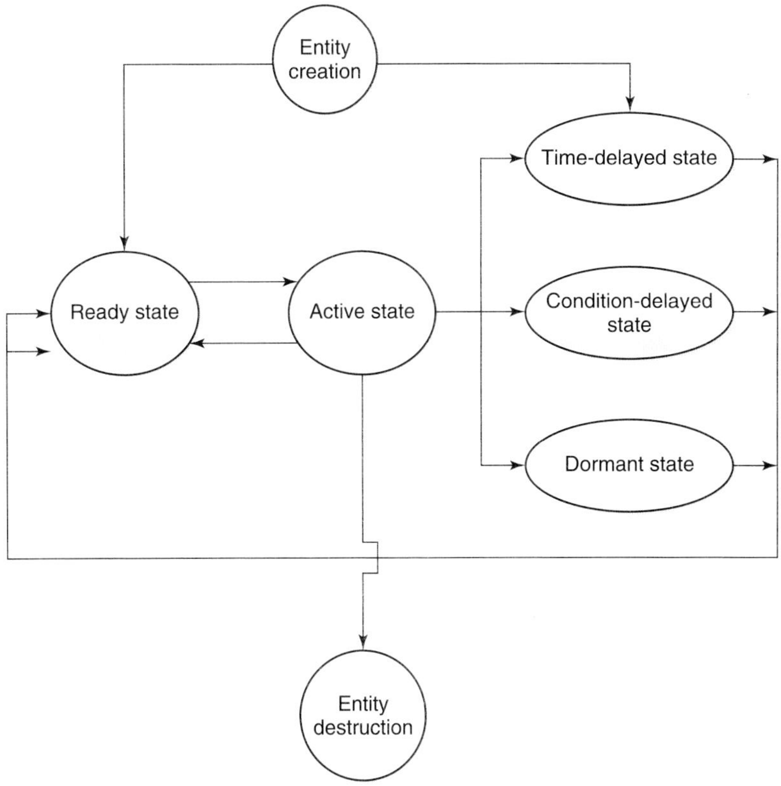

그림 4.61 개체의 상태 변환
(Schriber and Brunner [1998] 그림 24.9 참조)

시간-지연상태에 있는 개체들은 future event list (FEL)에서 관리된다. 개체가 미래의 사건을 발생시킬 모듈을 실행하면 이 개체는 지연상태가 되어 FEL에 보관된다. 조건-지연상태에 있는 개체들은 특정 조건에 묶여 있는 지연목록(delayed list, DL)에 보관된다. DL은 모델에서 대기행렬과 같은 역할을 한다. 예를 들어 PROCESS 모듈에서 SEIZE, DELAY, RELEASE 조건을 선택하면 자동적으로 자원이 사용가능해질 때까지 대기할 수 있도록 QUEUE가 생성된다. 모델에는 항상 여러 개의 DL이 존재한다. 예를 들어 BATCH[3] 모듈에 있는 대기행렬도 DL이다.

마지막으로 휴면상태에 있는 개체들은 user managed list (UML)에서 관리된다. Arena™에는 특정한 조건에 묶여 있지 않은 대기행렬이 있다. HOLD[4] 모듈은 무한히 대기시킬 수 있는 기능이 있는데 이 경우가 UML에 해당된다. 따라서 모델에 있는 개체들은 여러 개의 상태에 해당될 수 있으며, 과정이 진행되면서 다른 목록에서 관리된다. 표 4.1은 여러 개체가 동시에 모델 내에 존재할 수 있으며, 각 개체가 서로 다른 상태를 가지고 서로 다른 목록에서 관리되고

[3]5장에서 소개할 것임
[4]8장에서 소개할 것임

표 4.1 개체의 기록

IDENT	Entity.SerialNumber	Size	Weight	Processing Time	State	List
1	1001	2	33	20	Active	
2	1002	3	22	55	Ready	CEL
3	1003	1	11	44	Time delayed	FEL
4	1001	2	33	20	Ready	CEL
5	1004	5	10	14	Condition delayed	DL
6	1005	4	14	10	Dormant	UML

있음을 보여준다.

Arena™에서 EMP와 CUP는 다음과 같은 단계로 요약할 수 있다.

1. CEL의 맨 위에 있는 개체를 제거하여 활성상태로 만든다.
2. 활성개체가 모델을 돌아다닐 수 있게 한다.
   - 활성개체가 복사 개체를 만들었다면 복사된 개체는 CEL의 맨 위에 보관한다. 보관된 개체들은 준비상태에 있는 개체들 중에서 가장 우선순위가 높게 된다. 하지만 복사된 개체들 사이의 우선순위는 선입선출의 규칙을 따른다.
   - 만일 활성개체가 UDL에서 특정한 개체를 제거한다면, 제거된 개체는 CEL에 보관되며 가장 높은 우선순위를 가진다.
3. 활성개체가 활동을 중단하면 CEL에 있는 개체들이 활동을 시작할 준비를 하는데, CEL의 맨 위에 있는 개체를 활성상태로 만들어서 움직일 수 있도록 한다.
4. CEL에 여러 개의 개체가 있는 경우에는 EMP 논리가 조건-지연 상태에 있는 개체와 관련해서 상태가 변경될 개체가 있는지를 확인한다. 조건을 만족하는 특정 개체가 CEL로 이동하면, 앞에서 설명한 과정에 따라 진행된다. CEL에 더 이상의 개체가 존재하지 않거나 조건-지연 상태에 있는 개체를 변경할 수 있는 조건이 만족되지 않는다면 CUP가 작동한다.
5. CUP는 FEL에 예약된 다음번 사건이 발생할 시점까지 시뮬레이션 시간을 진행시키고, FEL을 작동시킨다.
6. FEL이 작동되면 논리가 현재 시점에 실행할 예정이 되어 있는 개체를 FEL에서 꺼낸다. FEL에서 제거된 시간-지연 개체는 CEL로 이동한다. 현 시점에 이동이 예정된 개체가 여럿 있는 경우에는 이들을 CEL의 맨 위에 위치시킨다. 이때 조심해야 할 점이 있는데, Arena™에는 모델의 논리에 영향을 줄 수 있는 내부 개체가 있다는 점이다. 예를 들어서 특정 시간에 시뮬레이션을 종료시킬 목적의 내부 개체가 그 사례다. 이런 개체는 CEL에 등록되지 않은 상태에서 즉시 실행이 된다.
7. 만일 더 이상 실행할 개체가 없는 경우에는 시뮬레이션이 종료된다.

위에서 설명한 내용을 숙지한다면 독자는 Arena™에서 개체들을 어떤 방식으로 처리하는지 이해할 수 있을 것이다. 더 나아가 Run Controller를 더욱 효과적으로 활용할 수 있게 될 것이다. 개체들에게 어떠한 일이 발생할지에 대해 잘 개념화시킬 수 있다면 모델이 의도한 대로 작동하는지 검증하기도 쉬울 것이다.

왜 개체에 어떠한 일이 일어나는지 이해해야 할까? Arena^{TM}에는 내재된 진행논리들이 있는데, 이것을 이해해야 제대로 된 모델을 만들 수 있는 상황이 발생하기 때문이다. Schriber and Brunner [1998]는 이런 일이 발생하는 세 종류의 모델링 상황에 대해 설명하였다.

1. 활성개체가 자원을 release 하면 자원은 자동적으로 대기하고 있는 고객에게 할당된다. 활성개체가 대기하고 있는 고객이 아니기 때문에 활성개체에는 다시 자원이 할당될 수 없다.
2. 활성개체가 이동을 중단할 때까지 자원의 할당은 발생하지 않는다. 따라서 자원에 대한 경쟁자가 된다.
3. Release 시키는 개체는 다른 대기하는 개체들보다 자원을 다시 할당받는 데 우선권이 있다.

이와 같은 세 가지 경우는 매우 타당성이 있는 것으로 보인다. 첫 번째 조건은 Arena^{TM}에서 자동적으로 수행되는데, 만일 독자가 이러한 조건이 의도한 바와 다르다면 각자의 의도에 맞도록 특수한 논리를 직접 개발해야 할 것이다.

4.11 요약

4장에서는 Arena^{TM} 환경에 대해 소개하였다. 독자는 Arena^{TM}를 이용하여 필요한 모듈을 선택하여 끌어다 붙이는 방식으로 시뮬레이션 모델을 만들 수 있다. Arena^{TM} 환경은 프로세스를 만들고, 모델을 실행시키며, 결과물을 분석할 수 있는 기능을 제공한다.

이 장에서 설명한 모듈들은 다음과 같다.

CREATE 이 모듈은 일정한 패턴으로 개체를 생성하여 모델에 투입하는 기능을 한다.

DISPOSE 이 모듈은 생성된 개체가 모델에서 수행해야 할 일을 완료한 후 소멸시킨다.

PROCESS 개체가 자원을 이용하여 원하는 활동을 수행할 수 있도록 한다.

ASSIGN 모델에 있는 변수나 속성에 어떤 값이나 수식을 할당하는 기능을 한다.

RECORD 모델에서 원하는 통계량을 구하여 제공하는 기능을 한다.

DECIDE 개체가 확률이나 조건에 의해 서로 다른 경로를 선택할 수 있도록 분기하는 기능을 한다.

VARIABLE 모델에서 사용될 변수를 정의한다.

RESOURCE 개체에 의해 seize되고 release되는 자원과 자원의 수량을 정의하는 기능을 한다.

QUEUE 개체가 모델에서 흘러가는 것을 일시적으로 중단시키고 대기하도록 하는 대기행렬을 정의한다.

ENTITY 모델에서 사용될 서로 다른 종류의 개체를 정의한다.

Arena™ 환경에는 아직까지 다루지 않은 다양한 기능이 있다. Arena™는 시뮬레이션 모델을 만들고, 결과를 분석하는 기능 이외에 다양한 조건을 가지는 복수의 실험을 한 번에 실행하고, 시나리오별로 비교할 수 있도록 해주는 Process Analyzer도 제공한다. 또한 모델에서 사용할 분포의 종류를 분석하여 제공해주는 Input Analyzer라는 기능도 제공한다. 마지막으로 OptQuest라는 기능을 이용하여 시뮬레이션을 이용해 최적의 설계조건을 찾을 수도 있다.

다음 장에서는 프로세스 기반의 시뮬레이션 상황에 대해 Arena™를 어떻게 활용하는지에 대해 좀 더 상세한 설명을 하도록 하겠다.

연습문제

4.1 이산 사건-동적-확률적 시뮬레이션에서 시뮬레이션 시계는 1초, 2초, 3초 등 일정한 시간 간격으로 움직인다. 참인가 거짓인가?

4.2 Arena™ 모델을 디버그할 때 사용자는 Arena™ 환경에서 제공하는 (a)____ 를 사용할 수 있는데, 이 기능은 (b)______ 메뉴에 있다.

4.3 활동 다이어그램과 관련해서 빠뜨린 개념이나 정의를 채워라.

개념	정의
(a)	원호로 대기행렬의 이름이 내부에 적혀진 원호로 표시
(b)	내부에 해당되는 내용이 적혀진 사각형으로 표시
Resource	(c)
Lines/Arcs	(d)
(e)	개체가 생성되고 소멸되는 것을 표현

4.4 자동창고에서 서비스 시간은 지수분포를 가지는 것으로 알려져 있다. 이때 물건을 불출하기 위해서는 최소 15초가 소요되며, 지수분포의 모수는 $\lambda = 45$이다. 20회의 서비스 시간을 조사하기 위한 Arena™ 모델을 만들고, 최소값, 최대값, 평균값, 평균값의 95% 신뢰구간(half-width로 표시됨)을 제시하라.

4.5 컴퓨터 프린터의 팬이 형상모수 $\alpha = 2$, 스케일 모수 $\beta = 3$을 가지는 와이블분포에 따라 고장이 난다고 하자. 50회의 고장 시간 간격을 조사하기 위한 Arena™ 모델을 만들고, 최소값, 최대값, 평균값, 평균값의 95% 신뢰구간(half-width로 표시됨)을 제시하라.

4.6 컴퓨터 프린터의 팬이 형상모수 $\alpha = 2$, 스케일 모수 $\beta = 3$을 가지는 와이블분포에 따라 고장이 난다고 하자. 사전실험에 따르면 고장 시간 간격의 확률변수 값은 1.5부터 4.5의 구간을 가진 것으로 분석되었다. 이와 같이 상한과 하한이 존재하는 경우에 대해 100회의 고장 시간 간격을 조사하기 위한 Arena™ 모델을 만들고, 최소값, 최대값, 평균값, 평균값의 95% 신뢰구간(half-width로 표시됨)을 제시하라.

4.7 자본투자 프로젝트에 적용할 이자율을 모른다고 하자. 투자전문가들에 의하면 내년도의 이자율은 2%~5% 범위에서 결정될 것으로 예측한다. 전문가들은 이자율이 이 범위 내에서 균일한 확률로 결정될 것으로 생각한다. 당신은 이 프로젝트의 현금흐름분석에 적용

할 이자율을 정하라는 지시를 받았다. 100개의 이자율 추정치를 조사하기 위한 Arena™ 모델을 만들고, 최소값, 최대값, 평균값, 평균값의 95% 신뢰구간(half-width로 표시됨)을 제시하라.

4.8 다음과 같은 확률밀도함수에서 30개의 확률변수 값을 만들어내는 Arena™ 모델을 만들고, 이를 이용해 최소값, 최대값, 평균값, 평균값의 95% 신뢰구간(half-width로 표시됨)을 제시하라.

$$f(x) = \begin{cases} \frac{3x^2}{2} & -1 \le x \le 1 \\ 0 & \text{otherwise} \end{cases}$$

4.9 환자의 진료 시간이 다음과 같은 두 종류의 분포를 따른다. 25%의 확률로는 최소 20분, 최대 25분인 일양분포를 따르고, 75%의 확률로는 형상모수 $\alpha = 2$, 스케일 모수 $\beta = 4.5$인 와이블분포를 따른다.

(a) 100명의 환자에 대해 진료시간을 생성시키는 Arena™ 모델을 만들어라.

(b) 이론적으로 환자 진료 시간에 대한 기대치를 계산하라.

(c) 환자 진료 시간의 평균값을 추정하고, 평균값의 95% 신뢰구간을 제시하라. 제시한 신뢰구간이 이론적인 기댓값을 포함하고 있는가?

4.10 확률변수 X가 평균 $\mu = 2$, 표준편차 $\sigma = 1.5$를 가지는 정규분포를 따른다고 하자. Arena™ 모델을 만들어서 100개의 관측치를 만들어라.

(a) 관측치로부터 평균값을 추정하고, 이 점추정치에 대한 95% 신뢰구간을 제시하라.

(b) 관측치로부터 분산을 추정하고, 이 점추정치에 대한 95% 신뢰구간을 제시하라.

(c) 관측치로부터 $p\{X \ge 3\}$일 확률을 추정하고, 이 점추정치에 대한 95% 신뢰구간을 제시하라.

4.11 금속 연마공정에서 매 시간 20개의 표본을 추출한다고 하자. 일반적으로 2%의 제품이 재작업을 해야 한다. X가 20개의 표본 중 재작업이 필요한 제품의 수라고 정의하자. 이 공정의 관리자는 X가 관리한계인 3σ를 넘어갈까봐 걱정을 하고 있다. Arena™ 모델을 만들고, 30시간 동안 실험을 하라. 이때 매 시간 20개의 표본을 추출해야 하기 때문에 표본수가 20개인 30개의 데이터가 만들어질 것이다. 이 경우 X가 관리한계인 3σ를 넘어갈 확률을 추정하라.

4.12 이산확률변수 X가 아래와 같은 확률질량함수 $p(X)$를 따른다고 하자. Arena™ 모델을 만들고, X에 대한 30개의 관측치를 만들어라. 이를 이용해 최소값, 최대값, 평균값, 평균값의 95% 신뢰구간(half-width로 표시됨)을 제시하라.

x	0	1	2	3	4
$p(x)$	0.3	0.2	0.2	0.1	0.2

4.13 하루 동안 의자를 수리해달라는 요청이 아래와 같은 확률질량함수를 따라 발생한다고 하자. Arena™ 모델을 만들고, X에 대한 30개의 관측치를 만들어라. 이를 이용해 최소값, 최대값, 평균값, 평균값의 95% 신뢰구간(half-width로 표시됨)을 제시하라.

수요량	0	1	2
확률	0.3	0.2	0.5

4.14 Arena™와 몬테칼로 시뮬레이션을 이용하여 아래 적분함수에 대한 면적을 추정하라. 이때 95% 신뢰구간이 ±0.01 이내에 있어야 한다.

$$\int_1^4 \left(\sqrt{x} + \frac{1}{2\sqrt{x}}\right) dx$$

4.15 Arena™와 몬테칼로 시뮬레이션을 이용하여 아래 적분함수에 대한 면적을 추정하라. 이때 99% 신뢰구간이 ±0.01 이내에 있어야 한다.

$$\int_0^{\pi} (\sin(x) - 8x^2) dx$$

4.16 Arena™와 몬테칼로 시뮬레이션을 이용하여 아래 적분함수에 대한 면적을 추정하라. 이때 99% 신뢰구간이 ±60.01 이내에 있어야 한다.

$$\theta = \int_0^1 \int_0^1 (4x^2y + y^2) dxdy$$

4.17 한 회사가 공장에서 통에 액체를 채우는 공정에 사용할 측정기구를 구입할지 결정하려고 한다. 이 측정기구를 이용하면 통에 액체가 초과 투입되는 것을 방지할 수 있다. 이 측정기구의 가격은 $800이며, 연간 유지비용은 평균이 $100, 표준편차가 $10인 정규분포를 따른다. 이외에도 새로운 측정기구를 이용하면 추가적인 비용절감효과가 있을 것으로 예측하는데, 그 규모는 평균이 $300, 표준편차가 $50인 정규분포를 따른다. 이 측정기구의 잔존가치는 최소 $90, 최대 $100인 일양분포를 따른다. 이 측정기구의 구입 타당성은 사용 기간에 의해 영향을 받는데, 측정기구의 판매업체에서는 다음과 같은 분포표에 의해 4~7년이 될 것으로 예측한다.

년	4	5	6	7
f(년)	0.3	0.4	0.1	0.2
F(년)	0.3	0.7	0.8	1.0

최근에 이자율의 변동이 심해서 이자율이 정확히 얼마인지는 알 수 없지만, 보수적 관점에서 $\alpha = 5$, $\beta = 1.5$를 가지는 베타분포를 따르되 6~9% 선에서 상한과 하한이 결정될 것으로 예측한다. 이와 같은 상황에서 이 의사결정의 현재가치와 손실이 날 확률을 시뮬레이션을 통해 알고 싶다. 현재가치의 기대치에 대한 95% 신뢰구간이 ±$10 범위에 놓이기를 원한다. 이 상황을 분석하기 위한 Arena™ 모델을 개발하라.

4.18 한 회사가 다음과 같은 두 가지 제안에 대해 투자여부를 고민하고 있다. 투자 제안 A와 B의 현금흐름은 아래 표와 같아질 것으로 예상한다. 이때 $N(\mu, \sigma)$는 평균이 μ이고, 표준편차가 σ인 정규분포를 의미한다.

년말	0	1	2	3	4
A	$N(-250, 10)$	$N(75, 10)$	$N(75, 10)$	$N(175, 20)$	$N(150, 40)$
B	$N(-250, 5)$	$N(150, 10)$	$N(150, 10)$	$N(75, 20)$	$N(75, 30)$

최근에 이자율의 변동이 심해서 이자율이 정확히 얼마인지는 알 수 없지만, 보수적 관점에서 $\alpha_1 = 4.0$, $\alpha_2 = 1.2$를 가지는 베타분포를 따르되 2~7% 선에서 상한과 하한이 결정될 것으로 예측한다. 이와 같은 상황에서 이 의사결정 문제를 분석하기 위해 시뮬레이션을 활용하기로 하였다. 다음과 같은 질문에 답할 수 있는 시뮬레이션 모델은 Arena™를 이용하여 개발하라.

(a) 두 가지 투자제안에 대해 현재 가치의 기대값을 비교하고, 제안 A가 제안 B보다 현재 가치가 높을 확률을 구하라.

(b) $P\{PV(A) > PV(B)\}$확률의 95% 신뢰구간이 ±0.10 내에 들어가게 하기 위해 필요한 표본의 수를 결정하라. 이때 $P(A)$와 $P(B)$는 제안 A와 제안 B의 현재가치를 의미한다.

4.19 아래 그림과 같이 A, B, C 세 개의 부품을 이용하여 U자 형태의 제품이 만들어진다. A의 길이는 평균 20 mm, 표준편차 0.2 mm인 대수정규분포(lognormal distribution)를 따르며, 부품 B와 C의 두께는 최소 4.98 mm, 최대 5.02 mm를 가지는 일양분포를 따른다. 이때 각 치수는 상호 독립적이라고 가정하자. 간격 D의 95% 신뢰구간이 ±0.01 mm를 만족하면서 D가 10.1 mm보다 작을 확률을 구하기 위한 Arena™모델을 개발하라.

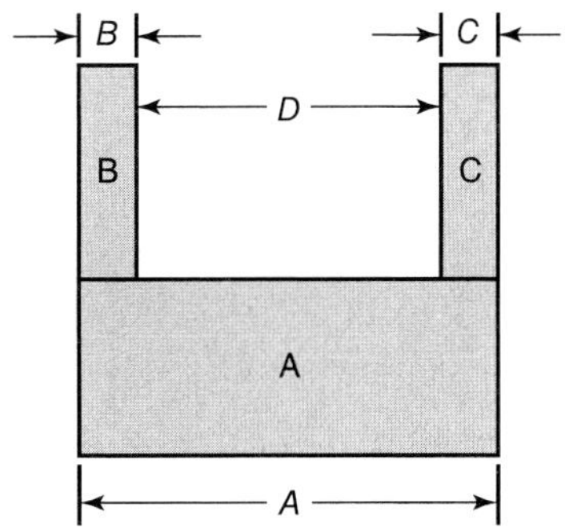

4.20 뉴욕과 로스앤젤레스 사이에 트럭이나 철도를 이용하여 문자를 운송하는 상황을 생각해 보자. 아래 그림에서 두 가지 경로 모두 세인트루이스를 경유하도록 되어 있다.

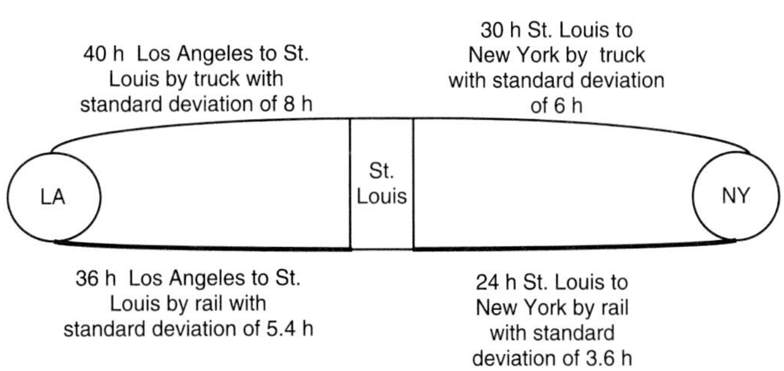

도시 사이의 경로별 소요 시간은 그림에 표시된 바와 같으며, 모두 대수정규분포를 따른다고 하자. 예를 들어서 뉴욕에서 세인트루이스까지 트럭을 이용해 운송을 할 경우 운송시간은 평균이 30시간이고 표준편차가 6시간인 대수정규분포를 따른다. 또한 세인트루이스에서 트럭으로 환승(트럭 ⟶ 트럭)하는 데 소요되는 시간은 모수가 (8, 10, 12)인 삼각분포를 가지며, 철도로 환승하는 데 소요되는 시간은 모수가 (13, 15, 17)인 삼각분포를 가진다. 철도로 환승하는 경우란 철도 ⟶ 철도, 트럭 ⟶ 철도, 철도 ⟶ 트럭 세 경우를 모두 포함한다. 이 상황에서 우리는 뉴욕에서 로스엔젤레스까지 최단 시간에 운송을 마치기 위한 방법을 찾고자 한다. 이 문제를 해결하기 위한 Arena™ 모델을 개발하라.

(a) 얼마나 많은 운송 조합이 있는가?
(b) 트럭과 철도를 결합해 운송하는 경우 총 운송 시간을 계산하기 위한 Arena™ 표현식을 제시하라.
(c) 우리는 각각의 운송방법 조합에 대해 총 운송 시간의 기대치와 그 값이 85시간 이내가 될 확률을 알고 싶다.
(d) 특정 운송조합이 최단 시간이 될 확률을 추정하라.
(e) 트럭이 포함된 운송조합에 대해 평균 운송 시간의 95% 신뢰구간이 0.5시간 이내로 되기 위한 표본 수를 결정하라.

4.21 한 회사는 YBox라고 하는 게임기를 시장에 출시하려고 한다. 이때 회사의 수익은 다음과 같은 함수에 의해 결정된다.

$$수익 = (판매가격 - 제조가격) \times 판매량 - 고정비용$$

판매가격은 대당 $200이고 다른 비용은 아래 표와 같이 분포될 것으로 예상하고 있다.

제조가격	80	90	100	110
확률	0.20	0.40	0.30	0.10

판매량	1,000	2,000	3,000
확률	0.10	0.60	0.30

고정비용	50,000	65,000	80,000
확률	0.40	0.30	0.30

1000개의 표본에 의해 이 회사의 수익을 추정할 수 있도록 Arena™ 모델을 개발하라.

(a) 추출된 표본으로부터 평균수익을 예측하고, 평균수익에 대한 95% 신뢰구간을 제시하라.
(b) 흑자가 날 확률을 제시하라.

4.22 T. Wilson 씨는 스포츠잡지 판매대를 운영하고 있다. 그는 각 잡지를 33센트에 구입해서 50센트에 판매한다. 판매되지 않은 잡지는 5센트의 잔존가치를 가진다. 잡지는 10부 단위로 구입할 수 있다. 만일 고객이 잡지를 구매하러 왔는데 재고가 없어서 판매하지 못할 경우에는 1부당 17센트의 기회손실이 발생한다. Wilson 씨의 수익모형은 다음과 같다.

수익 = 판매수입 − 구매비용 − 기회손실 + 미판매 잡지의 잔존가치

매일의 게임 상황에 의해 수요가 달라지는데, 게임 상황이라 함은 현재의 순위, 상대팀, 특별한 이벤트의 유무 등을 의미한다. 따라서 특정 게임일의 수요는 높음, 보통, 낮음의 3가지 유형으로 구분한다.

일별 유형	높음	보통	낮음
확률	0.35	0.45	0.20

또한 하루를 3가지 유형으로 구분할 때 잡지를 구매하려는 수요는 아래 표와 같이 서로 다른 분포를 가진다.

수요량	높음		보통		낮음	
	PMF	CDF	PMF	CDF	PMF	CDF
40	0.03	0.03	0.1	0.1	0.44	0.44
50	0.05	0.08	0.18	0.28	0.22	0.66
60	0.15	0.23	0.4	0.68	0.16	0.82
70	0.2	0.43	0.2	0.88	0.12	0.94
80	0.35	0.78	0.08	0.96	0.06	1.0
90	0.15	0.93	0.04	1.0		
100	0.07	1.0				

이 상황에서 Q를 매일 구입하는 잡지의 수량이라고 하고, D를 하루의 판매량이라고 하자. 만일 $D > Q$이면 Wilson 씨는 Q만큼만 팔수 있고, 판매하지 못한 $(D - Q)$에 대해서는 기회손실을 입는다. 반면에 $D < Q$이면 Wilson 씨는 D만큼만 팔수 있고, 재고로 남는 $(Q - D)$에 대해서는 잔존가치로 처분해야 한다. Wilson 씨는 검토 끝에 1일 구매량 $Q = 50$으로 결정하였다.

평균 기대수익을 구하고, 우리는 Wilson 씨의 평균 기대수익과 수익이 0보다 클 확률을 추정할 수 있다. 이 경우 평균 기대수익을 구하고, 그때 95% 신뢰구간이 ±\$0.5가 되도록 하기 위한 Arena™ 모델을 개발하라.

4.23 여러 개의 통로로 구성된 자동창고가 있는데 특정 저장위치에 물건을 저장하기 위해서는 다음과 같은 3종류의 시간이 소요된다. X는 특정 통로까지 이동하는 데 걸리는 시간이고, Y는 해당 통로의 특정 저장위치까지 이동하는 데 소요되는 시간이며, Z는 해당 위치에 물건을 집어넣는 데 소요되는 시간이다. X, Y, Z에 대한 분포는 다음과 같다.

- $X \sim$ 평균 20초, 표준편차 10초인 대수정규분포
- $Y \sim$ 최소 10초, 최대 15초인 일양분포
- $Z \sim$ 최소 5초, 최대 10초인 일양분포

물건을 자동창고에 저장하는 데 소요되는 평균 시간을 추정할 수 있도록 Arena™ 모델을 개발하고, 평균 시간이 60초를 초과할 확률을 추정하라. 이때 데이터 표본은 1,000개로 하라.

4.24 재고관리 문제에서 리드타임(lead time)이란 제품에 대한 발주가 이루어져서 그 제품이 납품될 때까지의 기간을 의미한다. 이 기간 동안에도 수요는 발생하기 때문에 그것을 리드타임 수요라고 한다. 리드타임을 T라고 할 때, 확률변수인 리드타임 수요는 T 기간 동안 매일 발생하는 수요(D_i)를 합한 것으로 표현한다. 즉 $\text{LDT} = \sum_{i=1}^{T} D_i$의 관계가 되는데 이때 i는 리드타임 동안의 날짜를 표시하는 색인이다. 리드타임 수요의 분포는 시뮬레이션에서 여러 주기의 리드타임 동안 발생하는 수요(LDT)를 구하여 결정할 수 있다. 이때, LDT는 확률변수들의 합성식(*convolution*)으로 표시된다. 매일 발생하는 수요는 아래 표와 같은 분포를 따른다. 또한 리드타임은 하루 단위로 결정되는 것으로 가정한다.

1일 수요	4	5	6	7	8
확률	0.10	0.30	0.35	0.10	0.15

(a) 리드타임이 10일로 고정되어 있다고 하자. 이때 1,000개의 LDT 데이터를 얻을 수 있도록 Arena™ 모델을 개발하고, LDT가 10 이상이 될 확률과 95% 신뢰구간을 제시하라.

(b) 리드타임이 모수가 0.2를 가지는 기하분포(geomery distribution)를 따른다고 하자. 이때 1,000개의 LDT 데이터를 얻을 수 있도록 Arena™ 모델을 개발하고, LDT가 10 이상이 될 확률과 95% 신뢰구간을 제시하라.

4.25 만일 $Z \sim N(0, 1)$, $Y = \sum_{i=1}^{k} Z_i^2$이라고 하면 $Y \sim \chi_k^2$ 분포(자유도가 k인 카이제곱분포)를 따른다. 50개의 χ_k^2 분포를 따르는 확률변수 값을 생성하는 Arena™ 모델을 개발하고, 이때의 최대, 최소, 평균과, 평균의 95% 신뢰구간을 제시하라.

4.26 아래와 같은 확률밀도함수에서 30개의 확률변수 값을 생성하는 Arena™ 모델을 개발하라.

$$f(x) = \begin{cases} \dfrac{3x^2}{2} & -1 \le x \le 1 \\ 0 & \text{otherwise} \end{cases}$$

4.27 Box와 Muller [1958]의 연구에 의하면 U_1과 U_2가 독립이고 (0, 1)의 모수를 갖는 일양분포를 따를 때 아래 식에 의해 변환된 X_1과 X_2는 표준정규분포 N(0, 1)을 따른다고 한다.

$$X_1 = \cos(2\pi U_2)\sqrt{-2\ln\,(U_1)}$$
$$X_2 = \sin(2\pi U_2)\sqrt{-2\ln\,(U_1)}$$

Box와 Muller [1958]의 이론을 토대로 정규분포를 가지는 확률변수 값을 생성할 수 있는 Arena™ 모델을 개발하라. 그리고 이 모델을 이용해 평균 2, 표준편차 0.75를 가지는 정규분포의 확률변수 값 1,000개를 생성하라. 이들의 최소값, 최대값, 평균값, 평균값의 95% 신뢰구간을 구하라.

4.28 4.4절에서 소개한 은행문제를 생각해보자. 시뮬레이션 전문가는 은행 운영에 대해 조사한 결과 은행원 1명이 담당한 고객들에 대해 다음과 같은 자료를 수집하였다. 이 자료를 이용하여 은행시스템을 역으로 추적해보려고 한다.

고객번호	도착 시간	서비스시간
1	3	4
2	11	4
3	13	4
4	14	3
5	17	2
6	19	4
7	21	3
8	27	2
9	32	2
10	35	4
11	38	3
12	45	2
13	50	3
14	53	4
15	55	4

아래 표는 처음 4명의 고객에 대해 은행에서 이뤄지는 사건들을 정리한 것이다. 첫 번째 행의 사건 시간에 있는 0이라는 의미는 시간 0에는 고객이 없기 때문에 은행원의 상태가 유휴상태(idel)라는 의미다. 두 번째 열은 시간 3에 첫 번째 고객이 도착해서 바로 서비스를 받기 시작한다는 내용으로 사건유형은 도착(arrival)이라는 의미다. 이 고객은 시간 3에 바로 서비스를 받기 시작하고, 시간 7에 서비스가 종료될 예정이며 따라서 은행에 머무른 시간은 4이고, 그동안 은행원은 가동(busy)상태가 될 것이라는 정보를 나타낸다. 은행원의 서비스가 시간 3에 시작되므로 은행원은 처음 3 동안은 유휴상태를 유지한다.

(1) 사건 시간	(2) 고객 번호	(3) 사건 유형	(4) 도착 시간	(5) 서비스 시작시간	(6) 종료 시간	(7) 체류 시간	(8) 기행렬의 고객 수	(9) 은행원의 상태	(10) 은행원 유휴시간
0	—-	—-	—-	—-	—-	—-	0	I	—–
3	1	A	3	3	7		0	B	3
7	1	D				4	0	I	
11	2	A	11	11	15		0	B	4
13	3	A	13	15	19		1	B	
14	4	A	14	19	22		2	B	

시간 7까지는 새로운 고객이 도착하지 않기 때문에 다음번 사건은 시간 7에 발생하

며, 이 사건의 내용은 고객 1이 서비스를 마치고 은행을 떠난다는 것이다. 따라서 시간 7의 사건유형은 D (depart)가 된다. 이와 같은 방법으로 시간 11, 13, 15에서 발생하는 내용을 확인해보기 바란다. 이 경우 고객이 평균적으로 은행에 머무른 시간의 평균은 얼마일까? 또한 은행원이 유휴상태로 있을 시간의 비율은 얼마나 될까?

4.29 연습문제 4.28을 다시 생각해보자. 모든 고객이 도착하고 서비스를 받을 때까지 시뮬레이션을 실행하라.

(a) 고객이 평균적으로 은행에 머무른 시간의 평균은 얼마일까?

(b) 또한 은행원이 유휴상태로 있을 시간의 비율은 얼마나 될까?

(c) 대기행렬에 0명, 1명, 2명, 3명의 고객이 대기할 시간의 비율은 각각 얼마나 될까?

4.30 단일 서버 대기행렬모형에서 다음과 같이 25명의 고객 정보가 수집되었다고 하자.

고객번호	도착 시간 간격	서비스 시간	도착 시간
1	22	74	22
2	89	105	111
3	21	34	132
4	26	38	158
5	80	23	
6	81	26	
7	78	90	
8	20	26	
9	32	37	
10	13	88	
11	28	38	
12	18	73	
13	29	93	
14	19	25	
15	20	93	
16	23	5	
17	78	37	
18	20	51	
19	109	28	
20	78	85	

아래 표는 이 시스템이 어떻게 운영되는지를 상세하게 정리한 것이다. 첫 번째 행의 사건시간에 있는 0이라는 의미는 시간 0에는 고객이 없기 때문에 서버의 상태가 유휴상태(idel)이라는 의미다. 두 번째 열은 시간 22에 첫 번째 고객이 도착해서 바로 서비스를 받기 시작한다는 내용으로 사건유형은 도착(arrival)이라는 의미다. 이 고객은 시간 22에 바로 서비스를 받기 시작하고, 74 동안 서비스를 받을 예정이므로 시간 96에 서비스가 종료될 예정이다. 시간 22에 서버가 서비스를 시작하므로 상태는 B로 바뀌고, 서버의 유휴시간은 22가 된다.

시간 96까지는 새로운 고객이 도착하지 않기 때문에 3열에 있는 다음번 사건은 시간 96에 발생하며, 이 사건의 내용은 고객 1이 서비스를 마치고 시스템을 떠난다는 것이다.

따라서 고객 1이 시스템에 머무른 시간은 96 – 22인 74가 되고, 시간 96의 사건유형은 D (depart)가 된다. 또한 서버의 상태는 대기하고 있는 고객이 없기 때문에 유휴상태로 전환된다.

4열에 있는 것과 같이 시간 111이 되면 네 번째 고객이 도착하는데 이미 첫 번째 고객이 시스템을 떠났기 때문에 바로 서비스를 받을 수 있다. 따라서 서비스시작 시간은 111이 되고, 종료예정 시간은 216이다. 하지만 시간 132에 고객 3이 도착하도록 되어 있기 때문에 다음번 사건은 시간 132에 발생하며, 고객 3의 서비스 시간은 34이기 때문에 종료예정 시간은 250이 된다. 고객 4는 시간 158에 도착한다. 이때는 어떤 일들이 발생할까? 아래 표를 모든 고객이 서비스를 마칠 때까지 채워보기 바란다.

(1) 사건 시간	(2) 고객 번호	(3) 사건 유형	(4) 도착 시간	(5) 서비스시 작 시간	(6) 종료 시간	(7) 체류 시간	(8) 대기행렬 의 고객 수	(9) 은행원 의 상태	(10) 은행원 유휴 시간
0	—	—	—	—	—	—	0	0	—
22	1	A	22	22	22 + 74 = 96		0	1	22
96	1	D				96 – 22 = 74	0	0	
111	2	A	111	111	111 + 105 = 21.6		0	1	111 – 96 = 15
132	3	A	132	216	216 + 34 = 25		1	1	0
158	4	A	158	250	250 + 38 = 288		2	1	0
216	2	D				216 – 111 = 105	1	1	
238	5	A	238	288	311		2	1	0

(a) 우리는 도착 시간 간격을 알고 있다. 각 고객이 실제로 도착하는 시간은 언제인가?

(b) 표의 나머지 내용을 직접 채워 넣어보라.

(c) $N(t)$를 t 시점에 시스템에 있는 고객의 수라고 정의할 때, $N(t)$가 시간의 흐름에 따라 변화하는 모습을 그래프로 그려보라. 처음 700 기간 동안 $N(t)$의 평균값은 얼마일까?

(d) $NQ(t)$를 t 시점에 대기하고 있는 고객의 수라고 정의할 때, $NQ(t)$가 시간의 흐름에 따라 변화하는 모습을 그래프로 그려보라. 처음 700 기간 동안 $NQ(t)$의 평균값은 얼마일까?

(e) $B(t)$를 t 시점에 가동 중인 서버의 수라고 정의할 때, $B(t)$가 시간의 흐름에 따라 변화하는 모습을 그래프로 그려보라. 처음 700 기간 동안 $B(t)$의 평균값은 얼마일까?

(f) 고객이 평균적으로 시스템에 체류한 시간은 얼마일까?

4.31 기계 1대로 구성된 작업장에 부품이 1분당 평균 1.5개의 비율로 포아송과정에 따라 도착한다고 하자. 이 부품이 기계에서 가공되는 데 소요되는 시간은 평균이 30초인 지수분포를 따른다. 이때 가공을 기다리는 부품이 대기하는 공간에 대한 제약은 없다. 이 시스템에 대해 평균적으로 대기하는 부품의 수와 기계의 가동률을 계산할 수 있도록 Arena^{TM} 모델을 개발하라. 실험을 10,000초 동안 30회 반복하여 결과를 제시하고, 식 (4.2)에 있는 이론적 결과와 일치하는지 비교 검토하라.

4.32 대형 자동차 수리점에서 자동차에 문제가 생긴 고객들에게 자동차를 대여하려고 한다. 고

객이 고장 난 자동차를 수리점에 가져오면 수리 기간 동안 수리점이 보유하고 있는 차를 대여해 준다. 수리점 사장은 대여하는 차에 대해 하루에 \$10의 비용이 발생할 것으로 생각한다. 따라서 고객이 맡긴 차를 수리하는 데 1.5일이 소요되면 수리점에서는 \$15의 비용이 발생한다. 고객은 포아송 과정에 따라 수리점을 방문한다. 수리점에는 1명의 기술자가 있어서 자동차 수리를 담당하는 데, 수리에 소요되는 시간은 차량당 평균 1.6일의 지수분포를 따른다. 이 시스템에 대해 자동차가 수리를 위해 수리점에 머무르는 시간의 평균과 기술자의 가동률을 구하는 Arena™ 모델을 개발하라. 또한 사장이 고객에게 자동차를 대여함으로써 발생하는 1일 평균비용이 얼마나 될지 추정하라. 실험을 10,000초 동안 30회 반복하여 실행한 후 결과를 제시하고, 식 (4.2)에 있는 이론적 결과와 일치하는 지 비교 검토하라.

4.33 YBox라는 비디오 게임기를 검사하는 가게에 2명의 검사원이 있다. 검사를 하러 오는 고객은 시간당 10명의 비율을 가지는 포아송 과정에 의해 도착한다. 검사에 소요되는 시간은 평균 10분인 지수분포를 따른다. 검사결과 82%의 제품이 검사를 통과하고, 18%의 제품은 불합격되어 수리를 해야 한다. 이 가게에는 1명의 수리작업자가 있다. 수리작업에 소요되는 시간은 UNIF(7,14)의 분포를 따른다. 비디오 게임기가 이 가게에서 평균적으로 체류하는 시간이 얼마나 되는 지를 추정하라. 실험은 10,000분 동안 30회 반복하여 실행하라.

4.34 지수분포는 비기억성(rack of memory)라는 특성을 가진다. 이 특성은 과거의 마지막 사건이 발생한 이후에 Δt라는 시간이 흘렀다고 가정할 때, 다음번 사건이 새로 발생할 때까지 소요되는 시간 t는 Δt와 무관하다는 의미다. 이 내용을 수식으로 표현하면 $P\{X > \Delta t + t | X > t\} = P\{X > t\}$가 된다. 이 이론을 입증하기 위해서 어떻게 시뮬레이션 실험을 할지 설명하라. 그리고 Arena™ 모델을 개발하여 비기억성이 만족함을 입증하라. 그리고 비기억성에 대해 당신의 생각을 설명하라.

기본적인 프로세스 모델링

Basic Process Modeling

학습목표

- 프로세스 지향형 시뮬레이션의 주요한 요소들을 정의하고 설명한다.
- Arena^{TM}에서 개체와 개체의 속성을 정의하고, 사용하는 방법을 학습한다.
- Arena^{TM}에서 변수를 정의하고 사용하는 방법을 학습한다.
- Arena^{TM}에서 기초적인 입출력 작업을 수행하는 방법을 학습한다.
- Arena^{TM} 모델에서 프로그램 흐름을 제어하는 방법에 대해 학습한다.
- Arena^{TM}에서 디버깅하는 방법을 포함하여 프로그래밍을 하는 방법에 대해 학습한다.
- 공유자원에 대해 이해하고 모델링하는 방법을 학습한다.
- 개체를 묶고(batching), 해체(separation)하는 작업의 의미와 모델링 방법에 대해 학습한다.

5.1 프로세스 지향형 시뮬레이션의 요소

1장에서는 시스템을 공통된 목적을 달성하기 위하여 연관된 요소들이 함께 활동하는 것이라고 정의하였다. 5장에서는 프로세스를 이용하여 시스템의 운영을 모델링하는 방법에 대해 학습하도록 한다. 간단히 말해서 프로세스는 활동(activity)들이 순차적으로 연결되어 있는 것이라고 설명할 수 있다. 활동이란 시스템의 구성 요소로서 활동이 완료되기 위해서는 정해진 시간이 필요하다. 약국 예제에서 고객이 약사에 의해서 서비스를 받는 것이 활동이었다. 시스템이 동적으로 변화하는 것을 개체가 시스템을 흘러 다니는 프로세스의 흐름으로 표현하는 방법이 프로세스 지향형 모델링 방법이다. 시뮬레이션 모델을 프로세스 관점에서 개발할 때 자주 사용되는 개념과 용어 몇 가지가 있다. 몇 가지 개념에 대해서 좀 더 자세히 배우기 전에 시뮬레이션에서 사용되는 용어들을 이해하는 것부터 시작하는 것이 중요하다. 이러한 용어들은 다음 같다.

시스템(system): 공통의 목적들을 달성하기 위해 함께 활동하는 관련된 요소들의 집합

모수(parameter): 시스템의 특성을 표현하는 수치로 변하지 않는다. 모수는 전형적으로 수치로 표현되는데 사용자는 개발환경에서 이 수치가 변경되거나 통제되어서는 안 된다고 느낀다.

변수(variable): 시간이 변해감에 따라 시스템의 관련된 요소들에 의해 결정되고 변하는 시스템의 고유한 수치(시스템의 상태를 표현해주는 수치)

시스템 상태(system state): 특정한 시점에 시스템의 특정한 위치의 상황을 변수의 값을 이용하여 순간적으로 보여주는 것으로, 시스템이 현재 시간으로부터 미래에 어떻게 전개될지를 결정하기 위하여 필요하다. 시스템 상태변수(System's state variables)란 시스템이 미래에 어떻게 전개되는지 설명하기 위해 필요한 최소한의 변수들의 집합을 의미한다.

개체(entity): 시스템 내에서 움직이거나 사건이 일어나는 원인이 되는 객체(object)

속성(attribute): 개체에 관련된 특성

사건(event): 특정 시간에 시스템의 상태를 변화시키는 행동

활동(activity): 두 개의 사건(시작사건 과 종료사건)에 의해 결정되는 시간 간격

자원(resource): 시스템에 있는 개체가 활용하기 위해 존재하는 것으로 용량이 제한되어 있다. 개체는 자원을 점유(seize)하고 활용이 끝나면 다른 개체가 사용할 수 있도록 놓아준다(release). 자원은 용량(capacity)을 가지고 있는데 용량이라는 것은 가용한 자원의 수량을 의미한다. 예를 들어 자원이 동질성을 가지고 있다는 의미는 해당 자원을 구분할 필요가 없다는 뜻이다. 만일 개체가 자원을 점유하려는 시도를 하였지만 가용한 자원이 하나도 없는 경우에는 개체가 대기행렬(queue)에서 기다려야 한다.

대기행렬(queue): 개체의 움직임이 시스템 내에서 제한을 받을 때 개체들이 기다리는 장소

미래 사건달력(future event list): 시뮬레이션에서 사건이 일어날 순서를 기록하고 있는 목록

모델을 개발할 때 앞에서 내린 정의에 입각하여 시스템의 요소를 규명하는 것이 유용할 것이다. 개체들은 이러한 개념을 이해하기 위해 가장 중요한 것이다. 그 이유는 프로세스 지향적 모델링은 개체가 시스템 내부를 움직이면서 발생하는 일들을 순차적으로 표현하기 때문이다.

5.2 개체, 속성 그리고 변수

시스템을 모델링할 때 그 모델링에는 종종 많은 종류의 개체가 활용된다. 예를 들어 소매상점을 고려해보자. 고객 외에 제품들 또한 개체로 고려될 수 있다. 상점은 그 제품들을 구입하고 제품은 고객이 그 제품을 구입할 때까지 선반에서 “기다리고” 있다. 상점에서 제품이라는 개체를 구입할 때는 여러 개를 한번에 구입할 것이고, 그 개체들은 한 개 혹은 몇 개 단위로 팔려나갈 것이다. 제품이 담긴 팔레트를 여러 개 싣고 상점에 도착하는 트럭은 하나의 개체로 인식된다. 고객들은 선반에서 제품을 선택하고, 물건 값을 계산하는 과정에서 쇼핑백에 담는다. 그리

고 고객은 이 쇼핑백을 들고 차를 타기 위해 이동한다. 개체들은 시스템 내에서 유일하게 존재한다. 만약 두 명의 고객이 상점에 있더라도 그들은 속성 값에 의해 구별될 수 있다. 예를 들어 개체가 제품이라면 그 개체들도 **일련번호**, **무게**, **제품구분** 그리고 **가격**과 같은 속성을 가지고 있을 것이다. 개체의 종류를 구분하는 속성들의 집합을 **속성 집합**(*attribute set*)이라고 부른다. 모든 제품이 이런 속성을 가지고 있는 동안 그 속성들이 같은 값을 가질 필요는 없다. 예를 들어 아래의 두 제품을 보자.

- 제품 1: 일련번호 = 12345, 무게 = 2 kg, 제품구분 = 완두콩, 가격 = 800원
- 제품 2: 일련번호 = 98765, 무게 = 2 kg, 제품구분 = 콩, 가격 = 1,200원

제품들이 시스템에서 흘러 다니는 과정에서 각 제품은 속성 값도 가지고 다닌다. 다시 말해서 속성들은 개체에 꼬리표처럼 붙어 다닌다는 것이다. 물론 그 속성들의 값은 시스템이 운영되는 과정에서 바뀔 수도 있다. 예를 들어 일정 기간 후에 완두콩 가격을 할인할 수도 있다. 따라서 속성이란 개체에 붙어있는 변수로 생각할 수 있다.

시스템의 모든 정보가 개체에 있는 것만은 아니다. 예를 들어 상점에 있는 고객의 수, 카트의 수, 계산대의 수 등이 모두 시스템의 특성을 표시한다. 이러한 종류의 자료를 **시스템 속성**(*system attribute*)이라 부른다. 시뮬레이션 모델에서 이러한 정보들은 모든 개체가 정보에 접근할 수 있도록 광역 변수나 자원(resources)과 같은 데이터 모듈로 모델링할 수 있다. 시스템 수준에서 이러한 수치를 볼 수 있게 함으로써 모델에 있는 개체나 시스템의 구성 요소들이 정보를 공유할 수 있다.

그림 5.1은 창고에서 광역 변수(시스템 변수)와 속성을 가진 개체의 차이점을 설명하고 있다. 그림에서 트럭은 출발 시간, 제품 종류, 제품 수량, 송장 번호라는 네 가지 속성을 가진 개체이다. 두 개의 트럭 모두 동일한 속성을 가지고 있지만 각 속성의 값은 다르다. 이 그림은 또한 상차 중인 트럭의 수, 하차 중인 트럭의 수, 일하고 있는 지게차의 수와 같은 광역 변수도 보여준다. 이런 유형의 정보들은 전체 시스템에 관련된 것이다.

시스템의 구성을 기본적으로 이해하기 위해서는 우선 시스템 변수, 개체, 속성을 규명해야 한다. 그 후에 시스템에서 어떤 일이 일어나는지에 대한 프로세스를 이해해야 한다. 시스템에 있는 여러 종류의 개체를 표현하고 시스템 상태 변수에 변화를 일으키는 흐름을 연결하는 것은 프로세스 지향 모델링의 핵심이다. 개체가 모델을 흘러가게 하고 프로세스를 수행하게 하기 위해서는 개체를 생성(create)시키거나 소멸(dispose)시켜야 한다. 다음 절에서는 Arena™에서 사용자가 어떻게 개체를 생성시키고 소멸시키는지 학습하도록 한다.

5.3 개체의 생성과 소멸

개체를 생성시켜 Arena™ 모델에 투입하는 기본 역할을 수행하는 것은 CREATE 모듈이다. 개체란 모델 내부를 돌아다니는 객체(object)이다. 객체가 모델을 돌아다니기 때문에 개체가 **각 모듈을 실행시킨다**. 따라서 개체가 생성될 때까지 Arena™ 모델에서는 아무런 일도 일어나지

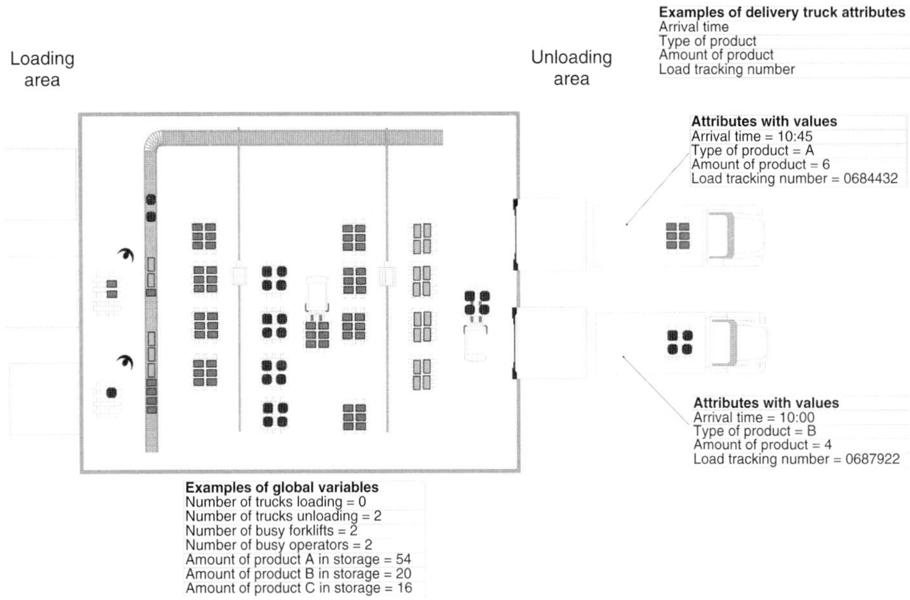

그림 5.1 시스템에서 광역 변수와 속성

않는다.[1] 시스템을 돌아다니는 물리적인 객체를 표현하기 위해 개체를 사용한다. 예를 들어 제조 시스템 모델에서는 시스템에서 생산되는 부품을 표현하기 위한 개체가 생성되어야 한다. 개체는 시스템을 돌아다니는 물리적인 객체를 표현하기 위해 사용됨은 물론 때로는 논리적인 명령을 실행시키기 위한 목적으로도 사용된다. 예를 들어 난수(random number)를 발생시키거나 또는 입력 파일에서 데이터를 읽어 들이는 목적을 가진 개체를 모델에서 생성시킬 수 있다. 이 교재를 학습해나가는 과정에서 다양하게 개체를 모델링하는 방법을 배우게 될 것이다.

그림 5.2는 모델 창에서 플로차트 기호로 표시된 CREATE 모듈을 더블클릭했을 때 표시되는 대화상자이다. Arena^{TM} 모델을 개발하기 위해서는 대화상자의 각 영역에 어떠한 정보를 입력해야 하는지 이해해야 한다. 각 대화상자는 Help 버튼을 가지고 있다. Help 버튼을 클릭하면 모듈의 기본 기능을 설명하는 Help 파일(도움말 파일)이 나타난다. 게다가 Help 시스템에는 문자열 필드(text field)에 대해 자세한 설명이 나와 있다.

Arena^{TM} Help 파일에 소개되어 있는 대화상자의 입력 영역의 의미는 다음과 같다.

Type: 개체가 연속적으로 도착하는 유형을 의미한다. 유형에는 *Random*(지수분포 사용, 분포의 평균을 사용자가 지정), *Schedule*(도착과정이 시간의 흐름에 따라 서로 다른 포아송 프로세스에 의해 진행되는 경우에 사용, 도착률은 SCHEDULE이라는 별도의 모듈에서 정의), *Constant*(사용자가 100처럼 상수 값을 조건으로 지정), 그리고 *Expression*(사용자가 표현식을 직접 입력하거나 기본적으로 제공하고 있는 각종 분포를 선택할 수 있음)이 있다.

[1]이 말은 사실일 수도 있고 아닐 수도 있다. 모델에서 어떠한 일이 일어나도록 하기 위해 CREATE 모듈이 반드시 필요하지는 않다. 하지만 이렇게 하기 위해서는 고도의 방법이 필요하며, 이 내용은 본 교재의 범위를 벗어난다.

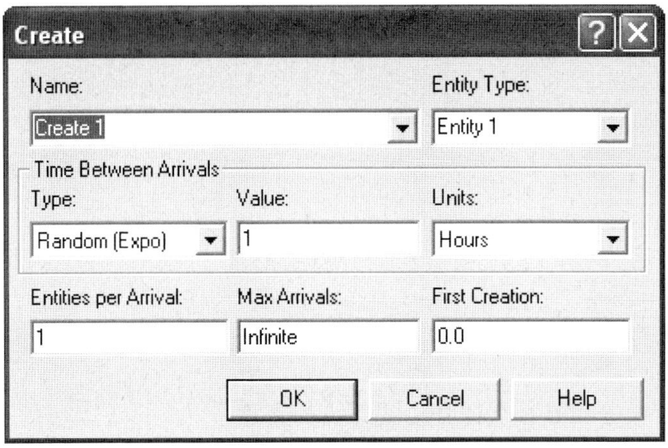

그림 5.2 플로차트 기호로 표시된 CREATE 모듈과 대화상자의 모양

Value: 도착 시간 간격이 지수분포(*Random*)인 경우에 평균값, 혹은 *Constant*인 경우에 상수 값을 입력한다. 이 영역은 유형이 *Random*이거나 *Constant*인 경우에만 사용한다. 유형을 *Expression*으로 선택한 경우에는 표현식을 기재해야 한다.

Entities per Arrival: 개체가 생성될 때 동시에 몇 개의 개체를 생성하는지에 대한 정보를 기입한다. 이것은 묶음(batch)단위로 도착하는 모델링에 쓰인다.

Max Arrivals: 해당 CREATE 모듈에서 최대로 몇 번의 개체 생성 사건을 발생시킬 것인지 설정한다. 이 값에 도달하면 CREATE 모듈은 더 이상 개체를 생성하지 않는다.

First Creation: 첫 번째 개체가 시스템에 도착하는 시간. Type에서 *Schedule*을 사용하면 설정할 수 없다.

CREATE 모듈에서는 도착 프로세스의 반복되는 형태를 정의한다. 도착 시간 간격은 어떠한 종류의 도착흐름(arrival stream)을 사용했느냐에 따라 달라진다. 도착 시간 간격은 개체가 생성되어 모델에 투입되는 사건들의 순서에 의해 결정된다. 각 사건에서 동시에 생성되는 개체의 수는 "Entities per arrival"이라는 필드에서 정의할 수 있으며 확률분포를 사용할 수도 있다. 첫 번째 도착은 대화상자의 "First Creation" 필드에서 설정할 수 있으며, 이 값도 확률로 표시 가능하다. "Max Arrivals" 필드에 기입된 값에 의해 도착 사건의 최대 발생 횟수가 결정된다. 그림 5.3은 첫 번째 도착 시간은 T1, 두 번째 도착 시간은 T1 + T2, 세 번째 도착 시간은 T1 +

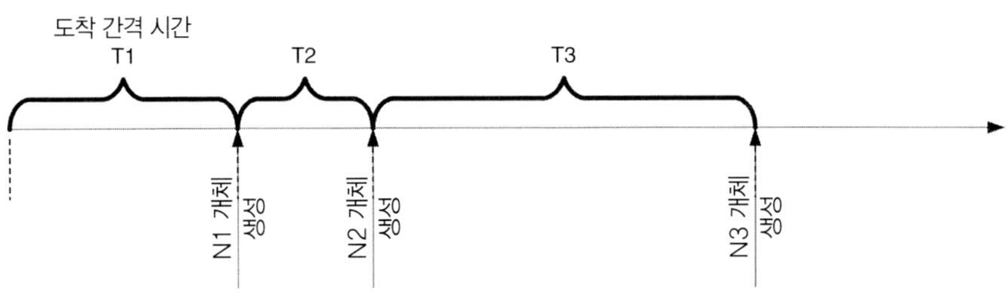

그림 5.3 도착 과정의 사례

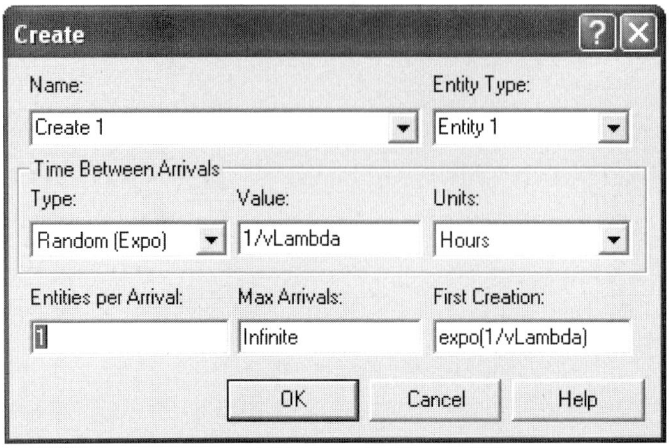

그림 5.4 포아송 과정을 정의하기 위한 CREATE 모듈

T2 + T3로 결정된 도착 프로세스를 설명한다. 그림에서 각 도착 사건에 도착하는 개체들의 수는 각각 N1, N2, N3로 각각 주어진다.

예를 들어 평균 λ를 가지는 포아송 도착 과정을 정의하고 싶다면 그림 5.4에 있는 것과 같은 CREATE 모듈을 사용할 수 있다. 왜 이것이 포아송 도착 과정이 될까? 그 이유는 평균이 λ인 포아송 도착 과정에서 도착 시간 간격은 평균이 $1/\lambda$인 지수분포를 따르기 때문이다.

복합 도착 과정(compound arrival process)을 정의하기 위해서는 "Entities per Arrival" 필드를 활용한다. 예를 들어 각 도착 사건에서 동시에 생성되는 개체의 수가 다음과 같은 이산 확률분포를 따른다고 가정하자.[2]

$$P(X = x) = \begin{cases} 0.2 & x = 1 \\ 0.3 & x = 2 \\ 0.5 & x = 3 \end{cases}$$

그림 5.5는 Arena™에서 Entities per Arrival 부분에 사용된 경험적 이산분포 함수 DISC(0.2, 1, 0.5, 2, 1.0, 3)을 사용한 복합 포아송 과정을 CREATE 모듈에서 설정하는 내용이다.

모델을 개발할 때 개체를 생성하거나 혹은 생성된 개체를 이용하여 모델의 다른 활동을 일으키는 방법이 유용하게 사용된다. 예를 들어 파일로부터 정보를 읽기 위하여 "논리적인" 개체를 시간이 0일 때 생성시켜서 READ 모듈을 실행시키면 된다. 시간이 0일 때 오직 하나의 개체를 생성시키기 위해서는 Max Arrival 칸에 1, First Creation 칸에 0.0, Entities per Arrival 칸에 1 그리고 Type 칸에 Constant를 설정한다. 이때 상수 값은 개체가 한 개만 생성되기 때문에 아무런 의미가 없다.

만들어진 각 개체는 각 개체별로 메모리를 할당받는다. 일단 개체가 모델의 프로세스를 수행한 다음에는 소멸(dispose)된다. DISPOSE 모듈은 개체가 더 이상 필요 없을 때 개체를 처리

[2]복합 포아송 과정은 Ross [1997]의 책을 참고하라.

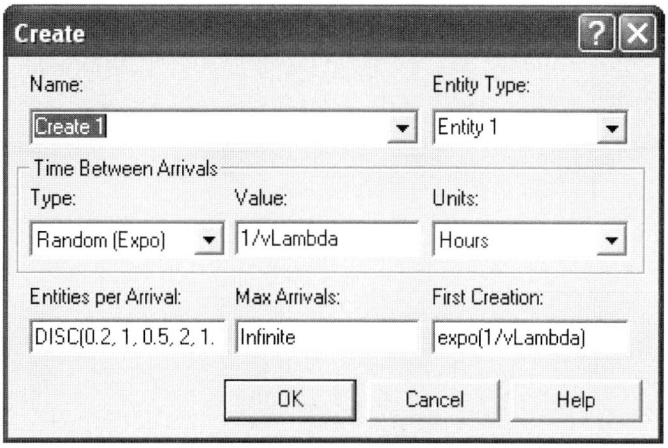

그림 5.5 복합 포아송 과정을 정의하기 위한 CREATE 모듈

하기 위한 “하수구”역할을 한다.

그림 5.6은 DISPOSE 모듈의 대화상자를 예시하고 있다. 이 DISPOSE 모듈에는 모듈에 의해 처리되는 개체의 수를 애니메이션으로 보여주는 기능이 포함되어 있다. 또한 이전에 처리된 개체에 대한 각종 통계량을 수집하는 기능이 기본적으로 설정되어 있다. 통계량의 수집 범위는 Run/Setup 대화상자에서 Project Parameters를 선택하면 설정할 수 있다. 대화상자에서 Entities를 선택하면 개체에 대한 통계량으로 VA Time(value added time), NVA Time(non-value added time), Wait Time, Transfer Time, Other Time, Total Time을 계산해준다. 만약 Costing이 선택되어 있으면 추가적으로 VA Cost(value added cost), NVA Cost(non-value added cost), Wait Cost, Transfer Cost, Other Cost, Total Cost에 대한 통계량을 제공한다. 또한 개체의 종류별로 시스템을 떠난 개체수와 현재 시스템에 있는 개체수(work in process, WIP)에 대한 통계량도 제공할 것이다. 10장에서는 Arena™에서 비용이라는 개념을 속성을 이용하여 모델에서 어떻게 활용하는지 소개할 예정이다.

이제 독자는 개체가 어떻게 모델 안으로 투입되고, 목적을 달성한 후 어떻게 소멸되는지 알게 되었을 것이다. 모델에서 개체를 사용하기 위해서는 우선 Arena™ 모델에서 어떻게 변수와 개체 속성들을 정의하고 사용하는가를 이해해야 한다.

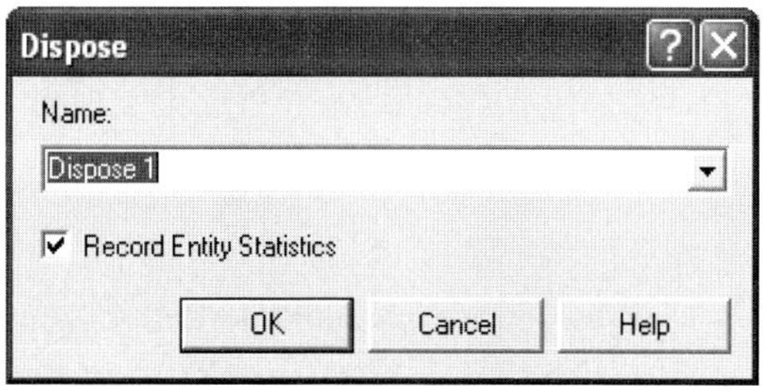

그림 5.6 DISPOSE 모듈 대화상자

5.4 변수와 속성의 정의

C와 같은 프로그래밍 언어에서 변수는 프로그램에서 사용되기 전에 먼저 정의(선언)되어야 한다. 예를 들어 C에서 *x*라는 이름의 변수는 먼저 float 형태로 정의한 후에 명령문에서 사용해야 한다. 이를테면 *float x; x = x + 2;*

표준 프로그래밍 언어에서 변수는 실행을 고려하여 적용범위를 정해야 한다. 예를 들어 함수 내에서 정의된 변수는 그 함수 내에서만 사용된다. 전체 프로그램의 아무 곳에서나 사용할 수 있도록 변수를 광역 변수로 지정해도 된다.

하지만 Arena™에서 사용되는 모든 변수는 광역 변수이다. 변수를 모델이 만들어지고 있는 시스템에 속한 것으로 이해해도 된다. 시스템의 모든 것은 시스템의 변수로 접근할 수 있다. 변수는 컴퓨터 메모리의 지정된 영역을 할당받게 되며, 실행 도중에 변할 때까지 유지된다. Arena™에서 변수를 선언하기 위한 방법은 매우 자유롭다. 이것은 사용자에게 축복일 수도 있고 반대로 저주일 수도 있다. 이러한 이유 때문에 사용자는 스스로 규정을 만들어서 사용해야 한다. 예를 들어서 변수이름을 정의할 때에는 변수이름의 첫 자를 "v"로 시작하는 것이다. 예를 들어 앞에서 설명하였던 CREATE 모듈 예제에서 포아송 프로세스의 도착 비율을 결정하기 위해 사용한 변수의 이름이 *vLambda*였다. 위와 같은 이름 정의 방법을 사용하면 모델을 검토하며, 오류를 찾으고, 모델을 문서화할 때 다른 Arena™ 요소들과 변수를 쉽게 구분할 수 있다.

또한 Arena™에서는 변수이름에 빈 공간(space)을 넣을 수도 있다. 예를 들어 *This is a legal name*이라고 쓴 문장도 Arena™에서 변수이름으로 사용이 가능하다. 만일 부품의 수를 세는 것이 필요한 경우에는 부품의 수를 *PartCount*라는 변수로 정의할 수 있다. 이때 변수이름 사이에 빈 공간(space)를 넣으면 어떻게 될까? *PartCount*와 *Part Count*는 어떠한 차이가 있을까? *PartCount*에는 *Part*와 *Count* 사이에 공간이 없지만 *Part Count*에는 *Part*와 *Count* 사이에 공간이 하나 있다. 이 두 가지는 모델에서 서로 다른 변수로 인식된다.

따라서 필자는 다음과 같은 이름 정의 방법을 권장한다. 즉 *vPartCount*처럼 변수를 의미하는 "v"를 사용하고, 각각의 구성 요소를 붙여서 쓰라는 것이다. 또한 각 구성 요소의 첫 글자는 대문자를 사용하는 것이 좋다. 물론 Arena™에서 미리 정해 놓은 변수이름 또는 키워드와 중복되지 않는 명칭이면 자유롭게 변수의 이름으로 사용할 수 있다. Arena™에서 사용가능한 특수한 변수들에 대하여 더 알고 싶으면, Arena™를 설치할 때 같이 설치되는 Arena™ *Variables Guide* (PDF) 문서를 참고하면 된다. 이 문서를 읽게 되면 사용자는 Arena™의 기능에 좀 더 친숙해질 것이다.

변수 선언을 위해서 Basic Process template에 있는 VARIABLE 모듈을 사용하자(그림 5.7 참조). VARIABLE 모듈은 데이터 모듈이며, 그림 5.8과 같이 스프레드시트 뷰나 대화상자를 이용하여 입력이 가능하다.

Arena™에서 변수는 실수로 표시될 수도 있고, 배열을 사용할 수도 있다. 배열은 1차원(one-dimensional) 혹은 2차원(two-dimensional)이 사용 가능하다. 즉 3차원 이상의 배열은 사용할 수 없다. 1차원 배열을 사용할 경우에는 행(row)의 수를 정의해야 한다. 만일 행의 수를

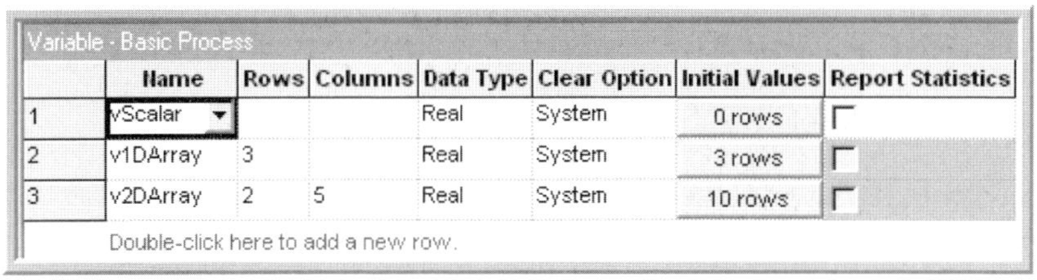

그림 5.7 스프레드시트로 본 VARIABLE이라는 데이터모듈

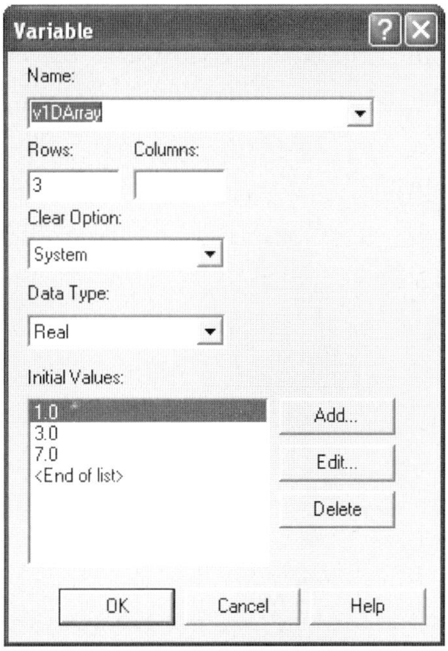

그림 5.8 변수를 정의하기 위한 대화상자

3으로 정의하였다면 색인번호 1, 2, 3에 대응하여 3개의 저장 공간이 정의된다. 2차원 배열을 정의할 때, 사용자는 행(row)과 열(column)의 수를 각각 정의해야 한다. 행과 열에 대한 배열 색인(array indexes)은 각각 1부터 정의한 숫자만큼 사용된다. 즉 2, 3 배열을 선언하였다면 행에 대한 색인번호는 1부터 2까지이며, 열에 대한 색인번호는 1부터 3까지이다. 만약 모델에서 배열을 참조할 때 색인 값이 배열의 크기를 벗어난다면 실행 오류가 발생할 것이다.

Arena™에서는 변수나 변수의 배열을 정의할 때, 사용자가 초기값을 지정할 수 있다. 자동적으로 모든 변수의 초기값은 0으로 설정되어 있다. 그림 5.9와 같이 Data 창에 있는 스프레드시트 뷰를 사용한다면 사용자는 쉽게 변수들과 배열의 초기값을 입력할 수 있다. Arena™에서 모든 변수는 실수로 취급되어야 한다. 만약 사용자가 *vPartCount*와 같이 정수로 나타내고 싶은 경우에도 Arena™에서 사용자는 정수 혹은 실수를 구태여 구분할 필요가 없이 변수 선언만 해주면 된다.

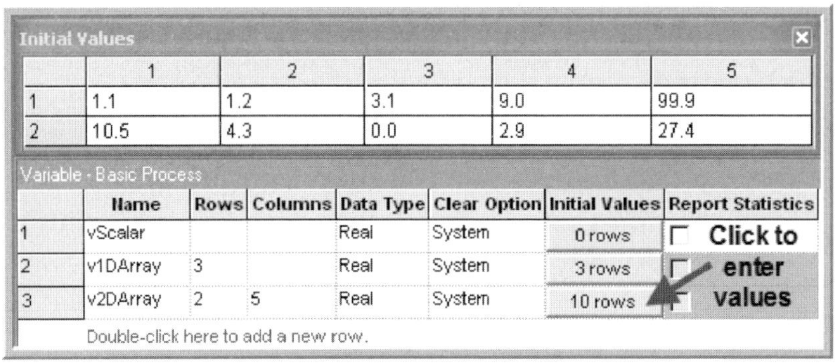

그림 5.9 2차원 배열을 정의하기 위한 스프레드시트 뷰

Arena™에서 모든 변수와 배열은 광역이라는 것을 기억해야 한다. 변수들은 모델 안에 있는 모든 모듈에서 정보를 공유하는 데 사용된다. 사용자는 전체 모델의 고유한 성질이나 특징과 같은 것을 나타내기 위해서 변수를 사용한다. 즉 변수들은 모델의 대상이 되는 전체 시스템에 속한다고 할 수 있다.

Arena™는 값을 보관할 수 있는 능력을 가진 또 다른 데이터 종류, 즉 "속성(attribute)"이라는 것을 가지고 있다. 속성은 이름이 붙어 있는 고유한 특성이거나 개체의 특징을 표현하기 위한 것이다. 예를 들어 제품생산을 위해 소요되는 시간은 부품의 치수(혹은 해당 면적)에 종속적이라고 하자. CREATE 모듈에서는 부품을 나타내는 개체를 생성한다. 부품을 생성한 후 각 부품에 해당되는 면적의 값이 할당될 것이다. 생성된 각각의 부품은 "area"라는 이름의 속성에 서로 다른 값을 가지게 될 것이다.

- Part 1: area = 5 cm^2
- Part 2: area = 10 cm^2

즉 Part 1과 Part 2는 "area"라는 같은 이름의 속성을 가지고 있지만, 그 속성 값은 다르다.

객체 지향적 프로그래밍에 친숙한 독자들은, Arena™의 속성이 VB.net, Java 그리고 C++ 등과 같은 프로그래밍 언어에서 객체와 관련된 속성과 유사한 개념이라는 것을 알 수 있을 것이다. 만약 독자가 이러한 언어들에서 속성을 어떻게 사용하는지 이해하고 있다면 Arena™에서 속성을 어떻게 사용하는지도 쉽게 이해할 수 있을 것이다. Arena™에서 개체가 생성되는 것은 객체 지향 언어에서 객체를 생성하는 것과 같다. 객체는 그 자신과 관련된 속성들을 가지고 있다. 사용자는 개체를 특정한 객체에 관련된 데이터의 레코드나 열이라고 생각해도 좋다. 각각의 열은 다른 개체들을 나타낸다.

표 5.1은 6개의 개체를 표에 있는 레코드로 개념화시킨 것이다. IDENT라는 열은 각각의 개체를 유일하게 지정(identify)하는 IDENT라는 속성을 의미한다. IDENT는 Arena™에서 특수한 목적의 용도로 사전에 지정된 속성으로 현재 모델에 있는 개체를 추적하기 위해 사용한다. IDENT라는 속성은 개체가 생성될 때 값이 결정된다. Arena™에서 개체가 만들어질 때 개

표 5.1 개체를 레코드로 개념화

IDENT	Entity.SerialNumber	Size	Weight	Processing Time
1	1001	2	33	20
2	1002	3	22	55
3	1003	1	11	44
4	1001	2	33	20
5	1004	5	10	14
6	1005	4	14	10

체와 개체에 관련된 모든 속성을 위해 메모리가 할당된다. 현재 모델에서 존재하는 각 개체의 IDENT라는 속성에는 서로 다른 값이 할당된다. 개체가 소멸될 때 그 개체에 할당되었던 메모리는 자유롭게 되며, IDENT의 값은 새로 생성되는 개체에 다시 할당된다. 이렇게 IDENT라는 속성은 모델에 있는 개체에 대하여 유일하게 구분할 수 있는 존재다. 즉 두 개의 개체들이 동일한 IDENT라는 속성의 값을 가지는 것은 불가능하다. 개체를 생성하고 소멸시키는 것은 모델의 "개체 테이블(entity table)"에서 기록을 새로 쓰고, 지우는 것과 같은 개념이다. 또한 *Entity.SerialNumber*라는 속성은 개체가 만들어졌을 때 유일한 숫자를 속성에 부여한다. 그러나 개체가 모델에서 복제되는 경우에는 복제된 개체는 *Entity.SerialNumber*라는 속성에 당초의 값과 동일한 값을 가질 것이다. 표 5.1에서 두 개의 서로 다른 개체 1과 4의 *Entity.SerialNumber*는 동일한 값을 가진다. 개체의 복제는 5장 후반에 다루게 될 것이다. Size, Weight 그리고 Processing Time은 각 개체에 대해 사용자가 정의한 3가지 속성이다. 각 개체에 대해 미리 정의된 속성들이 어떤 것인지 알고 싶다면 Arena™ Help 시스템에서 "Attributes and entity-related variables"를 검색하면 된다.

사용자가 속성을 추가로 정의한다는 것은 개체 테이블에 다른 열을 추가하는 것과 같다. 이 말의 의미는 매우 중요한 것으로 속성을 새롭게 추가하면 이 속성은 모든 종류의 개체에 동일하게 추가된다는 것이다. 이것은 객체 지향 언어에서 특정한 클래스의 개체에 대해서 특정한 속성을 부여할 수 있다는 개념과 완전히 다르다. Arena™에서는 모든 개체의 구조가 동일하다. 만일 개체의 종류를 다른 것으로 구분하고 싶다면 속성을 정의해서 구분할 수 있다. 이것은 전에 언급했던 것처럼 개체의 종류를 구분하기 위해 개념적으로 속성의 집합을 정의하는 것이다. 예를 들어 제조시스템을 돌아다니는 부품이라는 개체를 생성한다고 생각해보자. 제조시스템에는 이러한 부품들을 운반하기 위하여 팔레트라는 다른 종류의 개체를 생성할 필요도 있다. 이때 부품이라는 개체에는 공정 시간(processing time)이라는 속성이 필요하며, 팔레트라는 개체에는 운반 시간(moving time)이라는 속성이 필요하다고 하자.

표 5.2에 제시된 바와 같이 Type이라는 속성은 개체의 종류를 의미한다(부품 = 1,팔레트 = 2). 이렇더라도 모든 개체는 공정 시간과 운반 시간이라는 두 가지 속성을 모두 가지게 된다는 점을 유의해야 한다. 즉 속성들은 개체의 종류에 무관하게 모든 개체에 대해 정의된다. Arena™에서 속성을 사용할 경우에 개체에 대해 적절한 속성의 집합을 부여하는 것은 전적으로 사용자에게 달려있다.

표 5.2 종류가 다른 개체를 레코드로 개념화

IDENT	Type	Size	Weight	Move Time	Processing Time
1	1	2	33	—	20
2	1	3	22	—	55
3	2	1	11	23	—

개체의 종류를 구별하는 두 가지 방법이 있다. Arena^{TM}는 *Entity.Type*이라고 명명된 속성을 제공하고 있는데 이 속성을 이용하여 개체의 종류를 설정할 수 있다. 다른 방법으로는 사용자가 개체의 종류를 설정하기 위한 새로운 속성을 정의할 수도 있다. Arena^{TM}의 온라인 도움말에서는 *Entity.Type*이라는 속성에 대해 아래와 같이 설명하고 있다.

> *Entity.Type,* 이 속성은 개체와 관련해서 정의된 여러 속성 중의 하나로 개체의 종류를 설정하기 위한 속성을 의미한다. 개체 종류 속성은 개체의 그림이나 비용과 같은 속성의 초기값을 설정하기 위해 사용된다. 또한 개체 종류별로 통계량을 수집할 때 사용된다(동일한 종류의 개체에 대해 별도로 통계량을 계산하여 보고서로 제공한다).

Basic process 패널의 Entity 모듈을 이용하여 개체의 종류를 설정할 수 있다. 그림 5.10은 개체의 종류를 입력하기 위한 기본적인 문자열 필드다. 가장 중요한 필드는 "Entity Type"이며, 여기에 개체의 종류에 대한 이름을 부여한다. *Initial Picture*라는 필드는 해당 종류의 개체가 생성되었을 때 어떠한 그림으로 나타낼 것인지를 *Entity.Picture*라는 속성에 정의하는 역할을 한다. 다른 필드는 Arena^{TM}의 ABC(activity based costing)라는 원가 계산 기능을 사용할 경우에 개체에 대해 발생하는 비용을 계산하기 위해 사용한다. 이 기능들에 대해서는 10장에서 소개할 것이다.

*Entity.Type*이라는 속성을 사용하면 편리한 점이 많다. 즉 Arena^{TM}에서 DISPOSE를 통해 소멸되는 개체의 종류별로 별도의 통계량을 수집하거나 원가계산을 하거나, 서로 다른 그림을

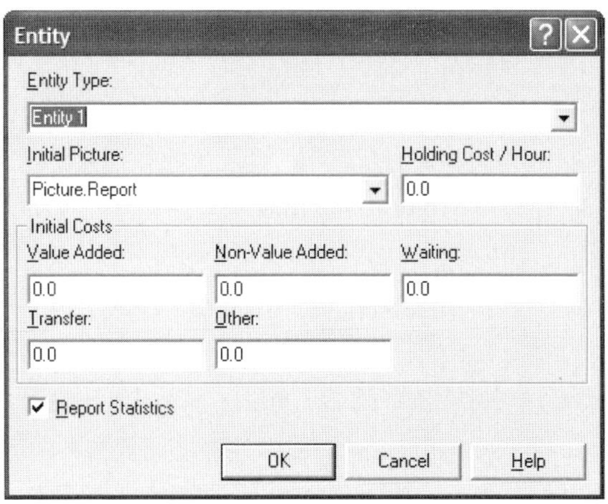

그림 5.10 Entity 모듈 대화상자

표현할 때 매우 유용하게 사용할 수 있다. *Entity.Type* 속성을 사용해서 불편한 점은 개체의 종류가 임의로(확률적으로) 결정되는 경우에 발생한다. 하지만 이러한 문제도 Arena™의 set이라는 개념을 이용하면 해결할 수 있는데, 이에 대해서는 차후에 다시 설명하도록 하겠다. 사용자 정의 속성을 사용하면 표 5.2에 있는 것과 같이 제품의 종류별로 서로 다른 숫자를 부여함으로써 매우 쉽게 속성들을 변경하고 이해할 수 있을 것이다.

이제 개체의 속성에 대한 기본 개념을 이해했을 것이다. 다음에 학습할 것은 속성을 정의하고 사용하는 방법에 대한 것이다. Arena™에서 속성을 선언하고 사용하는 방법은 Visual Basic에서 변수를 선언하고 사용하는 방법과 유사하다. 만일 Visual Basic에서 사용하는 *Option Explicit* 키워드를 가지고 있지 않다면 모든 변수를 처음 사용할 때 선언하면 된다. Arena™에서 속성을 선언하는 것도 마찬가지다. 예를 들어 *myArea*라고 명명된 속성을 만들기 위해서는 단지 ASSIGN과 같은 모듈에서 *myArea*를 사용하면 된다. 하지만 이러한 방법은 디버깅 과정에서 곤란을 야기하기도 한다. 따라서 속성에 이름을 부여하기 위해서는 이름을 붙이는 당신만의 규칙을 만들어서 사용하는 것이 편리하다. 이 교재에서는 속성을 정의할 때 *myArea*처럼 접두사로 "my"라는 단어를 속성의 명칭에 붙이도록 하겠다. 이러한 간단한 방법을 통하여 우리는 속성이 개체에 속해 있는 것이라는 점을 상기할 수 있다. 또한 이름을 붙일 때 이름 사이에 빈 공간이 들어가지 않도록 한다. 또한 연결되는 단어의 첫 글자는 대문자를 사용하도록 한다. 물론 이름을 정의할 때, 기존에 Arena™에서 정의된 속성이나 키워드의 명칭과 동일하지만 않다면 사용자의 기호에 맞도록 어떤 이름을 사용해도 관계없다. 속성은 ELEMENTS 템플릿 패널에 있는 ATTRIBUTES라는 요소를 이용하여 선언한다. 그러면 속성에 배열을 사용할 수 있다.

5.5 개체 처리

이 절에서는 시뮬레이션 모델링 작업을 용이하게 해주는 Arena™의 Basic Process 템플릿 패널과 몇 가지 프로그래밍 구조들에 대해 학습하도록 한다. 하지만 프로그래밍 구조에 대해 상세하게 설명하지는 않을 것이며, 앞으로 이번 장과 다음 장에서 소개할 연습문제들을 수행하기 위한 기본적 지식을 전달하게 될 것이다.

개체가 모듈 사이를 이동하게 하기 위해서 두 모듈을 직접 연결하거나 나중에 설명하게 될 개체 전달방법(transfer mechanism)을 사용하면 된다. 두 모듈을 직접 연결하는 경우에 개체의 이동은 순식간에 진행된다. 즉 이동에 시간이 소요되지 않으며, 이 의미는 현재 시간에서 시뮬레이션 시계가 조금도 흘러가지 않은 채 개체의 이동이 완료된다는 것이다. Arena™의 몇몇 모듈은 현재의 사건 시간에서 실행되고 있으며, 다른 모듈들은 작업이 완료될 때까지 개체의 흐름을 중단시킨다. 즉 개체의 이동에 시간이 소요되지 않기 때문에 개체의 이동과 관련이 없는 모듈은 정지 상태를 유지한다는 의미다. 현재 움직이고 있는 개체를 **활성개체**(*active entity*)라고 부른다. 활성개체는 지연(delay)되거나 다른 모듈에 의해서 막힐(block) 때까지 계속 이동할 것이다. 단순히 일정시간 동안 개체를 지연시키기 위해서 Basic Process 템플릿의 PROCESS 모듈에 있는 지연 옵션(delay option)을 이용하거나, Advance Process 템플릿의

DELAY 모듈을 사용할 수 있다. 이러한 방법은 개체가 시스템에서 주어진 활동(activity)을 수행하는 것을 모델링할 때 활용된다.

어떤 활동을 수행하기 위해서는 자원이 필요한 경우도 있고, 필요하지 않은 경우도 있다. 이 중에서 자원을 필요로 하지 않는 활동을 "제약받지 않는(unconstrained)" 활동이라고 한다. 예를 들어, 식료품점에서 고객이 한 지점에서 다른 지점으로 걷는 것은 제약받지 않는 활동으로 모델링할 수 있다(예를 들어, delay 사용). DELAY 모듈로 들어가는 개체들은 활동이 종료되는 사건의 발생 시간을 예약하고, 그 종료 사건이 발생할 때까지 기다린다. 경우에 따라 활동은 자원을 필요로 한다. 이런 경우 해당 활동을 시작하기 전에 이미 각 개체에 필요한 자원의 수가 할당되어 있어야 한다. 이러한 유형의 활동을 "자원 제약적인(resource constrained)" 활동이라고 한다. 예를 들어 어떤 부품(part)이 드릴링 작업장(drilling station)에서 그라인딩 작업장(grinding station)으로 이동해야 하며, 지게차로만 이동할 수 있다면 이러한 이동은 지게차라는 자원에 제약을 받는 것으로 보아야 한다. 시스템상의 자원 제약적 활동은 일반적으로 Arena™의 RESOURCE 모듈을 사용하여 모델링한다. 또한 이동 시 지게차가 필요한 경우와 같은 자원 제약적 활동의 움직임은 RESOURCE 모듈뿐만 아니라, Advanced Transfer 패널의 TRANSPORTER 모듈을 이용해서 모델링할 수도 있다. 그리고 개체의 이동이 제약을 받을 때 개체는 대기 장소가 필요하게 되는데, 이때 사용되는 QUEUE라는 모듈은 대기행렬에서 처리 우선순위를 결정하는 기능도 가지고 있다. 대부분의 경우 만일 모듈이 개체의 이동을 제한할 수 있으면 자동적으로 대기행렬을 모듈 속에 포함시킨다. 예를 들어, HOLD 모듈은 다른 개체에 의해 특정 신호가 활성화되거나 특정 조건이 만족되기 전까지 개체가 HOLD 모듈 속에 포함된 대기행렬에서 기다릴 수 있게 하는 역할을 수행한다.

대부분의 실제 상황에서 한 개체는 시스템의 가능한 여러 가지의 경로를 이용하여 이동할 수 있을 것이다. 이 경우 작업자는 개체가 시스템을 흘러갈 수 있도록 직접 진행 방향을 결정해야 한다. 이때 개체를 직접 이동시키기 위해서는 확률을 이용하는 방법과 조건을 이용하는 방법이 있다. 확률적 경로 선택(probability routing)의 경우에 개체는 무작위적인 분배 방법에 의해 이동 경로를 선택하며, 조건적 경로 선택(conditional routing)의 경우에는 시스템 일련의 조건들을 바탕으로 이동경로를 선택한다. 이 두 개의 작동 방식은 Arena™의 DECIDE 모듈을 통해서도 가능하다. DECIDE 모듈 이외에도 Arena™에서는 다양한 규칙에 의해 활동을 선택할 수 있다. 예를 들어, 개체는 여러 개의 자원 중에서 가장 바쁘지 않았던 자원을 선택할 수도 있다. 또한 Arena™에는 IF-THEN-ELSE 혹은 WHILE 등과 같이 프로그래밍 언어에 기초한 많은 방식이 있는데, 이 블록들은 BLOCK 템플릿에서 찾을 수 있다. 또한 이 방식을 이용하여 사용자는 개체의 흐름을 쉽게 통제할 수 있다. 마지막으로 Arena™의 Advanced Transfer 패널에는 개체가 시스템을 돌아다닐 수 있도록 하는 다양하고 진보된 방법이 있는데, 컨베이어나 이동장비(transporter) 같은 다양한 자재 취급 방법을 포함한다.

CREATE 모듈에서 개체를 생성시킨다면 SEPARATE 모듈에서는 모델 속에서 개체들이 자기 자신을 복제할 수 있다. SEPARATE 모듈을 보완해주는 BATCH 모듈은 영구적 혹은 임시적으로 여러 개체을 하나의 그룹으로 결합해준다. 임시적인 그룹의 경우, 개체들은

SEPARATE 모듈을 통해 분리되어 원래의 개체로 돌아갈 수 있는 하나의 대표 개체로 표현되며, 결합된 개체는 팔레트에 담긴 부품처럼 한 개의 단위로 이동이 가능하다. 그리고 개체들이 Advance Process 패널의 PICKUP이나 DROPOFF 모듈을 통과할 때 다른 개체를 선택하여 같이 이동하거나 같이 이동하던 개체를 분리시켜 내려놓을 수 있다. 마지막으로 MATCH 모듈을 통해서 개체들은 적절한 조건이 발생할 때까지 대기행렬에서 기다릴 수 있다. 또한 개체들이 그룹이 아니더라도 적절한 조건이 만족될 때 개체들은 동시에 움직일 수 있다.

이전에 언급했던 프로세스 모델링 개념들 중 대부분은 자원을 이용하거나 한 지점에서 다른 지점으로 이동하는 것 등과 같은 물리적 현상에 해당된다. 이런 구조는 시뮬레이션 모델에서 물리적 시스템을 묘사할 수 있도록 해준다. 하지만 시뮬레이션 모델링의 다른 면들을 용이하게 하는 프로그래밍 구조와 함께 사용되어야 한다. 특히 모델을 개발하고, 실행하고, 통계값을 수집하고, 변수와 속성을 할당하고, 애니메이션을 꾸미고, 추적(trace)과 디버그(debug)하기 위해 모델에 데이터를 입력하고 출력하는 방법들이 있다.

입력과 출력은 텍스트 파일(text files)이나 스프레드시트(spreadsheet), 데이터베이스(database), VBA형식 등과 같이 다양한 형식으로 가능하다. READWRITE 모듈과 FILES 모듈은 Arena^{TM}의 모델에서 입력과 출력을 다루는 기본적인 방법이다. 또한 모델을 설정하고 실행하기 위해 1장에 약국문제에 예시된 Run/Setup 대화상자가, 통계적 수치를 수집하기 위해서는 RECORD와 STATISTIC 모듈이 사용된다. ASSIGN 모듈은 모델 내에서 다양한 속성과 변수의 값을 변화시키기 위해 사용될 수 있고, 모델 내에서 추적(trace)하고 디버그(debug)하기 위해 Arena^{TM}에 내장된 애니메이션(built-in animation)기능과 Arena^{TM}의 Run Controller를 사용할 수 있다.

아직까지 Arena^{TM}에서 모델링에 이용할 수 있는 기본 개념들을 살펴보았다. 이 장의 나머지 부분과 다른 장에서는 여러 가지 예를 통해서 이러한 개념들을 적용해볼 것이다.

5.6 속성, 변수 그리고 입/출력

이 절에서는 속성(attribute)과 변수(variable)를 사용하는 방법과 4장에서 설명한 약국모델에 부연하여 통계적 자료의 수집과 파일에 데이터를 기입하는 방법을 소개할 것이다.

5.6.1 약국모델 수정

약국에 오는 고객들이 처방약을 조제받기 위해 1장(유형 1), 2장(유형 2) 또는 3장(유형 3) 유형의 처방전을 가지고 온다고 가정하자. 이때 처방전은 1장인 경우가 50%, 2장인 경우가 30%, 3장인 경우는 20%의 확률로 결정된다. 고객에게 서비스하는 시간은 지수분포를 따르며, 그 평균값은 표 5.3에 있는 것과 같이 처방전의 수량에 따라 다르다.

시스템 내에 1장, 2장 또는 3장의 처방전을 가지고 있는 고객의 현재 인원 수를 모델에서 애니메이션으로 표시해야 하며, 시스템 내에 있는 전체 처방전의 수량 역시 화면상에 표시되어야 한다. 또한 시스템 내 처방전의 평균 수량과 고객이 평균적으로 시스템에 머무른 시간에

표 5.3 처방전에 관련된 자료

처방전 수	확률	평균 서비스 시간
1	50%	3분
2	30%	4분
3	20%	5분

대한의 통계량도 수집되어야 한다. 이 시스템을 진단하기 위해 다음과 같은 정보가 수집될 것이다.

- 고객이 도착할 때: 현재 시뮬레이션 시간, 개체번호(INDENT), 개체의 일련번호(serial number), 처방전의 수량
- 고객이 떠날 때: 현재 시뮬레이션 시간, 개체번호(INDENT), 개체의 일련번호(serial number), 처방전의 수량, 도착 시간 그리고 시스템 내에 체류한 시간

위에서 제시한 정보 이외에 위의 두 경우에 대한 정보도 출력물에 포함된다. 그리고 시뮬레이션은 오직 30명의 고객에 대해서 실행하도록 한다.

또한 모델링이 익숙해질 때까지 기본적인 모델링 방법을 따라야 하며, 다음 질문들을 염두에 두고 모델을 개발해야 한다.

- 시스템이 무엇인가? 시스템에 대해 어떤 정보가 알려져 있는가?
- 요구되는 성능 지표들은 무엇인가?
- 개체들은 무엇인가? 각 개체들에게 어떤 정보가 기록되거나 기억되어야 하는가? 개체들은 어떻게 시스템에 투입되는가?
- 어떤 자원들이 개체들에 의해 사용되는가? 어떤 개체가 어떤 자원을 어떻게 사용하는가?
- 프로세스 흐름(*process flows*)은 무엇인가? 프로세스나 활동 다이어그램(*activity flow diagram*)을 도시하라.
- 시뮬레이션을 위한 의사코드(*pseudo-code*)를 개발하라.
- *Arena*^{TM}를 통해 모델을 구현하라.

이 단계들을 차례대로 고려한다면 시스템을 훌륭하게 모델링할 수 있을 것이다.

다시 약국문제의 대기행렬에 대해 생각해보자. 이 시스템에서 각 처방전의 유형에 대한 확률, 도착 시간 간격 분포, 처방전의 유형에 따른 평균 서비스 시간 분포를 알고 있다. 따라서 시스템의 성능 지표는 시스템 내 처방전의 평균수량과 고객의 평균적인 시스템 체류 시간이 된다. 이전 모델에서와 같이 개체는 고객들이다. 또한 각 고객이 어느 유형의 처방전을 가지고 왔는지 알아야 한다. 이전과 같이 각 고객은 약사에게 처방약 조제를 요구한다. 활동 다이어그램은 4장에 있는 것과 정확하게 일치할 것이다. 왜냐하면 고객의 행동은 변하지 않기 때문이다.

Arena^{TM}에서 이 모델을 구현하기 위해서는 다음의 모듈들이 사용되어야 한다.

- CREATE: 30명의 고객을 생성
- ASSIGN: 변수와 속성에 값을 할당
- READ/WRITE: 고객으로부터 필요한 정보를 기입
- PROCESS: 약사에게 요구된 처방전을 조제하는 활동을 구현
- RECORD: 고객의 시스템 체류 시간에 대한 통계량을 기록
- DISPOSE: 생성된 개체들의 소멸
- FILE: 데이터 모듈 안의 READ/WRITE 모듈에서 사용되는 운영 체제 파일의 특성들을 정의
- VARIABLE: 고객이 가지고 있는 처방전의 각각의 수량과 전체 수량을 추적하기 위해 변수들을 정의

모델링을 시작할 때 문제에 사용될 변수와 속성을 이해해야 한다. 이 문제에서 시스템은 총 처방전의 수량과 각 처방전 유형(보유하고 있는 처방전 수량)별로 몇 명의 고객이 약국에 다녀갔는지를 추적해야 한다. 따라서 이들 항목들의 정보를 계속적으로 확인할 수 있도록 변수를 사용해야 한다. 스칼라 변수(scalar variable)는 시스템 내 처방전의 수량(*vNumPrescriptions*)을 추적하는 데 사용될 수 있고, 3개의 요소로 구성되는 1차원 배열 변수(*vNP*)는 처방전 유형별로 몇 명의 고객이 있는 지를 기록하는데 사용될 것이다.

예를 들어, 고객들은 자신이 조제를 원하는 처방전의 수를 알아야 한다. 그러므로 각 고객이 보유한 처방전의 수량(*myNP*)은 개체의 속성이다. 게다가 각 고객의 도착 시간과 고객들이 시스템 체류 시간은 파일로 출력되어야 한다. 이처럼 개체로 표현되는 고객은 자신이 약국에 도착한 시간을 기억해야 한다. 그렇다면 실제 고객들이 이런 정보들을 기억하고 있어야 할까? 절대 아니다. 하지만 **모델링**에서는 이런 정보들을 필요로 한다. 따라서 속성들과 변수들은 현실에서는 필요하지 않은 부분이라 할지라도 모델링을 하는 사람이 필요로 하는 추가적인 특성이라 하겠다. 그러므로 각 고객의 도착 시간(*myArrivalTime*)은 개체의 속성으로 모델링되어야 한다.

향후 있을 고객의 처방전 수량을 저장하기 위해 변수를 사용했을 때, 무슨 일이 발생할 것인지 생각해보면 이 정보들이 속성 값에 저장되어야 하는 이유를 알 수 있다. 개체들은 시뮬레이션 동안 한 블록에서 다른 블록으로 이동한다. 일반적으로 시뮬레이션 논리에 의해 개체는 지연될 것이다. 이런 상황이 발생했을 때 다른 개체들은 이동할 수 있다. 만약 고객별로 보유한 처방전의 수량이 광역변수(global variable)에 저장된다면, 다른 개체들의 이동하는 동안에 또 다른 개체들이 변수(variable) 값을 바꿀 수가 있다. 따라서 현재 고객이 보유한 처방전 수량에 대한 정보는 시스템에 들어오는 다음 고객에 의해 갱신될 것이다. 따라서 정보는 개체와 꼬리표처럼 붙어서 이동되어야 한다. 광역변수는 개체 사이에 정보 전달에는 매우 유용하지만, 모든 프로그래밍 언어에서 그렇듯이 올바르게 사용하도록 주의해야 한다.

표 5.3의 정보 역시 모델링되어야 한다. 이 정보는 시스템에 소속된 것인가? 아니면 각 고객에게 소속된 것인가? 만약 이 정보가 고객들에 관한 것일지라도 고객들이 이 정보를 "가지고 다닐" 필요는 없다. 왜냐하면 이 정보는 고객들을 생성하는 방법에 관한 것이기 때문이다. 시스

템이 고객을 생성하기 위한 정보를 알아야 하므로 이 정보는 시스템에 소속된 것이다. 그리고 고객 한 명당 보유하게 되는 처방전의 수량은 이산 분포를 가진 확률변수에 의해 모델링되어야 하며, 서비스 시간 분포의 평균에 대한 정보는 3개의 요소로 구성된 1차원 변수에 평균값이 저장될 것이다. 이 문제에 대한 기본적인 의사코드는 예시 5.1에 제시되어 있다.

다음에 어떤 일이 발생하든지 간에 이미 개발된 약국모델은 현 상황에서 변경된 내용을 모델링하기 위한 기초로 사용된다. 만약 당신이 기존에 구축한 모델을 이용하고 싶다면 4장의 약국모델을 복사해서 사용하면 된다. 복사한 모델을 열고 Basic Process 패널에서 VARIABLE 이라는 데이터 모듈을 선택하여 다음의 변수들을 정의하라.

- *vNumPrescriptions*: 스칼라 변수(scalar variable)이며 시스템 내 처방전의 총 수량을 계산한다. 그리고 이 변수는 0으로 초기화되어야 한다.
- *vNP*: 3개의 열을 가지고 있는 1차원 배열 변수로, 현재 시스템 내에 1장, 2장 혹은 3장의 처방전을 가진 고객이 몇 명 있는지 계산한다. 고객이 가지고 있는 처방전의 수(처방전 유형)가 배열의 색인으로 사용된다. 변수들의 각 요소들은 그 값이 0으로 초기화되어야 한다.
- *vServiceMean*: 1차원 배열변수로서 3개의 열을 가지고 있는데 각각은 3종류의 처방전 유형에 대한 서비스 시간의 평균을 의미한다. 이때 처방전 유형이 배열의 색인으로 사용되고 있으며, 각 구성요소의 초기값은 3, 4, 5이다.

변수에 대해 주어진 정보를 이용하여 그림 5.11에서 있는 것처럼 변수를 정의하자. 스칼라 변수에 대해서는 Arena™에서 변수의 시간을 반영한 평균값(이하 시간 평균값이라 한다)에 대한 통계량을 자동적으로 출력하도록 할 수 있다. 7장에서는 시간평균 통계량에 대해 좀 더 자세하게 소개할 것이다. 일단 시간평균의 의미를 지속 시간을 고려하여 가중평균을 구하는 것이

예시 5.1 다종 처방전 모델의 의사코드

```
CREATE customers with EXPO(6) time between arrivals
ASSIGN
   myNP = DISC(0.5, 1, 0.8, 2, 1.0, 3)
   vNumPrescriptions = vNumPrescriptions + myNP
   vNP(myNP) = vNP(myNP) + 1
   myArriveTime = TNOW
END ASSIGN
WRITE customer arrival information to a file
PROCESS customers
   SEIZE 1 pharmacist
   DELAY for EXPO(vServiceMean(myNP)) minutes
   RELEASE 1 pharmacist
END PROCESS
ASSIGN
   vNumPrescriptions = vNumPrescriptions - myNP
   vNP(myNP) = vNP(myNP) - 1
END ASSIGN
RECORD (TNOW - myArriveTime)
WRITE customer departure information to a file
DISPOSE customer
```

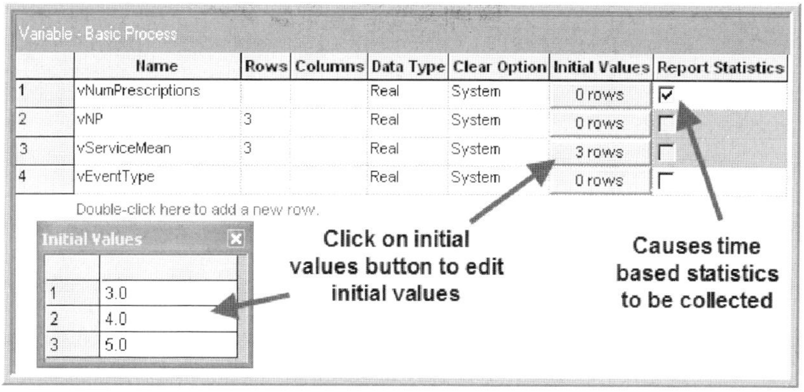

그림 5.11 변수 선언하기

라고 생각하자. 초기값은 스프레드시트를 통해 쉽게 설정할 수 있다.

이제 당신은 Arena^{TM}의 모델 창에서 이전에 개발한 모델의 모듈들을 수정할 준비가 되었다. CREATE 모듈은 모델이 이미 준비되어 있으며 변경할 필요가 없다. 다음에 해야 할 일은 CREATE 모듈과 PROCESS 모듈 사이, PROCESS 모듈과 DISPOSE 모듈 사이에 필요한 모듈을 삽입하는 것이다. 일단 기존의 모듈 사이를 연결하고 있는 연결선을 선택하여 삭제하자. 그리고 난 후 Basic Process 패널에 있는 ASSIGN 모듈을 모델 창으로 끌어와서 CREATE 모듈과 연결시키자.

5.6.2 ASSIGN 모듈의 사용

ASSIGN 모듈이 CREATE 모듈에 직접 연결되어 있기 때문에 생성된 각 개체는 ASSIGN 모듈을 지나게 되고, ASSIGN 모듈 안에서 기록된 순서대로 할당 명령문을 수행한다. 일반적인 프로그래밍 언어에서 공통적으로 사용하듯이 ASSIGN 모듈에서는 "$X = 2$이다"와 같은 일련의 논리적인 할당을 하는 역할을 한다. 그림 5.12는 ASSIGN 모듈의 대화상자를 설명한다. Add 버튼을 사용하면 모듈의 목록에 새로운 할당 문장을 추가할 수 있다. 속성의 이름은 "*myNP*"라고 추가하고, value 값은 DISC(0.5, 1, 0.8, 2, 1.0, 3)이라고 입력한다.

DISC(cp_1, v_1, cp_2, v_2, . . . , cp_n, v_n) 함수는 이산 확률 함수에 따라 난수를 생성하는데, cp_i는 누적확률을 입력하고, v_i는 값을 입력한다. 이때 $cp_0 = 0$이고, $cp_n = 1$이며, $P(X = v_i) = cp_{i+1} - cp_i$으로 계산한다. 누적확률의 최종값은 1이기 때문에 마지막 누적확률의 값(cp_n)은 1.0이 되어야 한다. 위의 DISC 함수 정의를 보면, 첫 번째는 50%의 확률을 가지고, 두 번째는 (80 − 50 = 30%)의 확률, 세 번째는 (100 − 80 = 20%)의 확률을 가지게 된다.

수식 작성기는 텍스트 입력 부분에서 마우스의 오른쪽 버튼을 클릭하여 Build Expression이라는 항목을 선택하면 사용할 수 있는데, Arena^{TM}에서 복잡한 표현식을 작성할 때 유용하게 사용할 수 있다. 그림 5.13은 수식 작성기에서의 DISC 함수를 정의하는 사례를 보여주고 있으며, Arena^{TM}에서 사용 가능한 여러 확률분포도 보여준다. 일단 도착하는 고객에게 처방전의 수

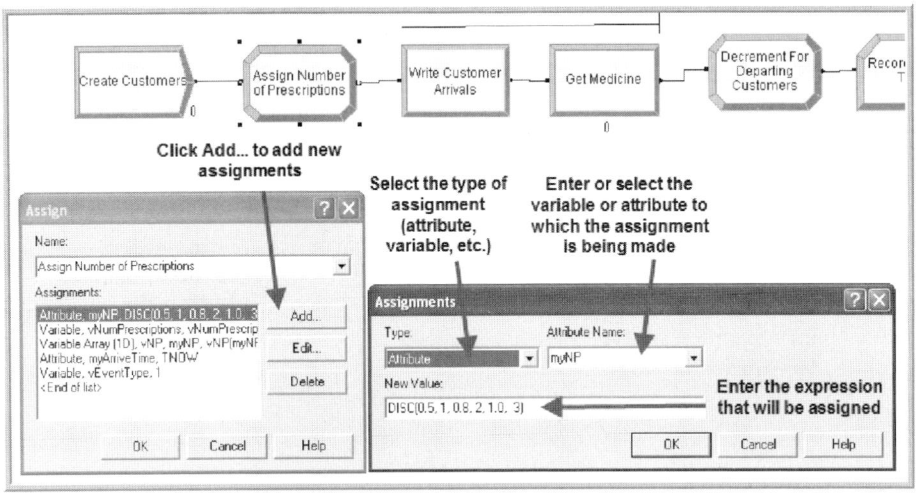

그림 5.12 처방전의 수를 할당

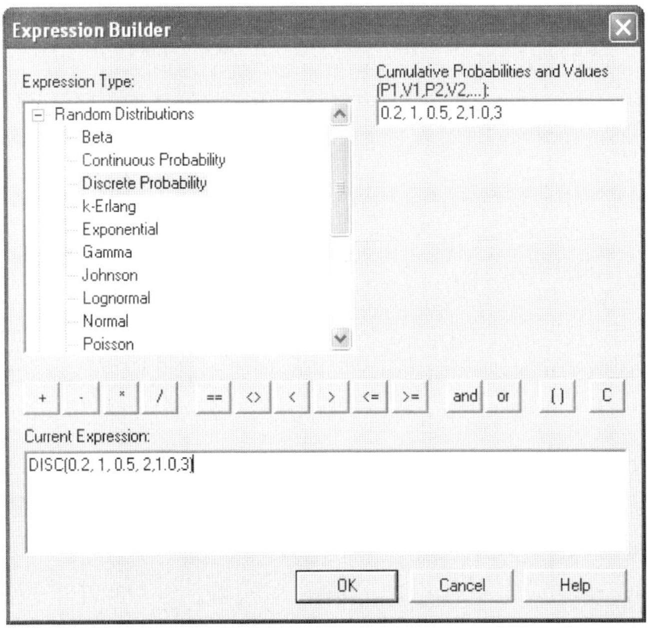

그림 5.13 수식 작성기

량이 할당되면 처방전의 수량에 의해 분류되는 고객의 수를 나타내는 변수를 갱신하고, 총 처방전의 수를 나타내는 변수값도 다시 계산한다. ASSIGN 모듈에 입력하기 위해 대화상자를 사용할 수도 있고, 그림 5.14와 같이 스프레드시트 뷰를 사용해도 된다.

그림 5.14와 같이 ASSIGN 모듈을 완성하자. 그림 5.14에 있는 것처럼 스프레드시트 뷰는 ASSIGN 모듈에 할당된 순서를 깔끔하게 보여준다. 이때 할당의 순서는 매우 중요하다. 첫 번째로, *myNP*라는 속성에 값을 할당한다. 이 속성은 DISC 함수에 의해 무작위로 추출되는 1, 2

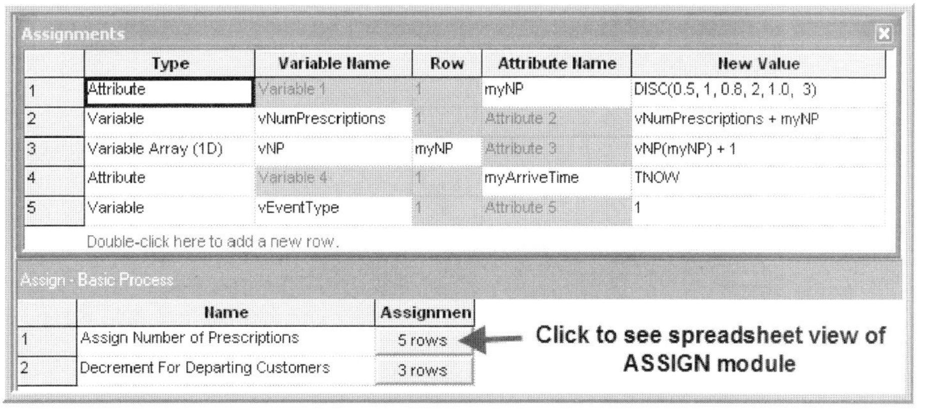

Assignments

	Type	Variable Name	Row	Attribute Name	New Value
1	Attribute	Variable 1	1	myNP	DISC(0.5, 1, 0.8, 2, 1.0, 3)
2	Variable	vNumPrescriptions	1	Attribute 2	vNumPrescriptions + myNP
3	Variable Array (1D)	vNP	myNP	Attribute 3	vNP(myNP) + 1
4	Attribute	Variable 4	1	myArriveTime	TNOW
5	Variable	vEventType	1	Attribute 5	1

Double-click here to add a new row.

Assign - Basic Process

	Name	Assignmen
1	Assign Number of Prescriptions	5 rows
2	Decrement For Departing Customers	3 rows

그림 5.14 ASSIGN 모듈의 스프레드시트 뷰

또는 3의 값을 가질 것이다. 이 값은 현재 고객이 가지고 있는 처방전의 수를 의미한다. 두 번째로, 시스템에 있는 총 처방전의 수를 의미하는 *vNumPrescriptions*이라는 변수값을 갱신한다. 새로운 *vNumPrescriptions*의 값은 기존의 값에 새롭게 도착한 고객의 처방전 수(*myNP*) 를 합산한 값이다. 세 번째로, 시스템에 있는 고객을 수를 처방전 수량에 따라 분류하기 위해 *myNP*라는 속성 값을 *vNP*라는 1차원 배열변수의 색인으로 하여 해당 값을 1 증가시킨다. 네 번째로, *myArriveTime*이라는 속성에 ARENA 변수인 TNOW를 이용하여 현재 시뮬레이션 시간을 기록한다. TNOW에는 항상 현재 시뮬레이션 시간이 기록되어 있다. 따라서 *myArriveTime*이라는 속성에 고객의 도착 시간이 기록되어 있으므로 고객이 시스템을 떠날 때 시간을 확인하고 두 시간의 차이를 구하면, 그 값이 고객이 시스템에 체류한 시간이 되는 것이다. 마지막으로 고객의 정보를 작성할 때 {1 = 도착, 2 = 출발} 등과 같이 사건의 종류를 기록하기 위하여 변수에 값을 할당한다.

5.6.3 READWRITE 모듈의 사용

다른 프로그래밍 언어와 같이 Arena™에서도 정보를 파일로부터 읽어오고 쓸 수 있는 기능이 있다. READWRITE 모듈은 Arena™를 교육할 때 주요 주제에서 생략되기도 한다. 일반적으로 주요 주제의 범위에서 벗어나기는 하지만 이 절에서는 프로그램의 오류를 수정할 때 가급적 유용하게 사용할 수 있는 READWRITE의 기능을 소개하도록 하겠다. READWRITE 모듈은 시뮬레이션으로부터 추출된 정보나 시뮬레이션에서 도출되는 값을 필요한 순간에 파일에 기록하는 기능을 제공하는데, 차후에 정보처리나 분석 과정에서 매우 유용하게 쓰인다.

다음은 READWRITE 모듈에서 텍스트 파일에 고객의 도착과 출발을 기록하는 사례다. 시간의 흐름에 따라 고객이 어떠한 행동을 하는지 추적하기 위해 정보가 사용된다. Arena™에는 개체를 추적하기 위한 더 좋은 방법이 있지만, 여기서는 Arena™에서 어떻게 개체가 처리되는지에 대한 이해를 돕기 위해 READWRITE 모듈을 사용하도록 한다. READWRITE 모듈을 사용하기 위해서는 먼저 데이터를 기록할 파일을 정의해야 한다. 이 작업은 Advanced Process

패널의 FILE이란 데이터 모듈을 사용하여 할 수 있다. FILE의 대화상자를 열기 위해서는 행을 삽입하고 마우스 오른쪽 버튼을 클릭하여 메뉴에서 edit via the dialog box를 선택하면 된다. FILE 대화상자를 열어 그림 5.15와 같이 보이도록 한다. 이것은 데이터를 읽어 들이거나 기록할 수 있는 파일을 운영시스템에서 정의하는 것이다. Arena™의 FILE 모듈에서 사용자는 텍스트 파일, Excel™ 파일, Access™ 파일의 형태를 선택할 수 있고, 더 나아가 Access Type을 선택하면 드롭다운 메뉴에 있는 다른 파일 형태도 사용할 수 있다. 여기서 *Sequential* 조건을 선택하면 파일이 당초 쓰여진 것과 동일한 순서대로 한 줄씩 기록하는 텍스트 파일 형식이라고 Arena™가 인식한다. 그 외 *Free Format* 조건을 선택하게 되면, 기록할 값을 한 칸씩 공란을 넣고 계속 기록한다. FILE 모듈에서 다른 파일 형태를 사용하기 위한 추가적인 정보는 도움말 항목을 찾아보기 바란다.

이제 READWRITE 모듈을 열어 그림 5.16과 같은 내용으로 만들자. 드롭다운 메뉴에서 이미 정의하였던 파일을 선택하고, *Add* 버튼을 사용하여 어떤 데이터를 기록할 것인지 설정한다. Add 버튼을 누른 후에는, *Type*이란 항목에서 드롭다운 목록을 이용하여 파일에 쓸 원하는 데이터의 유형(변수, 속성 등)을 선택한다. 만일 Other라는 데이터 유형을 선택하면 기록할 항

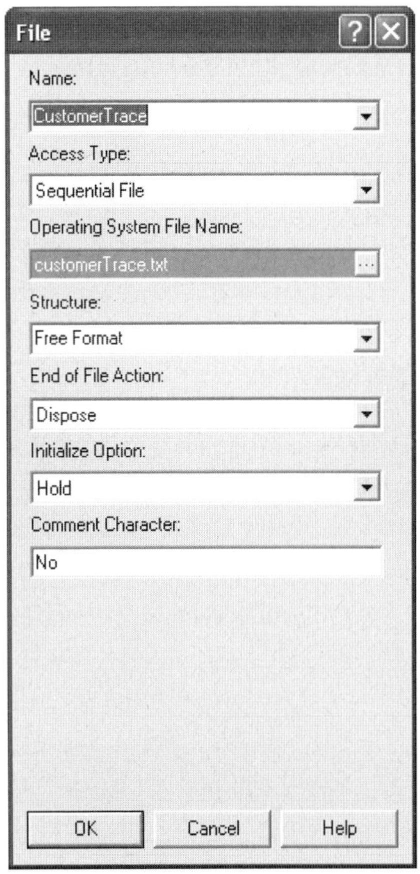

그림 5.15 FILE 모듈

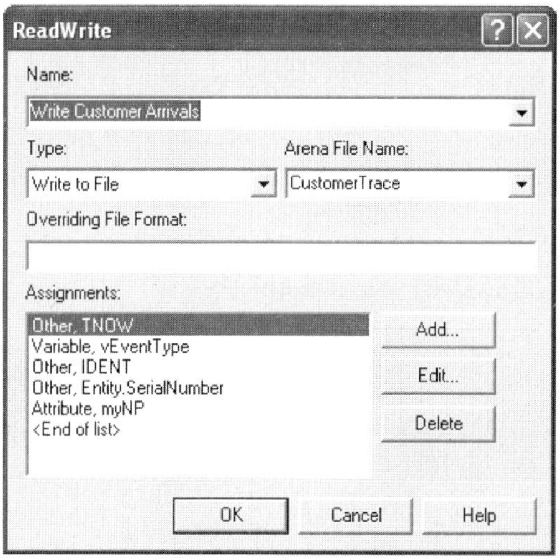

그림 5.16 READWRITE 모듈

목의 이름을 문자열에 직접 입력해야 한다. 이 경우에는 드롭다운 기능을 사용할 수 없다. 이 예제에서는 아래와 같은 항목들을 파일에 기록할 것이다.

- *TNOW:* 현재 시뮬레이션 시간
- *vEventType:* 이벤트의 형태(1 = 도착, 2 = 출발)
- *IDENT:* 고객을 의미하는 개체의 번호
- *Entity.SerialNumber:* 고객이라는 개체의 일련번호
- *myNP:* 고객이 보유하고 있는 처방전의 수량

이 정보는 현재 활동 중인 활성개체가 가지는 기초 정보다. 활성개체는 현재 모델의 모듈 사이를 움직이고 있는 개체다. READWRITE 모듈은 활성개체나 시스템 상태에 대한 정보를 기록할 수 있을 뿐 아니라 시뮬레이션 실행을 시작할 때 모수 값을 읽어 들이거나, 시뮬레이션이 종료되는 순간 통계 값을 기록할 때도 매우 유용하다. 이러한 기능들은 10장에서 Excel™과 Access™ 프로그램을 이용하여 어떻게 데이터를 읽고 쓰는지를 설명하는 과정에서 좀 더 상세하게 다룰 것이다.

파일에 값을 기록한 후, 고객이라는 개체는 PROCESS 모듈로 들어간다. 서비스 시간 분포의 평균은 고객이 보유하고 있는 처방전의 수량에 따라 달라지기 때문에 PROCESS 모듈의 내용을 변경해야 한다. 그림 5.17에 있는 것과 같이 PROCESS 모듈에서 서비스 시간의 분포를 지수분포로 하기 위해 Delay Type을 Expression으로 선택한다. 표현식에서 지수분포의 평균을 입력하기 위해 1차원 배열 변수(*vServiceMean*)와 색인으로 속성인 *myNP*를 사용하여 평균 서비스 시간의 분포를 정의한다. 이때 속성인 *myNP*는 1, 2 혹은 3의 값을 가지는데, 이 값은 고객이 보유하고 있는 처방전의 숫자와 동일하다는 것을 기억하자. Arena™에서 사용할 수 있는 데이터의 구조가 제한적이기 때문에 일반적으로 이런 방법으로 배열을 사용하는 것이 일반

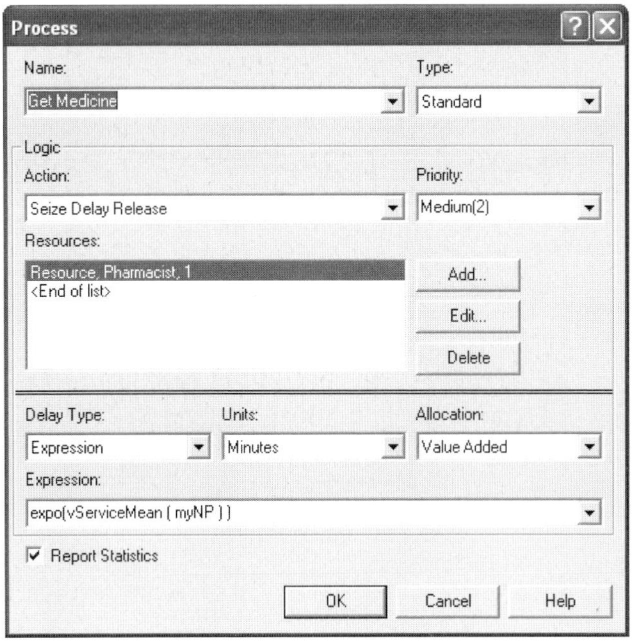

그림 5.17 바뀐 PROCESS 모듈

적이다.

이제 고객들은 서비스를 마쳤으며, 시스템에 있는 처방전의 총 수량과 처방전 1장, 2장, 3장을 보유하고 있는 고객의 수에 대한 변수값을 갱신해야 한다. 이 작업은 PROCESS 모듈 뒤에 위치한 ASSIGN 모듈에서 이루어져야 한다. 그림 5.18은 고객의 서비스가 완료된 후 정보를 갱신하는 과정을 보여주고 있다. 첫 번째 할당 명령문은 현재 시스템 내에 있는 처방전의 총 수량을 갱신하는 것이다. 광역변수인 *vNumPrescriptions*의 값에서 서비스를 종료한 고객이 가진 처방전의 수량(속성 *myNP*에 기록된 값)을 빼면 현재 시스템에 있는 총 처방전의 수량이 계산된다. 또한 시스템을 빠져 나간 고객의 수를 보유하고 있던 처방전의 수대로 분류해야 하기 때문에 서비스를 종료한 고객이 보유하고 있던 처방전의 수에 해당하는 인덱스를 가지는 배열 변수의 값에서 1을 빼면 된다. 그리고 시스템을 떠나는 고객의 정보를 파일에 쓰기 위하여 변수 *vEventType*의 값을 출발을 의미하는 2로 지정해놓아야 한다.

5.6.4 RECORD Module 사용

새로운 문제에서 고객들이 평균적으로 시스템에 체류한 시간을 계산하라고 요구하고 있다. 이 작업은 Arena^{TM}의 RECORD 모듈을 이용하여 수행할 수 있다. RECORD 모듈은 Basic Process 패널에서 찾을 수 있다. RECORD 모듈은 개체가 모듈을 통과할 때마다 정보를 표로 작성한다. RECORD에서 선택할 수 있는 조건은 다음과 같다.

- *Count*는 이름이 지정된 counter의 값을 정해진 수량만큼 증가시키거나 감소시킨다.

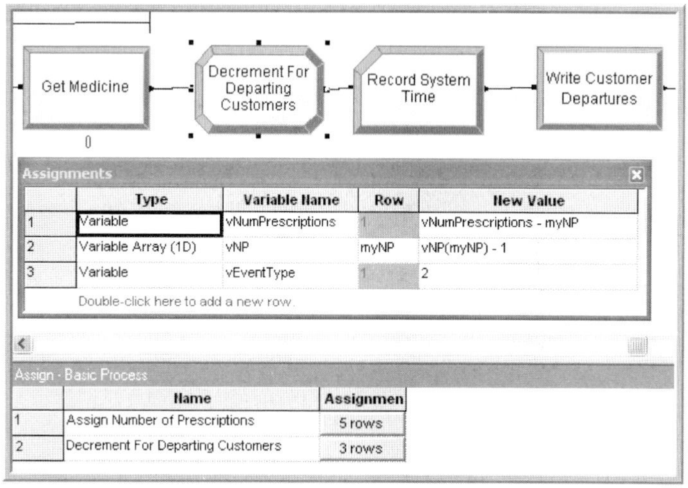

그림 5.18 서비스 후 변수 갱신

- *Entity Statistics*는 지속 시간과 비용처럼 개체에 관련된 일반적인 정보를 만들어낸다.
- *Time Interval*은 특정한 속성의 값과 현재 시뮬레이션 시간의 차이를 계산하고 기록한다.
- *Time Between*은 개체들이 해당 모듈에 도착한 시간의 차이를 추적하여 계산하고 기록한다.
- *Expression*은 특정한 표현식의 값을 기록한다.

앞의 ASSIGN 모듈 다음에 RECORD 모듈을 끌어 놓는다. RECORD 모듈을 열어서 그림 5.19와 같이 작성한다. Expression 조건을 선택하였는지 확인하자. RECORD 모듈은 Value 라는 문자열 필드에 입력된 표현식을 계산한다. 개체가 이 모듈을 통과할 때마다 이 표현식 값에 대한 산술 평균이 계산되며, 동시에 전체 통과한 개체의 표현식 값에 대한 신뢰구간, 최소값, 최대값, 개체의 수 등을 자동적으로 계산해준다. Arena™에서 이러한 통계량을 tally 통계량이

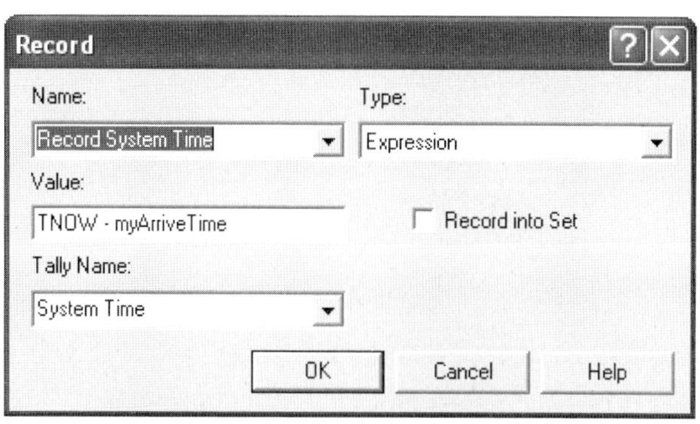

그림 5.19 RECORD 모듈

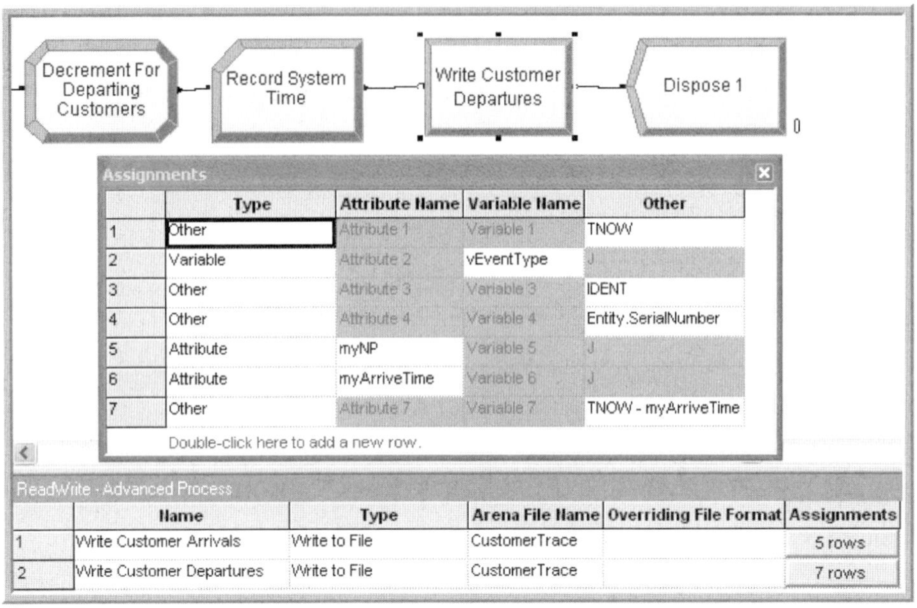

그림 5.20 출발하는 고객을 위한 READWRITE 모듈

라고 한다. 개체가 시스템에 체류한 시간에 대한 통계량을 구하기 위해서는 현재 시간(TNOW)과 고객이 시스템에 도착한 시간(*myArriveTime*)의 차이를 계산하면 된다. 통계량의 계산결과는 기본 Arena^{TM} 보고서에 *SystemTime*이라는 tally 이름으로 제시된다. Time Interval 조건을 선택할 경우 Attribute Name에 *myArriveTime*이라는 속성을 입력하면 된다. 방금 설명한 두 가지 방법이 동일한 통계량을 제공한다는 것을 확인해보기 바란다.

모델에서 마지막으로 변경해야 할 내용은 출발하는 고객에 관한 정보를 기록하기 위해 추가로 READWRITE 모듈을 포함시키는 것이다. READWRITE 모듈에도 스프레드시트 뷰가 있어서 정보를 읽거나 쓸 수 있도록 명령문을 할당할 수 있다. 그림 5.20은 출발하는 고객의 READWRITE 모듈을 보여주는 스프레드시트 뷰이다.

모듈에서는 먼저 변수 TNOW를 이용해 개체가 떠나는 시간을 기록하며, *vEventType*이라는 사건의 유형을 기록한다. *vEventType*은 이전의 ASSIGN 모듈에서 2로 조정되었다. 그리고 출발하는 개체에 관한 정보를 기록한다(IDENT, *Entity.SerialNumber, myNP, myArriveTime*). 끝으로, 고객이 시스템에 체류한 시간을 파일에 기록한다.

5.6.5 변수의 애니매이션

문제에서 시스템에 있는 처방전의 현재 수량을 모델의 화면에 표시하도록 요구하였다. 이 작업은 Arena^{TM}에서 "variable"이라는 애니메이션 기능을 사용하여 할 수 있다. 그림 5.21은 Arena^{TM}의 Animate 툴바를 보여준다. 만약 툴바가 보이지 않는다면, 툴바 구역에서 오른쪽 마우스를 클릭하고 그림 5.21에서와 같이 Animate 옵션을 선택한다.

Animate 툴바의 Animate Variables 옵션을 이용하여 현재 시스템에 있는 처방전의 수량을

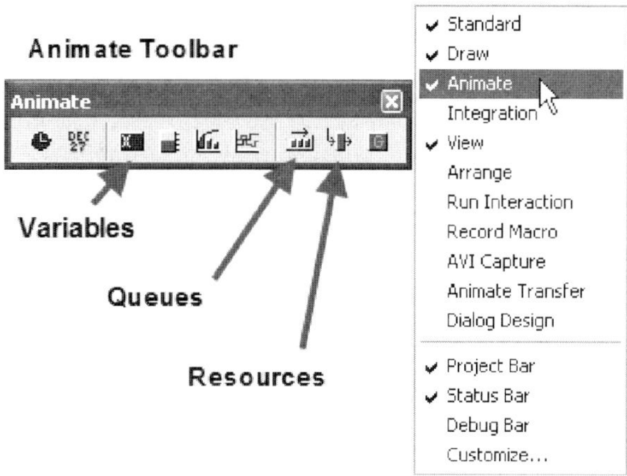

그림 5.21 Animate 툴바

표시할 수 있다. 툴바에 있는 “0.0” 버튼을 클릭하면 Animate Variables 대화상자가 나타날 것이다(그림 5.22 참조). Expression이라고 명명된 드롭다운 상자에서 보고 싶은 적절한 변수를 선택한다. Arena™의 애니메이션에서는 변수의 값만이 표시된다[3]. 대화 상자를 채우고 난 후 OK를 선택한다. 그러면 화면에 커서가 화살표 모양에서 십자가 모양으로 바뀔 것이다. 커서를 모델 창에 놓고, 클릭하면 원하는 곳에 애니메이션을 표시할 수 있다. 애니메이션의 크기를 조

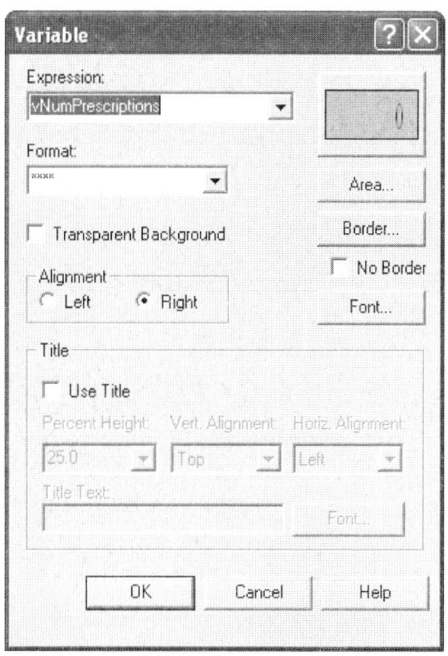

그림 5.22 Animate Variables 대화상자

[3] 속성 값을 표시하기 위해 먼저 모델 내의 정보를 원하는 장소 근처에 일시적인 변수를 할당을 해야 한다. 그리고 Animate 툴바의 Animate 변수 옵션을 일시적인 변수값을 보기 위해 사용한다.

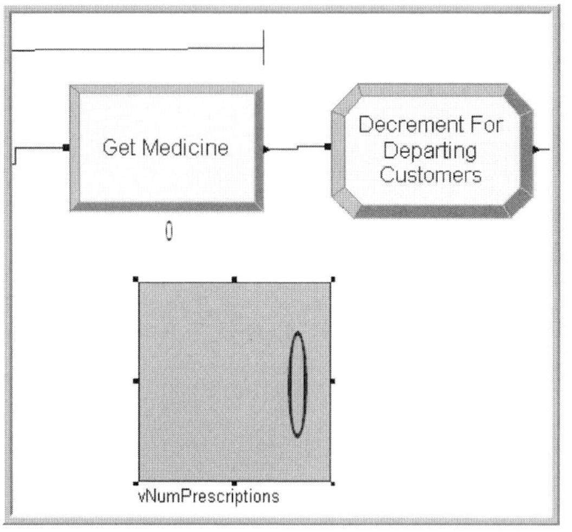

그림 5.23 시스템에 있는 처방전의 총 수량에 대한 애니메이션

절하기 위해서는 클릭하여 끌어당기면 된다. 이 과정을 완료하면 그림 5.23과 같이 될 것이다. 그러면 시뮬레이션이 실행되는 동안에 시간에 따라 변하는 *vNumPrescriptions* 변수값을 볼 수 있다.

5.6.6 모델 실행시키기

모델에서 고객을 30명만 생성시키라고 요구하였기 때문에 마지막으로 두 가지를 더 변경해야 한다. 첫 번째는 CREATE 모듈에서 Max Arrivals라는 필드의 값을 30으로 설정하는 것이다. 이것은 CREATE 모듈에서 오직 30명의 고객이 생성된다는 것을 의미한다. 두 번째는 Run Setup > Replication Parameters 대화상자에서 replication length를 무한대(infinite)로 설정하는 것이다.

이 두 가지 변화(그림 5.24와 그림 5.25)는 시뮬레이션 실행 시 30명의 고객을 생성시키고, 생성된 고객들이 시스템을 모두 빠져나가면 시뮬레이션을 중단시킨다. 만약 반복실험길이를

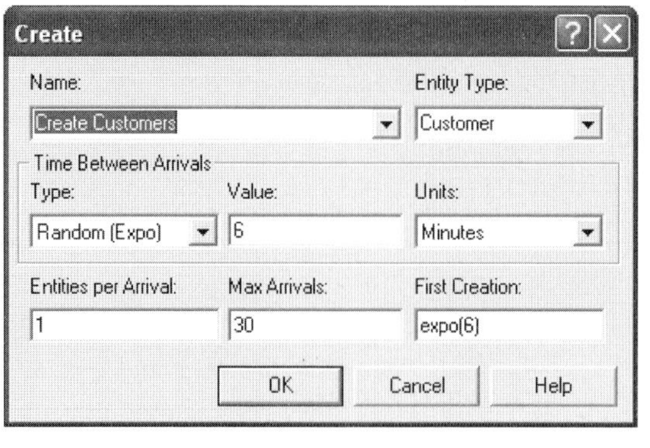

그림 5.24 30명의 고객 생성

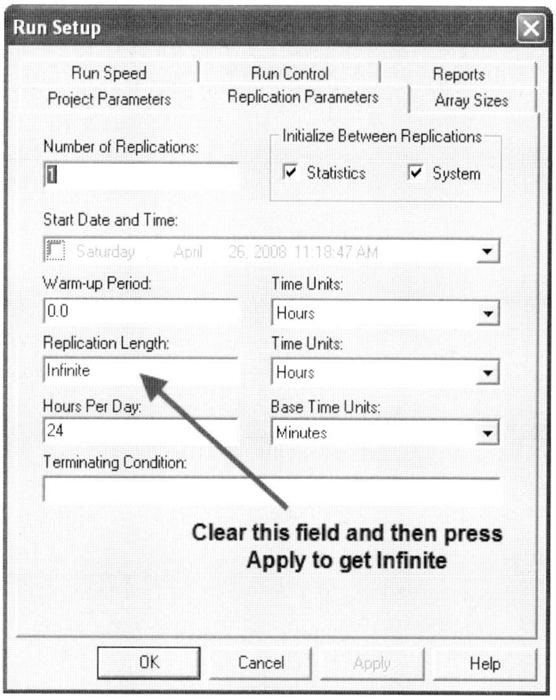

그림 5.25 시뮬레이션 반복실험길이를 지정하지 않은 경우

지정하지 않으면, Arena™는 모델에 더 이상 개체가 없을 때까지 계속하여 CREATE 모듈에서 개체를 생성시킬 것이다. 만약 CREATE 모듈에 Max Arrival 값이 지정되지 않고 반복실험 길이가 무한대라면, 시뮬레이션은 절대로 끝나지 않을 것이다.

이와 같이 모델을 모두 변경한 다음에 Run Setup > Check Model을 사용하여 문법적인 오류를 검사하자. 만약 오류가 있으면, 대화창으로 되돌아가서 입력하거나 할당한 내용이 정확한지 신중하게 확인해야 한다. *PharmacyModelEx5-1.doe*라는 Arena™ 모델파일은 이번 장에서 설명한 내용을 이해하기 쉽도록 제공하는 파일이다. 애니메이션을 보기 위해 Run > Run Control 메뉴의 Batch Run(No animation)을 선택하여 배치 실행 옵션을 해제해야 한다. 모델을 실행하고 시뮬레이션 결과 보고서 보기를 승인해야 한다. 이렇게 하면 30개의 개체가 시스템을 통해 빠져나간 것을 확인할 수 있다. 보고서의 User Specified 구역을 클릭하면, 모델을 구축할 때 지정된 RECORD 모듈과 VARIABLE 모듈에서 수집된 통계량을 볼 수 있다.

그림 5.26에서 30명의 고객이 평균적으로 시스템에 체류한 시간은 대략 7.1096분이라는 것을 알 수 있다. System Time이라는 이름의 tally 값이 시스템을 떠나는 고객이 시스템에 머무른 시간을 계산한 것이므로 Arena™의 계산결과를 재확인할 수 있다. 모델을 실행한 후에 모델이 저장되어 있는 폴더를 살펴보면, *customerTrace.txt*라는 텍스트 파일이 생성되었음을 발견할 것이다. 표 5.4는 시스템을 통과한 처음 다섯 명의 고객에 대한 데이터를 보여준다.

표 5.4의 첫 번째 행은 첫 번째 고객이 2.076914시간에 도착했고, IDENT 값은 2이며, 일련번호는 1, 처방전은 1장을 가지고 있다는 사실을 알려준다. 두 번째 행의 내용은 첫 번째 고

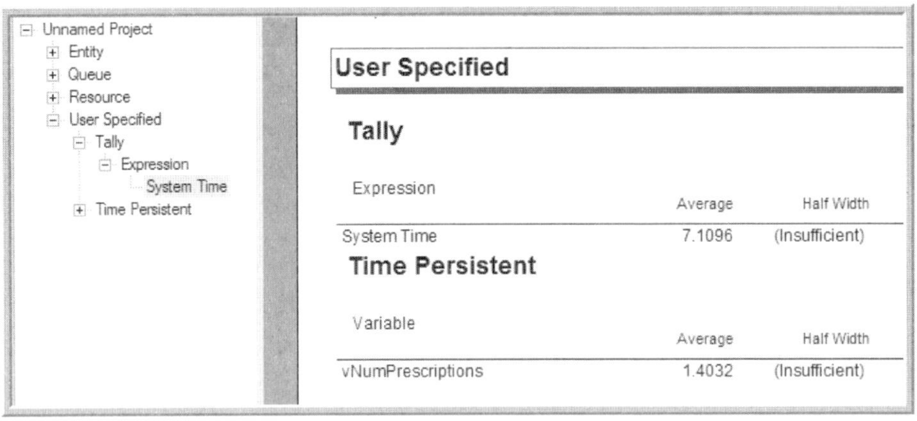

그림 5.26 출력결과보고서

표 5.4 표 형식의 출력파일 시간 데이터

TNOW	Event Type	IDENT	Serial Number	Number Prescriptions	Arrive Time	System Time
2.076914	1	2	1	1		
2.257428	2	2	1	1	2.076914	0.180514
4.74824	1	3	2	1		
5.592303	1	4	3	3		
10.34295	1	5	4	1		
13.31427	2	3	2	1	4.74824	8.566026
21.39914	1	6	5	1		
21.89796	2	4	3	3	5.592303	16.30566
23.79078	2	5	4	1	10.342949	13.447826
26.0986	2	6	5	1	21.399139	4.699463

객이 2.257428에 출발하며, 시스템에 체류한 시간은 2.257428 − 2.076914 = 0.180514임을 알려준다. 출발 시간이 13.31427인 두 번째 고객(IDENT = 3, 일련번호는 2) 앞에는 세 개의 연속적인 도착이 있었다. 따라서 세 번째와 네 번째 고객은 대기행렬에서 대기한다. 만약 파일에 기록된 System Time이라는 열의 평균값을 계산하면, 보고서에서 Arena^{TM}에 의해 계산된 값과 같을 것이다.

이 예제에서 독자는 CREATE 모듈에 대해 좀 더 상세히 학습하였고, 모델에서 변수와 속성을 할당하는 방법을 배웠다. ASSIGN 모듈을 사용하여 개체가 시스템을 돌아다닐 때 변수와 속성 값을 쉽게 변경할 수 있었다. 또한 RECORD라는 모듈을 이용하여 통계적 분석을 위해 모델의 특정한 정량적 지표를 구할 수 있었다. 마지막으로 READWRITE 모듈을 이용하여 모델에서 특정한 사건이 발생하였을 때 시스템의 상태와 현재 개체에 관련된 정보들을 파일에 기록할 수 있었다. 이러한 기능은 모델의 문제점을 진단하거나 차후의 수행할 분석을 위해 특정한 값을 수집하는 데 매우 유용함을 알 수 있었다. 또한 Arena^{TM}에서 제공하는 간단한 애니메이션 기능을 이용하여 특정한 변수의 현재 값을 화면에 그려보았다.

이 예제는 후속모듈이 선행모듈에 직접 연결되어 있는 단순한 직선형 흐름에 대한 것이다. 복잡한 시스템에서는 흐름도 복잡하다. 따라서 다음 절에서는 어떻게 하면 모델에서 개체의 흐름을 잘 제어할 수 있는 지에 대해서 학습해 보도록 하겠다.

5.7 ARENA™에서의 흐름제어

표준 언어(standard languages)로 컴퓨터 프로그램을 개발할 때, 대부분의 프로그래머는 어떤 명령문을 실행하기 위하여 프로그램의 흐름을 직접 그릴 수 있는 능력을 가지고 있다. Arena™에서는 플로차트 방식의 프로그래밍 개념이 제어(control)의 흐름을 명확하게 만들 수 있도록 하고 있다. 개체는 연결된 플로차트의 기호(symbol)를 따라 흘러간다. 예를 들어 개체의 흐름이 직선형이고 두 모듈이 아주 먼 거리에 연결되어 있다고 생각해보자.

모델 안에서 개체들이 움직이는 방향을 결정하기 위한 메커니즘은 크게 3가지가 있다.

1. 논리적(logical)이거나 확률적(probabilistic)인 조건
2. 반복루프(iterative looping)
3. 개체의 이송

위의 3가지 방법 중 처음 두 가지 방법은 플로차트 기호를 연결하는 방법을 기본으로 하고 있는데, 움직이는 개체를 연결된 기호로 보낸다. 마지막 방법은 모델에서 개체의 이동과 자재 취급을 다루기 위한 구조와 관계가 있다. 개체 수송은 9장에서 자세히 다룰 것이다.

5.7.1 논리적, 확률적인 조건

C 언어와 같은 프로그래밍 언어는 *if-then-else*와 같은 구조를 가지고 있으며, 이를 이용하여 주어진 특별한 조건에 의해 프로그램의 실행방향을 지정하는 기능을 수행한다. Arena™에서는 논리를 제어하기 위해 DECIDE, BRANCH 그리고 IF-ELSE-ENDIF와 같은 세 종류의 구조를 제공한다. 이 중 Basic Process 템플릿 패널에 있는 DECIDE 모듈이 가장 널리 사용되고 있다. 그림 5.27은 이런 DECIDE 모듈의 플로차트와 그것의 대화상자를 나타낸 것이다. 그림에 보이는 바와 같이 DECIDE 모듈은 4가지 타입(2-way by Chance, 2-way by Condition, N-way by Chance, N-way by Condition)을 가지고 있다.

우선 *by Condition*이라는 옵션에 관해 알아보도록 하자. 2-way by Condition 옵션은 기본적으로 if-then-else 구조로 실행되며, 개체는 두 개의 표시된 경로 중 해당 조건의 "참", "거짓" 여부에 따라 분기될 것이다. DECIDE 모듈의 2-way by Condition의 의사코드의 다음과 같다.

```
if condition is true THEN
  send entity out the true exit point
Else
  send entity out the false exit point
END IF
```

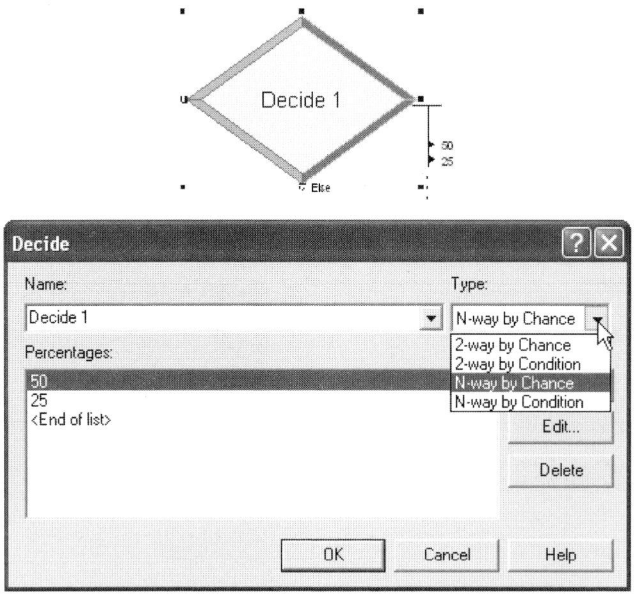

그림 5.27 DECIDE라는 플로차트 기호 및 모듈의 대화상자

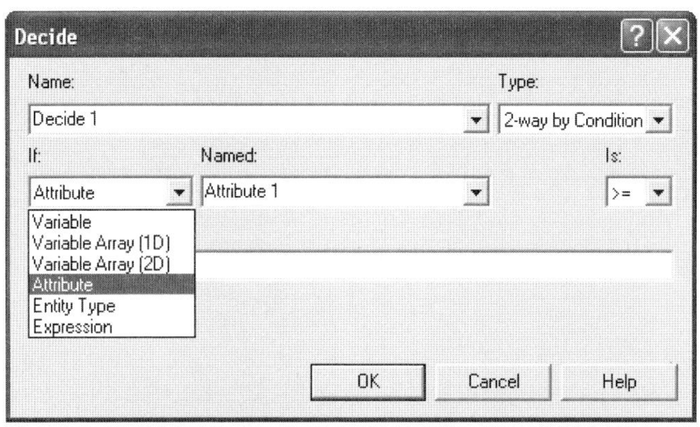

그림 5.28 2-way DECIDE 모듈의 대화상자

그림 5.28은 DECIDE 모듈의 대화상자에서 2-way by Condition을 선택한 사례다.

N-way by Condition은 C의 switch 구문이나, Visual Basic의 case 구문과 적용방법이 유사하다. N-way by Condition 모듈의 의사코드의 다음과 같다.

```
IF condition 1 is true THEN
  send entity out the condition 1 exit point
ELSE IF condition 2 is true THEN
  send entity out the condition 2 exit point
ELSE IF condition 3 is true THEN
```

```
  send entity out the condition 3 exit point:
ELSE IF condition n is true THEN
  send entity out the condition n exit point
ELSE
  send entity out false exit point
END IF
```

조건의 비교결과가 참이라면, 개체는 즉시 해당되는 출구 지점으로 보내진다. 그 이상의 비교는 수행하지 않게 된다. 비교의 순서는 매우 중요하다. 어떤 조건의 앞에 다른 조건을 배치함으로써 사용자는 조건들 사이에 간단한 우선순위를 부여할 수 있다.

논리적인(Boolean) 값을 평가하기 위해 Arena™에서 허용하는 표현식(expression)은 조건으로 사용된다. DECIDE 모듈의 대화상자에서는 조건식을 쉽게 입력할 수 있다. 사용자는 비교하고자 하는 속성(attribute), 변수(variables), 배열 구성요소(array element), 개체의 유형(entity type) 등의 표현식을 입력할 수 있다. 그리고 사용자는 일반적인 표현식을 입력할 수도 있다. Arena™의 표현식 입력기(Expression Builder)의 사용은 표현식의 개발을 매우 유용하게 도와주며, 구문과 철자의 오류를 예방하는 데 도움을 준다.

표 5.5는 Arena™의 표현식에 사용될 수 있는 수학적 그리고 논리적 연산자이다. 논리적 연산자는 두 개의 형태를 가지고 있다. 예를 들어 같음(equality)은 .EQ.를 사용하거나 두 개의 같음 표시 "= ="를 사용하여 비교할 수 있다. 연산의 우선순위 또한 표에 제시되어 있다. 괄호는 연산식의 필요 부분에 사용함으로써 적당한 연산 순서에 의해 원하는 작업을 할 수 있다.

DECIDE 모듈에서 "by Chance"의 옵션은 개체가 출구 지점의 목록 중에서 무작위로 선택

표 5.5 수학적/논리적 연산자

연산자	연산	우선순위
수리 연산자		
**	승(exponentiation)	1(highest)
/	나눗셈(division)	2
*	곱셈(multiplication)	2
−	뺄셈(subtraction)	3
+	덧셈(addition)	3
논리 연산자		
.EQ., ==	동등비교(equality comparison)	4
.NE., < >	비동등비교(non-equality comparison)	4
.LT., <	열등비교(less than comparison)	4
.GT., >	우등비교(greater than comparison)	4
.LE., <=	열등 및 동등비교(less than or equal to comparison)	4
.GE., >=	우등 및 동등비교(greater than or equal to comparison)	4
.AND., &&	교집합[conjunction (and)]	5
.OR., ‖	합집합[inclusive disjunction (or)]	5

할 수 있도록 한다. 2-way by Chance 옵션에서는 true 출구 지점으로 분기될 확률을 사용자가 지정한다. False 출구 지점으로 분기될 확률은 사용자가 지정한 확률의 잔여 값(1에서 지정한 확률을 뺀 값)이다. N-way by Chance 옵션에서는 사용자가 각각의 출구 지점이 참이 될 확률을 퍼센트로 지정한다. *Else* 출구 지점의 확률은 1에서 각각의 chance에 할당된 값의 합을 뺀 값이 할당된다. 그림 5.29에 보이는 것처럼 스프레드시트를 이용하여 각 출구 지점에 참의 확률을 쉽게 할당할 수 있다. 개체가 DECIDE 모듈에서 by Chance로 들어오면, Arena™는 난수를 생성하고 난수에 의해 결정된 확률 값을 이용하여 출구 지점을 선택한다.

Arena™의 BRANCH 블록은 Blocks 템플릿 패널에서 찾을 수 있는데 그 역할은 DECIDE 모듈과 비슷하다. Blocks 템플릿은 그림 5.30에 있는 바와 같이 원래의 SIMAN 명령어를 포함하고 있는데, 이 SIMAN 명령어로부터 다른 템플릿도 만들어졌다. SIMAN은 Arena™의 개발 기반이 된 텍스트 기반의 프로그래밍 언어다. SIMAN과 Arena™의 관계는 4장에서 일부 논의하였다. Blocks 템플릿 패널은 프로젝트 바에서 오른쪽 클릭을 통하여 Attach를 선택한 후 Arena™가 설치되어 있는 폴더의 Template 폴더에서 *blocks.tpo*를 선택함으로써 추가시킬 수 있다. BRANCH 블록은 DECIDE 모듈과 비슷한 역할을 수행하는데, 최대 분기 가지 수(maximum number of branches), 분기의 유형(branch type) 그리고 난수열(random number stream)을 사용자가 직접 입력해야 한다는 점이 차이다. 난수열은 뒷장에서 논의하도록 하겠다.

BRANCH 블록은 도착한 개체에게 분기(branching)의 종류에 의해 하나의 경로를 따라가도록 한다. 여기서 가장 큰 다른 점은 최대 분기 가지 수를 사용한다는 것이다. 만약 최대의 가

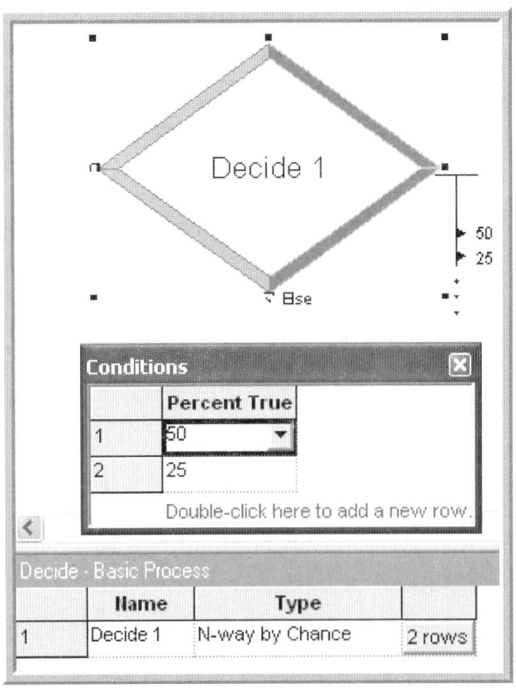

그림 5.29 N-way Chance DECIDE 모듈

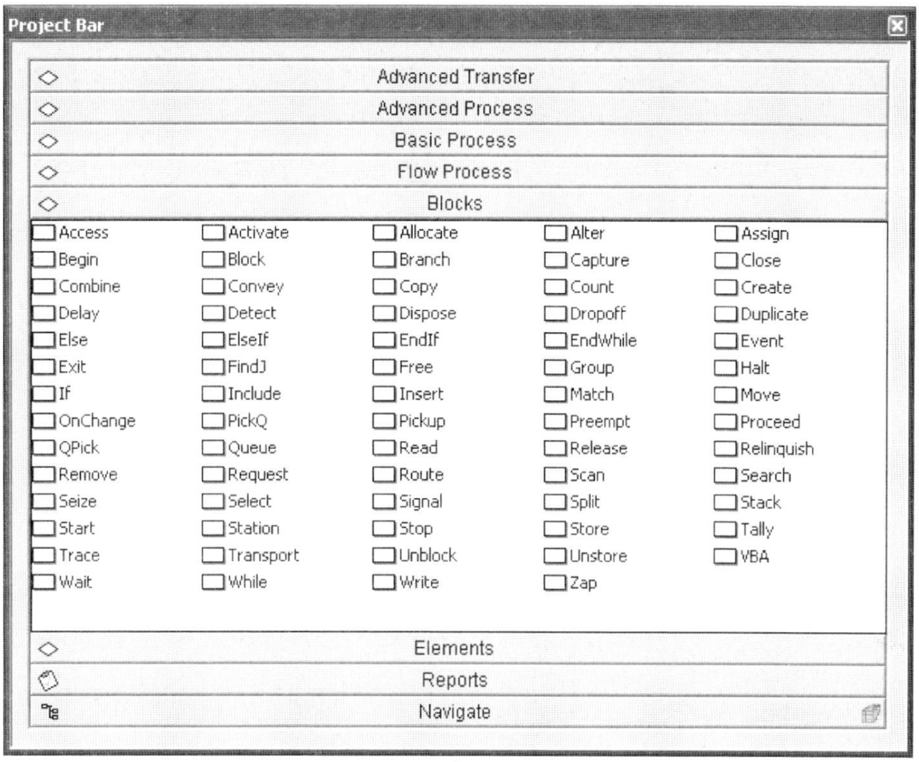

그림 5.30 Blocks 템플릿 패널

지 수가 하나라면 이것은 완전히 DECIDE 모듈과 같은 기능을 한다. 하지만 최대 가지 수가 하나보다 크다면, 개체를 복사해서 생성한 후에 조건을 만족하는 다른 가지로 따라가는 것을 허용한다. BRANCH 블록은 보편적으로 DECIDE 모듈로 대체가 가능하다. 만약 사용자가 도착한 개체를 복사하는 기능을 사용할 필요가 없다고 판단한다면 DECIDE 모듈을 사용하는 것이 낫다. BRANCH 블록에서 개체가 어떻게 복사되는지 그리고 복사된 개체를 포함하는 개체들이 어떤 순서로 블록을 나가는지에 대한 더 자세한 사항은 BRANCH 블록의 대화상자에 있는 Help를 선택하면 표시되는 Arena^{TM}의 도움말 기능에서 알 수 있다.

Arena^{TM}에서 사용되는 마지막 논리적 흐름 구조인 IF-ELSEIF-ELSE-ENDIF 블록에 대하여 알아보자. 이러한 블록들 또한 Blocks 템플릿에서 찾을 수 있다. 이러한 블록들은 표준 if-then-else 구조를 이용하는 대부분의 언어와 비슷한 기능을 한다. 목록 5.1는 Arena^{TM}의 도움말 파일에 있는 IF-ELSEIF-ELSE-ENDIF 블록 조합의 사용 예제다. 만일 IF 블록에 해당하는 논리적인 조건이 "참"이라고 결정되었다면, 개체는 오직 비교를 수행하는 블록과 다음의 ELSEIF 사이에 있는 명령문만을 실행한다. 만일 IF 블록에 해당하는 논리적인 조건이 "거짓"이라고 결정되었다면, ELSEIF로 가서 다시 조건을 비교한다. ENDIF 블록은 반드시 이러한 블록들의 조합의 사용을 종료하는 데 사용된다. 이러한 블록들을 사용할 때 명령문들의 집합은 상호 독립적이어야 한다. 즉 조건 비교의 평가에 의해 반드시 하나의 명령문 집합만이 수행되어야 한다. 예를 들어 예제에서 만약 PartType이 1이라면 개체는 오직 아래의 명령문만을 실행한다.

```
SEIZE: Operator;
DELAY: ProcessTime;
RELEASE: Operator;
```

불행하게도 이러한 블록들을 사용하기 위해서는 사용자가 각 모듈의 위치를 직접 결정하고 연결해야 한다. 즉 이것은 Arena™의 환경에서 사용자가 이와 같은 문장을 직접 입력할 수 없다는 것이다. 이러한 방식은 때로 지루한 작업이 되고, 화면의 많은 부분을 차지하게 된다. 대부분의 경우 IF-ELSEIF-ELSE-ENDIF 블록을 대신하여 여러 개의 DECIDE 모듈을 사용해도 된다. 하지만 사용자가 체계적인 프로그래밍 방법을 선호한다면 이러한 블록들을 사용하는 것이 복잡한 모델의 논리를 쉽고 편리하게 프로그래밍할 수 있다.

목록 5.1 | Arena™ 도움말에 있는 IF-ELSEIF-ELSE-ENDIF 사례

Sweeper라는 자원들 중에서 어느 하나라도 가동 중이면 이 IF 블록에 도착한 개체는 모델의 다음 블럭에 있는 명령을 수행한다. 그렇지 않으면 개체는 다음의 ELSEIF, ELSE 혹은 ENDIF 블록으로 보내질 것이다.

IF-ELSEIF-ELSE-ENDIF Blocks

```
IF:   PartType   == 1;
       SEIZE:   Operator;
       DELAY:   ProcessTime;
       RELEASE:   Operator;
ELSEIF: PartType   == 14;
       DELAY:   PreProcess;
      SEIZE:   SpecialCrane;
      DELAY:   MoveTime;
      RELEASE:   SpecialCrane;
ELSE;
       DELAY:   NormalProcess;
ENDIF;
```

위의 블록을 수행하는 개체들은 'PartType==1'의 조건을 만족하는지 먼저 비교한다. PartTYpe==1이면, 개체는 Operator라는 자원을 점유하고, ProcessTime만큼 지연을 하며, Operator를 놓아주게 된다. 만약 PartType이 1이 아니면, PartType이 14인지를 확인한다. PartType이 14이면, 개체는 PreProcess 시간만큼 지연을 한 다음, SpecialCrane이라는 자원을 점유한다. 그리고 MoveTime 만큼 지연을 한 후 SpecialCrane이라는 자원을 놓아준다. 만약 PartType이 1, 14 둘 다가 아닌 경우, 개체는 NormalProcess만큼 지연을 하게 된다.

5.7.2 반복루프

반복루프(iterative looping)는 컴퓨터 프로그래밍에서 자주 사용된다. C와 같은 언어에서 for-loop, do-while과 같은 구조는 명령문의 집합을 반복적으로 수행하도록 한다. Arena™는 이러한 작업을 하기 위해 WHILE/ENDWHILE 블록을 제공한다. 또한 반복을 허용하기 위해 플로차트 메커니즘을 제공하여 개체가 처음 문장으로 되돌아가도록 한다. WHILE-ENDWHILE 조합을 사용하는 방법은 IF-ELSEIF-ELSE-ENDIF 블록과 비슷하다. 목록 5.2은 SIMAN 코드에서 해당 블록을 사용하는 방법을 제시하고 있다. 다시 말하지만, Arena™ 환경에서는 이러한 텍스트 형태를 직접적으로 프로그램할 수 없다. 사용자는 반드시 모델 안에서 해당 블록들을 끌어다 붙이고 연결해야 한다. 만약 WHILE 블록이 관련된 ENDWHILE 블록과 일치하지 않는다면 오류가 발생할 것이다. 다음의 예제를 통하여 Arena™에서 반복루프를 어떻게 활용하는지 실습해보도록 하자. 더 나아가 변수, 속성, 표현식(EXPRESSIONS)이라고 불리는 새로운 구조에 대해 학습하도록 하자.

목록 5.2 | Arena™ 도움말에 있는 WHILE-ENDWHILE 사례

```
Syntax
WHILE: Condition or Expression;

Basic Use
ASSIGN: J=0;
WHILE: J<10;
     ASSIGN: J = J + 1:
     ProcessTime(J)=PTime(1,J);
ENDWHILE;

Prompt                       Entry
Condition or Expression J < 10
```

개체는 처음에 J = 0으로 할당한다. 그리고 J가 10보다 작으면 개체는 J = J + 1로 바꾸고, PTime (1,J) 값을 ProcessTime (J)에 할당한다. 이것은 ProcessTime (1)에서 ProcessTime (10)의 값을 차례로 PTime (1,1)에서 PTime (1,10)까지의 값으로 할당하는 효율적 방법이다. 만일 J가 10으로 증가하면 반복은 종료되고 개체는 ENDWHILE 블록으로 이동된다.

5.7.3 예제: 반복루프, 표현식과 하위모델

이 예제에서는 Arena™에서 속성, 변수 그리고 표현식을 어떻게 정의하고 사용하는지에 대하여 알아보겠다. 또한 개체가 흘러가는 도중에 어떻게 지연시키는지를 배울 것이다. 그리고 Arena™에서 기본 흐름을 제어하기 위해 루핑 혹은 반복을 어떻게 사용하는지에 대해 배울 것이다. 이번에 실습할 모델에서는 다음과 같은 모듈을 사용할 것이다.

- CREATE: 모델에서 두 개의 다른 도착 프로세스를 표현하기 위해 두 개의 CREATE 모듈을 사용한다.

- ASSIGN: 이 모듈은 변수들과 속성들의 값을 할당하는 데 사용된다.
- WHILE & ENDWHILE: 이 모듈들은 개체들이 조건을 만족할 때까지 루핑되도록 하기 위해 사용한다.
- DECIDE: 이 모듈 또한 개체들이 조건을 만족할 때까지 루핑되도록 하기 위해 사용한다.
- PROCESS: 이 모듈은 모델에서 시뮬레이션에서 단순히 시간을 지연시키기 위해 사용된다.
- DISPOSE: 이 모듈은 생성된 개체를 소멸시키기 위하여 사용한다.
- VARIABLE: 이 데이터 모듈에서는 모델에서 사용되는 변수와 배열을 정의한다.
- EXPRESSION: 이 데이터 모듈은 모델에 사용된 표현식의 이름을 정의하기 위해 사용된다.
- SUBMODEL: 하위모델은 모델 창의 일부 영역으로 여러 모듈을 하나의 모듈로 통합한 것이다.

이 예제는 부분적으로 Arena^{TM}의 SMARTS 파일 183을 기본으로 하고 있다. 이 모델은 이전의 모델보다 상당히 클 것이다. 최종 모델은 그림 5.31과 같다.

이 시스템은 제품을 생산하는 상황이다. 이 제품들은 모델 1과 모델 2라는 두 가지의 모델 구성을 가지며, 소형 제조 시스템에서 생산된다. 모델 1은 평균이 12분인 포아송 프로세스에 따라 하나씩 도착한다. 모델 2의 도착 시간 또한 포아송이며, 제품 하나당 도착 시간 간격은 평균 22분이다. 그리고 한 가지 모델구성에 대해 각 모델은 다시 유형 A와 유형 B라는 두 가지 제품으로 구분된다.

표 5.6은 이 예제의 데이터를 보여준다. 표에서 모델 1의 90%는 유형 A이다. 그리고 모델 1의 유형 A를 생산하기 위한 기본 작업 시간은 평균이 14분인 지수분포를 따른다. 분명히 말하지만, 제품들의 기본 작업 시간은 모델구성과 제품의 종류 A, B에 따라 독립적이다. 실제 작업

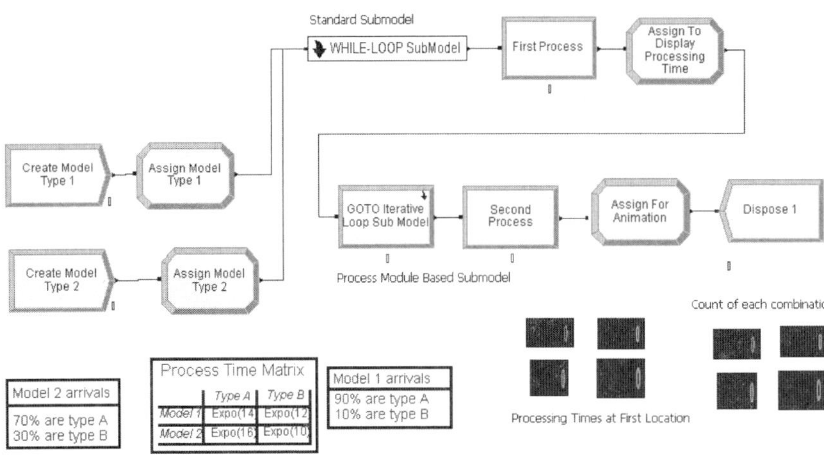

그림 5.31 반복루프 예제의 완성모델

표 5.6 예제의 데이터

모델	평균도착률	종류 A (%, 가공 시간)	종류 B (%, 가공 시간)
1	12분에 하나씩	90%, expo(14)분	10%, expo(12)분
2	22분에 하나씩	70%, expo(16)분	30%, expo(22)분

시간은 기본 작업 시간 분포를 이용하여 10개의 값을 무작위로 생성한 후, 그 10개의 값을 합한 시간으로 가정한다. 작업은 연속적인 두 개의 동일한 공정에서 수행된다. 작업이 끝난 후 제품은 시스템을 떠난다.

이 모델을 구축할 때 우리는 각 제품에 대해 최종적으로 확정된 작업 시간을 화면 두 곳에 표시할 것이며, 모델종류와 제품종류의 조합에 대하여 생산된 수량을 화면에 각각 표시할 것이다.

5.7.3.1 모델의 구축 기본 모델링 구축 방법에 따라 먼저 **무엇이 개체들인가?**라는 질문을 생각해보자. 정의에 의하면 개체란 시스템 내에서 움직이는 어떤 것이다. 개체들은 일시적인 것으로, 생성되었다가 소멸된다. 이 간단한 생산시스템 모델은 제품을 생산하는 것으로, 제품들은 시스템의 처음부터 끝까지 흐른다. 따라서 제품이 개체의 후보가 되어야 한다. 이 문제에서는 실제로 4가지 종류의 개체가 있다. 모델 1과 모델 2로 구분되며, 각각의 모델은 다시 제품 유형 A와 제품 유형 B로 구분된다. 이제 어떻게 개체들의 종류를 표현할 것인지 생각해보자. 앞서 언급했듯이 제품의 종류는 두 가지 방법으로 정의할 수 있다. (1) ENTITY 모듈을 이용하여 개체의 종류를 정의 (2) 사용자 정의 속성을 이용하여 정의. 본 예제에서 두 가지 방법 모두 사용할 수 있지만, 사용자 정의 속성을 이용하는 방법이 다른 모델에서도 활용도가 높기 때문에 이 방법을 사용하도록 한다.

다음은 **개체들의 속성은 무엇인가?**에 대한 질문에 대해 생각해보자. 이미 개체들의 종류를 구별하기 위하여 사용자 정의 속성을 이용하는 것으로 결정했기 때문에 이 질문에 대한 일부 해답은 정해졌다. 먼저 *myModel*과 *myType*이라는 두 개의 속성을 정의해 보자. *myModel*과 *myType*은 개체들의 모델과 제품 종류를 구분하기 위한 것이다. 예를 들어 *myModel* = 1이라고 정의하면 개체는 모델 1이라는 종류의 모델이 된다. 계속적으로 필요한 속성들을 지정하기 위해 아래의 질문에 대한 대답을 생각해보자.

- 개체들이 모델 안을 이동할 때 개체들에게 어떠한 데이터가 필요한가? 그들이 이동을 하거나 정보를 다른 개체들과 공유해야 할 때, 개체들은 데이터를 가지고 다닐 수 있는가?
- 어떠한 정보들이 시스템 전체에 존재해야 하는가?

첫 번째 질문에 대한 대답은 제품들은 그들만의 작업 시간이 필요하다는 것이다. 두 번째 질문에 대한 대답은 여러 가지일 수 있다. 하지만 이 모델에서는 작업 시간에 관련된 분포를 알고 있어야 하며, 이러한 정보는 모델 안에서 바뀌지 않는다. 이것은 정보가 광역적으로 저장될 수 있다는 힌트가 된다. 그리고 모델의 서로 다른 두 위치에서 작업 시간은 각각 다른 분포에 의해 결정되어야 한다는 것이다.

각 위치에서의 작업 시간을 결정하기 위해 변수를 사용하려고 한다면 이러한 접근 방법에는 문제가 있다는 것을 금방 깨달을 수 있다. 우선 현재 위치 1에서 작업을 하고 있는 개체의 작업 시간이 변수에 설정되어 있다고 하자. 작업이 진행되는 동안 다른 개체가 들어옴으로써 이 변수에 새로 들어온 개체의 작업 시간을 덮어 쓸 수 있다. 이것은 명백하게 문제가 된다. 더 좋은 접근 방법은 개체들에게 작업 시간을 입력한 후 개체가 움직이면서 자신들의 작업 시간에 대한 정보를 가지고 다닐 수 있도록 하는 것이다. 이것은 작업 시간을 속성에 저장시키는 것이 좋다는 것을 의미한다. 이제 *myProcessingTime*이라는 속성을 정의하고, 개체가 작업을 시작하

예시 5.2 반복루프의 사례

```
CREATE 10 entities with TBA EXPO(12)
ASSIGN model 1 attributes
  myModel=1
  myType=DISC(.9,1,1,2)
END ASSIGN
GOTO label A

CREATE 10 entities with TBA EXPO(22)
ASSIGN model 2 attributes
  myModel=2
  myType=DISC(.7,1,1,2)
END ASSIGN
GOTO label A

A: determine the processing time for first station
ASSIGN initialize the loop
  vCounter=1
  vNumIterations=10
  myProcessingTime=0
END ASSIGN
WHILE vCounter ≤ vNumIterations
  ASSIGN
    myProcessingTime=myProcessingTime + ePTime(myModel, myType)
    vCounter=vCounter + 1
  END ASSIGN
END WHILE
DELAY for myProcessingTime
ASSIGN
  vCounter=0
  vNumIterations=10
  myProcessingTime=0
END ASSIGN

B: determine processing time for second station
ASSIGN
  myProcessingTime=myProcessingTime + ePTime(myModel, myType)
  vCounter=vCounter + 1
END ASSIGN
DECIDE if vCounter ≤ vNumIterations
  true: GOTO B
  false: GOTO C
END DECIDE

C:
DELAY for myProcessingTime
DISPOSE
```

기 전에 계산된 작업 시간을 *MyProcessingTime*이라는 속성에 저장하도록 하자. 만일 정보가 특별한 개체에 속해서 전달되지는 않지만 그 정보가 모델 어딘가에서 여전히 읽혀질 필요가 있다면, 정보는 시스템 전체에 속해야 한다는 의미다. 하지만 본 예제의 경우 작업 시간의 분포는 잠재적인 개체에 속해져서 읽힐 필요가 있다.

어떻게 개체를 생성할 것인가? 이 문제의 해답은 두 개의 포아송 도착 과정으로 설명할 수 있다. 이것을 모델링하는 방법은 여러 가지가 있을 수 있지만 가장 편리한 방법은 각 도착 과정에 별도의 CREATE 모듈을 사용하는 것이다. 만약 이 방법을 이용하여 모델링을 한다면 모델구성 1에 해당하는 개체를 생성하는 CREATE 모듈과 모델구성 2에 해당하는 개체를 생성하는 또 다른 CREATE 모듈을 사용해야 한다. 그렇다면 어떻게 데이터를 개체들에게 할당할 것인가? ASSIGN 모듈을 이용하여 이러한 역할을 수행하도록 할 수 있는데, 모델 종류, 제품 종류, 가공 시간 등의 정보를 ASSIGN 모듈을 이용하여 할당하는 방법이다. 특히 모델 구성 종류에 따라 제품 종류별 작업 시간은 주어진 분포에 따라 다르게 할당되어야 한다는 점을 기억해야 한다. 그리고 실제 작업 시간은 기본적으로 제시된 분포에서 10개의 난수값을 선택하여 그 합으로 결정한다는 것이다. 따라서 개체가 작업을 시작하기 전에 최종적인 작업 시간을 미리 결정하기 위한 절차가 반드시 정의되어 있어야 한다.

예시 5.2는 본 예제에 대한 기본적 의사코드를 보여준다. 개체가 생성 된 후, 자신들의 모델 종류와 제품 종류에 대한 값을 할당한다. 그리고 개체는 프로세스 순서에 따라 진행할 것이다. 의사코드를 보면 WHILE-ENDWHILE을 이용하여 10개 값의 합을 더하여 작업 시간으로 결정하였음을 알 수 있다. 우선 첫 번째 프로세스에 도착하면 작업을 수행하기 전에 먼저 작업 시간을 결정한다. 작업 시간이 결정된 후에 개체는 정해진 작업 시간 동안 지연을 경험할 것이다. 첫 번째 프로세스가 끝나면 두 번째 프로세스에서 작업 시간을 결정해야 한다. 의사코드에서 두 번째 프로세스의 작업 시간은 "goto" 구조와 "if"명령문에 의해 반복되는 방법으로 계산한다. 작업 시간이 결정된 후 해당 작업 시간 동안 지연이 되고, 개체는 소멸된다.

모델은 의사코드에 제시된 절차에 따라 개발될 것이다. Arena™ 환경에서 모델링을 하기 위해 우선 첫 번째로 변수의 수와 다른 데이터를 정의해야 한다.

5.7.3.2 *VARIABLE* 모듈

우선 그림 5.32와 같이 모델에서 사용될 변수들을 정의하자. Arena™ 환경을 불러온 후 다음과 같이 변수들을 정의하자.

Variable - Basic Process

	Name	Rows	Columns	Data Type	Clear Option	Initial Values	Report Statistics
1	vCounter			Real	System	0 rows	☐
2	vNumIterations			Real	System	1 rows	☐
3	vMTCount	2	2	Real	System	0 rows	☐
4	vPTLocation1	2	2	Real	System	0 rows	☐
5	vPTLocation2	2	2	Real	System	0 rows	☐
	Double-click here to add a new row.						

그림 5.32 변수의 정의

- *vCounter*: 개체가 WHILE-ENDWHILE의 루프를 지나간 횟수를 계산하는 데 사용되며, 스칼라 변수다. 이 WHILE-ENDWHILE 루프는 각 위치에서 작업 시간을 계산하는 데 사용된다.
- *vNumIterations*: 개체가 WHILE-ENDWHILE 루프를 지나가야 할 총 횟수를 나타내기 위해 사용되며, 스칼라 변수다. 이 변수의 초기값은 10이 된다.
- *vMTCount*: 각각의 모델 종류와 제품 종류의 조합에 대하여 개체가 몇 개인지 계산하고 화면에 표시하는 것을 도와주는 목적으로 사용한다. 이 변수는 2행과 2열로 구성된 2차원 배열을 사용한다.
- *vPTLocation1*: 첫 번째 프로세스에서 각각의 모델 종류와 제품 종류의 조합에 대하여 작업 시간을 설정하고, 화면에 표시하기 위해 사용한다. 이 변수는 2행과 2열로 구성된 2차원 배열을 사용한다.
- *vPTLocation2*: 두 번째 프로세스에서 각각의 모델 종류와 제품 종류의 조합에 대하여 작업 시간을 설정하고 화면에 표시하기 위해 사용한다. 이 변수는 2행과 2열로 구성된 2차원 배열을 사용한다.

이제 각각의 모델 종류와 제품 종류별로 할당된 분포들을 저장하는 방법을 생각해보자. Arena™에서 분포는 간단한 수학적 표현식으로 나타낼 수 있다. 부록 C의 표 C1은 Arena™에 내장된 확률분포함수의 목록을 나타낸다. 표에서 함수의 이름은 함수와 함수에 필요한 모수와 함께 주어진다. "[,Stream]"은 추가적으로 선택할 수 있는 모수를 나타내며, 이것은 함수의 무작위성을 제어하는 데 도움을 준다. 그리고 표현식으로 분포를 정의하는 데 있어서 논리적인 구조와 수학적 연산자도 같이 사용할 수 있다. Arena™는 사용자가 수학적 함수도 사용할 수 있도록 부록 C의 표 C3에 제공된 각종 함수도 지원한다. 모델 종류와 제품 종류별 분포를 표현하기 위해 EXPRESSION이라는 데이터 모듈을 이용할 수 있다.

5.7.3.3 ***EXPRESSION* 모듈** 사용자가 앞에서 언급했던 함수와 연산자를 이용하여 표현식을 만들 때, 표현식을 기억하기 위한 과정이 필요하다. 특히 본 예제에서는 모델 종류와 제품 종류에 따라 적합한 분포를 사용해야 한다. Advanced Process 템플릿에 있는 EXPRESSION 모듈이 이러한 기능을 제공한다. EXPRESSION 모듈에서는 원하는 표현식에 대한 이름을 정의하여 사용할 수 있다. EXPRESSION 모듈에서 정의된 표현식은 Arena™의 모델 안에서 해당 표현식이 나타나는 곳이면 어디든지 대신 사용할 수 있다. 또한 사용자는 EXPRESSION 모듈에서 표현식을 배열의 형태로 정의할 수도 있다.

Advanced Process panel로 이동 후, 프로젝트 바에서 EXPRESSION 모듈을 선택한 후 이 모델에서 사용할 표현식을 정의하자. 표현식의 이름은 *ePTime*으로 정의하자. *ePTime*은 2행, 2열의 배열로 구성되어 있으며, 이 중 행은 모델의 종류를 지정하고, 열은 제품의 종류를 지정한다. 그림 5.33에 보이는 것처럼 스프레드시트 뷰를 이용하여 적합한 평균값을 가지는 지수분포를 입력한다.

이렇게 하면 배열형태의 표현식이 생성된다. 표현식의 배열구조는 변수의 배열구조와 유사

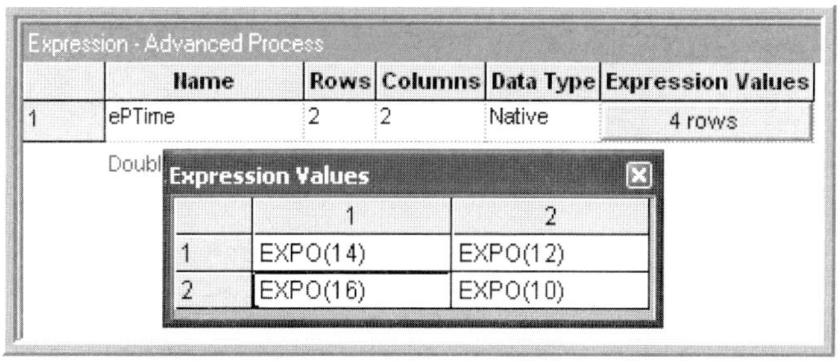

그림 5.33 EXPRESSION 모듈의 스프레드시트 뷰

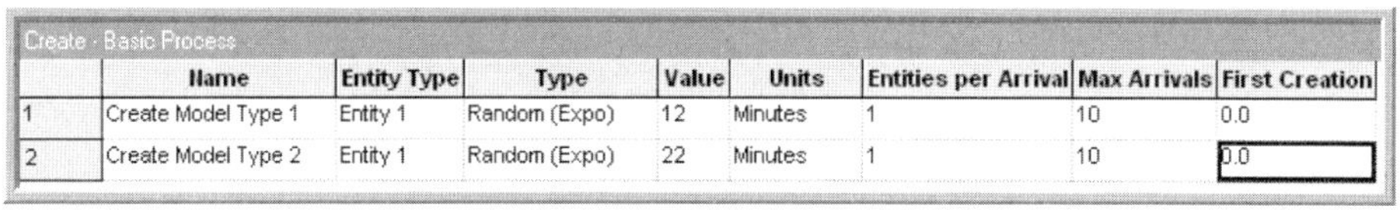

그림 5.34 CREATE 모듈의 스프레드시트 뷰

하다. 차이점은 변수의 배열에는 실수값만 할당될 수 있는 반면에, 표현식의 배열에는 Arena^{TM}가 허용하는 모든 표현식이 저장될 수 있다는 것이다. 이제 모델에 기본 자료를 미리 정의하였고, 계속해서 CREATE 모듈들을 이용하여 모델을 구축할 수 있다. 모델이 크기 때문에, 우선 첫 번째 부분에 대해 모델링 작업을 해보자. 우선 그림 5.31과 같이 두 개의 CREATE 모듈과 두 개의 ASSIGN 모듈을 모델 창에 배치시키도록 한다. CREATE 모듈에 입력하는 값들은 그림 5.34에 나타나 있다. 이 예제 모델에서는 각 모델구성에 대해 10개씩의 제품만 필요하다.

ASSIGN 모듈은 속성을 정의하고, 해당 속성에 값을 입력하기 위해 사용한다. ASSIGN 모듈에서 *myModel*과 *myType*의 속성에 대한 값들이 할당되었다. 이 예제에서는 서로 다른 두 개의 모델 1과 2가 있다. 또한 각 모델에 대해 제품종류가 서로 다른 확률분포에 의해 정해

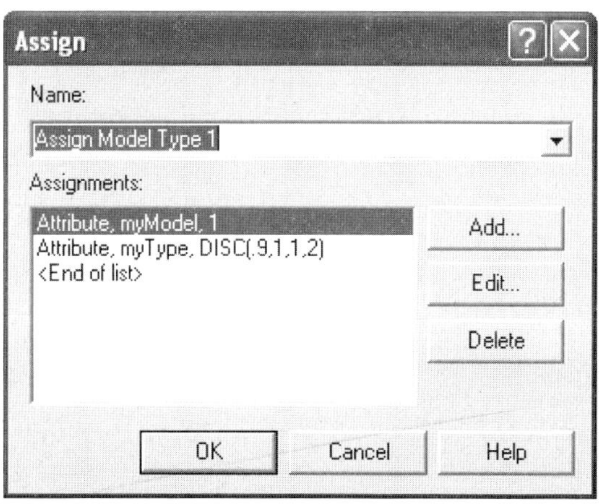

그림 5.35 모델종류 1을 입력하기 위한 ASSIGN 모듈의 대화상자

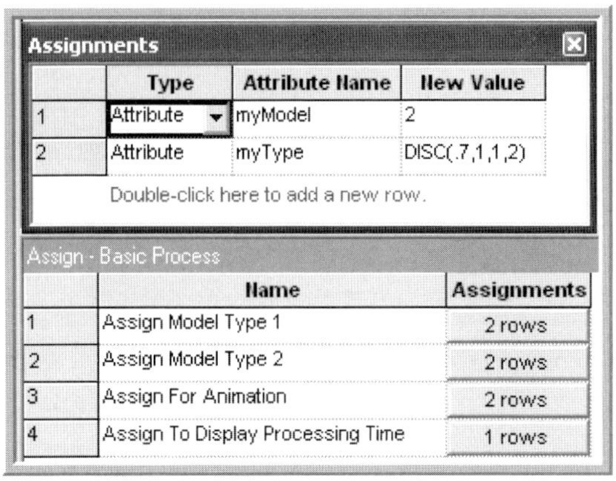

그림 5.36 두 번째 ASSIGN 모듈의 스프레드시트 뷰

진다. DISC() 함수는 제품종류를 설정하기 위해 사용된다. 첫 번째 ASSIGN 모듈을 열어서 *myModel*이라는 속성에 모델종류를 1로 설정하고, 그림 5.35와 같이 만들자.

다양한 입력 방법을 학습하기 위해, 두 번째 ASSIGN 모듈은 스프레드시트 뷰를 이용하여 값을 채우도록 하자. 모델 창의 ASSIGN 모듈을 클릭한다. 두 번째 행(Assign Model Type 2)의 Assignments라는 열에 있는 2 rows라는 버튼을 누르면 속성값들을 입력할 수 있는 스프레드시트 뷰가 나타난다. 여기에 그림 5.36과 같이 해당 값을 입력하도록 하자.

5.7.3.4 계층적 하위모델 이번 절에서는 그림 5.37에 나타난 것과 같이 모델의 중간 부분에 하위모델을 포함시키는 과정을 살펴보자. Arena™에서 하위모델은 주모델을 체계화시키기 위해 여러 모듈을 모아서 이름을 붙여놓은 것이다. Object 메뉴로 이동하여 Submodel > Add Submodel을 선택하자. 그러면 모델 창에 십자가 모양의 커서가 표시되는데, 원하는 위치에 배

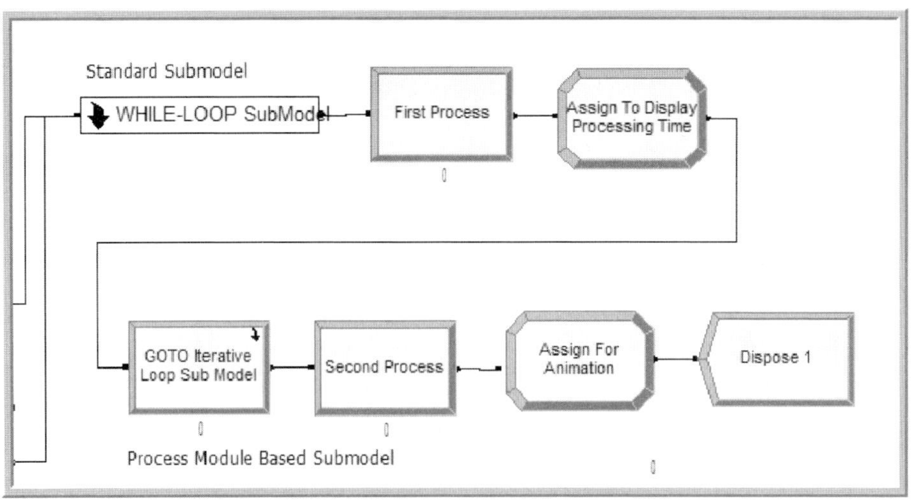

그림 5.37 첫 번째 공정

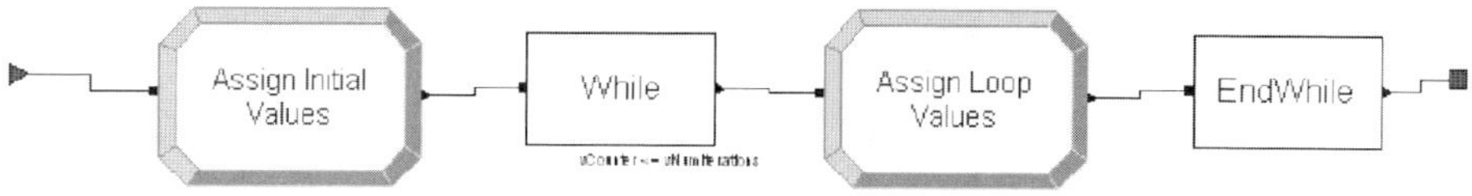

그림 5.38 첫 번째 하위모델의 내부 구조

치한 후 그림 5.37과 같이 ASSIGN 모듈들과 연결시키도록 하자. 하위모델에서 마우스의 오른쪽 버튼을 눌러서 나타나는 Properties 메뉴를 선택하면, 하위모델에 사용자가 원하는 이름을 부여할 수 있다. 이 하위모델에서 Arena™의 WHILE-ENDWHILE 루프를 사용하도록 할 것이다. WHILE-ENDWHILE 구조는 반복루프 기법인데, 주어진 모델종류와 제품종류 조합에 대하여 10회의 반복에 의해 총 작업 시간을 계산하기 위해 사용할 것이다.

5.7.3.5 *WHILE-ENDWHILE* **블록** 하위모델을 더블클릭하여 활성화시킨 다음 그림 5.38과 같이 모듈들을(ASSIGN, WHILE, ASSIGN 그리고 ENDWHILE) 추가하고 연결하자. WHILE과 ENDWHILE 블록들은 BLOCKS 패널에서 찾을 수 있다. 만약 BLOCKS 패널이 없다면, Basic Process 패널에서 마우스 오른쪽 버튼을 클릭하고 Attach를 선택한 후 *Blocks.tpo*라는 파일을 불러옴으로써 BLOCKS 패널을 추가할 수 있다. 이러한 순서를 거치면 새로운 블록들이 Arena™에서 사용할 수 있도록 나타날 것이다.

첫 번째 Assign 블록에서 카운터를 초기화하자.

1. 카운터는 속성이나 변수로 정의할 수 있다.
2. 만약 카운터를 속성으로 정의하면 모든 개체가 이 속성을 가지게 될 것이며, 값은 개체가 모델을 이동할 때 계속 따라다닐 것이다. 이러한 이유 때문에 카운터를 속성으로 정의하는 것이 더 효과적이다. 그 이유는 아래 3에서 설명하겠다.
3. 만약 카운터가 (광역)변수라면, 이것은 모델의 어디에서든지 접근이 가능할 것이다. 만약 WHILE-ENDWHILE 루프가 개체의 이동을 멈추도록 하는 블록을(DELAY, HOLD 등) 포함하고 있다면, 이 개체가 루프에서 멈춰 있을 때 다른 개체가 카운터라는 변수의 값을 변경시킬 가능성이 있다. 이것은 카운터의 초기화, 루프의 무한반복 등의 생각하지 않았던 문제점을 발생시킬 수 있다. WHILE-ENDWHILE 루프에서는 시간이 흘러가지 않기 때문에 이러한 문제점이 없다. 시뮬레이션이 실행되는 동안에는 어떠한 시점에서라도 오직 하나의 개체만이 이동을 할 수 있다는 점을 다시 한번 기억하자(시뮬레이션의 엔진에 의해 순서가 존재함).

첫 번째 ASSIGN 모듈을 연 다음 그림 5.39와 같이 입력하도록 하자. 어떻게 WHILE 앞에서 변수의 값들을 초기화하는지 살펴보자. 그리고 *myProcessingTime*이라는 속성의 초기값도 0으로 정의한다.

이제 카운터는 WHILE 블록의 조건문에서 비교되어야 한다. WHILE과 ENDWHILE 블

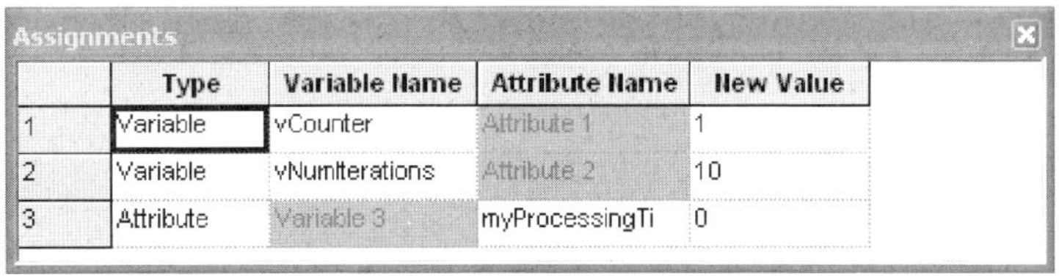

Assignments

	Type	Variable Name	Attribute Name	New Value
1	Variable	vCounter	Attribute 1	1
2	Variable	vNumIterations	Attribute 2	10
3	Attribute	Variable 3	myProcessingTi	0

그림 5.39 첫 번째 하위모델의 첫 번째 ASSIGN 블록

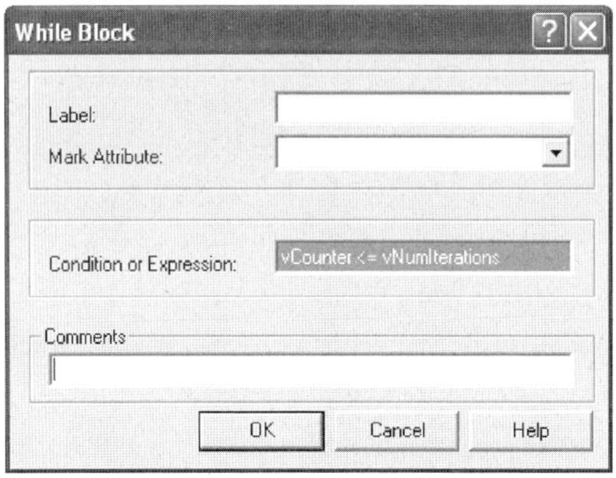

그림 5.40 첫 번째 하위모델의 WHILE 블록

록들은 Blocks 패널에서 찾을 수 있다. WHILE 블록을 연 다음 그림 5.40과 같이 입력하도록 하자. 변수 *vCounter*가 *vNumIterations*보다 클 때 WHILE의 비교결과는 false가 되며, 개체는 WHILE-ENDWHILE 루프를 빠져나가게 될 것이다.

WHILE과 ENDWHILE 루프의 내부에 있는 카운터 변수나 비교를 위한 표현식이 갱신되는지를 확인해보자. 만일 갱신되지 않는다면 무한 루프에 빠지게 될 것이다. 두 번째 ASSIGN 모듈을 열어서 그림 5.41과 같이 할당을 하도록 하자. 첫 번째 할당은, 속성으로 정의된 *myModel*과 *myType*의 값을 배열로 정의된 표현식 *ePTime*의 색인으로 사용하여 *myProcessingTime*의 값을 정한다. 매번 개체들은 이 할당된 명령문을 수행할 것이며, *myProcessingTime*의 속성 값은 앞에서 설명한 방법대로 갱신될 것이고, 결과적으로 10개의 자료 값이 합쳐질 것이다. *vCounter* 변수는 WHILE 루프가 마지막에 종료되도록 매번 1씩 증가할 것이다.

ENDWHILE 블록에는 아무것도 입력하지 않아도 된다. 단순히 ENDWHILE 블록이 앞에 있는 ASSIGN 모듈과 뒤에 있는 하위모델의 출구 지점과 연결되었는지 확인하면 된다. 하위모델에서 마우스 오른쪽 버튼을 누르면 하위모델을 닫을 수 있는 메뉴가 나타난다. 개체가 하위모델을 빠져나오면, 작업 시간의 총 합이 *myProcessingTime*이라는 속성에 기록될 것이다. 이제 계산된 작업 시간을 개체가 작업을 수행하는 시간으로 반영하도록 하면 된다.

Assignments

	Type	Variable Name	Attribute Name	New Value
1	Attribute	Variable 1	myProcessingTime	myProcessingTime + ePTime(myModel, myType)
2	Variable	vCounter	Attribute 2	vCounter + 1
	Double-click here to add a new row.			

그림 5.41 첫 번째 하위모델의 두 번째 ASSIGN 블록

5.7.3.6 *PROCESS* **모듈의 지연 옵션** Arena™에서는 오직 활성 개체만이 모델 내부를 움직일 수 있다. 활성 개체란 현재의 사건(event)과 연관되어서 시뮬레이션 실행이 결정된 개체이다. 현재 사건 시간에 활성화된 개체는 지연되거나 모델의 조건에 의해 진행할 수 없을 때까지 흐름 경로를 따라 모듈을 실행한다. 활성 개체가 시간적으로 지연이 되면, 사건은 지연이 종료되는 시간을 사건 달력에 기록한다. 다시 말해, 지연이 종료되는 시점에 미래의 사건이 발생하도록 예약되는 것이다. 활성 개체는 미래 사건 목록(FEL)에 놓이게 되며, 다음번으로 예정된 사건과 관련된 개체가 활성화되도록 제어한다. 즉 다음 사건과 관련된 개체를 선택하여 해당 개체에게 계속 모듈을 실행하도록 지시하는 것이다. 이러한 개념은 그림 5.42에 제시되어 있는데, 지연이 미래에 어떤 일을 발생시키는지 설명하고 있다. 여기에서 지연이 된 개체가 지연이 끝나기를 기다리는 동안에 다른 사건이 발생하며, 새로운 사건에 관련된 개체가 "이동"된다는 것을 기억해야 한다.

개체의 지연을 발생시키는 기본적인 방법에는 PROCESS 모듈과 DELAY 모듈 두 가지가 있다. PROCESS 모듈은 Basic Process 템플릿에서 찾을 수 있다. DELAY 모듈은 Advanced Process 템플릿 패널에서 찾을 수 있다. 이 예제에서는 PROCESS 모듈을 사용하는 방법을 소개할 것이다. 모델 구축의 다음 단계는 그림 5.37과 같이 PROCESS 모듈을 하위모델 바로 뒤에 배치하는 것이다. PROCESS 모듈을 열어서 대화상자의 Logic Action이라는 입력상자에서

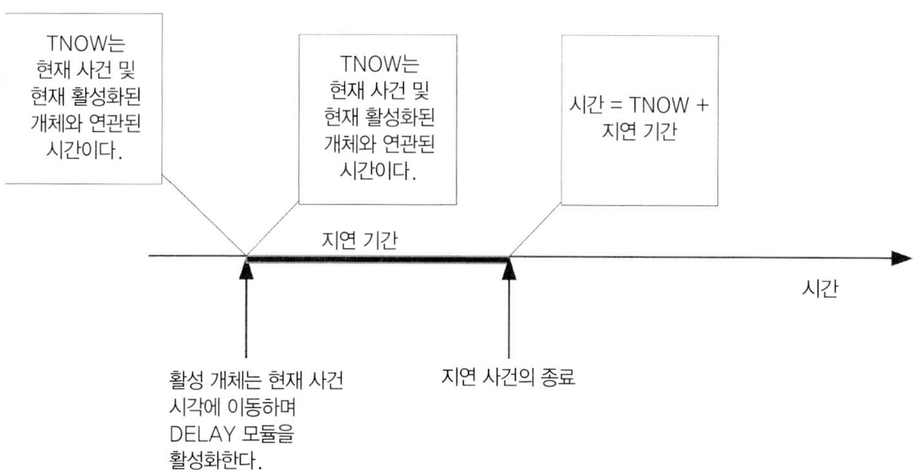

그림 5.42 지연이 스케쥴에 미치는 작용

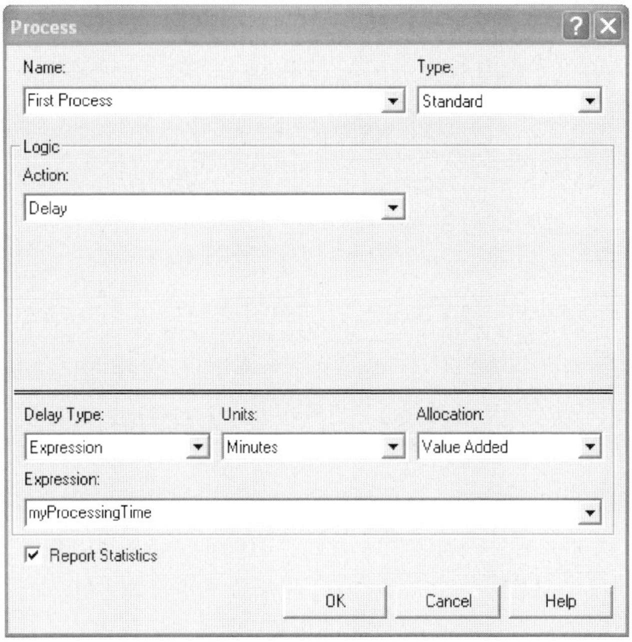

그림 5.43 "First Process"의 PROCESS 모듈

Delay라는 옵션을 선택하자. 이제 얼마 동안 지연을 시킬 것인지 입력해야 한다. Arena™에서는 사용자에게 지연 시간의 종류를 선택할 수 있게 해준다. 이 예제의 경우, 지연 시간은 10개 개체에 대한 작업 시간의 합으로 계산하도록 가정하였다. 또한 이 값은 *myProcessingTime*이라는 속성에 저장되어 있다. 따라서 그림 5.43과 같이 Delay Type이라는 입력상자에서 Expression을 선택하고, Expression이라는 입력필드에 *myProcessingTime*이라고 입력하자. 이때 지연 시간과 함께 시간단위(minutes)를 정확히 설정해야 한다는 점을 주의해야 한다. 일반적인 실수 중 하나가 시간단위를 설정하지 않아 지연이 너무 짧거나 길게 발생한다는 것이다. 지연 시간이 매우 길게 설정되면 개체들이 모듈을 떠날 때까지 오랜 시간이 소요되므로 모델 안에 있는 개체의 수가 계속 증가한다. 이와 같은 현상은 디버깅을 하는 과정에서 종종 발견된다.

이제 우리는 시뮬레이션이 진행되는 동안 모델 창에 변수의 값을 전광판처럼 표시하기 위하여 ASSIGN 모듈을 추가할 것이다. 이를 통하여 배열이 어떻게 모델에서 사용되는지 설명할 수 있다. 스프레드시트 뷰를 이용하여, 그림 5.44와 같이 ASSIGN 모듈을 생성하자.

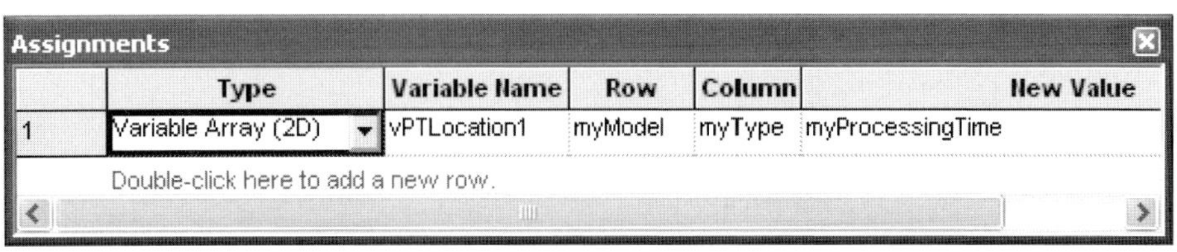

그림 5.44 "First Process" 뒤의 ASSIGN 모듈

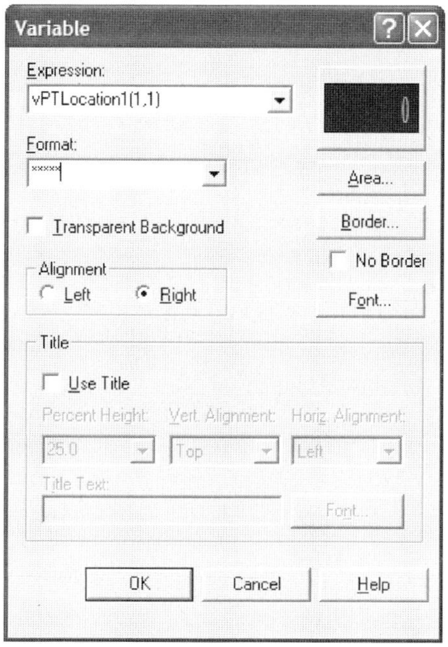

그림 5.45 변수값을 애니메이트하기 위한 대화상자

Arena™에서는 "variable"이라는 애니메이션 방법을 이용하여 시뮬레이션이 실행되는 동안에 속성의 값들을 화면에 나타나게 할 수 있다. 따라서 이 ASSIGN 모듈에서 배열변수를 사용하도록 하겠다. 속성의 값들을 배열변수의 적당한 위치에 일시적으로 할당함으로써 화면에 값을 표시할 수 있다. Arena™의 툴바로 이동하여 마우스 오른쪽 버튼을 클릭하자. Animate 툴바가 사용 가능하도록 설정되어 있는지 확인한다. Animate 툴바로부터 "0.0" 버튼을 선택하자. 그러면 화면에 표시할 변수를 지정할 수 있는 대화상자가 나타난다. 그림 5.45와 같이 대화상자를 채워 넣자. 대화상자를 채우고 OK를 누른 후, 모델 창의 ASSIGN 모듈 근처에 십자가 모양의 표시(커서)를 클릭하여 배치하도록 하자. 사실, 이 요소는 모델 창의 아무 위치에나 배치할 수 있다. 이 작업을 반복하여 *vPTLocation1* 배열의 다른 요소를 생성하자(즉 4개의 전광판을 만들자는 것이다).

이제 모델은 완성되었다. 완성된 모델의 모듈들의 배치는 그림 5.37과 같다. 그림 5.37에서 두 번째 하위모델은 하위모델을 이용하여 만드는 대신에 PROCESS를 이용하여 만들어보자. 이것은 마치 PROCESS 모듈처럼 보이며, "GOTO Iterative Loop Sub Model"이라는 이름이 붙여졌다(그림 5.46 참고). 이런 방식의 하위모델을 생성하는 방법은 PROCESS 모듈을 생성한 후, 이것의 종류(type)를 submodel로 바꾸면 된다. 이와 같은 방법을 이용하여 루프를 이용하여 계산을 하는 두 번째 하위모델을 첫 번째 하위모델과 다른 방법으로 개발하는 과정을 연습할 수 있다. 모델의 나머지 부분은 지금까지 진행한 것과 비슷하다. 두 번째 하위모델은 그림 5.47에 있는 것과 같은 모듈들을 포함하고 있다. 이제 ASSIGN, ASSIGN, DECIDE 모듈을 차례로 배치하고 연결한 후 그림 5.48, 그림 5.49와 같이 설정을 하도록 하자. 이 로직에서 개

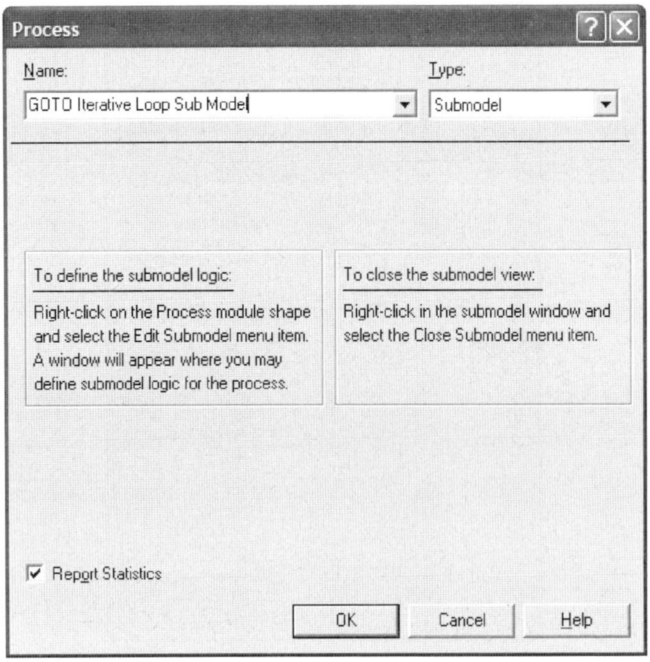

그림 5.46 PROCESS를 이용하여 하위모델을 만드는 방법

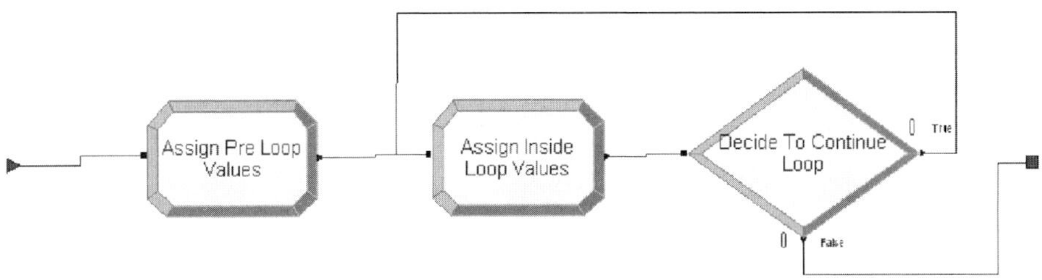

그림 5.47 두 번째 하위모델의 내부구조

체는 루프를 몇 번 반복했는지 계산하기 위한 *vCounter*를 초기화시키고 반복을 할 때마다 그 값이 갱신된다. IF/Then DECIDE 모듈에서는 개체를 반복 횟수에 대한 조건이 충족될 때까지 다시 돌려보내는 역할을 한다. 이것이 GOTO 프로그래밍이다.

다시 한번 말하지만, 로직에서 비교를 하는 조건은(여기에서는 *vCounter*) 변화할 것이며, 이것을 확실히 확인해서 무한 루프에 빠지지 않도록 하자. 필자는 이러한 "go-to" 지향적인 실행 대신에 WHILE-ENDWHILE 블록의 사용을 더 좋아하지만, 이것은 궁극적으로 취미의 문제다.

일반적으로, 개체가 단순히 조건을 비교하기 위하여 루핑을 하는 로직을 실행할 때에는 신중을 기해야 한다. 앞에서 말했듯이, 무한 루프를 예방하기 위하여 조건은 바뀔 수 있다는 점을 반드시 확인해야 한다. 일반적으로 저지르는 오류는 모델의 어디에선가 바뀔 수 있는 조건을

Assignments — **Assign Pre-Loop Values**

	Type	Variable Name	Attribute Name	New Value
1	Variable	vCounter	Attribute 1	0
2	Variable	vNumIterations	Attribute 2	10
3	Attribute	Variable 3	myProcessingTime	0

(a)

Assignments — **Assign Inside Loop Values**

	Type	Variable Name	Attribute Name	New Value
1	Attribute	Variable 1	myProcessingTime	myProcessingTime + ePTime(myModel, myType)
2	Variable	vCounter	Attribute 2	vCounter + 1

(b)

그림 5.48 두 번째 하위모델의 ASSIGN 모듈들

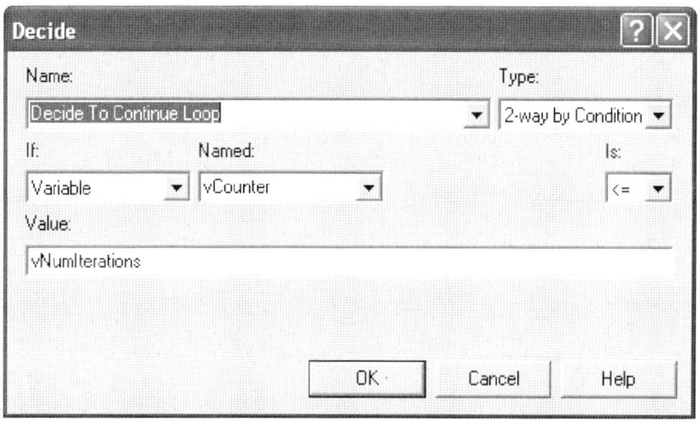

그림 5.49 두 번째 하위모델의 DECIDE 모듈

개체가 체크하는 경우다. 예를 들어 어떤 개체가 대기행렬이 가득 차지 않았는지 체크하도록 루핑되는 역할을 주었다고 하자. 만일 대기행렬이 가득 찬다면 다른 논리가 수행되어야 한다. 이런 프로그램을 만들었다고 했을 때 문법적으로는 아무 문제가 없다. 하지만 루핑되고 있는 개체가 탐색하는 대기행렬의 상태를 직접 변화시키지 않는 한 루프은 무한히 계속 돌게 될 것이다. 왜 그럴까? 특정한 시뮬레이션 시간에 모델에는 많은 개체가 존재하지만 활성 개체는 오직 하나이기 때문이다. 따라서 루핑되는 개체가 활성화되어 있는 한 다른 개체는 활동을 할 수 없다. 따라서 루핑되는 개체가 다른 모듈로 들어가서 다른 개체를 활성화시켜 대기행렬의 상태를 변화시킬 수 있도록 만들지 않는 한 다른 개체들은 대기행렬의 상태를 변경시킬 수 없다. 따라서 루핑되던 개체는 무한정으로 돌게 된다.

만약 루핑되는 개체가 명확하게 비교 조건을 변경시키지 않는다면, 루핑되던 개체가 다른 개체에 제어 권한을 넘겨줄 수 있도록 해주어야 한다. 어떻게 하면 이것이 가능할까? 루핑되는 개체가 blocking[4] 모듈로 들어가고, 대신에 미래 발생 사건목록(FEL)의 첫 번째 위치에 있는

[4]blocking 모듈이라는 것은 움직이던 개체를 어떤 방법에 의해 중단시키는 기능을 하는 모듈이다.

Assignments

	Type	Variable Name	Row	Column	New Value
1	Variable Array (2D)	vPTLocation2	myModel	myType	myProcessingTime
2	Variable Array (2D)	vMTCount	myModel	myType	vMTCount(myModel,myType) + 1

그림 5.50 마지막 ASSIGN 모듈–애니메이션에 활용

다른 개체를 활성화시키면 가능하다. HOLD, SEIZE, DELAY와 같은 다양한 모듈이 위와 같은 상황을 발생시킨다. 비록 루핑되는 개체가 blocking 모듈로 들어갔더라도, 모델에 있는 다른 시뮬레이션 로직이 비교조건을 변경시킬 수 있어야 한다는 것을 명심해야 한다. 만일 모델에서 개체가 특정한 조건의 변경에 반응을 해야 하는 상황이라면 이런 상황에 사용할 용도로 설계된 HOLD나 SIGNAL을 사용하면 된다.

두 번째 PROCESS 모듈은 정확하게 첫 번째 PROCESS와 일치한다. 사실 첫 번째 PROCESS 모듈을 복사하여 적당한 위치에 붙여 넣기를 수행하면 된다. 만약 이러한 방법으로 모듈에 대한 복사 및 붙여 넣기 작업을 수행하였다면 모듈의 이름을 바꾸었는지 확인해야 한다. 그 이유는 Arena™에서는 모듈의 이름을 서로 다르게 정의해야 하기 때문이다. 마지막 ASSIGN 모듈은 앞에서 설명한 사례와 같다. 그림 5.50과 같이 ASSIGN 모듈을 완성하자. 모델의 애니메이션을 첫 번째 공정에서 작업 시간을 나타낸 것과 비슷한 방법으로 완성하자. 다만 이번 경우는 각 제품의 조합별로 몇 개가 완성되었는지 헤아리는 *vMTCount*라는 변수값을 모델 창에 표시하도록 한다.

VCR 실행 버튼을 이용하여 모델을 실행시키자. 개체들이 모델 내부에서 진행되는 사항을 추적하기 위해 "step" 명령어를 사용하는 것이 편리하다. 그러면 개체들이 모델에서 진행됨에 따라 변수들의 값들이 바뀌는 것을 볼 수 있다.

요약하자면, 이 예제를 통하여 속성이라는 것과 어떻게 속성들이 개체들에게 할당되는지 학습하였다. 그리고 변수의 배열과 표현식의 배열을 통하여 어떻게 광역 정보를 공유하는지를 볼 수 있었다. PROCESS 모듈에 있는 지연(Delay)을 사용할 때 사건의 스케줄이 어떻게 변화되는지도 확인하였다. 마지막으로 의사결정 논리와 반복 수행과 같은 기본적인 프로그래밍의 구조에 대해 설명하였다.

5.8 개체의 묶음과 해체

Basic Process 패널에 있는 플로차트 모듈에서 아직 설명하지 않은 것은 묶음(BATCH)과 해체(SEPARATE) 두 가지이다. BATCH라고 하는 것은 2개 이상의 개체를 일시적으로 혹은 영구적으로 묶어서 하나의 개체로 표현하기 위한 것이다. 대표 개체(representative entity)는 그룹으로 묶인 개체를 대표하는 것으로 마치 한 개의 개체가 이동하고, 작업을 수행하는 것으로 인식한다. 일시적인 대표 개체는 SEPARATE라는 모듈을 만나면 해체되어 다시 원래의 개체들

로 돌아간다. 반면에 영구적인 대표 개체의 경우 한번 묶여진 개체들은 다시 분리되지 못한다. 만일 BATCH로 묶은 기존의 개체들에 대한 각종 정보가 더 이상 필요하지 않다면 영구적 대표 개체로 만들어도 무관하다. 즉 일시적인 대표 개체는 기존의 개체들을 담을 수 있는 열려있는 가방(open bag) 개념으로 인식하고, 영구적인 대표 개체는 닫혀있는 가방(closed bag) 개념으로 이해하면 된다. 즉 가방은 한번 닫으면 다시 열 수 없는 상황으로 보면 된다는 뜻이다. 일시적인 개체는 제조 시스템에 대한 모델을 구축할 경우 조립 공정이나 분해 공정을 표현할 때 유용하게 사용할 수 있다. 영구적인 개체는 조립 공정으로 끝나는 경우에 사용한다.

개체를 묶는 것은 몇 가지 기준에 의해 수행된다. 예를 들어 배치(batch)는 최소 10개 이상의 개체가 있어야 가능하도록 하는 것이다. 따라서 묶을 때 배치의 크기를 어떻게 결정할 것인지가 중요한 고려 요소가 된다. 또한 배치에는 유사한 속성 값을 가지는 여러 개의 개체가 포함되어 있다. 예를 들어 붉은색과 파란색 두 가지의 종이 폴더가 있는데 동일한 색상을 가지는 폴더 다섯 개씩을 묶어서 판매한다고 가정하자. 개체를 묶는 것은 각 개체들을 다음 공정으로 동시에 이동시키기 위해 편리한 기능이다. 앞서 언급하였듯이 묶음을 구성할 수 있는 잠정적인 개체들이 BATCH 모듈에 도착하면 묶음 조건이 만족될 때까지 기다리다가 조건이 만족되면 대표 개체로 묶여서 다음 공정으로 이동한다는 것이다. 이러한 이유 때문에 BATCH 모듈은 개체가 묶일 때까지 기다리는 대기행렬(queue)를 가지고 있다. 일시적인 대표 개체의 경우에 SEPARATE 모듈을 만나면 당초 묶여 있던 원래의 개체들로 되돌아간다. SEPARATE 모듈에서는 개체를 복제(*duplicate*)하는 것도 가능하다. 이것은 새로운 개체를 시스템에 추가로 도입하는 방법으로, CREATE와 같은 기능을 한다. 다음의 예제에서 BATCH와 SEPARATE를 활용하기 위한 세부 규칙들에 대해 조사해보기로 한다.

5.8.1 한국 티셔츠 모델 예제

한국 티셔츠 공장에는 시간당 1건의 포아송분포에 따라 티셔츠의 주문이 발생한다. 이 회사에서는 붉은색과 파란색 두 가지 디자인의 티셔츠를 생산한다. 어떤 이유 때문에 파란색의 티셔츠가 붉은색의 티셔츠보다 많이 판매된다. 즉 주문의 70%는 파란색 티셔츠에 대한 주문이고 나머지 30%가 붉은색 티셔츠에 대한 주문이다. 또한 티셔츠는 3장 혹은 5장으로 포장 단위가 다르다. 3장 포장 단위가 요구될 확률은 75%이며, 5장 포장 단위가 요구될 확률은 25%이다. 각각의 티셔츠는 고객의 요구 사항에 맞추어 수작업으로 제작된다. 티셔츠를 한 장 제작하는 데 소요되는 시간은 최소 15분부터 최대 25분까지 값을 가지는 일양분포(uniform distribution)를 따른다. 현재 공장에는 두 가지 셔츠를 모두 생산할 수 있는 두 명의 작업자가 있다. 색상과 포장 단위는 주문과 함께 결정된다. 그리고 흰색 티셔츠가 원자재로 공장에 투입되는데, 이때 고객의 주문, 색상, 포장 단위에 대한 정보가 부착되어 온다. 동시에 주문에 대한 서류 작업이 진행되고, 포장에 대한 작업 지시서와 포장 박스가 준비된다. 주문 처리를 위한 서류 작업과 포장 작업 모두 다른 한 명의 작업자(포장 작업자)가 수행하는데, 박스를 제작하고 주문에 대한 감사의 편지를 출력하는 데 8분에서 10분 정도 소요된다. 포장이 끝나면 주문과 관련하여 최종 검사를 하기 위해 대기한다. 셔츠가 포장 단위로 포장이 된 후에는 포장 작업자에 의해 검사가 실시된다. 이때 포장과 검사에 소요되는 시간은 최소 5분, 최빈 10분, 최대 15분을 가지는 삼각분포(triangular distribution)를 따른다. 마지막으로 고객의 주문에 대한 출하가 이루어진다.

5.8.1.1 개념모델 구축 개념모델을 만들기에 앞서서 모델에 대한 다음과 같은 질문에 대답을 해보자. 그러면 이 절에서 소개하고자 하는 내용의 관점에서 당신이 어떻게 해야 할지를 비교할 수 있을 것이다. 모델링을 위한 질문은 다음과 같다.

- 시스템이 무엇인가? 시스템에서 알고 싶은 정보는 무엇인가?
- 요구되는 성능지표는 어떤 것이 있는가?
- 개체는 무엇인가? 각 개체에 기록되거나 개체가 기억하고 있어야 할 정보는 어떤 것이 있는가? 어떤 방법으로 개체가 시스템에 들어오는가?
- 개체에 의해 점유될 자원은 어떤 것들이 있는가? 어떤 개체가 어떤 자원을 사용하는가? 어떤 방법으로 사용하는가?
- 프로세스의 흐름은 어떠한가? 프로세스 다이어그램 혹은 활동 흐름 다이어그램을 도시하라.
- 주어진 시스템에 대한 의사코드를 작성하라.
- Arena™에서 모델을 개발하라.

고객의 주문이 도착하는 것을 개체가 도착하는 것으로 보면 된다. 셔츠는 개별적으로 생산되기 때문에 셔츠도 또 다른 개체로 처리한다. 또한 주문의 유형(색상, 포장 단위)은 항상 추적되어야 하는 정보이므로 속성에 기록되어야 한다. 자원은 두 명의 셔츠 작업자와 포장 담당자이다. 흐름은 시나리오 기술서에 기록이 되는데, 주문 도착, 셔츠 제작, 포장으로 이루어진다. 그 후 주문은 조립되고, 검사된 후 출하된다. 주문은 포아송 도착 과정에 의해 CREATE 모듈에서 생성되는 것으로 처리하면 된다. 하지만 셔츠를 개체로 처리한다면 어떤 방식으로 개체를 생성할 것인가? 이 문제를 해결하기 위해서 SEPARATE 모듈을 사용하면 된다. SEPARATE 모듈에서는 주문에 포함된 셔츠의 수량에 따라 셔츠라는 개체를 생성하면 된다. 그렇게 되면 모델에는 두 종류의 개체가 존재하는데, 하나는 주문을 의미하는 것이고 다른 하나는 셔츠를 의미하는 것이다. 셔츠가 작업되는 동시에 주문에 대한 처리도 이뤄져야 한다. 주문에 대한 셔츠가 모두 준비된 다음에는 셔츠들을 하나로 결합하여 주문에 대응시켜야 한다. 이러한 상황을 고려할 때 주문은 유일한 것으로 처리되어야 한다. 셔츠와 주문이 동시에 필요하다는 것은 또 다른 중요한 정보이다. 따라서 속성에는 주문 번호가 기록되어 있어야 한다.

이 상황에 대한 활동 다이어그램은 그림 5.51과 같다. 주문이 생성된 다음에 프로세스는 셔츠를 제작하는 작업과 주문을 처리하는 작업으로 분리된다. 이때 두 개의 작업은 각각의 목적을 달성한 후에 하나로 합쳐져야 한다는 점을 잊어서는 안 된다. 또한 주문 처리 작업과 포장 작업은 동일한 작업자를 자원으로 사용한다는 점을 기억해야 한다.

예시 5.3은 활동 다이어그램을 의사코드로 작성한 사례이다. 이 예시에서 주문이 발생할 때

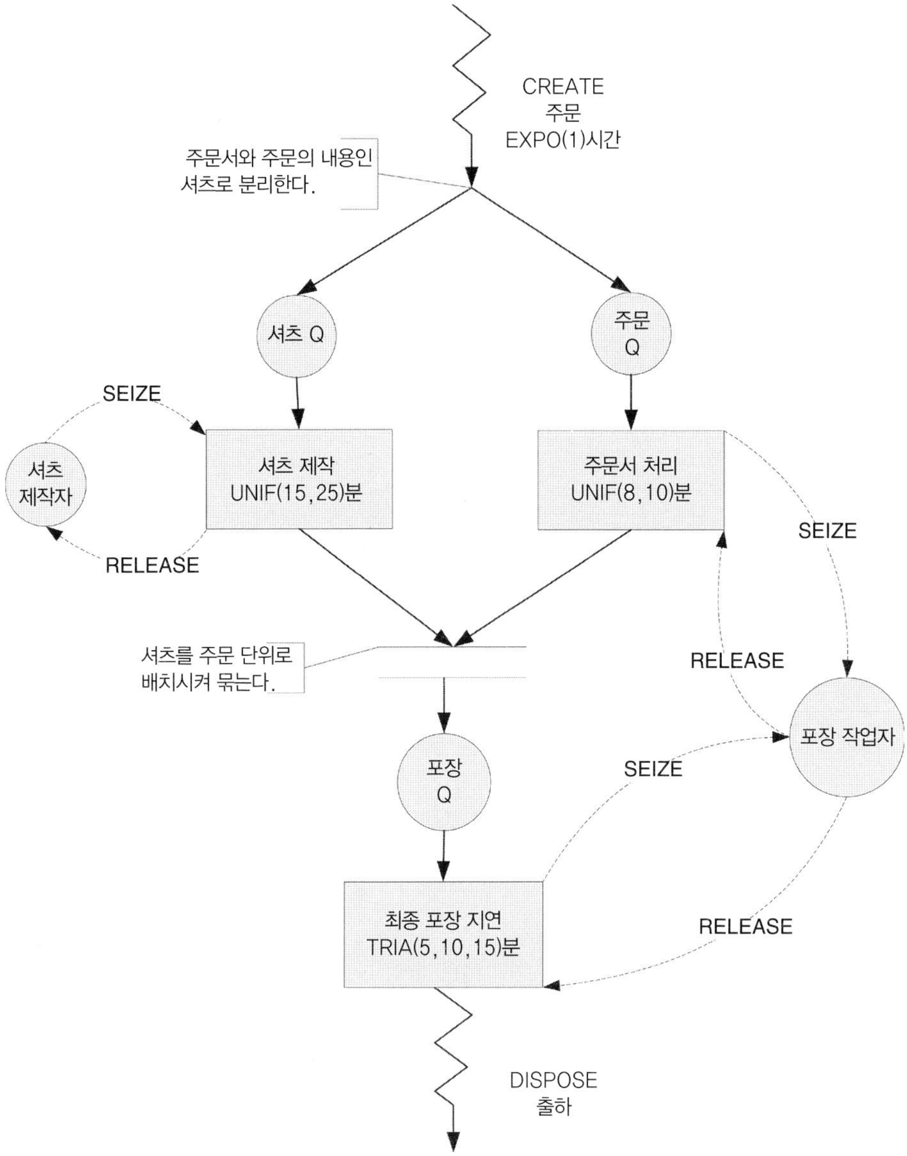

그림 5.51 한국 티셔츠 예제의 활동도표

마다 변수값은 1씩 증가하고, 이 증가한 변수값은 주문 번호(order number)를 의미하는 개체의 속성에 기록된다. 또한 주문 색상(order type)과 주문 수량(order size) 역시 문제에 주어진 확률분포 값에 따라 속성에 저장된다. A와 B로 이름이 붙여진 두 개의 의사코드는 셔츠 제작과 주문 처리라는 두 개의 작업이 병렬로 진행된다는 것을 보여준다.

예시 5.3 한국 티셔츠 예제의 의사코드

```
CREATE orders every hour exponentially
ASSIGN vOrderNumber=vOrderNumber + 1
   myOrderNumber=vOrderNumber
   myOrderType=DISC(0.7, 1, 1.0, 2)
   myOrderSize=DISC(0.75, 3,1.0, 5)
END ASSIGN
SEPARATE into order and shirts based on myOrderSize
   Shirts GOTO Label A shirt making
   Order GOTO Label B order making
END SEPARATE

A:
PROCESS
   SEIZE packager
   DELAY UNIF(8,10) minutes
   RELEASE packager
END PROCESS
Wait until shirts for matching order are completedWhen
match occurs, GOTO Label C, order forming

B:
PROCESS
   SEIZE shirt maker
   DELAY UNIF(15,20) minutes
   RELEASE shirt maker
END PROCESS
BATCH shirts on order togetherWait until order for the
matching shirts are completedWhen match occurs, GOTO
Label C, order forming

C:
BATCH order and shirts together
PROCESS
   SEIZE packager
   DELAY TRIA(5,10,15) minutes
   RELEASE packager
END PROCESS
DISPOSE: Ship order out of the system
```

5.8.1.2 모델 구축 Arena™에서 완성된 모델은 그림 5.52와 같다. 이 모델의 중간 부분에 병렬 프로세스가 존재한다는 사실에 관심을 가지기 바란다. 이 부분은 주문의 처리 작업이 셔츠의 제작 작업과 분리된다는 것을 의미한다. 이러한 방식은 시뮬레이션 모델링에서 흔히 사용된다.

이제 Basic Process 패널에서 필요한 모듈들을 선택하여 모델 창에 가져다 놓자. 각 모듈들에 대해서 하나씩 설명을 할 것이다. MATCH라는 모듈은 아직까지 설명되지 않았지만 Advanced Process 패널에서 쉽게 찾을 수 있다. MATCH라는 모듈은 조건을 만족시킬 때까지 개체들이 대기하도록 하는 기능을 한다. 이 모듈은 하나의 주문에 대해 분리되었던 주문 처리 작업(감사 편지)과 셔츠 제작 작업(포장된 셔츠)을 묶어서 출하하기 위한 프로세스를 수행한다. CREATE 모듈은 이미 앞에서 보았던 것과 같다. CREATE 모듈을 열어서 그림 5.53과 같이 입력을 한다.

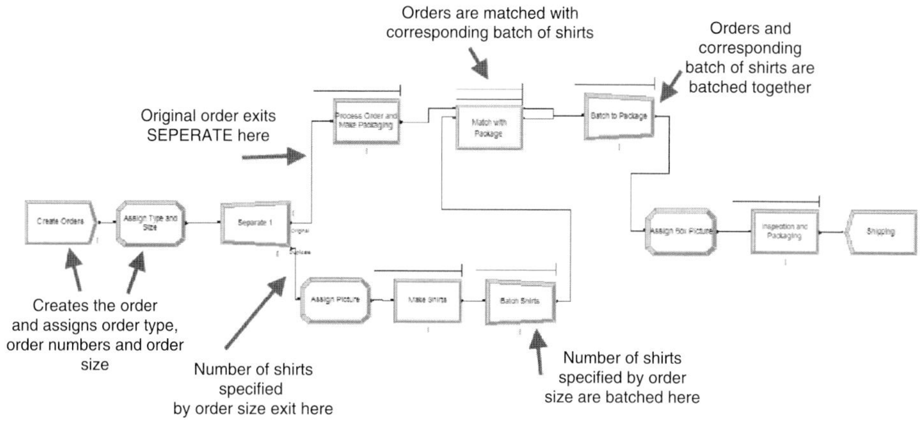

그림 5.52 한국 티셔츠 예제의 전체 시뮬레이션 모델

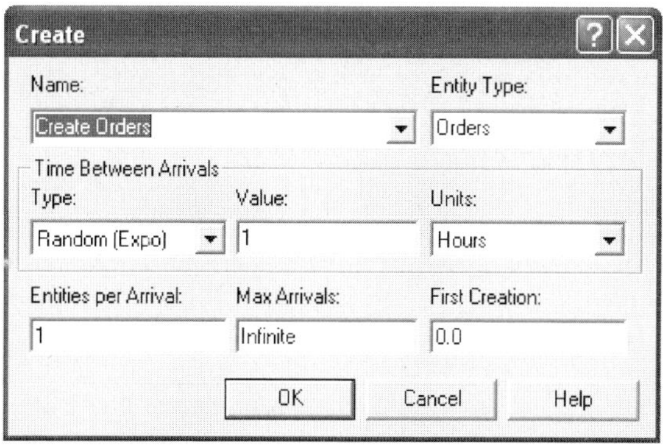

그림 5.53 한국 티셔츠 예제의 CREATE 모듈

그림 5.54에 있는 바와 같이 ASSIGN 모듈에서는 변수를 이용하여 주문의 일련번호를 부여하는 작업을 수행한다. 유일한 일련번호는 *myOrderNumber*라는 속성에 기록된다.[5] 이 속성은 모델에서 주문을 유일하게 표현하기 위한 수단으로 마치 주민등록번호와 같은 역할을 한다. 다음으로 DISC()라는 확률분포 함수를 이용하여 주문의 색상(order type)을 결정한다. 이때 주어진 확률에 의해 파란 색상의 주문이면 *myOrderType* = 1로 하고 붉은 색상의 경우에는 *myOrderType* = 2로 설정한다. 즉 두 가지 색상을 각각 1과 2라는 숫자로 대체하여 표현하는 것이다. Arena[TM]에서 변수와 속성은 일반적으로 실수 값만 허용하기 때문에 흔히 사용하는 방식이다. DISC()라는 분포는 주문의 수량을 결정하는 과정에서 또 다시 사용한다. 각 주문의 수량은 *myOrderSize*라는 속성에 기록된다.

그림 5.54에 있는 것과 같이 대화상자에서 입력을 완료하였다면 SEPARATE 모듈을 만들어보자. SEPARATE 모듈에는 두 가지 선택 사항이 있는데 *Split Existing Batch*와 *Duplicate*

[5] Entity.SerialNumber라는 속성도 동일한 목적으로 사용된다. 하지만 독자가 직접 연습해보도록 하기 위해 사용자가 지정하는 속성을 사용하도록 한다.

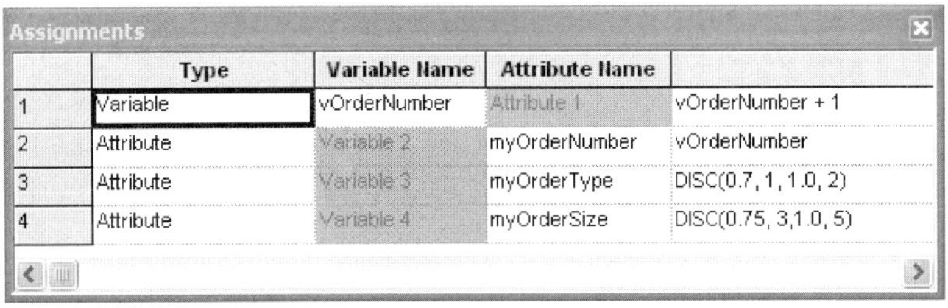

Assignments

	Type	Variable Name	Attribute Name	
1	Variable	vOrderNumber	Attribute 1	vOrderNumber + 1
2	Attribute	Variable 2	myOrderNumber	vOrderNumber
3	Attribute	Variable 3	myOrderType	DISC(0.7, 1, 1.0, 2)
4	Attribute	Variable 4	myOrderSize	DISC(0.75, 3,1.0, 5)

그림 5.54 주문번호, 색상, 크기를 설정

*Original*이다. 여기에서는 *Duplicate Original*을 선택한다. SEPARATE 모듈에 들어가는 개체는 주문이다. 하지만 이 모듈을 빠져나갈 때는 주문서와 셔츠라는 두 가지 다른 개체가 되어야 한다. SEPARATE 모듈을 열어서 그림 5.55와 같이 *# of Duplicates*라고 명명된 문자열 필드를 찾는다. 이 필드는 SEPARATE 라는 모듈에서 몇 개의 개체를 만들 것인지 입력하는 곳이다. 이 필드에는 Arena^{TM}에서 허용하는 모든 표현식을 입력할 수 있다. 따라서 몇 개의 개체를 추가로 만들 것인지 결정하기 위해 주문의 크기를 입력한다. 예를 들어 *myOrderSize*라는 속성에 값이 3으로 설정되어 있다면, 당초 생성되었던 개체로부터 추가적으로 3개의 개체가 복제되어 생성된다. 모델의 목적에 입각하여 새롭게 생성된 개체를 셔츠라고 정의하자. 대화상자에서 cost와 관련된 문자열 필드는 현재 상황에서는 무시해도 좋다.

하나의 개체가 SEPARATE 모듈에 들어오면 원래 있었던 개체는 original 출구 지점으로 빠져 나간다. 그리고 복제된 개체들은 duplicate 출구 지점으로 빠져나간다. 이때 새로 생성된 개체들은 원래 개체에서 복제되었기 때문에 *myOrderNumber, myOrderType, myOrderSize*라는 세 가지 속성 값이 모두 동일하게 설정되어 있다. 즉 복제된 셔츠의 주문번호, 주문 색상, 주문 크기가 모두 동일하다는 것이다. 따라서 추후에 제작이 모두 끝난 다음에 *myOrderNumber* 값을 이용하여 주문번호가 같은 셔츠들과 주문서를 하나로 묶을 수 있다.

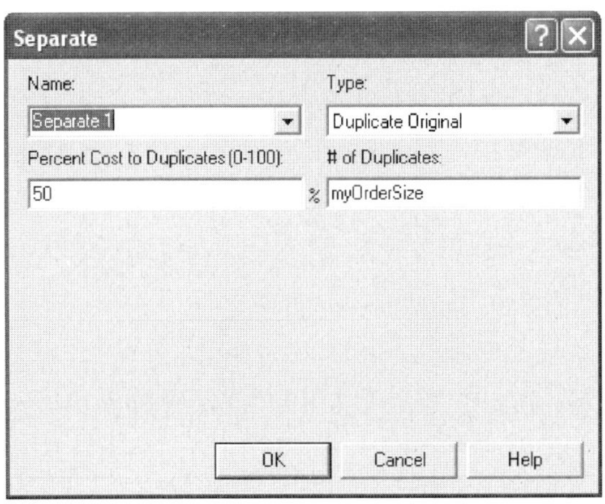

그림 5.55 셔츠를 생성하기 위한 SEPARATE 모듈 활용

Resource - Basic Process

	Name	Type	Capacity	Busy / Hour	Idle / Hour	Per Use
1	ShirtMakers	Fixed Capacity	2	0.0	0.0	0.0
2	Packager	Fixed Capacity	1	0.0	0.0	0.0
	Double-click here to add a new row.					

그림 5.56 자원의 정의

다음은 모델에서 사용할 자원에 대해 정의를 하는 과정이다. 그림 5.56에 있는 것과 같이 resource라는 데이터 시트에서 모델에 자원을 추가한다. 셔츠를 제작하는 작업자(shirt makers)라는 자원은 두 명이 있다.

포장 작업자(packager)는 당초 주문을 나타내는 개체에 대해 주문 처리 작업을 수행한다. 그림 5.57은 포장 작업자를 프로세스의 자원으로 할당하는 대화상자를 보여주고 있다. 약국모델에서 약국의 자원으로 약사를 설정했던 것과 동일한 방법으로 입력하면 된다. 그림 5.57과 그림 5.58에 소개된 것처럼 두 개의 PROCESS 모듈에 대한 입력을 완성해보자.

주문에 대한 포장이 완료되면 주문과 관련된 셔츠가 제작 완료될 때까지 기다려야 한다. 그림 5.52에 있는 것과 같이 주문이 MATCH 모듈로 들어가면 *Batch Shirts*라고 명명된 BATCH 모듈에서 동일한 주문에 대해 묶여진 셔츠들과 *myOrderNumber*라는 속성 값에 의해 다시 묶여진다. 먼저 그림 5.59에 있는 것과 같이 BATCH 모듈을 열어서 자료를 입력하자. 이 BATCH 모듈에서는 영구적인 개체(permanent entity)를 생성하게 되는데, 그 이유는 일단

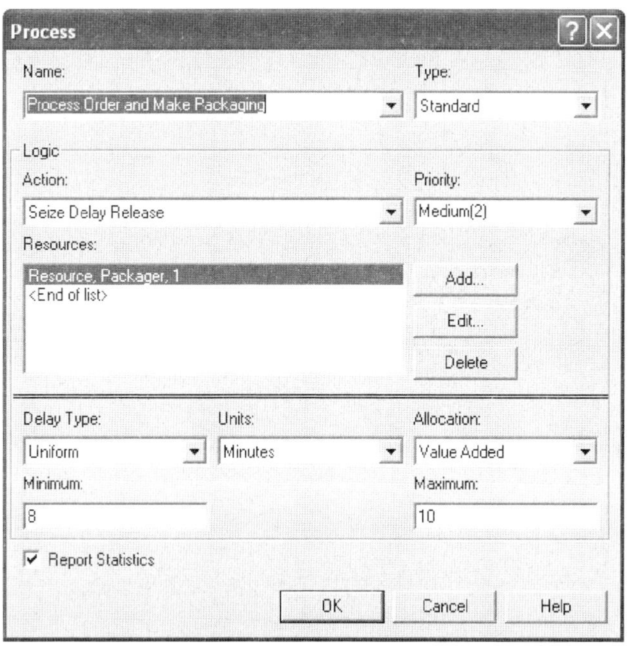

그림 5.57 포장 작업자(packager)에 대한 Seize, Delay, Release

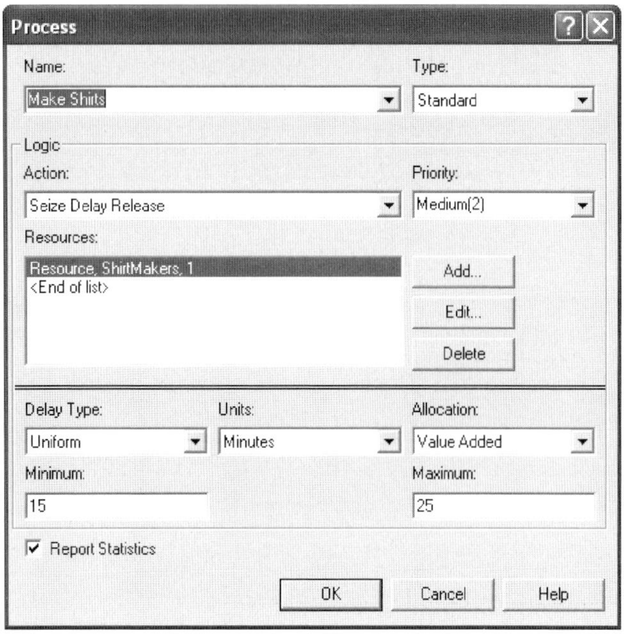

그림 5.58 셔츠 작업자(shirt maker)에 대한 Seize, Delay, Release

주문에서 지정된 수량만큼의 셔츠가 묶인 다음에는 더 이상 셔츠들이 개별적으로 작업을 진행하게 될 필요가 없기 때문이다. 이 모듈에 들어가는 개체는 "Shirts"이다. 셔츠는 붉은색일 수도 있고 파란색일 수도 있다. 이 셔츠들이 BATCH 모듈로 들어가면 대기행렬에서 대기하는데 *myOrderSize*에서 지정된 수량만큼 대기행렬에 개체가 모일 때까지 계속 대기한다. 일단 *myOrderSize*에서 지정된 수량만큼 확보되면 하나로 묶여서 영구적인 개체로 변환된 후 모듈을 빠져나간다.

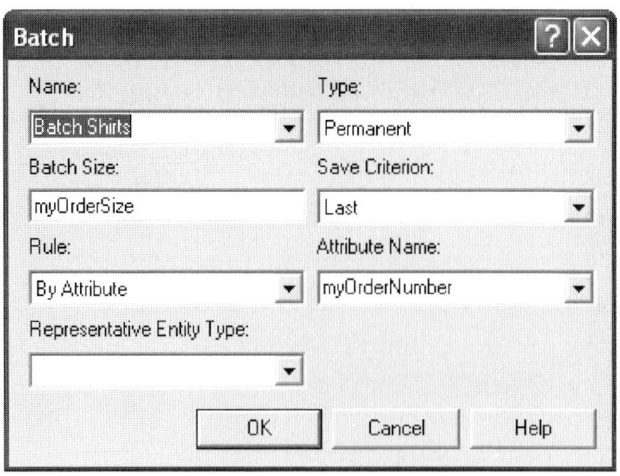

그림 5.59 셔츠를 배치로 묶음

영구적인 대표개체의 속성 값은 *Save Criterion*이라는 문자열 필드에서 지정하도록 되어 있다. 대표 개체의 사용자가 정의한 모든 속성은 *Save Criterion*에서 설정된 방식에 의해 값이 할당된다.

First(혹은 **Last**)를 선택하는 경우에 대표 개체의 속성 값은 배치를 구성하는 개체 중에서 첫 번째(혹은 마지막) 개체의 속성 값과 동일하게 한다는 의미이다.

Product를 선택하는 경우 배치를 구성하는 모든 개체의 해당 속성 값을 곱한 후, 그 곱한 값을 대표 개체의 해당 속성에 할당한다는 의미이다.

Sum을 선택하는 경우 배치를 구성하는 모든 개체의 해당 속성 값을 더한 후, 그 더한 값을 대표 개체의 해당 속성에 할당한다는 의미이다.

Arena™에서 특수한 목적의 속성에 어떻게 값을 할당하는지 알고 싶다면 BATCH 모듈에 있는 도움말 기능을 참조하면 된다. 실제로 중요한 모듈에 대해 도움말 파일을 읽어본다면 많은 도움을 얻게 될 것이다. 이 예제에서는 *First*(혹은 *Last*)를 선택하면 된다. 대표 개체가 BATCH 모듈을 빠져나갈 때 대표 개체는 *myOrderSize*에 정의된 수량만큼 셔츠를 묶은 것으로 인식되며, *myOrderNumber*에 할당된 값을 주문번호로 가지고 있다. 이 대표 개체는 BATCH 모듈을 빠져나간 후 주문서와 함께 포장되기 위해서 MATCH 모듈로 들어간다. 그림 5.60에 있는 것과 같이 MATCH 모듈은 두 개의 대기행렬을 가지고 있다. 주문 처리 작업을 마친 개체는 윗부분에 있는 대기행렬로 들어오며, 주문 수량만큼 묶인 셔츠라는 개체는 아래에 있는 대기행렬로 들어온다. 하나의 개체가 MATCH 모듈에 들어오는 순간마다 Arena™에서는 정의된 매치 조건을 가지는 서로 다른 개체가 각각의 대기행렬에 존재하는지 확인한다. 이 예제에서는 주문번호가 매치를 위한 조건으로 사용된다. 따라서 주문 처리 작업을 마친 개체가 MATCH 모듈에 먼저 들어왔다면 주문 수량만큼 묶인 셔츠라는 개체가 MATCH 모듈에 들어올 때까지 대기행렬에서 기다린다. 물론 반대의 경우에도 마찬가지다. 매치가 된 이후에 매치된 개체들은 MATCH[6] 모듈에서 빠져나간다.

이제 두 종류의 개체는 동기화되었다. 앞에서 했던 것처럼 개체들을 하나로 묶어 영구적인

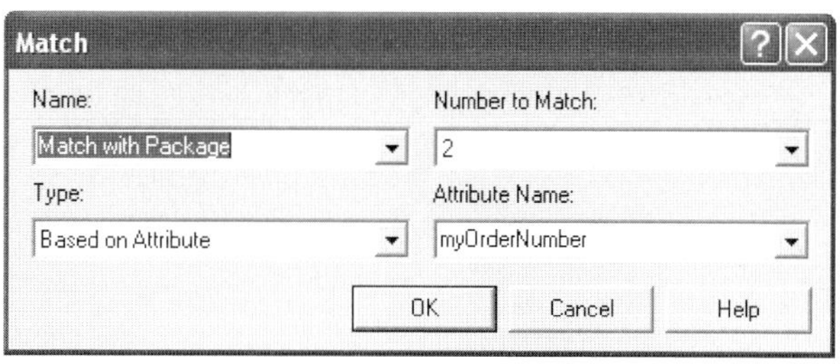

그림 5.60 주문서와 셔츠를 매치시킴

[6] 여기에서 MATCH 모듈을 사용하는 이유는 독자에게 사용법을 소개하기 위한 목적 때문이다. MATCH 모듈을 사용하지 않고서도 동일한 모델을 만들 수 있다. 한번 시도해보자.

만들기 위해 그림 5.61과 같이 BATCH 모듈을 사용하는 것은 흔히 사용되는 기법이다. 주문번호는 유일한 인식 번호이기 때문에 이때에도 역시 *myOrderNumber*라는 속성에 할당된 값이 같은 두 개의 개체(MATCH에서 빠져나온 개체들)를 결합하여 하나의 영구적인 개체로 만든다. 주문에 대한 처리가 완료되었다면 PROCESS 모듈로 가서 검사 공정을 수행하고(그림 5.62 참조) 그다음에 DISPOSE 모듈로 간다. 이때 DISPOSE 모듈이 의미하는 바는 출하한다는 것이다.

모델에서 아직까지 설명하지 않은 것은 *Assign 2*와 *Assign 3*로 명명된 두 개의 ASSIGN 모

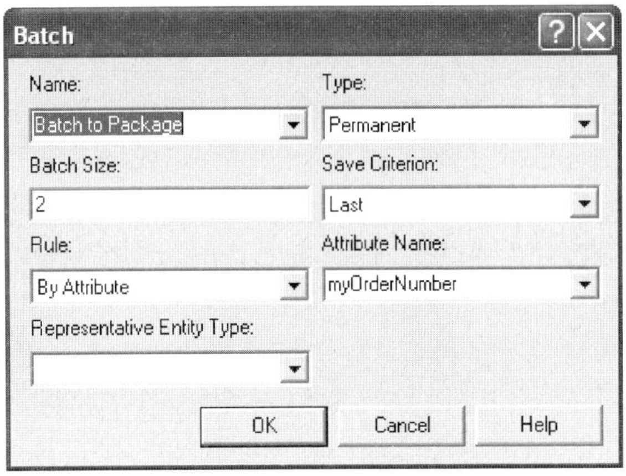

그림 5.61 매치된 두 개체를 묶음

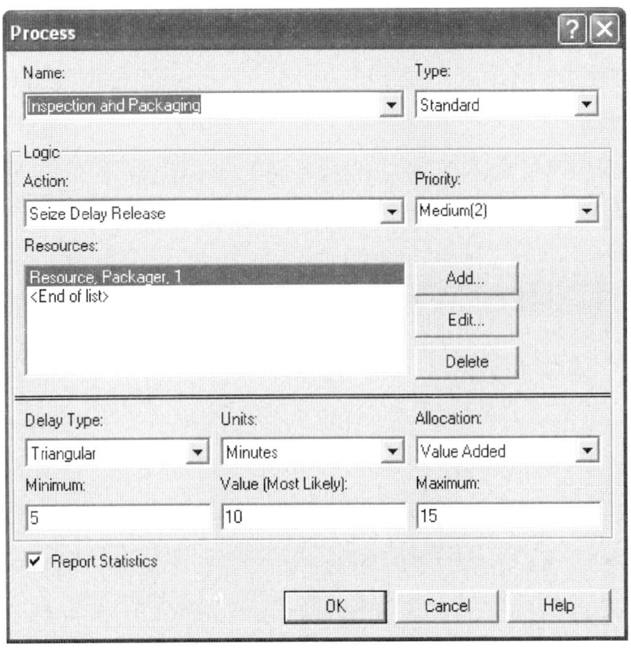

그림 5.62 포장 작업자가 검사공정 수행

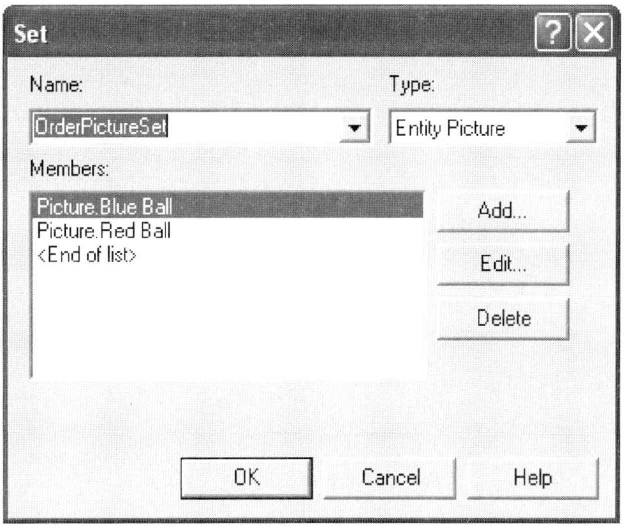

그림 5.63 그림 집합의 정의

듈이다. 이 두 개의 모듈에서는 각 개체들의 그림을 바꾸어서 SEPARATE, MATCH, BATCH 모듈에서 일어나는 일을 보다 시각적으로 표현할 예정이다. 이 작업을 하기 위해서 각 종류별 개체의 그림을 보유하는 SET을 사용하도록 한다.

SET 모듈은 Basic Process 패널의 데이터 모듈에 있다. 집합(set)이라는 것은 Arena^{TM}에서 사용되는 유사한 객체들을 모아서 사용하는 방법이다. 이제부터 개체의 애니메이션용 그림들을 이용하여 set을 정의해 보도록 한다. SET 모듈을 선택하고 오른쪽 마우스를 누르면 edit via dialog box 옵션을 선택할 수 있다. 이 옵션을 선택하면 그림 5.63과 같은 대화상자가 화면에 나타난다. 이때 집합의 이름을 *OrderPictureSet*이라고 입력하고, 집합의 유형을 *Entity Picture*라고 설정한다. 다음에 Add 버튼을 이용하여 "blue ball"과 "red ball"을 집합의 구성 요소로 등록한다. 이때 구성 요소를 기록하는 순서가 매우 중요하다. 집합의 첫 번째 위치에 Blue Ball을 기록하고, 두 번째 위치에 Red Ball을 기록한다. 그 이유는 구성 요소 1과 2는 각각 파란색 셔츠, 붉은색 셔츠라는 주문의 유형에 대응시킬 계획이기 때문이다. 즉 주문의 유형에서 *myOrderType*이라는 속성에 파란색 셔츠는 1, 붉은색 셔츠는 2라고 기록을 했다는 것과 연결된다고 생각하면 된다. 이때 1 혹은 2의 값은 집합의 첫 번째 혹은 두 번째 구성 요소와 연동될 것이다. 따라서 개체의 그림은 개체의 유형에 따라 다른 그림으로 표시될 것이다.

그림 5.65에는 *Entity.Picture*라는 특수한 목적의 속성(Arena^{TM}에서 제공하는 속성임)을 이용하는 과정이다. 즉 각 개체에 그림을 지정하는 과정을 수행해야 한다. 즉 각 개체가 *myOrderType*이라는 속성에 보유하고 있는 값을 토대로 그 값이 1이면 *OrderPictureSet*의 첫 번째 그림을 지정하고, 2이면 두 번째 그림을 지정하려는 것이다. 그림 5.64는 Expression Builder를 이용하여 그림 집합의 색인(index)를 지정하는 과정이며, 그 결과는 그림 5.65에 있는 것처럼 확인할 수 있다. 그림 5.66은 ASSIGN 모듈에서 직접 개체에 그림을 할당하는 사례

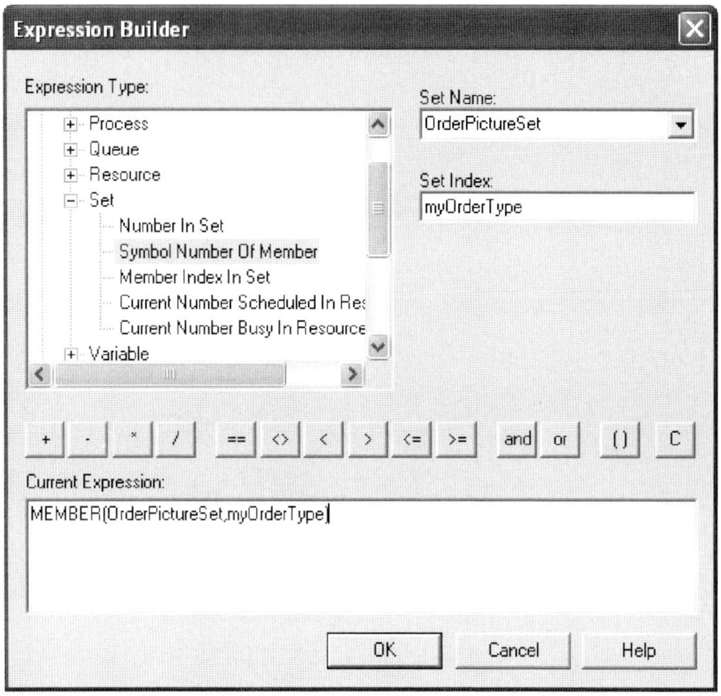

그림 5.64 Expression Builder를 이용하여 그림을 할당하는 법

를 보여준다. 여기에서는 셔츠와 주문서가 완전히 포장이 되었기 때문에 결합된 개체를 표시하기 위해 *Picture.Box*라는 그림으로 설정한다.

이제 8시간 동안 시뮬레이션을 실행하자. 이때 시간 단위는 분 단위로 설정한다. 실행 시 애니메이션의 속도를 조절하고 싶으면 애니메이션 슬라이드 바를 이용하여 조절하면 된다. 애니

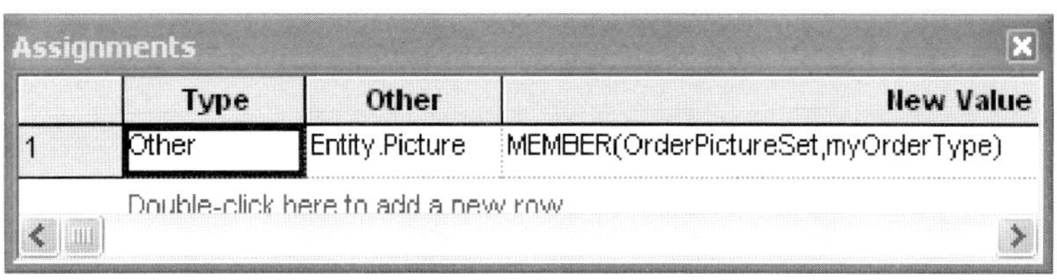

그림 5.65 집합의 색인을 이용하여 그림을 바꾸는 법

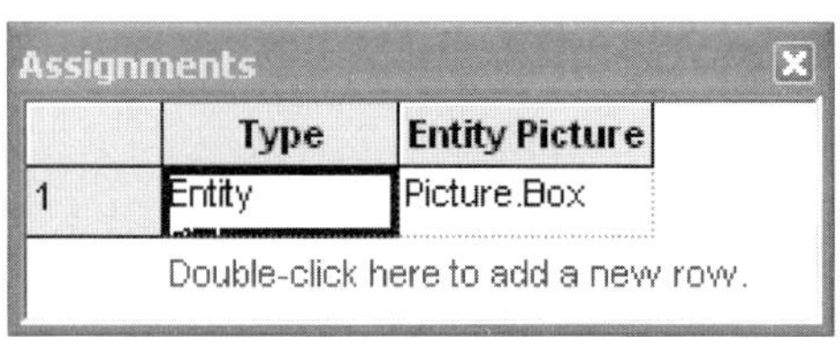

그림 5.66 포장이 완료된 개체의 그림을 박스로 바꾸는 법

메이션에서 SEPARATE, MATCH, BATCH 등이 어떻게 진행되는지 확인할 수 있을 것이다. 이 짧은 시간 동안의 실험을 통해서 하나의 주문이 처리될 때까지 소요되는 시간은 평균 75분 정도 걸린다는 것을 알 수 있다. 이 문제를 복잡하게 확장하는 것은 뒤에 있는 연습문제에서 다루게 될 것이다.

이 예제에서 SEPARATE라는 모듈을 이용하여 병렬처리를 해야 하는 상황을 Arena™에서 쉽게 모델링할 수 있음을 배웠다. 이 방법은 다른 종류의 개체를 모델에서 생성하여 "병렬"로 구성된 다른 프로세스를 따라 가도록 허용하는 것이다. BATCH 모듈은 여러 개의 개체를 하나로 묶어서 한꺼번에 이동시킬 목적으로 사용한다. 또한 MATCH 모듈은 개체의 이동을 동기화하기 위해서 사용한다. 이 예제에서 독자는 "집합"이라고 하는 새로운 정보의 구조 및 처리방법에 대해서 학습하였다. 집합이라고 하는 것은 유사한 특성을 가지는 항목들의 목록으로 집합에 있는 구성 요소를 색인에 의해 되돌려주는 역할을 한다. 모델에서 프로세스가 진행되는 과정에서 각 개체의 그림을 바꾸어 주어야 할 경우에 집합을 사용하면 매우 편리하다. 또한 Arena™에서 각 모듈의 활동을 이해하고, 검증하는 데 유용하게 활용할 수 있다.

5.9 요약

5장에서는 Arena™가 어떻게 프로그래밍 언어와 같은 역할을 하는지에 대하여 많은 부분을 학습하였다. Arena™가 시뮬레이션 모델을 구축하기 위한 환경을 제공하고 있지만 사용자가 기본적인 프로그래밍 지식이 있어야만 모델 구축을 효과적으로 할 수 있다. 이 장에서는 변수, 속성, I/O, 반복과 같은 일반적인 프로그램의 개념이 Arena™에서 어떻게 수행되는지를 비교하는 방법으로 일반적인 프로그램 언어와 Arena™를 분석하였다.

더 나아가 Arena™의 SCHEDULE을 제외한 Basic Process 패널 있는 모든 모듈에 대해 설명을 하였다. 이 장에서 다룬 모듈들은 다음과 같다.

CREATE: 규정된 방법에 따라 개체를 생성하고 모델에 투입하는 역할을 한다.
DISPOSE: 개체가 시스템에서 수행해야 할 일을 완료한 후에 개체를 소멸시키는 역할을 한다.
PROCESS: 개체가 자원을 사용하여 활동을 하도록 허용하는 역할을 한다.
ASSIGN: 모델에서 변수나 속성에 값을 할당하는 역할을 한다.
RECORD: 모델에서 통계량을 획득하고 요약하는 역할을 한다.
BATCH: 여러 개의 개체를 임시적인 혹은 영구적인 대표 개체로 묶는 역할을 한다.
SEPARATE: 현재 개체를 복제하거나 배치로 묶여 있는 대표 개체를 해체하여 원래로 되돌리는 역할을 한다.
DECIDE: 개체의 흐름을 확률이나 조건에 의해 여러 흐름으로 분기시키는 역할을 한다.
VARIABLE: 모델에 사용될 변수를 정의하는 역할을 한다.
RESOURCE: 개체에 의해 점유되고 해제되는 자원의 수량을 정의하기 위해 사용된다.
QUEUE: 모델에서 흐름이 현재 중단된 개체가 대기하는 공간을 정의하는 역할을 한다.

ENTITY: 모델에서 사용되는 다양한 개체의 유형을 정의하기 위해 사용한다.

SET: Arena^{TM}에서 요소의 목록을 작성하기 위해 사용되는데 목록에서 몇 번째 것인지에 의해 위치가 결정된다.

Arena^{TM}의 Basic Process 패널에 있는 모듈 이외에 다음과 같은 구문을 소개하였다.

READWRITE: 이 모듈은 Advanced Process 패널에 있는 것으로 모델에서 입력, 출력을 할 때 사용한다.

FILE: 이 모듈은 Advanced Process 패널에 있는 것으로 READWRITE 모듈에서 사용되는 운영 시스템의 특성을 정의할 때 사용한다.

EXPRESSION: 이 모듈은 Advanced Process 패널에 있는 것으로 모델에서 사용되는 논리적, 수리적 표현식(expression)을 정의하기 위해 사용한다.

DELAY: 이 모듈은 Advanced Process 패널에 있는 것으로 모델에서 개체가 이동 과정의 어디에선가 시간을 보내야 하는 경우에 사용된다.

MATCH: 이 모듈은 Advanced Process 패널에 있는 것으로 개체가 특정한 매치 조건을 만족할 때까지 대기행렬에서 기다리게 하는 역할을 한다.

IF ELSEIF ELSE ENDIF: Block Panel에 있으며, 흐름을 통제하기 위해 사용되는 표준화된 논리다.

WHILE-ENDWHILE: Block 패널에 있으며, 반복루프를 만들기 위해 사용된다.

BRANCH: Block 패널에 있으며, 개체의 진행 목적지를 분기시키기 위해서 사용되는데, 확률로 분기시키는 방법과 조건에 의해 분기시키는 방법이 있다.

또한 모델에서 사용되는 *TNOW* 같은 다양한 변수, *Entity.type* 같은 속성, NORM(), ABS() 같은 수학함수들에 대하여도 학습하였다.

Arena^{TM}에서 프로그램을 개발하기 위해서는 모델에서 사용되는 요소를 정의하기 위한 데이터 모듈과 모델의 논리적 흐름을 정의하기 위한 플로차트 모듈을 사용해야 한다. Arena^{TM}가 가지고 있는 플로차트 형식은 장점과 단점이 있다. 가장 큰 장점은 어떻게 프로그램을 해야 하는지 잘 알지 못해도 쉽게 유용한 모델을 구축할 수 있다는 점이다. 이 점은 시뮬레이션 기술을 사용하는 데 큰 은혜라고 할 수 있다. 반면에 가장 큰 단점은 플로차트 개념이 잘 구성된 코드를 개발하는 것을 어렵게 한다는 점이다.

이러한 단점 때문에 시뮬레이션 모델을 Arena^{TM} 환경에서 입력하기 전에 주의 깊게 계획하는 것이 좋다. 만일 즉흥적으로 컴퓨터 프로그램을 한다면 최종 코드가 국수처럼 얽혀서 곤란에 처하게 된다. 모델에서 사용될 변수의 이름을 정의하거나 다른 요소들의 이름을 정하는 방법에 대해서도 사전에 계획을 잘 세워서 결정해야 한다. 예를 들어 "*R*"이라는 글자를 모든 자원의 이름 뒤에 붙이거나, "*v*"라는 글자를 모든 변수의 이름 앞에 붙이는 방법도 필요하다. 또한 모듈의 이름도 알기 쉽게 정하고, 모듈에 대한 설명도 적절하게 붙여야 한다. 그리고 모델의 논리를 의사코드를 이용하여 정리하는 것도 필요하다. 추가적인 사례는 이 교재에서 차차 설명하도록 하겠다. 마지막으로 개발한 코드를 관리하기 쉽고 일관성이 있게 하려면 Arena^{TM}에서 제공하는 하위모델(submodel) 기능을 사용하는 것이 바람직하다. Arena^{TM}에서 시뮬레이션 모델을 개발하기 위해서는 당초 생각했던 것보다 더 프로그래밍을 하기 위한 노력이 더 필요하다.

다음 두 개 장은 5장에서 배웠던 기초를 토대로 전개된다. 6장에서는 무작위성(randomness)과 연계하여 모델을 개발하는 과정과 Arena^{TM}에서 무작위 과정을 모델링하는 방법을 집중적으로 다룬다. 그리고 7장에서는 통계적 방법을 이용하여 무작위성을 가지고 있는 모델을 어떻게 분석할 것인지 학습할 것이다. 더 나아가 더욱 다양한 모듈과 개념을 이용하여 Arena^{TM}를 이용한 시뮬레이션 모델이 보다 현실에 가까워지도록 모델링하는 방법을 학습할 것이다.

연습문제

5.1 시스템의 ________란 연구의 목적과 관련하여 시스템의 상황을 묘사하는 데 필요한 변수들의 모음을 의미한다.

5.2 __________이란 시스템의 상태를 변화시키는 일을 발생시키는 것을 의미한다.

5.3 __________이란 개체의 특성을 데이터로 표현하는 것을 의미한다.

5.4 __________라는 속성은 개체가 생성될 때 각 개체에 고유하게 할당되는 값을 말한다. 하지만 개체가 복제되는 경우에는 이 값이 같은 개체들이 생길 수 있다.

5.5 RECORD 모듈에서 Time Between이라는 옵션은 현재 시뮬레이션 시간과 특정한 속성값의 차이를 계산하여 기록하는 기능을 수행한다. 참인가? 거짓인가?

5.6 다음과 같은 기능을 수행하는 Arena^{TM} 모듈은 무엇인가 ?

Arena^{TM} 모듈 이름	수행 기능
	모델에서 입출력을 가능하게 하는 모듈
	모델에서 사용하게 될 논리적/수학적 표현식을 정의하는 기능
	사용자가 정의한 매치 조건이 만족될 때까지 개체를 대기하게 하는 기능
	확률이나 조건에 의해 개체가 가야 할 경로를 다르게 지정하는 기능
	여러 개의 요소를 목록으로 정의하며, 그 목록에서의 위치에 의해 색인으로 구분하는 기능
	모델 내에서 개체에게 서로 다른 유형을 정의하는 기능
	개체가 모델 내에서 역할을 다 한 경우에 개체를 소멸시키고 통계량을 수집하는 기능

5.7 셔츠를 구입하고자 하는 고객이 시간당 평균 10명의 비율로 포아송과정에 셔츠 가판대를 방문한다. 고객들은 셔츠 4장을 구매하는 고객이 10%, 3장을 구매하는 고객이 30%, 2장을 구매하는 고객이 20%, 1장을 구매하는 고객이 40%이다.

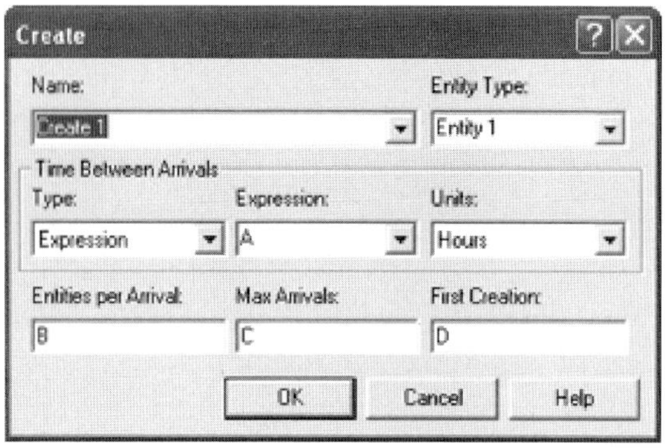

위의 CREATE 모듈에서 방문 고객을 생성시키기 위해 A, B, C, D에 적합한 내용을 채워라.

- A: ______________________
- B: ______________________
- C: ______________________
- D: ______________________

5.8 시뮬레이션 모델링의 단계를 고려하여 아래 빈 칸을 채워라.

- 시스템이 무엇인가? 시스템에 대해 어떤 정보가 알려져 있는가?
- (a) ____들은 무엇인가? 각 (b) ____들에게 어떤 정보가 기록되어야 하는가?
- (c) _____은 무엇인가 ?
- (d) ______은 무엇인가?
- (e) ____의 수명을 묘사하기 위한 (f) ____을 개발하라.
- 시뮬레이션을 위한 (g)_______를 개발하라.

5.9 다음과 같은 기능을 수행하는 Arena™ 모듈은 무엇인가 ?

Arena™ 모듈 이름	수행 기능
	모델에서 입출력을 가능하게 하는 모듈
	모델에서 사용하게 될 논리적/수학적 표현식을 정의하는 기능
	개체가 모델 내에서 역할을 다 한 경우에 개체를 소멸시키고 통계량을 수집하는 기능
	플로차트 모델에서 각종 통계 데이터를 수집하고 도표화하는 기능
	현재 개체의 복사본을 만들거나 묶여 있는 개체를 원래대로 해체하는 기능
	모델에서 변수와 속성에 값을 할당하는 기능

5.10 드라이브 스루 약국에 도착하는 고객의 90%는 드라이브 스루 창구에 들어가고, 10%의 고객은 약국으로 직접 들어간다고 하자. 이 상황을 Arena™를 이용하여 모델링하고, 드라이브 스루 레인에 어떠한 영향을 미치는지 논의하라. 약국으로 직접 들어간 고객은 약사의 서비스를 받을 필요가 없다고 가정한다. 시뮬레이션 기간은 1년으로 하고 20회 반복실험하라.

5.11 드라이브 스루 약국에 도착하는 고객은 만일 대기행렬에 4대 이상의 차량이 기다리고 있으면 대기행렬에 진입하는 것을 포기하고 그냥 돌아간다고 하자(balking). 이 상황을 Arena™를 이용하여 모델링하고, 대기하는 차량이 많아서 고객이 진입을 포기하는 확률을 추정하라. 시뮬레이션 기간은 1년으로 하고 20회 반복실험하라.

5.12 두 종류의 기계와 두 명의 작업자로 구성된 제조 시스템을 생각해보자. 각 작업자는 기계 1대를 전적으로 담당한다. 부품은 평균이 3분인 지수분포를 가지고 도착한다. 부품은 부품 1과 부품 2의 두 종류가 있는데 각각 60%와 40%의 확률로 구성된다. 부품 1은 기계 1에서 공정을 수행하고, 부품 2는 기계 2에서 공정을 수행한다. 각 공정에서는 해당 작업자가 각각 1분, 1.5분의 셋업을 수행하야 한다. 공정 1의 작업 수행 시간은 평균이 4.5분이고 표준편차가 1분인 대수정규분포를 따르며, 공정 2의 작업 수행 시간은 평균이 7.5분이고 표준편차가 1.5분인 정규분포를 따른다. 시뮬레이션 기간은 20,000분으로 하고 20회 반복실험하라. 각 기계와 작업자의 가동률과 각 부품종류별 체류 시간을 추정하라.

5.13 시간당 1통화의 비율로 포아송 도착 과정에 의해 전화가 걸려온다고 가정하자. 각 전화는 회계 부서나 고객 서비스 부서에 걸려온다. 회계 부서에 걸려오는 전화의 비율은 30%이고, 고객 서비스 부서에 걸려오는 전화의 비율이 70%이다. 회계 부서에서 전화를 받는 담당자는 1명이며, 통화 시간은 최소 30분, 최대 90분인 일양분포를 따른다. 고객 서비스 부서에서 전화를 받는 담당자는 3명이며, 각 담당자는 개인적으로 고객이 기다릴 수 있는 대기행렬을 가진다. 걸려오는 전화는 서비스 담당자 1, 2, 3에게 할당될 확률이 각각 25%, 45%, 30%이다. 서비스 담당자 1의 통화 시간은 최소 30분, 최대 90분인 일양분포를 따른다. 서비스 담당자 2의 통화 시간은 최소 30분, 최빈 60분, 최대 90분인 삼각분포를 따른다. 서비스 담당자 3의 통화 시간은 평균 60분인 지수분포를 따른다. Arena™를 이용하여 모델링하고 하루 10시간씩 30일간 시뮬레이션을 수행하여 회계 담당자, 서비스 담당자 1, 2, 3 각각의 가동률과 통화를 하기 위해 평균적으로 대기하는 시간을 추정하라.

5.14 Arena™의 반복루프 기능을 이용하여 7을 계산할 수 있는 모델을 개발하라.

5.15 금속부품 연마공정에서 매 시간 20개씩 샘플을 채취한다. 통상적으로 2%의 부품이 재작업(불량)을 해야 한다. *X*를 20개의 샘플 중에서 재작업을 해야 하는 부품 수라고 하자. 만일 20개 부품 불량품 수의 평균이 표준편차의 3배 이상이 되면 공정에 문제가 발생한 것으로 의심을 해야 한다. Arena™를 이용하여 30시간 동안 시뮬레이션을 수행하라. 이 의미는 20개 샘플이 총 30번 채취된다는 것이다. 이 경우에 *X* 가 표준편차의 3배 이상이 될 확률을 추정하라.

5.16 금속부품 연마공정에서 매 시간 20개씩 샘플을 채취한다. 통상적으로 2%의 부품이 재작업(불량)을 해야 한다. *X*를 20개의 샘플 중에서 재작업을 해야 하는 부품 수라고 하자. 만일 20개 부품 불량품 수의 평균이 표준편차의 3배 이상이 되면 공정에 문제가 발생한 것으로 의심을 해야 한다. *X*가 표준편차의 3배 이상의 되는 경우에는 모든 불량품은 재작업 공정으로 보내진다. 부품은 2개의 구성품으로 이루어지는데, 각각 분해되어 독립적으로 재작업을 거친다. 이 분해 작업은 한 사람의 작업자에 의해 수행되는데 부품당 $U(10, 20)$

분의 시간이 소요된다. 구성품이 분해된 이후에 각각 다른 재작업 공정에서 작업이 수행된다. 구성품 1은 한 명의 작업자에 의해 진행되며 공정 시간은 U(5, 10)분이 소요되며, 구성품 2는 다른 한 명의 작업자에 의해 진행되며 공정 시간은 Expo(7.5)분이 소요된다. 두 구성품의 수리가 완료되면 다시 조립되어 원래 부품으로 돌아간다. 재조립 공장은 한 명의 작업자가 담당하며 공정 시간은 5분이 소요된다. 그 후 부품은 당초 공정으로 돌려보내지는 데 이 부분은 본 모델의 범위에서 벗어난다. 8시간 동안 시뮬레이션을 수행하여 재작업이 수행되는 평균 소요 시간을 추정하라.

5.17 두 명의 검사원으로 구성된 검사장에 TV가 검사를 받기 위해 검사 작업장에 도착하는데, 도착 시간 간격은 평균이 15분인 지수분포를 따른다. TV 한 대를 검사하는 데 소요되는 시간은 평균이 10분인 지수분포를 따른다. 검사를 마친 TV 중 82%는 합격되며, 18%는 불합격되어 1명의 작업자로 구성된 수리 작업장에 보내진다. 수리 작업에 소요되는 시간은 7분~14분 사이의 일양분포를 따른다. 수리가 끝나면 TV는 다시 검사 작업장에 보내져서 재검사를 받는다. 우리는 검사를 받으러 도착한 TV가 전체 시스템에서 체류하는 평균 시간을 알고 싶다. Arena™를 이용하여 시뮬레이션 모델을 개발하고, 실험 기간은 4,800분, 반복횟수는 20회 실험을 하라.

5.18 3대의 기계와 3명의 작업자로 구성된 제조 시스템이 있다. 부품은 1분당 2개의 비율로 포아송과정에 의해 작업장에 도착한다. 처음 공정은 드릴 공정인데, 이 공정에는 자동화 기계가 3대 있으며(작업자 불필요), 도착한 부품들은 하나의 대기행렬에서 기다리다가 3대 중 한 대에서 작업을 수행한다. 드릴을 이용해 구멍을 뚫는 데 소요되는 시간은 평균 1분, 표준편차 30초인 대수정규분포를 따른다. 드릴공정을 마친 부품은 연마공정에 투입되는데 연마공정을 담당하는 작업자는 3명이며, 연마공정에 소요되는 시간은 4분 30초에서 5분 30초 사이의 일양분포를 따른다. 연마공정을 마친 부품은 시스템을 떠난다. Arena™를 이용하여 시뮬레이션 모델을 개발하고, 실험 기간은 4,800분, 반복횟수는 20회 실험을 하라. 도착한 부품이 시스템을 떠날 때까지 소요되는 시간의 평균을 추정하라.

5.19 BBQ식당은 저녁식사 시간을 오후 5시~저녁 9시까지 운영하고 있다. 고객들은 식당에 팀으로 도착하며, 도착 시간 간격은 평균이 1.4분인 지수분포를 따른다. 각 팀의 고객 수는 2명, 3명, 4명, 5명이고, 각각의 확률은 0.4, 0.3, 0.2, 0.1이다. 저녁 9시 이전까지 도착한 고객들은 식사를 할 수 있지만 9시가 되면 식당 문을 닫아 더 이상의 고객은 받지 않는다. 물론 9시 이전에 도착한 고객이 식사를 마칠 때까지 식당을 운영한다. BBQ식당에는 2명씩 앉을 수 있는 식탁이 50개가 있다. 이러한 식탁들은 2명 이상의 고객들이 올 때 고객의 편의를 위해 마음대로 붙일 수 있다고 가정한다. 단, 다른 팀을 한 식탁에 섞어 앉히지는 않는다. 각 도착팀은 하나의 대기행렬에서 기다리는데, 만일 한 팀이 도착하였을 때 대기행렬에 6개 팀이 기다린다면 새로 도착한 팀은 식사를 포기하고 다른 식당으로 간다. 식당에 도착한 고객이 주문을 하고 식사가 나올 때까지 소요되는 시간은 (14분, 19분, 24분)의 모수를 가지는 삼각분포에 의해 결정된다. 고객이 식사를 하는 데 소요되는 시간은 평균 24분, 표준편차가 5분인 대수정규분포를 따른다. 식사를 마친 고객은 1명이

근무하는 계산대에서 식사요금을 지불하는 데 이때 걸리는 시간은 평균 1.5분, 표준편차 0.5분인 감마분포를 따른다.

Arena™를 이용하여 시뮬레이션 모델을 개발하고, 30일간 시뮬레이션을 실행한 후 아래 지표를 제시하라.

	평균	95% 신뢰구간
식사를 마친 고객의 수		
사용된 테이블의 수		
대기행렬에서 기다리는 팀의 수		
식사를 포기하고 돌아간 팀의 수		
계산원의 가동률		
고객(팀)이 식당에 머무른 시간		
좌석에 앉기까지 5분 이상 기다릴 확률		

5.20 한국 티셔츠 공장 모델을 다시 생각해보자. 이 회사의 사장은 여름 동안 수요가 증가할 것으로 판단하였다. 사장은 주문량이 증가하는 경우에 주문을 처리하는 데 소요되는 평균 시간과 작업자의 가동률에 관심을 가지고 있다. 주문의 비율이 20%, 40%, 60%, 80% 증가한다고 할 때 각 경우에 대해 하루 8시간씩 30일간 시뮬레이션을 실행하라. 수요의 변화로 인해 이 시스템에 문제가 발생할 것인가? Arena™의 통계량을 이용하여 이 질문에 답하라.

5.21 한국 티셔츠 공장 모델에서 검사 및 포장공정이 두 개의 독립된 공정으로 분리되고 추가로 한 사람의 작업자가 검사공정에 투입된다고 가정하자. 검사공정 수행 시간은 Uniform(2,5)분의 분포를 가진다. 검사 후 전체 주문의 4%가 불량으로 판정된다. 만일 검사공정에서 불량으로 판정되면 이 주문은 폐기되고, 대신에 새롭게 한 개의 동일한 주문이 발생한다(힌트: 이 주문은 다시 원래의 SEPARATE 모듈로 돌려보낸다). 만일 주문이 검사공정을 통과하면 포장공정으로 보내지는데, 포장공정 수행 시간은 TRIA(2, 4, 10)분이다. 주문의 비율이 20%, 40%, 60%, 80% 증가한다고 가정할 때 각 경우에 대해 하루 8시간씩 30일간 시뮬레이션을 실행하라. 수요의 변화로 인해 이 시스템에 문제가 발생할 것인가? 다시 말해서 주문량의 증가에 대해 하루 생산량이 어떻게 될 것인가?

5.22 드라이브 스루 식당에 고객이 시간당 10명의 포아송과정에 따라 도착한다. 이 식당의 관리자는 고객이 도착해서 떠날 때까지 소요되는 시간에 관심이 있다.

관리자는 주문을 받는 과정과 계산을 하는 과정, 주문된 음식을 전달하는 과정을 분리하려고 생각하고 있다. 첫 번째 작업자가 주문을 받는데, 주문을 받는 데 소요되는 시간은 1분 20초인 일양분포를 따른다. 주문된 음식을 준비하는 데 소요되는 시간은 3분 ±20초인 일양분포를 따른다. 음식이 준비되는 동안 고객은 차를 이동해서 계산대 앞으로 간다. 이때 이동 시간은 무시하자. 역시 첫 번째 작업자가 계산을 하는데, 계산에 소요되는 시간은 45 ±20초인 일양분포를 따른다. 계산을 마친 고객은 다시 차를 움직여 음식을 수령하는 창구로 간다(이때 이동 시간도 무시하자). 두 번째 작업자가 고객에게 음식을 전달해 준다.

만일 고객이 음식 수령 창구에 도착을 했는데 아직 음식이 나오지 않았다면 고객은 음식이 나올 때까지 기다려야 하며, 음식이 준비되었는데 고객이 도착하지 않았다면 두 번째 작업자가 음식이 준비될 때까지 기다려야 한다. 두 번째 작업자가 나온 음식을 포장하는 데 소요되는 시간은 평균 30초, 표준편차 10초인 대수정규분포를 따른다. 음식을 받은 고객은 식당을 떠난다.

이 시스템을 오전 10시~오후 2시까지 30일간 시뮬레이션을 하여 고객이 시스템에 체류한 시간을 추정하라.

5.23 어느 도시에서 폐기물 처리장을 운영하고 있다. 폐기물을 실은 차가 시간당 10대의 비율로 포아송과정에 따라 처리장에 도착한다. 각각의 차량은 다양한 품목의 폐기물을 싣고 도착하는데, 10%의 차량은 한 품목의 폐기물을 탑재하고 있고, 50%는 두 품목의 폐기물을, 40%는 세 품목의 폐기물을 탑재하고 있다. 이때 각 품목별로 80%는 위험제품(화학제품, 전구, 전자제품 등)이며, 20%는 벌크(bulk)제품이다. 80%에 달하는 위험제품의 10%는 전자제품으로 별도로 검사를 받고 분리해서 처리되어야 한다.

이 처리장에는 한 명의 작업자가 차에서 폐기물을 하차시켜 재활용센터로 보내는 일을 돕고 있다. 이때 소요되는 시간은 벌크제품이 아닌 경우에는 폐기물 1종류당 0.5분~1.5분(일양분포)이 소요되며, 벌크제품인 경우에는 (1분, 2.5분, 4분)의 모수를 가지는 삼각분포에 의해 생성된 시간만큼 소요된다. 이 작업자는 다음 차량이 도착하기 전까지 작업을 완료해야 한다.

두 번째 작업자는 폐기물이 하차된 이후 분류를 하는 작업을 한다. 이 작업은 1분~2분(일양분포)이 소요된다. 만일 폐기물이 전자제품인 경우 별도의 분해 작업장으로 보내진다. 전자제품의 분해는 역시 두 번째 작업자가 수행하는데, 분해에 소요되는 시간은 8분~16분(일양분포)이 소요된다.

이 폐기물 처리센터는 하루에 7시간, 주당 5일 가동한다. 12주 동안 시뮬레이션을 수행하고 아래의 자료를 제시하라.

- 두 작업자의 가동률
- 폐기물이 하차될 때까지 걸리는 시간
- 하차될 때까지 대기하는 평균 품목 수
- 분류작업을 위해 대기하는 품목 수
- 분류작업이 시작될 때까지 대기하는 시간
- 해체되기 위해 대기하는 품목 수
- 해체작업을 받기 위해 대기하는 품목의 대기 시간

5.24 가로등은 가로등 기둥과 전구 및 전기 배선 패키지 등 두 개의 부품으로 크게 구성된다. 가로등에 대한 주문은 평균이 20분인 지수분포에 의해 발생한다. 이 공장에는 두 종류 부

품에 대한 원자재 재고가 충분히 있다고 가정하자.

주문이 발생하면 가로등 기둥 본체를 먼저 제작한다. 기둥 본체는 철판을 가공해서 만드는데, 첫 번째 공정은 절단기에서 수행되는 절단공정이고, 두 번째 공정은 프레스에서 수행하는 벤딩공정이다. 벤딩이 끝나면 자동 용접기에서 용접공정이 수행된다. 이와 같은 세 공정의 공정 시간은 일양분포를 따르며, 각각의 모수는 [3분, 5분], [6분, 10분], [4분, 8분]이다.

가로등 기둥은 도로에 볼트로 고정시켜야 하기 때문에 사각형 형태의 기둥받침이 필요하다. 기둥받침에는 볼트를 넣을 수 있도록 4개의 구멍을 뚫어야 하는데 이 작업은 워터제트 절단기에서 수행되며, 공정 시간은 TRIA(18, 20, 22)분의 분포를 따른다. 구멍이 뚫어진 받침대는 연마기로 보내져서 연마작업을 하는데, 이때 공정 시간은 평균이 10분인 지수분포를 따른다.

기둥 본체와 기둥받침이 제작되면 1명의 검사원이 있는 검사장에서 검사를 수행하는데, 이때 검사 시간은 평균이 20분인 지수분포를 따른다. 기둥 본체에 불량이 발생할 확률은 1%이며, 기둥받침에 불량이 발생할 확률은 2%이다. 불량이 발생한 부품은 1명의 작업자가 담당하는 재작업장으로 보내지는데, 재작업에 걸리는 시간은 평균이 100분인 지수분포를 따른다. 기둥 본체와 기둥 침이 준비 완료되면 조립을 수행한다. 조립 작업장에서는 먼저 기둥을 고정시켜 놓고 전기배선 및 전구를 장착하는데, 1명의 작업자가 작업을 하며 공정 시간은 평균 30분, 표준편차 4분인 대수정규분포를 따른다. 조립이 완료된 가로등은 납품을 위해 출하장으로 보낸다.

이 공장에서는 가로등에 대한 주문이 두 배로 증가할 때 어떤 일이 발생할지 알고 싶다. 각 자원의 가동률과 가로등 1개를 제작하는 데 소요되는 시간을 추정하라. 하루 8시간씩 주 5일 작업을 하는데, 어느 날에 완료되지 않은 작업은 다음날에 계속 수행한다. 1년을 52주로 하여 10년간 시뮬레이션을 실행하고 궁금한 점에 대한 추정치를 제시하라.

5.25 병원 응급실에 환자들이 평균이 0.3시간인 지수분포에 따라 도착한다. 환자가 도착하면 중증도에 의해 1등급부터 5등급으로 분류된다. 1등급 환자는 치료가 가장 시급한 환자로서 즉시 병상으로 옮겨서 의료진의 진료를 대기하도록 한다. 나머지 등급의 환자들은 일단 응급진료 수속을 마친 후 병상으로 보내진다.

이 응급실에는 3개의 병상이 있고, 수속을 담당하는 1명의 간호사와 2명의 의사가 있는데 환자의 중증도에 의해 긴급한 환자부터 서비스한다(힌트: QUEUE 모듈에서 각 개체의 속성에 정의된 중증도 값을 참고하여 개채들의 우선순위를 결정하는 방법을 사용해야 한다). 2등급부터 5등급에 속하는 환자들의 진료수속에 소요되는 시간은 UNIF(10분, 20분)의 분포를 따르며, 진료에 소요되는 시간은 아래 표와 같은 삼각분포를 따른다.

중증도		1등급	2등급	3등급	4등급	5등급
점유율		6%	8%	18%	33%	35%
진료시간 (시간)	최소	0.8	0.7	0.4	0.2	0.1
	최빈	1.2	0.95	0.6	0.45	0.35
	최대	1.6	1.1	0.75	0.6	0.45

이 응급실에 대해 다음과 같은 정보를 알고 싶다.

- 응급진료 수속을 하기 위해 대기하는 평균 환자의 수
- 병상의 가동률
- 각 등급별로 환자의 응급실 체류 시간과 전체 환자의 체류 시간

(a) 활동 다이어그램을 작성하라

(b) 하루 24시간 30일간 실험을 하고, 실험 횟수는 50회로 하여 위의 질문에 대한 답을 제시하라.

5.26 패스트푸드 식당에 고객이 0.7분의 평균을 가지는 지수분포(난수열 1번 사용)에 의해 도착한다. 고객은 아래와 같은 3가지 메뉴 중 한 가지를 주문한다.

주문 유형	주문내용	점유율	조리 시간
1	음료	30%	UNIF(0.3, 0.8)분
2	감자	15%	UNIF(0.8, 1.1)분
3	음료 + 감자 + 햄버거	55%	UNIF(1.0, 1.4)분

고객이 도착하면 하나의 대기행렬에서 대기를 한 후, 종업원에게 주문을 하고 비용을 지불한다. 주문이 완료되면 조리가 시작되는데, 조리 시간은 위의 표에 있는 것과 같다. 비용을 지불한 고객은 조리가 완료될 때까지 기다렸다가 음식을 받는다.

종업원은 주문을 받고 계산이 끝날 때까지 다른 고객을 상대하지 않는데, 주문을 받는 시간은 TRIA(0.4, 0.8, 1.2)분이 소요되며, 계산하는 데 소요되는 시간은 TRIA(0.2, 0.4, 0.6)분이 소요된다. 이 식당에 대해 하루 8시간씩 30일간 시뮬레이션을 하고 다음의 항목에 대한 실험결과를 제시하라.

	평균	95% 신뢰구간
하루 동안 서비스가 완료된 유형 1의 고객 수		
하루 동안 서비스가 완료된 유형 2의 고객 수		
하루 동안 서비스가 완료된 유형 3의 고객 수		
종업원의 가동률		
고객의 체류시간		
고객이 주문할 때까지 대기한 시간		
대기 시간이 5분 이상일 확률		

시뮬레이션에서 무작위성 모델링

Modeling Randomness In Simulation

학습목표

- 입력 자료에 근거한 확률분포를 모델링할 수 있다.
- 무작위성이 포함된 시스템을 Arena™를 이용하여 모델링할 수 있다.

6.1 확률변수와 확률분포

이 절에서는 시뮬레이션과 관련된 확률과 통계학의 몇 가지 기본 개념을 다룬다. 이러한 개념은 시뮬레이션 모델의 입력 자료의 무작위성을 모델링할 때 활용하게 된다. 시뮬레이션에 대한 입력 과정이 확률적일 때, 시간의 경과에 따른 그 확률 과정의 동작의 특성을 묘사하기 위하여 확률 모델(probabilistic model)을 개발하여야 한다. 약국 예제에서 서비스 시간을 모델링한다고 가정하자. X_i는 i번째 고객의 서비스 시간을 나타내는 확률변수라고 하자. 확률변수는 발생 가능한 결과 집합이 S인 확률 과정에서 각 시행 결과(outcome) s에 실수 값을 할당하는 함수이다.

이 경우 확률 과정은 고객의 서비스 시간이고, 시행 결과는 서비스 시간이 취할 수 있는 가능한 값, 즉 서비스 시간에 대한 가능한 값의 범위이다.

확률변수의 범위를 정하는 것은 모델링 과정의 일부분이다. 예를 들면 서비스 시간 확률변수의 범위가 양의 실수 집합, 즉 $X_i \in \mathfrak{R}^+$ 혹은 $X_i \geq 0$이라고 하면, 서비스 시간은 **연속형** 확률변수(*continuous* random variable)로 모델링하여야 한다(그림 6.1).

반면에 서비스 시간이 2, 5, 7, 8, 10의 다섯 개의 이산 값 중에서 하나만 가질 수 있다면, 서비스 시간 확률변수는 이산형확률변수(discrete random variable)로 모델링하여야 한다. 따라서 확률적 입력 과정을 모델링할 때 먼저 해야 할 것은 확률변수와 그 값의 가능한 값의 범위를 적절하게 정의하는 것이다.

다음으로는 확률변수에 대한 확률분포를 규정하는 것이다(그림 6.2). 확률변수에 대한 확률

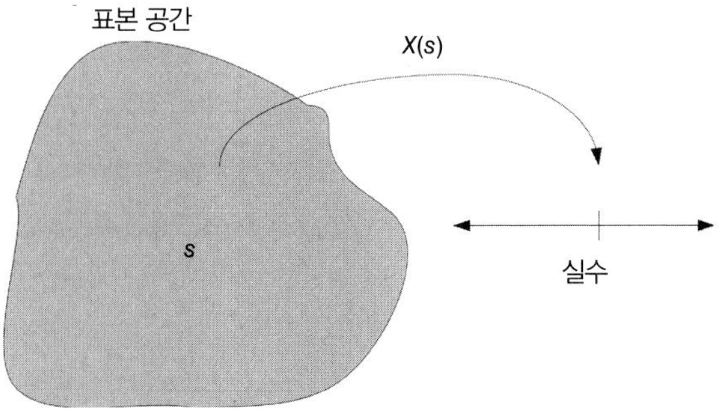

그림 6.1 확률변수는 시행 결과에 실수값을 대응시킴

분포는 확률변수의 범위에 하나의 실수 값 $p \in [0, 1]$를 대응시키는 함수이다. 이 p 값은 확률변수로 나타낸 사건(event)에 대한 확률로 해석할 수 있다.

$x_1, x_2, \ldots, x_n$(n은 무한대가 될 수 있음) 중에 하나의 값을 갖는 이산형 확률변수 X에 대하여 확률변수의 각각의 가능한 값에 확률을 부여하는 함수 $f(x)$를 확률질량함수(probability mass function, PMF)라고 부르고 다음과 같이 나타낸다.

$$f(x_i) = P(X = x_i) \qquad (식\ 6.1)$$

여기서 모든 x_i에 대하여 $f(x_i) \geq 0$이고, $\sum_{i=1}^{n} f(x_i) = 1$이다. PMF는 확률변수가 각각의 값을 가질 확률을 나타낸다.

연속 확률변수 X에 대하여, 실수 확률값에 대응시키는 것은 확률밀도함수(PDF) $f(x)$에 의해 정해지며 다음과 같은 특성을 갖는다.

1. $f(x) \geq 0$
2. $\int_{-\infty}^{\infty} f(x)dx = 1$ (면적은 반드시 합이 1이어야 함)
3. $P(a \leq x \leq b) = \int_{a}^{b} f(x)dx$ (a와 b 사이에 있는 $f(x)$ 아래 면적)

PDF는 연속 확률변수가 취할 수 있는 가능한 값의 범위에 대한 확률을 나타낸다.

이산 혹은 연속 확률변수에 대한 누적분포함수(CDF)를 정의할 수 있다. 이산형 확률변수 X

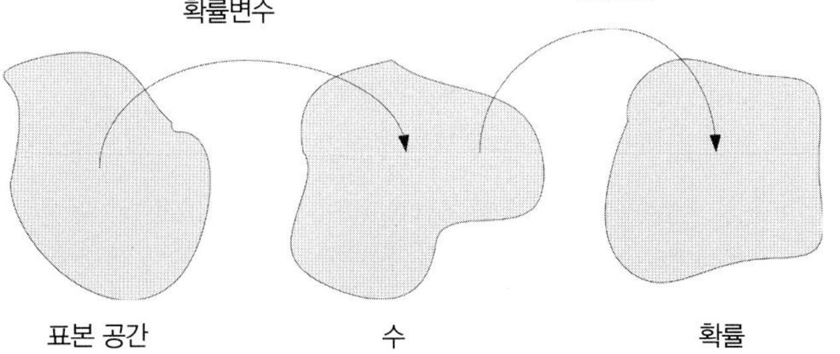

그림 6.2 확률분포는 확률변수에 확률을 대응시킴

에 대한 누적분포함수는 다음과 같이 정의된다.

$$F(x) = P(X \le x) = \sum_{x_i \le x} f(x_i) \qquad \text{(식 6.2)}$$

여기서 $0 \le F(x) \le 1$이고, $x \le y$이면 $F(x) \le F(y)$이다.

연속형 확률변수 X에 대한 CDF는 다음과 같다.

$$F(x) = P(X \le x) = \int_{-\infty}^{x} f(u)du \;\; \text{for} \; -\infty < x < \infty \qquad \text{(식 6.3)}$$

따라서 무작위성을 갖는 시뮬레이션 모델의 요소를 모델링할 때 우리는 다음과 같은 것을 결정해야 한다.

- 무작위성이 이산적인지 연속적인지
- 확률분포의 형태(즉, CDF 혹은 PDF)

확률변수에 대한 확률분포를 정하기 위해서는 확률변수의 기대치와 분산과 같은 분포의 여러 가지 특성을 알아보는 것이 유용하다.

$E[X]$로 나타내는 이산형 확률변수 X에 대한 기대치는 다음과 같이 정의한다.

$$\mathrm{E}[X] = \sum_{x} xf(x) \qquad \text{(식 6.4)}$$

여기서 합은 x의 모든 가능한 값에 대해 이루어진다. 그리고 X에 대한 분산은 $V[X]$로 나타내고 다음과 같이 정의한다.

$$\begin{aligned} \mathrm{Var}[X] &= \mathrm{E}[(X - \mathrm{E}[X])^2] \\ &= \sum_{x} (x - \mathrm{E}[X])^2 f(x) \\ &= \sum_{x} x^2 f(x) - (\mathrm{E}[X])^2 \\ &= \mathrm{E}[X^2] - (\mathrm{E}[X])^2 \end{aligned} \qquad \text{(식 6.5)}$$

X가 PDF $f(x)$를 가지는 연속형 확률변수라고 하면, X에 대한 기대치는 다음과 같다.

$$\mathrm{E}[X] = \int_{-\infty}^{\infty} xf(x)dx \qquad \text{(식 6.6)}$$

그리고 X의 분산은 다음과 같다.

$$\mathrm{Var}[X] = \int_{-\infty}^{\infty} (x - \mathrm{E}[X])^2 f(x)dx = \int_{-\infty}^{\infty} x^2 f(x)dx - (\mathrm{E}[X])^2 \qquad \text{(식 6.7)}$$

$\mathrm{Var}[X] = E[X^2] - (E[X]^2)$와 같고, 여기서

$$E[X^2] = \int_{-\infty}^{\infty} x^2 f(x)$$

자주 이용되는 또 다른 모수는 변동계수(coefficient of variation)이다. 변동계수는 다음과 같이 정의된다.

$$c_v = \frac{\sqrt{\mathrm{Var}[X]}}{\mathrm{E}[X]} \qquad (식\ 6.8)$$

변동계수는 평균($E[X] \neq 0$) 대비 변동의 양을 측정하는 것이다.

$E[X]$를 추정하기 위하여 표본평균, $\overline{X}(n)$이 자주 사용된다.

$$\overline{X}(n) = \frac{1}{n}\sum_{i=1}^{n} X_i \qquad (식\ 6.9)$$

자료가 독립이라는 가정하에 분산 Var[X]를 추정하기 위하여 표본의 분산 $S^2(n)$이 사용된다.

$$S^2(n) = \frac{1}{n-1}\sum_{i=1}^{n}(X_i - \overline{X})^2 \qquad (식\ 6.10)$$

그리고 변동계수에 대한 추정치(estimator) 다음과 같다.

$$\hat{c}_v = \frac{s}{\overline{x}} \qquad (식\ 6.11)$$

다른 많은 통계량은 분포의 특징을 규명하고자 할 때 유용하다:

- 왜도(*skewness*): 평균에 대한 분포의 비대칭성을 나타내는 척도
- 첨도(*kurtosis*): 분포의 뾰족한 정도를 나타내는 척도
- 순서 통계량: P - P도표 혹은 Q - Q도표로 표본 자료와 이론적 분포를 비교할 때 사용
- 사 분위(*quartiles*)[1분위(*first quartile*), 중앙값(*median*), 3분위(*third quartile*)]: 자료의 분포를 요약
- 최소, 최대, 범위: 가능한 값들의 범위를 나타냄

왜도는 다음 식으로 추정할 수 있다.

$$\hat{\gamma}_1 = \frac{\frac{1}{n}\sum_{i=1}^{n}(X_i - \overline{X})^3}{[S^2]^{3/2}} \qquad (식\ 6.12)$$

단봉분포(unimodal distribution)에 대하여 음의 왜도(negative skewness)는 PDF의 왼쪽 꼬리가 오른쪽보다 더 길거나 넓다는 것을 나타낸다. 양의 왜도(positive skewness)는 오른쪽의 꼬리가 왼쪽보다 길거나 넓다는 것이다. 왜도의 값이 0에 가까우면 대칭임을 나타낸다.

첨도는 다음 식에 의해 추정할 수 있다.

$$\hat{\gamma}_2 = \frac{n-1}{(n-2)(n-3)}((n+1)g_2 + 6) \qquad (식\ 6.13)$$

여기서 g_2는 다음과 같다.

$$g_2 = \frac{\frac{1}{n}\sum_{i=1}^{n}(X_i - \overline{X})^4}{\left(\frac{1}{n}\sum_{i=1}^{n}\left(X_i - \overline{X}\right)^2\right)^2} - 3 \qquad \text{(식 6.14)}$$

순서통계량(order statistics)은 정렬된 자료에 대한 멋있는 이름이다. $x_1, x_2, \ldots, x_n$을 자료의 표본이라고 하자. 자료를 작은 것부터 큰 것으로 나열하면 i번째 요소를 $x_{(i)}$로 나타낼 수 있다. 예를 들면, $x_{(1)}$은 가장 작은 요소이고 $x_{(n)}$은 가장 큰 요소이다. 따라서 $x_1, x_2, \ldots, x_n$은 순서가 있는 자료이고 이 값들을 순서통계량이라고 부른다. 순서통계량으로부터 여러 가지 다른 통계량이 계산된다.

1. 최소치 $= x_{(1)}$
2. 최대치 $= x_{(n)}$
3. 범위 $= x_{(n)} - x_{(1)}$

중앙값 $\tilde{x}$은 자료의 절반은 그 값보다 크고 나머지 절반은 작은 자료의 중심의 경향을 나타낸다. 중앙값은 다음과 같이 측정할 수 있다.

$$\tilde{x} = \begin{cases} x_{((n+1)/2)} & n\text{: 홀수} \\ \dfrac{x_{(n/2)} + x_{((n/2)+1)}}{2} & n\text{: 짝수} \end{cases} \qquad \text{(식 6.15)}$$

예를 들어, 다음 자료를 보자.

$$x_{(1)} = 3,\ x_{(2)} = 5,\ x_{(3)} = 7,\ x_{(4)} = 7,\ x_{(5)} = 38$$

$n = 5$이기 때문에

$$\frac{n+1}{2} = \frac{5+1}{2} = 3$$
$$\tilde{x} = x_{(3)} = 7$$

다음 자료를 가정하자.

$$x_{(1)} = 3,\ x_{(2)} = 5,\ x_{(3)} = 7,\ x_{(4)} = 7$$

$n = 4$이기 때문에

$$x_{(n/2)} = x_{(2)}$$
$$x_{((n/2)+1)} = x_{(3)}$$
$$\tilde{x} = \frac{x_{(2)} + x_{(3)}}{2} = \frac{5+7}{2} = 6$$

1분위 수는 자료의 앞의 25%이고 자료의 처음 절반에 대한 중앙값으로 생각할 수 있다. 마찬가지로 3분위수는 자료의 처음 75% 혹은 자료의 두 번째 절반의 중앙값으로 볼 수 있다. 여러 가지 통계 패키지에서는 이들 값을 추정하기 위하여 다른 방법이 사용된다. 그러나 자료의 분포를 요약하는 것으로 그 의미는 동일하다.

6.2 이산분포를 이용한 모델링

시뮬레이션 모델링에서 자주 발생하는 다양한 종류의 이산 확률변수가 있다. 부록 A는 몇 가지 대표적인 이산확률분포를 요약한 것이다. 본 절에서는 이들의 일반적인 사용에 대해 간략히 살펴본다.

베르누이분포(Bernoulli distribution)는 베르누이시행(Bernoulli trial)을 따르는 확률변수의 거동을 모델링한다. 베르누이시행은 다음과 같은 특징을 가지고 있다:

- 각 시행의 결과는 성공 혹은 실패, 즉 단 두 가지의 결과만 있다.
- 매 시행에서 성공 확률은 동일하다.
- 각 시행은 서로 독립이다. 즉, 각 시행은 다른 시행 결과에 영향을 받지 않는다.

베르누이분포는 개체가 의사결정 지점에서 2가지 가능한 경로를 취할 수 있는 흐름 과정을 모델링하는 데 사용된다. 예를 들면 어떤 부품이 검사를 받고 그 부품이 불합격일 확률이 p이고, 각 부품의 검사 결과가 서로 독립이라고 하면 그 부품이 불합격인지 아닌지는 베르누이분포를 이용하여 나타낼 수 있다.

Two-way by chance 옵션과 chance 값 영역에 p%를 사용한 DECIDE 모듈을 이용하여 이러한 상황을 쉽게 모델링할 수 있다. 흔히 개체와 관련이 있는 속성은 베르누이시행에 의해 정해진다. 예를 들면, 어떤 부품이 그라인딩 공정을 필요로 할 수도 있고 그렇지 않을 수도 있다고 하자. 필요로 할 확률이 p%라고 가정하자. 1 = 필요한 경우, 0 = 필요하지 않은 경우로 둔다면 이러한 상황은 다음과 같이 ASSIGN 모듈과 DISC()분포를 이용하여 모델링할 수 있다.

ASSIGN: myGrindingFlag = DISC(p, 1, 1.0, 0)

1과 0 두 개의 값을 갖는 DISC()분포함수는 여기서는 베르누이 확률변수를 모델링하는 데 사용된다.

2장에서 논의한 것처럼 베르누이 확률변수를 사용하여 이항분포, 기하분포, 음의 이항분포를 포함하고 있는 상황을 쉽게 모델링할 수 있다. 이항분포(binomial distribution)는 n번의 베르누이시행에서 성공횟수를 나타내는 확률변수를 모델링한다. 여기서 Y_i가 i번째 베르누이시행의 결과를 나타낸다. 성공을 1, 실패를 0으로 표시하면, 성공횟수는 Y_i의 합, 즉 $X = \sum_{i=1}^{n} Y_i$이다. 확률변수 X는 시행회수 n과 각 시행이 성공일 확률 p를 모수로 갖는 이항분포가 된다. 예를 들면, 10개의 부품이 생산되고 각 부품이 불량인지 아닌지가 베르누이시행이라고 가정하면 생산 부품 10개 중에서 불량인 부품의 수는 $n = 10$과 p를 모수로 갖는 이항분포로 나타낼 수 있다. 시뮬레이션에서는 이항분포가 포함된 상황이 자주 있다. 이항 확률변수를 시뮬레이트하는 가장 간단한 방법은 먼저 각각의 베르누이시행을 시뮬레이션하고 그다음에 성공의 횟수를 세는 것이다. 이것은 while-loop를 활용하여 쉽게 구현할 수 있다.

기하분포(geometric distribution)는 일련의 베르누이시행에서 첫 번째 성공이 일어날 때까지 시행한 횟수를 나타내는 확률변수를 모델링한다. 기계센터에서 부품을 재작업하는 데 이용하는 수리용 기계가 있다고 하자. 또한 그 기계는 첫 번째 불량품이 발생한 후에 준비된다고 하자. 그러면 수리용 기계가 준비될 때까지 생산한 부품의 수는 기하분포로 모델링할 수 있다. Arena™에서 이동된 기하분포의 생성은 다음 식을 써서 할 수 있다.

$$1 + \text{AINT}(\text{LN}(1 - \text{UNIF}(0,1)) / \text{LN}(1-p)) \qquad \text{(식 6.16)}$$

기하분포는 음의 이항분포(negative binomial distribution)의 특수한 경우이다. 첫 번째 불량품이 생산될 때가 아니라 4개의 불량품이 생산될 때 수리용 기계가 준비된다고 하면, 수리용 기계가 준비될 때까지 생산된 부품의 수는 음의 이항분포를 이용하여 모델링할 수 있다. 즉, X가 r번의 성공이 일어날 때까지의 베르누이시행을 나타내는 확률변수라고 하면, X는 모수 r과 p를 갖는 음의 이항분포를 한다. Arena™에서 음의 이항분포 생성은 r번째 성공이 있을 때 멈추는 루프를 이용하여 수행할 수 있다. 다른 방법으로는 2장에서 논의한 바와 같이 기하분포와 음의 이항분포 사이의 중첩관계를 적용하기 위해 while-루프에 식 (6.16)을 사용한다. 다시 말하면 성공확률 p를 갖는 r개의 기하확률변수의 합은 모수 r과 p를 갖는 음의 이항분포가 된다.

이산 일양분포는 발생할 확률이 동일한 유한개의 이산 결과 집합이 있는 상황을 모델링하는 데 사용될 수 있다(표 6.1). 이 분포에 대해서는 두 가지 기본적인 정의가 있다. 첫 번째 정의는 구간 [a,b] 사이의 정수에 대해 정의된다. 부품들이 검사를 위해 대기행렬에서 번호가 매겨지는 경우를 가정하자. 예를 들면, 1 = 대기행렬의 첫 번째, 10 = 대기행렬의 끝. 그러면 검사를 위해 랜덤하게 선택되는 부품은 $a = 1$과 $b = 10$의 범위의 이산 일양분포를 사용할 수 있다. 이것은 다음 식을 이용하여 Arena™로 쉽게 구현할 수 있다.

- $a + \text{AINT}((b - a + 1)\text{RA})$
- $\text{ANINT}(\text{UNIF}(a, b) + 0.5)$
- $\text{ANINT}(\text{UNIF}(a, b))$

이산 일양분포에 대한 두 번째 정의는 가능한 결과 값의 집합을 임의의 정수 값을 가질 수

표 6.1 이산분포를 사용하는 일반적인 모델링 상황

분포	모델링 상황
베르누이(p)	성공 확률 p인 독립 시행
이항(n, p)	성공 확률 p인 n개 베르누이시행의 합
기하(p)	첫 번째 성공이 있을 때까지의 베르누이시행 횟수
음의 이항(r, p)	r 번째 성공이 있을 때까지의 베르누이시행 횟수
이산일양(a, b)	범위 (a, b) 사이에 동일한 가능성으로 발생하는 결과
이산일양$v_1, \ldots, v_n$	v_i의 값이 동일한 가능성으로 발생할 경우
포아송(λ)	어떤 구간, 면적, 공간에 발생하는 사건 수

있도록 허용하는 것이다. DISC() 함수는 이러한 상황을 모델링할 수 있도록 고안되었다. 이들 분포에 대한 특성은 부록 A를 참고하기 바란다.

포아송분포(Poisson distribution)는 예를 들면, 한 시간 동안 콜센터에 걸려오는 전화의 수, 은행에 도착하는 고객의 수, 교차로에 도착하는 자동차의 수, 1개월 동안 발생한 수요량 등과 같이 주어진 기간 동안 발생한 사건의 수를 모델링하는 데 사용된다. 또한, 포아송분포는 한 권의 책 속에 있는 오타의 수 혹은 도로 1마일 내에 생긴 구멍의 수와 같이 주어진 길이(혹은 면적)당 결함의 수를 모델링하는 데도 사용된다.

실수의 구간을 고려하고 사건은 그 구간에서 랜덤한 시점에 발생한다고 가정하자. 포아송 확률변수의 생성에 대해서는 예제 2.10에서 논의하였다. 포아송분포는 2장에서 논의한 것과 같이 지수분포와 관계가 있다. Arena^{TM}에서 *POISSON*(평균) 함수를 이용하여 포아송분포로부터 확률변량을 생성할 수 있다.

Arena^{TM} 사용자 가이드에는 이용 가능한 분포를 기술한 부록이 있다. 이들 분포는 Arena의 Help 시스템 내에 *Distribution*에서 찾을 수도 있다.

6.3 연속분포를 이용한 모델링

연속분포 모델은 발생 가능한 값들이 하나의 구간 혹은 구간들에서 발생하는 상황을 모델링하는데 사용된다. 이산 사건 시뮬레이션에서 연속분포를 사용하는 것은 대부분 일을 수행하는 시간을 모델링하기 위한 것이다. 부록 A에 일반적인 연속분포의 특성이 요약되어 있다.

연속 일양분포는 자료가 많지 않고 어떤 구간에서 각 사건이 발생할 가능성이 동일하다고 가정하는 것이 타당한 상황을 모델링하는 데 사용된다. 일양분포는 가공 완료하는 데 걸리는 시간이 특정 구간에 있는 가공시간을 모델링하는 데 주로 사용된다. 구간 (a, b) 사이의 연속 일양분포에 대한 기대치와 분산은 다음과 같다.

$$\mathrm{E}\,[X] = \frac{a+b}{2}$$

$$\mathrm{Var}\,[X] = \frac{(b-a)^2}{12}$$

흔히 연속 일양분포는 기대치 주위의 ±로 표시하여 규명한다. 예를 들면, 범위 (5, 10) 사이의 연속 일양분포는 7.5 ± 2.5를 갖는 연속 일양분포와 같다.

삼각분포(triangular distribution) 또한 자료가 적거나 없는 상황에서 확률변수가 취하는 값의 범위(최소, 최대)와 최빈치를 알 수 있는 경우에 유용하게 이용할 수 있다. 따라서 일의 처리시간에 대해 사람들로부터 인터뷰를 통하여 수집한 자료만을 가지고 있을 경우 삼각분포를 유용하게 적용할 수 있다. 가장 많은 사람들이 말한 처리시간, 최소 처리시간, 최대 처리시간은 쉽게 규정할 수 있다. 이러한 3개의 값을 추정하기 위하여 그 일을 잘 아는 많은 사람들로부터 의견을 묻기 위한 설문조사를 할 수 있다. 설문조사로부터 대략적인 모델을 개발하기 위하여 평균을 취할 수도 있다.

만약 최빈치가 범위의 한 가운데에 있다면 삼각분포는 대칭이다. 다시 말하면 자료의 50%

가 최빈치보다 크고 또 작다. 만약 최빈치가 최소값 가까이 있다면 그 삼각분포는 오른쪽으로 기울어져 있다. 만약 최빈치가 최대값 가까이 있다면 그 삼각분포는 왼쪽으로 기울어져 있다. 이러한 방법으로 분포의 비대칭을 제어할 수 있는 것이 이 분포의 매력이다.

베타분포도 자료가 적은 상황을 모델링하는 데 사용할 수 있다. 이것은 (0, 1) 사이 범위를 갖는 경계가 있는 연속분포이지만 다양한 모양과 비대칭성을 가질 수 있다. 베타분포는 네트워크상의 활동시간을 모델링하거나 이항분포와 같이 이산분포의 확률 모수에 대한 불확실성을 모델링하는 데 사용할 수 있다. 베타분포는 (a, b) 범위로 이동될 수 있다. 2.5.4절을 참조하기 바란다.

지수분포는 사건 발생 간격 시간을 모델링하는 데 주로 사용된다. 평균치만 이용할 수 있는 경우 지수분포가 사용될 수 있다. 확률변수 X가 비율 모수 λ를 갖는다고 하면,

$$\mathrm{E}\,[X] = \frac{1}{\lambda}$$

$$\mathrm{Var}\,[X] = \frac{1}{\lambda^2}$$

분산은 기대치의 제곱이다. 이것은 변동이 매우 높다는 것을 말한다. 지수분포에 대한 변동계수 $c_v = 1$이다. 따라서 자료로부터 추정한 변동계수가 1.0에 가까우면 그 상황을 모델링하는 데 지수분포가 하나의 선택이 될 수 있다.

지수분포의 가장 중요한 특징은 무기억성(the lack of memory property)이다. 지수분포의 무기억성은 Δt가 마지막 사건이 발생한 시점 이후의 경과시간이라고 할 때 다음이 사건이 발생할 때까지의 잔여시간 t는 Δt와 독립이라는 것이다. 이것은 $P\{X > \Delta t + t | X > t\} = P\{X > \Delta t\}$을 의미한다. 이 성질은 다음 사건의 발생 확률은 마지막 사건 이후의 시간 길이(경과시간)에만 의존하고 마지막 사건 발생의 절대적 시점에는 의존하지 않는다는 것을 의미한다. 미래를 예측할 때 지나간 과거는 문제가 되지 않고 프로세스 시계가 각 사건 발생 시점에서 다시 시작되는 것이다. 따라서 과거를 망각하게 된다. 이 성질은 특히 고장 날 때까지 시간을 모델링할 때 매우 중요한 의미를 가지고 있다. 대부분의 경우 프로세스의 경력(기계의 마모와 같이)이 문제가 된다. 이 경우에 지수분포는 적절하지 않다. 이러한 상황에서는 감마분포, 와이블분포와 같은 지수계열의 다른 분포가 더 유용할 수 있다. 왜 지수분포가 자주 사용되는가? 거기에는 두 가지 이유가 있다: (i) 자연의 현상이 이에 적합한 모형인 경우가 많고 (ii) 매우 다루기 쉬운 수학적 특성을 가지고 있기 때문이다.

한편 정규분포는 확률과 통계학에서 대표적인 분포이지만 모든 실수 범위에서 정의되어 있기 때문에 입력 모델로 사용할 때는 주의를 해야 한다. 예를 들면 시뮬레이션에서 일을 수행하는 데 소요되는 시간이 필요한 경우가 흔하다. 그러나 시간은 양의 실수값이어야 한다. 정규분포는 음수도 가질 수 있기 때문에 일의 처리시간을 모델링하는 데 정규분포 사용은 문제가 있을 수 있다. 음수 시간 동안 지연시키고자 한다면 오류 메시지를 받게 될 것이다. 정규분포 대신에 절단된 정규분포(2.5.4절 참조)를 사용할 수 있다. 다른 방법으로는 대수정규분포, 감마분포, 와이블분포, 지수분포와 같이 양의 실수 범위에 정의된 임의의 분포를 선택할 수 있다. 대수정규분포는 평균과 분산 두 모수에 의해 규정되기 때문에 편리한 선택 중 하나이다.

표 6.2 대표적인 연속형 분포 모델링 상황

분포	모델링 상황
일양(Uniform)	데이터가 없는 경우 일정 구간 내에서 모든 것이 동등하게 발생 가능한 경우 작업 시간
정규(Normal)	오류 모델링 측정치, 길이 등 모델링 서로 다른 많은 확률변수의 합 모델링
지수(Exponential)	과업 수행 시간 고장 발생 간격 시간 결함 발생 간격
얼랑(Erlang)	서비스 시간 각 단계가 지수분포인 다단계 서비스 시간
와이블(Weibull)	고장 발생까지의 시간 과업을 완료하기까지의 시간
감마(Gamma)	수리 시간 과업을 완료하기까지의 시간 물품을 보충하는 데 소요되는 시간
대수 정규 (Lognormal)	과업을 수행하기 위한 시간 서로 다른 많은 수량들의 곱으로 된 수량
삼각(Triangular)	데이터가 없는 경우 최소치, 최빈치, 최대치를 가정한 대략적인 모델링
베타(Beta)	데이터가 부족한 경계치 범위가 있는 과업 시간 모델링에 유용 확률변수로 확률 모델링

표 6.2에 대표적인 여러 가지 연속분포와 그에 대한 모델링 상황을 나열하였다.

확률변수의 형태(이산 혹은 연속)와 그 확률변수에 대한 분포에 대해 몇 가지 고려하고 있다면 그 다음 단계는 자료에 분포를 맞추는 것이다. 이것을 입력분포 모델링이라고 부른다.

6.4 입력분포 모델링

시뮬레이션 연구를 수행할 때, 모델링을 위하여 실제로 시스템을 관찰하고 필요한 자료를 수집하는 것을 대체할 수 있는 것은 없다. 1.7절에서 간략하게 본 것처럼 훌륭한 시뮬레이션 방법론은 모델링과 자료 수집이 동시에 일어난다는 것을 인지하는 것이다. 즉, 시스템을 관찰하는 것은 개념적 모델링을 하는 것이고, 이것은 시뮬레이션을 위해 필요한 입력 모델을 고려하는 것으로 이어진다. 입력 모델을 위한 자료 수집은 시스템의 추가적인 관찰과 추가적인 입력 모델의 규정과 함께 개념적 모델의 추가적 수정을 하게 한다. 궁극적으로 이러한 사이클을 통하여 모델 개발자가 입력 자료 요구조건에 대해 잘 이해하게 된다. 입력 모델을 위해 자료는 수집되고 모델링되어야 한다.

입력 모델링은 자료 수집, 확률, 통계학 그리고 분석과 함께 시작한다. 시간 연구, 워크샘플링, 과거의 기록, 자동으로 수집되는 자료 등 자료 수집에 이용할 수 있는 방법은 여러 가지가 있다. 시간 연구와 워크샘플링법은 산업공학 교과과정에서 다루어진다. 시간연구를 통하여 작업자가 일을 하는 시간을 관찰하면 작업시간에 대한 관찰치를 얻을 수 있다. 본 절에서 논의할 기법을 적용할 수 있을 만큼의 충분한 관측치를 얻을 수 있다.

워크샘플링은 여러 가지 활동에 관련된 시간의 비율을 파악하는 데 유용하다. 이러한 종류의 연구는 작업 수행과 관련된 확률을 규정하고 시뮬레이션 모델로부터의 출력 결과의 타당성을 파악하는 데 유용하다. 과거 기록이나 자동으로 수집된 자료는 수집할 자료에 추가할 수 있지만 수집된 자료의 질과 관련한 문제점도 있다. 위에서 언급한 어떠한 방법에 있어서도 입력 모델은 자료나 자료 수집에 사용된 과정이 좋은 만큼 좋아진다.

시뮬레이션 실무자가 특히 주의해야 할 것은 정확한 자료 수집을 위하여 모델링하고 있는 시스템의 내부 사람에 의존하지 말라는 것이다. 만약 자료 수집을 그들에게 맡기려면 필요로 하는 자료가 어떤 것이고, 어떻게 자료를 수집해야 하는지를 정확하게 문서로 작성해두어야 한다. 또한 작성한 방법을 사용하여 자료를 수집할 수 있도록 그들을 훈련시켜야 한다. 주의 깊은 교육과 자료 수집 과정의 통제를 통해서만 입력 모델링에 대한 신뢰를 가질 수 있다.

전형적인 입력 모델링 과정은 다음과 같은 절차를 따른다:

1. **모델링할 과정을 기술**: 모델링할 과정(process)을 설명하고 수집해야 할 확률변수를 정의한다. 작업 시간을 수집할 때 작업이 언제 시작되고 언제 끝나는 지를 정확하게 정의하도록 주의하여야 한다. 또한 어떤 것이 그 작업을 유발하는지도 상세히 기술하여야 한다.
2. **자료 수집 계획을 개발하고 자료 수집 실시**: 샘플링 계획을 수립하고, 자료 수집 방법을 기술하고, 계획에 따라 예비 실험을 수행한 후 자료를 수집한다.
3. **자료에 대한 그래프 분석과 통계적 분석**: 통계적 분석 도구를 활용하여 자료를 시간적으로 고찰한다. 예를 들면, 히스토그램, 시계열 도표, 자기상관 도표 등을 활용한다. 또한 통계적인 분석 도구를 활용하여 자료에 대한 통계적 특성, 예를 들면 표본평균, 표본분산, 최소값, 최대값, 4분위수 등을 파악한다.
4. **분포에 대한 가설 설정**: 위 단계 1부터 3까지에서 얻어진 것을 활용하여 자료에 적합한 분포에 대한 가설을 설정한다.
5. **모수 추정**: 일단 가능한 분포들을 가정하였다면, 이들 분포가 얻어진 자료에 적합한지를 분석하기 위하여 이들 분포에 대한 모수를 추정할 필요가 있다. 이러한 분석은 Arena의 입력분석기(input analyzer), BestFit, ExpertFit 등의 소프트웨어를 활용하여 단계 3, 4, 6과 함께 자동적으로 수행할 수 있다.
6. **가정한 분포에 대한 적합도(*goodness of fit*) 검사**: 이 단계에서 가정한 확률분포가 자료에 적합한지 아닌지를 평가하여야 한다. 이러한 평가는 도표(예를 들면, P-P도표, Q-Q도표)와 통계적 분석(예를 들면, 카이제곱 검정, 콜모고로프-스미르노프 검정)을 시행하여야 한다. 또한 이 단계와 병행하여 적합한 모델에 대한 민감도분석을 실시하여 한다.

입력 모델링 동안 그리고 그것을 완료한 후 이러한 과정을 기술해두어야 한다. 왜냐하면, 첫째는 자료 수집과 분석을 통하여 시스템에 대해 많은 것을 알게 된다. 둘째는 의사결정자가 시뮬레이션 모델이 유용하다고 판단하기 위해서는 입력 모델을 신뢰하여야 하기 때문이다. 시뮬레이션을 모르는 의사결정자라 하더라도 "그릇된 자료를 입력하면 잘못된 결과가 나온다(garbage in = garbage out)"는 것은 알고 있다. 문서 작성이 신뢰를 가지고 자료가 어떻게 수집되었는지를 보여줄 수 있도록 한다.

다음 절에서는 실제의 예제를 가지고 입력 모델링 과정을 설명한다.

6.5 이산분포 적합화

이 절에서는 이산분포를 자료에 어떻게 적합시키는지를 알아본다. 이산이나 연속분포를 모델링하는 단계는 비슷하지만 사용되는 과정과 도구는 약간 다르다. 충분히 이해하기 위해서는 이산과 연속 확률변수의 차이를 먼저 알아야 한다. 이산분포는 이산 확률변수를 모델링하고 연속분포는 연속 확률변수를 모델링한다. 이 사실은 명확해보이지만 초보 개발자에게는 혼란의 근원이 되기도 한다.

이산 확률변수는 하나의 구간 혹은 구간 집합에서 임의의 수치를 갖는다. 혼란의 원인은 자료 파일을 조사할 때, 그 차이를 알 수 없을 수 있다. 이산 값이 소수점을 가질지 모른다. 그러면 개발자는 자료가 연속형이라고 생각할 수 있다. 모델링에서는 자료 파일을 보는 것이 아니라 수집된 자료가 무엇이고, 어떻게 수집되었는지를 보고 시작해야 한다.

6.5.1 포아송분포 적합

포아송분포는 시뮬레이션 모델링에서 매우 중요하기 때문에 이산 입력 모델링 과정은 포아송분포 적합을 예로 들어 설명한다. 예제 6.1은 도착과정으로부터 수집된 자료이다. 표 6.2에 제시한 것과 같이 포아송분포는 이러한 형태의 자료를 모델하는 데 적합한 후보 중의 하나이다.

예제 6.1 포아송분포를 하는 도착 자료 모델링

주중에 오전 9시부터 오전 11시 사이의 아침시간에 컴퓨터 실험실의 수요를 모델링하는 데 관심이 있다고 하자. 이 시간 동안 4주에 걸쳐 15분 간격으로 컴퓨터 실습실에 들어오는 학생 수를 수집하였다. 15분당 관찰 수가 표 6.3에 나열되어 있다. 모든 자료는 이 장의 파일에서 볼 수 있다.

2개의 시간 구간별로 4개의 15분 단위 구간이 있기 때문에 하루에 8개의 관측치가 있다. 주당 5일이기 때문에 주당 40개의 관측치가 있어서 전체 $40 \times 4 = 160$개의 관측치가 있다. 포아송분포가 이 자료에 적합한 모형인지 검토하라.

예제 6.1에 대한 해는 다음 단계를 따른다.

1. 자료를 시각화한다.
2. 주, 기간, 요일이 가산(count) 자료의 통계적 특성에 영향을 미치는지를 확인한다.
3. 가산 자료에 대한 빈도표를 작성한다.

표 6.3 주, 기간, 요일별 컴퓨터 실험실 도착 수

Week	Period	M	T	W	TH	F
1	9:00~9:15 am	8	5	16	7	7
1	9:15~9:30 am	8	4	9	8	6
1	9:30~9:45 am	9	5	6	6	5
1	9:45~10:00 am	10	11	12	10	12
1	10:00~10:15 am	6	7	14	9	3
1	10:15~10:30 am	11	8	7	7	11
1	10:30~10:45 am	12	7	8	3	6
1	10:45~11:00 am	8	9	9	8	6
2	9:00~9:15 am	10	13	7	7	7
⋮	⋮	⋮	⋮	⋮	⋮	⋮
3	9:00~9:15 am	5	7	14	8	8
⋮	⋮	⋮	⋮	⋮	⋮	⋮
4	9:00~9:15 am	7	11	8	5	4
⋮	⋮	⋮	⋮	⋮	⋮	⋮
4	10:45~11:00 am	8	9	7	9	6

4. 가정한 포아송분포의 평균 비율 모수를 추정한다.

5. 15분 간격간 도착 수가 포아송분포를 하는지, 포아송분포를 하지 않는지에 대한 가설검정을 위하여 적합도 검정을 수행한다.

6.5.2 자료의 시각화

자료를 분석할 때 시각화를 해보는 것이 좋다. R통계 패키지를 이용하여 자료를 분석하고자 한다. 자료는 R 작업 폴더에 *PoissonCountData.csv*라는 cvs(comma separate value) 형식의 파일이 있다고 가정하자. 다음과 같은 명령어를 실행하면 히스토그램(histogram), 시계열도표(time series plot), 자기상관도표(autocorrelation plot)가 얻어진다.

```
> p2 = read.csv("PoissonCountData.csv")
> hist(p2$N, main="Computer Lab Arrivals", xlab = "Counts")
> plot(p2$N,type="b",main="Computer Lab Arrivals", ylab = "Count",
 xlab = "Observation#")
> acf(p2$N, main = "ACF Plot for Computer Lab Arrivals")
```

그림 6.3은 R 데이터 구조의 배치를 보여주고 있다. 첫 번째 열은 주, 두 번째 열은 요일에 대한 시간 구간, 세 번째 열은 요일, 마지막 열은 각 주, 기간, 요일에 대한 수를 나타내는 변수 *N*을 나타낸 것이다. 자료 구조에 있는 특정 칼럼에 접근하기 위해서는 $ 연산자를 사용한다. 따라서 참조, *p2$N*은 주, 기간, 요일의 모든 조합의 모든 값에 접근할 수 있다. 변수 *p2$N*은 나중에 *hist, plot, acf* 명령어에도 사용된다.

그림 6.4에 보는 바와 같이 자료는 어느 정도 대칭성을 보이고 있다. 그림 6.5의 시계열도표에서 보는 바와 같이 자료에는 의미 있는 패턴(추세)이 보이지 않는다. 마지막으로 그림 6.6의 자기상관도에서 관측치들 사이에 의미 있는 자기상관이 보이지 않는다.

도착 자료는 흔히 시간과 함께 변동되기 때문에 자료가 수집되는 시기에 따라 어떤 방식으

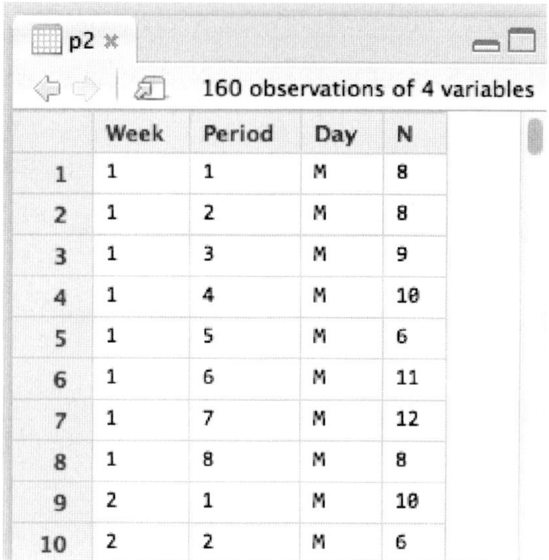

p2

160 observations of 4 variables

	Week	Period	Day	N
1	1	1	M	8
2	1	2	M	8
3	1	3	M	9
4	1	4	M	10
5	1	5	M	6
6	1	6	M	11
7	1	7	M	12
8	1	8	M	8
9	2	1	M	10
10	2	2	M	6

그림 6.3 컴퓨터 실험실 도착에 대한 R 자료 구조

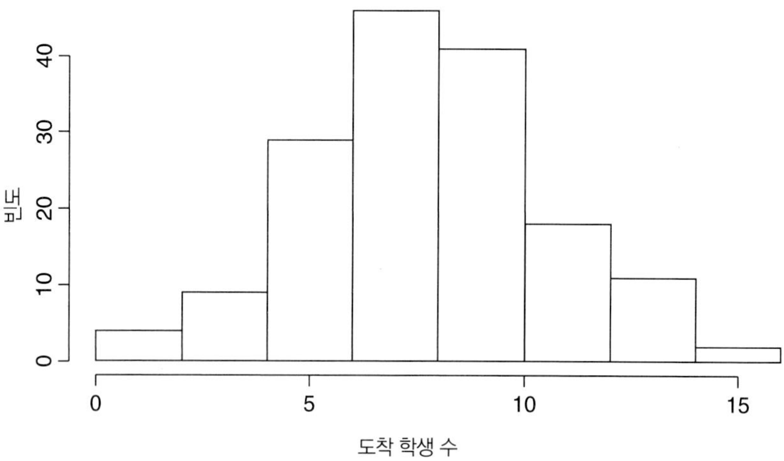

그림 6.4 컴퓨터 실험실 도착에 대한 히스토그램

로 의존적인지 아닌지를 조사하는 것이 유용하다. 예를 들면, 컴퓨터 실험실은 금요일은 덜 붐빌 수 있다. 다시 말하면 수치가 요일에 의존적일 수 있다. 카이제곱 검정에 기반한 분할표 검정(contingency table test)을 사용하여 여러 가지 요소의 의존성에 대한 검정을 할 수 있다. 이러한 검정들은 기초통계학 교재에 기술되어 있다. Montgomery and Runger [2006]를 참조하기 바란다.

첫째 요소들에 대한 임의의 패턴을 시각화해보도록 하자. 이것은 R의 *lattice* 패키지로 산점도표(scatter plot matrix)를 그려서 쉽게 할 수 있다. 또한 *xtab* 함수를 사용하여 주별, 기간별, 요일별로 자료를 표로 만들 수 있다. *xtab* 함수는 관측치와 요소들 사이의 관계를 모델링한다. R 목록에서 $N \sim Week + Period + Day$는 자료의 N열에 있는 수치가 주(*week*), 기간(*period*),

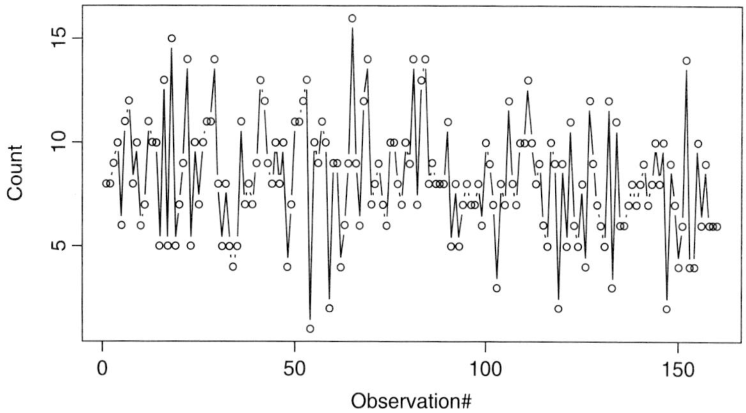

그림 6.5 컴퓨터 실험실 도착에 대한 시계열도표

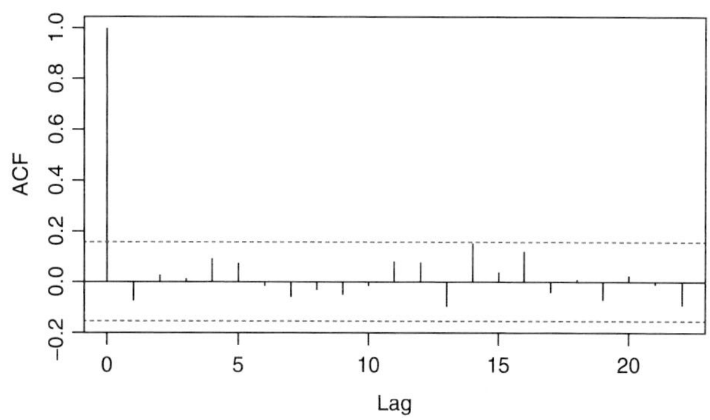

그림 6.6 컴퓨터 실험실 도착에 대한 ACF도표

요일(*day*)에 따른다는 것을 의미한다. 이것은 *summary* 명령어를 이용하여 요약할 수 있는 통계적 결과물을 생성한다.

```
> library(lattice)
> splom(p2)
> mytable = xtabs(N~Week + Period + Day, data=p2)
> summary(mytable)
Call: xtabs(formula = N ~ Week + Period + Day, data = p2)
Number of cases in table: 1324
Number of factors: 3
Test for independence of all factors:
 Chisq = 133.76, df = 145, p-value = 0.7384
```

산점도 도표는 자료 쌍별 관계를 쉽게 볼 수 있도록 매트릭스 형태로 도표를 그린다. 그림 6.7은 산점도 결과를 나타낸 것이다. 셀 내를 보면 자료가 의미 있게 일양분포하고 있다는 것을 볼 수 있다. 즉, 뚜렷한 어떤 패턴이 없다. 이것은 이러한 요소들 사이에 의존성이 거의 없다는 증거이다. 이러한 가설을 정식으로 수행하기 위해서는 *xtab* 명령어의 *myTable*과 같은 출력물(output object)에 *summary* 명령어를 사용하여 다중 분할표를 이용할 수 있다.

6.5.3 자료에 대한 통계분석

Summary(*myTable*)를 사용한 결과 N이 주, 기간, 요일에 의존하는지 아닌지를 검정할 때 카이제곱 검정 통계량은 p-값이 0.7384로 매우 높다는 것을 보여주고 있다. 귀무가설 H_0는 이런 형태의 분할표 검정에서 수치들이 요소와 독립이라는 것이고, 대립가설 H_a는 수치들이 요소에 의존한다는 것이다. p-값이 매우 높기 때문에 H_0를 기각할 수 없다. 이 모든 것은 무엇을 의미하는가? 본질적으로 도착 자료들을 160개의 독립적인 관측치로 처리할 수 있다는 것이다. 따라서 우리는 자료 내에 시간이나 요소들 사이의 의존성에 대한 염려 없이 자료가 포아송분포를 하는지에 대한 검정을 정식으로 수행할 수 있다. 만약 분석 결과, 요소들 사이에 의존성이 나타난다면 의존도에 따라서 다른 분포로 적합할 필요가 있다. 예를 들면, 요일에 의존성이 있다면(주와 기간은 문제가 되지 않지만), 각 요일별로 다른 포아송분포를 적합화시키도록 해야 한다. 평균 발생률(λ)이 시간에 의존한다면 이러한 상황은 비정상(nonhomogeneous) 포아송분포를 사용하여 해결할 수 있다. 비정상 포아송과정에 대한 논의는 본 교재의 범위를 벗어난다. 대신 독자는 Leemis [1991] 등의 문헌을 참고하기 바란다.

포아송분포가 이 자료에 적합한 모형인지에 대한 검정은 포아송분포에 대한 카이제곱 적합

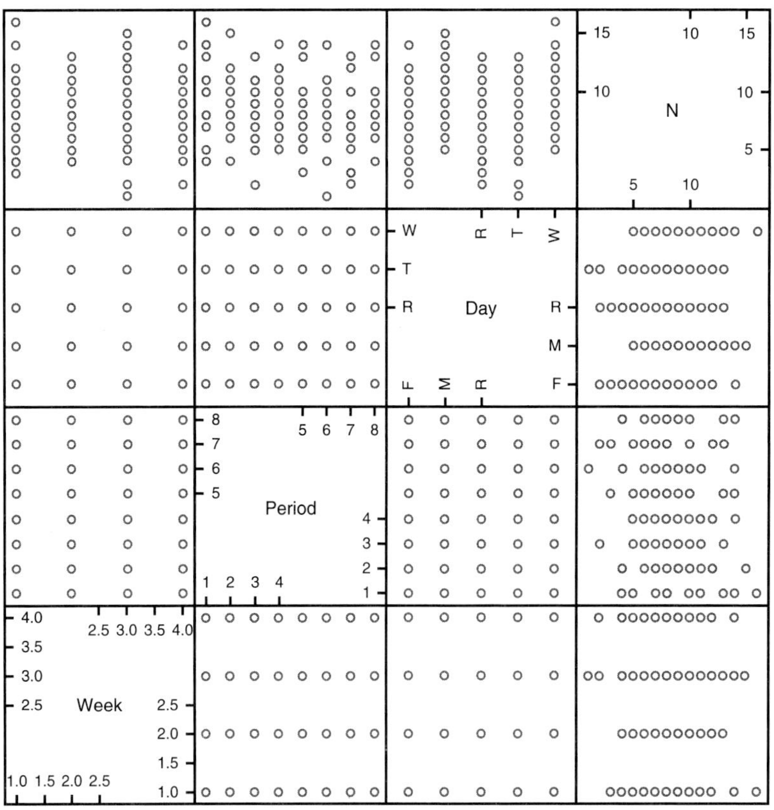

그림 6.7 컴퓨터 실험실 도착에 대한 lattice 패키지로부터 생성한 산점도 도표

도 검정(goodness-of-fit test)을 사용하여 수행할 수 있다. 2.4.1.1절에 의사난수 검정에 대해서 카이제곱 적합도 검정이론을 처음으로 소개하였다. 검정하는 분포가 일양분포가 아니라 포아송분포라는 것을 제외하고 그 절차는 모두 같다. 기본적인 접근 방법은 PDF, PMF, CDF 형태로 가정한 분포와 자료의 분포를 비교하는 것이다. 이것은 가정한 분포가 자료에 적합한지를 비교하기 위하여 가정한 분포와 그 분포의 모수를 가지고 있다는 것을 의미한다. 예를 들면, 포아송분포가 가산 자료에 적합할 것으로 가정하고 있다고 하자. 그러면 포아송분포에 대한 비율 모수를 추정할 필요가 있다.

분포의 모수를 추정하는 데는 2가지 주요 방법이 있다. (i) 모멘트법(the method of moment)과 (ii) 최우추정법(the method of maximum likehood). 모멘트법은 경험적 모멘트를 분포의 이론적 모멘트에 대응시켜서 만들어진 연립방정식을 푸는 것이다. 최우추정법은 표본의 결합 확률분포함수가 최대가 되는 모수 값을 찾는 것이다. 표본으로부터 모수를 추정하는 것은 모수에 대한 추정치가 통계적 성질[예를 들면, 유일성(unique), 불편성(unbiased), 불변성(invariant), 일치성(consistency)]을 만족하도록 하는 중요한 통계적 이론에 기초하고 있다. 이러한 기법에 대한 기술은 본 교재의 범위를 벗어난다. 관심 있는 독자는 Law [2007] 혹은 Casella and Berger [1990]를 참조하기 바란다.

최우추정법을 사용하여 포아송분포에 대한 모수를 자료에 적합화하는 예를 들어보자. 여러분은 i번째 15분 동안의 도착 수의 분포를 포아송분포로 모델링할 수 있다고 가정하자. N은 그 15분 구간 동안의 도착 수를 나타낸다고 하자. 그 구간들은 서로 겹치지 않고 각 구간의 도착 수는 서로 독립을 알고 있다. 우리는 N이 모수 λ를 갖는 포아송분포를 하고 있다고 가정하고 있다. 여기서 모수 λ는 15분 구간당 기대 도착 수를 나타낸다.

$$f(n;\lambda) = P\{N = n\} = \frac{e^{-\lambda}(\lambda)^n}{n!} \qquad (식\ 6.17)$$

N_i는 $k = 160$개 구간 중 i번째 구간의 도착 수를 나타낸다고 하자. $N_1, N_2, \ldots, N_k$는 k개의 표본을 구성하고, 표본의 결합 PMF는 다음과 같다.

$$L(\lambda) = g(n_1, n_2, \ldots, n_k; \lambda) = f(n_1;\lambda)f(n_2;\lambda) \ldots f(n_k;\lambda) = \prod_{i=1}^{k} f(n_i;\lambda) \qquad (식\ 6.18)$$

$n_1, n_2, \ldots, n_k$는 관측치이고(알고 있는 값), λ는 알려져 있지 않다. 함수 $L(\lambda)$는 최우추정 함수이다. 최우추정법으로 λ 값을 추정하기 위하여 함수 $L(\lambda)$를 최대로 하는 λ 값을 구해야 한다. 즉, 이것은 이 표본이 발생할 가능성을 최대로 하는 모수의 값을 찾는 것이다.

포아송분포의 정의를 최우 함수에 대입하면 다음과 같다.

$$\begin{aligned} L(\lambda) &= \prod_{i=1}^{k} \frac{e^{-\lambda}(\lambda)^{n_i}}{n_i!} \\ &= \frac{e^{-k\lambda}\lambda^{\sum_{i=1}^{k} n_i}}{\prod_{i=1}^{k} n_i!} \end{aligned}$$

$L(\lambda)$를 최대로 하는 것은 $\ln(L(\lambda))$를 최대로 하는 것과 같다. 이것을 로그-최우함수라고 한다. 따라서

$$\ln(L(\lambda)) = -k\lambda + \ln(\lambda)\sum_{i=1}^{k} n_i - \sum_{i=1}^{k}\ln(n_i!) \qquad \text{(식 6.19)}$$

λ로 미분하면

$$\frac{d\ln(L(\lambda))}{d\lambda} = -k + \frac{\sum_{i=1}^{k} n_i}{\lambda} \qquad \text{(식 6.20)}$$

이 식을 0으로 두고 λ에 대해 풀면 다음 값을 얻는다.

$$0 = -k + \frac{\sum_{i=1}^{k} n_i}{\lambda} \qquad \text{(식 6.21)}$$

$$\hat{\lambda} = \frac{\sum_{i=1}^{k} n_i}{k} \qquad \text{(식 6.22)}$$

만약 2차 도함수가 $\frac{d^2 \ln L(\lambda)}{d\lambda^2} < 0$이면 최대값이 얻어진다.

$$\frac{d^2 \ln L(\lambda)}{d\lambda^2} = \frac{-\sum_{i=1}^{k} n_i}{\lambda^2} \qquad \text{(식 6.23)}$$

n_i와 λ가 양수이기 때문에 2차 도함수가 음수가 된다. 그러므로 포아송분포에 대한 최우추정치는 식 (6.22)로 주어진다. 이것은 구간 수치들의 표본평균이다.

포아송분포는 최우추정치에 대한 해석적 형태(analytical form)를 가지지만 모든 분포가 이런 성질을 가지고 있는 것은 아니다. 일반적으로 분포에 대한 모수 추정은 비선형 최적화 문제가 된다. 이것은 R과 같은 소프트웨어 패키지를 이용하여 수월하게 분석할 수 있다. 이 예제에 대하여 R을 이용하여 포아송분포가 자료에 적합한지 아닌지를 검정하고 적합해보자.

6.5.4 모델의 적합도 검정

다행히 R은 다양한 이산과 연속분포를 적합할 수 있는 *fitdistrplus* 패키지라고 부르는 유용한 패키지를 가지고 있다.

```
> install.packages('fitdistrplus')
> library(fitdistrplus)
> plotdist(p2$N, discrete = TRUE)
```

plotdist 명령어로 그림 6.8에 나타낸 것과 같은 경험(empirical) PMF와 그 CDF를 그릴 수 있다.

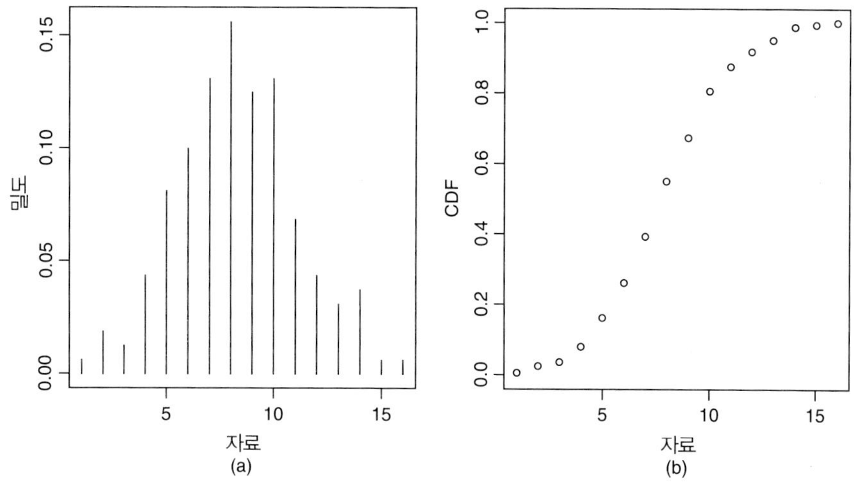

그림 6.8 컴퓨터 실험실 도착에 대한 경험 (a) PMF와 (b) CDF

적합과 분석을 위해 *fitdist*와 *gofstat* 명령어를 사용한다. 또한 *fitdist* 함수로부터의 출력물을 그리면 경험분포와 이론분포의 비교 결과를 제공한다(그림 6.9).

```
> fp = fitdist(p2$N, "pois")
> summary(fp)
Fitting of the distribution ' pois ' by maximum likelihood
Parameters :
       estimate Std. Error
lambda    8.275  0.2274176
Loglikelihood:  -393.7743   AIC:  789.5485   BIC:  792.6237
```

*fitdist*와 *summery* 명령어에 대한 출력물은 $\lambda = 8.275$라는 추정 결과를 제공한다. *fitdist*에 의해 생성되는 결과물 *fp*는 이어서 *plot*으로 적합을 그리고, *gofstat*로 적합도 검정을 수행하는 데 사용된다.

```
> plot(fp)
> gofstat(fp)
Chi-squared statistic:  2.233903
Degree of freedom of the Chi-squared distribution:  7
Chi-squared p-value:  0.9457686
Chi-squared table:
      obscounts theocounts
<= 4   13.00000   13.58936
<= 5   13.00000   13.18232
<= 6   16.00000   18.18062
<= 7   21.00000   21.49209
<= 8   25.00000   22.23088
<= 9   20.00000   20.44006
<= 10  21.00000   16.91415
<= 12  18.00000   21.49835
> 12   13.00000   12.47218
Goodness-of-fit criteria
                           1-mle-pois
```

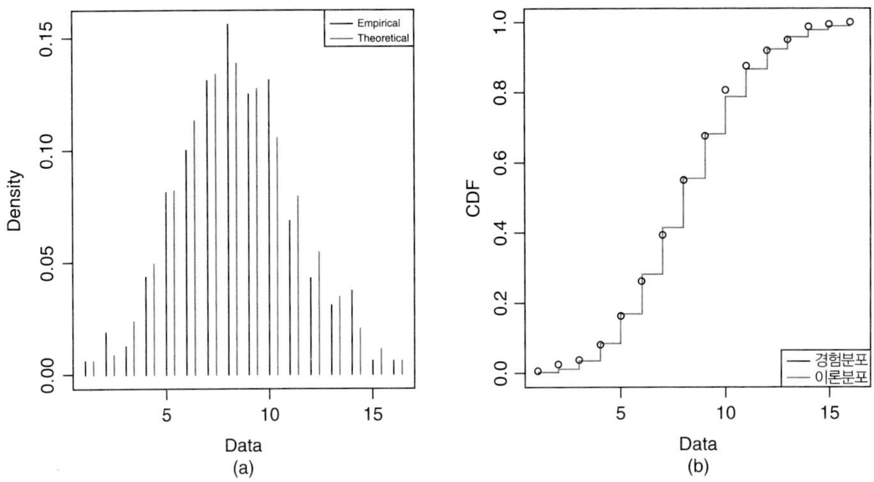

그림 6.9 컴퓨터 실험실 도착에 대한 경험과 이론 (a) PMF와 (b) CDF

```
Aikake's Information Criterion    789.5485
Bayesian Information Criterion    792.6237
```

gofstat 명령어는 카이제곱 적합도 검정을 수행하고 카이제곱 통계량(2.233903)과 *p*-값(0.9457686)을 계산한다. 카이제곱 검정통계량 *p*-값이 매우 높다. 귀무가설은 관측치가 포아송분포를 한다는 것이고 대립가설은 그렇지 않다는 것이다. *p*-값이 높기 때문에($p > 0.05$) 귀무가설을 기각할 수 없고 포아송분포가 컴퓨터 실험실 도착 수에 대한 분포로 아주 적합하다고 결론 내린다.

예제 6.2 이산경험분포의 적합

병원 하치장에 운송트럭에 의해 배달되는 물건의 수를 모델링한다고 하자. 이 확률변수에 대한 분포는 적시에 트럭으로부터 하역하기 위해 작업자의 가용성을 알아보기 위한 하역장 시뮬레이션에 사용되게 된다. 불행하게도 40대의 트럭으로 얻는 제한된 관측 표본만 이용할 수 있다. 자료는 다음 표와 같다. 배송 트럭당 물건의 수에 대한 확률분포 모형을 개발하라.

130	130	110	130	130	110	110	130	120	130
140	140	130	110	110	140	130	140	130	120
140	150	120	150	120	130	120	100	110	150
130	120	120	130	120	120	130	130	130	100

한정된 양의 자료만 있기 때문에 이 자료를 가지고 확률모형을 개발한다는 것은 모험이 될 것이다. 다음과 같은 *R* 명령어를 사용하면 자료에 대한 좋은 정보를 얻을 수 있다. 자료가 변수로 읽혀지고 *packageCnt, the hist(), stripchart(), table()* 명령어로 초기분석을 한다.

```
> hist(packageCnt, main="Packages per Shipment", xlab="#packages")
> stripchart(packageCnt,method="stack",pch="o")
> table(packageCnt)
```

```
packageCnt
100 110 120 130 140 150
  2   6   9  15   5   3
> summary(packageCnt)
   Min. 1st Qu.  Median    Mean 3rd Qu.    Max.
    100     120     130     126     130     150
> tp = table(packageCnt)
> tp/40
  100   110   120   130   140   150
0.050 0.150 0.225 0.375 0.125 0.075
```

R 출력물로부터 알 수 있는 바와 같이, 자료의 범위는 100과 150 사이이다. 그림 6.10의 히스토그램은 약간 양의 왜도를 갖는 것과 같은 자료의 형상을 보여준다. 그림 6.11은 관측치들의 점도표(dot plot)를 보여주고 있다. 이 그림으로부터 표본으로 얻어진 값은 100, 110, 120, 130, 140, 150만 있다는 것을 알 수 있다. 100 단위에서 출발해서 10개 단위로 주문이 이루어지는 것처럼 보인다.

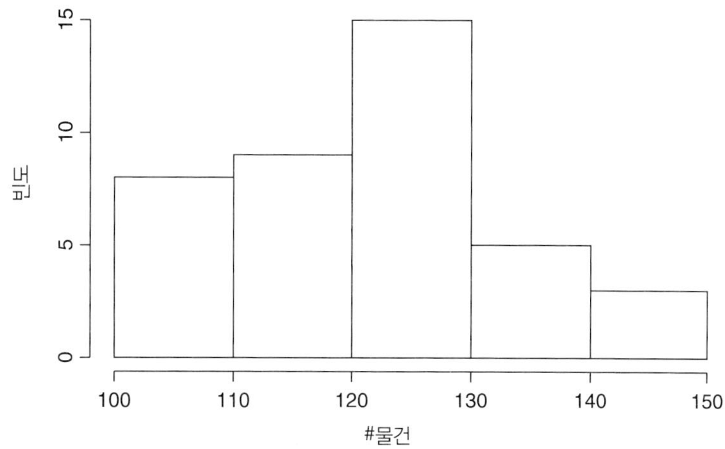

그림 6.10 배송당 물건 수에 대한 히스토그램

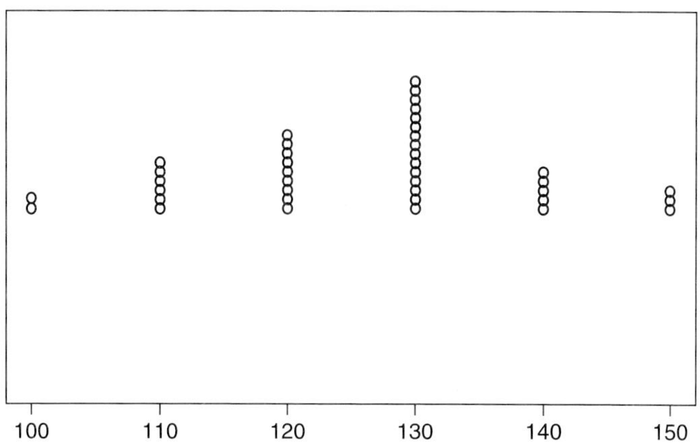

그림 6.11 배송당 물건 수에 대한 점도표

$$P\{X=x\}=\begin{cases}0.05 & x=100\\ 0.15 & x=110\\ 0.225 & x=120\\ 0.375 & x=130\\ 0.125 & x=140\\ 0.075 & x=150\end{cases}\qquad F(x)=\begin{cases}0.0 & \text{if } x<100\\ 0.05 & \text{if } 100\le x<110\\ 0.20 & \text{if } 110\le x<120\\ 0.425 & \text{if } 120\le x<130\\ 0.80 & \text{if } 130\le x<140\\ 0.925 & \text{if } 140\le x<150\\ 1.0 & \text{if } x\ge 150\end{cases}$$

그림 6.12 배송당 물건 수에 대한 PMF와 CDF

한정된 측정 자료와 한정된 측정치들로 인해서 분포를 적합화시키는 것이 문제가 될 수 있다. 그러나 표본에서 관측된 비율에 따라 이산 경험분포를 적합화시킬 수 있다. table() 명령어를 사용하면 수치를 요약할 수 있다. 그리고 40(관측치의 총 수)으로 나누면 R 목록에서 보여준 것과 같은 비율을 구할 수 있다. 그림 6.12에 주어진 것과 같은 질량함수와 CDF로 이러한 상황을 나타낼 수 있다. 따라서 배송되는 물건의 수는 DISC(0.05, 100, 0.2, 110, 0.425, 120, 0.80, 130, 0.925, 140, 1.0, 150)와 같이 DISC() 함수를 이용하여 나타낼 수 있다.

6.6 연속 확률변수 적합화

앞 절에서 이산분포 모델링에 대해 알아보았다. 본 절에서는 R에서 이용 가능한 기능을 사용하여 연속분포 모델링에 대해 알아본다. 이 예제는 입력 모델링 과정의 단계 3에서 시작한다. 즉 자료는 이미 수집되어 있다. 이 주제에 대한 추가적인 논의는 Law [2007]의 제6장에서 찾아볼 수 있다.

예제 6.3 근무시간에 대한 연속분포 적합화

우리는 컴퓨터 수리 업무를 수행하는 데 소요되는 시간을 모델링하고자 한다. 아래에 100개의 관측치가 분 단위로 제공되어 있다. 이 자료에 적절한 분포를 적합화하라.

	1	2	3	4	5	6	7	8	9	10
1	15.3	10.0	12.6	19.7	9.4	11.7	22.6	13.8	15.8	17.2
2	12.4	3.0	6.3	7.8	1.3	8.9	10.2	5.4	5.7	28.9
3	16.5	15.6	13.4	12.0	8.2	12.4	6.6	19.7	13.7	17.2
4	3.8	9.1	27.0	9.7	2.3	9.6	8.3	8.6	14.8	11.1
5	19.5	5.3	25.1	13.5	24.7	9.7	21.0	3.9	6.2	10.9
6	7.0	10.5	16.1	5.2	23.0	16.0	11.3	7.2	8.9	7.8
7	20.1	17.8	14.4	8.4	12.1	3.6	10.9	19.6	14.1	16.1
8	11.8	9.2	31.4	16.4	5.1	20.7	14.7	22.5	22.1	22.7
9	22.8	17.7	25.6	10.1	8.2	24.4	30.8	8.9	8.1	12.9
10	9.8	5.5	7.4	31.5	29.1	8.9	10.3	8.0	10.9	6.2

6.6.1 자료의 시각화

첫 번째 단계는 자료를 시각화하고 독립성을 확인하는 것이다. 이 과정은 R의 *hist*, *plot*, *acf*를 이용하여 쉽게 수행할 수 있다. 자료가 R 작업 폴더의 *taskTimes.txt* 파일에 있다고 가정하자.

```
> y = scan(file="taskTimes.txt")
> hist(y, main="Task Times", xlab = "minutes")
> plot(y,type="b",main="Task Times", ylab = "minutes",
 xlab = "Observation#")
> acf(y, main = "ACF Plot for Task Times")
```

그림 6.13의 히스토그램에서 볼 수 있는 것처럼 약간 양의 왜도를 갖는다. 그림 6.14의 시계열도표에서 의미 있는 패턴(추세)은 없다. 그림 6.15의 자기상관도에서 의미 있는 관측치 수에 대해 상관관계는 없다(모든 래그가 신뢰 범위 내에 있음).

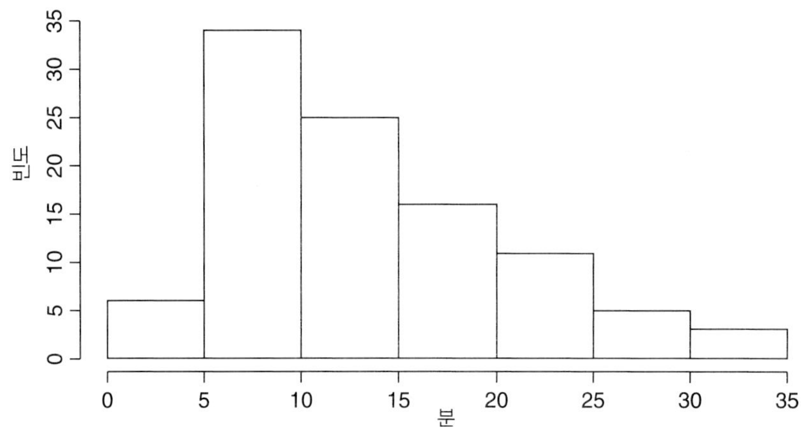

그림 6.13 컴퓨터 수리 시간에 대한 히스토그램

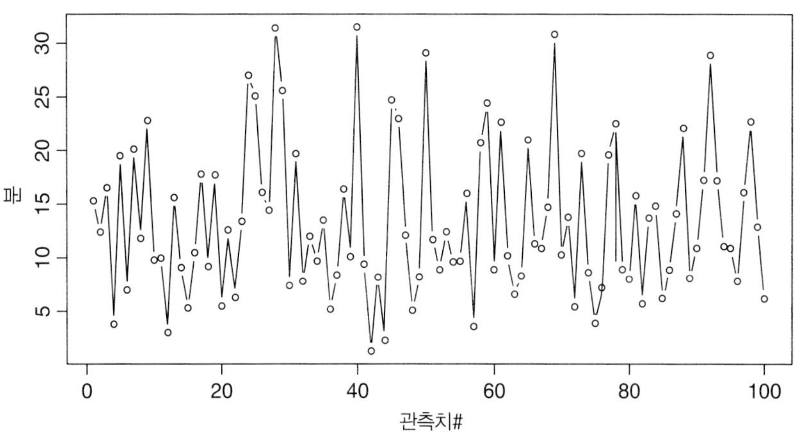

그림 6.14 컴퓨터 수리 시간에 대한 시계열도표

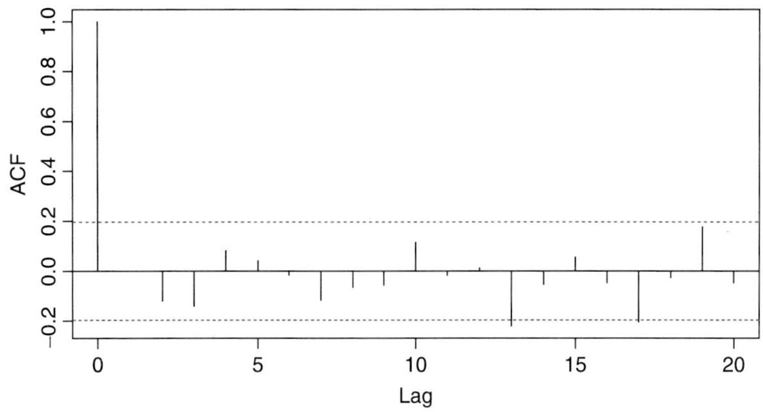

그림 6.15 컴퓨터 수리 시간에 대한 ACF도표

시각화분석에 따르면 작업 시간은 서로 독립이고 동일한 분포를 따른다고 결론 내릴 수 있다.

6.6.2 통계적 자료 요약

수리 시간에 대한 통계적 특성 분석은 *summery, mean, var, sd, t.test*와 같이 R로 쉽게 수행할 수 있다.

```
> summary(y)
   Min. 1st Qu.  Median    Mean 3rd Qu.    Max.
  1.300   8.275  11.750  13.410  17.320  31.500
> mean(y)
[1] 13.412
> var(y)
[1] 50.44895
> sd(y)
[1] 7.102742
> t.test(y)
          One Sample t-test
data:  y
t = 18.8828, df = 99, p-value < 2.2e-16
alternative hypothesis: true mean is not equal to 0
95 percent confidence interval: 12.00266 14.82134
sample estimates: mean of x    13.412
```

summery 명령어는 자료의 최소치(minimum), 최대치(maximum), 중앙값(median), 1분위수(first quartile), 3분위수(third quartile) 등의 항목으로 분포의 특성을 요약한다. *mean, var, sd* 명령어는 자료의 표본평균, 표본분산, 표본표준편차를 계산한다. *t.test* 명령어는 평균에 대한 95% 신뢰구간을 구하고 실제 평균이 0과 의미 있게 다른지를 검정한다. *fitdistrplus* 패키지의 *descdist* 명령어는 분포의 특성에 대한 설명을 제공한다.

```
> descdist(y)
summary statistics
```

```
—
min:  1.3   max:  31.5
median:  11.75
mean:  13.412
estimated sd:  7.102742
estimated skewness:  0.7433715
estimated kurtosis:  2.905865
```

중앙값은 평균보다 작고 왜도는 1.0보다 작다. 이것은 자료가 약간 양의 왜도를 갖는다는 시각화 결론을 뒷받침하는 것이다. 분석을 계속하기 전에 지금까지 학습한 것을 복습해보자.

- 자료는 정상(stationary)으로 보이고, 시계열도표에 의하면 시간에 따른 의미 있는 추세는 보이지 않는다.
- 자료는 서로 독립적으로 보이고, 이러한 결론은 자기상관도에서 알 수 있다.
- 자료에 대한 분포는 양의 왜도가 있고 단봉(unimodal)이다. 이러한 결론은 히스토그램과 통계 요약으로부터 알 수 있다.

6.6.3 분포의 가설과 검정

다음 단계는 가정하는 분포를 적합하고 모수를 추정하고 적합도를 확인하는 것이다.

히스토그램을 볼 때 감마분포, 와이블분포, 대수정규분포와 같은 분포가 후보가 될 수 있다. 이러한 과정을 이해하기 위해 손으로 감마분포에 대한 분석을 실시하고자 한다. 그다음 *fitdistrplus* 패키지로 예를 들 것이다.

우리가 하고자 하는 것은 다음과 같다.

1. 카이제곱 적합도 검정 실시
2. K-S 적합도 검정 실시
3. P-P도표와 Q-Q도표 조사

카이제곱 검정은 자료의 범위를 $x_1, x_2, \ldots, x_k$ 등 k개 구간으로 나누고 각 구간에 포함된 관측치의 수가 주어진 분포가 적절한 경우 각 구간에 포함되는 기대치와 가까운지 아닌지를 조사한다.

히스토그램은 구간별로 필요한 수치를 표로 만들기 때문에 히스토그램을 그려서 분석을 시작하면 유용하다. 자료의 범위를 몇 개의 계급 구간으로 나눈다. $b_0, b_1, \ldots, b_k$를 $(b_0, b_1], (b_1, b_2], \ldots, (b_{k-1}, b_k]$와 같은 k개의 겹치지 않고 이웃하는 계급 구간들의 경계치라고 하자. 이 구간의 폭이 같을 필요는 없다. 또한 b_0를 $-\infty$로 두면 $(-\infty, b_1]$, b_k를 ∞로 두면, (b_{k-1}, ∞)가 된다. $\Delta b_j = b_j - b_{j-1}$이라고 정의하고 모든 구간이 동일한 폭을 가지면 $\Delta b = \Delta b_j$이다. 2장에서 각 구간에 있는 관측치의 수를 세기 위하여 다음 함수를 사용하였다.

$$c(\vec{x} \le b) = \#\{x_i \le b\},\ i = 1, \ldots, n$$

$c(\vec{x} \le b)$는 b보다 작거나 같은 관측치의 수를 나타낸다. c_j를 j번째 구간 $(b_{j-1}, b_j]$에 포함된 관측된 x값들을 나타낸다고 하자. 그러면 c_j는 다음 식으로 정해진다.

$$c_j = c(\vec{x} \le b_j) - c(\vec{x} \le b_{j-1})$$

j번째 구간에 대한 상대빈도로서 $h_j = c_j/n$로 정의하자. $\sum_{j=1}^{k} h_j = 1$이다. 각각의 j에 대하여 누적상대빈도, $\sum_{i=1}^{j} h_i$의 도표를 누적분포도라고 부른다. h_j의 형태는 실제 확률분포와 닮았다. 왜냐하면 해석학의 평균치 정리에 따라

$$p_j = P\{b_{j-1} \le X \le b_j\} = \int_{b_{j-1}}^{b_j} f(x)\,dx = \Delta b \times f(y) \ \text{ for } y \in (b_{j-1}, b_j) \qquad (\text{식 } 6.24)$$

그러므로 h_j는 p_j의 추정치이기 때문에 분포의 모양은 상대빈도에 비례하게 된다. 즉, $h_j \approx \Delta b \times f(y)$이다.

구간의 수는 중요한 결정 모수이고, 이것은 히스토그램의 시각화의 질과 궁극적으로 히스토그램의 도표에 근거한 카이제곱 검정통계량 계산에 영향을 미치게 된다. 일반적으로 히스토그램의 시각적 표시는 구간의 수에 크게 영향을 받는다. 각 구간의 폭이 너무 작으면 히스토그램은 들쑥날쑥한 모양이 된다. 구간들의 폭이 너무 크면 히스토그램은 길쭉한 직각형 모양이 될 것이다. 구간의 수를 결정하는 두 가지 일반적 규칙은 다음과 같다

1. 제곱근 규칙, 구간의 수 선택, $k = \sqrt{n}$
2. Sturges 규칙, 구간의 수 선택, $k = \lfloor 1 + \log_2(n) \rfloor$.

R에서 빈도표는 *hist()* 함수를 이용하면 된다. *hist()* 함수는 히스토그램에 대한 빈도를 제공한다. *hist(x, freg = F)*는 히스토그램에 대한 밀도를 제공한다. *hist()* 함수는 기본적으로 Sturges 규칙을 이용하여 자동적으로 경계점(breakpoint)을 결정한다. 또한 수동으로 벡터형태로 경계점을 제공할 수도 있다. *hist()* 함수는 자동적으로 구간과 연관된 자료 수를 계산한다. 다음 목록은 이러한 것을 수행하는 명령어이다.

```
> h = hist(y)
> h
$breaks
[1]  0  5 10 15 20 25 30 35
$counts
[1]  6 34 25 16 11  5  3
$intensities
[1] 0.012 0.068 0.050 0.032 0.022 0.010 0.006
$density
[1] 0.012 0.068 0.050 0.032 0.022 0.010 0.006
$mids
[1]  2.5  7.5 12.5 17.5 22.5 27.5 32.5
$xname
[1] "y"
$equidist
[1] TRUE
```

```
attr(,"class")
[1] "histogram"
> b = c(0,4,8,12,16,20,24,28,32)
> hb = hist(y, breaks = b)
> hb
$breaks
[1]  0  4  8 12 16 20 24 28 32
$counts
[1]  6 16 30 17 12  9  5  5
etc.
```

hist 명령어가 어떻게 결과물을 보여주는지 주목하자. 예를 들면, 결과물은 변수 *h*에 할당된다. 결과물을 프린트하면 표로 된 모든 결과를 볼 수 있다. 예를 들면, 변수 *h$counts*는 기본 경계점에 대한 자료 수를 표로 보여준다. 경계점은 변수 *h$breaks*에 의해 주어진다. 기본적으로 *hist*는 왼쪽이 닫힌 구간 $[b_{k-1}, b_k)$보다는 오른쪽이 닫힌 구간, 즉 $(b_{k-1}, b_k]$을 정의한다. 만약 왼쪽이 닫힌 구간이 필요한 경우 *hist* 모수를 *right* = *FALSE*로 설정한다. 상대빈도 h_j는 각 자료 수를 총 관측 수로 나누어 계산된다. 즉 *h$counts/length(y)*.

변수 *h$density*는 구간의 길이로 나누어진 상대빈도를 가지고 있다. 기호로 말하면 $f_j = h_j/\Delta b_j$. 이것은 확률밀도곡선의 높이를 나타내는 것이기 때문에 밀도(density)라고 한다.

수동적으로 자체 경계점을 정의하기 위하여 수집 명령어를 사용하여 벡터로 그들의 값을 입력한다[예를 들면, *b* = *c*(0, 4, 8, 12, 16, 20, 24, 28, 32]. 그리고 만약 기본 경계점을 사용하고 싶지 않을 경우 *hist* 명령어의 *breaks* 옵션을 사용하여 벡터를 정한다. 다음 목록은 이것을 수행하는 방법을 보여주고 있다.

```
> b = c(0,4,8,12,16,20,24,28,32)
> hb = hist(y, breaks = b)
> hb
$breaks
[1]  0  4  8 12 16 20 24 28 32
$counts
[1]  6 16 30 17 12  9  5  5
etc.
```

또한 *cut()* 함수와 *table()* 명령어를 사용하여 경계점 벡터로 자료의 수를 표로 나타낼 수 있고 *hist* 명령어 없이 *cut()* 함수와 *table()* 명령어를 사용하여 자료의 수를 표로 나타낼 수 있다. 다음 목록은 이것을 수행하는 방법을 보여주고 있다.

```
> b = c(0, 4,8,12,16,20,24,28,32) #define the breaks in a vector
> y.cut = cut(y, breaks=b) #define the intervals
> table(y.cut)
y.cut
(0,4]   (4,8]   (8,12]  (12,16]  (16,20]  (20,24]  (24,28]  (28,32]
  6      16       30       17       12        9        5        5
```

따라서 R에서 *hist* 함수를 사용하면 상대빈도를 표로 나타낼 수 있다. 카이제곱 검정을 하기 위하여 다음과 같은 검정통계량을 계산할 필요가 있다:

$$\chi_0^2 = \sum_{j=1}^{k} \frac{(c_j - np_j)^2}{np_j} \qquad \text{(식 6.25)}$$

여기서

$$p_j = P\{b_{j-1} \le X \le b_j\} = \int_{b_{j-1}}^{b_j} f(x)\,dx = F(b_j) - F(b_{j-1}) \qquad \text{(식 6.26)}$$

p_j는 가정한 함수의 CDF, $F(x)$에 의존한다. 따라서 우리는 분포를 가정하고 모수를 추정할 필요가 있다.

이러한 상황에서 작업시간은 감마분포를 한다고 가정한다. 그러므로 형상(α)와 척도(β) 모수를 추정할 필요가 있다. 모수 추정 방법으로 모멘트법이나 최우추정법을 사용할 수 있다. 간단하게 예를 들기 위하여 모수 추정을 위하여 모멘트법을 사용한다.

모멘트법은 모수의 추정치로 표본의 모멘트(표본평균과 표본분산 등)를 사용하는 방법이다. 이 방법은 표본모멘트를 모집단(이론적) 모멘트와 동일하게 둔다. 감마분포에 대한 평균과 분산은 다음과 같다.

$$\mathrm{E}[X] = \alpha\beta \qquad \text{(식 6.27)}$$

$$\mathrm{Var}[X] = \alpha\beta^2 \qquad \text{(식 6.28)}$$

$\overline{X} = \mathrm{E}[X]$, $S^2 = \mathrm{Var}[X]$라고 두고 α와 β에 대해 풀면 다음과 같다.

$$\hat{\alpha} = \frac{(\overline{X})^2}{S^2} \qquad \text{(식 6.29)}$$

$$\hat{\beta} = \frac{S^2}{\overline{X}} \qquad \text{(식 6.30)}$$

$\overline{X} = 13.412$, $S^2 = 50.44895$를 사용하면 다음과 같은 결과를 얻는다.

$$\hat{\alpha} = \frac{(\overline{X})^2}{S^2} = \frac{(13.412)^2}{50.44895} = 3.56562$$
$$\hat{\beta} = \frac{S^2}{\overline{X}} = \frac{50.44895}{13.412} = 3.761478$$

그러면 여러분이 정한 구간에 포함되는 이론적 확률을 구할 수 있다. 표 6.4는 카이제곱 검정통계량을 계산하기 위해 필요한 계산을 보여주고 있다.

일곱 번째와 여덟 번째 구간은 기대 수가 5보다 작기 때문에 이들을 6번째 구간에 합친다. 6개 구간에 대한 카이제곱 검정통계량을 계산하면 다음과 같다.

표 6.4 카이제곱 검정통계량을 계산하기

j	b_{j-1}	b_j	c_j	$F(b_{j-1})$	$F(b_j)$	p_j	np_j	$\frac{(c_j - np_j)^2}{np_j}$
1	0.00	5.00	6.00	0.00	0.08	0.08	7.89	0.45
2	5.00	10.00	34.00	0.08	0.36	0.29	28.54	1.05
3	10.00	15.00	25.00	0.36	0.65	0.29	28.79	0.50
4	15.00	20.00	16.00	0.65	0.84	0.18	18.42	0.32
5	20.00	25.00	11.00	0.84	0.93	0.09	9.41	0.27
6	25.00	30.00	5.00	0.93	0.97	0.04	4.20	0.15
7	30.00	35.00	3.00	0.97	0.99	0.02	1.72	0.96
8	35.00	∞	0.00	0.99	1.00	0.01	1.03	1.03

$$
\begin{aligned}
\chi_0^2 &= \sum_{j=1}^{6} \frac{(c_j - np_j)^2}{np_j} \\
&= \frac{(6.0 - 7.89)^2}{7.89} + \frac{(34 - 28.54)^2}{28.54} + \frac{(25 - 28.79)^2}{28.79} + \frac{(16 - 18.42)^2}{218.42} \\
&+ \frac{(11 - 9.41)^2}{9.41} + \frac{(8 - 6.95)^2}{6.95} \\
&= 2.74
\end{aligned}
$$

감마분포에 대한 2개의 모수를 자료로부터 추정할 수 있다. 카이제곱 검정에 대한 자유도는 3(구간의 수 − 모수의 수 − 1 = 6 − 2 − 1). p값을 계산하면 $P\{\chi_3^2 > 2.74\} = 0.433$. 따라서 p값이 크기 때문에 관측 자료가 모수 $\alpha = 3.56562$와 $\beta = 3.761478$을 갖는 감마분포를 한다는 귀무가설을 기각할 수 없다.

다음 목록은 R을 이용하여 검정통계량과 p값을 계산하는 스크립터(명령어 체계)를 보여주고 있다.

```
y = scan(file="taskTimes.txt") #read in the file
a = mean(y)*mean(y)/var(y) #estimate alpha
b = var(y)/mean(y) #estmate beta
hy = hist(y, main="Task Times", xlab = "minutes") # make histogram
LL = hy$breaks # set lower limit of intervals
UL = c(LL[-1],10000) # set upper limit of intervals
FLL = pgamma(LL,shape = a, scale = b) #compute F(LL)
FUL = pgamma(UL,shape = a, scale = b)  #compute F(UL)
pj = FUL - FLL # compute prob of being in interval
ej = length(y)*pj # compute expected number in interval
e = c(ej[1:5],sum(ej[6:8])) #combine last 3
intervals
cnts = c(hycounts[1:5],sum(hycounts[6:7])) #combine last 3 inter-
vals
chissq = ((cnts-e)^{2})/e #compute chi sq values
sumchisq = sum(chissq) # compute test statistic
df = length(e)-2-1 #compute degrees of freedom
pvalue = 1 - pchisq(sumchisq, df) #compute p-value
print(sumchisq) # print test statistic
print(pvalue) #print p-value
```

K-S 검정통계량, D_n은 $D_n = \max\{D_n^+, D_n^-\}$과 같이 정의된다. 여기서

$$D_n^+ = \max_{1 \le i \le n} \{\tilde{F}_n(x_{(i)}) - \hat{F}(x_{(i)})\}$$

$$= \max_{1 \le i \le n} \{\frac{i}{n} - \hat{F}(x_{(i)})\}$$

$$D_n^- = \max_{1 \le i \le n} \{\hat{F}(x_{(i)}) - \tilde{F}_n(x_{(i-1)})\}$$

$$= \max_{1 \le i \le n} \{\hat{F}(x_{(i)}) - \frac{i-1}{n}\}$$

여기서 $x_{(i)}$는 i번째 순서통계량이고

$$\tilde{F}_n(x) = \frac{c(\vec{x} \le x)}{n}$$

$$\tilde{F}_n(x_{(i)}) = \frac{i}{n}$$

다음 R 목록은 간단하게 *ks.test* 명령어를 사용하면 되기 때문에 손으로 K-S검정을 하는 방법을 보여주고 있다.

```
> j = 1:length(y) # make a vector to count y's
> yj = sort(y) # sort the y's
> Fj = pgamma(yj, shape = a, scale = b)  #compute F(yj)
> n = length(y)
> D = max(max((j/n)-Fj),max(Fj - ((j-1)/n))) # compute K-S test
statistic
> print(D)
[1] 0.05265431
> ks.test(y, 'pgamma', shape=a, scale =b) # compute k-s test
              One-sample Kolmogorov-Smirnov test
data:  y
D = 0.0527, p-value = 0.9444
alternative hypothesis: two-sided
```

매우 높은 p값으로부터 관측된 자료가 모수 $\alpha = 3.56562$와 $\beta = 3.761478$을 갖는 감마분포를 따른다는 귀무가설을 기각할 수 없다.

이제 K-S 검정과 마찬가지로 카이제곱 적합도 검정도 하였다. 카이제곱 검정이 K-S 검정보다 더 일반적으로 이용된다. 특히 카이제곱 검정은 연속과 이산 자료 모두에 적용한다. 그러나 이것은 구간의 설정에 의존하는 단점이 있다. 또한 다른 몇 가지 단점이 Law [2007]에서 기술되고 있다. 한편 K-S 검정은 이산 자료에 적용할 수 있고, 경계값을 구하기 위하여 특별한 표를 사용하여야 한다. 또한 원래 형태에서 보면 K-S 검정은 가정한 분포에 대한 모수는 자료로부터 추정하는 것이 아니라 알려져 있다고 가정하고 있다. 추정한 모수를 가지고 K-S 검정을 실시하는 경우에 대한 연구를 보면 K-S 검정은 실제로 제1종 오류가 정의된 것보다 작게 될 것이라는 측면에서 보수적인 경향이 있다. 추가적인 장점과 단점은 Law [2007]에 기술되어 있다. 분포의 적합도 검정을 위해 고안된 다른 통계적 검정이 있다. 하나는 Anderson-Daring 검정이다(Law [2007]). 이 검정은 꼬리의 차이를 감지하고 많은 일반적 분포에 대해 K-S 검정보다

더 높은 검정력을 가진다. 이것은 상업용 분포검정 소프트웨어의 기본 출력에서로 알 수 있다.

6.6.4 적합 시각화

또 다른 사용해볼 만한 진단 도구로는 확률-확률(P-P) 도표와 분위수-분위수(Q-Q) 도표를 작성하는 것이다.

P-P 도표는 각 순서통계량으로 평가된 경험분포함수 대 이론분포를 그린 것이다. 경험분포는 다음과 같이 정의되었다.

$$\tilde{F}_n(x_{(i)}) = \frac{i}{n}$$

또 다른 정의는 연속적으로 자료에 적용하기 위해 많은 소프트웨어 패키지에서 사용된다. 앞에서 언급한 바와 같이

$$\tilde{F}_n(x_{(i)}) = \frac{i - 0.5}{n}$$

이고, 다음 식도 매우 일반적이다.

$$\tilde{F}_n(x_{(i)}) = \frac{i - 0.375}{n + 0.25}$$

P-P 도표를 그리기 위하여 다음과 같은 단계를 실행한다:

1. 순서통계량$(x_{(1)}, x_{(2)}, \ldots, x_{(n)})$을 구하기 위하여 자료를 정렬한다.
2. $\tilde{F}_n(x_{(i)}) = \frac{i-0.5}{n} = q_i$를 계산한다$(i = 1, 2, \ldots, n)$.
3. $\hat{F}(x_{(i)})$를 계산한다$(i = 1, 2, \ldots, n)$. $\hat{F}$는 가정한 분포의 CDF
4. $\hat{F}(x_{(i)})$ 대 $\tilde{F}_n(x_{(i)})$의 도표를 그린다$(i = 1, 2, \ldots, n)$.

Q-Q 도표는 P-P 도표와 비슷한 개념이다. Q-Q 도표에서는 경험분포(순서통계량)의 변위치(quartile) 대 가정한 분포의 변위치를 그린다. 분포에 대한 q번째 사분위수를 x_q로 나타내고 다음과 같이 정의된다.

$$q = P(X \le x_q) = F(x_q) = \int_{-\infty}^{x_q} f(u)du \qquad \text{(식 6.31)}$$

따라서 x_q는 $f_{(x)}$ 그래프 아래 면적의 100%q는 x_q의 왼쪽에 놓이고 면적의 100$(1 - q)$%는 오른쪽에 놓이는 측정 축에 대한 값이다. 이것은 2장에서 논의한 역CDF와 같다.

예를 들면, 표준정규분포표에 대한 z-값은 그 분포에 대한 변위이다. 분포에 대한 역CDF를 알면 그 분포의 변위치를 쉽게 알 수 있다(그림 6.16). 따라서 변위치는 다음과 같이 정의된다:

$$x_q = F^{-1}(q)$$

여기서 F^{-1}은 누적분포함수의 역함수(역수가 아님)를 나타낸다. 예를 들면 만약 가정한 분포가

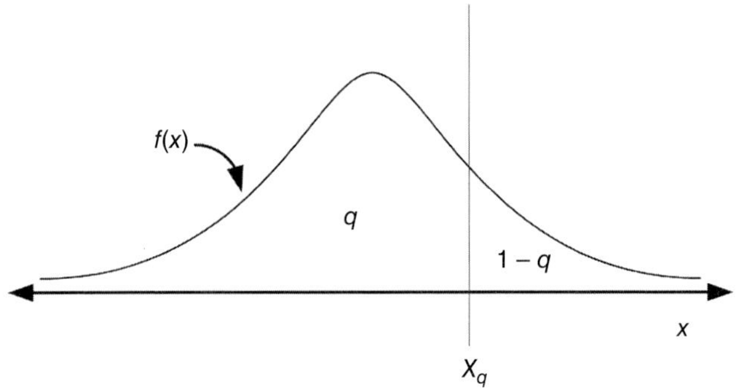

그림 6.16 분포의 변위

$N(0, 1)$이면 $1.96 = \Phi^{-1}(0.975)$이므로 $x_{0.975} = 1.96$, 여기서 $\Phi(z)$는 표준정규분포의 CDF이다. 누적분포함수의 역함수에 어떤 확률을 부여할 때, 곡선 아래 영역에 해당하는 세로축의 값, 즉 변위치를 구한다. Q-Q 도표를 구하기 위하여 다음과 같은 단계를 실행한다:

1. 순서통계량$(x_{(1)}, x_{(2)}, \ldots, x_{(n)})$을 구하기 위하여 자료를 정렬한다.
2. $q_i = \frac{i-0.5}{n}$를 계산한다$(i = 1, 2, \ldots, n)$.
3. $x_{q_i} = \hat{F}^{-1}$를 계산한다$(i = 1, 2, \ldots, n)$. $\hat{F}^{-1}$는 가정한 분포의 역CDF
4. x_{q_i} 대 $x_{(i)}$의 도표를 그린다$(i = 1, 2, \ldots, n)$.

따라서 P-P 도표를 만들기 위해서는, 가정한 분포의 CDF를 이용할 수 있어야 하고, Q-Q 도표를 만들기 위해서는 가정한 분포의 역CDF를 이용할 수 있어야 한다. 분포함수의 역함수를 쉽게 이용할 수 없을 때, 많은 분포에 대하여 Q-Q 도표를 만들기 위한 다른 방법이 있다. 이들 방법은 Law [2007]에 소개되어 있다. 다음 예제는 작업시간에 대해 가정한 감마분포에 대한 P-P 도표와 Q-Q 도표를 작성하고 해석하는 방법을 보여주고 있다.

다음 R 목록은 이러한 상황에 대해 P-P 도표와 Q-Q 도표를 만들어 준다.

```
> plot(Fj,ppoints(length(y))) # make P-P plot
> abline(0,1) # add a reference line to the plot
> qqplot(y, qgamma(ppoints(length(y)), shape = a, scale = b)) #
make Q-Q Plot
> abline(0,1) # add a reference line to the plot
```

R에서 *ppoints()*는 $\tilde{F}_n(x_{(i)})$을 생성한다. 그러면 이론적 확률을 계산하기 위하여 분포함수를 쉽게 이용할 수 있다(예를 들면, "p"와 함께 pgamma() 등). R에서 분위수 함수(quantile function)는 이용 가능한 분포명 앞에 "q"이면 된다. *t*분포에 대해서는 qt()를 이미 해보았다. 정규분포에 대해서는 qnorm(), 감마분포에 대해서는 qgamma(). 다른 일반적인 분포는 R의 Help 기능의 "distribution"에서 찾아볼 수 있다. *abline()* 함수는 0과 1 사이의 기준선(reference line)을 추가한다.

만약 자료에 적합하다면 Q-Q 도표는 대략적으로 절편이 0이고 기울기가 1인 직선, 즉 45도

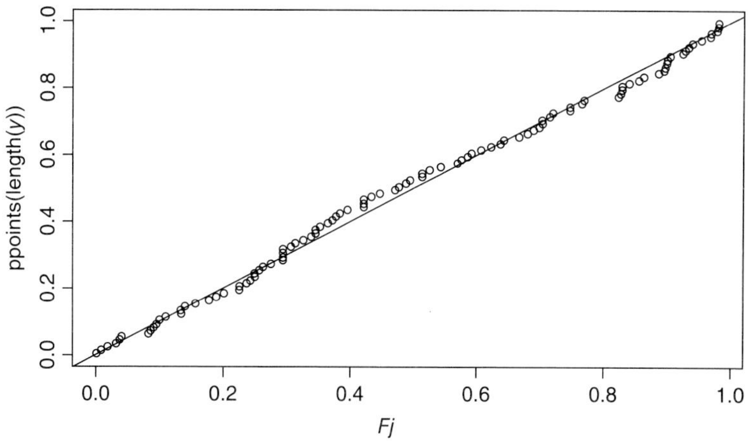

그림 6.17 감마분포($\alpha = 3.56, \beta = 3.76$)인 처리시간에 대한 P-P 도표

직선으로 보인다. 또한 끝에서의 굴곡은 꼬리가 너무 길거나 혹은 너무 짧다는 것을 의미한다. 그리고 오목(concave) 혹은 볼록(convex) 굴곡은 비대칭을 의미하고, 양쪽 끝에서 퍼지는 것은 이상치(outlier) 때문일 수 있다. P-P 도표 또한 절편이 0이고 기울기가 1인 직선으로 보인다. Abline() 함수는 도표에 기준선을 추가하는 데 사용된다. 그림 6.17은 P-P 도표를 그림 6.18은 Q-Q 도표를 보여주고 있다. 그림에서 보는 바와 같이 두 도표는 직선에서 크게 벗어나 보이지 않는다. Q-Q 도표는 오른쪽 끝부분에 약간 벗어나있다.

지금까지 손으로 어떻게 분석하는지 살펴보았다. 이제 *fitdistrplus* 패키지를 사용하여 분석해보도록 하자. *fitdist* 명령어는 분포의 모수를 적합한다. 그리고 *gofstat* 함수는 다른 적합도 기준치뿐만 아니라 카이제곱 검정, K-S 검정을 수행하기 위한 모든 일을 한다. 결과는 앞에서 수행한 것과 같다. 즉, 감마분포는 이 자료에 적합한 모형이다.

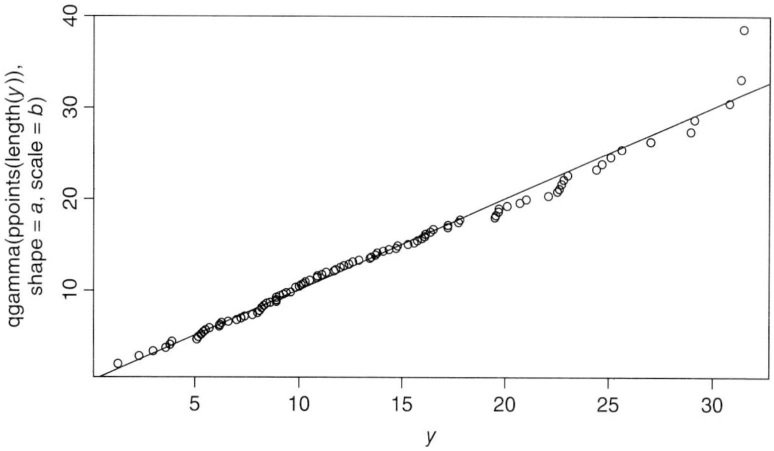

그림 6.18 감마분포($\alpha = 3.56, \beta = 3.76$)인 처리시간에 대한 Q-Q 도표

```
> library(fitdistrplus)
> fy = fitdist(y, "gamma")
> print(fy)
Fitting of the distribution ' gamma ' by maximum likelihood
Parameters:
       estimate Std. Error
shape 3.4098479 0.46055722
rate  0.2542252 0.03699365
> plot(fy)
> gfy = gofstat(fy)
> print(gfy)
Goodness-of-fit statistics
                             1-mle-gamma
Kolmogorov-Smirnov statistic  0.04930008
Cramer-von Mises statistic    0.03754480
Anderson-Darling statistic    0.25485917

Goodness-of-fit criteria
                               1-mle-gamma
Aikake's Information Criterion    663.3157
Bayesian Information Criterion    668.5260
> print(gfy$chisq)
[1] 3.544766
> print(gfy$chisqpvalue)
[1] 0.8956877
> print(gfy$chisqdf)
[1] 8
```

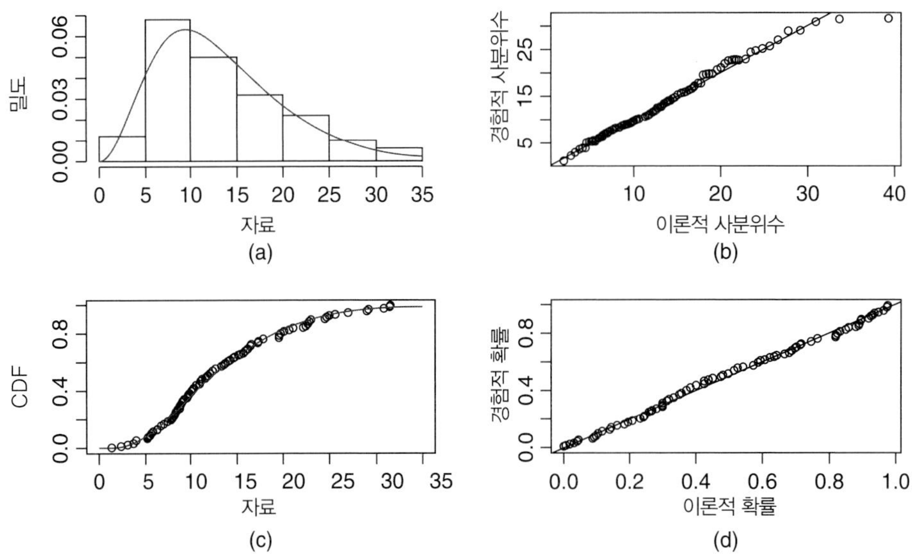

그림 6.19 감마분포 적합에 대해 *fitdistrplus*에 의한 분포 적합. (a) 경험 및 이론 밀도, (b) Q-Q 도표 (c) 경험 및 이론 CDFs (d) P-P 도표

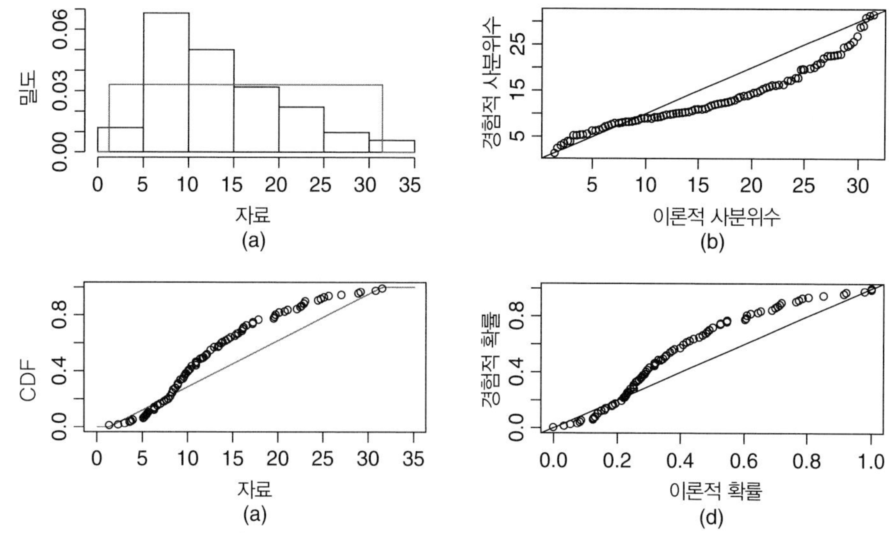

그림 6.20 일양분포에 대해 *fitdistrplus*에 의한 분포적합. (a) 경험 및 이론 밀도, (b) Q-Q 도표, (c) 경험 및 이론 분포, (d) P-P 도표.

fitdist 명령어로 생성된 것은 P-P 도표, Q-Q 도표뿐만 아니라 경험 및 이론분포도(그림 6.19)이다. 그림 6.20은 일양분포를 가정하였을 경우의 P-P와 Q-Q 도표이다. 그림 6.20에서는 일양분포는 처리 시간에 대한 모형으로는 적합하지 않다는 것을 분명히 알 수 있다.

6.7 입력분석기 이용

이 절에서는 Arena™에서 이용할 수 있는 입력분석기(input analyzer)를 사용하여 약국 예제에서 수집된 서비스 시간의 분포를 적합한다. X_i를 i번째 고객의 서비스 시간이라고 하자. 여기서 i번째 서비스 시간은 $(i-1)$번째 고객이 떠날 때 시작되고, i번째 고객이 약사와의 거래를 마치고 떠날 때 종료된다. i번째 고객이 도착하였을 때 대기 중인 고객이 없는 경우, 서비스의 시작은 고객이 약국 창문 앞 주차공간에 도착하는 시점부터라고 정의할 수 있다. 이렇게 정의하면 차가 약국 창문까지 가는 데 걸리는 시간도 포함된다. 또 다른 서비스 시간의 정의로는 약사가 고객에게 필요한 것이 무엇인지를 질문하는 시점부터 영수증을 받는 시점까지를 서비스 시간으로 정의할 수 있다. 이러한 두 가지 정의는 모두 서비스 시간으로서 타당하지만, 어느 것이 전체 모델링 목적에 적합한지는 여러분이 판단하여야 한다. 이와 같이 입력 모델링은 그것이 과학적인 만큼이나 예술적이다.

휴대용 디지털 기기를 사용하여 100개의 서비스 시간 관측치를 수집하고, 표 6.5에서 보는 바와 같이 첫 번째 관측치는 제1행 1열에, 두 번째 관측치는 제2행 1열에, 21번째 관측치는 제1행 2열에 있다. 이 자료는 본 장에 첨부되어 있는 텍스트 파일인 *PharmacyInputModelingExampleData.txt*에서 이용할 수 있다.

입력분석기를 이용하기 전에 관측치가 정상(stationary, 시간에 의존하지 않음)이고 독립인

표 6.5 약국 서비스 시간

61	278.73	194.68	55.33	398.39
59.09	70.55	151.65	58.45	86.88
374.89	782.22	185.45	640.59	137.64
195.45	46.23	120.42	409.49	171.39
185.76	126.49	367.76	87.19	135.6
268.61	110.05	146.81	59	291.63
257.5	294.19	73.79	71.64	187.02
475.51	433.89	440.7	121.69	174.11
77.3	211.38	330.09	96.96	911.19
88.71	266.5	97.99	301.43	201.53
108.17	71.77	53.46	68.98	149.96
94.68	65.52	279.9	276.55	163.27
244.09	71.61	122.81	497.87	677.92
230.68	155.5	42.93	232.75	255.64
371.02	83.51	515.66	52.2	396.21
160.39	148.43	56.11	144.24	181.76
104.98	46.23	74.79	86.43	554.05
102.98	77.65	188.15	106.6	123.22
140.19	104.15	278.06	183.82	89.12
193.65	351.78	95.53	219.18	546.57

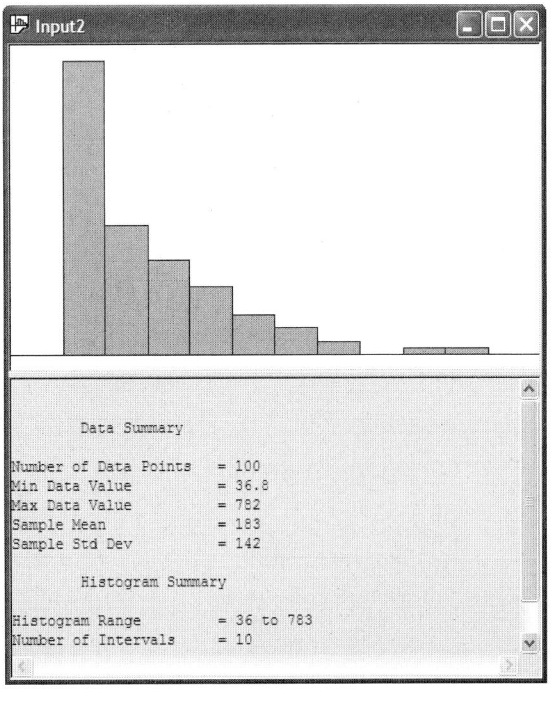

그림 6.21 자료 입력 후 입력분석기

지를 확인하여야 한다. 앞 절에서 이러한 과정은 이미 예로 들었기 때문에 이 과정은 연습문제로 남겨둔다.

입력분석기를 열고 새로운 입력분석기 자료로 시작하기 위해 File 메뉴의 New를 선택한다. 그다음 File > Data File > Use Existing을 사용하여 분석을 위한 자료가 들어있는 텍스트 파일을 불러온다. 그 결과는 그림 6.21과 같다.

여기서 (*.dft*) 파일을 생성하기 위해 작업 내용을 저장하여야 한다. 입력분석기는 자동으로 자료에 대한 히스토그램을 그리고 기본적인 통계 요약을 수행한다. 그림 6.21에서 보는 것처럼 지수분포와 같이 오른쪽으로 긴 꼬리를 가지는 분포를 가정할 수 있다.

입력분석기는 Arena™에서 이용할 수 있는 많은 분포에 적합할 수 있다: 베타, 얼랑, 지수, 감마, 대수정규, 삼각, 일양, 와이블, 경험, 포아송, 또한 Arena™ 모델에서 사용되는 Arena™ 수식을 제공한다. 입력분석기에서 적합화 과정은 자료의 히스토그램에 대해 설정된 구간에 많이 의존한다. 따라서 구간의 수를 변화시켜서 히스토그램의 구간의 수에 따른 적합화 과정의 민감도를 검토하는 것이 매우 중요하다.

적합화 과정을 수행하는 데는 두 가지 기본적인 방법이 있다: (i) 각각의 특정 분포에 개별적으로 적합화시킴, (ii) 가능한 분포 모두를 적합화시킴. 주어진 구간 간격에 대하여 입력분석기는 카이제곱 적합도 통계량, K-S 검정, 제곱오차 기준을 계산하게 되고 이 모든 것이 어떻게 되는지 논하게 된다. 앞에서 입력분석기의 입력창으로 불러들인 자료를 가지고 Fit 메뉴에서 지

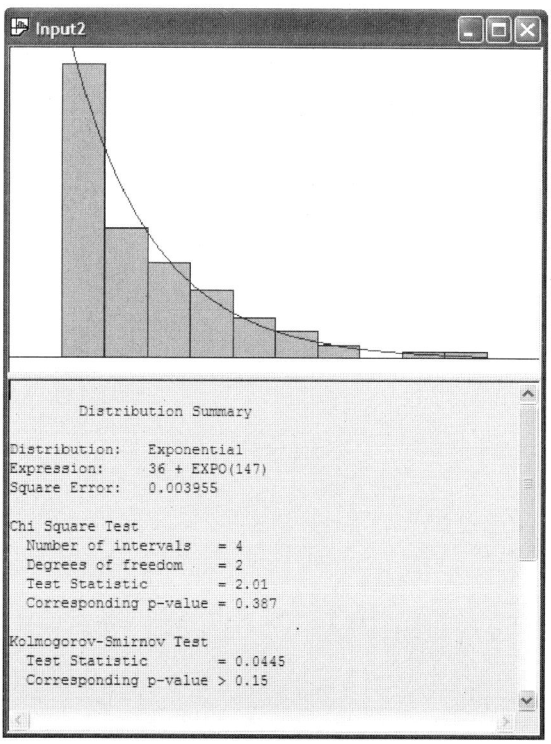

그림 6.22 지수분포로 서비스 시간 히스토그램 적합

수분포를 선택한다. 그 분석 결과가 목록 6.1과 그림 6.22에 주어져 있다. 입력분석기는 자료에 맞추어서 Arena 수식 (36 + EXPO(147))을 제시하였다. 수치 36은 무엇인가? 2장에서 이동분포에 대해 논의하였다. 어떤 분포는 모수의 추정 과정을 훨씬 어렵게 하는 이와 같은 추가적인 모수를 가질 수 있다. 입력분석기는 이와 같은 모수를 추정하는 알고리즘이 있다. 이 모델은 서비스 시간 자료에 적절한가? 지수분포로 씌워진 히스토그램으로부터 적절해보인다.

적합화 결과를 이해하기 위해서는 카이제곱 검정과 K-S 검정 결과를 해석하는 방법을 이해하여야 한다. 귀무가설은 자료는 가정한 분포를 따른다는 것이고 대립가설은 그렇지 않다는 것이다. 입력분석기는 검정에 대한 *p*값을 제공한다.

목록 6.1에서 카이제곱에 대한 *p*값은 0.387이다. 따라서 서비스 시간이 제안된 지수분포를 따른다는 귀무가설을 기각할 수 없다. K-S 검정에 대한 *p*값은 0.15보다 크다. 이것 역시 지수분포 적합화에 큰 결함이 없다는 것을 말한다.

그림 6.23은 자료에 일양분포를 적합한 것을 보여주고 있다. 일양분포에 대한 목록 6.2는 K-S 검정에 대한 *p*값이 0.01보다 작아서 일양분포는 서비스 시간에 대한 모델로 적합하지 않다는 것을 보여주고 있다.

일반적으로 관측치의 수가 적을 때는 임의의 분포를 기각할 것 같지 않고, 관측치의 수가 많을 때는 모든 분포를 기각할 것 같기 때문에 적합도 검정에 대해서는 주의하여야 한다. 중요한 것은 모델 적합을 위해 사용한 소프트웨어가 어떤 것이든 수행된 통계적 검정의 결과를 올

목록 6.1 | 입력분석기로부터 지수분포 요약

```
Distribution Summary
Distribution: Exponential
Expression: 36 + EXPO(147)
Square Error: 0.003955

Chi Square Test
Number of intervals = 4
Degrees of freedom  = 2
Test Statistic      = 2.01
Corresponding p-value = 0.387

Kolmogorov-Smirnov Test
Test Statistic        = 0.0445
Corresponding p-value > 0.15

Data Summary
Number of Data Points = 100
Min Data Value        = 36.8
Max Data Value        = 782
Sample Mean           = 183
Sample Std Dev        = 142

Histogram Summary
Histogram Range     = 36 to 783
Number of Intervals = 10
```

목록 6.2 | 입력분석기로부터 일양분포 요약

```
Distribution Summary
Distribution: Uniform
Expression: UNIF(36, 783)
Square Error: 0.156400

Chi Square Test
  Number of intervals = 7
  Degrees of freedom  = 6
  Test Statistic      = 164
  Corresponding p-value < 0.005

Kolmogorov-Smirnov Test
  Test Statistic        = 0.495
  Corresponding p-value < 0.01

Data Summary
Number of Data Points = 100
Min Data Value        = 36.8
Max Data Value        = 782
Sample Mean           = 183
Sample Std Dev        = 142

Histogram Summary
Histogram Range     = 36 to 783
Number of Intervals = 10
```

바르게 해석하여야 한다는 것이다. 모델 적합 과정에서 이러한 검정이 어떻게 계산되고 여러 가지 가정에 어느 정도 민감한지를 이해하여야 한다.

입력분석기의 분포 요약에 있는 흥미 있는 마지막 항목은 **제곱오차**(*square error*)이다. 이것은 입력분석기가 관측치에 동시에 복수 개의 분포를 적합할 때 특정 분포를 추천하는 데 사용하는 기준이다.

제곱오차는 각 구간에 대한 상대빈도와 확률 사이의 제곱오차의 합으로 정의된다:

$$\text{제곱오차} = \sum_{j=1}^{k} (h_j - \hat{p}_j)^2 \qquad \text{(식 6.32)}$$

표 6.6은 서비스 시간 자료에 지수분포를 적합한 제곱오차 계산을 보여주고 있다. 계산된 제곱오차는 반올림에 의한 차이는 있지만 입력분석기에서 계산된 값과 거의 일치한다.

입력분석기에서 Fit All 옵션을 선택하면 가능한 각 분포를 차례로 적합화시키고 요약 결과가 계산된다. 그다음 제곱오차 기준으로 가장 작은 것에서부터 큰 순서로 분포의 순위를 매긴다. 제곱오차에 대한 정의로부터 알 수 있는 것처럼 그 값은 구간을 정의하는 것에 따라 다르게 된다. 따라서 구간의 수에 따라 계산된 결과가 어떻게 달라지는지 민감도분석을 반드시 해보기 바란다.

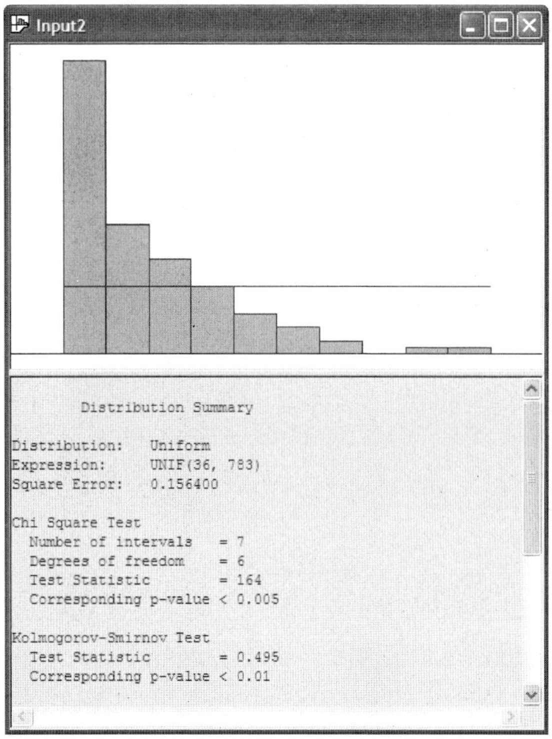

그림 6.23 서비스 시간에 대한 일양분포와 히스토그램

표 6.6 제곱오차 계산

j	c_j	b_j	h_j	$\hat{p}_j$	$(h_j - \hat{p}_j)^2$
1	43	111	0.43	0.399	0.000961
2	19	185	0.19	0.24	0.0025
3	14	260	0.14	0.144	1.6*E*-05
4	10	335	0.1	0.0866	0.00018
5	6	410	0.06	0.0521	6.24*E*-05
6	4	484	0.04	0.0313	7.57*E*-05
7	2	559	0.02	0.0188	1.44*E*-06
8	0	634	0	0.0113	0.000128
9	1	708	0.01	0.0068	1.02*E*-05
10	1	783	0.01	0.00409	3.49*E*-05
				Square error	0.003969

Fit All 함수를 사용하면 36 + 747 * BETA(0.667, 2.73) 표현식이 모델에 적합한 분포라는 입력분석기 결과를 얻는다(그림 6.24). Window > Fit All Summary 메뉴 옵션을 선택하면 적합해본 모든 분포에 대한 제곱오차를 볼 수 있다. 요약에 의하면 지수분포는 제곱오차 기준으로 2번째로 적합하다(그림 6.25). Option > Parameters > Histogram 메뉴를 선택하면 그림 6.26과 같이 히스토그램 모수 대화상자를 이용하여 히스토그램과 관련된 모수를 변경할 수 있다.

구간의 수를 12로 변경하였을 때는 카이제곱 검정, K-S 검정, 제곱오차 기준으로 지수분포가 적절한 모델임을 그림 6.27에서 보여주고 있다. 구간의 수를 다르게 하여 다른 적합도를 평

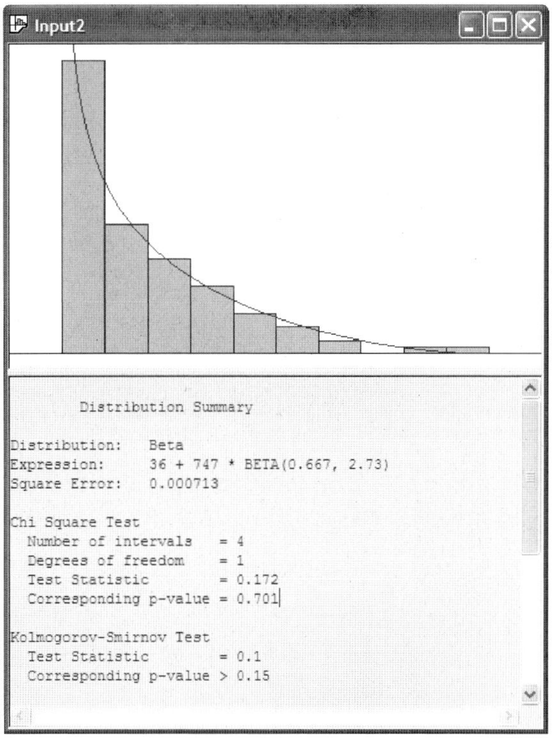

그림 6.24 Fit All에 의한 추천 모델

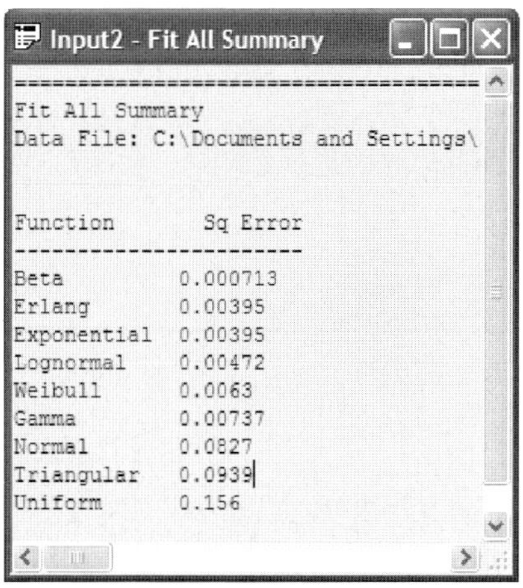

그림 6.25 제곱오차 요약

가해보기 바란다. 대부분의 적합에서 지수분포가 적절한 분포로 선정될 것이다. 이것이 지수분포가 서비스 시간 자료에 적절한 모델로 보이는 것이다.

입력분석기는 모든 분포를 적합화하고 요약(fit all summary)하고 하나의 분포를 추천하는 기능이 있어서 편리하다. 그러나 P-P 도표와 Q-Q 도표는 제공하지 않는다. 이것은 R에 있는

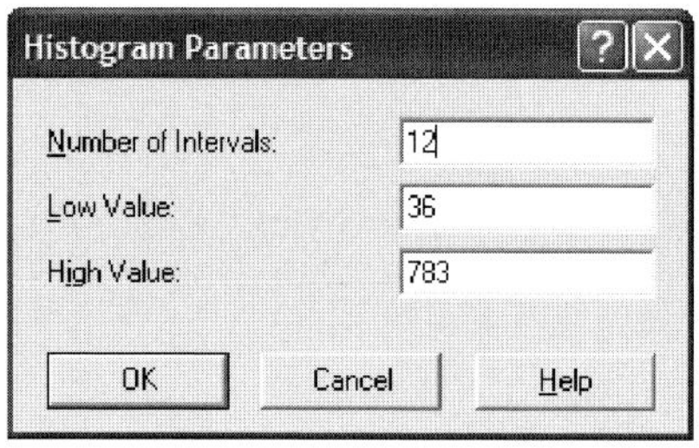

그림 6.26 히스토그램 모수 변경

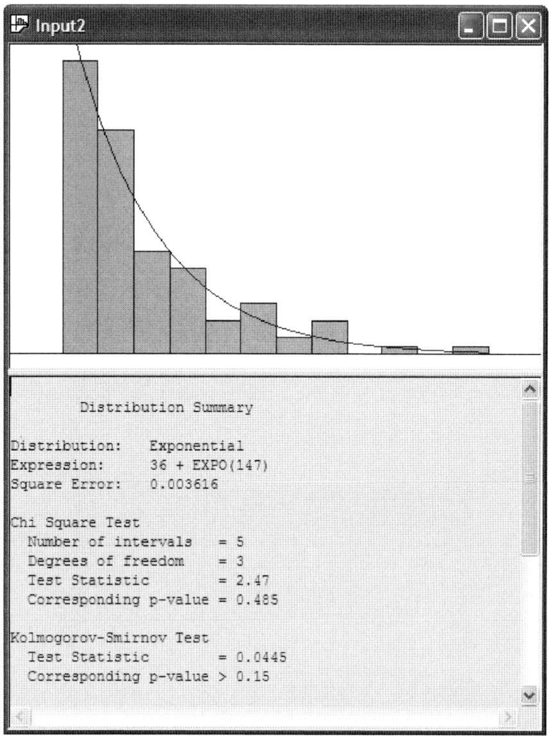

그림 6.27 12개 구간에 대한 Fit All

*fitdistrplus*를 사용할 수 있다. 이러한 분석을 진행하기 전에 생각해야 할 기술적 문제가 있다.

입력분석기로 제안된 모델은 36 + EXPO(147)이다. 즉, X가 서비스 시간을 나타내는 확률변수라고 하면 $X \sim 36 + \text{EXPO}(147)$, 여기서 147은 지수분포의 평균이다. 따라서 $\lambda = 1/147$이다. 이 식에서 36은 상수이기 때문에 확률변수 $W = X - 36$은 $W \sim \text{EXPO}(147)$이다. 따라서 지수분포에 대한 모델 확인은 확률변수 W로 하면 된다. 즉, 원 자료를 취해서 36을 빼면 된다.

다음 목록은 R 작업 폴더에 *ServiceTimes.txt* 자료 파일이 있다고 가정할 때 모델을 적합하는 R 명령어를 나타내고 있다. 그림 6.29는 경험분포, P-P 도표, Q-Q 도표를 근거로 지수분포가 서비스 시간에 적합하다는 것을 보여주고 있다.

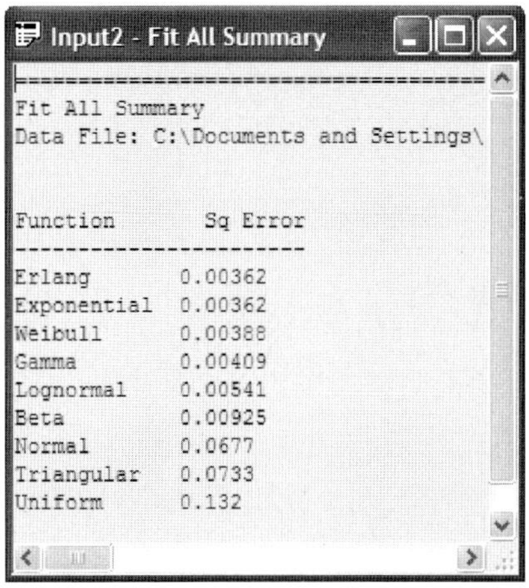

그림 6.28 12개 구간에 대한 Fit All 요약

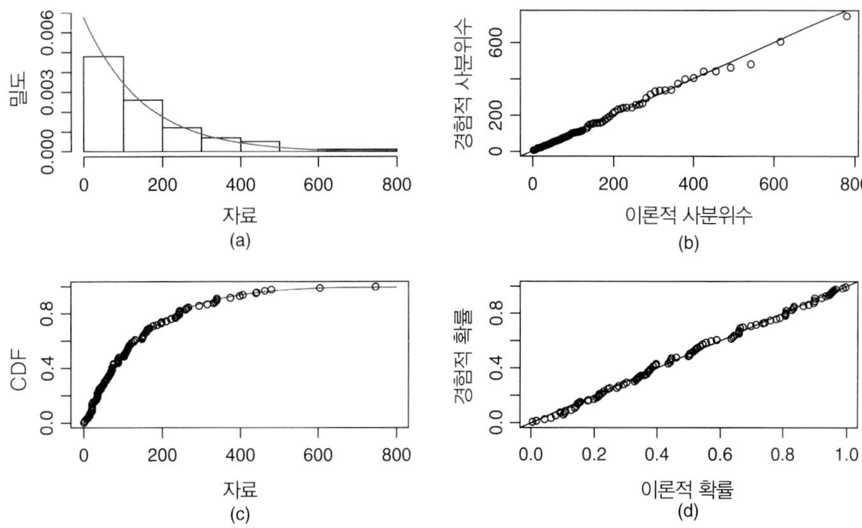

그림 6.29 지수분포 적합에 대해 *fitdistrplus*에 의한 분포 적합. (a) 경험 및 이론 밀도, (b) Q-Q 도표 (c) 경험 및 이론 CDFs (d) P-P 도표

```
> x = scan(file="ServiceTimes.txt") #read in the file
Read 100 items
> w=x-36
> library(fitdistrplus)
Loading required package: survival
Loading required package: splines
> fw = fitdist(w, "exp")
> fw
Fitting of the distribution ' exp ' by maximum likelihood
Parameters:
        estimate   Std. Error
rate 0.006813019 0.0006662372
```

```
> 1/fw$estimate
    rate
146.7778
> plot(fw)
```

6.8 추가적인 입력모델 개념

이 절에서는 모델링 과정에서 자주 나오는 몇 가지 추가적인 문제를 다루면서 입력모델링 논의를 마무리 짓는다.

서비스 시간 예제를 통해 연속 확률변수를 모델링하였다. 그러나 만약 이산 확률변수를 모델링할 경우 어떻게 할 것인가? 기본적으로 복잡한 요인은 입력분석기에서 이용할 수 있는 유일한 이산형 확률분포는 포아송분포이고, 이 옵션은 입력 자료가 정수 값을 가질 경우에만 가능하다. 모델링 과정에 있어서의 각 단계는 입력분석기에 의존할 수 없다는 것을 제외하고는 본질적으로 동일하다. 상업용 소프트웨어는 일반적인 이산형 분포 몇 가지를 적합할 수 있는 옵션을 가지고 있다. 이산분포에 대한 적합 과정은 빈도표에 대한 구획(bin)은 확률변수의 범위에 의해 결정되기 때문에 한 가지 방법으로 단순화되어 있다. 예를 들어, 만약 기하분포를 적합하고 있다면, 확률변수의 가능한 값 1, 2, 3, 4 등의 각각에 대한 발생 빈도를 표로 나타내기만 하면 된다. 때로는 구획마다 적절한 수의 관측치를 얻기 위하여 구획들을 그룹으로 묶어야 할지 모른다. 이산인 경우의 적합 과정은 주로 이 장에서 간략히 소개하고 많은 입문 확률통계 책에서 다루고 있는 카이제곱 적합도 검정의 직접 응용에 초점을 맞추고 있다.

만약 유한개의 값을 갖는 자료 집합을 고려하고 있다면, 그 자료를 왜 바로 재사용할 수 없는가? 다시 말해, 파일로부터 자료를 읽어 관측한 자료를 재사용할 때 왜 이론적인 분포의 적합화에 대한 모든 문제를 조사해야 하는가? 이러한 접근법에는 많은 문제점이 있다. 첫 번째 어려운 점은 자료 집합 내의 관측치는 **표본**이라는 것이다. 즉 이러한 표본은 확률변수에 대한 모든 가능한 값에 대응할 수 없다. 예를 들어 서비스 시간 문제에 대해 다음과 같이 10개의 관측치로 구성된 표본만을 이용할 수 있다고 가정하자. 나아가 표본은 다음과 같다고 하자:

1	2	3	4	5	6	7	8	9	10
36.84	38.5	46.23	46.23	46.23	48.3	52.2	53.46	53.46	56.11

분명히 이 표본에는 100개 표본의 경우에 있었던 긴 서비스 시간을 포함하고 있지 않다. 문제는 만약 이러한 값만으로부터 다시 표본을 뽑는다면 36.84보다 적거나 혹은 56.11보다 큰 값은 결코 얻을 수 없다는 것이다. 두 번째 어려운 점은 시뮬레이션 모델에서 이러한 분포를 실험적으로 변화시키는 것이 더 어렵다는 것이다. 만약 여러분이 이 자료에 이론분포를 적합화한다면 여러분이 수행하는 실험에서 비교적 쉽게 이론분포의 모수를 변화시킬 수 있다. 따라서 적당한 입력분포를 적합하고 사용하려는 시도는 의미가 있다.

그러나 만약 너무 제한된 자료를 가지고 있거나 아니면 자료에 잘 맞는 분포가 없기 때문에 적절한 분포를 찾지 못하였을 경우에 어떻게 하겠는가? 이러한 상황에서는 경험분포에 자료를 적합해보는 것이 좋다. 본질적으로 표본에 있는 각 관측치는 표본으로부터 동일한 가능성을 가지고 무작위적으로 관측치를 뽑는 것으로 간주한다. 많은 경우에 표본에서 반복되는 관측치들이 있고 이 값들에 따라 이산형 경험분포를 만들 수 있다. 만약 위의 10개 표본에 대하여 이렇게 하였다면 표 6.7에 주어진 것과 같은 이산형 경험분포를 만들 수 있다. Arena^{TM}에서 이러한 분포는 *DISC()* 함수를 이용하여 모델링할 수 있다.

또한 여러분은 연속형 경험분포도 사용할 수 있다. Arena^{TM}에서 이러한 분포는 *CONT()* 함수로 표현할 수 있다. 입력분석기의 경험분포는 자료에 이산과 연속 경험분포 모두 적합할 수 있다.

만약 분석결과에서 자료가 서로 의존성이 있거나 비정상성(nonstationary)이 있는 경우에는 어떻게 할 것인가? 어느 경우든 고려 중인 표준 분포 적합화 과정의 기본적인 가정에 위배된다. 첫째, 자료가 약간의 상관관계가 있다고 가정하자. 먼저 해야 할 일은 자료가 올바르게 수집되었는지 확인하여야 한다. 자료 수집을 위한 샘플링 계획은 무작위 표본 수집이 되도록 하여야 한다. 만약 자료가 자동 자료 수집 과정을 통해 얻어진 것이라면 관측치에 상관관계가 있을 가능성이 많다. 이것이 자동 자료수집의 위험성 중의 하나이다. 이러한 경우에 상관관계 모델링이 현재 연구에서 중요한지 아닌지를 결정할 필요가 있다. 따라서 하나의 대안은 상관관계를 무시하고 모델 적합화 과정을 계속하는 것이다. 이것은 2가지 이유로 권장할 만하지 않다. 첫째는 모델 적합화 과정에서 통계적 검정이 의심받게 되고, 둘째는 상관관계가 입력모델링의 중요한 부분일 수도 있다. 예를 들면 단순대기행렬모형(simple queueing model)에서 상관관계가 있는 도착과정과 상관관계가 있는 서비스 시간은 대기행렬의 성능척도(performance measure)에 중요한 영향을 미칠 수 있다. 만약 충분한 크기의 자료를 가지고 있다면 상관관계가 없도록 그 자체 자료에서 무작위 표본을 만드는 것이다. 그리고 그 표본에 분포의 적합을 하는 것이다; 그러나 표본을 난수 생성과정에 반영함으로써 여전히 의존성을 모델링하게 된다. 상관관계를 확률변수 생성과정에 반영하는 몇 가지 기법은 10장에서 다룬다.

만약 자료가 비정상성을 보인다면 시계열 모델을 사용하거나 다른 비정상 모델을 사용하여 시간에 따른 의존성을 모델링할 수 있다. 이러한 고급 기법은 이 책의 범위를 넘는 것이라고만 해두자. 그러나 다음 절에서 시간 의존적인 도착 과정을 모델링하는 데 매우 유용한 특수한 비정상 모델인 비정상 포아송과정(nonhomogeneous Poisson process)의 모델링에 대하여 논의한다. 이러한 방법에 대한 추가적인 정보는 Law [2007], Leemis와 Park [2006]를 참고하기 바란다.

표 6.7 간단한 경험분포

X	PMF	CDF
36.84	0.1	0.1
38.5	0.1	0.2
46.23	0.3	0.5
48.3	0.1	0.6
53.46	0.2	0.8
55.33	0.1	0.9
56.11	0.1	1

표 6.8 경계점 기반 경험분포

X	PMF	CDF
(36, 100]	0.1	0.1
(100, 200]	0.1	0.2
(200, 400]	0.3	0.6
(400, 600]	0.2	0.8
(600, ∞)	0.2	1.0

마지막으로 위의 모두는 분석을 수행할 수 있는 자료를 가지고 있다고 가정한다. 그러나 많은 경우에 자료 수집 비용이 너무 비싸거나 모델링하고자 하는 시스템이 아직 존재하지 않는 등의 이유로 인하여 어떠한 자료도 가지고 있지 않을 수도 있다. 후자의 경우에는 유사한 시스템을 관찰하고 그것의 입력은 어떻게 모델링되었는지를 보면 아마도 현재 상황에 대한 몇 가지 입력 모델을 얻을 수 있을 것이다. 또한 어느 경우든 전문가의 의견에 따를 수도 있다. 이러한 상황에서는 모델링할 확률분포의 특성치를 전문가에게 물어볼 수 있다. 이 경우 일양분포와 삼각분포를 매우 유용하게 사용할 수 있다. 왜냐하면 가능한 최소값, 최대값 그리고 최빈값을 전문가로부터 쉽게 얻을 수 있기 때문이다.

한편 여러분은 전문가에게 확률변수가 여러 구간에 포함될 가능성에 근거하여 경험분포를 만드는 데 도움을 요청할 수 있다. 극단에 가까운 경계점을 구하는 것이 특히 중요하다. 표 6.8은 이러한 방법에 의한 서비스 시간의 분포를 나타낸 것이다.

여러분이 자료를 많이 가지고 있든, 적게 가지고 있든, 가지고 있지 않든, 입력모델링 과정에서 중요한 마지막 단계는 **민감도 분석**이다. 여러분의 궁극적인 목적은 현재 고려 중인 시스템에 대한 대규모 시뮬레이션 모델을 구축하기 위하여 입력 모델을 개발하는 것이다. 여러분은 관심이 있는 출력 척도에 거의 영향을 미치지 않는 입력 모델에 대한 자료를 수집하고 분석하는데 중요한 시간과 에너지를 낭비할 수 있다. 간단한 입력 모델로 시작해서 시뮬레이션 모델에 그것을 적용한다. 그리고 입력의 변화에 따라 출력이 얼마나 민감하게 반응하는지를 확인하기 위하여 실험 중인 모델의 모수와 특성치를 변화시킨다. 만약 특정한 입력 모델에 출력이 매우 민감하게 반응한다면 이러한 상황에 대해 계획하고 자료를 수집하고 더 좋은 모델을 개발할 수 있다. 민감도의 정도는 전적으로 개발자가 결정할 사항이다. 이 모든 과정에서 여러분이 책임자이지 소프트웨어가 아니다. 소프트웨어는 의사결정과정을 지원하기 위해 존재한다. 소프트웨어는 여러분의 작품을 정당화하기 위하여 사용하기 바란다.

6.9 Arena로 무작위성 모델링

이 절에서는 Arena™로 돌아가서 보다 큰 모델로 입력분포 사용 예를 든다.

이전 절에서 확률변수를 생성하기 위한 여러 가지 방법과 함수에 대해 논의하였다. 이 절에서는 Arena™로 입력분포의 사용 사례를 든다. 예제는 가공한 것이지만 흥미로운 내용이고 여러 가지 확률분포가 사용된다.

예제 6.4 LOTR Makers사

LOTR Makers사의 판매원은 매일 아침 이전에 판매원이 방문한 적이 있는 고객을 대상으로 구입 문의 전화를 한다. 문의 전화에 대한 판매 성공률이 기록되고 그 값은 매일 변동한다. 주어진 날의 성공 확률은 평균 성공률이 약 77%가 되도록 모수 $\alpha_1 = 5$와 $\alpha_2 = 1.5$를 갖는 베타분포로 모델링하였다. 그들은 매일 아침 100통의 전화를 하고, 각 전화에서 예쁜 반지 한 쌍의 구매가 이루어질 수도 있고 그렇지 않을 수도 있다. 따라서 매일 생산해야 할 한 쌍의 반지의 수는 그날의 성공률 p와 총 전화 횟수를 나타내는 $n = 100$을 모수로 갖는 이항분포를 한다.

판매원은 충분히 많지만 그날의 생산 개시 전에 모든 확인 전화를 하는 시간은 충분하지 않다. 본질적으로 모든 주문이 확인되기 전까지는 반지 생산을 개시할 수 없지만, 매일 실제로 생산해야 할 한 쌍의 반지의 수는 구입 확인 절차가 완료될 때까지는 알 수 없다. 전화를 하는 시간은 제품 생산에 소요되는 전체 시간과 비교할 때 무시할 수 있다.

한 쌍의 반지는 하나는 다른 하나보다 작아서 작은 반지는 큰 반지 안쪽에 잘 끼워져야 한다. 한 쌍의 반지는 숙련공에 의해 생산되고 생산 시간은 5분과 15분 사이에서 일양분포를 한다. 생산된 반지는 검사원에 의해 각각 최소값, 최빈값, 최대값을 나타내는 모수 (2, 4, 7)을 갖은 삼각분포를 하는 시간(분 단위) 동안 정밀한 검사가 이루어진다. 검사는 작은 반지를 외부의 큰 반지 안쪽에 끼웠을 때 너무 큰지 너무 작은지를 판별한다. 큰 반지의 내부 직경 D_b는 평균 1.5 cm, 표준편차 0.002를 갖는 정규분포를 한다. 작은 반지의 외부 직경 D_s는 평균이 1.49 cm, 표준편차가 0.005인 정규분포를 한다. 만약 $D_s > D_b$이면 작은 반지가 큰 반지에 끼워지지 않는다. 그러나 $D_b - D_s > tol\ (= 0.02)$이면 반지가 너무 헐겁게 된다.

반지에 문제가 없으면 그 반지는 배송을 위해 포장 센터로 보내진다. 포장 시간은 시간 연구 결과 평균이 7분, 표준편차가 1분인 대수정규분포를 한다. 검사에서 문제가 있으면 재가공을 위해 숙련공에게 보내진다. 한 쌍의 반지를 재작업하는 데 소요되는 시간은 최소 5분에서 약간의 추가 시간이 소요되며 추가 시간은 척도 모수(scale parameter)가 15이고 형상 모수(shape parameter)가 3인 와이블분포를 따른다. 재작업이 완료되면 포장 센터로 보내진다.

LOTR Makers사는 일별 생산 시간을 추정하고자 한다. 특히 관리자는 잔업에 대한 확률을 추정하고자 한다. 현재 회사는 각각 480분씩 2개 조로 운영하고 있다. 두 번째 조의 작업이 끝난 후 잔업을 고려한다. 30일간 시뮬레이션을 실행하여 이러한 상황을 검토하라.

6.9.1 모델 개념화

이제 예제 6.4에 대한 모델링을 해보자. 기본적인 모델 설계 질문을 하면서 시작하도록 한다.

- 시스템은 무엇인가? 시스템에 대해 어떤 정보가 알려져 있는가?

시스템은 LOTR Makers사의 판매 확인 전화와 반지 생산 공정이다. 시스템은 매일 판매 확인 전화 개시로 시작되고 그날 생산된 마지막 반지가 출하되었을 때 종료된다. 시스템은 다음과 같은 정보를 알고 있다.

- 판매 전화에서 판매가 이루어질 확률분포: $p \sim$ BETA($\alpha_1 = 5, \alpha_2 = 1.5$)
- 매일 아침 이루어지는 판매 전화 횟수: $n = 100$
- 한 쌍의 반지를 생산하는 데 소요되는 시간 분포: UNIF(5, 15)
- 큰 반지와 작은 반지의 직경에 대한 분포: 각각 NORM(1.5, 0.002)와 NORM(1.49, 0.005)
- 반지 검사 시간에 대한 분포: TRIA(2, 4, 7)
- 포장 시간에 대한 분포: LOGN(7, 1)
- 재작업 시간에 대한 분포: 5 + WEIB(15, 3)
- 한 조의 작업 시간: 480분

- 개체(*entity*)는 무엇인가? 어떤 정보가 각 개체에 기록되어야 하는가?

가능한 개체는 판매 확인 전화와 판매가 이루어져 생산해야 할 작업(반지의 쌍)이다. 각 판매 확인 전화에서 판매가 성사될 확률, 모든 반지의 직경이 주어져야 한다.

- 개체가 사용하는 자원(*resource*)은 무엇인가?

판매 확인 전화는 어떠한 자원도 사용하지 않는다. 생산 작업은 숙련공, 검사원, 포장원을 사용한다. 또한 재작업 숙련공을 사용한다.

- 프로세스 흐름(*process flow*)은 무엇인가? 프로세스를 기술하고 그림으로 그려라.

2개의 프로세스가 있다: 판매 주문과 생산. 대략적인 판매 주문 프로세스는 다음과 같이 생각할 수 있다.

1. 하루를 시작한다.
2. 판매가 성사될 가능성을 결정한다.
3. 전화를 건다.

예시 6.1 주문 판매 프로세스

```
CREATE 1 order process logical entity
ASSIGN
   vSalesProb = BETA (5, 1.5)
   myCallNum = 1
END ASSIGN
WHILE myCallNum ≤ 100
   myCallNum = myCallNum + 1
   mySale = DISC(vSalesProb,1,1.0,0)
   myNumSales = myNumSales + mySale
END WHILE
SEPARATE
   create myNumSales duplicates, send to production
   dispose of original order logical entity
END SEPARATE
```

4. 판매가 성사된 수를 결정한다.
5. 생산 작업을 개시한다.

대략적인 제조공정은 다음과 같이 생각할 수 있다.

1. 반지를 제조한다(크기 결정).
2. 반지를 검사한다.
3. 만약 검사에 통과하지 못하면 재작업을 한다.
4. 반지를 포장하고 출하한다.

예시 6.2 생산 프로세스

```
PROCESS
  SEIZE master ring maker
  DELAY for ring making
  RELEASE master ring maker
END PROCESS
ASSIGN
  myIDBigRing = NORM(1.49, 0.005)
  myODSmallRing = NORM(1.5, 0.002)
  myGap = myIDBigRing - myODSmallRing
END ASSIGN
PROCESS
  SEIZE inspector
  DELAY for inspection
  RELEASE inspector
END PROCESS
DECIDE
  IF myODSmallRing > myIDBigRing THEN
    RECORD too big
    Send to Rework
  ELSE
    RECORD not too big
    IF myGap > 0.02 THEN
      RECORD too small
      Send to Rework
    ELSE
      RECORD not too small
    END IF
  END IF
END DECIDE
PROCESS Packaging
  SEIZE packager
  DELAY for packaging
  RELEASE packager
END PROCESS
DISPOSE
A: REWORK
PROCESS
  SEIZE rework craftsman
  DELAY for rework
  RELEASE rework craftsman
END PROCESS
Send to Packaging
```

모델링 과정에서 다음 단계는 시뮬레이션에 대한 의사코드(프로그래밍)를 개발하는 것이다.

위에서 설명한 각 과정은 모델링하는 데 필요하다. 문제 설명문에는 판매 전화에 어느 정도 시간이 소요되는지에 대한 언급이 없다. 또한 판매 주문 전화 과정은 어떤 자원도 사용하지 않는다. 전화는 생산이 진행되기 전에 이루어진다. 판매 주문 프로세스의 중요한 목적은 매일 생산할 반지의 수를 결정하는 데 있다. 이러한 상황은 논리 개체(logical entity)를 사용하여 모델링하는 것이 최선이다. 논리 개체는 전체 판매 주문 프로세스를 묘사하고 생산해야 할 반지의 수를 결정하여야 한다. 문제 설명문으로부터 이것은 $n = 100$, $p \sim \text{BETA}(5, 1.5)$를 따르는 이항 확률변수이다. Arena^{TM}는 이항분포를 가지고 있지 않다. 이를 실행하는 가장 좋은 방법은 이항 확률변수를 생성하기 위하여 베르누이 확률변수의 중첩 특성을 이용하는 것이다.

예시 6.1의 판매 주문 프로세스에 대한 의사코드에서, 논리 개체가 먼저 생성되고 p값이 할당된다. 그런 다음 판매 전화에 대한 성공 여부를 나타내기 위하여 100개의 베르누이 확률변수가 생성된다. 성공 횟수가 합해져서 생산 개수가 결정된다. 의사코드에서 성공 횟수를 합하는 방법은 제어 구조의 루프 구조로 하였다.

생산 프로세스 의사코드는 한 쌍의 반지가 생산 과정에서 어떻게 움직이는지를 기술하는 것이다(예시 6.2).

6.9.2 모델 구현

지금까지 시스템은 개체, 자원, 프로세스란 말로 개념화하였다. 이것은 시뮬레이션 모델에서 나타내야 할 정보를 이해하는 데 매우 유용하다. 또한 모델에 대한 논리적 흐름을 의사코드로 기술하였다. 이제 이것을 Arena^{TM}로 구현해보자. 다음은 이러한 프로세스를 구현하는 것을 설명한다. 진행하기 전에, 여기서 기술한 것을 잘 수행하고 있는지를 확인하기 위한 자신의 논리를 구축하고자 할 수도 있다. 그렇지 않다면 본 예제를 통해서 진행한 것과 논리를 구현하면 된다.

판매 주문 프로세스를 구현하기 위하여 여러분은 먼저 필요한 자료를 어떻게 표현할 것인가를 결정할 필요가 있다. 의사코드에는 하나의 개체만 있고 시간의 경과는 없다. 이러한 상황에서 관련된 모듈을 실행하는 데 오직 하나의 개체만 필요하게 된다. 따라서 변수(variable) 혹은 속성(attribute)이 로직을 구현하는 데 사용될 수 있다. 다른 개체가 설정된 변수의 전역값

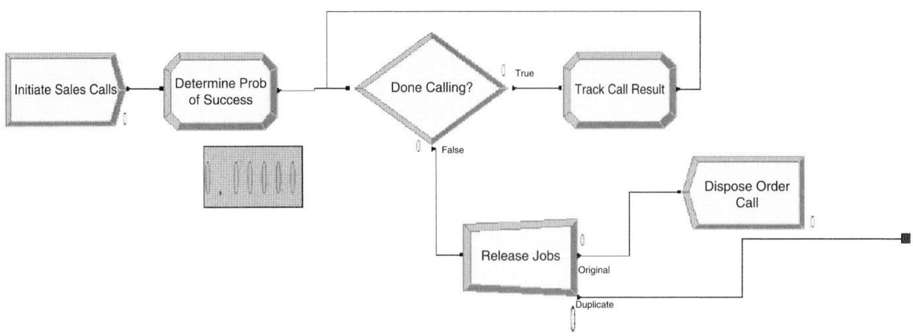

그림 6.30 판매 확인 프로세스

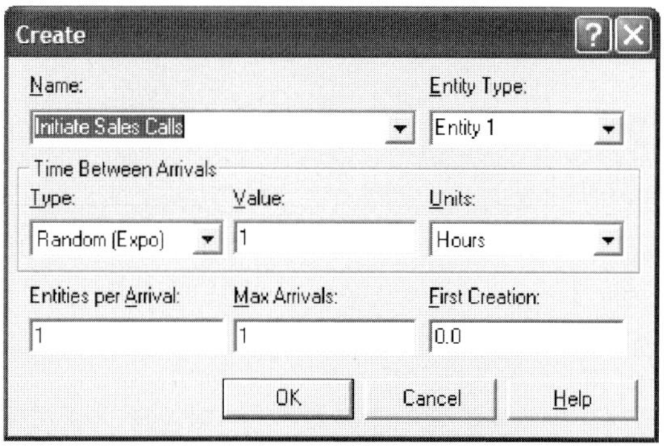

그림 6.31 판매 확인 프로세스 초기화

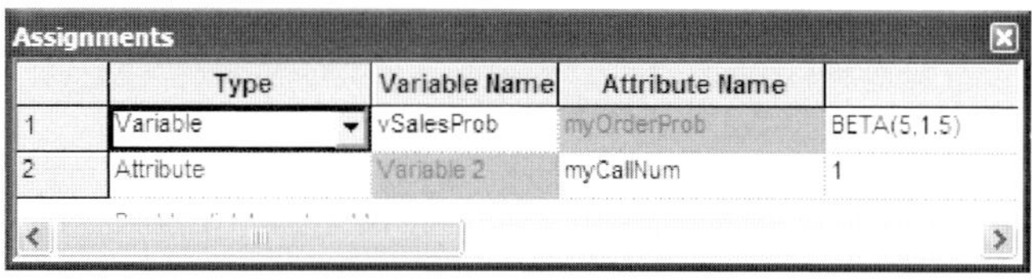

그림 6.32 성공확률 결정

(global value)을 변경할 위험이 없기 때문에 변수를 사용할 수 있다. 이 모델에서 순환은 5장에서 논의한 DECIDE 순환 구조를 이용하여 구현된다. 판매 주문 부분에 대한 전체적인 개념이 그림 6.30에 주어져 있다. 만약 여러분이 모델링을 따라 하고 있다면 그림에 주어진 모듈을 만드는 데 시간이 걸릴 것이다. 각 모듈에서 하여야 할 것에 대해 설명하려고 한다.

CREATE 모듈은 매우 간단하다. Max Arrivals 영역은 1 그리고 First Creation영역은 0.0이기 때문에 단 하나의 개체가 시점 0.0에 생성된다. Time Between Arrivals의 영역은 CREATE 모듈에서 추가적인 도착이 발생하지 않기 때문에 필요하지 않다. 그림 6.31에 주어진 것처럼 CREATE 모듈을 입력하기 바란다.

첫 번째 ASSIGN 모듈에서 그날의 성공 확률이 정해진다. 변수(*vSalesProb*)는 BETA() 분포함수(그림 6.32)로부터 구한 확률을 나타내기 위하여 사용되었다. 순환 로직을 시작하기 전에 속성 *myCallNum*이 1로 초기화된다. 이 속성은 전화한 수를 기록한다.

DECIDE 모듈은 변수 *vNumCalls* (그림 6.33)를 확인하기 위하여 속성 *myCallNum*을 사용한다. 변수 *vNumCalls*는 VARIABLE 모듈(여기에는 없지만)에서 정의되고, 100으로 초기화되었다. 전화의 총 수를 변수로 나타내었기 때문에 전화의 총 수는 필요할 경우 DECIDE 모듈을 편집하지 않고 VARIABLE 모듈에서 쉽게 변경할 수 있다.

그림 6.34는 순환 로직에 있는 ASSIGN 모듈을 나타내고 있다. 이 ASSIGN 모듈에서는 속성 *myCallNum*을 증가시킨다. 그런 다음 의사코드에 따라 베르누이시행을 구현하여야 한다. 이것은 속성 *mySale*에 0과 1의 두 가지 결과만을 할당하는 DISC() 분포함수를 이용하여 쉽게 할 수 있다. 값 1에 대한 성공의 확률을 BETA 함수로 정해지는 *vSalesProb*로 지정할 수 있다. 함수 DISC(BETA(5, 1.5), 1, 1.0, 0)는 이러한 상황에서는 제 기능을 하지 않는

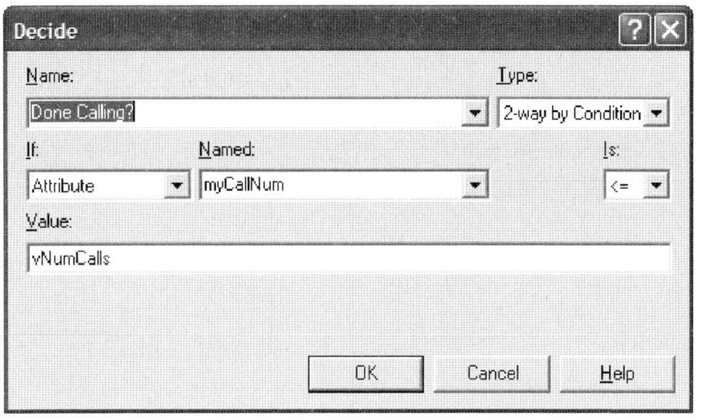

그림 6.33 모든 전화가 이루어졌는지 확인

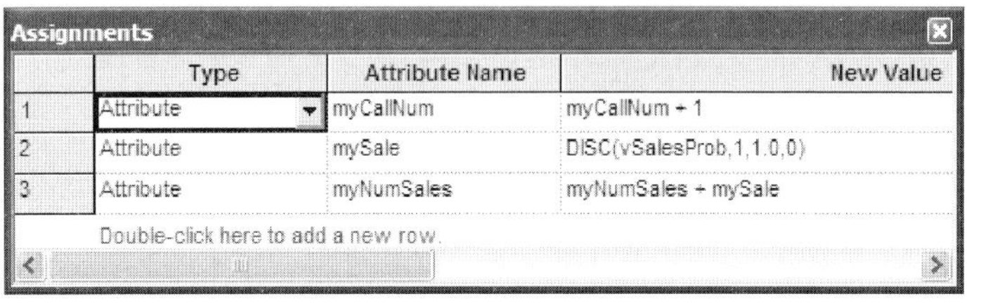

그림 6.34 전화 결과 추적

다. DISC(BETA(5, 1.5)는 DISC() 함수가 필요할 때마다 BETA() 함수로부터 새로운 확률을 계산하게 된다. 따라서 매 시행마다 다른 성공 확률을 가지게 된다. 이것은 문제에서 요구하는 것이 아니고, 변수 *vSalesProb*이 순환 로직 밖에서 결정되어야 하는 이유이기도 하다. 속성 *myNumSales*는 *mySale*의 값으로 증가된다. 이것은 모두 더해져서 성공한 판매 전화 수를 나타낸다(1로 표시).

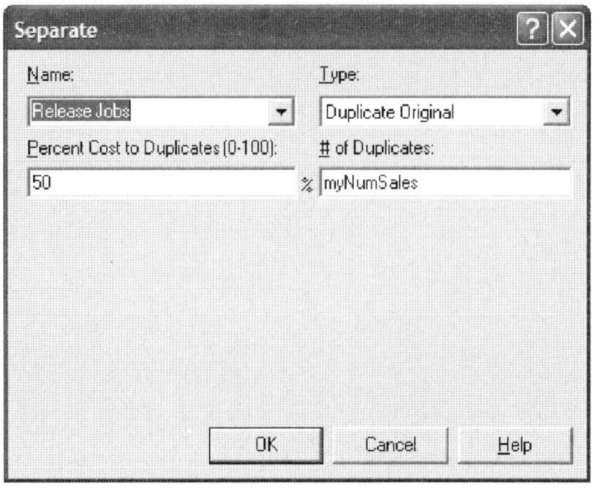

그림 6.35 생산 작업 생성

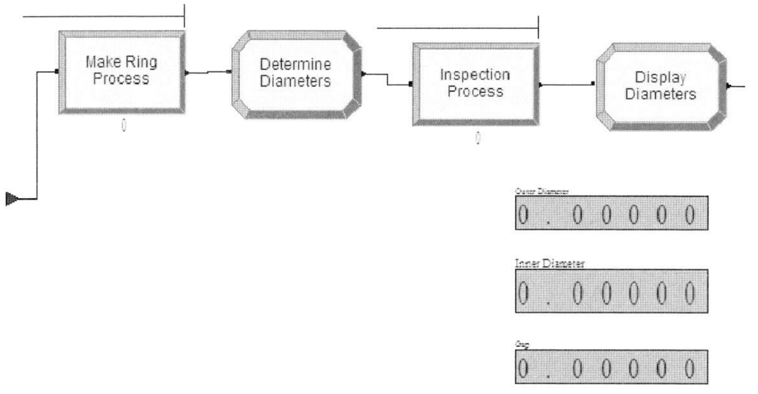

그림 6.36 반지 제조와 검사

DECIDE 모듈에서 거짓(false)이 되면 모든 판매 전화가 완료되었고, 속성 *myNumSales* 에 100번의 전화 중에서 얼마나 많은 전화가 성공하였는지가 기록된다. 주문 프로세스 개체는 SEPARATE 모듈로 연결되어서 *myNumSales* 만큼의 복제가 생성되고 그것을 생산 프로세스로 보낸다(그림 6.35). 원래의 주문 프로세스 논리 개체는 DISPOSE 모듈로 보내진다. 이때 collect entity statistics 상자에 체크하지 않는다. 이 상자에 체크를 하지 않으면 이 DISPOSE 모듈을 통해 빠져나가는 개체에 대한 통계량이 수집되지 않는다. 문제에서 주문 논리 개체에 대한 어떠한 통계량도 요구하지 않기 때문에 이렇게 하는 것이 좋다.

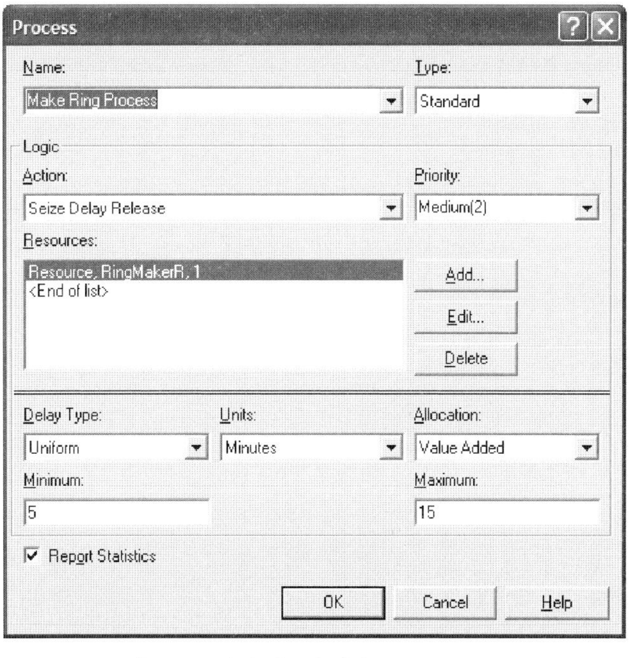

그림 6.37 반지 제조에 대한 PROCESS 모듈

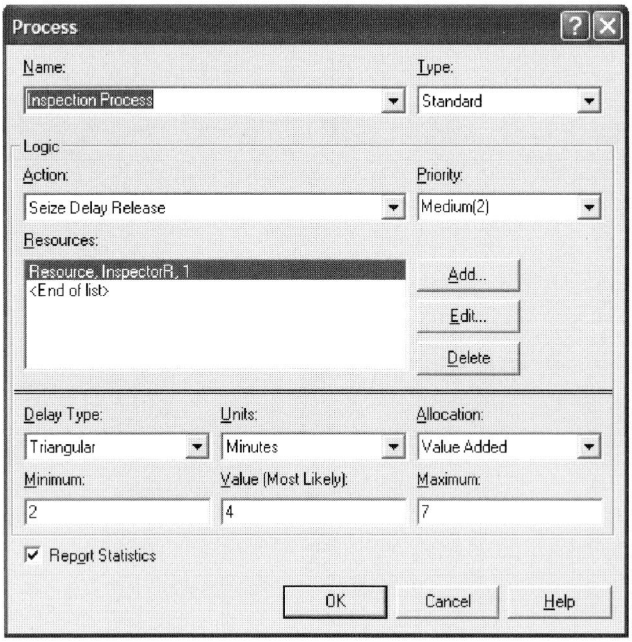

그림 6.38 반지 검사에 대한 PROCESS 모듈

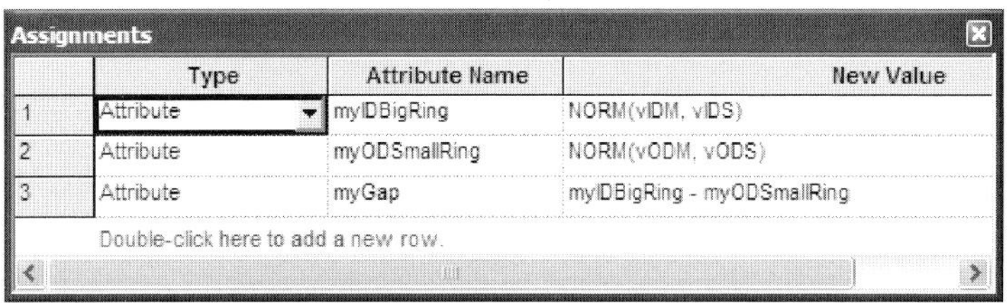

그림 6.39 반지 직경 결정

생산 프로세스는 한 화면으로 나타내기에는 길기 때문에 세 부분, 즉 제조와 검사 프로세스, 너무 크거나/너무 작은 것에 관한 의사결정, 수리와 포장 작업으로 나누기로 한다. 그림 3.36은 SEIZE, DELAY, RELEASE 옵션을 사용한 PROCESS 모듈로 구현한 제조와 검사 프로세스를 보여주고 있다. 그림 6.37과 6.38은 PROCESS 모듈과 일양분포와 삼각분포를 사용한 적절한 Delay 함수를 보여주고 있다.

두 프로세스 사이의 ASSIGN 모듈은 반지의 직경을 결정하는 데 사용된다. 그림 6.39는 속성 *myIDBigRing*과 *myODSmallRing*이 모두 정규분포를 사용하여 결정되는 것을 보여주고 있다. NORM() 함수의 모수는 VARIABLE 모듈에서 변수로 정의되어 있다.

검사 후에 반지는 재작업이 필요한지를 확인하여야 한다. 이러한 확인에 대한 개념이 그림 6.40에 주어져 있다. RECORD 모듈은 작은 반지가 너무 크거나 너무 작을 확률에 대한 통계량을 수집하는 데 사용된다.

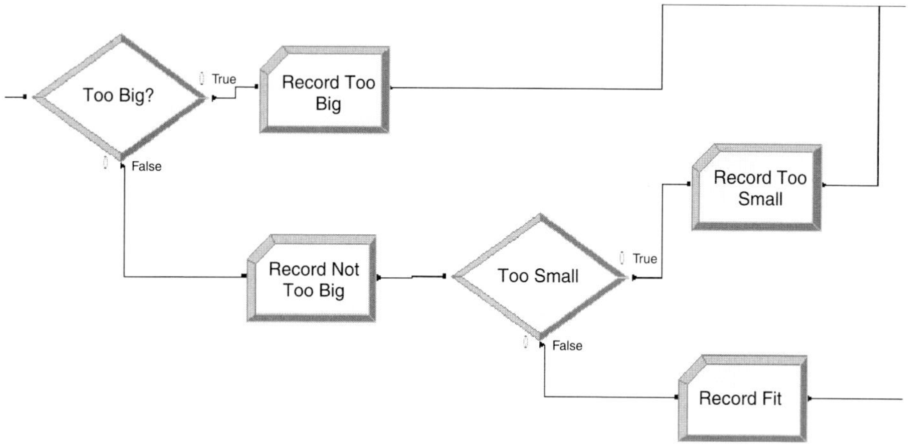

그림 6.40 반지 직경 확인

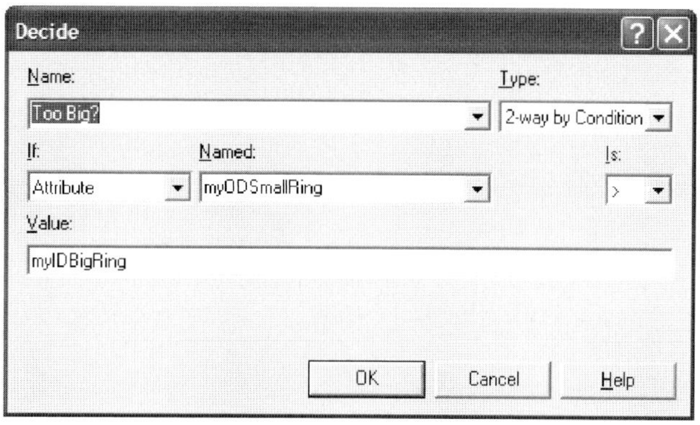

그림 6.41 작은 반지가 너무 큰지를 확인

그림 6.41은 반지가 너무 큰지를 확인하기 위한 DECIDE 모듈을 보여주고 있다. 2-way by condition 옵션은 속성 *myODSmallRing*이 속성 *myIDBigRing*보다 큰지를 확인하는 데 사용된다. 만약 작은 반지의 바깥 직경이 큰 반지의 안쪽 직경보다 클 경우 작은 반지는 큰 반지의 안쪽에 끼워지지 않고, 재작업이 필요하다.

그림 6.42는 작은 반지가 너무 헐거운지를 확인하는 DECIDE 모듈을 보여주고 있다. 이 DECIDE 모듈에서 2-way by condition 옵션은 수식 *myIDBigRing* - *myODSmallRing* > *vTol*을 확인하는 데 사용된다. 만약 반지 직경 간의 차이가 너무 크면(허용 기준보다 크면), 반지는 너무 헐거워서 재작업이 필요하다. 만약 반지가 적절하게 맞으면 포장 센터로 바로 보내진다.

그림 6.43은 재작업과 포장 프로세스를 보여주고 있다. PROCESS 모듈이 이러한 포로세스를 나타내기 위하여 사용되었다. 그림 6.44와 6.45는 재작업과 포장 PROCESS 모듈을 보여주고 있다. 지연 시간은 각각의 처리 시간이 5 + WEIB(15, 3)과 LOGN(7, 1)로 설정되도록 수식으로 변경되었다.

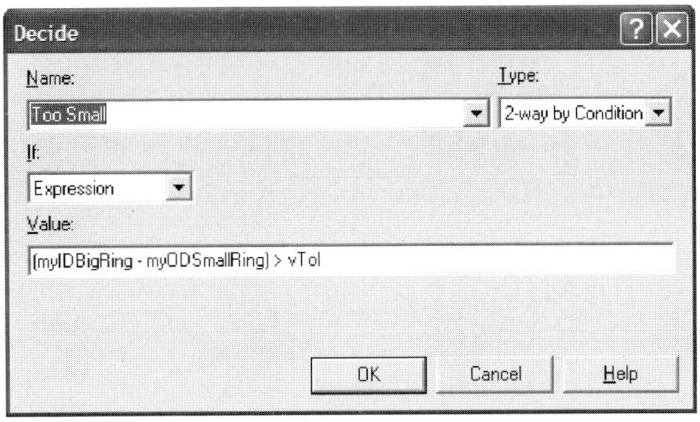

그림 6.42 작은 반지가 너무 작은지를 확인

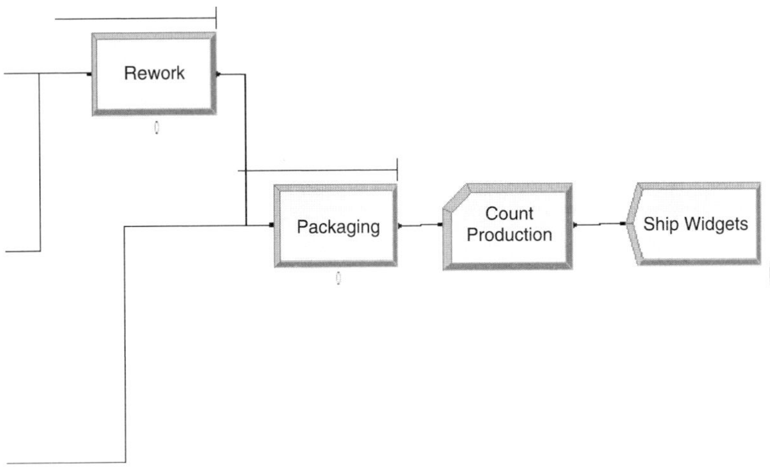

그림 6.43 재작업과 포장 프로세스

Arena™에서 시뮬레이션은 다음 3가지 상황에 근거하여 종료할 수 있다.

- 정해진 실행 길이
- 종료 조건이 충족됨
- 더 이상 처리할 사건(개체)이 없음

문제에서는 잔업을 할 확률 추정을 요구하고 있다. 판매 주문 프로세스가 생산할 반지의 수를 결정한다. 생산 프로세스는 그날 생산할 반지가 더 이상 없을 때까지 생산을 계속한다. 생산해야 할 반지의 수는 판매 주문 확정 프로세스에서 결정되는 이항 확률변수이다. 따라서 이 시뮬레이션의 실행 길이는 명확하지 않다.

어떤 날의 생산은 모든 반지가 생산되었을 때 끝난다. 이 모델의 경우 세 번째 조건을 적용한다. 모든 반지가 생산된 후 시뮬레이션은 자동으로 종료된다. 생산해야 할 반지의 수가 불확실하고 제조, 검사, 재작업, 포장하는 데 소요되는 시간이 불확실하기 때문에 시뮬레이션이 종

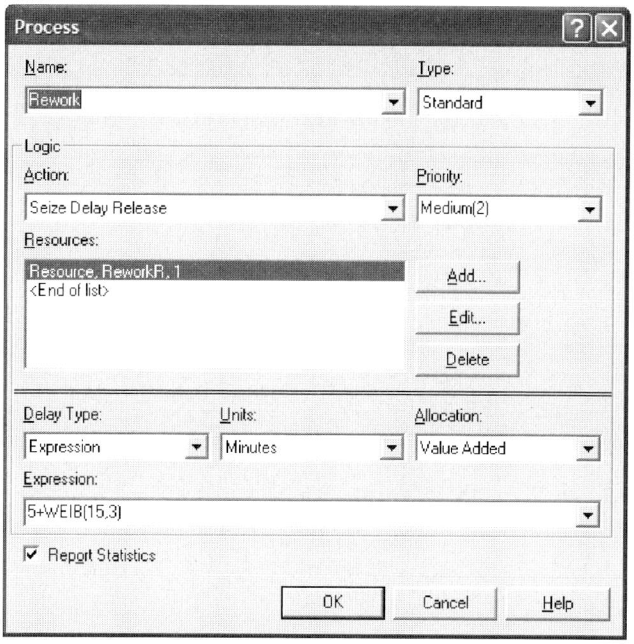

그림 6.44 재작업 PROCEEE 모듈

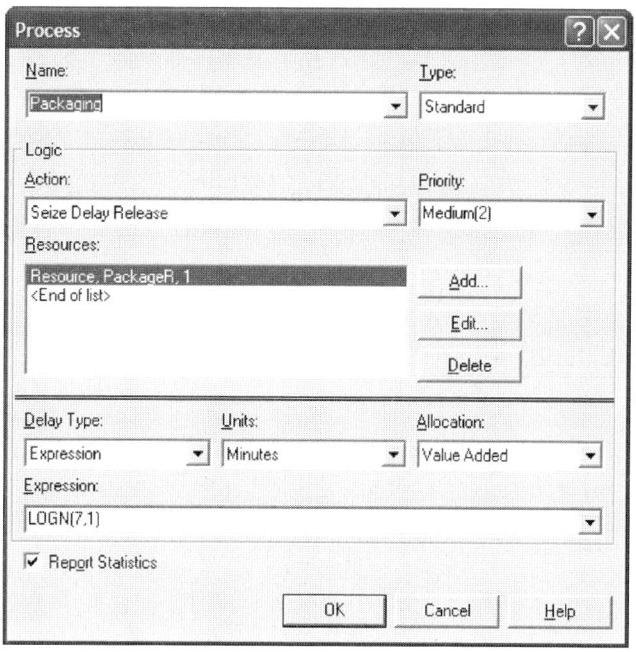

그림 6.45 포장 PROCESS 모듈

료될 시간은 확률변수이다. 만약 이 시간이 960분(2개 작업조의 작업 시간)보다 짧으면 잔업이 필요 없다. 만약 이 시간이 960분보다 길면 두 교대 작업조 이후에도 생산은 계속된다. 따라서

Statistic - Advanced Process

	Name	Type	Expression	Report Label	Output File
1	TimeToMakeOrderStat	Output	TNOW	TimeToMakeOrderStat	
2	ProbOfOT	Output	TNOW > 960	ProbOfOT	
	Double-click here to add a new row.				

그림 6.46 잔업에 대한 OUTPUT 통계량 정의

잔업이 필요하게 된다. 잔업이 있을 가능성을 평가하기 위하여 시뮬레이션의 종료가 어느 정도의 빈도로 960분을 초과하였는지에 대한 통계량을 기록할 필요가 있다.

특수한 변수 *TNOW*는 시뮬레이션의 현재 시간을 제공한다. 따라서 시뮬레이션을 종료할 때 *TNOW*는 시뮬레이션이 끝난 시간이 된다. 이 문제의 경우 *TNOW*는 마지막 반지의 생산이 완료된 시간이 된다. 잔업이 있을 가능성을 추정하기 위하여 Advanced Process 패널의 statistic 모듈이 사용된다. 특히 OUTPUT 통계량이라고 불리는 것을 정의할 필요가 있다.

OUTPUT 통계량은 어떤 시스템의 최종 값이나 반복이 종료되는 시점에서의 통계치를 기록한다. OUTPUT 통계량은 시스템 변수, 변수, 통계 함수 등을 포함한 임의의 유효한 수식으로 정의될 수 있다. 그림 6.46에 *TNOW*의 값을 기록하는 *TimeToMakeOrderStat*라고 불리는 OUTPUT 통계량이 정의되어 있다. 이것은 *TNOW*의 종료 값에 대한 통계량(반복에 걸친)을 수집하도록 한다. OUTPUT 통계량은 평균, 최소, 최대, 정의된 함수에 대해 반복 간 신뢰구간의 절반(half-width)을 기록하게 된다. 또한 필요할 경우 Output File 영역을 사용하여 관측한 값을 파일로 출력할 수 있다.

그림 6.46에 있는 두 번째 OUTPUT 통계량은 생산이 960분보다 더 길게 진행될 빈도를 나타내기 위하여 *ProbOfOT*라고 불리는 OUTPUT 통계량을 정의하고 있다. 이 경우에 수식은 *TNOW* > 960에 대한 논리값(Boolean value)이다. 수식 *TNOW* > 960을 평가해서 만약에 이것이 사실이면 1.0으로, 그렇지 않으면 0.0으로 평가한다. 이것은 마치 원하는 조건에 대한 지시변수(indicator variable)와 같다. OUTPUT 통계량은 1과 0에 대한 평균을 계산해서 조건에 대한 확률을 추정한다. 따라서 여러분은 잔업에 대한 최우추정치를 얻게 된다.

그림 6.47은 시뮬레이션의 실행 모수를 어떻게 설정하는지를 보여주고 있다. 여러분은 기본 시간 단위(base time units)를 분(minute)으로 해서 시뮬레이션을 실행하게 된다. *TNOW*가 분 단위로 해석될 수 있도록 여기서 설정하는 것이 중요하다. 이렇게 함으로써 수식 *TNOW* > 960가 의미 있게 된다. 반복 길이(replication length)는 정하지 않았고, 종료 조건(terminating condition)도 정하지 않았다. 앞에서 언급한 것처럼 시뮬레이션은 더 이상 처리할 사건(개체)이 없을 때 끝난다. 만약 모델이 올바르게 설정되지 않으면(즉, 무한개의 개체가 처리되도록) 시뮬레이션은 결코 종료되지 않을 것이다. 반복 횟수(number of replication)는 30일간의 생산을 나타내기 위하여 30으로 정하였다.

모델을 실행하면 그림 6.48에 주어진 것처럼 잔업 확률에 대해 사용자가 정의한 통계량과 주문량을 생산하기 위한 평균 생산 시간이 얻어진다. 잔업 확률은 약 6%이지만 30회 반복에서

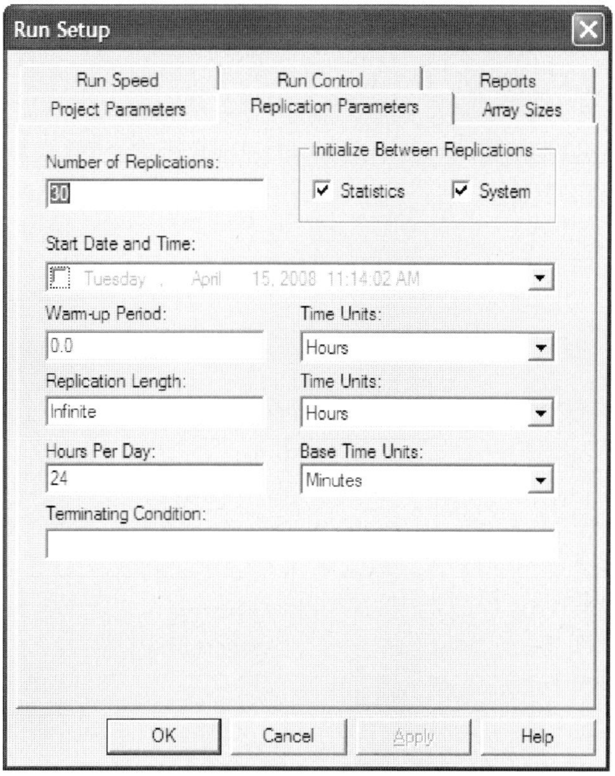

그림 6.47 Run Setup에서 반복 횟수 설정

Output	Average	Half Width	Minimum Average	Maximum Average
ProbOfOT	0.06666667	0.09	0.00	1.0000
TimeToMakeOrderStat	780.68	49.12	462.57	968.44

그림 6.48 30일에 걸친 Output 통계량

95% 신뢰구간 폭은 넓다. 주문량을 생산하기 위한 평균 시간은 780.68분이다. 평균이 960분 이하이지만 잔업이 발생할 가능성은 여전히 존재한다. 연습문제에는 잔업에 대한 이면의 이유와 잔업의 가능성을 줄이기 위한 대안을 모색하도록 하는 문제가 주어져 있다.

이 예제에서 여러분은 확률적 요소를 포함하는 소규모 시스템을 어떻게 모델링하고 개념 모델을 Arena™ 시뮬레이션으로 어떻게 변환하는지에 대해 학습하였다. 시뮬레이션을 사용하여 모델에 대한 통계적 반응치를 관찰할 수 있다. 7장에서는 시뮬레이션으로부터의 통계적 결과를 어떻게 적절하게 수집하고 분석하는지를 중점적으로 다루게 된다.

또한 LOTR Makers사의 상황에 대한 확률변수를 생성하기 위하여 Arena™에서 이용 가능한 많은 확률분포를 어떻게 사용하는지를 학습하였다. 앞의 예제에서 다루지 않은 몇 가지 분포가 있다(예를 들면, 경험적 연속 분포 CONT(), 존슨분포 JOHN(), 포아송분포 POIS(), 비정상 지수분포 NSExpo()). 10장에서 NSExpo() 함수를 다루고, 여러분은 예제를 통하여 포아송분포에 익숙해질 것이다. 경험적 연속 분포는 선형으로 보간한 표본 값을 제외하면 DISC() 함수와 유사하다. 이러한 과정은 이 과정은 Arena™의 도움 시스템에 설명되어 있고, 일반적인 설명은 Bank 등 [2005]과 Law [2007]를 참조하기 바란다. 존슨분포로 모델링하는 것에 대한 논의 또한 Law [2007]를 참조하기 바란다.

6.10 요약

이 장에서 시뮬레이션을 위해 입력분포를 모델링하기 위한 자료 분석 방법을 학습하였다. 입력분포는 시뮬레이션 모델의 확률적 행위를 유도한다.

입력분포 모델링은 다음과 같은 것을 필요로 한다.

- 모델링하고자 하는 시스템이 어떻게 작동하는지를 이해한다. 이러한 이해가 단계적인 방법으로 전반적인 모델 구축을 개선한다: 시스템을 모델링하고, 몇 가지 자료를 측정하고, 자료를 모델링하고, 시스템을 모델링하는 등.
- 면밀한 수집과 샘플링 계획을 세워 신중하게 자료를 수집한다.
- 적절한 통계적 기법을 사용하여 자료를 분석한다.
- 적절한 확률분포를 가정하고 검정한다.
- 모델을 시뮬레이션에 반영한다.

적절하게 시뮬레이션 모델에 입력분포를 모델링하는 것은 시뮬레이션 모델의 타당성을 높이고 나아가 시뮬레이션 결과물의 신뢰성을 높이는 중요한 기반이 된다. 7장은 이산시뮬레이션 모델로부터 얻어진 통계적 출력을 적절하게 분석하는 방법에 대한 논의를 시작한다.

연습문제

6.1 텍스트파일 *ch6promble1.txt*에서 이용 가능한 관측치는 연간 풍차발전지역에 대한 고장 건수를 나타낸다고 하자. 이 장에 논의한 기법을 사용하여 이 상황에 대한 입력분포를 추천하라.

6.2 텍스트파일 *ch6promble2.txt*에서 이용 가능한 관측치는 분 단위로 고장이 발생할 때마다 풍차 터빈을 수리하는 데 걸리는 시간을 나타낸다고 하자. 이 장에 논의한 기법을 사용하여 이 상황에 대한 입력분포를 추천하라.

6.3 텍스트파일 *ch6promble3.txt*에서 이용 가능한 관측치는 수리 기사가 고장 난 터빈을 수리하기 위하여 풍차지역으로 운전해 가는 데 걸리는 시간을 분 단위로 나타낸다고 하자. 이 장에 논의한 기법을 사용하여 이 상황에 대한 입력분포를 추천하라.

6.4 텍스트파일 *ch6promble4.txt*에서 이용 가능한 관측치는 극장 매표소에서 고객을 서비스하는 데 걸리는 시간을 초 단위로 나타낸다고 하자. 이 장에 논의한 기법을 사용하여 이 상황에 대한 입력분포를 추천하라.

6.5 텍스트파일 *ch6promble5.txt*에서 이용 가능한 관측치는 중요한 컴퓨터 검사 장비의 고장 간격 시간을 시간 단위로 나타낸다고 하자. 이 장에 논의한 기법을 사용하여 이 상황에 대한 입력분포를 추천하라.

6.6 텍스트파일 *ch6promble6.txt*에서 이용 가능한 관측치는 지역의 Quick Oil Change Shop 에서 윤활유, 유지보수 확인을 수행하는 데 소요되는 시간을 분 단위로 나타낸다고 하자. 이 장에 논의한 기법을 사용하여 이 상황에 대한 입력분포를 추천하라.

6.7 약 $Z \sim N(0, 1)$이고 $Y = \sum_{i=1}^{k} Z_i^2$이면 $Y \sim \chi_k^2$이다. 여기서 χ_k^2은 자유도 k를 갖는 χ_5^2이다. $k = 5$인 Y의 관측치 $n = 32, 64, 128, 256, 1024$개를 생성하기 위한 Arena 모형을 수립하라.

6.8 혈액 세포 센터에서 혈액 표본은 검사하는 데 걸리는 시간(초 단위)을 나타내는 다음 자료를 고려하자.

23.79	75.51	29.89	2.47	32.37
29.72	84.69	45.66	61.46	67.23
94.96	22.68	86.99	90.84	56.49
30.45	69.64	17.09	33.87	98.04
12.46	8.42	65.57	96.72	33.56
35.25	80.75	94.62	95.83	38.07
14.89	54.80	95.37	93.76	83.64
50.95	40.47	90.58	37.95	62.42
51.95	65.45	11.17	32.58	85.89
65.36	34.27	66.53	78.64	58.24

다음 정보가 주어졌을 때 신뢰 수준 95%에서 이들 자료가 일양분포를 하는지를 검정하라.

(a) 분포의 구간은 0과 100 사이이다.

(b) 분포의 구간은 a와 b 사이이고, a와 b는 알려지지 않은 모수이다.

6.9 Arena 입력분석기로 자료에 일양분포를 적합한 다음과 같은 출력 결과를 고려하자. 여러분은 자료가 일양분포를 따른다는 가설을 기각하겠는가? 아닌가?

```
                    Distribution Summary
Distribution: Uniform
Expression: UNIF(36, 783)
Square Error: 0.156400

Chi Square Test
  Number of intervals = 7
  Degrees of freedom  = 6
  Test Statistic      = 164
  Corresponding p-value < 0.005

Kolmogorov-Smirnov Test
  Test Statistic = 0.495
  Corresponding p-value < 0.01
```

```
                   Data Summary
Number of Data Points = 100
Min Data Value        = 36.8
Max Data Value        = 782
Sample Mean           = 183
Sample Std Dev        = 142

                Histogram Summary
Histogram Range      = 36 to 783
Number of Intervals = 10
```

6.10 도매상에서 하루에 받은 주문량에 대한 다음과 같은 빈도 자료를 고려하자.

j	x_j	c_j	np_j	$\frac{(c_j - np_j)^2}{np_j}$
1	0	10		
2	1	42		
3	2	27		
4	3	12		
5	4	6		
6	5 or more	3		
	총계	100		

(a) 이 자료에 대한 표본 평균을 계산하라.

(b) (95% 신뢰 수준으로) 자료가 포아송분포를 하는지 X^2 검정을 실시하라. 여러분의 계산 결과를 보여주기 위하여 주어진 표를 완성하라.

6.11 조립식 주택에 있는 전기콘센트 수는 10과 22개 사이다. 설치하는 데 걸리는 시간은 콘센트의 수에 따라 다르기 때문에 이 변수에 대한 확률분포를 구하기 위하여 자료가 수집되었다. 자료는 아래와 같다.

14	16	14	16	12	14	12	13	12	12
12	12	14	22	13	16	15	15	15	21
18	12	17	14	13	11	12	14	10	10
16	12	13	11	13	11	11	12	13	16
15	12	11	14	11	12	11	11	13	17

조립주택당 전기콘센트의 수에 대한 확률모델을 적합화하라.

6.12 Arena™를 사용하여 100개의 일양난수를 생성하라. CREATE 모듈을 사용하여 100개의 개체를 생성하라. ASSIGN 모듈과 Expression Builder를 사용하여 랜덤하게 생성된 수를 변수에 할당하라. WRITE 모듈을 사용하여 변수의 값을 텍스트 파일로 기록하라. DISPOSE 모듈을 사용하여 개체를 제거하라.

(a) Arena™를 사용하여 100개의 일양난수로 생성하라.

(b) $\alpha = 0.05$를 갖는 K-S 검정을 이용하여 숫자가 [0, 1] 구간에 일양분포 한다는 가설을 기각할 수 있는지 검정하라.

(c) 10개의 구간과 $\alpha = 0.05$를 갖는 카이제곱 적합도 검정을 이용하여 숫자가 [0, 1] 구간에서 일양분포를 한다는 가설을 기각할 수 있는지 검정하라.

6.13 $X_i \sim \text{expo}(\beta)$이고 $\beta = E[X_i]$인 $Y = \sum_{i=1}^{r} X_i$에 대한 예제를 생성하기 위하여 다음 사실을 검정하라. $r = 5$, $\beta = 2$를 사용하라. Arena[TM]에서 지수분포함수에 대한 정확한 모수를 설정하여야 함에 주의하여야 한다. 예를 들어, 지수분포는 모수로서 분포의 평균을 사용한다. Y에 대한 예 10개, 100개, 1000개를 생성하라.

(a) 생성한 표본의 크기 각각에 대하여 μ가 Y의 실제 평균일 때, 가설 H_0: $\mu = \mu_0$ 대 H_1: $\mu \neq \mu_0$를 검정하라.

(b) 동일한 표본으로 Input Analyzer를 사용하여 분포의 적합도를 검정하라. Input Analyzer에 의해 제공되는 통계적 결과에 대해 적절한 설명을 하라.

6.14 오전 11:30~오후 1:30 사이에 시내에 있는 Sly's BBQ 푸드 트럭으로 도착에 대한 모델링에 관심이 있다고 하자. 이 시간 동안 학부 학생 팀은 요일별로 2시간 단위의 서로 다른 10개의 구간에 트럭에 도착하는 고객의 수를 수집하였다. 자료는 아래와 같다.

	Day of Week						
Obs#	M	T	W	R	F	S	SU
1	13	4	4	3	8	8	9
2	6	5	7	7	5	6	8
3	7	14	10	5	5	5	10
4	12	6	10	5	12	7	4
5	6	8	8	5	4	11	9
6	10	6	9	3	3	6	4
7	9	5	5	5	7	5	4
8	7	10	11	9	7	10	13
9	8	4	2	7	6	5	7
10	9	2	6	8	7	4	9

(a) 자료를 시각화하라.

(b) 요일이 계수 자료의 통계적 특성에 영향을 미치는지 확인하라.

(c) 계수 자료에 대한 빈도표를 작성하라.

(d) 가정한 포아송분포에 대한 평균 비율 모수를 추정하라.

(e) 오전 11:30~오후 1:30 사이에 도착한 고객 수가 포아송분포를 한다는 가설과 포아송분포를 하지 않는다는 대립가설을 검정하기 위하여 적합도 검정을 실시하라.

6.15 Arena[TM]를 사용하여 $a = 2, c = 5, b = 10$을 갖는 삼각분포에 대한 100개의 관측치를 생성하라. 이 장에서 논의한 기법을 사용하여 관측치가 모수 $a = 2, c = 5, b = 10$을 갖는 삼각분포를 한다는 가설을 검증하라.

6.16 복사센터는 빠른 복사기 한 대와 느린 복사기 한 대를 가지고 있다. 빠른 복사기로 페이지당 복사 시간은 평균이 1.6초이고 표준편차가 0.3초인 대수정규분포를 한다고 생각하고 있다. 현장실습 중인 산업공학과 학생은 느린 복사기로 한 페이지를 복사하는 데 걸리는 시간에 대한 얼마의 시간 연구 자료를 수집하였다. 그 시간은 초 단위로 아래 표와 같다.

3.05	0.56	2.54	1.59	0.9	4.02	2.01	1.85	1.76	7.75
0.99	1.69	6.53	2.02	3.19	3.03	2.21	1.01	3.44	0.26
2.86	4.03	3.13	3.22	4.16	3.53	2.14	1.58	2.44	0.43
3.01	1.94	0.62	0.98	4.12	3.38	3.74	3.63	4.87	4.45
3.54	2.12	7.51	3.47	8.41	1.35	1.23	2.47	5.25	4.2
1.87	1.67	2.35	4.59	6.55	1.22	1.23	0.72	1.69	1.68
3.66	2.04	3.05	2.47	1.39	5.28	4.51	2.84	0.21	3.41
1.16	4.39	2.65	2.15	2.56	1.13	2.75	2.06	0.84	0.69
1.79	2.86	6.06	1.38	4.67	2.29	2.65	1.02	3.11	2.76
1.26	2.42	4.49	1.28	4.16	2.44	7.16	3.98	4.06	5.08

빠른 복사기와 느린 복사기의 복사 시간은 페이지 단위로 주어져 있다. 따라서 N 페이지를 복사하는 데 걸리는 총 시간은 N개의 개별 페이지를 복사하는 데 걸리는 시간을 합하면 된다. 각 개별 페이지의 복사 시간은 랜덤하다.

고객은 복사센터에 매 40초에 평균 1명꼴로 포아송과정에 따라 도착한다. 각 고객당 복사 요구 페이지 수는 10~50페이지 범위에서 동일하다. 고객은 복사할 페이지 수를 신청서에 적는다. 이것이 복사센터에서 복사해야 할 일이 된다. 복사기는 한꺼번에 전체 작업을 수행한다.

복사기를 선택하는 규칙은 다음과 같다: 복사해야 할 페이지 수가 30보다 적거나 같으면 느린 복사기가 선택된다. 복사할 페이지 수가 30을 초과하면 한 가지 예외를 제외하고 빠른 복사기가 선택된다. 즉, 느린 복사기로 복사 중인 일이 없거나 빠른 복사기에서 대기 중인 일이 적어도 2건이면 고객은 느린 복사기로 서비스를 받는다. 고객은 복사를 위해 원본을 맡긴 후에 서비스 카운터에 가서 요금을 지불한다. 복사를 위해 원본을 주는 데는 시간이 걸리지 않고 복사센터 사람으로부터도 어떠한 서비스도 받지 않는다고 가정한다. 작업자들이 충분히 복사기를 가동할 수 있도록 한 명의 출납원이 요금을 받는다 요금을 지불하는 데 소요되는 시간은 평균이 20초이고 표준편차가 10초인 대수정규분포를 한다. 요금 지불과 복사가 모두 완료되자마자 고객은 복사물을 가지고 복사센터를 떠난다. 복사센터는 고객이 없는 상태에서 하루를 시작해서 하루에 10시간 동안 영업을 한다.

관리자는 고객들이 복사를 위해 너무 길게 줄을 서서 기다리고 있기 때문에 현장실습 중인 산업공학과 학생에게 모델 개발을 요청하였다. 최근에 여러 고객이 긴 대기에 대한 불만을 토로하기 시작하였다. 회사의 기준은 고객들이 4분 이상 기다릴 확률을 10%가 넘지 않도록 하는 것이다. 그들은 고객들의 대기시간은 고객이 가게에 들어왔을 때부터 복사를 완료하고 가게를 떠날 때까지의 시간으로 정의한다. 만약 대기시간 기준이 충족되지 않으면 작업 할당을 빠른 복사기에서 하도록 개선하든가 느린 복사기 혹은 빠른 복사기를 추가로 구입하는 등 여러 가지 조건이 이용 가능하다. 이 문제에 대한 Arena™ 모델을 개발하라. 25회 반복 실행을 하고 테이블 형태, 즉 고객들의 대기시간에 대한 적절한 통계량, 복사센터의 하루 복사 매수, 출납원의 이용률 또한 고객이 4분 이상 기다릴 확률을 추정하라.

CHAPTER 07

시뮬레이션 출력 분석

Analyzing Simulation Output

학습목표

- 시뮬레이션 모델에 사용된 통계의 다양한 형태와 시뮬레이션 출력의 통계적 분석을 알 수 있다.
- 반복실험 방법(replications method)을 통해 유한구간(finite-horizon) 시뮬레이션을 분석할 수 있다.
- 배치평균 방법(batch means method)과 반복-삭제 방법(replication-deletion method)을 통해 무한구간(infinite-horizon) 시뮬레이션을 분석할 수 있다.
- 시뮬레이션 대안들을 비교하고 시뮬레이션의 통계적 출력을 기반으로 의사결정을 할 수 있다.
- Arena™의 자원집합(resource sets)을 이용하여 공유된(shared) 자원을 가진 시스템을 모델링 할 수 있다.

6장에서는 시뮬레이션 모델에서 입력(input)변수의 무작위성(random)에 대한 문제를 다루었다. 이 문제는 시뮬레이션의 입력값이 무작위 특성을 지니므로 출력값(output) 역시 무작위성을 가지게 됨을 의미한다. 이 개념은 그림 7.1과 같이 입력과 출력의 함수 기능으로 표현 할 수 있다. 7장에서는 3.4절에서 주어진 자료를 기반으로 얻은 결과의 분석에 대해서 설명할 것이다.

시뮬레이션에서는 실험의 적절한 시행과 관련된 많은 문제가 존재한다. 예를 들어, 시뮬레이션 출력은 입력의 확률변수, 입력모수(input parameter) 그리고 모델의 초기상태에 의존한다. "초기상태(initial condition)"는 모델의 시작 상태, 즉 시스템이 비어(empty)있고 유휴 중(idle)인 상태에서 시작하는지 아닌지를 말한다. 이 장에서는 안정상태(steady-state) 시뮬레이션에서 초기상태의 영향에 대해서도 논의될 것이다.

입력모수는 시스템의 통제 가능한(controllable) 요인과, 통제 불가능한(uncontrollable) 요

그림 7.1 무작위 입력은 무작위 출력

인으로 구분할 수 있다. 시뮬레이션 모델에서 사용되는 모든 입력모수는 통제가 가능하지만 일반적으로 제한된 모수의 집합만을 통제하도록 시뮬레이션을 설계할 수 있다. 이처럼 시뮬레이션 모델에서 무작위성의 입력을 통제하기 위한 특수한 방법이 사용된다. 이 장에서는 무작위성의 입력모수를 통제하는 방법에 대해서도 논의할 것이다.

입력모수는 모델을 검정하기 위해 변화시킬 수 있는 의사결정 변수(decision variable)로 분류될 수 있다. 모델의 구조는 시스템의 성과를 최적화하기 위한 의사결정 변수로도 고려될 수 있다. 시뮬레이션 모델의 입력모수를 변경하고 시뮬레이션을 실행하면 다른 설계 대안들을 시뮬레이션할 수 있다.

이 장에서는 단일 설계 대안뿐만 아니라 복수 설계 대안의 결과를 분석하는 방법도 설명한다. 논의를 시작하기 위해 시뮬레이션 실험에 의해 생산되는 통계량의 형태를 이해하는 것이 필요하다.

7.1 통계 변수의 형태

모델링하는 사람이 모델에 입력모수를 설정하고 시뮬레이션을 실행하면 시뮬레이션 실험이 행해지는데, 이는 사건(event)이 발생되고 시간에 따른 시뮬레이션 모델의 변화가 수반된다. 시뮬레이션이 실행되는 동안 시스템의 행동이 관측되고 다양한 통계량이 계산된다. 시뮬레이션이 종료되면 통계량은 출력보고서의 형태로 요약된다.

시뮬레이션 실험은 모델의 단일 반복 또는 다수 반복으로 구성된다. 시뮬레이션의 **반복실험**(*replication*)은 하나의 표본 경로(sample path)를 생성하면서 초기상태에서 말기상태로의 시스템 변화로 나타낼 수 있다. 만약 복수 반복실험을 한다면 동일한 초기상태로부터 시작하고 동일한 입력모수 설정에 의해 행해진다. 시뮬레이션 내의 무작위성이 통제될 수 있기 때문에 시뮬레이션의 각 반복실험에서 사용되는 난수(random number)는 독립적으로 만들 수 있다. 이처럼 각 반복실험은 독립적으로 실행된 시뮬레이션의 "반복" 이다. 그림 7.2는 표본 경로를 반복하는 독립적 반복실험의 개념을 설명한다.

정의 7.1 | 반복실험 내 통계

각각의 반복실험 내에서 수집된 통계들은 **반복실험 내 통계**(*within replication statistics*)라고 불린다.

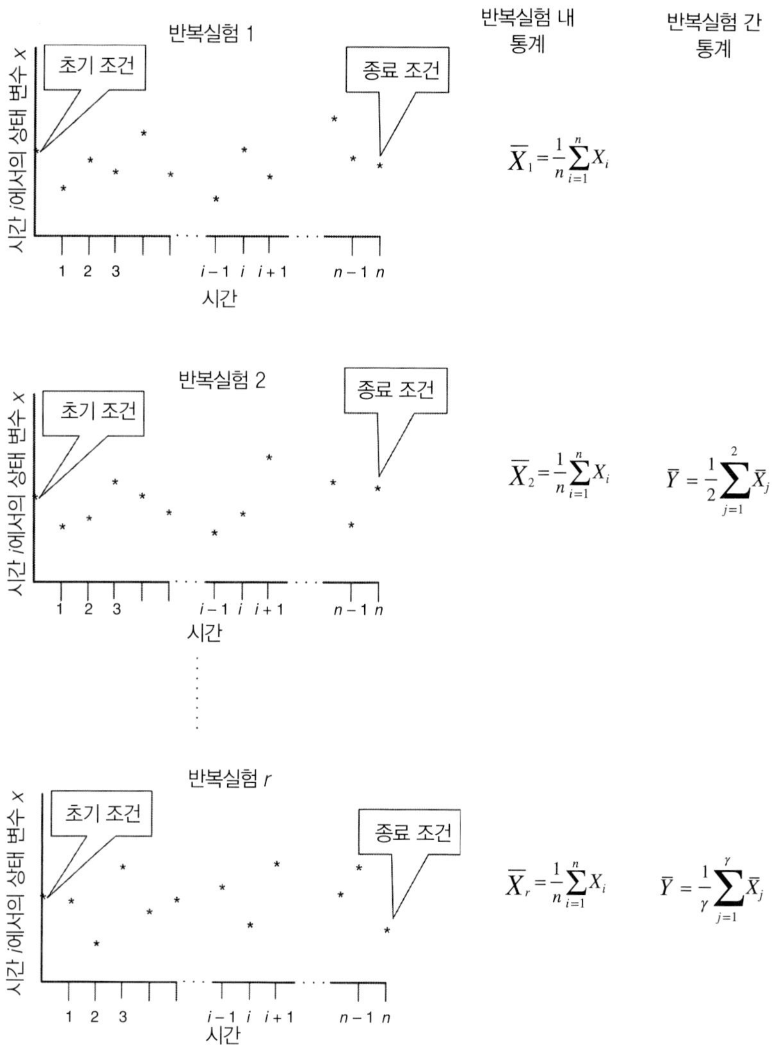

그림 7.2 반복된 표본 경로의 개념

정의 7.2 | 반복실험 간 통계

반복실험들 사이에서 수집된 통계들은 **반복실험 간 통계**(*across replication statistics*)라고 불린다. 반복실험 간 통계는 반복실험 내 통계의 마지막 값들을 관측함에 기반을 두고 수집된다.

반복실험 내 통계는 표본 경로의 관측을 바탕으로 수집되며 개체들과 상태변화, 그리고 표본 경로 실행 동안 일어나는 그 외의 것들을 관측함을 포함한다. 관측들은 반복실험 내 통계를 형성하기도 하며 독립적이거나 동일하게 분산되지 않을 수 있다. 반복실험 간 통계는 반복실험 내 통계의 마지막 값들로부터 형성되며, 반복실험당 단일 관측이 가능하다. 각 반복실험이 독립적으로 간주되기 때문에 반복실험 간 통계의 표본으로 형성되는 관측량은 독립적이거나 동일하게 분포되지 않을 수 있다. 두 실험의 통계적 성격은 본질적으로 다르며 다른 분석 방법이 필요하다.

반복실험 내의 통계 수집을 위해 주요한 관측치의 형태로 **단순 관측치**(*tally*)와 **시간 지속**(*time persistent*) **관측치**가 있다. **단순 관측치**는 시간이 중요하지 않고 동일하게 가중된 관측치이다. 이 관측치의 형태는 시스템 내에서 객체(object)가 특정한 상태(state)에 있는 기간이나 시간의 간격과 관련된다. 객체가 특정한 상태로 들어가는 시간 그리고 객체가 그 상태로부터 나오는 시간을 표시하는 것으로 관측된다. 한번 상태 변화가 일어나면 관측은 끝난다. 대기행렬에서 10분 이상 기다린 고객들 수의 기록이 단순 관측치의 예가 될 수 있다.

시간 지속 관측치(time persistent observations)는 관측치가 지속되는 시간에 의해 가중된다. 이 관측치의 형태는 모델에서 상태 변수(state variable)와 관련된다. 시간 지속 관측치의 값은 일정 시간 동안 지속된다. 예를 들어, 시스템 안에서의 고객 수가 상태 변수라 하자. 만약 **시간이 지남**에 따른 고객 수의 평균을 수집하고자 하면 시간 지속 관측치가 될 것이다. 고객의 수가 별도의 시간대에서 변화하면 지속된 시간 동안의 값이 누적으로 저장된다. 이러한 상태변수를 시간 지속 변수(time persistent variable)라 칭한다.

그림 7.3은 일정 기간 동안 대기행렬에서 고객의 수를 위한 단일 표본 경로를 설명한다. 이 표본 경로에서 사건과 수반되는 통계적 양이 관측될 수 있다.

- A_i $(i = 1 \ldots n)$: i번째 고객이 대기행렬에 들어오는 시간
- D_i $(i = 1 \ldots n)$: i번째 고객이 대기행렬에서 나가는 시간
- $W_i = D_i - A_i$ $(i = 1 \ldots n)$: i번째 고객이 대기행렬에서 보낸 시간

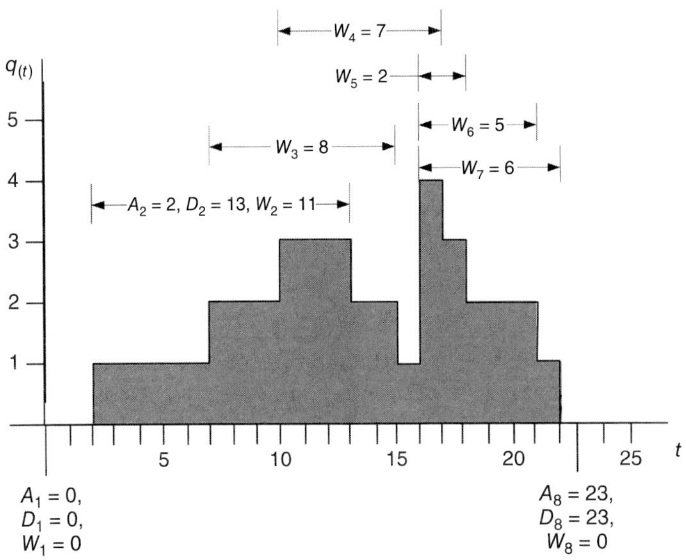

그림 7.3 관측과 시간 기반 데이터를 위한 표본 경로

W_i는 대기행렬에서 i번째 고객의 대기시간을 나타낸다. 고객이 A_i 시간에 대기상태로 들어가고 D_i 시간에 대기상태를 빠져나오기 때문에 이것들은 단순 관측치들이다. 고객이 D_i 시간에 대기행렬에서 빠져나올 때 $W_i = D_i - A_i$는 관측될 수 있다. W_i는 단지 D_i 순간에 관측할 수 있다. 이것은 W_i 관측치를 생성하고 한번 관측된 값은 다시 변하지 않는다. 단순 관측치는 대부분 시뮬레이션 모델에서 이동하는 개체와 연관성이 있다. 이러한 관측치는 개체가 시스템에 진입하고 탈출하는 시점에 관측이 가능하다.

단순 관측치의 경우, 데이터의 중심성향의 척도를 계산하는 것이 필요하다. 이를 위해 n명의 고객이 대기행렬에 진입하였다 탈출하는 시점을 관측한다고 가정하자. 이때, n명의 고객에 대한 평균 대기시간은 다음과 같다.

$$\overline{W}(n) = \frac{1}{n}\sum_{i=1}^{n} W_i$$

최소, 최대 그리고 표본 분산과 같은 다른 통계치들은 이러한 관측치들로부터 계산될 수 있다. 불행히도 반복실험 관측치들은 종종 시간과 관련하여 서로 종속(correlated)된다. 다른 말로 표현하면 W_i와 같은 반복실험 관측 데이터는 통계적으로 독립적(independent)이지 않으며 또한 동일하게 분포(identically distributed)되지 않는 경향이 있다. 이러한 문제들은 무한구간(infinite-horizon)의 또는 안정상태 시뮬레이션(steady-state simulation) 모델의 분석이 소개될 때 논의될 것이다.

반복실험 내에서 마주치는 다른 형태의 통계적 변수는 시간 기반의 데이터로부터 도출된다. $q(t)$; $t_0 < t \le t_n$을 시간 t에서 대기행렬의 고객 수라고 하자. 이때 $q(t) \in \{0, 1, 2, ...\}$이다. 그림 7.3에서 설명했듯이 $q(t)$는 t의 함수[특수한 계단 함수(step function)]이다. 즉, 주어진 표본 경로에 대한 $q(t)$는 시간 t에서 대기행렬의 고객 수를 나타내는 함수이다. 평균값 정리로부터 연속적인 $[a, b]$ 구간에 상수 c값을 가지는 함수 f의 적분은 다음과 같다.

$$\int_a^b f(x)\,dx = f(c)(b-a) \qquad \text{(식 7.1)}$$

$f(c)$ 값은 함수 값의 "평균(mean)"으로 불린다. 비슷한 함수는 $q(t)$로 정의될 수 있다. 시뮬레이션에서 이 함수는 시간 평균(time average)으로 불린다.

$$\overline{L}_q(n) = \frac{1}{t_n - t_0}\int_{t_0}^{t_n} q(t)\,dt \qquad \text{(식 7.2)}$$

대기행렬에서 고객의 수를 나타내는 다음의 함수는 주어진 상태 변수의 시간과 관련한 평균을 나타낸다.이 통계 변수의 형태인 $q(t)$는 시간의 함수이기 때문에 시간 지속이라고 불린다.

$q(t)$가 대기행렬에서 고객의 수를 나타내는 특별한 경우 $q(t)$는 주어진 시간의 간격 동안 일정한 값을 가질 것이다. $q(t) = q_k, t_{k-1} \le t \le t_k$ 그리고 $v_k = t_k - t_{k-1}$으로 정의하면 시간 평균은 다음과 같다.

$$\begin{aligned}\bar{L}_q(n) &= \frac{1}{t_n - t_0}\int_{t_0}^{t_n} q(t)\,dt \\ &= \frac{1}{t_n - t_0}\sum_{k=1}^{n} q_k(t_k - t_{k-1}) \\ &= \frac{\sum_{k=1}^{n} q_k v_k}{t_n - t_0} \\ &= \frac{\sum_{k=1}^{n} q_k v_k}{\sum_{k=1}^{n} v_k}\end{aligned}$$

$q_k(t_k - t_{k-1})$은 구간 $t_{k-1} \le t \le t_k$ 에서 함수 $q(t)$ 아래의 면적이다. 그리고

$$t_n - t_0 = \sum_{k=1}^{n} v_k = (t_1 - t_0) + (t_2 - t_1) + \cdots + (t_{n-1} - t_{n-2}) + (t_n - t_{n-1})$$

은 변수가 관측된 총 시간이다. 이처럼 시간 평균은 주어진 곡선이 관측된 시간으로 곡선 아래의 면적을 나눈다. 위 식으로부터 q_k의 각 값은 변수가 값을 가지는 시간의 길이에 의해 가중된다는 것을 알아야 한다. 이것이 시간 평균이 종종 시간-가중 평균(time-weighted average)으로 불리는 이유다. 만약 $v_k = 1$이면 시간 평균은 표본 평균과 같다.

시간 지속 데이터를 이용해서 변수가 특정한 값을 갖는 시간의 백분율을 측정하는 경우가 있다. 시간 T_i를 대기행렬이 $q(t) = i$ 고객들을 가진 $t_0 \le t \le t_n$ 동안 총 시간을 나타낸다고 하자. T_i를 계산하기 위해 표본 경로에서 $q(t) = i$ 값을 가지는 모든 직사각형 면적을 합한다. 이 예에서 $q(t) \in \{0, 1, 2, \ldots\}$이기 때문에 $q(t)$는 무한히 많은 값을 가질 수 있으나 유한한 표본 경로에서는 단지 유한한 값만을 관측할 수 있다. $T = t_n - t_0$ 대 T_i의 비율은 대기행렬이 i 고객을 가지는 시간의 백분율을 측정하는 데 사용할 수 있다. 즉, $\hat{p}_i = T_i/T$은 관측 기간 동안 i 고객을 가지는 대기행렬의 시간 비율을 측정하는 것으로 정의된다.

예제 7.1 대기행렬 통계의 예

25시간 단위의 시뮬레이션 기간 동안 대기행렬 길이의 변화를 보여주는 그림 7.3을 고려하자. 시간 평균 대기행렬 길이는 다음과 같이 계산될 수 있다.

1. 시간 구간이 0부터 25까지의 대기행렬 시간 평균을 계산해보자.
2. {0, 1, 2, 3, 4} 고객 수를 갖는 대기행렬에서의 시간 비율을 계산해보자.

예제 *7.1*의 해 그림 7.3에서와 같이 25시간 단위 동안 대기행렬 길이의 변화를 통해 알 수 있다. 대기행렬 길이가 시간 지속 변수이기 때문에, 시간 평균 대기행렬 길이는

$$\bar{L}_q = \frac{0(2-0)+1(7-2)+2(10-7)+3(13-10)+2(15-13)+1(16-15)}{25}$$
$$+\frac{4(17-16)+3(18-17)+2(21-18)+1(22-21)+0(25-22)}{25}$$
$$=\frac{39}{25}=1.56$$

로 계산될 수 있다.

대기행렬이 {0, 1, 2, 3, 4} 고객을 가진 시간 백분율을 측정하기 위해, $v_k = t_k - t_{k-1}$의 값은 $q(t) \in \{0, 1, 2, 3, 4\}$일 때마다 더해진다. 이 결과는 다음과 같다.

$$\hat{p}_0 = \frac{T_0}{T} = \frac{(2-0)+(25-22)}{25} = \frac{2+3}{25} = \frac{5}{25} = 0.2$$

$$\hat{p}_1 = \frac{T_1}{T} = \frac{(7-2)+(16-15)+(22-21)}{25} = \frac{5+1+1}{25} = \frac{7}{25} = 0.28$$

$$\hat{p}_2 = \frac{T_2}{T} = \frac{(3+2+3)}{25} = \frac{8}{25} = 0.28$$

$$\hat{p}_3 = \frac{T_3}{T} = \frac{3+1}{25} = \frac{4}{25} = 0.16$$

$$\hat{p}_4 = \frac{T_4}{T} = \frac{1}{25} = 0.04$$

$\hat{p}_i$의 모든 합은 1의 값을 갖는다. 대기행렬에서 평균 대기시간을 계산하기 위해 각 대기시간의 값을 사용한다.

$$\overline{W}(8) = \frac{\sum_{i=1}^{n} W_i}{n} = \frac{0+11+8+7+2+5+6+0}{8} = \frac{39}{8} = 4.875$$

0의 대기시간을 갖는 고객이 시간 1.0에 한 명 그리고 시간 23.0에 한 명, 총 두 명 있다. 그림 7.3의 상태 그래프(state graph)는 그 시각에 올라가거나 또는 내려가지 않는다. 대기행렬 길이에서 단위 증가는 대기행렬에 들어와 머무는 새로운 고객이다. 대기행렬에서 단위 감소는 대기행렬로부터 고객이 떠남을 의미한다. 만약 선입선출(FIFO) 대기행렬 운영방식하에서 대기행렬에 들어와 기다려야 하는 여섯 고객의 대기시간이 그림 7.3에 나타나 있다.

본 절에서는 반복실험 내에서 발생하는 관측치의 유형으로 단순관측치(tally)와 시간 지속(time persistent) 관측치에 대해 공부하였다. 나아가 다음 절에서는 관측된 데이터를 기반으로 적절한 통계적 분석을 수행할 수 있도록 시뮬레이션 모델의 형태를 특성에 따라 정의하고, 분류하도록 한다.

7.2 출력분석과 관련한 시뮬레이션 형태

시스템을 모델링할 때 시뮬레이션 출력을 위한 명확한 측정 목표가 요구된다. 어떻게 시스템을 운영할 것인지와 함께 측정 목표가 시뮬레이션 실험을 어떻게 실행하고 분석하는지 결정한다.

시뮬레이션 실행을 위해서 필요한 시간과 관련한 두 개의 주요한 범주는 다음과 같다.

유한구간(finite horizon): 유한구간에서는 잘 정의된 종료 시간 또는 종료 상태가 구체적이며, 시뮬레이션의 종료 시점을 명확하게 정할 수 있다. 유한구간 시뮬레이션은 명확히 종료 상태가 있기 때문에 **종료** 시뮬레이션(*terminating* simulation)이라 부른다.

무한구간(infinite horizon): 무한구간의 시뮬레이션에서는 잘 정의된 종료 시간 또는 명확한 종료 상태가 없다. 시뮬레이션 실행 기간은 영원히 계속되는 개념이다. 무한구간 시뮬레이션은 흔히 장기간 또는 시스템의 안정상태와 관련되기 때문에 흔히 **안정상태** 시뮬레이션(*steady-state* simulation)으로 부른다.

유한구간 시뮬레이션에서 각 시뮬레이션 반복실험의 종료를 나타내는 사건(event) 또는 조건(condition)이 존재한다. 이 사건이나 조건은 사전에 지정되고 그 발생 시간은 확률변수이다. 만약 사건이 사전에 지정되었다면 시뮬레이션에서 그 사건이 일어난 시점 후의 정보를 원하지 않는다는 의미이다. 종료 조건의 예로 개체가 없을 때 시뮬레이션을 멈추는 조건으로 지정될 수 있다. 이것은 6장의 예에서 LOTR사의 경우이다. 유한구간 시뮬레이션은 프로세스가 유한하기 때문에 매우 흔하다. 다음 시스템의 예는 유한구간이다.

- 은행: 은행은 오전 9시에 열고 오후 5시에 닫는다.
- 군대 전투: 부대의 힘이 치명적인 값에 도달할 때까지 시뮬레이션을 실행한다.
- 고객 주문 충족: 새로운 계약이 100개 제품을 생산하는 것이라고 가정하자. 100개 제품의 비용, 배송시간 등에 대한 생산 시뮬레이션을 할 것이다. 6장의 LOTR사 시스템은 이 상황의 예이다.

유한구간 시뮬레이션을 위해 각 반복실험은 유한구간의 한 예를 위한 모델의 표본 경로를 나타낸다. 반복실험의 길이는 관심 있는 유한구간을 따른다. 예를 들어 오전 9시에 문을 열고 오후 5시에 문을 닫는 은행 모델에서는 반복실험의 기간은 8시간이다.

유한구간 시뮬레이션과 반대로 무한구간 시뮬레이션은 자연적인 종료 지점을 가지고 있지 않다. 물론 무한구간 상황을 실제적으로 시뮬레이션할 때 유한 반복실험 기간은 지정될 수 있다. 아마 반복실험 기간은 장기 성과를 측정하는 목표를 만족시킬 만큼 충분히 길어야 될 것이다. 다음은 무한구간 시뮬레이션의 예이다.

- 안정상태 시의 생산량을 측정하는 데 관심 있는 공장
- 주 7일, 하루 24시간 문을 여는 병원 응급시설
- 항상 운영되고 있는 통신시스템

무한구간 시뮬레이션은 시스템이 지속적으로 운영되고 장기간 또는 안정상태 행동이 평가되는 시스템이다.

무한구간 시뮬레이션은 시스템이 항상 운영되는 상황을 모델링하기 때문에 종종 비안정적(nonstationary) 프로세스의 모델링을 포함한다. 그러한 상황에서 장기간 또는 안정상태 행동에 의한 의미가 무엇인지 정의해야 한다. 예를 들어 연간 365일, 하루 24시간 열린 응급실

에 도착하는 패턴은 아마도 시간에 따라 다를 것이다. 이처럼 시스템과 관련된 출력 또한 비안정적이다. 안정상태의 개념은 시스템의 행동이 성과 측정의 관점에서 더 이상 시간에 의존하지 않는 아주 오래 운영되는 것을 의미한다. 그러나 응급실의 경우, 입력이 시간에 의존하기 때문에 출력 역시 시간에 의존할 것이다. 이런 경우에 비안정적 행태가 반복되는 구간이나 사이클이 존재한다. 예를 들어 응급실에 도착하는 패턴은 주중의 어느 하루에 해당하는데 그것은 모든 월요일은 같은 특성을 지니고 모든 화요일은 같은 특성을 지니는 등 주중의 하루에 종속적이다. 이처럼 주간을 기준으로 비안정적 행태를 반복한다. 그러면 적절한 주기에 기초하여 성과 측정을 정의할 수 있다. 예를 들어 주간 단위 환자의 예상되는 대기시간으로 Y를 정의할 수 있다. 이 확률변수는 장기간으로 묘사될 수 있는 성과를 가질 것이다. 이러한 시뮬레이션의 형태는 Law (2007)가 안정상태에서의 주기적 모수 추정(steady-state cyclical parameter estimation)이라고 정의하였다.

시뮬레이션의 두 가지 형태 중에 유한구간 시뮬레이션은 분석하기가 더 쉽다. 유한구간 시뮬레이션은 실제 상황에서 자주 발견되는 일반적인 시뮬레이션의 형태이다. 만약에 무한구간 시뮬레이션을 하게 되면 현실적으로 유한구간으로 만족할 만한 출력 결과를 얻기 위해서는 매우 주의 깊게 연구의 목표를 평가해야 한다. 이러한 시뮬레이션 형태의 분석은 이 장에서 예제를 통해 논의될 것이다.

7.3 유한구간 시뮬레이션의 분석

여기서는 반복실험에서 수집된 관측 기반(tally-based)과 시간 기반(time-persistent)의 통계를 어떻게 분석하는지와 반복실험을 통해 통계치가 어떻게 수집되는지를 설명한다. 유한구간 시뮬레이션은 무작위 표본(random sample), 즉 독립적이고 동일하게 분포된 확률변수를 가정하는 기존의 통계적 방법에 의해 분석될 수 있다. 시뮬레이션에 의한 실험은 특정한 입력모수 값을 가진 설계 대안 모델의 움직임이 관측되는 동안 수집하는 것이다. 특정한 설계 대안들에 대해 여러 번의 시뮬레이션 실험을 반복 실행할 것이다. 무작위 표본을 얻기 위해 동일한 초기의 상태와 각 반복실험에서 사용된 난수가 독립적인 것을 보장하며 시뮬레이션을 실행해야 한다. 또한 각 반복실험은 같은 조건으로 종료되어야 한다. 이는 독립적인 반복실험 간 데이터를 얻는 데 매우 중요하며 실행된 반복실험들이 독립적이라는 것을 의미한다. 반복실험 내 데이터는 독립이거나 또는 아닐 수도 있다.

독립적인 반복실험의 방법은 유한구간 시뮬레이션을 분석하는 데 사용한다. 시뮬레이션의 R 반복실험을 가정하자. 여기서 각 반복실험은 E 사건에 의해 종료되고 동일한 초기상태로 시작된다. Y_{rj}를 r번째 반복실험에 대한 j번째 관측이라고 하자($j = 1, 2, \ldots m_r$ 그리고 $r = 1, 2, \ldots n$). 그리고 각 반복실험의 표본 평균의 정의는

$$\bar{Y}_r = \frac{1}{m_r}\sum_{j=1}^{m_r} Y_{rj} \qquad \text{(식 7.3)}$$

만약 데이터가 시간 지속형이라면

$$\overline{Y}_r = \frac{1}{T_E}\int_0^{T_E} Y_r(t)\, dt \tag{식 7.4}$$

여기서 T_E는 시뮬레이션의 종료시간이다. $\overline{Y}_r$는 반복실험 내(within replication) 통계의 r번째 표본 평균이다. 그것은 각 반복실험의 마지막에 관측될 수 있는 확률변수이다. 그러므로 $\overline{Y}_r$, $r = 1, 2, \ldots, n$은 무작위 표본 형태이다. 이처럼 무작위 표본의 일반적인 통계분석은 즉시 수행될 수 있다.

고객 없이 오전 9시에 문을 열고 오후 5시에 문을 닫아서 더 이상의 고객이 들어오지 못하는 은행을 실험한다고 가정하자. W_{rj}, $j = 1, \ldots, m_r$이 r일(반복실험) 오전 9시와 오후 5시 사이에 은행으로 들어온 고객들이 기다리는 시간의 순서를 나타낸다고 하자. 여기서 m_r은 r일 오전 9시부터 오후 5시 사이에 볼 일을 마친 고객의 수이다. 오후 5시 이전에 들어왔으나 오후 5시에도 일을 보지 못한 고객은 무시하자. $N_r(t)$를 r일(반복실험) t시간에 시스템에 있는 고객의 수라고 하자. 어떠한 주어진 날에 오전 9시부터 오후 5시까지 은행에서 일일 평균 고객 대기시간과 은행에 있는 평균 고객 수에 관심이 있다고 하자. 즉, 어떤 주어진 r일에 대한 $E[W_r]$과 $E[N_r]$에 관심을 가진다. 각 반복실험에서 다음이 계산될 수 있다.

$$\overline{W}_r = \frac{1}{m_r}\sum_{j=1}^{m_r} W_{rj}$$

$$\overline{N}_r = \frac{1}{8}\int_0^{8} N_r(t)\, dt$$

모든 반복실험에서 무작위표본들 $\overline{W}_1, \overline{W}_2, \ldots, \overline{W}_n$와 $\overline{N}_1, \overline{N}_2, \ldots, \overline{N}_n$이 표본 평균, 표준편차, 신뢰구간 등을 계산하는 데 이용 가능하다. 이러한 통계들 모두는 반복실험 내 데이터의 관측에 기초를 둔다.

$\overline{W}_r$과 $\overline{N}_r$은 반복실험에서 많은 관측치들의 평균이다. 때때로 전체 반복실험에서 단지 하나의 관측치가 존재할 수 있을 것이다. 예를 들어, 은행이 문을 닫은 오후 5시에 여전히 누군가가 남아있을 확률에 관심이 있다고 가정하자. 즉, $\theta = P\{N(t = 5 \text{ pm}) > 0\}$에 관심을 갖는다. 이 확률을 측정하기 위해 지시변수(indicator variable)가 정의된다. 지시변수가 I_r일 때 각 반복실험은 다음과 같이 정의될 수 있다.

$$I_r = \begin{cases} 1 & N(t = 5 \text{ pm}) > 0 \\ 0 & N(t = 5 \text{ pm}) \le 0 \end{cases}$$

반복실험 종료시점에서 시뮬레이션은 은행에 고객이 있는지 없는지를 표로 만들어야 하고 이 지시변수의 값을 기록해놓아야 한다. 이러한 것은 반복실험당 단 한 번 발생하기 때문에 I_1, I_2, . . . , I_n의 무작위 표본은 모든 반복실험이 실행된 후에 사용 가능할 것이다. 3장에서 학습했던 것처럼 구하고자 하는 확률을 지시변수를 관측함으로써 알 수 있다.

시스템의 분석이 무작위 표본을 기초로 하기 때문에 실험을 위한 핵심사항은 필요한 반복실험의 수가 될 것이다. 즉 표본크기(sample size)를 결정할 필요가 있다.

신뢰구간이 의사결정을 위한 기초이기 때문에 표본크기를 결정하는 데 신뢰구간 절반폭(half-width)을 사용할 수 있다. 예를 들어 은행 예에서 $E[W_r]$을 측정하는 데 실제 대기시간이 ±2분 절반폭을 가진 95% 신뢰구간을 원할 수도 있다. 이 요구를 확실히 충족하는 표본크기는 쉽게 결정될 수 있다.

표본크기를 결정하는 데 일반적으로 사용되는 관련 방법이 세 가지가 있다.

- t 분포에 기초한 반복 방법(iterative method)
- 정규분포에 기초한 근사적 방법(approximate method)
- 절반폭 비율 방법(half-width ratio method)

이러한 방법은 데이터가 독립이고 표준 정규분포로부터 동일하게 분포된 것으로 가정한다. 또한 시험적인 반복실험은 모집단의 대표성을 나타낸다고 가정한다. 데이터가 표준 정규분포가 아닐 때 대략적인 신뢰구간 형태를 위해 중심극한정리(central limit theorem)에 의존해야 한다. 반복실험 간 통계량이 반복실험 내 통계치의 평균들에 기초할 때 정규성(normality) 가정이 성립된다.

3장에서 먼저 두 가지 방법을 소개했다. 이 장에서는 Arena™ 출력 보고서를 바탕으로 활용하기에 가장 쉬운 절반폭 비율 방법을 논의하고자 한다.

7.3.1 반복실험 수 결정

Arena™에서 복수 반복실행을 실행할 때, Arena™는 자동적으로 성과 측정의 95% 신뢰구간을 계산할 것이다. Arena™은 표준편차를 보고하지 않지만 대신에 신뢰구간의 절반폭 값을 직접 보고한다. 만약 반복실험의 시험적 실행횟수 n_0을 만든다면 요구되는 절반폭 범위에 가까워지기 위해 얼마나 많은 반복실험이 필요한지를 결정하기 위해 Arena™로부터의 절반폭에 관한 보고 내용을 사용할 수 있을 것이다. 이 방법을 절반폭 비율 방법(half-width ratio method)이라고 한다.

h_0을 반복실험의 n_0 시험 실행으로 얻은 절반폭의 초기값이라고 하면 다음과 같다.

$$h_0 = t_{\alpha/2, n_0-1} \frac{s_0}{\sqrt{n_0}} \quad \text{(식 7.5)}$$

n_0에 대해 풀면

$$n_0 = t^2_{\alpha/2, n_0-1} \frac{s_0^2}{h_0^2} \quad \text{(식 7.6)}$$

또 다른 n 반복실험을 고려하면

$$n = t^2_{\alpha/2, n-1} \frac{s^2}{h^2} \quad \text{(식 7.7)}$$

n_0을 n으로 하고 $t_{\alpha/2, n-1}$이 대략 $t_{\alpha/2, n_0-1}$과 같다고 하고 s^2는 대략 s_0^2과 같다고 하면 다음과 같이 된다.

B6 =(B4*B3^2)/(B5^2)

	A	B	C	D	E
1			Arena gives you the half-width for a 95% confidence interval when performing replications.		
2					
3	**Initial Half-Width**	47.27			
4	**Initial Number of Replications**	10			
5	**Desired Half-Width**	20			
6	**Required Sample Size**	55.86132	1) Plug in half-width from Arena output into B3		
7			2) Plug in number of initial replications in B4		
8			3) Plug in desired half-width into B6		
9					
10					
11					
12					

그림 7.4 엑셀에서의 절반폭 비율 방법(half-width ratio method)

$$n \cong n_0 \frac{h_0^2}{h^2} = n_0 \left(\frac{h_0}{h} \right)^2 \qquad (식\ 7.8)$$

SampleSizeDetermination.xls 파일에서 스프레드시트를 설명하는 그림 7.4에서 이 계산이 나타나 있다.

은행의 예에서 오후 5시에 은행 내에 있는 고객들의 확률을 측정하는 데 사용하기 위해 제안된 지시변수 I_r의 경우 관측된 데이터는 확실히 정규분포가 아니다. 이 경우에 비율을 추정하기 위해 3장에서 설명된 표본크기 결정 기법(sample size determination techniques)을 사용할 수 있다.

예제 7.2 표본크기 계산의 예

하루 동안 고객의 평균 대기시간이 11.485분이고, 절반폭이 1.04이며 신뢰수준 95%에서 초기 표본크기를 15로 반복실험을 한 시뮬레이션 pilot 실행을 가정해보자. 표본크기 결정 기법을 사용하여, 95%의 신뢰도로 대기행렬에서 실제 평균 대기시간 오차 ± 0.10을 갖는 표본크기를 추출한다.

예제 7.2의 해 우선 절반폭 비율 기법을 사용한다. $h_0 = 1.04$, $n_0 = 15$, $h = 0.1$이므로 절반폭 비율 방법을 활용한 표본크기 n은 다음과 같다.

$$n \cong n_0 \left(\frac{h_0}{h} \right)^2 = 15 \left(\frac{1.04}{0.1} \right)^2 = 1622.4 \cong 1623$$

정규 근사치를 구하는 방법을 바탕으로 표본크기를 구하기 위해 초기 표본의 표준편차 추정치를 가질 필요가 있다. 표준편차 추정치가 직접 제시되어 있지 않기 때문에 식 (7.5)를 이용하여 구한다. 출력량을 구하기 위해 식 (7.6)을 다시 정리하면 s_0는 다음과 같다.

$$s_0 = \frac{h_0\sqrt{n_0}}{t_{\alpha/2,n_0-1}} \qquad \text{(식 7.9)}$$

이때 95% 신뢰구간에서 $n_0 = 15$, $t_{0.025,14} = 2.145$이므로 s_0는 다음과 같다.

$$s_0 = \frac{h_0\sqrt{n_0}}{t_{\alpha/2,n_0-1}} = \frac{1.04\sqrt{15}}{2.145} = 1.87781$$

이후 정규 근사치 기법을 사용하도록 한다. 구하고자 하는 범위(E)를 활용하여 95%의 신뢰구간($z_{0.025} = 1.96$) 표본크기 n을 구하면 다음과 같다.

$$n \geq \left(\frac{z_{\alpha/2}s}{E}\right)^2 = \left(\frac{1.96 \times 1.87781}{0.1}\right)^2 = 1354.54 \approx 1355$$

마지막으로 h를 활용하여 아래의 조건을 만족할 때까지 제시된 식을 반복수행한다.

$$h = t_{\alpha/2,n-1}\frac{s}{\sqrt{n}} \leq E$$

이 방법은 3장에서 설명한 바와 같이 스프레드시트 내에서 실행할 수 있다. 그림 7.5는 분석에 대한 결과를 보여준다.

이 세 가지 방법은 다음과 같은 결과를 갖는다.

- t-분포에 따른 반복수행 결과, $n = 1349$
- 정규 분포에 따른 근사치 기법의 수행 결과, $n = 1355$
- 절반폭 비율 기법의 수행 결과, $n = 1623$

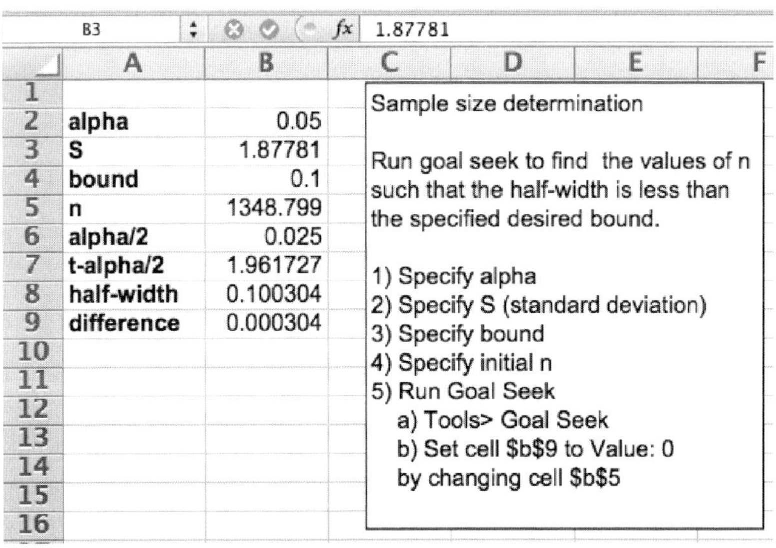

그림 7.5 엑셀을 이용한 표본크기 결정

위에서 논의된 바와 같이 절반폭 비율 방법이 가장 많은 횟수의 반복실험 횟수를 보였다.

7.3.2 유한구간 예

다음의 추가적인 양들에 대한 신뢰구간을 형성하기 위해 6장의 LOTR Makers사 Ring Maker 모델을 다시 고려한다.

- 반지 제조 프로세스와 반지 검사 프로세스에 있는 평균 반지 쌍의 숫자
- 반지 제조 프로세스와 반지 검사 프로세스를 통과하는 데 소요되는 반지 쌍들의 평균 시간. 이러한 프로세스들을 모두 완료하는 데 요구되는 평균 시간의 20분을 가진 95% 신뢰구간.

Arena™는 반지 제조 프로세스에서 반지 쌍의 평균 숫자, 반지 검사 프로세스에서 반지 쌍의 평균 숫자 그리고 각 프로세스에서 소요되는 평균 시간을 자동적으로 보고할 수 있다. 그러나 이 예에서 요구된 결합된 총 시간들의 신뢰구간은 Arena™에서 자동적으로 수집될 수 없다.

다음의 예는 어떻게 프로세스에서 자동적으로 수집할 수 있으며, 관심 있는 통계량을 수집하기 위한 부가적인 로직을 추가할 수 있는지 설명한다. 완성된 예는 *LOTRCh7Example.doe* 파일에 있다. 본 교재 내용을 따라 한다면 *LOTRCh6example.doe* 파일을 만들 수 있고 단계를 완료할 수 있을 것이다. *LOTRCh6example.doe* 파일을 열고 Ring Processing submodel을 더블클릭하라. 이 예에서 포함된 두 프로세스의 시작과 끝은 그림 7.6에 나타나 있다.

각각의 모듈을 통과한 반지 쌍의 흐름, 그리고 지정한 지점 사이에 있는 반지 쌍의 숫자, 그리고 프로세스 흐름의 부분에서 각 반지 쌍이 얼마나 많은 시간을 보냈는지 수집되어야 한다.

A_i가 반지 제조 프로세스에 i번째 반지 쌍이 도착한 시간을 나타낸다고 하자. D_i가 반지 검사 프로세스에서 i번째 반지 쌍이 떠나는 시간을 나타낸다고 하고 $N(t)$는 그림 7.6에서 F와 G로 표시된 점들 사이에 반지 쌍의 숫자라고 하자.

i번째 반지 쌍의 두 개의 프로세스 사이에서 보내는 시간은 $D_i - A_i$이다. 명확히 $D_i - A_i$는 관측에 기초한 양이고, $N(t)$는 시간에 기초한 양이다. Arena™에서 $N(t)$의 흔적을 보유하기 위해서 변수를 사용할 수 있다. 한 쌍의 반지가 F점을 통과하는 시점에 변수는 증가되고, G점을 과하는 시점에는 반대로 감소하게 된다. 따라서 F점과 G점 모두에서 제조된 반지의 현재 수를

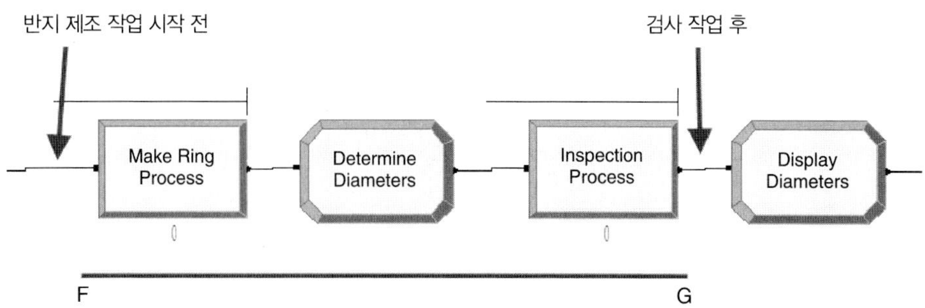

그림 7.6 반지 제조 및 검사 프로세스

추적할 수 있다. Arena^{TM} 모델에서 이 변수는 *vNumInMakeAndInspect*로 나타난다. 이 변수를 정의하기 위해 VARIABLE 데이터 모듈을 사용할 수 있다. Make Ring 프로세스에 도착하는 시간이 각 개체와 관련되어 있기 때문에 속성(attribute)은 개체가 ring-make 프로세스에 들어올 때를 기억하는 데 사용될 것이다. Arena^{TM} 모델에서 이 속성은 *myArriveToMakeRingTime*로 나타난다.

vNumInMakeAndInspect 변수에서 시간을 기반으로 한 통계를 수집할 수 있는 두 가지 방법이 있다. 첫 번째 방법은 VARIABLE 모듈을 통해 접근될 수 있고, 두 번째 방법은 Advanced Process panel에서 STATISTICS를 사용한다. 두 가지 방법 모두 설명될 것이다.

첫 번째 방법에서 VARIABLE 데이터 모듈 선택과 변수의 이름을 넣기 위해 스프레드시트를 사용한다. 그림 7.7a의 윗부분에 보이는 Report Statistics 옵션을 확실히 체크하라. Report Statistics 옵션을 체크하는 것에 의해 Arena^{TM}로 시뮬레이션하는 동안 이 변수에서 시간을 기반으로 한 통계를 수집하고 보고될 수 있다. 이 옵션은 단지 변수가 상수(scalar) 값을 가질 때 가능하다(예를 들어, 1차원 또는 2차원 배열 변수는 불가능).

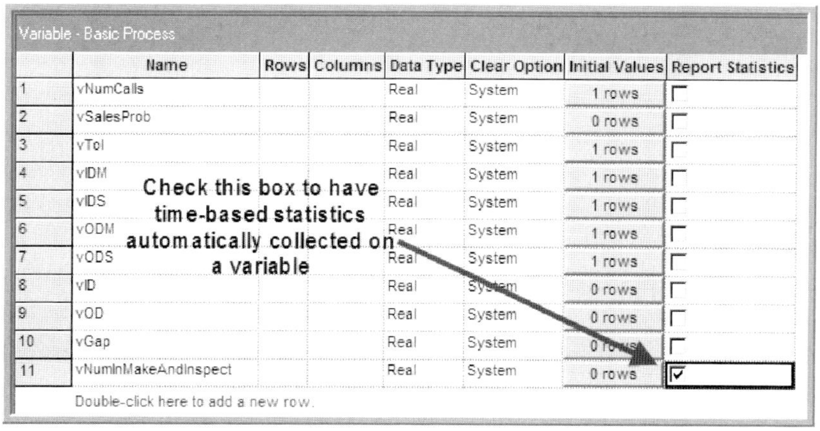

(a)

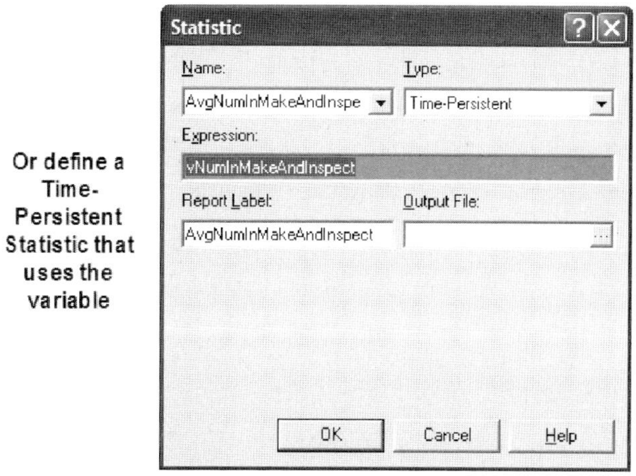

(b)

그림 7.7 시간 지속 변수의 통계 수집을 위한 두 가지 방법

두 번째 옵션은 그 변수에 사용자가 정의한 시간 지속 STATISTIC을 포함한다. 두 방법이 같다는 것을 스스로 증명하기 위해 두 개의 방법으로 실험해야 한다. Advanced Process panel로 가서 STATISTICS 데이터 모듈을 선택하라. 다른 열을 추가하기 위해 스프레드시트를 더블클릭하고 열에서 오른쪽 버튼을 클릭하라. 이것은 Edit Via Dialog를 위한 상황메뉴(context menu)를 줄 것이다. 그림 7.7b의 아랫부분에 보이는 것처럼 대화 상자를 채워라.

통계를 위해 *AvgNumInMakeAndInspect* 이름을 사용하고 시간 기반(time-persistent)으로 형태를 지정하고 통계를 수집하기 위해 사용되는 표현(expression)이 Make와 Inspect 프로세스에서 개체의 수 파악에 사용될 간단한 변수임을 지정하라. Arena^{TM}는 주어진 표현을 위해 시간 기반의 통계를 수집하는 DSTAT라는 변수를 생성할 것이다.

VARIABLE 모듈에서 Report Statistics 옵션 대신 STATISTIC 모듈을 사용하는 것의 이점은 STATISTIC 모듈이 보고를 위한 다른 이름을 제공하는 것과 데이터를 파일에 저장하는 것을 허락한다는 것이다. 수집된 양이 단순한 변수보다 더 복잡할 때 STATISTIC 모듈의 expression field는 적절한 표현을 정의하는 데 사용될 수 있다. 이처럼 시뮬레이션에서 관심의 양에 시간 기반 통계를 수집하는 데 STATISTIC 모듈에서 time-persistent 옵션을 사용해야 한다. 다음에 어떻게 관측 기반의 통계가 수집되는지 예를 통해 보자.

관측 기반의 통계를 얻기 위해 모델에서 적절한 위치에 RECORD 모듈을 위치시킬 필요가 있다. $D_i - A_i$를 수집한 경우에 먼저 *myArriveToMakeRingTime*에서 A_i의 값을 할당하기 위한 ASSIGN 모듈을 사용할 수 있고, 그리고 나서 다른 것을 수집하기 위해 RECORD 모듈을 사용한다. 이전에 언급했듯이 Arena^{TM}에서 특별한 변수 TNOW는 현재 시뮬레이션 시간을 보여준다. 이 경우에 당신은 A_i와 D_i의 값을 얻기 위해 개체가 모델에서 적절한 지점을 통과할 때 TNOW를 사용할 수 있다. 그림 7.6에서 개체가 F 점을 통과할 때 assignment 문이 실행된다.

$$myArriveToMakeRingTime = \text{TNOW}$$

이것은 개체의 A_i값이다. 개체가 그림 7.6의 G 점에 도착했을 때 다음 표현이 실행된다.

$$\text{TNOW} - myArriveToMakeRingTime$$

이 표현은 그림 7.6에서 개체가 F 점으로부터 G 점으로 이동하는 데 경과된 시간의 간격(*interval*)을 표현한다. 기록하는 형식이 매우 공통되기 때문에 Arena^{TM}는 이것을 쉽게 하기 위해 RECORD 모듈의 특정한 옵션을 제공한다.

RECORD 모듈은 다음의 5가지의 다른 record type을 포함한다.

Count: COUNTER 변수가 정의되고, 이 변수는 지정된 값에 의해 증가되거나 또는 감소된다.

Entity Statistics: 개체 통계(entity statistics)를 저장. 개체 통계는 10장에서 논의된다.

Time Interval: 현재 시간 TNOW와 지정된 속성 사이의 차이값을 기록한다.

Time Between: 현재 시간 TNOW와 직전 개체(entity)가 RECORD 모듈을 통과한 시간의 차이를 기록한다. 따라서 이 옵션은 RECORD 모듈을 거쳐간 개체간의 시간 차이를 표현한다.

Expression: 개체가 모듈을 통과할 때 일반적인 수리식을 통해 수집할 수 있는 통계량을 기록한다.

그림 7.8에서 본것과 같이, Time Interval 옵션을 사용하거나 TNOW - *myArriveToMakeRingTime* 표현을 사용할 수 있다.

그림 7.9와 같이 해당 연결선을 제거하고 Make Ring Process의 앞에 Assign 모듈을 위치시킨 후 Assign 모듈 내용을 채워 넣고 그 후 모듈을 재연결시키도록 한다. 그림 7.8과 같이 적절한 연결기를 제거하고 RECORD 모듈을 위치시켜야 한다.

예제를 완료하기 위해 *vNumInMakeAndInspect*의 변수가 반지가 반지 제조 프로세스에 들어오기 전에 1만큼 증가된다는 것과 반지 검사 프로세스를 지나간 후에 1만큼 감소하는 것을 확실하게 해야 한다. 이미 위치된 ASSIGN 모듈은 이 일을 완성하는 데 사용될 수 있다. 그림 7.10에서 보이는 것 같이 Set Start Make Ring Time ASSIGN 모듈 내에서 변수를 증가시켜야 한다. 마지막으로 그림 7.11에서 보이는 것 같이 Display Diameters ASSIGN 모듈에서 변수를 감소시켜야 한다. 변수 *vNumInMakeAndInspect*를 확실히 하는 것은 그림 7.6의 점 *F*와 점 *G* 사이에 얼마나 많은 반지가 있는지 정확하게 추적한다.

앞에서 언급했듯이 Arena™는 자동적으로 개별적인 프로세스에 대한 통계적 정보를 수집한다. 그림 7.12는 Run Setup dialog의 Statistical Collection 범위를 보여준다. Process 항목이 체크되어 있는지 확실히 해야 한다. 이것은 Arena™가 자동적으로 수집하는 것을 보여준다.

마지막으로 유한구간 시뮬레이션에서 다루어지는 문제는 반복실험의 수를 지정하는 것이다. 첫째, 작은 크기의 시험 실행이 최초 신뢰구간 절반폭을 얻기 위해 수행될 것이고, 그다음에 요구되는 반복실험의 수가 오차 범위 20분을 가지는 95% 신뢰구간을 확실히 하기 위해 실행될 것이다. Run > Setup > Number of Replications를 이용하여 반복실험의 수를 10으로 지정하고 모델을 실행한다.

직접 RECORD 모듈에 기초한 결합된 프로세스 시간의 결과는 그림 7.13에 주어진다. 두

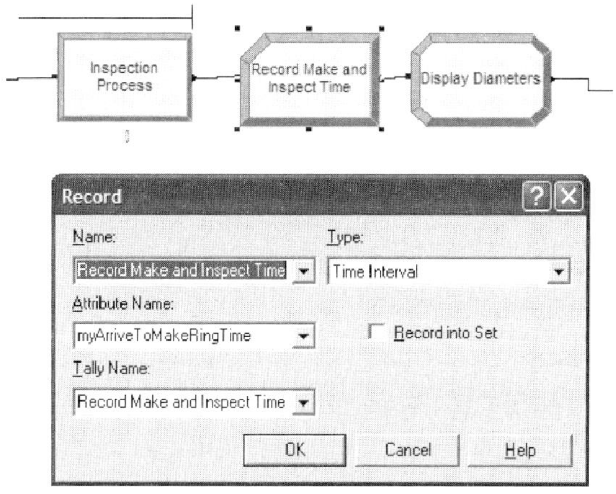

그림 7.8 반지 제조 및 검사 시간의 기록

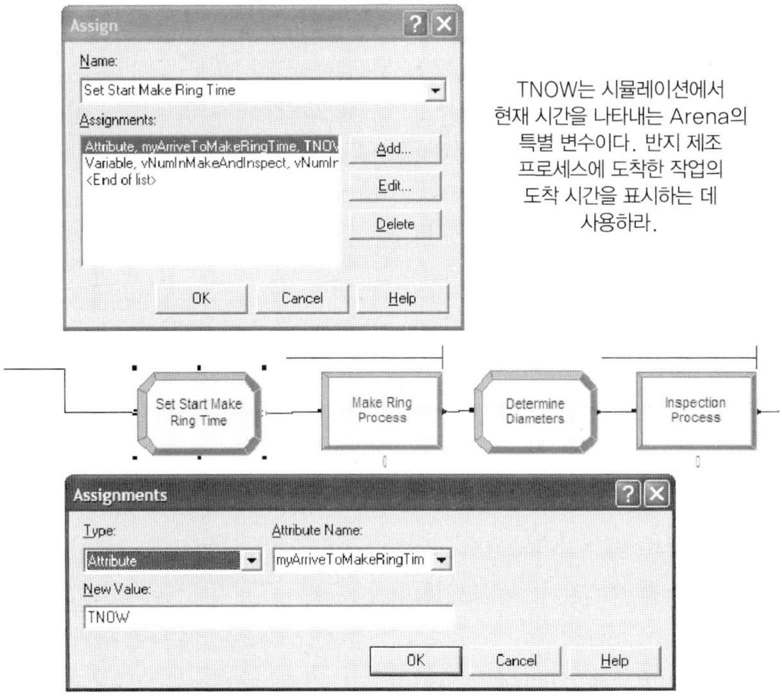

그림 7.9 반지 제조 시작 부분의 화면

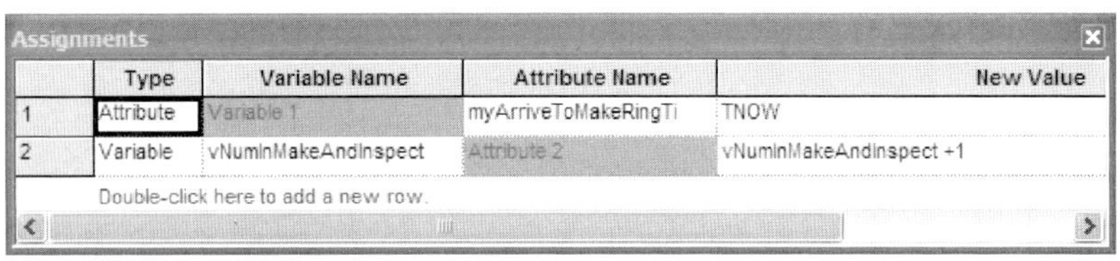

Assignments

	Type	Variable Name	Attribute Name	New Value
1	Attribute	Variable 1	myArriveToMakeRingTi	TNOW
2	Variable	vNumInMakeAndInspect	Attribute 2	vNumInMakeAndInspect +1
	Double-click here to add a new row.			

그림 7.10 Set Start Make Ring Time ASSIGN 모듈

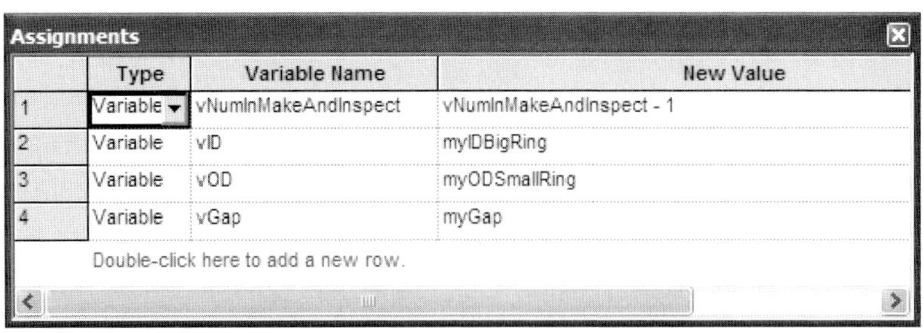

Assignments

	Type	Variable Name	New Value
1	Variable	vNumInMakeAndInspect	vNumInMakeAndInspect - 1
2	Variable	vID	myIDBigRing
3	Variable	vOD	myODSmallRing
4	Variable	vGap	myGap
	Double-click here to add a new row.		

그림 7.11 Display Diameters ASSIGN 모듈

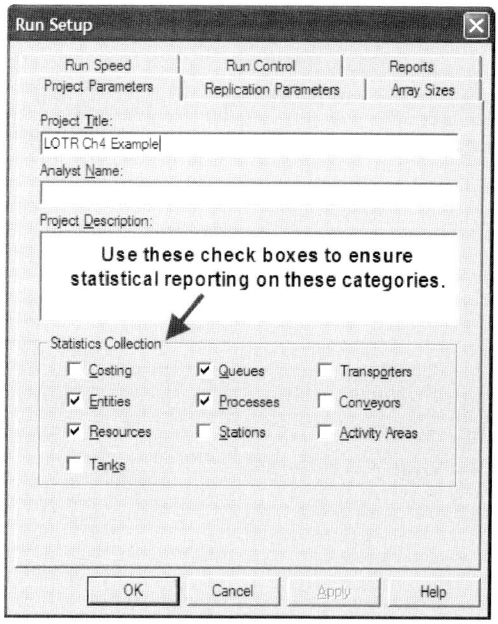

그림 7.12 Run Setup Dialog의 statistical collection

개의 프로세스에서 반지 쌍의 평균 숫자의 결과는 그림 7.14에 주어진다. 평균적으로 두 개의 프로세스를 통과하는 데 필요한 모든 반지는 약 365.79분이 필요하다. 이것은 모든 반지가 Make Ring Process로 한 번에 즉시 배출된 것 때문에 발생한다. 그림 7.15에서 Arena™가 각 개별 프로세스에서 보낸 총 시간을 볼 수 있다. 이처럼 시뮬레이션 출력에 기초하여 Arena™

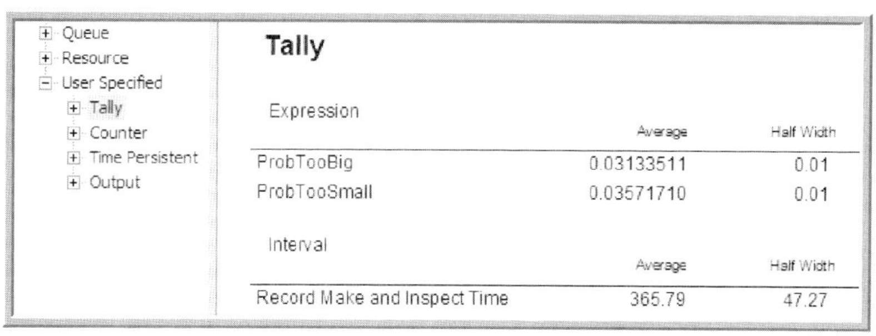

그림 7.13 RECORD 모듈의 결과

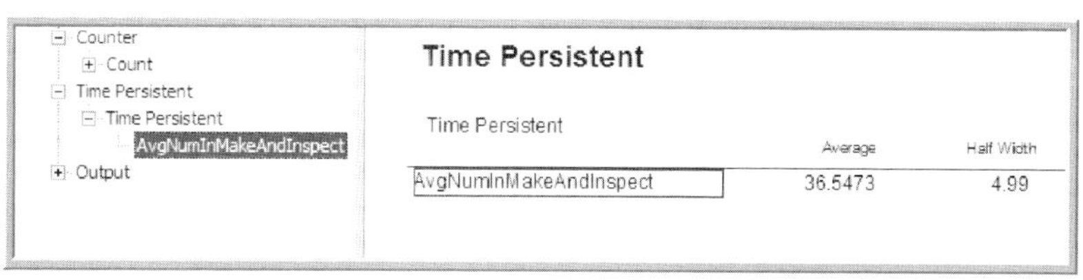

그림 7.14 반지 제조 및 검사 프로세스에서 반지 쌍의 평균 숫자의 결과

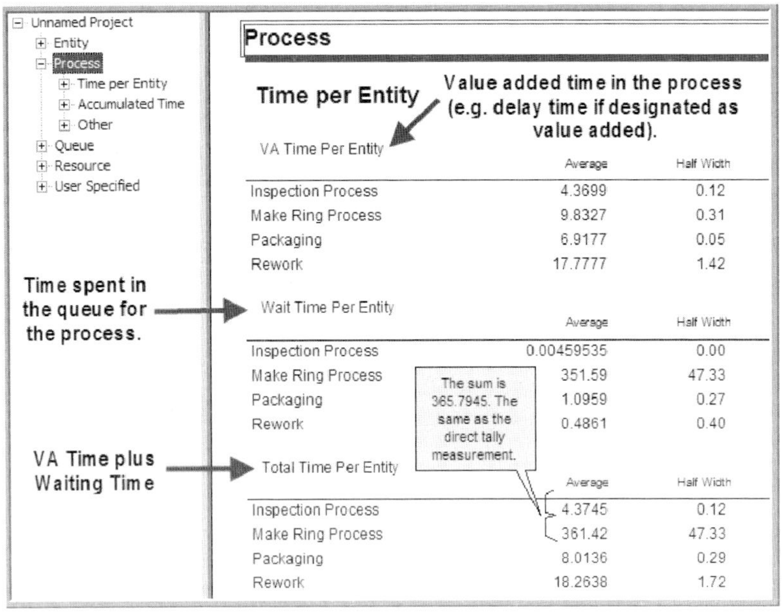

그림 7.15 Arena의 통계 수집 프로세스

의 프로세스 보고서로부터 프로세스에서 보낸 시간을 합할 수 있다. 그러나 이것은 총 시간에 대한 신뢰구간을 자동적으로 생성하지는 않는다. 시험 실행에 기초하여 신뢰구간 절반폭 목표를 충족시키는 데 필요한 반복실험의 수는 다음과 같이 결정될 수 있다.

$n_0 = 10, h_0 = 47.27, h = 20$의 값으로 $n \cong n_0(h_0/h)^2$ 수식을 사용하면 대략적인 $n = 56$ 반복실험 횟수가 구해진다. 만약 반복적인 방법 사용을 원한다면 당신은 시험 반복실험으로부터 표준편차를 처음 결정해야만 한다. 반복방법(iterative method)을 사용하려면 먼저 표준편차를 사용해야 한다. 사례에서 s_0를 계산하기 위해 Arena^{TM}의 절반폭 값과 다음을 사용할 수 있다.

예를 들어

$$s_0 = \frac{47.27\sqrt{10}}{t_{0.25,9}} = \frac{47.27\sqrt{10}}{2.262} = 66.083$$

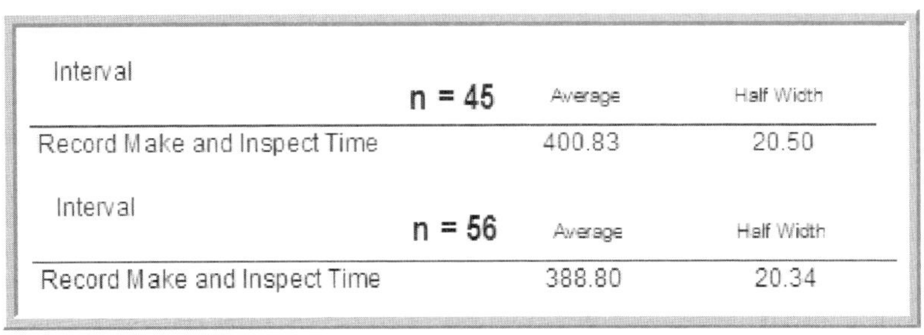

그림 7.16 n = 45와 56을 사용하여 실행한 결과

이것을 반복적으로 풀면

$$h = t_{\alpha/2,n-1}\frac{s}{\sqrt{n}} \le E$$

$n = 44.4 \approx 45$의 표본크기가 산출된다. 절반폭 비율 방법은 요구되는 표본크기(반복실험의 수)를 산정하는 데 보다 더 보수적인(conservative) 경향이 있다.

그림 7.16에서의 결과는 절반폭 기준(±20분)이 양 표본크기에 의해 거의 충족된다는 것을 나타낸다. 반지 제조 및 검사 시간은 높은 변동이 있다는 것을 유념하라. 절반폭을 결정하기 위한 방법은 시험 실행에서 반복실험의 마지막에 얻은 표준편차와 비슷해질 것이라는 것을 가정한다. 그러나 반복실험이 모두 완료될 때 얻은 실제 표준편차는 시험 실행에서 얻은 것과 다를 수 있다. 만약 가정이 타당하게 충족된다면 이 예에서 보여주듯이 구한 절반폭이 바라는 기준에 매우 가까워질 높은 가능성도 있을 것이다.

7.3.3 Arena에서 유한구간 시뮬레이션의 순차적 샘플링

표본크기를 결정하기 위해 앞에서 논의된 방법은 고정된(*fixed*) 표본크기를 미리 결정하고 그다음에 반복실험을 한다. 그러나 만약 절반폭의 식이 n의 반복적인 함수(iterative function) 사용을 고려한다면 다음 식이 사용 가능하다.

$$h(n) = t_{\alpha/2,n-1}\frac{s(n)}{\sqrt{n}} \le E \qquad \text{(식 7.10)}$$

요구되는 절반폭 한계치(E)가 만족될 때까지 시뮬레이션의 추가적인 반복실험의 실행을 수행한다. 이 방법을 순차적인 표본추출(sequential sampling)이라고 하고 이 경우 실험의 표본크기는 미리 정해지지 않는다. 이 방법은 기준이 충족될 때까지 시뮬레이션을 반복 실행하면서 반복실험 횟수를 증가시킬 것이다. OUTPUT 통계를 정의하는 것과 ORUNHALF(*Output ID*) 함수를 사용하는 것으로써 기준이 충족될 때 Arena를 멈출 수 있다.

의사코드(pseudo-code)에 대한 개념은 예시 7.1에 제시되었다. 먼저, 시간 0.0에 대한 logical entity(논리적 개체)를 만든다. 현재 실행 중인 반복실험이 2번 이하일 때 개체들을 폐기하는 것을 확인하기 위해 특수한 변수 NREP를 사용한다. 만약, 현재 실행 중인 반복실험이 2번 이상일 때, 절반폭이 경계와 같거나 더 작아지는지 확인해본다. 이 경우, 반복실험 최대 횟

예시 7.1 순차적 샘플링에 대한 pseudo-code

```
CREATE a logical entity at time 0.0
IF NREP ≤ 2 THEN
  DISPOSE
ELSE
  IF half-width ≤ bound THEN
    ASSIGN MREP = NREP
  END IF
END IF
DISPOSE
```

Statistic - Advanced Process

	Name	Type	Expression
1	TimeToMakeOrderStat	Output	TNOW
2	ProbOfOT	Output	TNOW > 960
3	AvgNumInMakeAndInspect	Time-Persistent	vNumInMakeAndInspect
4	MakeAndInspectTimeAvgAcrossRep	Output	TAVG(Record Make and Inspect Time)
	Double-click here to add a new row.		

그림 7.17 제조 및 검사 시간 기록을 위한 OUTPUT 통계

수 MREP가 현재 반복실험 횟수 NREP와 동일한 지점에 도달했다는 것을 나타낸다.

이 코드를 실행하기 위해 먼저 OUTPUT 통계를 정의해야 한다. 이것은 그림 7.17에서 나타나 있는데, Arena 함수 TAVG(*Tally ID*)는 제조 및 검사 프로세스 모두에서 보내는 시간에 대한 반복실험 평균을 얻기 위해 사용된다. ORUNHALF(*Output ID*) 함수는 지정된 OUTPUT 통계의 현재 절반폭의 값을 완료된 모든 반복실험 결과를 기초로 제공한다. 이 함수는 절반폭 한계치에 대하여 검사하는 데 사용할 수 있다.

그림 7.18은 Arena™에서 샘플링을 수행하기 위한 로직을 설명한다. CREATE 모듈은 각 반복실험의 0.0시간에 단일 개체를 생성한다. 개체는 그다음에 Check Num Reps DECIDE 모듈로 나아간다. 특정한 Arena™ 변수 NREP는 현재의 반복실험 숫자를 가지고 있다. NREP가 1일 때 어떠한 반복실험도 아직 완료되지 않았다. NREP가 2일 때 첫 번째 반복실험이 완료되고 두 번째가 진행 중이다. NREP가 3일 때 두 번째 반복실험이 완료된 것이다. 적어도 두 개의 완료된 반복실험은 신뢰구간 형태를 필요로 한다(표준편차의 수식이 분모에 $n-1$을 가지기 때문). 적어도 두 번의 반복실험이 검사를 시작하기 위해서 필요하기 때문에 반복실험의 숫자가 2보다 작거나 같다면 개체는 제거된다. 이전에 시뮬레이션이 과거 두 번의 반복실험이라면 개체는 절반폭 검사를 시작할 것이다.

그림 7.19에서 로직은 현재 절반폭 대 오차 한계치(여기서는 20분)를 검사하기 위해 Arena™ 함수 ORUNHALF(*Output ID*)를 사용한 두 번째 DECIDE 모듈을 나타낸다. 변수 MREP는 시뮬레이션 반복수행의 최대치를 나타낸다. 절반폭의 값이 한계치 이하이면 개체는 ASSIGN 모듈

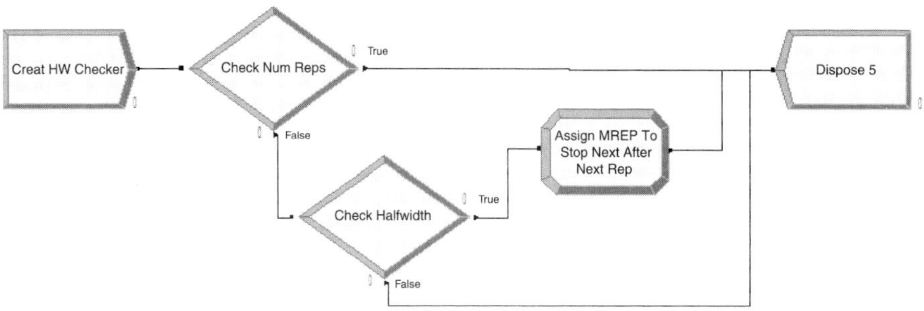

그림 7.18 절반폭 순차적 검사를 위한 로직

Decide - Basic Process

	Name	Type	If	Value
1	Check Num Reps	2-way by Condition	Expression	NREP <= 2
2	Check Halfwidth	2-way by Condition	Expression	ORUNHALF(MakeAndInspectTimeAvgAcrossRep) <= 20

그림 7.19 순차적 샘플링을 위한 DECIDE 로직

을 통과하여 반복실험을 중지시킬 것이다. 그렇지 않으면 개체는 제거될 것이다.

MREP라 불리는 특수한 변수는 시뮬레이션 실행에서의 반복실험 최대 횟수를 나타낸다. Run > Setup dialog를 채우고 반복실험의 숫자를 지정했을 때 MREP는 지정된 값으로 설정된다. 각 반복실험의 시작에서 NREP 값은 MREP 값과 비교된다. 만약 NREP 값과 MREP값이 같다면 반복실험은 마지막 반복실험을 실행할 것이다. 이것은 실제로 필요한 것보다 한 번 더 반복실험이 실행되는 원인이 되지만 Arena™ 함수이기 때문에 피할 수 없다. 이것을 방지하는 한 가지 방법은 VBA 코드를 사용하는 것이다. 그림 7.20은 MREP가 NREP와 같아지게 설정하기 위한 ASSIGN 모듈을 보여준다. MREP가 Arena에서 표준 변수와는 다른 특수한 변수이기 때문에 assignment type은 "Other"가 됨을 주의하라.

이것은 *LOTRCh7ExampleSequential.doe* 파일에서 실행된다. 모델을 실행하기 전에 Run > Setup > Replication Parameters 창에서 어떤 임의의 큰 정수로 반복실험의 수(MREP)를 설정해야 한다. 모델을 실행한다면 그림 7.21과 같은 결과를 얻을 수 있을 것이다.

순차적 샘플링 실험에서 51번의 반복실험이 있었다. 이것은 그림 7.16에서 고정된 절반폭 방법에서 추천된 56번의 반복실험보다 작은 것이다. 그 이유는 그림 7.16에서 절반폭은 그림 7.21에서 절반폭보다 크다는 것은 52에서 56번째의 반복실험이 더 변동성을 가지기 때문이다. 이것은 순차적 샘플링 방법에서 반복실험의 수는 사실 확률변수이다. 만약 당신이 다른 난수열(stream)을 사용하고 순차적 샘플링 실험을 다시 실행한다면 반복실험의 완료된 수는 아마도 매번 다를 것이다.

Assignments

	Type	Other	New Value
1	Other	MREP	NREP
	Double-click here to add a new row.		

그림 7.20 MREP를 사용한 반복실험을 종료하기 위한 로직

Interval	n = 51 Average	Half Width
Record Make and Inspect Time	395.51	19.62

그림 7.21 순차적 샘플링을 위한 출력 결과

7.4 무한구간 시뮬레이션의 분석

이 절에서는 무한구간 시뮬레이션을 어떻게 계획하고 분석하는지 논의한다. 무한구간 시뮬레이션을 분석할 때 근본적인 어려움은 반복실험 내 데이터의 성질이다. 유한구간 시뮬레이션 사례에서 통계적인 분석은 3가지 기본 사항에 기초를 두었다.

1. 관측치들은 독립이다.
2. 관측치들은 동일한 분포로부터 추출된다.
3. 관측치들은 정규분포를 한다(충분한 양의 관측치는 중심극한정리를 유도).

이러한 요구는 무작위표본을 생성하기 위한 시뮬레이션의 독립된 반복실험을 수행하는 것에 의해 충족된다. 반복실험 내의 출력들은 위의 어떤 요구도 쉽게 만족시키지 않는다. 그러나 일정한 절차를 통해 관측치들이 이러한 통계적인 가정을 만족시키도록 할 수 있다. 첫 번째로 왜 반복실험 내의 데이터는 일반적으로 이러한 가정을 위반하는지 설명할 것이고 다음에 무한구간 시뮬레이션에서 가정의 위반을 완화하기 위한 몇 가지 방법을 설명할 것이다.

무한구간 시뮬레이션과 관련된 문제를 설명하기 위해 4장에서 논의된 M/M/1의 간단한 스프레드시트 시뮬레이션 모델이 개발되었다. 스프레드시트는 *MM1-QueueingSimulation.xls* 파일에 있다. 그림 7.22에 설명된 단일서버 대기행렬(single-server queuing) 시스템을 생각하자.

단일서버 대기행렬 시스템을 위해 도착과 서비스 시간의 지식에 기초한 각 고객의 대기시간의 계산을 가능하게 하는 식이 있다. X_1, X_2, ...를 연속적인 서비스 시간을 나타낸다고 하고 Y_1, Y_2, . . . 를 각 고객들이 대기행렬에 연속적인으로 도착하는 시간의 간격을 나타낸다고 하자. λ가 평균 도착 비율이고 $E[Y_i] = 1/\lambda$는 도착 시간 간격의 평균이라고 하자. μ가 서비스 비율의 평균이고 $E[X_i] = 1/\mu$는 서비스 시간의 평균이라고 하자. W_i는 i번째 고객이 대기행렬에서 기다린 시간, 즉 고객이 도착해서 서비스에 들어갈 때까지의 시간이라고 하자.

Gross and Harris [1998]에 의하면 Lindley's의 식 $(i + 1)$번째 고객의 서비스를 위한 대기시간은 다음과 같다.

$$W_{i+1} = \max(0, W_i + X_i - Y_i) \qquad \text{(식 7.11)}$$

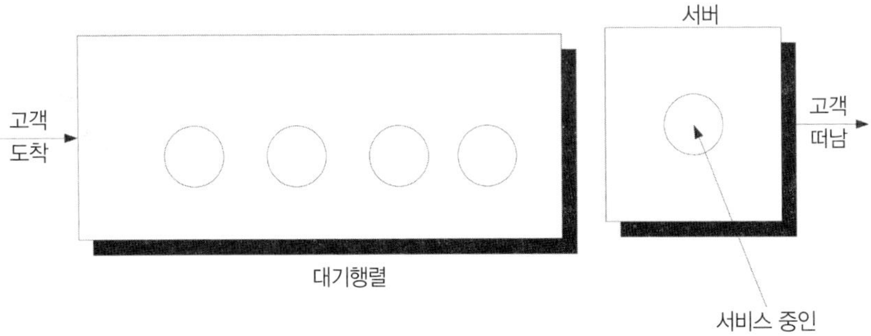

그림 7.22 단일서버 대기행렬 시스템

$(i + 1)$번째 고객이 기다리는 시간은 W_{i+1}은 i번째 고객이 기다린 시간 더하기 i번째 고객의 서비스 시간 X_i(한 고객이 i번째 고객의 앞에 있기 때문에) 빼기 i번째 고객과 $(i + 1)$번째 고객의 도착시간 차이 Y_i를 말한다. 만약 $W_i + X_i - Y_i$가 0보다 작다면 $(i + 1)$번째 고객은 i번째의 서비스가 끝나고 도착한 것이고, 따라서 $(i + 1)$번째 고객의 대기시간이 0이다. 그러므로 그의 서비스 시작은 즉시 이루어진다.

$X_i \sim \exp(E[X_i] = 0.7)$과 $Y_i \sim \exp(E[Y_i] = 1.0)$을 가정한다. 이것은 $\lambda = 1$과 $\mu = 10/7$을 가지는 M/M/1 대기행렬이다. 이처럼 4장에서 주어진 식을 사용하여 산출하면

$$\rho = 0.7 \qquad (식\ 7.12)$$

$$L_q = \frac{0.7 \times 0.7}{1 - 0.7} = 1.6\overline{33} \qquad (식\ 7.13)$$

$$W_q = \frac{L_q}{\lambda} = 1.6\overline{33}\text{분} \qquad (식\ 7.14)$$

스프레드시트 모델은 X_i와 Y_i를 생성하고 스프레드시트에서의 열에서 Lindley의 식을 실행하는 것을 포함한다. 그림 7.23은 시뮬레이션의 표본 출력을 보여준다. 시뮬레이션은 $W_0 = 0$으로 초기화됐고 X_0와 Y_0는 무작위로 뽑았다. X_i와 Y_i의 생성된 값들은 그림 7.24와 같이 식이 D24와 E24에 주어진 셀 수식을 가지는 지수 확률변수(exponential random variables)를 위한 역변환 기법(inverse transform technique)에 기초한다.

그림 7.24는 셀 F25가 셀 F24의 값에 기초한다는 것을 보여준다. 이것은 Lindley 수식을 반복적으로 수행한다. 열 G는 누적 합을 가진다.

$$\sum_{i=1}^{n} W_i \quad \text{for } n = 1, 2, \ldots$$

그리고 열 H는 누적 평균을 가진다.

	A	B	C	D	E	F	G	H
20								
21		Customer	Waiting	Service	Interarrival			
22		Number	time	time	time		Cumulative	Cumulative
23		n	W(n)	X(n)	Y(n)	W(n)+X(n)-Y(n)	Sum	Avg
24		0	0	0.165049697	3.205865303	-3.040815606		
25		1	0	0.52814479	1.34872615	-0.82058136	0	0
26		2	0	0.338501251	2.146635912	-1.808134661	0	0
27		3	0	1.435505306	1.442529663	-0.007024357	0	0
28		4	0	0.436372252	0.184805878	0.251566375	0	0
29		5	0.251566375	0.600203813	0.576593493	0.275176695	0.251566375	0.050313275
30		6	0.275176695	1.499580523	3.497237695	-1.722480477	0.52674307	0.087790512
31		7	0	2.087126617	0.225136044	1.861990574	0.52674307	0.07524901
32		8	1.861990574	0.940140227	4.372192785	-1.570061985	2.388733644	0.298591705
33		9	0	0.55141614	0.710258739	-0.158842598	2.388733644	0.265414849
34		10	0	0.489774047	0.0205816	0.469192446	2.388733644	0.238873364

그림 7.23 Lindley의 식을 위한 스프레드시트

	A	B	C	D	E	F	G	H
20								
21		Customer	Waiting	Service	Interarrival			
22		Number	time	time	time		Cumulative	Cumulative
23		n	W(n)	X(n)	Y(n)	W(n)+X(n)-Y(n)	Sum	Avg
24		0	0	=-$B$4*LN(1-RAND())	=-$B$5*LN(1-RAND())	=C24+D24-E24		
25		1	=MAX(0,F24)	=-$B$4*LN(1-RAND())	=-$B$5*LN(1-RAND())	=C25+D25-E25	=C25	=G25/B25
26		2	=MAX(0,F25)	=-$B$4*LN(1-RAND())	=-$B$5*LN(1-RAND())	=C26+D26-E26	=C26+G25	=G26/B26
27		3	=MAX(0,F26)	=-$B$4*LN(1-RAND())	=-$B$5*LN(1-RAND())	=C27+D27-E27	=C27+G26	=G27/B27
28		4	=MAX(0,F27)	=-$B$4*LN(1-RAND())	=-$B$5*LN(1-RAND())	=C28+D28-E28	=C28+G27	=G28/B28
29		5	=MAX(0,F28)	=-$B$4*LN(1-RAND())	=-$B$5*LN(1-RAND())	=C29+D29-E29	=C29+G28	=G29/B29
30		6	=MAX(0,F29)	=-$B$4*LN(1-RAND())	=-$B$5*LN(1-RAND())	=C30+D30-E30	=C30+G29	=G30/B30
31		7	=MAX(0,F30)	=-$B$4*LN(1-RAND())	=-$B$5*LN(1-RAND())	=C31+D31-E31	=C31+G30	=G31/B31
32		8	=MAX(0,F31)	=-$B$4*LN(1-RAND())	=-$B$5*LN(1-RAND())	=C32+D32-E32	=C32+G31	=G32/B32
33		9	=MAX(0,F32)	=-$B$4*LN(1-RAND())	=-$B$5*LN(1-RAND())	=C33+D33-E33	=C33+G32	=G33/B33
34		10	=MAX(0,F33)	=-$B$4*LN(1-RAND())	=-$B$5*LN(1-RAND())	=C34+D34-E34	=C34+G33	=G34/B34

그림 7.24 대기행렬 시뮬레이션을 위한 스프레드시트 수식

$$\frac{1}{n}\sum_{i=1}^{n} W_i \quad \text{for } n = 1, 2, \ldots$$

이처럼 셀 H26은 처음 두 고객들의 평균이고 셀 H27은 처음 세 고객들의 평균이다. 열 H의 마지막 셀은 모든 고객의 대기시간의 평균을 나타낸다.

그림 7.25는 1,000명의 고객에 대한 시뮬레이션 결과를 보여 준다. 먼저 수리적 분석 결과, 대기행렬에서 예상되는 평균 대기시간은 1.633분이지만 시뮬레이션 결과를 통해 얻은 평균 대기시간은 1.187분으로 더 낮은 값을 나타낸다. 다시 말해 표본 평균의 값이 수리식을 통해 얻은 값보다 현저히 낮은 값을 나타냄을 그림 7.25를 통해 확인할 수 있다. 그림 7.26은 처음 1,000명의 고객의 누적 평균을 나타낸다. 그림에서 보듯이 누적 평균은 낮게 시작하고 결국

	A	B
1		
2	Simple Queueing Simulation	
3		
4	Mean Service Time	0.7
5	Mean Interarrival time	1
6	Waiting time in Queue	1.633333333
7		
8	Sample Average	1.1872560
9	Sample Variance	3.4886921
10	StdDev	1.86780
11	Count	1000
12	StdError	0.0590652
13	conf level	0.95000
14	degrees of freedom	999.00000
15	alpha for mean CI	0.05000
16	t-value	1.962341416
17	half-width	0.11590599
18	CI Lower Limit for mean	1.07135003
19	CI Upper Limit for mean	1.30316201

그림 7.25 1,000명의 고객에 대한 시뮬레이션 결과

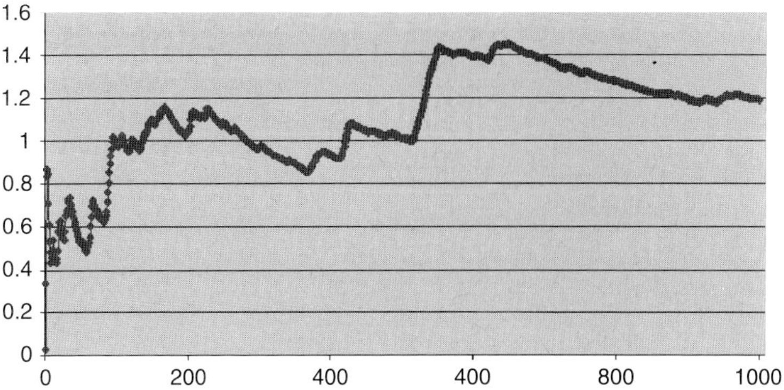

그림 7.26 1,000명의 고객들의 누적된 평균

은 1.2분에 수렴하는 경향이 있다.

이러한 데이터를 고려하는 데 첫 번째 문제는 독립성이다. 이것을 위해 자기상관(autocorrelation)과 관련한 1,000개의 관측을 분석해야 한다. 그림 7.27로부터 3장에서 논의된 방법을 사용하여 보면 주어진 데이터가 강한 양의 상관관계를 가진다는 것이 쉽게 확인된다. 이 관측치들의 래그-1 상관관계는 약 0.9로 측정된다. 그림 7.27은 W_i와 W_{i-1} 사이에 강한 first-order 선형 종속성(linear dependence)을 나타낸다. 이 양의 종속성은 만약 이전의 고객이 긴 시간을 기다렸다면 다음 고객은 그와 비슷하게 오래 기다린다는 것을 의미한다. 만약 이전의 고객이 짧게 기다렸다면 그다음의 고객은 비슷하게 짧게 기다린다. 이것은 어떻게 대기행렬이 운영되는지와 관련한 것을 이해할 수 있다.

이 상관관계는 평균 고객 대기시간에 대한 신뢰구간을 구할 때 매우 유의한 의미를 가진다. 왜냐하면 다음의 식으로 주어지는 표본 분산의 추정량은 관측치에 상관관계가 있을 때는 실제 모집단 분산의 편의 추정량(biased estimator)이기 때문이다.

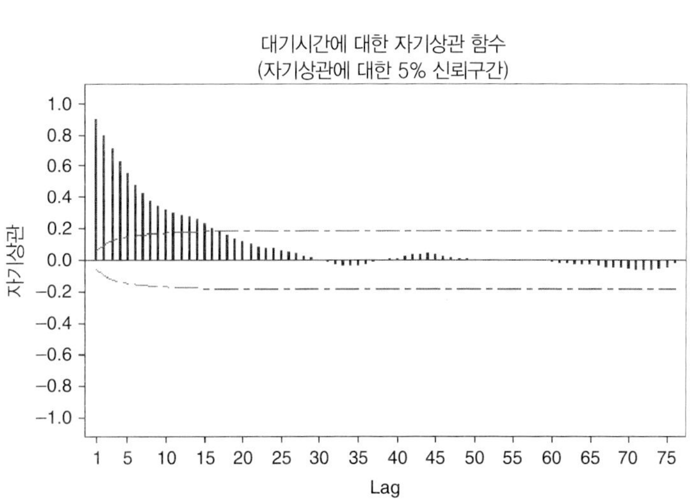

그림 7.27 대기시간들에 대한 자기상관 도표

$$S^2(n) = \frac{1}{n-1}\sum_{i=1}^{n}(X_i - \overline{X})^2 \quad \text{(식 7.15)}$$

두 번째 문제는 데이터의 비안정적 행태(nonstationary behavior)이다. 6장에서 논의했듯이 비안정적 데이터는 어느 정도 시간에 종속적(dependent)이다. 더 일반적으로 비안정적 성질은 동일한 분포로부터 $W_1, W_2, W_3, \ldots, W_n$이 얻어지지 않는다는 것을 의미한다.

왜 W_1의 분포가 $W_{1,000}$의 분포와 달라야 하는가? 첫 번째 고객은 어떠한 고객이 존재하지 않는 대기행렬에 들어가고 따라서 첫 번째 고객은 대기시간이 아주 작거나 없을 것이다(W_0 도입이 첫 번째 고객을 기다리게 하는 경우). 그러나 1,000번째 고객은 완전히 다른 상황에 직면할 것이다. 첫 번째 고객과 1,000번째 고객 사이에 줄이 형성될 것이다. 사실 M/M/1 수식으로부터 안정상태는 예상되는 대기행렬 안의 숫자가 1.633이라는 것을 알고 있다. 명확하게 첫 번째 고객이 직면하는 상태는 1,000번째 고객이 직면하는 것과 다르다. 이처럼 그들의 대기시간의 분포는 다른 경향이 있다.

2장의 공분산 안정(covariance stationary)의 정의를 떠올려보자. 다음의 상태가 유지된다면 연속된 시간 $X_1, X_2, \ldots, X_n$ 은 **공분산 안정적**이라고 말한다.

- 평균이 존재하고 $\theta = E[X_i]$, for $i = 1, 2, \ldots, n$
- 분산이 존재하고 $\text{Var}[X_i] = \sigma^2 > 0$, for $i = 1, 2, \ldots, n$
- 래그-k 자기상관 $\rho_k = \text{cor}(X_i, X_{i+k})$는 i의 함수가 아니다. 즉, 연속적인 어떠한 두 점 사이의 상관관계는 급수(series)의 어느 지점에 있는지에 종속되지(dependent) 않고 단지 그들 사이의 거리에 종속된다.

고객 대기시간의 경우, $i = 1, 2, \ldots, n$에 대하여 $\theta \neq \text{E}[X_i]$와 $\text{Var}[X_i] \neq \sigma^2$라는 결론을 내릴 수 있다.

$W_{9,999}$와 $W_{10,000}$의 분포의 경향이 비슷할 것이라고 생각하는가? 9,999번째 고객이 평균적으로 10,000번째 고객과 경험상 유사한 상태라는 주장이 정당한 것으로 보인다. 그림 7.28은 10,000명의 고객 시뮬레이션에 대한 10개의 다른 반복실험의 누적 평균을 보여준다. 이것은 시트에 10,000-customers라고 표시된 것을 사용하여 개발되었다.

그림으로부터 10,000명 고객의 누적 평균그림이 실제 기대값의 위, 아래와 실제 기대값을 향하는 등 매우 다양할 수 있다는 것을 확인할 수 있을 것이다. 이러한 도표는 새로운 난수에 따라 다시 계산한 스프레드시트를 가지고 그다음에 도면의 다른 시트에 관측치를 넣기 위해서는 F9 기능키를 누르면 생성된다. 이것은 새로운 반복실험을 실행하는 것과 같다. 제공된 스프레드시트를 사용하여 다수의 표본 경로(sample path)를 생성하는 것을 시도하길 권한다. 10,000명의 고객 사례에서와 같이 고객의 수가 증가하면 누적 평균은 안정상태의 기대 값으로 접근한다. 이것이 대수의 법칙(law of large numbers)이다. 실제 평균 값에 근접하기 위해서는 시뮬레이션 초기에 **워밍업 기간**(*warm-up period*)이라는 시간이 필요하다. 워밍업 기간을 결정하는 것은 동일하지 않은 분포의 문제를 완화시키는 기본적인 방법이 될 것이다.

이 논의로부터 동일한 분포로부터의 데이터라는 두 번째의 통계적인 가정이 반복실험 내

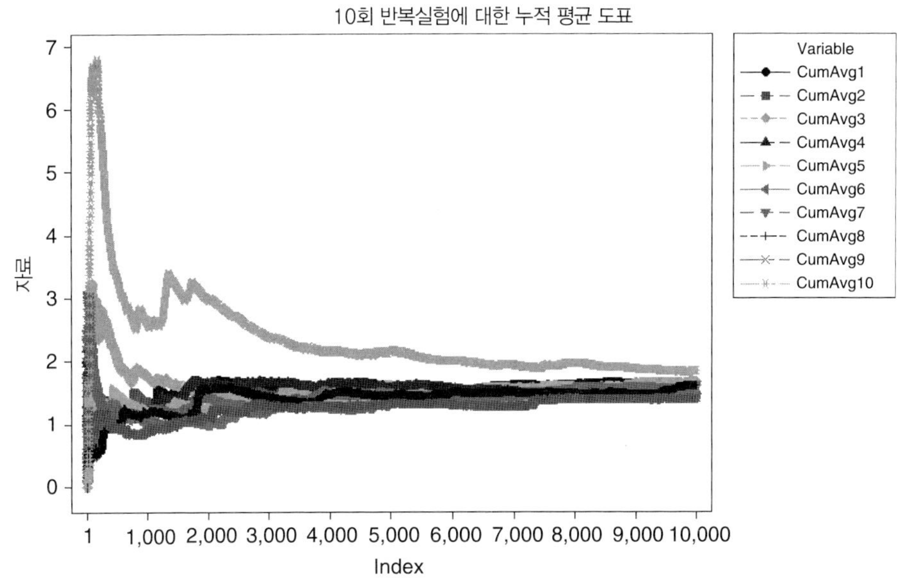

그림 7.28 대기행렬 시뮬레이션의 표본 경로들

데이터에서는 유효하지 않다는 결론을 내릴 수 있다. 또한 이것으로부터 데이터는 정규분포가 아닐 가능성이 크다는 결론을 지을 수 있다. 사실, M/M/1 대기행렬에서 대기시간의 안정상태 분포는 정규분포가 아니다. 이처럼 모든 세 가지의 기본적인 통계적 가정은 반복실험 내 데이터에서는 위반된다. 이 문제는 무한구간 시뮬레이션을 분석을 제대로 하기 위해서는 반드시 적절하게 다루어질 필요가 있다.

무한구간 시뮬레이션을 수행하기 위한 두 가지 기본적인 방법이 있다. 첫 번째는 다수의 반복실험을 실행하는 것이다. 이 접근은 유한구간 경우와 같은 비슷한 형식으로 독립성과 정규성을 다루지만 데이터의 비안정적(nonstationary) 측면을 다루기 위해서는 특별한 절차가 필요할 것이다. 두 번째 기본적인 접근은 하나의 매우 긴 반복실험을 하는 것이다. 이러한 방법 모두는 데이터의 비안정적 측면의 문제를 다루는 것에 의존한다. 다음 절에서는 무한구간 시뮬레이션의 반복실험 내 데이터의 비안정적 측면을 완화하는 방법을 다룬다.

7.4.1 초기상태 효과를 평가

시뮬레이션의 출력프로세스 $\{X_i\}$를 고려하자. $F_i(x|I)$는 $\{X_i\}$의 조건부 누적 분포함수라고 하자. 여기서 I는 시간 0에서 시뮬레이션의 시작에 사용되는 초기상태(initial condition)를 나타낸다. 만약 $I \rightarrow \infty$임에 따라 $F_i(x|I) \rightarrow F(x)$이면, $F(x)$는 출력프로세스의 안정상태 분포라고 부른다 [Law (2007)].

무한구간 시뮬레이션에서 안정상태 평균 θ와 같은 안정상태 분포 $F(x)$의 변수를 측정하는 것은 종종 핵심 목표가 된다. 안정상태 성과를 측정하는 것과 관련 근본적인 어려움은 안정상태 분포(알려지지 않음)를 사용하여 시스템이 초기화되지 않으면 안정상태 분포를 직접 관측할 수 있는 방법이 없다는 것이다.

만약 안정상태 분포가 존재하고 시뮬레이션을 충분히 길게 실행 가능하다면 추정량은 바람직한 결과로 수렴할 것이라는 것은 사실이다. 이처럼 무한구간 시뮬레이션에서 얼마나 오래 시뮬레이션을 실행할 것인가와 성과의 측정에서 **초기상태**의 효과를 어떻게 다룰 것인가를 결정해야 한다. 시뮬레이션의 초기상태는 시뮬레이션이 시작될 때 시스템의 상태를 나타낸다. 예를 들어 약국시스템 시뮬레이션은 서비스 또는 대기행렬에 어떠한 고객도 없이 시작된다. 이 상태를 "*empty and idle*"이라고 말한다. 시뮬레이션의 초기상태는 안정상태 성과의 추정량에 수렴하는 속도에 영향을 미친다.

반복실험의 시작 단계에서는 $F_i(x|I)$ 분포 때문에 초기상태에 강하게 영향을 받기 쉽고, 표본 평균과 같은 안정상태 성과의 추정량 $\overline{X}$는 **편의되기**(*biased*) 쉬울 것이다. 만약 $E[\hat{\theta}] = \theta$라면 점 추정량 $\hat{\theta}$는 관심 변수 θ의 **불편**(*unbiased*) 추정량(estimator)이다. 즉, 표본추출 분포의 예상되는 값이 관심 변수와 같다면 추정량은 불편이라고 말한다. 만약 추정량이 편의라면 $E[\hat{\theta}] - \theta$는 추정량 $\hat{\theta}$의 편의(bias)라고 부른다.

실제 변수 θ 사이의 어떠한 개별적인 차이와 특정한 관측 X_i는 오차(error) $\epsilon_i = X_i - \theta$로 부른다. 만약 오차의 예상되는 값이 0이 아니라면 편의가 있다. 특정한 관측치는 편의가 없다. 그러나 편의는 추정량의 특성이다. 추정량의 편의를 측정하기 위해서는 추정량의 다수의 관측치를 가져야 한다. 앞의 예에서 대기행렬에서 평균 대기시간을 측정하고 추정량이 처음 20명 고객에 기초한다고 가정하면 추정량은 다음과 같다.

$$\overline{W}_r = \frac{1}{20}\sum_{i=1}^{20} W_{ir}$$

여기에서 $r = 1, 2, \ldots, 10$ 반복실험이다. 표 7.1은 10개의 다른 반복실험에서 처음 20명 고객의 표본 평균 대기시간을 보여준다. 표에서 B_r은 r번째 반복실험의 편의를 측정한 것이며 $W_q = 1.6\overline{33}$이다. $\overline{B} = -0.9536$으로부터 처음 20명 고객이 유의한 음 편의 추정량을 가짐을 알 수 있다. 즉, 평균적으로 그것은 목표 값보다 작다.

이것은 안정상태 시뮬레이션에서 **초기 편의 문제**(*initialization bias problem*)라고 부른다. 시뮬레이션의 초기상태가 $F(x)$(알려져 있지 않음)에 따라서 생성될 수 없다면, 초기 편의의 존재를 인지하거나 완화하는 방법에 초점을 두어야 한다. 초기 편의 문제에 대한 실험은 Schruben [1982] 와 Schruben 등[1983]에 설명되어 있다.

초기 편의 완화를 위한 하나의 전략은 $\{X_i;\ i = d + 1, \ldots\}$가 안정상태 분포인 프로세스$\{X_i\}$와 비슷한 분포 특성을 가지는 색인 d를 찾는다. 이것은 시뮬레이션 워밍업 문제(warm-up problem)라고 부른다. 여기서 d는 워밍업 지점(warm-up point)으로 부르고 $\{i = 1, \ldots, d\}$는 시뮬레이션의 워밍업 기간(warm-up period)이라고 부른다. 안정상태 성과의 추정량은 단지 $\{X_i;\ i = d + 1, \ldots\}$를 기초로 한다.

예를 들어 각 반복실험 r에서 안정상태 평균 대기시간을 측정할 때 추정량은 다음으로 계산될 수 있다.

표 7.1 20명 고객에 대한 10번의 반복실험 결과

r	$\overline{W}_r$	$B_r = \overline{W}_r - W_q$
1	0.194114	−1.43922
2	0.514809	−1.11852
3	1.127332	−0.506
4	0.390004	−1.24333
5	1.05056	−0.58277
6	1.604883	−0.02845
7	0.445822	−1.18751
8	0.610001	−1.02333
9	0.52462	−1.10871
10	0.335311	−1.29802
	$\overline{\overline{W}} = 0.6797$	$\overline{B} = -0.9536$

$$\overline{W_r} = \frac{1}{n-d}\sum_{i=d+1}^{n} W_{ir} \qquad \text{(식 7.16)}$$

시간 T_w는 대기행렬에서 평균 고객 수와 같은 시간 기반 성과의 측정을 위해 데이터 수집이 시작되는 시간이다. 시간 기반 성과 측정의 추정량은 다음과 같이 계산된다.

$$\overline{Y}_r = \frac{1}{T_e - T_w}\int_{T_w}^{T_e} Y_r(t)\, dt \qquad \text{(식 7.17)}$$

그림 7.29에서는 시뮬레이션 반복실험을 위한 워밍업 기간의 개념을 보여준다. Arena^{TM}에서 시뮬레이션을 실행할 때 Run > Setup > Replication Parameter 패널을 사용하여 시간 기반 워밍업 기간을 쉽게 지정할 수 있다. 사실 관측 기반 데이터도 시간과 관련한 워밍업 기간을 더 편하게 지정할 수 있다. 주어진 T_w 값은 d의 특정한 값을 의미한다. Arena^{TM}에서 워밍업 기간을 지정하는 것은 Arena^{TM}에서 시간 T_w에 워밍업 사건이 일어나도록 일정계획하는 것이 된

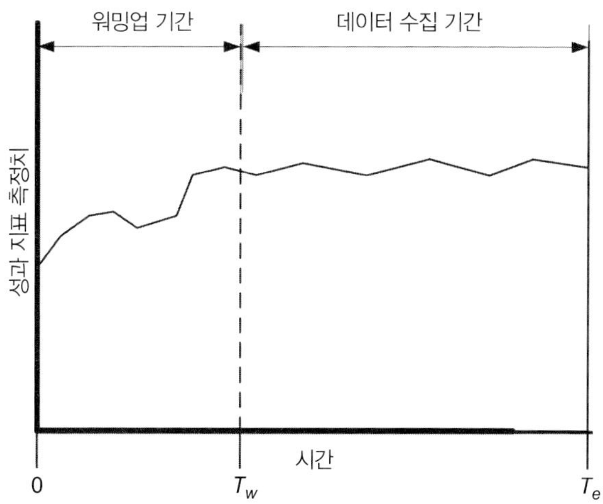

그림 7.29 워밍업 기간 개념

다. T_w로부터 T_e까지의 기간 동안 필요한 순수 수집 효과를 위해 그때(T_w)까지 축적된 모든 통계량은 지워진다.

워밍업 기간의 길이를 어떻게 평가할 것인가를 더 진행하기 전에 안정상태의 개념을 더 확실하게 하는 것이 필요하다. 이 개념은 종종 잘못 이해되거나 또는 잘못 나타내진다. 당신은 종종 **"시스템은 안정상태에 도달했다"**는 말을 들을 것이다. 이 말의 정확한 해석은 성과 측정이 나타내는 분포는 희망하는 안정상태 분포와 충분히 비슷한 지점에 도달했다는 것이다. 안정상태는 시간이 무한하게 지속되는 시스템에 의해 생성된 성과 측정을 포함하는 개념이다. 그러나 때때로 이 말은 "시스템 **그 자체**가 안정상태에 도달했다"고 하는 의미로 잘못 전달된다. 시스템은 안정상태에 **결코** 도달하지 않는다는 것이 명확하다. 만약 시스템 그 자체가 안정상태에 도달한다면 그것은 시간이 변화해도 결코 바뀌지 않을 것이다. 시스템이 시간과 관련하여 지속적으로 발전한다는 것은 확실하다. 이처럼 시스템이 안정상태에 도달했다는 말은 틀린 말이다. 따라서 **"시스템이 안정상태에 도달했다."**는 말은 사용하지 않는 것이 좋다.

초기 편의를 제거하기 위해 데이터를 삭제한다는 생각은 많은 관심을 일으킨다. 워밍업 기간의 마지막 T_w에서 시스템의 상태는 $T = 0$에서와 정확하게 같다고 가정하자. 예를 들어 특정한 반복실험의 시간 T_w에서 시스템이 비어있고 유휴하다는 것은 확실하게 가능하다. 이때 T_w에서 시스템의 상태는 초기상태와 같기 때문에 이 반복실험의 워밍업 기간을 삭제하는 것은 어떠한 효과도 없을 것이다. 어떤 의미에서는 데이터가 이유 없이 버려졌을 뿐이다. 삭제 방법은 T_w에서 보여지는 시스템의 상태가 안정상태 조건을 대표하는 가능성을 고려하는 것이다. 워밍업 기간의 마지막에서 시스템의 **어떤 가능한** 상태들이 관측될 것이다. 몇몇 상태는 다른 것들보다 안정상태 조건에 더 부합할 것이다. 만약 복수 반복실험이 행해지면 T_w에서 각 반복실험은 다른 상태의 집합들을 경험할 것이다. $I^r_{T_w}$는 반복실험 r에서 시간 T_w의 "초기의" 상태이다. 워밍업 기간을 설정하고 다수의 반복실험을 수행하는 것에 의해 시간 T_w에서 시스템의 상태를 지배하는 분포로부터 표본추출을 하게 된다. 만약 T_w가 충분히 길다면 반복실험에서 평균적으로 안정상태를 대표하는 상태에서 데이터 수집을 시작할 것이다.

많은 방법과 규칙들이 워밍업 기간을 결정하기 위해 제안되었다. 관심 있는 독자는 Wilson and Pritsker [1978], Lada 등[2003], Litton and Harmonsoky [2002], White 등[2000], Cash 등[1992] 그리고 Rossetti and Delaney [1995]를 보도록 하라. 이 논의는 Welch [1983a, 1983b]가 제안한 그래프 절차에 집중할 것이다.

Welch 절차는 다음과 같다.

- R 반복실험을 행하라(일반적으로 $R \geq 5$를 추천).
- m_r이 r번째 관측 실험을 의미할 때, $Y_{rj}(j = 1, 2, \dots, m_r$ 그리고 $r = 1, 2, \dots, n)$는 반복실험 r에서 j번째 관측치이다.
- $m = \min(m_r)$ $(r = 1, 2, \dots, n)$일 때, $j = 1, 2, \dots, m$에 대해 다음 식을 사용하여 반복실험 간 평균치를 계산

$$\overline{Y}_{\cdot j} = \frac{1}{n}\sum_{r=1}^{n} Y_{rj}$$

- $j = 1, 2, \ldots, m$에 대해 $\overline{Y}_{\cdot j}$ 값을 그래프에 나타냄
- $\overline{Y}_{\cdot j}$에 평탄화 기법(smoothing techniques) 적용($j = 1, 2, \ldots, m$).
- 그래프의 점들이 한 점으로 수렴하기 시작하는 지점을 시각적으로 판단

Lindley 식의 시뮬레이션으로부터 생성된 반복실험 결과에 Welch의 과정을 적용해보자. 시트 *10Replications*에 저장된 10개의 반복실험 결과를 사용하여 각 고객의 반복실험 간 평균을 계산한다. 그림 7.30에서 셀 B2는 첫 번째 고객의 10번 반복실험을 통한 평균을 나타낸다. D열은 B열과 관련된 누적 평균을 나타낸다.

그림 7.31은 반복실험 결과(B열)를 이용한 누적 평균(D열)의 그래프이다. 누적 평균은 데이터 평탄화(smoothing) 작업의 하나이다. 그래프로부터 약 고객 3,000명 후에 누적 평균은 안정권으로 진입한다고 추론할 수 있다. 따라서 $d = 3{,}000$이라고 추론할 수 있다.

반복-절단(*replication-deletion*) 방법은 워밍업 기간을 가지고 다수의 반복실험을 실행하여 무한구간 시뮬레이션을 수행하는 것이다. 만약 $d = 3{,}000$을 가지는 반복-절단 방법이 위의 예에서 사용된다면 표 7.2에서 나타나듯이 편의의 근소한 감소를 이룰 수 있을 것이다.

이 예에 대해 결정적이지는 않더라도 결과는 워밍업 기간을 삭제하는 것은 초기 편의를 감

B2 =AVERAGE(E2:N2)

	A	B	C	D	E	F	G	H	I
1		Average	Sum	CumAvg	Rep 1	Rep 2	Rep 3	Rep 4	Rep 5
2	1	0.548433	0.548433	0.548432719	0	0.337306	0	1.79165	0.716249
3	2	0.359163	0.907596	0.453798017	0.213726	0.427596	0	1.892545	0
4	3	0.793544	1.70114	0.567046583	0.428974	1.498441	0	2.921952	1.373886
5	4	0.679799	2.380939	0.595234777	0.141178	2.265391	0	1.559509	1.523948
6	5	0.772271	3.15321	0.630642059	0.255458	0.839788	0	1.930919	1.569935
7	6	0.598509	3.75172	0.625286585	0.022953	0.909185	0	1.677104	1.460226
8	7	0.760241	4.51196	0.644565755	0	0.917162	0	0.152849	1.979963
9	8	0.879366	5.391326	0.673915781	0	0.350159	0	0	3.596641
10	9	1.169247	6.560573	0.728952544	0.161749	0.457508	0	0	2.767113
11	10	0.897993	7.458566	0.745856589	0.351444	1.45561	0	0	1.213456

그림 7.30 Welch 방법을 위한 평균치 계산

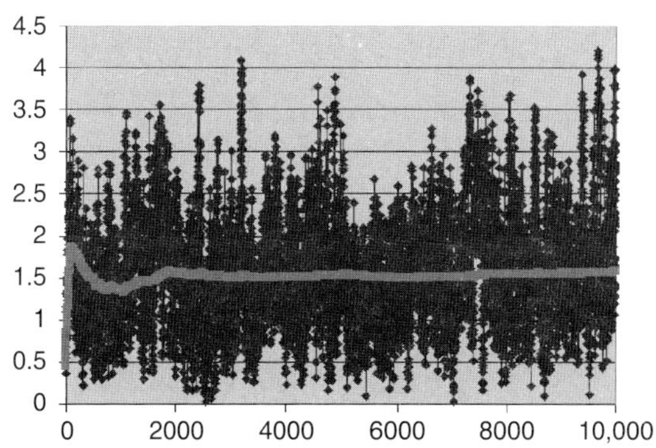

그림 7.31 누적 평균치를 사용한 Welch 그래프

표 7.2 $d = 3{,}000$일 때의 반복-절단 방법의 결과

r	$\overline{W}_r(d=0)$	$\overline{W}_r(d=3000)$	$B_r(d=0)$	$B_r(d=3000)$
1	1.594843	1.592421	−0.03849	−0.04091
2	1.452237	1.447396	−0.1811	−0.18594
3	1.657355	1.768249	0.024022	0.134915
4	1.503747	1.443251	−0.12959	−0.19008
5	1.606765	1.731306	−0.02657	0.097973
6	1.464981	1.559769	−0.16835	−0.07356
7	1.621275	1.75917	−0.01206	0.125837
8	1.600563	1.67868	−0.03277	0.045347
9	1.400995	1.450852	−0.23234	−0.18248
10	1.833414	1.604855	0.20008	−0.02848
	$\overline{\overline{W}} = 1.573617$	$\overline{\overline{W}} = 1.603595$	$\overline{B} = -0.05972$	$\overline{B} = -0.02974$
	$s = 0.1248$	$s = 0.1286$	$s = 0.1248$	$s = 0.1286$
95% LL	1.4843	1.5116	−0.149023	−0.121704
95% UL	1.6629	1.6959	−0.029590	0.062228

소시키는 것을 돕는다는 것을 제안해주고 있다. 다음 절은 가능한 도구를 사용한 모델의 워밍업 기간 분석에 대해 설명될 것이다.

반복 삭제의 방법을 수행하는 데에는 상쇄관계(trade-off)가 발생한다. 관측치가 삭제되기 때문에 추정량의 변동성은 증가할 경향이 있는 반면 편의는 감소하는 경향이 있다. 편의의 감소와 변동성의 증가 사이의 상쇄관계가 발생한다. 즉, 워밍업 기간을 삭제할 때 정밀성과 정확성이 상쇄된다. 또한 각 반복실험의 데이터가 일부 버려지므로 사용 가능한 데이터를 수집하는 데 더 많은 시간이 소비된다. 또 다른 불이익은 워밍업 기간(특히 도표의)을 평가하는 기법을 사용하기 위해서는 보다 많은 데이터 저장을 요구할 것이다. Welch 방법은 시뮬레이션 실행 후에 행해지는 사후-처리를 위한 데이터 저장 요구를 절약하게 한다. 이러한 Welch 방법은 주관적인 방법으로 분석을 위한 분석가의 세심한 주의가 요구된다.

시뮬레이션 모델이 많은 성과 측정 항목을 가질 때 모든 성과 측정을 위해 워밍업 기간 분석을 별도로 수행해야 한다. 같은 모델이더라도 다른 종류의 성과 측정 항목은 안정상태로 수렴하는 다른 속도가 일반적으로 다르기 때문이다. 따라서 워밍업 기간의 길이는 모든 성과 측정 항목을 커버할 만큼 충분히 길어야 할 것이다. 만약 워밍업 기간이 충분히 길게 이루어지지 않는다면, 잠재적으로 n회 반복실험에 대한 문제를 혼동하게 될 것이다.

마지막으로 반복-절단은 만약 워밍업 기간이 시뮬레이션의 길이에 대해 상대적으로 충분하지 않다면 편의 문제를 일으키게 된다. 이러한 불이익에도 불구하고 반복-절단은 워밍업 기간이 결정된 후에 분석의 간단성 때문에 실제에 많이 사용된다. 만족할 만한 워밍업 기간을 가지게 되면, 시뮬레이션 결과 분석은 유한구간 시뮬레이션과 같게 된다.

반복-절단은 Arena^{TM}의 Process Analyzer와 OptQuest와 같은 도구의 사용을 쉽게 한다. 다음 절은 Arena^{TM}의 간단한 M/M/1 모델에서 반복-절단 방법을 어떻게 수행하는지 설명한다.

7.4.2 Arena에서 반복-절단 방법의 실행

반복-절단 방법을 수행하기 위한 첫 번째 단계는 워밍업 기간의 길이를 결정하는 것이다. Arena™에서는 다음과 같이 수행한다.

- Output Analyzer에서의 사후 처리(post processing)를 위해 관측 기반 및 시간 기반 데이터를 Arena™ 파일에 저장한다.
- Output Analyzer를 사용하여 워밍업 기간을 평가한다.
- Excel과 Microsoft Access를 사용하여 Arena™에 저장되어 있는 데이터를 사용하여 Welch 그래프를 만든다.
- 다수의 반복실험을 행한다.
- 결과를 해석한다.

CH7-MM1-ReplicationDeletion.doe 파일은 CREATE와 DELAY 모듈에 각각 도착 간격 시간 exp($E[Y_i]$ = 1.0)과 서비스 시간 exp($E[Y_i]$ = 0.7)을 설정한 M/M/1 모델을 포함한다. 그림 7.32는 모델의 전체적인 흐름을 보여준다. 대기행렬에서의 대기시간을 수집할 필요가 있어 ASSIGN 모듈을 고객이 대기행렬에 들어오는 시간을 표시하는 데 사용한다. 고객이

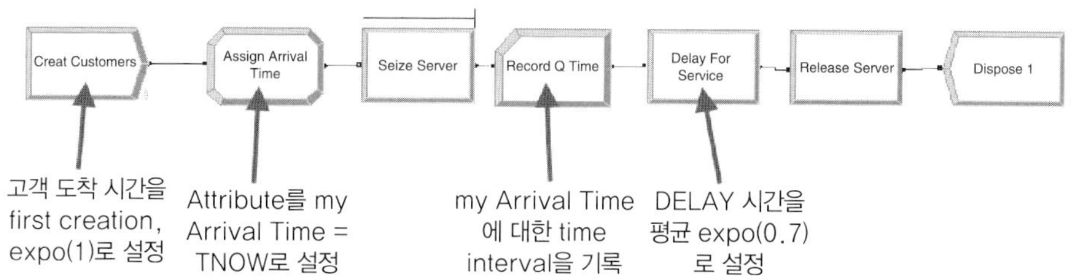

그림 7.32 M/M/1 모델

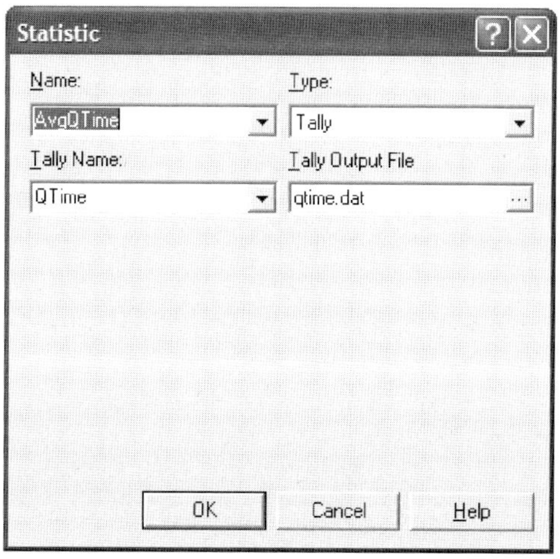

그림 7.33 관측 기반 데이터의 파일 저장

SEIZE 모듈을 지나치게 되면 서비스를 받게 되고, 이때 대기행렬에서 고객은 빠져나오게 된다. RECORD 모듈은 대기행렬 시간을 수집하는 데 사용한다.

Output Analyzer에 의해 수행될 사후 처리를 위해 STATISTIC 데이터 모듈을 사용하여 반복실험에서 수집된 관측치가 파일에 집계된다. 이 예에서는 각 고객의 대기행렬 시간과 대기행렬에서 고객의 수를 수집할 것이다. 그림 7.33은 STATISTIC 데이터 모듈을 사용하여 파일에 저장할 관측 기반 데이터(예를 들어, 대기행렬 시간) 통계를 어떻게 처리하는지 보여준다. 통계의 형태(type)는 Tally이고 Tally Name은 관측치를 수집하는 RECORD 모듈에서 지정된 이름이다. 출력 파일 이름이 정해되면 Arena^{TM}는 모든 관측치의 값과 시간을 *.dat* 확장자를 가진 파일에 저장할 것이다. 이러한 파일들은 사람이 읽을 수는 없지만 Output Analyzer에 의해 처리될 수 있다.

그림 7.34는 전체 시간에 걸쳐서 수집한 대기행렬에 있는 고객 숫자에 관한 통계를 어떻게 파일에 저장하는지 보여준다. 이때 통계의 형태는 시간 기반(time-persistent)이다. 이 경우에 expression builder를 사용하여 SeizeServer.Que에 있는 현재 개체의 수[NQ(queue ID)]를 읽을 수 있다. Output 파일이 지정되면 expression의 값과 관측치의 시간들이 파일로 (*.dat*)에 기록된다.

워밍업 기간 분석을 수행할 때, 첫 번째로 해야 하는 결정은 각 반복실험의 길이를 정하는 것이다. 일반적으로 다른 실행 길이(run length)로 시도하고 그 결과들의 민감도를 검사하는 것 외에는 별로 지침이 없다. Whitt [1989]에 의한 연구는 대기행렬 시뮬레이션에서 실행 길이를 지정하는 것에 대한 아이디어를 제공하지만 이러한 결과들을 일반적인 시뮬레이션 상황으로 적용하는 것은 어렵다.

여기서의 목적이 워밍업 기간의 길이를 결정하는 것이기 때문에 실행 길이는 워밍업 기간이라고 생각되는 것보다 더 커야 한다. 주어진 시간과 데이터 저장 제약을 고려하여 가능한 한

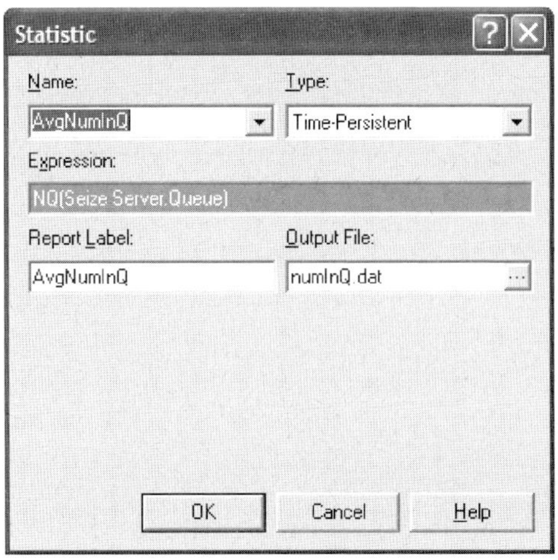

그림 7.34 시간 기반 데이터의 파일 저장

실행 길이를 길게 해야 한다. Banks 등[2005]은 실행 길이는 적어도 삭제된 데이터 양의 10배가 되어야 한다고 주장한다. 즉, $n \geq 10d$ 또는 시간과 관련하여 $T_e \geq 10T_w$이다. T_w를 예비 평가할 때는 T_e를 매우 크게 설정하는 것이 좋다. 그래야만 T_w를 보다 더 정교한 평가를 할 때(예를 들어, Welch 그래프를 사용하는 것)는 삭제된 데이터 양의 10배 정도를 사용할 수 있다.

현 모델의 예비 평가는 이전에 묘사된 엑셀 시뮬레이션에 기초하여 이미 시행되었다. 그 평가는 적어도 $d = 3{,}000$ 고객의 관측치를 삭제하는 것을 제안했다. 이것은 향후 노력의 시작점으로 사용될 수 있다. 지금 T_w는 d 값을 기초로 하여 워밍업 기간을 결정할 필요가 있다. T_w를 구하기 위해서는 d개의 관측치 생성을 위해 시뮬레이션이 얼마나 길게(평균적으로) 해야 될 것인가에 답할 필요가 있다. 이 모델에서 도착의 평균 수는 분당 1명의 고객이다. 따라서 초기 T_w는 다음과 같다.

$$3{,}000\text{고객} \times \frac{\text{분}}{1\text{고객}} = 3{,}000\text{분} \qquad (\text{식 } 7.18)$$

이고, 그러므로 초기 T_e는 30,000분이 되어야 한다. 반복실험 수행 길이로 30,000분으로 정하고 Run > Setup > Replication Parameter에서 10번의 반복실험이 그림 7.35와 같이 지정되어야 한다.

반복실험 길이는 시뮬레이션이 끝날 때의 시간이다. Arena™가 기본적으로 어떻게 보고를 하고 TNOW의 단위를 어떻게 나타내야 하는지를 위해 Base Time Unit이 지정된다. 워밍업 기간과 시뮬레이션 실행 길이 또한 설정될 수 있다. 워밍업 기간은 통계가 삭제되는 시간이다. 이처럼(시뮬레이션 실행 길이 − 워밍업 기간) 시간단위 동안의 시뮬레이션 내용이 보고될

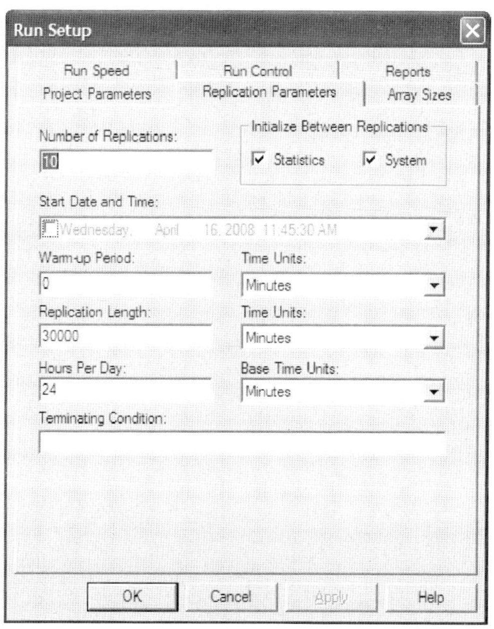

그림 7.35 반복실험을 위한 모수 설정

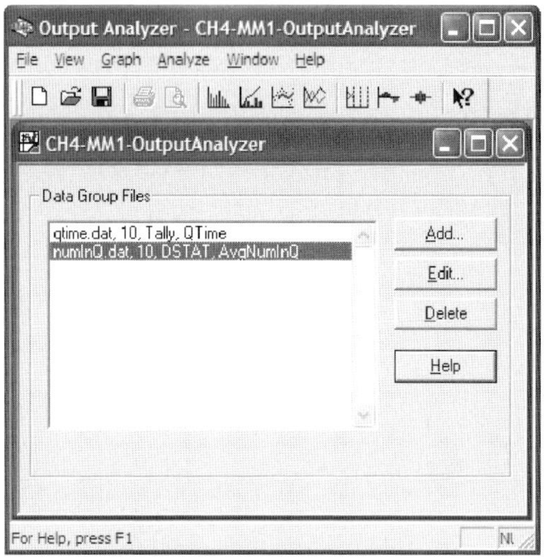

그림 7.36 출력 분석기 데이터 그룹

것이다. 시뮬레이션을 실행하면 Arena^{TM} 모델이 현재 사용 중인 디렉토리에서 *numInQ.dat*와 *qtime.dat* 두 개의 파일을 생성할 것이다.

7.4.3 출력 분석기에서 워밍업 기간 찾기

출력 분석기를 이용하여 상황을 분석하기 위해 출력 분석기를 열고 새로운 데이터 그룹을 만든다. 그다음, 데이터 그룹에 *numInQ.dat*와 *qtime.dat* 두 파일을 추가해야 한다(그림 7.36).

앞서 논의된 바와 같이, Welch plot이 워밍업 기간을 평가하는 합리적인 방법이다. 하지만 불행히도 출력 분석기는 Welch plot 분석을 자동으로 수행하지 않는다. 출력 분석기로 할 수 있는 최선의 방법은 그림 7.37에서와 같이 Plot 메뉴에서 이동평균(Moving Average) 명령을 사용하여 각각의 반복실험을 보는 것이다.

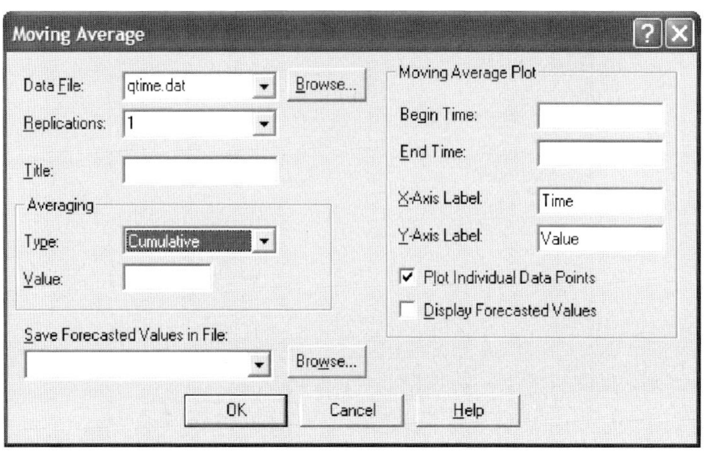

그림 7.37 누적 평균을 선택한 이동 평균 옵션

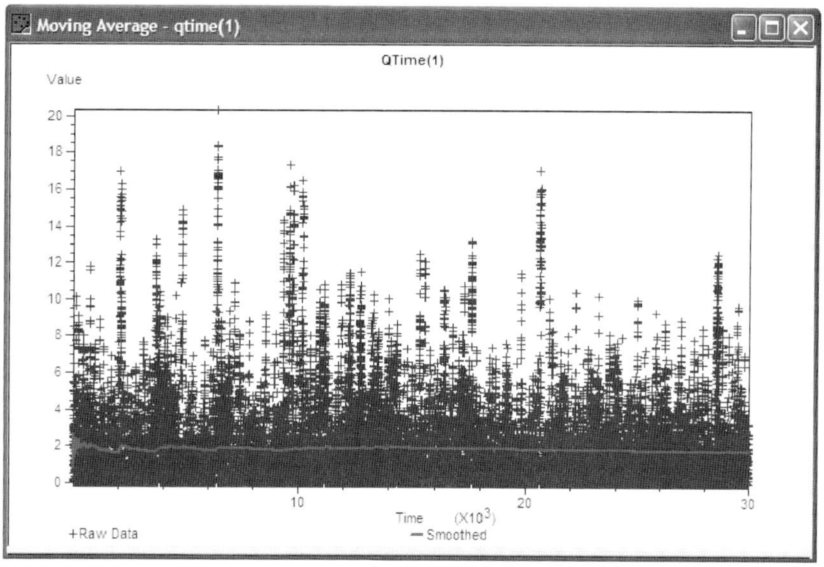

그림 7.38 첫 번째 실험의 누적 평균 도표

출력 분석기에서 제공하는 moving average, exponential, cumulative option을 활용하여 시뮬레이션 분석을 통해 얻은 데이터를 평활화시킬 수 있다. 그림 7.38은 대기행렬 내 대기시간을 위한 첫 번째 반복실험의 누적평균 도표를 보여준다. 이 도표로부터 워밍업 기간은 적어도 4,000시간단위(분)이라는 것을 알 수 있다. 그런데 이것은 단지 한 번의 반복실험일 뿐이다. 각각의 반복실험 도표를 만들고 각각의 도표에 대한 워밍업 시간을 눈으로 확인해야 한다. 또한 이러한 접근은 시간기반 데이터를 배치(batch)로 필터링(*filtering*)하면 시간기반 데이터에도 적용될 수 있다.

시간 기반 데이터는 관측된 시간과 상태변수의 값과 변화된 시간 등이 Arena™ 파일에 저장된다. 그러므로 관측된 시간의 간격은 동일하지 않다. 이동평균 명령을 적용하기 위해 그림 7.7과 같이 일정한 시간 간격의 이산적인 데이터로 잘라낼 필요가 있다. T_e를 Δt의 크기의 k 구간으로 나누면, $T_e = k \times \Delta t$가 된다. j번째 구간의 시간평균(time average)은 다음과 같다.

$$\bar{Y}_{rj} = \frac{1}{\Delta t} \int_{(j-1)\Delta t}^{j\Delta t} Y_r(t)\, dt$$

그러므로 전체 시간평균은 아래와 같은 각각의 간격에 해당하는 시간평균으로 계산될 수 있다.

$$\begin{aligned}\bar{Y}_r &= \frac{\int_0^{T_e} Y_r(t)\, dt}{T_e} = \frac{\int_0^{T_e} Y_r(t)\, dt}{k\Delta t} \\ &= \frac{\sum_{j=1}^{k} \int_{(j-1)\Delta t}^{j\Delta t} Y_r(t)\, dt}{k\Delta t} = \frac{\sum_{j=1}^{k} \bar{Y}_{rj}}{k}\end{aligned}$$

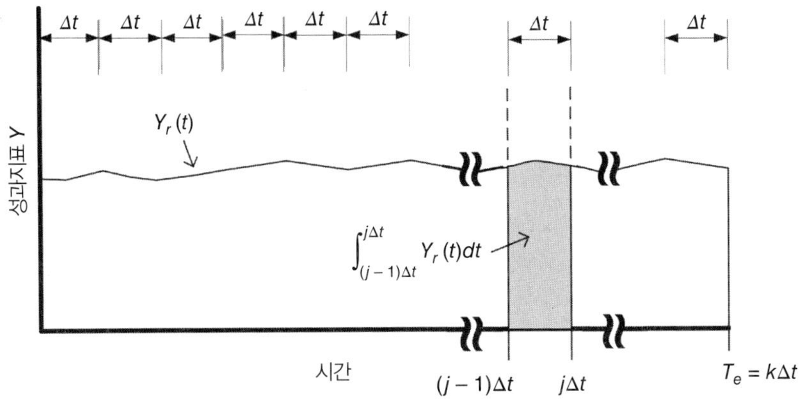

그림 7.39 시간 기반 데이터

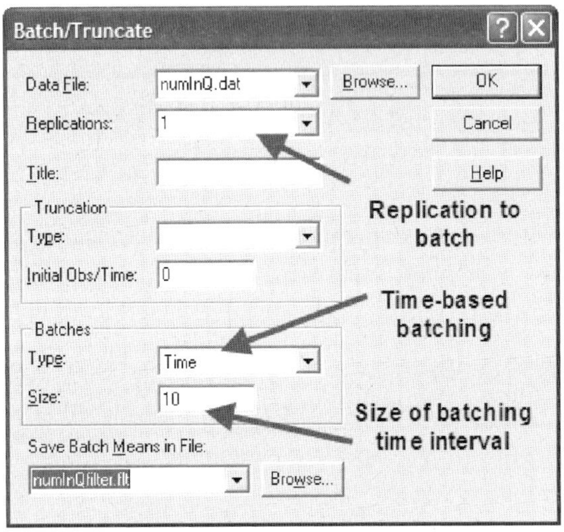

그림 7.40 Batch/Truncate 화면

각각의 $\overline{Y}_{rj}$는 일정한 시간 간격으로 계산되고, 마치 관측기반 데이터인 것처럼 여겨질 수도 있다.

시간기반 데이터 $\overline{Y}_{rj}$의 계산은 결과분석기의 메뉴에서 Batch/Truncate Obs'ns 옵션을 사용하여 산출할 수 있다(그림 7.39). 그림 7.40은 Batch/Truncate 화면이다. 이 화면을 사용하면 Batch 작업을 하고자 하는 반복실험, 배치 종류(시간기반 또는 관측기반), 배치 크기(시간단위나 관측횟수)를 선택할 수 있다.

대기행렬 내의 고객 수에 관한 데이터의 크기는 시간에 기반하기 때문에 시간기반 batch가 선택되고, batch 크기는 시간단위 크기로 지정된다. 이 경우 관측치들은 10분의 시간 간격으로 배치처리 된다.

$\overline{Y}_{rj}$를 관측치로 포함하는 파일 *numInQfilter.flt*가 생성된다. 이 파일은 출력 분석기의 데이터 그룹에 추가될 수 있고, 앞에서 설명한 도표(Plot) 메뉴의 이동평균 명령을 사용하여 처리될 수 있다. 그 결과의 도표는 그림 7.41과 같다.

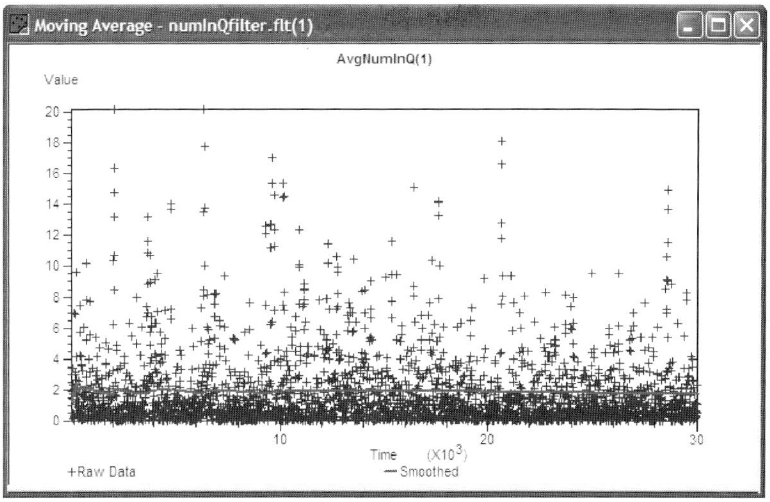

그림 7.41 필터링된 시간 기반 데이터 도표

각 반복실험에 대한 도표를 만들 수 있고, 그 도표에 대한 워밍업 기간을 눈으로 관측할 수 있다. 그런데 앞서 논의되었던 Welch plot은 이러한 과정을 처리하는 더 효과적인 방법이 될 수 있다. Welch plot을 만들기 위해서는 Microsoft의 Excel이나 Access를 사용하여 반복실험들의 평균을 계산할 필요가 있다.

Excel이나 Access를 사용하여 시뮬레이션으로부터 기록된 데이터의 처리를 위해서는 *dat*

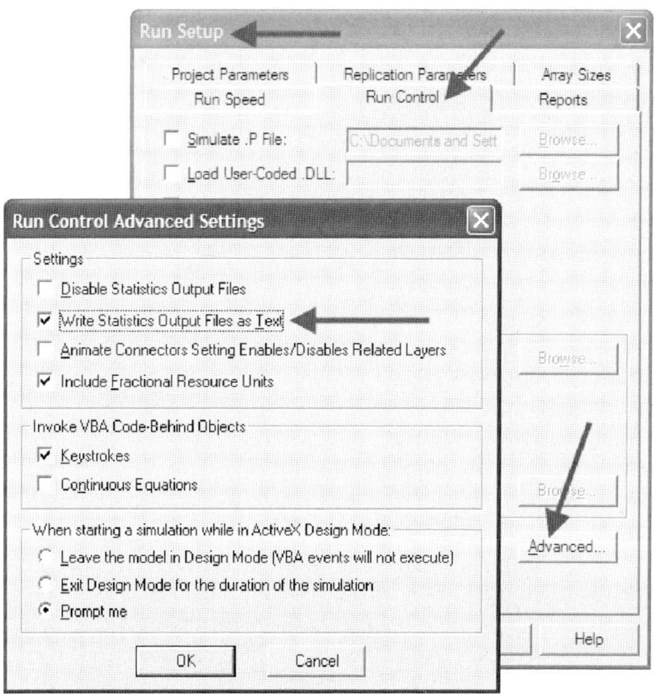

그림 7.42 "Writing Statistics Output files as Text" 옵션

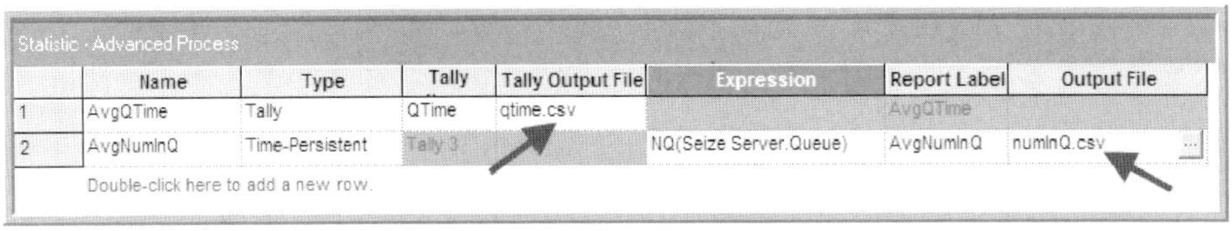

그림 7.43 CSV 확장자로 이름 바꾸기

형식이 아닌 반드시 text 파일로 만들어야 한다. Arena™에서 이러한 프로세스를 가능하게 하기 위해서는 두 가지 변화가 필요하다. 첫 번째는 그림 7.42에 나와 있듯이, Run Setup > Run Control > Advanced dialog를 통해서 text 형식의 출력파일을 생성하라고 지시하는 것이다. 두 번째는 그림 7.43에서처럼 STATISTICS 모듈에서 파일 확장자를 "CSV"로 바꾸어 주는 것이다. 이것은 Excel에서 comma-separate-variable(CSV) 같은 파일 형식을 인식하는 데 유용할 것이다. 그렇게 되면 Window Explorer에서 그 파일을 클릭하면 엑셀 형식으로 열려질 것이다.

Excel을 사용할 때 한 가지 유의할 점은, Excel은 데이터를 저장할 수 있는 행이 1,048,576 행으로 제한되어 있다는 것이다. 만약 r번의 반복실험과 반복실험당 n개의 관측치가 있다면, 다음 $m \times r + (r + 7)$ 값은 1,048,576보다 작아야 한다. 만일 수많은 데이터를 가지고 있다면, 반드시 데이터를 수행하기 위해 Access를 사용해야 한다. 따라서 Excel과 Access 모두를 사용한 분석이 설명될 것이다.

그림 7.44는 Arena에서 Write Statistics Output Files as Text 옵션을 적용했을 때 얻어진 텍스트 파일의 결과를 보여주고 있다. 새로운 관측치가 기록될 때마다 관측치(시간 기준이나 관측 기준으로)의 시간과 값이 기록된다. 복수의 반복실험이 수행되었을 때 시간 필드에서 값이 끝났다는 것을 나타내기 위해 −1이라는 숫자를 사용한다. 이러한 파일의 특징을 사용하여 어떤

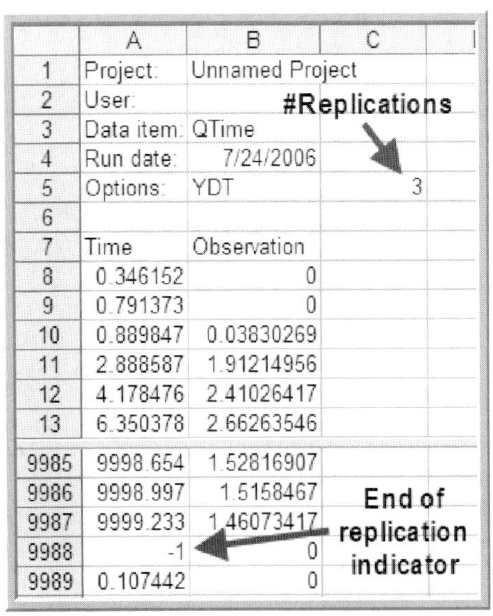

그림 7.44 엑셀에서 CSV 파일 결과값

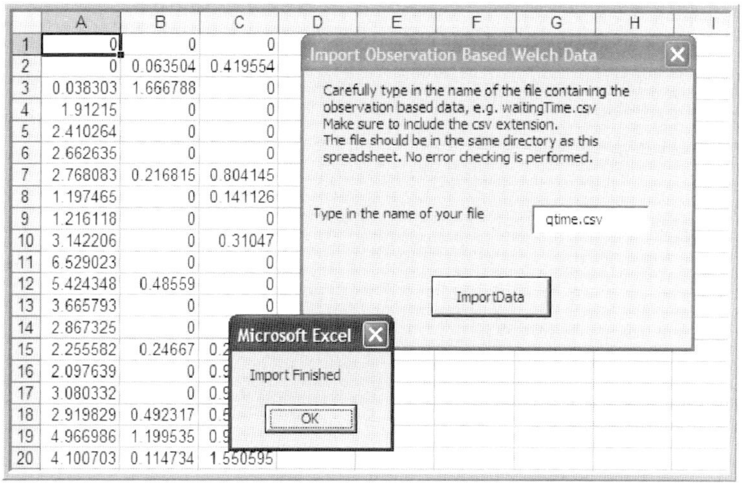

그림 7.45 관측치를 엑셀로 불러들이는 과정

방식으로든 분석을 위해 요구되는 *csv* 파일을 사후 처리하도록 소프트웨어를 만들 수 있다.

엑셀 사용하는 것을 설명하기 위해 10,000분 길이의 3개의 반복실험 시뮬레이션이 수행되었다. 이것은 대기행렬 내에서의 대기시간 약 30,000개의 값이 얻어진다. 이 실험에서는 제한되어 있지만 반복실험 수가 증가하면 엑셀 행의 한계(65,536)를 쉽게 초과하게 된다.

이 장에서 제공된 *MakeWelchPlotNew.xls* 파일을 열어라. 이 파일은 VBA 매크로를 포함하고 있는데 그것은 Arena™로부터 관측 기준이나 시간 기준 데이터 값을 불러들이게 한다. Tool > Macro > Macros를 사용하여 워크북을 위해 정의된 매크로를 열고 *ShowObservationBasedWelchForm*이라고 불리우는 매크로를 선택하라. 이것이 데이터를 불러오기 위해 엑셀 VBA 형식을 가져올 것이다. 그리고 나서 관측치를 포함하는 파일 이름을 입력하라. 그 파일이 워크북과 같은 위치에 있는지를 꼭 확인해야 한다. Import 버튼을 누르면 WelchData라는 이름의 워크시트의 A열에서부터 시작하여 값들이 각 열로 불려들어질 것이다(그림 7.45 참조).

다른 매크로인 *ShowTimeBasedWelchForm*은 엑셀에 시간 기준 데이터를 불러올 수 있다. 이 형식을 이용할 때는 시간 기준 데이터가 같은 크기의 구간으로 배칭될 수 있도록 배칭 구간(batch interval)을 제공해야 한다. 그리고 분석을 위해서는 필요한 데이터의 절단점(deletion point)을 지정할 때는 구간 수에 기초하여야 한다(구간 수에 구간 길이를 곱함으로써 워밍업 길이의 시간을 구할 수 있음).

데이터를 불러들인 것을 보면 각각의 반복실험당 관측치의 수가 같지 않다는 것을 알 수 있다. Welch 도표를 만들 때는 각 반복실험을 위한 값을 가진 포인트만 포함하게 된다. 여기의 예에서는 각 반복실험의 값을 포함하는 마지막 행은 9,980행이다. Welch 도표를 만들기 위해 당신은 각각의 관측치에 대하여 반복실험 간의 평균을 산출하는 것이 필요하다. 또한 평균치들 위에 plotting을 위해 누적 평균을 계산하는 것도 유용하다. *MakeWelchPlotNew.xls* 스프레드시트는 WelchPlot 워크시트 위에 완성된 Welch 도표를 가진다. 이 도표를 만들기 위해 추출된 값이 활용되었다. 그리고 관측치 인덱스, 반복실험 평균, 반복실험 평균의 합, 반복실험 평균의

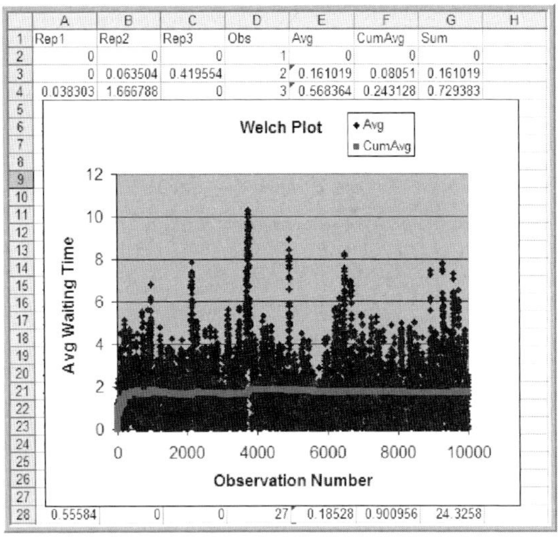

그림 7.46 엑셀 추출 데이터에 대한 Welch 도표

누적 합계를 포함하는 열들이 그림 7.46에 나타난 것과 같이 만들어졌다. 그리고 엑셀 데이터의 산점도(scatter plot)는 X축은 관측치 인덱스, Y축은 평균과 누적 평균을 사용해서 만들어졌다. 이 도표에서는 관측치 약 4,000 이후에는 누적 평균의 감소가 있고 관측치 8,000 이후에는 변화가 별로 없다는 것을 나타낸다. 만약 더 많은 반복실험이 가능하다면 이 패턴을 더 잘 판별해낼 수 있을 것이다. 마이크로소프트 엑세스가 더 큰 데이터 세트를 처리할 수 있도록 VBA 코드가 만들어져 있다. *MakeWelchPlot.mdb* 데이터베이스 파일은 더 큰 데이터 세트의 분석을 위해 사용될 수 있다.

마이크로소프트 엑세스에서의 데이터 처리는 많은 양을 계산하기 위해 질의를 사용하는 것을 제외하고는 엑셀에서 하는 것과 유사하다. 엑세스의 사용법을 설명하기 위해 시뮬레이션이 30,000분 길이로 30번의 반복실험이 새로이 수행되었다. 이것은 매우 큰 파일의 *numInQ.csv*와 *qtime.csv*(최소 22MB 데이터)를 생성시킬 것이다. 편의를 위해, 이 파일을 *numInQ30R.csv*와 *qtime30R.csv*라고 이름지었다. *MakeWelchPlot.mdb* 데이터베이스 파일을 연다(block 표

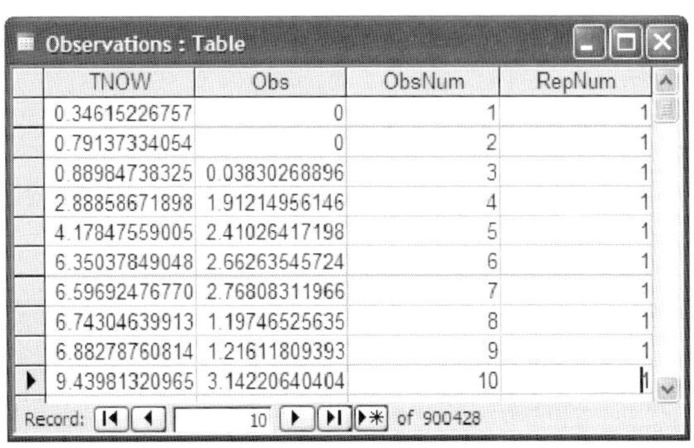
Observations : Table

TNOW	Obs	ObsNum	RepNum
0.34615226757	0	1	1
0.79137334054	0	2	1
0.88984738325	0.03830268896	3	1
2.88858671898	1.91214956146	4	1
4.17847559005	2.41026417198	5	1
6.35037849048	2.66263545724	6	1
6.59692476770	2.76808311966	7	1
6.74304639913	1.19746525635	8	1
6.88278760814	1.21611809393	9	1
9.43981320965	3.14220640404	10	1

Record: 10 of 900428

그림 7.47 불러들인 후의 관측치 테이블

WelchData : Table

ObsNum	AvgOfObs	StDevOfObs	CountOfObs	BatNum	CumAvg
1	0	0	30	1	0
2	0.15846701255	0.3998252918	30	1	0.07923350627
3	0.36975412711	0.59956431398	30	1	0.17607371322
4	0.59712708297	1.00565998378	30	1	0.28133705566
5	0.73956953988	1.01445315852	30	1	0.37298355250
6	0.63968757215	0.97589803062	30	1	0.41743422244
7	0.59678078785	1.01095625657	30	1	0.44305516036
8	0.70254219975	1.38311726398	30	2	0.47549104028
9	0.70809367910	1.14586705271	30	2	0.50133577793
10	0.79829410108	1.22587062514	30	2	0.53103161024
11	0.90706994066	1.72979607558	30	2	0.56521691301
12	1.19860397882	1.95228747951	30	2	0.61799916849
13	1.09102010939	1.78415415856	30	2	0.65438539472
14	1.41848163754	2.26422836074	30	2	0.70896369778
15	1.49400043732	2.14002904459	30	3	0.76129948041

Record: 1 of 29569

그림 7.48 WelchData 테이블

현식 질문에 관해서 NO를 선택하고 unblock 표현식 경고에서는 Yes를 선택한다). 엑세스에서 Forms로 가서 *frmImportObsBased* 이름의 형식(form)을 연다. 이 형식은 데이터를 추출하는 단계를 유도할 것이다. 파일이 매우 크기 때문에 그것을 읽고 처리하는 데 긴 시간을 기다려야 한다. 불러들이는 과정은 Observations라고 불리는 테이블을 생성할 것이고 그것은 관측치와 관측치의 시간, 관측치 수, 해당 반복실험 등을 포함한다(그림 7.47 참조).

MakeWelchData 버튼을 누르면 그림 7.48에서와 같이 반복실험에 대한 평균들의 결과를 나타내는 테이블 생성을 야기할 것이다.

BatchWelchDataTable : Table

BatNum	AvgOfAvgOfObs	CumAvg
1	0.44305516036	0.44305516036
2	0.97487223519	0.70896369778
3	1.48210633283	0.96667790946
4	1.28369342375	1.04593178803
5	1.56587888426	1.14992120728
6	1.31879948855	1.17806758749
7	1.34084573780	1.20132160896
8	1.80004622952	1.27616218653
9	1.45954992211	1.2965386016
10	1.35987011345	1.30287175278
11	1.65848389806	1.33520012963
12	1.51605364164	1.35027125563
13	1.64511306143	1.37295139453
14	1.60635840576	1.38962332391
15	1.73317539592	1.41252679538

Record: 1 of 4225

그림 7.49 배치 평균과 누적 평균

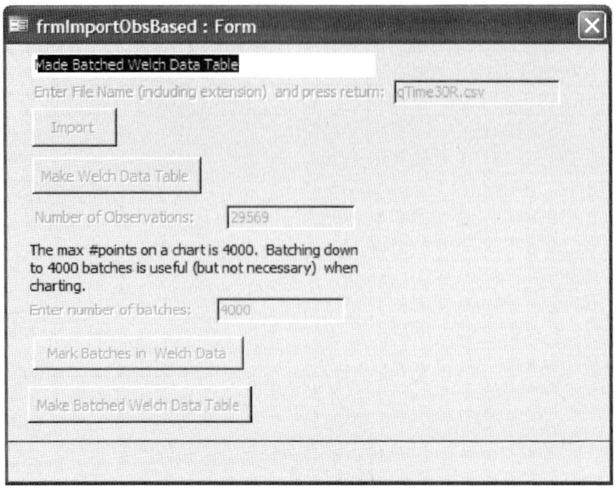

그림 7.50 관측치 기준 데이터 형식의 불러들이기

WelchData 테이블에 있는 레코드를 배치 형태로 표시할 수 있다. 이 과정은 엑세스에서 plotting을 용이하게 하기 위해 각각의 관측치들을 배치에 할당한다. 이것은 또한 누적 평균을 포함하는 열을 계산할 수 있게 한다. 이 데이터들은 다른 플로팅 패키지 또는 엑세스의 차트 기능을 사용하여 도표로 만들어질 수 있다. 안타깝게도 이 책을 쓰고 있는 시점에는 엑세스에서 만들 수 있는 차트 사이즈는 4,000데이터 포인트로 제한되어 있다. 배치 간의 평균을 구하여 더 데이터를 줄이기 위해서 Make Batched Welch Data Table 버튼을 이용할 수 있는데 그것은 할당된 배치를 사용하여 각 배치의 평균을 계산하여 *BatchWelchDataTable*을 만들어낸다(그림 7.49 참조). 전체적인 과정이 끝난 후, 불러들이는 형식은 그림 7.50과 같이 나타내야 한다.

데이터베이스의 보고서 부분(report section)은 이미 만들어져 있는 보고서 형식을 사용하여 그림 7.51과 같은 차트를 만들 수 있다. 안타깝게도 엑세스에서의 차트 사이즈 제한으로 4,000 이상의 관측치는 잘려질 것이다. 이 그림은 관측치가 덜 변동적인 것을 보여주는데 그것은 그들이 30번 이상의 반복실험의 평균을 가지고 있기 때문이다. 관측치는 또한 1.6 값을 중

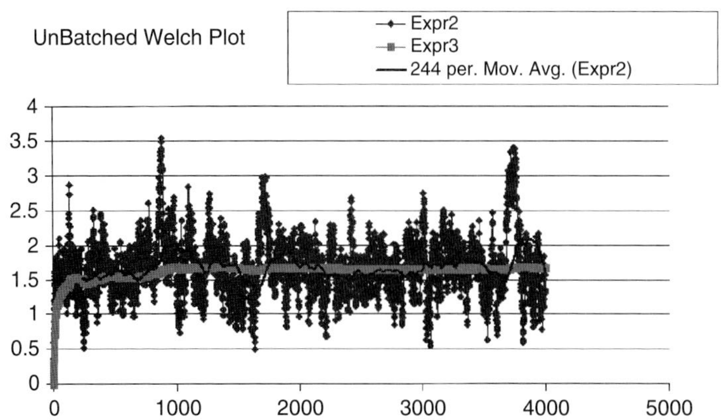

그림 7.51 CumulativeAvgUnBatchedGraph의 실행결과

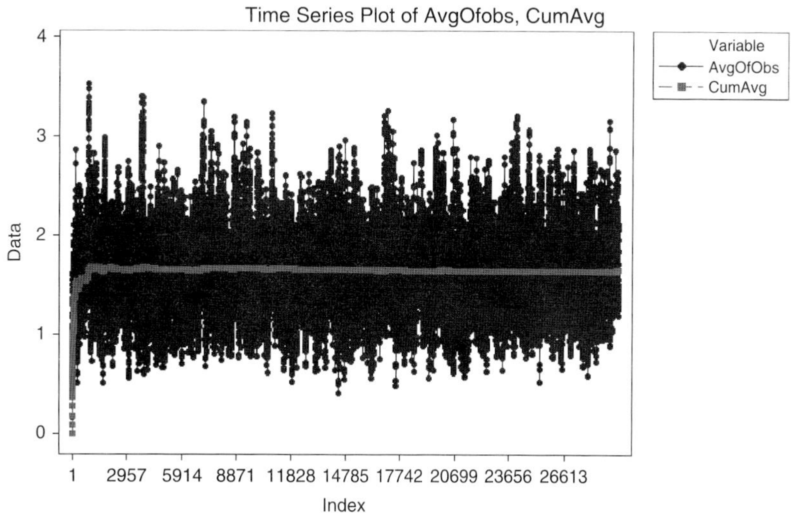

그림 7.52 전체 데이터에 대한 Welch 도표

심으로 변화하고 있고 워밍업 기간이 적어도 2,000데이터 포인트를 필요로 한다는 것을 보여준다.

그림 7.52에서는 WelchData 테이블로부터의 데이터 도표를 나타낸다. 이 그래프는 모든 관측치를 포함하고 있다. 설명을 위해 1.63의 답이 그래프에 포함되어 있다. 이 그래프에서 6,000데이터 포인트 이후 Welch 도표는 안정되어 있다. 분석에 기초하여 적어도 6,000 데이터 포인트를 워밍업 기간으로 사용되어야 한다. 다른 데이터 파일로 이 프로세스를 다시 하기 위해서는 테이블을 지우거나 이름을 다시 부여해야 한다(Observation, WelchData, BatchWelchDataTable). WelchData를 다른 배치들로 관측치를 재할당하기 위해(바꿔 말하면, 데이터를 재배칭하기 위해) MarkBatchNumbersInWelchDataTable이라고 불리우는 매크로를 이용할 수 있다. 이 매크로는 배치당 바람직한 관측치 수를 요구하는 VBA 기능을 부른다.

워밍업 분석을 수행했더라도 시스템 성능 측정을 하기 위하여 시뮬레이션 모델의 사용을 필요로 한다. 워밍업 기간 분석 과정이 데이터를 저장하는 것을 포함하기 때문에 초기 데이터 삭제(truncating) 후에도 시스템 성능 측정을 하기 위해서는 이미 저장된 데이터를 사용할 수 있다. 데이터를 삭제하기 위해 Arena™ 출력 분석기는 Batch/Truncate 창을 사용한다. 만약 분석이 엑셀이나 엑세스에서 이미 수행되었으면 그것은 단순히 워밍업 기간에 관측치가 포함된 부분을 삭제하는 것에 지나지 않는다. 만약 시뮬레이션 수행 비용이 비교적 저렴하다면 Run Setup > Replication Parameters 창에서 워밍업 기간을 설정하여 모델을 실행할 수 있다. 시뮬레이션 수행 길이는 적어도 워밍업 기간의 10배 이상이라는 경험 법칙을 따른다면 시뮬레이션은 그림 7.53에서 주어져 있는 설정으로 다시 수행돼야 한다(30번의 반복실험, 6,000분의 워밍업 기간, 60,000분의 반복실험 수행 길이). 그림 7.54에서 나온 결과 값은 이 반복실험 설정에서는 유의한 편의(bias)가 없음을 보여준다.

대기행렬 내에서의 진짜 대기시간은 $1.\overline{633}$이고 Arena™에 의해 얻어진 95%의 신뢰구간이

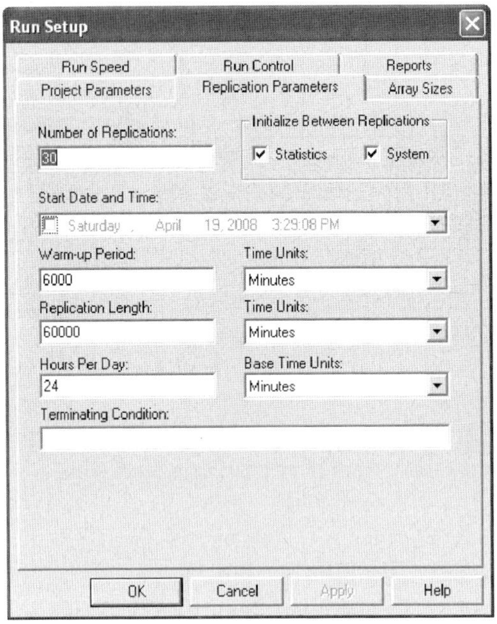

그림 7.53 반복-절단 설정의 예

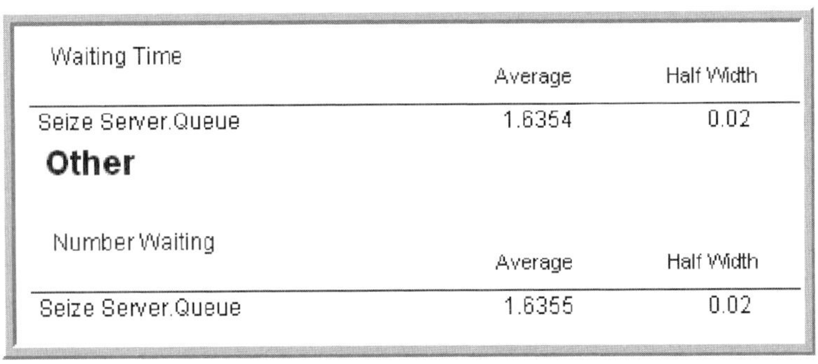

Waiting Time	Average	Half Width
Seize Server.Queue	1.6354	0.02

Other

Number Waiting	Average	Half Width
Seize Server.Queue	1.6355	0.02

그림 7.54 30번의 반복실험 결과

이 값을 포함하고 있다는 것을 명확히 보여준다.

여기에서 설명한 안정상태 시뮬레이션을 위해 워밍업 기간을 결정하는 과정은 지루하고 시간 소비적이다. 이 과정을 자동화하기 위한 연구는 여전히 활발한 연구분야이다. Robinson [2005], Rosseti와 Li [2005]의 연구는 이 문제에 있어서 어떤 밝은 전망이 있지만 컴퓨터 시뮬레이션 소프트웨어에 이 방법을 통합하는 작업이 남아있다. 비록 워밍업 기간을 결정하는 것이 지루하더라도 무한구간 시뮬레이션을 위해서는 워밍업 기간에 대한 고려사항들은 반드시 준수되어야 한다.

일단 워밍업 기간을 찾아내면 Run Setup > Replication Parameters 창에서 워밍업 기간에 대한 필드를 설정할 수 있다. 그리고 나서 시뮬레이션 실험을 수행하기 위하여 반복-절단 방법을 이용할 수 있다. 따라서 유한구간 시뮬레이션 분석에 관해서 이미 제시된 모든 방법이 그대로 사용될 수 있다.

반복실험의 수를 결정하기 위해 예비 실행(pilot run) 후에 고정된 샘플 사이즈 절차를 적용할 수 있다. 만약 분석이 신뢰구간의 절반폭을 맞추기 위해 더 많은 반복실행을 수행해야 한다면 다음의 두 가지의 선택안이 있다: (1) 반복실험의 수를 증가시키거나 (2) 반복실험 수를 같게 하되 각 반복실험의 길이를 증가시킨다. 만약 n_0가 반복실험의 초기 횟수였고 n은 샘플 사이즈 결정 절차에 의해 결정된 반복실험의 횟수이라면, T_e를 $(n/n_0)T_e$로 설정하여 n_0의 반복실험을 할 수 있다. 따라서 이러한 반복실험으로 대략 같은 양의 데이터를 가질 것이지만 더 오랜 기간의 수행은 초기 편의의 영향을 감소시킬 수 있을 것이다.

이미 언급했듯이 반복–절단 방법은 각 반복실험의 처음 실행 부분을 매번 버리는 것을 의미한다. 다른 대안에서는 하나의 긴 실행을 만들고 처음 부분을 한 번 절단한다. 한 번의 긴 반복실험을 기준으로 한 무한구간 시뮬레이션을 분석할 때의 방법은 각 반복실험 데이터 안에서 상관관계를 적절하게 처리하는 것을 필요로 한다. 배치평균법(batch means method)은 대체로 이 경우에 쓰이고 Arena™에서 자동화되어 있다. 다음 장은 배치평균법의 통계적 기초에 대해 논의하고 Arena™에서 사용되는 몇몇 실제적인 이슈를 다룬다.

7.4.4 배치평균법

배치평균법에서 오직 한 번의 시뮬레이션이 수행된다. 워밍업 기간을 절단하는 것이 끝나면 실행에서의 나머지는 그림 7.55에서 나타난 것과 같이 관측치를 나타내는 각각의 배치평균들과 k 배치들로 나눠진다.

배치평균법의 장점은 긴 시뮬레이션 실행을 수반하므로 초기 조건들의 영향을 약하게 하는 것이다. 단점으로는 반복실험 데이터 안에서 상관관계가 있다는 것과 적절하게 배치들이 형성되지 않는다면 높은 상관관계가 나타날 수 있다는 것이다.

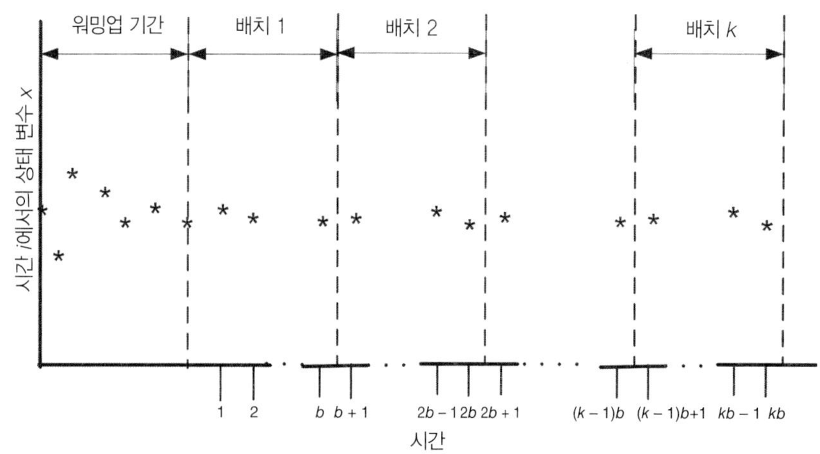

그림 7.55 배치평균법

다음에 소개되는 내용은 워밍업 분석이 이미 수행된 후 관측치가 워밍업 기간 이후에 발생되어 수집되었다는 것을 가정한다. 여기에 설명되는 것은 관측치 기준의 데이터이나 7.4.3절에서 묘사하고 있는 것과 같이 시간 구간을 동일하게 나눈다면 시간 기준 데이터에도 그대로 적용될 수 있다. 한 시리즈의 관측치들($X_1, X_2, X_3, \ldots, X_n$)은 워밍업 기간 후에 하나의 긴 반복실험으로부터 얻었다는 것을 가정한다. 7.4절의 앞에서 보여주었던 것과 같이 반복실험 내 데이터 안에서 매우 상관성이 있다. 그 섹션에서 다음 식을 기초로 하는 신뢰구간은 이러한 종류의 데이터에는 적합하지 않다는 것이 언급되었다.

$$S^2(n) = \frac{1}{n-1}\sum_{i=1}^{n}(X_i - \overline{X})^2$$

만약에 상관관계를 무시한다고 가정해보자. 무엇이 나빠질 것인가? 본질적으로 신뢰구간은 신뢰수준(level of confidence)을 내포한다. 위에 정의된 $S^2(n)$을 이용할 때는 바람직한 신뢰수준을 달성할 수 없을 것이다. 그 이유는 데이터가 상관관계를 가질 때 $S^2(n)$는 $\overline{X}$의 분산의 편의 추정량이기 때문이다. 데이터는 공분산 안정(covariance stationary)이라고 가정하자. 공분산 안정 시리즈에서 $k = 1, 2, \ldots, n-1$에 대하여 $\gamma_0 = \text{Var}(X_i)$, $\gamma_k = \text{Cov}(X_i, X_{i+k})$이고 $\rho_k = \gamma_k/\gamma_0$이면 다음 식이 성립한다.

$$\text{Var}(\overline{X}) = \frac{\gamma_0}{n}\left[1 + 2\sum_{k=1}^{n-1}(1 - \frac{k}{n})\rho_k\right] \quad \text{(식 7.19)}$$

데이터가 상관관계에 있을 때 S^2/n은 $\text{Var}(\overline{X})$의 편의 추정량이다. 이것을 보여주기 위해 S^2/n의 기대값을 산출하면 다음과 같다.

$$\text{E}[S^2/n] = \frac{\gamma_0}{n}\left[1 - \frac{2R}{n-1}\right] \quad \text{(식 7.20)}$$

이때, R의 값은 다음의 식을 통해 구할 수 있다.

$$R = \sum_{k=1}^{n-1}(1 - \frac{k}{n})\rho_k \quad \text{(식 7.21)}$$

편의는 추정량의 기댓값과 측정되는 양 사이의 차이로 정의된다. 이 경우에서 편의는 다음과 같이 계산될 수 있다.

$$\text{Bias} = \text{E}[S^2/n] - \text{Var}(\overline{Y}) = \frac{-2\gamma_0 R}{n-1} \quad \text{(식 7.22)}$$

$\gamma_0 > 0$이고 $n > 1$인 경우, 편의의 부호는 R의 값에 의존하며 결국은 상관관계에 의존한다. 다음에 세 가지의 경우가 있는데: 0의 상관관계, 음의 상관관계, 양의 상관관계이다. $-1 \leq p_k \leq 1$이므로 상관관계의 극한값 조사가 편의의 범위를 결정하게 된다.

양의 상관관계($0 \leq p_k \leq 1$)의 경우, 편의는 음($-\gamma_0 \leq$ Bias ≤ 0)의 값을 가지게 된다. 양의 상관관계에서 S^2/n은 $\text{Var}(\overline{X})$를 과소평가하게 되고, 신뢰구간을 형성하기 위해 S^2/n을 이용하

는 것은 신뢰구간을 너무 작게 만들 수 있다. 이러한 경우 정당화되지 않은 신뢰구간을 가지게 되고, 신뢰수준은 $1-\alpha$가 되지 않는다.

이와는 반대로 음의 상관관계($-1 \le p_k \le 0$)에서 편의는 양($0 \le$ Bias $\le \gamma_0$)의 값을 가지게 되고, 음의 상관관계 데이터에서 S^2/n은 $\mathrm{Var}(\overline{X})$을 과대평가하게 된다. 따라서 S^2/n을 기반으로 한 신뢰구간은 너무 넓게 될 것이고 신뢰수준은 $1-\alpha$보다 클 것이다.

두 가지 경우 중앙의 상관관계 경우가 의사결정 과정에서 그것의 미치는 영향에 의하여 보다 더 치명적이다. 그러나 두 가지 다 문제이다. 따라서 상관관계가 있는 데이터로 S^2/n 식을 순진하게 사용한다면 좋은 결과가 보증되지 않는다. 만약 $\overline{X}$의 신뢰구간을 만들고 싶다면 $\mathrm{Var}(\overline{X})$의 불편 추정량을 찾는 것이 필요하다.

배치평균법은 $\mathrm{Var}(\overline{X})$의 불편 추정량을 유도하는(적어도 대략적으로) 방법을 제공한다. 배치평균법은 주어진 n개의 데이터에 대하여 다음과 같이 연속된 배치들로 나누고 배치의 표본평균을 계산한다.

$$\underbrace{X_1, X_2, \ldots, X_b}_{\text{batch1}} \cdots \underbrace{X_{b+1}, X_{b+2}, \ldots, X_{2b}}_{\text{batch2}} \cdots$$

$$\underbrace{X_{(j-1)b+1}, X_{(j-1)b+2}, \ldots, X_{jb}}_{\text{batch}j} \cdots \underbrace{X_{(k-1)b+1}, X_{(k-1)b+2}, \ldots, X_{kb}}_{\text{batch}k}$$

k를 배치의 수(number of batches)라고 하면 각 배치에 b 관측치들이 있을 때 $k = \lfloor n/b \rfloor$이다. 만일 b가 n의 약수가 아니라면 마지막 $(n-kb)$ 데이터는 사용되지 않을 것이다. 따라서 j^{th}의 배치평균은 다음과 같이 정의된다.

$$\overline{X}_j(b) = \frac{1}{b}\sum_{i=1}^{b} X_{(j-1)b+i} \qquad \text{(식 7.23)}$$

각각의 이 배치평균들은 배치평균 시리즈에서 관측치와 같이 취급된다. 예를 들어 배치평균이 $Y_j = \overline{X}_j(b)$라고 한다면 배치 과정에 의해 $(Y_1, Y_2, Y_3, \ldots Y_k)$의 시리즈의 데이터를 생산한다. $(1-\alpha)\%$ 신뢰구간을 생성하면 다음과 같다.

$$\overline{Y}(k) = \frac{1}{k}\sum_{j=1}^{k} Y_j \qquad \text{(식 7.24)}$$

$$S_b^2(k) = \frac{1}{k-1}\sum_{j=1}^{k}(Y_j - \overline{Y}^2) \qquad \text{(식 7.25)}$$

$$\overline{Y}(k) \pm t_{\alpha/2,k-1}\frac{S_b(k)}{\sqrt{k}} \qquad \text{(식 7.26)}$$

원래 X가 공분산 안정이면 배치평균도 역시 공분산 안정을 따른다. 배치의 크기와 b와 n을 증가시키면, 배치평균에서의 상관관계는 줄어든다(Alexopoulos와 Seila [1998]). 또한 $S_b^2(k)/k$은 Var($\overline{X}$)의 개략치를 나타내는데, 이때의 오류값은 b와 n이 무한대로 증가하면 줄어든다.

배치평균법의 기본적인 어려움은 배치 크기(batch size) 다른 말로 배치의 수를 결정하는 것이다. 더 큰 배치 크기는 독립성에는 좋지만 배치 수를 줄여 추정량의 분산을 높인다. Schmeiser [1982]는 배치의 수가 30보다 크다면 별로 이득이 없어 배치의 수가 10에서 30 범위 내로 할 것을 권고하였다. 그러나 배치의 독립성을 평가할 때는 100보다 큰 배치의 수를 가져야만 래그-k 상관관계 검정에 더 좋은 통계적 특성을 가질 수 있다고 하였다.

현재까지 Fishman과 Yarberry [1997], Steiger와 Wilson [2002], Banks 등[2005]에 의해 수집된 데이터를 배치해주는 효과적인 방법들이 개발되어왔다. 또한 Arena^{TM} 프로그램에서는 Kelton 등[2004, p 311]에 의해 개발된 고유의 배칭 알고리즘을 제공하고 있다. Arena 알고리즘의 효용성 분석에 관해서는 Fishman [2001, p 254]의 자료를 참조하라.

다음에서 논의하는 배치 크기를 결정하는 방법은 Kelton 등[2004]에 의해 개발된 기술을 기반으로 한다. Arena^{TM}가 충분한 양의 데이터를 기록하면 $k = 20$개의 배치를 형성하는 것으로부터 시작된다. 더 많은 관측치가 수집되면 $k = 40$개까지 배치가 형성된다. 40개의 배치가 형성될 때 Arena^{TM}는 배치 쌍들의 평균에 의거하여 20개의 배치로 수를 줄인다. 이것은 배치의 크기를 배가하게 된다. 더 많은 관측치가 수집되면서 이 과정은 반복된다(배치의 숫자는 20에서 39 사이를 유지). 관측치 기반의 데이터가 적어도 320개의 관측치를 가지게 되면 배치를 형성을 시작한다.

시간 기준 데이터의 경우 어떤 시간 기준 변수(time-based variable)의 값을 320번을 변화시키는 적어도 5번의 시간단위가 있어야 한다. 만약 한 번의 시뮬레이션 실행 중에 충분하지 않은 관측치를 얻는다면 Arena^{TM}는 출력 보고서의 절반폭 값에 **충분치 않음**(*insufficient*)이라는 메시지를 내보낸다. 또한 Arena^{TM}는 다음의 검정 통계치(Alexopoulos와 Seila [1998] 참조)를 사용하여 배치평균이 래그-1 상관관계가 없는지에 관한 가정을 검정한다.

$$C = \sqrt{\frac{k^2-1}{k-2}}\left[\hat{\rho}_1 + \frac{[Y_1-\overline{Y}]^2+[Y_k-\overline{Y}]^2}{2\sum_{j=1}^{k}(Y_j-\overline{Y})^2}\right] \qquad \text{(식 7.27)}$$

$$\hat{\rho}_1 = \frac{\sum_{j=1}^{k-1}(Y_j-\overline{Y})(Y_{j+1}-\overline{Y})}{\sum_{j=1}^{k}(Y_j-\overline{Y})^2} \qquad \text{(식 7.28)}$$

신뢰수준이 α로 주어졌을 때 $C > z_\alpha$는 그 가정이 기각된다. 만약 배치평균이 검정을 통과하지 못했다면 통계 보고서의 절반폭에 **상관관계가 있음**(*correlated*)이라고 기록한다.

7.4.5 배치평균법의 실행

Arena^{TM}에서 배치평균법을 실행하는 것은 비교적 간단하다. 워밍업 기간 분석이 이미 수행되었다는 것을 가정하자. 시뮬레이션이 수행되는 동안 배치가 형성되고 배치를 기준으로 신뢰구간이 형성될 시점에는 바라는 신뢰구간의 절반폭을 보장하는 시뮬레이션 실행 길이를 결정하게 될 것이다. 여기에서는 고정된 샘플링 방법(fixed sampling method)과 순차적 샘플링 방법(sequential sampling method)에 대하여 설명할 것이다.

워밍업 기간 분석을 통해 실험자는 시뮬레이션 수행 시간과 워밍업 기간에 대한 정보를 얻을 수 있다. 각각 T_e 기간으로 n_0 반복실험을 수행하여 워밍업 기간 분석이 수행되었고 그 분석에 의해 T_w의 워밍업 기간 길이가 정해졌다고 가정하자.

앞에서 논의했듯이 반복절단법은 나쁜 초기 조건을 선택하는 위험성 가지고 있다. 배치평균법은 한 번의 반복실험에 의존한다. 만일 n_0의 반복실험에 기반을 둔 워밍업 기간 분석이 만족되고 반복절단법이 수행되었다면 적어도 $n_0 \times T_w$ 시간단위가 포함된 관측치 값을 버리고 $n_0 \times (T_e - T_w)$ 시간단위에 수집된 데이터를 사용하였을 것이다. 따라서 한 번의 시뮬레이션 수행에서의 워밍업 기간은 $n_0 \times T_w$로 시뮬레이션 수행 시간은 $n_0 \times T_e$로 설정될 수 있을 것이다.

예를 들어 워밍업 분석이 7.4.3절에서 보여지는 초기 결과값인 $n = 10$, $T_e = 30{,}000$, $T_w = 3{,}000$을 기반으로 한다고 가정해보자. 따라서 처음 실행 기간은 $n_0 \times T_e = 10 \times 30{,}000 = 300{,}000$이고 워밍업 기간은 $n_0 \times T_w = 30{,}000$이 될 것이다. 이 설정으로 그림 7.56의 결과들은 반복절단법 예에서의 결과들과 매우 가깝다.

한 번의 반복실험으로부터 얻어진 절반폭이 주어진 오류 한계치보다 작다는 것을 증명하고 싶다고 가정하자. Arena™에서 한 번의 반복실험에서 출력된 절반폭은 **배치 평균**을 기반으로 한다. Arena™에서의 TNUMBAT(Tally ID)와 TBATSIZ(Tally ID)(관측치 기반 통계치용)나 DNUMBAT(DSTAT ID)와 DBATSIZ(DSTAT ID)(시간 기반 통계치용) 함수와 다음의 절반폭 샘플 크기 결정을 위한 수식을 이용하면 반복실험의 기간을 얼마나 증가시켜야 하는지에 대한 아이디어를 대략적으로 얻을 수 있다.

Waiting Time	Average	Half Width
Seize Server.Queue	1.6225	0.061752921

Other

Number Waiting	Average	Half Width
Seize Server.Queue	1.6241	0.064281088

그림 7.56 초기 배치평균 결과들

Statistic - Advanced Process

	Name	Type	Expression	Report Label
1	NBforQT	Output	TNUMBAT(QTime)	NBforQT
2	BSforQT	Output	TBATSIZ(QTime)	BSforQT

Double-click here to add a new row.

그림 7.57 OUTPUT 배치의 수와 크기를 얻기 위한 통계치

Output	Value
BSforQT	8192.00
NBforQT	32.0000

그림 7.58 배치의 수와 배치 크기의 결과

Waiting Time	Average	Half Width
Seize Server.Queue	1.6403	0.017292365
Other		
Number Waiting	Average	Half Width
Seize Server.Queue	1.6422	0.018253294

그림 7.59 고정된 샘플 크기에서의 배치평균 결과들

$$n \cong n_0 \left(\frac{h_0}{h} \right)^2$$

여기에서 n과 n_0는 배치의 수로 해석된다. 그림 7.57에 나타난 것과 같이 각 배치의 크기에서 대기행렬에서의 대기시간에서의 배치의 수와 크기를 관측하기 위해 기존 모델에 OUTPUT statistics가 더해질 수 있으며, 결과는 그림 7.58에 주어져 있다. $n_0 = 32$, $h_0 = 0.06$이고 $h = 0.02$이면 다음과 같이 배치 수를 산출한다.

$$n \cong n_0 \frac{h_0^2}{h^2} = 32 \times \frac{(0.06)^2}{(0.02)^2} = 288 \quad \text{batches}$$

각 배치에서 8,192 관측치를 가지고 있고, 대기행렬 내의 대기시간을 확인하기 위해서는 $288 \times 8192 = 2{,}359{,}296$개의 추가적인 관측치가 필요함을 확인할 수 있다. 이 모델에서 고객들의 평균 도착률은 분당 1이므로 시뮬레이션을 위해 2,359,296만큼의 추가적인 시간이 요구되고, 워밍업 기간을 고려하면 T_e는 2,389,296(2,359,296 + 30,000)분으로 설정해야 한다. 시뮬레이션을 다시 실행하면 그림 7.59에서 나타난 결과들을 산출한다. 그 결과는 수집된 신뢰구간 절반폭이 바람직한 값을 만족한다는 것을 보여준다. 이 접근법은 마지막 실행에서 관측치가 배치되는 방법을 확인할 수 없는 근사적 방법이다.

샘플링 양을 고정시키기보다는 시뮬레이션 실행 중에 산출되는 절반폭을 기반으로 한 순차적 샘플링기법 사용을 시도하는 것도 좋다. 이것은 Run Setup > Replication Parameters 창에서 Terminating Condition 필드에 적절한 표현식을 사용함으로써 쉽게 할 수 있다.

그림 7.60은 Terminating Condition 필드에서 Boolean 표현식을 사용할 수 있다는 것을

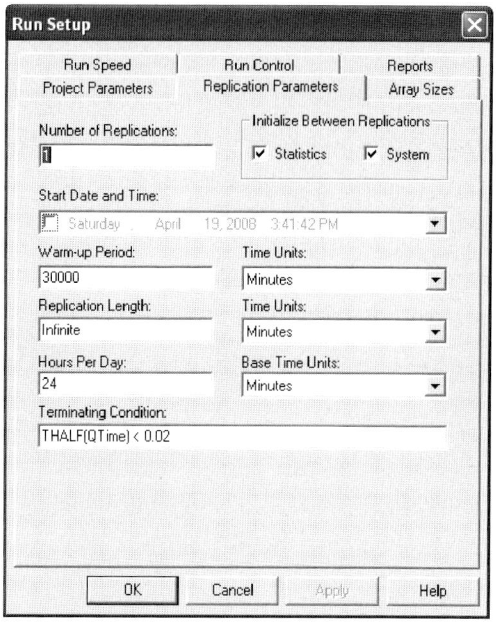

그림 7.60 종료 조건을 사용한 순차적 샘플링

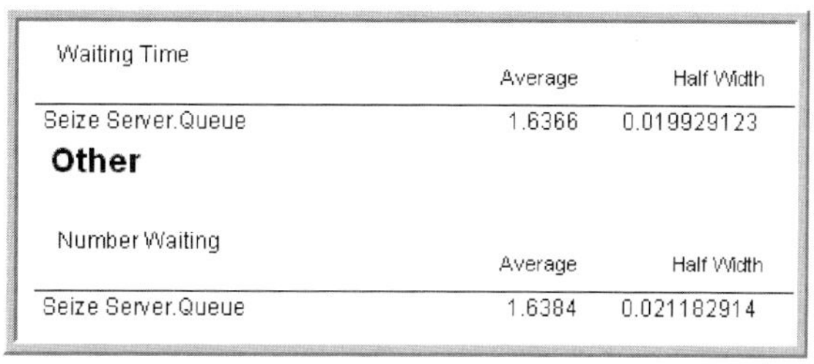

Waiting Time	Average	Half Width
Seize Server.Queue	1.6366	0.019929123

Other

Number Waiting	Average	Half Width
Seize Server.Queue	1.6384	0.021182914

그림 7.61 무한구간 순차적 샘플링 방법의 결과

설명한다. 여기에서 THALF(Tally ID) 함수는 시뮬레이션은 절반폭 기준이 만족될 때 끝난다는 것을 표현한다. Arena의 배칭 매커니즘은 충분한 관측치들이 수집된 후에 THALF(Tally ID)의 값을 계산한다. 이 표현식은 복합 Boolean 명령문 포함하기 위하여 확장될 수 있다.

순차 방법에 기반한 시뮬레이션을 실행한 결과는 그림 7.61에 나타나 있다. 이 경우에 시뮬레이션은 대략 1,928,385의 시간에서 실행이 끝났다. 이것은 고정 샘플링 절차에서의 시간보다 짧다(차이는 크지 않음).

워밍업 기간이 일단 분석되면 Arena™에서의 배치평균법을 사용하는 무한구간 시뮬레이션을 수행하는 것은 비교적 간단하다. 이 방법의 단점은 Arena™의 Process Analyzer이나 OptQuest에서 가능한 통계방법을 사용하기가 더 어려울 수 있다는 것이다. 왜냐하면 그들은 반복절단법을 가정하기 때문이다. 만일 무한구간 시뮬레이션을 수행해야 한다면 Arena™에서 제공하는 반복절단법이나 배치평균법을 사용할 수 있다. 어느 경우에도 초기 편의에 관련된 문제들을 해결해야 한다. 만일 반복절단법을 이용한다면 워밍업 기간을 명시할 때 조심해야 한다.

그렇게 되어야 한다고 생각하는 것보다 워밍업 기간을 더 길게 잡는 것이 바람직하다. 한 번의 긴 실행을 기반으로 한 무한구간 시뮬레이션을 실행할 때 실행 기간이 충분히 긴지 확실히 해야 한다. 긴 실행 기간은 초기 조건에 의한 편의의 영향을 감소시키는 것을 도와줄 수 있다.

같은 모델에서 다른 모수 설정을 사용하여 많은 시뮬레이션 실험을 만들어야 하는 상황에서 각각의 대안에 대해 워밍업 분석을 수행해야 한다. 실제로 이것은 많은 횟수의 실험을 요구하는 상황에서는 실현 가능한 것이 아니다. 이 경우 모델의 적절한 대안들(성과 측정을 기준하여)을 선택하기 위해서는 상식(common sense)을 사용해야 하는데 그것은 초기 편의가 많은 영향을 미친다. 만일 선택한 몇몇 적절한 대안에 대해 충분히 긴 워밍업 기간을 적용한다면 나머지의 다른 대안들은 가장 긴 워밍업 기간을 찾아 사용하는 문제로부터 비교적 자유로울 수 있다.

무한구간 시뮬레이션 분석을 위해 표준 시계열 방법(standardized time series method)과 재생 방법(regenerative method), 스펙트럼 방법(spectral method) 등 많은 수의 방법이 제시되어 왔다(Alexopoulos와 Seila [1998], Law [2007] 참조).

이제까지는 하나의 대안에서 데이터를 어떻게 분석하는가를 배웠다. 시뮬레이션은 시스템 대안들의 비교에 사용 가능하고 어떤 대안이 의사결정 기준에 의하여 가장 좋은 대안인가를 선택하는 데 도움을 줄 수 있다는 것이다. 다음 절에서는 다양한 시스템 대안을 비교하기 위해 Arena™에서 어떻게 시뮬레이션과 도구를 사용하는가에 대하여 설명한다.

7.5 시스템 대안 비교

앞에서는 하나의 시뮬레이션 모델 실행을 통하여 시스템 성능을 측정하는 문제에 대해 집중해 왔다. 모델을 실행하는 것은 입력 변수(input variable)의 정의(예를 들면, 도착 간 평균 시간과 서비스 시간 등)와 모델의 구조(structure)를 필요로 한다(예를 들면, FIFO 대기행렬, 프로세스 등). 입력 설정(변수와 구조)은 성능을 측정하기 위해 시뮬레이션을 수행하는 특정한 시스템의 대안을 나타낸다. 시뮬레이션하기 위한 대안은 다른 Arena™ 모델로 구축된 것이거나 같은 모

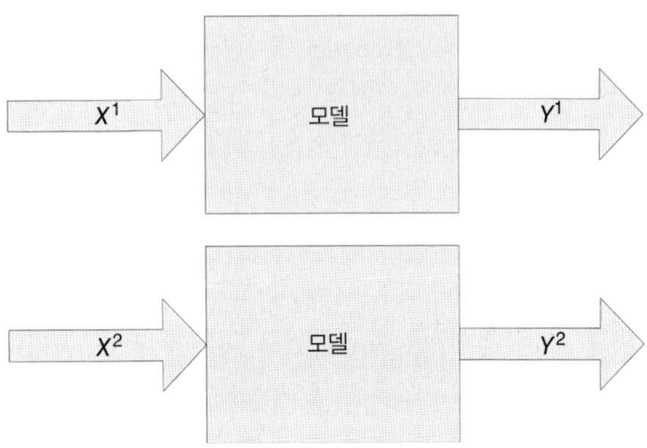

그림 7.62 모델의 다른 입력은 다른 시스템 대안을 나타냄

델에 다른 입력 값을 부여한 것일 수도 있다. 어느 상황이든 대안들은 비교가 가능하며 많은 다양한 통제된 조건하에서 시스템 성능이 측정된다. 이것이 만약 이랬다면(what-if) 시뮬레이션을 쉽게 수행할 수 있게 하며 그것은 시뮬레이션을 유용한 분석 툴로 만드는 것이다. 그림 7.62에서는 모델에 다른 입력을 사용하면 다른 출력을 얻는다는 개념을 나타낸다.

다른 디자인 대안들을 가지고 있을 때 어떤 대안이 다른 것들보다 좋은지 알고 싶어 한다. 시뮬레이션이 확률변수에 의해 운영되기 때문에 각 대안(예를 들어, Y^1, Y^2)으로부터 나오는 출력들은 확률변수이다. 각 시스템의 성능 측정은 시뮬레이션으로부터 수집된 성능에서의 차이가 단순히 샘플링 오류 때문이 아니라는 것을 보증하기 위해 적절한 통계방법을 이용하여 분석되어야 한다. 바꿔 말하면 하나의 시스템이 다른 시스템보다 통계적으로 더 좋다(혹은 더 나쁘다)라는 신뢰를 가지도록 해야 한다.

7.5.1 두 시스템의 비교

시뮬레이션을 수행하여 두 시스템을 비교하는 방법은 본질적으로 두 샘플의 통계적 분석을 다루는 것과 같다(Montgomery와 Runger [2006] 참조). 본 절에서는 관련 방법을 검토하는 것으로 시작하여 Arena™ 환경에서 방법의 사용을 논의하기로 한다. 두 개의 다른 모집단(시스템 대안)으로부터의 이용 가능한 샘플이 있다고 가정하자:

$$X_{11}, X_{12}, \ldots, X_{1n_1} \text{ 시스템 대안 1로부터의 } n_1 \text{ 샘플}$$

$$X_{21}, X_{22}, \ldots, X_{2n_2} \text{ 시스템 대안 2로부터의 } n_2 \text{ 샘플}$$

이 샘플들은 시스템의 성능 특성을 나타내는데 그것은 어떤 시스템 대안이 더 좋은지에 관하여 결정하는 데 사용될 것이다. 예를 들어 측정할 성능이 매일의 시스템 평균 작업처리량이라면 가장 많은 작업처리량을 가진 대안을 선택하고 싶을 것이다.

각 시스템 대안이 $E[X_1] = \theta_1$과 $E[X_2] = \theta_2$의 성능 측정을 위해 알려지지 않은 배치평균을 가지고 있다고 가정해보자. 어떤 통계적 신뢰 수준에서 결정을 내리는 데의 문제는 $\theta_1 < \theta_2$인가, $\theta_1 > \theta_2$인가 하는 것이다.

두 시스템의 성능에서 중요한 차이를 $\theta = \theta_1 - \theta_2$으로 정의하자. 명확하게 만일 $\theta > 0$이거나 $\theta < 0$인지를 결정할 수 있다면 $\theta_1 < \theta_2$이거나 $\theta_1 > \theta_2$일지를 결정할 수 있다. 따라서 두 시스템 간의 성능에서의 차이점에 집중하는 것이 충분하다.

주어진 다른 모집단 샘플들에 관하여 가정들을 기반으로 분석을 진행할 수 있는 방법은 많다. 가장 일반적인 가정은 각 대안에서의 샘플 관측치는 랜덤 샘플을 형성한다는 것이다. 그것은 샘플이 독립적이고 동일하게 분포된 확률변수라는 것을 나타낸다. 이것은 시뮬레이션 환경에서 반복실험을 수행함으로써 쉽게 성취될 수 있다. 따라서 $X_{11}, X_{12}, \ldots, X_{1n_1}$은 처음 시스템 대안의 n_1 반복실험으로부터의 관측치이다. 두 번째의 일반적인 가정은 두 개의 모집단이 정규분포를 하거나 중심극한정리(central limit theorem)에 의해 샘플 평균이 대략적으로 정규분포를 한다는 것이다.

분석의 진행을 위해 모집단 분산에 관한 가정은 반드시 만들어져야 한다. 많은 통계책에서는 모집단 분산이 알려진 경우만을 다룬다. 일반적으로 이것은 시뮬레이션 환경의 경우가 아니므로 여기에서는 두 모집단의 분산은 알려져 있지 않다고 가정한다. 또한 두 모집단의 분산이 같은지 아닌지에 관한 가정도 필요하다. 이 가정을 바로 만드는 것보다 모집단 분산의 크기가 동일함에 관한 가정을 검정하고자 한다.

마지막 가정은 두 샘플이 서로 독립인지에 관한 것이다. 이 가정은 시뮬레이션 환경에서 매우 중요하다. 샘플의 독립성에 대하여 특정한 액션으로 취하지 않는다면 사실상 같은 난수들이 시뮬레이션에 쓰이기 때문에 서로 종속적(dependent)일 것이다. 두 샘플 간의 종속성은 반드시 나쁜 것만은 아니다. 어떤 특수한 상황에서는 좋을 수도 있다.

다음 절 첫 번째 단락에서는 알려지지 않은 분산을 가진 독립된 샘플에서 분석하는 방법에 대하여 알아보고 나서 샘플 간 종속적인 경우에 관해 다룰 것이다. 마지막으로 Arena™에서 통계적 분석 작업을 어떻게 하는지에 관해 기술할 것이다.

7.5.1.1 두 독립 샘플의 분석 비록 분산이 알려져 있지 않더라도 분산은 같거나 같지 않은 상황으로 분류할 수 있다. 분산이 같은 경우에는 분산 측정을 위해 관측치가 풀(pool)로 사용될 수 있다. 사실 분산이 같거나 같지 않다는 가정보다는 분산의 크기의 동일성 측정을 위해 *F*-test를 사용할 수 있다(Montgomery와 Runger [2006] 참조).

$\theta_1 < \theta_2$인지 아닌지에 관한 결정은 $\theta = \theta_1 - \theta_2$의 신뢰구간을 형성하는 것에 의해 나타낼 수 있다. 두 샘플(k = 1, 2)을 기반으로 한 샘플 평균 $\bar{X}_1, \bar{X}_2$와 샘플 분산 S_1^2, S_2^2이 다음과 같이 있다고 하자.

$$\bar{X}_k = \frac{1}{n_k} \sum_{j=1}^{n_k} X_{kj} \qquad \text{(식 7.29)}$$

$$S_k^2 = \frac{1}{n_k - 1} \sum_{j=1}^{n_k} (X_{kj} - \bar{X}_k)^2 \qquad \text{(식 7.30)}$$

$\theta = \theta_1 - \theta_2$의 추정량은 $\hat{D} = \bar{X}_1 - \bar{X}_2$로 사용될 수 있다. $\hat{D} = \bar{X}_1 - \bar{X}_2$에서 신뢰구간을 형성하기 위해 $\hat{D} = \bar{X}_1 - \bar{X}_2$의 분산 추정치가 요구된다. 샘플들이 독립적이기 때문에 차에 대한 분산은 다음과 같다(σ_1^2과 σ_2^2 는 알려지지 않은 모집단 분산).

$$\text{Var}(\hat{D}) = \text{Var}(\bar{X}_1 - \bar{X}_2) = \frac{\sigma_1^2}{n_1} + \frac{\sigma_2^2}{n_2} \qquad \text{(식 7.31)}$$

만약 두 모집단의 분산이 같고, σ_2가 알려지지 않은 같은 크기의 분산이라 가정하면 두 샘플의 차에 대한 분산은 다음과 같다($\sigma_1^2 = \sigma_2^2 = \sigma^2$).

$$\mathrm{Var}(\hat{D}) = \mathrm{Var}(\overline{X}_1 - \overline{X}_2) = \frac{\sigma_1^2}{n_1} + \frac{\sigma_2^2}{n_2} = \sigma^2\left(\frac{1}{n_1} + \frac{1}{n_2}\right) \qquad (\text{식 } 7.32)$$

따라서 σ^2의 합동 추정량(pooled estimator)은 다음과 같이 정의될 수 있다.

$$S_p^2 = \frac{(n_1 - 1)S_1^2 + (n_2 - 1)S_2^2}{n_1 + n_2 - 2} \qquad (\text{식 } 7.33)$$

따라서 $\theta = \theta_1 - \theta_2$에서의 $(1 - \sigma)\%$ 신뢰구간은 다음과 같다($v = n_1 + n_2 - 2$).

$$\hat{D} \pm t_{\alpha/2,v} s_p \sqrt{\frac{1}{n_1} + \frac{1}{n_2}} \qquad (\text{식 } 7.34)$$

같은 값의 분산이 아닐 때 $\theta = \theta_1 - \theta_2$에 대한 대략적인 $(1 - \alpha)\%$ 신뢰구간은 다음과 같다.

$$\hat{D} \pm t_{\alpha/2,v} \sqrt{\frac{S_1^2}{n_1} + \frac{S_2^2}{n_2}} \qquad (\text{식 } 7.35)$$

이때, 두 확률 분포의 자유도(v)는 다음과 같다.

$$v = \left\lfloor \frac{(S_1^2/n_1 + S_2^2/n_2)^2}{\frac{(S_1^2/n_1)^2}{n_1+1} + \frac{(S_2^2/n_2)^2}{n_2+1}} - 2 \right\rfloor \qquad (\text{식 } 7.36)$$

얻은 신뢰구간의 형태를 $[l, u]$로 놓았을 때 만일 $u < 0$일 때 $(1 - \alpha)\%$에서 $\theta = \theta_1 - \theta_2 < 0$ 라고 결론지을 수 있다(다시 말하면 그것은 $\theta_1 < \theta_2$). 만일 $l > 0$일 때 $(1 - \alpha)\%$에서 $\theta = \theta_1 - \theta_2 > 0$ 라고 결론지을 수 있다(다시 말하면 그것은 $\theta_1 > \theta_2$). 만일 $[l, u]$이 0을 포함하고 있다면 어떤 시스템이 더 좋은지에 관한 것은 주어진 샘플 크기로는 결론을 내릴 수 없다. 그러나 이것은 두 시스템의 성능이 같다는 의미는 아니다. 시스템이 다르므로 그들의 성능은 다를 것이다. 이것은 진정한 차이를 발견하기 위한 충분한 샘플을 가지지 않았다는 것을 의미한다. 만일 샘플링하는 것이 비교적 싸다면 시스템 사이의 순서를 분별하기 위하여 추가 샘플을 취할 수도 있다.

예제 7.3 독립적인 상황에서의 실험

두 개의 서로 다른 구성을 가진 공항 보안 검색대를 설계하고 있다. 각 보안 검색대의 시뮬레이션 모델은 이미 설계 완료된 상태로 반복실험한 분당 처리량은 아래의 표와 같다.

	Design 1	Design 2
1	10.98	8.93
2	8.87	9.82
3	10.53	9.27
4	9.40	8.50
5	10.10	9.63
6	10.28	9.55
7	8.86	9.30
8	9.00	9.31
9	9.99	9.23
10	9.57	8.88
11		8.05
12		8.74
$\bar{x}$	9.76	9.10
s	0.74	0.50
n	10	12

두 모델이 서로 다른 변수를 활용하는 서로 독립적인 상황에서 설계되었다고 가정하자. 이 중 어느 모델이 95%의 신뢰구간에서 더 나은 효율을 가진 검색대로 제안될 것인가? 이에 대한 결과는 아래와 같다.

$$\hat{D} = \overline{X}_1 - \overline{X}_2 = 9.76 - 9.1 = 0.66$$

또한 위의 결과에 대해 평균의 분산이 같은지 검증이 필요하다. 이를 위해 F-test를 수행할 수 있으며 $H_0 : \sigma_1^2 = \sigma_2^2$라는 귀무가설과 $H_1 : \sigma_1^2 \neq \sigma_2^2$의 대립가설을 세울 수 있다. 이론 통계학의 근거하여 $F_0 = S_1^2/S_1^2$을 활용하고, 귀무가설 H_0의 기각 기준은 $F_0 > f_{\alpha/2,n_1-1,n_2-1}$이거나 $F_0 < f_{1-\alpha/2,n_1-1,n_2-1}$이다. 0.01의 유의수준에서 F-test 검정을 수행한다고 가정하면, F_0는 $F_0 = (0.74)^2/(0.50)^2 = 2.12$의 값을 가지게 된다. 이때, F 분포의 0.01 유의 수준의 추정치로 $f_{0.005,9,11} = 5.54$와 $f_{0.995,9,11} = 0.168$의 값을 얻을 수 있고, 이 결과는 주어진 유의수준에서 귀무가설을 기각할 수 있는 충분한 결과로 보기 어렵다. 참고사항으로 F 분포의 추정치인 $f_{p,u,v}$는 Excel의 F.INV.RT(p, u, v) 함수를 통해 얻을 수 있고, $f_{1-p,u,v}$는 $1/f_{p,u,v}$의 값이다. R프로그램을 활용할 시 $f_{p,u,v} = qt(1-p,u,v)$를 통해 얻을 수 있다.

따라서 이 두 실험의 분산은 서로 같다고 가정할 수 있고, 합동 추정량(pooled estimator)은 다음과 같다.

$$\begin{aligned} S_p^2 &= \frac{(n_1-1)S_1^2 + (n_2-1)S_2^2}{n_1+n_2-2} \\ &= \frac{(10-1)(0.74)^2 + (12-1)(0.5)^2}{12+10-2} \\ &= 0.384 \end{aligned}$$

따라서, (1 − 0.05)% 신뢰구간($\theta = \theta_1 - \theta_2$)은 다음과 같다.

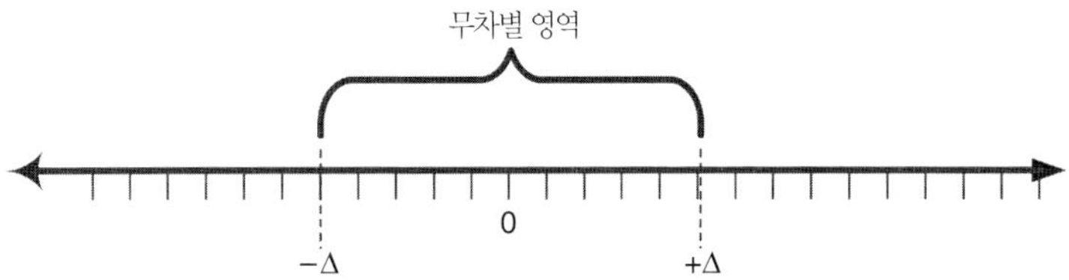

그림 7.63 무차별 영역(indifference zone)

$$\hat{D} \pm t_{\alpha/2,v} s_p \sqrt{\frac{1}{n_1} + \frac{1}{n_2}}$$

$$0.66 \pm t_{0.025,20}(\sqrt{0.384})\sqrt{\frac{1}{10} + \frac{1}{12}}$$

$$0.66 \pm (2.086)(0.6196)(0.428)$$

$$0.66 \pm 0.553$$

이때, 자유도는 $v = n_1 + n_2 - 2 = 10 + 12 - 2 = 20$이다. 이 결과에서 신뢰구간은 0을 포함하지 않는 [0.10, 1.21]의 값을 가지며 이를 통해 95% 신뢰구간에서 공항 검색대 설계 1이 더 높은 효율을 보인다고 결론 내릴 수 있다.

신뢰구간은 **통계적으로 유의한**(*statistically significant*) 관점으로부터 관련 시스템의 성능에 관한 의사결정하는 것을 도와준다. 그러나 만일 시스템의 순서에 관하여 통계적으로 유의하다는 결론을 내버린다고 하더라도 실제로는 중요하지 않을 수도 있다. 즉 시스템 성능에서의 차이가 통계적으로 유의하지만 그 차이는 실제로 별로 사용가치가 없을 수도 있다는 것이다. 예를 들어 $\bar{X}_1 = 5.2$이고 $\bar{X}_2 = 5.0$인 출력을 이용해 작업 처리량에 의하여 두 시스템을 비교해본다고 가정하고 두 차이는 통계적으로 유의하다고 하자. 0.2의 차이는 통계적으로 유의한 반면에 실제 시스템에서 이것을 달성할 수 없을지도 모른다. 결국 **시스템의 모델**을 기반으로 의사결정을 하는 것이지 진짜 시스템을 기반으로 하지 않는다는 것이다. 만일 두 시스템의 비용이 상당한 차이가 있다면 두 시스템 사이의 실제적인 차이가 없기 때문에 더 싼 것을 선택하게 된다. 차이의 충실도는 모델링 가정에 의존한다.

실제적 유의성(practical significance)은 모델과 성능 측정 종속성에 관한 것이다. 실제적 유의성 개념을 명확화하기 위한 한 방법은 두 시스템 사이에 무차별 성능 영역을 개념화하는 것이다. 그림 7.63은 두 시스템 사이의 무차별 영역(indifference zone)의 개념에 관해 설명한다. 만일 두 시스템 사이의 차이가 이 영역 내에 있다면 두 시스템 사이는 무차별하다고 할 수 있다(다시 말하자면, 실제 차이가 없다).

무차별 영역을 사용하여 실제의 유의성 개념을 설명하면 만일 $u < -\Delta$일 때 $\theta_1 < \theta_2$라고 결론지을 수 있고, 만일 $l > \Delta$일 때 $\theta_1 > \theta_2$라고 확신할 수 있다. 만일 l이 무차별 영역 내에 있고 u가 무차별 영역 내에 없다면(또는 반대로) 결론에 이르기 위한 충분한 증거가 없다. 만일 $[l, u]$가 모두 무차별 영역 내에 속해 있다면 두 시스템 사이에 실제 차이가 없다고 자신 있게 결론지을 수 있다.

7.5.1.2 두 종속 샘플의 분석 샘플 관측치가 독립적이고 완전히 동일하게 분포된 확률변수라고 가정한다. 그런데 샘플들은 독립적이지 않다. 그것은 두 시스템으로부터의 $(X_{11}, X_{12}, \ldots,$ $X_{1n_1})$와 $(X_{21}, X_{22}, \ldots, X_{2n_2})$가 종속적이라는 가정이다. 만일 대안 2가 모델의 간단한 매개 변수의 변화로 구성된다면, 우선, 대안 1에 대한 $(X_{11}, X_{12}, \ldots, X_{1n_1})$을 생산하기 위해 모델을 실행시켜야 한다. 그리고 모수를 변화시키고 대안 2에 대한 $(X_{21}, X_{22}, \ldots, X_{2n_2})$을 생산하기 위해 모델을 재실행한다.

이때 난수열을 변화하지 않는다는 것은, 대안 2가 대안 1이 사용한 것과 같은 난수를 사용했다는 것이다. 발생된 반응(출력)들은 서로 종속될 것이다. 이러한 상황에서 같은 반복 횟수로 실행하는 것($n_1 = n_2 = n$)을 가정하는 것은 편리하다. 두 시스템에 대한 각각의 반복실험이 같은 난수열을 사용하기 때문에, $(X_{1,j}, X_{2,j})$ 사이의 상관관계는 0이 아닐 것이다. 그런데 반복실험들 간(*across* the replications)의 각 쌍은 여전히 독립적일 것이다. 이러한 상황을 분석하는 기본적인 접근은 각 쌍에 대한 다음의 차이를 계산하는 것이다.

$$D_j = X_{1j} - X_{2j} \qquad \text{for } j = 1, 2, \ldots, n \tag{식 7.37}$$

$(D_1, D_2, \ldots, D_n)$은 전통적인 방법으로 분석될 수 있는 랜덤 샘플을 형성할 것이다. 그래서 $\theta = \theta_1 - \theta_2$에 대한 $(1 - \alpha)\%$의 신뢰구간은 다음과 같다.

$$\overline{D} = \frac{1}{n}\sum_{j=1}^{n} D_j \tag{식 7.38}$$

$$S_D^2 = \frac{1}{n-1}\sum_{j=1}^{n}(D_j - \overline{D})^2 \tag{식 7.39}$$

$$\overline{D} \pm t_{\alpha/2, n-1}\frac{S_D}{\sqrt{n}} \tag{식 7.40}$$

신뢰구간 $[l, u]$에 대한 해석은 독립 샘플 방법과 같다. 이 방법은 통계학에서 말하는 paired-t 신뢰구간이다.

예제 7.4 종속적인 상황에서의 실험

생산 시스템을 발전시키기 위한 구성의 두 모델이 있다. 이 두 모델의 시뮬레이션 모델은 이미 완성되었고, 이 두 모델을 반복실험한 일일 평균 기대비용은 아래의 표와 같다.

	Design 1	Design 2	Difference
1	52.56	49.92	2.64
2	48.77	47.08	1.69
3	53.49	50.62	2.87
4	50.60	48.45	2.15
5	51.60	49.20	2.40
6	51.77	49.33	2.44
7	51.09	48.81	2.27
8	53.51	50.64	2.88
9	47.44	46.08	1.36
10	47.94	46.45	1.48
$\bar{x}$	50.88	48.66	2.22
s	2.18	1.64	0.55
n	10	10	10

두 시뮬레이션 모델이 서로 같은 변수를 활용한 종속적 상황에서 실험하였다고 가정하자. 95%의 신뢰구간에서 더 나은 모델을 제안하라.

이에 대한 결과는 다음과 같다.

$$\overline{D} = \overline{X}_1 - \overline{X}_2 = 50.88 - 48.66 = 2.22$$

또한 $S_D^2 = (0.55)^2$이고, 따라서 (1 − 0.05)%의 신뢰구간에서 $\theta = \theta_1 - \theta_2$의 값은 아래와 같다.

$$\hat{D} \pm t_{\alpha/2,n-1}\frac{S_D}{\sqrt{n}}$$

$$2.22 \pm t_{0.025,9}\frac{0.55}{\sqrt{10}}$$

$$2.22 \pm (2.261)(0.1739)$$

$$2.22 \pm 0.393$$

이 결과, 신뢰구간은 0을 포함하지 않는 [1.827, 2.613]으로 우리는 95% 신뢰수준에서 design 1의 생산 시스템이 더 높은 비용을 발생한다는 것을 확인할 수 있다.

두 가지 샘플(독립적 대 종속적) 접근 방법 중의 후자가 시뮬레이션에서 훨씬 더 일반적이다. 그 접근은 **공통 난수 방법**(*method of common random numbers*)이라고 불린다.

왜 이 방법이 두 시스템을 비교하는 데 더 선호되는지 이해하기 위해서는, 분산의 추정량에 대한 이 방법의 영향을 이해할 필요가 있다. 독립 샘플의 경우에는 능력의 추정량이 $\hat{D} = \overline{X}_1 - \overline{X}_2$였다.

$$\overline{D} = \frac{1}{n}\sum_{j=1}^{n} D_j$$

$$= \frac{1}{n}\sum_{j=1}^{n}(X_{1j} - X_{2j})$$

$$= \frac{1}{n}\sum_{j=1}^{n} X_{1j} - \frac{1}{n}\sum_{j=1}^{n} X_{2j}$$
$$= \overline{X}_1 - \overline{X}_2$$
$$= \hat{D}$$

$n_1 = n_2 = n$일 때 두 추정량이 위와 같다. 그러나 그들의 분산은 같지 않다는 독립의 가정하에 추정량 산출의 분산을 계산하는 것은 다음과 같다.

$$V_{\text{IND}} = \text{Var}(\overline{X}_1 - \overline{X}_2) = \frac{\sigma_1^2}{n} + \frac{\sigma_2^2}{n} \qquad \text{(식 7.41)}$$

샘플이 독립이 아니라는 가정하에 추정량의 분산은 다음과 같다.

$$V_{\text{CRN}} = \text{Var}(\overline{X}_1 - \overline{X}_2) = \frac{\sigma_1^2}{n} + \frac{\sigma_2^2}{n} - 2\,\text{cov}(\overline{X}_1, \overline{X}_2) \qquad \text{(식 7.42)}$$

만약에 $p = corr\overline{X}_1, \overline{X}_2$라고 정의한다면, 공통 난수 경우에 대한 분산은 아래와 같다

$$V_{\text{CRN}} = V_{\text{IND}} - 2\sigma_1\sigma_2\rho_{12} \qquad \text{(식 7.43)}$$

그러므로 양의 상관관계인 $\rho_{12} > 0$일 때는 항상 $V_{\text{CRN}} < V_{\text{IND}}$가 된다.

공통 난수 경우의 추정량의 분산이 독립 샘플링하의 추정량의 분산보다 더 작다면, 그때 **분산 감소**(*variance reduction*)가 이루어진 것이다. 공통 난수 방법은 분산 감소 기법(variance reduction technique)이라고 불린다. 만약 분산 감소가 독립의 경우보다 θ에 대한 더 좁은 신뢰구간을 산출한다면, 공통 난수의 사용이 우선되어야 한다. 분산 감소는 쌍으로 세트(pairing)에 의해 야기된 자유도의 수에서의 손실을 극복할 만큼 커야 한다. 반복실험의 숫자가 상대적으로 클 때($n > 30$), 일반적으로 student-t 값이 큰 자유도에 대해 많이 변하지 않기 때문에 그 경우에 해당될 것이다. 쌍들 사이에 음의 상관관계가 있다면 분산 증가를 야기하여 공통 난수 방법이 실패하는 것에 주의하자(Law [2007] 참조).

두 시스템 대안의 비교를 위해 각 반복실험으로부터 출력을 쌍으로 조합하는 개념은 상식에 기초한다. 시뮬레이션을 통해 두 시스템 대안 간의 차이를 알고자 할 때는 반드시 사용되는 난수열을 고정시킬 필요가 있는데, 이 개념의 사용을 도와주는 것이 공통 난수 방법이다.

실험 설계 과정에서 이러한 방법을 요인의 제한(blocked on a factor)이라고 부른다. 예를 들면, 만약 새로운 작업이 기존의 작업보다 나은지 확인하기 위해서는 같은 작업자가 두 방법을 수행하여 비교하는 것이 가장 좋은 방법이다. 만약 서로 다른 작업자가 각 방법을 수행하게 된다면 제안하는 방법과 기존 방법의 차이를 확신할 수 없게 될 것이다. 이러한 의미로 작업자는 제한되어야 하는 요소인 것이다. 이와 같은 맥락으로 시뮬레이션에서 공통 난수 방법을 사용할 때 난수를 공통으로 제한함으로써 두 시스템 간의 차이를 명확히 확인할 수 있다.

7.5.1.3 공통 난수의 사용 Example 7.5는 어떻게 독립 샘플링과 공통 난수가 실행되는지를 보여준다. 이 예제는 LOTR Makers사의 예로 resources sets의 사용을 보여준다.

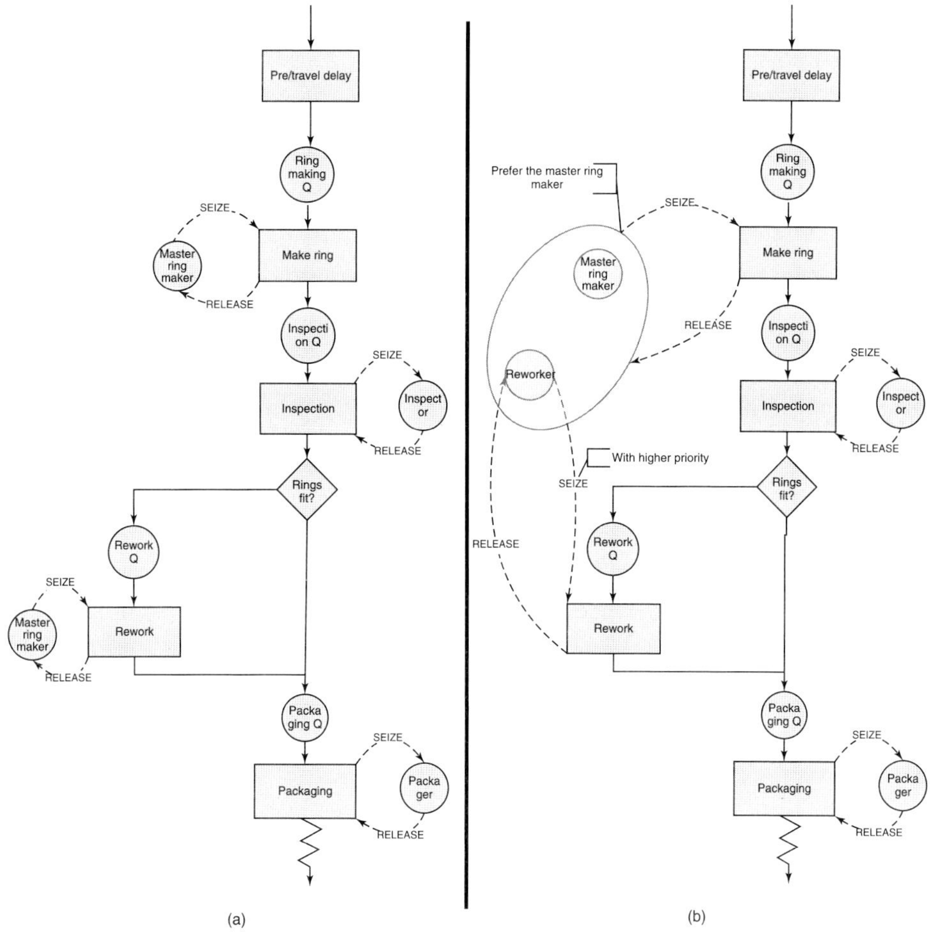

그림 7.64 LOTR Makers사의 2가지 대안 시스템

예제 7.5 LOTR Makers사의 초과 근무에 대한 분석

회사는 초과 근무의 양을 줄이는 데에 관심이 있다. 생산 초기인 반지 제조 작업장(ring-making station)에서 병목이 형성되고, 재가공 작업장(rework station)은 충분히 사용되지 않는다는 사실을 알았다. 게다가 두 작업장 간에 재가공 담당 작업자의 공유를 검정하고 싶어 한다. 재가공 작업자는 재가공 작업장과 반지 제조 작업장 모두에 할당되어야 한다. 만약 한 쌍의 반지가 반지 제조 작업장에 도착하면, 마스터 반지 제조자나 재가공 작업자가 반지를 생산할 수 있다. 만약에 두 작업자가 모두 가능하다면, 마스터 반지 제조자(master ring maker)가 우선 할당되어야 한다. 반지 한 쌍이 재가공된다면, 재가공 작업자가 우선 할당되어야 한다. 재가공 작업자는 마스터 반지 제조자만큼 숙련되어 있지 않다. 그리고 반지 생산 시간은 작업자에 따라 다르다. 마스터 반지 제조자는 UNIF(5,15)분으로 반지를 생산한다. 그런데 공유된 재가공 작업자의 가공 시간은 훨씬 더 변동적이다. 재가공 작업자는 30분의 지수분포로 반지를 생산할 수 있다. 그런데 재가공 작업자는 일을 하기 위해 작업장 사이를 걸어다녀야 하고, 일을 교체할 때는 약간

의 교체 시간이 더 필요하다. 그 교체 시간은 작업당 10분의 시간이 더 걸린다. 따라서 재가공 작업자의 반지 생산 시간은 평균 10 + EXPO(30)분이 걸리고, 재가공 작업자의 재가공 시간은 현재 15 +WEIB(15,3)분이다.

재가공 작업자의 공유에 더하여, 관리자는 아침에 작업의 지시가 이전 모델에 의해 잘 나타나지 않는다. 사실, 작업이 지시되고 난 후에 작업은 반지 생산 공정에 도달하기 전에 추가적인 단계를 거친다. 모든 문서 작업이 완료되고 그 작업에 대한 원자재가 찾아진 다음 반지 생산을 위해 반지 작업장으로 이동한다. 그 공정은 각 반지 쌍당 평균 12분 지수분포가 걸린다. 아침에 항상 반지를 반지 제조 작업장으로 옮길 수 있는 충분한 작업자들이 있다. LOTR Makers사는 다음의 각 시스템에 대해 주문이 완료되는 시간을 분석하기를 원한다.

- 대안 1: 재가공 작업자의 공유 없이 반지 준비/이동이 있는 시스템
- 대안 2: 재가공 작업자의 공유와 반지 준비/이동이 있는 시스템

그림 7.64는 활동 다이어그램(activity diagram)의 형태로 두 시스템을 보여주고 있다. 대안 2는 두 자원(마스터 작업자, 재가공 작업자)이 큰 타원 속에 포함되는 것에 의해 반지 제조 작업을 공유하는 것을 나타낸다. 이 타원은 두 자원이 한 집합(set)임을 나타낸다. SEIZE와 RELEASE 화살표가 어떻게 반지 생산 활동으로부터 타원의 경계로 이동하는지를 주목하자. 이것은 반지 생산 활동이 자원 집합으로부터 자원들을 끌어오는 것을 나타낸다.

재가공 활동은 여전히 재가공 작업자를 사용한다. 특히 SEIZE와 RELEASE 화살표는 재가공 작업자로 곧바로 간다. SEIZE 화살표는 마스터 작업자가 선호되도록 하고 재가공 활동이 재가공 작업자를 더 우선 할당하도록 하기 위해 확장되었다. 두 활동 다이어그램에서 preparation/travel 시간은 어떤 자원도 사용하지 않는 활동으로 나타난다. 이것은 Arena™에서 DELAY 모듈로 모델링될 수 있다. 대안 1의 구현은 별도의 추가적인 모델링에 문제가 없다. 그러나 대안 2는 반드시 자원 공유가 모델링되어야 한다.

7.5.1.4 자원 집합(Resource Sets) 다이어그램은 마스터 작업자와 재가공 작업자가 같은 자원 집합에 있다는 것을 나타낸다. Arena™는 다양한 개체의 형태(자원, 대기행렬 등)를 붙잡아두는 집합을 정의하는 능력을 가지고 있다. 그래서 Arena™의 세트 구조는 자원을 공유하는 모델을 만들 수 있다. Arena™의 집합 구조는 이름이 지어진 같은 종류의 객체 **리스트**이다. 그래서 자원 집합은 자원의 리스트이다. 집합에 리스트된 각 자원은 집합의 구성요인이라고 불린다. 수학적 집합의 개념과 다르게, Arena™의 집합은 순서 있는 리스트(ordered list)이다. 각 집합의 구성요인는 리스트에 그 순서를 표시하고 있는 인덱스를 가지고 있다. 첫 번째 구성요소는 1번 인덱스를 가지고, 두 번째는 2번 인덱스를 가지며 다른 구성요소에도 일련의 인덱스가 부여되게 된다. 이러한 인덱스는 집합에서 구성요소를 인덱스를 통해 손쉽게 찾을 수 있게 한다. Arena™ 집합은 다른 프로그래밍 언어에 있는 객체의 배열(array of objects)과 비슷하다. 아래의 표는 반지 제조자를 자원으로 설정하는 *Resource Sets* 개념을 나타낸다.

인덱스	구성 요소
1	RingMakerR
2	ReworkR

*RingMakers*라는 이름의 집합은 집합의 구성요인라고 앞서 정의된 두 자원과 같이 정의될 수 있다. 이 경우에, 마스터 작업자(RingMakerR)를 나타내는 자원은 집합에서 첫 번째로 위치되고 재가공 작업자(ReworkR)를 나타내는 자원은 집합에서 두 번째로 위치한다. 집합의 이름은 다음과 같이 관련된 객체를 반환하기 위해 사용될 수 있다:

- RingMakers(1)은 자원 RingMakerR을 반환할 것이다.
- RingMakers(2)는 자원 ReworkR을 반환할 것이다.

다음과 같이 집합들과 함께 사용하는 세 가지 유용한 함수가 있다.

MEMBER(Set ID, Index): MEMBER 함수는 집합 구성요인의 수를 반환한다. Set ID는 정의된 집합으로 간주하고 Index는 집합에의 인덱스이다. 인덱스 숫자와 함께 집합의 이름을 사용하는 것은 MEMBER 함수와 기능적으로 동등하다.

MEMIDX(Set ID, Member ID): MEMIDX는 명시된 Set ID에서 구조(construct)의 인덱스 값을 반환한다. Member ID는 construct의 이름이다.

NUMMEM(Set ID): NUMMEM는 명시된 Set ID에서 구성요인의 수를 반환한다.

집합으로부터 구성요인들을 선택하는 것에 대한 규칙을 정의하는 방법은 매우 중요하기 때문에 집합에서 구성요인들을 순서화하여 모델링에 적용하는 것은 매우 중요하다. 개체가 자원 집합의 요인를 붙잡는 것을 시도할 때, 자원 선택 규칙(selection rule)은 시행된다. 개체가 자원 집합의 요인를 붙잡는 것을 시도할 때 한 개 이상의 자원이 유휴(idle)하면 그 규칙은 실시될 것이다. 다음에는 자원 선택을 위한 일곱 개의 규칙과 두 가지 사용자 규칙을 정의하는 방법을 나타낸다.

CYC: 마지막 선택된 자원 다음으로 시작하는 첫 번째 가용 자원을 선택(cyclic). 예를 들어 만약 집합에 5개의 요인 1, 2, 3, 4, 5가 있고 3이 마지막 선택된 자원이었다고 하면, 4가 가용하다면 다음에 선택

POR: 가능한 자원 중 첫 번째 자원을 선택(preferred order). 집합 내 목록의 순서는 우선 선택의 순서를 나타냄

LNB: 가장 많은 수의 사용 중인 자원 단위를 가지는 자원을 선택(largest number of busy units). 동률인 경우는 POR 규칙을 사용

LRC: 사용하지 않는 가장 많은 수의 자원 용적을 가진 자원을 선택(largest remaining resource capacity). 동률인 경우는 POR 규칙을 사용

SNB: 가장 작은 수의 사용 중인 자원 단위의 수를 가진 자원을 선택(smallest number of busy units). 동률인 경우는 POR 규칙을 사용

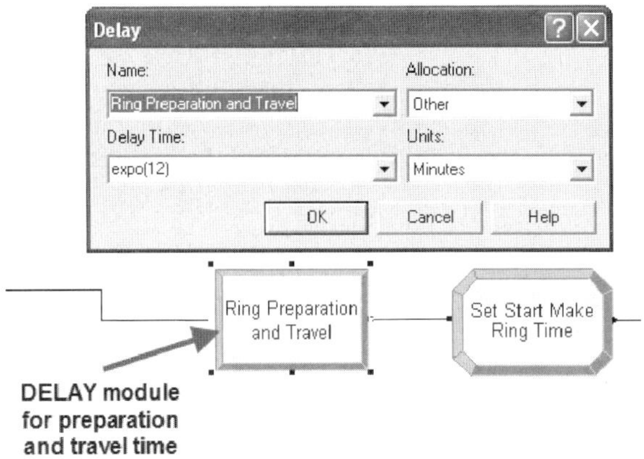

그림 7.65 preparation/travel 시간에 대한 **DELAY** 모듈

SRC: 가장 작은 수의 사용하지 않는 자원 용적을 가진 자원을 선택(smallest remaining resource capacity). 동률인 경우는 POR 규칙을 사용

RAN: 가능한 자원 중 랜덤하게 선택(random)

ER(사용자 규칙): 실험 프레임에 정의된 사용자 규칙에 기반하여 자원을 선택

UR(사용자 규칙): UR번째 자원을 선택(UR은 user-coded rule 함수에서 계산)

만약에 둘 다 이용 가능하다면 마스터 반지 제조자가 우선 할당되어야 하기 때문에, RingMakerR 자원은 집합에 먼저 리스트되어야 하고 POR 자원 선택 규칙이 사용되어야 한다. 또한 재가공 작업자가 재가공 일에 대해 우선 할당되어야 한다.

활동 다이어그램으로부터 두 개의 SEIZE 모듈이 재가공 작업자를 잡는 것을 시도하는 것을 볼 수 있다. 만약에 재가공 작업자가 유휴 상태라면 어떤 SEIZE가 우선권을 가져야 하는가? 재가공 활동과 관련이 있는 SEIZE가 우선권을 가져야 한다. Arena에서 이러한 경우를 다루기 위해 SEIZE의 우선순위 수준을 부여할 수 있다. 낮은 숫자일수록 높은 우선순위를 의미한다.

이제 Arena^{TM}에서 이 상황을 구현할 준비가 되었다. *LORTCh7Example.doe*의 이름으

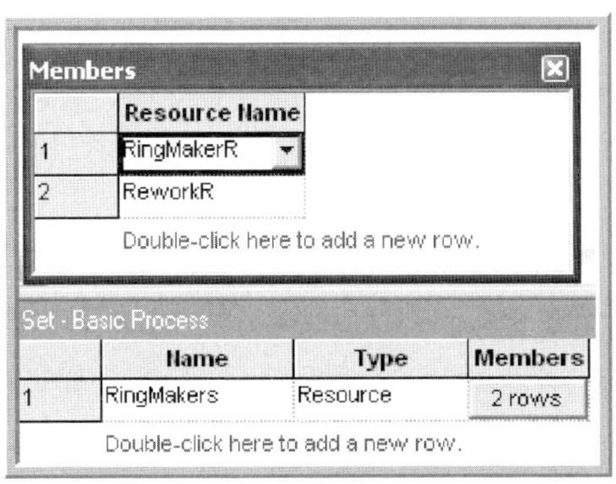

그림 7.66 집합(set)에 구성요인 추가하기

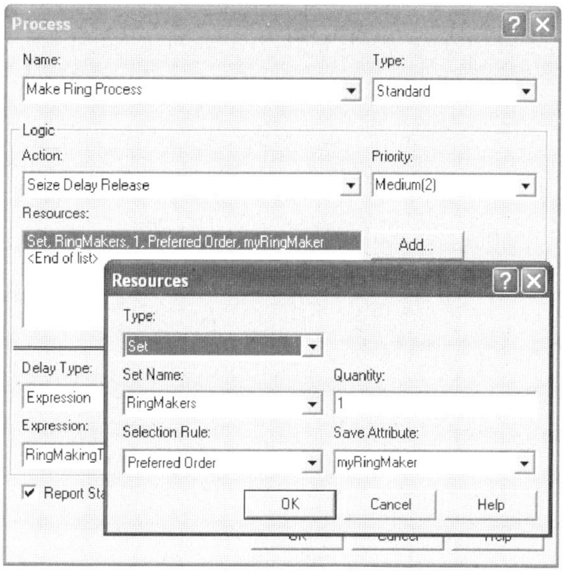

그림 7.67 PROCESS 모듈에서 자원 집합 사용

로 파일을 만들고, 필요한 모델 변화를 줄 수 있다. *Ring Processing*라는 이름의 서브모델(submodel)을 만들고 그림 7.65와 같이 프로세스의 시작 부분에 DELAY 모듈을 삽입한다. DELAY 모듈은 Advanced Process 패널에 있다. 지연 시간(delay time)은 expo(12)의 분포를 따른다. 이렇게 한 후에 첫 번째 대안을 나타내기 위해 모델을 *LORTCh7Config1.doe*의 이름으로 저장한다. 지금부터 두 번째 시스템 대안을 만들기 위해 이 모델을 수정할 것이다.

첫 번째 단계는 자원 집합을 정의하는 것이다. 이것은 Basic Process 패널에 SET 모듈을 사용하여 완료될 수 있다. SET 모듈에서 새로운 집합을 만들기 위한 행을 더블클릭하여

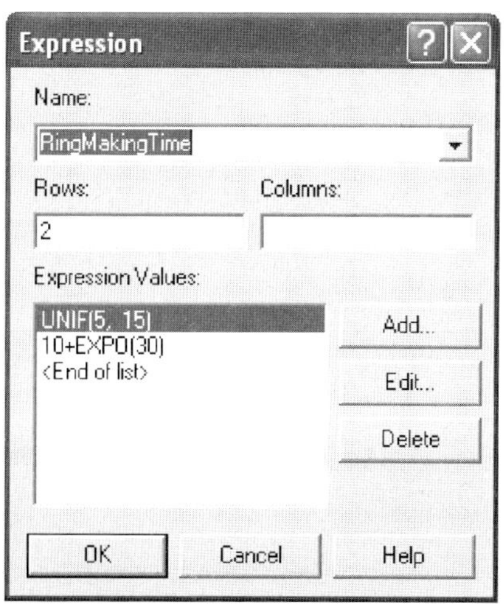

그림 7.68 작업자 종류에 따른 반지 생산시간의 Expression

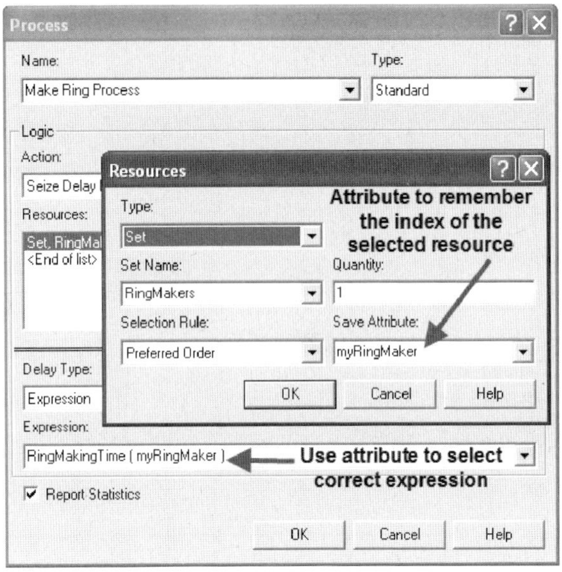

그림 7.69 선택된 자원에 의한 처리시간

RingMakers 집합의 이름을 부여한다. 그리고 집합의 type을 그림 7.66과 같이 Resource로 표시한다. 각 구성요인에 대한 행을 추가하기 위해 Members 영역을 클릭한다. RingMakerR과 ReworkR을 집합의 첫 번째와 두 번째 구성요인으로 되어 있는지 확인한다. 자원이 벌써 정의되어 있으므로 드롭다운 텍스트 박스를 사용하여 적당한 자원을 선택한다. 만약 RESOURCE 모듈을 사용하여 자원을 정의하기 전에 자원 집합을 정의한다면, Arena는 RESOURCE 모듈에 리스트된 자원을 자동으로 생성할 것이다. 계속하여 RESOURCE 모듈을 수정해야 할 것이다.

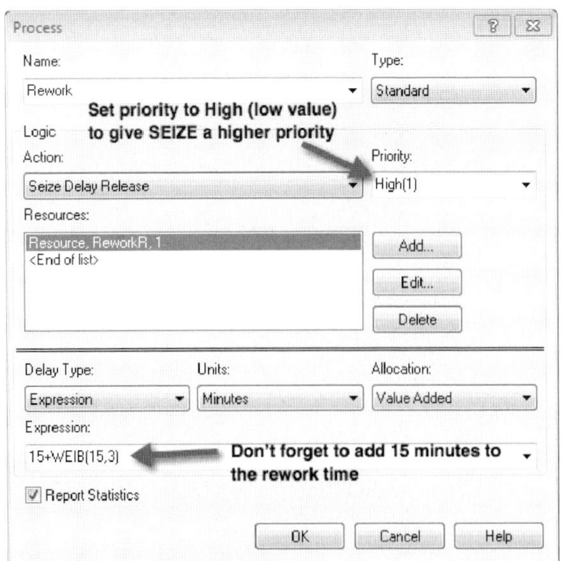

그림 7.70 SEIZE의 우선권 조정

자원을 정의하고 집합에 추가한 후에는 모델을 *LOTRCh4Config2.doe*로 저장해야 한다. 이제 모델에 집합을 어떻게 사용하는지 나타낼 준비가 되었다. 앞서 정의했던 SEIZE, DELAY, RELEASE 논리에 대한 자원 규격을 수정하기 위해 Make Ring Process라고 이름 지어진 PROCESS 모듈을 열자. 그림 7.67에서 resource type은 Set로 나타난다. 그때 Preferred Order 자원 선택 규칙을 사용하는 RingMakers 집합을 선택해야 한다. PROCESS 모듈을 닫고 모델을 저장한다.

이제 반지를 만들기 위한 처리 시간이 선택된 자원에 따라 달라야 한다는 사실을 다루어야 한다. 그림 7.67에 Save Attribute라고 라벨된 텍스트 필드가 있다. 이 속성은 SEIZE에 의해 선택된 자원의 인덱스 숫자를 가질 것이다. 현재 상황에서 이 속성은 반지(개체)가 어떤 자원이 선택되었는지 기억하기 위해 사용될 수 있다. 이 인덱스는 RingMakers의 어떤 구성요인가 선택되었는지에 따라 1이나 2의 값을 가진다. 이 인덱스는 그다음 적합한 처리 시간을 결정하기 위해 사용될 수 있다. 오직 두 명의 반지 제조자가 있기 때문에, EXPRESSION은 다른 처리 시간을 나타내기 위해 정의될 수 있다(그림 7.68 참조). 첫 번째 표현식은 마스터 반지 제조자에 대한 처리 시간을 나타내고, 두 번째 표현식은 재가공 작업자의 반지 생산 시간을 나타낸다. Save Attribute 인덱스는 이 표현식에서 적합한 처리 시간 분포를 선택하기 위해 사용될 수 있다. 표현식을 그림 7.68과 같이 정의한 후에 Make Ring Process 모듈을 열고 그림 7.69처럼 수정한다. 어떻게 속성이 인덱스를 기억하기 위해 사용되고 속성이 EXPRESSION으로부터 적절한 처리 시간을 선택하기 위해 사용되는지에 주의하자.

다음 필요한 모델 변화는 재가공 작업자가 재가공 일에 우선 할당을 보증하는 것이다. 이것은 그림 7.70에서와 같이 재가공 프로세스에 대한 PROCESS 모듈을 수정하는 것에 의해서 완료될 수 있다. 게다가 재가공 작업자의 작업 공유로 인한 재가공 수행을 위한 추가적인 15분을 추가할 필요가 있다. 이제 모델을 실행하기 위한 모든 준비가 거의 되었다.

모델에서 마지막 변화는 Arena^{TM}의 출력 분석기(Output Analyzer)에서 반지를 생산하기 위한 시간에 대한 분석을 위한 파일 생성을 가능하게 할 것이다(그림 7.71 참조). STATISTICS

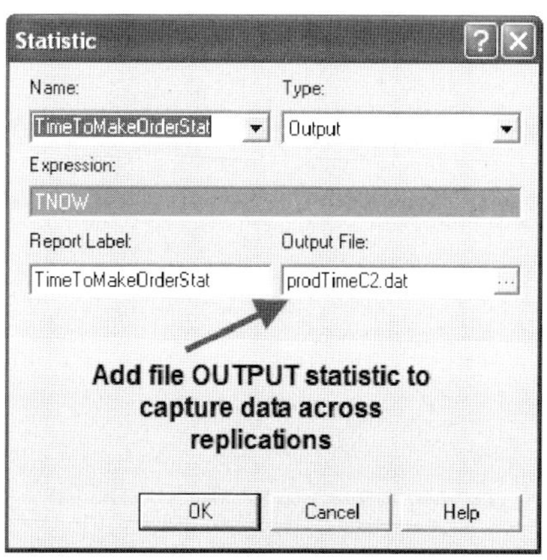

그림 7.71 반복실험 결과의 획득

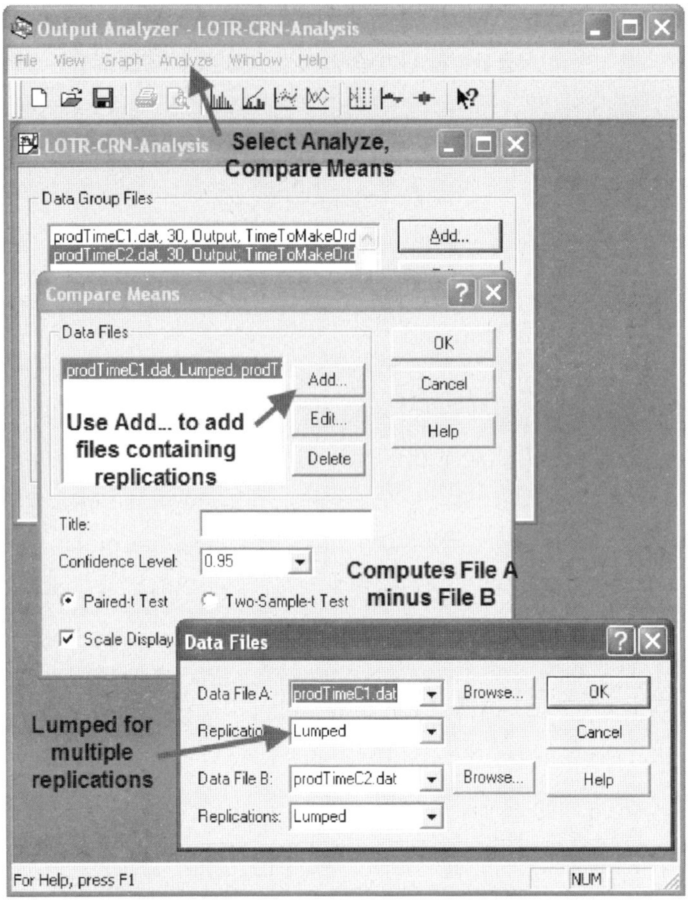

그림 7.72 쌍의 차이(paired difference) 분석을 위한 설정

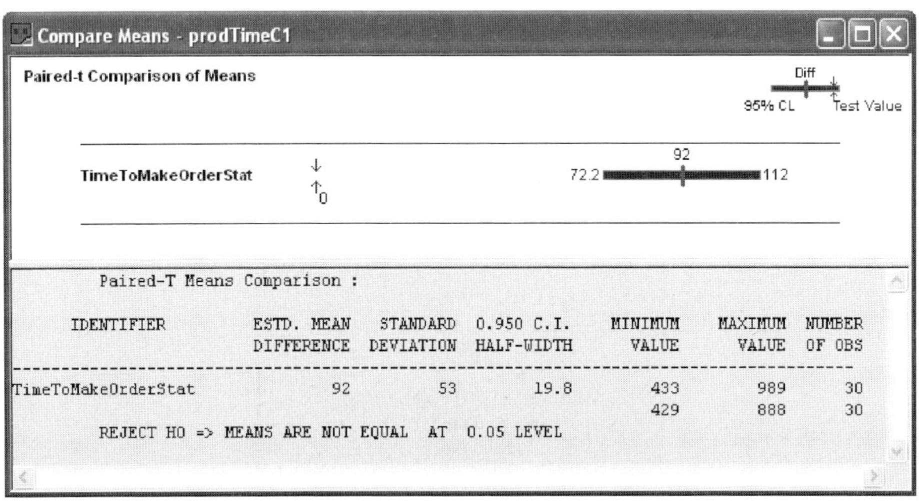

그림 7.73 생산 시간의 비교에 대한 결과

Instantaneous Utilization	Average	Half Width
InspectorR	0.4282	0.01
PackageR	0.6883	0.01
ReworkR	0.1106	0.02
RingMakerR	0.9785	0.00

그림 7.74 대안 1의 자원 이용률

Instantaneous Utilization	Average	Half Width
InspectorR	0.4832	0.01
PackageR	0.7780	0.02
ReworkR	0.9795	0.00
RingMakerR	0.9221	0.02

그림 7.75 대안 2의 자원 이용률

모듈로 가고 순서 통계(order statistics)를 만드는 시간에 대한 OUTPUT에 파일명 *prodTimeC2.dat*를 추가한다. 출력 분석기에서 분석 도구들이 사용 가능하도록 Arena™는 파일에 순서를 만들기 위한 시간을 기록할 것이다. 그때 첫 번째 구성에 대한 모델 파일을 열어야 한다. 그리고 첫 번째 대안에 대한 통계치를 추출하기 위해 출력 파일(*prodTimeC1.dat*)을 추가한다. 그 다음, 각 모델에 대해 30회의 반복실험을 실시한다.

모델들의 실행이 끝난 후에 출력 분석기를 열고 발생된 두 개의 파일을 새로운 데이터 그룹에 추가한다. 출력 분석기의 Analyze > Compare Means 옵션을 공통난수의 경우에 대한 쌍의 (paired) 신뢰구간을 구하기 위해 사용한다. 그림 7.72는 Compare Means 옵션을 어떻게 설정하는지 나타낸다. 대안 1이 데이터 파일 A와, 대안 2는 데이터 파일 B와 관련이 있다. 이때 기본설정을 통해 A와 B의 차이($\theta = \theta_1 - \theta_2$)를 측정한다. 그런데 $l > 0$이라면, 대안 1이 반지를 생산하는 데 더 높은 평균 시간을 가진다. 이 경우에는 대안 2가 선택될 것이다(짧은 생산시간이 더 좋음). 그림 7.73에서 나타나는 결과로부터 시스템 대안 2가 낮은 생산 시간을 가진다는 것을 분명히 알 수 있다. 95%의 신뢰수준에서 시스템 간의 차이가 92분이라고 생각할 수 있다.

이러한 결과들에 기반하여, LOTR Makers사는 작업장 간 재가공 작업자의 공유를 고려해야 한다. 만약 다른 수행 척도를 확인한다면, 대안 2에서 재가공 작업자의 이용률이 상당히 증가되는 것(97%에 가깝게)을 알게 될 것이다. 또한 보다 긴 대기행렬이 재가공 작업장에 생긴다. 두 반지 제조자(특히 재가공 작업자) 모두에 대한 높은 이용률은 곤란한 부분이다. 재가공 작업자에게 더 많은 작업이 생기면 어쩌면 재가공 작업장에서 병목이 발생할 것이다. 확실히 높은 이용률은 사람의 관점에서 보면 곤란한 것이다(그림 7.74와 7.75 참조).

공통 난수를 사용할 때, 보다 강력한 분산 감소를 얻기 위해서는 적용 가능한 추가적인 실행 기법들이 다수 있다. 예를 들어 시뮬레이션 대안 각각에 대해서 동일 프로세스에 대해 동일한 난수가 사용된다는 것을 보장하기 위해 모델상의 각각의 무작위 과정에 상이한 난수열을 지정해야 한다. 이렇게 하기 위해서는 모델상에서 각 확률 분포에 따른 난수열 번호를 사용한다. 뿐만 아니라 난수 사용의 동기화를 위해서는 각 개체가 모델이 들어오자마자 필요로 하는 난수를 발생시킬 수 있다. 그러면 각 개체는 자신의 난수를 지니고 다니며 모델을 진행해 가면서 활용하게 된다. 이 예에서는 설명을 단순하게 하기 위해 다른 기법을 적용하지 않았다.

7.5.1.5 독립 샘플링 구현 이번 절은 모델에서 독립 샘플링을 수행하는 방법에 대해 다룰 것이다. 완성된 모델 파일 *LOTRCh7Config1IND.doe*와 *LOTRCh7Config2IND.doe*가 사용 가능하다. Arena™에서 독립 샘플링 구현의 기본적인 접근은 각각의 대안에 대해 다른 난수열을 이용하는 것이다. 독립 샘플링을 구현하기 위한 방법은 다양하다. 가장 간단한 방법은 모델에서 각각의 분포에서 난수열의 번호를 나타내는 변수를 사용하는 것이다. *LOTRCh7Config1IND.doe*에서 모든 분포를 다음과 같이 변화시킨다.

- 판매 확률분포: BETA(5, 1.5, vStream)
- 판매의 성공 분포: DISC(vSalesProb, 1, 1.0, 0, vStream)
- 준비와 이동 시간 분포: EXPO(12, vStream)
- 마스터 반지 제조 시간: UNIF(5, 15, vStream)
- 내부 반지 지름: NORM(vIDM, vIDS, vStream)
- 바깥 반지 지름: NORM(vODM, vODS, vStream)
- 검사 시간 분포: TRIA(2, 4, 7, vStream)
- 재가공 시간 분포: 5 + WEIB(15, 3, vStream)
- 포장시간 분포: LOGN(7, 1, vStream)

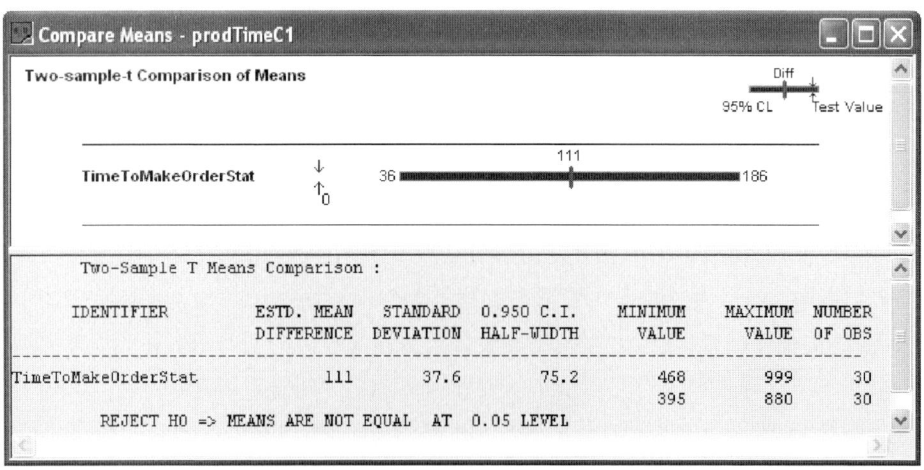

그림 7.76 출력 분석기의 독립 샘플 분석

*LOTRCh7Config2IND.doe*에도 같은 과정이 사용된다. 변수 vStream은 각각의 모델이 다른 난수열을 사용하기 위해 다른 번호로 설정된다. 두 모델 모두 vStream 값은 대안 1에 대해서는 1, 대안 2에 대해 2를 설정하여 실행하게 된다. 출력 분석기의 Analyze > Compare Means > Two sample *t*-test 옵션을 사용하여 결과를 비교할 수 있다(그림 7.76 참조). 그 결과는 대안 2가 더 짧은 생산 시간을 가지는 것을 나타낸다.

독립 샘플로 두 시스템을 비교하는 것은 모델 준비에서 추가적인 작업을 요구하기 때문에 언제 그것이 적용되어야 하는지 알 필요가 있다. 만약 대안들 중 한 대안에 대한 종합된 결과는 이미 가용하나 개개의 반복실험 값이 없어 쌍을 형성하기에는 어렵다면, 그때는 독립 샘플 접근법이 사용되어야 한다. 예를 들면, 이는 이미 출력된 결과를 가지고 있는 모델과 비교하고자 하는 경우이다. 게다가 모델이 실행하는 데 매우 오랜 시간이 걸리고, 단지 요약 통계치가 시스템 대안의 한 가지에 대해서만 가능하다고 가정하자. 두 번째 대안의 실행이 첫 번째 대안의 실행과 독립적이라는 것을 보이면 첫 번째 대안을 다시 실행할 필요가 없을 것이다. 또한 실제 시스템의 수행을 위한 시뮬레이션 결과 비교의 경우에도 실제 시스템에서 얻어진 데이터와 대안 모델을 독립적으로 시뮬레이션을 실행하여 얻은 결과 비교를 위해 두 샘플의 독립 분석 방법을 사용할 수 있다. 이것은 실제 시스템과 비교하려는 모델의 결과를 확인하는 경우에 유용하다.

이번 절은 두 대안을 어떻게 비교하는가에 대한 문제를 다루었다. 그런데 분석을 위한 두 가지 이상의 대안들이 존재하는 경우가 많다. 적은 수의 대안이 존재하는 경우에는 모든 가능한 때안들의 쌍을 비교하여 순서를 정하는 방법을 사용할 수 있다. 그러나 이 방법에는 한계가 있다. 다음 절에서는 복수 대안들의 비교(multiple comparison of alternatives)에 대하여 논한다.

7.5.2 복수 시스템의 분석

시뮬레이션 모델의 민감도 분석(*sensitivity analysis*)은 시뮬레이션에서 입력 변수의 조그만 변화의 영향을 측정하는 것이다. 예를 들면, 만약 고객 도착 비율이 10% 감소되거나 증가된다면 무슨 일이 발생될지 알길 원한다. 민감도 분석은 어떻게 복잡한 모델에서 가정이 변화하면 모델의 결과가 어떻게 변화되는지 이해하는 것을 도와준다. 민감도 분석을 수행할 때 다른 요인들과 결합되어 정의될 필요가 있는 많은 요인이 있다. 이번 절은 복수 실험 분석을 위한 Arena^{TM}의 프로세스 분석기(Process Analyzer)를 어떻게 사용하는지 논의할 것이다. 민감도

표 7.3 민감도 분석의 요인/수준

요인	내용	기본값	변화율, %	하위 수준	상위 수준
A	일당 판매 전화 수	100	±10	90	110
B	반지 바깥쪽 지름의 표준편차	0.005	±2	0.0049	0.0051
C	반지 안쪽 지름의 표준편차	0.002	±2	0.00196	0.00204

표 7.4 요인과 그 수준의 조합

시나리오	vNCF(A)	vIDF(B)	vODF(C)
1	0.90	0.98	0.98
2	0.90	0.98	1.02
3	0.90	1.02	0.98
4	1.1	1.02	1.02
5	1.1	0.98	0.98
6	1.1	0.98	1.02
7	1.1	1.02	0.98
8	1.1	1.02	1.02

분석 외에 최적의 대안을 선택하기 위한 복수 대안의 수행을 비교하게 될 것이다. 이러한 분석은 복수 비교(multiple comparison) 통계기법을 통하여 수행된다.

7.5.2.1 프로세스 분석기를 사용한 민감도 분석 예를 들어 LOTR Makers사의 시스템 민감도 분석을 수행하게 될 것이다. 최근 제안된 시스템의 수행에 다양한 요인(factor)의 영향에 대해 고민하고 있다고 가정하자. 그리고 이 요인들을 다른 값으로 변경한다면 무슨 일이 일어날지 알고 싶다고 가정하자. 이러한 경우에 다음 제시된 서로 결합된 요인들의 영향은 흥미 있다.

- 매일 일어나는 판매 전화의 수: 현재보다 10% 높거나 낮다면?
- 반지 안쪽 지름의 표준편차: 현재보다 2% 줄어들거나 늘어난다면?
- 반지 바깥쪽 지름의 표준편차: 현재보다 2% 줄어들거나 늘어난다면?

그 요인들과 수준은 표 7.3에 나타나 있다.

Arena^{TM}의 프로세스 분석기는 복수 실험의 설정과 일괄 수행을 가능하게 한다. 프로세스 분석기로 입력 요인들(변수, 자원 용량, 반복실험 모수)을 조절할 수 있고, 주어진 시뮬레이션 모델을 위한 반응변수(response variable)들[COUNTERS, DSTATS(시간 기반 통계), TALLY(관측 기반 통계), OUTPUT 통계]을 정의할 수 있다. 프로세스 분석기를 사용하는 중요한 이유는 통제하고 싶은 항목에 접근할 수 있는 모델의 계획을 세우기 위함이다.

현재의 예제에서, 바꿀 필요가 있는 그 요인들은 이미 변수들로 명시되었다. 프로세스 분석기는 통제되는 값을 십진수 네 자리로 제한한다. 반지의 표준편차를 명시하기 위해서는 약간의 창조성이 요구된다. 실제 수준은 간단히 기본 수준의 백분율이기 때문에, 모델에서 다양하고 적절하게 요인 수준에 따라 퍼센트의 변화를 나타낼 수 있다. 예를 들면, 요인(C); 반지 안쪽 지름의 표준편차에서 하한 값이 $0.98 \times 0.002 = 0.00196$ 이기 때문에 0.98로 나타낼 수 있다.

표 7.4는 여러 가지 요인에 의한 실험을 위한 시나리오의 결과이다. 모델에서 변수가 곱해졌다는 것을 보증할 필요가 있다. 예를 들면, 요인들의 곱의 승수인 새로운 세 변수 vNCF, vIDF, vODF를 정의하고 원래의 변수에 곱한다.

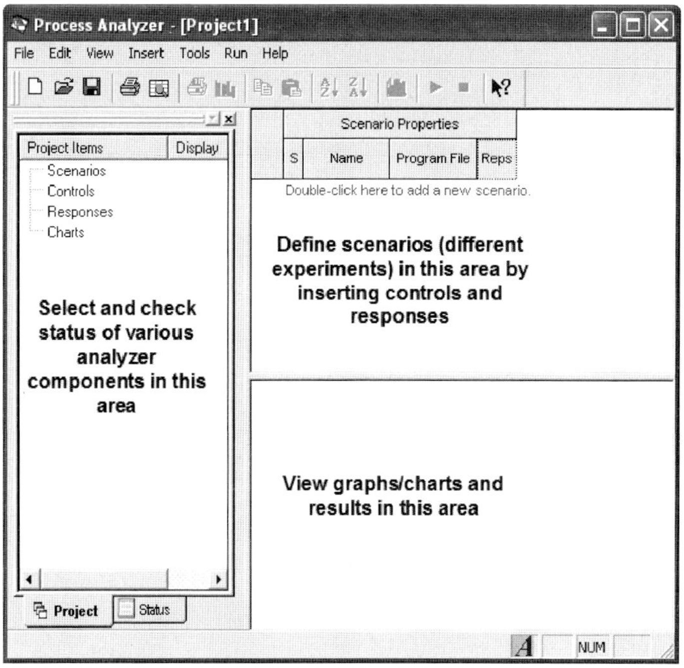

그림 7.77 프로세스 분석기

- In Done Calling? DECIDE 모듈: vNumCalls*vNCF
- In Determine Diameters ASSIGN 모듈: NORM(vIDM, vIDS*vIDF, vStream)
- In Determine Diameters ASSIGN 모듈: NORM(vODM, vODS*vODF, vStream)

다른 접근은 EXPRESSION을 정의하고, 모델에서 expression을 사용하는 것이다. 예를 들면, *eNumCalls* = *vNumCalls**vNCF*를 expression으로 정의할 수 있고, 모델에서 *eNumCalls*

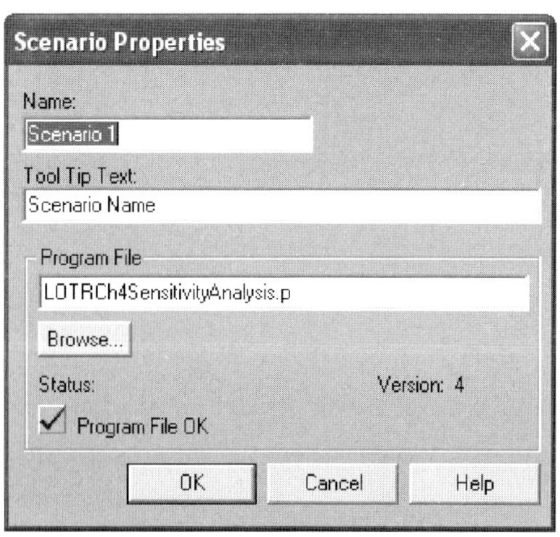

그림 7.78 새로운 시나리오 추가

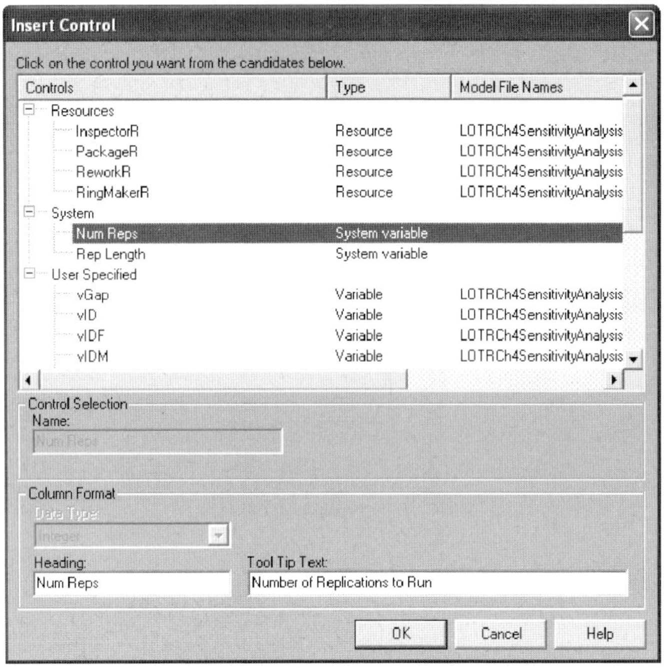

그림 7.79 통제변수 삽입하기

를 사용할 수 있다. 이것의 장점은 모든 변화에 대해 모듈에서 찾을 필요가 없다는 것이다. 그 정의는 EXPRESSION 모듈에서 쉽게 만들 수 있다.

프로세스 분석기는 Arena™를 설치할 때 따로 설치된 프로그램이다. 따로 설치된 프로그램이기 때문에 자체 도움말 시스템을 가지고 있다. Start 메뉴나 Arena™ Environment의 Tools 메뉴를 통해 프로세스 분석기에 접근할 수 있다. 프로세스 분석기를 실행한 후 첫 번째로 할 것은 File > New menu를 통해 새로운 PAN 파일을 실행시키는 것이다(그림 7.77 참조). 프로세스 분석기에서 사용되길 원하는 시나리오를 정의한다. 시나리오는 (.p)파일 형태의 Arena™ 모델, control 집합 그리고 반응변수 집합으로 구성된다. (.p)파일을 만들기 위해서는 Run > Check Model을 사용한다. 그 검사가 성공적이라면, 모델과 동일한 이름으로 동일한 폴더에

	Scenario Properties				Controls						Responses	
	S	Name	Program File	Reps	Num Reps	vStream	vNCF	vIDF	vODF	Rework.Queue.WaitingTime	ThroughPut	PairOfRings.TotalTime
1		Scenario 1	0 : LOTRCh4	0	30	1	0.9000	0.9800	0.9800	---	---	---
2		Scenario 2	0 : LOTRCh4	0	30	2	0.9000	0.9800	1.0200	---	---	---
3		Scenario 3	0 : LOTRCh4	0	30	3	0.9000	1.0200	0.9800	---	---	---
4		Scenario 4	0 : LOTRCh4	0	30	4	0.9000	1.0200	1.0200	---	---	---
5		Scenario 5	0 : LOTRCh4	0	30	5	1.1000	0.9800	0.9800	---	---	---
6		Scenario 6	0 : LOTRCh4	0	30	6	1.1000	0.9800	1.0200	---	---	---
7		Scenario 7	0 : LOTRCh4	0	30	7	1.1000	1.0200	0.9800	---	---	---
8		Scenario 8	0 : LOTRCh4	0	30	8	1.1000	1.0200	1.0200	---	---	---

그림 7.80 조절/반응 설정

(.p)파일로 만들어질 것이다. 각각의 시나리오는 하나의 (.p)파일을 나타낸다. 그러나 시나리오 집합은 다른 (.p)파일들을 가지는 시나리오들로 구성된다.

시나리오를 시작하기 위해 scenario properties 구역의 새로운 시나리오 행을 더블클릭한다. 그림 7.78에서와 같이 시나리오의 이름과 (.p)파일의 이름을 기입할 수 있다. 그리고 나서 통제(control)와 반응(response)변수를 삽입할 수 있는 Insert 메뉴를 사용할 수 있다. Insert Control 창은 그림 7.79와 같다. 이것을 사용하여 Num Reps(반복실행 횟수)와 vStream(난수열), vNCF[판매 통화의 수의 요인(number of sales calls factor)], vIDF(반지 안쪽 지름의 표준편차 요인), vODF(반지 바깥쪽 지름의 표준편차 요인)에 대한 통제변수를 정의할 수 있다. 각각의 통제변수를 위해 고유의 데이터 유형을 확정해야 한다(예를 들면, vStream은 정수, vIDF는 실수).

첫 번째 시나리오를 구체화한 후 오른쪽 클릭으로 행을 선택하고, 여덟 개의 시나리오를 정의할 때까지 Duplicate Scenario를 선택한다. 그 후 그림 7.80과 같이 시나리오 정의를 완료해야 한다. 반응변수를 삽입하기 위해서는 Insert 메뉴를 사용하여 적당한 반응변수를 선택한다. 여기서는 한 쌍의 반지가 생산 완료될 때까지 걸리는 평균 시간(*PairOfRings.TotalTime*), 하루 생산량(*Throughput*), 재가공 작업장의 평균 대기 시간(*Rework.Queue.WaitingTime*)에 초점을 맞출 것이다.

다른 난수열 번호가 각각의 시나리오를 위해 지정되었으므로 모든 것은 독립적일 것이다. 실험계획법의 관점에서는 전통적인 실험계획 기법(response surface analysis와 같은)은 실험계획점들(experimental design points)이 독립이다라는 가정에 의존하기 때문에 이것은 유용하다. 만약 각각의 시나리오에 똑같은 난수열을 사용한다면, 그것은 공통난수를 사용하는 것이다. 전통적인 실험계획법을 통한 분석 관점에서 보면 이것은 추가적인 복잡성을 더하는 것이다. 따라서 공통 난수를 사용한 실험계획의 분석은 본 교재에서는 다루지 않는다(Kleijnen [1988, 1998] 참조).

연속하여 모든 실험을 실행하기 위해서는 실행하고자 하는 시나리오를 선택하고, Run 메뉴나 VCR-같은 run 버튼을 사용한다. 각 시나리오는 지정된 반응변수 수만큼 실행할 것이다. 그리고 반응변수의 결과는 반응변수 부분에 그림 7.81과 같이 표로 만들어질 것이다. 시뮬레이션

	Scenario Properties				Controls					Responses		
	S	Name	Program File	Reps	Num Reps	vStream	vNCF	vIDF	vODF	Rework.Queue.WaitingTime	ThroughPut	PairOfRings.TotalTime
1		Scenario 1	4 : LOTRCh4	30	30	1	0.9000	0.9800	0.9800	27.864	70	314.814
2		Scenario 2	4 : LOTRCh4	30	30	2	0.9000	0.9800	1.0200	29.309	70	314.696
3		Scenario 3	4 : LOTRCh4	30	30	3	0.9000	1.0200	0.9800	36.677	69	311.969
4		Scenario 4	4 : LOTRCh4	30	30	4	0.9000	1.0200	1.0200	36.813	70	322.541
5		Scenario 5	4 : LOTRCh4	30	30	5	1.1000	0.9800	0.9800	35.630	83	370.346
6		Scenario 6	4 : LOTRCh4	30	30	6	1.1000	0.9800	1.0200	33.003	82	366.924
7		Scenario 7	4 : LOTRCh4	30	30	7	1.1000	1.0200	0.9800	31.104	90	400.028
8		Scenario 8	4 : LOTRCh4	30	30	8	1.1000	1.0200	1.0200	36.775	79	359.321

그림 7.81 시나리오를 실행시킨 결과

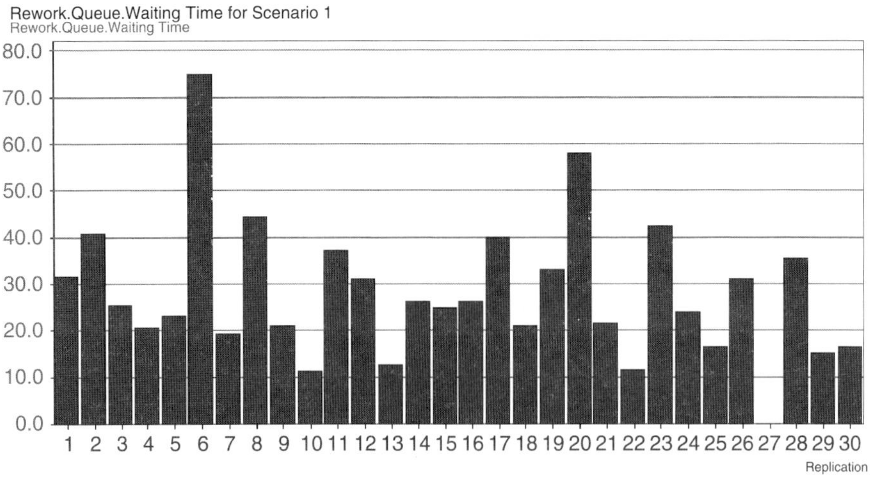

그림 7.82 재가공 대기 시간에 대한 개별적인 시나리오 차트

이 완료된 후에 더 많은 반응변수를 추가시킬 수 있다.

민감도 분석을 수행하는 목적은 두 가지이다. 첫째, 작은 요인 변화에 따른 반응에서 유의한 결과를 보기 위해서이고, 둘째는 반응이 기대되는 방향으로 달성되는지 확인하기 위해서이다. 직관적으로 반지 지름의 변동이 낮다면, 적은 재가공이 기대되고 재가공 작업장에서 대기행렬 역시 짧을 것이다. 반대로, 반지 지름의 변동이 클 경우 재가공 작업장의 대기행렬은 길어질 것이다. 시나리오 1과 4의 반응으로부터 이런 기본적인 직관이 확인된다. 그림 7.81은 시나리오 4가 약간 높은 재가공 대기 시간을 갖고 있고, 시나리오 1은 가장 낮은 대기 시간을 가진다는 것을 보여준다. 이 차이의 통계적인 유의성을 조사하기 위해 추가의 분석이 수행될 수 있다.

일반적으로 시뮬레이션이 요인 수준의 작은 변화에 따라 기대된 것처럼 수행되고 있는지

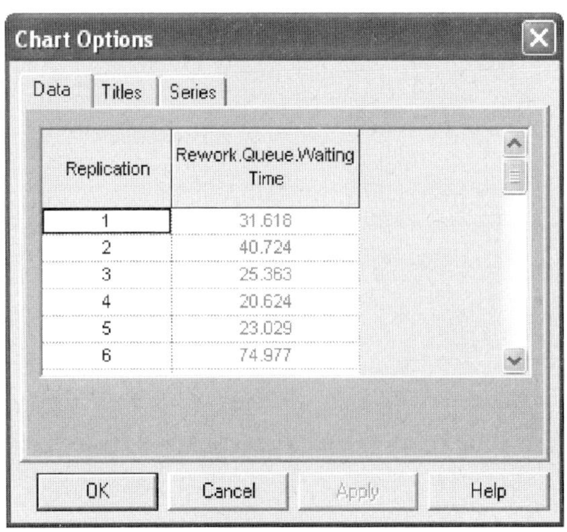

그림 7.83 차트 옵션

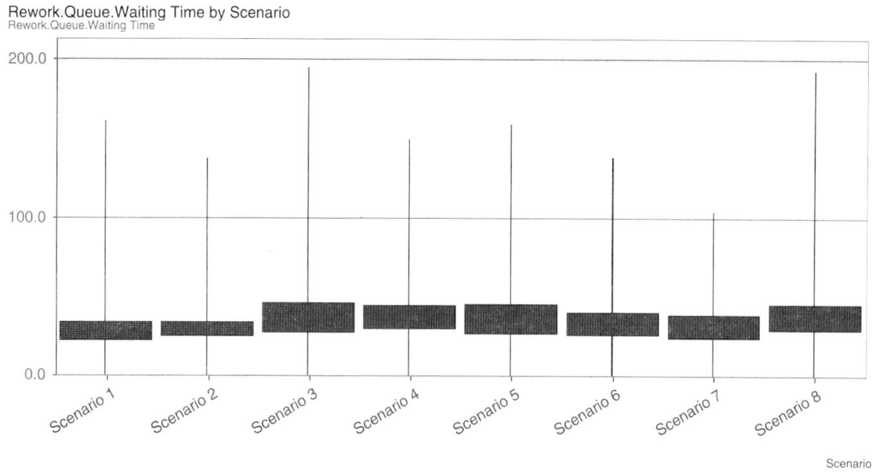

그림 7.84 시나리오들 간의 box-whiskers 차트

증명하기 위한 다른 반응들을 검사해야 한다. 만약 시뮬레이션이 기대된 것처럼 잘 실행되지 않는다면, 반드시 그 이유를 조사해야 한다.

시뮬레이션 관점에서 이미 반응에서 차이가 있어야 한다는 것을 알고 있기 때문에 평균들의 차이에 대한 표준 ANOVA 검정은 의미가 없다. 다시 말해, 그것들은 평균의 차이를 인지하기 위한 충분한 샘플을 가졌는지 말해준다. 그보다 반응들의 크기와 방향에 주의를 기울이고 있어야 한다. 실험계획법에 대한 논의는 이 책에서 다루지 않겠다. 시뮬레이션에서 실험계획법의 사용에 대한 더 자세한 정보를 원한다면 Law [2007]과 Kleijnen [1998]을 참고하라.

특정 반응 셀을 선택하는 것은 반응에 관한 추가적인 통계적 정보를 프로세스 분석기의 메인 윈도우 왼쪽 아래 있는 상태 바(status bar)에 나타나게 할 것이다. 게다가 만일 커서를 특정 반응 셀에 놓는다면, 그 반응에 관련된 개별적인 반복실험에 대한 차트를 만들 수 있다. 그림 7.81과 같이 커서를 셀 위에 놓고 마우스 오른쪽을 클릭하여 차트를 삽입한다. 차트 마법사

표 7.5 Box-whiskers 차트의 데이터

시나리오	최소값	최대값	하한	상한	95% 신뢰 구간 폭
Scenario1	0	160.8	22.31	33.42	5.553
Scenario2	0	137.2	24.93	33.69	4.382
Scenario3	0	194.1	27.47	45.88	9.205
Scenario4	0	149.8	29.69	43.93	7.12
Scenario5	0	159.2	26.58	44.68	9.052
Scenario6	0	138.3	26.11	39.9	6.895
Scenario7	0	103.5	24	38.2	7.101
Scenario8	0	193.1	28.82	44.73	7.956

(chart wizard)가 실행되어 차트 만들기를 진행할 수 있다. 이 경우에, 시나리오 1의 30회 반복실험 각각에 대한 재가공 대기 시간의 간단한 막대그래프를 만들 수 있을 것이다. 차트 마법사에서, "Compare the replication values of a response for a single scenario"를 선택하고, Column chart type을 선택한다. 차트 마법사를 통하여 대기 시간 항목이 성능 측정인지를 확인하는 Next(그리고 Finish)를 선택하여 진행한다(그림 7.82 참조).

팝업 메뉴의 차트 옵션을 오른쪽 클릭하면, 데이터와 차트의 특성에 접근할 수 있다(그림 7.83 참조). 이 창으로부터 차트와 관련된 데이터를 복사할 수 있다. 추가적인 분석의 응용을 위해 데이터를 잘라내고 쉽게 붙여 넣을 수 있다.

시나리오들 간의 차트를 만들기 위해서는, 요구되는 응답과 관련된 열을 선택하고 마우스 오른쪽을 클릭한다. 그리고 나서 팝업 메뉴에서 Insert Chart를 선택한다. 이것은 "Compare the average values of a response across scenarios" 옵션 선택의 차트 마법사를 불러올 것이다. 이 예제에서, 대기 시간의 box-whiskers 차트가 만들어질 것이다. 그림 7.84와 같은 화면이 될 때까지 마법사를 따라 진행한다.

Box-whiskers 차트의 구성은 다양하다. 프로세스 분석기에서 box-whiskers plot는 데이터의 최소값과 최대값을 나타내는 whiskers(좁은 가는 선)과 데이터의 quartile 범위(3rd quartile - 1st quartile)를 나타내는 박스(진한 직사각형)를 나타낸다. 관측치의 50%는 그 박스에 있다. 이 도표는 시나리오들 간의 반응값의 비교를 용이하게 해준다. 차트에서 마우스 오른쪽 클릭으로 차트 만들기에 사용된 데이터에 접근할 수 있다. 그리고 특히 그것은 반응에 대한 95% 신뢰구간의 절반폭을 포함한다. 표 7.5는 box-whiskers 차트에서 복사한 데이터를 보여준다.

이번 절에서는 프로세스 분석기를 사용하여 모델에서 다양한 요인의 민감도 분석을 하기 위한 실험 설정을 어떻게 하는지 보여주었다. 시뮬레이션 모델이 기대했던 대로 작동하게 되면, 종종 가장 최선의 대안을 선택하는 데 모델을 사용하길 원한다. 두 가지 대안의 경우는 이미 논의하였다. 그런데 두 가지 이상의 대안이 있을 때는, 의사결정 프로세스가 확실한 신뢰 수준을 보증하기 위해 더욱 고급 통계적 기법이 요구된다. 다음 절에서는 왜 더욱 고급 기법이 필요한지 그리고 어떻게 프로세스 분석기를 사용하여 분석하는지를 설명한다.

7.5.2.2 최적을 가진 복수 대안 비교 θ_i, $i = 1, 2, \ldots, k$인 성능 평가척도에 의존하는 k 시스템 분석에 흥미가 있다고 하자. 목표는 기본(base) 대안(기존 시스템)과 k시스템의 각각과 비교하거나, 시스템 사이의 순서를 매기거나, 최고의 시스템을 선택하는 것이다. 어떤 경우에서든 결정은 분석에 기반할 것이고, 나쁜 결정을 하는 위험(risk)은 통제되어야 할 것이다. 분석을 수행하기 위해 각각의 θ_i는 반드시 추정되어야 하고, θ_i의 추정은 샘플링 오류를 초래한다. 그 결정은 모든 θ_i의 추정에 기반할 것이기 때문에 전반적인 결정과 관련된 위험은 복합적일 것이다. 이것을 좀 더 수식적으로 알기 위해서는 본페로니 부등식(Bonferroni inequality)을 이해할 필요가 있다.

본페로니 부등식은 $1 - a_i$ ($i = 1, 2, \ldots, k$)의 확률로 일어나는 사건 집합(독립적일 필요가 없는) E_i에 대하여 이벤트 교집합(intersection of events) 확률의 하한값은 다음과 같다.

$$P\{\cap_{i=1}^{k} E_i\} \geq 1 - \sum_{i=1}^{k} \alpha_i \qquad \text{(식 7.44)}$$

이것은 본페로니 부등식은 모든 이벤트가 발생하는 확률은 적어도 1에서 개개의 이벤트가 발생할 확률의 합을 뺀 것과 같다는 것을 나타낸다. 이러한 본페로니 부등식은 실제 매개 변수를 고려한 확률 모형의 신뢰구간에 적용 가능하다.

각 $1 - a_i$의 신뢰수준인 c개의 신뢰구간이 있다고 하고, S_i는 "i번째 구한 신뢰구간이 참값을 포함한다"라고 하는 문장이라고 하자. 신뢰구간을 구하는 절차는 S_i가 확률 $1 - a_i$로 참이 되도록 신뢰구간을 생성한다. 만약 $E_i = \{S_i \text{ is true}\}$라는 이벤트를 정의한다면, 모든 이벤트의 교집합은 다음과 같이 모든 문장이 참인 이벤트로 해석될 수 있다.

$$P\{\text{all } S_i \text{ true}\} = P\{\cap_{i=1}^{k} E_i\} \geq 1 - \sum_{i=1}^{k} \alpha_i = 1 - \alpha_E \qquad \text{(식 7.45)}$$

여기에서 $\alpha_E = \sum_{i=1}^{k} \alpha_i$ 이며 α_E 값은 총체적 오류 확률(overall error probability)이라 불린다. 이 문장은 다음과 같이 다시 명시될 있다.

$$P\{\text{one or more } S_i \text{ are false}\} \leq \alpha_E \qquad \text{(식 7.46)}$$

이것은 신뢰구간에 기초하는 잘못된 결론에 대한 확률의 상한치를 나타낸다.

이 부등식은 복수 시스템을 비교할 때 신뢰구간의 사용에 적용될 수 있다. 예를 들면, c = 10이고, 90%의 신뢰구간을 가지고 있다고 하자. 그러면 $\alpha_i = 0.10$이고, α_E 는 다음과 같다.

$$\alpha_E = \sum_{i=1}^{10} \alpha_i = \sum_{i=1}^{10} (0.1) = 1.0 \qquad \text{(식 7.47)}$$

따라서 $P\{\text{all } S_i \text{ true}\} \geq 0$ or $P\{\text{one or more } S_i \text{ are false}\} \leq 1$이다. 이것은 모든 신뢰구간을 구하는 절차가 참 모수를 포함하는 신뢰구간을 생성할 가능성이 0보다 크고 1보다 작은 것임을 암시한다. 위에 대해 다른 방법으로 생각해보자: 만약 직장상사가 여러분의 결정에 얼마나 자신이 있는지 묻는다면, 0과 1 사이에 있다고 말해야 한다면 이것은 좋은 방법은 아닐 것이다.

이때, 본페로니의 저주"(curse)"와 싸우기 위해, 개개의 신뢰에 관한 문장에서 요구된 총체적인 위험을 얻기 위해 신뢰수준을 조절할 수 있다. 예를 들면, 신뢰구간에 의거하여 정확한 결정을 하는 것에 95%의 총체적인 신뢰성을 원했다고 하자. 이것은 $\alpha_E = 0.05$를 요구한 것이다. $\alpha_E = 0.05$ 의 총체적 오류 확률이 되도록 각각의 신뢰구간에 대해 α_i를 지정할 수 있다. 가장 간단한 방법은 $\alpha_i = a$이다. $\alpha_E = 0.05$ 를 얻기 위해 a는 무엇이어야 하는가? c개의 신뢰구간을 가진다고 가정하면 다음과 같다.

$$\alpha_E = \sum_{i=1}^{c} \alpha_i = \sum_{i=1}^{c} \alpha = c\alpha \qquad \text{(식 7.48)}$$

그러므로 $\alpha = \alpha_E / c$이다. $\alpha_E = 0.05$이고 $c = 10$인 경우에 대해 이것은 $\alpha_E = 0.05$라는 것을 의미한다. 이것은 각각의 신뢰구간의 폭에 무엇을 의미하는가? $\alpha_i = \alpha$가 작아졌기 때문에 신뢰구간에서 사용되는 신뢰계수(confidence coefficient) (z 값 또는 t 값)는 커질 것이다. 이것은 넓은 신뢰구간을 초래한다. 따라서 총체적인 결정 오류와 각각의 넓은 신뢰구간과 절충을 해야 한다.

본페로니 부등식이 독립 사건을 가정하지 않기 때문에 공통 난수가 사용되어 복수 시스템을 비교하는 경우에도 사용될 수 있다. 시스템들로부터 독립적인 샘플링의 경우에는 간편하게 오류에 대한 한계치를 계산하는 것보다 더 낫다. 독립적인 샘플링에 기반한 k 시스템 비교의 경우, 총체적 신뢰도는 다음과 같다.

$$P\{\text{all } S_i \ \text{ true}\} = \prod_{i=1}^{c}(1 - \alpha_i) \qquad (\text{식 } 7.49)$$

만약 k시스템을 비교하고 있다면(여기에서 하나의 시스템이 표준이나 기본 또는 기존 시스템), 다른 시스템들과 표준 시스템 사이의 차이 분석에 의해 신뢰구간의 수를 줄일 수 있다. 즉, 시스템 $k = 1$이 기본 시스템으로 가정하면, i가 2, 3, . . . , k에 대해 $\theta_1 - \theta_i$의 신뢰구간을 형성할 수 있다. $(k - 1)$개의 차이가 존재하기 때문에 비교하기 위한 신뢰구간 수는 $c = k - 1$이다.

만일 모든 시스템 간의 순서에 관심이 있다면, 시스템 사이의 모든 짝짓기 비교를 하는 접근법이 있다. 그것은 $i \neq j$인 $\theta_j - \theta_i$의 신뢰구간을 만드는 것이다. 이 경우의 신뢰구간의 수는 다음과 같다.

$$c = \binom{k}{2} = \frac{k(k-1)}{2} \qquad (\text{식 } 7.50)$$

총체적 오류 확률과 각각의 신뢰구간의 폭 간의 절충은 대부분의 실제 상황에서는 매우 중요하다.

이러한 이유로 최고의 시스템(또는 시스템의 서열)의 선택을 허용하고, 그 결정에 대한 주어진 총체적 신뢰성을 보증하기 위해 많은 기법이 개발되었다. 프로세스 분석기(process analyzer)는 Goldsman과 Nelson에 의해 개발된 다중 비교 방법(multiple comparison

	Scenario Properties				Controls					Responses		
	S	Name	Program File	Reps	Num Reps	vStream	vNCF	vIDF	vODF	Rework.Queue.WaitingTime	ThroughPut	PairOfRings.TotalTime
1		Scenario 1	4 : LOTRCh4	30	30	1	0.9000	0.9800	0.9800	27.864	70	314.814
2		Scenario 2	4 : LOTRCh4	30	30	2	0.9000	0.9800	1.0200	29.309	70	314.696
3		Scenario 3	4 : LOTRCh4	30	30	3	0.9000	1.0200	0.9800	36.677	69	311.969
4		Scenario 4	4 : LOTRCh4	30	30	4	0.9000	1.0200	1.0200	36.813	70	322.541
5		Scenario 5	4 : LOTRCh4	30	30	5	1.1000	0.9800	0.9800	35.630	83	370.346
6		Scenario 6	4 : LOTRCh4	30	30	6	1.1000	0.9800	1.0200	33.003	82	366.924
7		Scenario 7	4 : LOTRCh4	30	30	7	1.1000	1.0200	0.9800	31.104	90	400.028
8		Scenario 8	4 : LOTRCh4	30	30	8	1.1000	1.0200	1.0200	36.775	79	359.321

그림 7.85 CRN을 사용한 MCB 분석 결과

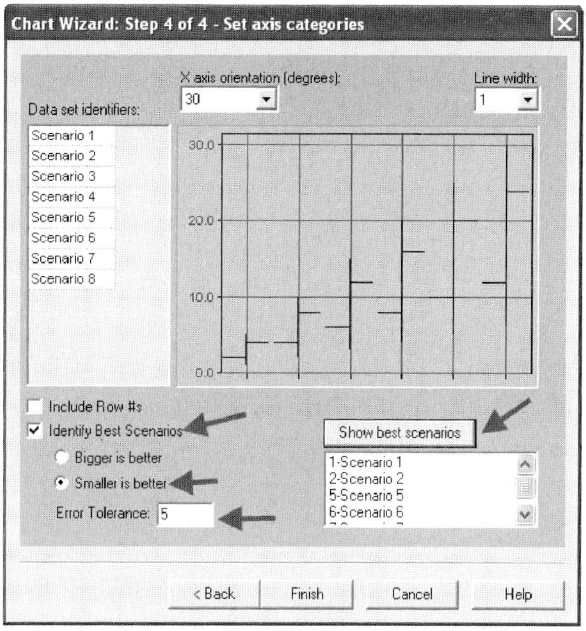

그림 7.86 최고의 시나리오 정하기

procedure)에 기반한 방법을 사용한다(Goldsman과 Nelson [1998]). 또한, 이 방법들이 다른 서열결정과 선택 방법(ranking and selection method)과 어떻게 관련이 있는지는 Law [2007]를 참고하라.

민감도 분석 섹션에서 이미 정의되었던 시나리오를 사용하여, 다음 예제는 95% 신뢰도로 가장 최고의 시스템을 선택하기 위해 어떻게 Arena^{TM}를 사용할 수 있는지를 나타낸다. 프로세스 분석기에 설정되어 있는 절차로 공통 난수를 다룰 수 있다. 앞서 설명했던 시나리오들이 설정되고, 재실행되면 그림 7.85와 같이 된다. 그림에서 각각의 시나리오에서 난수열을 같

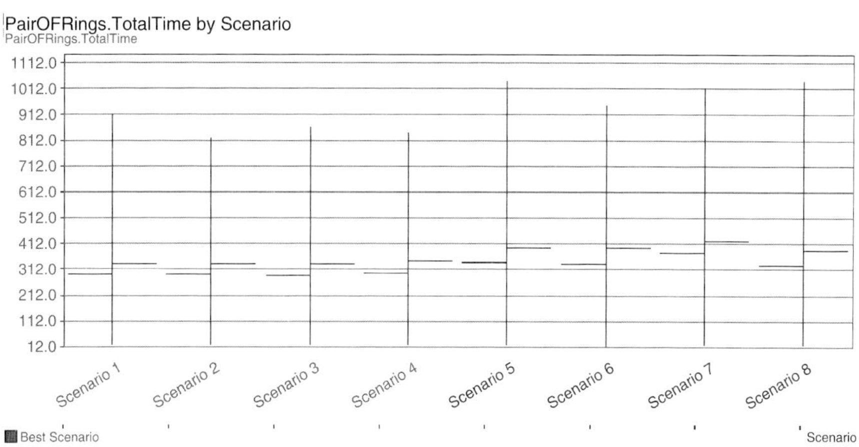

그림 7.87 가능한 최고의 시나리오들

은 값으로 설정한다면 그것은 결국 공통 난수를 사용하는 것이다. 이 분석에 대한 PAN 파일은 LOTR-MCB.pan이라 불리고, 이번 장의 보조 파일에서 찾을 수 있다.

반지가 시스템에서 보내는 평균 시간에 대한 최고의 시나리오를 고르기 원한다고 가정하자. 그리고 만약 그 평균 시간 차이가 서로 5분 이내라면, 시스템들은 서로 차이가 없다고 하자. 목표는 95% 신뢰도로 가장 짧은 시간을 가지는 시스템을 고르는 것이다.

이러한 분석을 수행하기 위해서 *PairOfRings.TotalTime*에 오른쪽 클릭을 하고, insert chart를 선택한다. "Compare the average values of a response across scenarios"를 선택했는지 확인하고, 첫 번째 위저드 단계에서 적절한 차트를 선택한다. 이 예제는 각각의 반응의 최대값과 최소값을 가지는 신뢰구간이 잘 나타나는 Hi-Lo 차트를 사용한다. 비교 절차는 다른 차트들로도 충분히 할 수 있다. 위저드의 두 번째 단계에서는 원하는 반응변수(*PariOfRings.TotalTime*)를 고를 수 있고 next를 선택한다. 세 번째 단계는 차트에 대한 제목을 변경시킬 수 있다. 네 번째 단계에서 최고의 시나리오를 정하는 옵션을 가진다. 그림 7.86은 현재 상태의 설정을 나타낸다. Smaller is better 옵션을 가진 "identify the best scenarios option"을 선택한다. 그리고 무차별양(indifference amount / error tolerance)을 5분으로 입력한다. 그런 다음, Show Best Scenarios 버튼을 누르면 최고의 시나리오 리스트를 볼 수 있다. Finish를 누르면 차트가 만들어지고, 최고의 시나리오가 그림 7.87처럼 빨간색(시나리오 1, 2, 3, 4)으로 나타난다.

그림 7.87에서 나타나듯이 Arena^{TM}는 가장 최선의 네 개의 시나리오를 추천한다. 이것은 네 개의 시나리오가 5분의 허용 오차에서 최선의 시나리오임을 95%의 신뢰도로 말할 수 있음을 의미한다. 이 분석은 시나리오 선택의 폭을 좁혔다. 그러나 반응들의 변동성과 근접성 때문에 특정의 시나리오를 추천하지 않았다. 최고의 시나리오 선택의 폭을 가능한 더 좁히기 위해, 특정 시나리오의 추가적인 반복실험과 허용 오차의 조정을 할 수 있다. 프로세스 분석기로 고려 대상 시스템들을 걸러낼 수 있고, 시뮬레이션 연구 목적에 맞게 통계적인 분석을 조정할 수 있다.

7.6 요약

이 장에서는 시뮬레이션 연구를 수행하는 데서 일반적으로 마주치게 되는 시뮬레이션의 많은 통계적인 면들을 설명하였다. 정확한 시뮬레이션 분석의 중요한 면은 성과측정과 관련된 데이터의 형태(시간 기반 대 관측 기반)와 그러한 데이터를 어떻게 수집하고 분석하는지 이해하는 것이다. 또한 모델링에서 시뮬레이션의 수행 시간 범위를 지정하는 문제를 마주하게 될 것이다. 대부분의 시뮬레이션은 다행히도 반복실험 방법을 통해 분석하기 쉬운 유한구간을 포함한다. 이것은 반복실험을 통해 얻은 무작위 표본을 사용하여 전통적인 시뮬레이션 기법을 통한 시뮬레이션 출력 분석을 가능하게 한다.

무한구간 시뮬레이션의 경우에는 더 복잡하다. 성과 측정에 대한 어떠한 워밍업 기간의 영향을 분석해야 하고 반복 절단 또는 배치 평균 방법을 사용할지 안 할지를 결정해야 한다. 상황에 관계없이 Arena^{TM}는 상황을 다루고 또는 필요한 분석을 행하는 도구를 가지고 있다.

종종 시뮬레이션을 사용하여 설계 대안을 추천하기 때문에 시스템 대안을 위한 분석은 신중하게 계획되어야 한다. 두 개 이상의 시스템을 분석하는 데 Arena^{TM}를 이용할 수 있다.

Process Analyzer는 설정을 만들고 실험계획을 쉽게 실행하고 설계 대안의 서열을 정하고 선택하는 데 도움을 준다. 분석을 수행할 때, 공통 난수 방법을 어떻게 언제 사용할지 고려해야 하고 시뮬레이션 결과 분석에 공통 난수의 영향을 고려해야 한다.

이제 Arena™에서 어떻게 프로그램하고 모델링하는지를 확실하게 이해했고 더 복잡한 시스템을 포함하는 추가적인 모델링 상황에 대해 Arena™의 적용을 시험할 준비가 됐다. 다음 장에서는 대기행렬과 재고를 포함하는 시스템을 다룬다. 이러한 시스템은 생산, 수송 그리고 서비스 산업에서 더 복잡한 시스템을 모델링하는 데 도움을 제공한다.

연습문제

7.1 ______은 관측치의 표본이 반복수행되는 경우에 워밍업 기간의 길이를 결정하기 위해 사용된다.

7.2 한 번의 장시간 시뮬레이션 분석을 위한 배치평균법은 반복실험 데이터 안에서 ______와 ______이 이루어지지 않을 경우 높은 상관관계가 나타날 수 있으므로 수행되어야 한다.

7.3 ______는 시뮬레이션 시작할 당시의 시스템 상태를 나타낸다. 만약 초기 상태를 고려하지 않는다면 안정상태에 접어들지 못하고 ______가 발생하게 된다. 이러한 문제를 완화하기 위한 한 가지 방법은 ______을 통해 적절한 ______를 결정하고 수행하는 것이다.

7.4 (*True or False*) 시뮬레이션에서 안정상태(steady state)는 시뮬레이션 시스템에 충분한 시간이 지나 시스템의 불안정한 변화가 없는 상태를 의미한다.

7.5 (*True or False*) 다양한 대안에 대한 의사결정에서 전반적으로 동일한 신뢰도를 적용하기 위해 각 대안의 개별 신뢰 수준을 감소시킬 수 있다. 하지만 이 방법은 전체 신뢰구간을 광범위하게 만드는 원인이 될 수 있다.

7.6 ______은 각 시스템의 반복실험에서 공통의 난수열을 사용하여 시뮬레이션을 수행하는 방법이다.

7.7 ______은 시뮬레이션에서 입력변수의 조그만 변화의 영향을 측정하고자 할 때 사용한다.

7.8 (*True* or *False*) 시뮬레이션 상황에서 다양한 대안에 따른 여러 결과가 존재한다. 따라서 평균의 차이에 대한 표준 가설 검정이 필요하다.

7.9 각 데이터가 시간 기반의 형태인지 관측 기반의 형태인지 분류하라.

(a) 기계 가공을 기다리는 작업의 수

(b) 일주일 동안의 완료된 작업의 수

(c) 고객이 자원을 활용한 시간

(d) 제품의 판매를 위해 선반에 진열되어 있는 제품의 수

7.10 간단한 대기행렬 모델(예, M/M/1)의 자료를 생성(그림 7.23 참조)하고, 통계학적 측면에서 student-*t* distribution을 활용하여 평균 대기 시간과 이에 대한 신뢰구간을 구하라.

7.11 4개의 서버가 있는 시설에서 작동하고 있는 서버의 수는 아래의 그림과 같이 시간에 따라 변한다. 25시간 단위 동안 평가 척도값을 계산하라.

(a) 작동하는 서버의 평균 수

(b) 서버당 작동 시간

(c) 서버당 유휴 시간

(d) 서버의 이용률

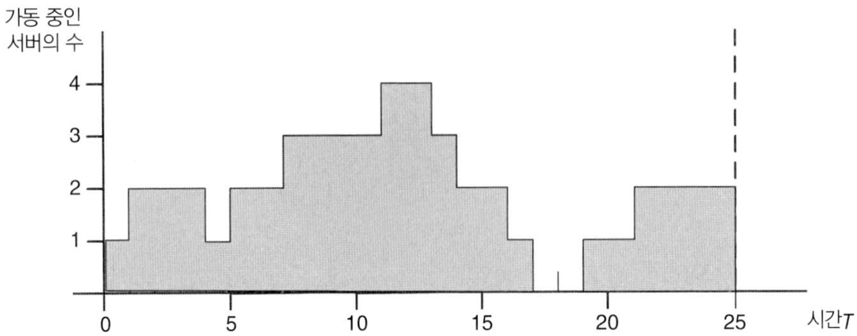

7.12 3개의 용량을 갖는 자원의 사용은 아래의 그림과 같이 그래프로 요약될 수 있다. 다음을 계산하라.

(a) 평균 이용률

(b) 유휴 백분율

(c) 서버당 유휴 시간

(d) 서버당 작동 시간

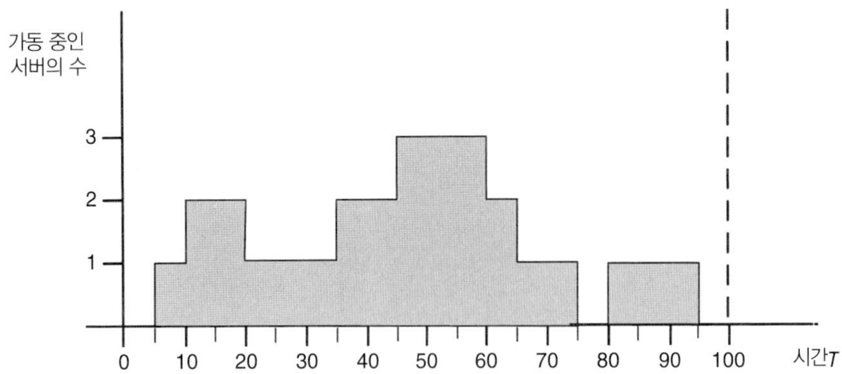

7.13 아래의 그림은 시간에 따른 대기행렬 길이의 변화를 나타낸다. 다음을 계산하라.

(a) 평균 대기행렬 길이

(b) 서버당 작동 시간

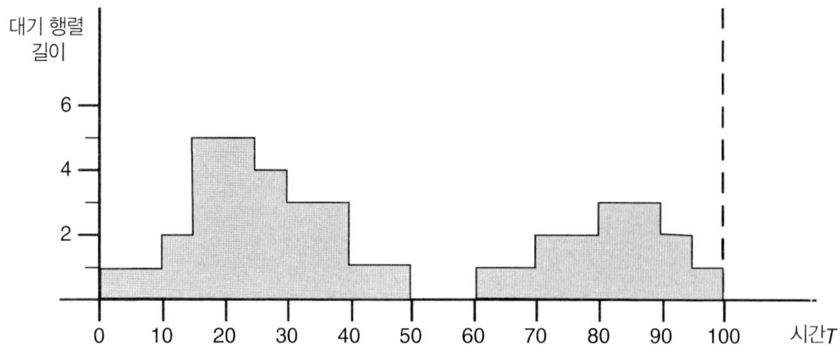

7.14 아래의 그림은 35시간 단위의 실행 시간 동안 단일 서버 모델의 대기행렬 길이 변화를 보여준다. 처음 5시간 단위는 워밍업 기간을 나타낸다. 남은 30시간 단위는 5개 배치로 똑같이 나뉜다. 대기행렬 길이의 평균과 분산에 관심이 있다. 각 배치에 대해 대기행렬 길이의 시간평균 배치평균(time average batch means)을 계산하라. 대기행렬 길이의 평균과 분산을 측정하기 위해 그 결과를 사용하라.

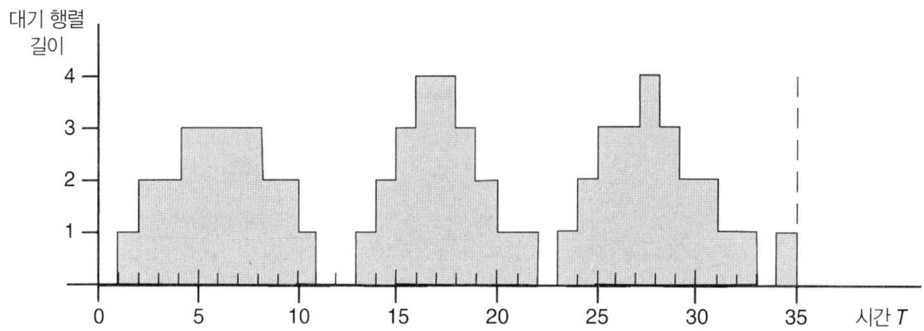

7.15 주어진 데이터를 사용하여 이 상태 변수[state variable: $Y(t)$]의 표본 경로(sample path)를 그려라. $Y(t)$는 t시간 이후의 안정된 상태의 자료임을 가정한다. 주어진 시간 동안 시간 평균을 계산하라.

t	0	1	6	10	15	18	20	25	30	34	39	42
$Y(t)$	1	2	1	1	1	2	2	3	2	1	0	1

7.16 주어진 데이터를 사용하여 이 상태변수[$N(t)$]의 표본 경로를 그려라. 그리고 주어진 시간 동안 시간 평균을 계산하라. $N(t)$는 t시간 이후의 안정된 상태의 자료임을 가정한다.

t	0	2	4	5	7	10	12	15	20
$N(t)$	0	1	0	1	2	3	2	1	0

7.17 주어진 데이터를 사용하여 이 상태변수[$N(t)$]의 표본 경로를 그려라.

t	0	2	4	5	7	10	12	15	20
$N(t)$	0	1	0	1	2	3	2	1	0

(a) 배치 사이즈를 5로 적용하여 0~25까지의 범위하에 평균 고객을 추정하라.

(b) 고객의 평균 도착률을 추정하라.

(c) 고객이 시스템에 머무는 총 시간을 추정하라.

7.18 7.3.2절의 LOTR 시스템에서 반지를 생산하기 위한 총 시간에 대하여 신뢰구간 절반폭이 30분보다 더 크지 않는 95% 신뢰구간을 보장하는 데 요구되는 표본크기를 계산하라.

(a) 정규분포에 기초한 표본크기

(b) t분포 근사에 기초한 표본크기

(c) 절반폭 비율 방법(half-width ratio method)을 사용한 표본크기. 또한 이 방법들 사이의 차이점을 논하라. 구한 반복실험 횟수만큼 모델을 실행하고 결과를 보고하라. 얻어진 절반폭은 목표 값을 충족하는가?

7.19 아래의 자료는 10회 반복수행한 Arena^{TM} 시뮬레이션 초기 출력 결과이다. 이 결과를 활용하여 추가로 반복수행해야 할 추정치를 99% 신뢰구간에서 절반폭 비율 방법을 사용하여 구하라(시스템 시간의 오차는 2분 이내로 한다.).

Replications: 10 Time Units : Minutes

User Specified

Tally

Interval	Average	Half Width
Record System Time	78.2658	9.39

7.20 이 장에서 함께 제공된 Lindley 수식 스프레드시트 시뮬레이션을 사용하여 다음을 수행하라

(a) 1000 고객으로 구성된 한 번의 반복실험으로부터 얻은 데이터에 기초한 평균 대기 시간의 측정에 대한 95%의 신뢰구간을 구하라. 왜 이것은 적절하지 않은지 논의하라. 당신의 시뮬레이션 측정치는 이론적인 값과 어떻게 비교되는가?

(b) 구해진 평균치(running average)는 어떻게 이론치를 따라가는가? 만약 고객의 수를 증가시키면 무슨 일이 발생하겠는가?

(c) 1,000명 고객들로 5번 반복실험을 수행하여 Welch 도표를 구성하라. 이 시뮬레이션에서 워밍업 기간을 결정하라. 1,000명의 고객이 충분하다고 생각하는가?

(d) 당신이 좋아하는 통계분석 패키지를 사용하여 1,000명 고객 대기 시간의 자기 상관도표(autocorrelation plot)를 만들어라. (a)에서 신뢰구간을 형성하기 위한 가정은 무엇인가? 이 관측치들은 독립적이고 동일한 분포를 하고 있는가? (a)에서 구한 신뢰구간에 대한 당신 답의 숨은 의미는 무엇인가?

(e) (c)로부터 얻은 워밍업 기간을 사용하고 그 워밍업 기간 후에 1,000명 고객을 추가로 생성하라. 크기 25의 40 배치로 1,000개 관측치들을 묶기 위해 배치평균 방법(batch means method)을 사용하라. 40 배치를 사용하여 평균 대기 시간의 95% 신뢰구간을 계산하라.

(f) (c)로부터 얻은 워밍업 기간을 사용하고 반복절단 방법을 사용하여 평균 대기 시간의 95% 신뢰구간을 구하라. (a)와 (e)의 결과를 비교하고 토의하라.

7.21 $N(\mu, \sigma^2)$ 확률변수로부터 n개 관측치를 시뮬레이션하기 위한 스프레드시트 시뮬레이션을 생성하라.

(a) $\mu_1 = 2, \sigma_1^2 = 0.64, \mu_2 = 2.2, \sigma_2^2 = 0.64$을 가지는 정규분포로부터 $n_1 = 20$ 그리고 $n_2 = 30$ 크기의 두 개 독립 표본을 생성하기 위한 시뮬레이션을 수행하라. 실제 평균과 분산은 모른다고 가정하라. $\mu_2 > \mu_1$인지 아닌지 검정하기 위해 독립 표본 방법(method of independent samples)을 사용하라. 모든 작업 과정을 보여라.

(b) $\mu_1 = 2, \sigma_1^2 = 0.64, \mu_2 = 2.2, \sigma_2^2 = 0.36$을 가지는 정규 분포로부터 $n_1 = 20$ 그리고 $n_2 = 30$ 크기의 두 개 독립 표본을 생성하기 위한 시뮬레이션을 수행하라. 실제 평균과 분산은 모른다고 가정하라. $\mu_2 > \mu_1$인지 아닌지 검정하기 위해 독립 표본 방법을 사용하라. 모든 작업 과정을 보여라.

(c) $\mu_1 = 2, \sigma_1^2 = 0.64, \mu_2 = 2.2, \sigma_2^2 = 0.36$을 가지는 정규 분포로부터 $n_1 = 30$ 그리고 $n_2 = 30$ 크기의 두 개 독립 표본을 생성하기 위한 시뮬레이션을 수행하라. 실제 평균과 분산은 모른다고 가정하라. $\mu_2 > \mu_1$인지 아닌지 검정하기 위해 독립 표본 방법을 사용하라. 모든 작업 과정을 보여라.

(d) (c)를 반복하되 대신 두 개의 종속 표본을 생성하라. $\mu_2 > \mu_1$인지 아닌지 검정하기 위해 쌍대(paired) t 검정 방법을 사용하라.

7.22 두 개의 서로 다른 기계를 한 명의 작업자가 조작하는 형태의 생산 시스템을 구성하라. 조립되는 제품의 부품은 지수분포를 따르고 도착 시간은 평균 3분이다. 도착하는 부품은 두 가지 형태이고, 60%는 Type1 부품으로 1번 기계에서 조립된다. 이 부품을 조립하기 위해 작업자가 소모하는 준비 시간은 1분이다. 나머지 40%의 부품은 Type2 부품으로 2번 기계에서 조립되고, 작업자가 조립을 위해 소모하는 준비 시간은 1.5분이다. 작업 준비시간을 제외한 순수 조립 시간은 대수정규 분포를 따르고 Type1 부품은 평균 4.5분에 표준편차 1분이고, Type2 부품은 평균 7.5분에 표준편차 1.5분이다. 이 시스템을 20,000분 동안 20회 반복 수행하고, 기계와 작업자의 가동률을 구하라. 또한 개별 파트가 시스템에 진입하여 조립이 완료되는 데 걸리는 평균 시스템 시간을 구하라.

7.23 5장의 5.24 문제를 다시 생각하자. 손상된 주문이 시스템에서 보낸 평균 시간 참값의 2분 이내로 95% 신뢰구간을 구할 수 있게 하기 위한 시뮬레이션 실행을 위한 날짜(반복실험)의 수를 결정하라. 모델을 재실행하고 표로 통계 결과를 요약하라.

(a) 도착 비율이 두 배(도착 시간 간격 평균은 10분에서 5분)가 된다면 무슨 일이 발생하는가? 이 경우에 만약 5개 업무 중 하나를 돕기 위해 추가로 한 사람을 시스템에 위치시킬 수 있다면 어디에 사람을 위치시키겠는가? 시뮬레이션 결과로 얻은 답의 정당성을 보여라. 만약 Arena™의 professional 버전을 가지고 있지 않다면 7.5분의 평균

도착 시간 간격을 가지는 문제로 작업하라.

(b) 원래의 도착 비율을 사용하여 12시간 교대 작업의 완료 시점에서 시스템에 남은 옷(suit)의 수에 대한 신뢰구간을 구하라.

7.24 YBox 비디오 게임기는 검사를 받기 위해 두 명이 작업하는 검사 작업장에 도착한다. YBox의 검사 시간은 EXPO(10)분이다. 평균 검사 통과 비율은 82%이다. 남은 18%는 단일 작업자가 운영하는 조정 작업장으로 간다. YBox당 조정 시간은 UNIF(7, 14)분이다. 조정 작업이 완료된 후 유닛은 다시 검사받기 위해 검사 작업장으로 되돌아간다. Arena^{TM}를 사용하여 이 시스템의 시뮬레이션 모델을 만들어라. 30,000분의 반복실험 길이를 사용하라.

(a) 시스템에서 보낸 총 시간에 대한 워밍업 분석을 수행하라. 2분 내의 95% 신뢰도를 갖는 시스템 시간을 예측하라.

(b) 특정한 일(job)에 대해 조정되는 횟수의 평균을 추정하기 위한 통계를 수집하라.

(c) 어떤 일도 두 번보다 많은 조정은 허락되지 않으며 버려진다고(discarded) 가정하라. 시뮬레이션 모델을 수정하고 버려진 일의 수를 측정하라.

7.25 세차 시설에서 매 EXPO(18)분마다 차들이 오며, 진공 청소도 한다. 차를 세차하는 데 EXPO(12)분이 걸리고, 진공 청소를 하는 데 EXPO(15)분이 걸린다. 차가 들어올 때 세차를 하거나 진공 청소를 하러 갈 수 있는데 그것은 어떤 줄이 더 짧은가에 따라 달려있다. 첫 번째 활동(세차나 진공 청소)이 끝나고 차들은 남은 활동을 반드시 하러 가야 한다(세차나 진공 청소). 무한 대기행렬 크기를 가정하고 세차하는 데 걸리는 평균 시간, 진공 청소를 하는 데 걸리는 평균 시간, 시스템에서 소비하는 총 시간을 Arena^{TM} 시뮬레이션 모델 구축을 사용하여 결정하라. 시스템 시간을 구하기 위해 워밍업 분석을 하고 ±2분 이내 95% 신뢰구간을 추정하라.

7.26 10개 부품의 배치로 된 일(job)이 도착한다. 도착간 시간은 EXPO(2)시간이다. 공장은 두 개의 밀링기와 한 개의 드릴 압착기를 가지고 있다. 30% 정도의 부품이 밀링기에서 작업을 진행하기 전에 드릴링 작업을 필요로 한다. 각 부품의 드릴링 작업 시간은 UNIF(10, 15)분이다. 드릴링 작업을 필요로 하지 않는 부품의 밀링 작업 시간은 EXPO(15)분이 걸리고, 드릴링 작업을 필요로 하는 부품의 밀링 작업 시간은 UNIF(15, 20)이 걸린다. 그 공장은 하루에 각 8시간씩을 작업하는 2교대로 일을 한다고 가정하고 오직 처음 교대조의 수행에만 관심이 있다고 하자. 처음 교대조에서 일하는 사람이 남긴 일은 다음 교대조가 수행한다. 처음 교대조가 남긴 일의 평균 숫자를 추정하기 위해 ±5개의 일의 95% 신뢰구간을 구하라. 반복실험의 길이는? 반복실험 횟수는? 부품이 시스템에서 보내는 평균 시간과 드릴 압착기와 밀링기의 이용률을 결정하라.

7.27 수리와 검사를 하는 시설은 두 개의 작업장으로 구성되어 있는데 수리 작업장은 두 명의 작업자가 있고 검사 작업장은 한 명의 검사자가 있다. 각 수리 작업자는 한 시간마다 3개의 비율로 물건을 수리하고 검사자는 평균적으로 한 시간에 8개의 물건을 검사할 수 있다(검사 시간은 지수분포). 대략 10% 정도의 물건이 검사에서 탈락하고 수리 작업장으로

보내진다(이 퍼센트는 2~3번 수리된 물건들도 동일). 만일 한 물건이 세 번 검사에서 탈락하면 폐기된다. 물건이 폐기될 때 쓸 수 있는 부분을 가려내기 위해 분해(disassembly) 작업장으로 보내진다. 분해 작업장에서 물건은 작업자가 작업이 가능할 때까지 줄을 기다린다. 분해되는 시간은 평균 20분, 표준편차는 10분의 대수정규 분포를 따른다. 물건들은 매 시간 4개의 비율로 포아송 도착과정에 따라 도착한다고 가정한다. 주간(weekly) 시스템 성능은 이 시뮬레이션 분석의 중요한 목적이다. 시스템은 월요일 아침 비어있고 유휴 상태에서 시작하며 5일 동안 두 번의 8시간 교대를 이어서 운영된다고 가정한다. 두 번째 교대조의 끝내지 못한 일들은 다음날의 첫 번째 교대조에게 넘어간다. 한 주의 마지막에 남은 일은 별도의 주말 작업자에게 나누어져 처리되는데 그것은 현재 이 과제에서는 고려하지 않도록 한다. 다음의 것을 추정하라:

- 처음 시도에서 검사를 통과한 물건의 평균 시스템 시간(3분 안에 95%의 신뢰구간으로 이 양을 측정).
- 주당 완료된 물건의 평균 개수.

(a) 이 상황을 활동 다이어그램으로 그려라.

(b) 수리 작업장에 작업자가 두 명, 검사 작업장에 한 명의 검사자가 있고, 분해 작업장에는 한 명의 작업자가 있다고 가정하자. 이 상황에 대한 Arena™ 모델을 개발하라.

(c) 수리 작업장에 두 명의 작업자가 있고, 검사 작업장에 한 명의 검사자가 있고, 분해 작업장에는 두 명의 작업자(이들은 수리 작업장도 지원)가 있다고 하자. 이 상황의 Arena™ 시뮬레이션 모델을 개발하라.

7.28 작은 제조 시스템은 세 가지 유형의 부품을 생산한다. 이 중 30%가 유형 1, 50%가 유형 2, 20%가 유형3이다. 부품은 전 공정에서 도착 간 시간이 평균 3분인 지수분포로 도착한다. 시스템에 들어가는 모든 부품은 두 명의 작업자가 있는 준비 작업장(preparation station)을 반드시 거쳐야 한다. 준비 시간은 부품 1, 2, 3에 대해 평균 3, 5, 7의 지수분포이다.

준비 작업장의 대기행렬에는 최대 여섯 부품이 대기할 수 있다. 시스템에 도착하는 어떤 부품이든지 준비 작업장의 대기행렬에 6개나 그 이상의 부품이 있을 때는 시스템에 들어갈 수 없다. 이 부품들은 준비 대기행렬에 들어가기 전에 순환하는 컨베이어로 보내지고 그 부품이 순환하는 데 걸리는 시간은 10분이다. 힌트: 간단히 확정적 지연(deterministic delay)으로 순환 컨베이어를 모델링하라.

준비가 끝난 후에 부품들은 두 개의 다른 생산라인으로 들어간다. 한 생산라인은 1유형만을 생산하고 또 하나의 생산라인은 2와 3유형만을 생산한다. 부품 2와 3유형은 그 라인에서 네 작업자 중의 한 명에 의해 한 번에 하나씩 만들어진다. 2와 3유형을 만드는 데 걸리는 시간은 삼각분포(min = 5, mode = 10, max = 15분)이다. 부품이 조립된 후에 그것들은 시스템을 떠난다.

1유형은 더 복잡한 공정을 가지고 있는데 만들어지는 공정에서 특별 공구를 요구하기 때문이다. 게다가 제조 공정은 두 개의 다른 작업으로 분리되어 있다. 작업 유형 1을 시작하기 전에 부품은 10개의 특별 치공구 중의 1개를 반드시 가져야 한다. 부품을 치공구에 고정하는 시간은 (1, 2)분의 일양분포를 한다. 자동화된 기계는 치공구에 부품을 자동으로 배치하여 작업 1에서 작업자가 부품을 다루지 않아도 되게 한다. 작업 1에는 한 명의 작업자가 있는데 평균 3분이 걸리는 지수분포를 한다. 첫 작업 후에 부품은 치공구에 남아 있는 상태에서 두 번째 작업을 진행한다. 두 번째 작업에서는 한 명의 작업자가 있는데 3~6분의 일양분포를 한다. 두 번째 작업이 끝나면 부품은 치공구에서 반드시 제거되어야 한다. 자동화된 기계는 치공구에서 부품을 자동으로 제거하는데 작업 2의 작업자는 부품을 다루어야 할 필요가 없다. 치공구에서 부품을 제거하는 데는 20~30초 사이의 일양분포를 한다. 부품이 만들어진 후에 그것은 시스템을 떠난다.

이 문제에서 이 시스템의 잠재적인 긴 기간의 애로공정을 파악하기 위해 안정상태 성능분석이 요구된다. 다음의 통계들을 수집하라.

- 모든 작업장의 대기행렬 통계치. 모든 자원의 이용률 통계치
- 부품 유형별 각 부품의 시스템 체류 시간(시스템 체류 시간은 순환 컨베이어에서 보내는 시간을 포함하지 않아야 함)
- 컨베이어에서 부품의 평균 숫자
- 유형을 고려치 않고 부품의 시스템 시간에 대한 워밍업 분석의 수행

7.29 연습문제 7.28을 재고하자. 유형 2와 3부품의 제조 작업장에 공정 변경이 권고된다. 기계의 변경은 공정 시간이 평균 10분, 표준편차 2분의 대수정규분포로 바뀐다. 이전 대안과 새 대안(200시간의 워밍업 기간, 1,000시간 반복실험 길이, 30번의 반복실험)의 시스템 시간을 비교하기 위해 Arena^{TM}의 Output Analyzer을 사용하라. 어떤 대안을 권장하겠는가?

7.30 연습문제 7.28을 재고하자. 부품의 시스템 시간에 대해 많은 대안의 민감도를 체크하여 가능한 가장 좋은 대안을 뽑는 것에 흥미가 있다고 가정해보자. 요인과 수준들은 다음 표에 주어져 있다.

요인	수준
준비 작업장의 공간	4 또는 8
치공구의 수	10 또는 15
부품2와 3의 가공 시간 분포	TRIA(5, 10, 15) 또는 LOGN(10, 2)

(a) 실험계획에서 이 시스템 대안들을 조사하기 위해 Arena^{TM} Process Analyzer를 사용하라.

(b) 시스템 시간에 대해 총체적으로 95% 신뢰도를 가진 가장 짧은 시스템 시간을 가진 대안을 추천하라(30번의 반복실험과 1,000시간 길이, 200시간의 워밍업 기간을 기초로).

7.31 당뇨병 예방 프로그램의 일환으로 한 병원은 지역민들에게 당뇨병 진찰 서비스를 제공할 계획이다. 이 병원은 두 모델을 구상 중에 있으며 모델 A는 한 개의 대기행렬을 통해 도착한 환자에게 세 명의 간호사 중 한 명이 서비스를 제공하는 형태이다. 각 간호사는 자신의 자리에서 대기하게 되고, 환자가 도착하면 먼저 의료 설문을 조사한 후 혈압체크 및 필수 검사를 진행하고, 당뇨 검사를 위해 포도당 검사를 수행한다. 포도당 검사에서 당뇨병이 의심될 경우에는 치료를 위한 예약을 잡게 되고, 이상이 없을 경우 환자는 병원을 나가게 된다.

모델 B의 경우 환자는 한 개의 대기행렬을 통해 직원에게 의료 설문조사를 받게 된다. 그리고 한 명의 간호사는 혈압과 필수 검사를 진행하게 되고, 다른 한 명의 간호사는 당뇨검사를 위한 포도당 검사를 수행한다. 만약 포도당 검사에서 당뇨병이 의심될 경우, 다른 직원에게 이동하여 치료를 위한 예약을 하게 되고, 이상이 없을 경우 환자는 병원을 나가게 된다. 이 모델에서 환자가 각 작업을 대기하기 위한 방은 따로 준비되지 않으므로 이후의 검사가 완료되지 않으면 이전의 검사를 받던 환자 역시 다음 검사를 받기 위해 이동 할 수 없다. 또한 간호사 역시 환자가 움직이지 않으면 다음 환자를 받을 수 없다.

이 시스템에서 환자는 시간당 평균 9.5명이 도착하며 포아송분포를 따른다. 이 중 5%는 포도당 검사에서 이상이 감지된다. 모델 A에서 의료 설문조사를 완료하는 데 걸리는 시간은 평균 6.5분이고, 혈압 및 필수 검사에 소요되는 시간은 평균 6분, 마지막으로 포도당 검사에 걸리는 시간은 평균 5.5분으로 모두 대수정규분포를 따른다. 이 작업의 표준편차는 모두 0.5분으로 동일하다. 모델 B의 경우 작업의 세분화로 인해 10%의 시간이 절약되는 것으로 알려져 있다.

병원의 근무 시간은 오전 10시에서부터 저녁 8시까지이다. 오전 10시에서 12시까지는 환자가 시간당 평균 6.5명 도착하고, 12시부터 2시까지는 시간당 평균 12.5명 도착하며, 2시에서 4시까지는 시간당 6.5명, 다시 4시부터 6시까지는 12.5명, 6시부터 8시까지는 9.5명으로 환자 도착률이 시간에 따라 다르다고 가정하자. 그리고 저녁 8시 전에 도착한 모든 고객에게는 서비스를 제공하는 것을 원칙으로 한다.

마지막으로 포도당 검사에서 이상이 감지된 환자의 일정을 잡는 데 걸리는 시간은 WEIB(2.6, 7.3)을 따른다고 알려져 있다.

주어진 상황에서 통계적으로 유의한 근거를 바탕으로 고객의 시스템에 머무르는 평균 시간 측면에서 더 나은 모델을 제시하라. 이를 위해 95% 신뢰구간에서 오차는 2분 이내의 결과를 얻고자 한다.

CHAPTER 08

대기행렬 및 재고 시스템 모델링

Modeling Queuing And Inventory Systems

학습 목표

- 대기행렬 및 재고 시스템에서 핵심 성과지표를 정의하고 설명할 수 있다.
- 표준적인 대기행렬 모델을 이해하고 적용할 수 있다.
- 표준적인 대기행렬 모델의 변형에 대해 시뮬레이션을 행할 수 있다.
- STATION, ROUTE 및 SEQUENCE 모듈을 이용해서 대기 네트워크를 시뮬레이트할 수 있다.
- OptQuest의 기능을 파악하고 이해할 수 있다.
- 전통적인 재고 모델을 시뮬레이트할 수 있다.
- HOLD와 SIGNAL 모듈을 이용할 수 있다.
- 다단계 재고 시스템을 시뮬레이트할 수 있다.

8.1 서론

이 장에서는 대기행렬 및 재고 시스템을 모델링하는 방법을 다룬다. 앞 장에서 예시한 것처럼 많은 실제 상황이 자원들(예, 은행원, 기계 등)에 대한 개체(예, 고객, 부품 등)들의 대기행렬을 포함하고 있다. 대기행렬을 포함하고 있는 시스템을 대기행렬 시스템이라 부른다. 대기행렬 시스템뿐 아니라 재고를 포함하는 상황도 논의될 것이다. 전통적인 관점에서 재고는 고객들에게 미래에 할당하기 위해 비축해놓은 것이다. 재고는 시스템 내의 자원으로 간주될 수 있기 때문에 대기행렬 시스템과 재고 시스템은 밀접하게 연관되어 있다. 고객이 약국에서 서비스를 받기 위해 도착하는 것처럼 고객은 하나의 품목을 얻기 위해 가게에 도착할 수 있다. 이러한 요구를 수요라고 부르며, 그 품목이 가용하지 않다면 충분한 양이 가용할 때까지 대기하게 된다. 이 장에서는 이러한 시스템들의 성능을 모델링하기 위해 분석적인 방법과 시뮬레이션 기반의 접근 방법 모두 소개한다.

일단 시스템의 성능에 대해 모델링이 이루어지면 운영상의 요구사항을 만족하기 위한 시스템을 디자인하는 것이 중요한 이슈가 된다. 예를 들면 단순한 약국 예제에서 여러분은 도착 고객들이 대기행렬에 진입할 확률을 높이기 위한 충분한 대기 공간의 크기를 결정하기를 원할 것이다. 또한 재고 시스템에서 고객들의 첫 요청에서 구하려는 품목에 대해 높은 확률로 납품할 수 있도록 충분한 양의 현 보유 재고량이 확보되도록 시스템을 구축하려 할 수 있다. 위 두 가지 상황 모두 언제나 가용한 충분한 자원들(예, 약사 및 재고)을 보유함으로써 시스템 설계 평가 척도를 맞출 수 있을 것이나 자원의 증가는 비용을 수반하게 된다. 그래서 대기행렬 및 재고 시스템 설계 문제는 고객 서비스와 그 서비스를 제공하는 비용 간의 근본적인 상쇄(trade-off)를 내포하고 있다.

이러한 시스템을 분석하기 위해 핵심 모델링 이슈에 대해 분석적인 방법이 제시된다. 두 가지 시스템 모두 단순한 상황에 대해서만 분석적인 결과들을 구할 수 있지만 이것들은 다음 두 가지 목표를 제공해줄 것이다. 첫째로, 그것은 핵심적인 모델링 이슈들을 제공해주며, 둘째는 보다 복잡한 상황에 대한 근사 모델을 제공해준다. 몇 가지 기본 모델들을 이해하고 나서 시뮬레이션 방법이 성능을 추정하기 위한 가장 근사적인 메커니즘이 될 수 있는 상황을 논의하게 된다. 도중에 몇 가지 설계상의 이슈에 대해서도 설명하게 된다.

8.2 단일 대기행렬 작업장

4장에서 약국모델을 제시하였으며 M/M/1이라 부르는 단일 서버의 단일 대기행렬 시스템으로 분석하였다. 이 절에서는 4장에서의 M/M/1 모델에 대한 공식이 어떻게 유도되었으며 단일 대기행렬 시스템의 핵심적인 용어 및 가정들에 대해 설명한다. 뿐만 아니라 Arena™로 이러한 상황의 변형에 대해 시뮬레이트하는 방법을 학습하게 된다.

대기행렬 시스템에서 고객은 프로세스를 통과해 이동하면서 자원들을 점유하기 위해 경쟁한다. 자원 점유 경쟁으로 대기행렬이 형성되고 고객 처리 프로세스에서 지연이 발생한다. 이들 시스템에서 도착과 서비스 과정은 대개 확률적이다. 대기행렬 이론은 시간의 흐름에 따른 시스템의 거동을 예측하기 위해 대기행렬을 포함하는 시스템의 수학적인 분석방법 중 한 방법이다. 대기행렬 이론에서 기본 모델은 하나의 서버에 의해 서비스되는 단일 대기행렬을 포함한다. 그림 8.1은 서버로 공급되는 단일 대기행렬을 가진 대기행렬 시스템의 주요 구성 요소들을 보여주고 있다.

대기행렬 이론에서 "고객"이라는 용어는 서비스를 받기 위해 이동하는 개체들을 묘사하는 데 사용하는 일반적인 용어이다. "자원"은 고객이 시스템을 이동해갈 때 고객이 요청하는 시스템의 구성요소를 묘사하는 데 사용되는 일반적인 용어이다. 각 자원의 개별 단위를 대개 "서버"라 부른다. 그림 8.1에서 잠재적인 고객들은 통화 모집단(calling population)으로부터 나온 것으로 묘사될 수 있다. "통화 모집단" 용어는 전화 본선에 대한 전화 통화 요청에 대한 분석에 대기행렬 모델을 사용한 것에서 유래한다. 통화 모집단에서 고객은 도착 프로세스를 따라 시스템에 도착한다. 유한 통화 모집단의 경우 시스템의 도착률은 자연적으로 점점 줄어들게 된다.

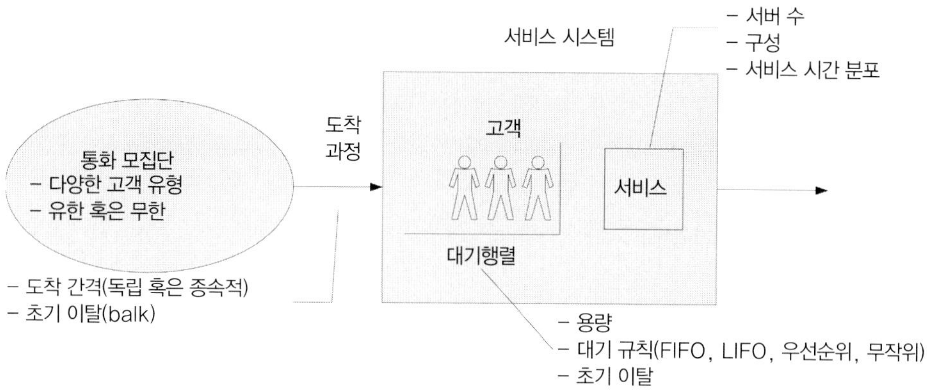

그림 8.1 단일 대기행렬 시스템의 모습

무한 통화 모집단의 경우 시스템 도착률은 이전에 얼마나 많은 고객이 도착했는가에 종속되지 않는다. 다시 말해서 시스템 도착률이 현재 시스템 내 고객 수에 의해 영향을 받지 않을 정도로 잠재적인 고객이 많이 있다는 것이다. 도착률에 의해 도착 프로세스를 설명하지 않고 도착 간격 특히 도착 간격 분포라는 용어로 설명하는 것이 유용하다. 여기 해석적인 분석에서는 한 가지 종류의 고객만 존재한다.

대기행렬은 기다리는 고객들을 수용하는 시스템의 한 부분이다. 대기행렬의 두 가지 주요 특성은 용량과 대기 규칙이다. 대기행렬이 유한 용량을 가지고 있다면 주어진 시간에 대기하는 일정 고객 수만큼만 수용할 공간이 존재하게 된다는 것을 의미한다. 대기 규칙은 고객들이 대기행렬에서의 순서를 결정하는 데 사용되는 규칙이다. 선입선출규칙(FCFS)은 도착 순서에 따라 가장 최근에 도착하는 고객을 가장 후미에 위치시키는 규칙이다. 후입선출규칙(LIFO)은 가장 최근에 도착하는 고객을 가장 선두에 위치시키는 규칙이다. LIFO 규칙은 "접시" 쌓기처럼 작동한다. 첫 번째 접시는 맨 바닥에 놓이고 마지막 접시는 맨 위에 놓이게 된다. 그래서 접시가 필요하게 되면 다음 사용 접시는 가장 위에 놓인 접시가 된다. 이러한 종류의 규칙은 품목이 빈(bin)에 적재되었다가 다음에 새로 도착한 품목은 바로 이전에 도착한 것 위에 놓이게 되는 제조 환경에서 종종 발견된다.

다른 대기 규칙들에 무작위 규칙과 우선순위(priority) 규칙이 있다. 무작위 규칙은 한 서버가 다음 작업할 부품을 무작위로 고르는 상황(예, 얇은 빈에 도착한 부품 중에서 무작위로 선택) 모델링에서 활용된다. 우선순위 규칙은 특정한 우선순위나 특성에 의해 고객들의 대기 순서를 정하는 경우 사용된다. 예를 들어 대기 품목이 고객 주문의 납기 순서로 처리될 수 있다.

자원은 서비스를 받는 고객들을 받아들이는 시스템의 한 부분이다. 시스템에 도착하는 각 고객은 특정 개수의 자원을 요구하게 된다. 이 시스템의 자원 구성요소는 하나의 서버일 수도 있고 다수의 서버일 수도 있다. 해석적인 분석 기법에서는 각 고객은 하나의 서버만을 요구하며 서비스 시간은 "서비스 시간 분포"라 부르는 확률분포에 의해 지배된다. 뿐만 아니라 서비스 시간 분포는 모든 고객에게 동일하다. 그래서 서버들은 작업하는 방식이 동일하며 그들 간에 구분할 아무런 이유가 없다. 이와 같은 방식으로 작동하는 서버들을 포함하는 대기행렬 시스템은 종종 병행 서버 시스템이라 한다. 고객이 시스템에 도착하게 되면 대기행렬에서 대기하거나 서비스를 받게 된다. 대기행렬에서 기다린 후 고객은 서비스를 받기 위해 어느 서버 중 하나를 선택하게 된다. 다음의 해석적 분석기법들에서는 고객이 시스템을 떠나가는 유일한 방법으로서 서비스 종료를 가정한다.

8.2.1 대기행렬 표기 방식

시스템의 주요 구성요소들의 작동에 대한 명세는 기본적인 시스템 구성을 제공한다. 적합한 모델링 상황을 분류하고 확인하기 위해 켄달 표기 방식(Kendall [1953])이 사용된다. 기본적인 형식은 다음과 같이 표현된다.

도착 프로세스 / 서비스 프로세스 / 서버수 / 시스템 용량 / 통화 모집단 크기 / 대기 규칙

예를 들어 M/M/1 표기는 도착 프로세스가 마코비안(M, 지수분포의 도착 간격)이며, 서비스 프로세스도 마코비안(M, 지수분포의 서비스 시간)이며 서버 수는 하나이다. 시스템 용량이 지정되지 않으면 무한한 것으로 가정된다. 그래서 이 경우 도착고객을 수용할 하나의 대기행렬이 존재한다. 통화 모집단은 명시적으로 지정하지 않으면 무한하다고 가정한다. 대기 규칙은 명시하지 않으면 FCFS로 가정한다.

전통적으로 LN/D/2 경우는 도착 간격이 대수정규분포를 따르며 서비스 시간은 확정적 분포를 따르며 서버가 두 개인 하나의 대기행렬을 나타낸다. 도착 프로세스는 명시되지 않으면 재생(renewal) 프로세스를 가정하는데 다시 말해서 도착 간격은 독립적이다. 뿐만 아니라 서비스 시간은 대개 독립적인 확률변수로 가정한다.

마지막으로 표준적인 모델에서는 도착 프로세스는 서비스 프로세스와 독립적이며, 그 반대도 마찬가지다. 분포 표기에서 G는 일반적인 분포(general distribution)를 의미한다. GI는 확률변수가 독립적인 일반 분포를 나타내는 데 사용된다. 그래서 G/G/5는 도착 프로세스와 서비스 프로세스 모두 일반 분포이고 서버 수가 5인 대기행렬을 나타낸다(그림 8.2 참조).

대기행렬 시스템에서 평가척도로 사용되는 기본적인 값들은 다음과 같다.

- 고객이 대기행렬에서 대기하면서 보내는 시간: T_q
- 고객이 시스템에서 체류한 시간(대기 시간과 서비스 시간의 합): T
- t 시점에 대기행렬에서 대기하고 있는 고객 수: $N_q(t)$
- t 시점에 시스템 체류 중인 고객 수: $N(t)$
- t 시점에 서비스 중인 고객 수: $N_b(t)$

대기행렬 시스템이 확률적이라면 위 값들은 확률변수일 것이다. 시스템이 작동 보존적(work conserving) 즉 고객은 요구되는 모든 서비스를 받지 않고는 나가지 않고 한 고객은 서비스를 받기 위해 오직 하나의 서버만을 이용하다면 다음 관계식이 성립된다.

$$N(t) = N_q(t) + N_b(t) \qquad \text{(식 8.1)}$$

이것은 시스템 내 체류 고객 수는 대기행렬의 대기 고객 수와 서비스 중인 고객 수의 합과

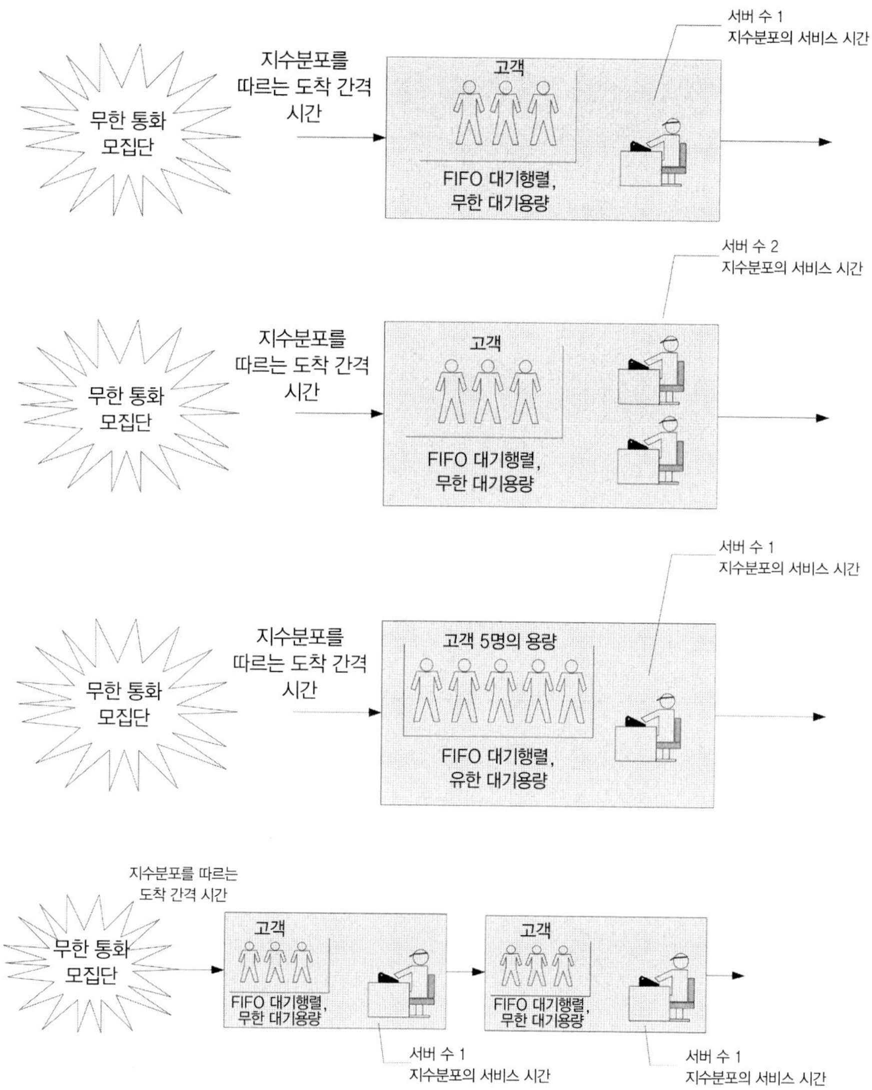

그림 8.2 보편적인 대기행렬 상황의 예

동일하다는 것을 의미한다. 서버 수가 알려져 있기 때문에 작동 중인 서버 수는 시스템 내의 체류 고객 수에 의해 결정된다. 각 고객이 하나의 서버를 요구한다는 가정하에서는 $N_b(t)$가 현재 작동 중인 서버 수이다. 예를 들어 서버 수가 3이고 시스템 내 체류 고객 수가 2이라면 2명의 고객이 서비스 중이다. 그러므로 $N(t)$에 대한 지식은 시스템의 상태를 기술하는 데 충분하다. $N(t) = N_q(t) + N_b(t)$가 사실이기 때문에 기대값에 대한 다음 수식도 사실이다.

$$E[N(t)] = E[N_q(t)] + E[N_b(t)] \qquad \text{(식 8.2)}$$

만일 ST가 임의 고객의 서비스 시간이라면 다음 수식이 성립된다.

$$E[T] = E[T_q] + E[ST] \qquad \text{(식 8.3)}$$

다시 말해서 시스템 체류 시간 기대값은 대기 시간 기대값과 서비스 시간 기대값의 합과 동일하다.

8.2.2 리틀 공식

7장에서는 시간 기반의 데이터를 제시하고 평균값을 계산하였다. 대기행렬 시스템에 대해서 그러한 수치들이 대기행렬의 대기 고객 수 기대값과 대기행렬에서의 대기 시간 기대값 사이에 관계가 존재한다는 것을 볼 수 있다. 그림 8.3에서는 시간경과에 따른 대기행렬에서 고객 수의 변화 경로를 보여주고 있다.

A_i; $i = 1, \ldots, n$은 i번째 고객이 대기행렬에 들어간 시각을 나타내고, D_i; $i = 1, \ldots, n$은 i번째 고객이 대기행렬에서 나간 시각을 나타내고 $T_{qi} = D_i - A_i$; $i = 1, \ldots, n$은 i번째 고객이 대기행렬에서 대기한 시각을 나타낸다고 가정하자. 대기행렬에서의 평균 대기 시간은 다음과 같다.

$$\overline{T}_q = \frac{\sum_{i=1}^{n} T_{q_i}}{n} = \frac{0+11+8+7+2+5+6+0}{8} = \frac{39}{8} = 4.875$$

대기행렬의 평균 대기 고객 수는 다음과 같다.

$$\begin{aligned}\overline{L}_q &= \frac{0(2-0)+1(7-2)+2(10-7)+3(13-10)+2(15-13)+1(16-15)}{25} \\ &\quad + \frac{4(17-16)+3(18-17)+2(21-18)+1(22-21)+0(25-22)}{25} \\ &= \frac{39}{25} = 1.56\end{aligned}$$

그림에서 대기 시간 길이를 고려해서 샘플 경로 곡선 아래 면적은 다음과 같이 산출된다.

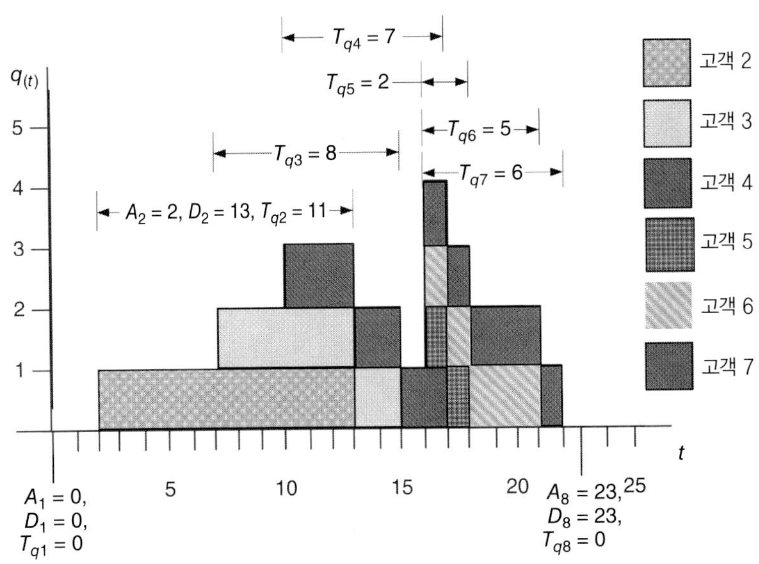

그림 8.3 단일 대기행렬에서 대기고객 수의 변화추이

$$\sum_{i=1}^{n} T_{q_i} = 39$$

그러나 정의에 의해 면적은 $\int_{t_0}^{t_n} q(t)dt$가 되어야 한다.

그래서 예에서 $\overline{T}_q$와 $\overline{L}_q$의 분자가 39라는 것은 우연의 일치가 아니다. 대기행렬에서의 평균 고객 이탈률은 시간경과에 따른 대기행렬에서 이탈한 고객 수를 셈으로써 다음 식과 같이 추정할 수 있다.

$$\overline{R} = \frac{n}{t_n - t_0} \qquad \text{(식 8.4)}$$

단, n은 $t_n - t_0$ 기간 동안 시스템을 떠나가는 고객 수임.

이 수치는 평균 완료율(throughput rate)이라 부른다. 예를 들어 $\overline{R} = 8/25$이다. 이 수식들을 결합해서 다음 관계식이 만들어진다.

$$\overline{L}_q = \frac{\int_{t_0}^{t_n} q(t)dt}{t_n - t_0} = \frac{n}{t_n - t_0} \times \frac{\sum_{i=1}^{n} T_{q_i}}{n} = \overline{R} \times \overline{T}_q \qquad \text{(식 8.5)}$$

이전의 관계식은 보존 규칙이며 마찬가지로 다른 대기행렬 시스템에서도 적용될 수 있다. 다시 말해 다음과 같은 관계로 설명된다.

평균 대기 고객 수 = 평균 완료율 × 대기행렬 평균 대기 시간

시스템의 서비스 부분을 고려한다면 관계가 다음과 같이 변환된다.

서비스 중인 평균 고객 수 = 평균 완료율 × 평균 서비스 시간

전체 시스템 체류 시간의 의미로는 다음과 같이 표현된다.

시스템 체류 평균 고객 수 = 평균 완료율 × 평균 시스템 체류 시간

이 관계는 확률적 과정을 전제로 하는 확률변수의 기대값뿐 아니라 이들 통계치에 대해서도 운영상 적용된다. 이 관계를 대기행렬에 확률적 과정을 최초로 응용한 대기행렬 이론가의 이름을 따서 리틀 공식이라 부른다. 이들 관계에 대해 보다 상세한 내용을 위해서는 Little [1961]과 Glynn과 Whitt [1989]를 참조하기 바란다. 특히 리틀 공식은 이들 과정에서의 안정상태 기대값들 사이의 관계를 나타낸다.

공식을 개발하기 위해 N, N_q, N_b를 각각 시스템 내 고객 수, 대기행렬의 고객 수, 서비스 중인 고객 수를 나타내는 확률변수로 정의한다. 또한 λ를 기대 도착률이라고 하면 $1/\lambda$은 도착 간격 분포의 평균이며, $\mu = 1/\mathrm{E}[ST]$로 정의하면 $\mathrm{E}[ST] = 1/\mu$는 서비스 시간 분포의 평균이다. 관심이 있는 수치들의 기대값들은 다음과 같이 정의된다.

$$L \equiv E[N]$$

$$L_q \equiv \mathrm{E}[N_q]$$

$$B \equiv \mathrm{E}[N_b]$$
$$W \equiv \mathrm{E}[T]$$
$$W_q \equiv \mathrm{E}[T_q]$$

그래서,

$$L = L_q + B \quad \text{(식 8.6)}$$

$$W = W_q + \mathrm{E}[ST] \quad \text{(식 8.7)}$$

가 된다. 안정 상태에서 시스템 평균 도착률은 평균 완료율과 일치해야 한다. 그래서 리틀의 관계로부터 다음 공식이 유도된다.

$$L = \lambda W \quad \text{(식 8.8)}$$

$$L_q = \lambda W_q \quad \text{(식 8.9)}$$

$$B = \lambda \mathrm{E}[ST] = \frac{\lambda}{\mu} \quad \text{(식 8.10)}$$

이러한 환경에서 리틀 공식에 대한 직관적인 이해를 얻기 위해 안정 상태에서 고객이 대기행렬을 이탈하는 평균 비율이 고객이 대기행렬에 들어오는 평균 비율과 동일하다는 것을 고려해야 한다. 대기행렬을 이탈하는 고객으로 얼마나 많은 고객이 대기행렬에 남아 있는지를 알기 위해 되돌아본다고 추측해보라. 이 수치는 평균치로 L_q가 된다. 당신이 대기행렬에서 평균 W_q 만큼 소요되었다면 이 기간에 얼마나 많은 고객이 도착했을까? 고객 도착률이 λ이면, $\lambda \times W_q$가 대기행렬에서 당신이 머무르는 시간 동안 도착한 고객 수이며, 이것은 당신이 "되돌아 볼 때" 평균적으로 보게 될 고객 수이다. 그래서 $L_q = \lambda W_q$이다.

λ와 μ가 주어지면 B를 구할 수 있다. B 값은 안정 상태에서 서비스 중인 기대 고객 수이고 한 고객은 하나의 서버만을 이용하기 때문에 B는 안정 상태에서 가동 중인 기대 서버 수를 나타내기도 한다. 만일 자원이 c개의 서버라면 B/c는 가동 중인 서버의 비율을 나타낸다. 이 수치는 서버들이 모두 동일한 것들이기 때문에 전체로써 자원의 가동률 혹은 한 서버의 평균 가동률을 나타낸다. 이 수치는 다음과 같이 정의된다.

$$\rho = \frac{B}{c} = \frac{\lambda}{c\mu} \quad \text{(식 8.11)}$$

$c\mu$는 시스템이 평균적으로 수행 가능한 최대 용량으로 해석될 수 있다. 리틀 공식이 적용되기 위한 기술적인 조건 중의 하나는 $\rho < 1$ 혹은 $\lambda < c\mu$이다. 이것은 시스템 평균 도착률이 시스템 평균 용량보다 작아야 함을 의미한다. 이것은 또한 자원의 가동률이 100% 이하이어야 함을 내포하고 있다.

대기행렬 시스템은 **제공 부하**(*offered load*)에 의해 설명할 수 있다. 제공 부하는 c개의 서버에 단위 시간당 제공되는 평균 작업량을 나타내는 차원이 없는 수치이다. 제공 부하는 $r = \frac{\lambda}{\mu}$로 정의된다. 이것은 각 고객이 $1/\mu$의 평균작업량을 가지고 도착한다고 해석될 수 있음을 주의하기 바란다. 안정 상태 조건은 $r < c$임을 의미한다. 다시 말해서 대기행렬에 도착하는 작업량

은 서버의 수를 넘어설 수 없다. 만일 평균 작업 도착률이 시스템 평균 용량보다 크게 되면 대기행렬은 시간이 경과함에 따라 커지기 때문에 이 조건들은 안정 상태 결과가 적용될 수 있게 해준다.

8.2.3 마코비안 단일 대기행렬 시스템의 공식 유도

$L = \lambda W$ 및 다른 관계성을 가지면 시스템 내 기대 고객 수에 대한 공식 L이 가용하게 되어 대기행렬에 대한 주요 성능 평가치를 계산할 수 있다. L에 대한 수식을 유도하기 위해 도착 및 서비스 프로세스가 규정되어야 한다.

이 절에서는 지수분포의 도착 간격, 지수분포의 서비스 분포인 경우에 대해 필요한 공식이 쉽게 유도될 수 있음을 보여준다. 다양한 성능 평가치의 해석, 가정의 함의 및 안정 상태의 개념을 보다 잘 이해하기 위해 기본적인 유도 작업이 유용하다.

하나의 단순한 예를 생각해보자. 사람이 전화를 걸 때 오직 한 사람만 수용할 수 있는 옛날 방식의 전화기 부스를 모델링한다고 가정해보자. 부스가 사용 중일 경우 도착 고객은 즉시 떠나간다고 가정한다. 다시 말해서 부스 사용을 위해 기다리는 사람은 아무도 없다.

이 시스템에 대해 $N(t)$가 t 시점에 전화기 부스에 있는 사람 수라고 할 때 확률적 과정 $\{N(t); t \geq 0\}$의 거동을 이해하는 것이 중요하다. 분명히 $N(t)$가 가질 수 있는 값은 0과 1, 즉 $N(t) \in \{0, 1\}$이다. 어느 시점 t에 부스에 고객이 0 혹은 1명 있을 확률 공식 즉 $P_i(t) = P\{N(t) = i\}$ 을 개발하는 것이 이 상황을 모델링하는 데 있어서 가장 핵심이다.

λ가 부스에 대한 고객 도착률이고, $E[ST] = 1/\mu$가 전화 통화 시간의 기대값이라 하자. 예를 들어 고객 도착 간격이 12분이면 $\lambda = 5$/시간이고, 평균 통화 시간이 10분이라면 $\mu = 6$/시간이다. 다음과 같은 합리적인 가정이 이루어질 수 있을 것이다.

1. 작은 시간 간격 Δt에 한 고객이 도착할 확률은 평균 도착률과 동일한 비례상수를 가지고 거의 도착 간격 길이에 비례한다.
2. 작은 시간 간격 동안에 진행 중인 통화를 완료할 확률은 평균 서비스율과 동일한 비례상수를 가지고 거의 도착 간격 길이에 비례한다.
3. 임의의 작은 시간 간격 Δt에 둘 이상의 고객이 도착할 확률은 무시할 수 있다. 다시 말해서 Δt는 그 간격에 단 하나의 도착만 발생할 정도로 충분히 작다.
4. 임의의 작은 시간 간격 Δt에 둘 이상의 고객이 서비스를 완료할 확률은 무시할 수 있다. 다시 말해서 Δt는 그 간격에 단 하나의 서비스만 발생할 정도로 충분히 작다.

$P_0(t)$와 $P_1(t)$는 부스를 사용하고 있는 고객이 0 혹은 1일 확률이라고 하자. 시간 t에 시스템을 관찰하고 미래 시간 $t + \Delta t$에 시스템에 고객이 0일 확률을 유도한다고 가정한다. 그래서 당신은 $P_0(t + \Delta t)$를 구하기를 원할 것이다.

$t + \Delta t$에 시스템에 고객이 0이 되기 위해서는 두 가지 상황이 가능하다. 시간 t에 고객이 없었고 Δt 기간에 도착도 없는 경우이거나 t에 고객이 한 명 있었다가 Δt 기간에 서비스를 완료한 경우일 것이다. 그래서 다음 관계가 성립한다.

$$\{N(t+\Delta t)=0\} = \{\{N(t)=0\} \cap \{\Delta t \text{ 기간에 도착 없음}\}\} \cup \{\{N(t)=1\} \cap \{\Delta t \text{ 기간에 서비스 완료}\}\}$$

또한 다음도 성립한다.

$$P_0(t+\Delta t) = P_0(\mathrm{t})P\{\Delta t \text{ 기간에 도착 없음}\} + P_1(t)P(\Delta t \text{ 기간에 서비스 완료})$$

또한 시간 $t+\Delta t$에 부스를 사용하고 있는 고객이 한 명이 있을 확률 $P_1(t+\Delta t)$를 생각해 보자. 시간 $t+\Delta t$에 부스를 사용하고 있는 고객이 한 명이 있는 경우는 두 가지 가능성이 있다. 시간 t에 고객이 없었다가 Δt 기간에 한 명이 도착한 경우이거나, t에 고객이 한 명 있었다가 Δt 기간에 서비스를 완료하지 않은 경우일 것이다. 그래서 다음 관계가 성립한다.

$$P_0(t+\Delta t) = P_0(\mathrm{t})P\{\Delta t \text{ 기간에 1명 도착}\} + P_1(t)P(\Delta t \text{ 기간에 서비스 완료})$$

가정 1과 2 때문에 다음의 확률 설명이 사용될 수 있다.

$$P\{\Delta t \text{ 기간에 한 명 도착}\} \cong \lambda\Delta t$$

$$P\{\Delta t \text{ 기간에 도착 없음}\} \cong 1-\lambda\Delta t$$

$$P\{\Delta t \text{ 기간에 한 명 서비스 완료}\} \cong \mu\Delta t$$

$$P\{\Delta t \text{ 기간에 서비스 없음}\} \cong 1-\mu\Delta t$$

그래서 다음 수식이 유도된다.

$$P_0(t+\Delta t) = P_0(t)[1-\lambda\Delta t] + P_1(t)[\mu\Delta t] \qquad \text{(식 8.12)}$$

$$P_1(t+\Delta t) = P_0(t)[\lambda\Delta t] + P_1(t)[1-\mu\Delta t] \qquad \text{(식 8.13)}$$

수식의 항들을 합치고 재배열하고 Δt로 나누어 $\Delta t \to 0$에 대해 극한을 취하면 다음과 같은 미분방정식이 유도된다.

$$\frac{dP_0(t)}{dt} = \lim_{\Delta t\to 0}\frac{P_0(t+\Delta t)-P_0(t)}{\Delta t} = -\lambda P_0(t) + \mu P_1(t) \qquad \text{(식 8.14)}$$

$$\frac{dP_1(t)}{dt} = \lim_{\Delta t\to 0}\frac{P_1(t+\Delta t)-P_1(t)}{\Delta t} = \lambda P_0(t) - \mu P_1(t) \qquad \text{(식 8.15)}$$

또한 $P_0(t)+P_1(t)=1$이다. 초기 조건으로 $P_0(0)=1$과 $P_1(0)=0$을 가정하면 위 미분방정식의 해는 다음과 같다.

$$P_0(t) = \left(\frac{\mu}{\lambda+\mu}\right) + \left(\frac{\lambda}{\lambda+\mu}\right)e^{-(\lambda+\mu)t} \qquad \text{(식 8.16)}$$

$$P_1(t) = \left(\frac{\lambda}{\lambda+\mu}\right) - \left(\frac{\lambda}{\lambda+\mu}\right)e^{-(\lambda+\mu)t} \qquad \text{(식 8.17)}$$

이 수식들은 어느 시점에 부스에 고객 수가 0 혹은 1일 확률을 의미한다. 시간이 무한대로 근접한다고 가정하면 **안정 상태 확률** P_0와 P_1은 다음과 같이 결정된다.

$$P_0 = \lim_{t \to \infty} P_0(t) = \frac{\mu}{\lambda + \mu} \quad \text{(식 8.18)}$$

$$P_1 = \lim_{t \to \infty} P_1(t) = \frac{\lambda}{\lambda + \mu} \quad \text{(식 8.19)}$$

이 확률들은 임의 고객이 무한히 오랜 시간이 지난 후에 부스가 비어있거나 점유되어 있는 것을 발견하게 될 가능성으로 해석될 수 있다.

만일 안정 상태의 확률만이 요구된다면 개념적인 혹은 수리적인 관점에서 모두 유도를 실행하기 위한 보다 쉬운 방법이 있다. 네 가지 가정은 도착 및 서비스 프로세스가 마코비안 과정임을 확인할 수 있게 해준다. 다시 말해서 고객 도착 간격은 지수분포이고 서비스 시간도 지수분포이다. 뿐만 아니라 안정 상태의 개념이 사용될 수 있다.

미분방정식을 고려해보자. 이 수식들은 시간경과에 따른 **확률**의 변화율을 지배한다. 물과 확률의 비유를 고려해서 물을 담고 있는 댐이나 용기를 생각해보자. 용기 안의 수위 변화율은 다음과 같이 생각할 수 있다.

수위 변화율 = 용기 유입률 − 용기 유출률

안정 상태에서 수위는 변하지 않는다. 그래서 용기 유입률과 용기 유출률은 동일하다. 비유를 이용하면

$$\frac{dP_i(t)}{dt} = \text{유입률} - \text{유출률}$$

이고 안정 상태에 대해서 상태들 간에 **변환** 확률을 가지고 **유입률 = 유출률**이 된다. 그림 8.4는 상태 전이도를 이용한 개념을 보여주고 있다. 만일 N이 시스템(부스)에서의 안정 상태 고객 수라면 시스템의 가능한 두 가지 상태는 0 혹은 1일 것이다. 0에서 1로 변환율은 한 고객의 도착률이고 상태 1에서 0으로 변환율은 서비스율이다.

상태 0으로의 변환율은 상태 1에서 0으로의 변환율과 상태 1에 있을 확률을 곱한 것 즉, μP_1로 볼 수 있다. 상태 1로의 변환율은 상태 0에서 1로의 변환율과 상태 0에 있을 확률을 곱한 것 즉, λP_0로 볼 수 있다. 이 아이디어를 이용해서 다음과 같이 구할 수 있다.

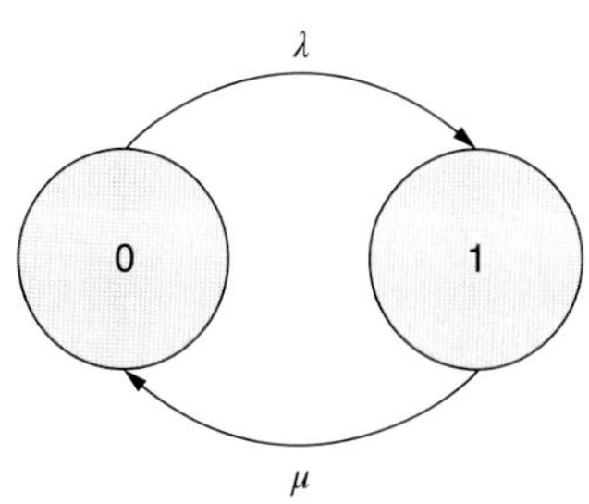

그림 8.4 두 가지 상태 전이도

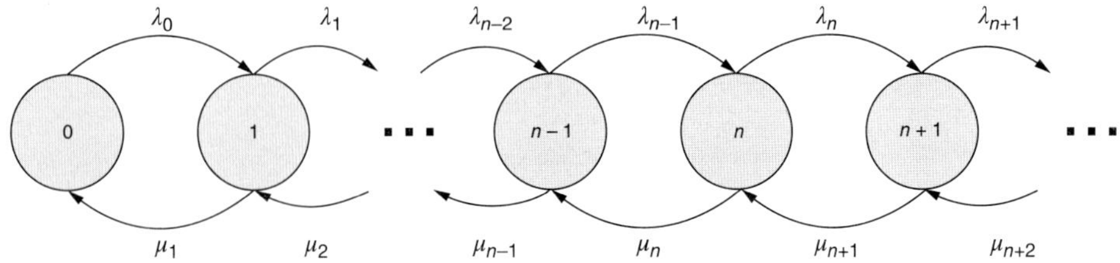

그림 8.5 일반 상태 전이도

상태	유입률	=	유출률
0	μP_1	=	λP_0
1	λP_0	=	μP_1

이것은 동일한 수식들이고 $P_0(t) + P_1(t) = 1$을 이용하면 수식들은 쉽게 두 개의 수식과 두 개의 미지의 수 (P_0, P_1)을 구할 수 있다. 그래서 수식 8.18과 8.19와 같은 결과를 쉽게 얻을 수 있도록 방정식을 풀 수 있게 된다. 이와 같은 방식으로 유도된 수식들은 안정 상태 수식이라 부른다.

이제 보다 일반적인 상황을 검토해볼 수 있다. 일정 서버 수가 주어진 일반 대기행렬 시스템을 고려해보자. 시스템에서의 도착은 "발생"이고 시스템에서의 이탈은 "사망"을 나타낸다.

그림 8.5는 발생과 사망이 있는 시스템에 대한 일반 상태 전이도를 보여주고 있다. N을 안정 상태에서의 고객 수라고 하고

$$P_n = P\{N = n\} = \lim_{t\to\infty} P\{N(t) = n\} \qquad \text{(식 8.20)}$$

을 안정 상태에서 시스템에 n명의 고객이 있을 확률이라고 정의하기로 한다. λ_n은 n명의 고객이 시스템에 있을 때 평균 고객 도착률이고 $\lambda_n \geq 0$이라고 하자. μ_n은 n명의 고객이 시스템에 있을 때 평균 서비스율이라고 하자. 이것은 n명의 고객이 시스템에 있을 때 고객이 이탈하는 비율이다. 이 상황에서 고객 수는 무한하고 즉, $N \in \{0, 1, 2, \ldots\}$이다.

이 상황에 대한 안정 상태에서의 수식들은 다음과 같다.

상태	유입율	=	유출률
0	$\mu_1 P_1$	=	$\lambda_0 P_0$
1	$\lambda_0 P_0 + \mu_2 P_2$	=	$\mu_1 P_1 + \lambda_1 P_1$
2	$\lambda_1 P_1 + \mu_3 P_3$	=	$\mu_2 P_2 + \lambda_2 P_2$
⋮	⋮	⋮	⋮
n	$\lambda_{n-1} P_{n-1} + \mu_{n+1} P_{n+1}$	=	$\mu_n P_n + \lambda_n P_n$

이 수식들은 상태 0에서 시작해서 회귀방식으로 다음과 같이 해를 구할 수 있다.

$$P_1 = \frac{\lambda_0}{\mu_1} P_0$$

$$P_2 = \frac{\lambda_1 \lambda_0}{\mu_2 \mu_1} P_0$$

$$\vdots$$

$$P_n = \frac{\lambda_{n-1}\lambda_{n-2}\cdots\lambda_0}{\mu_n \mu_{n-1}\cdots\mu_1} P_0 = \prod_{j+1}^{n-1}\left(\frac{\lambda_j}{\mu_{j+1}}\right) P_0$$

$n = 1, 2, 3, \cdots \sum_{n=0}^{\infty} P_n = 1$이기 때문에 P_0은 다음과 같이 구한다.

$$P_0 = \left[\sum_{n=0}^{\infty}\prod_{j=0}^{n-1}\left(\frac{\lambda_j}{\mu_{j+1}}\right)\right]^{-1} \qquad \text{(식 8.21)}$$

그러므로 임의의 주어진 λ_n과 μ_n에 대해 P_n을 구할 수 있다. P_n은 확률분포를 나타내며, 따라서 이 분포의 기대값을 계산할 수 있다. P_n의 기대값은 얼마일까? 안정 상태에서 시스템 내 고객 수는 얼마일까? c가 서버 수라 할 때 시스템 및 대기행렬의 기대 고객 수는 다음과 같이 주어진다.

$$L = \sum_{n=0}^{\infty} nP_n \qquad \text{(식 8.22)}$$

$$L_q = \sum_{n=c}^{\infty}(n-c)P_n \qquad \text{(식 8.23)}$$

다른 알려진 관계에 리틀 공식을 적용하기 이전에 하나 이상의 공식이 필요하다. 유한 크기의 시스템과 같은 특정 시스템에서는 모든 고객이 대기행렬에 들어오는 것은 아니다. 리틀 공식은 대기행렬에 들어올 수 있는 모든 고객에 대해서는 사실이다. 그래서 효과적인 도착률 혹은 평균 시스템 도착률에 대한 정의가 필요하다. 이것은 모든 상태의 기대 도착률을 계산함으로써 얻어진다. 무한 용량 시스템의 경우 다음과 같이 주어지며,

$$\lambda_e = \sum_{n=0}^{\infty} \lambda_n P_n \qquad \text{(식 8.24)}$$

시스템 용량이 k인 경우엔 $n \geq k$에 대해 $\lambda_n = 0$이 되어 다음과 같이 주어진다.

$$\lambda_e = \sum_{n=0}^{k-1} \lambda_n P_n \qquad \text{(식 8.25)}$$

모든 관계식은 다음과 같이 표현된다.

$$L = \lambda_e W \qquad \text{(식 8.26)}$$

$$L_q = \lambda_e W_q \qquad \text{(식 8.27)}$$

$$B = \frac{\lambda_e}{\mu} \quad \text{(식 8.28)}$$

$$\rho = \frac{\lambda_e}{c\mu} \quad \text{(식 8.29)}$$

$$L = L_q + B \quad \text{(식 8.30)}$$

$$W = W_q + \frac{1}{\mu} \quad \text{(식 8.31)}$$

부록 D는 다양한 대기행렬 시스템 구성에 대해 P_n에 대한 일반해를 적용함으로써 얻은 결과를 제시하고 있다. 표 8.1은 $c = 1, 2, 3$의 경우 M/M/c 대기행렬 시스템에 대한 특정한 결과를 제시하고 있다. 이러한 결과들과 부록 D를 이용해서 다양한 대기행렬 시스템 상황에 대한 분석이 가능하다.

이 절에서는 단지 대기행렬 이론의 표면적인 일부만을 보여준 것이다. 대기행렬 이론 및 응용에 대해서 수많은 문헌자료가 가용하다. 이 주제에 대한 보다 심도 있는 개발을 위해서는 Gross와 Harris [1998], Cooper [1990] 그리고 Kleinrock [1975]을 참조하기 바란다. 이 주제에 대해 온라인상에서 무료로 얻을 수 있는 수많은 자료가 있다. 관심 있는 독자들은 "온라인상의 대기행렬 이론 서적"을 검색해보기 바란다.

표 8.1 M/M/c $\rho = \lambda/c\mu$에 대한 결과

c	P_0	L_q
1	$1-\rho$	$\frac{\rho^2}{1-\rho}$
2	$\frac{1-\rho}{1+\rho}$	$\frac{2\rho^3}{1-\rho^2}$
3	$\frac{2(1-\rho)}{2+4\rho+3\rho^2}$	$\frac{9\rho^4}{2+2\rho-\rho^2-3\rho^3}$

8.3 대기행렬 분석 예제 및 응용

앞 절의 공식들은 분명히 위협적으로 보이고 적용하기 까다로울 수 있다. 다행히도 쉽게 구할 수 있는 스프레드시트 소프트웨어가 계산수행에 활용될 수 있다. 대기행렬 분석을 위한 스프레드시트 소프트웨어에 대한 온라인 자원은 다음과 같다.

- 대기행렬 이론에 대한 소프트웨어 자원 목록[1]
- Gross 등[2008]이 함께하는 QTSPlus[2] 엑셀 기반의 대기행렬 이론 소프트웨어

그래서 대기행렬 이론분석을 수행하기 위한 가장 중요한 부분은 주어진 상황에 대한 가장

[1]http://web2.uwindsor.ca/math/hlynka/qsoft.html

[2]http://mason.gmu.edu/jshortle/fqt4th.html

적합한 대기행렬 모델을 확인하는 것이다. 이 절에서는 여러 개의 예제를 제시하고 앞 절의 결과들을 보다 잘 적용할 수 있도록 시스템들 간의 차이점을 논의하게 된다. 이러한 유형의 문제들에 대한 해를 구하기 위해서는 다음과 같은 단계를 따른다.

1. 도착 및 서비스 프로세스를 확인한다.
2. 도착 모집단의 크기 및 시스템의 크기를 확인한다.
3. 적합한 대기행렬 모델 및 입력 모수들을 규정한다.
4. 바람직한 성능 평가 척도를 확인한다.
5. 요구하는 성능 평가 척도를 계산한다.

8.3.1 무한 용량 대기행렬 예제

예제 8.1 드라이브 스루 약국

고객들은 하나의 창을 가진 드라이브 스루 약국에 시간당 평균 10명의 포아송분포를 따라 도착한다. 고객당 서비스 시간은 평균 5분의 지수분포를 따른다. 창 앞에는 서비스 중인 차량을 포함해서 3대분의 공간이 있다. 다른 도착차량들은 이들 3대 공간 밖에서 대기할 수 있다. 약국은 다음 질문에 대한 답에 관심을 가지고 있다.

(a) 도착고객이 창 앞의 3대분 공간 중 하나에 들어올 수 있는 확률은 얼마인가?
(b) 도착고객이 창 앞의 3대분 공간 외부에서 대기할 확률은 얼마인가?
(c) 도착고객이 대기해야 할 확률은 얼마인가?
(d) 도착고객이 서비스 시작 이전에 얼마나 오랫동안 대기할 것으로 기대되는가?
(e) 도착고객이 제공된 공간 중 하나에서 대기할 확률이 40%가 되기 위해서는 창 앞 대기공간을 몇 대분으로 해야 할까?

예제 8.1의 풀이 고객들은 도착 간격이 지수분포인 포아송 프로세스를 따라 도착한다. 도착 프로세스는 마코비안(M)이다. 서비스 프로세스는 지수분포이다. 그래서 서비스 프로세스도 마코비안(M)이다. 창은 하나이고 고객은 서비스를 받기 위해 창 앞에서 대기한다. 서버 수는 $c = 1$이다. 문제에서는 공간 3개가 다 차면 도착고객은 3개 공간 외부에서 대기한다고 기술하고 있다. 그래서 대기행렬의 크기에 대한 제약이 없어 무한 용량인 것처럼 보인다. 고객 도착률은 지정되어 있으며 총 고객 모집단에 대한 정보는 없다. 그래서 무한 고객 모집단을 전제로 하기로 한다. 결과적으로 이것은 도착률이 $\lambda = 10/$시간이고 서비스율이 $\mu = 12/$시간인 M/M/1이다. 입력 모수는 고객 수/시간의 동일한 단위로 환산된 것을 유의하기 바란다.

M/M/1에 대한 수식들은 쉽게 적용될 수 있다. 부록 D로부터 다음 공식을 활용할 수 있다.

$$c = 1$$
$$\lambda_n = \lambda = 10/\text{시간}$$
$$\lambda_e = \lambda$$

$$\mu_n = \mu = 12/\text{시간}$$
$$\rho = \frac{\lambda}{c\mu} = r = 10/12 = 5/6$$
$$P_0 = 1 - \frac{\lambda}{\mu} = 1 - r = 1/6$$
$$P_n = P_0 r^n = \frac{1}{6}\left(\frac{5}{6}\right)^n$$
$$L = \frac{r}{1-r} = \frac{(5/6)}{1-(5/6)} = 5$$
$$L_q = \frac{r^2}{1-r} = \frac{(5/6)^2}{1-(5/6)} = 4.1\overline{6}$$
$$W_q = \frac{L_q}{\lambda} = \frac{r}{\mu(1-r)} = 0.41\overline{6}\text{시간} = 25.02\text{분}$$
$$W = \frac{L}{\lambda} = \frac{5}{10} = 0.5\text{시간} = 30\text{분}$$

각 질문에 대해 차례로 생각해보기로 한다.

(a) 이러한 형태의 확률은 전제가 되는 시스템의 상태변수와 관련이 있다. 이 경우에 N을 시스템에 체류하는 고객 수라 하자. 도착고객이 창 앞 3대분 공간 중 하나에 들어올 수 있는 확률을 구하기 위해 "언제 한 고객이 3대분의 공간에 들어올 수 있을까?"라는 질문을 생각해보자. 시스템 내 체류 고객 수 $N = 0, 1, 2$일 때 고객은 3대분의 공간 중 하나에 진입할 수 있다. 그러므로 $P\{N \le 2\}$을 계산할 필요가 있다.
$P\{N \le 2\}$를 계산하기 위해 다음 수식을 유의해야 한다.

$$P\{N \ge n\} = \sum_{j=n}^{\infty} P_0 r^j = (1-r)\sum_{j=n}^{\infty} r^{j-n} = (1-r)\frac{r^n}{1-r} = r^n$$

그러므로 $P\{N \le n\}$은

$$P(N \le n) = 1 - P(N > n) = 1 - P(N \ge n+1) = 1 - r^{n+1}$$

이다. 그래서 $P\{N \le 2\} = 1 - r^3 \cong 0.42$이 된다.

(b) 시스템 내 체류 고객 수가 2명을 넘으면 도착 고객은 3대분 공간 밖에서 대기해야 할 것이다. 그래서 $P\{N > 2\}$를 계산해야 할 필요가 있다. 이것은 (a)의 여집합 사건이다.

$$P\{N > 2\} = 1 - P\{N \le 2\} \cong 0.58$$

(c) 이미 약국에 한 명 이상의 고객이 있을 경우 도착 고객은 대기하게 된다. 따라서 $P(\{N \ge 1) = 1 - P(N < 1) = 1 - P_0$이다.

$$P\{N \geq 1\} = 1 - P\{N < 1\} = 1 - P_0 = 1 - (1 - r) = \rho = \frac{5}{6}$$

(d) 서비스를 포함하지 않은 대기 시간은 대기행렬의 시간이다. 그래서 W_q를 계산할 필요가 있다.

$$W_q = 0.41\overline{6} \text{ 시간} = 25.02\text{분}$$

(e) 이것은 제공된 공간에서 대기할 확률이 대기 공간수를 결정하는 데 사용되는 디자인 관련 질문이다. m개의 공간이 존재한다고 가정하기로 하자. 시스템에 $m - 1$ 이하의 고객이 체류 중이면 도착고객은 주어진 공간 중 하나에서 대기할 수 있다. 그래서 $P\{N \leq m - 1\} = 0.4$가 되는 m을 구하면 된다.

$$P\{N \leq m - 1\} = \gamma$$

$$1 - r^m = \gamma$$

$$r^m = 1 - \gamma$$

$$m = \frac{\ln\ (1 - \gamma)}{\ln\ r} = \frac{\ln\ (1 - 0.4)}{\ln\ (\frac{5}{6})} = 2.8 \cong 3\text{공간}$$

반올림하면 $P\{N \leq m - 1\} \geq 0.4$을 보장한다.

예제 8.2 자가 서비스 복사기

학생회관 복사실 관리자는 자가 서비스 복사기 설치를 고려하고 있다. 도착은 시간당 30명의 포아송분포를 따르며 복사 시간은 평균 1.75분의 지수분포를 따르는 것으로 예측되었다. 4명 이상의 사람이 복사실에 있을 확률이 5% 이내에 들기를 바라고 있다. 몇 대의 복사기를 설치해야 할 것인가?

예제 8.2의 풀이 이 환경은 포아송 도착 과정 및 지수분포의 서비스 시간이어서 M/M/c 모델이며 이때 c는 설치해야 할 복사기 대수이며 $\lambda = 0.5$/분, $\mu = 1/1.75$/분이다. 디자인 요건을 만족하기 위해서는 $P\{N \geq 4\} = 1 - P\{N \leq 3\}$을 $c = 1, 2, 3, \ldots$에 대해 $P\{N \geq 4\}$가 5% 이내의 값이 될 때까지 계산할 필요가 있다. 이것은 제시된 공식이나 앞에서 언급한 소프트웨어를 활용해서 쉽게 계산할 수 있다. 다음부터는 QTSPlus[3]가 사용된다.

이 소프트웨어는 아주 자기 설명적이다. 대기행렬 공식을 이용할 때 시간 단위의 일관성을 유지하는 것이 중요하다. c가 3인 경우에 대한 그림 8.6에 나타난 QTSPlus 스프레드시트를 이용해서 나온 결과는 그림 8.7에 나타나 있다. 서버 수를 변경해가면서 계산해서 $c = 3$인 경우가 표 8.2에 나타난 것처럼 확률 요구사항을 만족시켜주고 있음을 알 수 있다.

8.3.1.1 제곱근 인원배정 규칙 종종 M/M/c와 같이 복수 서버인 시스템의 경우 예제 8.2와 같이 서버 수를 결정하고자 할 것이다. 다른 공통의 디자인 상황은 도착고객이 기다리는 수

[3] http://mason.gmu.edu/jshortle/fqt4th.html

용 가능한 확률이 존재하는 경우의 c값을 결정하는 것이다. 포아송 도착 과정의 경우는 이 확률은 시스템 내에 c 이상의 고객이 체류하게 되는 안정 상태 확률과 동일하다. 이것은 M/M/c 모델에 대해 얼랑 대기 확률이라 부르며 결과는 다음과 같다.

$$P_w = P\{N \geq c\} = \sum_{n=c}^{\infty} P_n = \frac{\frac{r^c}{c!}}{\frac{r^c}{c!} + (1-\rho)\sum_{j=0}^{c-1} \frac{r^j}{j!}} \qquad \text{(식 8.32)}$$

이것이 상대적으로 사용하기 쉬운 공식(특히 가용한 스프레드시트 소프트웨어 관점에서)이기는 하나, 제곱근 인원배정 규칙(square root staffing rule)이라 부르는 흥미롭고 유용한 근사식이 개발되었다. 제곱근 인원배정 규칙의 유도에 대해서는 Tijms [2003]에 제시되어 있다. 다

M/M/c: POISSON ARRIVALS TO MULTIPLE EXPONENTIAL SERVERS	
Input Parameters:	
Arrival rate (λ)	0.5
Mean service time (1/μ)	1.75
Number of servers in the system (c)	3
Plot Parameters:	
Maximum size for probability chart	15
Total time horizon for probability plotting	2.
Results:	
Mean interarrival time (1/λ)	2.
Service rate (μ)	0.571429
Average # arrivals in mean service time (r)	0.875
Server utilization (ρ)	29.17%
Fraction of time all servers are idle (p0)	0.414003
Mean number of customers in the system (L)	0.901871
Mean number of customers in the queue (Lq)	0.026871
Mean wait time (W)	1.803743
Mean wait time in the queue (Wq)	0.053743

그림 8.6 QTSPlus M/M/c 스프레드시트

	A	B	C	D
1		Customer Size Distribution		
2	n	prob(n)	CDF(n)	1-CDF(n)
3	0	0.414003	0.414003	0.585997
4	1	0.362253	0.776256	0.223744
5	2	0.158486	0.934741	0.065259
6	3	0.046225	0.980966	0.019034
7	4	0.013482	0.994448	0.005552
8	5	0.003932	0.998381	0.001619
9	6	0.001147	0.999528	0.000472
10	7	0.000335	0.999862	0.000138
11	8	0.000098	0.999960	0.000040
12	9	0.000028	0.999988	0.000012
13	10	0.000008	0.999997	0.000003
14	11	0.000002	0.999999	0.000001
15	12	0.000001	1.000000	0.000000
16	13	0.000000	1.000000	0.000000
17	14	0.000000	1.000000	0.000000
18	15	0.000000	1.000000	0.000000

그림 8.7 $c = 3$인 예제 8.2에 대한 QTSPlus 결과

표 8.2 $c = 1, 2, 3, 4$인 경우의 예제 8.2의 결과

c	$P\{N \geq 4\} = 1 - P\{N \leq 3\}$
1	0.586182
2	0.050972
3	0.019034
4	0.013022

음에서는 규칙의 유용성이 논의될 것이다.

제곱근 인원배정 규칙은 γ_α가 다음 수식에 대한 해일 경우, $P_w \leq \alpha$ 요구조건을 만족시키는 최소 서버 수 c^*가 $c^* \cong r + \gamma_\alpha \sqrt{r}$로 주어진다는 것을 설명해주고 있다.

$$\frac{\gamma\Phi(\gamma)}{\varphi(\gamma)} = \frac{1-\alpha}{\alpha} \tag{식 8.33}$$

함수 $\Phi(\cdot)$와 $\varphi(\cdot)$는 표준정규분포 확률변수의 누적확률분포(CDF)와 확률밀도함수(PDF)이다. 그러므로 확률 허용치 α로 디자인 기준이 주어지면 대기 확률이 α 이내가 되는 서버 수를 찾을 수 있다. 콜 서비스 센터와 도움 지원 라인 영역에서 유용하게 사용될 수 있다.

예제 8.3 제곱근 인원배정 규칙

학생회관 복사실은 자가 서비스 복사기 설치를 고려하고 있다. 고객 도착은 시간당 30명의 포아송분포를 따르며 복사 시간은 평균 1.75분의 지수분포를 따르는 것으로 예측하였다. 도착 고객의 대기 확률이 0.10 이하일 확률을 가진 최소 서버 수를 결정하라.

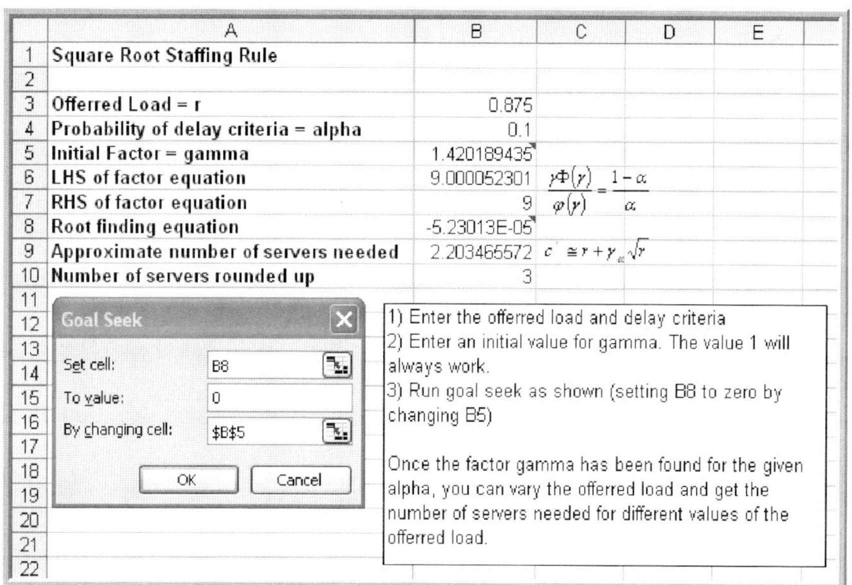

그림 8.8 제곱근 인원배정 규칙을 위한 스프레드시트

예제 8.3의 풀이 $\lambda = 0.5$/분, $\mu = 1.75$/분에 대해 $r = 0.875$가 된다. 그림 8.8은 이 장에 포함된 *SquareRootStaffingRule.xls* 스프레드시트를 사용한 예를 보여주고 있다. 스프레드시트에는 요구 입력 데이터에 대한 설명을 포함하고 있다. 셀 B3에 요구 부하 r을 셀 B4에 지연 기준 확률 0.1을 입력한다. 초기 탐색 값은 B5에 넣어야 한다. 1.0 값은 항상 사용 가능하다. 스프레드시트는 엑셀에 내장된 해 찾기(goal-seek solver)를 이용해서 γ_α를 구한다.

이 문제에 대해 결과는 대기 확률이 10% 이내임을 보장하기 위해서는 약 3개 서버가 필요함을 보여주고 있다. 제곱근 인원배정 규칙은 매우 강력한 근사법임이 입증되어 왔으며 인원배정을 포함한 디자인 결정 문제에 유용하게 사용할 수 있다.

8.3.2 유한 용량 대기행렬 예제

이 절에서는 공간 혹은 모집단 측면에서 유한한 대기행렬 시스템을 탐색하게 된다. 이 예제는 이러한 유형의 시스템과 연관된 공통의 질문들을 예시하고 있다.

예제 8.4 유한 용량 대기행렬

단일 기계가 컨베이어와 연결되어 있다. 컨베이어는 부품을 기계에 분당 한 개 비율로 포아송 분포를 따라 도착하도록 해준다. 기계 앞에서는 5개의 유한 버퍼가 있다. 기계 처리 시간은 분당 평균 1.2개의 지수분포를 따른다고 한다. 버퍼가 가득 차있을 때 부품이 컨베이어에 도착하는 부품은 이 분석 대상에서 제외된다. 이 머시닝센터에서 기대 시스템 시간과 기대 부품 수는 얼마인가?

예제 8.4의 풀이 유한 버퍼, 포아송 도착, 지수분포의 서비스 시간은 M/M/1/6의 상황이며,

M/M/1/K: POISSON ARRIVALS TO A SPACE-LIMITED SINGLE EXPONENTIAL SERVER	
Input Parameters:	
Arrival rate (λ)	1.
Mean service time (1/μ)	.833333
Maximum capacity of system (K > 1)	6
Plot Parameters:	
Total time horizon for probability plotting	15.
[ALL PROBABILITIES ARE PLOTTED!]	
Results:	
Mean interarrival time (1/λ)	1
Effective arrival rate (λ_{eff})	0.92257607
Service rate (μ)	1.2
Traffic intensity (ρ) [NEED NOT BE < 1]	0.83333333
Server utilization (ρ_{eff}) [MUST BE < 100%]	76.88%
Fraction of time the server is idle (p_0)	0.23118661
Probability that the system is full (p_K)	0.07742393
Expected number turned away/unit time	0.07742393
Mean number of customers in the system (L)	2.29016258
Mean number of customers in the queue (Lq)	1.52134918
Mean waiting time (W)	2.48235635
Mean waiting time in the queue (Wq)	1.64902302

그림 8.9 예제 8.4에 대한 결과

이때 $k = 6$은 시스템의 용량(버퍼 5 + 서비스 1)이고, $\lambda = 1$/분, $\mu = 1.2$/분이다. 요구되는 성능 평가 척도는 W_s와 L_s이다. 그림 8.9에 *QTSPlus*를 사용한 결과가 제시되어 있다. 이 경우 효과적인 도착률이 다음과 같이 계산되어야 한다.

$$\lambda_e = \sum_{n=0}^{k-1} \lambda_n P_n = \sum_{n=0}^{k-1} \lambda P_n = \lambda \sum_{n=0}^{k-1} P_n = \lambda(1 - P_k) \qquad \text{(식 8.34)}$$

이 공식을 재배열하면 $\lambda_f = \lambda P_k$가 시스템이 가득 차서 시스템에서 빠져나갈 평균 고객 수와 동일할 때 $\lambda = \lambda_e + \lambda_f$의 결과를 얻게 된다. 그림 8.9에 따르면 시스템에 가득 참으로 인한 평균 상실 고객 수는 약 분당 0.077명(시간당 4.62명)이다.

예제 8.5 주차 공간

대학은 공학대학에 10대의 주차 미터기가 있는 학생용 주차공간을 가지고 있다. 첨두 시간(peak-time)에 학생들은 시간당 평균 40명의 비율의 포아송분포를 따라 도착한다. 학생들은 평균 60분의 지수분포를 따르는 시간만큼 주차공간을 사용한다. 모든 주차공간이 점유되면 도착 학생들은 대기하지 않고 다른 곳으로 이동한다고 가정한다. 미터기 사용비용 $w = 0.03$/분 달러 즉 시간당 2달러이다. 대학에서는 첨두 시간에 주차공간이 다 차서 잠재적으로 잃게 될 수입은 얼마인가?

예제 8.5의 풀이 이 시스템에서 주차공간이 서버 수이다. 10개의 주차공간이 있어 $c = 10$이다. 뿐만 아니라 미터기 앞에서는 대기가 전혀 없다. 그래서 아무런 대기행렬이 형성되지 않는다. 그러므로 시스템 용량은 10($k = 10$)이다. 포아송 도착, 지수분포의 서비스 시간이기 때문에 이것은 M/M/10/10 대기행렬 시스템으로 정의될 수 있다. 다시 말해서 시스템 용량과 서버 수가 $c = k = 10$으로 동일하다.

M/M/c/c 대기행렬 시스템의 경우에는 P_c는 시스템 내 모든 서버가 가동 중일 확률을 의미한다. 그래서 그것은 또한 도착고객이 되돌아갈 확률도 의미한다. 상실 고객에 대한 확률 공식은 얼랑 상실 공식(Erlang loss formula)이라 부르며 다음과 같다.

$$P_c = \frac{\frac{r^c}{c!}}{\sum_{n=0}^{c} \frac{r^n}{n!}} \qquad \text{(식 8.35)}$$

고객은 시스템이 차 있든지 비어 있든지 $\lambda = 20$/시간의 비율로 도착한다. 그래서 기대 상실 고객 수는 λP_c이다. 각 고객이 시간당 비용 $w =$ 2달러로 징수되는 $1/\mu$의 시간 동안 서비스를 받기 때문에 도착 고객은 평균 w/μ만큼 수입을 가져다준다. 그러나 모든 고객이 다 주차할 수 있는 것은 아니다. 그래서 대학은 시간당 $w \times 1/\mu \times \lambda P_c$만큼 수입을 상실한다. 그림 8.10은 *QTSPlus* 사용 예를 보여주고 있다. 그림에서 시간당 도착이 40이고 평균 서비스 시간이 1로 입력되어 있다. 주차 공간 수는 10으로 시스템의 용량이다.

미터기가 있는 주차 공간이 첨두 시간에 차있기 때문에 시간당 2 × 30.3 = 60.6달러를 잃게 된다.

M/G/c/c: PURE OVERFLOW MODEL

Poisson input to multiple servers, with no queue (for any service distribution).

Input Parameters:	
Mean arrival rate (λ)	40.
Mean service time (1/μ)	1.
Number of available servers (c)	10
Results:	
Mean interarrival time (1/λ)	0.025
Mean effective arrival rate (λ_{eff})	9.692485
Mean service rate (μ)	1.0
Individual server utilization (ρ_{eff})	96.92%
Fraction of time system is full (p_c)	0.757688
Rate of lost customers	30.307515
Expected system size (L)	9.692485

그림 8.10 예제 8.5 M/M/c/c에 대한 결과

이 예제에서는 서비스 시간은 지수분포를 따른다. $c = k$인 경우 M/M/c/c의 결과는 M/G/c/c와 동일하게 나타난다. 다시 말해 서비스 분포 형태는 중요하지 않다. 서비스 분포의 평균이 분석에 결정적으로 중요하다.

다음 예제에서는 **유한 모집단**의 고객들이 도착하고 떠나가고 다시 되돌아오는 것을 고려한다. 이러한 종류의 전통적인 시스템의 예는 기계 간섭 혹은 작업자 조작 문제이다. 이 모델에 대한 상세한 분석 및 응용에 대한 논의는 Stecke [1992]에서 발견할 수 있다.

이 상황에서는 몇 대의 기계를 한 작업자가 조작한다. 작업자는 기계 멈춤 혹은 고장을 관리해야 한다. 기계가 고장이 나면 작업자가 다른 기계 조작 서비스하는 것을 완료할 때까지 대기하는 일이 발생한다. 그래서 동일 자원 즉 작업자에 대한 의존성으로 인해 기계 작동 중지는 기계들이 동일 기계집단의 생산성에 **간섭**하게 되는 효과를 미친다.

이 상황은 c = 작업자 수이고 k = 기계 대수인 M/M/c/k/k 대기행렬 모델로 볼 수 있다. 이 특정한 모델에서 시스템의 용량은 도착 모집단의 크기와 동일하다는 것을 유의하기 바란다. 이 시스템에 대해 **개별 기계**의 도착률 λ은 주어져 있다. 이것은 이전에 활용되어온 것과 같은 모집단의 도착률이 아니다. 각 작업자의 서비스율 μ도 필요하다. 이 시스템에 대한 도착률과 서비스율은 다음과 같다.

$$\lambda_n = \begin{cases} (k-n)\lambda & n = 0, 1, 2, \ldots, k \\ 0 & n \geq k \end{cases} \quad \text{(식 8.36)}$$

$$\mu_n = \begin{cases} n\mu & n = 1, 2, \ldots, c \\ c\mu & n \geq c \end{cases} \quad \text{(식 8.37)}$$

그림 8.11에는 작업자가 2명이고 기계 대수가 5인 경우에 대한 상태 전이도를 나타내고 있다. 그래서 이 시스템에서 기계고장이 보다 많이 발생하면 시스템 도착률은 감소하게 된다. 그림에서 상태 0에서 1로의 도착률은 5λ이다. 그 이유는 개별 기계 고장률이 λ인 5대의 기계가

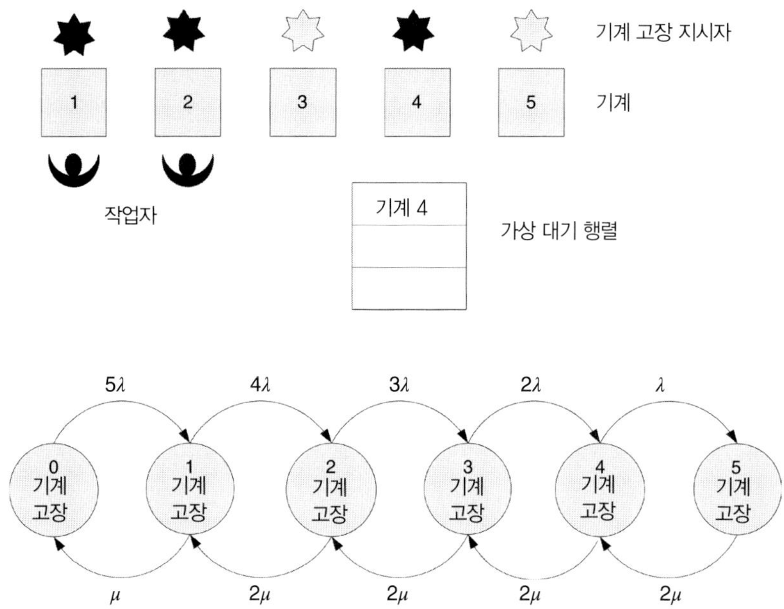

그림 8.11 기계 간섭 문제

있기 때문이다. 시스템에 대한 총 도착률은 5λ가 된다. 보다 많은 기계가 고장이 발생하게 되면 이 도착률은 감소하게 된다. 모든 기계가 고장이 나 있는 경우 시스템에 대한 도착률은 0이 될 것이다.

상태 1에서 0으로의 서비스율은 μ임을 유의하기 바란다. 시스템에 한 기계가 있으면 작업자는 μ의 서비스율로 작업한다. 상태 2에서 1로 서비스율은 2μ가 된다. 그 이유는 고장 난 기계가 두 대가 있어서 두 명의 작업자가 각 기계를 2μ의 서비스율로 작업하기 때문이다. 이 예에는 단지 2명의 작업자만 있기 때문에 최대 서비스율은 상태 2−5에 대해 2μ이다.

시스템 내 고객은 기계임을 유의하기 바란다. 기계가 실제로 대기행렬로 이동하는 것은 아니지만 수리를 받기 위해 가상의 대기행렬에서 작업자를 대기하게 된다. 이 시스템에 대한 예제를 생각해보기로 한다.

예제 8.6 기계 간섭 모델

각 기계는 무작위로 고장이 발생하는 5대의 기계로 이루어진 제조 작업장을 생각해보자. 한 기계는 고장 발생 이전에 평균 10시간 간격의 지수분포만큼 작동한다. 현재 기계를 관리하는 2명의 작업자가 있다. 작업자의 기계 수리 서비스 시간은 평균 4시간의 지수분포를 따른다. 한 작업자는 한 번에 한 대의 기계만을 처리할 수 있다. 작업자의 수보다 많은 기계가 고장이 나면 기계는 다음 작업자가 가용할 때까지 수리를 기다려야 한다. 다음 가용한 작업자를 대기하는 데 FIFO 대기행렬을 형성하게 된다. 비용 효과적인 방식으로 기계 고장 시간을 최소화하기 위해 기계 수리에 요구되는 작업자 수를 결정할 필요가 있다. 기계 고장은 시간당 60달러의 비용이 발생한다고 가정한다. 각 작업자는 기계 수리 작업 여부와 상관없이 시간당 15달러를 받는다.

예제 8.6의 풀이 각 기계의 도착률은 시간당 $\lambda = 1/10$이고 각 작업자의 서비스율은 시간당 $\mu = 1/4$이다. 기계를 담당할 가장 적절한 작업자 수를 결정하기 위해 서비스 기준 혹은 시스템 비용 평가척도가 필요하다. 비용이 주어지면 주어진 시스템 구성에 대한 비용이 얼마인지를 수식화해야 한다.

비용을 계산하는 수식을 만드는 가장 간단한 방법은 시간당 비용과 같은 단위 시간당으로 주어진 시스템 구성에 대한 비용이 얼마인지를 파악하는 것이다. 분명히 시스템의 c명의 작업자 운영비용은 15 × c ($/시간)이다. 문제에서는 각 기계가 고장 시 시간당 60달러 비용이 드는 것으로 기술하고 있다. 기계가 작업자를 기다리고 있거나 한 작업자에 의해 수리를 받고 있으면 기계는 고장 상태에 있다. 그러므로 기계가 대기행렬 시스템에 있으면 고장 상태에 있는 것이다.

대기행렬 평가척도의 의미로 안정 상태의 어느 시점에서 L대의 기계가 고장 상태에 있을 것으로 기대된다. 그래서 안정 상태의 고장 기계의 비용은 시간당 60 × L이다. 안정 상태에서의 시스템의 시간당 기대 운영비용 E[TC]은 다음과 같다.

$$\mathrm{E}[TC] = 60 \times L + 15 \times c \qquad \text{(식 8.38)}$$

그래서 시간당 총 기대비용 E[TC]은 다양한 c 값과 최소비용의 시스템에 의해 평가될 수 있다.

앞에서 언급한 *QTSPlus*를 이용해서 필요한 성과척도를 계산해서 도표로 나타낼 수 있다. *QTSPlus* 소프트웨어 내에서 모델 영역을 복수 서버로 선택하고 나서 마코프 복수 서버의 공간이 없는 유한 용량 대기행렬(*Markov Multi-Server Finite Source Queue without Spares*)을 선택할 수 있다. 그림 8.12는 5대 기계의 단일 서버 경우에 대한 입력 자료를 제시해주고 있다. 소프트웨어는 λ와 μ 대신에 도착 간격 시간 $1/\lambda$ 와 평균 서비스 시간 $1/\mu$을 요구하고 있다.

표 8.3은 분석 결과를 보여주고 있다. 표 8.3에서는 작업자 수가 증가하게 되면 기대비용이 $c = 2$일 때 최소에 근접함을 지적해주고 있다. 작업자 수가 증가함에 따라 기계 가동률이 증가

MARKOV MULTI-SERVER, FINITE-SOURCE QUEUE WITHOUT SPARES
(Machine repair problem with multiple repairmen)
After entering input parameters, press "Solve" button.

Input Parameters:

Mean interarrival time for a single customer (1/λ)	10.	(i.e., Mean time between failures)
Mean time to complete service (1/μ)	4.	(i.e., Mean time to repair)
Number of servers in the system (c)	1	(i.e., Number of repair persons)
Maximum # of units in the system (M)	5	(i.e., Number of repairable units)
Specific time for delay distribution calculation (t)	10.	

Solve

Results:

Combined effective overall mean arrival rate (λ_{eff})	0.2325672
Mean service rate (μ)	0.25
System utilization (ρ_{eff})	93.03%
Fraction of time server is idle (p_0)	0.069731
Expected queue size (Lq)	1.7440589
Expected system size (L)	2.6743278
Expected waiting time in the queue (Wq)	7.4991605
Expected waiting time in the system (W)	11.49916
Probability that an arrival's line delay exceeds t	0.297388

그림 8.12 QTSPlus의 기계 간섭 문제

표 8.3 예제 8.6에 대한 결과

λ	0.10	0.10	0.10	0.10	0.10
μ	0.25	0.25	0.25	0.25	0.25
c	1	2	3	4	5
N	5	5	5	5	5
K	5	5	5	5	5
System	M/M/1/5/5	M/M/2/5/5	M/M/3/5/5	M/M/4/5/5	M/M/5/5/5
L	2.674	1.661	1.457	1.430	1.429
L_q	1.744	0.325	0.040	0.002	0.000
B	0.930	1.336	1.417	1.428	1.429
B/c	0.930	0.668	0.472	0.357	0.286
$E[TC]$	\$175.460	\$129.655	\$132.419	\$145.816	\$160.714
$\overline{MU}$	0.465	0.668	0.709	0.714	0.714

하다가 일정해진다. 기계 가동률은 단순히 고장 나지 않은 기대 기계 수를 총 기계 대수로 나눈 값이다.

$$\text{기계 가동률} = \overline{MU} = \frac{k-L}{k} = 1 - \frac{L}{k} \qquad \text{(식 8.39)}$$

8.4 마코비안이 아닌 대기행렬 및 근사화

지금까지 분석해온 대기행렬은 포아송 도착 과정과 지수분포의 서비스 시간을 가정하였다. 다른 도착 및 서비스 과정에 대해서는 단지 몇 가지 제한된 혹은 근사화된 결과가 가용할 뿐이다. 여기에서 언급해야 할 가치가 있는 두 가지 경우가 있다. 첫 번째 경우는 M/G/1 대기행렬이고 두 번째는 GI/G/c 대기행렬 시스템에 대한 근사법이다. "G"는 임의의 일반 분포를 의미함을 기억하기 바란다. 다시 말해서 결과는 분포의 종류에 상관없이 성립된다. 또한 "GI"는 도착 간격이 독립적이고 동일한 분포를 가진 일반 분포 G의 확률변수의 도착과정을 의미한다.

평균 $E[ST] = 1/\mu$이고 분산이 σ^2인 서비스 시간 분포를 가진 M/G/1 모델에서는 시스템 내 기대 고객 수는 다음과 같다.

$$L_q = \frac{\lambda^2\sigma^2 + r^2}{2(1-r)} + r \qquad \text{(식 8.40)}$$

시스템 내 기대 고객 수에 대한 이 공식에 근거해서 리틀 공식을 이용해서 다른 평가척도 값들을 구할 수 있다. 이 경우 단지 서비스 시간의 평균과 분산값만 필요함을 유의하기 바란다.

GI/G/c 대기행렬의 경우에는 근사식은 Kingman [1964]에 최초로 나타난 GI/G/1에 대한 근사식에 영향을 받아 만들어진 것이다. 단일 서버의 경우 근사식은 다음과 같다.

$$W_q(\text{GI/G/1}) \approx \left(\frac{c_a^2 + c_s^2}{2}\right) W_q(\text{M/M/1}) \qquad \text{(식 8.41)}$$

이 수식에서 $W_q(M/M/1)$은 M/M/1 모델에 대한 기대 대기 시간을 나타내며 c_a^2과 c_s^2는 도

표 8.4 M/G/1과 M/D/1의 결과

모델	모수	L_q
M/G/1	$E[ST] = \dfrac{1}{\mu}$; $\text{Var}[ST] = \sigma^2$; $r = \dfrac{\lambda}{\mu}$	$L_q = \dfrac{\lambda^2\sigma^2 + r^2}{2(1-r)}$
M/D/1	$E[ST] = \dfrac{1}{\mu}$; $\text{Var}[ST] = 0$; $r = \dfrac{\lambda}{\mu}$	$L_q = \dfrac{r^2}{2(1-r)}$

착 시간 간격과 서비스 시간 분포에 대한 분산 제곱 계수를 나타낸다. 확률변수 X에 대해 분산 제곱 계수는 $c_X^2 = \text{Var}[X]/(\text{E}[X])^2$와 같이 주어진다. Whitt [1983]는 대기 네트워크 분석기에 대한 작업을 위한 대기행렬 네트워크 각 노드에서 트래픽 혼잡을 계산하기 위해 다음과 같은 GI/G/c에 대한 유사한 근사식을 사용하였다.

$$W_q(\text{GI/G/}c) \approx \left(\frac{c_a^2 + c_s^2}{2}\right) W_q(\text{M/M/}c) \qquad \text{(식 8.42)}$$

이러한 형태의 대기행렬 근사식에 대한 논의와 추가적인 참고자료를 Whitt [1993]에서 발견할 수 있다.

그래서 GI/G/c 대기행렬에 대한 성능 평가 척도를 근사화하기 위해서 도착 시간 간격과 서비스 시간 분포에 대한 두 가지 모멘트와 GI/G/c 대기행렬 시스템을 위한 대기행렬에서 대기 시간을 계산하는 방법을 필요로 한다. 이 결과들은 대기행렬 시스템 특히 하나 이상의 대기행렬 시스템이 하나의 네트워크로 구성되는 시스템의 경우에 시뮬레이션 모델을 검증하거나 타당성을 확인하는 데 유용하다. 보다 복잡한 상황을 검토하기 이전에 단일 대기행렬 시스템을 시뮬레이트하기 위해 Arena™를 사용하는 것과 관련된 몇 가지 이슈를 검토해야 한다.

8.5 Arena™에서 단일 대기행렬 시뮬레이션

이 절에서는 Arena™를 사용해서 대기행렬 상황을 모델링하는 방법을 제시한다. 기계 간섭 시스템에 대해 모델링하는 방법을 보여줌으로 시작하게 된다. 이 모델의 독특한 특성은 이 모델이 폐쇄형 대기 네트워크를 표현하고 있다는 점이다. 다시 말해서 모델 내의 개체들은 생성되지만 사라지지 않는다. 그리고 나서 어떻게 대기행렬 처리의 단순한 변화가 시뮬레이션의 이용이 필요하게 되는지를 보여주게 될 의료관리 예제를 검토하게 될 것이다.

8.5.1 예제: 기계 간섭 최적화모델

이 절에서는 M/M/c/k/k 기계 간섭 모델을 분석하기 위한 시뮬레이션 모델을 제시하고 있다. 앞 절의 대기행렬 공식이 이 시스템의 성능 평가 척도를 계산하는 데 사용될 수 있지만 단지 시스템에 약간의 변경을 가하더라도 공식은 적용하기 어렵다. Arena™에서 *OptQuest*를 이용할 수 있다. *OptQuest*는 휴리스틱 기반의 시뮬레이션 최적화 능력을 제공하는 Arena™에 대한 하나의 삽입(add-on) 프로그램이다.

이 모델을 개발하기 위해 표준적인 모델링 과정이 사용된다.

- 시스템은 무엇인가? 시스템 관련 정보는 무엇인가?
- 요구되는 성과척도는 무엇인가?
- 개체는 무엇인가? 각 개체에 대해 어떤 정보를 기록하고 기억해야 하는가?
- 개체들이 사용하는 자원들은 무엇인가? 어느 개체가 어느 자원을 어떻게 사용하는가?
- 프로세스 흐름은 어떻게 되는가? 프로세스에 대해 스케치를 하거나 활동 다이어그램을 작성하라.
- 상황에 대한 의사코드를 개발하라.
- Arena^{TM}로 모델을 실행하라.

시스템은 기계와 작업자들로 구성되어 있다. 시스템은 현재 작업자 수, 기계 대수, 기계고장과 관련된 비용, 작업자당 시간비용을 알아야 한다. 그래서 Arena^{TM}에서 비용들은 변수로 작동 시간은 분포 표현식으로, 수리 시간도 분포 표현식으로 표현된다. 예제 8.6에서 기술된 것처럼 시간당 시스템의 총 운영비용을 추정해야 한다. 이것은 고장 상태에 있는 평균 기계 대수를 추정하는 것을 포함한다. 뿐만 아니라 예제 8.6과 일관성을 유지하기 위해 기계 가동률도 추정할 필요가 있다.

이제 이 시스템의 잠재적인 개체 및 자원들을 논의할 수 있다. 작업자는 분명히 시스템의 자원으로 활동한다. 예제 8.6에서처럼 기계는 수리를 받기 위해 가상의 대기행렬에서 기다려야 하기 때문에 가장 자연스러운 개체는 기계이다. 그러나 기계 가동률도 필요하다. 기계는 자원인가 아니면 개체인가? 이 상황에서 시스템에서 실제로 이동해나가는 것에 대해 보다 심도 있게 생각하는 것이 바람직하다. 기계가 작동을 멈추면 수리 작업이 한 작업자에게 배당된다. 수리 작업은 다음 가용한 작업자를 위해 목록상에서 대기한다. 수리 작업이 종료되면 그 기계는

예시 8.1 기계 간섭 모델에 대한 의사코드

```
CREATE 5 jobs
ASSIGN A:
   myType = 1, 1 indicates production job
   vNumInProd = vNumInProd +1
END ASSIGN
PROCESS Production
   SEIZE 1 unit of machine
   DELAY for running time = EXPO(10) hours
   RELEASE 1 unit of machine
END PROCESS
ASSIGN
   myType = 2, 2 indicates repair job
   vNumInProd = vNumInProd -1
   vNumInRepair = vNumInRepair +1
END ASSIGN
PROCESS Repair
   SEIZE 1 unit of Operator
   DELAY for repair time = EXPO(4) hours
   RELEASE 1 unit of Operator
END PROCESS
ASSIGN vNumInRepair = vNumInRepair -1
GOTO A:
```

서비스 상태로 되돌아가고 실제로 생산 작업을 수행한다. 그래서 작업으로써 개체를 모델링하는 것이 개념적인 관점에서 유용하다.

생산 작업은 실행할 기계를 필요로 한다. 수리 작업은 수리를 위한 작업자를 필요로 한다. 이 시스템에서 가능한 최대의 수리 작업 수는 얼마인가? 고장 난 기계 대수는 k개보다 많을 수는 없다. 그래서 수리 작업 수는 k개보다 많을 수 없고, 실행 중인 기계 대수는 k개보다 많을 수는 없다. 기계는 고장 중이거나 실행 중이기 때문에 어느 시점 t에서 다음 관계가 성립한다.

- 기계 대수 = 고장기계 대수 + 실행 중인 기계 대수
- 기계 대수 = 수리 중인 기계 대수 + 생산 중인 기계 대수

작업을 개체로 모델링한다면 기계는 생산 작업에 의해 점유되는 자원으로 모델링할 수 있다. 이렇게 함으로써 Arena^{TM}에서 자원 통계치를 통해 자동으로 기계 가동률을 계산해낼 수

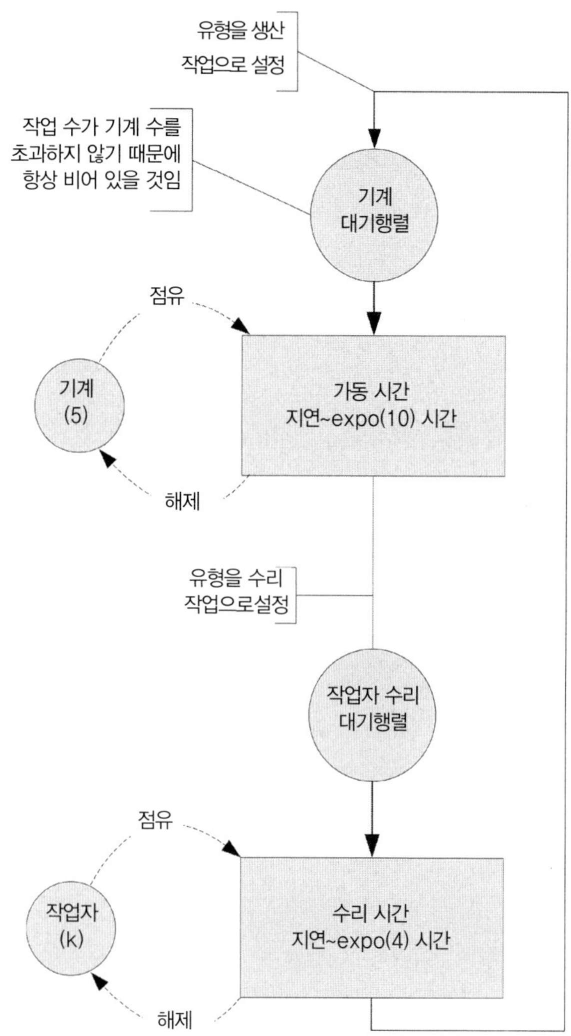

그림 8.13 작업에 대한 활동 사이클 다이어그램

있다.

이제 작업과 관련된 프로세스 흐름을 설명하기로 한다. 작업이 단지 수리와 생산의 두 가지 유형으로 변환되는 것으로 생각하게 되면 한 작업의 생애에 대한 활동 사이클 다이어그램을 개발할 수 있다. 활동 사이클 다이어그램은 개체가 순환하는 활동 흐름 다이어그램의 특별한 형태이다. 그림 8.13에 루프 형태로 나와 있다. 이 경우 "생성(create)"과 "이탈(dispose)" 개념이 없다. 이 개념 모델은 Arena™에 보다 적합한 방식으로 변환되어야 할 것이다.

Arena™ 방식의 의사코드가 예시 8.1에 제시되어 있다. 이 의사코드에서 생산에서 작업 수와 수리에서 작업 수를 추적하기 위해 두 가지 변수가 사용된다. 최초에 5개의 작업이 생성된다. 그리고 작업의 유형이 생산 작업으로 지정되고 생산 프로세스(SEIZE, DELAY, RELEASE)를 거쳐 나아간다. 생산 작업이 종료되면 기계는 수리가 요구된다. 작업이 수리 작업으로 지정되면 작업을 수리 프로세스를 거쳐 나아간다. 수리 작업이 종료된 후에 생산 작업으로 되돌아간다. 이 개념들은 이제 Arena™로 변환 가능하다.

Arena™ 모델 구축은 의사코드를 그대로 따르고 있다. 완성된 모델은 이 장에 연결된 파일 *Ch8-MMcck-Example.doe*에 제시되어 있다. 먼저 그림 8.14와 그림 8.15에 제시된 것처럼 모델에서 개체, 변수, 표현식 및 자원을 정의해야 한다. 다음에는 그림 8.16에 나타난 것처럼 모델의 흐름 모듈들을 연결시켜야 한다.

Resource - Basic Process

	Name	Type	Capacity
1	Machines	Fixed Capacity	5
2	Operators	Fixed Capacity	1

Entity - Basic Process

	Entity Type	Initial Picture
1	ProdJob	Picture.Green Ball
2	RepairJob	Picture.Red Ball

그림 8.14 개체 및 자원 데이터 모듈

Variable - Basic Process

	Name	Rows	Columns	Data Type	Clear Option	Initial Values	Report Statistics	
1	RepairCost			Real	System	1 rows		60
2	RPCost			Real	System	1 rows		15
3	vNumInProd			Real	System	0 rows		
4	vNumInRepair			Real	System	0 rows		

Expression - Advanced Process

	Name	Rows	Columns	Expression Values	
1	eRunningTime			1 rows	EXPO(10)
2	eRepairTime			1 rows	EXPO(4)

그림 8.15 변수 및 표현식 모듈

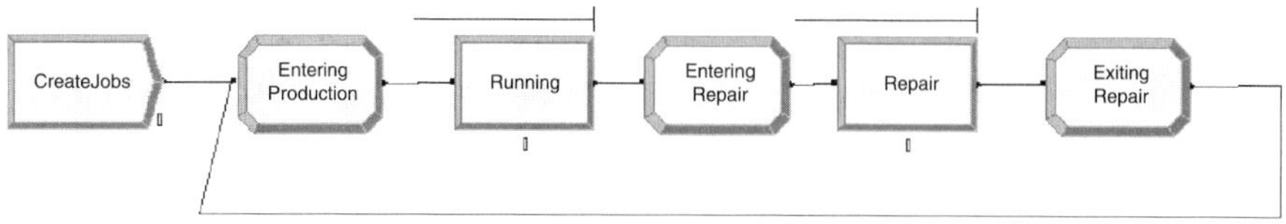

그림 8.16 기계 간섭 흐름도 모듈

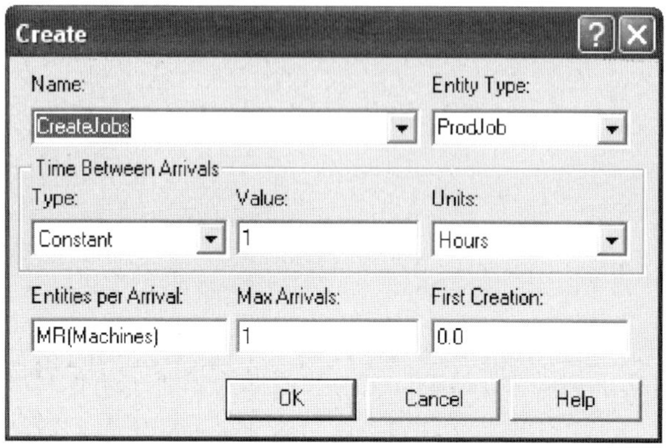

그림 8.17 기계 간섭 모델에 대한 CREATE 모듈

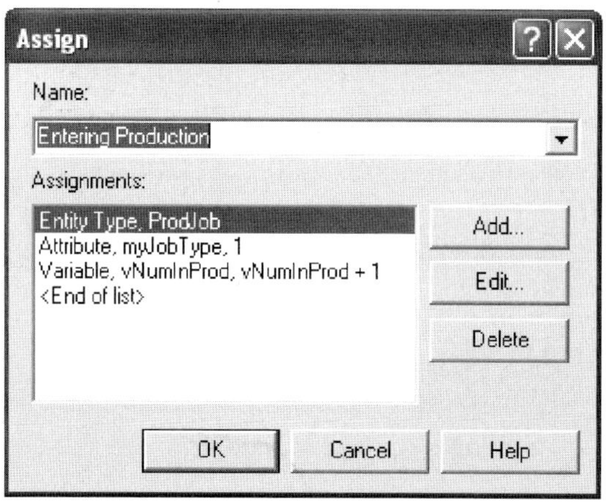

그림 8.18 기계 간섭 모델에 대한 ASSIGN 모듈

그림 8.17에서는 CREATE 모듈은 정의된 기계 대수에 따라 달라짐을 지적해주고 있다. 시간 0.0에 MR(Machines)만큼의 작업 수를 생성하고 CREATE 모듈은 종료된다. MR(자원 이름)은 현재 활동 중인 자원 수를 반환해주는 Arena^{TM}의 특수 목적의 함수이다. 항상 실행 가능한 최대 기계 대수만큼인 MR개의 작업이 생성된다. 5대의 기계에 대해 5개의 작업이 있다. 이 로직은 시스템이 시뮬레이션 시작과 더불어 생산 작업에 모든 기계가 투입되는 것을 가정하고 있다. 이것은 그림 8.18은 작업의 종류를 지정하고 현재 생산 작업 수를 계수하기 위한 ASSIGN 모듈을 보여주고 있다.

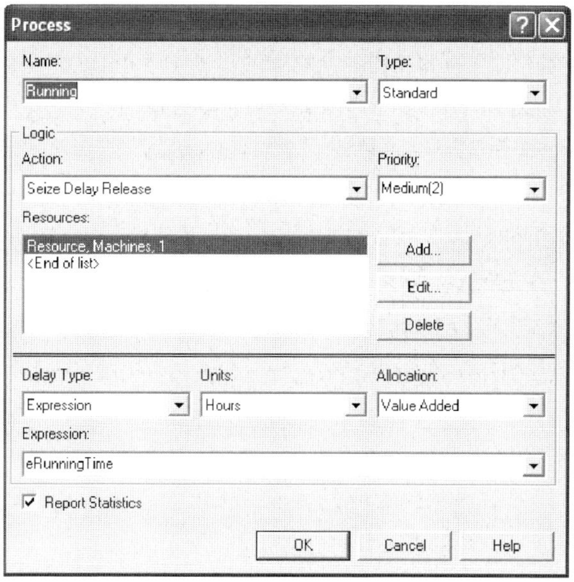

그림 8.19 기계 작업 시간에 대한 PROCESS 모듈

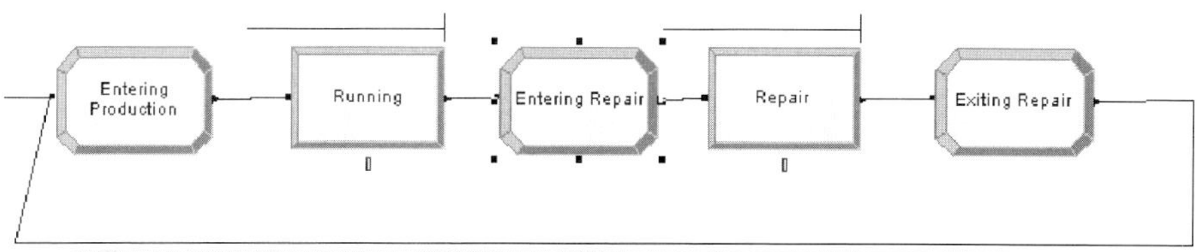

Assignments

	Type	Variable Name	Attribute Name	Entity Type	New Value
1	Entity Type	Variable 1	Attribute 1	RepairJob	1
2	Attribute	Variable 2	myJobType	Entity 1	2
3	Variable	vNumInProd	Attribute 3	Entity 1	vNumInProd - 1
4	Variable	vNumInRepair	Attribute 4	Entity 1	vNumInRepair + 1

그림 8.20 유입 수리 작업 ASSIGN 모듈

생산 작업이 기계에 진입하면 생산 작업 수가 증가한다. PROCESS 모듈은 그림 8.19에 제시한 것처럼 기계 작업 실행에 대한 SEIZE, DELAY, RELEASE 로직을 실행하는 데 사용된다. 기계가 실행 시간을 종료한 후 그림 8.20에 제시한 것처럼 생산 작업은 수리 작업으로 전환되어 시스템 내 수리 작업 수가 증가한다. 마지막으로 그림 8.21과 그림 8.22에 나타난 것처럼 수리 작업이 이루어지고 나서 수리 작업 수가 감소하게 된다.

시간당 총비용을 수집하기 위해 그림 8.23처럼 OUTPUT 통계치가 정의되어야 한다. 변수 RPCost는 작업자의 시간당 비용(예, \$15/시간)을 정의하는 데 사용된다. 뿐만 아니라 수리 비용은 초기 비용 \$60/고장기계의 *RepairCost* 변수로 표현된다. 통계치 *HourlyCostStat*은 수식 $E[TC] = 15 \times c + 60 \times L$을 나타낸다.

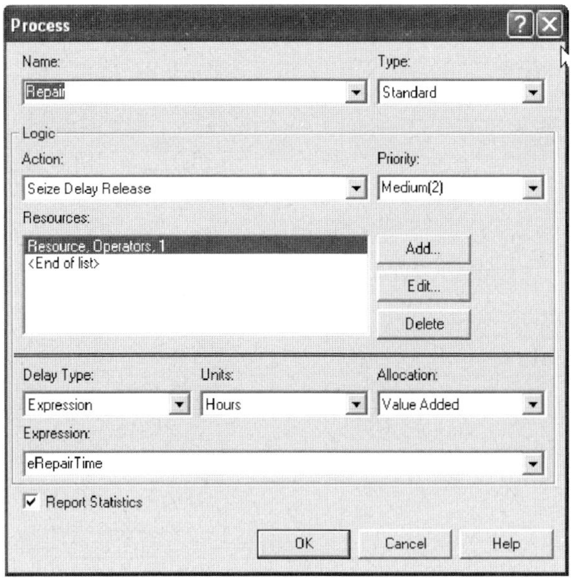

그림 8.21 수리 PROCESS 모듈

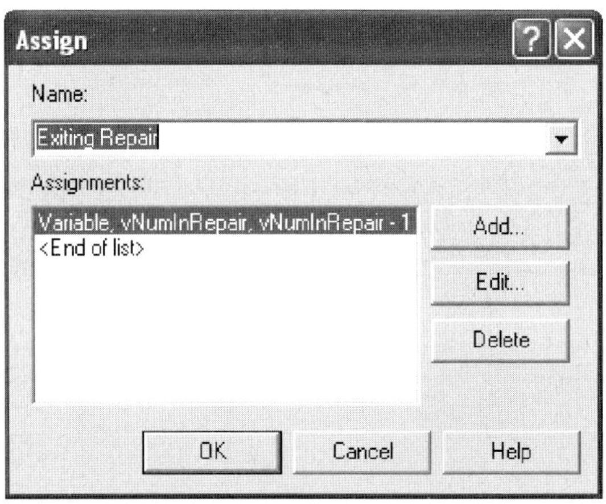

그림 8.22 유출 수리 작업 ASSIGN 모듈

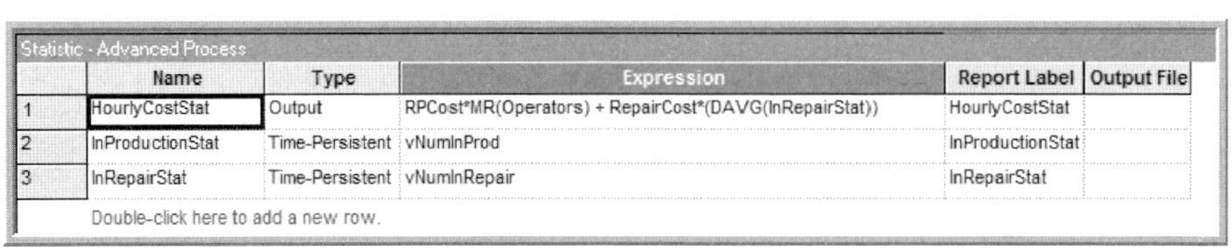

Statistic - Advanced Process

	Name	Type	Expression	Report Label	Output File
1	HourlyCostStat	Output	RPCost*MR(Operators) + RepairCost*(DAVG(InRepairStat))	HourlyCostStat	
2	InProductionStat	Time-Persistent	vNumInProd	InProductionStat	
3	InRepairStat	Time-Persistent	vNumInRepair	InRepairStat	

Double-click here to add a new row.

그림 8.23 시간당 총비용 정의

Time Persistent

	Average	Half Width
InProductionStat	2.3250	0.00
InRepairStat	2.6750	0.00

Output

Output

	Average	Half Width
HourlyCostStat	175.50	0.17

Instantaneous Utilization

	Average	Half Width
Machines	0.4650	0.00
Operators	0.9302	0.00

Number Busy

	Average	Half Width
Machines	2.3250	0.00
Operators	0.9302	0.00

그림 8.24 1명의 작업자와 5대 기계인 경우의 결과

그림 8.24는 1명의 작업자 5대의 기계인 경우에 대한 결과를 보여주고 있다. 통계치는 대기행렬 분석 결과와 상당히 일치한다. 이 결과는 2,000시간의 워밍업 기간을 가지고 12,000시간의 반복 시간 동안 21회 반복 실험한 결과이다.

8.5.2 기계 간섭 모델에 OptQuest[4] 사용

앞 장에서 본 것처럼 이 시스템에 대한 기대 총비용은 Arena^{TM}의 프로세스 분석기로 쉽게 평가할 수 있다. 프로세스 분석기의 사용은 연습문제로 남겨두었다. 대신 Arena^{TM}의 *OptQuest*를 활용할 것이다.

모델 구축 과정을 따라 진행하고 있다면 당신이 구축한 모델이 열려 있음을 확인하고 *Tools* > *OptQuest for* Arena^{TM}로 이동하기 바란다. *OptQuest*가 열리고 이미 형성된 최적화 실행을 탐색할 것인지 새로운 최적화 실행을 시작할 것인지를 묻는 대화상자가 나타날 것이다. 새로운 최적화 실행 버튼을 선택하면 *OptQuest*는 열려 있는 모델을 읽어 새로운 최적화 실행을 시작하게 되는데(그림 8.25), 모델의 크기에 따라 수초가 걸릴 수도 있다. *OptQuest*는 몇 가지 측면에서 프로세스 분석기와 유사하다. 모델에 제어 변수와 반응값을 정의할 수 있게 해준다. 다양한 제어변수하에서 시스템을 평가하는 데 사용되는 최적화 함수를 개발할 수 있다. 뿐만 아니라 최적화 모델에 대한 최종적으로 제안될 해에 의해 위반해서는 안 되는 제약식들을 지정할 수 있다. 시뮬레이션 최적화 및 이 기법의 모든 세부 내용을 설명하는 것은 이 문제의 범위를 넘어서는 것이다. 관심 있는 독자들은 이 기법에 대해 보다 상세한 정보를 얻기 위해서는 April 등[2001]과 Glover 등[1999]을 참조하기 바란다. 이 예제에서는 단순히 이 기법의 활용 가능성을 보여줄 뿐이다. *OptQuest* 사용에 대한 튜토리얼은 *OptQuest* 도움말에서 얻을 수 있다.

[4] OptQuest의 사용은 Arena^{TM}의 전문가 라이선스를 필요로 함

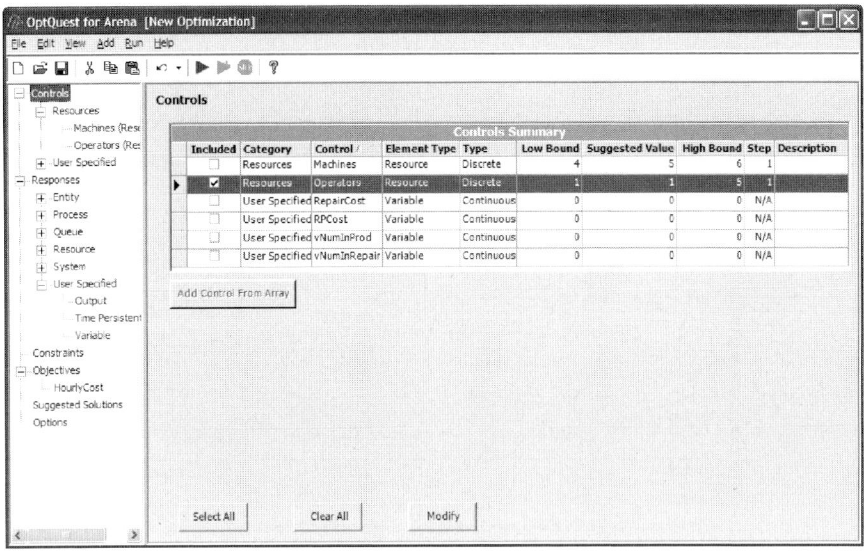

그림 8.25 Arena™용 OptQuest

제어변수를 사용해서 작업자 자원을 더블클릭해서 제어변수값의 범위를 1과 10으로 상·하한값을 지정한다. 이것은 *OptQuest*가 잠재적인 해를 찾기 위해 탐색하는 범위를 지정한다. 제어변수는 최적화 모델에서 의사결정변수로 작용한다. 그리고 반응값 영역에서 모델에 *HourlyCostStat*를 선택해서 포함시킨다. 마지막으로 목적함수를 설정해야 한다.

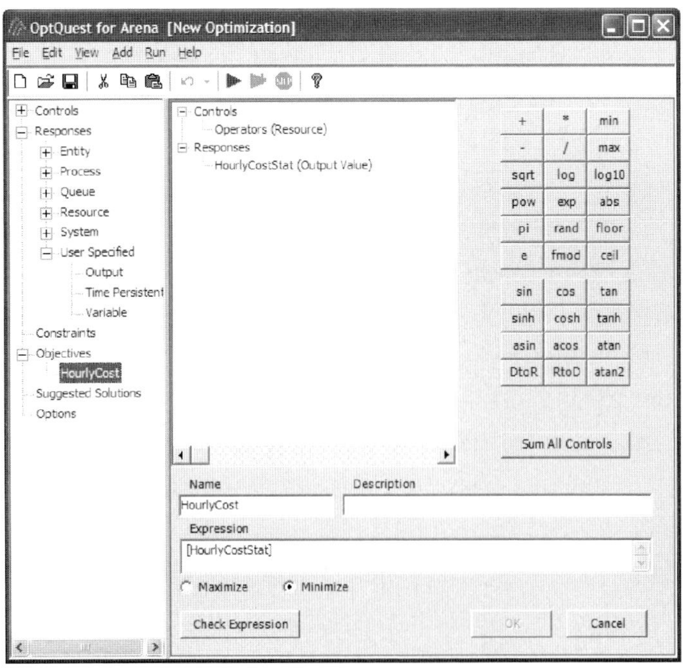

그림 8.26 OptQuest에서 목적함수 설정

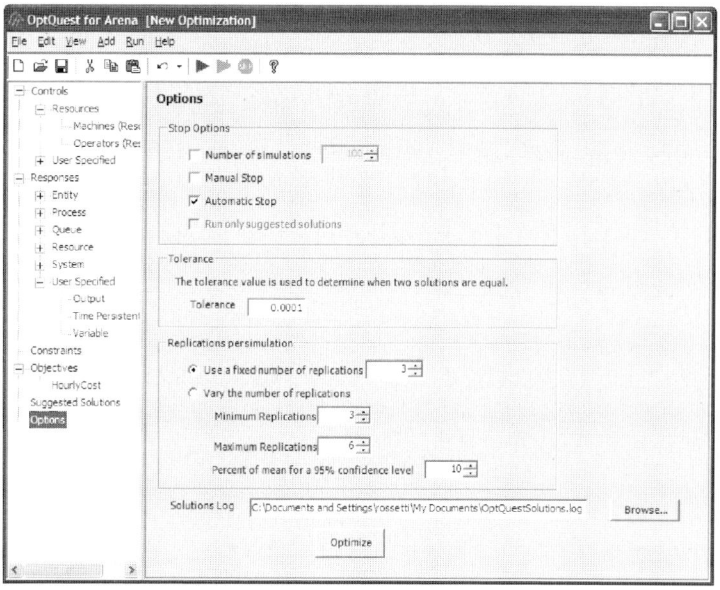

그림 8.27 OptQuest 최적화 옵션

*OptQuest*에서는 최적화 모델에 포함된 제어변수와 반응값을 사용해서 목적함수를 구축한다. 여기에서는 목적함수가 매우 단순하다. 그림 8.26에 나타난 것처럼 반응값 *HourlyCostStat*가 선택된다. 보다 일반적인 목적함수는 *OptQuest*의 목적함수 편집 기능을 이용해서 쉽게 구축할 수 있다. 목적함수는 *OptQuest*가 탐색의 방향을 결정하는 데 사용된다.

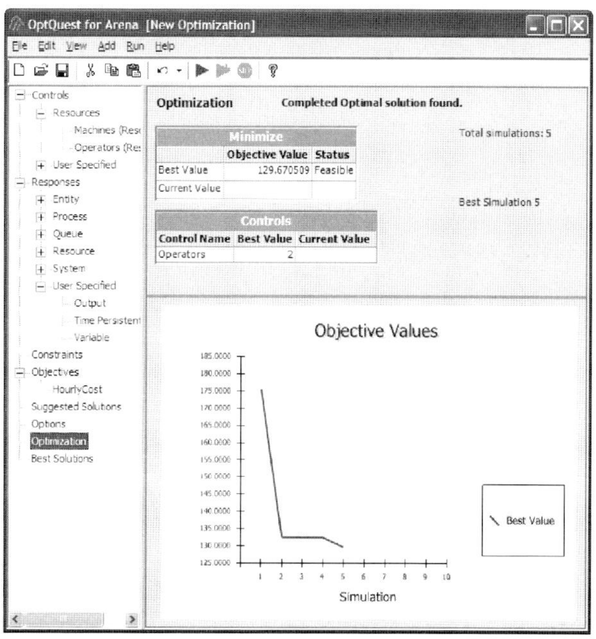

그림 8.28 OptQuest 탐색결과

*OptQuest*는 각 의사결정변수가 결합된 상황에 대해 다수의 반복실험을 실행하는 데 지능형 탐색 기법을 채용하고 있다. *OptQuest*는 목적함수를 평가해서 그 값을 최소 혹은 최대화하기 위해 의사결정변수에 대한 새로운 값을 결정하게 된다(그림 8.27). *OptQuest*는 여러 가지 메타 휴리스틱(주로 타부 탐색기법에 기반: Glover와 Laguna [1997] 참조)을 사용해서 탐색 방향을 결정한다.

OptQuest 최적화 선택 탭에서는 *OptQuest*가 반복실험 횟수에 대한 통제를 위해 통제 모수들을 지정하게 된다. 이 단순 탐색을 위해서는 기본 설정을 사용하였다. 삼각형 모양의 버튼을 눌러 탐색을 실행한다. 매 시뮬레이션 실행에서 탐색의 진행 상황을 표시해주는 그림을 볼 수 있다(그림 8.28). 이 그림에서 *OptQuest*는 분석적인 결과에서 나타난 2명의 작업자인 해가 최적해임을 추천하고 있다. 일단 최적해를 발견하게 되면 *OptQuest*의 해 정선 탭을 활용하던가 아니면 최선의 시스템을 통계적으로 분석하기 위해 프로세스 분석기를 활용할 수 있다. 이 예제는 *OptQuest*의 기능들을 충분히 탐색하기에는 너무 단순하다. 11장에서 보다 복잡한 문제를 논의할 때 *OptQuest*의 활용에 대해 다시 논의하게 될 것이다.

8.5.3 개체의 초기 거절 및 중간 이탈 모델링

예제 8.7은 분석적인 해를 쉽게 얻을 수 없는 대기행렬 상황을 모델링하는 예를 보여준다. 이 상황은 상이한 우선순위, 상이한 서비스 시간을 가진 다수의 고객 유형을 가지고 있고 한 가지 고객 유형은 시스템에서 중간 이탈할 의지(혹은 능력)가 있다.

예제 8.7 외래 건강 클리닉

외래 건강 클리닉의 관리자는 작업을 분석한 후 환자를 고우선순위(긴급한 의료 처치 필요), 중간 우선순위(표준적인 의료 처치 필요) 그리고 저우선순위(긴급하지 않은 의료처치 필요)의 3가지 유형으로 분류하였다. 관심 있는 기간의 전형적인 날에 시간당 15명의 환자가 도착하는데 고우선순위가 25%, 중간 우선순위가 60%, 나머지가 저우선순위이다. 관리자는 클리닉에서 환자들의 대기 시간에 관심이 많다. 환자들은 클리닉에 도착하면 간호사에 의해 2~3분 후에 3가지 유형 중 하나로 선별된다. 그리고 우선순위에 따라 대기행렬에서 대기하게 된다. 보다 높은 우선순위의 환자는 낮은 우선순위의 환자보다 앞에 서게 된다. 동일한 우선순위의 환자는 선입선출 방식으로 서게 된다. 고객 서비스 시간은 분포는 다음과 같다.

우선순위	서비스 시간 분포(분)
고(high)	Lognormal(38, 8)
중간(medium)	Triangular(16, 22, 28)
저(low)	Lognormal(12, 2)

클리닉에는 관심 구간에 환자를 보는 4명의 의사가 있다. 설문 결과는 서비스를 대기하는 고객이 10명을 넘어서면 도착하는 저우선순위 환자는 선별 이전에 초기 이탈한다고 한다. 마지막으로 긴급하지 않은(저우선순위) 환자들은 선별 이후에 15 ± 5분 이상 기다리게 되면 중간

이탈할 수도 있다. 즉, 저우선순위 환자들은 클리닉에 들어와서 의사를 기다리다가 15 ± 5분 이상 기다리게 되면 서비스를 받지 않고 줄을 이탈해서 떠나간다. 클리닉에서는 다음 사항을 추정하고자 한다.

(*a*) 각 환자 유형별 시스템 체류 시간

(*b*) 저우선순위 환자가 초기 이탈(balk)할 확률

(*c*) 저우선순위 환자가 중간 이탈(renege)할 확률

(*d*) 의사 대기행렬에서 대기하는 고객 수 분포

예제 8.7에 대한 풀이 이 문제에서 시스템은 3가지 유형의 환자를 서비스하는 의사들과 등급 선별 간호사를 포함하는 외래 클리닉이다. 시스템에서는 환자 도착 방식(도착 간격 분포), 환자 유형 분류 방식, 선별 시간, 환자 유형별 서비스 시간 그리고 저우선순위 환자가 이탈하기 전 기꺼이 기다리는 시간을 알아야 한다.

환자의 유형을 결정하기 위해서는 이산형 분포(DISC)가 사용될 수 있다. 서비스 시간 분포는 환자 유형에 따라 다르며 그림 8.29에 나타난 것처럼 배열형의 EXPRESSION에서 쉽게 정의될 수 있다. DISC()분포에서 1은 고우선순위를 2는 중간 우선순위를 3은 저우선순위를 나타낸다. 뿐만 아니라 저우선순위 환자들에 대한 초기 이탈 기준을 알아야한다. 이 정보는 그림 8.30에 제시된 것처럼 변수로서 모델링될 수 있다.

이 모델의 개체는 환자이다. 환자는 특정 유형에 따라 발생되어 시스템에 유입되고 시스템을 빠져나간다. 그래서 환자에 대한 핵심 속성은 환자의 유형이다. 뿐만 아니라 요구되는 성능 평가 척도인 시스템 내 총 체류 시간을 계산할 수 있도록 환자의 도착 시간이 저장되어야 한다.

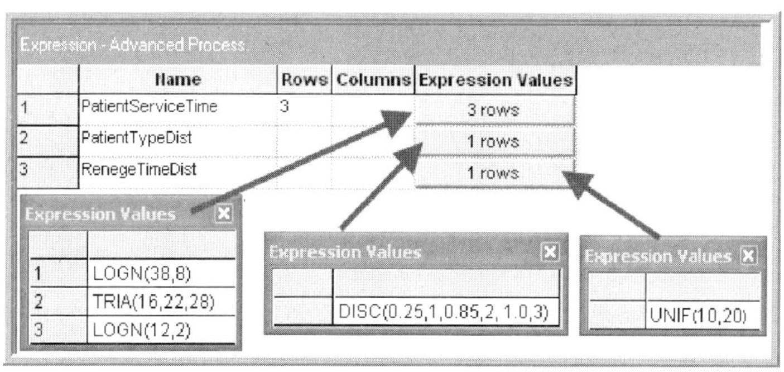

그림 8.29 외래 클리닉 모델을 위한 표현식

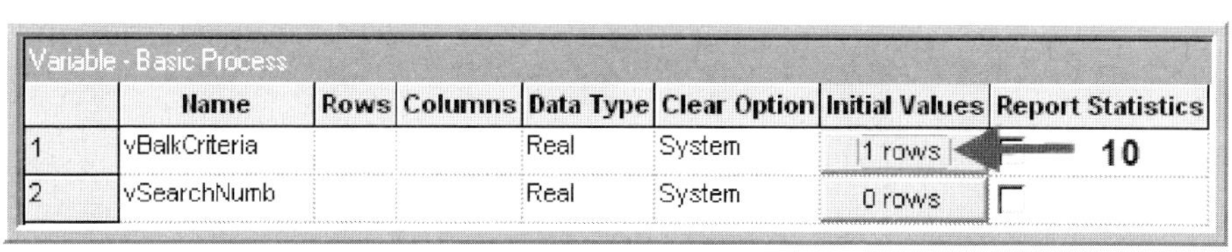

그림 8.30 외래 클리닉 모델의 변수 모듈식

예시 8.2 외래 클리닉을 위한 의사코드

```
CREATE patients
ASSIGN myType = PatientTypeDist
DECIDE
  IF (myType == 3) and (NQ(Doctor's Q) ≥ vBalkCriteria) THEN
    RECORD balk
    DISPOSE patient
  ELSE
    SEIZE 1 unit of triage nurse
    DELAY for UNIF(2,3) minutes
    RELEASE 1 unit of triage nurse
    Handle reneging patients
    SEIZE 1 unit of Doctors
    DELAY for service based on patient type
    RELEASE 1 unit of Doctors
    RECORD patient's system time
    DISPOSE
  END IF
END DECIDE
```

이 시스템에는 1명의 간호사와 4명의 의사라는 두 가지 자원이 있다.

이 시스템의 프로세스 흐름은 예시 8.2에 나타난 것처럼 저우선순위 환자의 중간 이탈을 제외하고는 직선적이다. 의사코드에서 환자가 생성되고 유형이 할당된다. 환자 유형이 저우선순위이고 의사 대기행렬이 너무 길다면 저우선순위 환자는 초기 이탈한다. 그렇지 않으면 환자는 간호사에 의해 등급이 결정된다. 등급 결정 후에 환자는 중간 이탈에 도달하거나 의사의 서비스를 받기까지 의사 대기행렬에서 대기한다. 의사가 환자를 서비스하면 통계치를 기록하고 환자는 시스템을 떠난다.

Arena^{TM}에서 환자의 중간 이탈을 모델링하는 데는 추가적인 노력이 요구된다. 직접 중간 이탈을 다루는 "마술적인" 대화상자 혹은 모듈은 없다. 이 문제에 기술된 중간 이탈에 대한 모델링의 핵심은 Arena^{TM}에서 개체를 어떻게 처리하는지를 기억하는 것이다. 특히 4장에서 기술한 것처럼 개체가 이동하지 않으면 아무런 로직도 실행되지 않는다. 뿐만 아니라 대기행렬에 머무르는 개체는 더 이상 이동하지 않음을 알아야 한다. 그래서 대기행렬에 있는 개체는 스스로 대기행렬에서 나갈 수 없다. 이것이 어려움을 제공하기도 하지만 또한 문제에 대한 해결책을 줄 수도 있다.

만일 저우선순위 환자를 나타내는 개체가 대기행렬에서 스스로 빠져나가지 못한다면 다른 개체가 이탈 작업을 수행해줘야 한다. 시스템 내 다른 개체는 다른 환자이며 이들이 중간 이탈 환자를 제거하도록 하는 것은 비현실적이고 비논리적이다. 그래서 중간 이탈 환자의 대기행렬에서 제거를 실행하기 위해 다른 가상의 논리적인 개체를 발생시킬 필요가 있다는 결론을 내릴 수가 있다.

이미 학습한 대로 개체를 생성하는 방법은 CREATE와 SEPARATE의 두 가지 모듈이 있다. 환자가 중간 이탈하는 것과 관련해서 아무런 패턴이 존재하지 않기 때문에 중간 이탈을 실행할 1차적인 후보 모듈로 SEPARATE를 사용할 수 있다. SEPARATE 모듈은 기존 개체를 가지고 특정 개수의 복제품을 생성하는 데 사용됨을 기억하기 바란다. 이제 정답은 분명하다. 저우선순위 환자들은 대기행렬에 들어가지 전에 스스로 복제해야 한다. 복제품은 서비스가 너무 늦어지는 경우 대기행렬로부터 기존 개체의 이탈시키는 책임을 갖게 될 것이다.

그림 8.31은 활동 다이어그램 형태로 중간 이탈을 모델링하기 위한 아이디어를 보여주고 있다. SEPARATE 모듈을 사용해서 환자개체는 의사 대기행렬에 들어가기 전에 복제될 수 있다. 이제 두 개의 흐름이 병행해서 실행되는 것으로 개념화될 수 있다. 원래 개체는 의사 대기행렬로 들어간다. 대기행렬에 들어가면 개체는 비활동적인 개체가 되고 이동을 멈추고 사건 스케줄러에게 통제권을 되돌려준다. 이 시점에서 복제개체는 이동을 시작한다.

시뮬레이션에서 실제 시뮬레이션 시간이 진행되지 않는다. 복제 개체는 중간 이탈 이전 시간을 나타내는 대기 모듈로 들어간다. 이것은 시간 경과를 나타내는 사건을 스케줄링해주고 복제 개체가 진행을 멈추도록 해준다. 사건 스케줄러는 다른 개체들이 자신의 흐름을 따라 진행하도록 해준다. 다른 개체 중의 하나는 원본 환자개체이다. 복제품이 시간경과를 마무리하기 전에 원본 개체는 이동을 시작하고 대기행렬에서 빠져나오면 의사 자원에 의해 자동으로 대기행렬에서 나와 처리가 시작될 것이다. 원본 개체가 대기행렬을 이탈하기 전에 복제 개체의 시간 경과가 마무리되고 복제 개체가 활동적인 개체가 되면 대기행렬에서 원본 개체를 제거시키고 자신은 소멸되기 위해 진행한다. 복제 개체가 대기행렬에서 원본 개체를 찾지 못하면 원본 개체는 이미 처리가 되어 나간 것이어서 복제 개체는 단순히 소멸되게 된다. 이것은 환자가 언제 중간 이탈을 할 것인지에 대해 자명종 시계를 설정하는 것과 같다고 생각하라. 이 아이디어를 Arena^{TM}에서 표현하기 위해서는 SEPARATE, SEARCH 그리고 REMOVE 모듈을 사용할

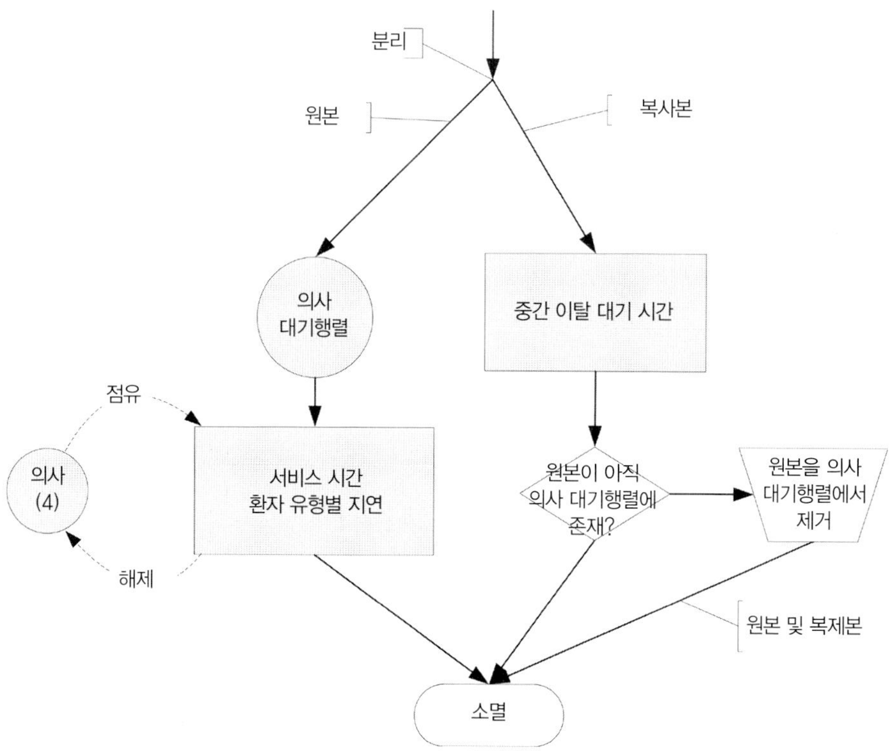

그림 8.31 고객 중간 이탈(reneging)을 모델링하기 위한 활동 다이어그램

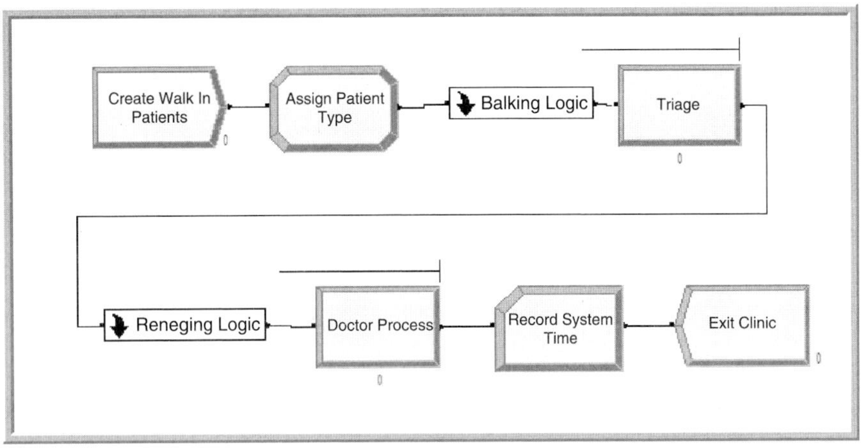

그림 8.32 외래 클리닉 모델의 개요

Assignments

	Type	Attribute Name	Other	New Value
1	Attribute	myArrivalTime	J	TNOW
2	Attribute	myType	J	PatientTypeDist
3	Other	Attribute 3	Entity.Type	MEMBER(PatientTypeSet,myType)
4	Other	Attribute 4	Entity.Picture	MEMBER(EntityPictureSet,myType)

Double-click here to add a new row.

그림 8.33 환자 유형 지정

Queue - Basic Process

	Name	Type	Attribute Name	Shared	Report Statistics
1	Triage.Queue	First In First Out	Attribute 1	☐	☑
2	DoctorProcess.Queue	Lowest Attribute Value	myType	☐	☑

Double-click here to add a new row.

그림 8.34 QUEUE 모듈 사용한 환자 대기 우선순위 지정

필요가 있다. Arena™로 된 전체 모델을 살펴보기 바란다.

그림 8.32는 앞에서 논의된 의사코드를 잘 반영해서 구축된 외래 클리닉 모델의 개요를 제공해주고 있다. CREATE 모듈은 평균 6분의 지수분포인 도착 간격 시간을 포함하고 있다. 다른 ASSIGN 모듈은 단순히 도착 시각과 환자 유형을 지정하고 각 환자 유형에 따라 개체 종류 및 개체 그림을 변경시킨다. 이것은 그림 8.33에 나타나 있다.

등급 결정(Triage) 및 의사 작업 PROCESS 모듈은 이전의 많은 모델과 유사하게 완성되었다. 환자 유형별 우선순위를 실행하기 위해서는 QUEUE 모듈이 사용된다. 이 경우 그림 8.34에 본 것처럼 *myType* 속성에 최저값 속성치를 설정하여 사용한다. 이 모델 구축을 시도해보고

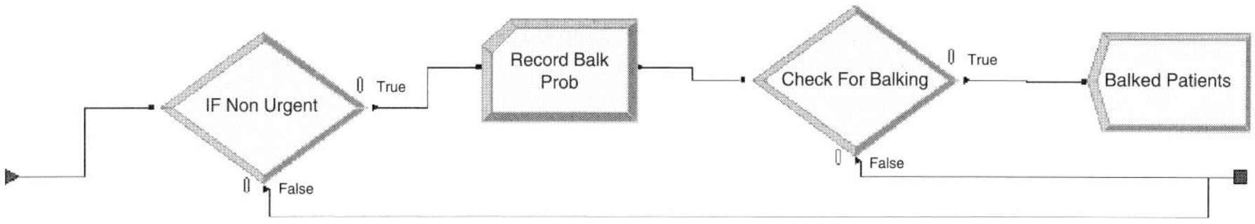

그림 8.35 초기 이탈(balking) 로직 하위모델

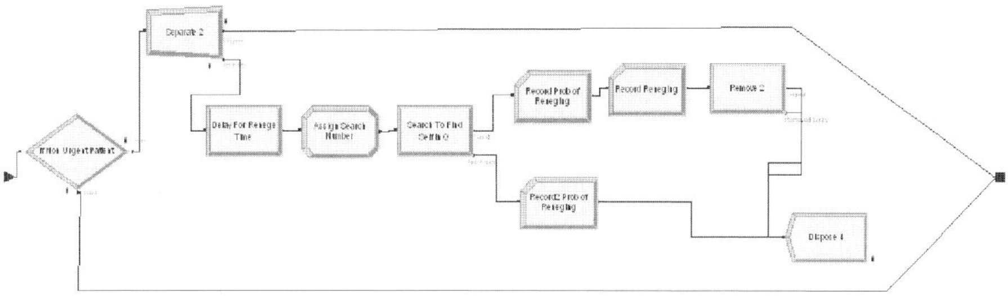

그림 8.36 중간 이탈(reneging) 로직 하위모델

상세한 내용을 위해서는 제공된 Arena^{TM} 파일을 조사해보기 바란다.

초기 이탈과 중간 이탈 로직은 두 개의 다른 하위모델에 구축되어 있다. 초기 이탈은 단지 긴급하지 않은 환자에 대해서만 일어나기 때문에 환자의 유형을 먼저 확인해야 한다. 환자 유형이 긴급하지 않은 유형이라면 *NQ*(*DoctorProcess.Queue*) ≥ *vBalkCriteria*라는 표현식에 따라 초기 이탈 여부가 기록된다. 이 표현식은 참이면 1로 거짓이면 0으로 평가된다. 그래서 초기 이탈 확률이 추정될 수 있다. 이제 실제로 초기 이탈하는 환자는 소멸된다(그림 8.35).

중간 이탈 로직은 보다 복잡하다. 그림 8.36은 중간 이탈을 위한 하위모델 로직 개요를 보여주고 있다. 긴급하지 않은 환자인지를 확인하기 위해 환자 유형을 확인한다. 그러한 경우 개체는 SEPARATE 모듈로 이동해서 원본 개체는 의사 대기행렬로 이동하기 위해 하위모델을 빠져나간다. 그리고 복제 개체는 중간 이탈 이전 시간 기간을 계획하는 DELAY 모듈로 이동한다. 중간 이탈 시간 경과가 종료되면 ASSIGN으로 들어가 변수 *vSearchNumber*를 *Entity.SerialNumber*와 동일하게 설정하게 된다. *Entity.SerialNumber*는 개체가 생성될 때 부여된 고유한 번호임을 5장으로부터 기억하기 바란다. 원본 개체가 SEPARATE에 의해 복제될 때 복제 개체도 동일한 번호가 부여된다. SEARCH 모듈은 뱃치, 대기행렬, 표현식을 특정한 결과에 대해 탐색을 수행하게 된다.

그림 8.37에 제시된 것처럼 *DoctorProcess.Queue*의 첫 열(1)부터 마지막 열(NQ)까지 탐색한다. 탐색은 *vSearchNumber* = = *Entity.SerialNumber*가 되는 첫 번째 개체까지 이루어진다. 탐색 조건이 참이 되면 전역변수 *J*는 조건을 만족하는 개체의 대기행렬에서의 순서번호를 설정한다. 그래서 SEARCH 모듈이 완료된 후 *J*값은 개체가 발견되었는지를 확인하는 데 사용된다. $J > 0$이면 개체가 발견된 것이고 $J = 0$이면 개체가 발견되지 않은 것이다. SEARCH 모듈은 두 개의 출구를 가지고 있는데, 하나는 탐색 작업이 성공적인 경우이고 다른 하나는 실패

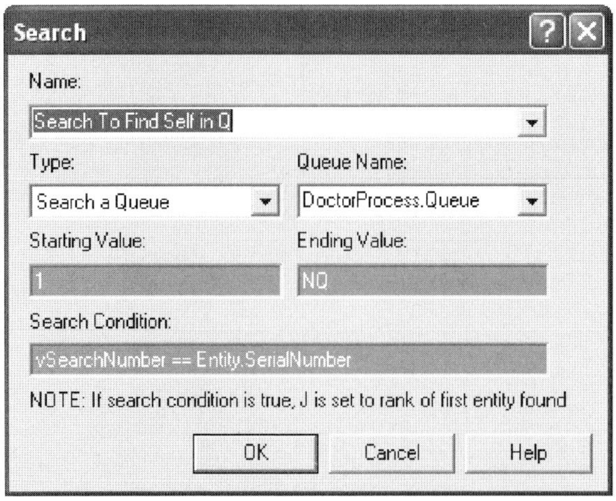

그림 8.37 중간 이탈 로직을 위한 SEARCH 모듈

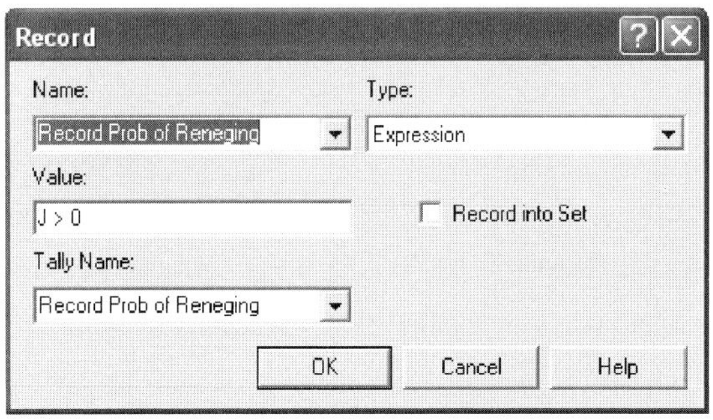

그림 8.38 중간 이탈 발생 여부 기록

한 경우이다. 개체가 발견되지 않으면 원본 개체가 대기행렬에 더 이상 없기 때문에 복제 개체는 단순히 소멸된다. 개체가 발견되면 대기행렬에서 적합한 개체를 제거하기 위해 REMOVE 모듈에서 *J* 변수를 사용한다. SEARCH 모듈에서 출구가 중간 이탈이 있었는지를 나타내는 사실을 기록하기 위해 두 개의 경로에 각각의 RECORD 모듈을 사용한다. 그림 8.38에서처럼 중간 이탈 확률을 수집하기 위해 위 RECORD 모듈에는 1값을 아래 모듈에는 0값을 기록한다.

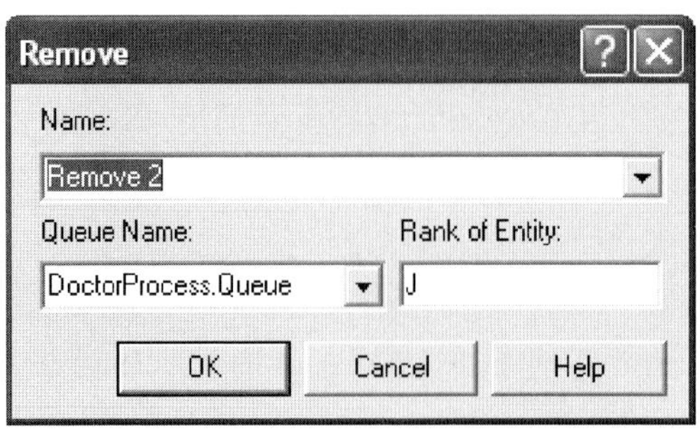

그림 8.39 중간 이탈 개체를 제거하기 위한 REMOVE 모듈

Tally

Expression	Average	Half Width
Record Balk Prob	0.00222222	0.00
Record Prob of Reneging	0.2884	0.07

그림 8.40 외래 클리닉 예제 출력결과

그림 8.39에 나타난 것처럼, 만일 $J > 0$이면 J번째 개체가 *DoctorProcess.Queue*에서 제거된다. 모델의 나머지 부분은 상대적으로 단순하기 때문에 직접 대화상자들을 탐색해보기 바란다.

클리닉은 아침 8시에 열고 오후 6시에 닫는 것으로 가정하여 30회 반복실험을 해서 나온 결과를 그림 8.40에 제시하였다. 긴급하지 않은 환자가 중간 이탈을 할 확률이 29%로 상대적으로 높게 나타났다. 이 시스템의 다른 성능 평가 척도 측면에서 볼 때 수용하기 어려울 수도 있다. 독자들은 의사 대기행렬에서 대기하는 고객 수에 대한 통계치를 수집하기 위한 실행을 포함해서 연습 문제에서 보다 탐색해보기를 권한다.

초기 이탈 및 중간 이탈을 포함한 대기행렬 시스템에 대해 일부 분석적인 작업이 진행되어 왔지만 보다 복잡한 상황이나, 보다 실제적인 상황의 대기행렬 시스템에 대해서는 시뮬레이션 기법이 보다 많이 적용되고 있다. 다음 절에서는 조건 기반의 신호 및 개체 이동 제어를 가능하게 하는 매우 유용한 구조체를 소개할 것이다. 개체가 조건을 기다리면서 대기행렬에서 대기한다. 이것은 대기행렬을 포함하는 다양한 모델링이 가능하게 해준다. 위 두 개의 예제는 실제로 서로 연결된 두 개의 단일 대기행렬 시스템을 포함하고 있다.

8.6 개체의 대기 및 신호

이 절에서는 HOLD와 SIGNAL 두 개의 모듈 사용을 탐색하게 된다. HOLD 모듈은 개체가 3가지 옵션 (1) 신호 대기(wait for signal) (2) 무한 대기(infinite hold) (3) 조건 탐색(scan for condition)에 근거해서 대기행렬에 대기하는 것을 허용한다. SIGNAL 모듈은 특정 신호를 요청하는 어느 HOLD 모듈에 신호를 발행하게 된다.

HOLD 모듈의 사용을 이해하기 위해 3가지 가능한 옵션을 보다 잘 이해할 필요가 있다.

1. 신호 대기. 신호 대기 옵션은 특정 수치의 신호 값이 SIGNAL 모듈을 통해 발행될 때까지 개체를 대기행렬에 붙잡아 두는 것이다. 신호 수치 값은 모듈의 *Wait for value* 항에 지정된다. 이 항은 상수, 수식 값 혹은 속성 값일 수도 있다. 속성 값일 경우에는 각 유입 개체는 상이한 수치 값을 기다릴 수 있다. 그래서 특정 값을 기다리는 개체가 그 수치 값의 신호를 받으면 그 개체는 HOLD 모듈을 빠져나간다. 다른 개체는 대기행렬에서 머무른다.
2. 무한 대기. 무한 대기 옵션은 개체들이 물리적으로 제거되기 까지(REMOVE 모듈 통해) 그 대기행렬에서 머무르게 한다.
3. 조건 탐색. 조건 탐색 옵션은 모델 내에서 특정 조건이 참이 되기까지 개체가 대기행렬

에 머무른다. 모델 내에서 사건이 발생할 때마다 모든 조건 탐색을 평가한다. 그 조건이 참이 되면 대기 개체들은 즉시(현 시점에) 그 모듈을 떠나간다. 이동 개체가 조건 변화를 유발하기 때문에 현 시점에 아무런 개체도 이동할 수 없을 때까지 조건을 체크한다. 4장에서 논의한 것처럼 이것은 근본적으로 개체가 대기 상태(waiting state)에서 준비 상태(ready state)로 이동하는 것을 허용한다. 그리고 나서 다음 사건을 실행하게 된다. 조건 탐색에 대한 과다계산으로 인해 조건 탐색 로직을 사용하는 모델은 보다 천천히 실행될 수도 있다.

신호 대기 옵션에서는 개체들은 심지어는 상이한 신호 값을 기다리고 있을지라도 단일 대기행렬에서 대기한다. 개체들은 QUEUE 모듈에서 지정된 대기 규칙에 따라 대기행렬에 대기한다. 4장의 상태 도표에서 개체는 특정 신호와 연관된 조건에 따라 기다라는 조건 지연 상태에 있게 된다. 대기행렬의 디폴트 대기 규칙은 FIFO이다. 모델 내에서 개체들이 동일한 신호를 기다리는 서로 상이한 HOLD 모듈이 있을 수도 있다. SIGNAL 모듈이 전체적으로 발행하게 되고 신호를 기다리는 개체들이 방출되어 준비 상태로 이동된다. 방출 순서는 신호를 기다라는 개체를 가진 HOLD 모듈이 하나 이상이라면 본질적으로 임의적이다. 만일 정확한 방출 순서가 필요하다면 바람직한 순서를 가진 다른 대기행렬로 모든 개체를 이동하거나(그리고 나서 다시 방출함) 대신 HOLD/REMOVE 모듈의 조합을 활용하는 것이다.

무한 대기 옵션은 4장에 논의한 것처럼 모든 개체는 휴면 상태(dormant state)에 놓이게 된다. 개체는 REMOVE나 PICKUP 모듈을 통해 활성 개체에 의해 제거되기까지 HOLD 모듈의 대기행렬에서 머무른다. 이것에 대한 예제는 10장에 제시된다.

조건 탐색 옵션은 신호 대기 옵션과 여러 가지 면에서 유사하다. 조건 탐색 옵션에서는 특정 조건이 참이 될 때까지 개체가 대기행렬에서(조건 지연 상태) 머무른다. 그러나 신호를 기다리는 다른 개체와 달리 시뮬레이션 엔진은 조건이 참이 되면 대기 개체에 알려준다. 이것은 모델 작성자에게는 부담을 덜어주지만 시뮬레이션 중에 보다 많은 계산 시간을 야기시킨다. 거의 모든 경우 조건 탐색 옵션을 가진 HOLD 모듈은 바람직한 조건이 변경되어 그 시점에 한 개체를 사용해서 신호를 보내는 신호 대기 옵션과 HOLD 모듈로 전환할 수 있다. 조건 탐색 옵션을 사용해서 일부 인지된 "잼"이 발생하는 모델링의 덧에 빠지지 않기를 제안한다. 여러분이 행하려고 하는 것을 인지하고 있다면 굳이 조건 탐색 옵션을 선택할 필요가 없을 것이다.

8.6.1 HOLD/SIGNAL로 M/M/1 모델 실행

이 절에서는 매우 익숙한 단일 서버 대기행렬에서 보다 일반적인 방법으로 실행하기 위해 HOLD/SIGNAL 조합을 사용하게 된다. 이 모델링은 어떻게 HOLD와 SIGNAL의 협력이 주의 깊게 구조화되어야 하는지를 보여줄 것이다. 단일 서버 대기행렬 상황에서 고객이 도착하고 서버에게 서비스를 요구하는 것을 기억하기 바란다. 만일 서버가 작업 중이면 고객은 대기행렬에서 대기한다. 그렇지 않으면 고객은 서비스를 받기 시작한다. 서비스가 끝나면 고객은 떠난다.

예제 8.8 HOLD/SIGNAL이 있는 M/M/1

평균 0.7시간의 지수분포를 따르는 서비스를 수행하는 단일 서버가 있다고 하자. 서버에 도착하는 도착 시간 간격은 평균 1시간의 지수분포이다. 서버가 작업 중이면 서버가 가용할 때까지 대기행렬에서 대기한다. 대기행렬은 FIFO 규칙을 따라 처리된다.

예제 8.8의 풀이 이 해에서 RESOURCE 모듈을 사용하지 않을 것이다. 대신 서버가 가동 중인지 아닌지를 나타내는 변수 *vServer*를 사용할 것이다. 고객이 도착하면 서버가 작업 중인지를 확인하게 된다. 그럴 경우 고객은 서버가 가용하다는 신호를 받기까지 대기한다.

이 예제에 대한 의사코드가 예시 8.3에 제시되어 있다. 고객이 발생되고 도착 시간이 속성 *myArriveTime*에 기록된다. 서버가 작업 중이면 vServer는 1이며 그러면 고객은 서비스 종료

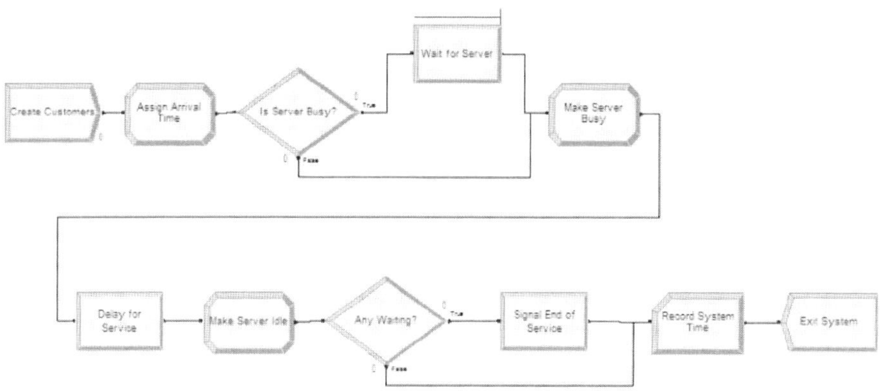

그림 8.41 HOLD/SIGNAL이 있는 M/M/1 의 첫 번째 실행

예시 8.3 HOLD/SIGNAL이 있는 M/M/1에 대한 의사코드

```
CREATE customer every EXPO(1)
ASSIGN myArriveTime = TNOW
DECIDE
   IF vServer == 1 THEN
      HOLD Server Queue
         Wait for End Service Signal
      END HOLD
   END IF
END DECIDE
ASSIGN vServer = 1
DELAY for EXPO(0.7)
ASSIGN vServer = 0
DECIDE
   IF Server Queue is not empty THEN
      SIGNAL End Service
         Signal Limit = 1
      END SIGNAL
   END IF
END DECIDE
RECORD TNOW - myArriveTime
DISPOSE
```

신호를 대기하기 위해 HOLD 대기행렬로 들어간다. 서버가 유휴 상태에 있으면 고객은 서버를 작업 중으로 변경시키고 서비스 시간 동안 지연된다. 서비스가 완료되면 서버는 유휴 상태로 변경된다(vServer = 0). 그리고 대기행렬을 확인한다. 어느 대기 고객이 있으면 HOLD 대기행렬로 신호를 보내어 한 고객을 방출하도록 한다. 마지막으로 고객이 시스템을 나가기 전에 시스템 체류 시간을 기록한다.

그림 8.41은 실행을 위한 흐름도를 보여주고 있다. 모델은 말 그대로 의사코드를 거의 묘사한 것이다. 새로운 HOLD와 SIGNAL 모듈이 그림 8.42와 8.43에 나타나 있다. HOLD 모듈은 앞에서 설명한 것들 중 하나를 선택할 수 있는 옵션 드롭다운 메뉴가 있다. 게다가 *Wait for Value* 항은 개체가 대기하는 값을 나타낸다. vEndService라는 변수가 있다. 그것은 정수 값으로 평가될 수 있는 표현식이어야 한다. Limit 항(예에서는 공백)은 신호를 받을 때 방출해야 할 개체의 수를 제한하는 데 사용한다.

그림 8.43은 SIGNAL 모듈을 보여준다. *Signal Value* 항은 발행될 신호 값을 의미한다. Limit 항은 신호가 발행될 때 방출될 개체의 수를 지시한다. 이 경우 서버가 한 고객에 대해 서비스를 하기 때문에 그 값이 1로 설정되었다. 이것은 신호를 받을 때마다 HOLD로부터 하나의

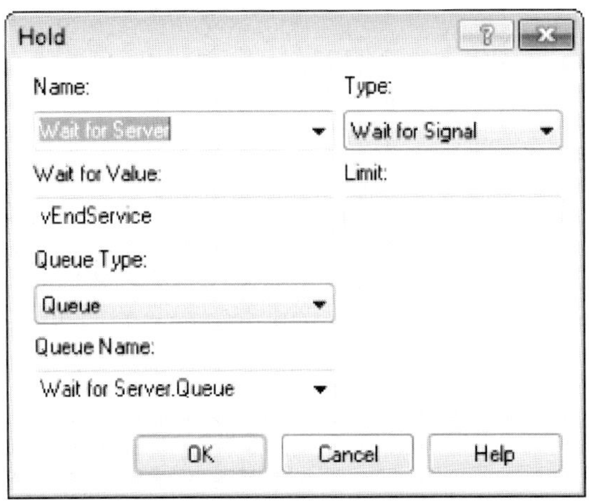

그림 8.42 HOLD/SIGNAL이 있는 M/M/1에 대한 첫 번째 예제에 대한 HOLD 모듈

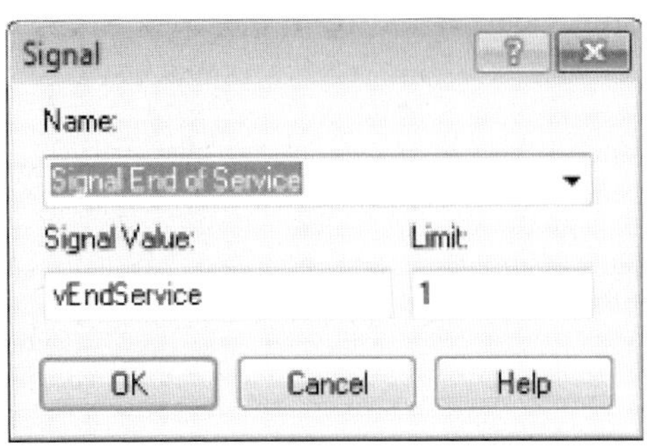

그림 8.43 HOLD/SIGNAL이 있는 M/M/1에 대한 첫 번째 예제에 대한 SIGNAL 모듈

Waiting Time

	Average	Half Width
Wait for Server.Queue	2.3265	0.03

Other

Number Waiting

	Average	Half Width
Wait for Server.Queue	1.6261	0.03

User Specified

Tally

Interval

	Average	Half Width
Record System Time	2.3264	0.02

Time Persistent

Variable

	Average	Half Width
vServerBusy	0.6994	0.00

그림 8.44 HOLD/SIGNAL이 있는 M/M/1에 대한 첫 번째 예제의 결과

개체가 방출되게 한다. 그림 8.44는 워밍업 30,000시간과 80,000시간의 시뮬레이션 기간에 대해 30회 반복실험한 결과를 보여주고 있다. 이것은 M/M/1 상황의 이론적인 결과와 거의 유사하다.

이 실행을 이해하는 데는 한 가지 핵심 요소가 있다. HOLD 대기행렬로 가기 전에 서버가 작업 중인지 먼저 확인하지 않으면 무슨 일이 일어날 것인가? 이것을 행하지 않으면 아무런 고객도 신호를 받지 못할 것이다. 서비스 종료 시에 신호가 오고 어느 고객도 SIGNAL에 도달하지 못할 것이기 때문이다. 이것은 HOLD/SIGNAL 조합을 사용할 때 보편적인 모델링 오류이다.

HOLD/SIGNAL 모델링 구조체의 근본적인 측면은 HOLD 모듈에서 기다리는 개체가 SIGNAL 모듈로부터 신호를 받는다는 것이다. 앞의 예제에서 떠나가는 개체가 진행해나갈 개체에게 신호를 보낸다. 다음 실행에서는 두 가지 종류의 개체를 사용하게 될 것이다. 하나의 개체는 고객을 나타낸다. 다른 개체는 서버를 나타낸다. 두 프로세스 사이의 의사소통을 하는 데 HOLD/SIGNAL 구조체를 사용할 것이다.

예제 8.8에 대한 두 번째 풀이 이 실행에서는 고객과 서버를 위한 두 개의 프로세스 흐름이 있다. 처음에는 이것이 매우 낯설게 보일 것이다. 그러나 이 접근 방법이 많은 모델링상의 유연성을 가능하게 할 것이다. 자체 프로세스가 있는 서버와 같은 자원의 모델링 개념은 특히 중요하다. 시스템의 능동적 요소로써 자원을 모델링하는 것(수동적으로 그저 요구받기 보다는)은 유연성을 크게 증가시킨다. 상당히 복잡한 상황을 접근할 때는 유연성이 많은 도움이 된다. 이 모델링에서 두 가지의 프로세스 흐름을 사용하는 핵심은 신호 사용을 통해 두 프로세스 간의 의사소통을 하는 것이다.

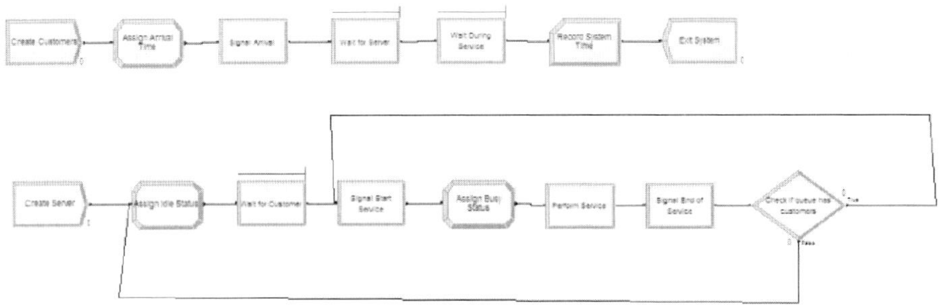

그림 8.45 HOLD/SIGNAL이 있는 M/M/1에 대한 두 번째 실행

예시 8.4 HOLD/SIGNAL이 있는 M/M/1에 대한 두 번째 해법

```
CREATE customer every EXPO(1)
ASSIGN myArriveTime = TNOW
SIGNAL Arrival
  Signal Value = vArrivalSignal
END SIGNAL
HOLD Server Queue
  Wait for Begin Service Signal
END HOLD
HOLD In Service Queue
  Wait for End Service Signal
END HOLD
RECORD TNOW - myArriveTime
DISPOSE

CREATE 1 server at time 0.0
Label: A
ASSIGN vServerStatus = 0
HOLD Wait for Customer
  Wait for Value = vArrivalSignal
END HOLD
Label: B
SIGNAL Start Service
  Signal Value = vStartService
  Signal Limit = 1
END SIGNAL
ASSIGN vServerStatus = 1
DELAY for EXPO(0.7)
SIGNAL End Service
  Signal Value = vEndService
  Signal Limit = 1
END SIGNAL
DECIDE
  IF Server Queue is not empty THEN
    Send to Label B:
  ELSE
    Send to Label A:
  END IF
END DECIDE
```

그림 8.45는 두 번째 실행에 대한 모델을 제시하고 있다. 그림에서 두 가지 프로세스가 흐르고 있음을 유의하기 바란다. 흐름은 예시 8.4에 제시된 의사코드와 매우 유사하게 되어 있다. 파일 *MM1ModelViaWaitSignal.doe*에 상세한 내용이 나타나 있다.

예시 8.4에서는 첫 CREATE 모듈은 고객이 도착 간격이 지수분포를 따라 발생시키고 후에 시스템 체류 시간을 기록하기 위해 도착 시간을 기록해둔다. 다음에 고객은 도착했음을 알리는 신호를 보낸다. 그것을 고객이 카운터에서 고객 서비스 벨을 울리는 것으로 생각하기 바란다. 그리고 고객은 HOLD로 들어가 고객 서비스 시작을 기다린다. 신호가 발송되었는데 서버가 바쁘면 고객은 그저 기다리면 된다. 서버가 유휴 상태이면(고객의 도착을 기다리면서) 서버는 고객에게 서비스 시작 신호를 발행하기 위해 나아간다. 고객이 서비스 시작 신호를 받게 되면 고객은 즉시 다른 HOLD 대기행렬로 이동한다. 이 두 번째 대기행렬은 서버가 서비스를 실행하는 동안 고객이 대기하는 공간을 제공한다. 서비스 종료 신호가 발생하면 고객은 시스템 체류 시간을 기록하고 시스템을 떠나간다.

두 번째 CREATE 모듈은 서버를 나타내는 단일 개체를 생성시킨다. 근본적으로 서버는 작업 상태와 유휴 상태를 반복해서 돌아간다. 생성된 이후 자신의 상태를 유휴 상태(0)로 설정하고 고객 도착을 기다리기 위해 HOLD 대기행렬로 들어간다. 고객이 도착하면 고객은 신호를 보낸다. 그러면 서버는 서비스를 하러 나아간다. 먼저 서버는 서비스 시작 신호를 고객에게 보낸다. 이것은 고객이 서비스를 위한 대기행렬로 나아가는 것을 허용한다. 그리고 서버는 서비스 시간만큼 시간 경과가 발생한다. 서비스가 완료된 후에 서버는 서비스 종료가 되었음을 알리는 신호를 고객에게 보낸다. 이것은 고객이 시스템을 떠나도록 한다. 서비스 종료 신호 발생 후에 서버는 대기 고객이 있는지를 확인한다. 대기 고객이 있으면 서버를 나타내는 개체는 서비스 시작 신호를 보내기 위해 Label B로 보내진다. 아무런 대기 고객도 없으면 서버 개체는 다음 고객이 도착하기까지 대기행렬에서 대기하기 위해 Label A로 보내진다.

이처럼 앞뒤로 신호를 보내는 것은 꽤나 복잡하게 보임에 틀림없다. 그러나 이 예제는 어떻게 두 개체가 신호로 의사소통하는지를 보여주고 있다. 게다가 서버를 프로세스로서 모델링하는 개념은 상당히 흥미로운 가능성을 열어준다. 서버를 프로세스로서 모델링하는 것은 모델에 매우 복잡한 자원 할당 규칙들을 삽입할 수 있게 해준다.

앞 두 절은 하나 혹은 두 개의 대기행렬을 포함하는 소형 대기행렬 시스템을 검토하였다. 보다 복잡한 대기행렬 시스템을 모델링하기 위해서는 다수의 대기행렬을 내포하고 대기행렬을 함께 연결시키고 대기행렬 사이에 개체 이동 경로를 줄 수 있어야 한다. 이것은 다음 장에서 검토할 중요한 대기 네트워크 주제로 나아갈 수 있게 해준다.

8.7 대기 네트워크 작업장

대기 네트워크는 각 작업장이 하나의 서비스 설비를 나타내는 일단의 작업장 집합으로 생각할 수 있다. 단순한 경우 각 서비스 설비는 하나의 자원에 투입되는 단일 대기행렬을 가지고 있을 수도 있다. 일반적인 경우 고객들은 외부로부터 네트워크상의 어느 작업장에 도착하게 된다. 고객들은 서비스를 받기 위해 한 작업장에서 다른 작업으로 이동해나간다. 고객들은 모든 서비스 요구사항을 받고 나서 시스템을 빠져나간다.

일반적으로 고객들은 네트워크상의 동일한 경로를 따르지 않고 주어진 고객 종류에 따라 경로가 확정적으로 혹은 확률적으로 지정된다. 예를 들면, 잡샵(jobshop) 생산 시스템의 예를

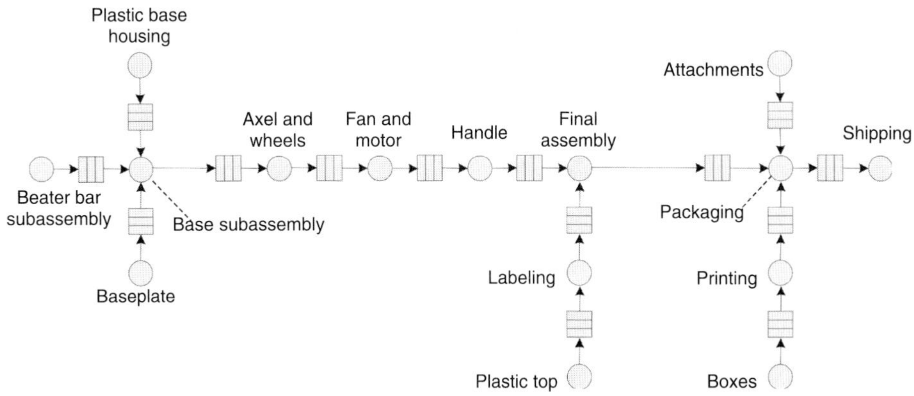

그림 8.46 대기 네트워크

들어보기로 한다. 제조해야 할 각 제품은 다른 종류의 제조 과정들을 거치고 각 프로세스들은 특정 작업장에서 제공된다(예, 드릴링, 밀링 등). 다른 예로 패킷이 한 발생지에서 다른 목적지로 여러 단계의 라우터들을 경유해서 전송되는 통신 네트워크를 고려해볼 수 있다. 각 경우에 고객이 최소비용으로 효율적으로 네트워크를 전송할 수 있도록 얼마의 자원을 제공해야 할 것인지를 이해하는 것이 중요하다. 그처럼 대기 네트워크는 제조, 수송, 물류, 통신, 컴퓨터 및 서비스 시스템의 효율적인 디자인에 중요한 요소이다. 그림 8.46은 진공청소기 생산을 위한 대기 네트워크의 개념을 보여주고 있다.

대기 네트워크와 관련한 이론에 대해 분석적인 취급은 널리 검토되어 왔으며 이론적인 연구를 위한 활발한 영역으로 남아 있다. 대기 네트워크에 대한 거대한 문헌들을 요약하는 것은 이 교재의 영역을 넘어서는 것이다. 이론에 대해 보다 상세한 정보를 위해서는 Gross와 Harris [1998], Kelly [1979], Buzacott와 Shantikumar [1993] 혹은 Bolch 등[2006]을 참조하기 바란다.

대기 네트워크로 간주될 수 있는 많은 예제를 이미 검토해왔다(예, Tie-Dye T-셔츠 및 LOTR사의 Ring 제조 예제). 이 절의 목적은 대기 네트워크에 대한 시뮬레이션을 보다 원활하게 해주는 Arena^{TM}의 몇 가지 구조체를 소개하려는 것이다. 대기 네트워크는 작업장 간 개체의 이동을 포함하고 있기 때문에 Advanced Transfer 패널의 STATION, ROUTE 그리고 SEQUENCE 모듈을 활용하는 것을 강조할 것이다.

예제 8.9 검사 및 수리 작업장

컴퓨터 부품(예, 회로 기판, 하드 디스크 등)에 대한 검사 및 수리 작업장을 생각해보기로 한다. 시스템은 새로 도착한 부품이 처리되어야 할 초기 진단 작업장으로 구성되어 있다. 현재 새로 도착하는 부품들은 평균 3시간당 하나의 비율인 포아송 도착 과정을 따라 도착한다. 진단 작업장은 단일 대기행렬에서 투입되는 두 대의 진단 기계로 구성되어 있다. 데이터에 의하면 진단 시간은 아주 변동적이어서 평균 30분의 지수분포를 따른다. 진단 결과에 따라 검사 계획이 수립된다. 현재 각각 1대의 기계가 있는 3개의 검사 작업장이 있다. 검사 계획은 수리 작업장으로

검사 계획	부품 비율(%)	시퀀스
1	25	2,3,2,1
2	12.5	3,1
3	37.5	1,3,1
4	25	2,3

가기 전에 부품들이 방문해야 할 일련의 순차적인 검사 작업장들을 거친다. 종종 진단에 유사한 문제가 발생하기 때문에 부품별로 공통의 작업 순서가 존재한다. 회사에서는 부품별로 방문 작업장 순서에 대한 집중적인 데이터를 수집해서 다음 순서가 부품에 대해 대다수를 차지하고 있음을 발견하였다.

예를 들어 새로 도착하는 25%의 부품은 검사 계획 1을 따르는데 이 검사 계획에서는 작업장 2, 3, 2, 1의 순서로 방문을 하고 수리 작업장으로 이동한다.

각 작업장에서의 검사 시간은 거치는 작업장마다 다르다. 즉 검사 계획 1과 3을 따르는 부품이 검사 작업장 1을 방문하였을 때 작업 시간이 동일하지 않다. 검사 시간에 대한 데이터는 모든 분포가 평균이 μ이고 표준편차가 σ인 대수정규분포라고 한다. 데이터는 검사 계획별 각 작업장의 검사 시간에 대한 평균 및 표준편차를 보여주고 있다.

검사 계획	검사 시간 모수	수리 시간 모수
1	(20,4.1), (12,4.2), (18,4.3), (16,4.0)	(30,60,80)
2	(12,4), (15,4)	(45,55,70)
3	(18,4.2), (14,4.4), (12,4.3)	(30,40,60)
4	(24,4), (30,4)	(35,65,75)

예를 들어, 검사 계획 1의 첫 번째 모수 쌍인 (20, 4.1)은 작업장 2에서의 검사 시간이 평균 20분, 표준편차 4.1분의 대수정규분포임을 나타내는 것이다.

수리 작업장은 검사 결과에 따라 수리 작업을 수행하는 3명의 작업자가 있다. 수리 작업 시간은 부품의 검사 계획에 따라 다르다. 데이터에 의하면 수리 시간이 위 표에 제시된 최소값, 최빈값 및 최대값을 가진 삼각분포를 따른다고 한다. 수리 후에 부품은 시스템을 빠져나간다. 작업장 간 부품 이동에 한 명의 작업자가 항상 가용해서 이동 시간이 2~4분의 일양분포를 따른다고 가정한다. 그림 8.47은 검사 작업장의 배열 및 검사 계획 2의 부품흐름 및 수리 작업장

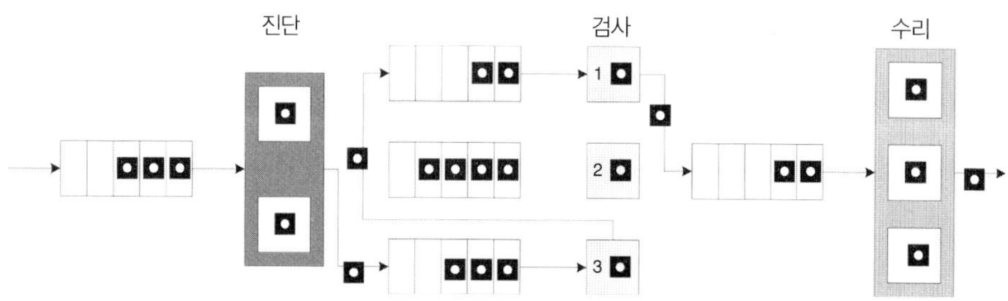

그림 8.47 검사 및 수리 작업장

을 보여주고 있다.

회사는 고객 도착률을 10% 증가시킬 새로운 계약을 고려하고 있다. 그들은 잠재적인 병목이 어느 부분인지 그리고 계약분을 처리할 수 있도록 병목을 완화하기 위한 방안을 개발하는 것에 관심이 있다. 새로운 계약은 80% 이상은 검사 및 수리 시간이 480분 이내에 완료되도록 요구하고 있다. 회사는 주당 5일, 매일 2교대 작업을 하고 있다. 두 번째 교대에 완료되지 않은 작업은 다음 작업일의 첫 교대로 넘어간다. 계약은 1년(52주) 지속된다고 가정한다. 새로운 계약과 관련된 위험을 평가하기 위해 회사를 도울 수 있는 시뮬레이션 모델을 개발하라.

예제 8.9에 대한 풀이 Arena^{TM}으로 구축된 모델을 실행하기 전에 프로세스의 흐름을 개념화해야 한다. 그림 8.48은 검사 및 수리 작업 시스템에 대한 활동 다이어그램을 보여주고 있

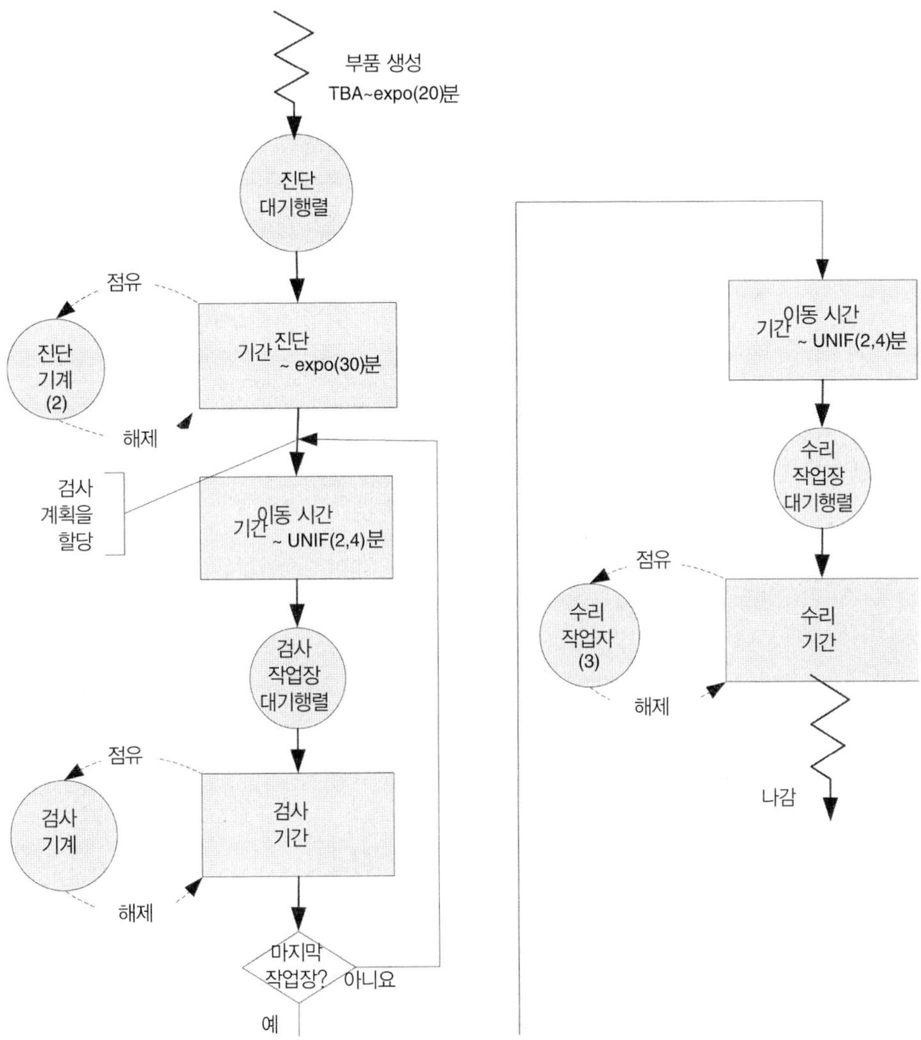

그림 8.48 검사 및 수리 시스템을 위한 활동 다이어그램

예시 8.5 검사 및 수리 시스템에 대한 의사코드

```
CREATE part
PROCESS Diagnostics
  SEIZE 1 diagnostic machine
  DELAY for diagnostic time
  RELEASE diagnostic machine
END PROCESS
ASSIGN
  determine test plan type
  determine SEQUENCE for test plan type
END ASSIGN
ROUTE for transfer time by SEQUENCE to STATION Test

STATION Test
PROCESS Testing
  SEIZE appropriate test machine
  DELAY for testing time
  RELEASE test machine
END PROCESS
DECIDE
  IF not at last station THEN
    ROUTE for transfer time by SEQUENCE to STATION Test
  ELSE
    ROUTE for transfer time by SEQUENCE to STATION Repair
  END IF
END DECIDE

STATION Repair
PROCESS Repair Process
  SEIZE repair worker from repair worker set
  DELAY for repair time
  RELEASE repair worker
END PROCESS
RECORD statistics
DISPOSE
```

다. 부품은 생성되어 진단 작업으로 가서 진단 작업 기간 동안 하나의 진단 기계를 점유한다. 그리고 나서 검사 계획이 할당된다. 부품별 검사 방문 작업장의 흐름은 작업장 간 이동 시간이 소요된 후 루프형태로 순환된다. 활동 다이어그램은 3개의 검사 작업장의 어느 하나에 대한 것임을 명심하기 바란다. 검사 계획에서 마지막 검사 작업장을 방문한 후 수리 작업장으로 이동해서 3명의 수리 작업자 중 한 명을 점유하여 수리 작업을 받게 된다. 수리 작업이 완료되면 시스템을 떠나간다.

예시 8.5에서는 검사 및 수리 작업 모델에 대한 의사코드를 제시하고 있다. 활동 다이어그램에 제시된 흐름을 직선적으로 표현한 것이다. 활동 다이어그램과 의사코드로부터 이미 논의된 Arena™ 모델링 구조체로 이 상황을 모델링할 수는 있다. 이 상황을 모델링하기 위해서는 시스템에서 현재 개체의 위치 즉 현재 작업장을 표현하기 위한 어떤 방식이 필요하다. 둘째로 부품이 다음에 어디로 가야할지를 지시해주는 방법이 필요하다. 그리고 마지막으로 작업장 사이에 부품의 이동 및 이동 시간을 표현해주기 위한 방법이 필요하다. 이러한 유형의 모델링 방식은 매우 보편적이다. Arena™에서는 이와 같은 상황을 처리해줄 수 있도록 특별한 모델링 구조체를 제공하고 있다.

의사코드는 새로운 핵심 용어인 SEQUENCE, STATION 및 ROUTE를 소개하고 있다. 다음 절에서는 이러한 매우 유영한 구조체들을 소개하고 있다.

8.7.1 STATION, ROUTE 및 SEQUENCE 모듈

검사 및 수리 작업장을 모델링하기 위해서 3가지 새로운 모듈과 개체 이동 개념이 논의되어야 한다. 개체는 시스템 내를 이동해 다니는 것을 의미한다. 이미 검토했던 모델들에서 모델에서 모듈 사이에 **직접적인 연결** 방식이 사용되어 왔다. 직접 연결 방식에서는 두 개의 모듈이 Arena^{TM} 모델 창에 있는 선을 통해 직접 연결되고 개체는 모듈 사이의 연결선을 따라 흘러간다. 이 절에서 모델링 구조체는 개체가 연결선이 없이 모듈 사이에 이동해 다닐 수 있도록 해준다.

개체 이동은 개체가 모듈 사이에 이동할 수 있는 다양한 방식을 참조한다. STATION과 ROUTE 모듈은 이동 경과 시간이 있는 작업장 간의 개체 이동을 가능하게 해준다. SEQUENCE 모듈은 방문할 작업장 목록을 정의한다.

STATION: STATION 모듈은 개체가 이동해 다니는 이름이 부여된 위치를 나타낸다. 처음에는 작업장을 표준적인 프로그래밍 언어에서 발견할 수 있는 Go To - 라벨 구조체의 라벨 부분으로 생각할 수도 있다. 그러나 작업장은 라벨보다는 훨씬 강력하다. 작업장은 집합과 시퀀스(sequence)로 위치시킬 수 있다. 작업장은 이동 모델링 로직을 세상의 물리적인(공간적인) 표현으로 매핑시키는 데 필요하다.

ROUTE: ROUTE 모듈은 이동에 소요되는 시간 경과를 가지고 작업장으로 이동하게 해주는 모듈이다. 지정된 시간 경과가 이루어진 후에 개체가 ROUTE 모듈을 떠나고 지정 작업장에 다시 모습을 나타낸다.

SEQUENCE: SEQUENCE 모듈은 작업장의 순차적인 목록을 정의하는 데이터 모듈이다. 목록은 ROUTE 모듈에서 By Sequence 옵션이 사용되어 이동이 이루어지는 경우 방문할 작업장들의 자연적인 순서를 표현한다. SEQUENCE는 작업장 목록 정의뿐 아니라 이동 발생 시에 실행해야 할 할당 집합(예; ASSIGN 모듈) 목록도 허용하고 있다.

개체는 STATION과 ROUTE 모듈을 이용해서 모델링할 때 유용한 특수목적의 속성들을 가지고 있다. 개체가 STATION 모듈을 거쳐갈 때마다 *Entity.CurrentStation* 속성이 현재 작업장으로 변경된다. 이 속성은 사용자가 지정할 수 없으나 모델에서 읽어 사용할 수 있다. 그것은 개체의 현재 위치인 작업장 번호를 반환해주거나 개체가 작업장에 위치하지 않을 경우 0을 반환한다. 뿐만 아니라 개체는 개체의 작업장 혹은 목적지를 나타내는 *Entity.Station* 속성을 가지고 있다. *Entity.Station* 속성은 사용자가 지정 가능하다. 개체가 ROUTE 모듈을 이용해서 이동해가면 자동으로 다음 목적지 작업장으로 설정된다. 이동 후에 현 작업장으로 유지되거나 다른 이동 모듈에 의해 혹은 사용자에 의해 변경될 수 있다. 그래서 STATION에 연결된 모듈은 개념적으로 작업장 방식의 위치를 나타낸다.

많은 모델링 구조체에서 개체들은 시스템 내 특정 경로를 따라 이동한다. 잡샵 생산시스템에서는 이것을 공정 계획(process plan)이라고 부른다. 버스 시스템에서는 노선이라 부른다. 검사 및 수리시스템에서는 검사 계획이 여기에 해당된다. 시스템의 특정경로를 모델링하기 위해 SEQUENCE 모듈이 사용된다. 시퀀스는 작업단계의 순차목록으로 구성된다. 각 작업 단계는 그 단계와 관련 STATION을 지정하고 그 개체가 해당 작업장에 들어와서 할당될 속성들을 지정해주기도 한다. 각 작업 단계는 선택적으로 이름을 부여할 수 있고 순서상의 다음 단계 이름을 줄 수도 있다. 그래서 시퀀스는 방문해야 할 작업장 목록만을 단순히 제공할 수도 있다.

각 개체는 시퀀스 사용을 가능하게 해주는 특수목적의 속성을 가지게 된다. *Entity.Sequence* 속성은 개체가 따라야 할 시퀀스를 보유하며 시퀀스가 지정되지 않으면 0값을 가진다. 개체에게 시퀀스를 지정하기 위해 ASSIGN 모듈을 사용할 수도 있다. 뿐만 아니라 개체는 개체가 현재 위치한 작업 단계를 지시해주는 *Entity.JobStep*이라는 속성을 가지고 있다. *Entity.JobStep*은 사용자가 지정 가능하며 이동 유형의 모듈(예, ROUTE)이 "*By Sequence*" 옵션과 함께 사용될 때 자동으로 증가한다. 마지막으로 속성 *Entity.PlannedStation*을 사용할 수 있는데 이는 시퀀스상의 다음 작업 단계와 관련된 작업장 번호를 가리킨다. 이 속성은 사용자가 지정할 수 없다. 이 속성은 *Entity.Sequence* 혹은 *Entity.JobStep*이 변경되거나 개체가 작업장에 진입하면 자동으로 갱신된다.

검사 및 수리 시스템에서는 STATION 모듈은 진단 작업장과 3개의 검사 작업장 그리고 수리 작업장에 해당된다. 각 작업장에서 수행되는 작업은 PROCESS 모듈(SEIZE, DELAY, RELEASE 옵션)로 모델링된다. 4가지 상이한 검사 계획이 4개의 시퀀스로 모델링될 수 있다. 마지막으로 개체 이동은 "*By Sequence*" 옵션과 이동 시간 UNIF(2, 4)와 함께 ROUTE 모듈로 모델링할 수 있다. 개체이동에 대한 새로운 모듈을 제외하면 이전의 모델들과 유사하다. 이 모델은 다음 단계를 따라 실행함으로써 구축할 수 있다.

1. 용량이 (2, 1, 1, 1, 3)인 5개의 자원들을 정의한다(*DiagnosticMachine, TestMachine1, TestMachin2, TestMachine3, RepairWorkers*).
2. 2개의 변수를 초기값(480과 20)과 함께 정의한다(*vContractLimit, vMTBA*). 이 변수들은 계약상의 기간과 평균 도착 간격을 각각 의미한다.
3. 3개의 표현식을 정의한다(*eDiagnosticTime, eTestPlanCDF, eRepairTimeCDF*). *eDiagnosticTime*은 expo(3)이며, *eTestPlanCDF*는 DISC(0.25, 1, 0.375, 2, 0.75, 3, 1.0, 4) 그리고 *eRepairTimeCDF*는 4개의 배열 형태 표현식이다. 각 행에는 제시된 주어진 수리 시간 분포에 관련 정보에 따라 삼각분포를 지정해야 한다(예, TRIA(30, 60, 80)).
4. Advanced Transfer 패널의 SEQUENCE 모듈을 사용하여 4개의 다른 시퀀스를 정의한다. 이것은 그림 8.49에 보여주고 있다. 먼저 SEQUENCE 모듈을 더블클릭해서 새로운 시퀀스를 삽입한다. 첫 번째 시퀀스는 *TestPlan1Seq*라 명명하고 Steps 버튼을 눌러서 시퀀스에 대한 작업 단계를 추가한다. 그림 8.49에는 검사 계획 1에 대한 5개의 작업 단계(*TestStation2, TestStation3, TestStation2, TestStation1* 그리고 *RepairStation*)를 보여주고 있다. 작업장 이름에 입력한 것은 모델 창에서 사용할 작업장이다. 모든 부

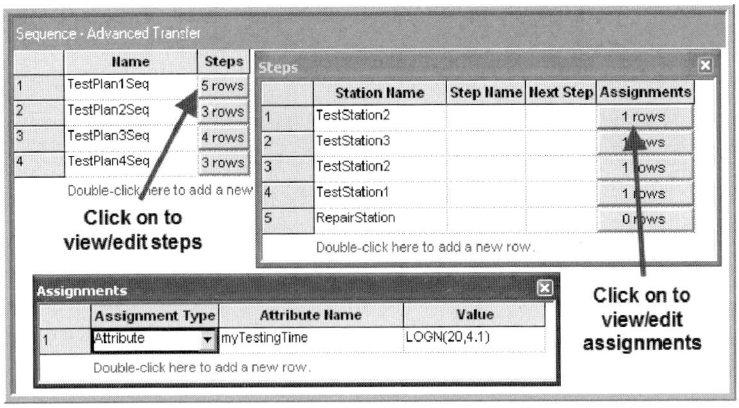

그림 8.49 시퀀스, 작업단계 및 속성의 정의

품은 시스템을 떠나가기 전에 수리 작업장을 방문해야 하기 때문에 모든 시퀀스 마지막 부분에 *RepairStation*이 들어가 있다.

각 작업 단계에서 개체가 그 작업장에 들어가 사용할 속성 정의가 이루어진다. 수리 및 검사 작업장에서는 작업 시간이 작업 단계마다 다르다. 그래서 속성 *myTestingTime*을 해당 대수정규분포의 시간 분포로 정의한다. 그림에 예시된 것처럼 *myTestingTime*은 LOGN(20, 4.1) 분포로부터 발생된 확률변수로 지정될 것이다. *myTestingTime* 속성은 검사 작업을 나타내는 각 PROCESS 모듈에서의 경과시간을 지정하는 데 사용된다.

5. 마지막으로 부품들이 진단 기계를 거친 후에 방문할 시퀀스를 랜덤하게 지정할 수 있도록 시퀀스를 포함할 집합을 정의한다. 시퀀스 집합을 정의하기 위해서는 Advanced Process 패널의 Advanced Set 모듈을 사용해야 한다. 시퀀스 각각이 그림 8.50에서 처럼 집합으로 목록화되어 있다. 집합 유형은 "*Other*"로 지정되어야 한다. 불행히도 표현식 구축 옵션이 여기에서는 가용하지 않아 시퀀스 이름을 대화 상자에 주의해서 입력해야 한다. 시퀀스 순서는 중요하다.

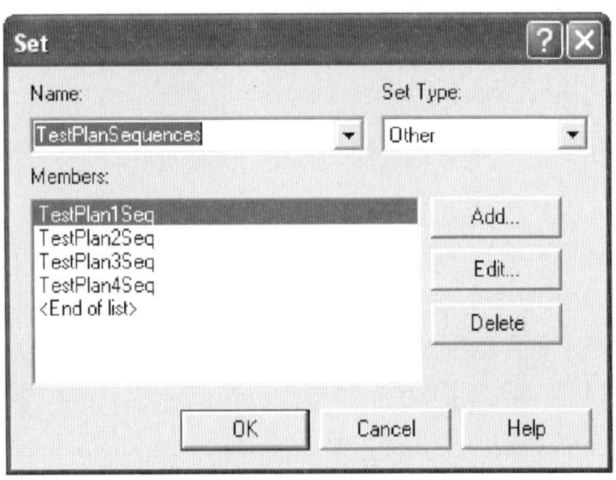

그림 8.50 시퀀스를 포함하는 Advanced Set

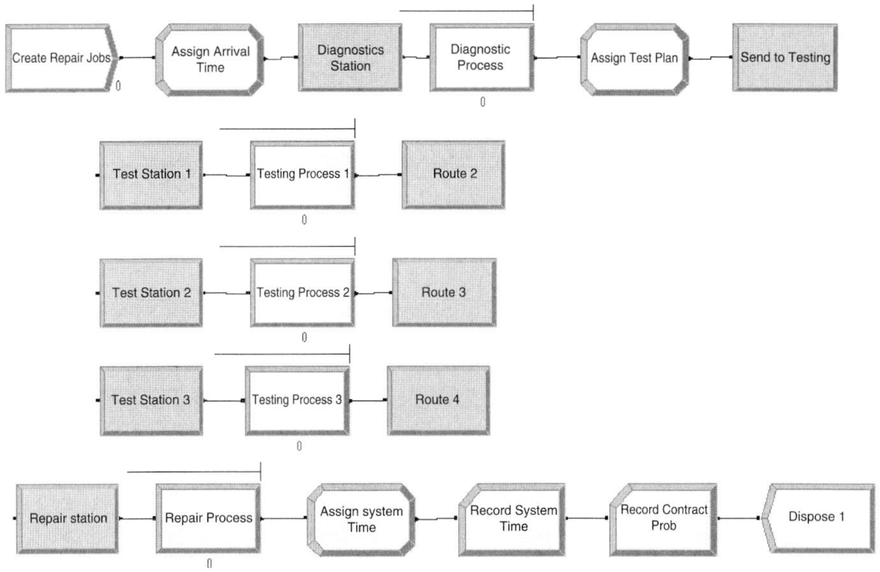

그림 8.51 검사 및 수리 작업장 모델의 개요

이제 모든 모듈이 정의되었으므로 플로우차트 모듈들을 이용해서 모델을 쉽게 구축할 수 있다. 그림 8.51은 모델의 개요를 보여주고 있다. 모델 창에서 분홍색의 모듈들은 STATION과 ROUTE 모듈이다. 평균 20분의 지수분포를 따라 부품들이 검사 및 수리 작업장으로 유입되는 것을 표현하는 데는 CREATE 모듈이 사용되었다. 개체는 *myArriveTime* 속성에 TNOW로 지정된 ASSIGN 모듈을 통과해서 진행해나간다. 이것은 작업의 체류 시간을 기록하는 데 사용된다. 다음 모듈은 진단 작업장을 나타내는 STATION 모듈이다(그림 8.52).

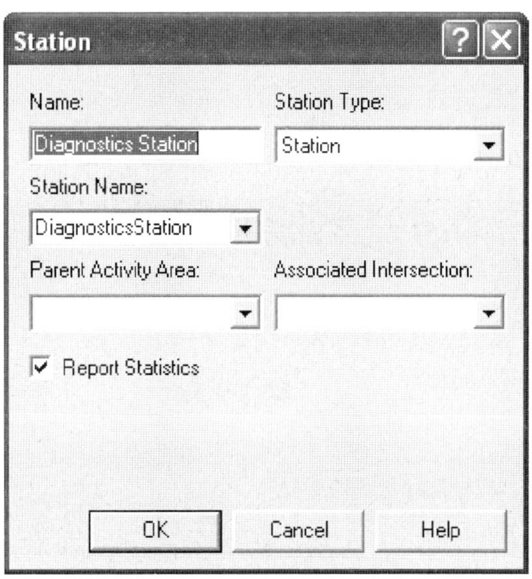

그림 8.52 진단 작업장 모듈

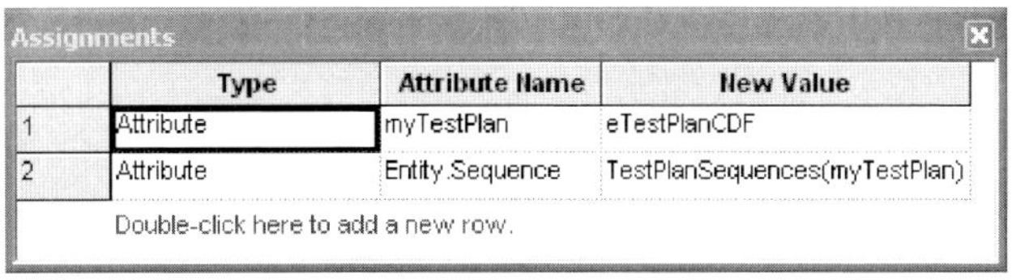

그림 8.53 검사 계획 지정

STATION 모듈을 통과한 후 개체는 진단 작업을 거친다. 진단 작업을 마친 후 검사 계획이 지정된다. 그림 8.53은 검사 계획에 따라 DISC 분포의 표현식을 이용해서 발생된 값 {1, 2, 3, 4}가 *myTestPlan*에 지정된다. 이 속성은 이미 정의된 검사 계획 시퀀스 집합으로부터 해당 시퀀스를 할당하는 데 사용된다. 집합으로부터 반환된 시퀀스가 특수 목적의 속성 *Entity.Sequence*에 지정되어 개체가 그 시퀀스를 따르도록 해준다.

그리고 나서 부품은 ROUTE 모듈로 들어가 검사 작업장으로 이동해간다. 그림 8.54는 ROUTE 모듈을 보여주고 있다. 이 모듈에서는 이동 시간 항목에 이동 시간을 입력할 수 있고 개체가 이동할 방법들을 지정할 수도 있다. "*By Sequence*" 옵션을 선택함으로써 개체는 다음 목적지 경로를 결정하는 데 지정된 시퀀스를 사용할 수 있게 된다. 개체의 시퀀스와 작업단계가 사용된다. 개체가 ROUTE 모듈에 진입하면 *Entity.JobStep* 값이 다음 작업 단계로 증가한다. 개체의 *Entity.Station* 속성은 그 작업 단계에 해당하는 작업장으로 설정되고 그 작업 단계와 연결된 모든 속성이 실행될 수 있다. 개체는 경과 시간만큼 이동을 시작한다. 이동 작업이 마무리되면 목적지 작업장에 도착하고 *Entity.CurrentStation*이 갱신된다.

예에서 부품은 시퀀스상의 적합한 작업장으로 이동한다. 작업장 각각은 STATION, PROCESS, ROUTE의 동일한 과정을 거치는 검사 작업장을 표현하는 데 사용된다. PROCESS 모듈은 검사 작업 시간경과를 결정하는 데 *myTestingTime* 속성을 사용한다(그림 8.55). 이 속성은 개체 작업 단계가 실행될 때 설정된 것이다.

부품은 검사 계획을 따라 진행한 후 마지막에는 마지막 작업 단계에 설정되어 있기 때문에 *RepairStation*으로 이동한다. 검사 작업장에서 부품은 그림 8.56에 제시된 표현식 *eRepair-*

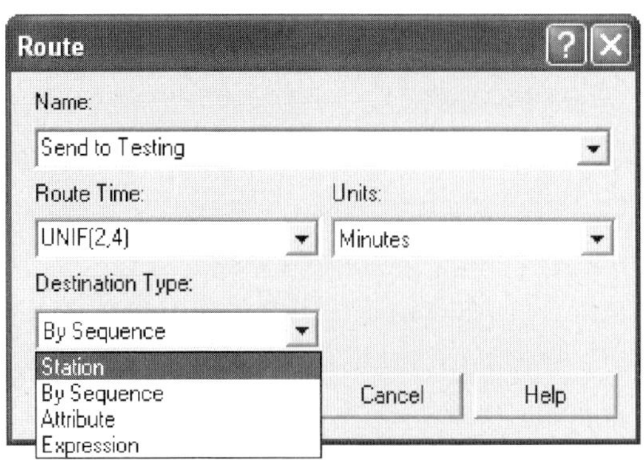

그림 8.54 ROUTE 모듈

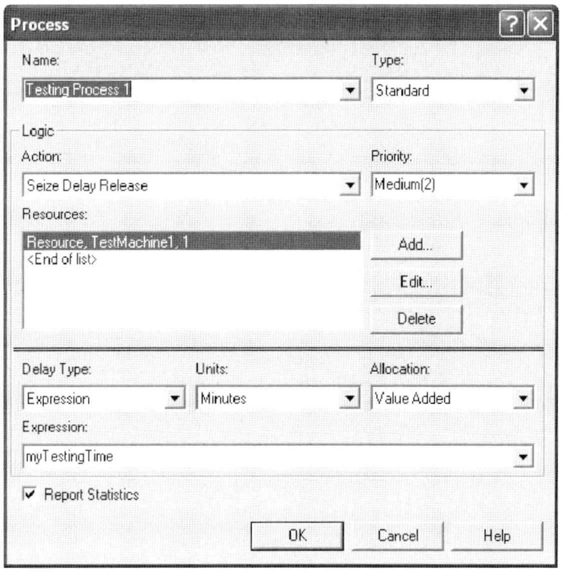

그림 8.55 검사 작업장을 위한 PROCESS 모듈

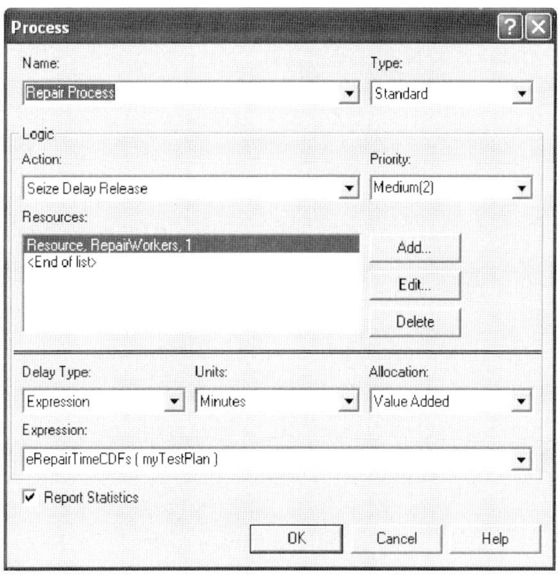

그림 8.56 수리 작업 모듈

*TimeCDFs*와 속성 *myTestPlan*을 이용해서 처리된다.

수리 작업 모듈 이후에 있는 ASSIGN 모듈은 *mySysTime* 속성으로 개체의 총 체류 시간을 계산하게 되고 그 속성은 그림 8.57에서 제시된 것처럼 뒤의 RECORD 모듈에서 적합한 통계치를 계산하는 데 사용될 수 있다.

이제 모델이 설정되어 실행될 것이다. 문제에 의하면 시뮬레이션의 목적은 계약과 관련된

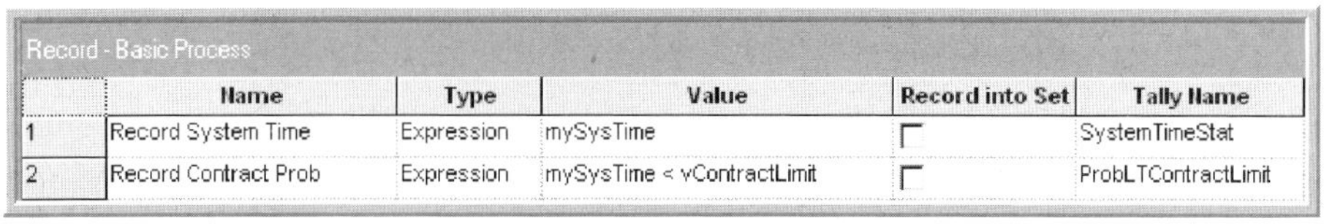
Record - Basic Process

	Name	Type	Value	Record into Set	Tally Name
1	Record System Time	Expression	mySysTime	☐	SystemTimeStat
2	Record Contract Prob	Expression	mySysTime < vContractLimit	☐	ProbLTContractLimit

그림 8.57 RECORD 모듈

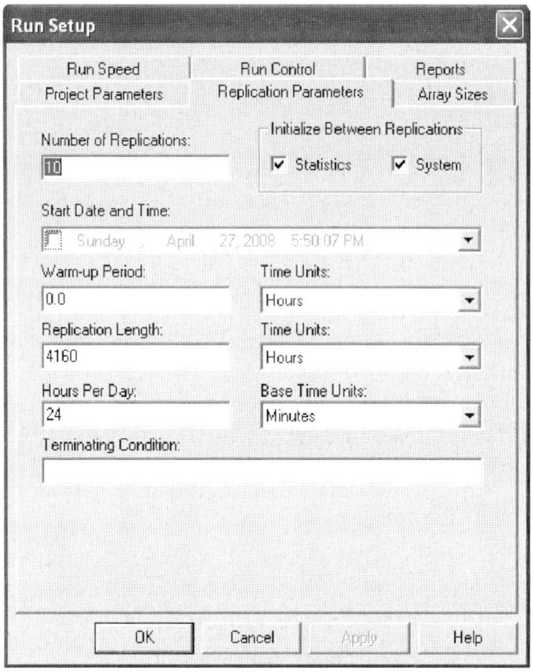

그림 8.58 검사 및 수리 작업장 실행 조건 설정

위험을 평가하는 것이다. 계약 지속 기간은 1년(52주 × 5일/주 × 2교대/일 × 480분/교대 = 249,600분)이다. 문제에서는 작업이 하루 마지막 시점에 종료되지 않은 경우 다음 작업일로 넘어가기 때문에 249,600분 혹은 4,160시간은 계약과 연관된 연속적인 작업처럼 볼 수 있다. 계약 기간 동안의 성과척도가 주된 관심사이기 때문에 종료 시뮬레이션으로 간주해볼 수 있다. 고려해야 할 또 다른 이슈는 시스템을 어떻게 초기화할 것인가이다. 두 가지 상황(현재 계약과 10% 수요 증가 시의 계약)에 대한 분석은 상대 비교를 통해 처리할 수 있다. 상대 비교를 위해서는 동일한 초기조건하에서 두 가지 대안이 실행되어야 한다. 단순한 비교를 위해서 검사 및 수리 작업장은 양 대안 모두 초기에 비작업 중이고 비어 있는 상태(idle and empty)에서 시작하는 것으로 가정한다. 그림 8.58에 제시한 것처럼 4,160시간의 10회 반복실험이 충분한 것으로 가정한다.

그림 8.59에 본 것처럼 현 상황에 대해서 수리 및 검사 작업을 480분 이내에 완료할 확률은 약 82%이다. 작업을 보다 증가시키게 되면 계약 요구 사항을 만족시키지 못할 위험이 증가하

User Specified

Tally

Expression	Average	Half Width
ProbLTContractLimit	0.8251	0.02
SystemTimeStat	350.93	11.00

그림 8.59 현재 계약에 대한 사용자 지정 통계치

게 된다. 새로운 계약의 위험을 분석하고 이를 해결하기 위한 방안을 제안해줄 것을 연습문제에 제시하였다.

수리 및 검사 작업장 모델에서 작업장 사이에 부품이 이동하는 시간은 단순히 확률분포로 (UNIF(2, 4))로 주어져 있다. STATION, ROUTE, SEQUENCE 모듈은 이 경우 작업장 간의 개체의 이동을 모델링하는 것을 단순화시켜주고 있다. 어떤 시스템에서는 개체의 이동이 자재 이동 장비(예, 사람, 포크리프트, 컨베이어 등)가 요구되기 때문에 보다 중요할 수도 있다. 이러한 경우 Advanced Transfer 패널의 모듈들을 보다 심도 있게 검토할 필요가 있다. 이 주제는 9장에서 다루어질 것이다.

고객들이 자신의 요구를 충족받기 위해 대기해야 할 다른 전형적인 상황 즉 재고 시스템은 이 장의 나머지 부분에서 검토될 것이다.

8.8 재고 시스템

재고 시스템에서는 고객들의 수요를 충족하기 위한 품목단위(예, 컴퓨터)가 있다. 만일 비축 품목이 가용하다면 고객은 품목을 받아 떠나간다. 고객으로부터 요구가 도착했을 때 보유 중인 품목이 없다면 고객은 품목을 얻지 못한 채 떠나거나(판매 손실), 품목이 가용해질 때를 위해 납품 목록에 포함시킬 수도 있다(추후 납품). 어떤 의미에서는 품목은 고객들이 소비하는 자원일 수도 있다. 앞에서의 자원 개념과는 달리 재고는 보충될 수 있는 것이다. 보충 과정을 적절하게 통제하는 것이 적합한 고객 서비스를 제공하기 위한 핵심이다. 재고 보충과정을 통제할 때 고려해야 할 두 가지 기본적인 질문이 있다. 그것은 (1)언제 주문하는가? (2)얼마만큼 주문하는가? 이다. 시스템이 충분하지 않게 혹은 적당하지 않은 시기에 주문을 한다면 적절한 방식으로 고객의 수요를 충족하지 못 할 수도 있다. 그림 8.60은 단순한 재고 시스템을 설명하고 있다.

재고 품목의 보충 과정을 통제하기 위한 다양한 방법 즉 재고 관리 정책이 있다. 재고 관리 정책은 최소한 재고 보충 시기와 재주문량을 결정해야 한다. 이 절에서는 재주문점(r) 및 재주문량(Q) 재고 정책의 사용을 검토한다. 이것은 종종 (r, Q) 재고 정책이라 부른다. 다른 많은 재고 관리 정책을 모델링하는 것은 연습문제로 남겨둔다. (r, Q) 재고 정책을 모델링하는 방법에 대한 이해를 설명한 후 공급망으로의 모델링을 확장하게 될 것이다. 공급망은 고객의 수요를 만족시키기 위해 재고를 보유하는 위치들의 네트워크로 간주할 수 있다.

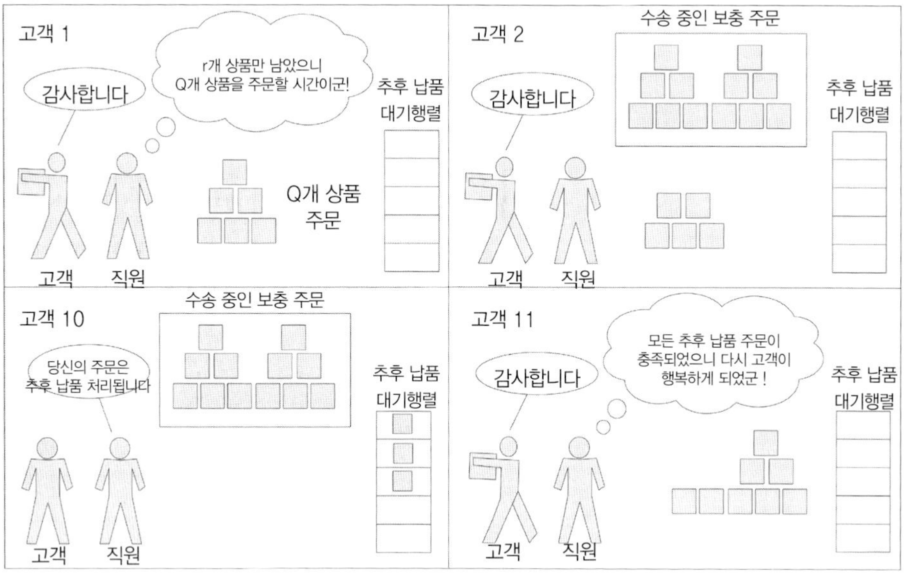

그림 8.60 $r = 6$이고 $Q = 12$인 단순한 (r, Q) 재고 시스템

대기행렬 시스템 주제와 같이 재고 시스템에 대한 주제도 그동안 많이 연구되어 왔다. 다음에 (r, Q) 재고 정책에 대한 분석적인 방법이 논의될 것이다. 재고 시스템 주제에 대한 완벽한 설명은 이 교재의 범위를 벗어난 것이지만 이 분야에 대한 보다 깊은 이해를 위해서는 Hadley와 Whitin [1963], Axsäter [2006], Silver 등[1998] 그리고 Zipkin [2000]을 참조하기 바란다. 공급망 모델링에 대한 상세한 정보를 원할 경우 Nahmias [2001], Askin과 Goldberg [2002], Chopra와 Meindl [2007] 그리고 Ballou [2004]를 참조하기 바란다.

8.8.1 (r, Q) 재고 관리 정책 모델링

이 절에서는 추후 납품이 허용되는 연속 재고 조사 유형의 (r, Q) 재고 시스템에 대한 모델링을 다루게 된다. 연속 재고 조사 유형의 (r, Q) 재고 시스템에서는 수요가 통계적 과정을 따라 도착한다. 수요(고객 주문)가 발생하면 수요량이 결정되고 시스템은 재고 가용 여부를 확인한다. 보유 재고가 고객 요구량을 만족시킬 수 있으면 수요를 충족시키고 보유 재고량은 그만큼 감소한다. 한편 재고 보유량이 주문을 충족시키지 못하게 되면 전체 주문은 추후 납품(back ordered)으로 처리된다. 추후 납품은 대기행렬에 놓여 있다가 보충주문이 도착한 후 충족된다. 단순하게 하기 위해 추후 납품은 선입선출 방식으로 충족된다고 가정한다. 재고 현황(재고보유량 + 주문량 – 추후 납품량)은 정규 고객이 도착할 때마다 그리고 재고 납품이 새로 발생할 때마다 확인된다. 재고 상황이 재주문점 이하로 내려가게 되면 보충 주문이 발주된다. 보충 주문은 입고하기까지 대개 확률분포의 시간이 소요된 후 소매업자에 추후 납품이 이루어지고 재고 보유량도 증가하게 된다. 보충 재고 발주가 이루어진 후 추후 납품이 이루어지기까지 시간은 종종 품목의 리드타임이라 부른다.

이 상황을 모델링하기 위해 3가지 상태 변수가 요구된다. $I(t)$, $IO(t)$, $BO(t)$는 t 시점에서의 보유 재고량, 주문량, 추후 납품량이라 하자. 순재고량 $IN(t) = I(t) - BO(t)$은 재고 가용량(양수 혹은 음수)을 나타낸다. 만일 $I(t) > 0$이면 $BO(t) = 0$이 되고, $BO(t) > 0$이면 $I(t) = 0$이다. 이 변수들은 다음과 같이 정의된 재고 현황을 구성한다.

$$IP(t) = I(t) + IO(t) - BO(t)$$

재고 현황은 현재고량 $I(t)$, 추후 납품량 $BO(t)$ 그리고 사전 주문량 $IO(t)$를 나타낸다. 그래서 주문을 발주할 때 보충 주문을 발주할 필요가 있는지를 결정하기 위해 재고 현황을 고려해야 한다. $IO(t)$가 $IP(t)$에 포함되었기 때문에 시스템은 현저한 주문이 재주문점 이상으로 $IP(t)$가 충분하지 않을 때 주문을 하게 될 것이다.

연속 재고 조사 (r, Q) 정책에서는 충족해야 할 수요가 발생할 때 재주문점에 다다랐는지 재고 현황을 확인해야 한다. 수요를 충족(혹은 추후 납품)한 후 $I(t)$ 혹은 $BO(t)$는 변경된다(그래

예시 8.6 (r, Q) 재고모델에 대한 의사코드

```
CREATE demand
ASSIGN myAmtDemanded = 1
Send to Label: Order Fulfillment

Label: Order Fulfillment
DECIDE
   IF I(t) ≥ myAmtDemanded THEN // fill the order
      ASSIGN I(t) = I(t) - myAmtDemanded
   ELSE// handle back order
      ASSIGN BO(t) = BO(t) + myAmtDemanded
      SEPARATE Duplicate 1 entiy
         Send duplicate to Label: Handle Back Order
      END SEPARATE
   END IF
   IP(t) = I(t) + IO(t) – BO(t)
   Send to Label: Replenishment Ordering
END DECIDE

Label: Handle Back Order
HOLD Back order queue: wait for signal
   On Signal: release all from queue
END HOLD
ASSIGN
   BO(t) = BO(t) - myAmtDemanded
END ASSIGN
Send to Label: Order Fulfillment

Label: Replenishment Ordering
IF IP(t) ≤ r  THEN
   ASSIGN IO(t) = IO(t) + Q // Place the order
   DELAY for lead time
   ASSIGN
      IO(t) = IO(t) - Q // Receive the order
      I(t) = I(t) + Q
   END ASSIGN
   SIGNAL Hold back order queue
END IF
DISPOSE
```

서 $IP(t)$도 변한다). $IP(t)$가 변화하면 재주문점에 대해서 확인해야 한다. 만일 $IP(t) \leq r$이면 Q 만큼의 주문을 발주하게 된다.

논의를 단순하게 하기 위해 도착 주문은 1개 단위로 이루어진다고 가정한다. 이것은 주문 처리 방식과 어느 추후 납품 처리를 단순화시킨다. 이 상황에 대한 의사코드가 예시 8.6에 나타나 있다.

예시를 참고해서 보면 발생 개체는 고객 수요이다. 수요량은 개체의 *myAmtDemanded* 속성값인 1이 되도록 해야 한다. 고객이 도착한 후 고객은 주문 충족으로 보내진다. 주문 충족 로직을 나타내기 위해 라벨을 사용함을 주의하기 바란다.

주문 충족에서 수요를 만족시킬 가용 재고가 있는지를 확인해야 한다. 수요가 만족되면 $I(t) \geq myAmtDemanded$ 이다. 보유 재고량은 수요량만큼 감소된다. 수요량을 만족시키지 못하면 $I(t) < myAmtDemanded$이다. 이 경우 추후 납품 대기행렬에서 대기하는 수량 $BO(t)$는 수요량만큼 증가한다. 그리고 복제품이 발생하여 추후 납품 대기행렬로 이동하게 된다.

주문 충족의 수요 충족 혹은 수요 미충족 어느 경우이든지 재고 현황은 갱신된다. 그 이유는 $I(t)$ 혹은 $BO(t)$가 변화하기 때문이다. 재고 현황이 변화하기 때문에 보충주문이 필요한지를 확인해야 한다. 개체는 재고 보충 로직으로 이동한다.

재고 충족 로직에서 재고 현황은 재주문점에 대해서 확인된다. 재고 현황이 재주문점 혹은 이하로 내려가면 주문이 발주된다. 발주가 없으면 개체는 주문 발주 로직을 넘어서 사라지게 된다. 발주가 이루어지면 주문량 변수는 재주문점만큼 증가하게 되고 리드타임만큼 지연이 시작된다. 일단 리드타임 활동이 종료되면 주문량과 재고 보유량 변수가 갱신되고 추후 납품 대기행렬로 신호를 보낸다. 추후 납품 대기행렬에 대기하고 있는 수요가 있으면 다시 충족되도록 하기 위해 추후 납품 대기행렬로 신호가 보내진다.

이러한 유형의 시스템에 대한 핵심 성과 척도는 평균 재고 보유량, 평균 추후 납품량, 품절 소요 기간 그리고 단위 시간당 평균 주문횟수이다.

시뮬레이션에서 성과 척도들을 수집하는 방법을 지적하기 전에 이들에 대해 논의하기로 한다. 평균 재고 보유량과 평균 추후 납품량은 다음과 같이 정의된다.

$$\bar{I} = \frac{1}{T}\int_0^T I(t)dt$$

$$\overline{BO} = \frac{1}{T}\int_0^T BO(t)dt$$

이 정의에서 볼 수 있는 것처럼 $I(t)$와 $BO(t)$는 시간 기반의 변수이고 평균값은 시간 평균치이다. T가 무한대로 가는 특정 상황에서는 (r, Q) 모델에 대해 시간 평균값이 안정 상태로 수렴하게 된다. 품절될 시간의 비율은 $I(t)$에 기초해서 다음과 같이 정의된다.

$$SO(t) = \begin{cases} 1 & I(t) = 0 \\ 0 & I(t) > 0 \end{cases}$$

$$\overline{SO} = \frac{1}{T}\int_0^T SO(t)dt$$

그래서 변수 $SO(t)$는 어느 시점에 보유 재고량이 0인지 아닌지의 여부를 나타낸다. 이 변수에 대한 시간 평균값은 시스템이 품절된 시간의 비율로 정의되고 해석될 수 있다. 1에서 $\overline{SO}$를 뺀 값은 시스템이 재고를 보유하고 있는 시간의 비율로 해석될 수 있다. 어떤 조건하에서는 이것은 시스템의 충족률로 해석될 수 있다(즉, 즉시 충족할 수 있는 수요의 비율). Y_i를 i번째 수요가 즉시 충족되었으면(추후 납품 없이) 1을, i 번째 수요가 도착 즉시 추후 납품 처리되었으면 0이 되는 지시 변수라고 하자. 그러면 충족률은 다음과 같이 정의된다.

$$\overline{FR} = \frac{1}{n}\sum_{i=1}^{n} Y_i$$

그래서, 충족률은 보유재고로부터 직접 배정받은 평균 수요량이다. 변수 $\overline{SO}$ 와 $\overline{FR}$ 는 고객서비스에 대한 평가 척도이다.

재고 정책의 운영비용을 이해하기 위해서는 단위 시간당 평균 보충 주문 횟수 혹은 **평균 주문 빈도 수**가 측정될 필요가 있다. $N(t)$를 $(0, t]$에 발주된 보충 주문 횟수라 하면 $(0, T]$에서의 평균 주문 빈도 수는 다음과 같이 정의될 수 있다.

$$\overline{OF} = \frac{N(T)}{T}$$

평균 주문빈도수는 시간당 비율임을 유의하기 바란다.

재주문점과 재주문량의 최선의 값을 결정하기 위해서는 시스템 내의 핵심 성과 지표를 상쇄하는 목적함수가 필요하다. 시간 기반으로 총비용 수식을 개발함으로써 이것을 얻을 수 있다. 만일 h가 품목의 개당 기간당 유지비용이라고 하자. 그것은 단위 기간당 개별 재고를 유지하는 데 드는 비용이다. 만일 b가 품목의 개당 기간당 추후 납품 비용이라고 하자. 그것은 단위 기간당 개별 재고를 추후 납품하는 데 드는 비용이다. 만일 k가 품목의 주문당 주문 비용이라고 하자. 재주문점 및 재주문량은 이들 비용에 근거해서 결정된다. 예를 들어 단위 주문 비용이 매우 높으면 자주 주문하는 것을 원치 않을 것이다. 그러나 이것은 품절 발생 가능성을 방지하기 위해 다량의 재고를 유지할 필요가 있다는 것을 의미한다. 만일 보다 많은 재고를 유지하면 재고유지비용이 높아진다.

단위 기간당 평균 비용은 다음과 같이 수식화할 수 있다.

$$\overline{TC} = k\overline{OF} + h\overline{I} + b\overline{BO}$$

이 변수와 관련된 기술적인 이슈 및 분석적 결과에 관련된 논의는 Zipkin [2000]에서 발견할 수 있다. 부록 E는 포아송 수요를 가진 (r, Q) 재고 모델과 관련된 일부 기초적이고 분석적인 수식을 제공하고 있다. 재고 현황을 보여주는 예제를 살펴보기로 한다.

예제 8.10 (r, Q) 재고 정책 평가

재고 관리자는 특정 품목(예, 컴퓨터 프린터)의 관리와 관련된 비용과 서비스 간의 상쇄(trade-off)에 관심이 있다. 고객 수요는 매월 평균 $\lambda = 3.6$인 포아송분포를 따라 발생하고 리드타임은 0.5개월이다. 관리자는 품목의 재고 유지 비용을 매월 개당 0.25달러로 추정하였다. 뿐만 아니라 추후 납품이 발생하면 비용이 매월 개당 1.75달러인 것으로 추정되었다. 주문을 발주할 때마다 준비 및 처리 비용이 0.15달러가 든 것으로 추정되었다. 재고 관리자는 재주문점을 1단위로 재주문량을 2단위로 설정하였다. 다음 값들을 추정하기 위해 시뮬레이션 모델을 개발하라.

(a) 평균 보유 재고량 및 추후 납품량

(b) 평규 발주 빈도 수

(c) 도착 고객이 즉시 수요 충족을 받지 못할 확률

(d) 시간당 평균 총비용

예제 8.10에 대한 풀이 Arena™ 모델은 예시 8.6에 제시된 의사코드를 잘 반영해서 구축될 것이다. 이 모델을 만들기 위해서는 그림 8.61에서처럼 사용될 변수들을 먼저 정의한다. 재주문점, 재주문량이 각각 초기에 $r = 1$과 $Q = 2$로 설정되어 있다. 비용은 예제에서 제시된 값들이 사용되었다. 현 보유 재고량과 추후 납품량에 대한 보고서용 통계치 체크박스도 확인할 수

Variable - Basic Process

	Name	Rows	Columns	Data Type	Clear Option	Initial Values	Report Statistics
1	vReorderPt			Real	System	1 rows	☐
2	vReorderQty			Real	System	1 rows	☐
3	vOnHand			Real	System	0 rows	☑
4	vInvPos			Real	System	0 rows	☐
5	vOnOrder			Real	System	0 rows	☐
6	vBackOrdered			Real	System	0 rows	☑
7	vNumOrders			Real	System	0 rows	☐
8	vHoldingCost			Real	System	1 rows	☐
9	vBackOrderCost			Real	System	1 rows	☐
10	vOrderingCost			Real	System	1 rows	☐

Double-click here to add a new row.

그림 8.61 (r, Q) 재고 Arena™ 모델 변수

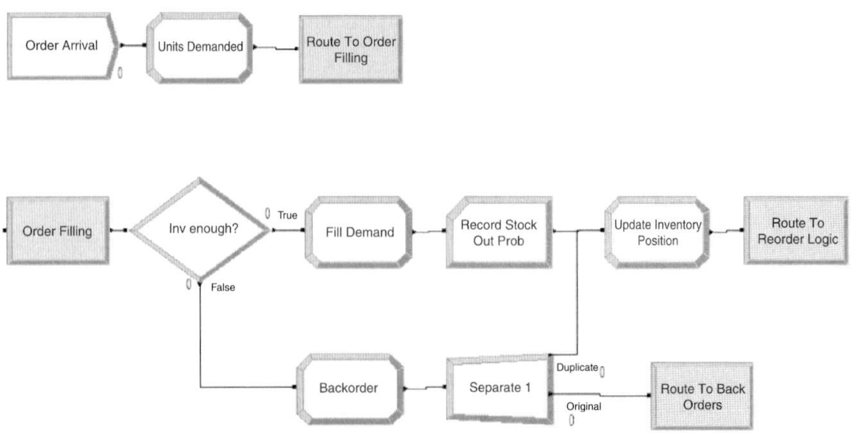

그림 8.62 (r, Q) 재고 모델을 위한 초기 충족 로직

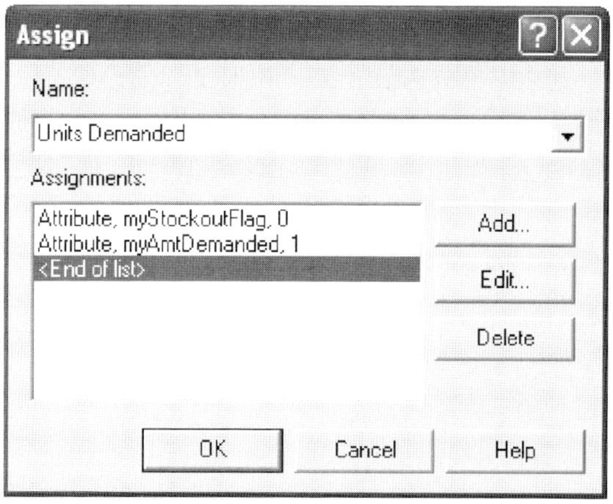

그림 8.63 수요량 지정

있다. 이것들은 시간 기반의 통계치로 수집될 수 있게 해준다.

그림 8.62는 수요 발생과 추후 납품으로 결정된 수요의 재처리를 위한 로직을 보여주고 있다. 먼저 수요를 나타내는 개체가 발생된다. 이것은 평균 (1.0/0.12)일[3.6개/*(1월/30일) = 0.12개/일]인 지수분포의 시간 간격으로 발생한다.

그림 8.63의 ASSIGN 모듈에서는 수요량이 1로 설정되고 품절 표시기가 설정된다. 이것은 발생 수요가 현 보유 재고로부터 충족되지 못할 확률을 산출하는 데 사용될 것이다. 이것은 품절 확률이라고 부른다. 그리고 이동 지연이 0인 ROUTE 모듈이 수요를 주문 충족을 다루는 스테이션으로 보내는 데 사용된다. STATION은 개체가 보내지는 논리적인 라벨을 나타내는 데 사용되고 있다.

주문 충족 스테이션에서 DECIDE 모듈이 수요량이 현 재고 보유량보다 적은지를 확인하기 위해 사용된다. 이것이 참이면 수요가 충족되고 ASSIGN 모듈에서 현 재고 현황을 감소시킨다. 품절 확률에 대한 통계치를 잡기 위해 RECORD 모듈이 사용된다. 보유 재고량은 갱신되고 수요는 재주문 로직으로 이동한다. 거짓이면 추후 납품 처리된다. 추후 납품 처리(Backorder) 이름의 ASSIGN 모듈이 추후 납품량 횟수를 증가시킨다. SEPARATE 모듈에서 하나의 개체를 복제해서 추후 납품을 처리하는 장소로 보내진다. 원본 개체는 ROUTE 모듈을 이용해서 재주문 로직으로 이동하기 이전에 재고량을 갱신한다.

Fill Demand, Backorder 및 Update Inventory Position 이름의 ASSIGN 모듈들이 그림 8.64에 나타나 있다. 현 재고 현황과 추후 납품량이 각각 감소하거나 증가한다. 게다가 재고 현황이 갱신된다. 추후 납품 처리 ASSIGN 모듈에서는 특정 주문이 즉시 충족을 받지 못했음을 나타내는 품절 표시기가 1로 설정된다.

수요가 결국 충족되면 그림 8.62의 RECORD 모듈을 통과하게 된다. RECORD 모듈에서는 수요가 도착하자마자 추후 납품으로 지정되면 1의 값을 갖게 되고 도착 초기에 추후 납품으로 지정되지 않으면 0의 값을 갖게 되는 속성 *myStockoutFlag*에 대해 기록하기 위한 표현식 옵션이 사용되고 있다(그림 8.65). 이 표시기 변수는 도착 고객이 추후 납품 처리될 확률

그림 8.64 수요의 충족 및 추후 납품 처리, 재고 보유량 갱신을 위한 ASSIGN 모듈

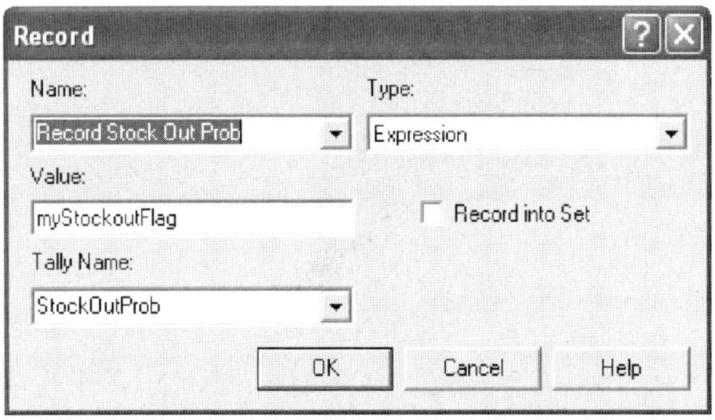

그림 8.65 수요의 초기 충족 조건 기록

을 추정하는 데 활용된다. 재고분석 전문 용어에서는 품절확률로 불린다. 1에서 품절확률을 뺀 값은 재고 시스템의 충족률이라 부른다. 포아송 도착 과정에서는 도착 고객이 추후 납품 처리될 확률은 시스템이 품절될 시간 확률 $\overline{SO}$와 동일한 것을 볼 수 있다. 이것은 PASTA (Poisson Arrivals See Time Averages)라 부르는 현상에 기인한 것이며, 통계적 추계 과정에 대한 많은 교재들(예, Tijms: [2003])에서 뿐 아니라 Zipkin [2000]에서도 논의되었다.

추후 납품 및 주문 충족 프로세스를 나타내는 로직이 그림 8.66에 주어져 있다. STATION 모듈이 어떻게 로직의 시작을 나타내고 있는지를 유의하기 바란다. 추후 납품의 경우에는 Handle Back Order 스테이션이 대기행렬에서 충족을 기다리는 수요를 유지하는 HOLD 모듈을 갖고 있다. HOLD 모듈이 신호(값 = 1)를 받으면 대기 중인 수요는 방출된다. 충족 주문이 도착한 후에 방출이 이루어진다(그림 8.67). 대기 중인 추후 납품량은 ASSIGN 모듈에서 감소되고 수요는 ROUTE 모듈을 이용해서 주문 충족으로 이동한다.

재주문 로직 스테이션에서는 DECIDE 모듈에서 재고 보유량이 재주문점 이하인지를 확인한다. 만일 참이면 주문량이 갱신된다. 주문량이 결정된 이후에 주문 개체는 리드타임만큼의

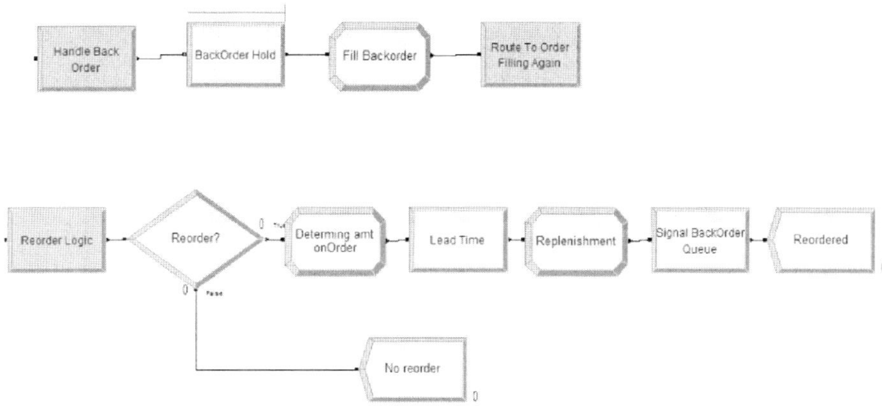

그림 8.66 추후 납품 및 충족 로직

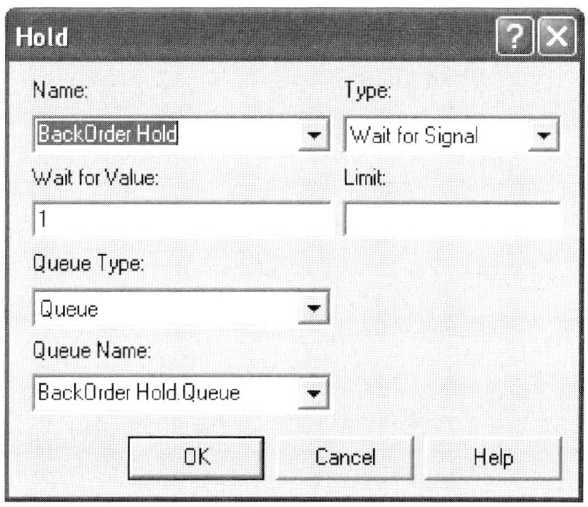

그림 8.67 HOLD 모듈로 정의된 추후 납품 대기행렬

시간 경과를 경험하게 된다. 리드타임 이후에 재고를 보충하기 위해 도착한다. 이에 상응하는 주문 및 충족 ASSIGN 모듈과 연관된 SIGNAL 모듈이 그림 8.68과 8.69에 각각 나타나 있다.

이제 기본적인 구조는 완성되었다. 그러나 논의해야 할 성과척도의 수집과 관련된 두 가지 이슈가 있다. 평균 주문 빈도 수가 수집되어야 한다. $\overline{OF} = N(T)/T$임을 기억하기 바란다. 그래서 관심 있는 기간 동안에 발주된 주문 횟수는 관측되어야 한다. 이것은 관측 기간 시작 이래로 발주되어온 주문 수를 관측할 가상의 논리적인 개체를 생성함으로써 실행할 수 있다. 그림 8.68에서는 *vNumOrders*라는 변수가 주문 발주 시마다 증가한다. 이것이 근본적으로 $N(T)$이다. 그림 8.70에서는 주문 빈도 수 수집 로직을 보여주고 있다. 먼저 T시간마다 하나의 개체가 생성된다. 이 경우 시간 구간은 월(30일)이다.

그리고 RECORD 모듈에서는 *vNumOrders*의 값을 관측한다(그림 8.71). 다음의 ASSIGN 모듈은 *vNumOrders*를 0으로 설정한다. 그래서 *vNumOrders*는 30일 동안 누적된 주문 수를

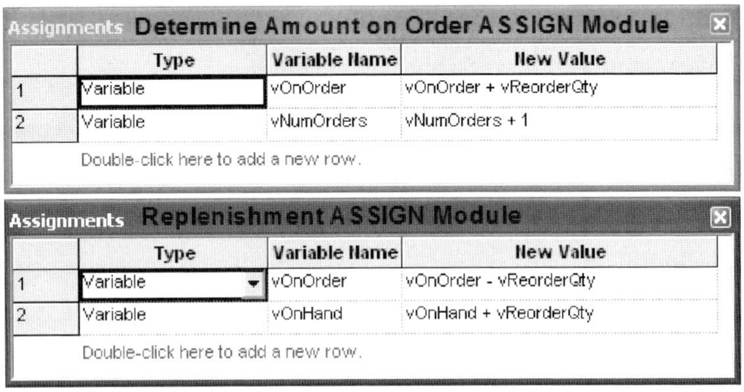

그림 8.68 주문 및 보충 ASSIGN 모듈

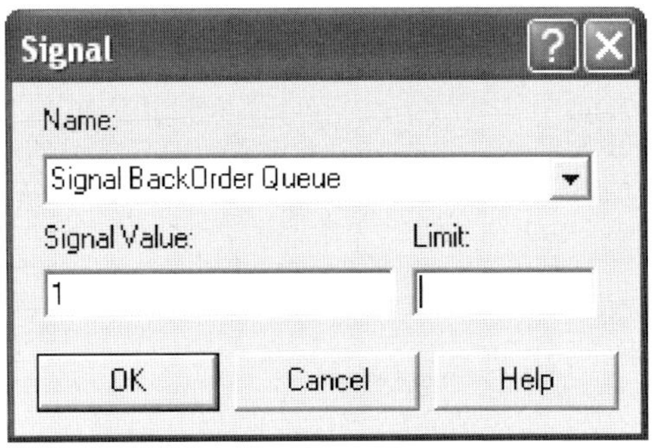

그림 8.69 추후 납품 대기행렬에 신호 보내기

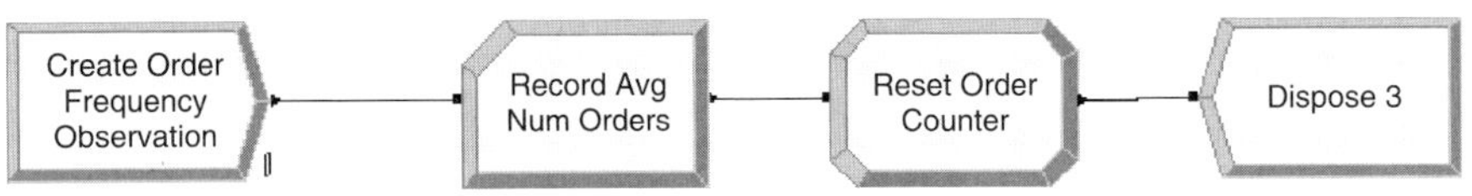

그림 8.70 주문 빈도 수 수집 로직

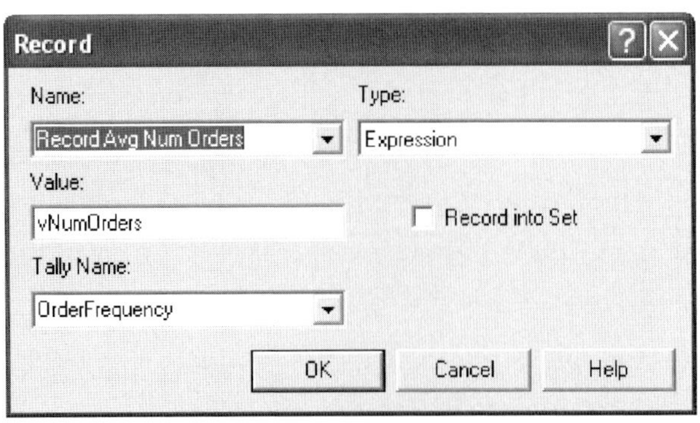

그림 8.71 주문 발주 횟수 기록

Statistic - Advanced Process

	Name	Type	Expression	Report Label	Output File
1	TimeOutOfStock	Time-Persistent	(vOnHand == 0)	TimeOutOfStock	
2	HoldingCost	Output	vHoldingCost * DAVG(vOnHand Value)	HoldingCost	
3	BackorderCost	Output	vBackOrderCost * DAVG(vBackOrdered Value)	BackorderCost	
4	OrderingCost	Output	vOrderingCost * TAVG(OrderFrequency)	OrderingCost	
5	TotalCost	Output	OVALUE(BackorderCost) + OVALUE(HoldingCost) + OVALUE(OrderingCost)	TotalCost	

Double-click here to add a new row.

그림 8.72 (r, Q) 재고 모델을 위한 통계수집 모듈

나타낸다.

성과 척도의 통계적 수집을 마무리하기 위해 정책에 대한 비용뿐만 아니라 $\overline{SO}$의 수집에 대해서도 논의할 필요가 있다. $\overline{SO}$를 수집하기 위해 시간 기반의 통계치가 그림 8.72에 제시된 Advanced Process 패널의 Statistic 모듈을 사용해서 정의될 필요가 있다. 표현식 *vOnHand* = = 0은 참이면 1을 거짓이면 0으로 평가되는 불 형식(Boolean)이다. 이 표현식에 대해 시간 기반의 통계치를 생성함으로써 보유 재고가 0이 되는 시간 비율이 산출될 것이다.

정책과 관련된 비용을 기록하기 위해 3가지 결과 통계치가 필요하다. 이것들은 모두 반복실험 종료 시마다 수집됨을 기억하기 바란다. 재고 유지 비용은 재고 보유량의 시간당 평균을 나타내는 변수인 *DAVG* (*vOnHand Value*)와 단위 시간당 재고 유지 비용을 곱해서 산출된다. 추후 납품 비용도 유사한 방식으로 산출된다. 주문 비용은 주문당 발주 비용에 평균 주문 빈도 수를 곱해서 산출된다. 평균 주문 빈도 수는 매달 RECORD 모듈을 이용해서 수집됨을 기억하기

Expression	Average	Half Width
OrderFrequency	1.8022	0.01
StockOutProb	0.4034	0.01

Time Persistent

Time Persistent	Average	Half Width
TimeOutOfStock	0.4034	0.00

Variable	Average	Half Width
vBackOrdered	0.2952	0.01
vOnHand	0.9926	0.01

Output

Output	Average	Half Width
BackorderCost	0.5166	0.01
HoldingCost	0.2481	0.00
OrderingCost	0.2703	0.00
TotalCost	1.0351	0.01

그림 8.73 (r, Q) 재고 모델의 결과

바란다. RECORD 모듈의 빈도 수는 *TAVG*() 함수를 이용해서 수집할 수 있다. 마지막으로 총비용은 추후 납품 비용, 재고 유지 비용, 주문 비용을 합해서 산출될 수 있다. 이것은 그림 8.72에서 OUTPUT 통계치에 대해 *OVALUE*() 함수를 사용해서 실행되었다. 이 함수는 OUTPUT 통계치의 최종 관측치를 반환한다. 이 경우 반복실험 종료 시에 관측된 값을 반환하는 것이다. 이들에 대한 통계치들이 Arena™ 보고서에 사용자 정의 통계치로 나타나게 될 것이다.

($r = 1$, $Q = 2$)인 경우 워밍업 기간 3,600일, 실행 기간 39,600일에 대해 30회 반복실험을 수행하였다. 총비용은 매월 1.03이며 품절 확률은 40%에 가깝게 나타났다. 품절확률은 근본적으로 시스템이 품절된 시간비율과 동일함을 유의하기 바란다. 이것은 포아송분포의 PASTA 특성이 이론에 따라 작동되고 있다는 증거이다.

이 예제는 보다 복잡한 재고 모델을 개발하는 데 기초를 제공해주고 있다. 이 예제에 대해 분석적인 결과가 존재하지만 가정을 조금만 변경해도 시뮬레이트할 필요가 있다. 예를 들면 리드타임이 확률적이거나 수요가 1개 단위가 아니라면 어떻게 될까? 후자의 경우 각각 5개와 3개를 원하는 고객이 추후 납품 대기행렬에 있다고 가정해보자. 4개 품목의 보충이 이루어지는 경우를 가정해보자. 4개 품목을 5개를 원하는 고객에게 충족시킬 것인가(부분 충족) 아니면 3개를 원하는 고객을 선택해서 그 고객의 전체 추후 납품량을 충족시키고 한 단위를 5개를 원하는 고객에게 줄 것인가? 보다 현실성이 요구될수록 분석적인 모델이 적용될 가능성은 낮아져서 시뮬레이션의 필요성이 높아진다.

다음 절에서는 앞에서 논의된 재고 시스템이 공급망을 다룰 수 있도록 확장된다. 복잡성 때문에 모델링 이슈에 대한 개요만이 설명될 것이다. 뿐만 아니라 하나의 공급자, 하나의 창고 그리고 다수의 소매업이고 하나의 품목만을 취급하는 시스템을 모델링할 수 있는 Arena™ 모델이 제시될 것이다.

8.8.2 다단계 재고 시스템의 모델링

이 절에서는 단순한 다단계 재고 시스템을 모델링하는 방법을 기술하고 있다. 그림 8.74는 모델링할 기본 시스템을 보여주고 있다. 시스템은 하나의 외부 공급자, 하나의 창고 그리고 일단의 소매업자들로 구성되어 있다. 시스템의 각 위치에 한 가지 종류의 품목만 존재한다고 가정

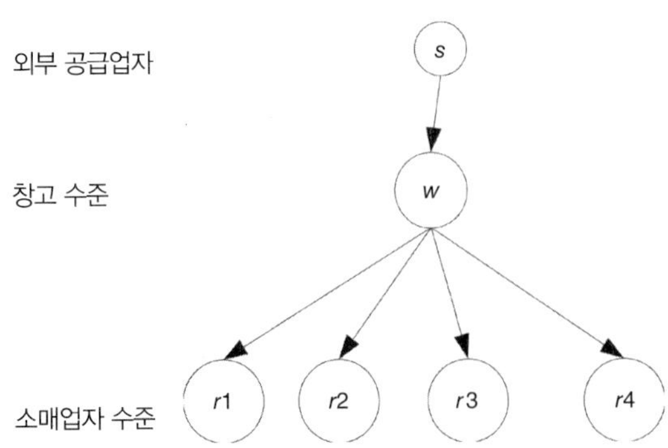

그림 8.74 단순한 다단계 재고 시스템

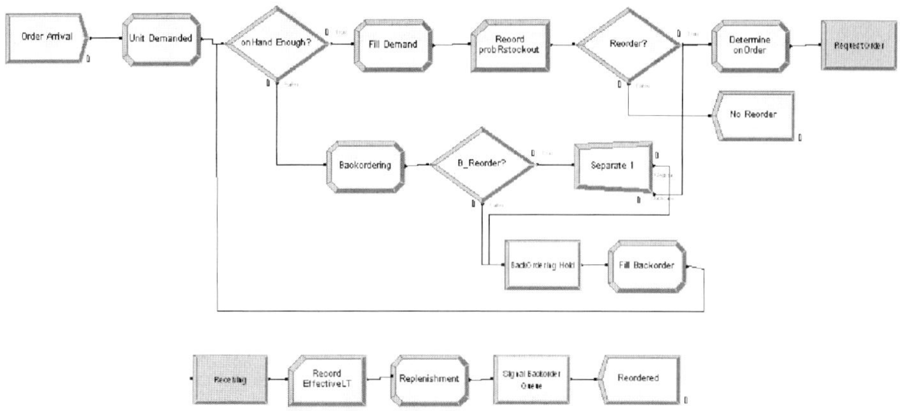

그림 8.75 다단계 재고 시스템에서 소매업자 로직

한다. 창고에서는 보충요구를 하는 4개의 소매업자들에게 공급을 하게 된다. 이 모델에서는 4개의 소매업자 각각이 동등하다. 그들은 품목에 대한 동일한 관리 정책을 적용하고 고객 수요도 동일하다. 이와 같은 방식의 공급업자와 고객의 배열구조는 그림에 제시된 것처럼 나무구조 형태를 보인다.

모델에서 각 위치에서는 (r, Q) 재고 정책이 적용된다. 한 위치가 수요를 만족시킬 만큼의 충분한 재고가 없으면 주문은 추후 납품 처리된다. 소매업자 수준에서는 고객 수요가 포아송 과정을 따른다. 창고에서는 소매업자와 관련된 재주문량 Q에 대한 보충요구에 응대한다. 소매업자에 의한 보충 주문의 발주 간격은 리드타임이라 부른다. 리드타임은 추후 납품 처리된 경우 주문 충족을 위한 대기 시간과 주문을 창고에서 소매업자에게로 이동하는 데 소요되는 시간의 합으로 구성된다. 이 예에서 이동 시간은 확정적인 시간이라 가정한다. 한편 창고는 외부 공급업자로부터 보충을 받기 위한 주문을 낸다. 외부 공급업자는 해당하는 일정한 리드타임 후에 어느 주문이든지 모두 만족시킬 수 있다. 개념적으로 외부 공급업자의 리드타임은 주문에 대한 제조 및 이동 시간이다.

이 상황에 대한 Arena™ 모델을 개발하기 위해 앞 절의 모델을 확장할 수 있다. 각 위치에서는 (r, Q) 재고 정책을 사용함을 유의하기 바란다. 그래서 기본적인 로직이 각 소매업자와 창고에 대해 반복될 수 있다. 그러면 소매업자는 주문을 창고에 발송하게 되고 창고는 해당 소매업자에게 충족 주문을 보내야 한다. 기본적인 로직을 5회(창고에 대해 1회, 소매업자에 대해 4회) 복사해서 붙여넣기를 하는 것보다는 배열을 사용해서 보다 일반적으로 모델을 구축할 수 있다. 이렇게 함으로써 장차 보다 많은 소매업자가 요구될 경우로 확장시킬 수 있을 것이다.

그림 8.75은 다단계 재고 시스템에서 소매업자 수준에서의 로직을 보여주고 있다. 여러분이 볼 수 있는 것처럼 이 로직은 앞 절의 예제에서 본 것과 근본적으로 동일하다. 단순하게 하기 위해서 모델의 상세한 사항은 제시되어 있지 않다. 변경된 부분만 요약해서 강조할 것이다.

그림 8.76에서는 이 모델에 사용될 변수들이 정의되어 있다. 핵심적인 차이는 보유 재고량, 추후 납품량, 각 소매업자의 재고 현황이 Arena™ 배열로 표현되었다는 것이다.

Variable - Basic Process

	Name	Rows	Columns	Data Type	Clear Option	Initial Values	Report Statistics
1	vNumR			Real	System	1 rows	☐
2	vMTBA			Real	System	1 rows	☐
3	vRetailerLT			Real	System	1 rows	☐
4	vWhsLT			Real	System	1 rows	☐
5	vQw			Real	System	1 rows	☐
6	vRw			Real	System	1 rows	☐
7	vQr			Real	System	1 rows	☐
8	vRr			Real	System	1 rows	☐
9	vOnHand	4		Real	System	1 rows	☐
10	vOnOrder	4		Real	System	0 rows	☐
11	vBackOrdered	4		Real	System	0 rows	☐
12	vInvPos	4		Real	System	0 rows	☐
13	vSignalValue	4		Real	System	4 rows	☐
14	vWhsOnHand			Real	System	1 rows	☑
15	vWhsOnOrder			Real	System	0 rows	☐
16	vWhsBackOrdered			Real	System	0 rows	☑
17	vWhsInvPos			Real	System	0 rows	☐

Double-click here to add a new row.

그림 8.76 변수 모듈

변수들은 다음과 같이 정의된다.

- *vNumR*: 이 변수는 소매업자 수를 나타낸다. 각 소매업자의 총괄적인 도착률을 결정하기 위해 주문 도착 CREATE 모듈에서 사용된다[예, EXPO(*vMTBA*/*vNumR*)].
- *vMTBA*: 이 변수는 고객 수요의 평균 도착 간격이다. 수요율이 기간당 λ이면 평균 도착 간격은 $1/\lambda$이다.
- *vRetailerLT*: 이 변수는 창고에서 소매업자에게 이동하는 리드타임을 나타낸다. 이 모델에서는 1일로 일정한 것으로 가정한다.
- *vWhsLT*: 이 변수는 공급업자로부터 창고로 이동하는 리드타임을 나타낸다. 이 모델에서는 1일로 일정한 것으로 가정한다.
- *vQw*: 이 변수는 창고의 보충 재주문량이다.
- *vRw*: 이 변수는 창고의 재주문점이다.
- *vQr*: 이 변수는 소매업자의 보충 재주문량이다.
- *vRr*: 이 변수는 소매업자의 재주문점이다.
- *vOnHand*(*vNumR*), *vOnOrder*(*vNumR*), *vBackOrdered*(*vNumR*), *vInvPos*(*vNumR*): 이 배열변수들은 각 소매업자들의 재고 보유량, 주문량, 추후 납품 처리량, 재고 현황을 나타낸다.
- *vSignalValue*(*vNumR*): 이 배열변수는 각 소매업자에서 추후 납품 대기행렬에서 대기 중인 주문을 해제하는 데 사용되는 신호값을 의미한다.
- *vWhsOnHand, vWhsOnOrder, vWhsBackOrdered, vWhsInvPos*: 이 배열변수들은 창고의 재고보유량, 주문량, 추후 납품 처리량, 재고 현황을 나타낸다.

각 소매업자는 수요율이 λ_i인 포아송과정을 따르기 때문에 시스템 i에 대한 전체적인 수요는 $\lambda = \sum_{i=1}^{4} \lambda_i$가 된다. 이 전체적인 수요율은 각 소매업자들에게 수요율 λ_i를 가진 포아송 과

Assignments

	Type	Attribute Name	
1	Attribute	myRetailerNum	ANINT(UNIF(0,1)*vNumR+0.5)
2	Attribute	myAmtDemanded	1
3	Attribute	myRetailerSOFlag	0
	Double-click here to add a new row.		

그림 8.77 소매업자 번호 지정

Assignments

	Type	Other	New Value
1	Other	vOnHand(myRetailerNum)	vOnHand(myRetailerNum) - myAmtDemanded
2	Other	vInvPos(myRetailerNum)	vOnHand(myRetailerNum) + vOnOrder(myRetailerNum) - vBackOrdered(myRetailerNum)
	Double-click here to add a new row.		

그림 8.78 수요 충족 할당

정으로 확률적으로 분할할 수 있다. 포아송 과정의 합류 및 분리 특성에 대해서 보다 자세한 내용을 위해서는 Tijms [2003]을 참조하기 바란다. $p_i = \lambda_i/\lambda$를 도착 수요가 i번째 소매업자에게 보내질 확률이라고 하자. 그래서 도착수요가 발생되면 $p_i = \lambda_i/\lambda$의 확률로 소매업자를 결정하게 된다. 그림 8.77은 도착 수요를 생성한 후의 ASSIGN 모듈을 보여주고 있다.

이 예제에서는 각 소매업자가 동일한 특성을 가지고 있기 때문에 첫 줄은 이산형의 일양분포를 이용해서 1에서 4에 대해 무작위로 발생시키는 것이다. 소매업자 번호가 할당된 후 이 속성은 소매업자의 재고 보유량, 주문량, 추후 납품량 및 재고 현황을 나타내는 배열의 인덱스로 사용된다. 그림 8.78은 ASSIGN 모듈에서 수요 충족을 위한 배열이 어떻게 사용되는지에 대한 예제를 보여주고 있다. 이렇게 함으로써 소매업자의 수가 어느 값이든지 단순히 배열의 크기를 증가시키고 적합한 *myRetailNum* 속성을 지정함으로써 활용 가능하다.

소매 수준에서의 모델링 로직의 잔여 부분은 두 개의 분홍색으로 된 ROUTE와 STATION 모듈을 제외하고는 앞 절에서 기술된 것과 동일하다. 소매업자가 보충 부문을 발주하려고 결

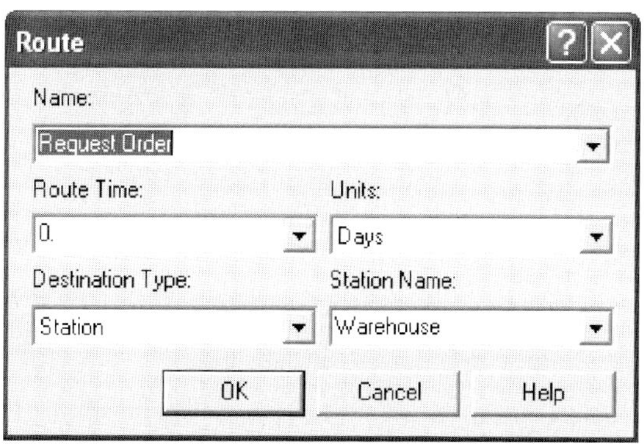

그림 8.79 주문을 창고로 발송

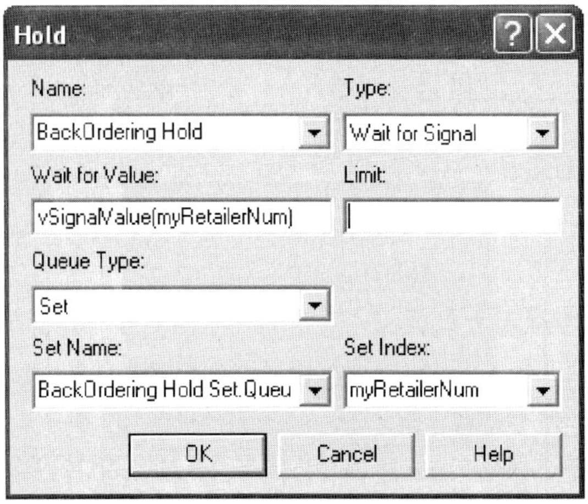

그림 8.80 소매업자의 추후 납품 대기행렬을 위한 **HOLD** 모듈

정할 때 주문을 나타내는 개체가 그림 8.79에 제시된 창고 로직을 나타내는 스테이션 모듈로 ROUTE 모듈을 경유해서 보내진다.

창고가 소매업자로부터의 수요를 충족하게 되면 Receiving이라고 라벨이 붙은 STATION 모듈로 보내진다. Receiving 스테이션과 관련된 로직의 개요는 다음과 같다.

- 창고로부터 보충 주문 접수
- 효과적인 리드타임 충족 할당 기록
  - *vOnOrder*(*myRetailerNum*)을 *vQr*만큼 감소시킴
  - 재고량 *vOnHand*(*myRetailerNum*)을 *vQr*만큼 증가시킴
- 추후 납품 대기행렬에서 방출하기 위해 신호 *vSignalValue*(*myRetailerName*)를 보냄
- 개체 소멸

소매업자 번호에 의해 인덱스화된 배열에 기반해서 신호를 보낸다. Arena™의 HOLD 모듈은 특정 신호를 받을 때까지 개체를 대기시키다가 받은 신호값과 연관된 개체를 방출시킬 수 있는 능력을 가지고 있다. 그림 8.80은 신호와 연결된 HOLD 모듈을 보여주고 있다. 대기 방식에 대해 집합(Set) 옵션이 사용되었음을 유의하기 바란다. 이것은 추후 납품 대기행렬이 분리되어 각 소매업자별로 정의될 수 있게 해준다. 집합은 각 소매업자당 하나씩 4개의 대기행렬을 포함하고 있으며 속성 *myRetailerNum*으로 인덱스화된다.

창고와 관련된 로직은 근본적으로 앞에서 기술한 것과 동일하다. 핵심적인 차이는 창고로 보내진 수요가 창고로부터 *vQr*만큼의 재고를 요구한다는 점이다. 추후 납품 수요는 선입선출 원칙으로 처리된다고 가정한다. 수요가 충족되면 해당 소매업자에게 보내진다. 이것은 그림 8.81에 *Ship Order*로 표시된 ROUTE 모듈에 의해 수행된다.

ROUTE 모듈은 그림 8.82에 제시되어 있다. 개체는 1일의 이동 시간(*vRetailerLT*)을 이용해서 *Receiving*이라는 이름의 스테이션으로 직접 보내진다.

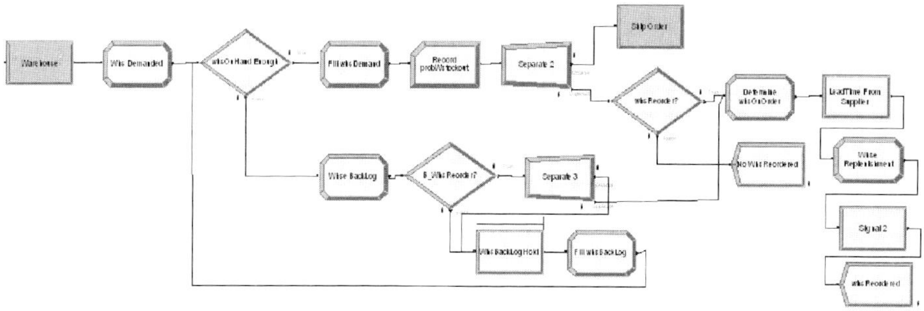

그림 8.81 창고 수요 처리 로직

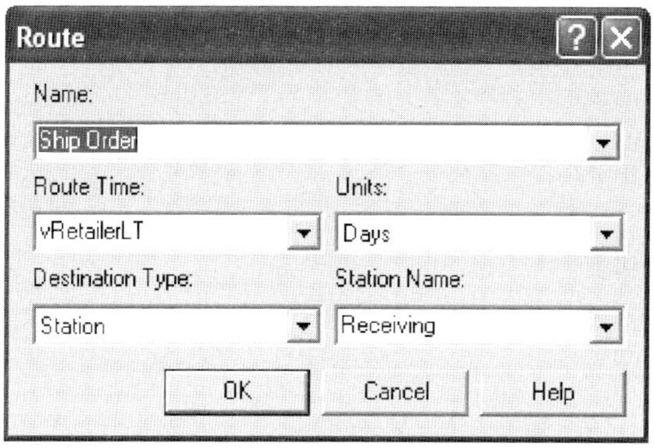

그림 8.82 소매업자의 주문에 대한 출하

Statistic - Advanced Process

	Name	Type	Expression	Report Label	Output File
1	onHandR1	Time-Persistent	vOnHand(1)	onHandR1	
2	onHandR2	Time-Persistent	vOnHand(2)	onHandR2	
3	backOrderR1	Time-Persistent	vBackOrdered(1)	backOrderR1	
4	backOrderR2	Time-Persistent	vBackOrdered(2)	backOrderR2	
5	backOrderR3	Time-Persistent	vBackOrdered(3)	backOrderR3	
6	backOrderR4	Time-Persistent	vBackOrdered(4)	backOrderR4	
7	onHandR3	Time-Persistent	vOnHand(3)	onHandR3	
8	onHandR4	Time-Persistent	vOnHand(4)	onHandR4	

Double-click here to add a new row.

그림 8.83 다단계 재고 모델에 대한 통계치 모듈

이 모델에 대한 통계치를 수집하는 일은 다소 귀찮은 일이다. 그림 8.83은 주요 문제들을 보여주고 있다. 보유 재고량과 같은 상태변수들이 배열로 정의되기 때문에 각 배열에 대한 시간 기반의 통계치들이 직접 VARIABLE 모듈에서 정의될 수 없다. 그래서 평균 재고량과 평균 추후 납품량에 대한 통계치를 수집하기 위해서는 특수한 시간 기반의 통계치가 그림 8.83과 같이 정의되어야 한다. 다른 통계치들도 동일한 방식으로 다루어질 필요가 있다. 이것들에 대한

Tally

Expression	Average	Half Width
Record probRstockout	0.1223	0.01
Record probWstockout	0.3488	0.01

Interval	Average	Half Width
Record EffectiveLT	1.3006	0.00

Time Persistent

Time Persistent	Average	Half Width
backOrderR1	0.00893928	0.00
backOrderR2	0.00875987	0.00
backOrderR3	0.00974924	0.00
backOrderR4	0.00872368	0.00
onHandR1	0.8766	0.01
onHandR2	0.8782	0.00
onHandR3	0.8743	0.01
onHandR4	0.8800	0.00

Variable	Average	Half Width
vWhsBackOrdered	0.1219	0.01
vWhsOnHand	1.2164	0.02

그림 8.84 다단계 재고 시스템의 실행결과

확장은 연습문제로 남겨두기로 한다.

이것으로 다단계 재고 시스템에 대한 논의를 마무리하게 된다. 모델을 실행하기 위해서는 창고와 소매업자들에 대한 재주문점과 재주문량을 설정해야 한다. 한 예로써 표 8.5에 나타난 설정값들로 모델을 실행하였다.

그림 8.84는 다단계 시스템의 실행결과를 보여주고 있다. 평균 보유 재고량과 평균 추후 납

표 8.5 다단계 재고 시스템을 실행하기 위한 모수

모수	변수명	값
Number of retailers	vNumR	4
Mean time between demand arrivals	vMTBA	10 일
Retailer lead-time	vRetailerLT	1 일
Warehouse lead-time	vWhsLT	1 일
Warehouse reorder quantity	vQw	4
Warehouse reorder point	vRw	−1
Retailer reorder point	vQr	1
Retailer reorder point	vRr	0
Number of replications		10
Warm-up period		360 일
Replication length		3600 일

품량이 각 소매업자별로 나타나 있다. 확장해서 총괄적인 수준에서의 통계치(예, 시스템 혹은 소매업자 수준의 총괄적인 재고 보유량)를 수집할 수도 있을 것이다.

이것은 보다 복잡한 모델 중의 하나이기는 하나, 트럭을 이용한 출하나 각 위치에서 다수의 품목을 취급하는 것과 같은 요소들을 포함해서 확장하는 것도 Arena™를 이용해서 충분히 가능하다. 이러한 확장 문제는 연습문제로 남겨두기로 한다.

8.9 요약

이 장에서는 대기행렬과 재고 모델이라는 두 가지 중요한 시뮬레이션 영역에 대한 기초를 제공하였다. 대기행렬 모델의 경우 분석적인 공식을 이용해서 단일 작업장을 포함한 상황을 분석하는 방법을 학습하였다. 이 분석에는 다음과 같은 내용이 포함되어 있다.

1. 도착 및 서비스 과정의 확인
2. 도착 모집단의 크기 및 시스템의 크기 확인
3. 적합한 대기행렬 모델 및 입력 모수 지정
4. 요구되는 성과 척도 확인
5. 요구되는 성과 척도 산출

두 가지 핵심 개념인 리틀 공식과 안정 상태 분석을 다루었다. 리틀 공식은 시스템 내 평균 대기 시간을 시스템 내 평균 대기 수를 연관시키는 보존원칙을 나타낸다. 대기행렬 시스템의 안정 상태의 성과척도들은 시스템 내 고객 수에 대한 안정 상태 확률분포를 기반으로 구할 수 있다. 이 분포는 무한대의 미래 시점에 임의의 지점에서 시스템 내에 주어진 고객 수를 가지고 있을 확률로 생각할 수 있다. 어떤 특정 조건하에서는 분석적인 공식이 가용하나 그것들이 가용하지 않을 경우 시뮬레이션 방법을 사용할 수 있다.

단순한 단일 대기행렬 모델의 경우에도 가정의 약간의 변경이나 시스템 구조의 변경이 있으면 시뮬레이션을 활용할 필요가 있다. 예를 들어 고객의 우선순위가 자원 가용량에 종속적인 경우 시뮬레이션이 필요하다. 대기행렬 시스템은 종종 작업장의 네트워크를 포함하고 있다. 특정한 시스템 구조에 대해서는 분석적인 모델이 존재하나 시뮬레이션이 가장 강력한 분석기법으로 활용될 수 있다. Arena™에서는 대기 네트워크 모델링을 용이하게 해주는 다음과 같은 중요한 구조체들을 제공하고 있다.

STATION: 개체가 처리를 위해 진행해가는 위치에 대한 모델상의 지점에 대해 사용된다.
SEQUENCE: 미리 정의된 작업장으로의 이동경로를 지정하고 개체 이동에 필요한 속성을 지정하는 데 사용된다.
ROUTE: 시간 경과를 거쳐 작업장 간의 이동을 실행 가능하게 해준다.

대기행렬 모델뿐만 아니라 재고 모델 그중에서도 (r, Q) 재고 정책의 기본적인 운영에 대해 학습하였다. 분석적인 모델의 적용은 제한적임을 금방 알 수 있었다. 이러한 경우 시뮬레이션이 이러한 요소들을 포함하고 있는 상황을 분석하는 데 가장 강력하고 유용한 도구를 제공한다. 특히 공급망은 재고 위치로 이루어진 네트워크로 정의할 수 있다. 이러한 유형의 시스템은 Arena^{TM}의 STATION과 ROUTE 모듈을 이용해서 모델링이 가능하다. 여기에서는 이러한 유형의 시스템에 대한 분석은 서론적인 수준이었지만 이 주제에 대해 보다 깊이 알기 위해서는 참고문헌에 제시된 다수의 참고 교재들을 찾아볼 것을 권하고 싶다.

모델링에 대한 여정은 아직 마무리된 것이 아니다. 여러 가지의 관심 상황을 모델링하기 위해 Arena^{TM}를 적용하는 방법에 대해 잘 작동되는 지식들을 발전시켜왔다. 다음 장은 자재이송을 포함하는 시스템의 모델링을 가능하게 해주는 Arena^{TM}의 구조체들을 학습함으로써 모델링 능력을 심화시킬 수 있게 해준다. 이러한 구조체들은 이동 장비, 컨베이어 및 무인 운반차를 포함한다.

연습문제

연습문제 8.4에서 8.22까지에 대해서 켄달 기호를 사용해서 문제를 풀기 위해 필요한 적합한 대기행렬 모델을 규정하라. λ_e, μ, c, N과 같은 모델의 모수 값들을 지정하라. 문제를 해결하기 위한 계산방법을 제시하라. 가능하면 필요한 특정한 수식을 결정하라. 원하는 수치들을 산출하라. 또한 시뮬레이션을 통해 해를 구하기 위해 Arena^{TM} 모델을 시도하라.

8.1 참 혹은 거짓: 랜덤 도착 및 랜덤 서비스 시간을 가진 대기행렬 시스템에서 도착률과 서비스율이 동일하면 아무런 대기가 없을 것이기 때문에 가장 좋은 성과가 나타날 것이다.

8.2 대기행렬에서 중간 이탈을 모델링할 때 중간 이탈 시간의 일정을 표현하는 데 (a) ______ 모듈이 사용되며 대기행렬에서 복제 개체를 찾는 데는 (b) ______ 모듈이 사용된다.

8.3 UA 푸드 코트에 있는 BK는 주당 10,000파운드의 감자를 사용한다. 현재 보유 중인 감자의 무게는 5,000파운드이다. 감자는 평균 얼마 동안 사용 이전에 머무르게 되는가? 이 질문에 대기행렬의 어느 개념이 활용되는가?

8.4 도착 과정이 평균 10분의 도착 간격을 가진 포아송분포인 단일 주유기로 된 주유소를 고려해보자. 서비스 시간은 평균 6분의 지수분포를 따른다. 켄달 기호를 사용해서 문제를 해결하는 데 사용될 적절한 대기행렬 모델을 규정하라. 모델의 모수들을 지정하고 문제 해결을 위해 무엇을 계산하기를 원하는가? 필요한 수식을 정의함으로써 가능하면 세부적으로 정의하라.

(a) 서비스 받기 위해 대기할 확률은 얼마인가?

(b) 주유소에서의 평균 체류 고객 수는 얼마인가?

(c) 주유를 받기 위해 대기행렬에서 대기한 기대 시간은 얼마인가?

8.5 한 명의 작업자가 3대의 기계를 유지 보수할 책임을 맡고 있다고 한다. 각 기계에 대해 고장 발생 이전 작동 시간 분포 확률이 평균 9시간의 지수분포를 따른다. 수리 시간도 평균 2시간의 지수분포를 따른다. 켄달 기호를 사용해서 문제를 해결하는 데 사용될 적절한 대기행렬 모델을 규정하라. 모델의 모수들을 지정하고 문제 해결을 위해 무엇을 계산하기를 원하는가? 필요한 수식을 정의함으로써 가능하면 세부적으로 정의하라.

(a) 작업자가 유휴 상태일 확률은 얼마인가?

(b) 가동 중인 평균 기계 대수는 얼마인가?

(c) 가동하지 않은 평균 기계 대수는 얼마인가?

8.6 SuperFastCopy는 자가 서비스 복사기를 설치하려고 하나 한 대를 설치해야 하는지 혹은 두 대를 설치해야 할지를 결정하지 못하고 있다. 관리자는 도착이 시간당 30명의 비율로 이루어지고 복사 시간은 평균 1.75분의 지수분포라고 한다. 가게가 협소해서 5명 이상의 고객이 대기할 확률이 7% 이하가 되기를 원한다. 대기행렬 이론을 이용해서 SuperFastCopy에게 제안을 하기 바란다.

8.7 각 개별 승객과 승객의 보유 짐은 보안 검사 지점에서 확인된다. XNA는 분당 평균 10명의 지수분포 간격으로 이루어진다고 한다. 승객을 걸러내기 위해 공항에서는 금속 탐지기와 화물 엑스선 기계를 사용한다. 검사 지점이 작동될 때마다 두 명의 직원(한 명은 금속 탐지기를 작동하고, 한 명은 엑스선 기계를 작동함)이 필요하다. 승객이 금속 탐지기를 통과하가면서 동시에 화물 짐은 엑스선 기계를 지나간다. 검사 지점은 분당 평균 12명의 지수분포를 따라 처리할 수 있다.

(a) 승객이 검사받기 이전에 대기할 확률은 얼마인가?

(b) 검사 지점에 들어가기 위해 라인에서 대기하는 평균 승객 수는 얼마인가?

(c) 검사 지점에서 승객들은 평균 얼마 동안 대기하는가?

8.8 어떤 특정 처리작업을 위해 2대의 기계를 고려하고 있다. 첫 번째 기계는 평균 10분의 지수분포를 따르는 시간이 소요되며, 두 번째 기계는 평균 10분, 표준편차 6분의 처리 시간이 소요된다고 한다. 작업 도착은 시간당 4.5개 비율의 지수분포를 따른다. 대기행렬 이론을 이용해서 작업의 평균 대기 시간 측면에서 어느 기계가 우수한가?

8.9 고객은 시간당 평균 10대의 포아송분포를 따라 단일 창구의 드라이브인 은행에 도착한다. 각 고객에 대한 서비스 시간은 평균 5분의 지수분포를 따른다. 창구 앞에는 서비스 중인 차량을 포함해서 3대분의 공간이 존재한다. 다른 도착 차량들은 3개 공간 밖에서 대기한다. 켄달 기호를 사용해서 문제를 해결하는 데 사용될 적절한 대기행렬 모델을 규정하라. 모델의 모수들을 지정하고 문제 해결을 위해 무엇을 계산하기를 원하는가? 필요한 수식을 이용해서 가능하면 세부적으로 정의하라. 그리고 원하는 수치를 계산하라.

(a) 도착고객이 창구 앞 3개 공간 중 하나에서 대기할 확률은 얼마인가?

(b) 도착고객이 창구 앞 3개 공간 밖에서 대기할 확률은 얼마인가?

(c) 도착고객은 서비스를 받기 전에 대기행렬에서 평균 얼마 동안 대기해야 하는가?

(d) 도착고객이 시간의 적어도 20% 이내로 창구 앞에서 대기하기 위해서는 대기 공간을 몇 개로 해야 할 것인가? 다시 말해서 적어도 외부 공간에서 대기할 확률은 20% 이상이다.

8.10 조 로스는 빅 주립대학교 학생이다. 그는 수입을 보충하기 위해 잡일을 하고 있다. 일감은 평균 5일마다 들어온다. 그러나 요청 시간 간격은 지수분포를 따른다. 하나의 일을 처리하는 데 소요되는 시간은 평균 4일의 지수분포이다.

(a) 조가 일을 하지 않고 있을 확률은 얼마인가?

(b) 조가 일감당 25달러를 받는다면 대기한 일감의 평균 가치는 얼마인가?

8.11 은행 지점장은 텔러를 몇 명으로 할 것인지를 결정해야 한다. 줄을 서서 대기하는 고객은 분당 5센트의 지연 비용이 발생한다고 가정한다. 시간당 15명의 고객이 은행에 도착한다. 텔러가 고객 트랜잭션 처리 완료에 평균 6분이 소요된다. 텔러는 1인당 시간당 9달러의 비용이 든다. 고객 도착 시간과 서비스 시간은 지수분포를 따른다고 가정한다.

(a) 시스템이 안정적으로 돌아가기 위해(무한 대기행렬이 아닌) 배치해야 할 최소 텔러 수는 얼마인가?

(b) 시스템에 3명의 텔러가 배치될 경우 은행에 아무 고객도 없을 확률은 얼마인가?

(c) 차선의 대안을 분석하기 위해서는 어느 모델을 사용해야 하는가? 모델과 모수들을 기술하라.

8.12 트럭 터미널에서 하역 작업 설비 분석을 위해 당신이 고용되었다. 현재 터미널은 본관 건물에 4개의 트럭 하역 시설(dock)이 있다. 하역 시설이 모두 가득 차 있을 때 유입되는 트럭은 본관 터미널에서 약간 떨어진 별관 터미널로 배정된다. 도착 프로세스는 시간당 5대 트럭의 포아송분포로 도착한다. 본관 터미널에는 차량이 대기할 공간이 없다. 현재 도착 트럭의 50%는 별관 터미널로 이동한다. 트럭당 평균 서비스 시간은 본관은 2시간이고 별관은 3시간이며 모두 지수분포를 따른다. 2가지 제안이 고려되고 있다. 첫 제안은 도착 트럭의 적어도 80%는 본관에서 처리되고 나머지는 별관으로 이동해서 하역하도록 하역 시설을 추가함으로써 본관을 확장하는 것이다. 둘째 제안은 8대 트럭을 수용할 수 있도록 대기 공간을 확장하는 것이다. 그리고 수용 공간이 가득 차면 트럭은 별관으로 배정된다.

(a) 첫 제안을 분석하기 위해서는 어느 대기행렬 모델을 사용해야 하는가? 모델과 모수들을 기술하라.

(b) 첫 제안에서 도착 트럭의 적어도 80%가 서비스될 수 있도록 하기 위해 요구되는 하역 설비의 수를 결정하기 위해서는 무엇을 할 것인지를 기술하라. 어느 것이든 계산을 할 필요는 없음을 유의하기 바란다.

(c) 둘째 제안을 분석하기 위해서는 어느 모델을 사용해야 하는가? 모델과 모수들을 기술하라. 모델과 모수들을 기술하라.

8.13 Sly 편의점에서는 주유기가 2기인 주유소를 운영하고 있다. 주유기로 연결되는 레인은 서비스 중인 것을 포함해서 많아야 5대의 차량을 유지할 수 있다. 도착 차량은 레인이 차 있으면 어딘가 다른 곳으로 간다. 도착 차량의 분포는 시간당 20대인 포아송분포이다. 주유하고 요금을 지불하는 데 걸린 시간은 평균 6분의 지수분포를 따른다.

(a) 대기행렬 표기방법을 사용해서 다른 주유소를 찾아가는 운전자의 비율을 구하라.

(b) 대기행렬 표기방법을 사용해서 주유기의 가동률을 구하라.

8.14 항공권 판매사무실에는 항공예약 전화를 받는 두 명의 판매사원이 있다. 뿐만 아니라 판매사원 중 한 명이 통화에 응대할 수 있도록 가용하기까지 두 명의 통화자가 대기할 수 있다. 네 개의 모든 통화선(판매사원 라인과 대기 라인 모두)이 통화 중이면 통화를 시도하려는 고객은 통화 중 신호를 받게 되고 그 통화는 다른 판매사무실로 옮겨가게 되어 고객을 잃게 된다고 가정한다. 통화 및 시도통화는 시간당 15회 비율로 무작위(포아송 과정)로 발생한다. 전화통화 시간은 평균 4분인 지수분포를 따른다.

(a) 대기행렬 표기방법을 사용해서 잠재 고객을 잃게 될 확률을 구하라.

(b) 도착 통화가 즉시 서비스를 받지 못하고 대기선에서 대기할 확률을 구하라.

8.15 SuperFastCopy는 3대의 동일한 복사기를 보유하고 있다. 기계가 사용 중일 때 고장 나기까지 걸린 시간은 평균 2주의 지수분포이다. 한 명의 수리 요원이 기계를 수리하기 위해 대기하고 있다. 수리 시간은 평균 0.5주의 지수분포를 따른다. 각 복사기의 고장 비용은 주당 100달러이다.

(a) 시스템의 상태가 작동하지 않은 기계 대수라고 하자. 이 대기행렬 시스템의 상태 전이도를 작성하라.

(b) 주당 기대 고장 비용을 구하기 위해 대기행렬 성능 평가 척도를 사용해서 표현식을 작성하라.

8.16 NWH 심장센터(CCU)에서는 방금 주요 심장 수술을 받은 환자들이 점유하게 될 5개의 침대가 있다. CCU에는 매 8시간 교대마다 두 명씩의 간호사가 근무한다. 지수분포를 따르는 매 두 시간마다 환자 중 한 명은 간호사의 간호를 받는다. 간호사는 환자를 돌보고 문제 및 제공된 처치에 대한 의료 기록을 수정하는 데 평균 30분의 시간(지수분포)을 소비한다. 5명의 환자에게 즉시 서비스가 매우 중요하기 때문에 다음 두 가지 중요한 질문이 따른다.

(a) 간호사의 간호를 받게 될 평균 환자 수를 구하라.

(b) 간호사가 도착하기 까지 환자가 기다려야 할 평균 대기 시간을 구하라.

8.17 HJ Bunt 수송회사는 다수의 대형 냉동 트레일러를 운영하고 있다. 이 문제를 위해 냉동 트레일러 가용 대수는 무한하다고 가정하라. 트레일러는 회사가 소유 및 운영하는 서비스 공장에서 비정기적으로 서비스를 요구받고 있다. 공장에 트레일러의 도착은 주당 평균 3회의 포아송분포를 따른다고 가정하라. 현재 정책에서는 두 대 이상의 트레일러가 회사 공장에 있을 때는 언제든지 많아야 한 대만 대기할 수 있도록 중앙집중식 외부 계약 서비스 센터를 이용한다. 회사 공장에는 단지 한 명의 서비스 요원만 있다고 가정하라.

(a) 켄달 기호를 이용해서 이 상황에 맞는 적절한 모수를 포함한 대기행렬 모형을 규정하라.

(b) 주당 외부 작업이 이루어지는 평균 수리 횟수를 계산하라.

8.18 릭은 빅 주립대학교에서 작은 이발소를 경영하고 있는데 한 명의 이발사를 채용하고 있다. 릭도 이발사이며 이발소에 한 명 이상의 고객이 있을 경우에만 일한다. 고객은 시간당 3명의 비율로 무작위로 도착한다. 릭은 이발하는 데 평균 15분이 소요되는데, 고용 이발사는 10분이 소요된다. 이발소에 대기실이 없이 단지 두 개의 의자만 있다고 가정한다.

(a) 이발소에 체재 중인 고객 수를 시스템의 상태라고 하고 이 대기행렬 시스템에 대한 상태 전이도를 구축하라.

(b) 고객이 되돌아갈 확률은 얼마인가?

(c) 이발소가 일이 없을 확률은 얼마인가?

(d) 이발소의 안정 상태의 평균 고객 수는 얼마인가?

8.19 제공된 데이터 셋을 사용해서 어느 시간 t에 대기행렬 시스템에 체류하는 고객 수를 나타내는 상태변수 $N(t)$의 샘플 경로를 그려라. $N(t)$의 값은 시간 t 바로 후의 상태변수임을 가정하라.

t	0	2	4	5	7	10	12	15	20
$N(t)$	0	1	0	1	2	3	2	1	0

(a) 시스템내 시간 평균 개수인 $N(t)$를 추정하기 위한 수식을 만들고 그 데이터를 이용해서 0에서 25까지의 시간 평균 개수를 계산하라.

(b) 0에서 25까지의 구간에 걸쳐 평균 도착률을 추정하기 위한 수식을 만들고 그 데이터를 이용해서 평균 도착률을 추정하라.

(c) 다이어그램에 나타난 고객들에 대한 시스템 체류 시간(대기 및 서비스 시간)을 추정하라.

8.20 환자가 20 ± 10분 간격으로 응급실에 도착한다. $X \pm Y$ 표기는 최소 $X - Y$, 최대 $X + Y$인 일양분포를 의미한다. 그들은 두 명의 의사 중 한 명에 의해 처치를 받는다.

20%의 환자는 NIA(즉시 처치 필요)로 분류되고 나머지는 CW(대기 가능)이다. NIA 환자는 최우선순위 3을 부여 받아 가능하면 빨리 의사를 만나 40 ± 37분간 보낸 다음 우선순위가 2로 낮아져 의사가 다시 가용하기까지 기다린 후 30 ± 15분의 추가 처치를 받고 떠나간다.

CW 환자는 초기에 우선순위 1을 받아 15 ± 14분의 처치를 받는다. 그리고 우선순위가 2로 향상되어 의사가 가용하기까지 기다리다가 10 ± 8분간 마지막 처치를 받은 후 떠나간다.

이 시스템의 중요한 국면은 이미 의사를 만났던 환자들은 의사를 만나기 위해 새로 도착하는 환자들과 경쟁해야 하는 것이다. 지적된 것처럼 이미 의시를 만난 환자는 우선순위 2(1에서 2로 승격 혹은 3에서 2로 강등)를 갖게 된다. 그래서 첫 번째 처치와 마지막 처치를 위한 각각 하나의 공유 대기행렬이 있다. 힌트: 이 이슈를 다루기 위한 많은 방법이 있으나 Arena™의 공유 대기행렬을 찾아보기 바란다. 게다가 의사는 상호 교환이 가능하다고 가정한다. 즉, 의사 둘중 누구나 첫 번째 혹은 마지막 처치 모두 수행 가능하다. 의사에게 첫 번째 처치는 마지막 처치보다 우선순위가 높다고 가정하라.

하루 24시간의 연속작업의 20일분에 대해 시뮬레이트하라. 환자를 시스템에 유입시키기 위해 2일간의 초기 구간을 설정하고 진행하라.

(a) NIA 환자 도착에서 첫 번째 처치를 위해 의사를 만나기까지의 평균 대기행렬의 길이를 측정하라.

(b) 첫 번째 처치를 위해 의사를 기다릴 확률은 얼마인가?

(c) NIA 환자를 위한 대기 시간에 대한 통계치를 보고하라.

(d) 처음 의사를 만나기 이전에 5분 이하를 대기할 확률은 얼마인가?

(e) 환자들에 대한 시스템 체류 시간의 통계치를 보고하라.

(f) 모든 환자에 대해 첫 번째 처치 이후 떠나보내기까지 시스템에 머무르는 잔여 시간에 대한 통계치를 보고하라.

(g) 의사 상호 교환이 가능하지 않을 경우 모델상의 어떤 변경이 필요한지에 대해 논의하라. 즉, House와 Wilson 두 의사가 있다고 가정하라. 환자는 첫 번째 처치를 한 의사와 동일한 의사에게 마지막 처치를 받아야 한다. 예를 들면 한 환자가 첫 번재 처치를 위해 House 의사를 만났으면 마지막 처치도 House 의사로부터 받아야 한다. 변경을 직접 실행할 필요는 없다.

8.21 다음 상황에 대해 M/G/1 대기행렬을 고려하기로 한다. 서버는 시스템 내에 고객이 적어도 한 명 있는 경우 연속적으로 작업을 한다. 고객은 FIFO로 처리된다. 서버는 고객 서비스를 마무리하고 시스템이 빈 상태가 되면 서버는 "휴가"라는 장시간 동안 일에서 떠난다. 휴가 종료 시에 서버는 되돌아와 휴가 기간 중 도착한 누구든지 고객을 서비스하게 된다. 휴가 종료 시에 대기 고객이 없으면 서버는 다른 휴가를 즉시 시작해서 휴가로부터 돌아와 적어도 한 명의 고객이 기다릴 때까지 이런 방식으로 지속된다. 고객 도착 간격은 평균 3분의 지수분포를 따른다고 가정한다. 각 고객의 서비스 시간은 평균 4.5분, 분산 3.375의 감마분포를 따른다. 휴가 시간은 8분에서 12분의 일양분포인 확률변수이다. 휴가로부터 돌아오자마자 대기행렬에서 기다리는 평균 고객 수를 추정하라. 안정 상태에서 도착하는 임의의 고객의 대기행렬에서의 기대 대기 시간에 대한 95% 신뢰구간을 구하기 위해 적합한 기간 동안 시뮬레이션을 실행하라. 추가로 서버가 휴가에서 돌아온 즉시 대기 고객 수에 대한 경험분포를 개발하라. 다시 말해서 j가 서버가 휴가에서 돌아온 즉시 대기 고객 수라고 할 때 $j = 0, 1, 2$ 등에 대한 확률을 추정하라. 힌트: STATISTICS 모듈의 FREQUENCIES 옵션을 활용하라. 7장을 참조하라. 이러한 대기행렬은 버스 정거장 운영 방법과 같은 많은 분야에 응용될 수 있다.

8.22 연습문제 8.14를 다시 고려해보자. 항공권 판매 사무실이 판매원은 두 명으로 여전한데 통화선을 8개로 확장한다고 가정해보자. 뿐만 아니라 판매자를 대기하는 대기행렬의 선두에 1등급의 승객(FCB)을 자동으로 위치시키는 통화 자동인식 시스템이 구축되어 있다. 시간당 15명의 고객 중에서 약 1/3이 FCB 고객으로 추정되었다. FCB 고객들은 통화당 평균 3분의 지수분포 시간만큼 통화한다. 정규 고객은 여전히 평균 4분의 지수분포의 시간을 따른다. 우선순위 규칙이 있는 경우와 없는 경우에 대해 시뮬레이션을 실행하여 두 가지 유형의 고객들의 평균 대기 시간을 비교하라.

8.23 두 명의 작업자가 돌보는 6대의 기계로 이루어진 시스템을 고려해보자. 이 시스템에서는 두 가지 종류의 중단이 존재한다. 유형 1의 중단은 $1/\lambda_1 = 30$분의 고정된 실행 시간 이후 발생하며 이때 중단 시 서비스 시간은 $1/\mu_1 = 10$분의 고정 시간이다. 유형 2의 중단은 평균 $1/\lambda_2 = 10$분의 지수분포인 시간 간격 이후 발생한다. 유형 2의 서비스 시간은 평균 $1/\mu_2 = 4$분의 지수분포를 따른다. 작업자 2명은 모두 동일한 기능을 보유하고 있으며 두 가지 유형의 중단 모두 처리 가능하다. 기계들은 작업자의 서비스를 받기 위해 중단 유형에 따른 우선순위 없이 선입선출 규칙으로 대기행렬에서 대기한다. 이 시스템에 대해

10,000분 동안 시뮬레이션 실험을 실행하여 중단 유형별 평균 대기 기계 대수, 작업자 평균 가동률, 기계의 평균 가동률 그리고 중단 유형별 기계의 평균 대기 시간을 추정하라.

8.24 외래 건강 클리닉 예제를 생각해보자. 클리닉 경영자는 저우선순위 환자를 처리하는 것을 개선하는 데 관심이 있다. 의사의 감독하에 간단한 의료 처치를 수행할 수 있는 자격이 있는 전문 간호사를 고용하는 것을 검토하고 있다. 변경된 시스템에서는 검진 이후에 저우선순위 환자는 전문 간호사가 처치한다. 의사를 기다리는 대기행렬이 아닌 전문 간호사를 기다리는 대기행렬이라는 점을 제외하고는 초기 이탈과 중간 이탈도 이전처럼 발생한다. 경영진에서는 저우선순위 환자의 80%는 간호사에 의해 처치가 가능한 것으로 보고 있다. 그러나 20%는 전문 간호사의 처치를 받은 후 의사를 만나야 한다. 전문 간호사의 처치 시간은 저우선순위 환자가 의사를 만날 때와 동일한 시간이다. 의사를 만나야 하는 이들 환자는 의사 대기행렬의 선두에 위치시킨다. 환자가 의사를 만날 때 서비스 시간은 평균 6분, 표준편차 1분의 대수정규분포를 따른다. 클리닉의 현재 시스템과 제안된 시스템에 대해 30회 반복실험을 통해 결과를 비교하라. 전문 간호사를 배치하는 것이 바람직한 아이디어인가?

8.25 승객들은 평균 1.5분의 도착 간격의 지수분포를 따라 여객 터미널에 도착한다(스트림 1). 도착 승객 중 7%는 빈번한 승객이다(스트림 2). 승객이 입구에서 체크인 카운터까지 이동하는 데 소요되는 시간은 2.5에서 3.5분의 일양분포를 따른다(스트림 3). 승객은 4명의 카운터 요원 중 하나가 가용할 때까지 단일 대기행렬에서 대기한다. 체크인 수속 시간은 평균 5분, 표준편차 4분의 감마분포를 따른다(스트림 4). 체크인 수속이 종료되면 짐 보유 승객은 바로 보안대로 이동한다. 짐 수속이 필요한 승객은 짐을 올려놓을 다른 카운터로 이동한다. 짐 체크 장소로 이동 시간은 (1, 2분)의 일양분포를 따른다(스트림 9). 승객의 다수가 비즈니스 클래스여서 25%만 짐 체크를 하게 된다(스트림 5). 짐 체크장에는 한 명의 처리요원에 하나의 대기행렬이 있다. 짐 체크장에 짐을 올려놓은 시간은 평균 2분, 표준편차 1분의 대수정규분포를 따른다(스트림 6). 짐을 올려놓은 후에는 보안대로 이동한다. 보안대로 이동하는 시간은 모두 평균 8분의 지수분포가 소요된다(스트림 10). 보안대에는 2명의 보안요원(TSA)이 일하며 하나의 대기행렬이 있다. 보안요원은 승객의 항공권을 검사한다. 항공권 검사 소요 시간은 (2, 3, 4)분의 삼각분포의 시간이 소요된다(스트림 7). 보안 검색이 완료되면 스크리닝 프로세스로 이동한다. 우리는 스크리닝 프로세스에 관심이 있다. 그러나 스크리닝 시간은 (5, 7, 9)분의 삼각분포의 시간이 걸린다(스트림 8). 스크리닝 이후에 탑승구로 이동하는 시간은 평균 5분의 지수분포를 따른다(스트림 11).

승객이 터미널에 도착해서 탑승구에 도착하기까지 걸린 평균 시간을 예측하는 데 관심이 있다. 이 통계치는 전체적으로 그리고 고객 유형별로(빈번한 승객과 일반 승객) 측정해야 한다.

시스템은 하루 16시간에 대해 연구되어야 한다.

(a) 10일간 작업 시뮬레이션 결과에 기초해서 평균, 95% 신뢰구간의 절반폭을 보고하라. 모든 시간단위는 분이다.

통계치	평균	절반폭
체크인 요원 가동률		
보안요원 가동률		
짐 체크요원 가동률		
빈번한 승객의 탑승구까지 총 소요 시간		
일반 승객의 탑승구까지 총 소요 시간		
전체 승객의 탑승구까지 총 소요 시간		
시스템 내의 탑승객 수		
체크인 대기 탑승객 수		
보안대 대기 탑승객 수		
체크인 대기 시간		
보안대 대기 시간		

(b) (a)의 결과에 기초해서 탑승객 전체의 탑승구까지 소요 시간이 95% 신뢰수준에서 오차가 ±1분 이내에 들도록 반복실험 횟수를 결정하라.

(c) 공항은 다음 3가지 대안을 고려해서 탑승객의 시스템 체류 시간을 개선하는 데 관심이 있다.

대안 A 체크인에 두 개의 대기라인이 있다. 한 라인은 빈번한 탑승객을 위한 것이고 다른 라인은 일반 승객을 위한 라인 전용이다. 체크인 요원 3명은 일반 탑승객에게 배정하고 한 명은 빈번한 탑승객에게 전용 배치한다. 고객은 해당 라인으로 들어가야 한다. 보안검색 라인은 2개인데 하나는 빈번한 탑승객용이고 하나는 일반 탑승객용이다. 한 명의 보안요원은 일반 탑승객 전담이고 다른 보안요원은 둘 다 서비스하지만 빈번한 탑승객이 우선권을 갖는다.

대안 B 체크인에 두 개의 대기라인이 있다. 한 라인은 빈번한 탑승객을 위한 것이고 다른 라인은 일반 승객을 위한 라인 전용이다. 체크인 요원 3명은 일반 탑승객에게 배정하고 한 명은 빈번한 탑승객과 일반 탑승객 모두에게 서비스한다. 즉 그 요원은 공유된다. 일반 탑승객은 공유 카운터로 가기 이전에 일반 카운터가 가용하다면 먼저 일반 카운터 대기행렬로 가서 대기해야 한다. 빈번한 탑승객 라인에 사람이 없을 때는 빈번 탑승객 카운터에서 일반 고객을 서비스하게 된다. 보안 체크 라인은 2개이다. 하나는 빈번한 탑승객용이고 하나는 일반 탑승객용이다. 한 명의 보안요원은 일반 탑승객 전담이고 다른 보안요원은 둘 다 서비스하지만 빈번한 탑승객이 우선권을 갖는다.

대안 C 이 대안은 대안 B와 동일하나 체크인 카운터에서 빈번 탑승객 요원이 체크인 카운터에서 대기하는 일반 승객보다 높은 우선순위로 빈번 탑승객을 처리한다는 점만 다르다.

50일간의 운영에 대해서 다음 사항에 대한 평균치와 95% 신뢰구간 절반폭을 보고하라.

대안	통계치	평균	절반폭
A	빈번한 탑승객 시스템 체류 시간		
A	일반 탑승객 시스템 체류 시간		
B	빈번한 탑승객 시스템 체류 시간		
B	일반 탑승객 시스템 체류 시간		
C	빈번한 탑승객 시스템 체류 시간		
C	일반 탑승객 시스템 체류 시간		

(d) 빈번한 탑승객 총 체류시간의 95% 신뢰구간에 기초해서 대안 A, B, C를 평가하라. 무차별 모수값으로 0을 사용하라.

(e) 일반 탑승객 총 체류 시간의 95% 신뢰구간에 기초해서 대안 A, B, C를 평가하라. 무차별 모수값으로 0을 사용하라.

(e) ROUTE 애니메이션 구조체를 사용해서 이 모델을 애니메이션하라.

8.26 서비스 시설이 FIFO 규칙을 적용하는 두 개의 연속적인 작업장으로 구성되어 있다. 각 작업장은 하나의 대기행렬과 하나의 서버로 구성되어 있다. 작업장 1에서 서비스를 완료한 고객은 작업장 2로 진행해가서 서비스를 받고 나서 시설을 빠져나간다. 작업장 1의 고객 도착 간격은 평균 1분의 IID인 지수분포의 확률분포이다. 작업장 1의 서비스 시간은 평균 0.7분의 IID인 지수분포의 확률분포이고 작업장 2에서의 서비스 시간은 평균 0.9분의 IID인 지수분포의 확률분포이다. STATION과 ROUTE 모듈을 이용해서 Arena^{TM} 모델을 개발하라.

(a) 20,000분의 워밍업 기간을 가지고 200,000분 동안 20회 반복 시뮬레이션 실험을 실행하여 각 작업장별로 고객이 대기행렬에서 대기한 평균 시간, 대기행렬에서 대기한 평균 고객 수, 평균 가동률을 추정하라. 뿐만 아니라 시스템 내 전체 평균 고객 수와 시스템 내 평균 체류 시간을 추정하라.

(b) (a)의 시뮬레이션 결과에 대한 타당성을 검증하기 위해 대기행렬 이론결과와 비교하라.

(c) 작업장 1의 출구에서 작업장 2의 입구까지 이동 시간이 있다고 가정하자. 이동 시간은 0에서 2분의 일양분포를 따른다고 한다. 시뮬레이션 모델을 수정하고 (a)와 동일한 조건에서 실험을 해서 결과를 제시하라.

8.27 문제 8.16을 다시 생각해보자. 두 번째 작업장에 공간제약이 있다고 가정한다. 특별히 작업장 2에 1명만 서비스 받을 공간이 존재하고 1명만 기다릴 수 있는 공간이 존재한다. 작업장 1에서 서비스를 완료한 고객은 작업장 2에 여유 공간이 없으면 서비스 공간을 떠나지 않는다. 다시 말해서 고객은 작업장 2로 이동이 가능하지 않으면 서비스를 해제하지 않는다. 고객 도착률이 2분마다 이루어진다는 가정하에 이 상황에 대해 이동 시간 지연이 있는 경우와 없는 경우에 대해 비교 분석하라.

(a) 작업장 2의 대기공간을 자원을 이용해서 모델링을 하라. 작업장 1을 떠나는 고객이

작업장 2의 공간을 점유하기 전에는 자신의 자원을 해제하지 않음을 확실히 하라.

(b) 이 상황을 모델링하기 위해 대기와 신호옵션을 선택한 HOLD 모듈을 사용하라. (a)에서 구한 결과와 비교하라.

(c) 이 상황을 모델링하기 위해 조건 탐색옵션을 선택한 HOLD 모듈을 사용하라. (a)와 (b)에서 구한 결과와 비교하라.

(d) 각 방법의 효과성을 논의하라. 각 방법의 효율성을 논의하라.

8.28 평균 0.7시간의 지수분포를 따라 서비스를 수행하는 단일 서버를 고려하기로 한다. 서버로의 고객 도착 간격 시간은 평균 1시간의 지수분포를 따른다. 서버가 작업 중이면 고객은 서버가 가용할 때까지 대기행렬에서 대기한다. 대기행렬은 FIFO 규칙을 따라 처리된다. 이 상황을 HOLD/SIGNAL을 사용해서 모델링하라. 8.6.1절의 두 번째 실행과 다르게 고객이 프로세스 흐름에서 서비스 지연이 있도록 모델을 구축하라.

8.29 (이 문제는 *Pegden* 등[*1995*]의 *209*쪽 및 *217*쪽에 있는 예제에 근거한 것이다. 허락을 받아 사용한 것이다.) 3개 작업장으로 된 단순한 흐름 라인을 고려해보자. 시스템에 진입한 부품들은 첫 번째 작업장으로 이동하기 위해 적재장에 놓여진다. 적재장은 첫 번째 작업장으로 가기 전에 부품이 들어가는 장소로 생각해볼 수 있다. 적재장에서는 아무런 가공 작업이 없이 적합한 작업장으로 이동하기 위한 준비만 이루어진다. 첫 작업장에서 작업이 이루어진 후 한 명의 두 번째 작업자가 관리하는 페인팅 작업장으로 이동하고 포장 작업장으로 이동해서 세 번째 작업자에 의해 포장되고 두 번째 적재장으로 이동해서 그곳에서 시스템을 빠져나간다.

시스템에서 부품의 도착 간격은 평균 28분의 지수분포(난수열 1)를 따른다. 첫 작업장에서 작업 시간은 21분에서 25분의 일양분포(난수열 2)를 따른다. 페인팅 시간은 평균 22분, 표준편차 4분의 정규분포를(난수열 3) 따른다. 포장 시간은 최소값 20, 중앙값 22분, 최대값 26분의 삼각분포를(난수열 4) 따른다. 이동은 차량이나 다른 자원을 요구하지 않는다는 점에서 제약이 없으나 이동 시간은 2분 혹은 3분의 지수분포를(난수열 5) 따른다. 적재장에서 작업장으로와 작업장에서 출구로의 이동 시간은 3분이 소요된다. 작업장에서 페인트로 페인트에서 포장으로 이동 시간은 2분이다. 관심 있는 성능 평가 척도는 각 작업장의 가동률, 재공품 재고이다. 시스템의 그림은 다음과 같다.

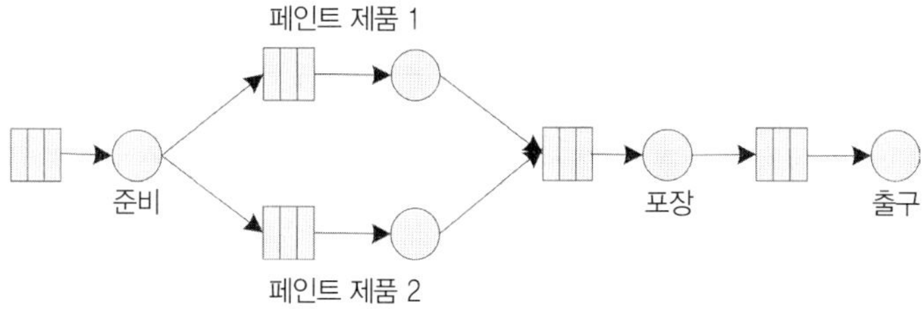

부품의 흐름 시간에 대한 통계치 즉 시스템 총 체류 시간이 수집될 필요가 있다. 그러나 이 과정을 시뮬레이트하기 전에 새로운 부품을 고려할 필요가 발생하였다. 이 부품은 다른 색깔로 페인팅되어야 한다. 새로운 부품은 기존 부품의 판매를 일부 대치하기 때문

에 도착과정은 동일하나 도착부품의 30%는(난수열 10) 새 부품으로 지정될 수 있다. 나머지 70%는 앞서 설명한 것과 동일하게 생산된다. 그러나 새 부품은 평균 49분, 표준편차 7분의 대수정규분포를 따르는(난수열 6) 작업 시간으로 다른 페인팅 작업장을 필요로 한다. 새로운 작업장에는 한 명의 작업자가 가용하다. 기존 페인팅 작업장은 오직 기존 부품만을 처리하고 새 부품은 새로운 페인팅 작업장에서 처리된다. 페인팅 작업 종료 후에 새 부품은 기존의 포장 작업장으로 이동해서 최소값 21, 중앙값 23, 최대값 26분의 삼각분포의 시간만큼(난수열 7) 포장작업을 거친다.

50,000분의 워밍업 기간을 가지고 600,000분 동안 20회 반복 시뮬레이션 실험을 실행하라. 만일 능력을 확장하기 위해 자원을 선택한다면 어느 자원이어야 하는가?

8.30 검사 및 수리 시스템을 생각해보자. 시스템에 대한 전체적인 도착률을 증가시키는 대신에 새로운 계약으로 새로운 검사 계획 시퀀스를 필요로 하는 새로운 형태의 구성품이 시스템에 들어오게 된다고 가정하기로 한다. 다음 표는 새로운 검사 계획과 관련된 정보이다.

검사 계획	부품 비율	시퀀스
1	20	2,3,2,1
2	12.5	3,1
3	37.5	1,3,1
4	20	2,3
5	10	2,1,3

검사 계획	검사 시간 모수	수리 시간 모수
1	(20,4.1), (12,4.2), (18,4.3), (16,4.0)	(30,60,80)
2	(12,4), (15,4)	(45,55,70)
3	(18,4.2), (14,4.4), (12,4.3)	(30,40,60)
4	(24,4), (30,4)	(35,65,75)
5	(20,4.1), (15,4), (12,4.2)	(20,30,40)

관리자는 새로운 계약을 만족시킬 수 있도록 잠재적인 시스템의 병목을 찾아 이 병목을 완화시킬 수 있는 대안을 개발하기를 원한다. 계약은 검사 및 수리 시간의 80%가 480분 이내에 완료될 것을 조건으로 하고 있다. 회사는 주당 5일 작업, 매일 2교대로 작업한다. 두 번째 교대에서 완료되지 않은 작업은 다음 작업일의 첫 교대로 넘어 간다. 계약은 1년간(52주) 유효하다고 가정하라. 새로운 계약과 관련된 위험을 측정하기 위해 도움을 줄 수 있는 시뮬레이션 모델을 개발하라.

8.31 4개의 작업장에 평균 10분의 지수분포를 따라 부품들이 도착한다. 작업장 A는 2대의 기계가 있다. 다른 세 작업장(B, C, D)은 각각 한 대의 기계가 있다. 도착할 확률이 동일한 3가지 종류의 부품이 있다. 각 유형별 검사 계획은 아래와 같다. 각 항목은 주어진 모수값을 평균으로 하는 지수분포이다.

부품 종류	작업장, 처리 시간	작업장, 처리 시간	작업장, 처리 시간
Part 1	A, 9.5	C, 14.1	B, 15
Part 2	A, 13.5	B, 15	C, 8.5
Part 3	A, 12.6	B, 11.4	D, 9.0

도착과 첫 작업장 간, 각 장업장 간, 마지막 작업장과 출구 사이에 이동 시간은 3분이라고 가정하라. ROUTE, SEQUENCE 그리고 STATION 모듈을 이용해서 30,000분 동안 시뮬레이션을 수행하고 시스템의 병목에 대해 논하라.

8.32 부품들이 평균의 10분의 지수분포를 따라 기계 공장에 도착한다. 부품이 메인 기계 공장에 들어가기 전에 준비 작업이 필요하다. 준비 작업 영역은 두 명의 작업자가 있는 두 개의 준비 작업장이 있다. 도착 즉시 동일 확률로 어느 하나의 준비 작업장에 할당된다. 두 준비 작업장은 작업 시간을 제외하고는 동일한 방식으로 운영된다. 부품이 준비 작업장에 도착하면 기계에서 셋업을 위해 작업자의 주의를 필요로 한다. 기계 셋업 작업이 끝나면 기계는 작업자 없이 처리할 수 있다. 기계에서 처리 작업이 끝나면 작업자는 기계에서 부품을 꺼내는 작업이 요구된다. 동일 작업자가 한 기계에서 셋업과 제거 작업을 수행한다. 작업자는 FCFS 방식으로 부품을 처리한다. 준비 작업 시간은 삼각분포의 분 단위의 모수로 아래 표에 제시되어 있다.

준비 작업 기계	셋업 시간	기계 처리 시간	제거 시간
1	(8,11,16)	(15,20,23)	(7,9,12)
2	(6,8,14)	(11,15,20)	(4,6,8)

준비 작업 이후에 부품들은 기계 공장을 방문한다. 기계 공장에는 4대의 기계가 있다. 부품은 공장 내의 기계들의 특정 시퀀스를 따라 이동한다. 이것은 준비 작업장에서 결정된다. 각 시퀀스의 비율이 아래 표에 주어져 있다. #,(min,mode,max)는 기계 번호와 분 단위의 작업 시간의 삼각분포 모수들을 나타낸다.

준비 작업장과 시퀀스 상의 첫 기계 사이, 모든 기계들 사이, 마지막 기계와 시스템 출구 사이의 이동 시간은 모두 모수가 2, 4, 6분인 삼각분포를 따른다.

시퀀스	비율	#,(min,mode,max)	#,(min,mode,max)	#,(min,mode,max)	#,(min,mode,max)
1	12	1,(10.5,11.9,13.2)	2,(7.1,8.5,9.8)	3,(6,7,8,10)	4,(1,8,9,10.3)
2	14	1,(7.3,8.6,10.1)	3,(5.4,7.2,11.3)	2(9.6,11.4,15.3)	
3	31	2,(8.7,9.9,12)	4,(8.6,10.3,12.8)	1,(10.3,12.4,14.8)	3,(8.4,9.7,11)
4	24	3,(7.9,9.3,10.9)	4,(7.6,8.9,10.3)	3,(6.5,8.3,9.7)	2,(6.7,7.8,9.4)
5	19	2,(5.6,7.1,8.8)	1,(8.1,9.4,11.7)	4,(9.1,10.7,12.8)	

(a) 20,000분 동안 모델에 대한 시뮬레이션을 실행하라. 준비 작업자의 가동률, 준비 기계의 가동률, 기계 공장의 기계들(1~4)의 가동률, 시스템 내 부품 수 시스템 체류 시간에 대한 평균과 95% 절반폭(half width)을 보고하라.

(b) 시스템 총 체류 시간에 대한 워밍업 기간을 추천하라. 추천에 대한 정당성을 제시하라.

(c) 이 시스템의 병목은 어디인가? 이 시스템의 성과를 개선하기 위해 무엇을 추천할 수 있는가?

8.33 특정한 제품보관단위(stock-keeping unit, SKU)는 연간 14개의 수요가 있으며, 포아송분포를 따른다. 1년은 360일이라고 가정하라. 재고는 $r = 3$, $Q = 4$인 (r, Q) 재고 정책에 의해 관리된다. SKU 비용은 150달러이다. 재고 유지 비용 분담률은 0.20이어서 연간재고 유지 비용은 연간 개당 0.2 * 150 = 30달러이다. SKU는 외부 공급업자로부터 조달되며 주문 발주에 소요되는 시간 및 자재 비용은 15달러인 것으로 추정되었다. 보충 주문을 받기 까지 소요되는 시간은 45일이다. 추후 납품 비용은 추정하기 어려우나 연간 개당 25달러로 추정되었다.

(a) (r, Q) 재고 모델에 대한 분석적인 결과를 이용해서 현 정책의 총비용을 산출하라.

(b) $Q = 4$, $r = 3$을 이용해서 이 시스템에 대한 Arena™ 모델을 개발하여 성능 평가 척도를 추정하라. 평균 재고 보유량, 정책 운영비용, 평균 추후 납품량, 품절 확률을 보고하라.

(c) 리드타임이 확률적이며 평균 45일, 표준편차 7일인 대수정규분포를 따른다고 가정하라. 이 상황을 시뮬레이트하기 위해서는 어떤 가정이 필요한가? 이 상황에 대해 시뮬레이션을 수행해서 (a)와 (b)의 결과와 비교하라.

8.34 Arena™과 OptQuest를 이용해서 (r, Q)에 대한 최적 정책을 추천하기 위해 연습문제 8.33 (b)에 대해 시뮬레이션을 수행하라. 재주문점은 1에서 6까지 재주문량은 1에서 12까지의 범위를 사용하라.

8.35 각 고객에 대한 수요가 $p = 0.9$인 기하분포에 의해 결정된다고 가정한다. 이 상황을 시뮬레이트하기 위해 어떤 가정을 필요로 하는가? 고객 주문으로 재고 현황이 재주문점 이하로 심각하게 낮아질 확률을 어떻게 처리할 것인가? 재주문량 Q가 재고 현황을 재주문점 이상으로 끌어올리지 못하는 상황이 발생하면 어떻게 될까? 한 품목만을 보유하고 있는데 2개 품목에 대한 수요가 발생하면 어떻게 처리하겠는가?

8.36 연습문제 8.34를 다시 고려해보자. 추후 납품은 고려하지 않는다고 한다. 즉, 수요를 충족할 만큼 충분한 재고가 없을 때 도착한 고객은 상실된다. 각 고객의 수요량은 $p = 0.9$인 기하분포에 의해 결정된다고 가정한다. 이 상황에 대한 Arena™ 모델을 개발하라. 이 상황에서 연간 판매 상실한 횟수의 기대값을 추정하라.

8.37 Arena™와 OptQuest를 이용해서 판매 상실 비용이 40달러일 때 (r, Q)에 대한 최적 정책을 추천하기 위해 연습문제 8.36에 대해 시뮬레이션을 수행하라.

8.38 연속 재고 조사 (s, S) 재고 관리 시스템에서는 재주문점이 s에 도달할 때 최고 재고량 수준인 S에 도달할 만큼의 충분한 수량을 주문한다는 점을 제외하고는 시스템이 (r, Q)와 근본적으로 동일하게 운용된다. 그래서 재주문량은 각 주문마다 달라진다. SKU가 (s, S) 정책에 의해 관리된다고 가정하고 연습문제 8.33 (b)에 대한 분석을 실행하라. $s = 4$, $S = 7$을 가정하라. 이 시스템에 대한 모델을 개발해서 시뮬레이션을 실행하여 연습문제 8.33

(b)의 비용결과와 비교하라.

8.39 연습문제 8.38에서 각 고객의 수요가 $p = 0.9$인 기하분포에 의해 발생한다고 가정하라. 뿐만 아니라 추후 납품은 선입선출 규칙으로 처리된다고 가정하라. 이 시스템에 대한 모델을 개발하고 시뮬레이션을 수행하라.

8.40 정기재고조사 (R, S) 재고 관리 시스템에서는 재고 현황에 대한 조사 간격이 모수 R에 의해 결정된다. 예를 들어 만일 $R = 1$주이면 매 주말에 재고 현황 조사가 이루어진다. 재고 현황이 S 이하로 내려가면 재고 현황을 S로 되돌리는 데 필요한 수량을 주문하게 된다. SKU가 (R, S) 정책에 의해 관리된다고 가정하고 문제 8.33에 대한 분석을 실행하라. $R = 0.5$년, $S = 7$을 사용하라. 이 시스템에 대한 모델을 개발해서 시뮬레이션을 실행하여 연습문제 8.33 (b)의 비용 결과와 비교하라.

8.41 이 문제에서는 정기 재고조사인 추후 납품이 허용되는 (R, s, S) 재고 관리 시스템을 고려한다. 재고 정책은 (s, S)와 (R, S) 정책의 결합 방식이다. 연습문제 8.38과 8.40을 참조하라. 재고 조사 간격은 모수 R에 의해 지정된다. 재고 현황을 조사해서 재고 현황이 s 이하로 내려가면 재고 현황을 S로 되돌리는 데 필요한 수량을 주문하게 된다. SKU가 (R, s, S) 정책에 의해 관리된다고 가정하고 연습문제 8.33에 대한 분석을 실행하라. $R = 0.5$년, $s = 3$, $S = 7$을 사용하라. 이 시스템에 대한 모델을 개발해서 시뮬레이션을 실행하여 연습문제 8.33 (b)의 비용결과와 비교하라.

8.42 연습문제 8.33을 고려해보자. 보충 주문이 단일 대기행렬 시스템과 같이 작동하는 생산 설비에 의해 서비스를 받는다. 생산 시간은 평균 30일, 표준편차 7일인 대수정규분포라고 한다. 이동 기간은 1일의 고정 기간이다. 이 상황을 시뮬레이션을 실행해서 연습문제 8.33 (b) 결과와 비교하라. 품목에 대한 수요가 두 배로 되면 무슨 일이 발생할까?

8.43 품목을 생산해서 비축하는 공장을 생각해보자. 품목은 로트 단위로 생산된다. 각 품목에 대한 수요 과정은 아래 주어진 비율의 포아송 과정이다. 추후 납품이 허용된다. 각 품목에 대한 데이터가 아래 표에 제시되어 있다. 각 품목에 대한 재고 유지 비용 분담률은 0.2이다. 리드타임은 아래 표에 제시된 상수값이다. 1년은 360일이라고 가정하라.

품목	1	2	3	4	5	6
수요율(연간 개수)	1,000	500	2,000	100	50	250
단위비용(개당 달러)	20	100	50	500	1,000	200
리드타임 평균(일)	2	5	5	6	14	8

경영진에서는 총 재고 비용과 주문 비용을 최소화하기 위해 각 품목별로 최적의 (r, Q) 정책을 설정하고 싶어 한다. 각 주문 처리에 소요되는 비용은 5달러가 든다고 한다. 뿐만 아니라 시스템 주문 충족률은 80% 이상, 각 품목별 충족률은 60% 이상 유지하기를 원한다. 또한 평균 고객 대기 시간은 3일 이내가 되기를 원한다. 이 시스템을 시뮬레이션을 수행해서 OptQuest를 활용해서 품목에 대한 최적 정책을 추천하라. 최적 탐색을 위해 개별적인 분석 결과를 초기값으로 사용할 수도 있다.

8.44 이 장에 제시된 다단계 재고 시스템에 대한 모델을 고려하자. 소매업자들은 추후 납품을 허용하지 않는다. 즉, 수요를 충족하지 못할 때 도착하는 고객은 상실된다. 뿐만 아니라 각 고객의 수요는 $p = 0.9$인 기하분포를 따른다. 창고와 소매업자는 다음 표에 제시된 (s, S) 정책으로 SKU를 관리한다.

	(s, S) 정책	수요 포아송(λ)
소매업자 1	(1,3)	(0.2)
소매업자 2	(1,5)	(0.1)
소매업자 3	(2,6)	(0.3)
소매업자 4	(1,4)	(0.4)
창고	(4,16)	

소매업자에 대한 전체 도착률은 일당 1개 수요이나 개별로는 표에 나타난 것과 같은 도착률로 도착한다. 다시 말해서 소매업자는 정책 및 수요 측면에서 더 이상 동일하지 않다. 리드타임은 창고와 소매업자 모두 1일이다. 창고는 추후 납품을 허용한다. 이 상황에 대해 Arena™ 모델을 개발하라. 각 소매업자별로 연간 판매상실 기대 횟수, 각 소매업자 및 창고에서의 평균 재고 보유량, 각 소매업자 및 창고에서의 충족률, 창고에서의 평균 추후 납품 품목 수를 추정하라. 워밍업 기간 360일의 3,960일간에 대해 시뮬레이션을 10회 실행하라.

8.45 이 장에 제시된 다단계 재고 시스템에 대한 모델을 고려하자. 각 소매업자 및 창고에는 여러 종류의 품목들이 존재한다고 가정한다. 이 상황을 반영하여 기본 모델을 변경하라.

8.46 이 장에 제시된 다단계 재고 시스템에 대한 모델을 고려하자. 시스템은 여러 종류의 품목들이 있고(연습문제 8.44에서처럼) 이제 두 개의 창고가 있다고 가정한다. 각 창고는 두 개의 소매업자에게 공급한다. 뿐만 아니라 각 창고는 하나의 전국 배송 센터에서 공급을 받는다. 이 상황을 반영하여 기본 모델을 변경하라.

8.47 이 문제는 칸반 통제방식을 사용하는 단일 품목, 다단계 연속생산시스템을 검토하고 있다. 칸반이라는 말은 카드를 의미하는 일본어이다. 하나의 칸반은 단순히 하나를 생산하도록 지시하는 카드이다. 칸반 기반의 통제 시스템은 생산 중인 재고를 제한할 목적으로 설계된 것이다. 다양한 종류의 칸반 제어방식이 존재하는데 이 문제는 다음과 같은 특성을 가진 단순한 시스템을 고려한다.

- 일련의 작업장
- 각 작업장은 기계로 공급되는 근본적으로 용량이 무한대의 입구 대기행렬을 가진 하나 이상의 기계로 구성되어 있다.
- 각 작업장은 또한 완성 부품이 다음 작업장으로 보내기 위해 대기 중인 출구 대기행렬을 가지고 있다.
- 각 작업장은 새로운 부품에 대한 요구를 게시할 수 있는 일정판을 가지고 있다.
- 고객 주문은 부품을 요구하기 위해 마지막 작업장에 무작위로 도착한다. 부품이 강요

하지 않으면 고객은 완성 부품이 마지막 작업장의 출구 버퍼에 놓여질 때까지 대기행렬에서 대기한다.

아래 그림은 칸반 기반의 작업장으로 구성된 생산흐름라인을 예시하고 있다.

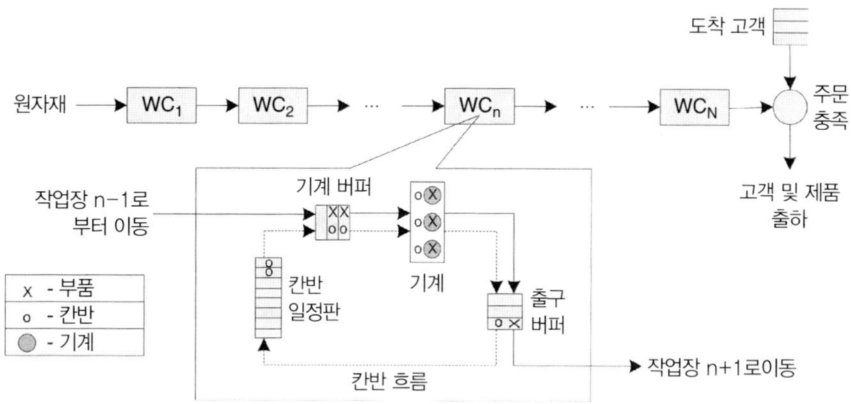

원재료가 첫 작업장에 들어와서 필요에 따라 각 작업장을 이동해서 마지막 작업장에서 완성 부품으로 완료된다. 완성 부품은 최종 고객 수요를 만족하는 데 사용된다.

칸반 기반의 개별 작업장의 상세한 모습 또한 그림에 나타나 있다. 여기에서 이전 작업장에서 온 부품은 가용한 칸반과 매칭이 되어 작업장으로 이동하여 작업이 이루어진다. 기계에 의해 작업이 완료된 부품은 다음 작업장의 수요를 대기하기 위해(칸반과 함께) 출구 버퍼에 놓여진다.

개별 작업장의 기능은 다음과 같다.

- 각 작업장은 유한 개수의 칸반이 있다. $k_n \geq 1$
- 각 부품은 주어진 작업장에 들어가기 위해서는 칸반 중의 하나를 획득해서 기계에서 작업을 시작한다. 부품은 작업장에 머무르는 동안(출구 버퍼에 있는 시간 포함) 칸반을 소지한다.
- 부착되지 않은 칸반은 일정판에 게시되어 이전 작업장으로부터 추가 부품을 요청하는 것으로 간주된다.
- 한 부품이 기계에서 작업을 마치면 시스템은 다음 작업장에 자유 칸반이 있는지 확인한다. 다음 작업장에 자유 칸반이 있으면 부품은 현재 칸반을 해제하고 다음 작업장으로부터 칸반을 점유한다. 그러면 부품은 다음 작업장으로 이동해서 작업을 시작한다. 다음 작업장에서 칸반이 가용하지 않으면 부품은 다음 작업장에서 자유 칸반이 가용하다는 신호를 대기하기 위해 작업장의 출구 버퍼에 놓여진다.
- 작업장에서 한 칸반이 해제되면 공급 작업장의 출구 버퍼에서 대기하는 부품에 신호를 보낸다. 신호가 발생할 때 출구 버퍼에 대기 부품이 있으면 그 부품은 출구 버퍼를 떠나서 현재 버퍼를 해제하고 다음 작업장의 칸반을 점유한다. 그리고 나서 기계에서의 작업을 위해서 다음 작업장으로 진행한다.

라인상의 첫 작업장에 대해서는 하나의 부품이 필요할 때는 언제든지(즉 칸반 중의 하나가 해제될 때), 새로운 부품이 생성되어 즉시 작업장으로 진입한다. 마지막 작업장에 대해서는 고객이 도착해서 칸반이 부착된 최종 부품을 가져갈 때까지 출구 버퍼에 있는 칸반이 해제되지 않는다. 3개의 작업장 시스템을 고려해보자. $n = 1, 2, 3$ 일 때 k_n을 작업장 n의 칸반 수라 하고 c_n을 작업장 n의 기계 대수라고 하자. 각 기계에서의 서비스 시간은 비율이 μ_n인 지수분포를 따른다고 가정한다. 시스템에 도착하는 고객 수요는 평균이 λ인 포아송분포이다. 추가 가정으로서 도착 고객 대기행렬은 제한되어 있다. 다시 말해서 고객 대기행렬은 C_q의 유한 대기 용량을 가지고 있다. 고객 대기행렬에 이미 C_q명의 고객이 있을 때 고객이 들어오려고 하면 시스템에 진입할 수 없다. 다음의 경우에 대해 시뮬레이션 모델을 개발하라.

c_1	c_2	c_3
1	1	1
k_1	k_2	k_3
2	2	2
μ_1	μ_2	μ_3
3	3	3

단, $\lambda = 2$, $C_p = \infty$이고 모든 비율은 시간당 비율이다. 생산 라인의 시간당 평균 생산량 즉, 시간당 생산된 부품 수를 추정하라. 워밍업 기간 5,000시간이고 실행 기간 15,000시간에 대해 10회 반복실험을 수행하라. $C_p = 5$를 가정했을 경우 이것이 시스템에 미친 영향은 무엇인가?

CHAPTER 09

개체 이동 및 자재취급 구조체

Entity Movement and Material-Handling Constructs

학습목표

- 자원제약이 있는 개체 이동을 모델링한다.
- 이동 장비가 있는 개체 이동을 모델링한다.
- 컨베이어를 포함하는 시스템을 모델링한다.
- 무인운반차를 포함하는 시스템을 모델링한다.
- 개체 이동 상황을 위한 기본적인 개체의 애니메이션을 실행한다.

9.1 서론

8장에서는 ROUTE와 STATION 모듈을 사용해서 연결이 없는 개체 이동의 개념을 소개하였다. ROUTE 모듈은 단순한 시간 경과로서 작업장 간 개체 이동을 표현한다. 개체는 한 작업장에서 다른 작업장으로 이동하는데 "작은 발을 보유"하고 있는 것으로 간주될 수 있다. 즉, 개체는 스스로 이동할 수 있다. 개체가 사람이라면(예, 클리닉의 환자) 이 표현은 의미가 있을 것이나 개체가 제조공장의 부품이라면 이 표현은 적용되기 어려울 것이다. 예를 들어 8장의 수리 및 검사 시스템에서 부품은 일정 시간 경과를 거쳐 작업장 사이를 이동한다. 그러나 어떻게 그것들이 물리적으로 이동할 수 있는가? 한 가지 생각할 수 있는 방법은 작업장 사이를 이동시켜 주는 작업자가 있는 것이다. 항상 작업자가 가용하다면 그것은 무한대의 작업자 공급이 있는 것과 같다. 그래서 부품이 한 작업장에서 다른 작업장으로 이동할 때 부품은 이동하기 위해 작업자를 이용하는 것이다. 무한대로 작업자 공급이 가능하기 때문에 부품이 스스로 이동하는 것과 동일하며 작업장 사이에 이동 시간만 의미가 있는 것이다.

많은 상황에서 개체가 이동하는 방식에 관심이 없다면 시간 경과만을 고려한 개체 이동을 모델링하는 것은 매우 합리적이다. 그러나 많은 상황에서는 개체의 이동이 이동 메커니즘에 의해 제한을 받게 된다. 예를 들어, 부품의 이동을 위해 부품이 팔레트 위에 놓여야 하고 포크리프트를 이용해서 이동해야 할 필요가 있다. 어느 시점에 가용한 포크리프트의 가용 대수가 충분하지 않아서 포크리프트가 가용하기까지 대기해야 할 때도 있다. 이동 대기 가능성이 심각할 경우에는 개체 이동 배후에 "어떻게"에 대한 상세한 부분을 모델링에 반영할 필요가 있다. 뿐만 아니라 개체 이동이 운영상의 중요한 부분일 수도 있어서 자재취급 시스템에 대한 설계가 모델링 노력의 중요한 관심영역이 될 수도 있다.

이 장에서는 개체의 작업장 간 물리적인 이동을 모델링하는 데 도움을 줄 수 있는 Arena^{TM}에서 가용한 모델링 구조체들을 다룰 것이다. 이 장은 자원을 이용해서 이동을 모델링하는 방법을 기술함으로써 시작한다. 이 경우 개체의 이동은 자원의 활용을 수반한다. 그리고 9.2절은 TRANSPORTER 모듈과 연관된 구조체들을 사용해서 자원제약이 있는 개체 이동을 모델링하는 방법을 다룬다. 이동 장비는 개체를 이동시켜주는 Arena^{TM}에서의 특별한 종류의 자원이다. 모든 개체가 사람의 보행 혹은 포크리프트의 이동처럼 공간을 자유롭게 이동하는 것이 아니기 때문에 모델링상에서 위치 간 공간 이동이 중요한 모델링 영역이 될 경우 Arena^{TM}는 이를 위한 모델링 구조체를 제공하고 있다. 9.3절에서는 컨베이어를 Arena^{TM}에서 어떻게 표현할 수 있는지 그리고 개체가 컨베이어를 통해 어떻게 이동하는지를 다루고 있다. 9.4절에서는 이동 장비가 이동하면서 공간을 점유하기 위해 경쟁하는 상황을 모델링하는 방법을 이해하기 위해 이동 장비 모델링을 재점검할 것이다. 이것은 고정경로(예, 교차점이 있는 도로망과 같은)를 가진 작업장 사이의 공간을 모델링하는 것을 포함하고 있다. 여느 때처럼 이러한 개념들은 Arena^{TM}를 사용해서 예제 모델을 가지고 설명하게 된다.

9.2 자원제약이 있는 이동

개체가 작업장 간 이동에 뭔가를 필요로 하는 경우 Arena^{TM}의 RESOURCE 모듈을 사용하여 모델링할 수 있다. 이 상황에 대해 이동의 물리적인 관점(예, 거리)은 관심대상이 아니고 단지 시간만이 이동 메커니즘에 의해 제한을 받게 된다. 이 모델링에 대한 예를 들기 위해 8장의 검사 및 수리 시스템을 다시 검토해보자.

검사 및 수리 시스템에서 부품이 작업장 내를 4가지 검사 계획을 따라 이동한다는 것을 기억하기 바란다. 각 부품은 진단 작업장으로 가서 검사 계획을 할당받아 작업장의 이동 시퀀스가 결정된다. 진단을 받은 후 검사 계획상의 첫 작업장으로 이동한다. 8장의 예제에서는 한 작업자가 작업장 간의 이동을 담당하고 이동 시간은 2~4분의 일양분포를 따른다고 가정하였다. 진단 작업장은 두 대의 기계가 있고 각 검사 작업장은 두 대의 검사기계가 있다. 마지막으로 수리 작업장은 검사 후 부품수리에 필요한 일을 수행하는 3명의 수리 작업자가 있다. 모델에서의 함축적인 가정은 두 대의 진단 작업장 기계에 각각 한 명씩의 작업자가 할당되고 각 검사 작업장 기계에는 한 명씩의 작업자가 할당되는 것이다. 작업자의 모델링은 모델링의 핵심적인 요소는 아니어서 그러한 함축적인 가정이 괜찮았다.

이 절에서는 개체의 이동을 위해 작업자를 사용하고 작업장에 작업자를 배치하는 것이 명백히 모델링에 반영된다. 진단 작업장에 두 명의 작업자 있고 검사 작업장마다 한 명씩 작업자

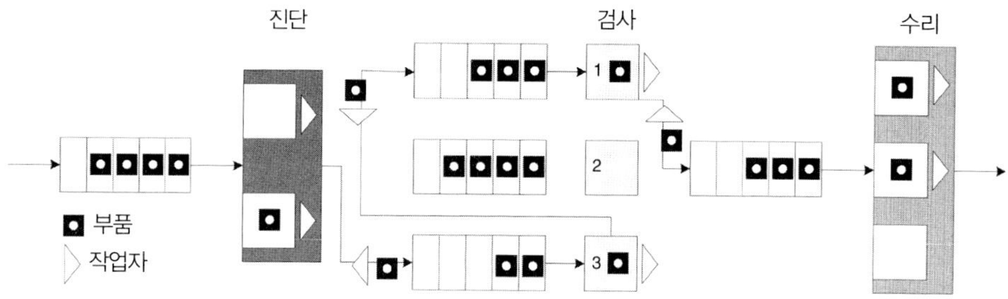

그림 9.1 이동에 작업자를 활용하는 검사 및 수리 작업장

가 있고 수리 작업장에 3명의 작업자가 있다. 그래서 시스템에는 총 8명의 작업자가 있다. 단순하게 하기 위해 8명의 작업자는 누구든지 작업장 사이에 부품을 이동시킬 수 있다. 예를 들어 한 부품이 진단 작업장에서 작업을 마치면 시스템 내 어느 작업자든지 부품을 다른 작업장으로 이동시킬 수 있다. 현실적으로는 어느 이동에 특정 작업자를 지정하는 것이(예, 진단 작업자는 첫 번째 작업장으로 이동을 맡는다) 유용할 것이나 이 예제에서는 단순하게 하기 위해 이 문제는 무시하고 어느 작업자든지 이동시킬 수 있다. 이것은 또한 어느 작업자든지 한 부품의 이동 필요성을 주시할 수 있다는 것을 요구하고 있다. 예를 들어 아마도 광주리에 놓이고 부품이 이동할 필요가 있으면 불이 켜질 수도 있다. 한 부품이 이동이 필요하면 이동을 위해 가용한 다음 작업자를 대기하게 된다. 이 상황에서 한 작업자가 작업장에서 작업을 하느라 바쁠 수도 있고 작업장 사이에 이동을 하느라 바쁠 수도 있다. 그림 9.1은 작업자 활용을 포함한 검사 및 수리 작업장에 대한 새로운 상황을 보여주고 있다.

작업자가 작업장에서의 작업에 필요하고 작업장 사이의 이동도 수행하기 때문에 작업자들은 두 가지 활동을 공유하고 있다. 그래서 한 작업자가 한 활동을 마무리하면 다음에 어느 작업을 진행해야 하는가를 가르쳐주는 메커니즘이 필요하다. 단순한 메커니즘은 그 과업들에 우선순위를 두는 것이다. 그래서 작업장에서 작업을 기다리는 부품들은 작업장 사이에 이동을 필요로 하는 부품보다 우선권이 있다고 가정하는 것이 합리적으로 보인다.

그림 9.2는 작업자의 이동 상황에 대한 활동 다이어그램을 보여주고 있다. 예를 들어 DW1은 진단 작업장의 작업자 1을 나타낸다. 그림에서 검사 작업장의 방문은 검사 기간 후에 이동 경과 시간으로 회귀되는 것으로 나타나 있다. 그래서 그림은 검사 작업장 대기행렬, 검사 기간 경과 및 검사기계 결합과 함께 3가지 모든 검사 작업장을 표현하고 있다. 불행하게도 검사 작업자가 각 작업장에 개별적으로 할당되었다는 것을 명백하게 지적하고 있지 않다. 특히 TW2와 TW3라 표시된 자원은 특정 작업장에서의 검사활동에 대해 연관된 점유 및 해제 화살표를 기술적으로 가지고 있어야 한다.

이 모델에서는 3가지 종류의 자원집합이 요구되고 있음을 그림으로부터 명백하게 볼 수 있다. 진단 작업자는 2개의 멤버를 가진 자원집합으로 정의되어야 한다. 3명의 수리작업자도 자원집합으로 정의되어야 한다. 마지막으로 개체 이동을 위해 모든 작업자로 된 자원집합 DW1, DW2, TW1, TW2, TW3, RW1, RW2, RW3도 정의되어야 한다. 한 부품이 진단 작업을 필요로 할 경우 진단 작업자 집합 중에서 한 작업자를 점유할 것이다. 한 부품이 검사 작업을 필요

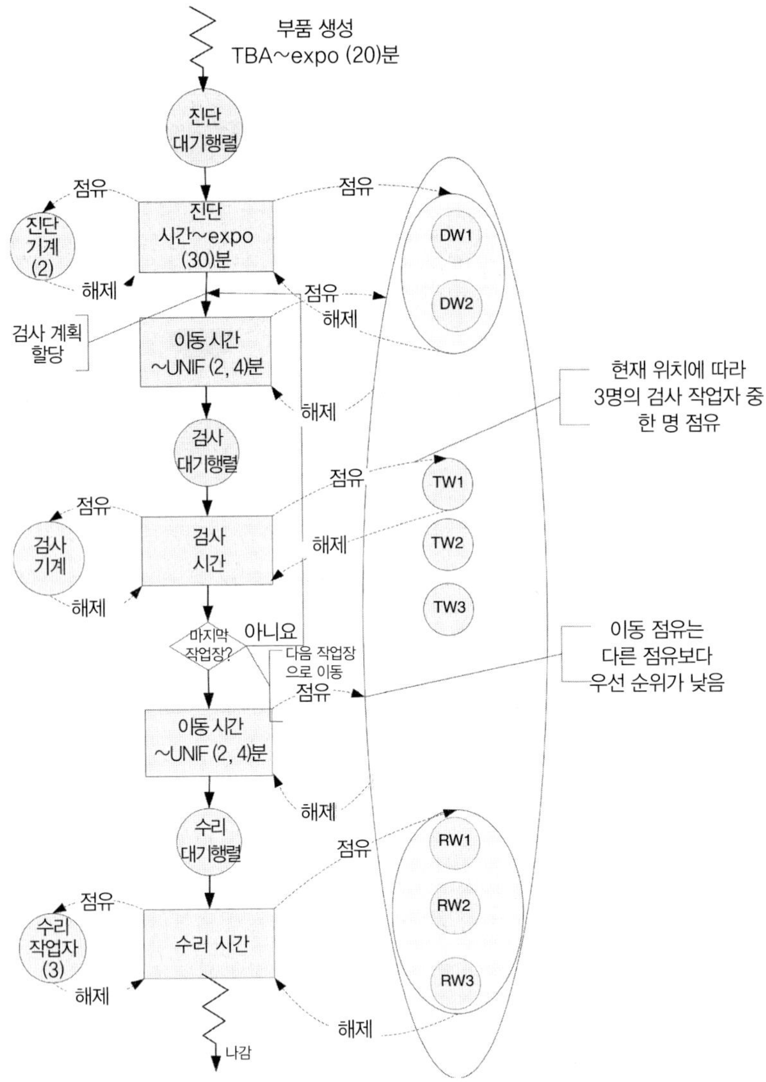

그림 9.2 수정된 검사 및 수리 작업장의 활동 다이어그램

로 할 경우 현 작업장에 해당하는 작업자를 점유할 것이다. 마지막으로 수리 작업장에서는 수리 작업자 집합 중에서 한 작업자를 점유할 것이다. 부품은 이동 서비스를 받아들이기 위해서는 전체 작업자 집합으로부터 점유하게 된다.

9.2.1 자원제약이 있는 이동 실행

그림 9.2에 근거해서 만들어진 자원제약이 있는 이동에 대한 의사코드는 예시 9.1에 나타난 것과 같다. 이 로직은 각 작업자가 적절한 집합에 설정되어 있다는 가정을 하고 있다. 진단 작업장에서는 기계 및 진단 작업자 모두가 필요하다. 한 부품이 진단 작업장에서 작업을 완료하면 부품은 전체 작업자 집합에서 작업자를 점유해서 이동 시간 경과와 함께 적합한 검사 작업장으

예시 9.1 자원제약이 있는 이동을 위한 의사코드

```
CREATE part
SEIZE 1 diagnostic machine
SEIZE 1 diagnostic worker from diagnostic worker set
DELAY for diagnostic time
RELEASE diagnostic machine
RELEASE diagnostic worker
ASSIGN test plan sequence
SEIZE 1 worker from worker set
ROUTE for transfer time by sequence to STATION Test

STATION Test
RELEASE worker
SEIZE appropriate test machine
SEIZE appropriate test worker
DELAY for testing time
RELEASE test machine
RELEASE test worker
SEIZE 1 worker from worker set
DECIDE
  IF not at last station THEN
    ROUTE for transfer time by sequence to STATION Test
  ELSE
    ROUTE for transfer time by sequence to STATION Repair
  END IF
END DECIDE

STATION Repair
RELEASE worker
SEIZE repair worker from repair worker set
DELAY for repair time
RELEASE repair worker
RECORD statistics
DISPOSE
```

로 이동한다.

검사 작업장에 도착하면 부품은 이동작업을 수행한 작업자를 해제하고 검사기계와 작업자를 점유하기 위해 진행한다. 다시 다음 작업장으로 이동하기 전에 전체 작업자 집합으로부터 한 작업자를 점유하게 된다. 작업자는 부품이 수리 작업장으로 이동된 후에 해제됨을 유의하기 바란다.

로직의 결합(SEIZE, ROUTE, STATION, RELEASE)은 개체 이동 모델링에서는 흔한 일이다. 이 로직이 Arena™의 해당 모듈들로 직접 실행될 수 있으나 Arena™에서는 대화상자 입력 항을 통해 광범위한 이동 모델링을 가능하게 해주는 두 가지 추가적인 모듈을 제공하고 있다. 이 모듈은 Advanced Transfer 패널의 ENTER와 LEAVE이다. ENTER 모듈은 입력 대화상자 내용인 양하(unloading) 소요 시간과 이동 해제 방법에 따라 다양한 모듈을 표현할 수 있다. 기본적으로 ENTER 모듈은 STATION, 양하 작업 시간, 이동 장비의 해제의 개념을 표현하고 있다. LEAVE 모듈에서는 사용자는 적재(loading) 소요시간과 개체 이동 방식을 지정할 수 있다. 이제 새로운 구조체를 활용해서 검사 및 수리 작업장 모델을 어떻게 수정할 수 있는지를 살펴보자.

8장의 *RepairShop.doe*를 복사본을 가지고서 첫 번째 취할 단계는 진단 작업자(2), 검사 작

업자(각 작업장마다 1), 수리 작업자(3)를 위한 개별 자원을 정의하는 것이다. 이것은 작업자들이 RESOURCE 모듈에 추가되는 것으로 그림 9.3에 제시되어 있다. 수리 작업자는 용량이 3인 단일 자원에서 용량이 1인 3개의 자원으로 변경되었음을 유의하기 바란다. 이로서 8명의 모든 작업자가 전체 작업자 자원집합에 포함될 수 있게 되었다.

이 문제에서 요구되는 3가지 자원집합을 정의하기 위해서는 Basic Process 패널의 SET 모듈을 사용한다. 그림 9.4에서는 SET 모듈에 설정된 작업자(workers) 집합을 보여주고 있다. 진단 작업자 자원집합(*diagnosticworkers*)과 수리 작업자 자원집합(*repairworkers*)도 유사한 방식으로 해당 자원을 이용해서 정의할 수 있다. 집합 내 자원들의 활용에 아무런 우선순위가 주어지지 않기 때문에 나타난 대로 목록화하면 된다. 우선순위 선택규칙의 경우 자원의 순서가 중

Resource - Basic Process

	Name	Type	Capacity
1	DiagnosticMachine	Fixed Capacity	2
2	TestMachine1	Fixed Capacity	1
3	TestMachine2	Fixed Capacity	1
4	TestMachine3	Fixed Capacity	1
5	RepairWorker1	Fixed Capacity	1
6	RepairWorker2	Fixed Capacity	1
7	RepairWorker3	Fixed Capacity	1
8	DiagnosticWorker1	Fixed Capacity	1
9	DiagnosticWorker2	Fixed Capacity	1
10	TestWorker1	Fixed Capacity	1
11	TestWorker2	Fixed Capacity	1
12	TestWorker3	Fixed Capacity	1

Double-click here to add a new row.

그림 9.3 검사 및 수리 작업장의 자원 정의

Set - Basic Process

	Name	Type	Members
1	DiagnosticWorkers	Resource	2 rows
2	RepairWorkers	Resource	3 rows
3	Workers	Resource	8 rows

Members

	Resource Name
1	TestWorker1
2	TestWorker2
3	TestWorker3
4	DiagnosticWorker1
5	DiagnosticWorker2
6	RepairWorker1
7	RepairWorker2
8	RepairWorker3

Double-click here to add a new row

그림 9.4 검사 및 수리 작업장의 자원집합 정의

요함을 기억하기 바란다. 이 모델에서는 순환배정 규칙이 사용된다.

이제 새로운 자원과 자원집합들이 정의되었기 때문에 적합한 자원의 점유 및 해제를 포함하는 각각의 PROCESS 모듈을 수정해야 한다. 이것은 그림 9.5에 나타나 있다. *Diagnostic Process* 대화상자에서 요구되는 자원 목록과 함께 SEIZE-DELAY-RELEASE 옵션이 사용되었다. 이 경우에 부품은 한 단위의 기계와 진단 작업자 자원집합으로부터 한 단위의 작업자 모두 점유해야 한다. 각 검사 작업장에서는 유사하게 먼저 검사기계를 점유하고 나서 검사 작업자를 점유한다. 수리 작업장에서도 수리 작업자 자원집합을 제외하고는 유사한 방식으로 정의된다. 모든 경우에 점유 우선순위에서는 중간 순위(medium)의 순환배정 규칙이 적용된다. 만일 모델 구축 과정을 따르고 있다면 기술한 대로 PROCESS 모듈들을 수정하기 바란다. 완성된 모델은 이 장에 연결된 *RepairShopResourceConstrained.doe* 파일에서 발견할 수 있다.

이제 ENTER과 LEAVE 모듈을 규정할 수 있다. 3개의 검사 작업장과 수리 작업장을 표현하는 STATION 모듈들을 ENTER 모듈들로 적절하게 구성해서 대치시킨다. 그뿐만 아니라 검사 작업장으로의 이동, 검사 작업장 간 이동 그리고 수리 작업장으로의 이동에 대해 ROUTE 모듈은 LEAVE 모듈들로 대치된다. 진단 작업장과 관련된 ROUTE 모듈을 제거하고 LEAVE 모듈을 드래그해서 위치시킨다. 그림 9.6에 제시한 것처럼 LEAVE 모듈을 채우기 바란다.

처음 LEAVE 모듈을 열 때는 이 모습과 같지 않을 것이다. 그림에서 본 것처럼 모듈은 Delay, Logic (Transfer Out), 그리고 Connect Type의 3가지 구성요소로 나뉜다. Delay 텍스트 항목은 이동 옵션 지정 후에 시간 경과를 지정하는 부분이다. 이것은 적재 시간을 표현한다. 이 경우 적재 시간은 무시될 것이다(작업자가 부품을 들어 올리는 시간은 무시된다). 이동 로직은 이동 장비, 컨베이어, 자원의 사용 혹은 제약이 없는 이동을 지정하는 데 사용된다. 이 경우

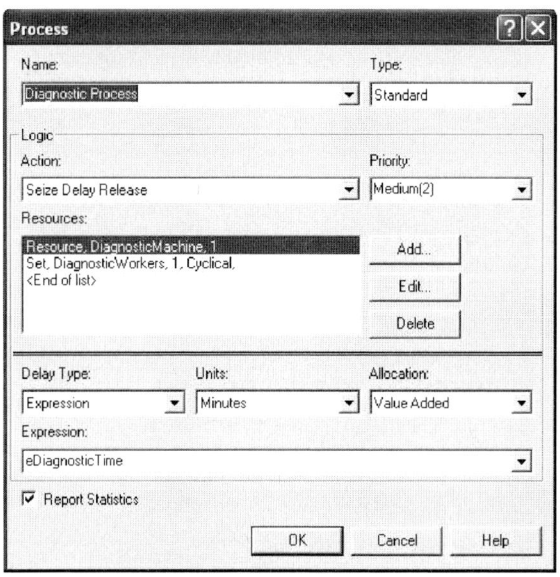

그림 9.5 진단 프로세스에서의 점유

자원 점유 옵션이 선택된다.

자원제약이 있는 이동 옵션들 중 하나를 선택한 후 추가적인 옵션이 가능하다. 이동 제약이 있기 때문에 개체는 자원이 즉시 가용하지 않으면 이동을 위해 대기해야 할 장소를 가지고 있어야 한다. 그래서 개체를 위한 대기행렬을 지정할 수 있는 옵션이 있다. 이 대기행렬은 작업장을 위한 출구 빈으로 간주할 수 있다. PROCESS 모듈에서와 같이 한 자원을 점유 혹은 자원집합으로부터 자원을 점유할 수 있다. 이 경우 한 작업자는 작업자 자원집합으로부터 점유된다. 낮은 순위의 우선순위가 지정되어 있음을 유의하기 바란다. 이 우선순위는 PROCESS 모듈에서 부품이 작업자를 점유할 때 사용된 것보다 낮아서 PROCESS 모듈에서 작업자 점유 대기가 이동 대기보다 높은 우선순위를 가지게 될 것이다.

마지막으로 LEAVE 모듈에서의 연결 유형은 ROUTE 모듈의 옵션과 동일하다. 이 경우 개체는 UNIF(2, 4)의 이동 시간을 가지고 시퀀스에 의해 이동한다. 이전 모델에서 각 ROUTE 모듈은 그림 9.6에 나타난 것과 같은 LEAVE 모듈로 대치해야 한다. 교체를 보다 빨리 하기 위해서는 ROUTE 모듈을 제거하고 그림 9.6의 LEAVE 모듈을 복사해서 붙여넣기를 하면 된다. Arena^{TM}은 동일한 모듈 이름을 허용하지 않기 때문에 복사 및 붙여넣기 옵션을 사용할 경우 모듈 이름을 수정해주어야 한다.

이제 ENTER 모듈을 규정할 수 있다. 검사 작업장 1을 위한 ENTER 모듈이 그림 9.7에 제시되어 있다. ENTER 모듈은 작업장 이름과 로직 옵션을 통해 Arena^{TM}의 많은 다른 구조체들을 사용할 수 있게 된다. 로직 옵션에서는 시간 경과와 유입 옵션을 지정할 수 있다. 시간 경과 옵션은 유입 옵션 이전에 발생하는 시간 경과를 나타낸다. 이것은 주로 이동 장비에서 양하하는 데 소요되는 시간을 나타낸다. 이 모델에서는 작업자가 내려놓는 데 걸리는 시간은 무시할 수 있는 것으로 가정하고 있다.

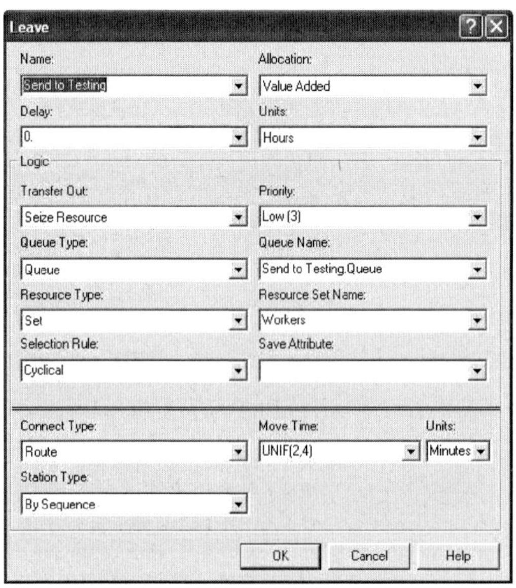

그림 9.6 검사 및 수리 작업장 예제를 위한 LEAVE 모듈

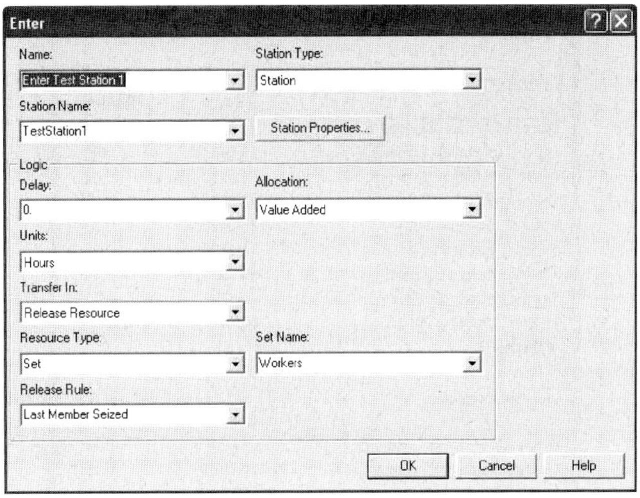

그림 9.7 검사 및 수리 작업장 예제를 위한 ENTER 모듈

유입 옵션은 개체가 이동 메커니즘과 관련해서 반응하게 되는 방식을 지적해준다. 그것은 Free Transporter, Exit Conveyor, Release Resource 그리고 None이다. 단순한 제약이 없는 이동에서는 *None* 옵션을 선택한다. 이 모델에서는 Release Resource 옵션이 사용된다. 이동을 위해 점유된 자원이 자원집합의 일원이기 때문에 자원 종류에 대해 Set 옵션을 선택할 수 있다. 해제 규칙은 자원이 해제되는 방식을 정의한다. 이 경우 Last-Member-Seized 옵션이 사용되어야 한다. 이것은 부품이 점유한 Workers 집합 중에서 가장 최근에 점유된 멤버를 의미한다.

성능평가척도에 대한 효과를 측정하기 위해 8장에서 실행한 것과 유사하게 모델을 4,160시간 동안 10회 실험하였다. 그림 9.8에 나와 있는 것처럼 계약조건을 만족시킬 확률은 10% 정도 감소되었다(8장 예제의 82.51%에서 현 예제의 72.04%로 감소함). 이것은 평균 시스템 체류시간의 증가에 기인한 것이다.

그림 9.9에 본 것처럼 작업장의 출구 버퍼에서의 픽업시간이 13분에서 15분으로 나타났다. 4개의 대기행렬이 있기 때문에 부품의 시스템 체류 시간이 현격하게 증가하였다. 그림 9.10에서는 자원의 가동률이 상대적으로 높아졌다(거의 모든 경우 90%에 접근함).

보다 현실성을 감안해서 부품의 이동에 작업자를 활용하는 것을 모델링함으로써 계약조건

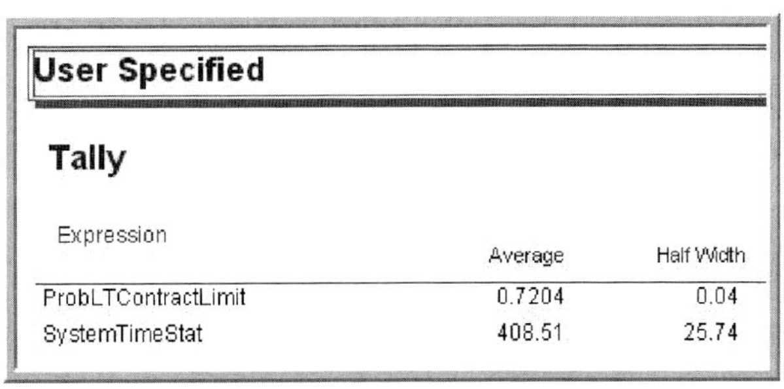

User Specified

Tally

Expression	Average	Half Width
ProbLTContractLimit	0.7204	0.04
SystemTimeStat	408.51	25.74

그림 9.8 계약조건을 만족시킬 확률

Time

Waiting Time	Average	Half Width
Diagnostic Process.Queue	41.9538	2.54
Leave Test Station 1.Queue	13.0437	2.88
Leave Test Station 2.Queue	14.0260	3.04
Leave Test Station 3.Queue	13.3562	2.98
Repair Process.Queue	25.3725	3.23
Send to Testing.Queue	14.9525	3.16
Testing Process 1.Queue	53.0058	3.49
Testing Process 2.Queue	40.5793	2.73
Testing Process 3.Queue	53.7482	6.07

Other

Number Waiting	Average	Half Width
Diagnostic Process.Queue	2.0944	0.14
Leave Test Station 1.Queue	0.7325	0.17
Leave Test Station 2.Queue	0.5285	0.12
Leave Test Station 3.Queue	0.6676	0.15
Repair Process.Queue	1.2663	0.17
Send to Testing.Queue	0.7478	0.16
Testing Process 1.Queue	2.9724	0.21
Testing Process 2.Queue	1.5285	0.11
Testing Process 3.Queue	2.6842	0.32

그림 9.9 자원제약이 있는 이동방식의 검사 및 수리 작업장을 위한 대기행렬 통계치

Instantaneous Utilization	Average	Half Width
DiagnosticMachine	0.7484	0.01
DiagnosticWorker1	0.8399	0.01
DiagnosticWorker2	0.8399	0.01
RepairWorker1	0.9223	0.01
RepairWorker2	0.9228	0.01
RepairWorker3	0.9224	0.01
TestMachine1	0.8545	0.01
TestMachine2	0.7773	0.01
TestMachine3	0.8607	0.01
TestWorker1	0.9225	0.01
TestWorker2	0.8735	0.01
TestWorker3	0.9229	0.01

그림 9.10 자원제약이 있는 이동방식의 검사 및 수리 작업장에서의 가동률

을 만족시키지 못할 위험이 증가함에 따라 작업장 사이에 이동에 대한 대안을 고려해야 할 것이다. 다음 절에서는 이 이동작업을 수행할 이동 장비로서 모델링에 전담 작업자를 활용하는 것을 검토하게 된다. 그 모델링으로 넘어가기 전에 애니메이션을 향상시킬 필요가 있다.

9.2.2 자원제약이 있는 이동의 애니메이션

앞 절에 기술한 모델을 애니메이션을 켠 채 실행한다면 PROCESS 모듈과 ROUTE 모듈의 대기행렬을 주의하길 바란다. 불행하게도 작업장 사이에 개체 이동 기간 동안 개체를 볼 수 없다.

이 절에서는 작업장 사이의 개체 이동을 가시화할 수 있도록 이동 애니메이션으로 플로우차트 애니메이션을 확장할 것이다. 작업장의 애니메이션도 수정할 것이다. 불행히도 애니메이션에서 자원을 효과적으로 사용하기 위해서는 애니메이션에 대해 보다 많은 노력이 필요하다. 예를 들어 작업자는 작업처리 혹은 보행으로 가동 중일 수 있다. 이것을 정확히 표현하기 위해서는 자원의 상태를 추가적으로 정의하고 그것들에 대해 애니메이션을 해야 한다. 다음 절에서 논의될 이동 장비의 사용은 이 점을 크게 개선해 줄 것이다. 그래서 단순하게 하기 위해서 작업장 사이에 개체의 이동에서 자원 사용은 조악한 표현이 될 것이다.

그림 9.11은 모델에 대한 최종 애니메이션을 보여주고 있다. 완성된 모델은 *RepairShopResourceConstrainedTransferWithAnimation.doe* 파일에서 얻을 수 있다. 그림에서 Animate 툴바가 접속되어 있음을 유의하기 바란다. 사용된 두 가지 핵심 버튼은 작업장 표시기 버튼과 이동 경로 연결 버튼이다.

이 애니메이션을 생성하는 방법에 대한 개요는 *RepairShopResourceConstrained Trasfer.doe* 파일로부터 시작해서 다음과 같이 이루어진다.

1. Arena^{TM}의 그리기(draw) 툴바를 이용해서 수리 작업장의 윤곽을 위해서는 진한 실선을, 작업자들을 위해서는 굵은 사각형을 위치시켜라. 텍스트 라벨 버튼을 사용해서 각 작업장 영역에 라벨을 붙여라.
2. Basic Animate 툴바의 자원 버튼을 이용해서 각 자원을 위치시켜라(진단 기계, 검사 기계, 수리 작업자, 진단 작업자, 그리고 검사 작업자). 그림에서 진단 기계, 검사 기계 그리고 수리 작업자를 표현하는 데 자원에 대한 표준적인 애니메이션이 사용되었다. 유휴 상태의 작업자에 대해 앉아 있는 작업자를 할당하고 진단 및 검사 작업자의 가동 상태 아이

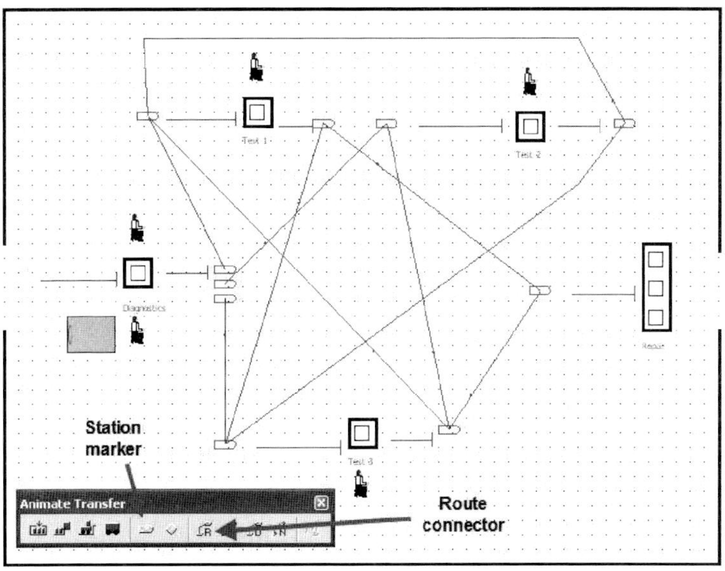

그림 9.11 자원제약이 있는 이동에 대한 최종 애니메이션

콘에 대해서는 걷는 모습을 할당하는 데 4장에 기술된 그림 라이브러리를 활용하였다.

3. 플로우차트 영역에서 대기행렬을 삭제하고 그림에 제시된 장소에 Basic Animate 툴바의 대기행렬 버튼을 이용해서 다시 추가하라. 이 과정은 4장에 기술한 과정과 유사하다.

4. Basic Animate 툴바의 변수 버튼을 이용해서 현재 가동 중인 진단 기계 대수를 보여주는 변수 애니메이션을 삽입하라.

이제 부품들이 작업장에서 작업장으로 이동하기 위해 따르는 이동 경로에 대한 애니메이션이 기술될 수 있다. 검사 계획 시퀀스가 표 9.1에 제시되어 있음을 유의하기 바란다.

검사 계획으로부터 부품들이 한 작업장에서 다른 작업장으로 이동하는 것을 보여주는 출발지/도착지(from/to) 지시표를 개발할 수 있다. 표 9.2에서 "예"는 그 작업장에서 출발지 작업장으로부터 목적지 작업장으로 부품을 이동시킨다는 의미이다. 이 표는 지시된 작업장 사이에 하나의 이동 경로를 삽입할 필요가 있음을 나타낸다.

작업장 사이의 이동 경로를 애니메이션하기 위해서는 작업 표시기들을 삽입하고 이동경로 연결자를 사용해서 적합한 작업장들을 연결할 필요가 있다. 작업장 표시기를 삽입하기 위해서는 Animate Transfer 툴바의 작업장(Station) 버튼을 클릭하기 바란다. 커서는 십자 표시로 전환되고 모델창의 적합한 장소에 표시기를 삽입할 수 있다. 그림 9.12에 표시된 대로 작업의 유입 및 유출을 표시하기 위한 작업장 표시기를 삽입할 수 있다. 이것은 작업장들 사이의 흐름을 가시화하는 데 도움을 준다. 표 9.2에 나타난 모든 연결에 대해 작업장 표시기와 연결선을 넣을 수 있다.

하나의 연결을 놓치면 연관된 작업장 사이의 이동을 볼 수 없을 것이다. 기존 작업장 표시기를 연결하기 위해서는 이동 경로 버튼을 클릭하기 바란다. 커서가 십자 표시로 변환되고 적합한 작업장 표시기를 선택하면 된다. 작업장 표시기는 연결할 때 두드러져 보일(highlighted)

표 9.1 검사 계획의 분포

검사 계획	부품 비율	시퀀스
1	25	2,3,2,1
2	12.5	3,1
3	37	1,3,1
4	25	2,3

표 **9.2** 출발지/목적지 지시표

		목적지			
	작업장	검사1	검사2	검사3	수리
출발지	진단	Yes	Yes	Yes	No
	검사1	No	No	Yes	Yes
	검사2	Yes	No	Yes	No
	검사3	Yes	Yes	No	Yes

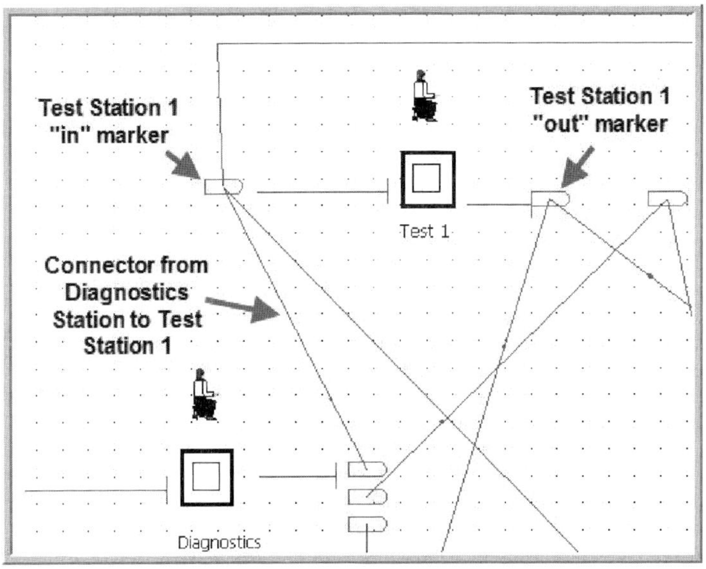

그림 9.12 작업장 표시기와 이동 경로 연결

것이다. 작업장 표시기가 아직 없으면 이동 경로 버튼을 클릭한 후 첫 번째 클릭으로 하나의 작업장 표시기가 놓이고 나서 커서를 두 번째 작업장 표시기의 위치로 이동시킬 수 있다. 이 과정은 약간의 인내와 연습이 필요하다. 작업장 표시기를 선택하는 데 어려움을 겪게 되는 경우에는 이 과정을 돕기 위해 보기(view) 툴바를 이용해서 확장할 수 있다. 뿐만 아니라 이 과정을 반복하려면(예, 작업장 표시기 넣기) 한 단계를 마치고 나서 마우스를 오른쪽 클릭해서 팝업 메뉴에서 마지막 행동 반복(repeat last action) 항목을 선택하면 된다. 그래서 반복해서 툴바의 버튼을 누를 필요가 없다.

만일 애니메이션이 켜진 채 모델을 실행하면 부품이 작업장 사이의 이동 경로 연결자를 따라 이동하는 것, 자원 상태가 변경되는 것, 그리고 대기행렬이 증가하고 감소하는 것을 볼 수 있다. 만일 애니메이션을 주의 깊게 살펴보면 작업자 부품에 대해 일하거나 부품을 이동시키게 될 때 수리 작업자는 가동 중이라는 것을 관찰할 수 있다. 앞에서 언급한 것처럼 애니메이션상에서 이 상태들을 구분해주는 것이 바람직할 것이다. 이것은 자원과 연계된 STATESET 모듈을 이용해서 실행할 수 있다. STATESET 모듈에 대한 보다 상세한 것은 『Arena™ 사용자 매뉴얼』이나 도움말을 참조하기 바란다.

작업자가 기계 작업 처리를 관리하고 작업장 사이의 개체 이동을 담당하게 함으로써 시스템 체류시간이 증가하게 된다. 다음 절에서는 TRANSPORTER 모듈을 이용해서 작업장 사이의 개체이동을 전담하는 작업자를 활용하는 것에 대해 검토하게 될 것이다.

9.3 이동 장비 제약이 있는 이동

이동 장비(transporters)는 작업장 사이의 개체 이동을 목적으로 개체에 할당되는 하나 이상의 동일한 이송 장치이다. Arena^{TM}에는 두 가지 유형의 이동 장비가 가용하다.

자유경로 이동 장비: 작업장 사이의 이동 시간이 거리와 속도에 의해 결정된다.

유도경로 이동 장비: 작업장 사이의 이동 시간이 거리와 속도에 의해 결정되고 이동 장비의 이동이 교차점과 링크로 이미 정의된 네트워크로 제한된다.

ROUTE나 LEAVE 모듈의 표준적인 시간 경과 옵션은 아무런 자원제약이 없는 이동을 가정한 것이다. 마지막 절에서 지적한 것처럼 이동에 사용되는 자원의 일반적인 상황은 쉽게 모델링이 가능하다. 이 상황에서 이동 시간은 지정되었다. 이동 장비의 경우에는 여전히 자원제약의 이동으로 모델링이 되나 이동하는 물리적인 거리가 모델링된다. 본질상 이동 시간을 지정하는 것이 아니라 이동에 대한 거리와 속도를 지정해주어야 한다. 이동과 관련된 거리와 속도로부터 이동 시간이 계산될 수 있다. 이러한 상황에서 물리적인 장치와 시스템 내에서의 그 이동(개체와 함께 혹은 개체 없이)은 모델링에서의 핵심적인 관심사이다.

이동 장비를 이용하여 모델링하기 위해서 Arena^{TM}에서는 Advanced Transfer 패널에 다음과 같은 모듈들을 제공하고 있다.

ALLOCATE: 한 단위의 이동 장비를 개체에 할당한다. 이것은 자원을 사용할 때 점유(seize) 모듈과 같다. 이동 장비에 대한 요구에 즉시 가용하지 않을 경우 개체는 대기행렬에서 대기해야 한다. ALLOCATE는 단지 한 단위의 이동 장비만을 개체에 할당한다. 그것은 이동 장비를 개체의 위치로 이동시키거나 상태를 유휴상태에서 작동상태로 변경시키지 않는다. 이것은 빈 이동 장비가 개체의 위치로 이동하기 이전 혹은 이동기간 동안에 다른 활동을 수행하기를 원하는 경우에 유용하다.

MOVE: 할당된 이동 장비를 특정 개체의 위치로 이동하도록 한다. 통제 개체는 이 과정 동안에는 이동하지 않는다.

REQUEST: 하나의 이동 장비를 할당해서 요청 개체의 위치로 이동 장비를 이동시킨다. REQUEST는 ALLOCATE에 이어 MOVE 모듈이 있는 것과 같은 효과를 가지고 있다.

TRANSPORT: 개체를 목적지로 이동 장비에 의해 이동시킨다. 개체는 이동 장비를 점유하고 있다. TRANSPORT와 MOVE를 비교해볼 때 MOVE는 적재하지 않는 이동을 허용하는데 TRANSPORT는 개체를 적재한 상태에서 이동하는 것이다. 이동 장비가 다른 요청 개체에 할당되기 위해서는 FREE 모듈에 의해 지정이 해제되어야 한다.

FREE: 개체를 이동 장비에서 해제한다. 이것은 자원의 점유에서 해제하는 것과 유사하다.

HALT: 이동 장비가 이동을 멈추고 비활성 상태로 된다. 개체가 HALT 모듈로 들어갈 시점에 이동 장비가 현재 가동 중이라면 이동 장비의 상태는 가동 중으로 고려되고 이동 장비를 통제하는 개체가 장비를 해제한 후에야 비활성 상태로 변경된다. 개체가 장비를 해제할 때 이동 장비가 유휴상태라면 즉시 비활성 상태로 지정된다. 이것은 이동 중에 고장이 발생하는 것을 모델링하는 경우 유용하다. 한번 비활성 상태가 되면 활성화시키기 전에는 할당할 수 없다.

ACTIVATE: 이 모듈은 비활성 상태의 이동 장비가 활성화되어 작동이 가능하게 해준다.

이것은 이전에 비활성화되었거나 초기에 비활성화된(TRANSPORTER 모듈에서 정의) 이동 장비의 용량을 증가시킨다. 활성화된 이동 장비는 개체에 의해 요청받거나 이동하기까지는 비활성화되었던 작업장에 머무르게 된다. 이동 장비가 활성화되는 시점에 이동 장비에 대한 개체의 요청이 이미 걸려 있다면 요청 개체는 즉시 이 장비에 대한 통제권을 보유하게 된다.

TRANSPORTER: 이 데이터 모듈은 사용자로 하여금 장비 대수, 기본 속도, 초기 위치 등과 같은 이동 장비의 특성을 정의할 수 있게 해준다. 뿐만 아니라 이동 장비와 연계된 DISTANCE 모듈을 지정해주어야 한다.

DISTANCE: 이 데이터 모듈은 사용자로 하여금 이동 장비가 이동할 모든 가능한 거리(미터와 같은 일관성 있는 거리 단위)를 정의할 수 있게 해준다. 거리에 사용된 값은 음수가 아닌 정수이어야 한다. 그래서 거리가 소수점 단위로 주어지면(예, 20.2미터) 거리는 20미터로 반올림하거나 202데카미터로 정수화해야 한다. 어느 경우이든 거리의 시간단위는 일관성이 있어야 한다. DISTANCE 모듈은 기본적으로 작업장 사이의 출발지/목적지 행렬을 만들어낸다. 이것들은 개체가 아닌 장비의 이동거리여서 적재 이동과 비적재 이동 모두를 포함해야 한다. n개의 작업장의 경우 최대로 $n(n-1)$개의 가능한 거리를 지정해야 한다. 거리 행렬의 거리는 대칭일 필요는 없다. 뿐만 아니라 결코 발생할 것 같지 않으면 지정하지 않아도 된다(이동 장비가 적재상태이든 빈 상태이든). 거리가 주어지지 않으면 0으로 가정한다. 거리가 대칭형이라면(양방향이 동일 거리) 단지 하나의 쌍만 지정하면 된다.

그림 9.13에서는 이동 장비를 사용하는 일반적인 경우 Arena^{TM}의 모듈들이 어떻게 관련되는지를 보여주고 있다. 이동 장비가 두 작업장 사이의 개체 이동에 사용되기 때문에 두 작업장은 그림에서 지정되어 있어야 한다. 첫 작업장에서 개체는 표준적인 SEIZE, DELAY, 그리고 RELEASE 로직을 실행한다. 그리고 개체는 REQUEST 모듈을 통해 이동 장비 한 단위를 할당받기를 시도한다. 이동 장비의 도착을 기다리는 대기행렬을 유의하기 바란다. REQUEST는 원래 활동에 대한 이동 시간이 지정된 대로 개체의 위치로 이동 장비를 이동하게 해준다. 그리고 적재활동이 발생할 수 있다. 적재활동이 완료되면 개체는 원하는 목적지로 이동 장비와 함께 이동하는 데 소요되는 이동 시간을 경험하게 된다. 그림에서 보는 것처럼 LEAVE 모듈이 이 모델링을 가능하게 해준다. 일단 개체가 목적지 작업장에 도착하면 이동 장비에서 양하하는 데 시간 경과가 있을 수 있고 그리고 나서 이동 장비가 해제된다. 그림에서 본 것처럼 개념적으로 HALT와 ACTIVATE 모듈은 이동 장비가 요청 혹은 할당 요구 시 가용한지에 영향을 주게 된다.

그림 9.13의 활동 다이어그램은 검사 및 수리시스템이 이동 장비를 이용해서 운영하는 방법에 대해 표현해주고 있다. 다음 절에서는 검사 및 수리 작업장에서 전용의 이동 작업자를 모델링하기 위해 이동 장비를 사용하는 방법에 대해 논의하게 된다.

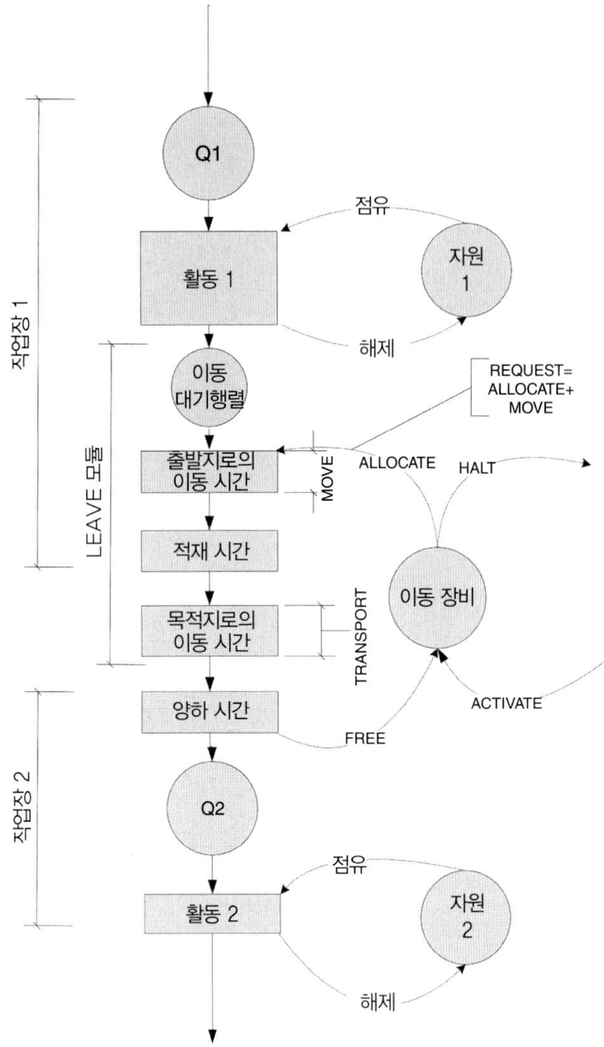

그림 9.13 일반적인 이동 장비의 경우에 대한 활동 다이어그램

9.3.1 이동 장비로서 작업자가 있는 수리 및 검사 작업장

자원제약 분석 결과는 검사 및 수리 작업장에서 제약이 있는 부품 이동이 계약조건을 만족하기 위한 시스템의 능력에 지대한 영향을 미친다는 것을 지적해주었다. 이것은 작업자가 기계작업 관리와 부품 이동을 공유함으로 기인한 것이다. 다음 예제는 일단의 전용 작업자가 시스템에 의미가 있는지를 조사하기 위함이다. 특히 이동 작업에 전용으로 배치할 작업자 수가 결정되어야 한다. 많은 이동 보행이 포함되기 때문에 모델은 상황에 대한 물리적인 모델링을 보다 정확하게 할 필요가 있다. 다양한 배치 구성에 대해서도 시뮬레이션이 이루어져야 한다.

Arena™의 이동 장비를 사용해서 모델링하기 위해서는 작업 간의 거리와 이동 장비의 속도를 모델링하는 방법이 요구된다. 작업자는 보행속도가 자연적으로 변동하기 때문에 인

표 9.3 작업장 간 이동 장비 거리

	작업장	목적지				
		진단	검사 1	검사 2	검사 3	수리
출발지	진단	–	40	70	90	100
	검사 1	43	–	10	60	80
	검사 2	70	15	–	65	20
	검사 3	90	80	60	–	25
	수리	110	85	25	30	–

간 보행속도에 대한 모델링이 필요하다. 시간 연구 데이터에 기초해서 설비에서의 작업자 보행 속도는 분당 최소값 22.86, 최빈값 45.86, 최대값 52.5미터인 삼각분포를 따른다. 모델상의 많은 위치에서 이 분포를 사용할 것이기 때문에 TRIA(22.86, 45.72, 52.5)로 정의되는 *eWalkingTimeCDF*라는 이름의 EXPRESSION이 정의되어야 한다.

작업장 사이에 측정된 거리에 기초해서 작업장 사이의 근사적인 거리가 표 9.3에 주어진 것처럼 결정되었다. 이동 장비에 대해 적재 및 비적재 이동 거리 모두 지정되어야 함을 기억하기 바란다. 예를 들어 수리 작업장에서 진단 작업장으로 부품이 이동하는 것이 없지만 수리 작업장에 머무르고 있는 작업자가 진단 작업장에서 부품을 어딘가로 이동시켜야 할 필요가 있을 때 수리 작업장에서 진단 작업장으로의 거리가 지정되어야 한다. 그래서 작업자는 부품을 이동시키기 위해 수리 작업장에서 진단 작업장으로 이동을 위해 보행해야 한다. 거리는 대칭적일 필요는 없다는 것을 유의하기 바란다(검사 작업장 1에서 검사 작업장 2까지의 거리는 검사 작업장 2에서 검사 작업장 1까지의 거리와 같을 필요가 없다).

자원제약이 있는 예제에 대한 완성 모델(애니메이션이 없는)을 시작으로 이동 장비를 사용하기 위해 약간의 수정을 가할 수 있다. 첫 번째 단계는 거리를 정의하는 것이다. 그림 9.14는 Advanced Transfer 패널의 DISTANCE 모듈을 보여주고 있다. 그림에서 보는 것처럼 스프레드시트 뷰는 거리에 대해 보다 쉽게 정의할 수 있게 해준다. 다수의 거리 집합이 정의되고 동일 모델에서 사용된다. 거리 집합은 TRANSPORTER 모듈에 의해 참조될 수 있도록 이름이 부여되어야 한다. 이제 모델에 대한 이동 장비가 TRANSPORTER 모듈에 의해 정의될 수 있다.

TRANSPORTER 모듈(그림 9.15)은 이동 장비의 이름을 부여하고 다른 여러 가지 속성들을 정의한다. TRANSPORTER 모듈은 동일한 이동성 자원집합(예, 차량)을 정의한다. 이동 장비의 대수를 지정할 수 있다. 예제에서는 부품을 이동할 3명의 작업자(모두 동질의)가 있다. 이 경우 이동 장비는 자유 경로 유형이며 DISTANCE 모듈에서 적합한 거리 집합에 사용할 이름으로 Distance Set가 정의되었다. TRANSPORTER 모듈에서 속도는 실수여야 한다(표현식으로는 안 된다). 속도가 모델에서 매 이동 시마다 지정되기 때문에 속도의 기본값은 대화상자에서 사용될 것이다. 초기 위치는 이동 장비가 매 반복실험 시작마다 위치할 장소를 지정한다. 이 경우 작업자는 진단 작업장에서 활성화가 시작된다.

이제 데이터 모듈이 정의되었으므로 전체적인 모델을 살펴보기로 한다. 그림 9.16은 이동 장비 사용에 대한 수정 후의 검사 및 수리 작업장 모델을 보여주고 있다. 모델이 열리면 새로운 청색의 모듈들을 유의하기 바란다. 이것들은 Advanced Transfer 패널로부터 가져온 것으로 이

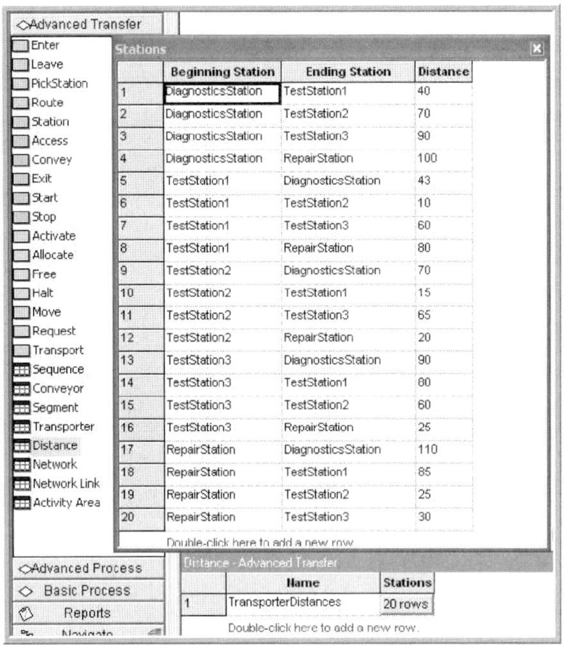

그림 9.14 DISTANCE 모듈

전 예제 모델의 LEAVE 모듈들을 대치한 것이다.

이전 모델과 다른 변경에는 ENTER 모듈의 수정이 포함되어 있다. ENTER 모듈의 변경은 단순하다. 유입 옵션을 Free Transporter 유형으로 지정하고 해제할 이동 장비 이름만을 지정할 필요가 있다. 그림 9.17은 검사 작업장 1로 들어가는 것을 표현하는 ENTER 모듈의 변경을

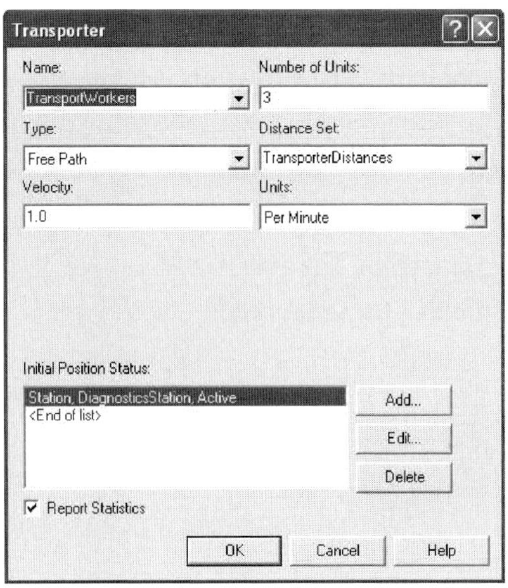

그림 9.15 TRANSPORTER 모듈

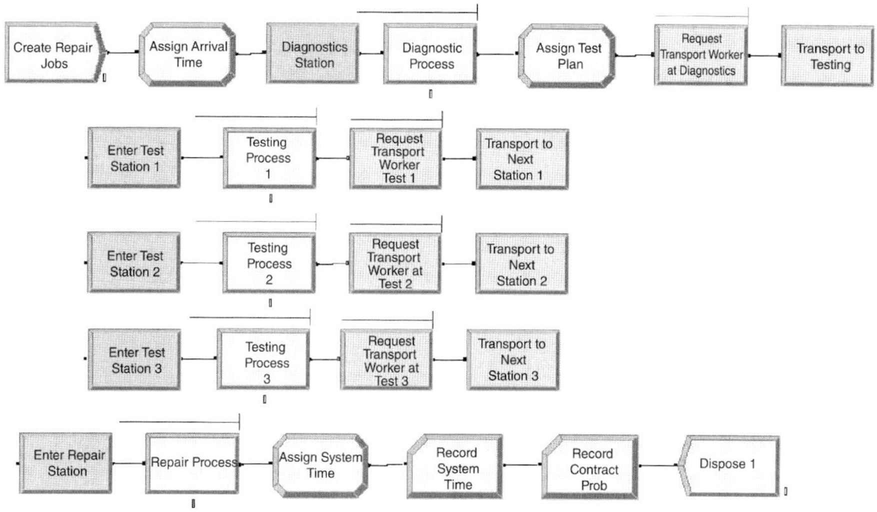

그림 9.16 이동 장비가 있는 검사 및 수리 모델의 개요

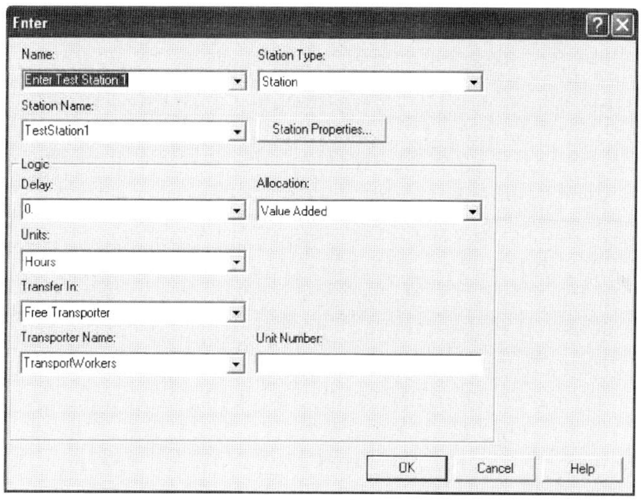

그림 9.17 Free Transporter 옵션이 설정된 ENTER 모듈

보여주고 있다. 기본적으로 개체가 현재 점유하고 있는 이동 장비가 해제되었다.

LEAVE 모듈에 대한 변경은 단순하지가 않다. 작업자가 이동을 시작할 때마다 랜덤한 속도 값이 필요하기 때문에 LEAVE 모듈이 사용될 수 없다. LEAVE 모듈은 TRANSPORTER 모듈에 정의된 기본속도에 의존하고 있다. TRANSPORTER 모듈에 정의된 기본속도는 실수여야 하기 때문에(표현식은 안 됨) REQUEST와 TRANSPORT 모듈이 이 예제에서 사용된다.

그림 9.18은 예제에 대한 REQUEST 모듈을 보여주고 있다. REQUEST 모듈에서는 선택규칙뿐만 아니라 요청할 이동 장비를 지정해야 한다. 선택규칙은 자원의 선택규칙 개념과 유사하다. 이동 장비 선택규칙은 다음과 같다.

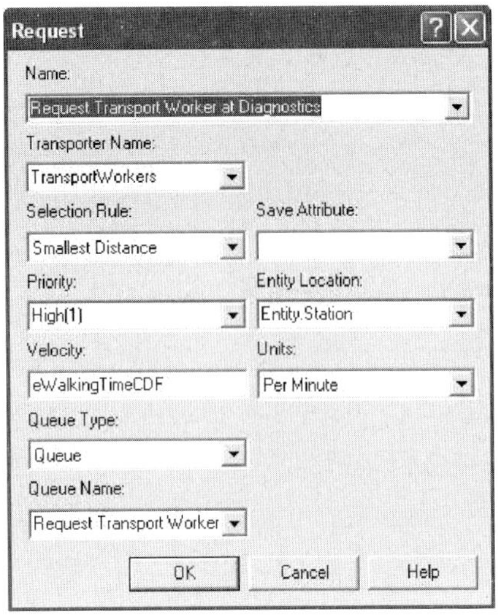

그림 9.18 REQUEST 모듈

순환형(cyclical): 순환형 규칙은 마지막으로 할당된 이동 장비의 후발자부터 처음으로 가용한 이동 장비를 선택한다(이동 장비를 순환 배정함).

최장 거리(largest distance): 요청 개체로부터 가장 먼 곳에서 가용한 이동 장비를 선택한다.

우선순위(preferred order): 가장 낮은 단위번호를 가진 이동 장비 중에서 가용한 이동 장비를 선택한다.

무작위(random): 가용한 이동 장비 중에서 무작위로 선택한다.

최단 거리(smallest distance): 요청 개체로부터 가장 가까운 곳에서 가용한 이동 장비를 선택한다.

특정 멤버(specific member): 이동 장비의 특정 번호를 지정한다.

ER(인덱스): 실험 체계에서 정의된 인덱스 규칙번호에 근거해서 선택한다.

UR(인덱스): 사용자 함수 UR(LENT, NUR)에서 산출된 인덱스 UR 값의 이동 장비를 선택한다.

선택규칙은 할당 가능한 이동 장비가 하나 이상의 대수로 이루어진 경우에만 사용된다. 개체가 REQUEST 모듈에 도착하면 지정된 선택규칙에 따라 이동 장비를 요청한다. 한 장비가 가용하면(활성화되어 있고 유휴상태인) Arena™는 이동 장비를 개체에 할당하고 이동 장비는 가동상태로 된다. 선택된 이동 장비는 그림 9.18의 저장 속성 콤보박스에 저장될 수 있다. Arena™은 이동 장비의 현재 작업장에서 요청 개체가 위치한 작업장까지의 이동 시간을 계산해서 속도 인수를 사용해서 이동 시간을 표현하는 시간 경과를 부과한다. 이동 장비를 가용하지 않으면 개체는 대기행렬에서 기다린다. REQUEST 모듈은 이동 장비를 개체로 이동시켜준다. 이 시점에서 이동 장비는 TRANSPORT 모듈을 사용해서 개체를 이동시키는 데 사용된다.

그림 9.19는 검사 및 수리 예제에 대한 REQUEST 모듈을 보여주고 있다. TRANSPORT

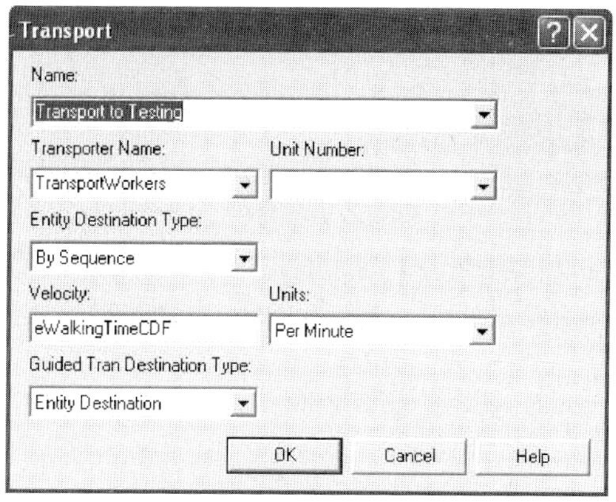

그림 9.19 TRANSPORT 모듈

모듈은 이동 장비의 이름을 사용자가 지정하는 것 외에는 ROUTE 모듈과 매우 유사하다. 대부분의 경우 REQUEST 모듈에서 지정된 것과 동일한 이동 장비일 것이다. 사용자는 목적지 유형(시퀀스, 속성, 작업장, 혹은 표현식)을 지정할 수 있다. 이 경우 시퀀스 옵션이 사용되어야 한다. 더불어 이동 장비의 속도가 지정될 수 있다. 유도장비 목적지 유형(guided tran destination type) 항목은 사용자가 개체의 목적지에서 정의된 것과 다른 곳으로 이동 장비를 보낼 수 있도록 해준다. 이것은 특정 교차점을 경유해서 최종 목적지로 이동 장비를 보내는 유도경로 이동 장비에서 유용하다. 이 옵션은 이 책에서는 사용되지 않을 것이다.

앞에서 설명한 수정 후에 기본 애니메이션을 가진 모델을 실행해서 이동 장비가 어떻게 작동하는지를 알 수 있을 것이다. 그림 9.15에서 이동 장비에 대한 통계치의 수집여부에 대해 표시하는 작은 체크박스가 있음을 유의하기 바란다. 이것이 체크되어 있고 이동 장비 체크 박스가 Arena™의 실행 대화상자에 있는 프로젝트 모수 탭에 체크되어 있으면, Arena™는 자동으로 가동 중인 대수 및 이동 장비 가동률에 대한 통계치를 보고해준다.

그림 9.20에 본 것처럼 3명의 이동 장비에 대한 가동률은 매우 낮다. 이동 과업에 대해 3명의

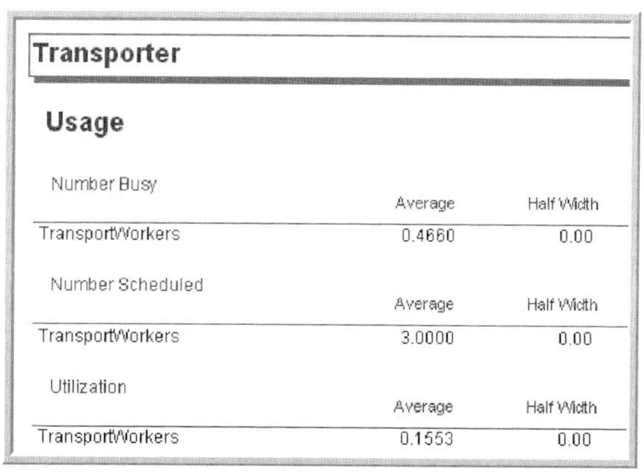
Transporter

Usage

Number Busy	Average	Half Width
TransportWorkers	0.4660	0.00

Number Scheduled	Average	Half Width
TransportWorkers	3.0000	0.00

Utilization	Average	Half Width
TransportWorkers	0.1553	0.00

그림 9.20 이동 장비 통계치

작업자의 경우보다 낮을 것 같다. 독자들은 연습문제에서 이 이슈에 대해 탐색하게 될 것이다.

9.3.2 이동 장비 애니메이션

이 상황에서 자원제약의 이동에 비해 이동 장비를 사용하는 결정적인 장점은 이동 장비를 활용한 애니메이션이 가능하다는 점이다. 이 절에서는 이전의 애니메이션을 이동 장비를 사용하는 것으로 전환하게 된다. 모델을 전환하는 기본 단계는 다음과 같다.

1. *RepairShopResourceConstrainedTransferWithAnimation.doe* 파일로부터 애니메이션을 복사해서 *RepairShopWithTransporterNoAnimation.doe* 파일로 삽입해서 이름을 다시 정의한다.
2. 각 이동경로와 작업장 표시기들을 이전 애니메이션으로부터 선택해서 삭제한다.
3. 플로우차트 모듈들의 애니메이션 대기행렬들을 삭제한다. 복사한 애니메이션을 이용해서 적합한 이름을 지정한 대기행렬 애니메이션을 재정의하라.
4. Animate Transfer 툴바의 Add Distance 버튼을 이용해서 그림 9.21에 나타난 것처럼 모든 거리 집합의 출발/도착 결합에 대해 작업장 표시기와 거리 연결자들을 위치시켜라. 모든 작업장 표시기에 대해 "주차(Parking)" 체크 박스에 대해 체크되어 있는지 확인한다. 이것은 이동 장비가 유휴상태에서(주차) 그 작업장에서 보이게 되리라는 것을 지시하는 것이다.
5. 현재 가동 중인 이동 장비 대수를 표시하기 위해 변수 애니메이션을 추가하라. 이것은 표현식 구축기를 사용해서 이동 장비 변수[NT(*Transport-Workers*)]를 찾아서 쉽게 실행할 수 있다. 이동 장비와 관련된 변수들에 관해서 보다 많은 것을 원하면 Arena™의 도움말 시스템에서 "이동 장비 변수"를 살펴보기 바란다.

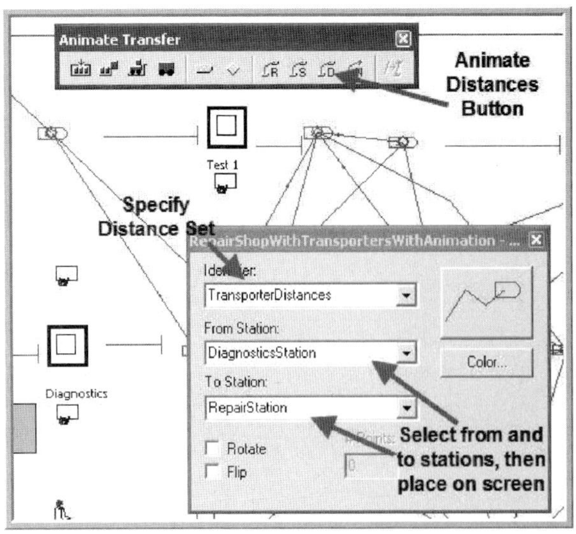

그림 9.21 거리 애니메이션 요소들을 삽입하기

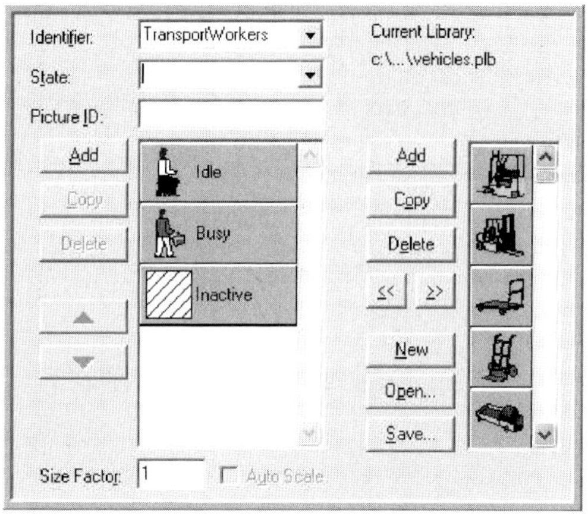

그림 9.22 이동 장비 그림 정의

6. Animate Transfer 툴바의 이동 장비 버튼을 이용해서 이동 장비의 그림을 정의한다. 그림 9.22에서처럼 기본적으로 자원 애니메이션 그림을 정의하는 것과 동일하다.

이제 이동 장비를 포함한 애니메이션이 완성되었다. 애니메이션을 켠 채로 모델을 실행하게 되면 어느 시간이든지 한 단위의 이동 장비만 가동 중임을 볼 수 있다. 뿐만 아니라 유휴상태의 이동 장비는 다른 이동 요청이 걸려 있지 않을 때 이동 후에 주차되어 있음을 볼 수 있다. 그들은 새로운 이동 요청이 들어올 때까지 마지막으로 부품을 내려놓은 작업장에서 머무른다. 애니메이션에서 사람이 앉아 있는 것을 묘사하는 그림을 유휴상태를 표현하는 데 사용하고 걸으면서 뭔가 보유하고 있는 사람의 모습을 가동상태를 표현하는 데 사용한다. 이동 장비가 뭔가를 이동하고 있는 것을 보여주는 다른 방법은 이동 장비에 대한 **적재지점**(*ride point*)을 활성화하는 것이다. 가동 중인 그림에 적재 지점을 삽입하기 위해서는 Transporter Animation 대화상자의 가동 중인 그림에 대해 더블클릭을 한 후 Object 메뉴에서 Ride Point 옵션을 선택한다. 적재지점이 선택되지 않으면 개체 그림이 이동 중에 나타나지 않는다.

이 모델에서 작업자는 부품이 아무런 요청을 하지 않으면 마지막으로 내려놓은 지점에서 머무르게 된다. 대신 작업자는 다음 이동작업을 대기하기 위해 공통의 체류장소(예, 가게의 중간)로 보낼 수도 있다. 이것을 실행하기 위한 비법은 ENTER 모듈을 사용하지 않는 것이다. 기본적인 아이디어는 다음과 같이 실행할 수 있다.

```
STATION
DECIDE
  IF requests are waiting THEN
     FREE the transporter
     continue normal station processing
  ELSE
     SEPARATE 1 duplicate into station
     MOVE to staging area
     FREE the transporter
  ENDIF
END DECIDE
```

아무런 대기요청이 없으면 원 개체는 체류장소로 이동 장비를 이동시키도록 통제권을 유지하는 데 사용된다. 독자들은 연습문제에서 이 문제를 확장하는 데 이 아이디어를 실행해보기를 바란다. 개체가 통제권을 갖게 되거나 이동 장비를 돌아다니도록 유도하는 개념은 복잡한 이동 장비 할당규칙을 갖는 시스템이나 버스 시스템과 같은 운전자를 본래 가지고 있는 시스템을 모델링하는 데 대단히 유용하다.

Distance 모듈은 시스템의 물리적인 이동 관점을 모델링할 수 있게 해준다. 이러한 유형의 모델링의 중요한 관점은 개체의 공간상에서의 이동이다. Arena^{TM}에서는 컨베이어 구조체를 통해 작업장 사이의 공간사용을 보다 정교하게 표현할 수 있게 해준다. 이 주제는 다음 절에서 다루어질 것이다.

9.4 컨베이어가 있는 시스템 모델링

컨베이어는 고정된 경로를 따라 이동을 제공해주는 하나의 트랙이나 벨트 혹은 장치이다. 전형적으로 컨베이어는 단거리 혹은 중거리에서 대량의 물량을 이동시키는 데 사용된다. 컨베이어 수송 속도는 보통 분당 20~80피트에서부터 분당 500피트까지 다양하다. 컨베이어는 중력에 근거한 것도 있고 동력에 근거한 것도 있다. 컨베이어 모델링은 개략적으로 다음과 같이 구분할 수 있다.

누적형: 컨베이어상의 품목들이 막힌 부분이 있을 때에도 지속적으로 진행해 나간다.
비누적형: 컨베이어상의 품목들이 컨베이어가 멈추면 이동을 멈춘다.
고정 간격형: 컨베이어상의 품목들이 그들 사이에 고정 공간간격을 갖고 있거나 품목들이 버킷이나 빈에 적재되어 이동한다.
무작위 간격형: 품목들이 컨베이어상의 특정 지점에 놓이지 않고 컨베이어의 공간을 점유할 뿐이다.

여러분은 일상생활에서 컨베이어를 경험할는지도 모른다. 예를 들어 잡화점의 벨트 컨베이어는 누적형의 컨베이어를 닮았다. 에스컬레이터는 고정간격형의 비누적형 컨베이어이다(사람이 올라서는 계단은 하나의 버킷과 같다). 공항의 무빙워크는 비누적형이고 무작위 간격형 컨베이어를 닮았다. 컨베이어가 있는 시스템을 설계할 때 다음과 같은 많은 성능평가척도를 고려해야 한다.

처리 능력: 시간당 처리한 품목 수
이송시간: 품목을 출발지에서 목적지까지 이동한 시간
대기행렬의 길이: 컨베이어에 적재되기 위한 대기행렬 및 컨베이어가 누적되는 막힘 장소 앞의 대기행렬
사용된 적재 장치 혹은 공간: 컨베이어에 점유된 공간의 수

컨베이어를 모델링하는 데 반드시 특정의 시뮬레이션 구조체가 필요한 것은 아니다. 예를

들어, 중력 기반의 컨베이어는 확정적 시간 경과를 가진 PROCESS 혹은 DELAY로서 모델링할 수도 있다. 경과시간은 개체가 한 장소에서 다른 장소로 떨어지거나 미끄러지는 데 소요되는 시간을 모델링하는 데 설정된다. 컨베이어상에서 다수의 품목들이 이동하는 것을 모델링하는 하나의 단순한 방법은 자원을 사용해서 컨베이어에 개체를 적재하는 데 약간의 시간이 소요되는 시간 경과가 있는 컨베이어 "앞부분"을 모델링하는 것이다. 이것은 컨베이어상의 품목들의 간격을 정하게 해줄 수 있다. 개체가 일단 컨베이어에 올려지면 컨베이어 앞부분을 해제하고 컨베이어 끝부분으로 이동하는 시간 경과가 이루어진다. 컨베이어의 끝부분에서는 다른 자원이 있어서 컨베이어에서 양하하는 데 시간 경과가 있다. 시간 경과가 확정적인 한 개체들은 컨베이어의 양단을 각각 통과할 것이다. 컨베이어에서 취하는 공간을 모델링하는 데 관심이 있는 것이 아니라면 이러한 유형의 모델링이 매우 합리적일 것이다. Henrikson과 Schriber(1986)는 컨베이어를 시뮬레이션 모델링하기 위한 다양한 접근방법들을 논의하였다. 공간이 모델링의 중요한 요소라면 컨베이어를 위한 시뮬레이션 언어가 제공하는 구조체들이 유용하게 된다. 예를 들어 두 작업장 사이에 컨베이어가 실제로 있고 컨베이어 길이에 할당된 공간이 시스템 운영에 중요한 요소라면 Arena^{TM}의 컨베이어 구조체들을 활용하고 싶어할 것이다.

Arena^{TM}에서는 컨베이어는 고정된 적재지점과 양하 지점이 있는 미리 지정된 경로를 따라 개체를 전이시키거나 이동시키는 자재 처리 장치이다. 컨베이어로 이동될 개체들은 컨베이어의 공간을 점유해서 이동을 시작하기 전에 충분한 공간을 위해 대기하여야 한다. 본질적으로 컨베이어를 위한 시뮬레이션 모델링 구조체들이 공간 혹은 거리를 자원에 매핑함으로써 이동 경로를 모델링한다. 경로를 따르는 공간은 셀이라 부르는 자원 단위로 분할된다. 그래서 컨베이어는 기본적으로 동일한 길이를 가진 이동 셀 집합이다. 한 개체가 컨베이어 진입 지점에 도착하면 컨베이어에 올려지기 위해 미리 정의된 수의 점유되지 않은 연속적인 셀이 가용할 때까지 대기해야 한다.

그림 9.23은 컨베이어의 공간을 표현하는 연속적인 셀의 집합으로 컨베이어를 모델링하는 아이디어를 보여주고 있다. 이것을 생각하는 한 가지 방법은 각 셀을 계단으로 가지고 있는 에스컬레이터이다.

그림 9.23에서는 각 셀은 1피트를 나타내며 총 길이는 15피트이어서 모두 15개의 셀이 있

그림 9.23 연속적인 셀 집합으로 개념화된 컨베이어

다. 컨베이어의 셀 크기는 한 개체가 점유할 수 있는 컨베이어상의 가장 작은 부분이다. 컨베이어 모델링에서 개체의 크기가 문제가 된다. 예를 들어 에스컬레이터에 타는 사람을 생각해라. 어떤 사람들은 여행용 가방을 가지고 있어서 두 개의 계단을 점유하고 다른 사람들은 단지 하나의 계단만을 점유한다. 개체는 컨베이어로 이동하기 위해 충분한 물리적인 크기를 가진 연속적인 셀을 확보해야 한다.

Arena™에서 컨베이어를 모델링하기 위한 핵심적인 모듈은 다음과 같다.

ACCESS: 개체가 ACCESS 모듈에 진입할 때 진입점에서 적당량의 연속 셀이 가용할 때까지 대기한다. 개체가 셀들에 대한 통제권을 가지게 되면 현재 작업장에서부터 컨베이어와 연관된 작업장으로 이동될 수 있다. 이것은 이동 장비에서 ALLOCATE 모듈과 개념적으로 유사하다.

CONVEY: CONVEY 모듈은 개체가 출발 작업장에서 다음 작업장으로 이동하게 해준다. 이동 시간은 컨베이어의 속도와 작업장 사이의 거리에 근거해서 계산된다. 이것은 이동 장비에서 MOVE 모듈과 개념적으로 유사하다.

EXIT: EXIT 모듈은 개체가 컨베이어상의 점유하고 있는 셀들을 해제하게 해준다. 개체가 해제된 동일 작업장에서 다른 개체가 컨베이어를 사용하기 위해 대기하고 있으면 대기 개체는 컨베이어에 진입하게 된다. 이것은 자원을 해제하거나 이동 장비를 해제하는 것과 같다.

START: START 모듈은 컨베이어의 상태를 활성 상태로 변경시켜 준다. 컨베이어가 멈추어 있는 동안에는 개체는 컨베이어 위에 머무르게 될 수도 있다. 이 개체들은 컨베이어가 출발을 시작할 때 원래 위치를 유지하게 된다. START 모듈을 사용하는 개체는 컨베이어 위에 있을 필요는 없다.

STOP: STOP 모듈은 컨베이어의 상태를 비활성 상태로 변경시켜 준다. 컨베이어는 위에 있는 개체 수에 관계없이 즉시 멈추게 된다. 이것은 컨베이어의 고장이나 막힘 현상을 모델링하는 경우에 유용하다. STOP 모듈을 사용하는 개체는 컨베이어 위에 있을 필요는 없다.

CONVEYOR: 이 데이터 모듈은 컨베이어가 누적형인지 비누적형인지와 셀의 크기(물리적인 단위, 예, 피트), 속도를 정의한다. 컨베이어는 SEGMENT 모듈에 정의된 세그먼트의 시퀀스로 구성되어 있다. 컨베이어상의 작업장 사이의 거리의 합(SEGMENT 모듈에 정의된)은 셀의 크기로 나누어질 수 있어야 한다. 그렇지 않을 경우 모델 검증 시 오류가 발생한다.

SEGMENT: 이 데이터 모듈은 컨베이어를 구성하는 세그먼트 네트워크를 정의한다. 각 세그먼트는 두 개의 작업장 사이의 유방향 링크이다. 컨베이어 경로는 출발 작업장과 다음 작업장-거리 쌍의 집합에 의해 정의된다. 세그먼트의 출발 작업장은 출발작업장 번호 혹은 이름이며 다음 작업장은 이전 작업장으로부터의 주어진 거리 떨어진 다음 작업장 이름이다. 세그먼트의 길이는 정수 단위의 길이로 정의되어야 한다(예, 피트, 미터 등). 컨베이어가 루프 컨베이어가 아니라면 세그먼트에 작업장이 반복해서 나타나면 안

된다. 루프 컨베이어의 경우는 세그먼트상에서 마지막 종료 작업장이 출발 작업장과 동일해야 한다.

이동 장비의 경우처럼 Advanced Transfer 템플릿의 ENTER와 LEAVE 패널은 컨베이어 기능성을 제공하고 있다. LEAVE는 ACCESS와 CONVEY를 제공하고 있다. ENTER는 EXIT를 제공하고 있다. 모듈들은 누적형과 비누적형이 약간 다르게 작동한다.

비누적형 컨베이어는 단방향으로 이동하고 개체들 사이의 공간이 동일하게 유지된다. 개체가 컨베이어에 놓일 때 전체 컨베이어는 목적지로 개체의 이동에 대한 지시가 주어질 때까지 실제로 해제되어 중지한다. 개체가 목적지에 도착하게 되면 전체 컨베이어는 개체가 컨베이어에서 제거되도록 지시가 주어질 때까지 다시 해제되고, 그 시점에서 컨베이어는 연결되어 출발을 시작한다.

앞서 언급한 것처럼 컨베이어는 다수의 셀로 구분된다. 컨베이어에 올려져 이동을 시작하기 위해서는 개체는 필요로 하는 개수의 연속 셀을 확보해야 한다. 예를 들면 그림 9.24에서 원은 올려지는 데 하나의 셀이 필요하다. 육각형이 컨베이어에 올려지기를 원한다고 하자. 셀 2가 가용할 때 육각형은 그것을 점유하고 싶어 할 것이다. 그러면 다음 셀(셀 1)이 가용하기를 기다려 그것을 점유한다. 요구되는 셀 모두 점유하게 되면 컨베이어 "위에 올라간다". 그러나 컨베이어 위에서 이동하는 것은 이보다 좀 더 연속적이다. 개념적으로 육각형은 셀 2를 점유하면 컨베이어 위에서 이동하기 시작한다고 생각할 수 있다. 하나의 셀이 이동할 때 모든 셀은 연결되어 움직인다. 개체가 크기만큼 셀에 매핑되기 때문에 하나의 셀이 움직일 때 개체도 움직인다. 이 비유를 역으로 바꾸면 유용할 것이다. 셀은 고정되어 있으나 개체들은 이동할 수 있다고 가정해보자. 한 개체가 "한 발자국 취하려면" 다음 셀이 필요할 것이다. 개체가 다음 셀을 걸치게 되면 점유했던 앞 셀을 해제한다. 개체의 "한 발자국 크기"는 마치 한 번에 한 셀과 같다.

그림 9.25는 비누적형 컨베이어를 사용하는 개체에 대한 근사적인 활동 흐름 다이어그램을 보여주고 있다. 개체 크기가 2피트이고 각 셀은 컨베이어에서 1피트라 하자. 컨베이어에 진입하기 위해 대기할 하나의 대기행렬이 있다. 컨베이어의 셀들은 컨베이어상의 공간을 모델링할 자원으로서 행동한다. 각 셀의 공간을 통한 개체의 이동은 활동들이다. 2피트의 개체의 경우 먼저 첫 셀을 점유하고 나서 셀의 거리만큼 이동을 시작한다. 이동 후에 다음 셀을 점유하고 그 길이만큼 이동한다. 그것이 2피트 길이기 때문에 세 번째 셀을 점유하고 나서는 세 번째 셀로 이동 대기하기 전에 첫 셀을 해제한다. 셀들이 해제됨에 따라 다른 개체들이 그것들을 점유

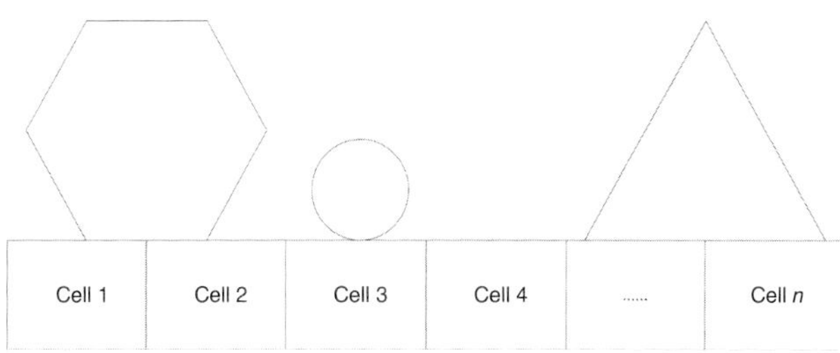

그림 9.24 컨베이어상의 다양한 개체 크기

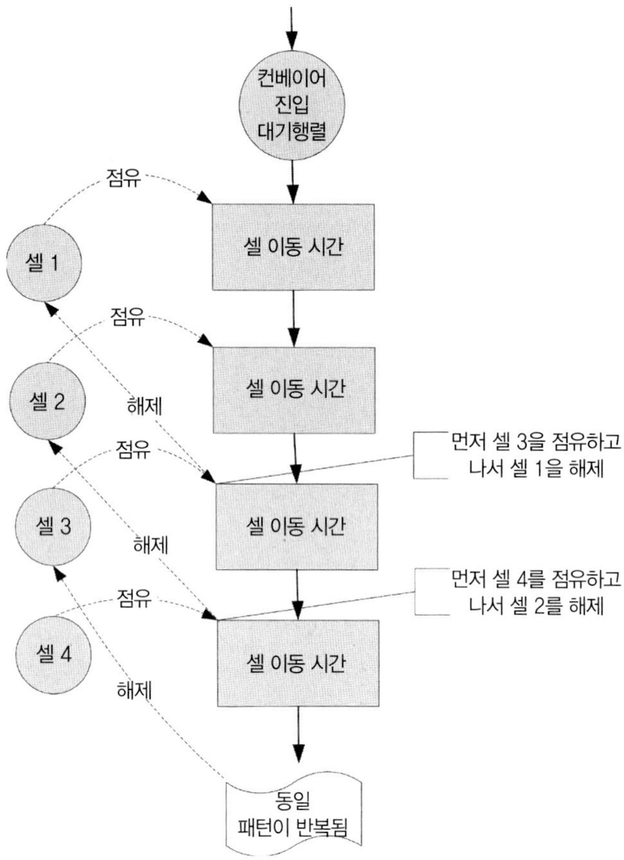

그림 9.25 비누적형 컨베이어의 활동 다이어그램

해서 이동을 계속할 수 있다. 컨베이어 모델링에 깔려있는 SEIZE와 RELEASE 모듈의 중복이 반복되는 패턴은 분명히 셀의 개수와 개체의 크기에 의존하고 있다. 그래서 활동 다이어그램은 실제로 개체의 크기(요구되는 셀의 개수)에 의해 달라진다.

컨베이어의 세그먼트를 모델링하기 위한 셀의 개수가 많으면 많을수록 모델은 보다 느리게 실행된다. 그러나 셀 수가 많으면 개체가 실제로 컨베이어에서 빠져나가 떠나가는 방법에 대한 보다 "연속적인" 표현이 가능하게 해준다. 셀의 크기가 보다 커지면 개체가 이동하는 데 보다 오래 걸리게 해서 대기개체가 여유 공간을 위해 보다 오래 대기해야 한다. 거리에 대해 보다 작은 셀들을 매핑시키게 되면 개체가 컨베이어에 보다 연속적으로 "기어" 올라가게 해준다. 예를 들어, 컨베이어는 6피트이고 공간은 인치단위로 모델링한다고 가정하자. 즉, 컨베이어의 길이는 72인치이다. 개체는 컨베이어에 있는 동안 1피트 공간을 점유한다고 가정하자. 컨베이어가 72개의 셀로 모델링되면 개체는 단지 1인치(셀) 후에 컨베이어에 올라타기 시작해서 모두 올라타는 데 12개의 셀을 요구하게 된다. 만일 거리 매핑이 한 셀에 1피트라면 개체는 컨베이어상에서 이동하기 전에 1피트 셀 전체에 진입하기까지 기다려야 할 것이다.

이제는 이 개념을 구현할 준비가 된 것이다.

9.4.1 컨베이어가 있는 검사 및 수리 작업장

컨베이어 사용을 보여주기 위해 검사 및 수리 작업장이 사용될 것이다. 그림 9.26은 컨베이어와 작업장 간 거리가 주어진 검사 및 수리 작업장을 보여주고 있다. 각 작업장으로부터 시계 방향으로 거리는 다음과 같다.

- 진단 작업장에서 검사 작업장 1까지 20피트
- 검사 작업장 1에서 검사 작업장 2까지 20피트
- 검사 작업장 2에서 수리 작업장까지 15피트
- 수리 작업장에서 검사 작업장 3까지 45피트
- 검사 작업장 3에서 진단 작업장까지 30피트

컨베이어의 속도는 분당 10피트라고 가정한다. 이 수치들은 예제에 제시되어 있다. 그러나 실제 시스템을 모델링하기 위해서는 이 정보를 도표화할 필요가 있다. 개체 크기의 사용을 예시하기 위해 4가지 검사 계획을 따르는 부품에 관한 다음 사항을 가정한다.

- 검사 계획 1과 2의 부품들은 컨베이어에 올라갈 때 1피트 공간을 요구한다.
- 검사 계획 3과 4의 부품들은 컨베이어에 올라갈 때 2피트 공간을 요구한다.

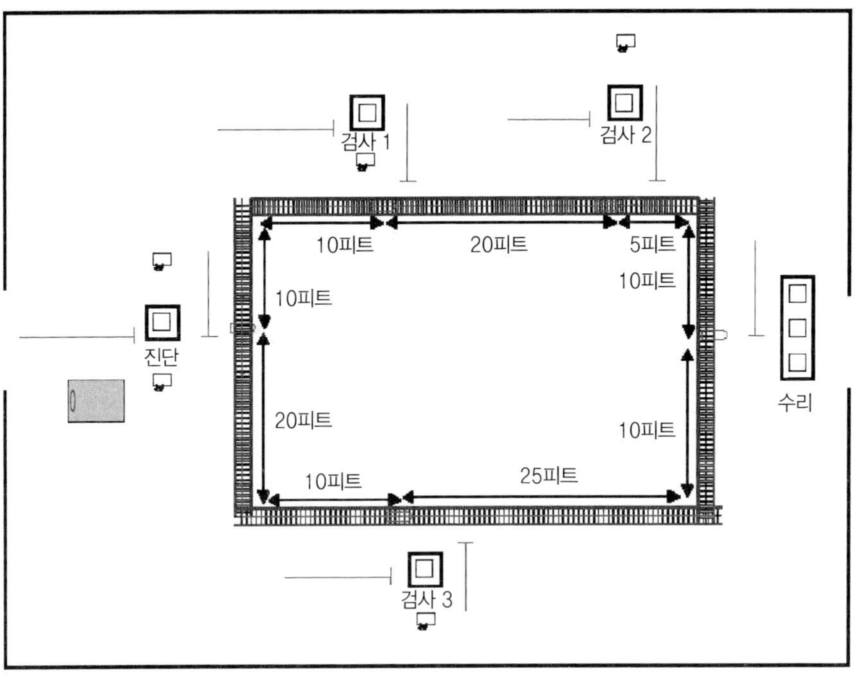

그림 9.26 컨베이어가 있는 검사 및 수리 작업장

컨베이어 로직은 먼저 애니메이션이 없이 실행될 것이고 나중에 컨베이어에 대한 애니메이션이 추가될 것이다. 이전 모델이 컨베이어를 사용할 수 있도록 전환하기 위해 모델 *RepairShopWithTransporterNoAnimation.doe*를 다음과 같이 변경하하기 바란다.

1. 이동 장비에 대해 정의된 TRANSPORTER와 DISTANCE 모듈을 제거하라.
2. 작업장을 떠나는 것을 위한 REQUEST와 TRANSPORT 모듈을 제거하고 LEAVE 모듈로 대치하라. LEAVE 모듈은 잠시 후 채워질 것이다.
3. 그림 9.27에 나타난 검사 계획 각각을 따라서 부품의 크기를 담을 수 있도록 4개로 된 *vSizes()* 이름의 배열변수를 추가하라.
4. 파일을 저장하라. 완성된 모델은 이 장에 연계된 CD에서 발견할 수 있는 *RepairShopWithConveyorsWithNoAnimation.doe*로 명명하였다.

이제 컨베이어와 세그먼트를 정의할 준비가 된 것이다. 먼저 컨베이어 세그먼트를 정의하고 나서 컨베이어 자체를 정의할 것이다. 그림 9.28은 컨베이어에 사용할 세그먼트를 보여주고 있다. 먼저 세그먼트 이름을 부여하고 출발 작업장을 나타내는 작업장을 지정한다. 이것은 루프 컨베이어이기 때문에 출발 작업장은 임의로 정해도 된다. 여기에서는 부품이 시스템에 진입하

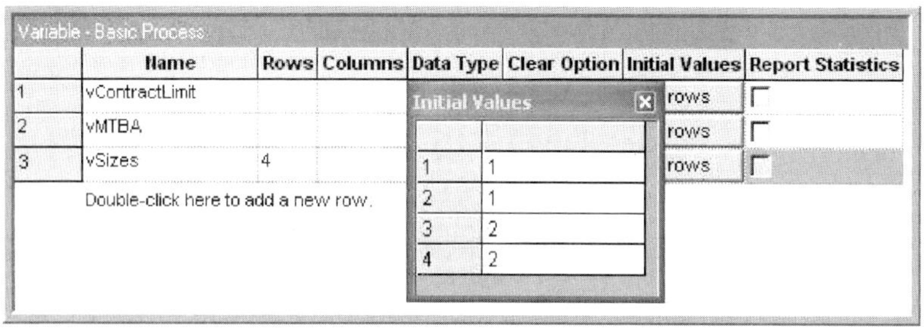

그림 9.27 부품 크기에 대한 배열(Array)

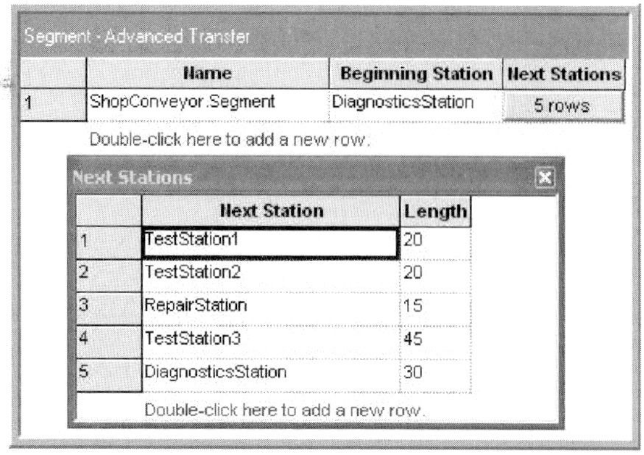

그림 9.28 검사 및 수리 예제에 대한 SEGMENT 모듈

는 작업장인 진단 작업장을 출발 작업장으로 정하였다.

다음 작업장과 다음 작업장까지의 거리가 컨베이어의 각 부분에 주어진다. 거리는 그림 9.26에 주어진 것처럼 합쳐진 것임을 유의하기 바란다. 그림 9.28에 지정된 길이는 실제 물리적인 거리(예, 피트)이다. 셀에 대한 매핑은 CONVEYOR 모듈에서 실행한다.

그림 9.29는 CONVEYOR 모듈을 보여주고 있다. 세그먼트를 컨베이어와 연계시키기 위해 세그먼트 이름 텍스트 박스를 사용한다. 다음 결정은 컨베이어의 종류이다. 이 경우 비누적형 컨베이어가 사용된다.

컨베이어 속도는 분당 10피트이다. 셀 크기 및 최대 점유 셀 수 텍스트 박스를 채워 넣어야 한다. 셀의 크기는 가장 중요한 결정이다. 그림 9.25로 되돌아가서 볼 때 공간은 명백히 규정된 정수 길이의 이산적인 셀로 표현되어야 한다. 그래서 총 컨베이어 길이는 정수 값이어야 하고 셀 크기는 각 세그먼트에 대한 셀의 정수 값이어야 한다. 예제에서 SEGMENT 모듈에 지정된 각 거리의 길이는 모두 5로 나누어진다. 그래서 셀의 크기는 5를 선택할 수 있을 것이다. 이것은 각 셀의 길이가 5피트임을 의미한다. 개체가 셀을 점유함으로써 컨베이어에 진입하기 때문에 부품이 1 혹은 2피트 길이인 경우 적절해 보이지 않는다. 5피트의 셀 크기인 경우 부품이 컨베이어에 올라탈 때 부품 사이에 많은 공간이 있게 될 것이다. 대신 셀의 크기를 1피트로 지정할 것이다. 모든 숫자가 1로 나누어지기 때문에 이 경우는 항상 작동이 될 것이다. 또한 가장 작은 부품이 1피트 길이이고 SEGMENT 모듈에 정의된 길이 단위가 피트이기 때문에 이 경우는 잘 작동될 것이다. 최대 셀의 개수 텍스트 항목은 쉽다. 이 항목은 가장 큰 개체의 크기를 나타내는 것으로 이 경우 검사 계획 3과 4를 따르는 부품들의 길이가 2피트이기 때문에 2가 된다.

CONVEYOR와 SEGMENT 모듈이 정의되었으면 컨베이어를 반영해서 ENTER와 LEAVE 모듈을 수정하는 것은 쉽다. 주의해야 할 첫 번째 항목은 각 생성된 부품의 크기를 확실히 알고 있어야 LEAVE 모듈에서 사용할 수 있다는 것이다. 그림 9.30에 나와 있는 것처럼

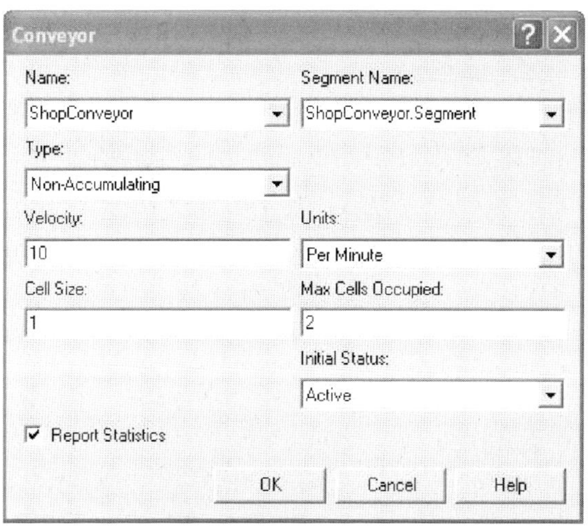

그림 9.29 CONVEYOR 모듈

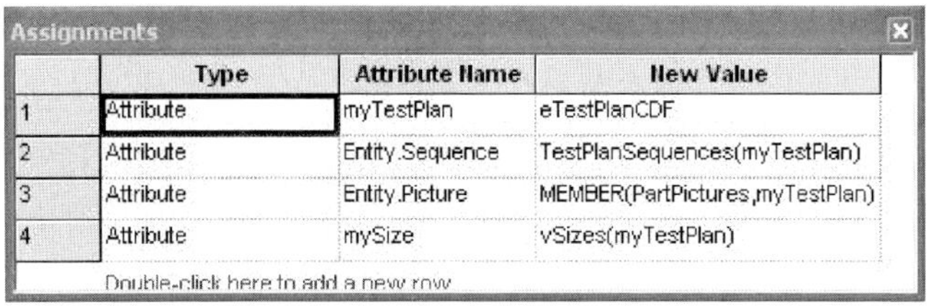

그림 9.30 부품의 크기 지정

“Assign Test Plan”이라는 이름의 ASSIGN 모듈에서 이것을 지정할 수 있다.

LEAVE 모듈은 개체 이동을 위해 컨베이어를 사용하고 개체가 요구하는 셀의 수를 지정하도록 수정해야 한다. 이것은 그림 9.31에서 개체의 속성 *mySize*를 이용해서 이루어진다. 다른 작업장을 위한 다른 LEAVE 모듈 각각은 유사하게 수정된다. 이제는 개체가 원하는 목적지에 도착해서 컨베이어에서 나갈 수 있도록 ENTER 모듈을 수정해야 한다.

그림 9.32에서는 검사 작업장으로 이동할 때 Exit Conveyor 옵션이 사용되었다. ENTER와 LEAVE 모듈 모두 개체를 지연시키는 옵션이 가용하다. 이것은 컨베이어에서 적재 혹은 양하 시간을 표현할 때 사용된다.

컨베이어 통계치 체크 박스가 지정되어 있으면 컨베이어에 대한 통계치가 요약 보고서에 나타난다. 컨베이어의 종류에 관계없이 가동률이 계산된다. 이 가동률은 시뮬레이션 실행 중에 전체 컨베이어 길이에 대비해서 컨베이어에 얹힌 개체의 길이를 나타낸다. 그래서 컨베이어의 가동률은 사용된 공간의 의미로 가공된 것이다. 뿐만 아니라 컨베이어에 올라타기 위한 대기행렬이 있다. 이 문제에서의 컨베이어에 대한 통계치(그림 9.33)는 컨베이어가 높은 가동률을 보이고 있지 않음을 지적해주고 있다. 그러나 계약조건을 만족시킬 수 있는 확률은 80%에 이른

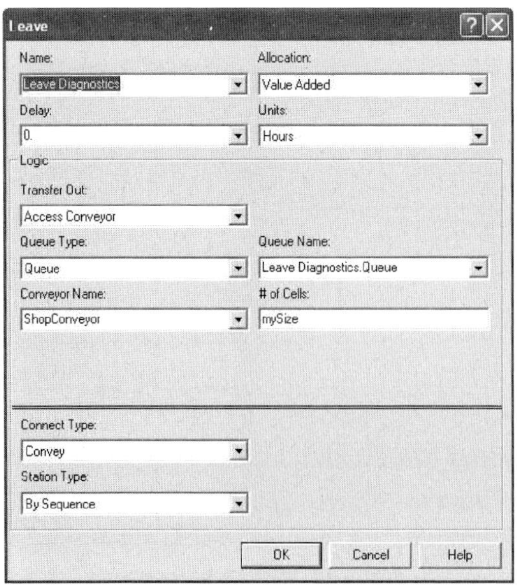

그림 9.31 검사 및 수리 작업장을 위한 LEAVE 모듈 예

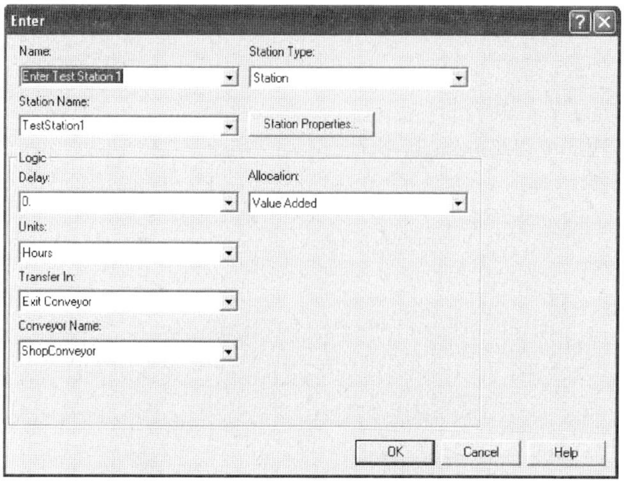

그림 9.32 검사 작업장 1을 위한 ENTER 모듈

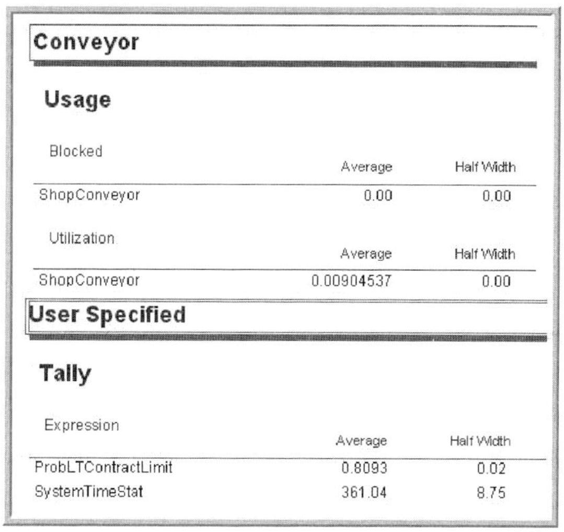

그림 9.33 컨베이어가 있는 검사 및 수리 작업장을 위한 통계치

다. 이 예제에서 생산율은 검사 및 수리 작업장에 대해 컨베이어를 활용하는 것을 정당화한다고 보기 어렵다. 궁극적으로 의사결정은 비용/편익 분석으로 넘어가게 된다.

9.4.2 컨베이어 애니메이션

애니메이션으로 모델을 확장하기 위해서는 Animate Transfer 툴바가 사용될 수 있다. 개체가 애니메이션에서 따라가야 할 계획을 가시적으로 분별하기 위해서는 각 검사 계획 유형별로 적합하게 그려진 그림들로 된 그림 집합을 정의할 수 있다. 이것은 그림 9.34와 9.35에 예시되어 있다. Entity.Picture 속성의 할당은 그림 9.30에 나타나 있다.

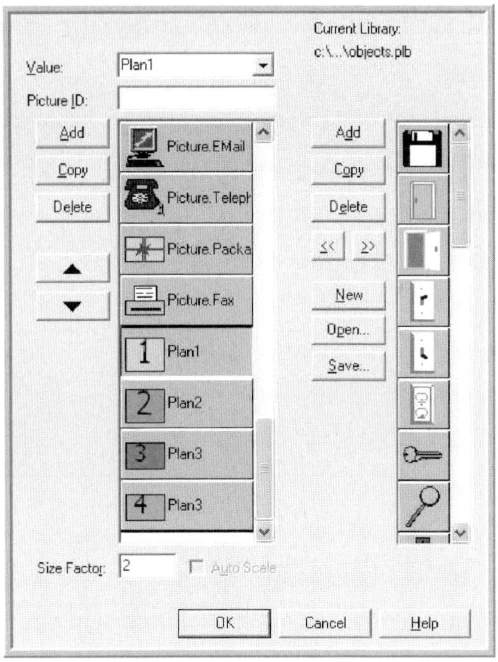

그림 9.34 검사 계획별 개체 그림

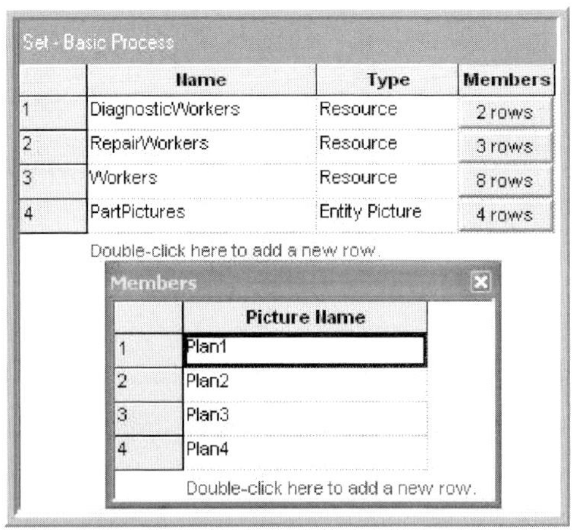

그림 9.35 검사 계획에 대한 그림 집합

이전의 이동 장비 애니메이션을 수정하기 위해서는 다음 단계를 따른다.

1. 파일 *RepairShopWithTransportersWithAnimation.doe*로부터 애니메이션 요소들을 복사해서 자신의 모델 파일로 삽입한다. 완성된 Arena™ 모델 파일은 *RepairShopWithConveyorsWithAnimation.doe*이다.
2. 이동 장비 그림, 작업장 표시기 그리고 거리 연결자를 제거한다.

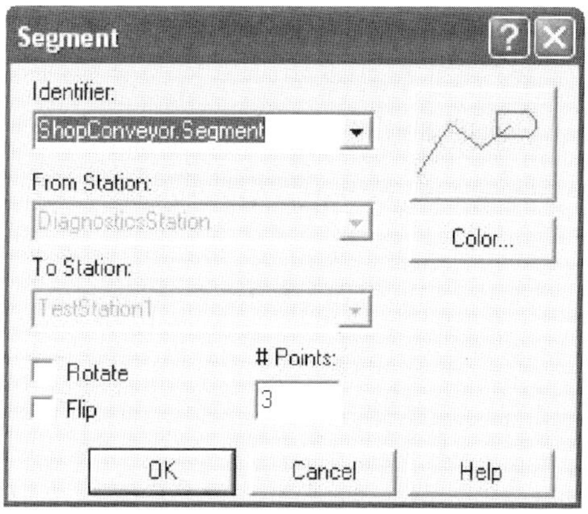

그림 9.36 세그먼트 애니메이션 대화상자

3. Animate Transfer 툴바의 세그먼트 버튼을 사용해서 그림 9.26에 나타난 것처럼 컨베이어를 표현하기 위해 작업장 표시기와 세그먼트 대화상자를 만든다. 세그먼트 애니메이션 대화상자는 그림 9.36에 제시되어 있다. 그것은 Route와 Distance Animation 대화상자와 거의 같이 작동된다.

세그먼트가 놓이면 컨베이어를 표현하는 선들을 넣을 수 있다. 이것은 그리기 툴바의 직선 패턴 중에서 롤러 패턴이 사용된 그림 9.36에서 실행된다. 이제 다 되었다. 컨베이어의 애니메이션은 매우 쉽다. 애니메이션을 켜고 모델을 실행하면 개체들이 컨베이어 세그먼트를 따라 이동하고 적합한 작업장에서 올라타고 내리는 것을 볼 수 있다. 대부분의 시간에서 컨베이어에 부품들이 분명히 많지 않음을 볼 수 있을 것이다. 이 절은 비누적형 컨베이어에 대해 집중하였다. 다음 절에서는 비누적형 컨베이어가 어떻게 작동하는지 그리고 다른 컨베이어 모델링 이슈들에 대해 다루게 된다.

9.4.3 컨베이어 모델링에서의 기타 이슈들

이 절에서는 누적형 컨베이어, 합류가 있는 컨베이어와 분기가 있는 컨베이어 모델링, 컨베이어에 있는 상태에서 개체에 대해 작업이 이루어지는 것에 대한 모델링 그리고 재순환 컨베이어 모델링 방법에 대해 논의하게 된다.

9.4.3.1 누적형 컨베이어 누적형 컨베이어는 항상 작동 중인 것으로 생각할 수 있다. 개체가 내리기 위해 컨베이어에서 이동을 멈출 때 컨베이어는 계속 이동하기 때문에 다른 개체들은 여전히 컨베이어 위에 있는 것을 허용한다. 만일 컨베이어 위의 개체가 멈춘 개체를 만나게 되면 자신도 멈추고 원래 멈춘 개체가 제거되어 원하는 목적지로 전이되기까지는 하나의 대기행렬이 형성되어 누적된다.

비유로서 롤러 블레이드를 신고 공항에 있는 무빙워크 위에 있다고 상상해보라(보안을 위해 어떻게 롤러 블레이드를 신었는지는 묻지 말라!) 여러분이 무빙워크에 있는 동안 스케이트를 타고 있는 게 아니다(여전히 서서 멈춰 있지만 무빙워크와 함께 이동하게 된다). 여러분 앞에 심각하게 혼란을 겪고 있는 시뮬레이션 책 저자가 무빙워크에 바를 걸쳐 놓았다. 바에 도달하게 되면 바를 붙잡게 될 것이다. 여러분이 롤러 블레이드 위에 있기 때문에 여러분의 롤러 블레이드가 미친 듯이 돌아가는 동안에는 바에서 머무르게 된다. 이제 무빙워크상의 사람들이 모두 롤러 블레이드를 신고 있다고 상상해보라. 여러분을 뒤따라오는 사람들은 여러분과 부딪히기 전까지는 바를 향해 접근을 계속할 것이다. 바가 제거되기 까지는 모두 바 뒤에 촘촘하게 붙게 될 것이다. 여러분은 누적형 컨베이어에 있는 것이다. 누적형 컨베이어에 있는 동안에 막힘이 없으면 사람들 사이의 간격은 동일하게 유지되나 막힘이 발생하면 그들이 서로 부딪힐 때까지 개체들 사이의 간격이 줄어들게 됨을 유의하기 바란다. 요약을 하면 다음과 같다.

- 누적형 컨베이어는 항상 움직인다.
- 한 개체가 빠져나가거나 컨베이어에서 작업을 하기 위해 멈추게 되면 그 뒤의 다른 개체들은 막히게 되어 쌓이기 시작한다.
- 막힘(blocking) 앞에 있는 개체들은 계속 이동을 진행한다.
- 막힘이 종료되면 막히게 된 개체들은 진행을 계속할 수도 있으나 먼저 그들 앞에 있는 개체가 즉시 이동하는 것을 기다린다.

Arena™에서 누적형 컨베이어를 모델링하는 데 있어서 ACCESS와 CONVEY 모듈의 활동에서 주요한 차이가 발생한다. 비누적형 컨베이어에서처럼 컨베이어를 중지시키는 대신 컨베이어는 지속해서 작동한다. ACCESS는 대기 개체들에게 공간이 가용하게 되면 요구하는 셀 수만큼 할당한다. 컨베이어로 이동하는 어느 개체이든 막힘이 있는 곳에 이르기까지는 계속 진행한다. 막힘 개체가 제거되거나 이동하게 되면 누적 개체들은 요구되는 셀 수가 가용하게 될 때만 진행을 시작한다.

ACCESS 모듈에서는 여전히 컨베이어로 셀 수가 이동 중에 개체가 요구하는 셀의 수를 참조하나 개체가 막힘을 경험할 때 공간요구량이 얼마인지를 지정해야 한다. CONVEOR 모듈에서는 누적형 컨베이어 옵션을 선택하면 사용자는 누적 길이 텍스트 필드를 채워줘야 한다. 누적 길이는 누적이 발생할 때 개체가 요구하는 공간의 양을 규정한다. 그것은 개체가 컨베이어로 이동할 때 요구되는 셀로 표현되는 공간의 양과 동일할 필요는 없다. 또한 그것은 정수 개수의 셀로 나누어질 필요도 없다. 뿐만 아니라 그림 9.37에 본 것처럼 누적 길이는 사용자 정의의 개체 속성이 될 수도 있다. 그래서 누적 크기는 개체에 따라 다를 수 있다. 전형적으로 이동 중일 때가 누적될 때보다 요구되는 셀의 수가 많다. 이것은 이동 중에는 개체 사이의 간격을 허용해주고 누적될 때 서로 간에 근접하도록 허용해준다.

검사 및 수리 예제는 거의 비누적형 컨베이어를 필요로 한다. 그래서 누적형 컨베이어의 예를 들기 위해서 Arena™의 SMART 파일(*smart101.doe*)(그림 9.38)이 사용될 것이다. SMART 파일은 Arena™ 설치 폴더에서 발견할 수 있다.

이 예제에서는 모델에서는 정의되어 있지는 않으나 단위를 미터로 볼 수 있는 길이가 10인

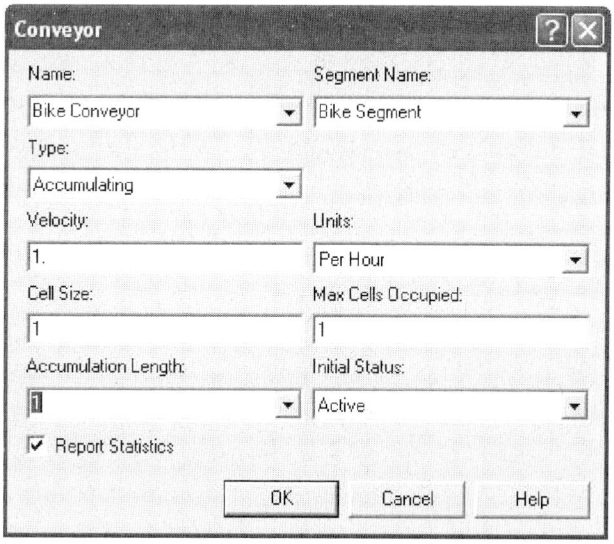

그림 9.37 누적형 컨베이어 대화상자

컨베이어의 한 세그먼트가 있다. 속도는 시간당 1미터이고 컨베이어 셀 크기는 1이고 개체의 최대 크기는 1이다. 개체들은 자전거로서 입구 작업장에서 진입하고 컨베이어에 올라타 완료장소로 이동한다. 자전거가 컨베이어 위에 얹혀 이동하면서 조립되는 것으로 생각할 수 있다. 사실 조립라인에서 많이 있는 현실이다. 자전거가 완료지점에 도달하게 되면 컨베이어에서 양

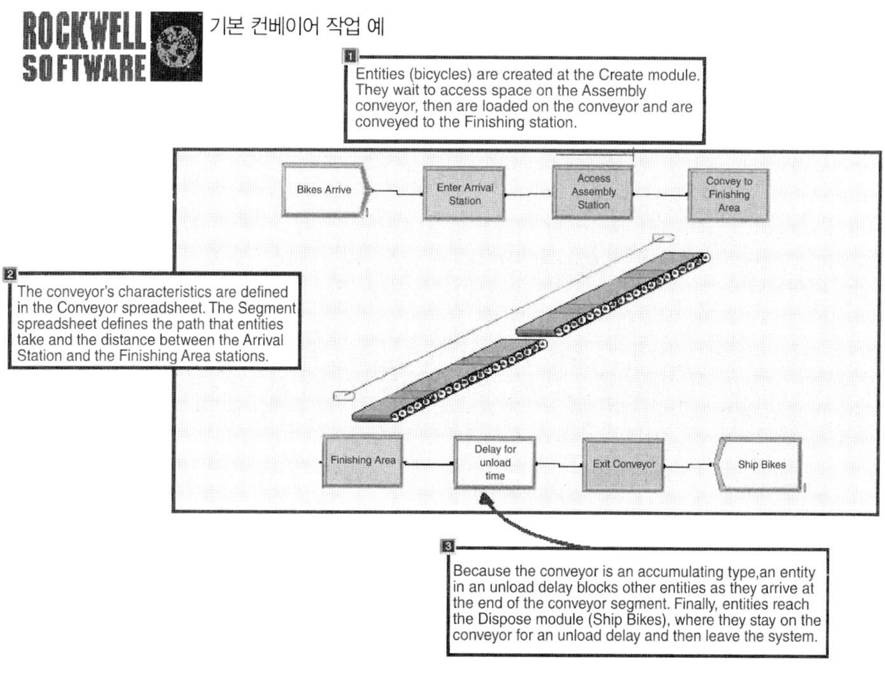

그림 9.38 누적형 컨베이어를 위한 Arena^{TM}의 Smart101.doe 모델

하하기 위해 이전에 시간 경과가 있다. 컨베이어에서 양하하기 위해 이전에 시간 경과가 발생하기 때문에 개체 이동이 막히고 컨베이어상의 개체 뒤에 막힘 대기행렬이 발생한다. 자전거가 누적되는 것을 스스로 확인하기 위해 모델을 실행해보기 바란다.

누적형 컨베이어로 모델링할 때 Run Setup 대화상자의 Project Parameters 탭에 있는 컨베이어 체크 박스가 체크되어 있으면 평균 누적 개수에 대한 추가적인 통계치를 수집할 수 있다.

9.4.3.2 합류 및 분기가 있는 컨베이어 일반적인 컨베이어를 모델링할 때 하나 혹은 그 이상의 컨베이어가 다른 컨베이어에 공급되는 경우가 있다. 예를 들어 물류센터에서는 제품을 적재장소로 옮겨주는 메인 컨베이어에 연결된 각 양하 도크와 연결되는 컨베이어들이 있을 수 있다. 이 상황을 Arena™으로 모델링하기 위해서는 공급 컨베이어와 메인 컨베이어가 다른 CONVEYOR 모듈과 상이한 SEGMENT 정의를 이용해서 모델링할 수 있다. 이 물류센터 예제에서는 한 품목이 양하 도크의 컨베이어에 진입해서 컨베이어를 따라 이동한 후 메인 컨베이어에 올라타려고 한다. 메인 컨베이어에 진입한 후에 개체는 양하 도크 컨베이어에서 이탈한다.

Arena™에는 이러한 개념을 보여주는 두 가지 SMART 파일이 있다. 먼저 *Smart107.doe*를 살펴보기로 한다. 그림 9.39는 전체적인 모델 개요를 보여주고 있다. 영역 1과 영역 2에는 각각 하나씩 두 개의 컨베이어가 있다. 개체가 한 영역에 도착하면 *LineNum*이라는 속성이 어디에서 왔는지를 지정하기 위해 할당된다. 개체들은 적합한 컨베이어에 진입해서 분류 장소로 이동한다. 이 예제에서 분류장소는 메인 컨베이어가 시작되는 작업장이다. 부품이 분류작업장

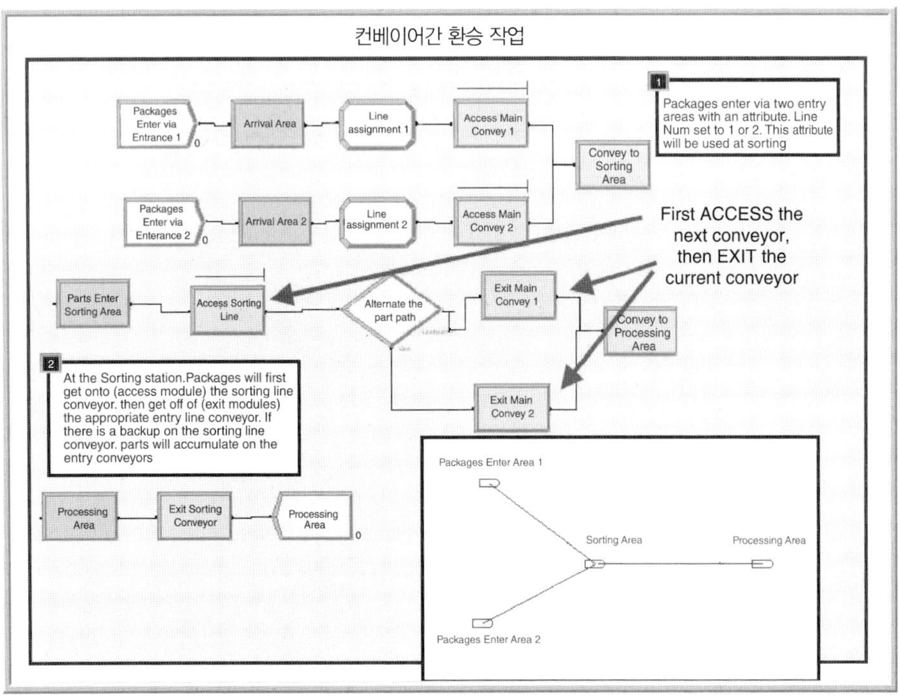

그림 9.39 컨베이어 사이의 이동

에 도착하면 먼저 처리 작업장으로 가는 컨베이어에 진입한다. 그러면 개체는 메인 컨베이어에서 나간다. *LineNum* 속성에 기초해서 빠져나갈 올바른 컨베이어를 선택하기 위해 DECIDE 모듈이 사용된다. 먼저 다음 컨베이어에 진입함으로써 개체는 현재 컨베이어 위에서 대기해야 할지도 모른다. 이 때문에 누적형 컨베이어로 이 상황을 모델링하는 것이 매우 자연스럽다. 공급 컨베이어는 개체가 메인 컨베이어에 올라타려고 할 때 지원하게 될 것이다.

하나의 유사한 예제는 *Smart110.doe*(그림 9.40)에서처럼 하나의 컨베이어가 다른 컨베이어에 합류되는 것을 포함하고 있다. 이 예제에는 두 개의 컨베이어가 있다. 메인 컨베이어에는 두 개의 세그먼트가 있다. 예를 들어, 메인 컨베이어는 A 진입 작업장에서 각각 5피트인 중간 지점 작업장을 거쳐 최종 지점 작업장으로 이동한다. 두 번째 컨베이어는 길이 10피트인 B 진입 작업장에서 중간 지점 작업장으로 이동하는 단일 컨베이어이다. 중간 지점 작업장은 두 개의 컨베이어와 연결되어 있음을 유의하기 바란다. 다시 말해서 그들은 공통의 작업장을 공유하고 있다. 개체들은 A 진입 작업장과 B 진입 작업장에서 들어온다. A 진입 작업장에서 들어온 개체들은 먼저 중간 지점 작업장으로 컨베이어로 이동하고 즉시 최종지점 작업장으로 이동한다. 그들은 중간 지점에서 빠져나가지 않는다. B 진입 작업장에서 들어오는 개체들은 중간 지점 작업장으로 컨베이어로 이동한다. 중간 지점 작업장에 들어오면 먼저 메인 컨베이어에 진입하고 자신의 컨베이어에서 빠져나와 B 진입 작업장에서 오는 개체들이 메인 컨베이어의 공간을 위해 대기하게 한다. 이 기본적인 아이디어는 보다 긴 메인 컨베이어를 따라 진입하는 여러 개의 공급 컨베이어로 확장할 수 있다.

분기 컨베이어는 종종 품목을 분류하는 시스템에서 사용된다. 품목들이 메인 컨베이어에 도착해서 자신의 속성값(예, 목적지)에 따라 다른 어느 컨베이어로 전이된다. Arena™의 *Smart108.doe* 파일은 분기 컨베이어의 기본 개념을 보여주고 있다. 그림 9.41에서 제시된 예

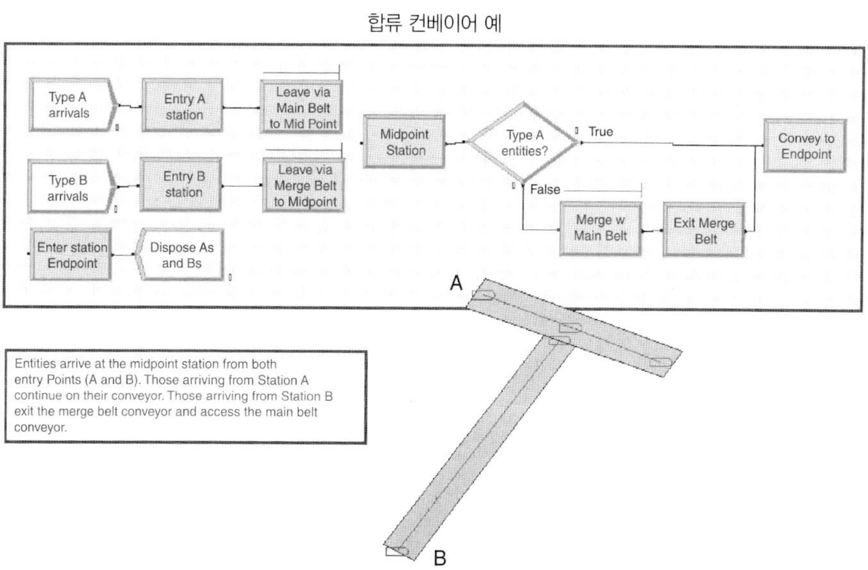

그림 9.40 한 컨베이어에서 다른 컨베이어로 합류

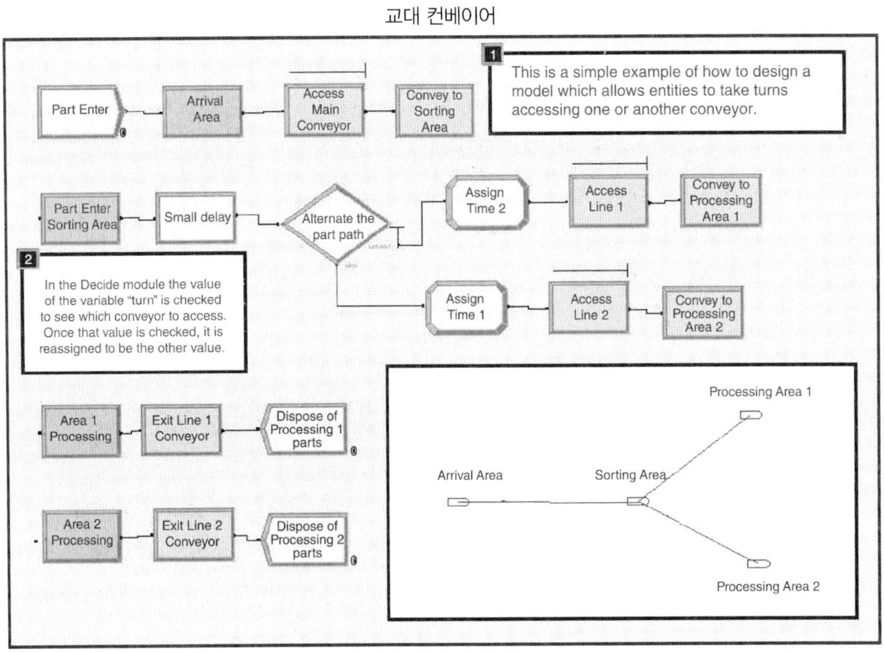

그림 9.41 단순한 교대 컨베이어

제에서는 부품은 도착 영역에 도착하고 컨베이어에 진입해서 분류 장소로 이동한다. 개체가 분류 장소에 도달하면 개체는 먼저 진입 컨베이어서 나와 분류를 위해 약간의 대기가 발생한다. "Parts Enter Sorting Area"라는 이름의 모듈은 컨베이어에서 나가기 위해 사용되는 이동 옵션을 선택한 ENTER 모듈이다. 개체는 DECIDE 모듈에 근거해서 라인 중 하나로 떨어진다. 이 모델에서는 다른 라인이 다음 개체를 위해 DECIDE 모듈에서 사용될 수 있도록 개체가 보내진 마지막 라인을 추적하는 데 하나의 변수가 사용된다. 이것은 단순한 교대 로직을 실행한다. 어느 하나의 컨베이어로 떨어진 후 개체는 소멸되기 전에 표준적인 ACCESS, CONVEY, STATION, EXIT 로직을 활용한다.

약간의 상상을 하게 되면 보다 복잡한 분류 작업장이 구현될 수 있다. 예를 들어, 목적지별로 부품들을 처리하는 다수의 컨베이어가 이 시스템에서 활용될 수 있다. 부품들이 생성되면 목적지 작업장을 나타내는 속성이 주어진다. 그들이 분류 작업장에 도착하면 DECIDE 모듈을 사용해서 자신의 목적지를 처리하는 적합한 컨베이어를 고르게 된다.

9.4.3.3 컨베이어상에서 작업 *Smart101.doe*의 자전거 예제에서 작업자들은 자전거를 조립하면서 컨베이어를 따라 이동하는 것으로 개념화할 수 있다. 많은 시스템에서 작업공간으로서 컨베이어의 표면을 사용하기 위해 기계가 장치되어 있는 것이 보편적이다. 예를 들어 회로기판 제조에서 회로 기판은 칩조립 기계를 통해 컨베이어상에서 이동한다. 기계에 있는 동안에 컨베이어는 조립을 위해 멈추게 된다. PROCESS 모듈을 실행하면서 컨베이어를 나가지 않는 이러한 상황은 Arena^{TM}으로 쉽게 모델링할 수 있다.

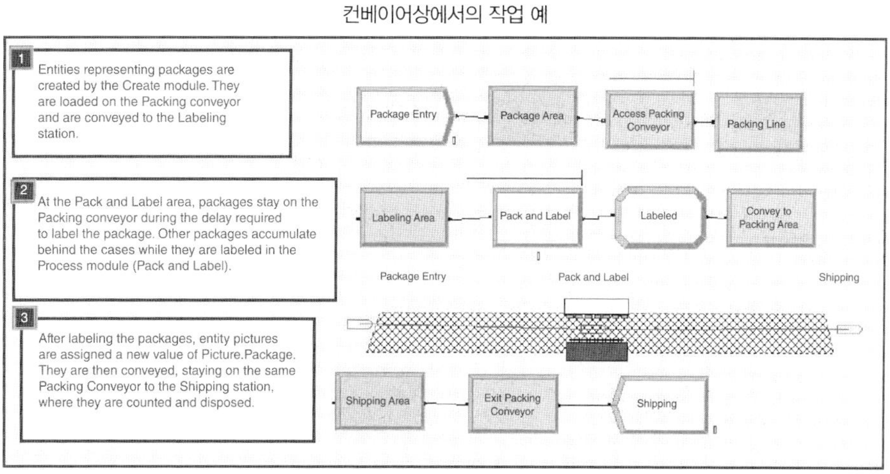

그림 9.42 컨베이어상에서의 작업

Arena^{TM}의 SMART 파일 *Smart103.doe*는 이러한 유형의 모델링 예제를 포함하고 있다. 이 예제에서는 그림 9.42에서 나와 있는 것처럼 패키지가 포장 작업장을 위해 생성되는데 그곳에서 컨베이어에 진입해서 컨베이어를 타고 포장 및 라벨 작업장으로 간다. 라벨링 작업장에서는 개체는 PROCESS 모듈로 들어가 라벨링 작업 기계를 이용한 작업이 이루어져 시간 경과가 이루어진다. 개체는 컨베이어에서 나가지 않음을 유의하기 바란다. "Labeling Area" 모듈은 단순한 STATION 모듈이다. 처리 작업이 종료된 후 개체는 컨베이어에서 나가는 출하 작업장으로 컨베이어로 이동하기 위해 진행한다. 이 예제에서는 컨베이어는 비누적형이다. 모델을 실행하게 되면 개체가 처리되는 동안에는 전체 컨베이어가 멈춤을 알 수 있다. 만일 누적형 컨베이어가 사용된다면 패키지는 라벨링 기계 앞에서 쌓이게 된다.

9.4.3.4 재순환 컨베이어 재순환 컨베이어는 개체가 원하는 위치에서 적당한 공간이 날 때까지 컨베이어 위에서 움직이는 루프 컨베이어이다. 기본적으로 컨베이어는 목적지 위치에서 적당한 공간이 나지 않아 빠져나가지 못하는 개체를 유지해 주는 공간으로서 활용된다. 예를 들어 검사 및 수리 작업장에서 검사 작업장 2에 대기할 공간이 오직 하나만 존재한다고 가정해 보자. 그래서 검사 작업장의 대기행렬의 크기는 많아야 1이다.

검사 작업장 2에서 ENTER 모듈을 사용하지 않고 이 상황을 다루기 위해 이전의 모델을 쉽게 수정할 수 있다. 그림 9.43은 이 상황을 다루기 위해 검사 작업장 2에 대한 로직의 수정을 보여주고 있다. 그림에 나와 있는 것처럼 ENTER 모듈은 STATION, DECIDE, EXIT 그리고 CONVEY 모듈의 조합으로 대치되었다. DECIDE 모듈은 Testing Process 2 모듈에서 대기행렬을 확인한다. 부품이 대기행렬에 없으면 도착 개체는 컨베이어를 나가서 검사 기계 점유를 시도한다. 만일 하나의 부품이 대기하고 있으면 도착 개체는 CONVEY 모듈로 보내져 다시 검사 작업장 2로 되돌아오도록 한다. 작업장으로 되돌아오는 경로가 존재하는 한 이것은 하나의 완벽한 라인이 된다. 수정된 모델은 이 장의 파일에 *RepairShopWithRecirculatingConveyors*

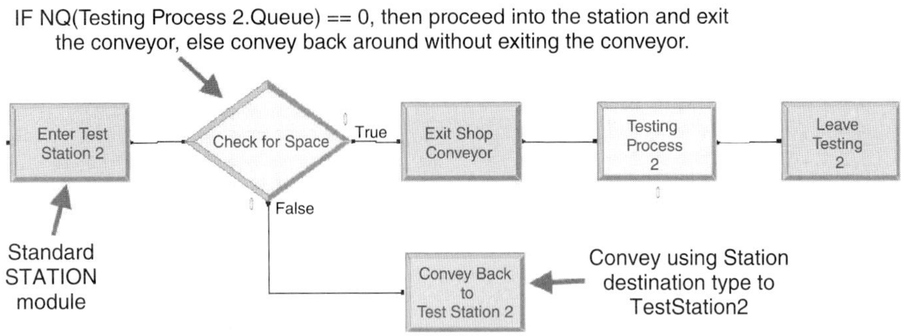

그림 9.43 재순환 컨베이어가 있는 검사 및 수리작업 시스템

*WithAnimation.doe*로 찾을 수 있다. 만일 모델을 실행해서 애니메이션을 관찰하면 재순환으로 컨베이어상에서 보다 많은 부품들이 이동하고 있음을 볼 수 있을 것이다.

컨베이어를 위해 정의된 전용 변수 활용을 포함해서 컨베이어 모델링과 관련된 많은 이슈들이 논의되지는 못했다. 이 주제에 대한 보다 상세한 것을 원한다면 Arena^{TM} 변수 지침 혹은 도움말의 "컨베이어 변수"를 참조하기 바란다. Arena^{TM}은 또한 컨베이어의 사용을 보여주는 많은 SMART 파일이 있다. 예를 들어 개체의 크기 및 그것이 컨베이어의 셀과 어떻게 연관되는지를 보다 잘 이해하기 위해서는 *Smart105.doe*를 탐구해 볼 수 있을 것이다. 컨베이어는 셀의 사용을 통해 공간을 모델링할 수 있게 된다. 다음 절에서는 Arena^{TM}가 이동 장비 모델링에 적합한 공간을 모델링하는 방법을 다루게 된다.

9.5 유도경로 이동 장비 모델링

이 절에서는 무인운반차량(AGV) 시스템에 대한 Arena^{TM} 모델링 구조체를 제시하고 있다. AGV는 경로를 따라 주어진 작업장 사이를 이동하도록 프로그래밍이 가능한 자율적인 동력 차량이다. AGV 시스템에 대한 완전한 논의는 이 교재의 범위를 넘어서는 것이다. 이 기술에 대한 보다 완전한 소개를 위해서는 자채 취급 혹은 제조시스템에 관한 교재들을 참조하기 바란다. 예를 들어 Askin과 Standridge(1993) 그리고 Singh(1996)은 AGV 시스템 모델링에 대한 전용의 장들을 제공하고 있다. 이 절의 목적상 일을 단순화해서 이미 지정된 경로(예, 테이프, 내장된 선로 등)를 따르는 AGV 시스템에 국한해서 논의할 것이다. 하나의 경로를 따르는 데 제한을 받지 않고 빌딩 내에서 센서를 통해 순회할 수 있는 보다 새로운 AGV 시스템이 있다(예를 들어 Rossettie와 Seldanari, 2001 참조).

유도방식의 이동 장비로 모델링을 할 때 이해해야 할 가장 중요한 이슈는 이동 장비들이 이제 그들의 경로를 따라 공간을 위해 서로 경쟁한다는 점이다. 경로상의 공간은 명시적으로 모델링이 되어야 하고(컨베이어처럼) 이동 장비의 크기도 문제가 된다. 개념적으로 유도 방식의 이동 장비는 고정된 경로를 따라 이동하면서 경로상의 공간을 위해 다른 모바일 자원들과 서로 경쟁하는 모바일 자원이다. 유도방식의 이동 장비를 사용할 때 이동경로는 링크와 교차점으로

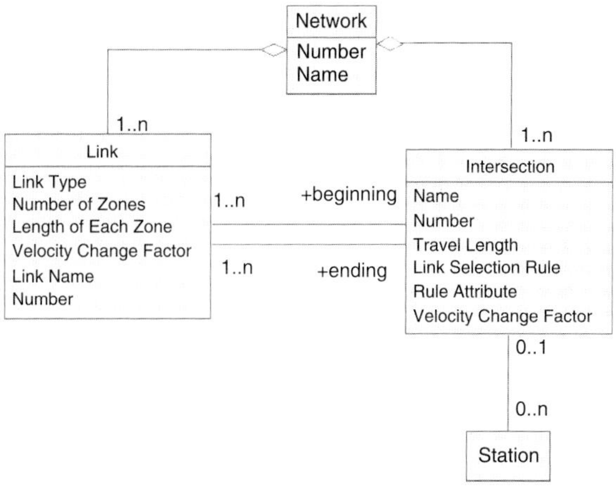

그림 9.44 유도차량 네트워크를 위한 관계 다이어그램

구성된 네트워크로 분할된다. 이것은 차량 경로 네트워크라고 부른다. 그림 9.44는 네트워크, 링크, 교차점 및 작업장의 유도방식의 이동 장비 모델링에서의 주요 개념들을 예시해주고 있다.

링크는 하나의 네트워크상의 두 지점 간의 연결이다. 모든 링크는 시작 교차점과 끝 교차점이 있다. 링크는 두 교차점 사이의 공간을 나타낸다. 링크상의 공간은 정수 개수의 존으로 분할된다. 각 존은 일관성 있는 단위로 주어진 규정된 길이를 가진다. 모든 존은 동일한 길이를 가진다. 링크는 특정 유형(양방향, 단방향, 스퍼)의 하나가 될 수 있다. 양방향 링크는 이동 장비가 경로를 따라 양방향으로 이동하는 것이 허용된다. 스퍼는 "종착지점"을 모델링하는 데 사용되며 단방향 링크는 한 방향의 통행만으로 제한한다. 링크를 이동할 때 속도변경계수는 링크와 연계되어 차량의 기본속도의 변화를 지시하기 위해 사용된다. 예를 들어 다수의 사람들이 있는 지역을 통과하는 링크에 대해서는 이동 장비의 속도를 자동으로 감소시킬 필요가 있을 것이다.

그림 9.45는 3개의 링크로 된 단순한 네트워크를 보여주고 있다. 그림에서 링크 1은 시작 교차점이 I1이고 끝 교차점이 I2인 양방향 링크이다. 링크 1은 4개의 존으로 구성되어 있다. 이동 방향이 지정될 수도 있다. 링크의 시작 및 끝 교차점은 시작 교차점에서 출발해서 끝 교차점으로 진입하는 것처럼 링크의 방향을 정의하는 데 사용될 수 있다. 끝 교차점에 진입한 방향은 자동으로 링크의 시작 교차점을 떠나는 방향이 된다. 그래서 그림에서 링크 1의 시작방향은 60도이다. 0과 360도 모두 동쪽 혹은 오른쪽을 나타낸다. 링크 2의 시작 방향은 300도이다. 이와 같은 방식으로 생각하기 바란다. 차량은 링크 2로 회전해야 한다. 0으로 되돌리기 위해서는 60도를 돌려야 하고 링크 2로 선회하기 위해서는 다시 60도를 돌려야 한다. 각도는 오른쪽으로부터 정의되었기 때문에 이는 링크 2는 교차점 I2를 수평적으로 관통하는 축에 대비해서 300도 상에 있다는 것을 의미한다. 이동 방향은 회전할 때 차량의 가속 및 감속이 중요한 모델링 요소일 때 의미가 있다.

일반적으로 교차점은 네트워크상의 단순한 지점이다. 그러나 Arena™에서는 교차점에 대한 표현을 보다 상세하게 할 수 있다. 교차점은 또한 두 개 혹은 그 이상의 링크 사이의 공간

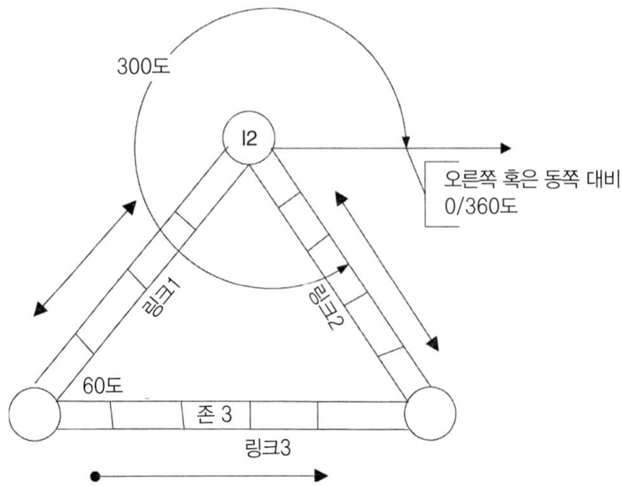

그림 9.45 3개 링크 네트워크 예

을 모델링한다. 그래서 그림 9.44에 규정된 것처럼 교차점은 하나의 길이, 속도 변경 계수 그리고 링크 선택 규칙을 가질 수도 있다. 교차점에 대한 보다 상세한 모델링을 위해서는 Arena^{TM}의 Elements 템플릿의 INTERSECTIONS를 참조하기 바란다. 뿐만 아니라 Banks 등[1995]과 Pegden 등[1995]은 Arena^{TM}에서 유도경로 이동 장비 모델링에 활용되는 SIMAN의 Blocks 및 Elements를 다루고 있다. 고정 경로 네트워크는 링크들과 관련된 교차점들로 구성된다. 그림 9.44는 또한 네트워크상에서 작업장이 네트워크상의 교차점과 연계될 수 있고 하나의 교차점은 여러 개의 작업장과 연계될 수 있음을 보여주고 있다. 유도경로 네트워크에서 이동 장비는 특정 작업장, 교차점 혹은 존으로 보낼 수 있다. 여기에서는 작업장 사용의 예만 보여줄 것이다.

논의될 새로운 Arena^{TM} 구조체는 Advanced Transfer 템플릿의 NETWORK와 NETWORK LINK 모듈을 포함한다. NETWORK 모듈은 사용자가 경로 네트워크를 위한 링크 집합을 정의하는 데 사용된다. 그림 9.46은 NETWORK 모듈을 보여준다. 링크를 추가하기 위해서 사용자는

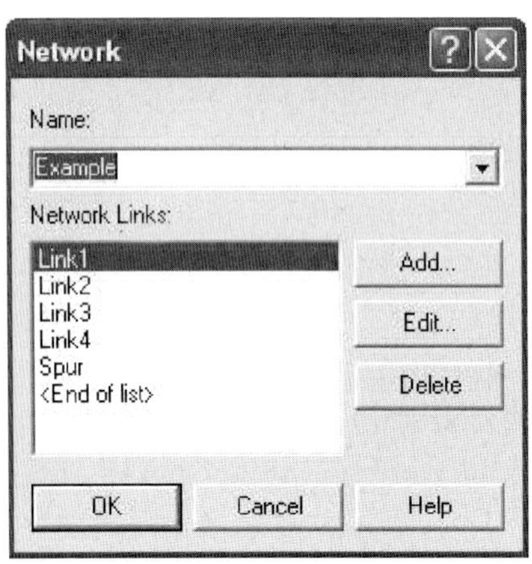

그림 9.46 유도경로 모델링을 위한 NETWORK 모듈

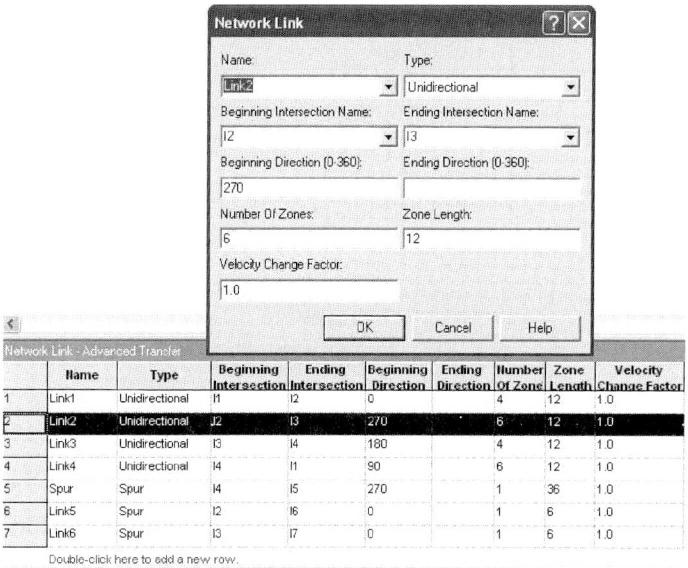

	Name	Type	Beginning Intersection	Ending Intersection	Beginning Direction	Ending Direction	Number Of Zone	Zone Length	Velocity Change Factor
1	Link1	Unidirectional	I1	I2	0		4	12	1.0
2	Link2	Unidirectional	J2	I3	270		6	12	1.0
3	Link3	Unidirectional	I3	I4	180		4	12	1.0
4	Link4	Unidirectional	I4	I1	90		6	12	1.0
5	Spur	Spur	I4	I5	270		1	36	1.0
6	Link5	Spur	I2	I6	0		1	6	1.0
7	Link6	Spur	I3	I7	0		1	6	1.0

그림 9.47 NETWORK LINK 모듈

Add 버튼을 누르거나 스프레드시트 대화상자 입력 항을 사용한다. NETWORK 모듈에 추가된 링크는 NETWORK LINK 모듈에 의해 미리 정의되어 있어야 한다. NETWORK LINK 모듈은 링크상의 교차점, 링크의 방향 특성, 존의 개수, 존의 길이 그리고 속도 변경 계수의 정의를 포함하고 있다. 그림 9.47은 NETWORK LINK 모듈의 예를 보여주고 있다. 모듈의 스프레드시트 뷰가 다수의 링크에 대한 편집을 용이하게 해준다는 것을 유의하기 바란다.

이제 간단 사례를 살펴보기로 한다. 이 예제에서는 부품이 입구에 매 25분마다 도착하고 그곳에는 두 대의 AGV 중 한 대가 대기하고 있다. AGV에 선적되면(20분 소요) 출구 작업장으

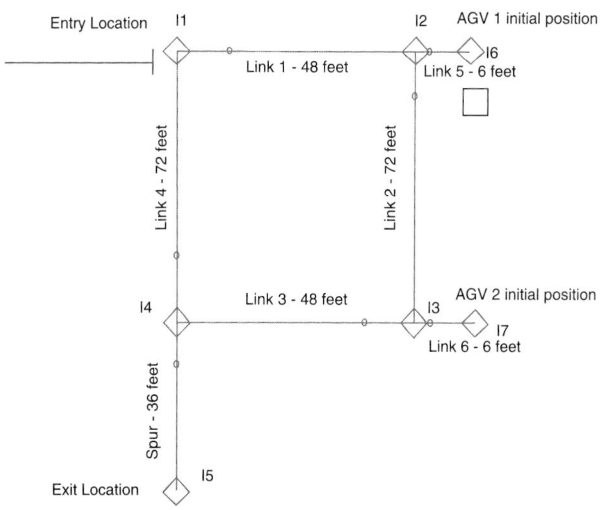

그림 9.48 단순한 AGV 예제에 대한 배치도

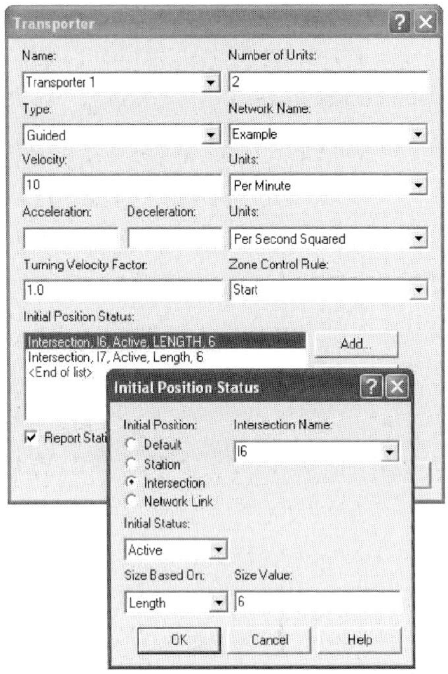

그림 9.49 AGV 예제를 위한 TRANSPORTER 모듈

로 이동한다. 출구 작업장에서는 품목이 양하되는 데 이때 20분이 소요된다. 시스템의 기본적인 배치도는 그림 9.48에 나타나 있다. 이 예제에서는 7개의 교차점과 7개의 링크가 있다. 교차점 사이의 거리는 그림에 나타나 있다.

이 상황을 모델링하는 데 이동 장비 특성, 링크에 따른 공간의 분할, 링크의 방향 그리고 링크의 존 제어에 관한 여러 가지의 의사결정이 필요하다. 이송되는 품목이 크고 무겁다고 가정한다. 그것은 적재 및 양하 시간이 꽤 걸리기 때문이다. 이장장비는 분당 10피트를 이동하는 6피트 길이의 카트이다. 이동을 위해 2대의 카트가 가용한다. 그림 9.49는 유도경로 이동 장비를 사용하는 TRANSPORTER 모듈을 보여준다. "유도" 형태가 선택되면 추가 옵션이 가능하게 된다.

이동 장비가 경로상의 공간을 점유하기 때문에 초기 위치의 선택이 중요할 수도 있다. 이동 장비는 교차점과 연계된 작업장, 작업장 혹은 링크상의 특정 존에 위치할 수도 있다. 디폴트 옵션은 이동 장비와 연계된 NETWORK에 지정된 첫 번째 네트워크 링크에 위치할 것이다. 교착을 방지할 수 있도록 이동 장비를 위치시킨다면 아무래도 괜찮다. 많은 실제 시스템에서는 차량의 초기 위치가 명확할 것이다. 예를 들어 AGV가 종종 배터리 충전을 해야 하기 때문에 보통은 충전소가 있을 것이다. 이 때문에 대부분의 시스템은 차량의 "홈 기지"로 작동할 수 있도록 몇 개의 스퍼로 설계될 것이다. 이 단순한 시스템에 대해서는 교차점 I6와 I7이 이동 장비의 초기위치로 사용될 것이다. 규정해야 할 나머지 요소는 이동 장비가 작동상태인지를 규정하는 것과 이동 장비의 길이를 6피트로 지정하는 것이다. 일관성을 위해서 속도는 분당 10피트로 규정되었다. "존 선택규칙"을 정의하기 전에 링크의 존들을 정의하는 방법들에 대해 논의할 필요가 있다.

유도경로 이동 장비는 링크상에서 존에서 존으로 이동한다. 존의 크기, 존의 제어 및 이동 장비의 크기가 이동 장비가 이동 중에 서로 얼마나 근접할 수 있는지를 지배하게 된다. 존은 컨베이어의 셀의 개념과 유사하다. 존의 크기 선택은 실제 시스템의 물리적인 특성에 의해 좌우된다. 이 예제에서는 카트들이 하나의 큰 부품이 카트에 올려지기 때문에 이동 중에 서로 매우 근접할 수 있어야 한다고 가정한다. 이 예제에서는 존의 크기를 12피트로 선정하였다. 그래서 카트가 하나의 존에 있을 때는 기본적으로 존의 절반을 점유한다. 만일 카트가 존의 중간 지점에 놓여 있다고 생각한다면 가장 근접한 카트는 6피트에 있을 것이다(앞으로 3피트 뒤로 3피트).

그림 9.47에는 링크 1은 각각이 12피트인 4개의 존으로 구성되어 있다. 길이는 어느 단위이든지 일관성이 있으면 문제가 없다. 이 값들을 가지고 링크 1에 머무를 수 있는 최대차량 대수는 4이다. 나머지 존의 명세들은 그림 9.47에 나타나 있다. 이제 링크에서 허용하는 이동 방향을 지정해야 한다. 이 시스템에서 AGV가 시계 방향으로 이동한다고 가정한다. 그림 9.47은 링크 1을 따라 I1으로부터 이동 방향은 0도(오른쪽)이다. 그리고 링크 2는 270도 방향이고, 링크 3는 180도 방향이고 링크 4는 90도 방향이다. 출구 쪽 스퍼링크는 270도(남쪽) 방향이다. 그래서 네트워크를 따라 차량이 시계방향으로 선회하는 것이 이루어졌다. 일반적으로 만일 차량의 가속 및 감속 그리고 회전 계수를 지정하지 않으면 방향에 대한 명세는 불필요하다. 모델링에 수반되는 것을 지적하기 위해 여기에서는 예에 포함시켰다. 실제 AGV 시스템을 가지고 작업을 할 때 이러한 요소들은 차량의 명세나 시스템의 물리적인 요구사항으로부터 도출할 수 있다.

이동방향과 스퍼의 중요성을 이해하기 위해 이동 장비가 존에서 존으로 어떻게 이동하는지와 교착 개념을 이해할 필요가 있다. 존 제어는 이동 장비가 존에서 존으로 이동하는 것을 지배한다. Arena™에서는 Start(다음 존의), End(다음 존의) 혹은 거리 단위 *k*(다음 존으로)의 3가지 제어방식을 제공하고 있다. START 규칙은 이동 장비가 다음 존으로 출발할 때 후방향의 가장 최근 존을 해제하라는 지시이다. 이것은 후속 차량이 즉시 해제된 존으로 이동을 시작할 수 있게 해준다. 그림 9.50은 이 개념을 예시하고 있다. 이 경우 차량은 단일 존에 포함된다. 일반적으로 하나의 차량은 여러 개의 존을 걸칠 수 있다. END 규칙은 이동 장비가 다음 존으로 이동을 완료한 후(혹은 다음 존의 종점에 도착한 후) 후방향의 가장 최근 존을 해제하라는 지시이다. 이것은 차량이 완전히 현재 존을 빠져나가기 전에는 후속차량이 현재 존으로 이동하는 것을 방지하게 해준다. 차량 크기가 존의 의미로 규정되어 있는 경우라면 존의 제어 방식은 대부분의 시스템의 경우 문제가 없다. End 제어방식에서 해제는 차량이 이동할 때 차량 사이에 보다 더 이격시키도록 해준다. 거리 단위 *k* 규칙에서는 차량이 다음 존으로 *k*만큼의 거리만큼 이동한 후에 후방향의 가장 최근 존을 해제한다. 일반적으로 교차점이 이동 거리와 함께 모델링된다. 이 규칙은 차량이 교차점들과 링크들을 통과하는 방식에도 적용될 수 있다. 이들 규칙에 대한 보다 상세한 내용은 SIMAN 구조체를 전제로 논의한 Pegden[1995]을 참조하기 바란다.

존 제어 방식에 대한 논의에서 지적한 것처럼 유동경로 이동 장비는 존을 점유하고 해제하

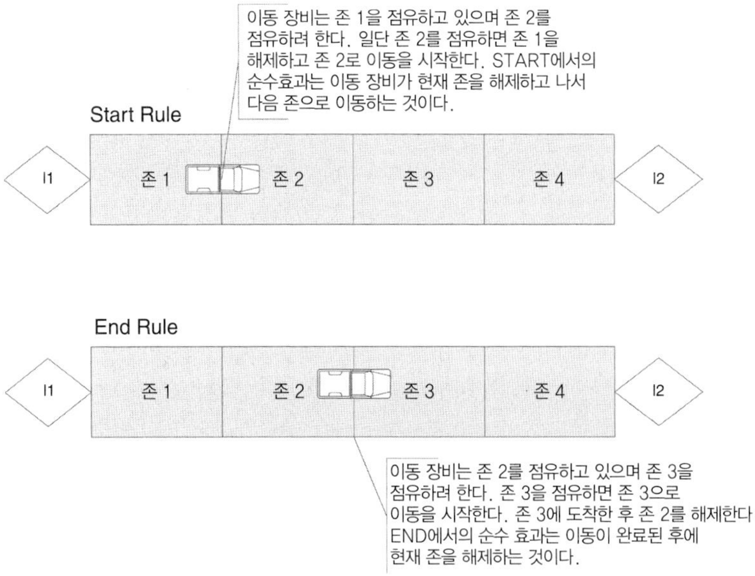

그림 9.50 존 제어 방식

면서 이동한다. 이제 두 대의 이동 장비가 양방향 링크 반대방향으로 이동할 가능성에 대해 생각해보기로 한다. 이동 장비가 만나면 어떻게 될까? 그들은 충돌할 것인가. 실제로는 아닐 것이나 그들은 시스템이 교착 상태에 빠져들게 만든다. 교착은 하나의 차량이 현재 다른 차량의 통제하에 있는 존을 요구하고 다른 차량이 첫 번째 차량이 현재 점유하고 있는 존을 요구할 때 발생한다. 어떤 경우에는 Arena™에서는 시뮬레이션 중에 교착이 발생할 때를 발견할 수 있다. 만일 교착이 발견되면 Arena™는 실행 오류와 함께 작동이 중지된다. 어떤 경우에는 교착을 발견하지 못할 수도 있다. 그림 9.48의 예에 대해서 하나의 작업장이 I4에 연결되어 있고 이동 장비 T1이 처리를 위해 그 작업장으로 바로 보내졌다고 가정하자. 또한 이동 장비 T1이 작업장에서 해제되지 못하도록 부품이 처리 중에 이동 장비 T1에 놓여 있다고 가정해보자. 다음에 이동 장비 T2가 출구지점 I5에서 방금 무엇인가를 내려놓았고 새로운 부품이 I1에 방금 도착했다고 가정하자. 이동 장비 T2는 새로운 부품을 집어가기 위해 I4를 경유해서 I1으로 가려고 할 것이다. 이동 장비 T2는 이동 장비 T1이 I4에서 처리를 마무리할 때까지 대기하게 되고 만일 이동 장비 T1이 결국 이동하게 되면 아무런 문제가 없을 것이다. 그러나 이동 장비 T1이 I4에서 해제되고 아무런 부품도 처리를 위해 도착하지 않는다고 가정해보자. 이동 장비 T1은 I4와 연결된 작업장에서 유휴 상태가 되고 I4와 연결된 공간을 계속 점유하게 될 것이다. 도착 부품이 없어 이동 장비 T1을 이동하도록 하지 않기 때문에 이동 장비 T2는 교착이 될 것이다. 이동 장비 T2를 기다리는 하나의 부품이 있으나 이동 장비 T2는 결코 그 부품을 집어가기 위해 그곳에 도착하지 못할 것이다.

명백히 이 상황은 교착상황을 탐지하지 못할 가능성을 예시하기 위해 의도적으로 만든 것이다. 중요한 점은 유도경로 네트워크를 설계할 때 교착을 방지할 수 있고 교착을 탐지할 특별한 제어 논리를 첨가해서 다양한 교착상황에 대응할 수 있도록 주의를 해야 한다는 것이다. 초보 수준의 모델에서는 특별히 차량을 어디에 위치해야 할지 생각하지 않거나 양방향의 링크일 경우 교착은 매우 성가신 문제일 수 있다. 대부분의 실제 시스템에서는 무엇보다도 교착을 방지할 시스템을 설계해야 하기 때문에 교착에 대해 염려할 필요가 없다. 이 단순한 예제에서는 스퍼와 함께 모든 링크가 양방향의 링크가 사용된다. 이것은 교착상황을 방지해준다. 디자인이 어떤 의미인지를 예시하기 위해 의도적으로 만든 탐지 가능한 교착상황을 고려해보자. 그것을 방지할 단순한 해법은 I4와 연결된 작업장에서 발생하는 처리작업을 받기 위해 이동 장비 T1에게 스퍼를 제공하고 새로운 스퍼의 끝에 있는 교차점에 처리 작업장을 연결하는 것이다. 그래서 처리 중에는 차량은 길 밖에 위치해 있는 것이다. 만일 실제 시스템을 설계한다면 아무튼 상식적인 관행을 채용하지 않겠는가? 다른 단순한 해법은 유휴상태의 차량을 주 이동경로를 벗어나게 해주는 휴게소나 홈베이스로 항상 보내는 것이다.

이 논의에 대한 결론을 내리기 위해서 스퍼와 양방향 링크에 대해 간단히 논의하기로 한다. 이 논의는 Pegden 등[1995: 394]에 있는 내용에 근거한 것이다. 이전 예제에서 I4에서 I5로의 링크는 스퍼임을 유의하기 바란다. 스퍼는 교착상황을 방지하기 위해 고안된 특별한 유형의 링크이다. 스퍼는 "종착지점"을 모델링하는 것이며 양방향이다. 한 차량이 스퍼의 끝 지점인 교차점에 보내지면 되돌아갈 수 있도록 스퍼의 입구와 연결된 교차점에 대한 제어권을 유지할 필요가 있다. 만일 차량이 너무 길어 스퍼에 맞출 수 없다면 차량은 자연히 입구 교차점을 제어하게 된다. 그것은 차량이 교차점을 통과하지 못하도록 막아준다. 만일 스퍼의 길이가 차량 크기를 수용할 수 있도록 충분히 크다면 차량이 스퍼를 따라 이동해갈 때 입구 교차점은 해제될 것이다. 그러나 스퍼의 끝지점에 보내진 어느 차량이든지 스퍼 링크의 모든 존이 가용할 때까지 입구지점에 대한 접근권을 갖지 못할 것이다. 이 논리는 스퍼의 끝 지점에 보내진 차량에도 적용된다. 입구 지점을 통과하는 어느 차량이든지 스퍼의 입구 지점을 여전히 접근할 권한을 부여받는다. 이것은 차량이 스퍼를 내려가면서 주경로에서 통행이 지속될 수 있게 해준다. 불행하게도 한 차량이 입구교차점에서 멈추어 결코 이동하지 않는다면 의도적으로 만들어진 예제에서 기술된 상황이 발생한다.

양방향 링크는 단방향 링크와 유사하게 작동하나 양방향 링크에서의 이동하는 차량은 링크의 양 입구 존과 이동방향에 대한 제어권을 가지고 있다. 만일 다른 차량이 양방향 링크에서 이동을 하려 하면 현재 링크상에서 이동하는 모든 차량은 동일한 방향으로만 이동해야 하고 그렇지 않으면 대기해야 한다. 불행하게도 한 차량(양방향 링크로 내려가려고 기다리는)이 양방향 링크를 이동하는 차량이 링크를 벗어날 필요가 있는 교차점에 대한 제어권을 이미 가지고 있다면 교착이 발생한다. 양방향 링크에서는 교착에 빠지기가 쉽기 때문에 모델에서 양방향을 사용할 경우에는 주의해야 한다.

유도경로 이동 장비의 애니메이션은 정규 이동 장비와 매우 유사하다. 그림 9.51에 본 것처럼 교차점과 교차점 사이의 링크를 삽입하기 위해 Animation Transfer 툴바에서 Network Link 버튼을 사용한다. Arena^{TM}에서는 NETWORK LINK 모듈에 정의된 교차점과 링크를 풀다운 텍스트 박스에서 인식해서 자동으로 채워 넣을 수 있다. 다이어그램에서는 확장이 안되지만 문제에서 물리적인 거리에 양호하게 매핑을 하기 위해 네트워크를 배열할 때 규칙/확장

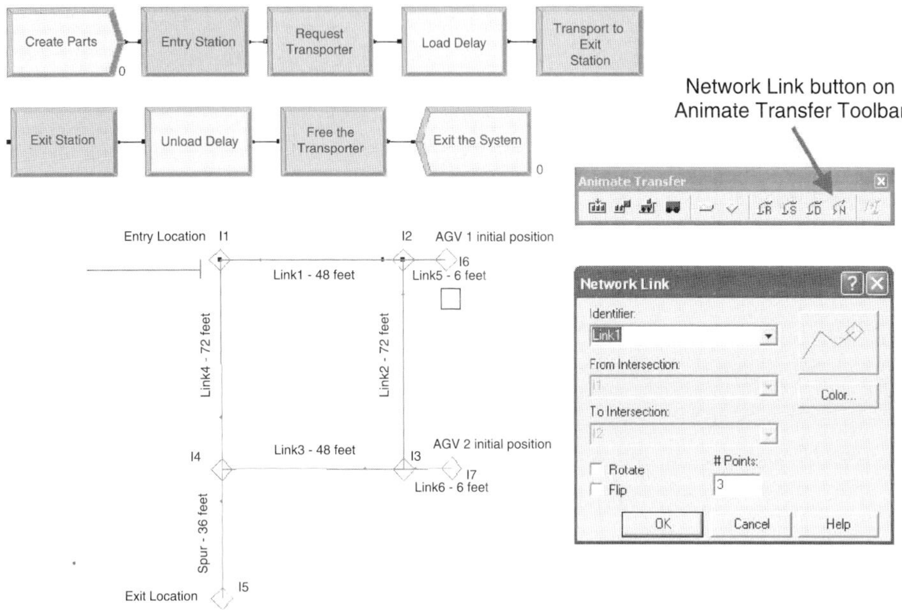

그림 9.51 유도경로 이동 장비 애니메이션

버튼이 매우 유용하다. 네트워크 링크가 놓여지면 애니메이션 작업은 일반 이동 장비의 경우와 거의 같다. 이 문제에 대해 *SimpleAGVExample.doe* 파일이 가용하다. 이 모델에서는 부품이 생성되어 이동 요구가 발생하는 입구 작업장에 보내지고 적재를 위해 대기하다 다음 작업장으로 이동한다. 출구 작업장에서는 이동 장비가 해제되기 전에 양하 작업을 위해 시간 경과가 있다. REQUEST, TRANSPORT 그리고 FREE 모듈이 자유 경로 이동 장비와 동일한 방식으로 모두 작동한다.

이 모델을 실행하기 바란다. 두 대의 이동 장비가 특정 교차점에서 시작하는 것을 볼 수 있고 출구 지점에서 교착을 방지하도록 스퍼의 작동을 분명히 볼 수 있을 것이다. 두 번째 이동 장비는 출구 지점으로 내려가기 전에 이미 스퍼에 있다 빠져나갈 장비를 대기할 것이다. 애니메이션 중에 이동 레이어를 보기 위해서는 View > Layers 메뉴를 사용하면 된다. 이것은 모델 실행 중에 교차점과 링크를 가시화할 수 있게 해준다.

이 절에서는 Arena^{TM} 모델에서 유도경로 이동 장비를 사용하는 것에 대한 간단히 소개하였다. 예제에서 포함되지 않은 이 구조체들을 사용하는 것에 대한 많은 이슈들은 다음과 같다.

1. 유도경로 네트워크에서 최단경로 행렬의 구축 및 활용: 네트워크를 따르는 복수 개의 경로가 존재할 수 있기 때문에 Arena^{TM}에서는 네트워크상의 모든 교차점 사이의 최단 경로를 찾아주는 표준적인 알고리즘을 사용하고 있다. 차량을 배치할 때 최단 경로 행렬이 활용된다.
2. 유도경로 네트워크에서 특수한 변수 사용: 이 변수들은 네트워크상에서 위치 지정, 시뮬레이션 중 네트워크에 대한 정보 접근(예, 거리, 링크의 시작 교차점 등), 링크와 교차점

의 상태 등에 대한 도움을 준다. "이동 장비 변수" 이름의 Arena^{TM} 도움말 시스템에서 이 변수들을 논의하고 있으며 그것들에 대한 사용법을 Pegden 등[1995]에서도 찾아볼 수 있다.

3. 차량속도 변경, 고장 처리, 차량 크기 변경, 네트워크 일부를 통한 차량의 재배치 그리고 선택규칙

이 주제들에 대한 상세한 사항은 Banks 등[1995]과 Pegden 등[1995]에서 구할 수 있다. 자동창고(AS/RS)에 대한 모델링에서 유도경로 구조체들을 활용하는 것을 포함해서 발전된 예제들을 위의 교재들에서 발견할 수 있고 천정 크레인에 대해서는 Pegden 등[1995]에서 찾을 수 있다.

9.6 요약

이 장에서는 개체이동의 모델링에 대한 소개를 하였다. 특히 Arena^{TM} 관점에서 자원제약이 있는 이동, 이동 장비, 컨베이어를 사용하는 것에 대해 논의하였다. 이 개념들은 제조시스템 및 유통시스템 모델링에 특히 유용하다. 검사 및 수리 시스템 모델을 여러 번 확장함으로써 개체의 애니메이션에 대해서도 또한 논의하였다. 여전히 다소 조악하기는 하나 이 장에서 제시된 애니메이션 개념들은 Arena^{TM} 모델을 의사결정자들에게 정당화시키고 이해시키는 데 매우 효과적이다. 보다 많은 시간, 노력, 인내 그리고 예술적인 능력을 발휘함으로써 자신의 시뮬레이션에 대해 훌륭한 애니메이션을 창출해낼 수 있을 것이다.

Arena^{TM}에서의 모델링 개념의 많은 부분이 이제 다루어졌다. 여전히 좀 더 논의할 필요가 있는 많은(아직 중요한) 개념들이 남아 있다. 특히 10장은 자원의 보다 발전적인 개념들(인력 배정 및 고장 포함)과 Arena^{TM}에서의 비용 모델링 구조체에 대한 기초에 대해 논의하게 될 것이다.

연습문제

9.1 문제 8.16을 다시 생각해보자. 매 2분마다 1명의 고객이 도착한다고 가정하고 이 상황에 대해 분석하라. 이제 두 시스템 사이에 이동 시간이 보다 심각하다는 것을 가정하라. 이동 시간은 모수가 (1, 2, 4)인 삼각분포를 따른다고 한다.

(a) 첫 번째 작업장의 작업자가 부품을 두 번째 작업장으로 이동한다고 가정하고서 모델을 구축하라. 부품의 이동은 첫 번째 작업장에서 처리를 기다리고 있는 다른 부품들이 있으면 우선순위 규칙에 따라 이루어진다.

(b) 작업장 사이에 부품을 이동할 한 명의 새로운 작업자(자원)를 가진 시스템을 모델링하라.

(c) 당신이 구축한 모델로부터 부품의 시스템 체류시간, 작업자 가동률, 작업을 대기하는

평균 부품수를 추정하라. 워밍업 기간을 50,000분으로 지정하고 200,000분에 대해 시뮬레이션을 20회 실행하라.

9.2 문제 9.1의 (b)를 다시 생각하기로 한다. 부품을 즉시 이동시키는 대신에 첫 번째 작업장에서 처리된 5개의 부품이 배치(batch)로 될 때까지 이동 작업자는 대기한다. 배치가 완성되면 작업자는 배치를 두 번째 작업장으로 이동한다. 두 번째 작업장에서도 여전히 작업은 개별적으로 이루어진다. 이 모델을 이용해서 부품의 시스템 체류시간, 작업자 가동률, 작업을 대기하는 평균 부품 수를 추정하라. 워밍업 기간을 50,000분으로 지정하고 200,000분에 대해 시뮬레이션을 20회 실행하라.

9.3 문제 8.19를 자원제약이 있는 이동을 이용해서 다시 실행하라. 진단 작업장에는 2명, 검사 작업장은 각각 1명, 수리 작업장에는 3명의 작업자가 있는 것으로 가정한다. 그래서 총 8명의 작업자가 있다. 더구나 이들 8명 누구도 이동 작업을 수행할 수 있다. 예를 들어, 진단 작업장에서 한 부품이 작업을 완료하면 시스템 내의 어느 작업자든지 부품을 다음 작업장으로 이동시킬 수 있다. 한 부품이 이동 요청을 하게 되면 이동 작업을 실행하기 위해 가용한 유휴 작업자를 대기하게 된다. 한 작업장에서 처리를 기다라는 부품은 작업장 사이에 이동을 필요로 하는 부품보다 우선권을 갖는다. 자원제약이 있는 상황에 대한 새로운 계약과 관련된 위험을 평가하는 데 도움을 줄 수 있는 시뮬레이션 모델을 개발하라.

9.4 작업장 사이에 이동을 수행하는 3명의 작업자가 있다고 가정하고 문제 8.20을 다시 실행하라. 이동 시간은 모수가 (2, 4, 6)분인 삼각분포를 따른다고 가정하라. 회사에 대해 이동 작업자의 적정한 수를 평가하라.

9.5 9.3.1절에서 검사 및 수리 시스템이 3명의 이동 장비를 가지고 분석되었다. 이 상황을 다시 분석해서 적정한 이동 작업자 수를 제안하라.

9.6 문제 9.1의 (b)를 다시 생각해보자. 자원이 있는 문제로 모델링하는 대신 이동 장비로 모델링해야 한다. 두 작업장 사이에 부품 이동에 3대의 포크리프트가 사용된다고 가정한다. 작업장 사이의 거리는 100미터이고 포크리프트의 속도는 모수가 분당 (20, 50, 60)피트인 삼각분포를 따른다고 한다.

(a) 시스템을 모델링해서 부품의 시스템 체류시간, 작업자 가동률, 포크리프트를 대기하는 평균 부품 수를 추정하라. 워밍업 기간을 50,000분으로 지정하고 200,000분에 대해 시뮬레이션을 20회 실행하라.

(b) 부품을 즉시 이동시키는 대신에 첫 번째 작업장에서 처리된 5개의 부품이 배치로 될 때까지 포크리프트를 요청하지 않는다. 배치가 완성되면 작업자는 배치를 두 번째 작업장으로 이동하기 위해 포크리프트를 요청한다. 두 번째 작업장에서도 여전히 작업은 개별적으로 이루어진다. 이 상황에 대해 (a)와 동일한 분석을 행하라.

9.7 이동 장비를 사용하는 문제 9.4를 다시 생각해보자. 작업장 사이의 거리는 아래 표에 제시되어 있다(단위: 피트). 부품은 시퀀스상의 마지막 작업장에서 작업을 마치면 출구 작업장으로 이송되어 그곳에서 출하작업이 시작된다.

	작업장	목적지 A	B	C	D	Exit
출발지	A	–	50	60	80	90
	B	55	–	25	55	75
	C	60	20	–	70	30
	D	80	60	65	–	35
	Exit	100	80	35	40	–

시스템에는 두 대의 포크리프트가 있다. 포크리프트의 속도는 다양한 랜덤한 혼잡효과로 인해 설비마다 다르다. 작업장 사이의 속도는 시간당 (3, 4, 5)마일의 삼각분포를 따른다고 가정한다. 시스템을 30,000분 동안 시뮬레이션을 수행하여 시스템의 병목을 발견하라.

9.8 9.3.1절의 검사 및 수리 시스템을 다시 생각해보자. 이 문제에서 작업자는 요청이 없으면 마지막 양하 작업장에서 대기하지 않고 돌아가는 홈베이스가 있다. 홈베이스는 작업장의 중간에 있다. 각 작업장에서 홈베이스로의 거리는 아래 표에 주어져 있다.

	작업장	목적지 Diagnostics	Test 1	Test 2	Test 3	Repair	Home base
출발지	Diagnostics	–	40	70	90	100	20
	Test 1	43	–	10	60	80	20
	Test 2	70	15	–	65	20	15
	Test 3	90	80	60	–	25	15
	Repair	110	85	25	30	–	25
	Home base	20	20	15	15	25	–

작업자의 이동 요청 대기 총수가 홈베이스에서 가시적으로 볼 수 있도록 애니메이션을 수정하라. 장의 예제와 동일한 모수값을 사용해서 모델을 재실행해서 평균 이동 요청 대기 총 수를 보고하라. 새로운 디자인에 근거해서 새로운 계약과 관련된 위험을 평가하라.

9.9 작업장 사이에 부품을 이동시키기 위해 이동 장비를 사용하는 문제 8.35를 다시 생각해보자. 작업장은 각 작업장 사이에 25미터 간격의 흐름라인으로 순서적으로 배열되어 있다. 거리는 아래 표에 제시되어 있다.

	작업장	목적지 1	2	3	Exit
출발지	1	–	25	50	75
	2	25	–	25	50
	3	50	25	–	25
	Exit	75	50	25	–

작업장 사이의 이동을 위해 두 대의 이동 장비가 있다고 가정한다. 부품이 아래 작업장에서 필요로 하고 이동 가능한 상태에 있으면 이동 장비를 요청한다고 가정한다. 부품이 가용하지 않으면 이동 장비를 요청하지 않는다. 부품이 가용하게 되고 부품이 필요로 하면 그때 이동 장비를 요청한다. 이동 장비의 이동속도는 분당 (22.86, 89.45, 52.5)미터의 삼각분포를 따른다고 가정한다. 문제 8.35의 모수값을 사용해서 시스템의 실적에 대한 이동 장비의 효과를 측정하라.

9.10 3개의 독립적인 컨베이어가 1피트 길이의 부품을 창고로 이동시킨다. 창고에 일단 들어오면 컨베이어는 하나의 주 컨베이어로 합쳐져 부품을 출하한다. 컨베이어 1에 도착한 부품은 분당 평균 6개인 포아송 분포를 따라 도착한다. 컨베이어 2에 도착한 부품은 분당 평균 10개인 포아송 분포를 따라 도착한다. 마지막으로 컨베이어 3에 도착한 부품은 0.1~0.2분의 일양분포를 따라 도착한다. 컨베이어 1과 2는 누적형 컨베이어이고 각각 길이가 15와 20피트이다. 그들은 모두 분당 12피트의 속도로 운행된다. 컨베이어 3는 누적형이고 길이가 10피트이다. 그것은 분당 20피트의 속도로 운행된다. 주 컨베이어는 25피트 길이이고 분단 25피트 속도인 누적형 컨베이어이다. 부품은 주 컨베이어의 끝부분에 도달하면 제거된다고 생각하라. 480분 동안 시뮬레이션을 실행하여 컨베이어별 평균 진입시간과 평균대기 부품 수를 추정하라.

9.11 이 문제는 *Banks* 등(*1995*)의 문제 *E10.6*에 근거한 것이다. 허락을 받은 것이다. 루프 사이에 동일 간격으로 배치된 7명의 작업자에 작업을 공급하는 140피트 길이의 비누적형 루프 컨베이어가 있다. 작업은 작업자 1의 5피트 앞의 컨베이어에 올려진다. 아직 완성되지 않은 작업은 유휴 작업자를 만날 때까지 컨베이어상에서 계속 선회한다. 유휴작업자가 가용하면 작업은 컨베이어에서 내려져 처리되고 완성된 작업은 컨베이어에 다시 올려진다. 완료된 작업은 작업자 7의 5피트 뒤에서 컨베이어서 내려진다. 작업은 평균 2.2분 간격의 지수 분포를 따라 도착한다. 모든 작업자의 작업 처리시간은 평균 14분, 표준편차가 3.6분인 대수 정규 분포를 따른다. 루프 컨베이어에는 속도가 분당 평균 15피트이다. 도착작업은 루프 컨베이어가 가용할 때까지 저장 버퍼에서 대기한다.

(a) 1일간의 연속작업을 시뮬레이션해서 컨베이어의 가동률, 컨베이어상의 평균작업 수, 평균 시스템체류시간, 그리고 작업자 가동률을 결정하라.

(b) 컨베이어는 고장이 난다고 가정한다. 고장발생 간격은 평균 9시간의 지수분포를 따른다. 수리시간은 평균 7분의 지수분포를 따른다. 1일간의 연속작업을 시뮬레이션해서 컨베이어의 가동률, 컨베이어상의 평균작업 수, 평균 시스템체류시간, 그리고 작업자 가동률을 결정하라. 힌트: STOP과 START 모듈을 활용하라.

9.12 문제 8.35에 작업장 사이에 부품 이동을 위해 컨베이어를 사용하는 것을 다시 생각해보자. 각 작업장 사이가 25미터 세그먼트로 된 75미터 길이의 비누적형 컨베이어가 시스템에서 사용된다고 가정한다. 한 부품이 후방 작업장에서 필요로 하면 컨베이어에 올려진다. 적재 시간은 15~45초의 일양 분포를 따른다. 컨베이어의 속도는 분당 5미터이다. 한 부품이 생산 완료되고 후방 작업장에서 그 부품을 요구하게 되면 컨베이어에 부품이 올

려진다. 문제 8.35의 실행 모수값을 이용해서 시스템 실적에 대한 컨베이어의 효과를 추정하라.

9.13 이 문제는 이 장의 검사 및 수리 시스템에 대해 AGV를 사용하는 것을 고려하고 있다. 제안된 시스템의 배치도는 그림 9.52에 제시되어 있으며 모든 단위는 미터이다.

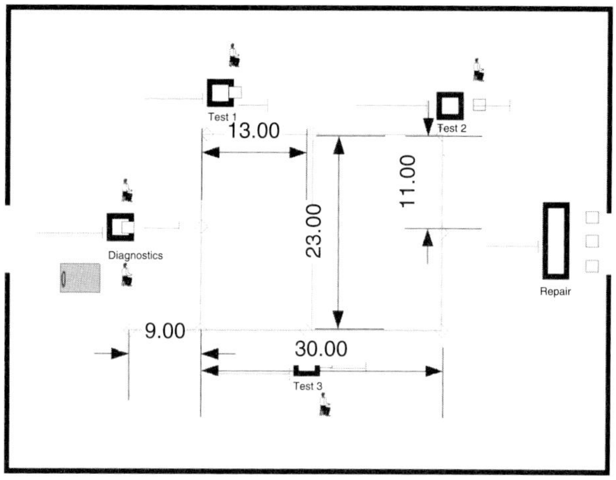

이 시스템에서 사용될 AGV는 한 대이며 길이가 1미터이고 속도는 분당 30미터이다. 홈베이스는 9미터 스퍼의 종착지이다. AGV가 한 대이기 때문에 링크는 모두 양방향이다. 경로 네트워크상에서 작업장들은 교차점과 가장 가까운 지점과 연결되어 있다.

(a) 4,160시간 동안 10회 반복 실험해서 시스템을 시뮬레이션을 수행하라. 계약 조건을 만족할 수 있는지와 작업의 평균 시스템 체류시간을 추정하라. 뿐만 아니라 AGV 대기행렬의 길이와 가동률도 추정하라.

9.14 이 문제는 Pegden 등[1995]의 책 223쪽에 있는 예제에 기초한 것이다. 허락을 받은 것이다. 문제 8.18에 이동 장비를 사용하는 것을 다시 생각해 보자. 모든 부품은 분당 150피트의 속도로 이동하는 포크리프트에 의해 이송된다고 가정한다. 작업장 사이의 거리는 표 9.7에 제시되어 있다(단위: 피트).

	Enter	Workstation	Paint	New Paint	Pack	Exit
Enter	–	325	445	445	565	815
Workstation		–	120	130	240	490
Paint			–	250	120	370
New Paint				–	130	380
Pack					–	250
Exit						–

거리는 대칭형이다. 한 작업장에서 들어 올리고 내려놓는 지점은 동일한 물리적인 지점이다. 포크리프트가 작업장에 도착하면 2분간의 양하 및 적재 시간이 소요된다.

병목작업장을 결정하기 위해 이 시스템을 분석하라. 부품이 전체로서 혹은 개별적으로 시스템에 체류한 평균 시간을 보고하라. 뿐만 아니라 이동 장비를 대기하는 부품들의 평균 개수와 가동 중인 이동 장비 대수를 나타내는 통계치도 구하라. 50,000분의 워밍업 기간을 가진 600,000분 동안 모델을 실행하라. 시스템에서 이동 및 대기를 나타내는 애니메이션을 개발하라.

9.15 이 문제는 *Pegden* 등(*1995*)의 책 *381*쪽에 있는 예제에 기초한 것이다. 허락을 받은 것이다. 문제 9.14에서 AGV를 사용하는 것을 다시 고려하기로 한다. 시스템에 분당 100피트로 이동하는 3대의 AGV가 있다. AGV에 대한 유도경로 네트워크가 그림 9.53에 제시되어 있다. 교착 상황을 방지하기 위해 유도경로 네트워크를 단방향으로 설계하였다. 뿐만 아니라 유휴 이동 장비가 이송작업을 수행하는 것을 방해하지 않도록 정류소(교차점 12)를 유도경로 네트워크상에 위치시켰다. 한 차량이 이송을 종료하면 이 차량에 걸려 있는 요청 수에 대한 체크를 하게 된다. 현재 아무런 요청이 없으면 AGV는 정류소로 보내진다. 만일 다수의 차량이 유휴상태이면 그들은 링크 11에 체류하게 된다. 링크 15는 교차점 6에서 교차점 11까지의 스퍼이다. 부품 작업을 위한 작업장은 그림에 나타난 것처럼 교차점에 지정되어야 한다. 링크는 각각 10피트인 존으로 나뉜다. 차량들의 초기 위치는 링크 11이다. 각 차량은 길이가 10피트 혹은 한 개의 존이다. 존 제어방식은 출발 시 해제(release at start)가 사용된다.

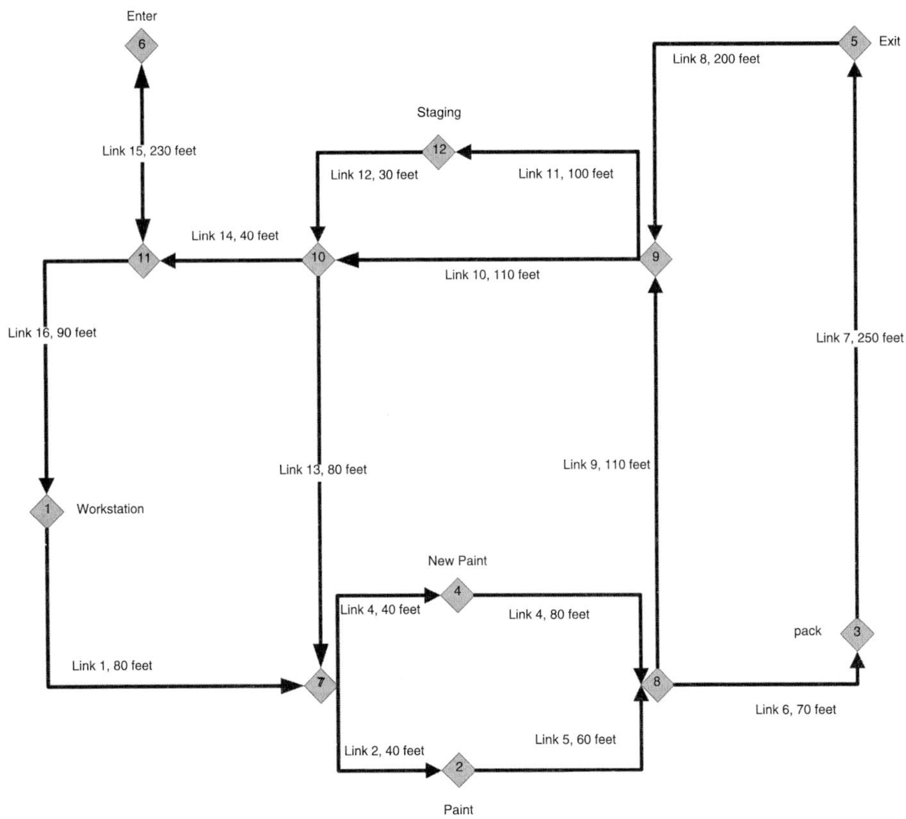

이 시스템을 분석해서 병목 작업장을 결정하라. 부품이 전체로서 혹은 개별적으로 시스템에 체류한 평균 시간을 보고하라. 뿐만 아니라 이동 장비를 대기하는 부품들의 평균 개수와 가동 중인 이동 장비 대수를 나타내는 통계치도 구하라. 50,000분의 워밍업 기간을 가진 600,000분 동안 모델을 실행하라. 시스템에서 이동 및 대기를 나타내는 애니메이션을 개발하라.

ARENA 모델링을 위한 고급 토픽

Miscellaneous Topics In Arena Modeling

학습 목표

- Arena™를 사용하여 비정상 도착 과정을 모델링한다.
- 자원의 스케줄과 고장/수리를 모델링한다.
- Arena™ 개체와 자원의 비용 구조를 사용한다.
- 작업장 사이의 적재(picking), 그룹에서 개체 적재하기, 그룹으로부터 개체 양하(dropping-off)하기, 그리고 포괄 작업장 모델링과 관련된 고급 개념들을 이용하여 모델링한다.
- Arena™의 고급 프로그래밍 옵션의 일부를 이해하고 사용한다.

10.1 서론

이 장은 여러분의 Arena™ 모델링 능력을 향상시켜주는 고급 토픽들을 다룬다. 첫 번째로 자원 스케줄을 포함하여 자원을 다루는 방법에 대해 상세하게 다룬다. 이것을 통하여 현실감 있는 자원 변화의 영향을 더 잘 모델링할 수 있게 된다. 예를 들어 사용자는 고객 도착에 연동하여 필요로 하는 스텝 인원 수를 더 잘 일치시키기 위해 자원 스케줄에 따라 자원 용량을 변경하기를 원할 수 있다. 추가로 자원을 사용하는 개체와 관련되어 있는 비용에 대해 상세히 모델링하기를 원할 수도 있다. 그래서 Arena™가 개체와 자원 비용을 어떻게 다루는지 알아보기로 한다.

개체들이 모델 내부를 이동함에 따라, 그들은 종종 그룹을 형성한다. 개체를 그룹으로 묶거나 그룹을 해체하는 Arena™ 요소들에 대해 설명될 것이다. 마지막으로, 프로그래밍 기능(예를 들어, 데이터베이스, 스프레드시트 연동, VBA 등)에 대해 알아본다. 먼저 시간종속 도착 방법부터 알아보기로 하자.

10.2 비정상 과정

만약 확률 과정이 시간에 의존하지 않는다면 **정상**(*stationary*)이라고 말한다. 확률 과정이 시간에 의존할 때 **비정상**(*nonstationary*)이라고 한다. 정상/비정상에 대한 보다 엄밀한 정의는 앞으로의 설명에서는 다루지 않는다.

시뮬레이션 모델에서 비정상 과정을 모델링할 수 있는 방법은 여러 가지가 있다. 연구 중인 시스템의 특성에 따라 이들 방법을 선택하여 사용할 수 있고 그 연구를 통하여 적절한 모델링방법이 명확해진다. 예를 들면 어떤 일을 하는 작업자가 매일 그 작업을 반복할 때마다 보다 효율적으로 일을 할 수 있는 방법을 배운다고 가정하자. 그러면 작업 시간은 시간(이전에 수행한 작업 횟수)에 의존한다. 이러한 상황에 대하여 여러분은 작업의 반복 횟수가 늘어남에 따라 작업 시간을 변경하기 위한 기준으로서 일종의 학습 곡선(learning curve) 모델을 사용할 수도 있다.

또 다른 예로는 얼마만큼의 시간이 누적된 뒤에 30분 휴식을 취하는 것과 같이 작업자의 가용도(availability)가 일정에 의존한다고 가정하자. 이러한 상황에서 시스템의 자원은 시간에 의존한다. 이러한 상황에 대한 모델링은 이 장의 뒷부분에서 다루어진다.

다음과 같은 상황이 모델링되어야 한다고 가정하자. 작업자는 8시간 작업하는 교대조에 편성되고 작업량이 주어진다. 작업자의 서비스 시간은 교대 시간 후반에 평균적으로 더 짧아진다고 생각할 수 있는가? 그렇다. 아마도 그들은 교대 시간 후반에 그들의 작업량을 맞추기 위하여 더 빨리 작업할지 모른다. 만약 여러분이 이러한 현상을 의식하지 않고 아침에 작업자에 대한 시간 연구를 실시하여 그 자료에 분포를 맞추었다면, 여러분은 아침 시간대의 서비스 시간의 분포를 개발한 것이 된다. 만약 이러한 분포를 전체 교대 시간에 적용하였다면 시뮬레이션의 산출물 수를 시스템의 실제 산출물로 하는 데는 문제가 있을 수 있다.

위에서 본 것처럼 여러분이 비정상 과정이 내포되어 있을 수 있다고 생각한다면 관찰이 이루어진 시간을 기록하는 것이 중요하다. 입력 모델링에서 논의한 시계열 도표가 비정상 행동을 평가하는 데 도움이 된다. 그러나 그것은 단지 자료가 수집된 순서를 그린 것이다. 만약 매일 아침 25개의 서비스 시간에 대한 관측치를 수집하였다면, 비정상 행동에 대해 어떠한 현상도 발견하지 못할 수도 있다. 비정상 행동이 중요한지 아닌지를 알아보기 위해서는 전체 기간에 걸쳐서 관측치를 수집할 필요가 있다.

보다 좋은 방법은 관측치를 취할 때 관측치가 랜덤하게 되도록 계획하는 것이다. 워크샘플링법(work sampling method)이 흔히 그렇게 한다. 하루를 몇 개의 시간 구간으로 나누고 어떤 활동을 기록하기 위하여 랜덤하게 구간을 선택한다. 구간들 간의 자료의 행동을 비교함으로써 모델링하는 데 시간이 문제가 되는지 아닌지를 평가할 수 있다. 이것이 바로 예제 6.1에서 수행된 것이다. 비록 시간을 논리적 구간으로 나누지 않더라도 이후에 논리적 구간으로 나눌 수 있도록 관측치 각각에 시간과 날짜를 기록하는 것이 바람직하다. 이와 같이 비정상 과정의 모델링은 많은 주의를 기울여야 하고 정상 과정보다 많은 관측치를 얻어야 한다.

아마 여러분이 경험한 가장 일반적인 비정상 과정은 비정상 도착 과정일 것이다. 비정상 도착 과정에 있어서 시스템에 대한 도착 과정이 시간에 따라 변하게 된다. 도착 과정이 시스템에 대한 핵심 입력이기 때문에 그 시스템은 비정상이 될 것이다. 예를 들면 드라이브 스루(drive-through) 약국에서 고객의 도착은 시간당 평균율 λ를 갖는 포아송 과정에 따라 발생한다.

λ는 평균 도착률 혹은 단위 시간당 평균 고객 수를 나타낸다는 점을 기억하기 바란다. 평균 도착률이 시간당 5라고 가정하자. 이것은 약국에 매시간 5명의 고객이 온다는 뜻이 아니라 평균 5명의 고객이 매시간 도착한다는 것을 의미한다. 어떤 시간에는 5명보다 많은 고객이 도착하고 어떤 시간에는 적게 도착하게 될 것이다. 약국의 예제가 의미하는 것은 시간에 관계없이 (매시간) 시간당 약 5명의 고객을 기대할 수 있다는 것이다. 이러한 것이 현실에 맞는가? 아마도 그럴 것이다. 그러나 도착 고객의 평균 수는 시간에 따라 변하게 되는 것이 보다 더 그럴듯하다. 예를 들면 여러분은 오전 4시부터 오전 5시, 정오에서 오후 1시, 오후 4시와 오후 5시 사이에 시간당 5명의 고객이 도착하리라고 기대하는가? 아마도 그렇지 않을 것이다. 약국과 같은 시스템은 고객의 도착과 관련하여 붐빌 때와 한산할 때가 있을 것이다. 따라서 고객의 평균 도착률은 시간에 따라 변한다. 즉, λ는 시간의 함수, $\lambda(t)$이다.

약국에 대한 도착 과정을 보다 현실적으로 모델링하기 위해서는 비정상 도착 과정으로 모델링할 필요가 있다. 그러면 비정상 도착 과정을 모델링하기 위하여 자료를 어떻게 수집하여야 하는지 생각해보자. 먼저 앞의 서비스 시간 예에서처럼 하루를 논리적인 시간 단위로 나누는 것을 생각할 필요가 있다. 예비 조사가 시간을 어떻게 나누는지 혹은 1시간과 같은 편리한 시간 분할을 단순히 선택할 것인지를 평가하는 데 도움이 될 것이다. 여러분은 이미 CREATE 모듈에서 도착 간격 시간을 나타내는 분포가 필요하다는 것을 알고 있다. 이상적으로는 하루 동안의 매 도착 시간 T_i를 수집한다. 그리고 잇따른 도착 사이의 시간 $T_i - T_{i-1}$을 계산하여 도착 간격 시간에 분포를 적합화한다. 시간 경과에 따라 T_i를 관찰하면 하루 동안의 다른 시간대에 다른 분포가 필요한지를 평가할 수 있을 것이다. 여러분이 이러한 자료를 수집하고 다음과 같은 3개의 분포가 적합한 모델이라고 가정하자.

- 지수분포, $E[X] = 60$, 밤 12시~아침 8시
- 대수정규분포, $E[X] = 12$, $Var[X] = 4$, 아침 8시~오후 4시
- 삼각분포, 최소값 = 10, 최빈값 = 16, 최대값 = 20, 오후 4시~밤 12시

이것을 구현하는 한 가지 간단한 방법은 현재 시간에 대한 적절한 분포를 선택하는 논리 개체를 생성하는 것이다. 다시 말하면 밤 12시에 논리 개체가 도착하도록 하여 도착 간격 시간 분포를 지수분포로 설정하고, 오전 8시에 도착하는 개체는 대수정규분포로 전환하고, 오후 4시에 도착하는 개체는 삼각분포로 전환하도록 스케줄링을 한다. 분명히 이것은 시간의 변화에 따라 도착 과정을 변화시킨다. 만약 이러한 모델링 방법이 그 상황에 적합하다면 문제될 것이 없다. 이러한 방법을 사용하는 데 있어서는 많은 양의 자료가 필요하다. 모든 도착 시간을 기록할 필요가 있을 그뿐만 아니라 여러 시간 동안 사건들 사이의 시간에 적절한 분포를 적합화하기 위하여 많은 도착이 있어야 한다. 이러한 것은 실제로 가능할 수도 그렇지 않을 수도 있다.

흔히 도착 과정을 모델링하는 데 있어서 실제 도착 시간을 수집하기가 쉽지 않을 수 있다.

할 수 있으면 하면 되지만 때로는 바로 할 수 없다. 대신에 어떤 시간 구간 내의 도착 수를 셀 수만 있게 제약을 받을 수 있다. 예를 들면 컴퓨터 시스템은 개별 도착 시간이 아니라 매시간 도착하는 사람의 수를 기록한다. 왜냐하면 개별 도착 시간 모두를 기록하는 것보다 총수를 저장하는 것이 훨씬 쉽기 때문이다. 여러분이 표 10.1에 주어진 계수 자료를 가지고 있다고 가정하자.

물론 자료를 어떻게 구간으로 묶는가가 자료를 어떻게 모델링하는가에 영향을 미친다. 그루핑은 모델링의 일부분이다. 여기서 주어진 그룹을 그대로 받아들이자. 구간을 관찰해보면 정오에서 오후 2시 그리고 오후 5시에서 오후 8시 사이에 더 많은 도착이 발생한다는 것을 알 수 있다. 6장에서 설명한 것처럼 비정상 행태에 대한 검정을 실시하고 계수치가 하루의 시간대에 따라 달라지는지 확인할 수 있다. 아마 이것은 퇴근할 때 약국을 방문하는 사람에 해당할 것이다. 분명히 이것은 비정상 상황이다. 이러한 형태의 계수자료에는 어떤 모델이 사용될 수 있는가?

이러한 상황에 대한 간단하고 타당성이 있는 접근 방법은 각 구간 내의 도착 수가 포아송분포를 따르는지 아닌지를 확인하는 것이다. 만약 그렇다면 구간 내의 도착 간격 시간은 지수분포를 따른다는 것을 알고 있다. 구간 내의 사건 발생 수가 포아송분포(다른 도착률을 가짐)가 되도록 시간을 나눌 수 있다면 도착 과정으로서 비정상 혹은 비균질(nonhomogeneous) 포아송 과정을 사용할 수 있다.

7개의 자료(주어진 기간에 일주일의 각 요일에 한 개씩)가 있는 이 구간 내에서 계수가 포아송인지 아닌지를 확인하기 위하여 밤 12시~오전 6시인 첫 구간을 보자. 포아송분포에 대한 카이제곱 적합도 검정을 하기에는 충분한 자료가 아니다. 따라서 이러한 상황을 모델링할 때 더 많은 기간 동안의 자료가 필요하다. 그러면 모든 요일이 동일한가? 일요일이 다른 요일과 약간 달라 보인다. 특히 일요일의 계수가 다른 요일보다 평균적으로 약간 적게 나타났다. 이러한 상황에서 계수에 요일이 문제가 되는지 아닌지를 확인하여야 한다. 이렇게 하기 위한 한 가지 방법은 6장에 기술되어 있는 카이제곱 분할표 검정(chi-square-based contingency table test)을 하는 것이다.

단순하게 하기 위하여 요일에 따라 다르다는 추측에 충분한 증거가 없고, 각 구간에 있는 계수 자료가 포아송분포로 잘 모델링된다고 가정하자. 이러한 상황에서는 비정상 포아송 과정을 사용하여 모델링할 수 있다. 표 10.2에 주어진 것처럼 자료로부터 각 구간에 대한 평균 도착률과 시간당 도착률을 계산할 수 있다. 표에서 2.14는 밤 12시에서 오전 6시 사이의 구간에 대

표 10.1 도착 횟수 예제

시간 구간	월	화	수	목	금	토	일
12~6 a.m.	3	2	1	2	4	2	1
6~9 a.m.	6	4	6	7	8	7	4
9 a.m.~12 p.m.	10	6	4	8	10	9	5
12~2 p.m.	24	25	22	19	26	27	20
2~5 p.m.	10	16	14	16	13	16	15
5~8 p.m.	30	36	26	35	33	32	18
8 p.m.~12 a.m.	14	12	8	13	12	15	10

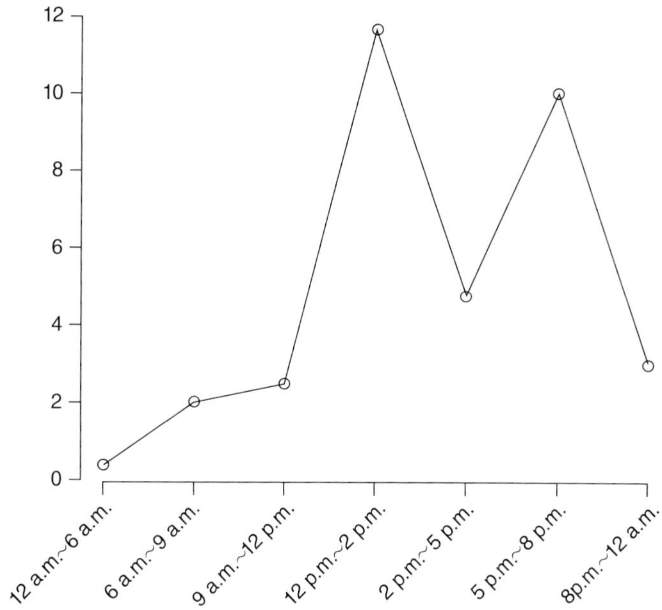

그림 10.1 구간에 대한 시간당 도착률

표 10.2 평균 도착률

시간 구간	평균	시간길이	시간당 도착률
12 a.m.~6 a.m.	2.14	6	0.36
6 a.m.~9 a.m.	6.0	3	2.0
9 a.m.~12 p.m.	7.43	3	2.48
12 p.m.~2 p.m.	23.29	2	11.645
2 p.m.~5 p.m.	14.29	3	4.76
5 p.m.~8 p.m.	30.0	3	10
8 p.m.~12 a.m.	12.0	4	3.0

한 일주일간의 평균 계수이다. 시간당 비율을 나타내는 열에서 평균 도착 수를 구간 내 시간 수로 나누어 시간 기준으로 도착률을 환산한 것이다. 그림 10.1은 하루 중에 평균 도착률이 시간에 따라 변화하는 행태를 보여주고 있다.

비정상 포아송 과정을 생성할 수 있는 두 가지 중요한 방법은 솎음(thinning)과 율전도(rate inversion)이다.

두 가지 방법을 간략하게 소개하고자 한다. 이 방법에 대한 보다 많은 이론에 관심이 있는 독자는 Leemis와 Park [2006] 그리고 Ross [1997]를 참조하기 바란다. 이러한 방법을 설명하기 전에, 각 구간에 서로 다른 포아송분포를 사용하고 이어서 도착 간격 시간을 나타내기 위하여 서로 다른 지수분포를 사용하는 고지식한 방법은 앞에서 언급한 것처럼 분포를 전환함으로써 이러한 상황을 모델링하는 데 사용할 수 있음을 지적해둔다. 그러나 전환 방법은 올바른 확률적 기반을 가진 비정상 포아송 과정을 생성하지 못하는 점에서 기술적으로 올바르지 않다. 따라서 비정상 포아송 과정으로 확률 과정을 모델링하려면 기술적으로 올바른 솎음과 율전도 중 하나를 사용하게 된다.

10.2.1 솎음 방법

솎음 방법에서, 상수율 λ^*를 갖는 정상 포아송 과정의, 도착 시간 t_i^*가 먼저 생성되고 그다음에 잠재적 도착 t_i^*는 다음 확률로 기각된다.

$$p_r = 1 - \frac{\lambda(t_i^*)}{\lambda^*} \quad \text{(식 10.1)}$$

여기서 $\lambda(t)$는 시간 함수로 평균 도착률이다. 흔히 λ^*는 다음과 같이 시간 축에서 최대 도착률로 설정된다.

$$\lambda^* = \max_t \{\lambda(t)\} \quad \text{(식 10.2)}$$

예를 들면 λ^*는 정오~오후 2시 구간의 평균이 되어 $\lambda^* = 11.645$이다. 예시 10.1은 솎음 방법을 구현하기 위한 의사코드이다. 최대 도착률로 개체를 생성하고 현재 활동 중인 기간에 따라 그것을 솎아 낸다. 배열로 구간에 대한 도착률을 저장하고, 시간 범위에 걸쳐서 최대 도착률을 유지하기 위하여 변수가 사용된다. 도착률 함수를 구현하기 위하여 코드는 변수로 현재의 도착률을 추적하고 도착률에 대한 배열을 표시하는 데 이용할 논리 개체를 생성한다. 만약 시뮬레이션이 도착률 함수의 시간 범위를 지나서 계속된다면 구간을 추적하는 변수는 첫 번째 구간부터 계수를 시작할 수 있도록 초기화할 필요가 있다.

이 장의 연습문제에는 Arena™로 솎음 알고리즘을 구현하라는 문제가 있다. 왜 솎음 작업을 하는지에 대한 이론적 근거는 Ross [1997]를 참조하기 바란다.

예시 10.1 솎음 알고리즘에 대한 의사코드

```
CREATE entities, mean time between arrivals, EXPO(1/λ*)
DECIDE with chance, 1 - λ(t_i*)/λ*
  IF accepted THEN
    send entity to next module
  ELSE
    DISPOSE
  END IF
END DECIDE

CREATE 1 logical entity
ASSIGN
  A: vPeriod = vPeriod + 1
END ASSIGN
DECIDE
  IF vPeriod < vNumPeriods THEN
    DELAY for period length
  ELSE
    vPeriod = 0
  END IF
END DECIDE
GOTO: A
```

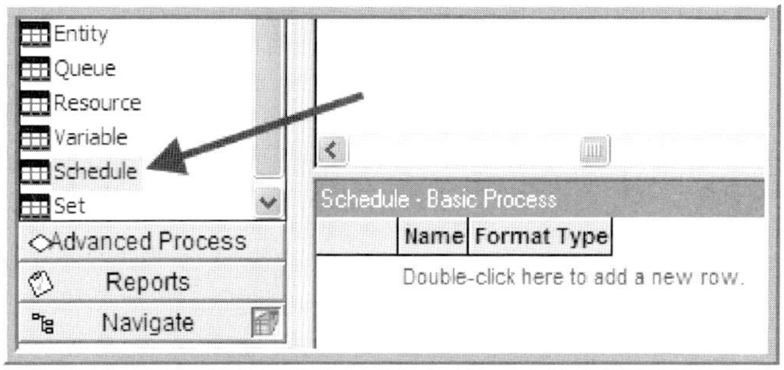

그림 10.2 SCHEDULE 데이터 모듈

10.2.2 율전도 방법

비정상 포아송 과정을 생성하기 위한 두 번째 방법은 율전도 알고리즘이다. 이 방법에서는 $\lambda = 1$ 포아송 과정이 생성되고 평균 도착률 함수의 역함수가 적당한 척도로 도착 시간을 재조정하는 데 사용된다. 이 절에서는 이 알고리즘에 대한 이론을 다루지 않는다. 더 자세한 이론이나 적합화, 그리고 이 방법의 구현에 대해서는 Leemis와 Park [2006]를 참조하기 바란다. 이 방법은 CREATE 모듈에서 Arrivals Schedule을 사용하여 Arena^{TM}에서 구분적 상수 도착률 함수(piecewise constant rate function)에 이용할 수 있다.

다음 내용은 Arena^{TM} 파일 *PharmacyModelNSPP.doe*에서 이용할 수 있다. Arena^{TM}로 비정상 포아송 과정을 구현하는 첫 단계는 표 10.2와 같이 구간을 정의하고 시간당 율을 계산하는 것이다. 단위 시간 기준으로 도착률을 파악하는 것이 매우 중요하다. SCHEDULE 모듈은 Arena^{TM}에서 Basic Process 패널에 있는 데이터 모듈이다.

그림 10.2는 Basic Process 패널에서 SCHEDULE 모듈이 어디에 있는지를 보여주고 있다. SCHEDULE 모듈 사용에 있어서 새로운 일정을 추가하기 위해서는 데이터 모듈 영역을 더블클릭하여야 한다. 스케줄은 "Capacity", "Arrival", "Other"등의 형태로 이용할 수 있다. 행 위에서 마우스의 오른쪽 버튼을 클릭하여 "Edit via Dialog"를 선택하면 SCHEDULE 대화상자가 나타난다. SCHEDULE 대화상자에 대한 입력 내용은 다음과 같다.

Format Type: Schedule은 값, 기간 쌍(Duration)으로 정의되거나 혹은 Arena^{TM}의 달력 편집기를 사용하여 정의된다. 달력 편집기는 그레고리 달력(Gregorian calendar)(예를 들면, 일, 월 등)으로 복잡한 일정을 입력할 수 있다.

Type: "Capacity"는 자원에 대한 시간에 따라 변하는 일정을 의미하고, "Arrival"은 비정상 포아송 과정을 의미하며, "Other"는 시간 지연 스케줄에 대한 다른 형태를 지정하는 데 사용된다.

Time Units: 이 영역은 기간에 대한 시간 단위를 나타낸다. 이것은 도착률에는 사용하지 않고 기간에만 적용한다.

Scale Factor: 이 영역은 기간에 대한 모든 값을 쉽게 바꾸기 위하여 사용된다.

Durations: 구간에 대한 시간의 길이. 일단 모든 기간이 진행되었으면 마지막 구간이 무한

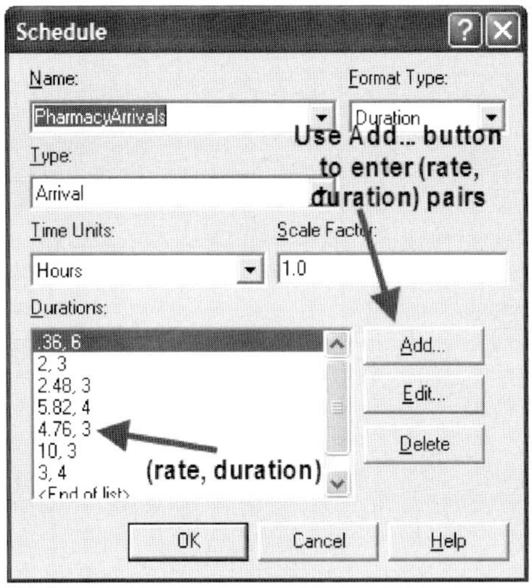

그림 10.3 SCHEDULE 대화상자

대로 되어 있지 않는 한 일정은 다시 반복된다.

Value: 이 영역은 정의한 스케줄의 형태가 어느 것인가에 따라서 자원의 수량 혹은 도착률을 나타낸다(시간당 개체 수로).

Name: 모듈의 이름

SCHEDULE 모듈은 일정에 필요한 정보를 입력할 수 있는 여러 가지 방법을 제공한다. 가장 직접적인 방법은 대화상자의 Add 버튼을 이용하여 각 값과 기간을 입력하는 것이다. 이 경우에 도착률(시간당)과 그 도착률이 지속될 기간이 입력된다. 그림 10.3은 완성된 대화상자를 보여주고 있다.

도착률은 시간당(per hour)으로 주어져 있다는 것에 주의하여야 한다. 이 모듈을 사용하는 데 있어서 일반적인 오류는 시간당 도착률을 사용하지 않는 것이다. 비록 대화상자에서 시간 단위를 분(minutes)으로 설정하더라도, 도착률은 시간당으로 하여야 한다. 시간 단위(time units)는 기간에만 적용된다. 기간 정보는 또한 스프레드시트 같은 창을 이용하여 입력할 수도 있다. 그 외에도 그래프에 의한 일정 편집기를 이용하여 값을 입력할 수 있다. 이미 입력된 값에 의해 그림 10.4에 주어진 것처럼 그래프에 의한 일정 편집기는 시간에 따른 일정을 표시한다. 만약 기간과 값을 아직 입력하지 않았다면 마우스를 이용하여 시간에 따른 일정을 그리면 된다. 만약 그래프에 의한 편집기를 사용한다면 일정 편집을 쉽게 하기 위하여 옵션(options)을 이용하여 조정할 필요가 있다(그림 10.5).

일단 일정이 정의되면 마지막 단계는 CREATE 모듈에 SCHEDULE의 사용을 정하는 것이다. 그림 10.6에 주어진 것처럼 Time Between Arrivals Type에 적절한 Schedule Name을 가진 "Schedule"을 지정한다. 그림 10.4와 같이 스케줄은 기간이 하루분의 도착률을 지정할 수 있게 총 24시간이 되도록 표시한다. 만약 하루 이상 시뮬레이션을 한다면 두 번째 날은 어떤 일

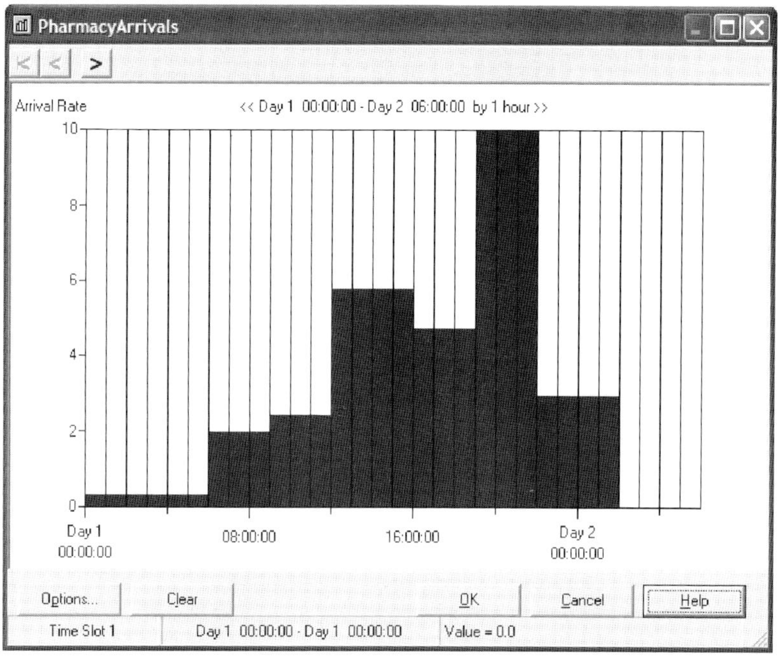

그림 10.4 그래프에 의한 일정 편집기와 표시

이 일어나겠는가? 스케줄은 각 구간에 대해 기간, 값의 쌍으로 주어지기 때문에 마지막 기간이 실행된 후에 다시 계속된다. 만약 스케줄에서 마지막 기간이 무한대로 지정되었다면 시뮬레이션의 나머지 기간은 그 지정된 값으로 지속되고 스케줄이 반복되지는 않는다.

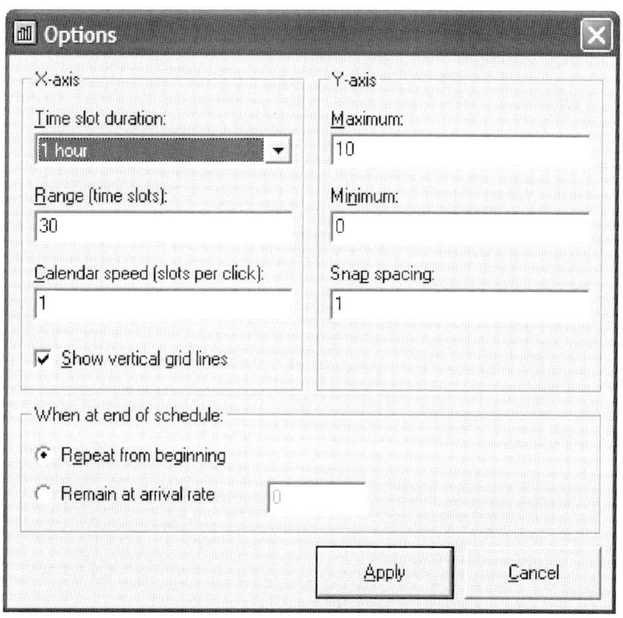

그림 10.5 그래프에 의한 편집기 옵션

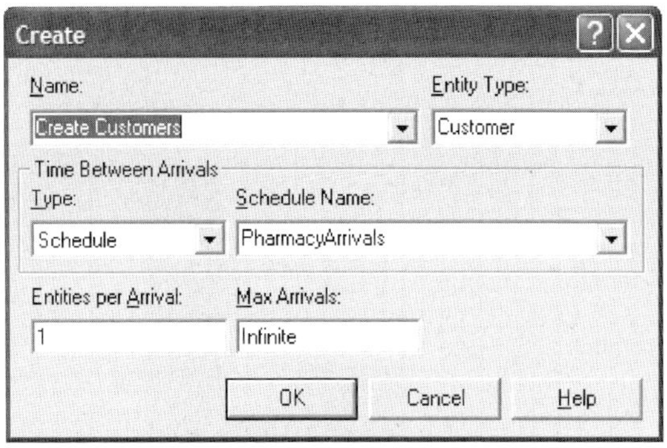

그림 10.6 Schedule Type을 입력한 CREATE 모듈

이번 예제에서 살펴본 것처럼 Arena™로 비교적 쉽게 비정상 포아송 도착 과정을 모델링할 수 있다. 만일 도착 과정이 비정상이라면 도착 패턴에 따라 시스템에서 가용한 자원의 용량을 변경하는 것이 아마도 좋은 아이디어가 될 것이다. 다음 절에서는 Arena™에서 자원 모델링을 확장하여 시간 변동 행태와 확률적인 고장을 포함하는 것을 다룬다.

10.3 고급 자원 모델링

자원이란 개체가 시스템을 돌아다니면서 사용하는 것이다. 만일 개체를 위하여 필요한 만큼의 자원이 가용하면, 해당 단위만큼의 자원이 개체에 할당된다. 만일 할당을 위해 필요한 만큼의 자원이 가용하지 않으면, 필요 단위만큼 가용해질 때가지 개체는 진행을 멈춘다. 지금까지 자원이 가용해지지 않는 유일한 경우는 개체에 의해 할당되는 것이었다. 자원을 최소한 한 단위만 할당하면 자원은 가동 상태에 있게 된다. 자원의 모든 단위가 유휴 상태에 있게 되면(할당된 자원이 없음), 해당 자원은 유휴 상태로 인식된다. 따라서 이전 모델링에서 자원은 가동(busy) 또는 유휴(idle)의 두 상태 중에 한 상태에만 있을 수 있다. 이 절에서는 자원에 대해 Arena™가 허용하는 두 가지 다른 상태, 즉 고장(failed)과 비활동(inactive)에 대해 알아보기로 한다.

자원을 정의할 때 용량(capacity)을 지정해야 한다. 용량은 자원의 할당 가능한 최대의 단위수이다. 지금까지의 모델링에서 자원의 용량은 **고정**되어 있었다. 즉, 용량이 시간의 함수로서 변화되지 않았다. 그러나 많은 경우에 자원의 용량은 시간에 따라 변경될 수 있다. 예를 들어, 약국모델에서 가장 바쁜 근무 시간 동안에는 두세 명의 약사를 더 필요로 할 수도 있다. 이런 형태의 자원 변경은 예측할 수 있으며, 자원 스케줄을 이용하여 다뤄질 수 있다. 반면에, 자원 용량 변화는 예측하기 어렵거나 확률적일 수 있다. 예를 들어 제조 라인에서 제품을 생산하기 위해 사용 중인 기계가 확률적으로 고장이 나고 수리가 필요할 수 있다. 수리 시간 동안에는 기계는 생산을 위해 사용될 수 없다. 계획되어 있는 용량 변화와 확률적인 용량 변화는 Arena™ 모델링에서 비활동과 고장 상태로 정의된다.

자원과 그들의 상태를 이해하는 데 있어서 핵심이 되는 두 개의 자원 변수가 있다.

MR(자원명): 자원 용량. MR은 자원명의 자원의 용량 개수를 알려준다. 이 값은 자원 스케줄이나 ALTER 블록을 통해 사용자에 의해 변경될 수 있다.

NR(자원명): 가동 상태에 있는 자원의 개수. 개체가 자원을 할당하거나 선취(preempt)할 때마다, NR 변수값이 변경된다. NR은 정수형 값이고, 사용자가 할당할 수 없다.

자원명 인덱스는 자원에 대해 유일해야 한다. 이 변수들은 자원에 대해 시간이 진행됨에 따라 변경된다. 자원의 상태들은 다음과 같다.

유휴(idle): 자원의 모든 단위가 사용되지 않으면서 고장이나 비활동에 있을 때, 자원은 유휴 상태에 있다. 이 상태는 −1 값을 갖는 Arena™ 상수, IDLE_RES로 표현된다.

가동(busy): 한 개 이상의 자원이 할당되어(사용되고) 있을 때, 자원은 가동 상태에 있다. 이 상태는 −2 값을 갖는 Arena™ 상수, BUSY_RES로 표현된다.

비활동(inactive): 자원의 용량이 0이고 고장 나 있지 않을 때, 자원은 비활동 상태에 있다. 이 상태는 −3 값을 갖는 Arena™ 상수, INACTIVE_RES로 표현된다.

고장(failed): 자원에 대해 고장이 진행 중일 때, 자원은 고장 상태에 있다. 이 상태는 −4 값을 갖는 Arena™ 상수, FAILED_RES로 표현된다.

특별한 함수 STATE(자원명)는 자원의 현재 상태를 나타낸다. 예를 들어, 만일 자원 *Pharmacist*이 현재 사용 중이면, STATE(Pharmacist) == BUSY_RES는 참을 돌려준다. 따라서 STATE() 함수는 자원의 상태를 점검하기 위해 조건문과 Arena™ 환경(예를 들어, 변수 애니메이션)에서 사용될 수 있다.

자원의 용량을 변경하려면, Basic Process 패널의 SCHEDULE 모듈, Calendar Schedules 작성기, 또는 Blocks 패널의 ALTER 블록을 이용한다. 여기서는 자원 스케줄만 다루기로 한다. Schedules 작성기(Edit > Calender Schedules)를 이용하면, 달력과 연동되는 자원 용량을 정의할 수 있다. 좀 더 상세한 정보는 Arena™ 도움말을 참고하기 바란다. ALTER 블록은 특별한 제어 로직에 기초하여 용량 변화가 발생하도록 모델 윈도우에서 사용될 수 있다. ALTER 블록을 사용하면, 지정된 수만큼 자원의 용량을 증가시키거나 감소시킬 수 있다.

10.3.1 계획된 용량 변경

약국모델에서, 차를 탄 채 약을 받는 창구에서 서비스하는 두 명의 약사가 하루의 근무 시작 시점에 가용하다고 가정하자. 하루의 처음 2시간 동안에는 두 명이 있고, 다음 4시간 동안에는 한 명이 있다. 추가로 매일 이런 6시간 동안의 패턴이 반복된다고 가정하자. 이러한 상황은 활동 다이어그램으로 표현될 수 있는데, 여기서 적절한 시점에 자원 용량이 감소되거나 증가되는 것이 표현될 수 있다(그림 10.7). 이 그림은 용량 변경을 나타내는 핵심어 ALTER를 포함하고 있다. 개념적으로 "스케줄 개체" 약사의 스케줄의 순환을 표시하기 위해 생성되었다. 처음 2시간의 끝 부분에서 용량이 약사 한 명으로 감소되었다. 그리고 나서, 4시간의 지연이 있은 후에, 용량이 두 명으로 증가되었다. 이것은 본질적으로 모델에서 ALTER를 어떻게 사용하는지를 보

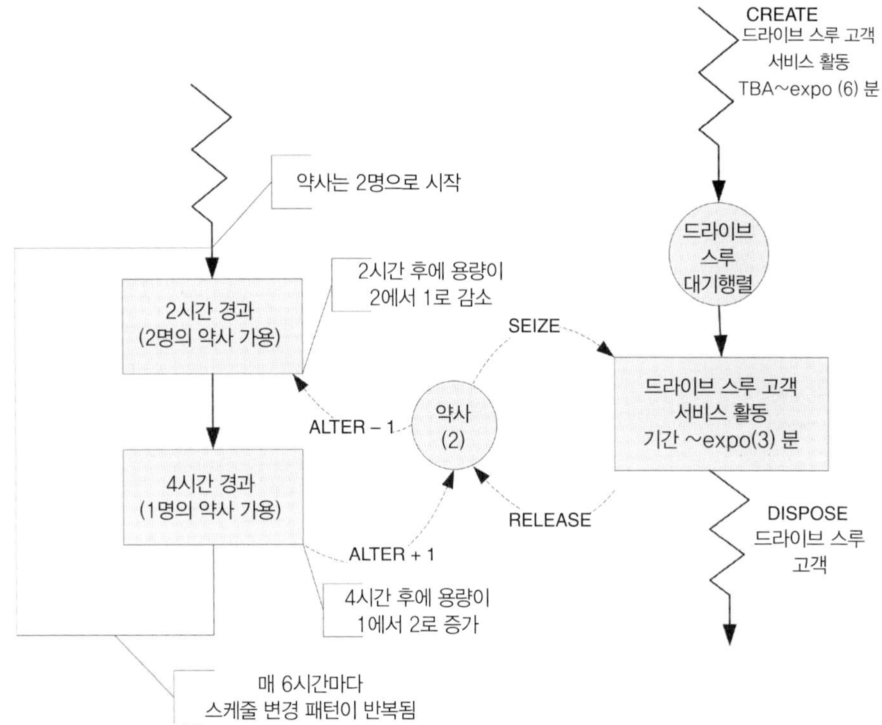

그림 10.7 용량 변경 스케줄을 위한 활동 다이어그램

여주고 있다. ALTER 블록에 대한 더 상세한 정보는 Pegden 등[1995]과 Arena^{TM} 도움말을 참고하기 바란다. 그림 10.7에서 알 수 있듯이, 이 패턴은 다수의 용량 변경과 기간으로 쉽게 확장될 수 있다. 이것을 더 쉽게 구현하는 방법이 Arena^{TM} SCHEDULE 모듈을 이용하는 것이다.

하나의 예로, 다음의 SCHEDULE 모듈을 다루는 단순한 예제 *Smarts139ResourceScheduleExample.doe*를 살펴보기로 한다. 이것은 Arena^{TM} 스마트 파일, *Smarts139.doe*을 변경한 것이다. 이 시스템에서 고객은 분당 한 명의 도착률을 갖는 포아송 프로세스를 따라 도착한다. 고객의 서비스 시간은 분 단위로 모수 (3, 4, 5)를 갖는 삼각분포를 따른다. 도착한 각 고객은 서비스를 위해 단일 종류 자원 한 단위를 필요로 하는데, 자원의 용량이 시간에 따라 변화한다. 480분 길이의 작업 교대 2번에 대해 시뮬레이션 실행된다고 가정하자. 첫 번째 교대는 시간 0에 시작하고, 각 교대는 표 10.3과 같이 값들이 변화하는 동일한 패턴을 따른다고 가정하자. 이 정보를 이용하면, Arena^{TM}에서는 2교대 근무 패턴을 따르는 자원을 쉽게 정의할 수 있다. 먼저 SCHEDULE 모듈을 사용하여 스케줄을 정의하고 나서 해당 RESOURCE 모듈에서 자원이 이 스케줄을 따르도록 지정해주면 된다.

Arena^{TM} 스케줄을 설정을 위하여 몇 가지 스케줄 편집 포맷이 준비되어 있다. 그림 10.8은 이 예제를 위한 스케줄 스프레드시트 편집기를 보여주고 있다. 스프레드시트에 용량과 이 용량이 가용한 기간을 나타내는 (값, 기간) 쌍을 입력할 수 있다. 스케줄에는 이름, 포맷 타입(여기

표 10.3 인원배정 스케줄 예

교대	시작시간	종료시간	가용인원	작업기간
1	0	60	2	60
1	60	180	3	120
1	180	360	9	180
1	360	480	6	120
2	480	540	2	60
2	540	660	3	120
2	660	840	9	180
2	840	960	6	120

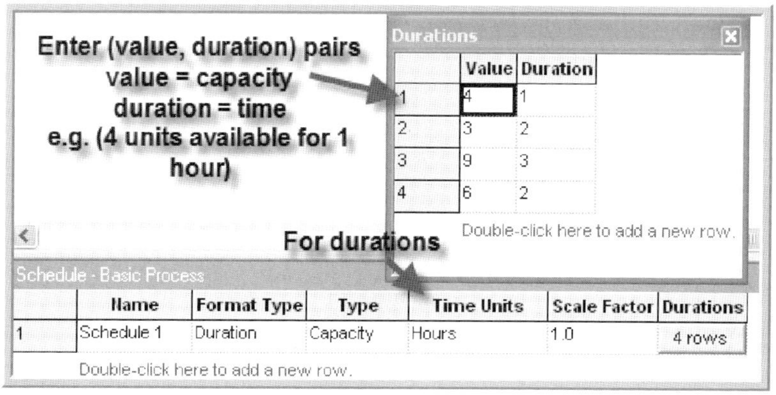

그림 10.8 스케줄 값, 기간 스프레드시트

서는 Duration), 타입(Capacity for resources), 그리고 시간 단위(hours)를 입력해야 한다. 스케일 인자 필드는 용량 형태의 스케줄에는 적용되지 않는다.

스케줄을 정의하는 다른 방법으로 그림 10.9와 같은 그래픽 스케줄 편집기를 이용할 수 있다. 그래픽 스케줄 편집기를 이용하면, 용량 변화를 그려 넣기 위하여 마우스를 이용할 수 있다. 도움말 버튼을 이용하면 사용법에 대해 알아볼 수 있다. 스텝 계획에 따라 그림에서 용량이 오르락 내리락 한다. Schedule 대화상자를 이용하여 스케줄을 입력할 수 있다. 스케줄을 입력하는 방법의 선택은 전적으로 사용자의 취향에 달려있다.

SCHEDULE 모듈에는 단지 첫 번째 480분 교대에 대한 스케줄만 입력되어 있다. 스케줄에 설정되어 있는 기간이 종료되면 어떤 일이 일어날까? 기본 행동은 시뮬레이션 실행 길이가 종료될 때까지 스케줄이 반복되는 것이다. 만일 전체 기간 동안 설정되어 있는 용량이 그대로 유지되기를 원하면, 기본값(default)이 무한이기 때문에 기간(Duration)을 공백으로 놓아두면 된다. 스케줄이 반복되지 않으므로 용량이 설정되어 값 그대로 유지된다.

일단 스케줄이 정의되면, 그림 10.10과 같이 Type 필드의 값을 “Based on Schedule”로 변경하여 자원이 스케줄을 따르도록 설정해야 한다. 추가로, 스케줄이 변경되고 현재 시점에서 자원이 개체에 할당되어 있으면, 해당 자원이 사용할 규칙을 지정해야 한다. Arena^{TM}에서는 다음의 3가지 규칙이 사용 가능하다.

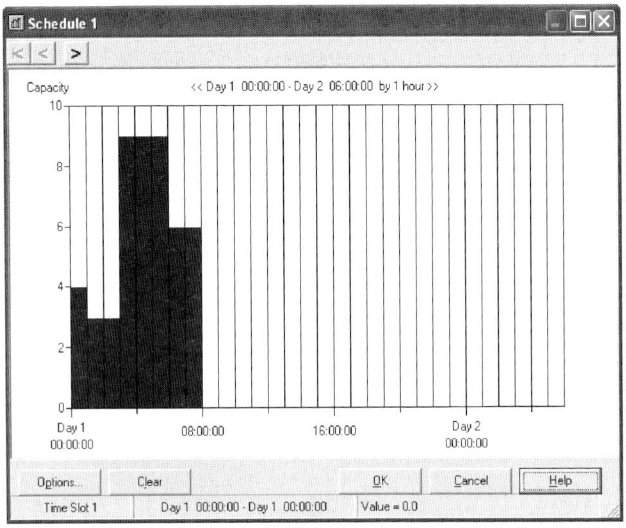

그림 10.9 그래픽 이용 스케줄 편집기

무시(ignore): 스케줄 변화 또는 고장 기간을 즉시 시작한다. 그러나 용량 변화가 작동하기 전에 사용 중인 자원이 현재 개체의 처리를 완료하는 것을 허용한다.

대기(wait): 사용 중인 현재 개체의 처리를 완료할 때까지 기다리고 나서, 스케줄 변화나 고장 기간을 시작한다.

선취(preempt): 개체를 처리하는 것을 중지하고, 즉시 스케줄 변화나 고장 기간을 시작한

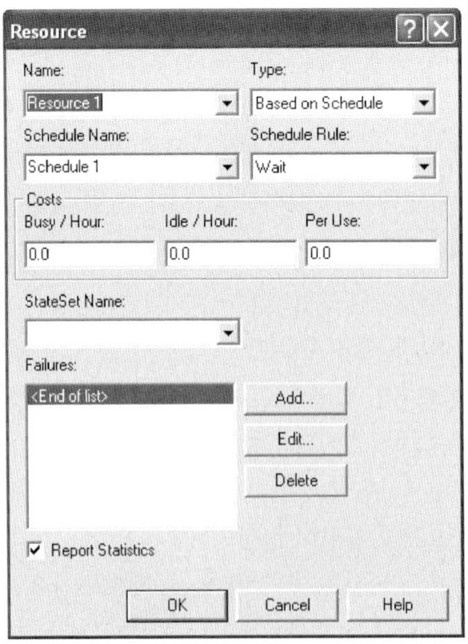

그림 10.10 용량 스케줄이 있는 RESOURCE 모델링 대화상자

다. 자원은 가용해지는 즉시(스케줄 변화나 고장이 종료된 이후에) 처리가 중지되었던 개체의 처리를 재개한다.

그림 10.10에서는 "대기" 규칙이 사용되었다. 예를 들어서 이 규칙들이 어떻게 작동하는지 좀 더 자세히 알아보기로 하자.

여러분의 시뮬레이션 과목 담당교수는 12시에서 12:30까지 점심 시간을 제외한 하루 전체를 상담 시간으로 정하고 있다고 가정하자. 추가로, 그 교수는 Arena™를 이용하여 시뮬레이션을 가르치고 있기 때문에 용량 변경에 대해 Arena™의 규칙을 따르고 있다. 만일 질문을 하기 위해 여러분이 오전 11:55에 도착한다면, 각 규칙하에서 어떤 일이 발생할 것인가?

무시

경우 1.

- 여러분은 11:55에 10분이 소요되는 질문을 가지고 도착하고 서비스가 시작된다.
- 정오에 교수는 문에 "점심식사 중" 팻말을 내건다.
- 교수는 5분의 나머지 서비스 시간 동안에 여러분의 질문에 답변을 계속한다.
- 여러분은 오후 12:05에 떠난다.
- 복도에 학생들이 기다리고 있는지에 관계없이 교수는 점심식사를 시작한다.
- 12:30에 교수는 식사를 마치고 팻말을 제거한다. 만일 학생들이 복도에서 기다리고 있으면, 이 시간부터 상담을 받을 수 있다.

경우 1의 순수한 영향은 교수가 점심시간 중에서 5분을 잃어버린 것이다. 계획된 휴식 30분 동안, 교수는 5분간 바쁜 상태에 있었고 25분 동안 비활동 상태에 있었다.

경우 2.

- 여러분은 11:55에 45분이 소요되는 질문을 가지고 도착하고 서비스가 시작된다.
- 정오에 교수는 문에 "점심식사 중" 팻말을 내건다.
- 교수는 40분의 나머지 서비스 시간 동안에 여러분의 질문에 답변을 계속한다.
- 12:30에 교수는 팻말을 제거하고, 여러분의 질문에 계속해서 답변을 한다.
- 여러분은 12:40에 떠난다.

경우 2의 순수한 영향은 그날 교수는 점심식사를 못하게 된 것이다. 계획된 휴식 30분 동안 교수는 30분간 바쁜(가동) 상태에 있었다.

만일 휴식이 발생할 때, 자원이 사용 중이면 계획된 휴식이 자원에 의해 **무시될** 수 있기 때문에, 이 규칙은 "무시(Ignore)"라고 불린다. 기술적으로 스케줄 되어 있는 휴식이 실제로 발생하고 스케줄 되어 있던 시간은 스케줄 되어 있지 않은(비활동) 시간으로 간주된다. 교수가 매일 8시간(점심 시간을 포함하여) 근무한다고 가정하자. 그러나 스케줄되어 있는 점심 시간 때문에, 근무에 투여되는 총 가용 시간은 450분이다. 경우 1에서 교수는 스케줄보다 5분 더 일을 했다. 경우 2에서는 스케줄보다 30분 더 일을 했다. 간단하게 언급했듯이 이 추가 근무 시간은 자원

(교수)의 사용률 계산에 반영되어야 한다. 이제 규칙이 대기일 경우에 어떤 일이 벌어지는지 알아보자.

대기

경우 1.

- 여러분은 11:55에 10분이 소요되는 질문을 가지고 도착하고 서비스가 시작된다.
- 정오에 컴퓨터에서 교수의 점심 휴식을 알리는 벨이 울린다. 교수는 벨 소리를 인지하지만 휴식을 행동에 옮기지 않는다.
- 교수는 5분의 나머지 서비스 시간 동안에 여러분의 질문에 답변을 계속한다.
- 여러분은 오후 12:05에 떠난다. 교수는 점심 휴식을 기억해내고 문에 "점심식사 중" 푯말을 내건다. 복도에 학생들이 기다리고 있는지에 관계없이 교수는 30분간의 점심식사를 시작한다.
- 오후 12:35에 교수는 식사를 마치고 푯말을 제거한다. 만일 학생들이 복도에서 기다리고 있으면 이 시간부터 상담을 받을 수 있다.

경우 2.

- 여러분은 11:55에 45분이 소요되는 질문을 가지고 도착하고 서비스가 시작된다.
- 정오에 컴퓨터에서 교수의 점심 휴식을 알리는 벨이 울린다. 교수는 벨 소리를 인지하지만 휴식을 행동에 옮기지 않는다.
- 교수는 40분의 나머지 서비스 시간 동안에 여러분의 질문에 답변을 계속한다.
- 여러분은 오후 12:40에 떠난다. 교수는 점심 휴식을 기억해내고 문에 "점심식사 중" 푯말을 내건다. 복도에 학생들이 기다리고 있는 지에 관계없이 교수는 30분간의 점심식사를 시작한다.
- 오후 1:10에 교수는 식사를 마치고 푯말을 제거한다. 만일 학생들이 복도에서 기다리고 있으면 이 시간부터 상담을 받을 수 있다.

두 가지 경우의 순수한 영향은 교수는 점심식사를 놓치지 않는다는 것이다(학생의 질문이 오후의 나머지 전부를 필요로 하지 않는다면). 따라서 이 경우에 자원은 진행 중에 있는 개체를 처리할 때까지 기다린 다음에 스케줄된 휴식을 갖게 된다. 다시 말하면, 이 경우에 규칙이 작동되면 사용 시간의 양이 영향을 받을 수도 있다는 것이다. 이제 선취 규칙에 대해 알아보자.

선취

경우 1.

- 여러분은 11:55에 10분이 소요되는 질문을 가지고 도착하고 서비스가 시작된다.
- 정오에 교수의 점심 휴식을 알리는 벨이 울린다. 교수는 여러분을 사무실 구석으로 몰아넣고, 문에 "점심식사 중" 푯말을 내걸고 그리고 30분간의 점심을 시작한다. 만일 복도에 학생들이 기다리고 있다면, 계속해서 기다린다.
- 여러분은 12:30이 될 때까지 끈기 있게 사무실 구석에서 기다린다.
- 12:30에 교수는 식사를 마치고 푯말을 제거한다. 교수는 여러분에게 구석에서 나올 수

있다고 말한다. 교수는 나머지 5분 동안 질문에 답변을 계속한다.

- 오후 12:35에 여러분은 마침내 10분간의 질문을 끝내고 교수가 식사를 해야 했던 중요한 음식이 무엇일까 생각하면서 시스템을 떠난다.

경우 1에서 알 수 있듯이, 교수는 항상 점심 휴식을 갖는다. 학생의 서비스는 선취로 중지되고 계획된 휴식 이후에 재개된다. 경우 2의 결과도 전적으로 동일하다. 여러분은 최종적으로 오후 01:10에 상담을 완료하기 때문이다. 이 규칙은 어떤 서비스 상황에서는 약간 무례하게 보일 수도 있지만 이것은 서비스가 재시작될 수 있는 많은 상황(예를 들어, 기계 위에 있는 부품)에서 합당하다.

교수가 관여되어 있는 위의 예에서는 한 단위의 용량을 가지는 자원을 다루었다. 그러나 만일 자원이 한 개보다 많은 용량을 가지고 있다면 어떤 일이 벌어질 것이고 만일 용량 변경이 한 번보다 더 많이 있다면 어떻게 될 것인가? 규칙은 전적으로 동일하게 작동한다. 만일 스케줄된 변경(감소)이 현재 유휴 중인 단위 이하이면, 규칙은 작동되지 않는다. 만일 스케줄된 변화가 사용 중인 단위를 필요로 한다면, 먼저 유휴 중인 단위들이 취해지고 나서 규칙이 작동된다. 무시 규칙인 경우 단위들은 서비스를 계속하고, 비활동 신호가 들어오고 처음 사용이 해제된(released) 단위가 먼저 비활동 상태로 들어간다.

이제, 규칙에 대해 이해했으므로 예제 모델을 실행해보자. 애니메이션을 포함하는 최종 모델이 그림 10.11에 제시되어 있다. 모델이 실행될 때 변수 애니메이션 박스가 현재 시각(분으로) 자원 용량 단위수(MR), 현재 사용 중인 자원 단위수(NR) 그리고 자원의 상태(자원 상태 상수값)를 표시해줄 것이다. 960분 동안의 모델 실행 후에, 자원 통계량 결과가 그림 10.12

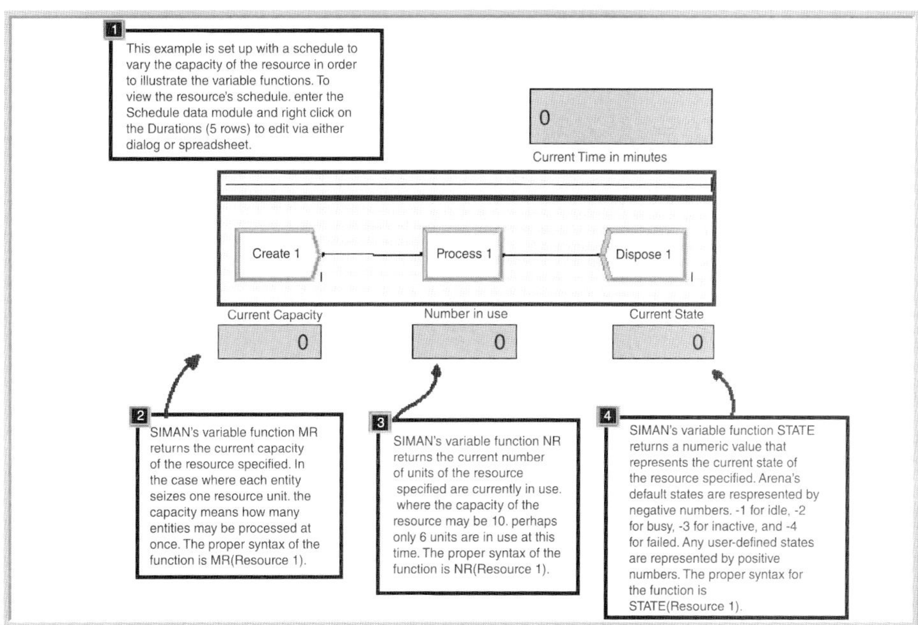

그림 10.11 용량 변경 스케줄이 있는 모델

Resource

Usage

Instantaneous Utilization	Average	Half Width
Resource 1	0.7586	(Correlated)

Number Busy	Average	Half Width
Resource 1	4.1850	0.462899358

Number Scheduled	Average	Half Width
Resource 1	6.1154	(Insufficient)

Scheduled Utilization	Value
Resource 1	0.6843

Total Number Seized	Value
Resource 1	1007.00

그림 10.12 용량 변경이 있는 예제에 대한 자원 통계 결과

에 제시되어 있다. 여러분은 새로운 것이 있음을 알아채야 한다. 이전 작업에서는 순간 가동률이 스케줄된 가동률과 동일하였다. 이 경우에는 이들 값이 같지 않다. 스케줄 규칙에 따라 가동(busy) 시간 양의 계산이 달라진다. 이들 값이 어떻게 계산되었는지 좀 더 자세히 알아보기로 한다.

10.3.2 가동률 계산

순간 및 스케줄된 가동률 계산은 자원에 대한 두 변수 *NR*과 *MR*에 종속되어 있다. 순간 가동률은 이들 변수의 비에 대한 시간 가중 평균으로 정의된다. $NR(t)$를 시각 t에 사용 중인 자원의 단위수라고 하자. 그러면 사용 중인 자원 단위수의 시간 평균은 식 (10.3)과 같다.

$$\overline{NR} = \frac{1}{T}\int_0^T NR(t)\,dt \qquad (\text{식 } 10.3)$$

시각 t에 스케줄 된 자원 단위수를 $MR(t)$라고 하자. 그러면 스케줄 된 자원 단위수의 시간 평균은 식 (10.4)와 같다.

$$\overline{MR} = \frac{1}{T}\int_0^T MR(t)\,dt \qquad (\text{식 } 10.4)$$

이제, 시각 t 시점에서의 순간 가동률의 시간 평균은 식 (10.5)로 정의할 수 있다.

$$IU(t) = \begin{cases} 0 & NR(t) = 0 \\ 1 & NR(t) \geq MR(t) \\ NR(t)/MR(t) & \text{otherwise} \end{cases} \qquad \text{(식 10.5)}$$

따라서 순간 가동률의 시간 평균은 식 (10.6)과 같다.

$$\overline{IU} = \frac{1}{T}\int_0^T IU(t)dt \qquad \text{(식 10.6)}$$

스케줄된 가동률은 가동 중인 자원 단위수의 시간 평균을 스케줄 된 자원 단위수의 시간 평균으로 나눈 것이다. 스케줄 된 자원의 공식에서 알 수 있듯이, 이 값은 바쁘게 보낸 총시간을 모든 자원 단위수의 가용한 총시간으로 나눈 것과 같다.

$$\overline{SU} = \frac{\overline{NR}}{\overline{MR}} = \frac{\frac{1}{T}\int_0^T NR(t)dt}{\frac{1}{T}\int_0^T MR(t)dt} = \frac{\int_0^T NR(t)dt}{\int_0^T MR(t)dt} \qquad \text{(식 10.7)}$$

만일 $MR(t)$가 상수이면 $\overline{IU} = \overline{SU}$이다. Arena™ 함수 RESUTIL(자원명)는 $IU(t)$를 알려준다. 만일 $MR(t)$가 시간에 따라 변화하면 $\overline{IU}$를 해석하는 데 주의해야 한다. 스케줄 되어 있지 않을 때에는 순간 가동률이 작업 시간을 정확하게 반영하지 않기 때문이다.

이제 상담 시간을 갖는 교수 예제로 돌아가자. 무시 옵션이 사용되고, 경우 2이고 그리고 45분의 질문 시간을 갖는다고 가정하자. 그리고 단순화하기 위해 교수가 학생들에게 다음날까지 시간이 많이 걸리는 과제를 부과하였고 따라서 학생들 질문에 답변하느라고 하루 종일 바빴다고 가정하자. 교수의 평균 순간 가동률과 스케줄된 가동률은 얼마일까? 표 10.4에 계산이 예시되어 있다.

표 10.4로부터 가동률을 다음과 같이 계산할 수 있다.

$$\overline{NR} = \frac{1}{480}\int_0^{480} 1.0\,dt = \frac{480}{480} = 1.0$$

$$\overline{MR} = \frac{1}{480}\int_0^{480} MR(t)\,dt = \frac{1}{480}\left\{\int_0^{240} 1.0\,dt + \int_{270}^{480} 1.0\,dt\right\} = 450/480 = 0.9375$$

$$\overline{IU} = \frac{1}{480}\int_0^{480} 1.0\,dt = \frac{480}{480} = 1.0$$

$$\overline{SU} = \frac{\overline{NR}}{\overline{MR}} = \frac{1.0}{0.9375} = 1.0\overline{6}$$

표 10.4 교수 가동률에 대한 위한 계산 예

시간 구간	가동 시간	계획된 시간	$NR(t)$	$MR(t)$	$IU(t)$
8 a.m.~ 정오	240	240	1.0	1.0	1.0
12~12:30 p.m.	30	0	1.0	0	1.0
12:30~4 p.m.	210	210	1.0	1.0	1.0
	480	450	$\overline{NR} = 1.0$	$\overline{MR} = 450/480 = 0.9375$	$\overline{IU} = 1.0$

Consider the following examples, all with an eight-hour period split into two four-hour shifts.

Case A: We have 150 workers available during an 8-hour period, and 50 of these are busy the entire 8 hours. Note that since the number scheduled is constant, both utilization statistics are identical.

Case B: We have 200 workers available for 4 hours, then 100 workers are available for the next 4 hours. All 100 of the workers are idle for the first 4 hours, then busy for the last 4 hours.

Case C: We have 200 workers available for 4 hours, then 100 workers are available for the next 4 hours. 50 of the workers are busy for the entire 8 hours.

Case D: We have no workers available for the first 4 hours, then 100 workers busy of the 300 available for the last 4 hours. In this last case, you could certainly advance the argument that period 1 should be excluded, and that the utilization is undefined during a period when no resources are scheduled. But Arena does not exclude selected periods (or states) from time persistent statistics (see Frequencies Element). So Arena does include this period and defines it as a utilization of 0%.

		Case A		**Case B**		**Case C**		**Case D**	
Scenario	4 Hour Shift	1	2	1	2	1	2	1	2
	# Busy # Scheduled Utilization	50 150 33.33%	50 150 33.33%	0 200 0%	100 100 100%	50 200 25%	50 100 50%	0 0 0%	100 300 33.33%
Total Hours Busy		(50*8) = 400		((0*4)+(100*4)) = 400		(50*8) = 400		(100*4) = 400	
Total Hours Scheduled		(150*8) = 1200		((200*4)+ (100*4)) = 1200		((200*4)+ (100*4)) = 1200		(300*4) = 1200	
Average Number Busy		(50*8)/8 = 50		((0*4)+ (100*4))/8 = 50		(50*8)/8 = 50		((0*4)+(100*4))/8 = 50	
Average Number Scheduled		(150*8)/8 = 150		((200*4)+ (100*4))/8 = 150		((200*4)+ (100*4))/8 = 150		((0*4)+(300*4))/8 = 150	
Scheduled Utilization		50/150 = 33.33%		50/150 = 33.33%		50/150 = 33.33%		50/150 = 33.33%	
Instantaneous Utilization		(33.33%*8)/8 = 33.33%		((0%*4)+ (100*4))/8 = 50%		((25%*4)+(50% *4))/8 = 37.5%		((0%*4)+(33.33% *4))/8 = 16.67%	

그림 10.13 도움말 파일에 있는 가동률 예제

표 10.4에서 $\overline{IU} = 1.0$ (즉, 100%) 이고 $\overline{SU} = 1.06$ (즉, 106%)이다. 교수가 학생들에게 모든 것을 주지 않았다고 누가 말할 것인가? 따라서 스케줄 된 가동률의 경우 스케줄이 100%보다 큰 가동률을 가지는 자원을 만들어 낼 수 있다. 이 결과에서 틀린 것은 없다. 만일 자원이 스케줄되어 있는 것보다 더 바쁘다면, 여러분은 정확히 알고 싶어할 것이다.

Arena™ 도움말 파일에 순간 및 스케줄 된 가동률이 어떻게 계산되는 알려주는 훌륭한 설명이 있다(그것들의 의미와 함께). 그림 10.13을 살펴보기 바란다. 관심 있는 여러분은 "*resource statistics: Instantaneous Utilization vs. Scheduled utilization*"를 검색해보기 바란다.

10.3.3 자원 고장 모델링

앞서 언급한 바와 같이, 자원은 유휴, 가동, 비활동 그리고 고장의 4가지 상태를 갖는다. SCHEDULE 모듈은 계획된 용량 변경을 모델링하기 위해 사용된다. FAILURES 모듈은 자원을 고장 상태에 있게 하는 계획되지 않거나 확률적인 용량 변화를 모델링하는 데 쓰인다. 고장 상태는 특정 자원의 **전체** 용량에 대한 정지 상황을 표현한다. 한 자원에 대한 고장이 발생하면, 자원의 모든 단위의 사용이 불가능하고 자원은 고장 상태에 놓이게 된다. 예를 들어 은행원들이 있는 은행에서 대기열에 서 있는 것을 상상해보자. 컴퓨터 시스템이 고장 나고 모든 은행원들이 일을 할 수 없다고 가정하자. 이 상황은 Advanced Process 패널의 FAILURES 모듈로 모델링된다. 고장 모델링의 좀 더 일반적인 상황은 생산 설비의 고장과 수리를 필요로 하는 제조 시스템에서 발생한다.

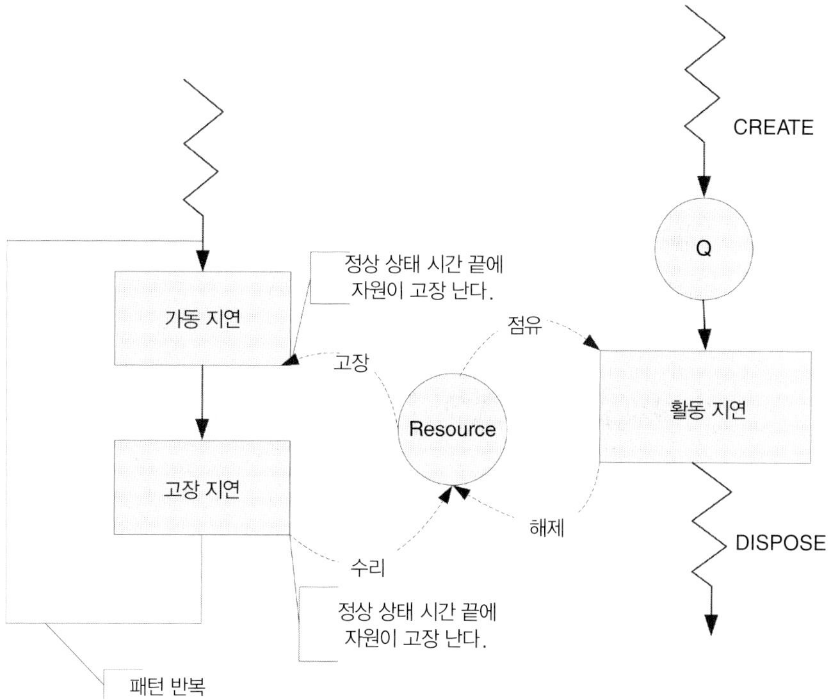

그림 10.14 고장에 대한 활동 다이어그램

자원에 대한 고장을 표현하는 방식에는 시간 기초와 사용(카운트) 기초의 두 가지 방식이 있다. 시간 기초 고장의 개념이 그림 10.14에 예시되어 있다. 스케줄 된 용량 변경과 유사하다는 점을 참고하기 바란다. 이 상황은 고장 "시계"가 움직이는 것으로 생각할 수 있다. 가동되는 지연 시간은 고장 분포 시간의 통제를 받고 고장에 의한 지연 시간은 수리 분포 시간의 통제를 받는다. 고장 시각이 되면 자원은 고장 상태에 있게 된다. 만일 자원이 가동 중이 있으면 용량 변경 규칙(무시, 대기, 선취)이 작동된다.

사용 기반 고장은 자원의 사용이 해지된 이후에 발생한다. 자원의 사용이 해지되면, 카운트가 한 개 증가되고, 카운트가 정의된 수, 즉 고장 값에 도달하면 자원이 고장난다. 만일 자원이 가동 중인 단위를 가지고 있으면, 마찬가지로 용량 변경 규칙이 작동된다. 고장 행태를 제어하기 위해 하나의 자원이 다수 고장(시간 기반과 카운트 기반)을 가질 수 있다. 수리 이전에 발생하는 다수 고장 상황에서는 고장들의 대기가 발생하고 차례대로 수리 시간을 발생시킨다.

그림 10.15와 10.16은 FAILURES 모듈에서 카운트 기초와 시간 기초 고장을 정의하는 방법을 보여주고 있다. 두 경우에서 가동 시간, 고장 시간, 또는 카운트 필드는 모두 표현식이 될 수 있다.

시간 기반 고장(그림 10.16)에서 "*uptime in this State only*" 필드는 특별한 입력을 요구한다. 시간 기반 고장에서는 고장이 발생할 때까지 움직이는 고장 "시계"를 설정한다. 고장이 수리되고 나면, 시계는 리셋되고 다시 고장까지 움직이기 시작된다. "Uptime in this State only"는 시계에 대한 기준을 설정한다. 만일 기술되지 않으면, 시뮬레이션 시계의 시간이 기준으로

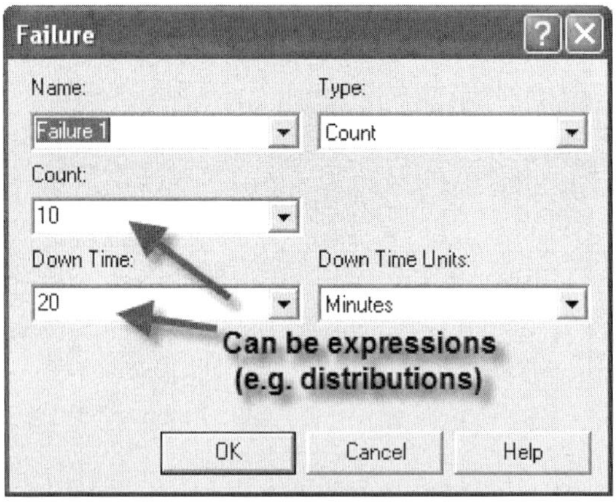

그림 10.15 카운트 기반 고장 대화상자

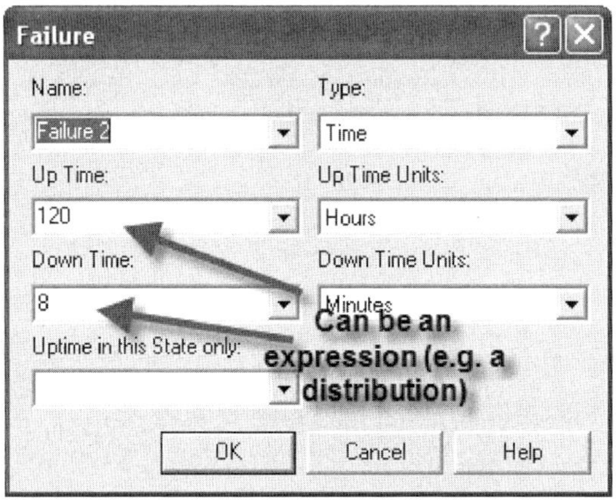

그림 10.16 시간 기반 고장 대화상자

사용된다. 반면에, 고장까지의 시간을 누적하기 위한 기준으로 상태[STATESET 또는 자동상태(Idle, Busy 등)]를 이용할 수도 있다. 가장 일반적인 상황은 Busy 상태를 선택하는 것이다. 이 경우, 자원은 고장 때까지 단지 사용 시간만 누적한다. 그림 10.17과 10.18에 자원에 고장을 연결하는 방법이 예시되어 있다.

그림 10.18에서 다수 고장을 갖는 자원을 볼 수 있다. 또한, 동일한 고장이 다른 자원에서 사용될 수 있다. 이 그림들은 모두 *Smarts112-TimeAndCountFailure.doe* 파일에 기초하고 있다. 이 파일에서 고장 상태에 있는 자원을 보여주기 위해 자원 애니메이션이 사용되었다. 모델을 실행해보기 바란다. *Smarts123.doe* 파일을 보면, 고장을 디스플레이 하는 다른 아이디어를 얻을 수 있다.

자원이 여러 가지 상태(유휴, 사용, 비활동 그리고 고장)에 있을 수 있으면, 대개 이들 상태에서 보낸 시간(시간 비율)을 계산하는 것이 유용하다. 다음 절에서 Arena™가 STATISTICS 모듈의 빈도 옵션을 이용하여 어떻게 이들 값을 계산하는지 설명한다.

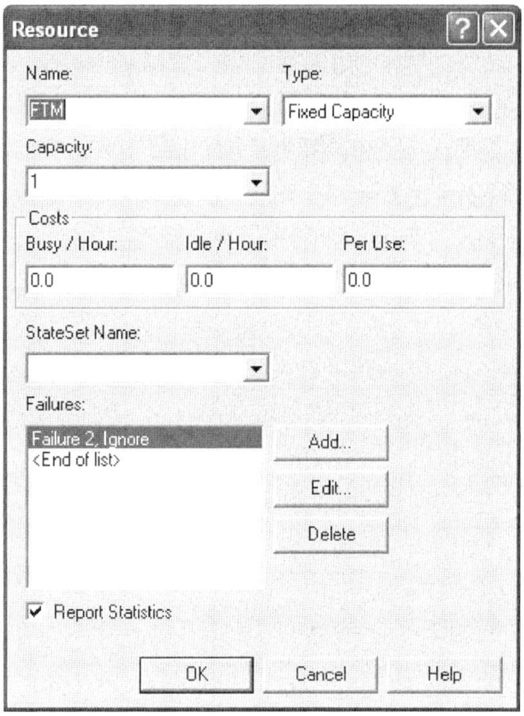

그림 10.17 고장이 추가된 자원

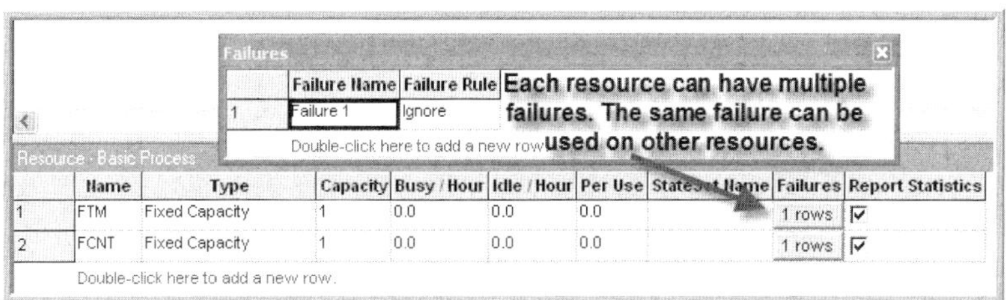

그림 10.18 고장 스프레드시트 뷰가 있는 자원

10.4 STATISTICS 모듈을 이용한 빈도 통계표 작성

시뮬레이션에서 시간 기반 변수들은 시간과 관련된 특별한 값을 다룬다. 예를 들어, 대기열에서 현재 기다리고 있는 개체의 수를 표시하는 NQ (대기열 이름)와 같은 변수를 생각해보자. 만일 변수 *NQ* 값이 0이면, 대기열이 비어 있다고 생각할 수 있다. 사용자는 대기열이 비어 있는 시간(그리고 시간의 비율)에 대한 통계표를 작성하고 싶어할 수도 있다. 이것은 대기열이 비어 있을 때와 비어 있지 않을 때에 대한 기록을 필요로 한다. 총시간에서 이 상태에 머문 시간의 비는 그 상태에서 보낸 시간의 백분율을 산출하는 것이며 어떤 조건하에서는 이 백분율이 대기열이 비어 있을 확률로 간주될 수 있다.

이 값들을 쉽게 수집하려면, Arena^{TM}의 STATISTIC 모듈에서 빈도 옵션을 사용한다. 빈도 옵션을 사용하면, 사용자가 원하는 빈도 통계표를 위한 값이나 값의 범위를 지정할 수 있다. 예를 들어 대기열이 비어 있는 시간, 1명에서 5명 사이의 고객들이 대기하고 있는 시간 그리고 6~10명의 고객들이 대기하고 있는 시간의 백분율을 알고 싶어한다고 가정하자. 대기열이 비어 있는 첫 번째 경우에 *NQ* 값이 0인 전체 시간을 모아야 한다. 두 번째 경우에는 대기열에 고객이 1, 2, 3, 4, 5명이 있는 총시간을 수집해야 한다. 두 번째 경우는 범위로 지정할 수 있다. Arena^{TM}의 빈도 통계량에서 범위는 아래 한계치가 포함되지 않도록 지정된다. 예를 들어, 만일 *LL*이 범위의 하한값을 나타내고 *UL*이 범위의 상한값을 나타낸다고 하면, 시간 통계표는 (*LL*, *UL*]에 있는 값들에 대해 작성된다. 따라서 대기열이 1~5명의 고객을 포함하는 시간을 모으기 위해서는 범위 (0, 5]를 설정해야 한다. STATE(자원명)을 이용하면, 자원 상태의 빈도에 대해서도 통계표로 작성할 수 있다.

이 장의 파일 *Smarts112-TimeAndCountFailuresWithFrequencies.doe*은 빈도 옵션의 사용에 대해 설명하고 있다. 그림 10.19는 대기열과 자원에서 빈도 수를 수집하는 방법을 보여주고 있다. 그림에서 대기열의 빈도 통계표 작성을 위한 범주가 설정되어 있다. 세 개의 범주가 (없음, 1~5, 6~10)로 정의되어 있다. 비어 있음 카테고리는 단지 하나의 값으로 정의되어 있으므로 상수로 취급된다. 나머지 두 범주는 범위로 정의되었다. 상수인 경우에는 값을 입력하고, 범위인 경우에는 값들의 범위를 입력해야 한다. 1에서 5 사이의 범위에 대해 낮은 값은 0이고 높은 값은 5로 설정되어 있다는 점에 유의하기 바란다. 범주 설정은 히스토그램에서 구간을 설정하는 것과 유사하다.

Arena^{TM}는 다음과 같은 값들을 통계표로 작성한다(Arena^{TM} 도움말 파일을 참고하기 바람).

FAVG(Frequency ID, Category): 범주에 머무른 시간의 평균. FAVG는 빈도 표현식이 설정되어 있는 범주의 범위에 있는 값을 가졌던 시간의 평균값이다. FAVG는 FRQTIM / FCOUNT와 같다.

FCATS(Frequency ID): 범주의 개수. FCATS는 범위를 벗어난(out-of-range) 범주를 포함하여 범주들의 개수를 알려준다. FCATS는 정수 값이다.

FCOUNT(Frequency ID, Category): 빈도 범주 개수. FCOUNT는 Category 번호에 포

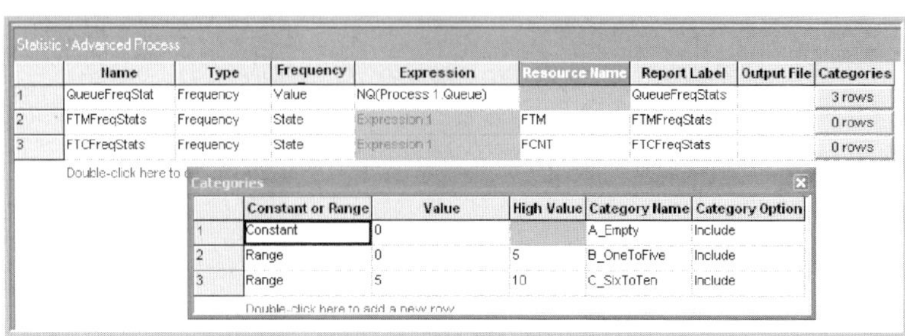

그림 10.19 STATISTICS 모듈의 빈도 옵션

함된 관측치들의 발생 횟수로 정수 값이다. 발생횟수가 0보다 큰 것만 카운트된다.

FHILIM(Frequency ID, Category): 빈도 범주 상한값. FHILIM은 사용자가 할당 가능하다.

FLOLIM(Frequency ID, Category): 빈도 범주 하한값. FLOLIM과 동일한 값은 범주(Category)에 포함되지 않는다. FLOLIM보다 크고 FHILIM 이하인 값들만 기록된다. FLOLIM은 사용자가 할당 가능하다.

FSTAND(Frequency ID, Category) : 표준 범주 비율. FSTAND는 모든 범주들과 비교하여 지정된 범주 번호(Category)에 속하는 시간 비율을 계산한다.

FRQTIM(Frequency ID, Category): 표준 범주 비율. FRQTIM은 Category 번호에 정의되어 있는 빈도 표현식 값의 총시간을 저장한다.

FRESTR(Frequency ID, Category): 제한된 범주 비율. FRESTR는 모든 제한된 범주들 시간에 대비하여 설정된 범위의 시간 비율을 계산한다.

FTOT(Frequency ID): 총 빈도 시간. FTOT는 빈도 통계량이 수집된 총 시간을 기록한다.

FTOTR(Frequency ID): 제한된 빈도 시간. FTOTR는 제외되지 않는 범주들(즉, 제한된 백분율 열에 있는 값)에 머무른 시간을 기록한다.

FVALUE(Frequency ID): 마지막으로 기록된 값. FVALUE는 지정된 빈도에 대해 마지막으로 기록된 값을 반환한다. 만일 빈도 히스토그램이 애니메이션으로 표현되면, 전형적으로 FAVG가 아닌 FVALUE가 디스플레이 된다.

범주가 관측된 발생횟수는 그 범주에 머무른 시간과 함께 모아진다. 총시간에 특정 범위를 포함하거나 제외할 수 있다. 이에 따라 표준(standard)과 제한(restricted) 범위의 두 가지 비율이 보고서에 나타난다. 제한 비율은 제외된 범주들을 포함하지 않는 총 시간에 기초하여 계산된다. 그림 10.20에 480시간 동안 예제 모델을 실행한 결과가 제시되어 있다. 이 모델에서 FTC 자원이 확률적인 고장을 갖고 FTM 자원은 스케줄과 확률적인 고장을 갖는다는 점을 기억하기 바란다. 그림에서 FTC 자원은 48번 고장이 나서 고장 일회당 평균 0.3333시간 동안 고

Replication 1 Start Time: 0.00 Stop Time: 480.00 Time Units: Hours

FTCFreqStats	Number Obs	Average Time	Standard Percent	Restricted Percent
BUSY	456	0.08859380	8.42	8.42
FAILED	48	0.3333	3.33	3.33
IDLE	435	0.9738	88.25	88.25
FTMFreqStats	**Number Obs**	**Average Time**	**Standard Percent**	**Restricted Percent**
BUSY	343	1.1675	83.43	93.74
FAILED	73	0.1077	1.64	1.84
IDLE	46	0.4100	3.93	4.42
INACTIVE	358	0.1476	11.01	--
QueueFreqStats	**Number Obs**	**Average Time**	**Standard Percent**	**Restricted Percent**
A_Empty	46	1.3034	12.49	12.88
B_OneToFive	104	2.5785	55.87	57.60
C_SixToTen	68	2.0211	28.63	29.52
OUT OF RANGE	9	1.6058	3.01	--

그림 10.20 빈도 옵션을 사용할 경우의 시뮬레이션 결과

장상태에 있었다는 것을 알 수 있다. 이것은 약 3.33% 시간, 즉 480 × 0.03333 = 15.9984시간 동안 고장이 난 상태로 있었다는 것을 나타낸다. FTM 자원의 경우, 약 11%(약 52.848시간)의 비활동 시간을 보냈다. 자원에 대한 빈도 통계표를 작성할 때, 제한된 비율 열(restricted percentage column)은 자동으로 비활동 상태를 계산에서 제외한다. 그래서 제한된 가동 비율에 대한 93.47은 (480 − 52.848 = 427.151시간)의 93.74%, 즉, 약 400시간을 나타낸다. 이것은 480의 83.42%와 동일하다. 대기열 길이에 대한 빈도 통계법 작성을 대해서는 3개가 아닌 4개의 범주가 있다. 마지막 범주, OUT OF RANGE는 변수의 값이 이전에 정의된 범주들에 속하지 않은 빈도를 기록한다. 범주들이 반드시 연속 구간으로 정의될 필요는 없다는 점에 유의하기 바란다. 그림에 나타나 있듯이, OUT OF RANGE 범주는 자동으로 제한 비율 열에서 제외된다.

빈도를 사용할 때, Arena™는 각 반복실험에 대해 빈도 통계표를 작성한다. 여러 반복실험들을 합해서 빈도 통계량 표를 자동으로 작성하지는 않는다. 여러 반복실험들을 합해서 빈도 통계량 표를 작성하려면, OUTPUT 통계를 정의하고 앞에서 설명한 빈도 함수들(예를 들어, FRQTIM, FAVG 등)을 이용해야 한다. 빈도 요소는 사용자가 정의한 범주에서 보낸 시간에 대해 더 상세한 데이터를 얻을 수 있다. 이것은 특히 자원 근무 스케줄의 효율성을 분석할 때 유용하다.

시간 통계표 작성 이외에 Arena™는 비용표도 쉽게 작성할 수 있게 해준다. 그림 10.17에서 자원의 비용표 작성과 관련하여 세 개의 필드가 있다는 점을 기억하기 바란다. 다음 절에서 이 필드들의 사용법과 개체에 관련된 비용 계산법에 알아보기로 한다.

10.5 개체와 자원 비용

Arena™에서 비용과 관련하여 두 가지 형태의 정보, 즉 자원 비용과 개체 비용을 이용할 수 있다. 두 가지 비용 모델이 활동기준 원가 계산(activity-based costing, ABC) 분석을 지원하는 비용표 작성을 위하여 사용될 수 있다. ABC는 단순히 직접비와 간접비 할당보다는 제품들이 거치게 되는 활동에 근거하여 비용을 더 잘 할당하려고 하는 비용 관리 시스템이다. ABC는 이 책에서 자세히 다루지는 않는다. 다만, 여러분이 Arena™ 모델에서 가용한 비용 추정법을 이해할 수 있도록 하기 위해 Arena™가 비용표를 어떻게 작성하는지 알아볼 것이다.

10.5.1 자원 비용

Arena™ 자원 비용 기능은 자원이 사용되거나 유휴 상태에 머무른 시간에 기초하여 비용표를 작성하도록 해준다. 추가로, 자원이 사용되는 각각의 시간에 비용이 할당될 수 있다. 이 개념을 설명하는 간단한 예제를 살펴보자. Arena™ SMARTS 파일, *Smarts019.doe*는 계산서 처리에 관한 모델이다. 계산서는 평균이 분당 1개인 포아송 프로세스를 따라 도착한다. 계산서는 처음에 계산서 처리를 담당하는 작업자에게 보내진다. 이때 작업 시간은 (0.5, 1.0, 1.5)분을 모수로 갖는 삼각분포를 따른다. 그리고 나서 계산서의 우편 발송을 담당하는 작업자에게 보내진다. 발송 소요 시간도 삼각분포를 따르는데, 모수는 (0.5. 1.0, 1.5)분이다. 두 작업자는 바쁜 것에 관계 없이 시간당으로 임금을 받는다. 계산서 처리 작업자의 임금은 \$7.75/시간이고 우편발송 작업자의 임금은 \$5.15/시간이다. 또한 작업자들은 그들이 처리하는 각 계산서마다 추가로 \$0.02를 더 받는다. 경영층은 일일 8시간 동안의 비용을 구하고 싶어한다.

확실히 임금 비용은 시간당 임금에 8시간을 곱하여 간단히 구할 수 있다. 이 기간 동안 작업자들은 바쁘거나 한가하거나 관계없이 임금을 받기 때문이다. 처리되는 계산서의 수는 확률적이고 따라서 총비용은 시뮬레이션을 해야만 알 수 있다. Arena™는 작업자들이 바쁘거나 한가하느냐에 따라 임금이 다를 때도 쉽게 계산할 수 있다. 이 예에서 Arena™는 RESOURCE 모듈에서 비용이 설정되어 있으면 모든 계산을 할 수 있다.

모델은 CREATE, PROCESS, PORCESS 그리고 DISPOSE로 매우 단순하게 구성되어 있다. 여러 가지 대화상자의 상세 내용은 *Smarts019.doe* 파일을 보기 바란다. 자원 비용은 구현하기 위해서는 그림 10.21과 같이 RESOURCE 비용은 설정해야 한다.

Run Setup 대화상자에서, Project Parameters 탭의 Costing 체크박스가 체크되어 있는지 점검하라. 이것은 통계 리포트가 비용 보고서를 포함하도록 보장해준다. Arena™는 비용표를 작성할 것이고 모든 자원에 대한 요약 보고서를 제시할 것이다. 여기서 그림 10.22에 제시되어

Resource - Basic Process

	Name	Type	Capacity	Busy / Hour	Idle / Hour	Per Use	StateSet Name	Failures	Report Statistics
1	Biller	Fixed Capacity	1	7.75	7.75	.02		0 rows	☑
2	Mailer	Fixed Capacity	1	5.15	5.15	.02		0 rows	☑
	Double-click here to add a new row.								

그림 10.21 자원 비용 설정하기

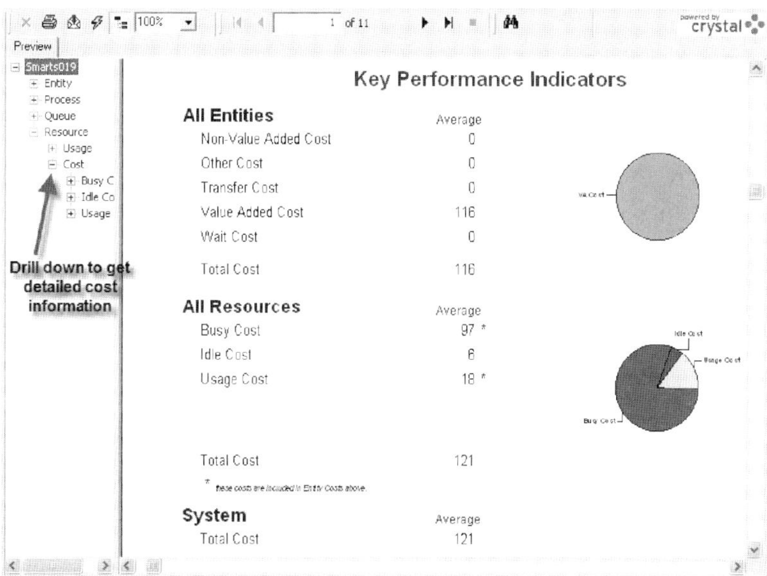

그림 10.22 자원 비용 요약

표 10.5 자원 비용표

자원 비용	시간당 비용($)	시간	비용	합계
Biller	7.75	8	62.0	
Mailer	5.15	8	41.2	
				103.2
사용 비용	사용당 비용($)	사용 횟수		
Biller	0.02	456	9.12	
Mailer	0.02	456	9.12	
				18.24
			총 비용	121.44

표 10.6 가동과 유휴 비용표 작성

	가동률	가동 시간	시간당 비용($)	비용	합계
Biller	0.9374	7.50	7.75	58.12	
Mailer	0.9561	7.65	5.15	39.39	
					97.51
	유휴율	유휴 시간			
Biller	0.0626	0.50	7.75	3.88	
Mailer	0.0439	0.35	5.15	1.81	
					5.69
				총 비용	103.20

있는 것처럼 드릴다운 기능을 이용해서 각 자원의 범주, 즉, 가동, 유휴 그리고 사용에 대한 상세 비용 정보를 볼 수 있다.

표 10.5와 10.6은 Arena^{TM}의 자원 통계 리포트에서 비용표가 어떻게 작성되어 있는지 보여주고 있다. 표 10.5에서 시스템에 의해 435개의 개체(계산서)가 처리되었으므로, 사용 횟수는 알려져 있다. 표 10.6에서 자원 통계량의 가동률이 가동과 유휴 시간의 백분율을 추정하는데 사용되었다. 이것으로부터 시간 수치가 계산되고 비용이 계산될 수 있다. Arena^{TM}는 이들 범주에 있는 실제 시간 수치에 대한 표를 작성한다. 부가가치(value-added) 비용 계산에 대해 간단히 설명하기로 한다.

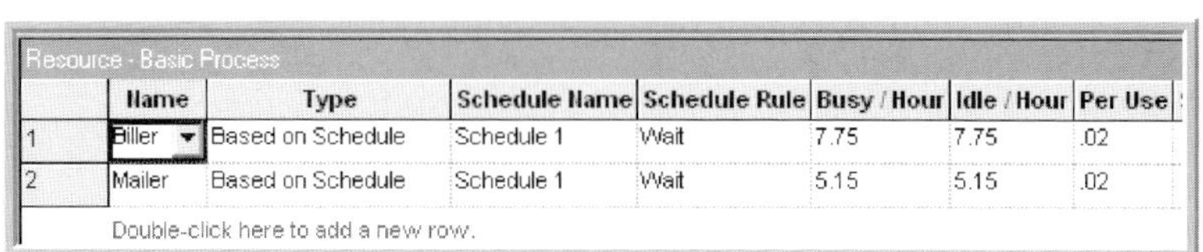

Resource - Basic Process

	Name	Type	Schedule Name	Schedule Rule	Busy / Hour	Idle / Hour	Per Use
1	Biller	Based on Schedule	Schedule 1	Wait	7.75	7.75	.02
2	Mailer	Based on Schedule	Schedule 1	Wait	5.15	5.15	.02

Double-click here to add a new row.

그림 10.23 스케줄 포함 자원이 있는 Smarts049

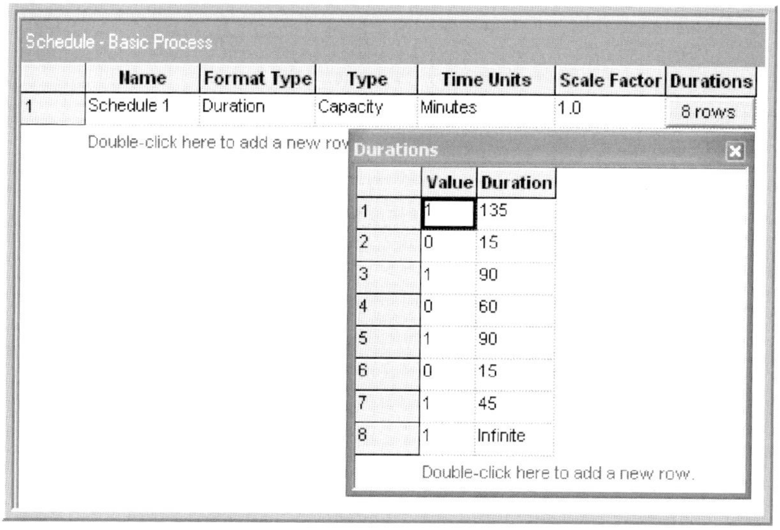

그림 10.24 Smarts049를 위한 Schedule

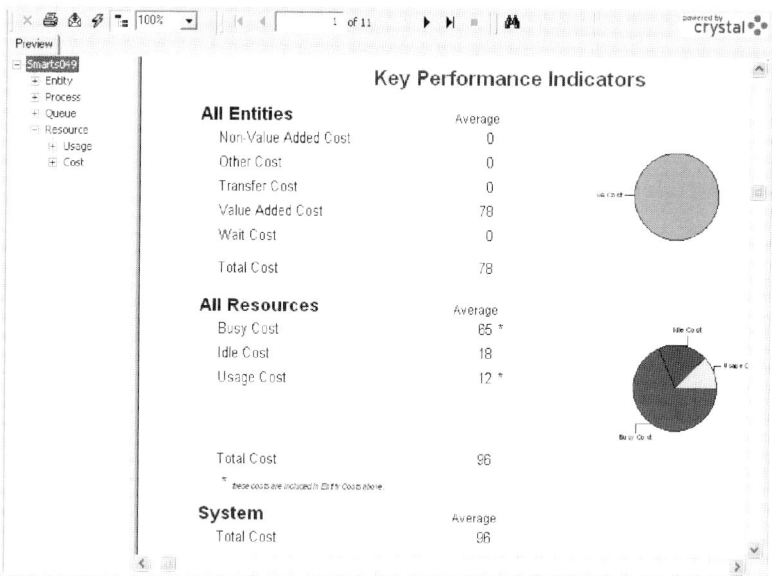

그림 10.25 스케줄 포함 자원에 대한 비용 요약

이 모델과의 비교를 위해 계산처리 작업자와 우편발송 작업자가 그림 10.23과 그림 10.24의 스케줄을 따르는 *Smarts049.doe*를 살펴보자. 그림 10.25처럼 자원들이 가동과 유휴에 이 모델보다 더 작은 가용 시간을 갖기 때문에 더 작은 비용이 발생한다. 이 경우에 작업자들은 스케줄되어 있지 않을 때에는 임금을 받지 않는다. 그림 10.25에서 볼 수 있듯이 Arena™는 아울러 개체에 대한 비용표도 작성한다. 개체 비용표가 어떻게 작성되는지 알아보기 위하여 다른 예를 살펴보자.

10.5.2 개체 비용

개체 비용은 자원 비용보다 약간 더 복잡하다. Arena^{TM}는 5가지 다른 활동 범주에 대해 개체 비용을 할당한다.

대기 시간/비용: 대기 시간은 대기(Wait)로 지정되는 시간이다. 특별한 지정 없이 대기열에서 기다리는 시간은 대기 시간에 할당된다. 대기비용은 개체의 대기 시간에 대응되는 비용이다. 이 비용은 개체가 대기 상태에서 보내는 시간과 자원이 개체에 의해 점유되는 시간을 포함한다.

부가가치 시간/비용: 부가가치 시간은 부가가치(value added, VA)로 지정되는 시간이다. 부가가치 시간은 활동을 통해 개체에 직접적으로 가치를 부가한다. 예를 들어 PCB (printed circuit board)에 부품을 삽입하는 것은 최종 제품에 가치를 더하는 것이다. 부가가치 비용은 개체의 부가가치 시간에 대응되는 비용이다. 이 비용은 개체가 가치를 더하는 활동에서 보낸 시간의 가치와 개체에 의해 점유되는 시간 동안의 자원의 가치를 포함한다.

비부가가치 시간/비용: 비부가가치 시간은 비부가가치(non-value added, NVA)로 지정되는 시간이다. 비부가가치 시간은 활동 동안에 개체에 직접적으로 가치를 주지 않는다. 예를 들어 PCB에 부품을 삽입하기 위해 필요한 재료의 준비(예를 들어, 삽입을 위해 부품들을 준비함)는 비부가가치로 간주할 수 있다. 비부가가치 시간의 부여는 주관적이다. 대개, 시간을 줄이거나 없앨 수 있고 추가 비용 없이 능률이 증가될 수 있다면, 그 시간은 비부가가치 시간으로 간주할 수 있다. 비부가가치 비용은 개체의 비부가가치 시간에 대응되는 비용이다. 이 비용은 개체가 가치를 더하지 않는 활동에서 보낸 시간의 가치와 개체에 의해 점유되는 시간 동안의 자원의 가치를 포함한다.

운반 시간/비용: 운반 시간은 개체가 운반 상태에 있는 특수한 비부가가치 시간이다. 특별한 지정 없이 Advanced Process 패널의 컨베이어나 트랜스포터와 같은 운반장치를 사용하여 보낸 모든 시간은 운반 시간으로 지정된다. 운반 비용은 개체의 운반 시간에 대응되는 비용이다. 이 비용은 개체가 지정된 운반 활동에서 소비한 시간의 가치와 개체에 의해 점유되는 시간 동안의 자원의 가치를 포함한다.

기타 시간/비용: 이 범주는 위의 4가지 범주에 속하지 않는 기타 모든 활동을 포함한다.

앞에서 언급했듯이 Arena^{TM}는 사용되는 구조에 기초하여 자동으로 대기와 운반 시간을 지정한다. 운반 시간 범주의 경우, 운반장치가 사용되지 않더라도 특정 지연 시간을 운반 시간으로 지정할 수도 있다. 모델링하는 과정에서 다양한 활동들을 적절히 지정하는 것은 모델 개발자의 몫이다. 그렇지 않다면, 비용표 결과는 의미가 없을 것이다. Arena^{TM}는 여러분을 위하여 비용 모델링을 하지 않는다. 다만, 사용자를 위하여 비용표를 자동으로 작성해준다. 계산의 황금률을 잊지 말라. 쓰레기가 들어가면, 쓰레기가 나온다(garbage in = garbage out). 만일 비용 모델링을 하고자 한다면, 모델 전체에서 비용 항목을 주의 깊게 정의해야 한다. Arena^{TM}가 어떻게 비용표를 작성하는지 좀 더 자세히 알아보자.

개체 비용 모델링은 ENTITY 모듈에서 개체의 형태를 위한 비용 요율을 지정함으로써 시작된다. 또한 개체에 대한 자원 비용을 의미 있게 할당하려면, RESOURCE 모듈에서 자원을 사용하는 비용을 지정해야 한다. 그림 10.27에서 볼 수 있는 것처럼 ENTITY 모듈에서 5가지 범주 각각에 대해 초기비용뿐만 아니라 개체의 보유비(holding cost)를 지정할 수 있다. 잠시 초기비용은 무시하고 Holding Cost/Hour 필드의 의미를 알아보자. 시간당 보유비는 시스템 안에서 개체를 처리하는 비용을 나타낸다. 이것은 시간 요율로 표시한 시스템 안에 개체를 보유하는 금전 가치이다. 예를 들어 재고 모델에서 이것을 시스템 내부에 한 시간 동안 아이템 한 단위를 보유하는 비용으로 생각할 수 있다. 이 비용은 추정하기가 어렵다. 이 추정은 대개 자본론의 비용에 기초를 두고 있다. 이 값 추정에 대한 상세한 내용은 Silver 등[1998]의 연구를 참고하기 바란다. 개체의 시간당 보유비가 가용하고 개체가 사용하는 자원의 자원 비용이 설정되어 있다면 Arena™는 비용표를 작성할 수 있다.

개체의 부가가치 비용표를 작성하는 것을 알아보자. 개체가 모델을 돌아다님에 따라, 가치가 부가되는 활동들을 만나게 된다. 시스템 내에 있는 동안 개체가 만나게 되는 부가가치 활동 기간의 개수를 n이라고 하자. VAT_i를 기간 i의 부가가치 시간이라고 하고 h를 개체에 대한 보유비 요율이라고 하자. 개체가 활동을 거치는 동안 여러 가지 자원을 사용할 수 있다. R_i를 활동 기간 i에 개체가 사용하는 자원 집합이라고 하자. R_i의 원소 개수는 모델의 자원 총개수 이하이어야 한다는 점에 유의하기 바란다. 개체가 기간 i 동안에 잡고 있는 j번째 자원의 시간당 사용 비용(busy cost)을 b_j라고 하자. 따라서 i번째 기간의 부가가치 비용, VAC_i는 다음과 같다.

$$VAC_i = h \times VAT_i + \left(\sum_{j \in R_i} b_j \right) \times VAT_i + \sum_{j \in R_i} u_j$$

$$= \left(h + \sum_{j \in R_i} b_j \right) \times VAT_i + \sum_{j \in R_i} u_j$$

$\sum_{j \epsilon R_i} b_j$는 기간 i의 자원비용 요율이라고 불린다. 그래서 시뮬레이션 기간 동안 총 부가가치 비용, $TVAC$는 아래와 같다.

$$TVAC = \sum_{i=1}^{n} VAC_i \qquad \text{(식 10.8)}$$

범주를 위한 기간 수와 범주 안에서 보낸 관련 시간을 나타냄으로써 다른 범주들의 비용도 비슷한 방식으로 계산된다. 이 비용들은 주어진 타입의 모든 개체들에 대한 합계이다.

ENTITY 모듈에 지정되는 초기비용들은 Arena™ 비용 보고서에서 특별한 방식으로 처리된다. Arena™ 도움말 시스템은 초기비용에 대해 다음과 같이 언급하고 있다.

> ENTITY 모듈의 초기 VA 비용, NVA 비용, 대기 비용, 이송 비용 그리고 기타 비용 값들은 개체가 생성될 때, 개체의 비용 속성에 자동으로 할당된다. 이 초기비용들은 Category Overview와 Category by Replication 보고서에 표시되는 시스템 요약 통계량에 포함되지 않는다. 이 비용들은 시스템 외부

Resource - Basic Process

	Name	Type	Capacity	Busy / Hour	Idle / Hour	Per Use
1	Processor	Fixed Capacity	1	8.00	8.00	0.0
2	Notary	Fixed Capacity	1	0.0	0.0	10.00
	Double-click here to add a new row.					

그림 10.26 Smarts047.doe에서의 자원 비용

에서 발생한 것으로 간주되며 All Entities Cost와 Total System Cost에 포함되지 않는다. 그렇지만 이 초기비용들은 개체 타입에 대한 비용 통계량에 포함된다.

예를 들어 개체 비용 모델링을 설명하기 위하여, 스마트 파일 *Smarts047.doe*를 살펴보자. 이 모델에서 계약서가 평균 시간당 한 개의 비율을 갖는 포아송 절차를 따라 도착한다. 계약서는 두 개의 부가가치 절차를 가지고 있다. 즉, 부록이 계약서에 추가되고 서기가 계약서에 서명을 한다. 이들 절차를 완료하는 데 각각 TRIA(0.5, 1, 1.5) 시간이 소요된다. 계약서 처리원은 $8/시간의 사용/유휴 비용을 갖는다. 서기는 사용 1회당 $10를 받는다. 계약서의 보유비는 시간당 $1이다. 이 값들이 그림 10.26과 10.27에 제시되어 있다. 그림 10.28에 계약서 부록 절차에 부가가치 시간을 할당하는 방법이 예시되어 있다.

한 개의 개체를 이용하여 이 모델을 실행해보면, 부가가치 비용이 어떻게 계산되는지 더 쉽게 알 수 있다. 모델을 실행하면 개체 한 개에 대한 부가가치 비용으로 약 $19가 산출된다.

그림 10.29는 부록 처리에서 계약서에 대한 부가가치 처리 시간이 55.4317분임을 표시하고 있다. 이것은 표 10.7에 있는 것처럼 시간으로 변환될 수 있다. 그러면 시스템에서 개체에 대한 시간당 비용(자원 비용 더하기 보유비)이 계산된다(예를 들어, $1 + $8 = $9). 처리 비용을 구하기 위해 이것에 시간 단위의 부가가치 시간이 곱해진다. 만일 처리를 위한 자원이 자원 비용을 가지고 있다면, 표 10.7에 있는 것처럼 이것은 VAC_i를 위한 수식에 포함되어야 한다.

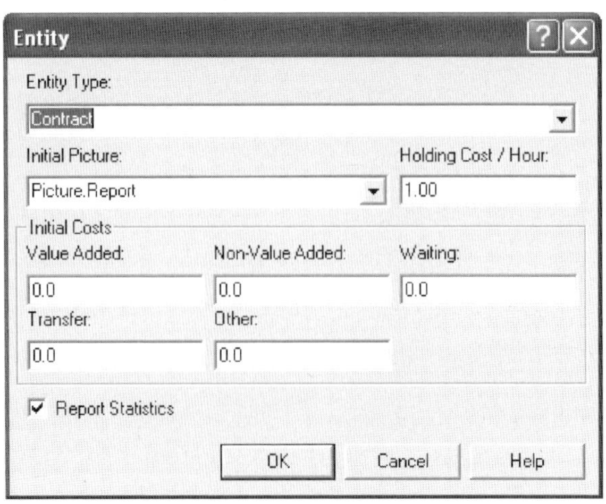

그림 10.27 ENTITY 모듈의 비용 항목

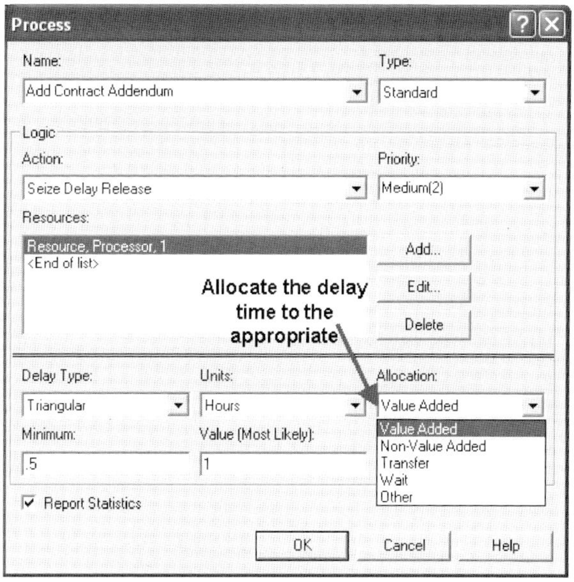

그림 10.28 부가가치 시간 할당하기

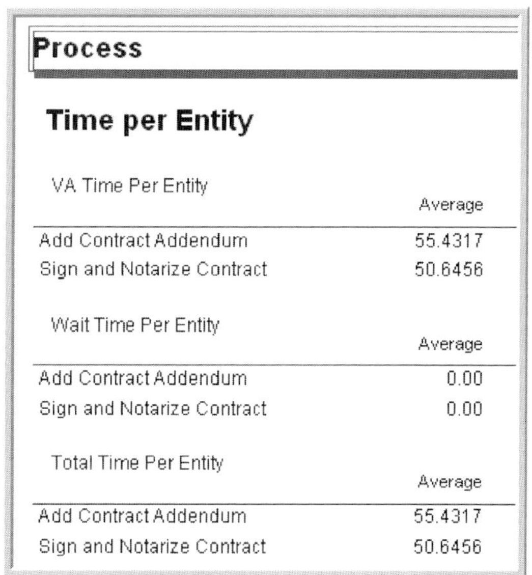

그림 10.29 처리 시간

표 10.7 개체 비용표

처리	VAT (분)	VAT (시간)	보유 비용($/hr)	자원 비용($/hr)	비용($/hr)	비용($)	사용 비용($)	합계 비용
부록 처리	55.4317	0.9238617	1.00	8.00	9.00	8.31	0.00	8.31
서기	50.6456	0.8440933	1.00	0.00	1.00	0.84	10.00	10.84
								19.16

전체 시뮬레이션에 대한 비용을 얻으려면, 이 계산은 계약서 개체가 거치는 모든 부가가치 활동에 대해 각 개체에 대해 수행되어야 한다. 단일 개체의 경우, 부록과 서기 활동에 대한 총 비용이 $19.16임이 표 10.7에 나타나 있다.

다시 언급하면, Arena™ 비용 구조를 모델에 추가하려면, 정보를 입력하고 개체 타입을 지정하는 것의 효과를 이해하는 노력이 추가로 필요하다. 아래의 논점들을 신중히 고려해야 한다.

- 개체 통계량을 수집하기 위해서는 해당 DISPOSE 모듈의 Record Entity Statistics 체크박스를 확실하게 체크하라.
- 확실하게 ENTITY 데이터 모듈을 사용하고, CREATE 모듈에서 생성할 개체의 타입을 설정하라.
- 활동들을 신중하게 할당하라. 예를 들어 만일 개체의 부가가치 비용을 모델에 포함하고 싶다면, 모델에서 개체가 거치는 모든 적절한 부가가치 활동에 대해 부가가치를 할당해야 한다.
- BATCH와 SEPARATE 모듈이 개체가 적절한 속성값을 운반하도록 개체의 속성값을 어떻게 할당하는지 주의 깊게 파악하라. 사용자의 상황을 가장 잘 표현하는 속성 할당 기준을 설정하라.
- 서브모델을 사용하는 경우에 Arena™가 비용표 관점에서 PROCESS 서브모델과 일반 서브모델을 어떻게 취급하는지 주의 깊게 파악하라.

물론 Arena™ 비용 모델을 반드시 사용해야만 하는 것은 아니라는 점을 기억하라. 사용자는 모델에 직접 비용 계산을 설정할 수 있고 사용자가 필요로 하는 것들만 계산할 수 있다. 다시 말해서 사용자가 원하는 대로 하면 된다.

다음 절에서는 여러분의 모델을 향상시킬 수 있는 Arena™ 구조 몇 가지를 더 다룬다.

10.6 기타 모델링 개념

이 절은 앞에서 언급하지 않았지만, 자주 일어나는 모델링 상황을 다룰 수 있는 Arena™의 몇 가지 추가 구조에 대해 알아보기로 한다. 첫 번째 주제는 개체의 작업장 이동을 좀 더 정교하게 제어하는 것이다. 두 번째 상황은 작업장을 포괄적으로 만들어서 모델의 확장성을 향상시키는 것과 관련이 있다. 이것은 BATCH 모듈에서 가용한 방식과는 다른 방법으로 함께 이동하는 개체들의 그룹을 형성하는 또 다른 방법을 제공해준다.

10.6.1 피킹 작업장

이제 막 한 고객이 식료품 쇼핑을 끝내고 계산대로 향하고 있다고 가정하자. 그 고객은 계산 작업장을 쳐다보고 계산 프로세스를 가장 빨리 완료할 수 있을 것으로 생각되는 라인을 선택하기 위해 검색을 한다. 이것은 많은 모델링 과정에서 매우 자주 발생하는 상황이다. 개체는 시스템의 상태에 근거하여 가용한 작업장들로부터 선택을 한다. 이 상황은 DECIDE 모듈을 이용하여 다룰 수 있지만, 검토해야 할 판단기준이 많은 경우를 구현하는 것은 지루하고 오류가 자주 발생하는 일이다. 더욱이 많은 경우에 체크해야 할 공통 판단기준(예를 들어, 가장 짧은 라인, 가장 덜 바쁜 자원 등)이 집합으로 있다. 이런 이유 때문에 Arena^{TM}는 Advanced Transfer 패널에 PICKSTATION 모듈을 준비하고 있다. PICKSTATION 모듈은 작업장 밖으로 개체를 보내기에 앞서 조건들을 검토하는 기능을 가지고 있다.

Arena^{TM} SMARTS 파일, *Smarts113.doe*는 이 상황에 대한 좋은 예제이다. 이 모델에서 개체는 분당 1개의 도착률을 갖는 포아송 프로세스를 따라 생성된다. 도착하는 개체는 서비스를 받기 위해 두 작업장 중에서 한 개를 선택해야 한다. 선택은 작업장으로 이동 중인 개체의 수와 현재 작업장에서 대기중인 개체의 수에 따라 이루어진다.

그림 10.30에서와 같이 생성된 개체는 바로 Entry 작업장으로 들어간다. Entry 작업장에서 개체는 PICKSTATION 모듈을 통해 두 작업장 중에서 하나로 이동한다. 처리는 전형적인 SEIZE, DELAY, RELEASE 로직으로 모델링된다. 처리가 끝나면, 개체는 시스템을 떠나는 Later(출구) 작업장으로 이동한다. 이 상황을 위해 필요한 새로운 모델링 구조는 PICKSTATION 모듈뿐이다.

PICKSTATION 모듈은 그림 10.31에 있는 것처럼 ROUTE 모듈과 매우 유사하다. 모듈의 상단에서 어떤 작업장이 결정될지를 정하는 판단기준을 설정한다. 모듈의 하단 부분에서 이동하는 메커니즘을 정의한다. 그림에서는 작업장으로 이동 중인 개체의 수와 현재 작업장에서 대기중인 개체의 수의 최소 기준이 선택되었다. Test Condition 필드는 최소 또는 최대로 지정된다. Selection Based On 섹션은 선택 기준에 포함될 구조를 지정한다. 사용자는 작업장들의 목

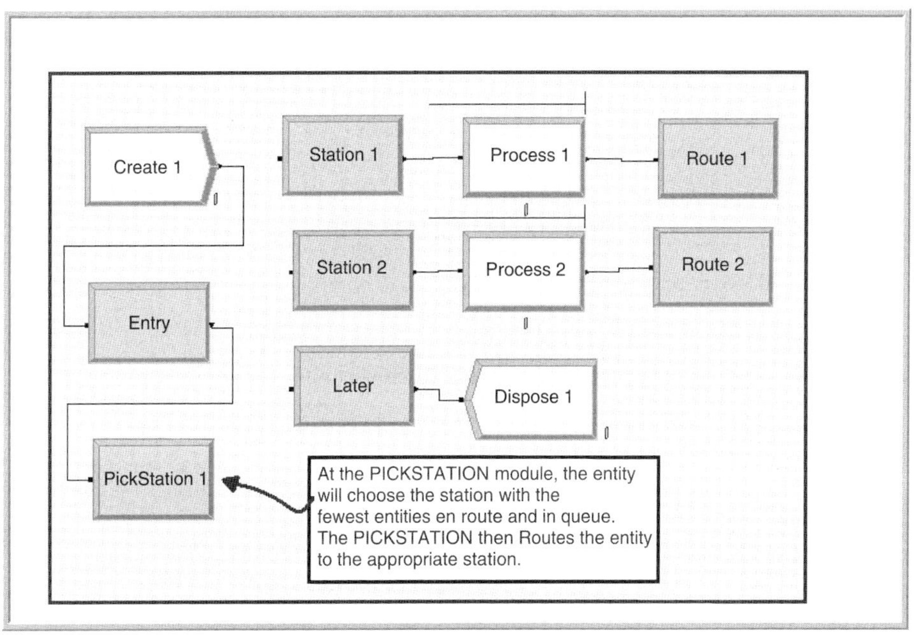

그림 10.30 PICKSTATION 모듈 예제

록과 각 작업장(예를 들어, 처리 대기열)을 검토할 적절한 구조를 제시해야 한다. 구조의 선택은 Selection Based On 구역에 선택된 판단기준에 따라 달라진다.

목록에 작업장을 추가하는 대화상자가 그림 10.32에 예시되어 있다. 그림에서 작업장, 작업장에 있는 대기열 또는 작업장에 기초하여 평가되는 일반 표현식을 선택할 수 있다. Arena™는 선택된 판단기준에 따라 최소값(또는 최대값)을 갖는 작업장을 찾기 위해 목록을 검색한다. 동률이 발생할 경우, Stations 목록에 첫 번째로 열거되어 있는 작업장을 선택한다. 작업장이 선택되고 나면, 개체는 표준 경로 옵션(PICKSTATION 모듈의 Transfer Type에서 지정.

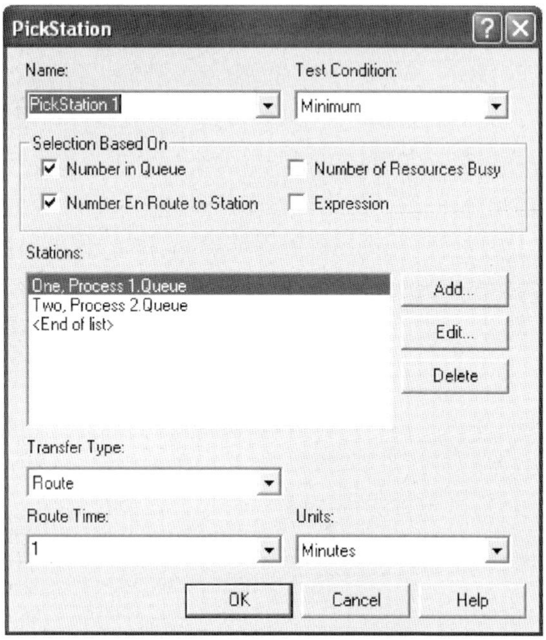

그림 10.31 PICKSTATION 모듈

그림 10.32 작업장 기준 설정

Transport, Route, Convey 그리고 Connect 옵션이 있음)에 따라 이동한다. 만일 Connect 옵션인 경우에는 나중에 운송 모듈(예를 들어, CONVEY)에서 작업장을 지정하는 데 사용될 수 있도록 선택된 작업장을 속성값으로 저장할 수 있다. 추가로 Transport 또는 Convey를 선택하면 개체가 Transporter를 잡거나 Conveyor에 올라가야 하기 때문에, 개체는 PICKSTATION에 들어가기에 앞서 운반장치의 제어권을 갖기 위해 먼저 적절한 모듈(예를 들어, REQUEST)을 사용해야 한다.

PICKSTATION 모듈 설정과 사용은 비교적 쉽다. 유일한 어려운 점은 표현식(Expression) 옵션을 적절히 사용하는 것이다.

표현식의 사용을 설명하기 위해 예제를 변경해보자. 예제에서 두 자원이 매시간마다 10분씩 휴식을 갖는 스케줄을 따른다고 가정한다. 첫 번째 자원은 시간의 시작 시점에 휴식을 갖고, 두 번째 자원은 시간 중간 시점에 휴식을 갖는다. 이것은 두 자원이 동시에 휴식 상태에 있지 않도록 보장해준다. 이 상황에서 도착하는 고객은 휴식 중인 자원이 있는 작업장을 선택하고 싶어하지는 않을 것이다. 하지만 단지 현재 작업장에서 대기 중인 개체의 수와 작업장으로 이동 중인 개체의 수에 기초하여 작업장을 선택한다고 하면, 개체가 휴식 중인 작업장으로 보내질 수 있다. 따라서 휴식 시간 동안에는 휴식 중인 작업장이 선택되지 않도록 보장하는 어떤 조치가 필요하다. 이것은 자원이 비활동 상태에 있는지 검사해봄으로써 가능하다. 만일 비활동이면, 그 자원이 선택되지 않도록 기준 값에 큰 수를 곱한다.

이 아이디어를 적용하기 위하여 각 자원에 대해 하나씩 2개의 스케줄을 아래와 같이 생성하였다. 그림 10.33에 2개의 스케줄이 제시되어 있다. 자원 1에 대한 스케줄에서 처음 10분 동안 용량이 0이고 나머지 50분 동안 1이다. 그리고 나서 스케줄은 반복된다. 두 번째 자원에 대한 스케줄의 경우 30분 동안 자원이 가용하고 이어서 10분 동안 휴식이 있다. 그런 후 나머지 시간 동안 가용하다. 이렇게 하여 1시간 단위로 스케줄이 반복된다.

이제 개체가 고장난 자원이 있는 작업장을 잡지 않도록 PICKSTATION 모듈을 수정해야 한다. 이것은 표현식을 사용하여 처리된다: [STATE(자원명) == INACTIVE_RES]**vBigNumber*. 여기에서 만일 자원명의 자원의 상태가 비활동이면 논리식은 참으로 1이 된다. 그러면 1에다 큰 값(예를 들어, 10,000)을 곱하게 된다. 즉, 상태가 비활동이면 10,000 값을 얻는다. 최소 기준으로 작업장이 선택되므로 이것은 현재 비활동 상태인 작업장에 패널티

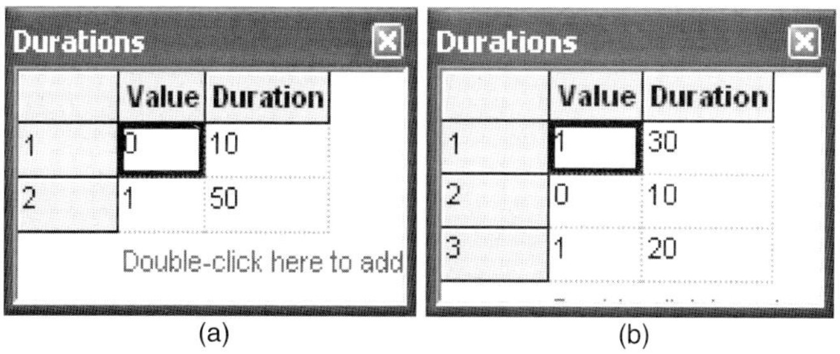

그림 10.33 PICKSTATION 확장을 위한 스케줄 (a) 자원 1을 위한 일정 (b) 자원 2를 위한 일정

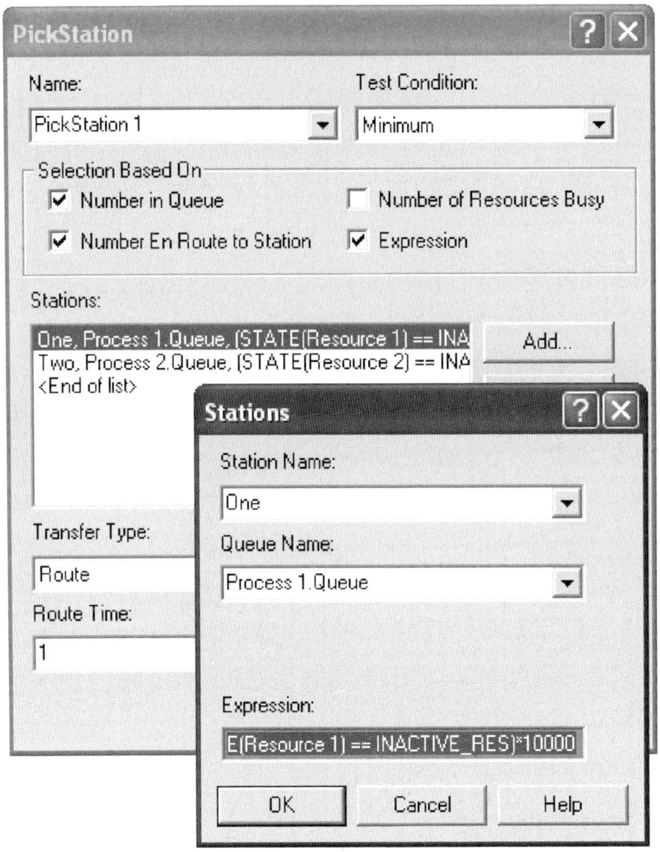

그림 10.34 비활동 기간 동안의 작업장 선택 방지

를 주는 것이다. 그림 10.34에 PICKSTATION 모듈에서 이렇게 처리한 예가 제시되어 있다. *Smarts113-PickStation-ResourceStaffing.doe* 파일을 실행하면, 개체가 고장 상태에 있는 작업장을 선택하지 않는 것을 볼 수 있다.

여기서 소개한 모델을 포함하여 많은 모델에서 작업장 로직은 본질적으로 동일한 SEIZE, DELAY, RELEASE이다. 다음 절에서는 다수의 작업장을 사용하려는 임의 개체를 처리할 수 있도록 많은 작업장을 하나의 포괄 작업장으로 대치하는 가능성에 대해 알아보기로 한다.

10.6.2 포괄 작업장 모델링

포괄 작업장(generic station)은 지정된 작업장의 개수에 관계없이 처리할 수 있는 작업장(그리고 동반하는 모듈들)이다. 이것을 완성하기 위해서 셋이 사용되어야 한다. 포괄 작업장은 공통으로 반복되는 모듈들의 시리즈가 마치 서브루틴처럼 모듈들의 한 셋으로 대치되도록 해준다. 모듈들의 시리즈를 포괄 작업장으로 변환시키는 비결은 셋을 적절히 인덱스(첨자)로 처리하는 것이다. 예제를 이용하는 것이 이 아이디어를 설명하는 최선의 방법일 것이다.

8장에서 다룬 검사-수리 가게(그림 10.35)를 다시 생각해보자. 모델 중간에 동일한 구조를 가진

3개의 검사 작업장이 있다. 사실 그것들 사이의 차이점이라곤 처리가 다른 작업장에서 진행된다는 점뿐이다. 추가로 부품들은 시퀀스를 통해 이동하고 그것들의 처리 시간은 SEQUENCE 모듈에 할당되어 있다. 이런 두 가지 사실을 활용하면, 임의의 검사 작업장을 사용하여 모든 부품을 처리할 수 있도록 하기 위해 9개의 모듈을 4개의 모듈로 쉽게 대치할 수 있다.

그림 10.36은 검사-수리 모델의 포괄 처리 버전이다. 그림에서 알 수 있듯이 검사 작업장은 작업장 Generic Station으로 대치되었다. 포괄 모델은 STATION, SEIZE, DELAY, RELEASE, ROUTE로 구성된다는 점에 유의하기 바란다. 이 모델의 진짜 비결은 셋(set) 모델링으로 시작된다.

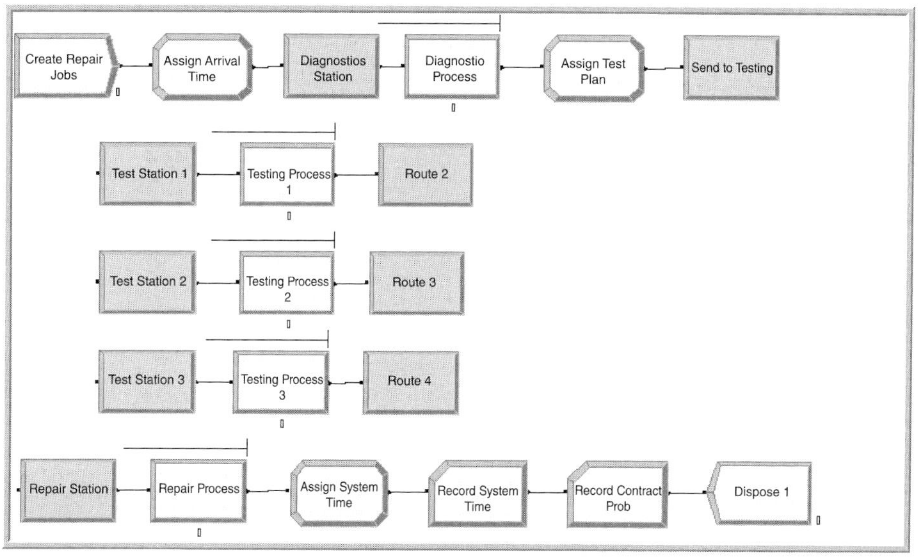

그림 10.35 검사-수리 모델

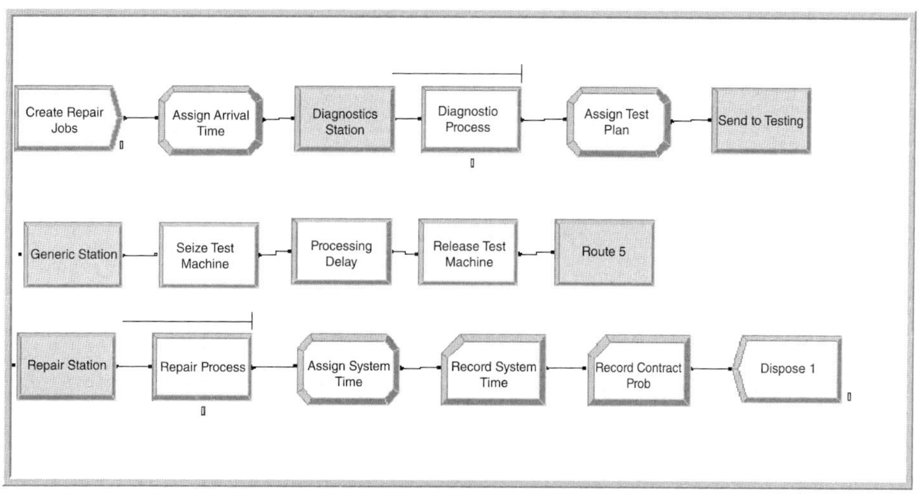

그림 10.36 포괄 검사-수리 모델

이 모델을 위하여 3개의 셋이 정의되어야 한다. 검사 작업장을 보관하는 셋, 검사 기계 자원을 보관하는 셋, 그리고 검사 기계를 위한 처리 대기열을 보관하는 셋이다.

작업장 집합을 정의하는 두 가지 방법이 있는데, Advanced Set 모듈과 STATION 모듈의 셋 옵션을 사용하는 것이다. 포괄 작업장이 정의되어 있으므로 STATION 모듈의 셋 옵션을 사용하는 것이 좀 더 편리하다.

그림 10.37은 포괄 작업장 모듈을 보여주고 있다. Station Type 필드가 "Set"으로 설정되어 있는 점에 주목하기 바란다. 이것은 작업장 셋이 나타내는 작업장들을 보관하기 위해 셋을 정의할 수 있도록 해준다. Arena™는 이 하나의 모듈을 사용하여 목록에 있는 임의 작업장으로 운송되는 모든 개체를 처리한다. 이 모델링에서 매우 중요한 것은 작업장의 목록 나열 순서이다. 사용될 다른 셋에서도, 작업장과 연관된 자원과 대기열이 동일한 순서로 열거되도록 해야 한다.

개체가 목록에 나열된 작업장들 중에서 한 개로 이동할 때, 현재 포괄 작업장이 표시하는 작업장을 기억해야 한다. 이것은 Save Attribute로 처리되는데 셋에 있는 작업장의 인덱스(첨자)를 기록한다.

이 점이 반복해서 언급할 만큼 중요하다. 선택된 작업장을 보관하지 않고, 작업장 셋에 있는 작업장에 대한 인덱스를 보관한다. 이 인덱스는 포괄 처리를 위해 대기열 셋과 자원 셋에 대해 참조하는 데 사용된다. 그림 10.38에 모델을 위해 필요한 자원과 대기열 셋이 제시되어 있다. 자원 셋은 Basic Process 패널의 SET 모듈을 사용하여 정의되었고, 대기열 셋은 Advanced Process 패널의 Advanced SET 모듈을 사용하여 정의되었다. 이렇게 정의된 셋을 통하여 SEIZE와 RELEASE 모듈을 사용할 수 있다.

원래의 모델에서 PROCESS 모듈이 검사 처리를 표현하기 위해 사용되었다. 이번 포괄 모

그림 10.37 Set 옵션을 가지는 포괄 작업장 모듈

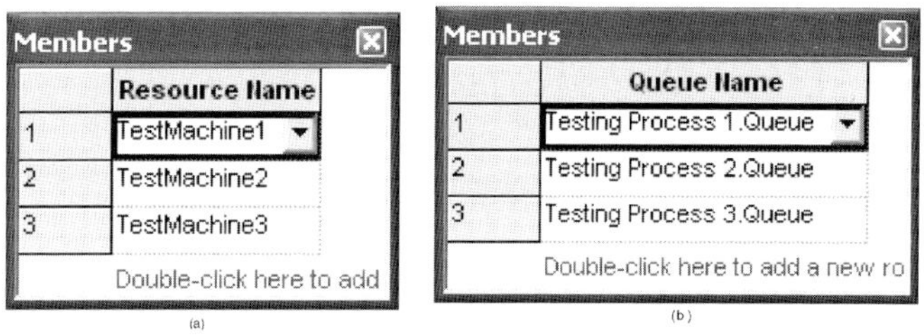

그림 10.38 포괄 모델을 위한 자원과 대기열 셋

델에서는 PROCESS 모듈이 Advanced Process 패널의 SEIZE, DELAY 그리고 RELEASE 모듈로 대치된다. 이렇게 하는 기본 이유는 자원을 할당할 때 대기열 셋에 접근할 수 있어야 하기 때문이다.

그림 10.39는 포괄 검사–수리 모델을 위한 SEIZE 모듈을 보여준다. 자원을 잡을 때, *TestMachineSet*에서 *myStationIndex*에 지정되어 있는 특정 멤버를 선택하기 위해 Set 옵션이 사용되었다. 그래서 만일 개체가 검사 작업장 2로 보내지면, *myStationIndex*는 값 2를 갖는다. 그리고 나서 이 값은 *TestMachineSet*에서 인덱스로 사용된다. 이제 여러분은 왜 셋의 순서가 중요한지 알았을 것이다. 추가로 만일 개체가 자원을 기다려야 한다면 어느 대기열에서 기다려야 할 것인지를 알아야 한다. SEIZE 모듈은 대기열이 셋에서 선택되도록 하는 옵션을 가지고 있다. 이 경우에 *myStationIndex*를 사용하여 *TestMachineQSet*에 접근할 수 있다. 이 하나의 SEIZE 모듈에 의해 다수의 대기열이 다루어지므로 Arena^{TM}는 기본 대기열 애니메이션을 사용하지 않는다. 만일 이 대기열들에 대한 애니메이션이 모델링에서 중요하다면, Animation 툴바를 이용하여 모델 윈도우에 애니메이션 대기열을 포함시킬 수 있다.

포괄 작업장을 위한 DELAY 모듈이 그림 10.40에 제시되어 있다. DELAY 모듈을 포괄화하는 것은 쉽다. 개체가 작업장으로 이동할 때, *myTestingTime* 속성에 할당하기 위해

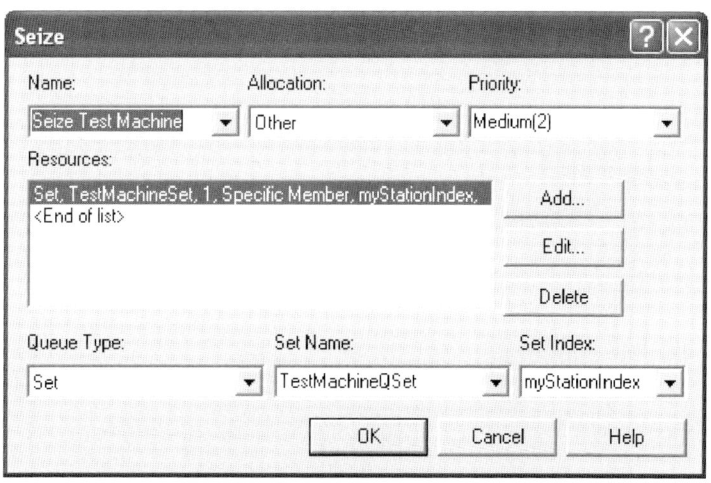

그림 10.39 포괄 모델을 위한 SEIZE 모듈

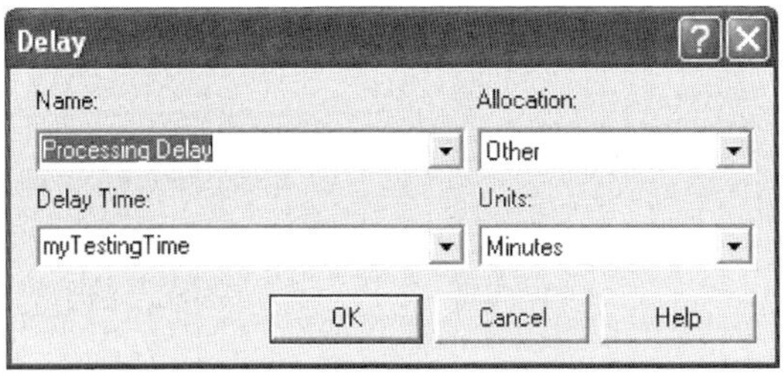

그림 10.40 포괄 모델을 위한 DELAY 모듈

SEQUENCE 모듈이 사용되기 때문이다.

포괄 작업장을 위한 RELEASE 모듈이 그림 10.41에 제시되어 있다. 풀어줄 자원을 지정하기 위하여 셋 옵션이 사용되었다. 특정 멤버를 풀어주기 위해 *TestMachineSet*을 인덱스로 접근하는 데 *myStationIndex*가 사용된다. ROUTE 모듈은 원래의 검사-수리 모델에서 사용된 ROUTE 모듈과 동일하다. 이것은 시퀀스 옵션을 사용하여 부품을 이동시킨다.

이 모델을 실행하려면, 파일 *GenericRepairShop.doe*를 오픈한다. 실행 결과는 8장에서 본 것과 완전히 동일하다. 이제, 여러분은 “이 포괄 방식은 많은 작업이 필요한 것으로 보인다. 이것이 가치가 있을까?”라는 의문이 생길 수 있다. 물론 이 경우에 4개의 플로차트 모듈이 절약되었다(포괄 모델에서는 5개이고 원래 모델에서는 9개). 그렇지만 포괄 모델에서는 3개의 셋을 추가하였다. 이것은 그렇게 많이 절약된 것으로 보이지는 않는다. 이제, 10개 혹은 더 많은 검사 작업장을 갖는 실제 크기의 모델을 생각해보자. 원래 모델에서 검사 작업장을 더 추가하

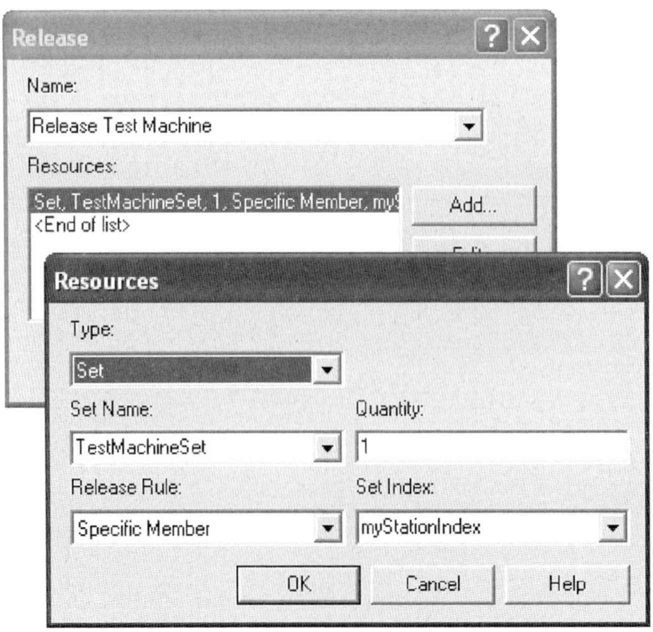

그림 10.41 포괄 모델을 위한 RELEASE 모듈

기 위해서는 필요한 횟수만큼 STATION, PROCESS, ROUTE 조합을 복사/붙여넣기 하고 모듈을 수정해야 할 것이다. 포괄 모델의 경우에는 해야 할 모든 일은 셋에 더 많은 멤버를 추가하는 것이다. 플로차트 모듈은 변경될 필요가 없다. 더 큰 모델을 실행하기 필요한 모든 변경은 데이터 모듈에서 일어난다(예를 들어, 셋들, 시퀀스 등). 다른 구조를 갖는 모델에 대해 실험을 하고 실행할 때에 포괄 모델이 매우 유리하다. 포괄 모델이 훨씬 확장성이 좋다.

여러분이 포괄 모델링에 익숙해지기 전까지는 다음과 같이 하는 것을 추천한다. 첫 번째로 포괄 특성이 없는 모델을 개발한다. 모델을 검토하고 의도한 대로 작동이 되고 나면, 모델을 포괄성을 갖도록 바꿀 수 있는 곳이 있는지 찾아본다. 만일 실험을 하는 동안에 포괄 구조가 유리하다고 생각되거나 모델 재사용이 모델링 과정에서 수고를 줄일 수 있다면, 그곳을 포괄화하는 것을 고려하라. 만일 모델이 특정 질문을 해결하기 위해 단 한 번만 사용될 것으로 예상된다면, 포괄 모델링을 고려하지 말라. 한 번 사용할 모델이라도 만일 모델이 매우 크다면, 그곳을 포괄 구조로 변경하면 모델 개발 작업에서 매우 유리할 수 있다. 여기의 간단한 예제에서는 포괄 모델링은 매우 쉬웠다. 그렇지만 항상 그런 것은 아니다. 따라서 포괄 모델링은 대개 이 예제보다 더 많이 생각하고 수정을 해야 한다. 그렇지만 이것은 매우 유용하다.

10.6.3 개체 선발과 제거

많은 경우에 개체들은 시스템 안에서 함께 움직이기 위해 동기화되어야 한다. 5장에서 이런 상황을 다루기 위해 BATCH, SEPARATE 그리고 MATCH를 어떻게 사용하는지 설명하였다. BATCH 모듈은 희망하는 수의 개체들이 BATCH 모듈로 들어올 때까지 대기열에서 기다리도록 해준다는 점을 기억하기 바란다. 일단 배치가 형성되면, 하나의 대표 개체가 BATCH 모듈을 떠나게 된다. 배치의 대표 개체는 영구 또는 임시일 수 있다. 임시 개체인 경우, SEPARATE 모듈이 대표 개체를 구성하는 개체들로 분할하는 데 사용된다.

대표 개체란 정확히 무엇인가? 대표 개체는 배치를 구성하는 개체들을 **개체 그룹** 안에 보관하기 위해 생성된 개체이다. BATCH 모듈만이 개체 그룹을 형성하는 유일한 방법은 아니다. BACTH 모듈의 경우에는 그룹을 보관하기 위해 새로운 개체가 생성된다. 새로이 만들어진 개체가 대표 개체 역할을 한다. 이에 비해 PICKUP 모듈에서는 이 모듈을 통과하는 능동 개체가 대기열에 있는 개체들을(선발하여) 개체 그룹에 추가해준다. 즉, 이 능동 개체가 대표 개체가 되는 것이다.

개체 그룹에서 개체를 꺼내기 위해서 DROPOFF 모듈이 사용된다. 능동 개체가 DROPOFF 모듈을 통과할 때, 그룹에 있는 어떤 개체들이 그룹에서 제거(탈락)될지를 지정할 수 있다. 그룹에서 개체들이 제거되기 때문에, 일단 제거된 개체들을 어디로 보내야 할지 지정해주어야 한다. 제거되는 개체들의 그룹을 잡고 있는 능동 개체가 그들을 대표하기 때문에 제거되는 개체들의 속성을 갱신/설정하는 방법을 지정할 수 있다. PICKUP과 DROPOFF 모듈은 Advanced Process 패널에서 찾을 수 있다. 그림 10.42와 10.43에 PICKUP과 DROPOFF 모듈이 예시되어 있다. PICKUP 모듈에서 Quantity 필드는 지정된 대기열에서 지정된 순서에서 시작하여 선발할 개체의 수를 설정한다. 예를 들어 대기열에서 모든 개체들을 꺼내려면, 이 필드에 NQ(대

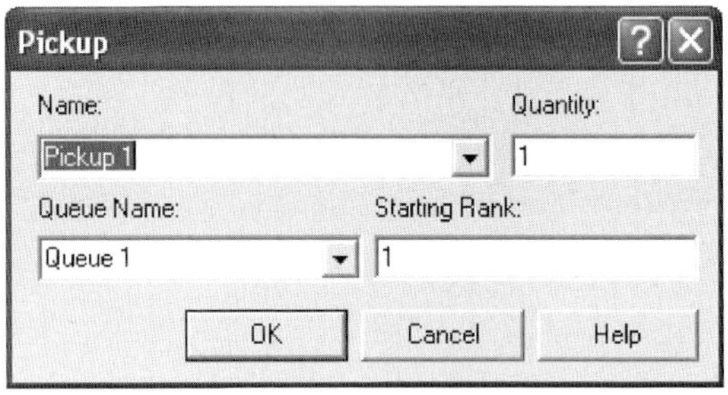

그림 10.42 PICKUP 모듈

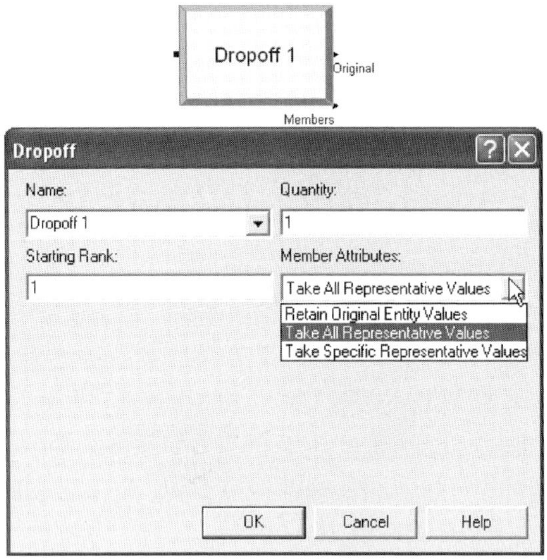

그림 10.43 DROPOFF 모듈

기열 이름)를 입력한다.

선발되는 개체의 수는 대기열에 있는 개체의 수보다 클 수 없다. 그렇지 않으면 실행 오류가 발생한다. 그래서 대기열에 있는 개체 수를 알아보기 위하여 PICKUP 모듈 앞에 DECIDE 모듈을 두는 것이 일반적이다. 이것은 한번에 개체 한 개를 선발할 때 매우 유용하다. 지정된 대기열에서 한 개체가 선발되면, 이것은 PICKUP 모듈을 실행하고 있는 개체의 그룹에 추가된다. 선발된 개체(들)은 그룹의 끝부분에 추가된다.

한 그룹 안에 다른 여러 개체들을 보관할 수 있으므로, 모델을 실행하는 동안에 그룹에 있는 개체들에 접근할 필요가 있다. 개체 그룹을 다루는 전용 함수들이 준비되어 있다. 다음 함수들에 대한 자세한 정보를 Arena^{TM} 도움말 시스템에서 얻을 수 있다.

AG (Rank, Attribute Number): AG는 능동 개체의 그룹에서 지정된 Rank의 개체에 대한 일반 용도의 속성, Attribute Number의 값을 알려준다. 함수 NSYM를 사용하여 속성 명을 원하는 Attribute Number로 변환할 수 있다.

ENTINGROUP(Rank [, **Entity Number**]): ENTINGROUP는 개체 대표 Entity Number의 그룹에서 지정된 Rank의 개체의 개체 번호(즉, IDENT 값)를 알려준다.

GRPTYPE(Entity Number): GRPTYPE는 BATCH 모듈에서 형성된 그룹을 대표하는 개체를 참조하여 임시 그룹이면 1, 영구 그룹이면 2를 돌려준다. 그룹이 아니면, 0이 반환값이다.

ISG(Rank): 이 함수는 능동 개체의 그룹의 지정된 Rank에 있는 개체의 특수 용도의 잡스텝(Entity.Jobstep 또는 IS) 속성 값을 알려준다.

MG(Rank): 이 함수는 능동 개체 그룹의 지정된 Rank에 있는 개체의 특수 용도의 작업장(Entity.Station 또는 M) 속성 값을 알려준다.

NSG(Rank): 이 함수는 능동 개체 그룹의 지정된 Rank에 있는 개체의 특수 용도의 시퀀스(Entity.Sequence 또는 NS) 속성 값을 알려준다.

NG(Entity Number): NG는 대표 Entity Number의 그룹에 있는 개체의 개수를 알려준다. 만일 Entity Number가 지정되지 않으면, NG는 활성화되어 있는 개체의 그룹 크기를 알려준다.

SAG(Attribute Number): SAG는 활성화되어 있는 개체 그룹의 모든 멤버의 지정 Attribute Number의 값들을 더한다. 지정 속성의 데이터 형태는 숫자이어야 한다. 함수 NSYM를 사용하여 속성명을 원하는 Attribute Number로 변환할 수 있다.

많은 함수들이 그룹에서의 순서를 필요로 한다는 점에 유의하기 바란다. 즉, 개체들의 그룹을 보관하고 있는 목록에서의 위치. 예를 들어 AG [1, NSYM(*myArrivalTime*)]는 그룹에 있는 첫 번째 개체의 *myArrivalTime*라는 이름의 속성값을 알려준다. 요청되는 개체의 인덱스를 찾기 위해 그룹을 검색하는 데 SEARCH 모듈이 자주 사용된다.

DROPOFF 모듈은 PICKUP 모듈과 한 쌍이다. DROPOFF 모듈은 개체의 그룹으로부터 지정된 순서에서 시작하여 개체를 제거한다. 원래의 개체는 *Original* 레이블이 붙어 있는 출구 포인트로 빠져나간다. 제거된 모든 멤버는 *Members* 레이블이 붙어 있는 포인트를 통하여 모듈을 빠져나간다. 만일 그룹에 멤버가 없으면, 원래의 개체는 단순히 빠져나간다. SEPARATE 경우와 같이 제거되는 개체들이 어떻게 그들의 속성을 다루는지를 지정할 수 있다. *Take Specific Representative Values* 옵션은 개체들이 대표 개체로부터 어떤 속성들을 얻게 될지를 지정하는 추가 대화상자를 오픈한다. 제거할 특정 멤버들의 순서를 알아내기 위해서 앞에서 설명한 함수들이 그룹에 있는 멤버들에 대해 사용될 수 있다. 그래서 개체들이 단독으로 또는 지정된 개수만큼 제거될 수 있다. 대표 개체는 그룹에 있는 다른 멤버들을 계속해서 보관하고 있다. 특수변수 *NG*는 그룹에 얼마나 많은 개체들이 있는지 알아내는 데 매우 유용하다. 다시 언급하건데, SEARCH 모듈이 제거할 필요가 있는 개체들의 순서를 찾아내기 위해 그룹을 검색하는 데 유용하다.

PICKUP과 DROPOFF 모듈을 설명하기 위해 간단한 셔틀 버스 시스템에 대한 모델을 사용할 것이다. 이 시스템에는 버스 정류장 두 개와 버스 한 대가 있다. 승객은 평균이 시간당 6명인 포아송 도착 프로세스를 따라 버스 정류장 1에 도착한다. 버스 정류장 2에는 평균이 시간당

10명인 포아송 도착 프로세스를 따라 승객이 도착한다. 버스 정류장 1에 도착하는 승객은 버스 정류장 2로 가기를 원하고, 버스 정류장 2에 도착하는 승객은 버스 정류장 1로 가기를 원한다. 셔틀 버스의 좌석은 10개이다. 버스가 정류장에 도착하면, 먼저 모든 승객을 내려 놓는다. 승객당 하차 시간은 평균이 8초이고 표준편차가 2초인 대수정규분포를 따른다. 모든 승객이 하차한 후 정류장에서 기다리고 있는 승객들이 승차를 시작한다. 승객당 승차 시간(버스 승차와 착석)은 평균이 12초이고 표준편차가 3초인 대수정규분포를 따른다. 버스에 타지 못한 승객은 다음 버스가 도착할 때까지 정류장에서 기다린다. 승객의 하차와 승차가 완료되면 버스는 다음 버스 정류장으로 이동한다. 버스 정류장 사이의 이동 소요 시간은 모수가 (16, 20, 24)분인 삼각분포를 따른다. 승객의 평균 대기 시간, 승객의 평균 시스템 체류 시간, 그리고 버스가 꽉 차서 정류장에 남아서 기다리는 고객수의 평균을 추정하기 위해 8시간 동안 시뮬레이션하기로 한다.

이 상황을 언뜻 보면, 버스 모델을 위해 일반 이동장비(transporter)를 사용하는 방법이 떠오를 수 있다. 그러나 이동장비를 투입하는 Arena™의 메커니즘으로는 버스 경로를 모델링하는 것이 용이하지 않다. 표준 이동장비 모델링에서는 이동장비가 개체에 의해 요청된다. 주지하는 바와 같이 대부분의 버스 시스템에서는 승객이 버스를 요청하지 않는다. 대신 버스 운전사가 경로를 따라 버스를 운전하고 정류장에서 정차하여 승객을 태우고 내린다. 이 시스템을 모델링하기 위해서는 버스를 개체로 모델링하는 "속임수"가 필요하다. 버스 개체가 PICKUP과 DROPOFF 모듈을 실행하게 된다. 승객 또한 개체로 모델링될 것이다. 이렇게 함으로써 승객에 대한 시스템 체류 시간 통계를 작성할 수 있다. 추가로, 승객이 개체이기 때문에 버스 정류장을 모델링하기 위해 무한정 대기의 HOLD 모듈이 사용될 수 있다. 이것이 정말로 있어야 하는 모든 것이다. 실제로 각 버스 정류장에서 수행되는 로직이 동일하므로 정류장들은 또한 포괄 작업장을 써서 모델링될 수 있다. 이제 승객 모델링을 시작해보자.

그림 10.44는 버스 시스템 모델의 전체 구조를 보여준다. 전체 모델은 이 장에 대응되는 폴

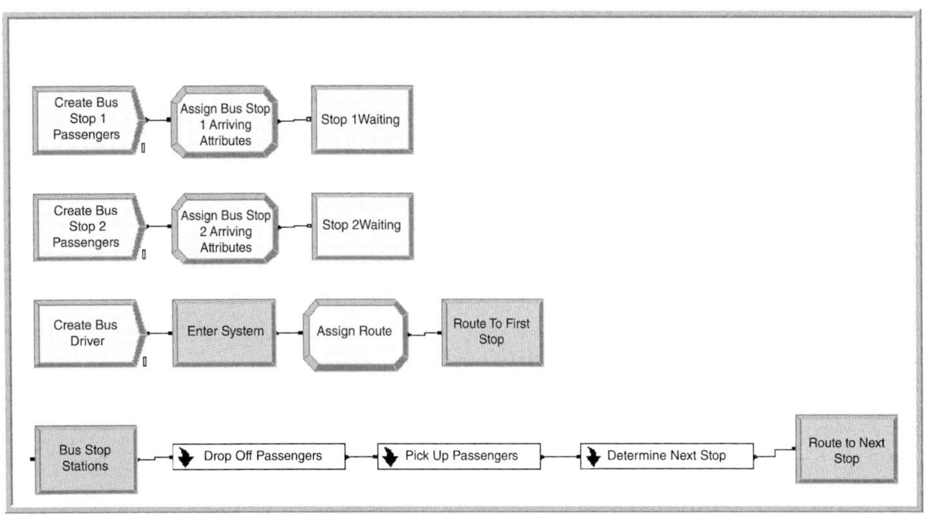

그림 10.44 버스 시스템 전체 구조

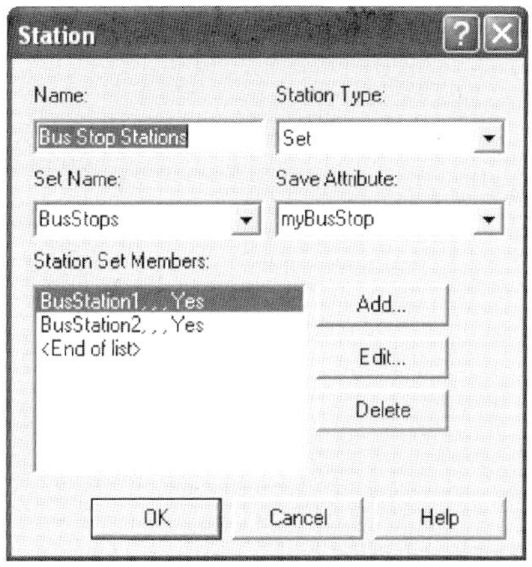

그림 10.45 버스 정류장을 위한 포괄 작업장

더의 파일 *ch10BusSystem.doe*에 있다. 그림에서 상단의 6개 모듈은 승객 도착을 표현한다. 의사 코드는 아래와 같이 간단하다:

- CREATE = 평균 10분의 지수분포를 따르는 도착 간격으로 승객을 생성한다.
- ASSIGN = 도착 시간을 할당한다.
- HOLD = 제거될 때까지 잡아둔다.

그림 10.44에서 다음 4개의 모듈은 버스 생성을 나타낸다. 버스 개체는 시간 0에 생성되고 버스 경로를 표현하는 시퀀스를 할당받는다. *BusRoute*라고 불리는 SEQUENCE 모듈이 사용되었다. 이것은 버스 정류장을 나타내는 두 개의 잡스텝, *BusStation1*과 *BusStation2*를 가지고 있다. 그리고 나서 버스는 By Sequence 옵션을 따라서 ROUTE 모듈을 사용하여 이동한다. 이것들은 앞에서 다루었던 모듈들이므로, 여기서는 자세히 다루지 않기로 한다. 참고로 완성된 대화상자들은 모델 파일에서 찾을 수 있다. 이제 버스 작업장 모델링에 대해 자세히 알아보자.

앞에서 언급했듯이, 포괄 작업장이 각 버스 정류장을 표현하기 위해 사용될 수 있다. 그림 10.45는 버스 정류장을 위한 포괄 작업장을 보여주고 있다. Station Type은 "Set"으로 정의되어 있으며 버스 정류장을 표시하는 작업장들, *BusStation1*과 *BusStation2*이 작업장 셋에 추가되어 있다. 포괄 모델링의 핵심은 속성, *myBusStop*인데, 이것은 현재 작업장의 인덱스를 보관하고 있다. 그림 10.44에서 알 수 있듯이, 하차(제거) 로직, 승차(선발) 로직 그리고 방문할 다음 버스 정류장을 결정하는 로직을 표현하기 위해 3개의 서브모델이 사용되었다.

승객 하차를 위한 로직이 그림 10.46에 제시되어 있다. 이곳은 WHILE-ENDWHILE 블록을 사용하는 데 있어서 최적의 위치이다. 변수 NG는 활성화되어 있는 개체의 그룹에 있는 개체들의 수를 나타내므로, 개체를 계속해서 제거할 것인지를 결정하는 검사 로직에 사용될 수 있다. 이것은 그룹에 있는 모든 개체들이 제거되어야 하기 때문에 특별히 이 경우에 잘 적용된다. 만일 활성 개체(버스)가 어떤 개체(승객)를 선발하면, NG는 0보다 크게 되고 while 구조에 있는 모듈들이 실행될 것이다. 버스는 승객의 하차 시간을 표현하는 DELAY를 거치고, 그런

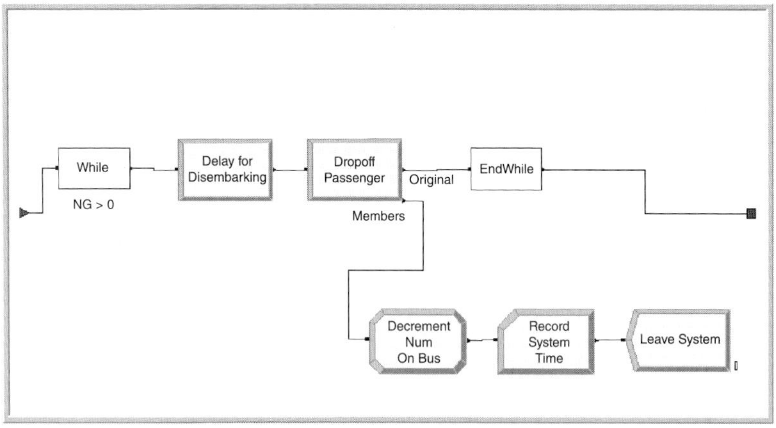

그림 10.46 승객 하차 서브모델

후 DROPOFF 모듈(그림 10.47)이 실행된다. 이 경우에 승객들의 시스템 체류 시간이 모아져야 하므로, *Retain Original Entity Values*(원래의 개체 값 유지) 옵션이 사용된다.

모듈들의 나머지 부분에 대한 상세 내용은 모델 파일에서 찾아볼 수 있다. 더 많은 정류장들이 있는 버스 시스템의 경우에는 현재 정류장에서 하차 하기를 원하는 승객들을 위해 그룹을 검색하는 로직이 필요하게 된다. 이 아이디어를 구현하는 문제가 연습문제로 제시되어 있다.

승객을 승차시키는 로직은 승객을 하차시키기 위한 로직과 매우 유사하다. 이 경우에 그림 10.48과 같이 WHILE-ENDWHILE 구조가 다시 사용된다. 그러나 이 서브모델에서 주의 깊게 다루어야 하는 몇 가지 이슈가 있다.

승객 하차 서브모델에서는 버스 정류장 대기열에 접근할 필요가 없었다. 그러나 승객을 승차시킬 때에는 승객을 적절한 버스 정류장 대기열에서 제거해야 한다. WHILE 블록에 있는 로직 점검 조건식을 자세히 살펴보자.

$$(NG < \text{vNumSeats})\&\&(\text{NQ}(\text{MEMBER}(\text{BusStopQSet}, \text{myBusStop})) > 0)$$

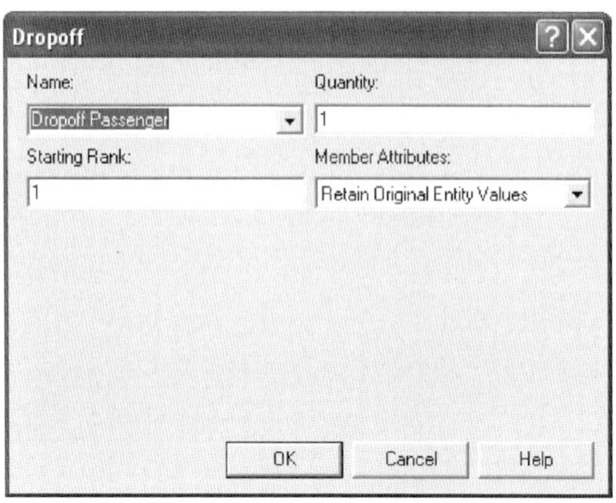

그림 10.47 승객 하차

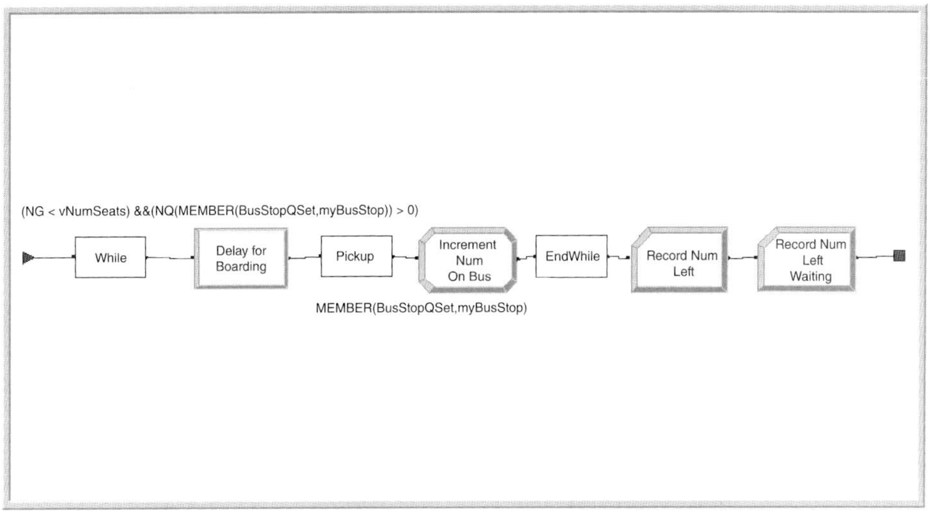

그림 10.48 승객 승차 서브모델

버스의 용량을 표시하는 변수, *vNumSeats*가 정의되어 있다. 특별 용도의 그룹 변수, *NG*가 용량과 비교되고, 용량보다 작은 한도 내에서 다음 승객이 버스 정류장 대기열에서 선발되어 승차할 수 있다. 검사 조건식의 두 번째 부분은 무엇에 대한 것인가? 빈 대기열에서 개체를 선발하려고 시도하면 로직 오류가 발생한다는 점을 기억하기 바란다. 그래서 NQ(대기열 이름) > 0 문이 대기열이 개체를 보관하고 있는지를 알아보기 위해 검사한다. 여기서는 포괄 모델링이 사용되고 있으므로 버스가 현재 서비스 중인 정류장에 기초하여 어떤 대기열을 체크해야 할 지를 결정하는 부분이 있어야 한다. *BusStopQSet*이라고 불리는 Queue Set이 버스 정류장 대기열들을 보관하기 위해 정의되어 있다. 대기열들이 이 셋에 추가되어 있는데, 그 순서는 버스 정류장 작업장들이 버스 정류장 작업장 셋에 추가되어 있는 것과 동일하다. 이것이 셋에 대한 인덱스가 적절한 작업장에 대한 대기열을 지정하도록 보장해준다.

함수 MEMBER(셋 이름, 인덱스)는 인덱스에 대응되는 셋의 멤버를 알려준다. 따라서 MEMBER(*BusStopQSet, myBusStop*)의 경우에는 현재 버스 정류장에 대한 대기열이 복귀값이 된다. 이 경우에 *NG*와 *NQ*를 체크해야 하는데, 기다리는 승객이 있고 버스의 좌석에 아직 여유가 있는 한 승객이 승차하기 때문이다. 만일 승객이 승차할 수 있으면, 버스는 승객이 승차하는 시간 동안 기다리고(delay) 나서 PICKUP 블록이 적절한 대기열에서 승객을 선발하기 위해 사용된다. PICKUP 블록(그림 10.49)은 중요한 한 가지만 제외하고 본질적으로 Advanced Process 패널의 PICKUP 모듈과 동일하다. PICKUP 블록은 대기열에 대해 평가하는 표현식을 허용한다. 이 식은 Queue ID 필드에 기술된다. Advanced Process 패널의 PICKUP 모듈은 이 기능을 허용하지 않는데, 이것은 포괄 모델링에서 매우 중요하다.

이 상황에서 MEMBER (*BusStopQSet, myBusStop*)가 승객을 선발하기 위해 적절한 대기열을 알아내는 데 사용된다. PICKUP 블록이 실행될 때마다 대기열에 있는 첫 번째 승객이 제거된다.

그림 10.49 PICKUP 블록

승객들이 정류장에서 승차하고 나면, 기다리는 채로 남아 있는 수를 기록하는 로직이 실행된다. 이 특정 시간 시점에 대기열의 스냅샷 뷰가 필요하다. 이것은 대기열에 있는 대기자 수에 대한 관측치 기반 통계치이다. 그림 10.50은 적절한 RECORD 모듈을 보여주고 있다. 이 경우에 버스 정류장에서 통계치들이 수집되도록 계수 셋(tally set)이 사용될 수 있다. 관측치의 표현식은 NQ(MEMBER(*BusStopQSet, myBusStop*))이다.

8시간으로 10회 반복 실험을 실시한 결과가 그림 10.51에 제시되어 있다. 승객의 대기 시간이 두 대기열에 대해 20분을 약간 상회한다는 점에 주목하기 바란다. 추가로 버스가 꽉 차서 대기열에 남아 기다리는 승객의 수는 평균 한 명이 채 안 된다는 점을 보여준다. 이 모델에 대해 더 파악하기 위한 연습문제가 제시되어 있다.

이 예에 기초하여 판단해볼 때, PICKUP과 DROPOFF 모듈을 사용하는 모델이 그렇게 어렵지는 않다. AG() 등과 같은 추가 함수들을 설명하지 않았는데, 이것들은 특정 개체를 선발 또는 제거하는 좀 더 복잡한 의사결정 로직을 구현할 때 특히 유용하다. 아울러 버스 시스템에

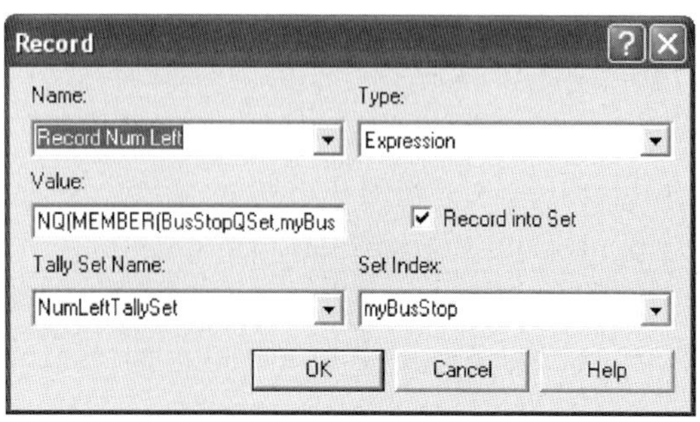

그림 10.50 승차하지 못한 승객 수 기록하기

Waiting Time	Average	Half Width
Stop1Waiting.Queue	20.7487	1.24
Stop2Waiting.Queue	23.2777	2.90

Other

Number Waiting	Average	Half Width
Stop1Waiting.Queue	2.0739	0.21
Stop2Waiting.Queue	3.9714	0.80

User Specified

Tally

Expression	Average	Half Width
Record Num Left Waiting	0.2567	0.29

Interval	Average	Half Width
Record System Time	42.9741	1.65

Usage

None	Average	Half Width
NumLeftQ1	0.00	0.00
NumLeftQ2	0.5182	0.58

그림 10.51 버스 시스템 실행 결과

대한 포괄 표현을 이용하면, 쉽게 버스 정류장을 추가할 수 있다.

이로써 Arena^{TM}의 주요 모델링 구조가 모두 다루어졌다. 이번 장의 마지막인 다음 절에서는 모델에서 Arena^{TM}의 프로그래밍 기능을 어떻게 사용하는지 알아보기로 한다.

10.7 ARENA^{TM}의 프로그래밍 개념

Arena^{TM}에서 프로그래밍 지원은 플로차트 모듈과 컴퓨터 언어(VBA, C 등)의 결합으로 이루어진다. 이 절은 모델링 과정에서 대부분의 어려움을 해결하는 데 도움을 주는 몇 가지의 일반적인 프로그래밍 이슈를 다룬다. 5장의 입력과 출력에 관련된 논의가 이어질 것이다. 그리고 나서 Arena^{TM}의 VBA 사용 환경이 소개될 것이다.

10.7.1 Arena^{TM}가 생성한 액세스 파일 사용하기

시뮬레이션 실험이 행해질 때마다 Arena^{TM}는 Arena^{TM} 모델 파일과 같은 이름을 가지는 마이크로소프트 액세스 데이터베이스에 수집된 통계 정보를 기록한다. 이 데이터베이스는 Arena^{TM}에서 Crystal Reports 보고서 생성자에 의해 사용된 것이다. 사용자는 이 데이터베이스에 접근 가능하고 필요한 통계 정보를 뽑아낼 수 있다. 이것은 통계 패키지에서 통계 정보를 사후 처리할 때 유용하다.

여기서는 이 데이터베이스로부터 어떻게 정보를 뽑아내는지 설명한다. 이것의 목적은 사용자가 데이터베이스에 대해 알게 만들고 간단한 데이터 추출을 위해 그것을 사용할 수 있게 하기 위한 충분한 정보를 주는 데 있다. Arena^{TM}의 도움말 시스템에 The Reports Database와 관련한 상세한 정보가 있다. *The Report Database* 문구로 검색해보기 바란다. 관련 개념들을 설명하기 위해 7장의 LOTR 예제 모델을 다시 사용할 것이다.

예를 들어 *yourmodel.doe*라는 Arena^{TM} 모델을 생성하고 실행할 때 Arena^{TM}는 마이크로소프트 액세스를 따르는 *yourmodel.mdb*라는 파일을 생성한다. Arena^{TM} 모델을 실행할 때마다 Arena^{TM}는 시뮬레이션으로부터 데이터베이스에 통계 정보를 작성한다. 만약 입력 변수를 당신의 모델로 변경하고 모델을 재실행한다면(다른 것은 변경하지 않고) 모델의 결과는 데이터베이스에 작성된다. 이전의 데이터는 덮어쓰이게 될 것이다. Arena^{TM}에서 다수의 시뮬레이션 실행으로부터 정보를 저장하는 기본적인 두 가지 방법이 있다. 첫 번째 방법은 시뮬레이션을 재실행하기 전에 데이터베이스 파일을 다른 이름으로 바꾸는 것이다. Arena^{TM}는 모델의 새로운 데이터베이스 파일을 자동적으로 만들 것이다.

두 번째 접근법은 그림 10.52에 설명된 것과 같이 Arena^{TM}의 Run > Setup 메뉴 창에서 Project Parameters 패널을 이용하는 것이다. Project Title 기록 부분은 특정한 프로젝트를 확인한다. 이 부분은 주어진 프로젝트의 결과를 확인하기 위해 데이터베이스에 의해 사용된다. 만약 시뮬레이션이 재실행될 때 이름이 바뀌지 않았다면 그다음의 결과는 이름 지어진 프로젝트에 덮어쓰인다. 이처럼 각 실험 전에 이름을 바꿈으로써 데이터베이스는 이 프로젝트 이름에

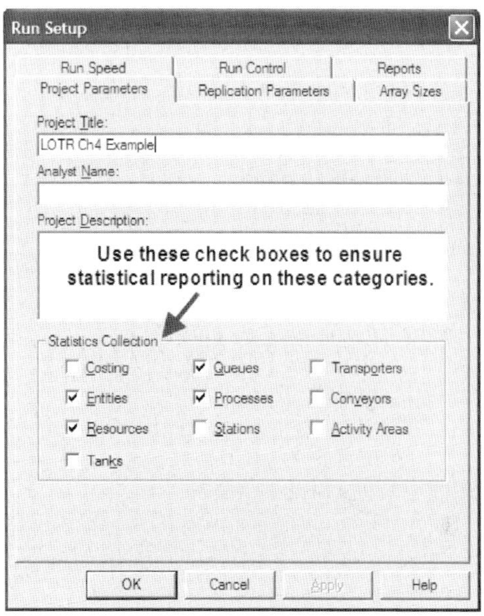

그림 10.52 Run Setup 통계 수집

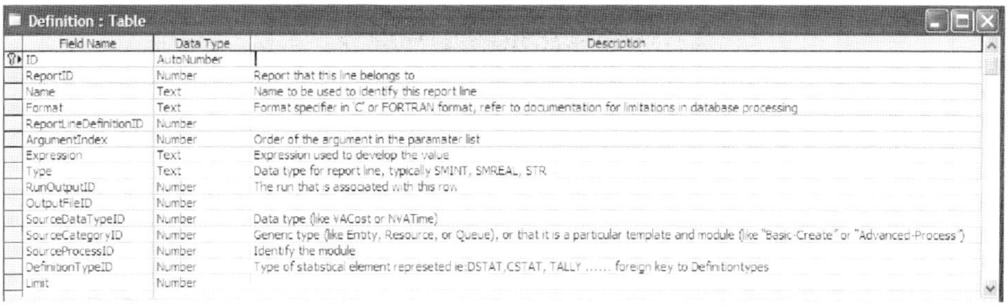

Definition : Table

Field Name	Data Type	Description
ID	AutoNumber	
ReportID	Number	Report that this line belongs to
Name	Text	Name to be used to identify this report line
Format	Text	Format specifier in 'C' or FORTRAN format, refer to documentation for limitations in database processing
ReportLineDefinitionID	Number	
ArgumentIndex	Number	Order of the argument in the paramater list
Expression	Text	Expression used to develop the value
Type	Text	Data type for report line, typically SMINT, SMREAL, STR
RunOutputID	Number	The run that is associated with this row
OutputFileID	Number	
SourceDataTypeID	Number	Data type (like VACost or NVATime)
SourceCategoryID	Number	Generic type (like Entity, Resource, or Queue), or that it is a particular template and module (like "Basic-Create" or "Advanced-Process")
SourceProcessID	Number	Identify the module
DefinitonTypeID	Number	Type of statistical element represeted ie:DSTAT,CSTAT, TALLY ...... foreign key to Definitontypes
Limit	Number	

그림 10.53 Definition 표의 필드 설계

의해 이용할 수 있는 각 실험의 정보를 포함할 것이다. 이제 데이터베이스에 저장된 정보의 형태를 보자.

Reports 데이터베이스는 많은 수의 표(table)와 질의(query)로 구성된다. 표는 표의 각 행에 있는 레코드(record)들로 구성되며, 레코드는 핵심키(primary key)로 불리는 독특한 확인자(identifier)와 레코드의 정보를 가지고 있는 각 열의 필드(field)들로 구성된다. 질의는 표로부터 특정한 정보를 뽑아내기 위한 데이터베이스 지시문(instruction)이다. Arena^{TM} 도움말은 데이터베이스에 대한 상세한 내용을 기술하고 있다. 통계 정보에 접근하기 위해서는 다음의 핵심표(key table)를 포함한다.

Definition: Arena^{TM} 모델 안의 통계적 항목의 이름, 그 형태(DSTAT, TALLY, FREQ 등)와 수집과 보고에 관한 정보를 가진다.

Statistic: 주어진 반복실험에서 주어진 통계에 대한 반복실험 결과를 요약해준다.

Count: 주어진 반복실험을 위해 Count로 설계된 RECORD의 마지막 값을 제공해준다.

Frequency: 반복실험에 의해 표로 만들어진 빈도 통계의 마지막 값을 제공해준다.

Output: 각 반복실험의 OUTPUT 통계로 정의된 값을 제공해준다.

Statistic 표를 가지는 Definition 표는 반복실험 정보에 접근하는 데 사용될 수 있다. 그림 10.53에서 Definition 표의 필드를 설명한다. Definition 표의 중요한 필드는 ID, Name, *DefinitionTypeID*이다. ID는 표의 핵심 키이며, Name은 통계를 위한 Arena 보고서에 나타나는 이름을 나타내고, *DefinitionTypeID*는 통계 요소의 형태를 나타낸다. 관심을 가져야 할 주요한 통계 형태는 DSTAT(시간 기반), TALLY(관측 기반), COUNTER(count 옵션을 가지는 RECORD), OUTPUT(반복실험의 마지막에서 얻은), 그리고 FREQUENCY(정의된 범주에서 시간 사용의 백분율을 표로 만든)이다.

Statistic 표는 그림 10.54에서와 같이 반복실험 내의 통계 값을 가진다. Statistic 표는 *DefinitionID*로 불리는 필드를 가진다는 점에 유의한다. 이 필드는 Definition 표로 연결되는 데이터베이스 외부 키(foreign key)이다. 이 외부 키로 두 표를 연결시킬 수 있고, 통계의 이름과 형태를 얻을 수 있다.

이러한 표들을 조사하기 위해 *CH10DB-Stat-Example.mdb* 데이터베이스를 열어야 한다.

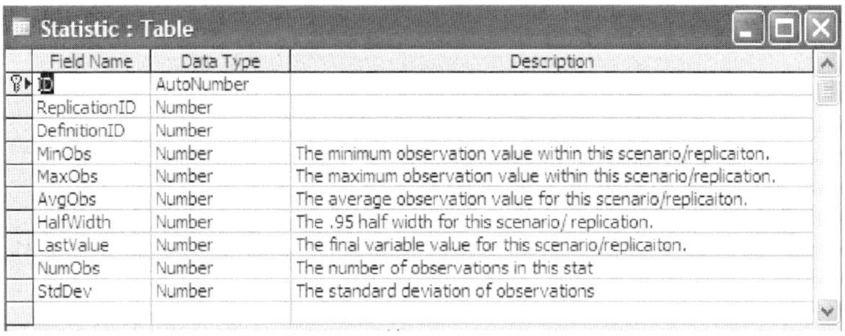

Statistic : Table

Field Name	Data Type	Description
ID	AutoNumber	
ReplicationID	Number	
DefinitionID	Number	
MinObs	Number	The minimum observation value within this scenario/replicaiton.
MaxObs	Number	The maximum observation value within this scenario/replication.
AvgObs	Number	The average observation value for this scenario/replicaiton.
HalfWidth	Number	The .95 half width for this scenario/ replication.
LastValue	Number	The final variable value for this scenario/replicaiton.
NumObs	Number	The number of observations in this stat
StdDev	Number	The standard deviation of observations

그림 10.54 통계 표의 필드 설계

이 파일은 56번 반복실험을 행한 *LOTRCh7Example.doe* 모델을 실행하여 만들어졌으며 새로운 이름을 붙인 데이터베이스 파일이다. 마이크로소프트 액세스에서 데이터베이스를 열고 그 다음에 Definition으로 불리는 표를 연다. 희망하는 열(예를 들면, 열 8)을 선택하고 그림 10.55와 같이 Insert Subdatasheet 창이 열리도록 Insert > Subdatasheet를 선택한다. 그다음에 Statistic 표를 선택하고 그림에서 OK 버튼을 누른다.

그림 10.56는 연결된(linked) 데이터 시트를 삽입하고 "Record Make and Inspect Time" 이름의 통계를 위해 "+" 부호를 선택한 결과를 보여준다. 반복실험 번호의 증가 순으로 Subdatasheet를 정렬하기 위해 *ReplicationID* 필드에서 마우스의 오른쪽 버튼을 클릭하라. 이 표로부터 반복실험 통계에 쉽게 접근할 수 있다. 예를 들어 AvgObs 열(column)은 각 반복실험 동안 기록된 모든 관측치들의 마지막 평균을 나타낸다. 이것으로부터 요구되는 어떠한 정보라도 엑셀 또는 R과 같은 통계 패키지로 쉽게 복사해서 붙일 수 있다. 질의를 쓰는 것이 익숙한 사람들은 그림 10.57에 나와 있듯이 질의를 씀으로써 이 같은 정보를 뽑아낼 수 있다.

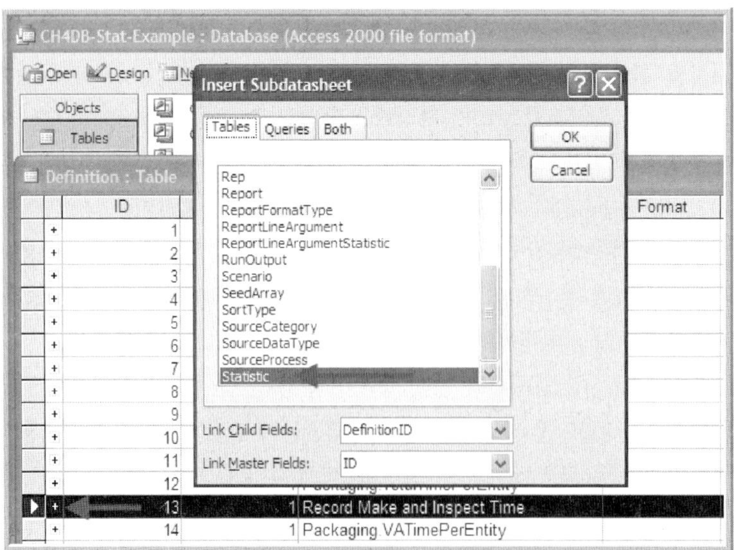

그림 10.55 통계 정보에의 접근

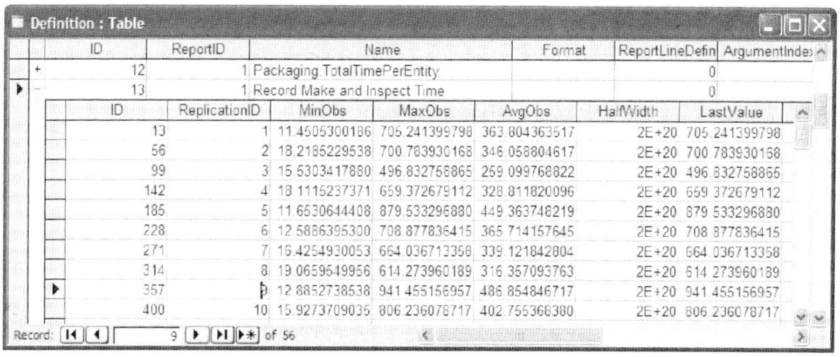

Definition : Table

ID	ReportID	Name	Format	ReportLineDefin	ArgumentIndex
12	1	Packaging.TotalTimePerEntity		0	
13	1	Record Make and Inspect Time		0	

ID	ReplicationID	MinObs	MaxObs	AvgObs	HalfWidth	LastValue
13	1	11.4505300186	705.241399798	363.804363517	2E+20	705.241399798
56	2	18.2185229538	700.783930168	346.058804617	2E+20	700.783930168
99	3	15.5303417880	496.832758865	259.099768822	2E+20	496.832758865
142	4	18.1115237371	659.372679112	328.811820096	2E+20	659.372679112
185	5	11.6530644408	879.533296880	449.363748219	2E+20	879.533296880
228	6	12.5886395300	708.877836415	365.714157645	2E+20	708.877836415
271	7	16.4254930053	664.036713358	339.121842804	2E+20	664.036713358
314	8	19.0659549956	614.273960189	316.357093763	2E+20	614.273960189
357	9	12.8852738538	941.455156957	486.854846717	2E+20	941.455156957
400	10	15.9273709035	806.236078717	402.755368380	2E+20	806.236078717

Record: 9 of 56

그림 10.56 통반지 제조 및 검사 시간에 대한 반복실험의 통계

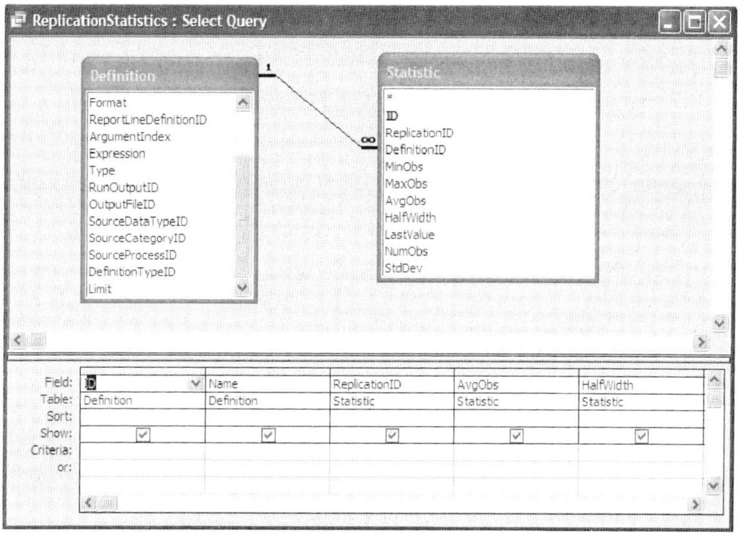

그림 10.57 반복실험 통계에 접근하기 위한 질의

반복실험들을 위한 그룹 통계를 요약하기 위해 그림 10.58과 같이 질의를 쓸 수 있다.

원래의 LOTR Ring Makers사 모델에서 OUTPUT 통계는 시뮬레이션이 종료된 시간을 수집하기 위해 정의되었다. 그림 10.59에서 각 반복실험의 종료 시점에서 수집된 OUTPUT 통계값들이 Output 표에 저장되어 있다.

특정하게 정의된 통계의 수집된 값을 보기 위해 Definition 표를 사용할 수 있다. Definition 표를 열고 "TimeToMakeOrderStat" 통계를 나타내는 48번째 열(row)로 가라. 열을 선택하고 Insert > Subdatasheet 창을 사용하여 서브시트(subsheet)로서 Output 통계표를 삽입하라. 그림 10.60과 같은 서브시트가 보여야 한다. 이와 같은 기본적인 기술은 COUNTERS와 Arena™ 모델에서 정의된 FREQUENCY 통계에 있는 정보를 얻는 데 사용할 수 있다. 만약 각 시뮬레이션 실행에 다른 Project 이름을 붙였다면 그 프로젝트들은 질의를 통해 접근할 수 있을 것이다. 이처럼 시뮬레이션 분석을 완료한 후에 모델을 다시 실행할 필요가 없이 Reports 데이터베이스로부터 수집된 통계에 간단하게 접근할 수 있다. 경험이 풍부한 마이크로소프트

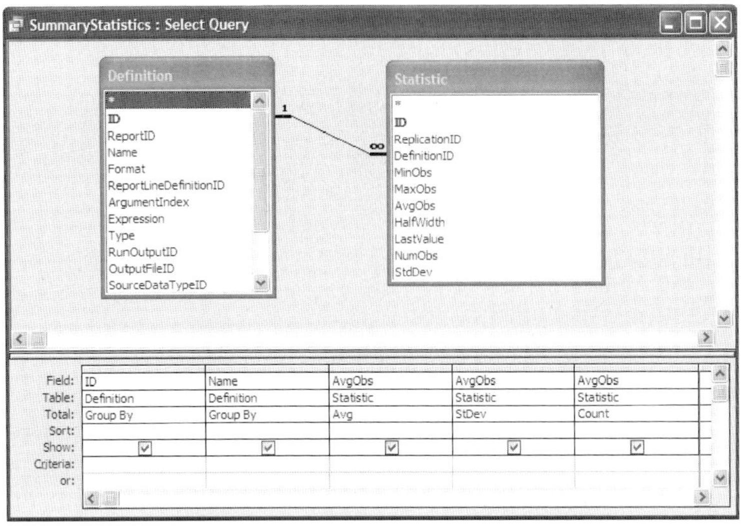

그림 10.58 반복실험 간 통계를 요약하기 위한 질의

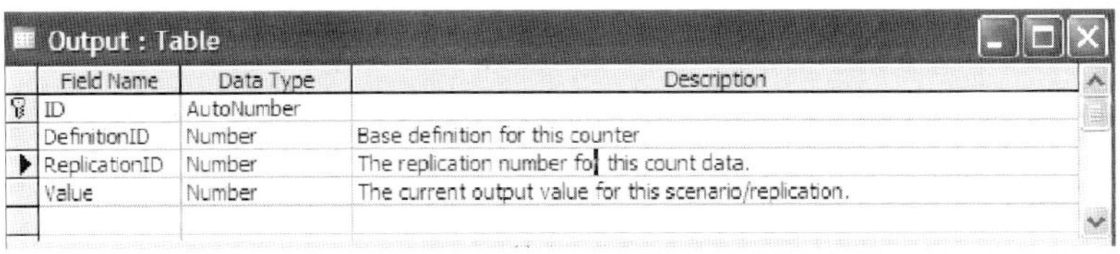

그림 10.59 Output 표의 필드 설계

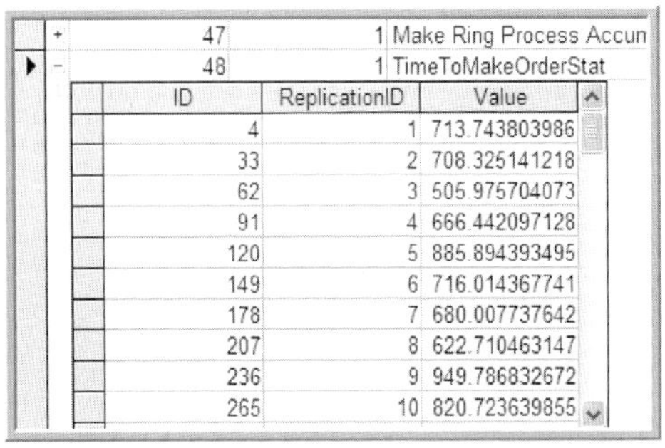

그림 10.60 OUTPUT 통계를 위한 확장된 데이터시트

액세스 사용자는 시뮬레이션 결과 보고를 위한 고객맞춤형의 질의, 보고서, 차트 등을 생성할 수 있을 것이다.

10.7.2 파일, 엑셀 및 엑세스 사용

5장에서 논의한 바와 같이 Arena™는 Advanced Process 패널에 있는 READWRITE 모듈을 이용하여 시뮬레이션이 실행되는 동안 모델에서 직접 파일로부터 읽거나 쓰는 것을 지원한다. 이 모듈을 이용함으로써 키보드로부터 입력, 파일로부터 입력, 화면으로의 출력 또는 파일로의 출력이 가능하다. 파일로의 입출력을 위해서는 Arena™ File Name을 정의해야 하며 옵션으로 파일 포맷을 설정할 수 있다. Arena™ File Name은 모델에서 지정하는 내부의 파일명으로 운영체계에 의해 정의된 외부 파일과 연계되어 있다. 내부 파일명은 FILE 데이터 모듈에서 정의된다. FILE 데이터 모듈을 이용함으로써 사용자는 외부 파일에 대한 이름과 경로를 지정할 수 있다. 파일 포맷은 FILE 데이터 모듈이나 READWRITE 모듈에서 지정할 수 있는데, READWRITE 모듈을 이용하면 FILE 데이터 모듈에서 지정한 것을 무시할 수 있다. 포맷은 자유 포맷, C 또는 FORTRAN 포맷, Lotus 스프레드시트의 WKS, 마이크로소프트 Excel, 마이크로소프트 Access, 그리고 ActiveX Data Objects Access 형태일 수 있다. READWRITE 모듈이 작동되려면, 개체가 이 모듈을 통과해야 한다. 따라서 5장에 예시되어 있는 것처럼, 대개 논리적 개체를 생성하여 적당한 시뮬레이션 시점에 파일로부터의 입출력을 수행하게 한다. 이 절에서는 READWRITE 모듈 사용 예를 다룬다. 그리고 나서 약국모델을 확장하여 데이터베이스로부터 모수를 읽어 들이고, 통계 결과값을 데이터베이스로 출력하도록 할 것이다.

10.7.2.1 텍스트 파일 입력 이 절에서는 텍스트 파일로부터 입력하는 방법을 보여주기 위해 Arena™ SMARTS 파일, *Smarts162.doe*가 이용된다(그림 10.61). *Smarts162Revised.doe* 파일을 열라.

이 모델에서 포아송 절차에 따라 개체가 도착하고, 그림 10.62에 예시되어 있는 것처럼 *simdat.txt* 파일에 있는 값에 따라 개체의 형태와 그에 따른 처리 경로가 결정된다. 파일에서 첫 번째 값은 형태(1 또는 2)이다. 그리고 따라오는 두 숫자는 각각 작업장 1과 2의 처리 시간이다. 그림 10.63과 같이 READWRITE 모듈에서 이 값들이 자유 포맷을 이용하여 SIMDAT 파일에서 직접 입력된다. 입력이 발생할 때마다, 속성 *myType, myStation1PT, myStation2PT*의

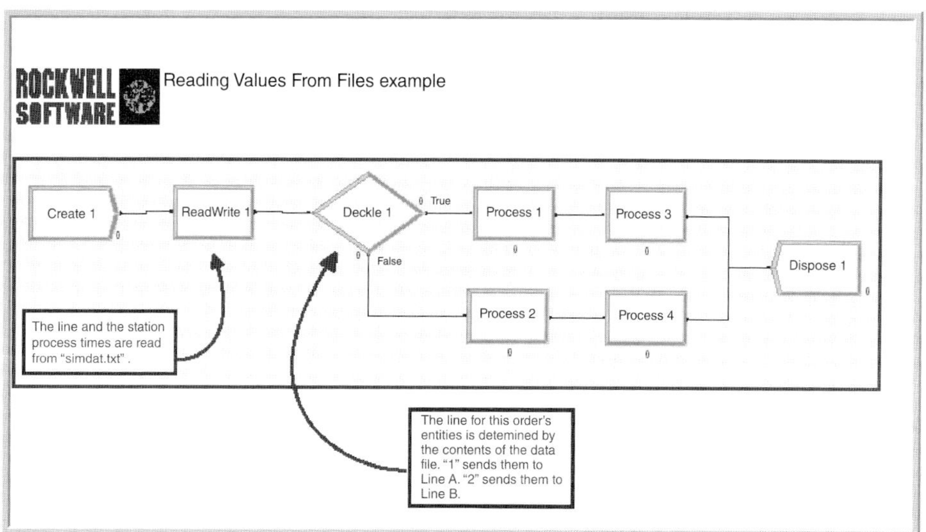

그림 10.61 Arena™ Smarts 162 모델

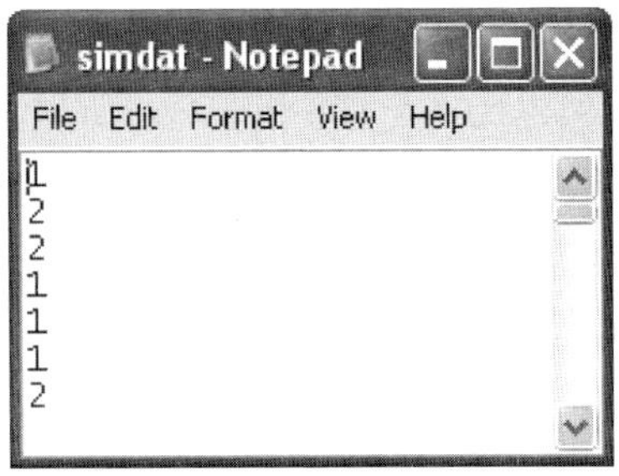

그림 10.62 simdat.txt 파일의 처리 시간 예

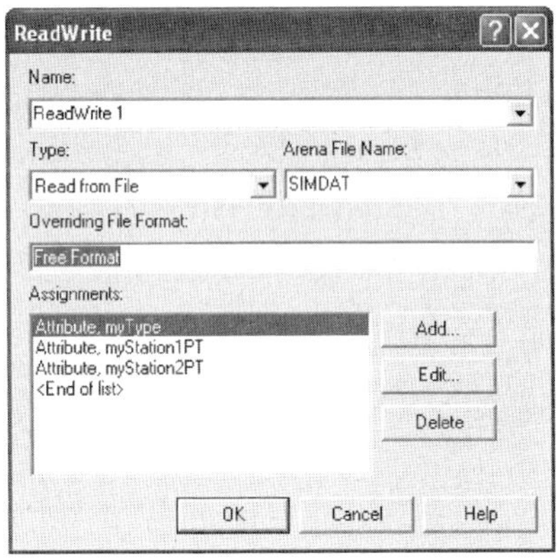

그림 10.63 READWRITE 모듈

값들이 읽힌다. *myType* 속성은 DECIDE 모듈에서 사용되고, *myStation1PT*, *myStation2PT* 두 속성들은 PROCESS 모듈에서 이용된다.

End-of-file 액션은 파일의 끝부분에 도달할 때 어떻게 할 것인지를 설정한다. 만일 예상치 못한 EOF 조건이 발생하면, Error 옵션이 이용될 수 있다. 개체를 소멸시키고 파일이나 ADO 레코드 셋을 닫고 파일로부터의 입력을 중지시키기 위해 Dispose 옵션이 사용될 수 있다(그림 10.64). EOF 파일에 도달할 때마다 파일이나 레코드 셋을 Record1로부터 다시 읽기 시작하도록 하는 데 Rewind 옵션이 사용될 수 있다. 끝으로, Ignore 옵션이 있다. 만일 EOF가 예상되고 다른 파일을 읽는 것과 같은 특별한 행동을 원한다면, 이 옵션이 쓰일 수 있다. EOF에 도달할 때 Ignore 옵션으로 READWRITE 모듈에서 읽히게 되는 모든 변수들은 0으로 설정된다. READWRITE 모듈 뒤에 DECIDE 모듈을 오게 하여, 만일 모든 값이 0이면 원하는 행동을 수행하게 할 수 있다. 파일에서 건너뛰는 행들을 감추는 데 "Comment Character(주석 문자)"가 유용하게 쓰인다. 파일을 더 쉽게 읽을 수 있도록 하기 위한 목적으로 이 행들은 파일에 열 머리말, 주석 등을 추가할 수 있다. 주석 문자는 세미콜론(;)이다.

```
; This would be a comment followed by a header comment
; Num Servers\ \ Arrival Rate
1 10
```

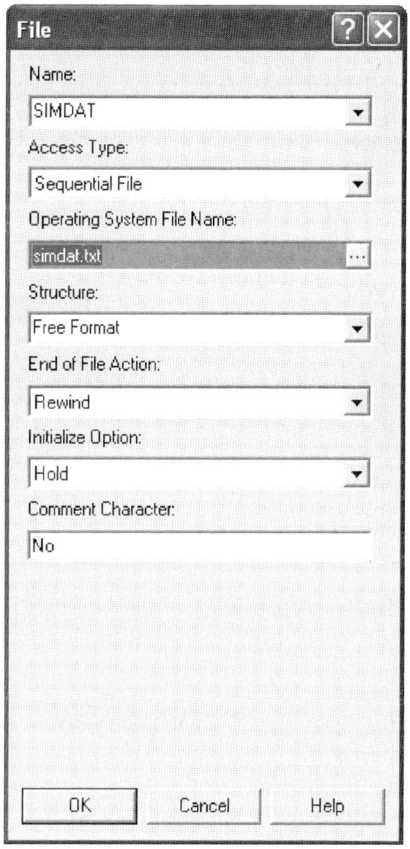

그림 10.64 Smarts162Revised.doe를 위한 FILE 모듈

Initialize 옵션은 반복 실행의 시작 시점에 Arena™가 수행하는 행동을 나타낸다. 파일이 현 위치에서 머물 수 있거나(Hold), 파일의 시작 지점으로 되감을 수 있거나(Rewind) 또는 파일을 닫을 수 있다(Close).

모델의 나머지 부분은 평이하다. 여기에서 파일에서 값들이 개체의 속성으로 읽혀진다. 이 방법을 이용하여 배열의 값들도 읽을 수 있다.

10.7.2.2 이차원 배열 읽기 스마트 파일, *Smarts164.doe*는 이차원 배열을 읽어 들이는 방법을 보여준다. CREATE 모듈이 개체 한 개를 생성하고, ASSIGN 모듈은 배열 첨자를 초기화한다. 그리고 나서, 반복 루프(그림 10.65 참조)가 이전에 5장에서 설명한 것처럼 DECIDE 모듈을 사용하여 수행된다.

이 특별한 모델에서 개체는 배열을 위한 다음 값을 읽는 루프에 들어가기 전에 10분 동안 지연 시간을 갖는다. READWRITE 모듈의 할당문이 그림 10.66에 제시되어 있다. 배열의 크기만큼 읽는데 두 개의 WHILE-ENDWHILE 루프가 어떻게 사용되는지 쉽게 알 수 있다. 먼저 행과 열의 개수를 읽어 들이고 나서 각 행/열의 조합에 대해 루프가 돌아간다.

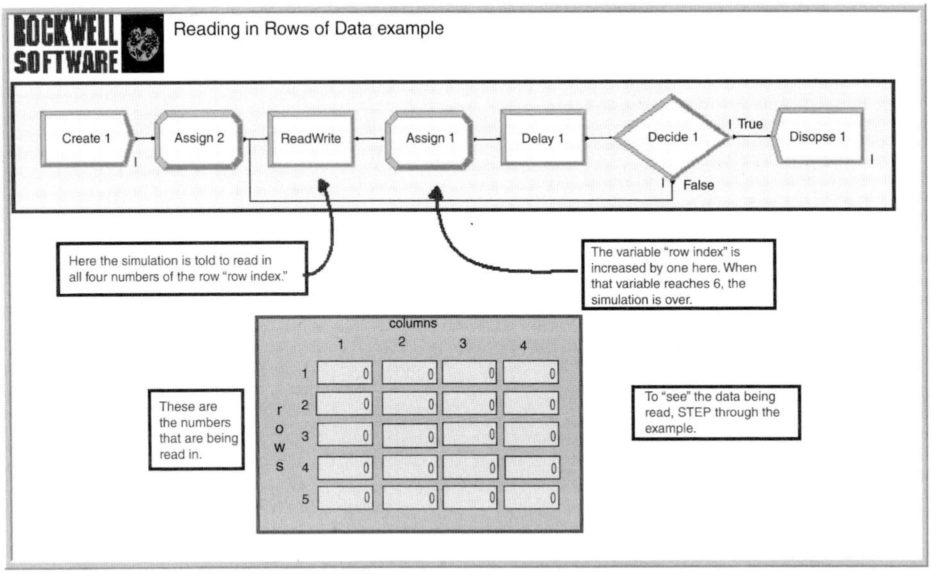

그림 10.65 Smarts164.doe 모델에서 2차원 배열 읽기

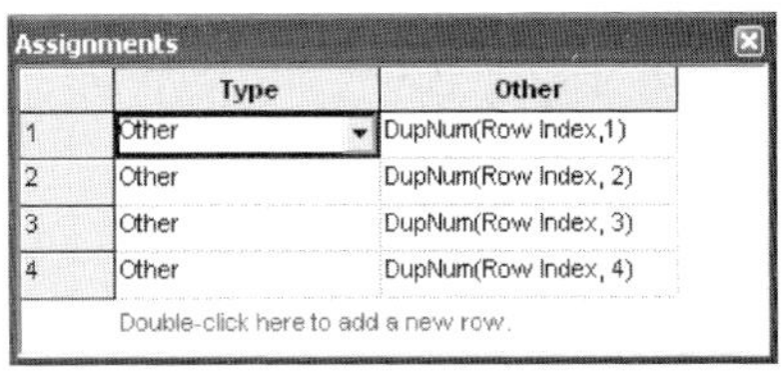

Assignments

	Type	Other
1	Other	DupNum(Row Index,1)
2	Other	DupNum(Row Index, 2)
3	Other	DupNum(Row Index, 3)
4	Other	DupNum(Row Index, 4)

Double-click here to add a new row.

그림 10.66 배열을 사용한 READWRITE 할당 모듈

10.7.2.3 엑셀 이름 지정 범위 입력 지금까지의 예제는 텍스트 파일을 다루었는데, 대개 간단한 모델을 위해 이 방법이면 충분하다. 좀 더 사용자 편의를 높여서 파일에 있는 데이터를 읽기 위해서, Excel 파일을 사용할 수 있다. 스마트 파일, *Smarts185.doe*(그림 10.67)는 엑셀의 이름 지정 범위(named range)로부터 값을 읽는 방법을 보여주고 있다.

엑셀 이름 지정 범위를 이용한 입출력을 수행하려면, 먼저 스프레드시트에 이름 지정 범위가 정의되어 있어야 한다. 엑셀 파일, *Smarts185.xls*를 열라. C5:E6 셀들을 선택하고 엑셀 입력바의 좌측 상단 모서리를 보면, 이름 지정 범위를 발견할 수 있다. 엑셀에 있는 아무 셀이나 선택하여 그림 10.68처럼 이름 지정 범위 박스에 이름을 입력함으로써 이름 지정 범위를 설정할 수 있다. 여러분은 어떤 방법으로든지 자료 입력 요구 사항을 쉽게 이해할 수 있도록 스프레드시트를 조직화하고, 입력을 위해 필요한 셀들에 이름을 부여할 수 있다. 그리고 나면 Arena™ FILE 모듈을 통하여 이름 지정 범위에 접근할 수 있다.

이 예에서 처리 시간은 삼각분포를 따른다. 이름 지정 범위로 지정되어 있는 셀들이 두 PROCESS 모듈의 각각에 대한 삼각분포의 모수들(최소, 최빈, 최대)을 가지고 있다. EXPRESSION 모듈이 모수 값들을 변수로 읽어 들이기 위한 표현식을 정의하기 위해 사용되었다. 주문

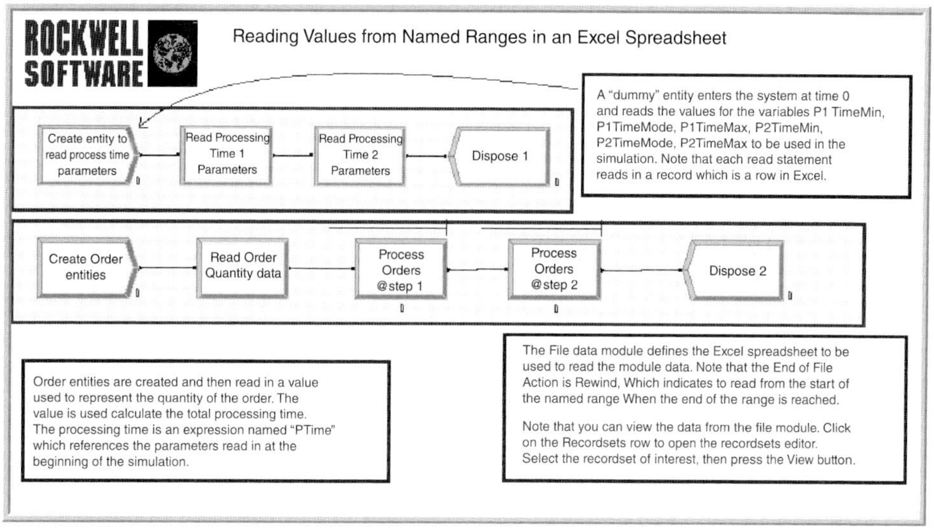

그림 10.67 Smarts185.doe 모델에서 엑셀 이름 지정 범위 읽기

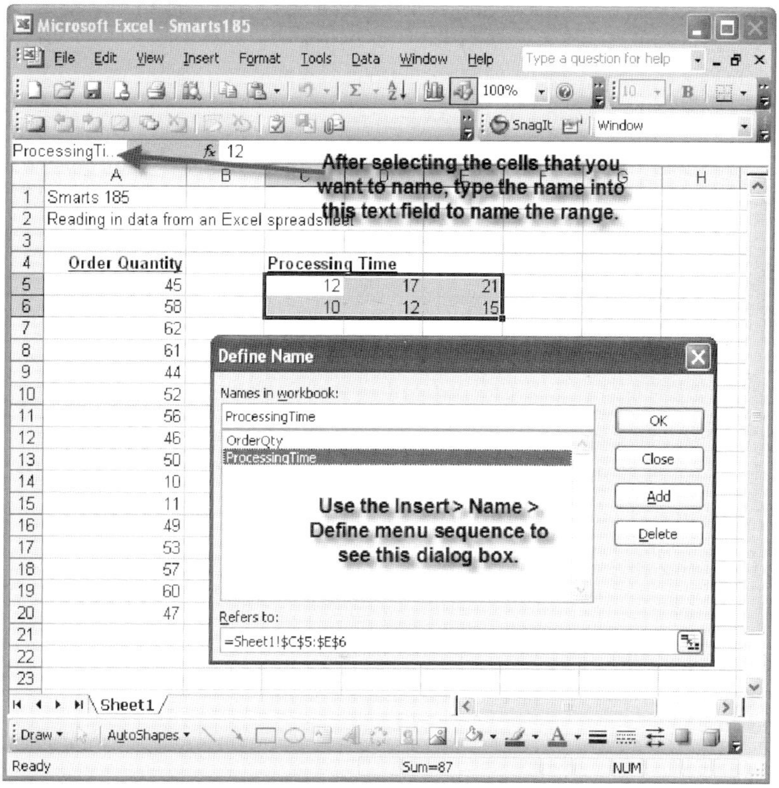

그림 10.68 엑셀 이름 지정 범위

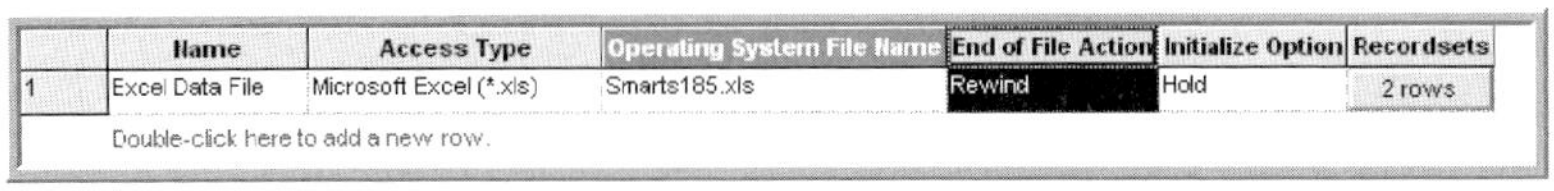

그림 10.69 FILE 모듈의 데이터시트 뷰

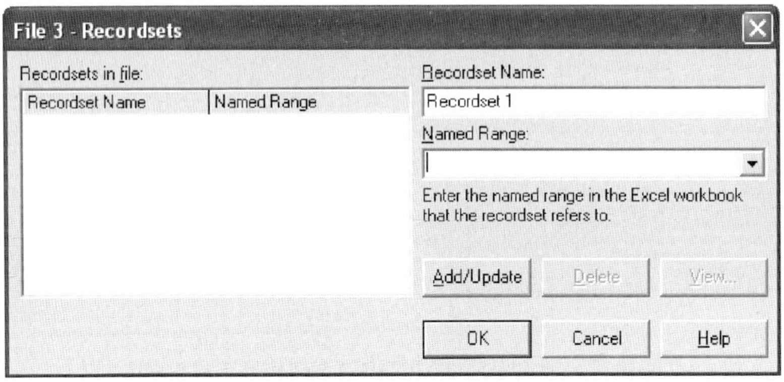

그림 10.70 듈을 위한 레코드 셋 정의

량은 고객이 얼마나 주문했는지를 나타내는 수치이다. 아래의 CREATE 모듈은 50명의 고객을 생성하고, 여기서 주문량이 읽히고, 처리 시간에 사용된다. 이름 지정 범위를 사용하는 데 있어서, READWRITE 모듈이 매번 실행될 때마다 새로운 행이 읽힌다는 점에 주목하기 바란다. 그림 10.67에 나타나 있는 것처럼, 위에 있는 두 개의 연속되어 있는 READWRITE 모듈이 CREATE 모듈에 연결되어 있다. 이들은 처리 시간과 연관되어 있는 각 행을 읽어 들이는 로직을 수행한다. 아래의 "Create Order entities" CREATE 모듈에 연결되어 있는 READWRITE 모듈은 새로운 개체가 생성될 때마다 이름 지정 범위로부터 새로운 행을 읽어 들이도록 해주는 로직을 표현한다.

엑셀 스프레드시트를 만들고 이름 지정 범위를 정의한 이후에, 이름 지정 범위를 파일에 어떻게 연결하는지를 Arena™에 알려주어야 한다. 이것은 FILE 모듈을 사용하여 수행된다. *Smarts185.doe*에서 FILE 모듈을 선택하라. 그림 10.69와 같이 FILE 모듈이 이미 정의되어 있으나, 여기서는 필요한 절차들이 어떻게 수행되었는지 설명될 것이다. 스프레드시트 데이터 뷰에서, 새로운 행을 추가하기 위해 더블클릭 하고, 이전 행과 동일하게 *AccessType*, Operating System File Name, End of File Action 및 Initialize 옵션을 입력한다. 그리고 나서 Recordsets 행 정의 버튼을 클릭한다.

이제 그림 10.70과 유사한 대화상자가 나타난다. Arena™는 엑셀 워크북에 정의되어 있는 이름 지정 범위들과 그림 10.70의 이름 지정 범위 텍스트 박스를 자동으로 연결하여 보여준다. 사용자가 할 일은 원하는 이름 지정 범위를 선택하고 Add/Update를 클릭하는 것뿐이다. 이렇게 함으로써 Recordsets 파일 영역에 레코드 셋으로 이름 지정 범위를 추가하게 된다. 일단 이름 지정 범위를 선택하면, View 버튼을 이용하여 범위에 있는 데이터를 볼 수 있다. 만일 ProcessingTime 이름 지정 범위에 대해 이렇게 해보면, 그림 10.71과 유사하게 데이터를 볼

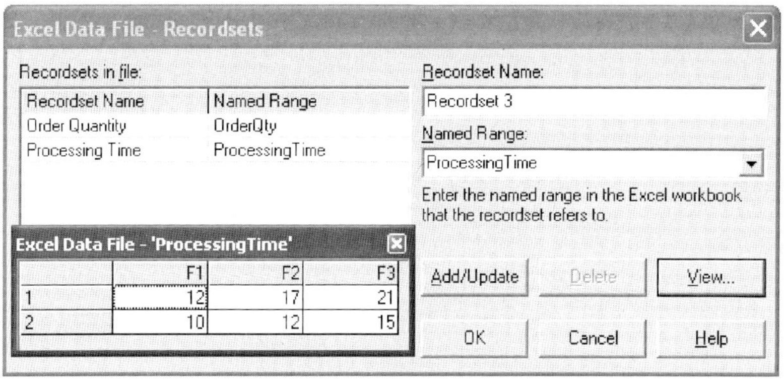

그림 10.71 처리 시간 이름 지정 범위

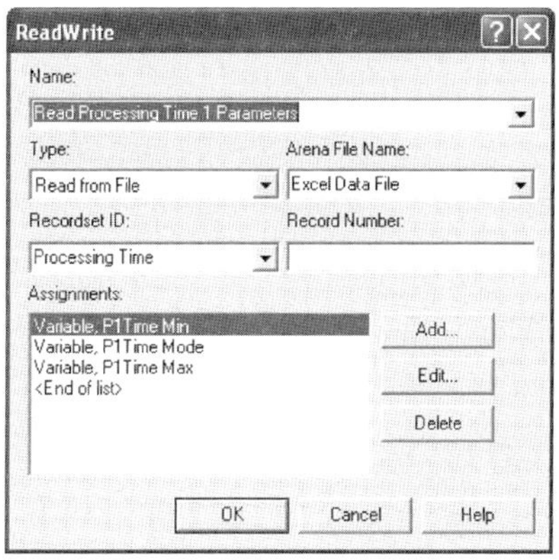

그림 10.72 이름 지정 범위를 이용한 READWRITE 모듈

수 있다. 이름 지정 범위를 정의하고 이것을 Arena™에 연결하는 것은 매우 간단하다.

이제, READWRITE 모듈에서 이름 지정 범위를 어떻게 사용하는지 알아보자. Processing time 1 모수를 읽기 위해 READWRITE 모듈(그림 10.72)을 열라. 파일로부터 읽기와 연결되는 Arena™ 파일명을 선택하면, Arena™는 이름 지정 범위 기반 엑셀 파일을 자동으로 인식한다. 그리고 나서 사용자는 읽기를 원하는 레코드 셋을 선택할 수 있고 모듈들은 텍스트 파일 예제에서 그랬던 것처럼 작동을 하게 된다. 또한 이 절차들을 적용하여 엑셀 이름 지정 범위와 ADO (active data object)를 사용하는 엑셀에 출력을 할 수도 있다. 예제로 스마트 파일 189와 190을 참고하기 바란다.

파일을 사용하는 시뮬레이션을 위해서는, 데이터 입력의 장점을 살리기 위해 어떻게 모델을 구조화해야 하는가에 초점을 맞춘 특별한 설계가 필요하다. 파일을 사용하는 모델을 개발하기 위해서는 적절한 셋과 순서(sequence)를 사용해야 한다. 파일을 사용하는 몇 가지 경우가 아래에 예시되어 있다.

- 확률분포의 모수 입력하기
- 개체가 따라가는 미리 설정된 순서를 입력하기. 시퀀스 셋을 정의하고 개체가 따라가는

셋의 인덱스를 읽어오기. 사용자는 파일에 기초하여 다른 순서들을 정의할 수 있다.

- 모델 모수 입력(예를 들어, 재주문점, 주문량 등)
- 다르게 사용되는 표현식을 읽어오기. 표현식의 셋을 정의하고 적절한 표현식을 선택하기 위해 셋의 인덱스를 읽어온다.
- 생성할 개체의 수를 입력하고 SEPARATE 모듈을 이용하여 그것들을 생성하기
- 파일에 기초하여 개체와 개체의 속성을 할당하기
- 추적 유도(trace-driven) 시뮬레이션을 생성하기 위해 파일로부터 각 개체를 읽어오기

10.7.2.4 마이크로소프트 액세스로부터 모델 변수 입력 이 절에서는 약국모델이 사용되는데, 시뮬레이션 모수를 데이터베이스에서 읽어 들이도록 확장될 것이다. 추가로, 시뮬레이션은 각 실행의 종료 시점에 통계 데이터를 출력한다. 이 예제에서는 마이크로소프트 Access가 사용된다. 단, 그림 10.73에 있는 데이터베이스를 만드는 것에 대해서는 다루지 않는다. 데이터베이스에는 두 개의 테이블이 있다. 한 개는 입력 데이터를 보관하고 나머지 한 개는 시뮬레이션 반복 실행 동안의 출력 데이터를 보관한다. 테이블 *InputTable*의 각 행은 3개의 필드를 가지고 있다. 첫 번째 필드는 현 반복실험의 번호를 의미하고, 두 번째 필드는 실험을 위한 평균 도착 간격 시간을 나타낸다. 마지막 필드는 실험을 위한 평균 서비스 시간을 표현한다. 이 예제에서는 단지 총 3개의 "반복실험 번호"만 가지고 있지만, 각 반복실험이 동일하지는 않다. 각 반복실험의 시작 시점에 반복실험을 위한 모수들이 읽혀지고 시뮬레이션이 수행된다. 각 반복실험의 종료 시점에 몇 가지 통계량들이 *OutputTable*이라고 불리는 테이블로 출력된다. 설명을 간단히 하기 위해 여기서는 테이블에 단지 3개의 열만 있다. 첫 번째 열은 반복실험 번호이고, 두 번째 열은 대기열에서의 평균 대기 시간을 보관하고, 세 번째 열은 Arena^{TM}가 계산한 절반폭(half-width)을 보관하게 된다.

PharmacyModelRWv1.doe 파일을 오픈하고 VARIABLE 모듈을 점검하라. 평균 도착 간격 시간과 평균 서비스 시간을 보관하기 위하여 변수들이 정의되었다는 점을 참고하기 바란다. 또한, 변수들이 어떻게 사용되는지를 알아보기 위해 CREATE와 PROCESS 모듈을 살펴보기

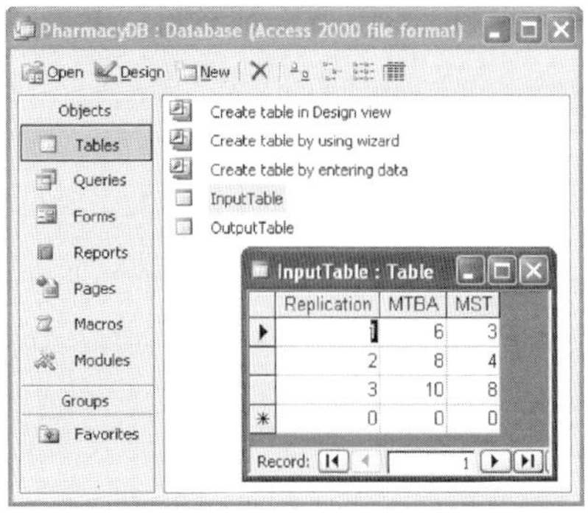

그림 10.73 PharmacyDB 액세스 데이터베이스

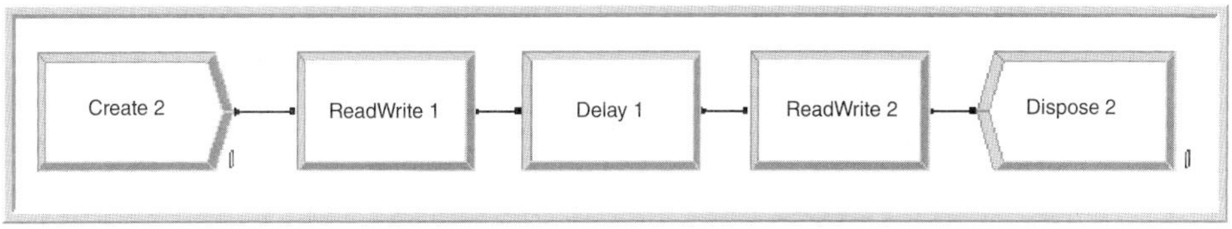

그림 10.74 예제를 위한 입력/출력 로직

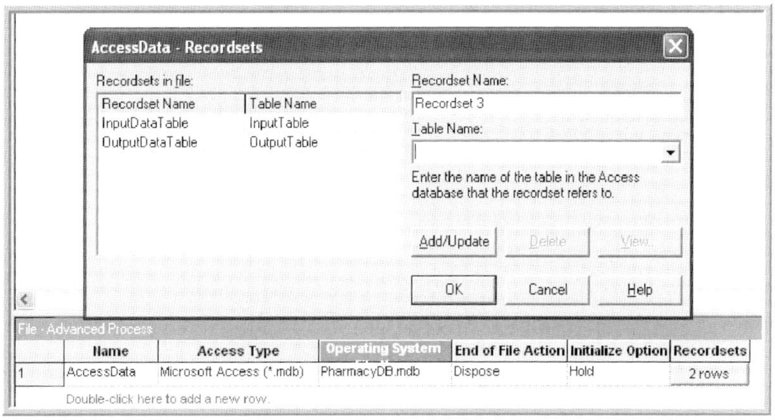

그림 10.75 액세스 데이터베이스를 위한 FILE 모듈

바란다. 각 반복실험의 시작 시점에 모수들의 값을 읽어 들이고 반복실험의 종료 시점에 통계량을 출력하는 로직을 구현해야 한다. 그림 10.74에 있는 것처럼 로직은 매우 단순하다. 개체는 시간 0에 생성되어야 하고, 데이터베이스로부터 모수들을 읽고, 시뮬레이션 기간 동안 지연 상태로 있다가 출력을 수행하여야 한다.

그림 10.74와 같은 모듈들을 만들어야 한다. 이제, Arena^{TM} FILE 모듈을 정의해야 한다. 데이터 소스로 Access를 사용하기 위한 절차는 엑셀 이름 지정 범위의 경우와 매우 유사하다. 그림 10.75는 스프레드시트 뷰에서 기본 설정을 보여주고 있다. 레코드 셋 행을 오픈하면 레코드 셋을 정의할 수 있다. 그림에 나타난 것처럼 레코드 셋을 정의해야 한다.

두 개의 READWRITE 모듈은 매우 단순하다. 첫 번째 READWRITE 모듈은 파일로부터 *RepNum, MTBA*, 그리고 MST 변수에 값을 할당한다(그림 10.76). 이것은 시간 0에 이루어지며 이때 실행을 위한 모수들이 세팅된다. 두 번째 READWRITE 모듈은 RepNum 값을 출력하고 대기열에서의 대기 시간과 관련된 통계량을 얻기 위해 Arena^{TM} 함수 TAVG()와 THALF()를 사용한다(그림 10.77).

이제, 반복실험을 위한 설정을 고려해야 한다. 이 모델에서 각 반복실험의 시작 시점에 모수들을 읽어 들일 것이다. 데이터베이스 입력 테이블에 3개의 행이 있기 때문에, 모든 행을 읽기 위하여 반복실험 횟수를 3으로 설정할 것이다. 추가로, 시뮬레이션 실행 길이는 1,000시간으로 설정하고 기본 시간 단위는 분으로 설정한다(그림 10.78).

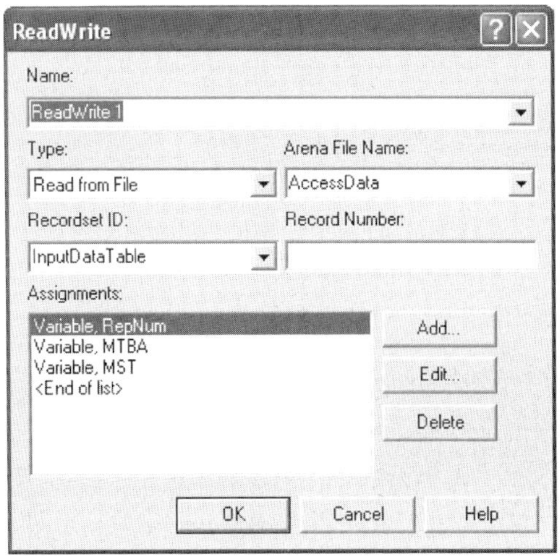

그림 10.76 첫 번째 READWRITE 모듈의 READWRITE 할당

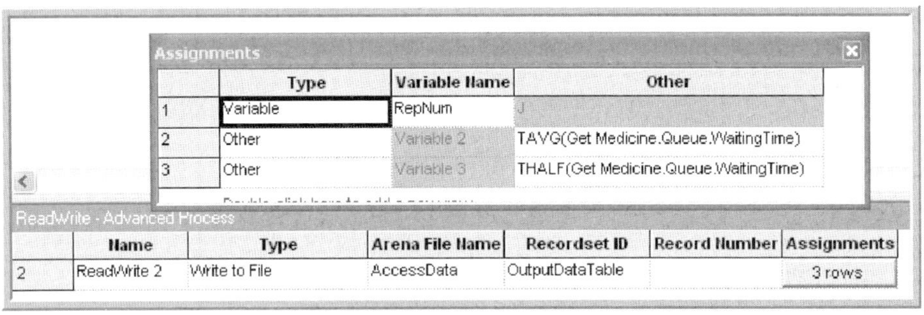

그림 10.77 두 번째 READWRITE 모듈의 READWRITE 할당

드디어 마지막 모듈만 작성하면 된다. DELAY 모듈을 오픈한다. 이 모듈로 들어오는 개체는 시뮬레이션 기간 동안 지연 상태로 있어야 한다. Arena^{TM}는 *TFIN*라고 불리는 특별한 목적의 변수를 가지고 있는데, 이것은 기본 시간 단위로 시뮬레이션 기간을 보관하고 있다. 그래서 개체는 그림 10.79에서와 같이 *TFIN* 단위 동안 지연상태로 있어야 한다. 단위가 Run Setup 대화상자에 설정되어 있는 기본 시간 단위와 일치해야 한다는 점에 유의하기 바란다.

TFIN 시간 단위 동안 지연된 이후에, 개체는 READWRITE 모듈로 들어가는데, 여기서 통계량들을 출력한다. 모델 실행이 끝나면, 마이크로소프트 액세스 데이터베이스를 오픈하고 *OutputTable*을 볼 수 있다. 사용자는 그림 10.80에 보이는 것처럼 세 번의 반복실험 각각에 대한 결과를 볼 수 있다.

이제 모수 설정을 위하여 세 번의 실험을 반복해야 하는 상황을 가정하자. 이를 위해 해야 하는 모든 작업은 그림 10.81과 같이 액세스 테이블을 준비하고 Run Setup 대화상자에서 반복실험 횟수(number of replications)를 9로 변경하는 것뿐이다.

이것과 동일한 방법이 더 큰 모델에도 쉽게 적용될 수 있다. 이것은 사용자에게 실험계획에

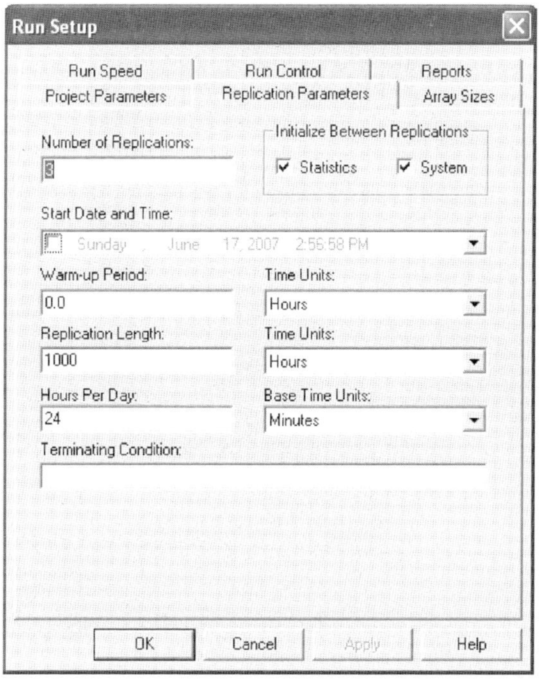

그림 10.78 예제를 위한 Run Setup 모수들

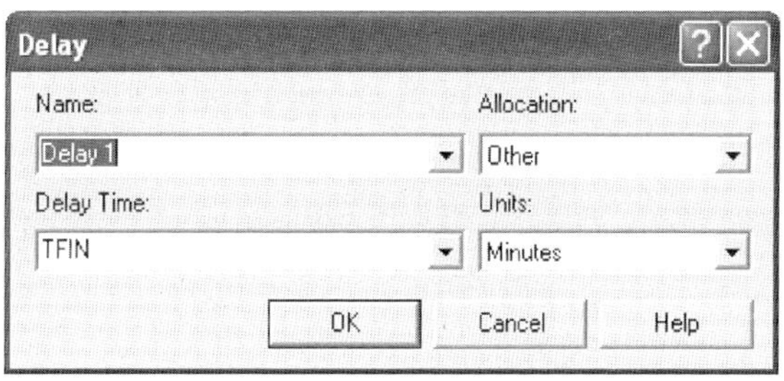

그림 10.79 시뮬레이션 기간 동안의 지연

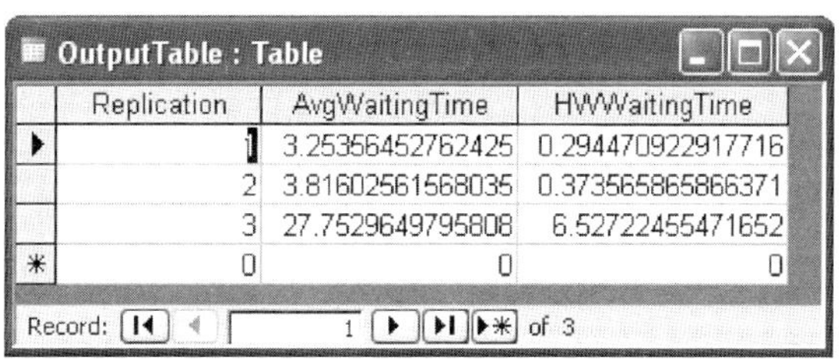
OutputTable : Table

Replication	AvgWaitingTime	HWWaitingTime
1	3.25356452762425	0.294470922917716
2	3.81602561568035	0.373565865866371
3	27.7529649795808	6.52722455471652
0	0	0

Record: 1 of 3

그림 10.80 액세스 데이터베이스로의 출력

대응하는 실험 셋을 설정하도록 해주고 실험을 실시하고 데이터베이스에 출력물을 쉽게 저장할 수 있도록 해준다. 그리고 나서 실험 결과를 분석하기 위해 여러분이 선호하는 통계분석용

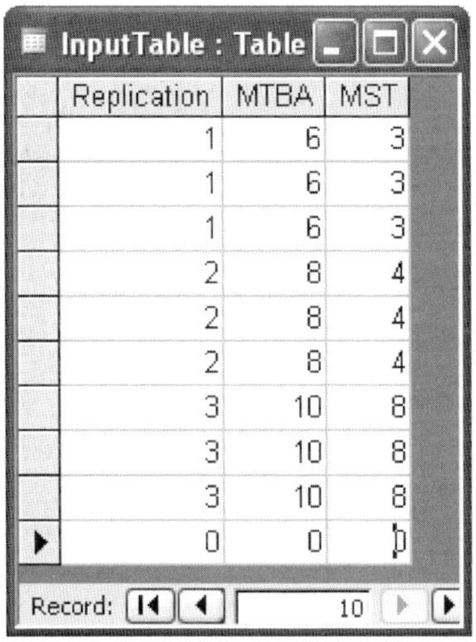
InputTable : Table

Replication	MTBA	MST
1	6	3
1	6	3
1	6	3
2	8	4
2	8	4
2	8	4
3	10	8
3	10	8
3	10	8
0	0	0

Record: 10

그림 10.81 반복실험 만들기

도구를 이용할 수 있다. 입출력을 정교하게 제어하기를 원하는 대규모 실험을 위하여, 여기에 제시되어 있는 방법이 매우 훌륭하게 적용될 수 있다.

10.7.3 Arena™와 VBA

이 절에서는 Arena™와 VBA(Visual Basic for Applications)의 관계에 대해 알아본다. VBA는 윈도우 운영체계에서 작동되는 응용 프로그램을 위한 마이크로소프트의 "매크로" 언어이다. 이름이 암시하는 바와 같이, VBA는 비주얼베이직(VB) 언어에 기초를 두고 있다. VBA는 프로퍼티와 메쏘드를 갖는 객체를 생성하는 능력을 포함하여 최신 컴퓨터 언어의 모든 특성을 가지고 있는 언어이다. VBA의 모든 것을 파악하는 것은 이 책의 범위를 벗어난다. VBA 입문을 위해서는 Albright [2001]를 참고하기 바란다.

이 절에서는 여러분이 VBA에 어느 정도 익숙하다고 가정한다. 이 주제는 고급 수준이며 일반적으로 Arena™를 사용하기 위해 VBA가 필요하지는 않다. VBA 블록과 Arena™의 사용자 정의 함수에 대해 알아봄으로써 Arena™와 VBA 연동에 대해 설명할 것이다. Arena™는 Arena™의 VBA 자동 모델을 통하여 모델을 생성하는 능력을 제공한다. 이 고급 주제는 이 책에서 다루어지지는 않지만, Arena™의 온라인 도움말 시스템을 통해 상당한 자료를 얻을 수 있다.

Arena™와 VBA 연동을 이해하기 위해서 여러분은 VBA의 사용자 사건(event) 지향 특성을 이해해야 한다. VB는 시각화된 사용자 인터페이스 개발을 쉽게 하도록 고안된 BASIC 컴퓨터 언어의 확장판이다. 여기서 다루는 사용자 연동 사건과 시뮬레이션에서 발생하는 이산 사건을 혼동하지 않아야 한다. 즉, 사용자는 마우스 이동, 버튼 누르기 등과 같은 사용자 인터페이스가 처리해야 하는 다양한 사건을 발생시킨다. 사용자와 긴밀히 반응하는 프로그램을 개발하는 것은 특정 사건에 반응하는 코드를 작성하는 것이다. 이 패러다임은 매우 유용하여 VB가 더 많이 채택됨에 따라 사건 지향 컴퓨팅 모델은 사용자와 직접 연동하는 것 이상으로 확장되었다. 사용자와 연동하지 않는 "사건"이 추가로 정의될 수 있고, 프로그램 실행 중에 특정 장소에서 호출될 수 있다. 프로그래머는 프로그램의 작동에 영향을 주기 위하여 특정 시간에 호출되는 코드를 준비해 놓을 수 있다. Arena™는 VBA 사건 모델을 통하여 VBA와 결합된다.

Arena™의 VBA 연동 모델에는 사전에 정의된 다수의 VBA 사건들이 있다. 만일 사건 처리 루틴이 Arena™의 VBA 사건을 위해 정의되어 있다면, 아래의 핵심 VBA 사건들은 자동으로 호출된다.

DocumentOpen, DocumentSave: 이 사건들은 모델이 오픈되거나 저장될 때 호출된다. SIMAN 객체는 가용하지 않으나, Arena™ 객체가 사용될 수 있다. 앞으로 SIMAN 객체에 대해서 몇 가지 예제와 함께 다루어질 것이다.

RunBegin: 이 사건은 모델이 체크되기에 앞서서 호출된다. 모델이 체크될 때, 해당 SIMAN 코드가 컴파일되고 실행 가능한 기계어 코드로 변환된다. *RunBegin* 사건에 모듈을 추가하거나 변경하는 코드를 삽입하여 변경 내용이 컴파일되어 모델에 반영되도록 할 수 있다. SIMAN 객체는 가용하지 않으나, Arena™ 객체가 사용될 수 있다. 사용자가 시뮬레이션 실행을 하게 되면 이 사건은 자동으로 발생한다. 이 책에서 Arena™ 객체에 대해서는 다루지 않지만, 많은 정보가 도움말 시스템에서 제공된다.

RunBeginSimulation: 이 사건은 시뮬레이션이 시작되기 전에 호출된다(즉, 첫 번째 반복실험 전에). 이곳은 모든 반복실험 동안 모델에서 사용될 데이터를 설정하는 데 있어서 완벽한 위치이다. 이 사건이 실행되면 SIMAN 객체가 활성 상태로 되며 *RunEndSimulation* 사건이 실행될 때까지 활성 상태를 유지한다. 시뮬레이션 실행 중에 있기 때문에 Arena™ 객체를 사용하는 변경은 허용되지 않는다.

RunBeginReplication: 이 사건은 각 반복실험이 시작하기 전에 호출된다.

OnClearStatistics: 이 사건은 Run Setup에서 통계치 지우기(clear statistics) 옵션이 선택되었을 경우에만 호출된다. 이 사건은 각 반복실험 이전과 워밍업 기간이 설정되어 있는 경우에 목표 워밍업 시간에 발생한다.

RunEndReplication: 이 사건은 각 반복실험의 종료 시점에 호출된다. 이곳은 반복실험 통계 데이터를 얻을 수 있는 완벽한 지점이다. 이것은 오류나 사용자에 의한 중단이 없이 반복실험이 완료되는 경우에만 호출된다.

RunEndSimulation: 이 사건은 모든 반복실험이 완료된 이후에 호출된다(즉, 마지막 반복실험 이후에). 이곳은 파일들을 닫고(close) 여러 반복실험을 넘나드는 통계치를 얻을 수 있는 완벽한 지점이다.

RunPause, RunRestart, RunResume, RunStep, RunFastForward, RunBreak: 이 사건들은 사용자가 Arena™ 실행 컨트롤(예를 들어, VCR 컨트롤에 있는 pause 버튼을 통해 시뮬레이션을 잠시 중지)과 상호작용을 할 때 발생한다. 이 사건들은 입력을 위해 사용자에게 프롬프트를 제시할 때 유용하다.

RunEnd: 이 사건은 RunEndSimulation 이후와 실행이 종료된 이후에 호출된다. 이 사건에서 SIMAN 객체는 더 이상 활성 상태가 아니다.

OnKeystroke, OnFileRead, OnFileWrite, OnFileClose: 만일 해당 이름의 사건이 발생하면 SIMAN 런타임 엔진에 의해 호출된다.

UserFunction, UserRule: UserFunction 사건은 모델에서 UF 함수가 사용될 때 실행된다. *UserRule* 사건은 모델에서 UR 함수가 호출될 때 실행된다.

SimanError: SIMAN이 오류나 경고를 만나게 되면, 이 사건이 호출된다. 모델 개발자는 에러를 추적할 때 이 사건을 이용할 수 있다.

VBA 사건을 정의하려면 *ThisDocument* 모듈의 VBA 사건 명칭에 대응되는 VBA 서브루틴을 작성해야 한다. *ThisDocument* 모듈은 VBA 에디터를 통해 접근 가능하다. VBA에서 코드를 포함하고 있는 파일을 모듈(module)이라고 부른다. 이것을 Arena™의 모듈과 혼동해서는 안 된다.

10.7.3.1 VBA 사용하기 *RunBegin* 사건에 대응되는 VBA 사건 루틴 작성법을 잠시 살펴보기로 한다. *VBAEvents.doe* Arena™ 파일을 오픈한다. Arena™ 모델은 개체를 생성하고 VBA를 설명하기 위한 CREATE, PROCESS, DISPOSE의 단순한 조합이다. *RunBegin* 사건을 다루는 서브루틴을 작성하려면, VBA 편집기를 이용해야 한다. 그림 10.82와 같이 Arena™ 환경에서 "Tools > Macro > Show Visual Basic Editor" 메뉴 옵션을 사용한다.

이렇게 하면 그림 10.83과 같이 VBA 편집기가 열린다. 만일 그림 10.83에 예시되어 있는 것처럼 VBA 프로젝트 트리에 있는 *ThisDocument* 아이템을 더블클릭하면, 현재 Arena™ 모델에 연결되어 있는 VBA 모듈을 열 수 있다.

몇몇 VBA 사건들이 모델을 위해 이미 정의되어 있다. 이제 그림 10.84와 같이 *RunBegin* 사건을 다루는 사건 루틴을 삽입하기로 하자. *ThisDocument* 모듈에 있는 라인 위에 커서를 위

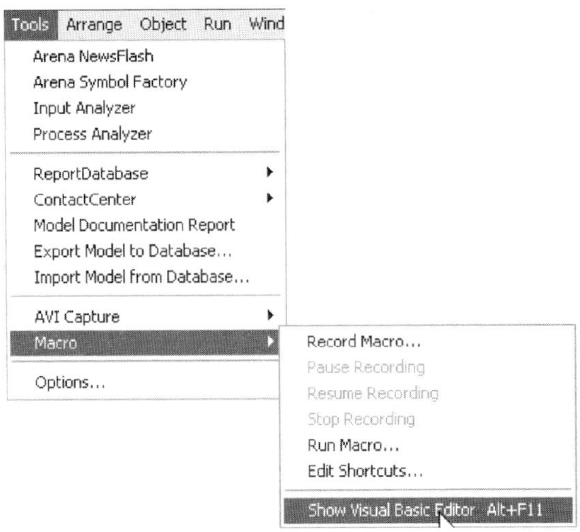

그림 10.82 비주얼베이직 편집기 나타내기

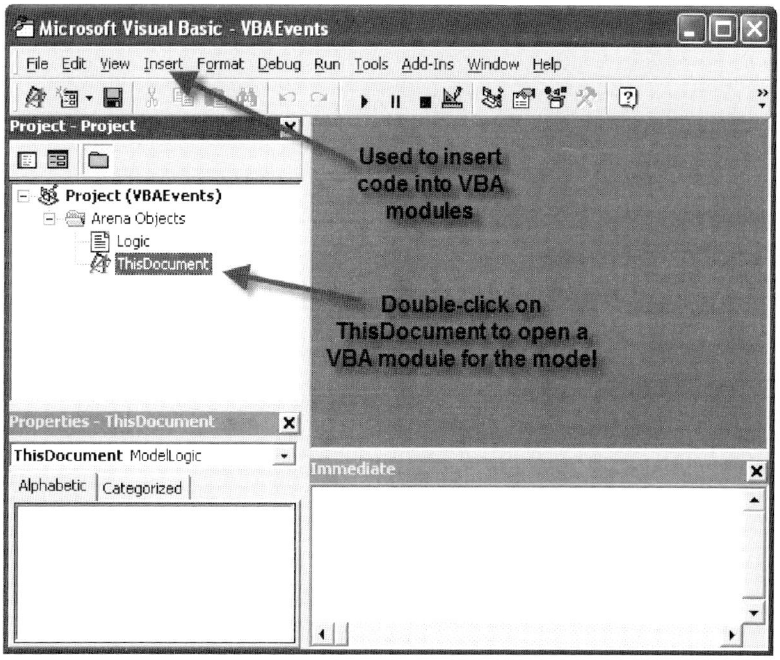

그림 10.83 VBA 편집기

치시키고 General이라고 불리는 사건 콤보박스로 간다. 이 콤보박스에서 Model Logic을 선택한다. 이제 사용 가능한 VBA 사건을 열거하는 인접한 콤보박스로 간다. 콤보박스를 클릭하면 사용 가능한 모든 Arena^{TM} VBA 사건들이 나타난다. 이미 작성된 사건 루틴들은 볼드체로 표시된다. 그림 10.84에서 볼 수 있듯이 *OnClearStatistics* 사건은 이미 작성이 되어 있

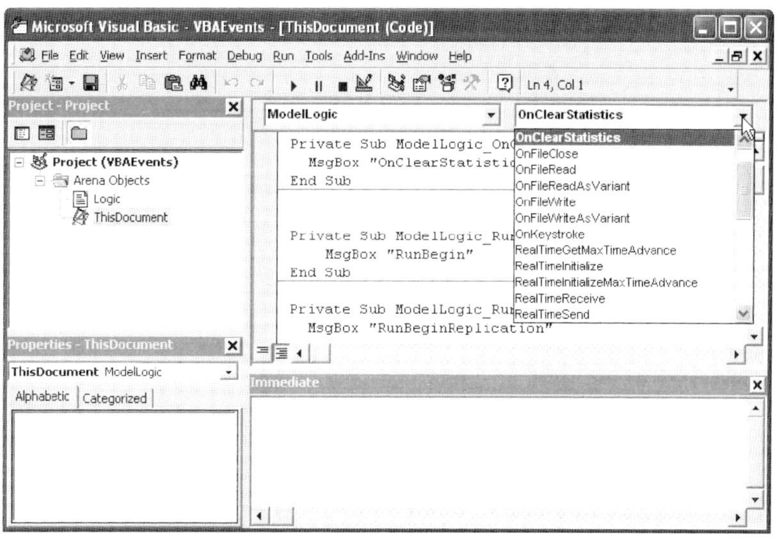

그림 10.84 Arena^{TM}의 VBA 사건들

고, *ThisDocument* 모듈에 있는 관련 코드를 살펴봄으로써 확인할 수 있다. 리스트의 마지막에 *RunBegin* 사건이 있다. *RunBegin* 사건을 선택하면, *ThisDocument* 모듈 내의 현재 커서 지점에 자동으로 사건 루틴이 위치한다. 모델이 실행되는 동안에 VBA 통합 메커니즘이 해당 사건을 호출할 때, 적절히 호출될 수 있도록 사건 루틴은 매우 독특한 명칭을 가지고 있다. 코드는 매우 단순하다. 단지 *RunBegin* 사건이 발생했음을 나타내는 메시지박스가 오픈된다(그림 10.85). 사건 절차가 "처리(fires)"될 때 메시지박스를 오픈하는 코드는 다음과 같다.

```
Private Sub ModelLogic_RunBegin()

 MsgBox "RunBegin"

End Sub
```

이 예에서 *MsgBox* 함수를 사용하여 단지 서브루틴이 적절한 시점에 호출되었음을 표시하였다. 여러분은 VBA 사건 서브루틴에 모델에 필요한 코드를 추가하면 된다.

다수의 비슷한 VBA 사건 서브루틴이 유사한 메시지 박스와 함께 정의되어 있다. 이제 Arena™ Environment로 되돌아가서 VCR 실행 컨트롤 툴바에 있는 실행 버튼을 누른다. 모델이 실행됨에 따라 그림 10.85와 같이 일련의 메시지 박스가 나타난다. 각 메시지박스가 나타난 이후에 OK 버튼을 누르면 계속 실행이 된다. Arena™ 해당 사건을 처리하면, VBA 사건 루틴에 있는 코드가 실행된다. 여기서 메시지박스의 사용은 약간 귀찮은 일이지만, 실행 순서 중에 어디서 사건이 발생했는지 정확하게 알 수 있게 해준다.

Arena™ Smart 파일들에는 좋은 VBA 관련 예제가 들어 있다. 다음 모델들은 Arena™ 폴더 내의 Smarts 폴더(예, \\Program Files\\Rockwell Software\\Arena™\\Smarts)에 있다.

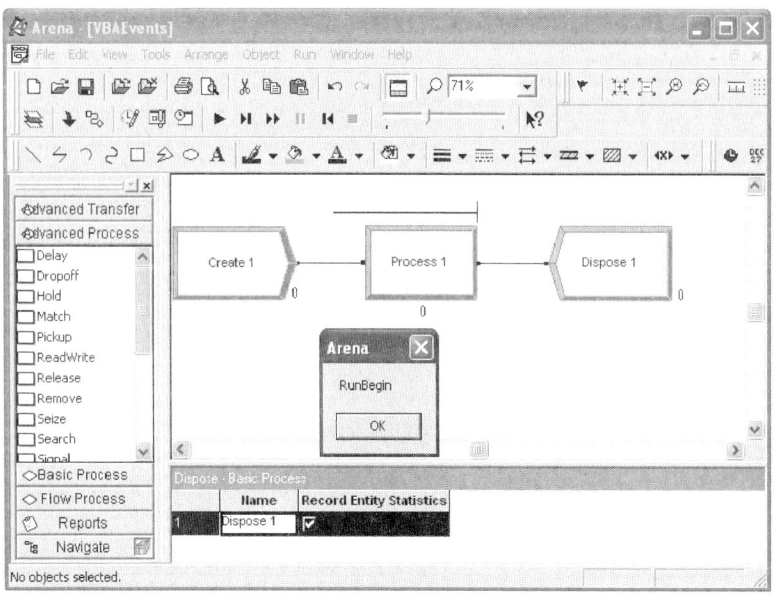

그림 10.85 RunBegin 예제의 메시지박스

- Smarts 001: VBA-VariableArray Value
- Smarts 016: Displaying a Userform
- Smarts 017: Interacting with Variables
- Smarts 024: Placing Modules and Filling in Data
- Smarts 028: Userform Interaction
- Smarts 081: Using a Shape Object
- Smarts 083: Ending a Model Run
- Smarts 086: Creating and Editing Resource Pictures
- Smarts 090: Manipulating a Module's Repeat Groups
- Smarts 091: Creating Nested Submodels Via VBA
- Smarts 098: Manipulating Named Views
- Smarts 099: Populating a Module's Repeat Group
- Smarts 100: Reading in Data from Excel
- Smarts 109: Accessing Information
- Smarts 121: Deleting a Module
- Smarts 132: Executing Module Data Transfer
- Smarts 142: VBA Submodels
- Smarts 143: VBA-Animation Status Variables
- Smarts 155: Changing and Editing Global Pictures
- Smarts 156: Grouping Objects
- Smarts 159: Changing an Entity Attribute
- Smarts 161: User Function
- Smarts 166: Inserting Entities into a Queue
- Smarts 167: Changing an Entity Picture
- Smarts 174: Reading/Writing Excel Using VBA Module
- Smarts 175: VBA Builds and Runs a Model
- Smarts 176: Manipulating Arrays
- Smarts 179: Playing Multimedia Files Within a Model
- Smarts 182: Changing Model Data Interactively

Smart 파일 001, 024, 090, 099 그리고 109가 특히 가치가 있다. 다음 절에서 UserFunction 사건과 VBA 블록에 대해 설명하기로 한다.

10.7.3.2 VBA 모듈과 사용자 정의 함수 여기서는 변수의 값을 설정하기 위한 사용자 폼 사용법, 값을 계산하기 위해 속성의 값을 사용하는 사용자 정의 함수를 호출하는 방법, 그리고 특정 시점에 모델의 정보를 디스플레이하는 VBA 블록에 대해 설명하기로 한다. 이 예제의 목적은 VBA를 설명하는 것이기 때문에 모델은 그림 10.86과 같은 단순한 단일 서버 대기행렬 시스템으로 한다. 모델은 CREATE, ASSIGN, PROCESS, VBA, 그리고 DISPOSE 모듈로 구성된다.

VBA 블록은 Blocks 패널에서 찾을 수 있다. Blocks 패널을 포함하기(attach) 위해서는 Basic Process Panel 영역에서 우측 버튼을 누르고 Attach를 선택한다. 그리고 나서 *Blocks.*

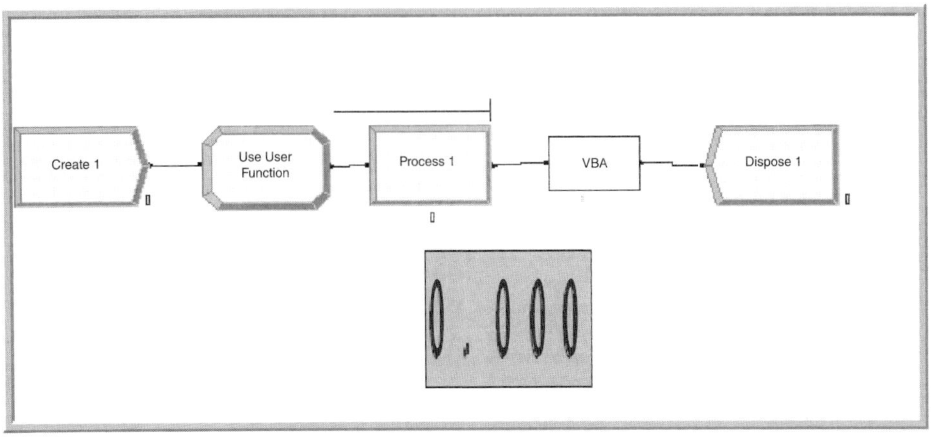

그림 10.86 VBA 예제 모델

tpo 파일을 선택한다. 이제 그림 10.86과 같이 모듈들을 만들 준비가 되었다. 각 모듈에 대한 정보는 다음과 같다.

- CREATE: Random(expo)를 선택하고, 평균 도착 간격이 1시간이고, 그리고 개체의 최대수는 5로 설정한다.
- ASSIGN: *myPT*라는 이름의 속성에 UNIF(10, 20) 함수를 통해 *U*(10, 20) 확률변수 값을 할당한다.
- PROCESS: SEIZE, DELAY, RELEASE 옵션을 사용한다. 자원을 정의하고 한 단위의 자원을 할당한다. Delay Type 영역에서 Expression을 선택하고 UF(1)이라고 입력한다.
- VARIABLE 데이터 모듈을 이용하여 이름이 *vPTFactor*인 변수를 정의하고 초기값을 1.0으로 한다.

VBA 블록과 DISPOSE 모듈은 편집하기 않고 그대로 둔다. 만일 이들 스텝을 완료하는 데 어려움을 느낀다면, *Ch10VBAExample.doe* Arena™ 파일을 참고하기 바란다.

이제 VBA 세계로 들어갈 준비가 되었다. Alt-F11을 이용하여 VBA 편집기를 오픈한다. *ThisDocument* 개체를 더블클릭하고 목록 10.1과 같이 코드를 입력한다. 만일 이 코드를 직접 입력하고 싶지 않으면, *Ch10VBAExample.doe* Arena™ 파일에 있는 것을 사용해도 된다. 이 코드의 의미를 알아보자. 두 개의 퍼블릭 변수 *gModelObject*와 *gSIMANObj*는 각각 Model과 SIMAN 타입의 전역 객체 참조 변수이다. 일단 객체 참조가 설정되면, 이 변수들이 두 객체의 프로퍼티와 메쏘드에 접근하도록 허용된다. Model 객체는 Arena™ VBA Object 모델의 일부이고 전체 Model에 접근하도록 허용해준다. Arena™ VBA Object 모델에 대한 상세 정보는 *Automation Programmer's Reference*를 검색함으로써 Arena™ 도움말 시스템에서 찾을 수 있다. SIMAN 객체는 시뮬레이션이 컴파일된 이후에 생성되는데 시뮬레이션 엔진에 접근할 수 있도록 해준다. 변수 *vPTFactorIndex*와 *myPTIndex*는 Arena™ 변수 *vPTFactor*와 속성 *myPT*에 접근하기 위해 SIMAN에서 인덱싱하는 데 사용된다.

목록 10.1 | VBA에서 변수 정의하기

```
Option Explicit

" Declare global object variables to refer
" to the Model and SIMAN objects
" Public allows them to be accessed anywhere in this module
" or any other vba module
Public gModelObj As Model
Public gSIMANObj As SIMAN

" Variables can be accessed via their uniquely assigned
" symbol number. An integer variable is needed to hold the index
" It is declared public here so it can be used throughout this
module
" and other vba modules
Public vPTFactorIndex As Integer

" Index for the myPT attribute
" It is declared private here so it can be used throughout this
module
Private myPTIndex As Integer
```

이 예제는 사용자로부터 입력 값을 얻고 정보를 디스플레이하기 위해 VBA 폼을 사용한다. 그래서 예제에서 사용할 폼을 개발해야 한다. 그림 10.87과 같이 Interact와 UserForm1이라고 불리는 두 개의 폼을 생성하기 위해 Insert > UserForm을 사용한다.

VBA 컨트롤 박스를 표시하기 위해 Show Toolbox 버튼을 사용한다. 이제 원하는 컨트롤을 선택하고 폼의 원하는 위치에 추가할 수 있다. 그림 10.87과 10.88과 같이 폼을 제작한다.

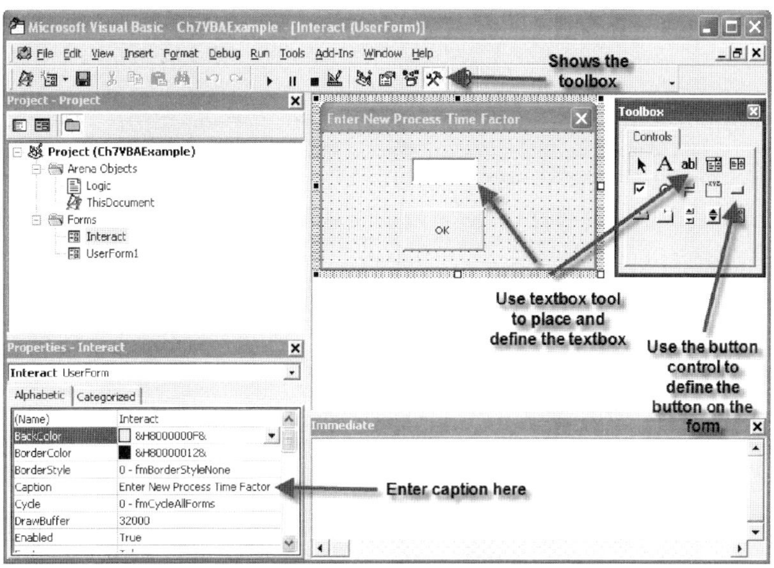

그림 10.87 Interact 폼 제작

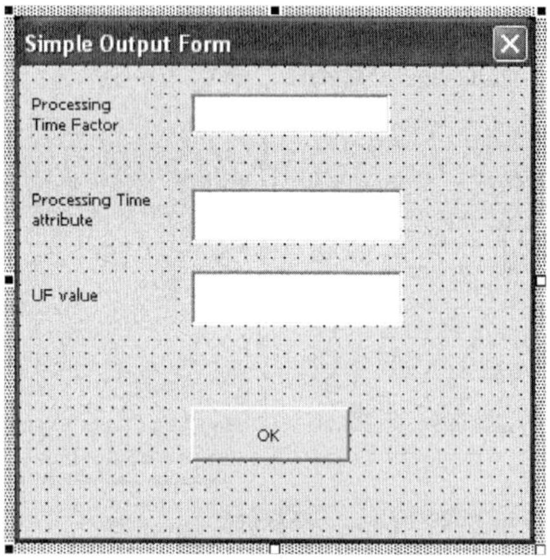

그림 10.88 VBA UserForm1

폼에서 사용하는 레이블을 추가하기 위해 레이블 컨트롤(Toolbox의 텍스트 박스 컨트롤 좌측 옆에 있음)을 사용한다. 폼의 이름은 그림 10.89와 같이 Misc > (Name) property에서 변경할 수 있다. 이제 폼이 제작되었으므로, 폼에 있는 컨트롤들은 다른 VBA 모듈에서 참조될 수 있다.

이 상황에 대한 코드를 살펴보기 전에, Arena™ 모델과 VBA 코드 사이에 데이터를 주고받는 방법을 이해할 필요가 있다. 이것은 VBA 환경 내에서 SIMAN 객체를 사용하여 수행된다. 모델이 컴파일될 때 모델의 각 요소(element)에는 번호가 부여된다. 이것은 심볼 번호라고 불린다. SIMAN 객체의 메쏘드 *SymbolNumber("element number")*는 번호가 부여된 요소를 위한 식별자로 사용될 수 있는 인덱스 심볼 번호를 돌려준다. SIMAN 객체에 대한 정보를 얻으려면 SIMAN Object (Automation)에 대한 Arena™ 도움말 시스템을 검색하기 바란다. *SymbolNumber* 메쏘드와 관련하여 Arena™ 문서는 아래와 같이 기술하고 있다.

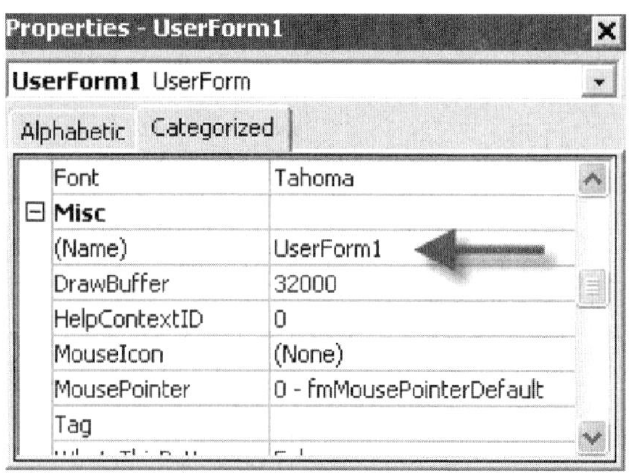

그림 10.89 Properties 윈도우

SymbolNumber Method

Syntax *SymbolNumber (symbolString As String, index1 As Long, index2 As Long) As Long*

Description 정의된 모든 시뮬레이션 요소는 고유한 번호를 갖는다. 이름을 갖는 구조들을 위하여, 이 함수는 구조 이름에 대응되는 번호를 복귀(return)하는 데 사용될 수 있다. 예를 들어 SIMAN Object의 많은 메쏘드들은 특정 요소를 규정하기 위해 *resourceNumber* 또는 *variableNumber* 등과 같은 인수를 요구한다. 아이템의 번호보다는 이름을 아는 것이 더 일반적이기 때문에, *SymbolNumber("MyElementName")*이 "요소의 번호*(element Number)*" 형태 인수를 위해 종종 사용된다.

문서에 나타난 바와 같이 SIMAN 객체의 다른 메쏘드를 사용하는 것의 중요한 부분은 Arena™ 요소의 고유한 심볼 번호에 접근하는 것이다. 심볼 번호는 정수이고 관심 있는 요소를 규정하기 위한 인덱스로 사용된다. Arena™ 도움말 시스템에 따르면, *VariableArrayValue*

목록 10.2 | RunBeginSimulation 사건 루틴

```
Private Sub ModelLogic_RunBeginSimulation()
    ' set object references
    Set gModelObj = ThisDocument.Model
    Set gSIMANObj = ThisDocument.Model.SIMAN

    ' Get the index to the symbol number
    ' if the symbol does not exist there will be an error,
    ' There is no error handling in this example
    ' The SymbolNumber method of the SIMAN object returns
    ' the index associated with the named symbol

    ' get the index for the myPT attribute
    myPTIndex = gSIMANObj.SymbolNumber("myPT")

    ' get the index for the vPTFactor variable
    vPTFactorIndex = gSIMANObj.SymbolNumber("vPTFactor")

    ' set the current value of the textbox to the
    ' current value of the vPT variable in Arena
    ' The VariableArrayValue method of the SIMAN object
    ' returns the value of the variable associated with the index
    Interact.TextBox1.value =
              gSIMANObj.VariableArrayValue(vPTFactorIndex)

    ' Display the user form
    Interact.Show
    ' Set the focus to the textbox
    Interact.TextBox1.SetFocus

    ' The code for setting the variable's value is
    ' in the OK button user form code
End Sub
```

프로퍼티는 인덱스 번호에 의해 규정된 변수의 값을 얻거나 설정하기 위해 사용될 수 있다.

VariableArrayValue Read/Write Property

Syntax *VariableArrayValue (variableNumber As Long) As Double*

Description 변수의 값을 얻거나 설정한다. 여기서 *variableNumber*는 VARIABLES element에 리스트 되어 있는 변수의 인스턴스 번호이다. 자동화에서 변수 사용하기에 대해 좀 더 상세한 정보를 얻으려면, 변수. 할당 만들기 부분을 참고하기 바란다.

이제 코드를 살펴볼 준비가 되었다. 목록 10.2는 *RunBeginSimulation* 사건을 위한 VBA 코드를 보여주고 있다. 시뮬레이션이 실행되면 *RunBeginSimulation* 사건이 처리된다. 루틴의 처음 두 라인은 VB 모듈을 위해 이전에 정의되었던 Model 객체와 SIMAN 객체에 대한 전역 변수에 값을 지정하기 위해 객체 참조를 설정한다. 속성 *myPT*와 변수 *vPTFactor*의 인덱스를 얻기 위해 SIMAN 객체에 변수 *gSIMANObj*를 통하여 접근할 수 있다. *myPT*와 *PTFactor*의 인덱스를 알아낸 이후에 *VariableArrayValue* 프로퍼티에 접근하기 위해 SIMAN 객체가 사용된다. 이 코드에서 변수의 값에 접근하고 Interact 폼에 있는 *TextBox1* 컨트롤의 값에 할당된다. 그리고 나서 Interact 폼은 그 자신에게 나타나도록 요청되며 사용자 입력을 위해 텍스트 박스, *TextBox1*에 초점이 맞추어진다.

Interact 폼이 디스플레이될 때, 텍스트 박스는 변수의 현재 값을 표시한다. 사용자는 텍스트 박스에 새로운 값을 입력하고 OK 버튼을 누를 수 있다. 사용자 OK 버튼을 이용하여 반응을 하므로, VBA 폼 코드에 있는 버튼 누르기 사건이 Arena™ 변수의 값을 사용자가 입력한 것으로 변경하기 위해 사용될 수 있다.

버튼 누르기에 반응 하는 코드를 입력하려면 Interact 폼으로 가서 폼에 있는 OK 버튼을 선택한다. 그리고 버튼에서 오른쪽 클릭하여 콘텍스트 메뉴에서 View Code를 선택한다. 이것은

목록 10.3 | OK 버튼을 위한 VBA 코드

```
Private Sub CommandButton2_Click()
" when the user clicks the ok button
" Set the current value of vPT to the value
" currently in the textbox
" uses the global variable vPTFactorIndex
" defined in module ThisDocument
" uses the global variable for the SIMAN object
" defined in ThisDocument

ThisDocument.gSIMANObj.VariableArrayValue
(ThisDocument.vPTFactorIndex) = TextBox1.value

" hide the form
Interact.hide
" Tell the model to resume running
ThisDocument.gModelObj.Activate
End Sub
```

폼 모듈을 열고 버튼 클릭에 반응하는 VBA 사건을 생성한다.

목록 10.3에 제공되어 있는 코드는 텍스트 박스에 입력된 값을 *vPTFactor* 변수에 할당하기 위해 *VariableArrayValue* 프로퍼티가 사용되는 것을 보여주고 있다. *ThisDocument* 모듈의 퍼블릭 변수에 접근하기 위해 *"ThisDocument"*와 함께 변수를 프리시드 할 수 있다(예를 들어, *ThisDocument.gSIMANObj*). 일단 텍스트 박스의 값이 변수에 할당되고 나면, 폼은 사라지고 입력 초점은 *ThisDocument.gModelObj.Activate* 메쏘드에 의해 다시 모델로 돌아온다.

변수 *vPTFactor*의 설정은 *RunBeginSimulation* 사건에 의해 작동되는 코드의 결과 발생하므로 사용자에 의해 제공되는 값은 전체 실행을 위해 사용된다(모델이나 VBA에서 다시 변경되지 않는다면).

모델은 이제 개체를 생성하기 시작하고 정상적인 Arena^{TM} 모델로 실행된다. 생성된 각 개체는 ASSIGN 모듈로 들어가고 *U*(10, 20)에서 무작위로 추출된 각자 고유의 *myPT* 속성을 갖는다. 그리고 나서 개체는 SEIZE, DELAY 그리고 RELEASE 로직을 작동시키는 PROCESS 모듈로 진행한다. 이 모듈에서 Arena^{TM}의 *UF(fid)* 함수를 통해 사용자 정의 함수에 의해 처리 시간이 설정된다. *UF(fid)* 함수는 Arena^{TM} 모델 내에서 연동되어 있는 VBA 코드를 호출한다.

UF(fid) 함수는 VBA 함수를 쉽게 호출할 수 있도록 해주는 메커니즘이다. *fid* 인자는 VBA로 전달되는 정수이다. 이 인자는 다른 사용자 작성 함수로부터 필요한 것을 선택하는 데 사용된다. 목록 10.3은 이 예제의 UF 함수를 위한 코드를 보여주고 있다. UF 함수를 사용하려면, 적절한 코드를 작성해야 한다. UF 함수를 작성하려면, ThisDocument 모듈에서 사용 가능한 VBA 사건 목록을 보여주는 콤보박스를 이용하고 *UserFunction* 사건을 선택해야 한다. 생성되는 *UserFunction* 사건은 두 개의 인수를 가지고 있다. 첫 번째 인자는 현재 활성 상태에 있는 개체를 나타내는 식별자이고, 두 번째 인자는 Arena^{TM}의 *UF(fid)* 호출에 의해 전달되는 것이다.

처음 함수가 생성되면 아무 코드도 없다. 목록 10.4와 유사한 방식으로 필요한 코드를 작성해야 한다. 프로그램에서 알 수 있듯이 전달되는 함수 식별자는 사용 가능한 사용자 작성 함수들 중에서 적절한 것을 선택하기 위해 VBA select-case 문에서 사용된다.

이런 select-case 구조를 이용함으로써 다양한 사용자 정의 함수를 정의할 수 있고, 적절한 식별자를 통해 필요한 함수를 호출할 수 있다.

호출되는 함수를 개발하려면, 활성 상태에 있는 개체의 속성에 접근하는 방법을 이해해야 한다. 이것은 SIMAN 객체와 연동되는 두 개의 메쏘드 *ActiveEntity*와 *AttributeValue*를 이용하여 구현된다. 도움말 시스템은 이 메쏘드들의 사용에 대해서 아래와 같이 기술하고 있다.

ActiveEntity Method

Syntax *ActiveEntity () As Long*

Description 반환값은 현재 활성 상태의 개체의 기록 위치(개체 포인터)로, 만일 없으면 0. 이것은 *VBA* 블록 *Fire* 사건에서 모델의 VBA 블록에 들어가 있는 개체의 속성에 접근할 때 특히 유용하다.

목록 10.4 | Arena™ VBA UserFunction() 사건 루틴

```
" This Function allows you to pass a user
" defined value back to the
" module which called upon the UF(functionID) function in Arena.
" Use the functionID to select the function that you want via
" the case statement, add additional functions as necessary
" The functions can obviously be named something
" more useful than UserFunctionX()
" The functions must return a double
Private Function ModelLogic_UserFunction(ByVal entityID As Long,
 ByVal functionID As Long) As Double
    " entityID is the active entity
    " functionID is supplied when the user calls UF(functionID)

    Select Case functionID
        Case 1
            ModelLogic_UserFunction = UserFunction1()
        Case 2
            ModelLogic_UserFunction = UserFunction2()
    End Select

End Function
```

AttributeValue Method

Syntax *AttributeValue (entityLocation As Long, attributeNumber As Long, index1 As Long, index2 As Long) As Double*

Description 반환값은 두 인덱스 index1과 index2에 연관되어 있는 범용 속성 *attributeNumber*의 값. 두 인덱스의 번호는 속성을 위해 정의되어 있는 번호와 일치해야 한다.

이제 이 메쏘드들을 사용자 정의 함수 안에서 어떻게 사용하는지 알아보자. 목록 10.5는 활성 상태에 있는 개체의 속성 값에 어떻게 접근할 수 있는지를 보여주고 있다. 첫 번째로 SIMAN 객체의 *ActiveEntity* 프로퍼티가 현재 활성 상태에 있는 개체(즉, VBA 블록으로 들어간 개체)의 식별자를 얻기 위해 사용된다. 다음으로 SIMAN 개체의 *AttributeValue* 메쏘드가 속성의 값을 얻기 위해 사용된다. Arena™ 도움말 시스템에 이러한 방법들에 대해 설명되어 있다.

Arena™에서 속성들은 Element 패널의 ATTRIBUTES 요소를 통해 다차원으로 정의될 수 있다. 이 책에서 다차원 속성들에 대해서 다루지는 않지만, *AttributeValue* 메쏘드가 가능성을 보여주고 있다. 두 인덱스는 Arena™가 속성에 어떻게 접근하는지를 나타내고 있다. 예에서 이들 두 값은 0인데, 이것은 다차원 속성이 아니라는 것을 나타낸다. 일단 *myPT* 속성과 *vPTFactor* 변수의 값들이 SIMAN 객체로부터 검색이 되면, 이들은 UF 함수에 의해 복귀되는 값을 계산하는 데 사용된다. 변수 *PTvalue*와 *factor*가 모든 값의 곱셈 값을 계산하는 데 사용된다. 물론 이 계산은 VBA 없이 Arena™에서 더 쉽게 수행될 수 있지만, 요지는 이 구조를 이용하면 어떤 복잡한 계산도 가능하다는 점이다

목록 10.5 | 사용자 정의 함수 구현하기

```
Private Function UserFunction1() As Double
    " each entity has a unique id
    Dim activeEntityID As Long
    " get the number of the active entity
    " this could have been passed from ModelLogic_UserFunction
    activeEntityID = gSIMANObj.ActiveEntity

    Dim PTvalue As Double
    " get the value of the myPT attribute
    PTvalue = gSIMANObj.AttributeValue(activeEntityID,
myPTIndex, 0, 0)

    Dim factor As Double
    factor = gSIMANObj.VariableArrayValue(vPTFactorIndex)

    " this could be complicated function of the attribute/
variables
    " here it is very simple (and could have been done within
Arena itself
    " rather than VBA
    UserFunction1 = PTvalue * factor
End Function
```

UF 함수를 이용하여 Arena™ 모델의 모든 지점에서 VBA 코드를 쉽게 호출할 수 있다. UF함수는 Arena™로 값을 변환하는 데 특별히 유용하다. 또한 VBA 블록을 사용함으로써 개체가 블록을 통과할 때, 특정 VBA 코드를 기동시킬 수 있다. 이 예에서 개체가 PROCESS 모듈을 빠져 나온 이후에, 개체는 VBA 블록으로 들어간다.

Arena™ 모델에 VBA 블록을 사용할 때, 각 VBA 블록에는 고유한 번호가 주어진다. 그리고 나서 *ThisDocument* 모듈에서 각 VBA 블록에 대응되는 사건 루틴이 생성될 수 있다. 예에서 VBA 블록이 폼을 오픈하고 개체에 대한 정보를 디스플레이하기 위해 VBA 블록이 사용된다. 이것은 Arena™ 모델이 실행될 때 개체가 VBA 블록에 들어갈 때마다 매번 모델 실행을 중지하고 사용자가 폼과 상호작용을 할 수 있도록 하는 데 유익하다. 그러나 대부분의 경우 VBA 블록은 개체가 VBA 블록을 통과할 때 시스템의 상태와 연관되어 있는 복잡한 코드를 실행하는데 사용된다. 목록 10.6은 우리의 VBA 블록 사건에 대한 코드를 보여주고 있다.

이 코드는 지금까지 것들과 매우 유사하게 시작된다. SIMAN 개체는 관심 있는 속성과 변수의 값에 접근하고 그것들을 폼에 있는 텍스트 박스에 있는 값들과 동일하게 설정하는 데 이용된다. 그리고 나서 폼이 나타난다. 이것은 사용자가 값을 볼 수 있도록 해준다. *UserForm1*에서 명령어 버튼이 폼을 닫도록 정의되었다. 폼을 감추는 로직이 목록 10.7이다.

이 예에서는 폼이 사용될 때마다 매번 새로운 인스턴스가 생성되지 않도록 하기 위해 VBA 폼의 보여주기와 감추기 기능이 사용되었다. 이것은 폼을 메모리에 보관하여 폼의 컨트롤이 즉시 접근 가능하도록 해준다. 이것이 폼을 다루는 최선의 방법은 아니지만, 설명이 간단하게 되

목록 10.6 | VBA 블록 사건 예제

```
Private Sub VBA_Block_1_Fire()
    ″ set the values of the textboxes
    UserForm1.TextBox1.value = gSIMANObj.VariableArrayValue
(vPTFactorIndex)
    UserForm1.TextBox2.value = gSIMANObj.AttributeValue(gSIMANObj.
         ActiveEntity, myPTIndex, 0, 0)
    UserForm1.TextBox3.value = UserFunction1()
    ″ Display the user form
    UserForm1.Show
End Sub
```

목록 10.7 | 사용자 폼 숨기기

```
Private Sub CommandButton1_Click()
    ″ hide the form
    UserForm1.hide
    ″ Tell the model to resume running
    ThisDocument.gModelObj.Activate
End Sub
```

도록 해준다. 사용자가 많은 수의 폼을 필요로 하지 않는 한, 이 방법은 쓸 만하다. 추가로, 예에는 오류 검출 로직이 없다. VBA는 매우 유용성 있는 오류 검출 메커니즘을 가지고 있고, 제작된 코드는 체크해서 오류를 검출해야 한다.

10.7.4 상관관계가 있는 확률변수 값 생성하기

마지막 예제는 입력 모델에서의 종속성(상관관계)을 명시적으로 모델링하는 방법에 관한 것이다. 입력 모델을 추정하는 데 있어서, 표본으로 뽑은 관측치들 사이에 상관관계가 없다고 가정하고 가설검정을 실시하였다. 그러나 만일 데이터가 종속되어 있다면 어떻게 해야 할까? 예를 들어, X_i를 i번째 고객의 서비스 시간이라고 하자. 만일 X_i가 유의하게 상관관계를 갖고 있다면? 즉, 서비스 시간들이 서로 상관되어 있다. 입력 프로세스 또한 상관되어 있을 수 있다. 즉 도착 간격 시간 사이에 상관관계가 있다. 기존 연구에 따르면, 상관관계가 명백히 존재할 경우에 이를 무시하면 시스템에 대한 성능평가 척도에 대한 예측치가 실제보다 낮게 추정될 수 있다고 한다. Patuwo 등[1993]과 Livny 등[1993]의 문헌들을 참고하기 바란다.

여기서의 설명은 Banks 등[2006], Cario와 Nelson [1996, 1998], 그리고 Biller와 Nelson [2003]에서 논의된 바 있는 Normal-to-Anything(NOTRA) 변환(Transformation)에 기초를 두고 있다. 이제 확률변수 Z_i가 $N(0, 1)$을 따르고, $\Phi(z)$를 정규분포의 누적확률 분포함수(CDF)라고 가정하자. 그러면, 역 변환 방법으로부터 확률변수 $\Phi(Z_i)$는 $U(0, 1)$ 분포를 따른다. CDF

$F(x)$를 따르는 확률변수 X_i를 생성하기를 원한다고 가정하면, 일양 확률변수의 역 변환 방법으로써 를 이용할 수 있다.

$$X_i = F^{-1}(U_i) = F^{-1}((\Phi(Z_i))) \qquad \text{(식 10.9)}$$

이 변환은 NOTRA 변환으로 불린다. 비록 Z_i가 상관되어 있더라도(그리고 $\Phi(Z_i)$ 역시 그렇다), X_i는 올바른 CDF를 갖고 역시 상관되어 있다는 것을 보여줄 수 있다. 불행히도, 상관관계는 변환에서 직접 보존될 수 없다. 그래서 X_i에 있는 상관관계를 유도하기 위해서 Z_i에서 상관관계를 유도하는 방법이 있어야 한다.

Z_i에서 상관관계를 유도하는 하나의 방법이 정상(stationary) 1차 자기회귀 시계열 모델(autoregressive time-series model of order 1), 즉 AR(1)로부터 Z_i를 생성하는 것이다. $N(0,1)$ 주변분포를 가지는 정상 AR(1) 모델은 아래의 형태를 갖는다.

$$Z_i = \phi Z_{i-1} + \varepsilon_i \qquad \text{(식 10.10)}$$

여기서 $i = 2, 3, \ldots \quad -1 < \phi < 1$ 그리고 $(0, 1 - \phi^2)$ 따라서, 이 과정을 생성하는 것은 비교적 간단하다. 먼저 Z_1을 생성하고 난 후, $\varepsilon_i \sim N(0, 1 - \phi^2)$를 생성하고, 그리고 $Z_i = \phi Z_{i-1} + \varepsilon_i$를 이용하여 다음 Z_i를 계산한다. 이 AR(1) 과정은 lag-1 상관관계를 가지고 있음을 보일 수 있다.

$$\phi = \rho^1 = \text{corr}(Z_i, Z_{i+1}) \qquad \text{(식 10.11)}$$

따라서 원하는 상관관계를 갖는 확률변수 Z_i를 발생시킬 수 있고, NOTRA 변환을 통하여 ρ_i에 연관되어 있는 상관관계가 있는 X_i를 만들어낼 수 있다. ϕ를 시행착오 방법으로 변경함으로써 원하는 X_i를 위한 상관관계를 얻을 수 있다. 이것을 수행하는 절차가 앞에서 언급한 참고문헌에 있다. 또한 스프레드시트 *NORTAEExample.xls*를 이용하여 이 시행 착오법을 수행할 수 있다.

목록 10.8 | VBA 사용자 함수 루틴

```
Private Function ModelLogic_UserFunction(ByVal entityID As Long,
 ByVal functionID As Long) As Double

    Select Case functionID
        Case 1
            ModelLogic_UserFunction = CorrelatedUniform()
        Case 2
            Dim u As Double
            u = CorrelatedUniform()
            Dim x As Double
            x = expoInvCDF(u, 2)
            ModelLogic_UserFunction = x
    End Select

End Function
```

이 방법은 Arena™에서 일반적인 방법으로 쉽게 구현될 수 없다. 이 방법을 수행하기 위해서는 Arena™ VBA 기능을 이용하여야 한다. Arena™ 모델, *NOTRA-VBA.doe*에 Arena™ 사용자 함수를 이용한 NOTRA 알고리즘 구현 방법이 소개되어 있다. 바로 이전 절에 소개되어 있는 것처럼, 사용자 함수를 작성할 수 있다. 목록 10.8을 참고하기 바란다.

UF(1)을 이용하면, 상관되어 있는 *U*(0, 1) 확률변수가 반환된다. 만일 UF(2)를 사용하면, 평균이 2인 상관되어 있는 지수 확률변수가 반환된다. 상관되어 있는 지수 확률변수를 만들어내기 위해서는 먼저 상관되어 있는 일양 확률변수를 생성한 후 역 변환 방법을 적용해야 한다는 점을 참고하기 바란다. 따라서, 원하는 확률분포에 대한 역 변환을 수행하는 함수를 가지고 있다면, 상관되어 있는 확률변수를 생성할 수 있다.

목록 10.9는 상관되어 있는 일양 확률변수를 생성하는데 어떻게 NOTRA 방법을 이용하는지를 보여주고 있다. 변수 *phi*는 AR(1) 과정에서 상관 결과를 제어하기 위해 사용된다. SIMAN 객체와 연동되는 *SampleNormal* 함수는 AR(1) 과정에서 오류를 나타내는 *N*(0, 1) 확률변수를 만들어내는 데 이용된다.

변수 *mZ*는 VBA 모듈 수준에서 정의된다. 그래서 *CorrelatedUniform* 함수가 기동하는 사이에 값을 그대로 유지한다. 변수 *mZ*는 AR(1) 과정을 나타낸다. *mZ*의 현재 값은 *phi*를 곱한 것이고, *mZ*의 다음 값을 구하기 위해 오류를 더한 것이다. *mZ*의 초기값은 *ThisDocument* 모듈의 *RunBeginReplication* 사건의 실행을 통해 결정된다. NOTRA 변환이기 때문에 *mZ*는 *N*(0, 1)이고 NORMDIST 함수가 *z*-값과 연관되어 있는 확률을 계산하기 위해 사용된다.

목록 10.9 | 상관 관계가 있는 일양분포 값을 생성하는 VBA 함수

```
Private Function CorrelatedUniform() As Double
    Dim phi As Double
    Dim e As Double
    Dim u As Double
    ″ change phi inside this function to get a different
correlation
    phi = 0.8
    ″ generate error
    e = gSimanObj.SampleNormal(0, 1 - (phi * phi), 1)
    ″ compute next AR(1) Z
    mZ = phi * mZ + e
    ″ use normal cdf to get uniform
    u = NORMDIST(mZ)
    CorrelatedUniform = u
End Function


Private Function expoInvCDF(u As Double, mean As Double) As
    Double expoInvCDF = -mean * Log(1 - u)
End Function
```

NORMDIST 함수(여기에 나타나지 않음)는 표준정규분포의 CDF를 구현한 것이다.

약간의 변경을 가하면, *NOTRA-VBA.doe* 모델에 있는 코드는 다른 상관되어 있는 확률변수를 생성하는 데 이용할 수 있다. 추가로 UF 함수를 사용하면, Arena™가 포함하고 있지 않은 다른 분포(예로 이항분포)를 생성하도록 확장할 수 있다.

Arena™는 매우 성능이 우수한 언어이지만, 사용자는 때때로 표준 프로그램 언어의 다양한 능력을 이용하고자 한다. 이 절은 Arena™ 환경에서 미리 정의된 자동 사건들을 이용하거나 또는 UF 함수와 VBA 블록을 통해 사용자 정의 함수들 또는 사건들을 정의함으로써 VBA 사용법을 설명하였다. 이 구조를 이용함으로써 개발자는 Arena™를 최종사용자를 위한 강력한 툴로 만들 수 있다. VBA 통합과 관련하여 반드시 언급해야 할 한 가지 전제가 있다. VBA는 해석형 언어(interpreted language)이기 때문에 컴파일 방식의 코드보다 실행속도가 느리다. 이 절에서 언급한 바와 같이 Arena™에서 VBA 사용은 모델의 실행 시간을 증가시킬 수 있다. 만일 여러분의 응용 프로그램에서 실행 시간이 가장 중요한 요소이면, VBA보다는 C/C++ 사용을 고려할 수 있다. Arena™는 사용자가 C 언어 함수를 통해 SIMAN 런타임 엔진에 접근하는 것을 허용하고 있다. 본질적으로, 사용자 C 함수들을 작성하고 이것들을 Arena™와 링크 되도록 DLL로 묶을 수 있다. 이 토픽에 대한 상세 정보는 Arena™ 도움말 시스템의 *Introduction to C Support* 부분을 참고하기 바란다.

10.8 요약

이 장에서는 Arena™ 모델을 향상시키는 데 유용한 여러 가지 모델링 방법에 대해 다루었다. 비정상 도착 모델링에 대해 다루었고 이것은 고급 자원 모델 구조에 대해 탐구하는 동기를 제공하였다. 고급 자원 모델링 방법은 스케줄이 되어 있거나 용량이 확률적으로 변하는 자원의 모델링을 위한 것이다. 그리고 Arena™의 개체와 자원 비용 계산에 대해서 알아보았다. PICKSTATION은 개체가 선택기준을 적용하여 작업장 집합에서 적절한 작업장을 선정하도록 해준다. 또한 PICKUP과 DROPOFF 모듈은 개체가 활성 개체의 그룹에 더해지거나 제거되는 다른 메커니즘을 제공한다. 마지막으로 모델을 좀 더 생산성 있게 만들어주는 포괄 작업장과 VBA를 포함하여 Arena™의 프로그래밍 기능에 대해 알아보았다. 다음 장에서는 완벽한 예제를 다루는데, 시뮬레이션 문제에 Arena™를 적용하는 전체 과정을 경험할 수 있도록 해줄 것이다.

연습문제

10.1 평균이 시간당 10인 포아송 절차를 따라 고객들이 창구가 1개인 드라이브인 은행에 도착한다. 각 고객에 대한 서비스 시간은 평균 5분인 지수분포를 따른다. 창구 앞에는 서비스 중인 차를 포함하여 3대를 위한 공간이 있다. 도착하는 차들은 이 3개 공간 밖에서도 기다릴 수 있다. STATISTICS 모듈의 Type 옵션으로 Frequency를 사용하여 도착하는 고객이 창구 앞의 3개 공간 중에서 한 개에 들어갈 수 있는 확률을 예측하라. 여러분의 결과

를 여러분의 연습문제 8.5의 해답과 비교하라.

10.2 이 문제는 LOTR 회사의 비용을 분석하는 것이다. 시스템 구성은 예제 7.5에 제시되어 있다. 특히, 마스터 반지 제작자는 그녀가 바쁘든지 한가하든지 관계 없이 시간당 $30의 비용이 든다. 그녀의 시간은 부가가치로 간주된다. 재작업 기능공은 시간당 $22를 번다. 하지만 그의 시간은 비부가가치로 간주된다. 재작업이 없으면 피할 수 있기 때문이다. 마스터 반지 제작자와 재작업 기능공은 그들이 작업하는 반지 하나당 $0.5를 번다. 검사 작업자는 작업 유무에 관계 없이 시간당 $15를 벌고 포장 작업자는 작업 유무에 관계 없이 시간당 $10를 번다. 검사 시간은 비부가가치로 간주되지만, 포장 시간은 부가가치로 간주된다. 작업자들의 작업 규칙은 다음과 같다. 2시간 근무 후에 10분 휴식, 4시간 근무 후에 30분 점심, 점심 이후 2시간 근무 후에 10분 휴식, 전체 근무 종료에 앞서 15분 청소한다.

많은 사람들은 마법의 반지가 돈으로 살 수 없다고 생각할 수 있으나, LOTR 회사는 반지 한쌍에 약 $10,000로 가격을 책정해오고 있다. 반지의 재고유지비는 1년에 가격의 약 15%이다. 반지 한 쌍에 대한 시간당 보유비를 결정할 때, 1년은 365일이고 1일은 24시간으로 가정하라. 7장에 주어진 구성안 1과 구성안 2를 시뮬레이션 하고 개체와 자원 비용 보고서를 작성하라. 어느 배치를 추천할 것인가?

10.3 8장의 기계 추론 문제를 다시 생각해보자. Arena™의 비용 기능을 이용하여 평균 70% 이상의 기계 가동률 유지하면서 비용 관점에서 작업자의 최적 할당을 찾아라.

10.4 Super Ready Auto Club (SRAC)은 수년간 고객에게 서비스를 제공해오고 있다. SRAC는 회원들에게 클럽, 여행, 그리고 재정 서비스를 제공한다. 가장 인기 있는 서비스는 자동차 투어와 긴급 도로 서비스이다. 여행은 회원들에게 특별 할인 가격으로 크루즈 패키지, 항공 여행, 그리고 기타 휴가 패키지를 제공한다. 끝으로, 재정 서비스는 회원들에게 특별 이자율로 신용카드를 발행한다.

SRAC는 지역 콜센터를 가지고 있는데 정해진 지역 내의 회원들로부터 걸려오는 전화를 처리한다. 표 10.8은 평균 통화(call) 수 자료로 3개 주(State)에 걸쳐서 취합된 것으로 일주일(7일) 기간 동안 시간 단위로 기록되어 있다.

하루 중 오전 8시~오후 8시 사이에는 세 가지 형태 통화가 발생하는데 60%의 자동차 도로 서비스, 35%의 신용카드 서비스, 그리고 15%의 여행 서비스로 구성된다. 나머지 시간대에는 비율이 변하여 각각 90%, 10%, 그리고 0%가 된다. 각 형태별로 기록한 통화 서비스 시간 자료가 표 10.9~10.11에 예시되어 있다.

콜센터 직원의 비용은 연금, 보험 등의 임금의 지급액을 포함하여 시간당 18달러이다. 직원을 기다리는 대기 시간이 3분을 초과하는 통화가 발생할 확률이 10% 미만이 되도록 하는 것이 중요하다. 평균적으로 대기 시간 기준을 충족하는 각 요인별 각 시간대별 최소비용 인력 근무계획(staffing plan)을 수립하라.

각 통화별 대기 시간, 평균 대기 통화수, 직원 가동률을 측정하라. 추가로 각 형태별 대기 시간을 측정하라.

표 10.8 각 시간대별 평균 수신 통화 수

Hour	Mon	Tue	Wed	Thur	Fri	Sat	Sun
1	6.7	6.1	8.7	8.9	5.6	6.2	9.4
2	9.7	9.4	9.3	7.1	1.4	7.0	8.8
3	8.5	6.0	70.4	8.6	7.9	7.8	13.4
4	9.0	10.0	6.8	8.3	6.4	6.3	6.7
5	6.8	9.2	10.9	44.9	8.2	6.5	7.5
6	8.5	4.2	1.4	6.3	7.5	7.8	8.0
7	6.7	6.9	9.0	8.9	6.7	46.2	9.8
8	38.2	35.0	75.8	57.8	37.2	82.5	78.8
9	20.0	77.6	48.7	25.9	67.1	28.1	99.2
10	76.2	75.4	71.1	51.3	86.2	106.9	42.0
11	92.5	105.4	28.2	100.2	90.9	92.4	43.6
12	76.4	37.3	37.3	77.8	60.3	37.9	68.9
13	79.1	64.2	25.4	76.8	65.1	77.9	116.6
14	75.2	102.2	64.1	48.7	93.3	64.5	39.5
15	117.9	26.8	43.8	80.1	86.4	96.8	52.1
16	100.2	85.9	54.3	144.7	70.9	167.9	153.5
17	52.7	64.7	94.7	94.6	152.2	98.0	63.7
18	65.3	114.9	124.9	213.9	91.5	135.7	79.8
19	126.1	69.6	89.4	43.7	62.7	111.9	180.5
20	116.6	70.2	116.8	99.6	113.0	84.3	64.1
21	38.6	20.5	7.6	3.8	58.6	50.8	68.5
22	8.5	17.1	8.8	13.5	8.2	68.1	7.8
23	9.8	48.9	8.9	95.4	40.8	58.5	44.1
24	9.6	1.3	28.5	9.6	32.2	74.5	46.7

표 10.9 자동차 도로 서비스 통화 시간(단위: 분)

33.6	34.0	33.2	31.3	32.3	32.1	39.0	35.2	37.6	37.4
32.3	37.2	39.3	32.1	34.7	35.1	33.6	32.8	32.8	40.0
37.8	38.0	42.4	37.4	36.6	36.6	33.3	34.7	30.2	33.1
36.8	34.4	36.4	35.9	32.6	37.6	36.7	32.3	40.0	37.0
36.0	34.6	33.9	31.7	33.8	39.3	37.8	33.7	35.2	38.2
34.6	33.5	36.3	38.9	35.5	35.2	35.0	33.8	35.8	35.8
38.2	38.8	35.7	38.7	30.0	33.6	33.4	34.7	35.1	35.5
34.0	33.2	33.7	32.5	28.9	34.4	34.2	31.4	38.7	35.3
35.5	39.4	32.6	36.2	33.2	39.3	41.1	34.3	38.6	33.0
35.3	38.1	33.5	34.0	36.4	33.6	43.1	37.2	35.6	36.0

표 10.10 휴가 패키지 서비스 통화 시간(단위: 분)

52.2	23.7	33.9	30.5	18.2	45.2	38.4	49.8	53.9	38.8
33.4	44.2	28.4	49.0	24.9	46.4	35.8	40.3	16.3	41.4
63.1	37.5	33.5	48.0	27.6	38.2	28.6	35.2	24.5	42.9
38.9	19.8	32.7	41.4	42.7	27.4	38.7	30.1	39.6	53.5
28.8	42.2	42.4	29.2	22.7	50.9	34.2	53.1	18.5	26.5
40.9	20.7	36.6	33.7	26.4	32.8	25.1	39.7	30.9	34.2
35.5	31.8	27.2	28.6	26.9	30.6	26.1	23.2	33.3	35.0
29.6	31.6	29.9	28.5	29.3	30.6	31.2	26.7	25.7	41.2
27.5	52.0	27.3	69.0	34.2	31.4	21.9	29.8	31.4	46.1
23.8	35.9	41.5	51.0	17.9	33.9	32.2	26.5	25.0	54.6

표 10.11 신용카드 서비스 통화 시간 (단위: 분)

13.5	10.1	14.4	13.9	14.2	11.4	11.0	14.4	12.0	14.4
14.4	13.5	13.4	14.5	14.8	14.9	13.2	11.0	14.9	15.0
14.7	14.3	12.3	14.8	12.4	14.9	15.0	14.0	14.6	14.6
15.0	10.3	11.3	15.0	15.0	15.0	14.9	14.8	11.5	11.9
13.5	14.9	11.0	10.8	15.0	13.8	13.8	14.5	14.3	14.0
14.9	10.9	13.9	13.5	15.0	14.4	13.2	15.0	14.5	14.4
15.0	14.5	14.5	14.9	11.6	13.6	12.4	11.9	11.6	15.0
11.1	13.7	13.9	14.6	11.5	14.4	15.0	10.7	10.4	14.5
12.3	13.8	14.7	13.8	14.7	14.8	14.9	14.2	12.9	14.3
14.5	11.5	12.1	14.3	13.6	14.1	12.6	11.7	14.7	13.4

(a) 만일 자동차 지원 서비스 통화가 신용카드와 여행 서비스 통화보다 우선순위를 갖는다면 대기 시간이 어떻게 될 것인가?

(b) 다음 근무 규칙을 어떻게 처리할지 생각해보라. 직원을 매 2시간마다 10분의 휴식을 갖고 매 4시간마다 30분의 음식/음료 휴식을 갖는다. 이 조건하에서 항상 누군가가 근무를 하고 있어야 한다고(즉, 동시에 모두가 휴식을 갖지 않는다고) 하면 어떻게 인력 근무계획을 수립해야 하는가?

10.5 8장의 검사-수리 시스템이 3개의 검사 작업장, 한 개 진단 작업장, 그리고 한 개의 수리 작업장을 갖고 있다. 검사 작업장에 있는 기계들은 무작위로 고장이 난다고 가정하자. 고장 간격은 평균 240분의 지수분포를 따르고 바쁜 시간에 기준을 둔다. 검사 작업장이 고장날 때마다, 검사 소프트웨어가 다시 로딩되어야 하는 데 소요 시간은 10분과 15분 모수의 일양분포를 따른다. 진단 기계도 사용에 따라 고장이 발생한다. 고장까지의 사용 횟수는 평균 100의 기하분포를 따른다. 진단 기계의 수리 소요 시간은 10분에 25분 범위의 일양분포를 따른다. 이 시스템에서 기계 고장의 영향을 계약 요건을 충족시키는 관점에서 검토하라.

10.6 리모델링되는 Sly의 Convenience Store를 위한 제안서는 각각 대기열을 갖는 6개의 가스 펌프를 보유한다. 자동차의 도착 간격은 평균 1분의 지수분포를 따른다. 충전과 지불에 소요되는 시간은 평균 6분의 지수분포를 따른다. 도착하는 고객은 대기하고 있거나 펌프를 사용중인 자동차 수가 최소인 펌프를 선택한다. 각 펌프는 3대를 처리할 수 있는 공간(하나는 서비스, 두 개는 대기)을 가지고 있다. 펌프를 잡지 못한 자동차는 펌프를 위한 라인에 들어가기 위해 통합 라인에서 대기한다. 장기간에 걸친 시스템의 성능평가에 관심이 있다.

(a) 고객의 평균 시스템 체류 시간을 예측하라. 아울러 각 라인, 종합 라인, 그리고 시스템 전체의 평균 대기 고객을 예측하라. 각 라인에서 {1, 2, 3}명의 고객이 있는 시간의 비율을 예측하라. 추가로 펌프 라인으로 들어가기 위해 대기하는 고객의 수가 {1, 2, 3, 4 이상} 되는 시간의 비율을 예측하라. 각 차의 길이는 16에서 18피트로 가정한다. 종합 라인을 위해 얼마만큼의 공간을 두어야 하는지 제시하라.

(b) 가끔 펌프는 고장이 난다. 펌프 고장 간격은 평균 40시간의 지수분포를 따르고 사용된 시간이 아닌 단순히 시간이 흘러간 경과 시간에 기초를 둔다. 문제를 단순하게 만

들기 위해 펌프가 고장이 나면 펌프를 사용하고 있던 고객은 펌프가 사용불가 상태가 되기 전에 서비스를 완료할 수 있고 펌프가 고장이 날 때 몇몇 고객이 라인에 있다는 사실은 무시한다고 가정한다. 새로운 조건하에서 시스템을 시뮬레이션 하고 위의 (a)에서 요구한 통계량들을 예측하라. 추가로 각 펌프가 유휴, 가동, 그리고 고장 상태에서 보낸 시간의 비율을 예측하라. 새로이 도착하는 고객은 고장난 펌프가 있는 라인으로 들어가지 않도록 하라.

(c) 라인에서 대기 중인 고객이 펌프가 고장난 이후에도 라인에 머물러 있다는 가정은 비현실적이다. 여전히 펌프가 고장 날 때 이미 서비스를 받고 있던 고객은 서비스를 완료할 수 있다고 가정한다. 그러나 이제 대기 중인 고객들은 그들이 대기 중이던 펌프가 고장나면, 그들의 라인을 빠져 나와 종합 라인에 재합류할 수 있다고 가정하자. 이 새로운 모델의 결과를 위의 (b)의 결과와 비교하라.

10.7 연습문제 9.14에서 기술한 시스템에 대해 포괄 작업장 모델링 개념을 적용하라. 포괄 작업장이 있는 경우와 없는 경우가 근본적으로 동일한지를 보여라.

10.8 무인운반차(AGV) 한 대가 기계 3대에서 완성 부품을 들어내고 저장소에 내려놓는 데 사용된다. AGV는 5개의 박스(tote)를 운반하도록 설계되어 있다. 각 박스는 최대 10개까지 부품을 수용할 수 있다. 기계는 아래의 표에 있는 평균의 포아송 절차를 따라 각 부품을 생산한다. 기계는 부품을 박스에 직접 내리도록 설계되어 있다. 박스가 가득 차면, 중력 컨베이어로 내려지고 AGV 적재 구역으로 들어간다. 박스가 컨베이어를 따라 기계의 적재 구역으로 이동하는 데 2초가 소요된다.

작업장	생산율(분당)	적재 시간	다음 작업장까지의 거리
기계 1	2	uniform(3,5)초	40미터
기계 2	1	uniform(2,5)초	28미터
기계 3	3	uniform(4,6)초	55미터

AGV는 (Machine 1, Machine 2, Machine 3, 저장소) 순서로 작업장 사이를 이동한다. 만일 기계의 적재 구역에 대기 중인 박스들이 있다면, AGV는 용량에 도달할 때까지 박스들을 적재한다. 적재가 끝나면 AGV는 다음 작업장으로 이동한다. 만일 작업장에 기다리고 있는 박스가 없다면 AGV는 5초가 머무르고, 이 지연 시간 동안 박스가 도착하면 적재된다. 그렇지 않으면 AGV는 다음 작업장으로 진행한다. 3번째 기계의 작업장을 방문하고 나면, AGV는 저장소로 진행한다. 저장소에서 AGV가 운반한 박스가 양하된다. AGV는 모든 박스를 한번에 내려놓도록 설계되어 있다. 소요 시간은 8초에서 12초 사이의 일양분포를 따른다. AGV가 저장소 방문을 마치고 나면, 첫 번째 기계로 진행한다. 저장소와 첫 번째 작업장 사이의 거리는 30미터이다. AGV는 분당 30미터의 속도가 움직인다. 10,000분 기간 동안 이 시스템을 시뮬레이션 하라.

(a) 부품의 평균 시스템 체류 시간을 예측하라. AGV로 운반되는 박스의 평균 개수는 얼마인가? 평균 경로 이동 시간은 얼마인가? 즉, AGV가 한번의 순회를 완료하는 데 평

균 얼마나 걸리는가?

(b) 박스 적재 구역의 크기에 관심이 있다고 가정하자. 모든 박스가 대기할 수 있는 확률이 실제로 100%가 되는 적재 구역(박스의 개수로)의 필요한 크기는?

10.9 10.6.3절에 있는 셔틀 버스 시스템에 버스 정류장이 3개 있다고 생각해보자. 승객이 시간당 6명 평균 도착률의 포아송 절차로 정류장 1에 도착한다. 승객이 시간당 10명 평균 도착률의 포아송 절차로 정류장 2에 도착한다. 승객이 시간당 12명 평균 도착률의 포아송 절차로 정류장 3에 도착한다. 정류장 1에 도착하는 승객의 30%는 정류장 2로 가려고 하며, 나머지는 정류장 3으로 가고자 한다. 정류장 2에 도착하는 승객의 75%는 정류장 1로 가려고 하고 25%는 정류장 3으로 가기를 원한다. 마지막으로 정류장 3에 도착하는 승객 중에서 40%는 정류장 1로 가고 싶어하고 60%는 정류장 2로 가려고 한다. 여기서 셔틀 버스는 20석의 좌석을 가지고 있다. 승객당 승하차 시간은 예제와 동일하고 정류장 사이의 소요시간도 여전히 동일하다. 8시간 동안 시뮬레이션을 실시하고 승객의 평균 대기 시간, 승객의 평균 시스템 체류 시간, 그리고 버스가 만원이어서 정류장에 남아 있는 승객의 평균수를 예측하라.

10.10 SQL 질의가 분당 1회의 도착률을 갖는 포아송 절차를 따라 데이터베이스 서버에 도착한다. 서버에서 질의를 실행하는데 소요되는 시간은 0.6분과 0.8분의 일양분포를 따른다. 서버는 한 번에 1개의 질의만 처리할 수 있다.

(a) 질의 1개당 평균 지연 시간과 1, 2, 3 그 이상의 질의가 대기하는 확률을 추정하는 시뮬레이션 모델을 개발하라.

(b) 질의 도착 간격 시간에 대한 데이터가 다음과 같다고 가정하라. 즉, 도착 간격 시간은 여전히 평균 1분의 지수분포를 따르지만, 도착 절차가 0.85의 래그(lag)-1 상관관계로 상관되어 있다. 이 상황을 시뮬레이션 하고 결과를 위의 (a)의 결과와 비교하라.

10.11 10.7.2.4절에서 마이크로소프트 액세스 데이터베이스에 반복실험을 위한 모수 값들을 보관하고 반복해서 실행을 할 때 그 모수 값들을 읽어 들이는 방법을 다루었다. 또한 액세스 데이터베이스에 결과를 쓰는 방법도 알아보았다. 그러나 만일 단순히 액세스 데이터 입력 테이블에 있는 모수 설정을 반복하기 위해 각 실험 모수 설정을 여러 번 실행한다면 이것은 대규모 실험계획에서는 귀찮은 일이 될 수 있다. 이 문제는 기본 로직을 변경하여 각 디자인 포인트에 대해 입력 테이블을 중복해서 읽지 않으면서 다수의 반복실험을 할 수 있도록 하는 것이다. 다음 의사코드를 생각해보자.

```
CREATE file reading/writing entity
DECIDE
    IF (MOD(NREP-1,vMaxReps) == 0 THEN
        READ in and ASSIGN parameter values
    END IF
END DECIDE
DELAY until end of replication
WRITE out replication results
DISPOSE file reading/writing entity
```

변수 *vMaxRep*는 각 디자인 포인트에서 반복되기를 원하는 반복실험 횟수이다. 이 의사코드를 *PharmactModelRWv1.doe* 파일에 각 디자인 포인트에서 3회 반복되도록 구현하고 테스트하라.

10.12 18개의 상관되어 있는 확률변수를 생성하기 위하여 아래의 일양 확률 값의 집합을 사용하는 스프레드시트를 개발하라. 이를 위해서 $\phi = 0.7$인 AR(1) 절차와 알파(형태) 모수가 2이고 베타(규모) 모수가 5인 감마분포를 갖는 NOTRA 기법을 사용하라. 감마 확률변수의 래그-1 상관관계는 무엇인가?

0.943	0.398	0.372	0.943	0.204	0.794
0.498	0.528	0.272	0.899	0.294	0.156
0.102	0.057	0.409	0.398	0.400	0.997

10.13 약국모델과 관련 있는 10.2절의 비정상 도착 과정 예제를 생각해 보자. 표 10.2와 그림 10.1을 보라. 약국모델을 위한 Arrivals SCHEDULE을 생성하는 데 제공된 정보를 이용하라. 4장에 주어진 조건과 동일하게 모델을 실행하고 4장의 결과와 비교하라. 4장은 약국모델에 대해 안정 상태 결과를 보여준다. 이런 결과는 이 상황에도 적용이 되는가 혹은 아닌가? 그 이유는?

CHAPTER 11

시뮬레이션 모델링 응용

Application Of Simulation Modeling

학습목표

- 실세계에 대한 시뮬레이션 모델을 개발하고 응용하는 것과 관련된 이슈들을 이해한다.
- 실제 규모의 시뮬레이션 모델에 대해 실험과 분석을 수행한다.

11.1 서론

1장에서 "DRGREE"로 불리는 문제해결을 위한 일반적인 절차를 제시하였다. 이 절차는 시뮬레이션의 문제를 해결하기 위한 방법론으로 확장되었다. 다시 언급하면, 시뮬레이션 연구를 위한 주요 절차는 아래와 같이 요약될 수 있다.

1. 문제 구성
   (a) 시스템과 문제 정의
   (b) 성능평가 척도 설정
   (c) 개념 모델 개발
   (d) 모델 가정 문서화

2. 시뮬레이션 모델 개발
   (a) 모델 변환
   (b) 입력 데이터 모델링
   (c) 모델 검증과 유효성 평가

3. 실험계획과 분석
   (a) 예비 실행
   (b) 최종 실험

(c) 결과 분석

4. 평가와 반복
5. 문서화
6. 결과 적용

어느 정도까지는 본 시뮬레이션 연구는 이러한 일반 절차를 따른다. 4장에서 위의 절차 1을 지원하기 위해 고안된 기본적인 모델링 관련 질문과 접근법을 소개하였다:

- 시스템은 무엇인가? 시스템에 대해 어떤 정보가 알려져 있는가?
- 필요한 성능평가 척도는 무엇인가?
- 개체는 무엇인가? 각 개체에 대해 어떤 정보가 기록되거나 기억되어야 하는가? 시스템 안으로 개체가 어떻게 투입되어야 하는가?
- 개체가 사용하는 자원들은 무엇인가? 어떤 개체들이 어떤 자원들을 어떻게 사용하는가?
- 프로세스 흐름은 무엇인가? 프로세스를 그리거나 활동 다이어그램을 작성하라.
- 모델에 대한 의사코드를 개발하라.

이 질문들에 답변을 하는 것은 시뮬레이션 모델 개발 절차의 준비 단계로써 문제에 대한 개념을 구축하는 데 큰 도움이 될 수 있다.

5장은 개념 모델을 Arena^{TM} 시뮬레이션 모델로 변환하도록 해주는 기초 모델링 구조를 제공하였다. 개념 모델은 대개 확률 요소를 포함하고 있기 때문에, 6장에서는 어떻게 입력분포가 형성될 수 있는 보여주었고, 시뮬레이션에서 사용되는 확률 값을 얻기 위한 주요 방법들을 설명하였다. 무작위로 입력된 값은 시뮬레이션으로부터 산출된 값 역시 무작위일 것임을 의미한다. 7장은 시뮬레이션의 통계적 특성을 적절히 분석하는 방법을 보여주었다. 이것을 통해 시뮬레이션 프로젝트 과정에서 성공적으로 적용되는 적절한 실험 분석 방법을 습득하였다. 마지막으로 8~10장은 문제에 대처할 수 있도록 해주는 다양한 모델링 개념과 Arena^{TM} 구조를 심도 깊게 다루었다.

이 시점까지, 여러분은 시뮬레이션 모델링과 분석의 기초와 관련하여 많은 것을 배웠다. 이 장의 목적은 시스템에 대한 모델과 분석 과정 전체를 예를 통해 보여줌으로써 새로운 지식을 실행에 옮길 수 있도록 돕는 것이다. 이상적으로, 실제 시스템에 대한 시뮬레이션 경험은 여러분이 배운 것을 최대로 이해할 수 있도록 해줄 것이지만, 현실감 있는 사례 연구는 교재의 제한된 한계 내에서도 이러한 경험을 제공할 수 있을 것이다. 과거 10여 년간, Rockwell Software (Arena^{TM} 개발회사)와 Institute of Industrial Engineers (IIE)는 Arena^{TM}를 사용하여 실제 상황을 모델링하는 대학생 경진대회를 지원해왔다. 경진대회 문제들은 공개되어 있고, www.arenasimulation.com에서 찾을 수 있다. 이 장에서는 과거 경진대회 문제들 중에서 한 개를 다룰 것이다. 이를 통하여 개념화에서 최종 제안까지의 시뮬레이션 모델링 절차를 예시할 것이다. 이 사례연구를 해결하고 나면, 전체 시뮬레이션 절차를 좀 더 잘 이해할 수 있을 것이다.

11.2 SM Testing 경진대회 문제 설명

이 절은 "SM Testing"으로 이름이 붙은 제7회 경진대회 문제 전체를 재현한다. 그 이후의 절들은 문제에 대한 상세 해를 제시한다. 여러분이 문제를 풀도록 요청받았다고 가정하고 다음 절을 읽기 바란다. 즉, 여러분 자신의 초기해를 기록해가면서 시뮬레이션 모델을 적용해가기 바란다. 그러면 상세한 해를 연구함에 따라, 여러분은 자신의 접근법을 여기에 제시된 해와 비교할 수 있을 것이다.

Rockwell Software/IIE 7회 경진대회 문제: SM Testing

SM Testing은 일련의 소규모 의학 실험실의 검사 시설들을 운영하는 모기업이다. 이 시설들은 대개 병원 내부 또는 근처에 위치하고 있다. 이들 중에서 많은 수는 새로운 것이며 의학계의 비용 절감 결과에 따라 나온 것이다. 많은 경우에 병원들은 외부 계약자에게 검사 하청을 주고 있는데 그들 시설 내부에 실험실용 공간을 제공하고 있다.

SM Testing은 다양한 검사 서비스를 제공하고 있으며, 이 새로운 마켓에서의 입지를 강화하기 위한 장기 계획을 가지고 있다. 최근에 이 회사는 특정 형태의 검사 실험실에 집중하고 있으며 대부분의 시설들을 자동화하는 프로젝트를 수행해오고 있다. 몇 개의 파일럿(시험적인) 시설들을 건설하였고 바람직한 서비스를 제공할 뿐만 아니라 수익성이 있는 것으로 증명되었다. 현재 이 형태의 서비스를 대규모로 제공하는 것에는 장애물이 있는데, 자동화된 시스템이 특정 지점의 요구 사항들을 적절히 수용할 만한 규모가 아니라는 점이다. 파일럿 프로젝트를 위해 한 방법을 적용하였는데, 그것은 요구 시스템의 규모를 극적으로 과소평가하였다. 그래서 용량 문제를 해결하기 위해 장비가 추가로 필요하였다. 비록 이런 시행착오 접근방식이 결국 고객 요구를 만족시킬 수 있는 시스템을 제공할 수는 있었지만, 이것은 자동화 시스템을 대규모로 도입하는 데에는 바람직하지 못한 접근법이다. 시스템이 처음 설치되고 나서 고객 요구를 충족시킬 수 있을 때까지 대략 8개월에서 14개월 정도가 소요되었다. 그 기간 동안 수작업으로 자동화 시스템의 모자란 용량을 보충하였다. 이것은 비용을 매우 많이 발생하였다.

회사는 고의로 시스템을 크게 만들어 예상 고객 수요를 항상 만족시키도록 할 수 있을 것이지만, 이렇게 하면 비용이 많이 발생하여 이익이 감소될 것이다. 경영자는 투자를 최소로 하면서 고객 요구를 충족시키거나 뛰어넘는 시스템의 규모를 좀 더 쉽게 결정하기를 원한다. SM Testing은 이 문제를 해결하기 위해 여러 가지 선택사항을 조사하였고 컴퓨터 시뮬레이션이 시스템의 적절한 크기를 결정하기 위해 필요한 기술을 제공해줄 것이라는 결론에 도달하였다.

이 제안 요청을 공표하기 전에, 기술 부서에서는 장차 사용될 시스템에 대한 표준 구성안을 개발하였다. 이 표준 구성안에 대한 개략도가 그림 11.1에 제시되어 있다.

표준 구성안은 6개의 기본 위치[적재/양하(load/unload) 구역 한 개와 5개의 검사 셀]를 결합하는 수송 루프 한 개로 구성된다. 각 검사 셀은 한 개 이상의 검사장비를 포함하고 있으며, 이 장비는 해당 셀의 특정 검사를 실시한다. 적재/양하 구역은 새로운 샘플이 시스템으로 투입되거나 완성된 샘플이 시스템에서 제거되는 수단을 제공한다.

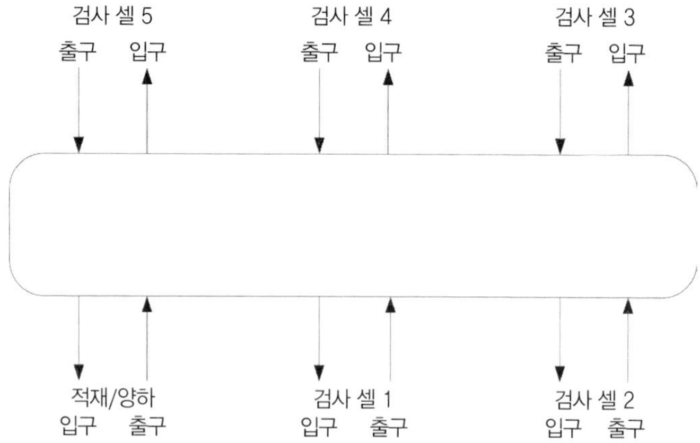

그림 11.1 표준 구성안 개략도

수송 루프, 즉 수송로는 버킷 컨베이어나 간단한 파워 앤드 프리 컨베이어로 시각화할 수 있다. 샘플들은 전용 샘플 홀더에 담겨 시스템을 통해 수송된다. 홀더는 샘플을 담을 수 있는 작은 팔레트나 카트 정도로 생각하면 된다. 샘플 홀더의 개수는 각 시스템에 따라 달라진다. 수송 루프는 48피트 길이에, 홀더마다 1피트의 공간을 두고 설치하여 최대 48개의 샘플 홀더를 장착할 수 있다. 샘플 홀더는 검사 셀이나 적재/양하 구역에 있을 수 있으므로, 총 개수가 48개를 초과할 수도 있다. 적재/양하 구역과 각 검사 셀의 **입구**와 **출구** 지점 사이의 거리는 3피트이다. 한 셀의 출구 지점과 다음 셀의 입구 지점 사이의 거리는 5피트이다.

시스템에서 한 샘플의 이동 경로를 살펴보자. 최초로 실험실에 도착한 샘플은 자동화 시스템에 들어가기 위한 수작업 준비과정을 거친다. 그 후에 적재/양하 구역의 입력 대기열에 놓여진다. 이 수작업 준비과정에는 대개 약 5분 정도가 소요된다. 샘플이 입력 대기열의 맨 앞에 도달하면, 비어 있는 샘플 홀더가 생길 때까지 대기한다. 그 지점에서 샘플은 자동으로 샘플 홀더에 적재되고, 유닛(하나의 샘플 홀더에 담긴 샘플)은 수송 루프로 진입한다. 유닛이 수송 루프로 진입하는 과정은 자동차가 진입로에서 고속도로에 진입하는 것과 유사하다. 빈 공간이 생기면 유닛(혹은 자동차)은 교통의 흐름 속으로 합류하게 된다. 수송 루프는 반시계 방향으로 1초당 1피트의 일정한 속도로 유닛을 움직여 간다. 추월하는 것은 허용되지 않는다.

각 샘플에는 환자 기록 파일과 수행할 검사들의 시퀀스 정보에 대한 바코드가 부착되어 있다. 하나의 샘플은 특정한 시퀀스를 따르게 된다. 예를 들어 어떤 시퀀스에서는 샘플이 검사 셀 5, 3, 1(순서대로)을 거친다. 이러한 샘플과 샘플 홀더(유닛)가 전체 시퀀스를 거치는 과정을 살펴보자. 출구 표시가 된 지점에서 적재/양하 구역을 출발하여 반시계 방향으로 검사 셀 1에서 4까지를 거쳐 검사 셀 5의 입구 지점에 도착한다. 유닛이 시스템을 따라 움직이면서 일련의 포인트마다 바코드가 읽혀지게 되고, 시스템은 자동으로 유닛이 올바른 지역으로 이동하도록 해준다. 검사 셀 5에 도착하면 시스템은 현재 검사 셀 5에서 검사를 위해 대기 중인 전체 유닛의 수를 체크한다. 셀 안의 검사장비 수와 관계없이, 검사장비 앞에는 단지 세 개의 유닛만을 위한 대기장소가 있다. 이러한 대기장소의 수용능력은 다섯 개의 검사 셀에서 모두 동일하다. 수

용능력(세 개)에는 현재 검사되고 있는 유닛이나 검사를 마친 유닛이나 수송 루프에 다시 합류하기 위해 대기 중인 유닛은 포함되지 않는다. 만일 대기 공간이 없다면, 유닛은 계속 움직여서 완전하게 한 바퀴를 돈 다음 원하는 셀로 다시 돌아오게 된다. 수용능력 혹은 공간이 있으면, 유닛은 자동으로 셀 안으로 이동한다(고속도로에서 자동차가 나가는 것처럼). 루프에 합류하거나 루프에서 이탈하는 시간은 무시된다. 전형적인 검사 셀의 개요도는 그림 11.2와 같다.

검사장비가 사용 가능해지면, 유닛은 바로 검사에 들어가고 결과가 기록되며 유닛은 다시 루프로 합류하게 된다. 그다음에는 검사 셀 3의 입구 지점으로 가서, 검사 셀 5에서 사용된 동일한 로직을 반복하게 된다. 검사가 완료되면, 최종 검사를 위해 검사 셀 1로 이동한다. 검사 시퀀스의 모든 과정이 완료되면, 유닛은 양하 구역의 입구 지점으로 간다.

데이터 수집 시스템에 각 검사가 통계적으로 유의한지 확인하도록 프로그램되어 있다. 이 확인 과정은 샘플이 검사장비를 벗어나고 나서 이루어진다. 검사 결과가 채택되는 통계적 범주 안에 들어가지 못할 때, 샘플은 다시 한 번 검사를 수행하기 위해 즉시 보내진다.

비록 각 검사 셀의 검사장비 대수는 달라질 수 있지만, 적재/양하 구역에는 장비가 단지 한 대만 있다. 이 구역은 신규 도착 샘플의 적재와 완료 샘플의 양하, 두 가지 기능을 제공한다. 이 구역에 대한 현 시스템 로직은 새로이 도착한 샘플이 샘플 홀더를 기다리지 않도록 보장하는 것을 시도하고 있다. 그래서 루프에 있는 샘플 홀더가 이 구역의 투입 지점에 접근하면, 시스템은 홀더가 비어 있는지 혹은 시퀀스를 끝마친 샘플을 포함하고 있는지 확인한다. 만일 이들 조건 중에서 하나라도 충족되면, 시스템은 적재/양하 구역에 샘플 홀더를 위한 샘플 홀더를 위한 공간이 있는지 확인하다. 이 구역은 5개의 공간을 보유하고 있는데, 적재/양하 장비에 있는 샘플 홀더와 루프에 재합류하기 위해 대기 중인 홀더는 여기에 포함되지 않는다. 만일 공간이 있으면, 샘플 홀더가 구역으로 들어간다. 적재/양하 구역의 개요도가 그림 11.3에 제시되어 있다.

적재/양하 장치 앞에 샘플 홀더가 있는 한 계속해서 작업을 수행한다. 더 이상 진행 중인 샘플 홀더가 없을 때에만 멈추거나 일시 정지한다. 이 장치의 특정한 동작은 샘플 홀더의 상태와 신규 샘플이 있는지의 여부에 달려 있다. 4가지의 가능한 동작이 있다.

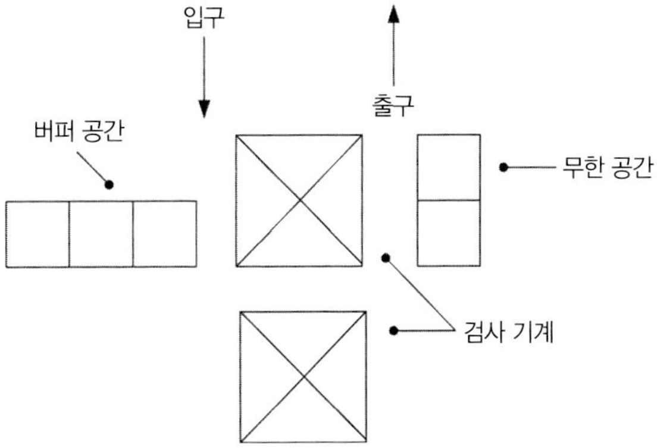

그림 11.2 검사 셀 개요도

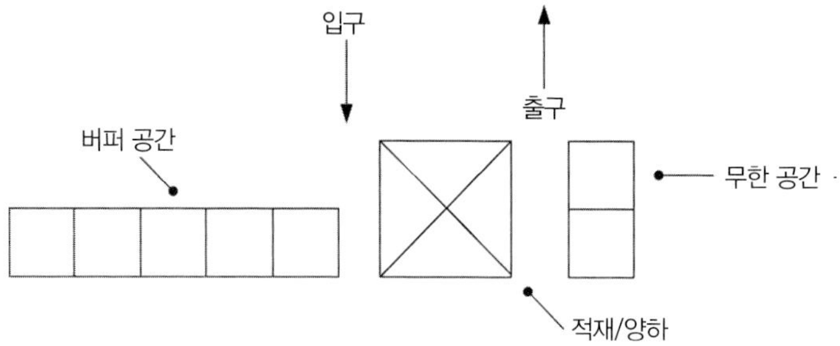

그림 11.3 적재/양하 셀 개요도

- 샘플 홀더가 비어 있고 새로운 샘플 대기열이 비어 있다. 이 경우 아무 동작도 필요하지 않으며, 샘플 홀더는 루프로 되돌려 보내진다.
- 샘플 홀더가 비어 있고 새로운 샘플이 있다. 이 경우 새로운 샘플은 샘플 홀더에 적재되고 루프로 보내진다.
- 샘플 홀더가 완료된 샘플을 담고 있고 새로운 샘플 대기열은 비어 있다. 이 경우 완료된 샘플은 내려지고, 빈 샘플 홀더는 다시 시스템으로 되돌려진다.
- 샘플 홀더가 완료된 샘플을 담고 있고 새로운 샘플이 있다. 이 경우 완료된 샘플은 내려지고, 새로운 샘플은 샘플 홀더에 적재되어 루프로 보내진다.

장치가 작업하는 데 걸리는 시간은 여러 요소에 영향을 받지만, 분석 결과에 따르면 순환시간은 모수가 각각 0.18, 0.23 그리고 0.45(분)인 삼각분포를 따른다. 샘플이 샘플 홀더에서 내려지고 나서야 완료된 것으로 간주된다. 이때 시스템은 데이터베이스에서 결과를 수집하고 이 결과를 검사를 요청하는 개인이나 구역으로 전달한다.

개별검사를 위한 소요 시간은 상수이지만 검사 셀에 따라 달라진다. 이러한 작업 소요 시간(cycle time)이 표 11.1에 정리되어 있다.

검사장비 3에서 수행되는 각 검사에는 1.6온스의 시약이 필요하고, 검사장비 4에서는 38%에 해당하는 검사에 0.6온스의 다른 시약이 필요하다. 이것들은 표준 시약이며 검사장비에 자동으로 공급된다. 검사장비는 주기적으로 고장이 발생하거나 청소를 필요로 한다. 이러한 활동을 대해 4가지 검사장비에서 수집한 데이터가 표 11.2에 요약되어 있다. 고장간격 평균시간(mean time between failures, MTBF)의 단위는 시간이고 수리 시간 평균(mean time to repair, MTR)의 단위는 분이다.

표 11.1 검사장비 작업 시간

검사기	작업 소요 시간(분)
1	0.77
2	0.85
3	1.03
4	1.24
5	1.7

표 11.2 검사장비의 고장/수리 시간

검사기	고장 간격 평균 시간(시간)	수리 시간 평균(분)
1	14	11
3	9	7
4	15	14
5	16	13

검사 셀 2의 검사장비는 고장 나는 경우는 거의 없지만, 300회의 검사를 마친 후에는 청소를 해주어야 한다. 청소 시간은 모수가 5, 6 그리고 10(분)인 삼각분포를 따른다.

차후의 파일럿 검사 실험실은 일주일에 7일, 일일 24시간 개방될 것이다. 이 사이트에 대한 예상 수요를 조사한 결과, 표 11.3과 같은 데이터를 얻었다. 시간 열의 "1"은 자정에서 오전 1시까지이고, "24"는 오후 11시에서 자정까지를 나타낸다. 비율은 시간당 평균 도착 수를 나타낸 것이다. 샘플은 이러한 비율로 하루 종일 중단 없이 도착한다.

도착한 각 샘플은 항상 주문서에 필요한 검사의 특정한 시퀀스를 표시하고 있다. 9개의 가능한 검사 시퀀스가 있는데, 이와 관련한 데이터는 표 11.4에 나와 있다.

SM Testing 계약에 따르면 보통순위 검사 결과는 샘플 수령 이후 1시간 안에 제공되도록 하고 있다. 이 파일럿 가동을 위해, 추가로 30분 이내에 검사 결과가 제공되어야 하는 **긴급순위** 샘플도 수용해야 할 필요가 있다. 도착하는 샘플의 7%가 긴급(Rush)으로 추정되고 있다. 긴급순위 샘플들은 적재 구역에서 더 빨리 처리되도록 특혜를 받게 된다.

장비 제조회사에 비용 수치를 요구해서 받을 수 있었다. 이 값들은 각 유닛의 예상 수명 동안의 초기 구입비, 작동 그리고 유지보수 비용을 포함한다. 각 유닛에 대한 월간 비용들이 표 11.5에 제시되어 있다.

본 시뮬레이션 연구를 통해 경영층은 높은 소비자 만족을 얻는 동시에 비용 효과적인 장비 조합에 대해 알고자 한다. 이상적으로, 회사는 항상 계약에서 요구하는 것보다 더 적은 시간을 제시하는 결과를 제공하고 싶어 한다. 하지만 경영층은 시스템이 보고서가 늦어지는 희귀한 경우를 처리하기 위해서 추가 장비를 포함해야 한다고 믿지는 않는다.

최근의 SM Testing 회의에서, 한 보고서를 통하여 과거의 파일럿 시스템의 관찰에 대한 보

표 11.3 샘플 도착률

시간	도착률	시간	도착률	시간	도착률
1	119	9	131	17	134
2	107	10	152	18	147
3	100	11	171	19	165
4	113	12	191	20	155
5	123	13	200	21	149
6	116	14	178	22	134
7	107	15	171	23	119
8	121	16	152	24	116

표 11.4 검사 시퀀스

시퀀스	시퀀스 단계	비율 %
1	1-2-4-5	9
2	3-4-5	13
3	1-2-3-4	15
4	4-3-2	12
5	2-5-1	7
6	4-5-2-3	11
7	1-5-3-4	14
8	5-3-1	6
9	2-4-5	13

표 11.5 검사장비의 비용

장비	월간 비용($)
검사기 유형 1	10,000
검사기 유형 2	12,400
검사기 유형 3	8,500
검사기 유형 4	9,800
검사기 유형 5	11,200
샘플 홀더	387

고가 있었다. 그 보고서는 이 시스템에서 신중하지 않게 적재가 이루어지면, 완료된 샘플들이 적재/양하 구역에 들어가는 것이 어렵게 된다고 지적하고 있다. 이것은 종종 완료 샘플들이 마지막에 빠져 나오기 전에 여러 번 루프를 돌게 만든다. 필요한 시간보다 더 긴 검사 시간은 잠재적으로 시스템의 과잉 장비 조합을 야기할지도 모른다는 우려가 제기되었다.

이것을 염두에 두고, SM Testing은 장비 판매자와 접촉했고 적재/양하 구역에서 출구 지점에 대해서만 대체 로직을 적용하기 위한 견적을 요청했다. 로직은 루프를 빠져나가는 완성 샘플들에게 우선권을 주는 것이다. 루프에 있는 샘플 홀더가 이 구역 입구 지점에 도착할 때, 시스템은 홀더가 비었는지 아니면 시퀀스를 끝낸 샘플을 포함하는지를 알아보기 위해 홀더를 조사한다. 만약 샘플 홀더가 완성 샘플을 포함하고 적재/양하 지점에 공간이 있으면, 이것은 루프를 떠나서 그 구역으로 들어간다. 만약 샘플 홀더가 비어 있으면, 시스템은 얼마나 많은 샘플 홀더들이 이 구역에서 기다리고 있는지를 조사한다. 만약 그 숫자가 주어진 "추천 숫자"(예를 들어, 2)보다 작으면, 샘플 홀더는 루프를 떠나고 그 영역으로 들어간다. 그렇지 않으면, 홀더는 루프를 계속해서 돈다. 이 아이디어는 샘플 홀더가 새로운 샘플을 위해 계속해서 이용 가능하도록 하기 위한 것이지, 그 구역을 비어 있는 샘플 홀더들로 채우기 위한 것은 아니다. 이 장비 판매자는 $85,000의 가격으로 이 새로운 로직을 제공하는 데 동의했다. 여러분의 제안의 일부로써, 추천 숫자의 가장 좋은 값을 결정하는 것을 포함해서 이 새로운 로직을 평가하기 바란다.

여러분의 보고서는 가장 비용 효과적인 장비 시스템 구성을 위한 제안을 포함해야 한다. 이것은 각각의 셀에 있는 검사장비의 수, 샘플 홀더의 개수, 그리고 제안된 로직에 대한 의사결정을 포함해야 한다. 월간 기준으로 모든 원가 추정치를 제공하기 바란다.

회사는 현재 새로운 시설의 건설을 진행 중이며, 2달 동안 해답을 요구하지 않을 것이다. 이 계약을 위해 경쟁하는 그룹이 몇 개 있으므로, 분석 기간 동안 추가 정보는 제공되지 않을 것이다. 그러나 합리적이고 문서화된 가정을 추가할 수 있다. 회사는 납기 내에 여러분의 보고서를 받아서 제안한 해를 검토하고자 한다.

11.3 상세 해답

경진대회 문제를 읽어봄으로써 여러분은 모델링에 어떻게 접근해야 할지에 대한 기본적인 개념을 알게 되었을 것이다. 앞으로의 절들은 문제에 대한 상세한 해답을 만들 수 있도록 시뮬레이션 모델링을 단계별로 설명해줄 것이다. 이 절들을 읽어가면서, 여러분 스스로의 아이디어를 메모하거나 스스로 분석한대로 시도해보아도 좋을 것이다. 여러분이 접근하는 방식이 이 책에 쓰여 있는 것과는 다를 수도 있지만, 노력하고 문제를 스스로 풀어보려고 하는 것이 여기서 얼마나 많은 것을 얻어가느냐를 결정짓는 중요한 요소가 된다. 그러면 우선 기본적인 모델링 질문들을 점검해봄으로써 모델링을 시작하기로 하자.

■ 대상 시스템이 무엇인가? 시스템에 대해 어떤 정보가 알려져 있는가?

시스템의 목적은 컨베이어 위에 있는 샘플 홀더가 운반하는 검사 셀 안의 검사 샘플들을 처리하는 것이다. 시스템에 대한 상세한 설명은 앞의 경진대회 문제에 이미 나와 있으므로, 여기에서 시스템에 대해 반복해서 설명하지는 않을 것이다. 정리하자면, 시스템에 알려진 정보는 다음과 같다.

- 컨베이어의 속도와 총 길이, 입구와 출구 부분 주변의 검사 셀 및 적재/양하 구역의 컨베이어 진출입 지점의 간격
- 적재/양하 기계 작업 시간, TRIA(0.18, 0.23, 0.45)분
- 수동 준비 시간
- 각 검사장비의 작업 시간(표 11.1)
- 검사장비 1, 3, 4, 5의 고장 및 수리 시간 분포에 대한 모수(표 11.2)
- 검사장비 2는 청소에 대해 횟수 기준을 사용하고 청소시간 분포는 TRIA(5.0, 6,0, 10.0)분
- 시간당 평균 샘플 도착률(표 11.3)
- 샘플을 위한 9종류의 서로 다른 검사 시퀀스, 각 시퀀스별로 지정된 확률
- 시스템 내의 긴급처리 샘플 확률을 통제하는 분포와 긴급 샘플들이 만족해야 하는 기준(검사 시간은 30분)
- 검사장비 및 샘플 홀더에 소요되는 설비 비용, 그리고 추가 로직을 구현하는 데 드는 비용

위의 정보와 경진대회 문제 설명을 검토함으로써, 여러분은 모델에 필요한 Arena™ 모델링

구성요소의 초기 목록을 작성할 수 있어야 할 것이다.

초기 목록은 데이터 모듈을 설정하는 데 집중해야 한다. 이는 문제와 관련되어 있는 데이터를 정리하는 데 도움이 될 것이다. 목록으로부터 여러분은(비록 모델링의 초기 단계이지만) 모델을 좀 더 "데이터 중심으로" 만들 계획을 세울 수 있다. 다시 말해, 입력 파라미터들을 좀 더 일반적인 관점에서 바라봄으로써(예컨대, 식이나 변수), 여러분은 모델이 실험 과정에서 좀 더 유용하게 사용되도록 만들 수 있다. Arena^{TM} 모델링 구성요소의 기본 목록은 다음과 같은 모듈들을 포함할 것이다.

- CONVEYOR, SEGMENT: 컨베이어를 모델링
- STATION: 검사장비와 적재/양하 셀들을 위해 컨베이어의 입구와 출구 지점을 모델링
- SEQUENCE: 샘플에 대한 검사 시퀀스를 모델링
- EXPRESSION: 적재/양하 작업 시간과 각 검사장비의 작업 시간 배열을 보관. 또한 수동 준비 시간, 시퀀스 확률 분포, 긴급 처리 샘플 분포 식을 보관하는 데 사용
- FAILURE: 횟수 기준 고장(검사장비 2의 경우) 및 시간 기준 고장을 모델링
- ARRIVAL 스케줄: 샘플의 비정상 도착 패턴을 모델링
- VARIABLE: 비용 정보, 샘플 홀더의 개수, 적재/양하 기계의 버퍼 용량, 검사 셀의 버퍼 용량, 검사 결과 평가 기준 등의 다양한 시스템 전반의 정보를 포함

문제와 관련된 데이터에 대해 알게 되면, 여러분은 성능 평가척도를 설정하는 단계로 진행할 수 있다. 이 부분이 모델링에 있어서 주된 초점이 될 것이다.

■ 요구되는 평가척도는 무엇인가?

경진대회 문제 설명에서, 시스템 평가척도는 바로 시스템의 월간 비용이다. 시스템의 비용이 수행 성과에 영향을 미친다는 것은 명백하다. 고객의 기대 수준을 만족시키기 위해서는, 한 샘플별 시스템 시간이 중요한 것으로 여겨진다. 또한, 계약에는 검사 결과가 보통 샘플에 대해서는 60분, 긴급 샘플에 대해서는 30분 이내에 나와야 한다고 명시되어 있다. 결과 보고가 늦어지는 것을 완벽하게 예방할 필요까지는 없지만, 늦어지는 경우는 드물어야 할 것이다. 그러므로 주된 평가척도는 아래와 같다:

- 월간 비용
- 평균 시스템 시간
- 계약 시스템 시간 기준을 만족시키는 비율

이러한 주요 평가척도와 더불어, 자원 가동률, 대기열 시간, 대기열의 길이 등을 추적하는 것 역시 유용할 것이다. 이것들은 모두 Arena^{TM} 모델의 전형적인 산출물이다.

■ 어떤 개체가 있는가? 각 개체에 대해 어떤 정보가 기록되거나 저장되어야 하는가? 개체들은 어떻게 시스템에 들어오게 되는가?

개체(시스템 내의 객체로서, 그 움직임이나 작동이 사건의 발생을 유도함)의 정의를 되새겨 본다면, 모델에는 개체가 될 수 있는 두 가지 후보가 존재한다는 것을 알 수 있다.

- 샘플: 패턴에 따라 도착하고 시스템 안을 돌아다님
- 샘플 홀더: 컨베이어 위에 얹혀서 시스템 안을 돌아다님

이러한 개체 후보들에 대한 이해도를 높이기 위해, 그것들이 가질 수 있는 속성을 고려해야 한다. 속성이 밝혀질 수 있다면, 그것들이 개체일 가능성은 높아진다. 문제 설명에 기초했을 때, 모든 샘플은 우선순위(긴급 또는 보통), 도착 시간(전체 시스템 시간을 계산하기 위하여) 그리고 시퀀스를 가져야 한다. 따라서 우선순위, 도착 시간 그리고 시퀀스는 자연스럽게 샘플의 속성이 된다. 샘플 홀더는 그 안에 샘플이 있는지 혹은 없는지를 알아야 하기 때문에, 각 샘플 홀더에 대해 샘플의 유무를 추적할 수 있도록 하기 위해 속성이 필요하다. 샘플과 샘플 홀더는 모두 명백히 속성을 가지고 있기 때문에, 그들을 개체 후보에서 제외할 아무런 이유가 없다.

개체 후보들이 어떻게 모델에 투입될 수 있는가를 생각해보는 것 역시 모델링을 이해하는 데 도움이 될 것이다. 샘플들이 비정상 도착 프로세스에 따라 도착하기 때문에(평균 도착률이 매 시간 변화), ARRIVAL 스케줄이 포함된 CREATE 모듈을 사용하는 것이 적합할 것이다. 샘플 홀더를 투입하는 것은 좀 더 복잡하다. 샘플 홀더는 시스템에 도착하지 않는다. 그것들은 작동하기 시작할 때부터 시스템 안에 존재한다. 그러므로 샘플 홀더를 투입하는 것은 명쾌하게 바로 와 닿지 않는다. 스스로에게 물어보라. 어떻게 하면 CREATE 모듈을 이용해서 샘플 홀더를 투입하여 그것들이 언제나 시스템 내에 존재하도록 만들 수 있을까? 만일 모든 샘플 홀더가 시간 0에 도착한다면, 시스템이 시작할 때 바로 존재하게 될 것이다. 그러므로 CREATE 모듈이 샘플 홀더들을 생성하는 데에도 역시 사용될 수 있다.

이제까지 개체 모델링을 일차로 완료했다. 하지만 이제 겨우 첫 번째로 모델링을 시도해보았을 뿐이고, 앞으로 수정될 가능성이 있다는 점을 이해하는 것이 중요하다. 나머지 모델링 과정을 거쳐가는 동안, 이해도가 깊어짐에 따라 여러분들은 현재의 개념 모델을 수정할 준비가 되어 있어야 한다.

개체를 모델링하려면, 어떠한 자원들이 개체에 의해 사용되는지를 자연스레 묻게 된다. 이것이 바로 다음 모델링 질문이다.

■ 어떤 자원들이 개체에 의해 사용되는가? 어떤 개체가 어떤 자원을 어떻게 사용하는가?

자원이란 무엇인지 그 정의를 다시 한번 살펴보자.

- 자원: 개체들이 시스템에서 진행해나감에 따라 사용되는(즉, 할당되고 해제되는) 한정된 수량의 아이템들. 자원은 사용 가능한 용량을 가지고 있다. 자원 안에 포함된 모든 아이템은 동일한데, 이것은 곧 아이템들 사이에 구별이 불가능함을 의미한다. 만일 어떤 개체가 가용한 용량이 없는 자원을 사용하려고 시도한다면, 그 개체는 대기열에서 기다려야 한다.

그러므로 자원을 찾는 장소는 자연스럽게 개체들이 만들어내는 대기열이 있는 곳이 된다. 샘플이 들어 있는 샘플 홀더는 검사장비를 기다린다. 또한 샘플 홀더는 샘플이 있건 없건 간에 적재/양하 기계를 기다린다. 따라서 검사장비와 적재/양하 기계는 자원의 후보가 된다. 추가로, 문제는 다음과 같이 서술된다:

> 실험실에 도착하는 샘플들은 일단 자동화 시스템을 위한 수동 준비 단계를 거치게 된다. 그다음 샘플들은 적재/양하 구역으로 가는 입력 대기열에 놓이게 된다. 이러한 수동 준비 단계는 일반적으로 5분 정도가 걸린다. 샘플이 대기열의 맨 앞에 도달하게 되면, 비어 있는 샘플 홀더가 생길 때까지 기다린다.

위의 서술로부터 명백한 것은, 샘플 홀더의 사용 가능성이 모델 내에서의 샘플의 움직임을 제한할 수 있다는 것이다. 따라서 샘플 홀더 역시 자원 모델링의 후보가 될 수 있다.

이러한 종류의 모델링에 대한 몇 가지 참고 사항이 있다. 첫째로, 대기열에서 기다리는 것으로 판명됨으로써 샘플과 샘플 홀더들이 개체가 될 가능성이 더욱 높아진다. 예컨대, 샘플 홀더들은 컨베이어에 올라가기 위해 대기열에서 기다린다. 그럼, 샘플 홀더들이 컨베이어에 올라가기 위해 대기한다는 사실은 컨베이어가 자원 후보라는 것을 의미하는 것일까? 전적으로 그렇다! 이 모델링에서는, 자원을 소문자 "r"로 식별하고 있다. 하지만 여기서는 RESOURCE 모듈에 기입하여 자원을 설정하지 않고 있다. 시뮬레이션에서 자원을 다양한 방식으로 모델링할 수 있다는 점에 유의하기 바란다(예를 들자면, WAIT/SIGNAL로 재고가 자원으로 사용되는 경우). RESOURCE 모듈은 자원을 정의하는 특정한 한 가지 방법에 지나지 않는다. 어떤 것을 잠재적인 자원으로 생각한다고 하더라도, 그것이 개체의 흐름을 제한하는 것을 모델링하기 위해 반드시 RESOURCE 모듈을 사용할 필요는 없다.

모델링의 다음 단계는 개체의 흐름을 좀 더 잘 이해하기 위해 프로세스에 대해 기술하는 것이다.

■ 프로세스 흐름은 어떻게 되는가? 프로세스를 그림으로 나타내거나, 활동 다이어그램을 만들어 보아라.

프로세스 흐름 모델링에서 첫 번째로 기억해야 할 점은 프로세스 흐름을 위한 개념 모델을 만드는 것이다. 이를 위한 한 가지 방법은 활동 흐름도(또는 확장된 플로우 차트)를 사용하는 것이다. 앞에서 살펴보았던 많은 모델링 예시에서는 개념 모델에서 Arena^{TM} 모델로 직접 매핑이 이루어졌지만, 모든 모델링 상황이 이처럼 될 것이라고 기대해서는 안 된다. 사실상 모델링 언어와 별개로 개념 모델을 만들도록 해야 한다. 또한, 개념 모델링에 포함되는 사항들이 얼마나 세밀한가 하는 것은 모두 여러분에게 달려 있다! 따라서 만일 여러분이 어떤 상세한 사항을 어떻게 모델링해야 할지 모른다면, 여러분은 그것을 그냥 "블랙 박스"로 처리하거나 혹은 다음에 처리하도록 생략할 수 있다.

어떤 개체가 많은 세부사항을 필요로 하는 구역에 들어간다고 생각해보자. 그곳에 그냥 박스를 하나 그려 넣은 뒤 그 박스 안에서 어떤 일이 일어나야 할지 간략하게만 적어 넣으면 된다. 필요하다면, 나중에 그 부분으로 다시 돌아오면 된다. 만일 복잡한 제어 로직이 그림을 어지럽힐 것 같다면, 우선 큰 그림을 이해하기 위하여 그 부분을 생략해도 좋다. 이런 방법을 사용하기에 가장 좋은 경우는, 샘플 홀더들이 어떻게 적재/양하 장치에 접근하고 샘플들과 합쳐지는지를 제어하는 복잡한 로직 부분이다.

더 진행하기에 앞서, 여러분은 우선 샘플과 샘플 홀더들의 활동 다이어그램을 그리고 싶을 것이다. 그림 11.4는 단순화된 샘플 활동 다이어그램이다. 샘플들은 일단 생성되고, 수동 준비 활동을 거친 뒤, 입력 대기열로 이동한다. 그들이 대기열에서 기다릴지의 여부는 사용 가능한 샘플 홀더의 유무에 따라 결정된다. 일단 샘플 홀더를 갖게 되면 샘플은 시스템을 따라 계속 진행한다. 샘플은 샘플 홀더가 있어야만 진행할 수 있다. 그림 11.5는 샘플 홀더에 대한 상위 수준의 활동 순환 도식을 나타내고 있다. 시퀀스에 기초하여, 그것들은 샘플과 함께 다음의 적합한 검사장비로 이동한다. 매번 검사가 끝나면, 샘플 및 홀더는 컨베이어를 통해 시퀀스의 다음 검사장비로 이동하는데, 이와 같은 작업은 시퀀스가 끝날 때까지 계속된다. 그때 샘플 홀더 및 샘플은 적재/양하 기계로 이동하는데, 그곳에 적재/양하 기계가 있다면 적재/양하 작업 시간을 경험하게 된다. 만일 샘플이 없다면 샘플 홀더는 다시 적재/양하 구역으로 이동한다.

그림에서 눈여겨보아야 할 한 가지는 샘플 및 그 홀더가 첫 번째 적합한 검사 셀에 도착하기 전까지는 시퀀스가 정해질 필요가 없다는 점이다. 또한, 그림을 통해 적재/양하 기계가 샘플

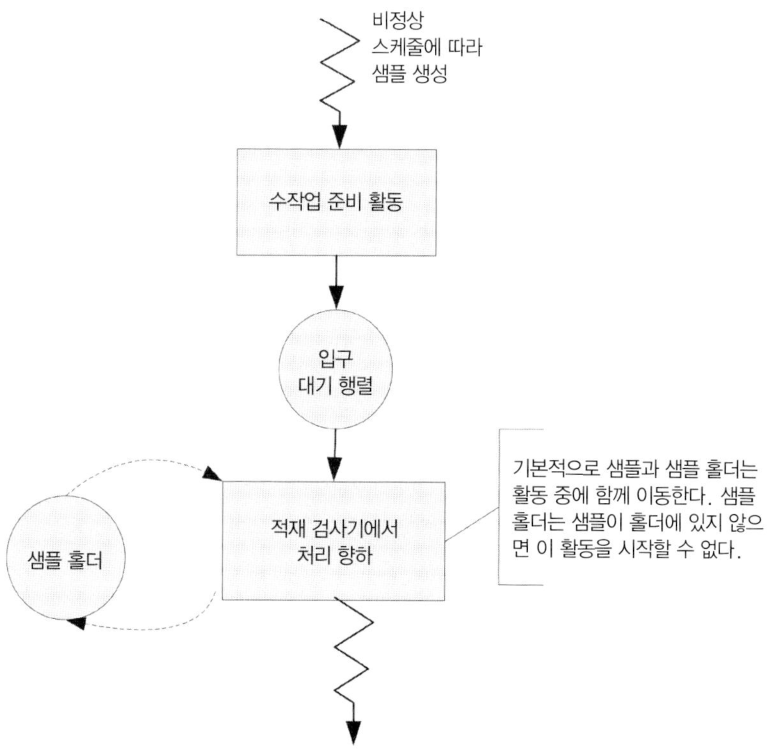

그림 11.4 샘플에 대한 활동 다이어그램

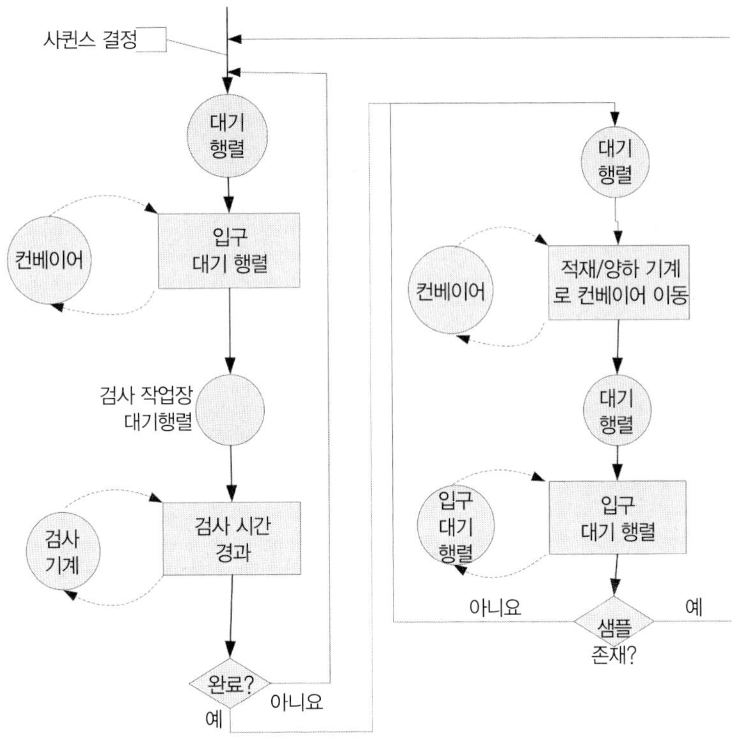

그림 11.5 샘플 홀더에 대한 활동 다이어그램

및 샘플 홀더가 방문하는 마지막 위치라는 것을 명백히 알 수 있다. 따라서 적재/양하 투입 스테이션은 SEQUENCE 모듈을 사용할 때 마지막 위치로 사용될 수 있다. 이 활동 다이어그램은 검사장비 앞부분의 대기열이 꽉 차 있을 때의 검사를 위한 추가 로직을 포함하고 있지 않다. 또한 적재/양하 기계의 버퍼를 제어하기 위한 로직도 포함하고 있지 않다.

11.4 상세 모델링

문제에 대한 개념적인 이해가 끝난 지금, Arena™ 모델을 구축하기 위한 준비 작업의 일환으로 좀 더 상세한 모델링을 시도해볼 시점이 되었다. 상세 모델링을 할 때는, 흔히 문제를 더 쉽게 기술할 수 있도록 구성요소들로 분할하는 것이 유용하다. 이 방법은 자연스러운 문제 해결 기법으로써 분할과 정복이라고 불린다. 여기에서 여러분은 다루어야 할 주된 시스템 구성요소, 작업 또는 기술해야 할 이슈들을 생각한 뒤, 처음에는 그것들을 개별적으로 다루고 그 뒤 그것들을 합쳐 전체 솔루션을 만들어내야 한다. 경진대회 문제에 포함되는 주요 모델링 이슈들은 다음과 같다.

- 컨베이어와 스테이션 모델링(즉, 물리적 모델링)
- 샘플 모델링
- 고장을 포함하여 검사 셀 모델링

- 샘플 홀더 모델링
- 적재/양하 구역 모델링
- 수행 평가척도 모델링(비용과 통계 수집)
- 시뮬레이션 기간 및 실행 파라미터

다음 절에서 이러한 이슈들을 순서대로 다룰 것이다.

11.4.1 컨베이어와 스테이션 모델링

컨베이어 구조에서 컨베이어의 각 세그먼트들이 스테이션과 연결되어 있어야 한다는 점을 기억하기 바란다. 문제에서, 컨베이어의 총 길이는 48피트이다. 또한, 문제는 각 입구 및 출구 사이에 5피트와 3피트의 간격이 있어야 한다고 제시하고 있다. 샘플들이 컨베이어를 통과한 위치에서 3피트가 지난 뒤 컨베이어로 투입된다는 점을 고려할 때, 적재/양하 구역과 각 검사 셀들을 위해 3피트 길이의 세그먼트 한 개가 필요하다. 그래서 컨베이어의 매 입구 및 출구마다 스테이션이 필요하게 된다. 따라서 모델에는 총 12개의 스테이션이 필요하다. 적재/양하 기계의 출구 지점은 루프 컨베이어의 첫 번째 스테이션으로서 임의로 선택될 수 있다.

그림 11.6은 컨베이어의 세그먼트들을 보여준다. 검사 셀 및 적재/양하 기계는 세그먼트를 정의하는 출구/입구 스테이션들을 갖는다. 출구 지점은 셀을 빠져나와 컨베이어에 진입하는 곳이다. 입구 지점은 컨베이어에서 내려와 셀에 진입하는 곳이다. 이것은 루프 컨베이어인 만큼, 세그먼트 목록의 가장 마지막에 있는 스테이션은 세그먼트를 시작하는 첫 번째 스테이션과 동일해야 한다. 또한 문제에서 샘플 홀더는 컨베이어에 올라갈 때 1피트만큼의 공간을 차지한다고 서술하고 있다. 따라서 컨베이어의 셀 크기는 1피트로 정의하는 것이 자연스러울 것이다.

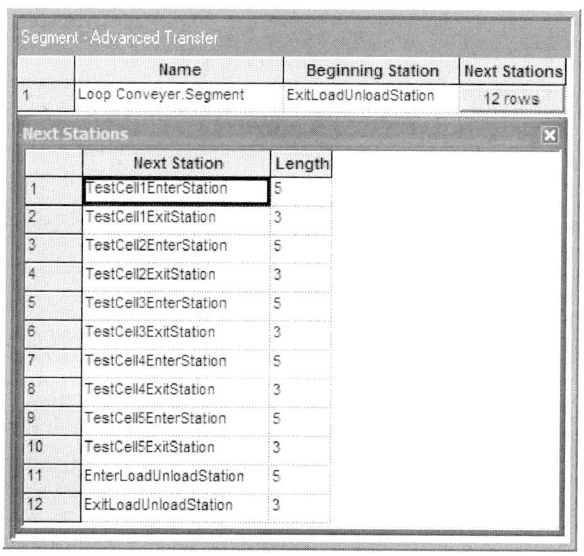

그림 11.6 컨베이어 세그먼트

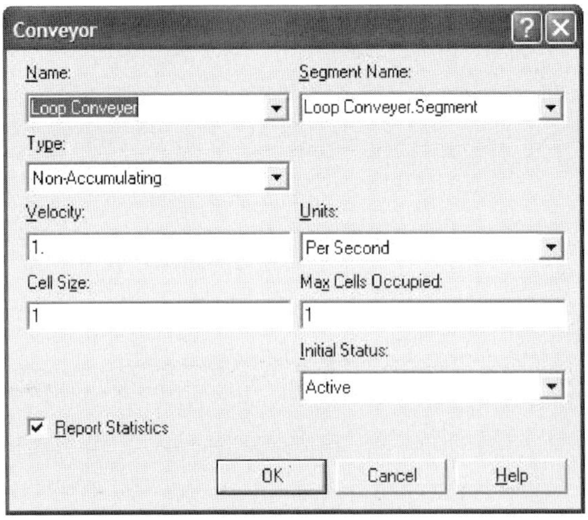

그림 11.7 컨베이어 모듈

이 상황을 위한 컨베이어 모듈이 그림 11.7에 제시되어 있다. 셀 크기는 1피트이며, 컨베이어의 속도는 초당 1피트이다. 샘플 홀더가 컨베이어에서 1피트만큼의 공간을 차지하고, 셀의 크기도 1피트이므로, 컨베이어의 개체가 점유하는 최대 셀의 개수는 오직 하나이다.

스테이션을 정의하였으므로, 이제 모델의 시퀀스를 정의할 수 있다. 어떻게 시퀀스를 사용하는가는 컨베이어가 어떻게 모델링되었는지, 그리고 물리적인 작업 셀의 위치가 Arena™의 스테이션에 어떻게 대응되었는지에 따라 결정된다. 여러 Arena™ 모델에서 볼 수 있듯이, 동일한 목표를 달성하기 위해서 여러 가지 다른 방법을 사용할 수 있다. 각 입출구 지점에 대해 스테이션이 정의되어 있으면, 시퀀스는 각 입구 및 출구 지점을 사용할 수 있다. 입구 지점은 반드시 시퀀스에 포함되어 있어야 하지만, 출구 지점 역시 스테이션이므로 시퀀스에 그것들을 선택적으로 사용할 수 있다. 시퀀스에 출구 지점을 사용함으로써, 샘플/샘플 홀더가 처리된 뒤 적절한 출구 스테이션으로 보내지도록 시퀀스 옵션을 갖는 ROUTE 모듈을 사용할 수 있다. 이러한 작업은 직접 연결로도 가능한데, 이 경우에는 시퀀스에 출구 스테이션을 넣을 필요가 없다.

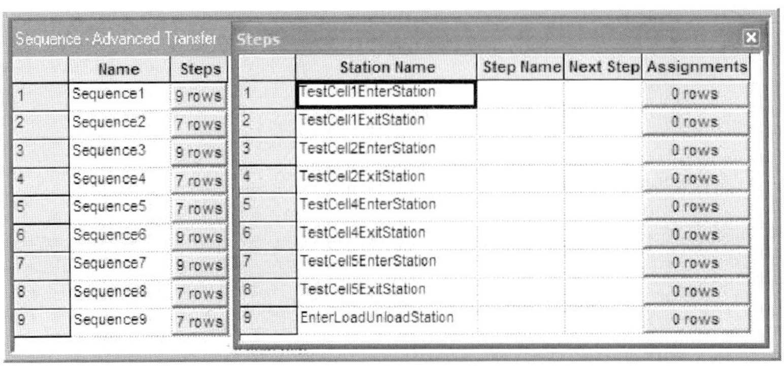
Sequence - Advanced Transfer

	Name	Steps
1	Sequence1	9 rows
2	Sequence2	7 rows
3	Sequence3	9 rows
4	Sequence4	7 rows
5	Sequence5	7 rows
6	Sequence6	9 rows
7	Sequence7	9 rows
8	Sequence8	7 rows
9	Sequence9	7 rows

Steps

	Station Name	Step Name	Next Step	Assignments
1	TestCell1EnterStation			0 rows
2	TestCell1ExitStation			0 rows
3	TestCell2EnterStation			0 rows
4	TestCell2ExitStation			0 rows
5	TestCell4EnterStation			0 rows
6	TestCell4ExitStation			0 rows
7	TestCell5EnterStation			0 rows
8	TestCell5ExitStation			0 rows
9	EnterLoadUnloadStation			0 rows

그림 11.8 검사 시퀀스 1

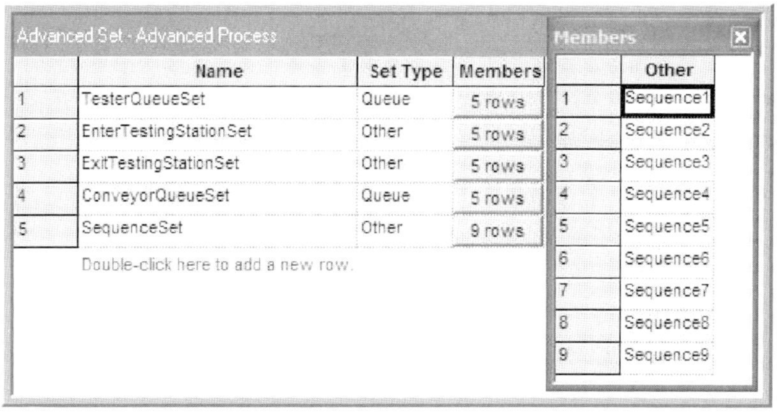

Advanced Set - Advanced Process

	Name	Set Type	Members
1	TesterQueueSet	Queue	5 rows
2	EnterTestingStationSet	Other	5 rows
3	ExitTestingStationSet	Other	5 rows
4	ConveyorQueueSet	Queue	5 rows
5	SequenceSet	Other	9 rows

Double-click here to add a new row.

Members

	Other
1	Sequence1
2	Sequence2
3	Sequence3
4	Sequence4
5	Sequence5
6	Sequence6
7	Sequence7
8	Sequence8
9	Sequence9

그림 11.9 시퀀스를 보관하기 위한 셋

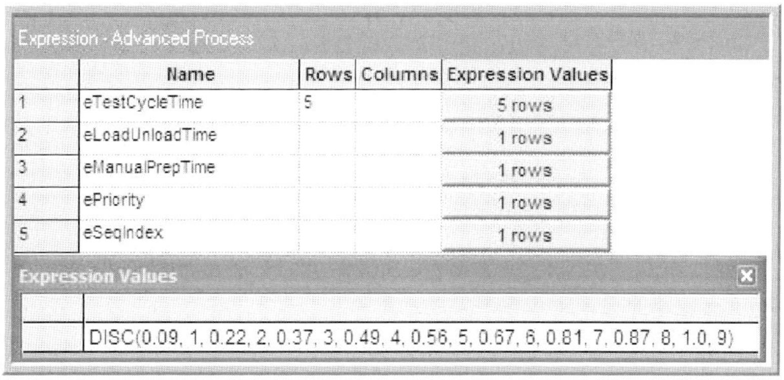

Expression - Advanced Process

	Name	Rows	Columns	Expression Values
1	eTestCycleTime	5		5 rows
2	eLoadUnloadTime			1 rows
3	eManualPrepTime			1 rows
4	ePriority			1 rows
5	eSeqIndex			1 rows

Expression Values

DISC(0.09, 1, 0.22, 2, 0.37, 3, 0.49, 4, 0.56, 5, 0.67, 6, 0.81, 7, 0.87, 8, 1.0, 9)

그림 11.10 임의의 시퀀스를 할당하기 위한 이산분포

그림 11.8은 문제의 검사 시퀀스 1에 대한 스테이션들의 시퀀스를 보여주고 있다. 입구 스테이션과 출구 스테이션이 번갈아 가면서 나타나고 있고, 마지막 스테이션은 적재/양하 구역의 입구를 나타낸다는 점에 주목하기 바란다.

시퀀스를 무작위로 할당하기 위해 시퀀스들을 셋으로 묶고, 그 뒤 적절한 확률분포를 통해 무작위로 생성된 인덱스를 셋에 넣는다. 그림 11.9는 모델의 시퀀스 셋을 정의하기 위해 사용된 Advanced Set 모듈을 보여준다. 또한, 그림 11.10은 EXPRESSION 모듈의 DISC() 함수를 사용하여 *eSeqIndex*라고 부르는 식으로 시퀀스 분포를 구현한 것을 보여주고 있다.

11.4.2 샘플 및 검사 셀 모델링

대규모의 복잡한 문제를 모델링할 때에는, 상황을 단순화시켜서 시작하는 것이 좋다. 이는 지나치게 복잡하게 하지 않으면서 모델을 개발할 수 있도록 하는 방법이다. 그리고 나서 기본 모델에 대한 자신감이 붙게 되면 기본 모델을 향상시켜 나갈 수 있다. 샘플 및 샘플 홀더를 모델링 할 때에 이러한 방법을 사용하는 것이 유용할 것이다.

활동 다이어그램에 나와 있듯이 샘플이 샘플 홀더를 가지게 되면, 샘플과 샘플 홀더는 "하나"로 합쳐져서 시스템 내부를 이동해서 돌아다닌다. 따라서 샘플 역시 그림 11.5에 설명되어 있는 기본 흐름을 따른다. 이것이 바로 그림 11.4의 블랙 박스에서 샘플에게 일어나는 일이다. 따라서 모델링을 단순화하기 위해서는 샘플이 도착할 때 언제나 샘플 홀더가 사용 가능하다고 가정하는 것이 유용하다. 샘플 홀더를 모델링하는 것이 아니기 때문에 적재/양하 기계의 상세 사항까지 모델링할 필요는 없다. 이 가정은 샘플이 시퀀스를 끝냈을 때, 바로 적재/양하 구역에서 나갈 수 있고, 새롭게 도착하는 샘플은 바로 적재/양하 구역에서 실린다는 것을 의미한다. 이러한 가정하에, 샘플 홀더 및 적재/양하 스테이션(복잡한 규칙들을 포함하여)의 모델링은 당분간 무시할 수 있다.

개념 모델(활동 다이어그램)에서, 검사장비가 Arena^{TM}의 RESOURCE 모듈을 사용해 쉽게 모델링될 수 있음이 명백하다. 또한, 활동 다이어그램으로부터 모든 검사 셀의 로직이 근본적으로 동일하다는 사실 역시 알 수 있다. 이것은 포괄 스테이션의 사용을 가능케 한다. 이런

예시 11.1 의사코드 예

```
CREATE sample according to non-stationary pattern
ASSIGN
  myEnterSystemTime = TNOW
  myPriorityType ~ Priority CDF
END ASSIGN
DELAY for manual preparation time
ROUTE to ExitLoadUnloadStation

STATION ExitLoadUnLoadStation
ASSIGN
  mySeqIndex ~ Sequence CDF
  Entity.Sequence = MEMBER(SequenceSet, mySeqIndex)
  Entity.JobStep = 0
END ASSIGN
ACCESS Loop Conveyor
CONVEY by Sequence

STATION Generic Testing Cell Enter
DECIDE
  IF NQ at testing cell < cell waiting capacity THEN
    EXIT Loop Conveyor
    SEIZE 1 unit of tester
    DELAY for testing time
    RELEASE 1 unit of tester
    ROUTE to Generic Testing Cell Exit
  ELSE
    CONVEY back to Generic Testing Cell Enter
  END IF
END DECIDE

STATION Generic Testing Cell Exit
ACCESS Loop Conveyor
CONVEY by Sequence

STATION EnterLoadUnloadStation
EXIT Loop Conveyor
RECORD System time
DISPOSE
```

모든 아이디어에 기초하여, 이 상황에 대한 의사코드를 작성할 수 있다. 만일 여러분이 잘 따라오고 있다면, 여기에서 잠시 멈추고 단순화된 상황을 위한 의사코드를 스스로 작성해볼 수 있다.

예시 11.1은 여기의 초기 모델링에 대한 의사코드를 보여준다. 샘플들은 비정상 도착 패턴에 따라 생성된 뒤 적재/양하 스테이션의 출구 지점으로 간다. 그다음, 샘플은 컨베이어에 들어가 시퀀스에 맞는 검사 셀로 이동한다. 검사 셀에 일단 도착하면, 그들은 컨베이어에서 내려올 수 있는 여유공간이 있는지 검토한다. 만일 그렇다면, 컨베이어를 빠져나와 적절한 검사장비를 사용한다(SEIZE, DELAY, RELEASE). 검사장비를 사용한 다음, 샘플들은 검사 셀의 출구 지점으로 이동되어 컨베이어에 올라간 뒤 적절한 다음 스테이션으로 이동한다. 만일 검사 셀에 공간이 없다면 샘플은 컨베이어에서 내려오지 않고 다시 검사 셀로 이동하여 재시도한다. 샘플이 시퀀스를 마치면, 샘플은 적재/양하 구역으로 이동하여 컨베이어를 빠져나온 뒤 시스템에서 사라진다.

의사코드와 앞에서의 모델링을 가지고 있다면, 여러분은 이 단순화된 상황에 대한 초기 Arena™ 모델을 작성할 수 있다. 추가 연습을 위해, 더 진행하기 전에 앞에서 논의했던 아이디어를 구현해보아도 좋을 것이다. 이러한 초기 모델링을 나타내는 Arena™ 모델(애니메이션 포함)이 *SMTestingInitialModeling.doe* 파일에 있다. 예시의 의사코드에 대응되는 플로우 차트

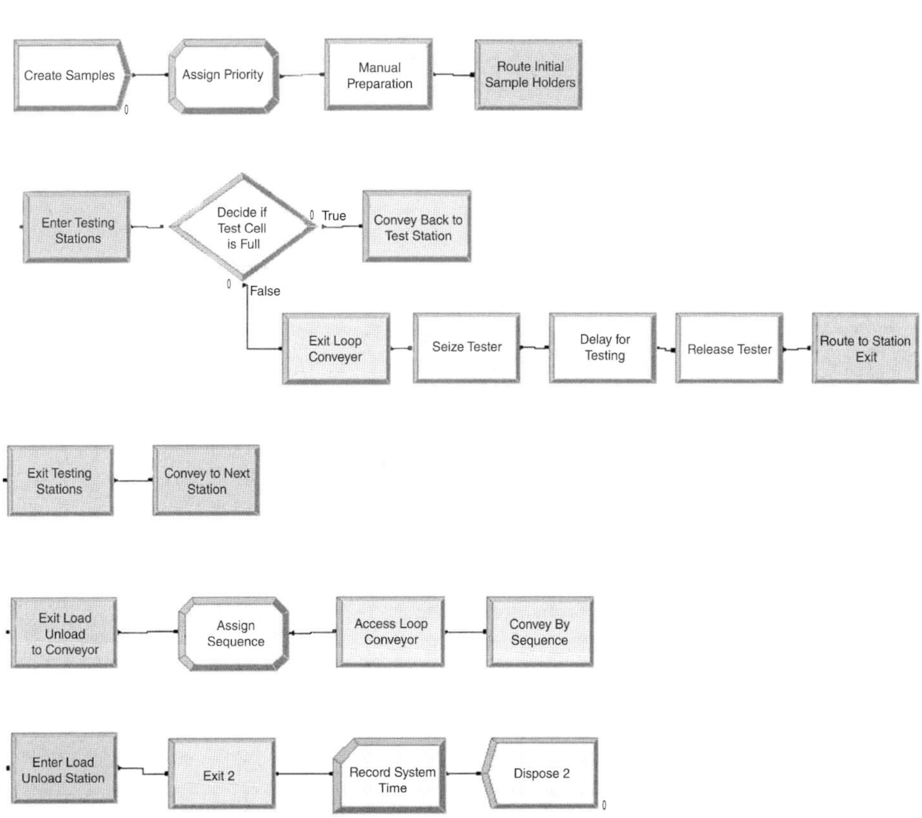

그림 11.11 샘플과 검사 셀에 대한 초기 Arena™ 모델

모듈들이 그림 11.11에 나와 있다.

샘플과 검사 셀에 대한 초기 Arena™ 모델을 개발할 때, 다음 접근 방식이 적용되었다:

- **변수**: 변수 배열, *vTestCellCapacity(5)*가 각 검사 셀의 용량을 유지하기 위해 정의되었다. 이번 특정 문제에서는 각 셀의 용량이 모두 동일했지만, 이러한 변수 배열을 만듦으로써 다양한 구성안을 검토할 때 셀 용량을 쉽게 변화시킬 수 있다.
- **표현식**: 배열식, *eTestCycleTime(5)*가 검사 기계들의 작업 시간들을 표현하기 위해 정의되었다. 이러한 식들을 작성함으로써, 쉽게 모델의 한 위치에서 변경할 수 있다. 또한, 수동 준비 시간(*eManualPrepTime*), 우선순위 분포(*ePriority*), 그리고 시퀀스 분포(*eSeqIndex*)를 위하여 식들이 정의되었다.
- **자원**: 다섯 가지의 서로 다른 자원들이 검사 장비(*Cell1Tester, Cell2Tester, Cell3Tester, Cell4Tester, Cell5Tester*)를 표현하기 위해 정의되었다.
- **집합**: 자원 집합, *TestCellResourceSet*이 포괄 모델링의 검사 셀 자원을 표현하기 위해 정의되었다. 9개의 멤버를 포함하는 개체 그림 집합(*SamplePictSet*)이 시퀀스 단계에 따라 샘플 그림을 변경할 수 있도록 하기 위해 정의되었다. 대기열 집합, *TesterQueueSet*은 포괄 모델링에서 각 검사장비 앞의 대기열을 표현하기 위하여 정의되었다. 또한, 대기열 집합, *ConveyorQueueset*은 각 검사 셀의 컨베이어 입장 대기열을 나타내기 위하여 정의되었다. 두 개의 스테이션 집합이 정의되었는데, 각각 포괄 모델링에서의 입구(*EnterTestingStationSet*) 그리고 출구(*ExitTestingStationSet*)를 나타낸다. 마지막으로, 샘플이 따라가는 9개의 시퀀스를 표현하기 위하여 시퀀스 집합, *SequenceSet*이 정의되었다.
- **스케줄**: ARRIVAL 스케줄(그림 11.12)이 샘플의 비정상 도착 패턴을 표현하기 위한 시간당 도착률을 보관하기 위해 정의되었다.
- **고장**: 검사 셀과 관련하여 고장과 청소를 모델링하기 위해 5개의 고장 모듈이 사용되었

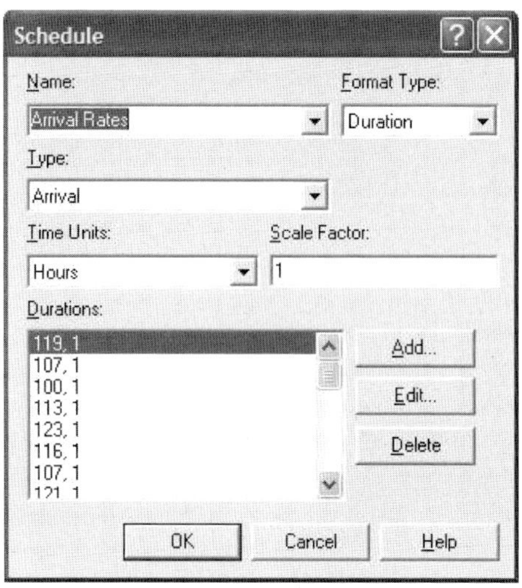

그림 11.12 샘플에 대한 ARRIVAL 스케줄

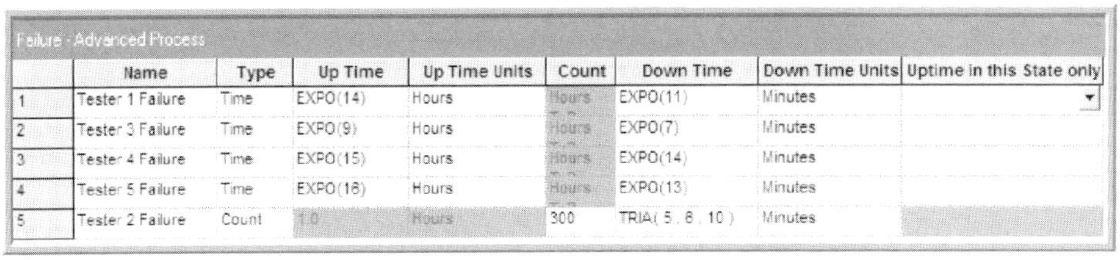

Failure - Advanced Process

	Name	Type	Up Time	Up Time Units	Count	Down Time	Down Time Units	Uptime in this State only
1	Tester 1 Failure	Time	EXPO(14)	Hours	Hours	EXPO(11)	Minutes	
2	Tester 3 Failure	Time	EXPO(9)	Hours	Hours	EXPO(7)	Minutes	
3	Tester 4 Failure	Time	EXPO(15)	Hours	Hours	EXPO(14)	Minutes	
4	Tester 5 Failure	Time	EXPO(16)	Hours	Hours	EXPO(13)	Minutes	
5	Tester 2 Failure	Count	1.0	Hours	300	TRIA(5 , 8 , 10)	Minutes	

그림 11.13 FAILURE 모듈

다. 4개의 고장 모듈(Tester 1 Failure, Tester 3 Failure, Tester 4 Failure, 그리고 Tester 5 Failure)이 시간 기반 고장 및 적절한 수리 시간을 정의했다. 횟수 기반 고장 모듈이 검사장비 2를 300회 사용한 뒤 청소하도록 모델링하는 데 사용되었다. 그림 11.13에 고장이 예시되어 있다. FAILURE 모듈을 사용할 때 중요한 가정은, 고장이 일어나면 전체 자원에 고장이 적용된다는 점이다. 경진대회 문제에는 검사장비가 하나 이상 포함되어 있는 검사 셀에 고장이 일어나면 어떻게 될지에 관해 상세한 설명이 없다. 따라서 문제를 간단히 하기 위해서는 복잡한 검사장비 내의 유닛들이 개별적으로 고장을 일으키지는 않는다고 가정하는 것이 좋을 것이다.

모델이 의도한 대로 작동하는지 확인하기 위한 첫 번째 단계로, 기초 모델 *SMTesting InitialModeling.doe*를 수정하여 개체가 하나만 생성되도록 할 수 있다. 9개의 서로 다른 시퀀스에 대하여, 각 시퀀스의 총 이동거리와 검사에 소요되는 총 시간을 계산할 수 있다. 예컨대 첫 시퀀스를 보면, 적재/양하 기계의 출구로부터 1번 셀의 입구까지 길이는 5피트이며, 1번 셀 출구에서 2번 셀 입구까지 5피트, 2번 셀 출구에서 4번 셀 입구까지 13피트, 4번 셀 출구에서 5번 셀 입구까지 5피트, 그리고 마지막으로 5번 셀 출구에서 적재/양하 기계의 입구까지는 5피트이다. 표 11.6에서 보듯이 전체 길이의 합은 33피트가 된다. 33피트를 초당 1피트로 이동하면, 걸리는 총 시간은 0.55분이다. 이 시퀀스에서 검사에 걸리는 총 시간은 (0.77 + 0.85 + 1.24 + 1.77 = 5.11)분이 된다. 마지막으로, 모든 시퀀스에 대하여 준비 시간은 5분이다. 그래서 고장이나 대기 시간이 없다고 가정할 때, 샘플 하나가 시퀀스 1을 마치는 데 걸리는 시간은 10.11분이다. 모델이 이 수치를 재현할 수 있을지 확인하기 위해, 9개의 다른 시퀀스를 따르는 각각

표 11.6 단일 샘플 시스템 시간

시퀀스	시퀀스 단계	거리 (피트)	이동 시간	검사 시간	준비 시간	총 시간
1	1-2-4-5	33	0.55	5.11	5.0	10.11
2	3-4-5	36	0.60	3.97	5.0	9.57
3	1-2-3-4	33	0.55	3.89	5.0	9.44
4	4-3-2	132	2.20	3.12	5.0	10.32
5	2-5-1	84	1.40	3.32	5.0	9.72
6	4-5-2-3	81	1.35	4.82	5.0	11.17
7	1-5-3-4	81	1.35	4.74	5.0	11.09
8	5-3-1	132	2.20	3.50	5.0	10.70
9	2-4-5	36	0.6	3.79	5.0	9.39

하나의 개체를 포함하도록 하여 9개의 모델을 실행하였다. 한 개체에 대한 총 시스템 시간을 기록하였고, 표 11.6의 수치들과 비교한 결과, 정확히 일치하였다. 이러한 확인 작업은 현재 구현된 모델이 잘 작동하고 있으며, 특히 시퀀스에 아무런 문제가 없다는 자신감을 심어줄 수 있다. 시퀀스 9를 검사하기 위해 수정된 모델이 Arena™ 파일, *SMTestingInitialModelingTest1Entity.doe*이다.

또한, 이 검토를 통해 각 시퀀스별 기대 시스템 시간의 하한선을 알 수 있다.

초기 모델이 만들어진 지금, 시스템에서 필요로 하는 자원에 대한 초기 탐색과 더 상세한 모델 검증이 가능해졌다. 주어진 시퀀스로부터, 각 셀을 방문할 샘플들의 비율을 구할 수 있다. 예를 들어, 검사 셀 1은 시퀀스 1, 3, 5, 7 그리고 8에서 방문이 이루어진다. 따라서 검사 셀 1을 방문하는 비율은 (0.09 + 0.15 + 0.07 + 0.14 + 0.06 = 0.51)이 된다. 각 검사 셀에 대한 총 비율은 표 11.7에 제공되어 있다.

표 11.7의 수치를 사용하여, 각 검사 셀에 대한 시간당 평균 도착률을 구할 수 있다. 표 11.3에 제시되어 있는 데이터로부터, 시간당 최소 도착률은 100이며, 이것은 3시간째에 발생한다는 것을 알 수 있다. 시간당 최대 도착률은 시간당 200명의 고객이며 이는 13시간째에 발생한다. 최소 및 최대 시간당 도착률에서, 여러분은 이 시스템에 요구되는 자원의 범위를 알 수 있다. 이러한 이해는 문제를 해결하는 데 도움을 줄 뿐만 아니라, 모델이 의도한 대로 작동하고 있는지 확인하는 데에도 도움을 줄 것이다.

먼저 최대 도착률을 살펴보도록 하자. 8장에서 논의한 것처럼, 제공 부하(offered load)는 차원이 없는 수치로, 대기행렬 시스템에서 c개의 서버에 제공되는 시간 단위당 평균 일의 양을 의미한다. 제공 부하는 $r = \lambda/\mu$로 정의된다. 이것은 각 고객이 평균적으로 $1/\mu$단위만큼의 작업을 실행시키기 위해 도착한다는 의미로 해석할 수 있다. 또한 이것은 무한한 서버가 존재한다고 했을 때 작업 중인 서버의 기대치를 의미하는 것으로도 생각할 수 있다. 따라서 제공 부하

표 11.7 각 검사 셀을 방문하는 도착 비율

셀	시퀀스별 비율							비율
1	0.09	0.15	0.07	0.14	0.06			0.51
2	0.09	0.15	0.12	0.07	0.11	0.13		0.67
3	0.13	0.15	0.12	0.07	0.11	0.13		0.71
4	0.09	0.13	0.15	0.12	0.11	0.14	0.13	0.87
5	0.09	0.13	0.07	0.11	0.14	0.06	0.13	0.73

표 11.8 시간당 최고 도착률에 대한 제공 부하 계산

검사 셀	도착률 (시간당)	검사 시간 (분)	검사 시간 (시간)	서비스율 (시간당)	제공 부하
1	102	0.77	0.01283	77.92	1.31
2	134	0.85	0.01417	70.59	1.90
3	142	1.03	0.01717	58.25	2.44
4	174	1.24	0.02067	48.39	3.60
5	146	1.70	0.02833	35.29	4.14

는 얼마만큼의 서버가 사용될 것인가를 예상하는 데 도움을 준다. 표 11.8은 최대 도착률하에서 각 검사 셀의 제공 부하를 계산한 것이다.

첫 번째 검사 셀의 도착률은 $0.51 \times 200 = 102$이다. 따라서 최대 부하 조건하에서 첫 번째 검사 셀에서 한 개보다 약간 많은 서버가 바쁠 것으로 예상할 수 있다.

Arena™ 모델을 수정하여 각 검사 셀의 자원 용량을 무한하게 바꾸고 자원으로부터 고장 모듈을 제거함으로써 이 수치들을 확인할 수 있다. 또한, CREATE 모듈을 시간당 샘플 200개의 도착률을 보이도록 수정해야 한다. 만일 일일 24시간으로 하여 10일간 모델을 실행한다면, 그림 11.14에 나타나 있는 결과가 생성될 것이다. 그림에서 보듯이, 결과는 제공 부하 분석 결과와 매우 유사하다.

이러한 결과는 초기 모델이 정확하게 작동하고 있다는 추가적인 증거가 되며, 또한 최대 부하 조건하에서 얼마나 많은 단위의 검사 셀이 필요할 것인지를 알려준다. 이 모델은 Arena™ 파일, *SMTestingInitialModelingOnResources.doe*에 들어 있다. 표 11.9는 최소 도착률하에서

Number Busy	Average	Half Width
Cell1Tester	1.3132	0.017101725
Cell2Tester	1.8917	0.018252301
Cell3Tester	2.4236	0.024626714
Cell4Tester	3.5740	0.034768944
Cell5Tester	4.1244	0.047537947

그림 11.14 Arena™ 제공 부하 실험 결과

표 11.9 시간당 최소 도착률에 대한 제공 부하 계산

검사 셀	도착률 (시간당)	검사 시간 (분)	검사 시간 (시간)	서비스율 (시간당)	제공 부하
1	51	0.77	0.01283	77.92	0.65
2	67	0.85	0.01417	70.59	0.95
3	71	1.03	0.01717	58.25	1.22
4	87	1.24	0.02067	48.39	1.80
5	73	1.70	0.02833	35.29	2.07

표 11.10 검사 셀 자원 요구량의 초기값

	자원 요구량	
검사 셀	하한	상한
1	1	2
2	1	2
3	2	3
4	2	4
5	3	5

의 제공 부하를 나타낸다.

제공 부하 분석에 기초하여, 표 11.10과 같이 각 검사 셀에 대한 자원 요구량의 초기 예상치를 구할 수 있다. 요구량은 각 검사 셀에 대한 제공 부하 계산치를 반올림하여 구해진 것이다. 지금 단계에서 이것은 값의 대략적인 범위를 알려주는데, 이것은 샘플이 비정상 상태로 도착하기 때문에 최대치로 설계하는 것이 적절한지 명확하지 않기 때문이다.

11.4.3 샘플 홀더와 적재/양하 구역 모델링

지금까지 기본 모델을 개발하고 검토해보았다. 이제 샘플 홀더 및 적재/양하 구역을 포함하는 좀 더 상세한 모델링에 착수하기로 하자. 이전 논의에서 샘플 홀더는 개체로 모델링할 좋은 후보에 속해 있었던 것을 기억할 것이다. 또한, 샘플 홀더는 자원으로도 모델링할 수 있었는데 그것은 샘플 홀더의 여분이 없을 때 샘플의 흐름이 제한되기 때문이다. 따라서 이 상황을 모델링하는 데에는 몇 가지 접근 방법이 있을 수 있다. 적재/양하 기계의 기능을 생각해보면, 상황은 조금 더 명확해질 것이다. 문제는 다음과 같이 제시하고 있다:

> 적재/양하 기계의 앞에 샘플 홀더가 있는 한, 기계는 계속 작동할 것이다. 기계는 처리할 샘플 홀더가 없을 때에만 멈추거나 일시 정지한다.

적재/양하 기계가 명확하게 자원이므로 샘플 홀더가 그 앞에서 기다린다거나 샘플 홀더가 기계를 작동시킨다는 사실은 샘플 홀더들이 개체임을 의미한다. 적재/양하 기계가 수행할 수 있는 네 가지의 작동에 대한 심도 있는 고찰은 샘플 및 샘플 홀더들이 어떻게 상호작용하는가에 대한 이해를 제공할 것이다. 그러면 그 네 가지 작동을 다시 살펴보도록 하자.

1. **샘플 홀더가 비어 있고 새로운 샘플 대기열이 비어 있다.** 이 경우, 아무런 작동이 필요하지 않으므로 샘플 홀더는 루프로 돌려보내진다.
2. **샘플 홀더가 비어 있고 새로운 샘플이 있다.** 이 경우, 샘플이 샘플 홀더에 적재된 뒤 루프로 보내진다.
3. **샘플 홀더가 완료된 샘플을 담고 있고, 새로운 샘플 대기열이 비어 있다.** 이 경우, 완료된 샘플은 양하되고 비어 있는 샘플 홀더는 시스템으로 돌려보내진다.
4. **샘플 홀더가 완료된 샘플을 담고 있고, 새로운 샘플이 있다.** 이 경우, 완료된 샘플은 양하되고 새로운 샘플이 샘플 홀더에 적재되어 루프로 보내진다.

따라서 만일 샘플 홀더가 샘플을 담고 있으면, 샘플은 적재/양하 사이클 동안 양하된다. 또한, 사용 가능한 샘플이 있으면, 그 샘플은 적재/양하 사이클 동안 샘플 홀더에 적재된다. 적재/양하 기계의 작업 시간은 삼각분포에 따라 변하지만, 작업 시간 동안 적재와 양하가 모두 일어날 수 있는 것처럼 보인다. 따라서 적재하거나 양하하거나 또는 둘 모두를 수행하거나 관계없이, 적재/양하 기계를 사용하는 시간은 삼각분포를 따른다. 샘플 홀더가 샘플을 가지고 있다면, 적재/양하 사이클 중에 그 둘은 분리된다. 만일 새로운 샘플이 대기 중이라면, 처리 과정 중에 샘플 홀더와 샘플은 합쳐진다. 이것은 샘플 홀더와 샘플의 상호작용을 모델링하는 데에는

두 가지 가능한 접근 방법이 존재함을 의미한다:

- BATCH와 SEPERATE: 샘플과 샘플 홀더를 함께 묶는 데 BATCH 모듈이 사용될 수 있다. 그 뒤, SEPERATE 모듈이 그 둘을 분리하는 데 사용될 수 있다.
- PICKUP과 DROPOFF: PICKUP 모듈은 샘플 홀더로 하여금 샘플을 선발하는 데 사용할 수 있고, DROPOFF 모듈은 샘플 홀더가 완료된 샘플을 제거하는 데 사용할 수 있다.

두 가지 방법 중에, PICKUP/DROPOFF 방법이 좀 더 쉬운데 그 까닭은 샘플 홀더에게 이 일을 맡기기 때문이다. BATCH/SEPARATE 접근 방법에서는 샘플과 샘플 홀더의 움직임을 잘 제어하는 것이 필요하다(아마도 MATCH, WAIT, SIGNAL 모듈 등을 사용하여). 또한, BATCH 모듈을 사용하면, 대표 개체와 그 속성들을 어떻게 다룰 것인지 주의 깊게 고려해야 한다. 여기서는 PICKUP/DROPOFF 방법을 사용할 것이다. BATCH/SEPARATE 방법을 연습 삼아 스스로 시도해볼 수 있을 것이다.

샘플 홀더와 샘플에 대한 모델링을 시작하기 위해, 그것들이 어떻게 생성되고 모델에 투입되는지를 생각해보아야 한다. 샘플은 비정상 도착 모델에 따라 계속 생성되어야 하겠지만, 준비 단계 다음에 샘플 홀더가 그것들을 적재할 때까지 대기해야 한다. 이러한 상황은 HOLD 모듈을 사용해 무한 정지 옵션을 사용함으로써 아주 효과적으로 모델링될 수 있다. 어떻게 본다면, 이것은 10장에서 보았던 버스 시스템 상황과 아주 유사하다. 이제 여러분은 이 상황에 대한 의사코드를 작성할 수 있을 것이다.

예시 11.2에 이 상황에 대한 의사코드가 제시되어 있다. 코드에서 보듯이, 샘플 홀더가 적재/양하 스테이션의 입구에 도착하게 되면 샘플 홀더는 먼저 적재/양하 버퍼에 공간이 있는지를 체크한다. 만일 공간이 없으면, 그것은 다시 되돌아간다. 공간이 있으면, 홀더가 비어 있는지 그리고 대기 중인 샘플이 없는지를 체크한다. 만일 그렇다면, 샘플 홀더는 컨베이어로 되돌아간다. 마지막으로, 샘플 홀더가 비어 있지 않거나 대기 중인 샘플이 있으면, 샘플 홀더는 컨베이어를 나와 적재/양하 기계를 사용하고자 시도한다. 기계가 작업 중이라면, 사용 가능해질 때까지 샘플 홀더는 대기열에서 기다려야 한다. 일단 기계를 붙잡게 되면 (샘플이 올려져 있다면), 샘플을 내려놓고(적재할 샘플이 있다면) 샘플을 싣는다. 적재/양하 기계를 사용 해지한 후, 샘플 홀더(아마도 샘플을 싣고서)는 적재/양하 스테이션의 출구로 가서 컨베이어에 올라가려고 시도한다. 만일 샘플이 있다면 시퀀스를 따라가게 될 것이고, 없다면 다시 적재/양하 구역의 입구로 이동한다.

샘플 홀더에 관한 마지막 이슈를 알아보자. 샘플 홀더들은 어떻게 모델에 도입되어야 할까? 앞에서 언급했듯이, CREATE 모듈을 사용하여 시간 0.0에 필요한 숫자만큼의 샘플 홀더들을 생성할 수 있다. 그리고 나서, 새롭게 만들어진 샘플 홀더들을 곧바로 *ExitLoadUnloadStation*으로 보낼 수 있다. 새로 만들어진 비어 있는 샘플 홀더들은 컨베이어에 접속하려고 시도하게 된다. 샘플 홀더들은 샘플들이 도착하기 전까지 빈 채로 컨베이어 위를 돌아다닐 것이고, 샘플이 도착하게 되면 로직에 의해 컨베이어를 내려와 샘플을 적재할 것이다.

그림 11.15는 전체 모델의 개괄을 보여주고 있다. 샘플들이 생성되고, 우선순위를 부여받은 뒤, 수동 준비 과정을 거치고, 샘플 홀더에 의해 적재될 때까지 무한한 정지 상태로 대기한다. 샘

예시 11.2 적재/양하 셀에 대한 의사코드

```
CREATE sample according to non-stationary pattern
ASSIGN
  myEnterSystemTime = TNOW
  myPriorityType ~ Priority CDF
END ASSIGN
DELAY for manual preparation time
HOLD until picked up by sample holder

STATION EnterLoadUnloadStation
DECIDE
  IF NQ at load/unload cell ≥ buffer capacity THEN
    CONVEY back to EnterLoadUnloadStation
  ELSE
    IF sample holder is empty and new sample queue is empty THEN
      CONVEY back to EnterLoadUnloadStation
    ELSE
      EXIT Loop Conveyor
      SEIZE load/unload machine
      DROPOFF sample if loaded
      DELAY for load/unload cycle time
      IF n THENew sample queue is not empty
        PICKUP new sample
      END IF
      RELEASE load/unload machine
      ROUTE to ExitLoadUnLoadStation
    END IF
  END IF
END DECIDE

STATION ExitLoadUnLoadStation
DECIDE
  IF the sample holder has a sample THEN
    ASSIGN mySeqIndex ~ Sequence CDF
    Entity.Sequence = MEMBER(SequenceSet, mySeqIndex)
    Entity.JobStep = 0
  END IF
END DECIDE
ACCESS Loop Conveyor
DECIDE
  IF the sample holder has a sample THEN
    CONVEY by Sequence
  ELSE
    CONVEY to EnterLoadUnloadStation
  END IF
END DECIDE
```

플의 대기열은 샘플의 우선순위에 의해 순서가 매겨지는데, 이는 긴급 샘플에 우선권을 부여하기 위해서이다. 초기 샘플 홀더들은 시간 0.0에 만들어진 뒤 *ExitLoadUnloadStation*으로 이동한다. 두 개의 Arena™ 서브모델들이 검사 셀과 적재/양하 구역을 모델링하기 위해 사용되었다. 검사 셀 서브모델에 사용된 로직은 초기 모델 개발 과정에서 설명한 것과 완전히 동일하다.

완성된 모델은 파일, *SMTesting.doe*에 들어 있다. 예시 11.2에 설명된 로직이 서브모델 Loading Unloading Submodel에 구현되어 있다. 다른 로직의 모델링 역시 이 모델에 포함되

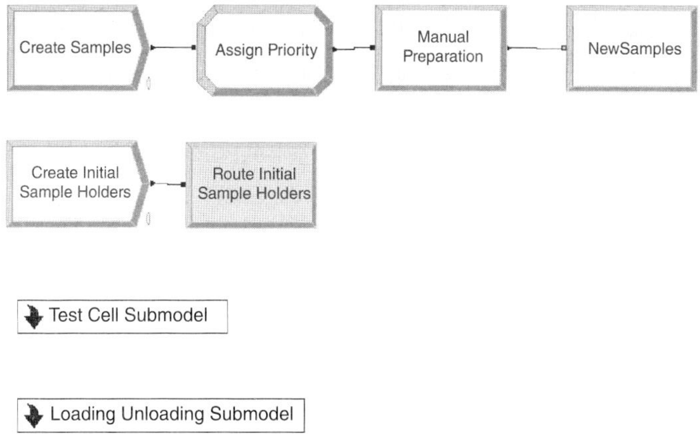

그림 11.15 전체 모델 개괄

어 있다.

이제 기본 모델이 만들어졌으므로, 모델을 실행하고 그 결과를 사용하는 이슈에 집중하기로 한다.

11.4.4 성능 평가척도 모델링

이 절의 처음 부분에서 밝혔던 모델링 이슈들 가운데, 지금까지 남아 있는 것은 성능 평가척도 통계량을 수집하는 것과 시뮬레이션 실행 파라미터에 관한 것뿐이다. 주요 평가척도 통계치는 시스템 시간 및 계약 시간 준수 확률과 연관되어 있다. 이 통계량들은 RECORD 모듈을 사용해 기록될 수 있다는 것을 알고 있다. 적재/양하 구역 서브모델은 이러한 수치들을 RECORD 모듈을 사용해 수집하는 추가 서브모델을 포함하고 있다. 그림 11.16에 모델의 이 부분이 나타나 있다. 사용 중인 샘플 홀더의 개수를 나타내는 변수는 샘플 홀더가 샘플을 내려놓을(제거) 때마다 감소한다[그리고 샘플 홀더가 샘플을 들어 올릴(선발) 때마다 증가한다]. 샘플이 양하된 이후에는 완료된 샘플의 개수가 카운터에 기록되고, RECORD 모듈을 통해 시스템 시간이 기록된다. 60분의 시간 제한을 준수하는 확률은 논리식을 통해 수집된다. 그 뒤, 샘플이 긴급이었는가 아닌가에 따라 확률이 달리 기록된다.

또한 각 구성안의 비용은 산출 통계량을 통해 테이블로 출력될 수 있다(그림 11.17). 비록

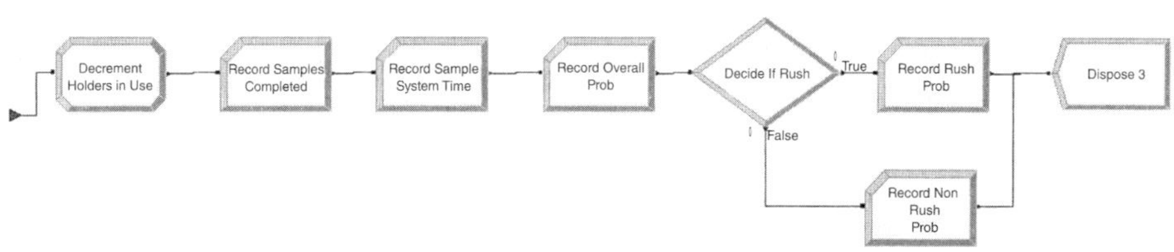

그림 11.16 시스템 시간 통계량 수집

Statistic - Advanced Process

	Name	Type	Expression	Report Label
1	Tester1Cost	Output	MR(Cell1Tester) * vTesterCostPerMonth (1)	Tester1Cost
2	Tester2Cost	Output	MR(Cell2Tester) * vTesterCostPerMonth (2)	Tester2Cost
3	Tester3Cost	Output	MR(Cell3Tester) * vTesterCostPerMonth (3)	Tester3Cost
4	Tester4Cost	Output	MR(Cell4Tester) * vTesterCostPerMonth (4)	Tester4Cost
5	Tester5Cost	Output	MR(Cell5Tester) * vTesterCostPerMonth (5)	Tester5Cost
6	TotTesterCost	Output	OVALUE(Tester1Cost) + OVALUE(Tester2Cost) + OVALUE(Tester3Cost) + OVALUE(Tester4Cost) + OVALUE(Tester5Cost)	TotTesterCost
7	HolderCost	Output	vNumHolders * vCostPerHolderPerMonth	HolderCost
8	LogicCost	Output	vNewLogicCost * vNewLogicOption	LogicCost
9	TotalCost	Output	OVALUE(HolderCost)+OVALUE(TotTesterCost) + OVALUE(LogicCost)	TotalCost

그림 11.17 비용 통계량 수집

표 11.11 높은 자원 수준 경우의 비용 예

장비	월간 비용($)	대수	총 비용($)
검사기 1	10,000	2	20,000
검사기 2	12,400	2	24,800
검사기 3	8,500	3	25,500
검사기 4	9,800	4	39,200
검사기 5	11,200	5	56,000
샘플 홀더	387	16	6,192
		Total	171,692

이 비용 값들이 무작위는 아니지만, 프로세스 분석기와 OptQuest를 쉽게 이용할 수 있도록 이 값을 수집한다.

예컨대, 표 11.11은 16개의 샘플 홀더를 사용하는 높은 자원 수준에서의 월간 총 비용 계산치를 보여준다.

이제 적절한 통계량을 수집할 수 있도록 모델이 만들어졌으므로, 실험을 위해 시뮬레이션 기간과 실행 파라미터가 결정되어야 한다.

11.4.5 시뮬레이션 기간과 실행 파라미터

이 문제에서 시뮬레이션 기간과 실행 파라미터를 설정하는 것은 어려운 부분인데, 그것은 문제에 이 부분에 대한 설명이 포함되어 있지 않기 때문이다. 상세한 설명이 없으므로 앞으로 어떻게 진행해야 할지를 문제로부터 추론해내야 한다.

문제 설명으로부터, 우리는 SM Testing이 새로운 설계를 일정 기간 동안 사용하고자 하며, 이 기간은 몇 달 혹은 몇 년이 될 수 있다는 사실을 추론할 수 있다. 또한, SM Testing은 모든 비용 예측치가 월 단위로 계산되기를 원한다는 사실도 알 수 있다. 여기에 더해, 문제는 도착률이 하루 중에 매 시간 단위로 변화한다는 것을 알려주고 있지만, 추가 정보가 없으므로 우리는 각 날이 똑같은 비정상 행동 패턴을 반복한다고 생각할 수 있다. 하루 중에 비정상 패턴을 보이기 때문에, 하루 동안 수집된 데이터에 기반한 안정상태 분석은 적절하지 않을 것이다. 하지만 각 날들이 계속 반복되기 때문에, 많은 일수 동안 관찰한 일간 평가척도는 안정상태에 접근할 것이다. 만일 첫째 날 시스템이 비어 있고 유휴 상태로 시작한다면, 첫 며칠간의 시뮬레이션 수행 결과는 초기 조건에 영향을 받을 것이다. 이러한 상황은 Law [2007]에 의해 안정상태 순환 파라미터 추정이라고 이름 붙여졌으며, 안정상태 시뮬레이션 분석의 특별한 경우이다. 따라서, 이 문제에 대해서 초기 편의 영향을 분석해야 할 필요가 있다.

이를 좀 더 구체화하기 위해, X_i를 i번째 날의 평균 평가척도라고 하자. 예를 들어, i번째 날의 시스템 시간이 될 수 있다. 그러면 각 X_i는 연속되는 일자에 대한 시스템 평가척도를 나타내는 시계열 중에서 하나의 관찰값이라고 할 수 있다. 만일 시스템이 가령 30일 동안 작동되었다면, X_i는 7장에서 설명한 **반복실험** 통계 데이터를 구성한다. 그래서 초기 편의 영향을 고려한다면, X_i는 몇 번의 반복실험을 통해 분석되어야 할 것이다. 따라서 워밍업 기간은 일수로 계산되어야 한다. 그러면 이제 우리의 과제는 일간 평가척도를 수집하는 것이다.

초기 편의 분석을 위해 필요한 일일 평가척도 통계량을 수집하는 목적으로 몇 가지 방법을 이용할 수 있다. 예를 들어, 매일 개체를 하나씩 생성해서 그 개체로 하여금 적절한 통계량을 기록하도록 할 수 있다. 그러나 이런 방법을 사용하면 통계 테이블 작성에 특별한 주의를 기울여야 할 뿐만 아니라, 관심 있는 각 평가척도를 위한 수집 로직을 도입해야 한다. 가장 간단한 방법은 각 반복실험의 통계량과 시스템이 초기화되는 방식을 관리하는 Run Setup 대화상자의 설정을 이용하는 것이다.

이러한 초기화 설정들이 무엇을 의미하는지 다시 한 번 살펴보도록 하자. 체크 박스가 두 개 있는 것을 볼 수 있는데, 하나는 각 반복실험의 마지막에 통계치가 리셋되는지의 여부이고, 다른 하나는 각 반복실험의 시작 시점에 시스템이 리셋되는지의 여부이다. 따라서 가능한 조합은 총 네 가지가 된다. 네 가지의 옵션과 각각의 의미는 다음과 같다.

- **통계치에 체크하고 시스템에 체크**: 이것이 기본 설정이다. 이 옵션에서, 통계치는 각 반복실험이 끝난 뒤에 리셋되고(지워지고), 시스템은 비워지며 유휴 상태로 돌아간다. 즉, 각 반복실험이 독립적인 통계치를 수집하고, 각 반복실험이 비어 있으며 유휴 상태인 채로 시작하게 된다는 것이다. 만일 워밍업 기간이 설정되면, 보고되는 통계치는 워밍업 기간 이후의 시간에만 수집된다. 이 옵션은 이 책에 전반적으로 사용되고 있다.
- **통계치에 체크하지 않고 시스템에 체크**: 이 옵션을 사용하면, 시스템은 각 반복실험의 마지막에 비워지며 유휴 상태로 바뀌어 새로운 반복실험이 모두 똑같은 상태로 시작된다. 통계치에 체크가 되어 있지 않기 때문에, 실험이 반복됨에 따라 통계치는 계속적으로 축적된다. 다시 말해, j번째 반복실험의 평균 평가척도는 그 이전까지의 모든 반복실험의 수행 결과와 j번째 반복실험의 평가척도를 모두 포함한다. j번째 반복실험의 결과를 산출하게 되면, 이전의 모든 반복실험과 해당 반복실험을 모두 포함하는 축적 평균이 된다. 워밍업 기간이 설정되면, 워밍업 기간이 만료된 때에 통계치가 리셋되고 그 뒤 각 반복실험에 대해 통계치가 기록된다. 이 방법은 축적된 것을 리셋하기 때문에, 이 경우 워밍업 기간을 사용하는 것의 순수한 효과는 옵션 1처럼 작용한다.

- **통계치에 체크하고 시스템에 체크하지 않음:** 이 옵션을 사용하면, 각 반복실험의 마지막에 통계치는 리셋되지만, 시스템은 리셋되지 않는다. 다시 말해, 각 반복실험은 그 이전에 마지막으로 진행되었던 반복실험의 시스템 상태를 사용하여 시작한다. TNOW의 값은 각 반복실험의 마지막에 0으로 리셋되지 않는다. 이 경우, 각 반복실험의 평균 평가척도는 이전 반복실험의 평가척도를 포함하지 않는다. 하지만 이 결과들은 독립적인 관찰 결과가 아닌데, 그것은 시스템의 상태가 리셋되지 않았기 때문이다. 워밍업 기간이 설정되면, 워밍업 시간에 워밍업 요약 보고서가 Arena™의 표준 텍스트 보고서에 나타난다. 워밍업 기간이 끝나면, 시뮬레이션은 각 실행 시간 길이에 따라 정해진 횟수만큼 반복된다. 옵션 3이 어떻게 작동했는지에 따라, 반복실험의 길이를 배치 간격으로 놓음으로써 분석자는 자신의 특정한 배치평균법(batch means method)을 효과적으로 적용할 수 있다. 배치 개수는 반복실험의 숫자를 기초로 한다(워밍업 기간이 끝난 뒤).
- **통계치에 체크하지 않고 시스템에 체크하지 않음:** 이 옵션을 사용하면, 통계치와 시스템이 모두 리셋되지 않는다. 통계치는 반복실험이 진행됨에 따라 계속 축적되고, 계속되는 반복실험들은 그 이전에 종료된 반복실험의 마지막 시스템 상태를 사용하여 시작된다. 만일 워밍업 기간이 설정되면, 워밍업 시간에 워밍업 요약 보고서가 Arena™의 표준 텍스트 보고서에 나타난다. 워밍업이 끝나면, 시뮬레이션은 각 실행 시간 길이에 따라 정해진 횟수만큼 실행된다.

이들 옵션에 따라, 현재 시뮬레이션은 옵션 3을 사용하여 셋업될 수 있는데, 각 반복실험은 24시간 동안 수행되며, 적정 시뮬레이션 일수를 설정하기 위해 반복실험 횟수를 사용한다. 시스템이 리셋되지 않기 때문에, 변수 TNOW는 0으로 리셋되지 않을 것이다. 유효 시뮬레이션 길이는 반복실험 횟수를 위해 설정된 일수로 결정된다. 예를 들어 반복횟수를 60으로 설정하면 시뮬레이션 기간은 60일이 된다. 만일 통계량이 매 반복실험(일)마다 파일에 수집된다면 일간 평가척도 값이 초기 편의 분석에 사용될 것이다.

워밍업 기간 결정에서 한 가지 추가로 고려할 문제는 검토해야 할 설계 구성 대안이 많다는 점이다. 그래서 워밍업 기간은 고려되는 설계 대안들을 포함하는 범위 내에서 작동되도록 선택되어야 한다. 그렇지 않으면, 모든 대안 하나하나에 대하여 각각 워밍업 기간 분석이 수행되어야 한다. 따라서 다양한 설계 대안에 대하여 동시에 잘 작동되는 워밍업 기간을 찾기 위해 초기 편의 영향을 검토해야 한다.

표 11.10으로부터 48개의 샘플 홀더를 사용하는 높은 자원 수준의 경우를 실행하기 위해 모델이 수정되었다. 또한 확률분포가 난수열 번호를 파라미터로 처리하여 사용할 수 있도록 모델이 수정되었다. 이것은 프로그램을 별도로 기동하여 다른 샘플 경로를 생성하도록 함으로써 구현되었다. 각 반복실험의 일평균 시스템 시간을 얻기 위해 하나의 출력 통계량이 정의되었다. 그리고 60일간의 길이를 갖는 10개의 독립 샘플 경로를 얻기 위해 난수열 번호를 조정한 후, 모델을 10회 실행하였다. 10개의 샘플 경로를 평균하여 그림 11.18과 같은 Weltch 도표를 얻었다.

도표를 보면, 분명히 식별한 만한 초기 편의는 없다. 시스템에 자원이 충분히 있으면 워밍

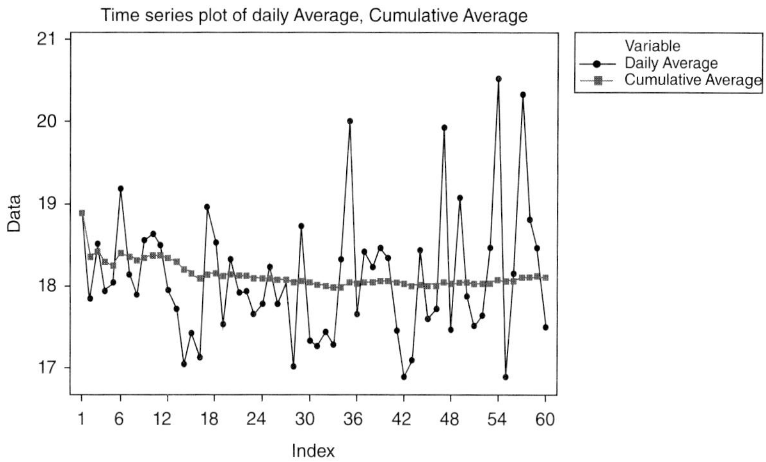

그림 11.18 높은 자원 수준의 구성안에 대한 Welch 도표

업 기간이 필요 없는 것처럼 보인다. 그러나 만일 표 11.10의 낮은 자원 수준의 경우를 동일한 조건하에 실행하면, 전문가 버전 Arena™의 최대허용 개체수를 초과하는 실행 오류가 발생한다. 이 경우에 전체 도착률이 가용한 자원 용량보다 훨씬 크다. 샘플들은 대기열을 형성하며(특히 입력 대기열), 미처리 샘플들은 다음날로 넘어가고, 결국 Arena™가 허용하는 최대허용 개체 수를 초과하는 지점까지 이르게 된다. 그래서 낮은 자원 수준의 경우에는 성능평가 척도가 안정상태에 도달할 수 없다는 것이 명백하다. 이런 경우들에 대한 워밍업 기간 설정 여부에 관계없이, 이것들은 성능이 지극히 좋지 않으므로 설계 대안에서 자연스럽게 제외되어야 한다. 따라서 낮은 용량의 설계 대안의 워밍업 기간은 설정할 필요가 없다. 이 분석에 기초하여 모든 설계 구성안에 대해 매우 보수적인 관점에서 1일의 워밍업 기간이 사용될 것이다.

초기 편의 조사를 위한 실행 설정 모수(run setup parameter) 설정은 추후의 실험에 더 이상 적용할 필요가 없다. 특히, 세 번째 옵션에서 날짜가 기술적으로 반복 내(within replication) 데이터이다. 옵션 1은 향후 실험에 적용 가능하다. 옵션 1을 위해서는 실행 길이와 반복실험 횟수가 결정되어야 한다. 이 상황에서는 여러 날 동안 진행되는 긴 하나의 실험을 이용하는 배치 평균법 또는 반복절단법(replication/deletion method)이 적용될 수 있다. 프로세스 분석기와 아마도 OptQuest를 사용하고자 하므로 반복절단법이 더 적합할 것이다. Banks 등[2005]의 경험법칙에 따라, 실행 길이는 최소한 삭제된 데이터 양의 10배가 되어야 한다. 첫 번째 날의 데이터가 지워질 것이기 때문에, 실행 길이는 11일이 되어야 10일간의 데이터가 수집될 것이다. 이제, 반복실험 횟수를 결정해야 한다.

48개의 샘플 홀더를 갖는 높은 자원 수준 경우를 사용하여, 예비 실험으로 1일의 워밍업 기간을 가지는 11일간의 반복실험을 5회 수행하였다. 이 실행의 사용자 정의 통계량의 결과가 그림 11.19에 제시되어 있다.

그림에 나타나 있듯이, 각 10일간의 기간 동안 많은 숫자의 샘플이 완료되었으며 5번의 반복실험만으로도 충분히 채택할 만한 성능 평가척도의 신뢰구간 절반폭을 얻을 수 있었다. 따라

Tally

Expression	Average	Half Width
Record Non Rush Prob	0.9983	0.00
Record Overall Prob	0.9984	0.00
Record Rush Prob	0.9600	0.00
SampleSystemTime	17.8112	0.37

Counter

Count	Average	Half Width
SamplesCompleted	33688.00	150.40

그림 11.19 예비 실행에 대한 사용자 정의 통계량 결과

서 앞으로 수행될 모든 실험에서 5회의 반복실험이 사용될 것이다. 다른 구성안들은 좀 더 변동성이 높아 5회보다 많은 수의 반복실험을 필요로 할 수 있기 때문에, 모든 설계 대안에서 적절한 의사결정을 만들 수 있어야 한다는 면에서 위험성을 짊어져야 한다. 따라서, 예비 실행에 추가 시간을 투입하는 것과 유효한 의사결정과 관련된 위험성 사이에는 상충(trade-off) 관계가 존재한다.

11.4.6 예비 실험 분석

전면적인 분석에 들어가기 이전에, 두 가지 일을 하는 것이 유용할 것이다. 첫째로, 샘플 홀더의 요구량을 파악하는 것이 필요하다. 이것은 설계 대안 파악에 있어 고려해야 할 수치의 범위를 제시해줄 것이다. 두 번째 문제는 각 검사 셀에 필요한 테스터 숫자의 하한선을 파악하는 것이다. 이것은 수행 능력이 아주 떨어지는 시스템을 분석하는 일을 막기 위한 것이다(프로세스 분석기에서 혹은 OptQuest에서). 성능이 아주 낮은 시스템을 실행하는 경우, 실행 에러를 발생시킬 수 있는데, 이런 경우 실험을 다시 시작해야 할 수도 있다.

표 11.10에 기초하여, 높은 자원 수준 경우에서 검사장비들이 계속 가동되도록 하려면, 각 검사 셀의 각 유닛이 가동되도록 한 개의 샘플 홀더가 필요하기 때문에, 시스템은 최소한 (2 + 2 + 3 + 4 + 5 = 16)개의 샘플 홀더가 있어야 할 것이다. 시스템에서 샘플 홀더가 미치는 영향을 분석하기 위해, 샘플 홀더가 16개까지 지속적으로 줄어드는 실험을 프로세스 분석기를 사용하여 수행하였다. 이 기초 분석의 결과가 표 11.12에 제시되어 있다. 표를 보면, 샘플 홀더의 개수가 16개 미만으로 줄어들면, 시스템의 성능이 급격히 저하된다. 또한, 높은 자원 수준 설정에 의해 시스템이 설계 요구치를 만족하기가 쉽다는 것을 알아두어야 할 것이다. 여기에 더해, 지나치게 많은 샘플 홀더는 시스템 시간에 나쁜 영향을 미친다는 것도 명확하다. 따라서 샘플 홀더의 적절한 숫자 범위는 20개에서 36개 정도가 될 것이다.

낮은 자원 수준 역시 16개와 48개의 샘플 홀더를 사용하여 탐색되었다. 시스템은 낮은 자원 수준에서는 수행 능력이 아주 낮은 것으로 보인다. 모델이 10일의 총 실행 기간 동안 계속 작동할 수 있었기 때문에, 자원이 더 많이 존재하는 어떤 모델이든 문제없이 잘 작동할 수 있을

표 11.12 초기 결과

셀 1	셀 2	셀 3	셀 4	셀 5	홀더 수	비긴급 확률	긴급 활률	시스템 체류 기간
2	2	3	4	5	48	0.998	0.96	17.811
2	2	3	4	5	44	0.997	0.971	17.182
2	2	3	4	5	40	0.994	0.976	17.046
2	2	3	4	5	36	0.994	0.983	16.588
2	2	3	4	5	32	0.996	0.982	16.577
2	2	3	4	5	28	0.995	0.986	16.345
2	2	3	4	5	24	0.988	0.99	16.355
2	2	3	4	5	20	0.961	0.991	21.431
2	2	3	4	5	18	0.822	0.987	32.839
2	2	3	4	5	17	0.721	0.99	39.989
2	2	3	4	5	16	0.494	0.989	57.565
2	2	3	4	5	12	0	0.988	1309.683
1	1	2	2	3	16	0	0.985	2525.434
1	1	2	2	3	48	0	0.749	2234.676

것으로 예상된다.

이러한 예비 결과에 기반하여, 여러분은 제안을 작성하기 위해 실험설계 및 문제 분석을 실시하는 것에 자신감을 얻었을 것이다. 실험은 다음 절에서 자세히 기술된다.

11.5 최종 실험 분석 및 결과

용량이 큰 시스템은 우수한 시스템 시간 평가척도 달성하는 데 문제가 없지만, 이 시스템이 또한 가장 비싼 구성안이 될 것이다. 따라서 증가되는 비용과 향상되는 고객 서비스 사이에는 확실히 상충 관계가 있다. 그러므로 원하는 수행 결과를 얻으면서 가장 비용이 낮은 시스템 구성이 추천되어야 할 것이다. 이런 상황은 Arena™ 환경에서 프로세스 분석기와 OptQuest를 사용하여 여러 가지 방법으로 분석될 수 있다. 문제를 해결하기 위해 대개 두 가지 방법 모두가 사용된다. 일반적으로 OptQuest 분석에서는, 해의 범위에 대한 좋은 아이디어를 얻기 위해 프로세스 분석기를 사용하여 초기 스크린 실험이 수행된다. 이러한 분석의 일부분이 이미 앞에서 수행되었다. 예컨대, 표 11.12를 들 수 있다. 그리고 나서 OptQuest 분석이 수행되고, 이어서 프로세스 분석기를 이용하는 추가 실험을 통해 해를 정교하게 할 수 있다. 프로세스 분석기만 사용하는 경우라면, 주의 깊게 고안해낸 실험 셋이 목적을 달성시켜 줄 것이다. 교육 목적으로, 이 절에서는 프로세스 분석기와 OptQuest를 모두 사용하는 방법을 보여줄 것이다.

또한 경진대회 문제에서는 긴급 샘플에 대한 시스템의 수행 능력을 높이기 위해 로직을 추가하도록 권고하고 있다. 엄격히 말해, 이것은 분석에 있어 새롭게 고려해야 할 인자(또는 설계 파라미터)를 제공한다. 다른 인자가 포함되면, 검토해야 할 실험 횟수가 극적으로 늘어날 수 있다. 때문에 추가 로직은 모델의 다른 인자들과 유효할 정도로 상호작용을 하지 않는다는 가정이 필요하다. 이 가정이 참이라면, 기본 설계 구성안을 찾아내기 위해 원래 시스템을 최적화할 수 있다. 그리고 나서 추가 로직을 분석하여 기본 해를 향상시킬 수 있는지를 확인하면 된다. 해를 찾으려면, 비용과 시스템 수행능력 사이의 상충관계가 성립되어야 하는데, 이는 문제

의 아래 서술에 기초한다:

> 이 시뮬레이션 분석을 통해, 경영진은 어떤 구성안이 높은 고객 만족을 달성하면서 비용 측면에서 가장 효율적인지를 알고자 한다. 이상적으로는, 회사는 계약이 요구하는 것보다 항상 짧은 시간 내에 결과를 제공하고 싶어 한다. 그러나 경영진은 보고가 늦어지는 드문 경우를 방지하기 위해 장비를 추가로 도입해야 한다고는 생각지 않는다.

그러므로 목적은 여기에서 분명해진다: 총 비용을 최소화하는 것. 보고가 늦어지는 경우를 드물게하기 위해서는, 긴급과 일반 샘플들의 시스템 시간이 계약 시한을 넘기는 확률에 한계를 설정할 수 있다. 이것은 예컨대 임의적으로 100개 가운데 3개의 샘플이 늦어지는 것으로 정의함으로써 가능하다. 따라서 최소한 97%의 일반 및 긴급 샘플들이 계약 조건을 만족시켜야 한다.

11.5.1 프로세스 분석기 사용

이 절은 실험계획을 위해 프로세스 분석기를 사용한다. 실험계획 방법에 대한 상세 정보는 Montgomery와 Runger의 공저[2006]를 참고하기 바란다. 시뮬레이션 환경에서의 실험계획 논의를 위해서는 Law [2007] 혹은 Kleijnen [1998]의 저서를 참고하기 바란다. 여기서는 6가지 인자가 고려된다(5개 각각의 검사 셀에 들어가는 유닛의 개수와, 샘플 홀더의 개수). 초기분석을 위해, 2^k 요인계획이 사용될 수 있다. 표 11.13에서 볼 수 있듯이, 앞에서 결정된 자원 필요량들이 검사 셀의 최저치/최고치 설정으로 사용될 수 있다. 또한, 샘플 홀더 개수의 최저치과 최고치가 샘플 홀더의 수준으로 사용될 수 있다.

이는 $2^6 = 64$개의 실험을 의미하지만 샘플 홀더에는 비용이 들어가기 때문에, 검사 셀 자원 수준이 어떻게 상호작용하는지를 보기 위해서 먼저 샘플 홀더의 개수가 낮은 수준인 1/2 부분을 실행하는 것이 적합할 것이다. 첫 번째 1/2 일부 실험 결과가 표 11.14에 제시되어 있다. 이 표를 통해 첫 번째로 도출할 수 있는 결론은, 검사 셀 1과 2는 최소한 2단위의 자원을 가져야 한다는 것이다. (2, 2, 2, 4, 5)와 (2, 2, 3, 4, 5) 두 가지의 경우를 고려하면, 검사 셀 3은 계약 조건을 만족시키기 위해 3단위의 자원이 필요하다는 것을 알 수 있다. 마지막으로, 검사 셀 4와 5의 낮은 수준은 채택할 수 없다는 것이 명백하다. 따라서 우리가 앞으로 실험해보아야 할 범위는 검사 셀 4에 대해 3과 4, 검사 셀 5에 대해 4와 5단위로 좁혀졌다.

표 11.13 첫 번째 실험의 인자와 수준

	수준	
인자	하한	상한
Cell 1 기계 대수	1	2
Cell 2 기계 대수	1	2
Cell 3 기계 대수	2	3
Cell 4 기계 대수	2	4
Cell 5 기계 대수	3	5
홀더수	20	36

표 11.14 샘플 홀더 수 = 20인 경우의 1/2 일부 실시

셀 자원 수					샘플			시스템	총
1	2	3	4	5	홀더 수	비진급 확률	긴급 확률	체류 시간	비용
1	1	2	2	3	20	0	0.963	2410.517	100,340
2	1	2	2	3	20	0	0.966	2333.135	110,340
1	2	2	2	3	20	0	0.98	1913.694	112,740
2	2	2	2	3	20	0	0.973	1904.499	122,740
1	1	3	2	3	20	0	0.966	2373.574	108,840
2	1	3	2	3	20	0	0.962	2407.404	118,840
1	2	3	2	3	20	0	0.973	1902.445	121,240
2	2	3	2	3	20	0	0.978	1865.821	131,240
1	1	2	4	3	20	0	0.951	2332.412	119,940
2	1	2	4	3	20	0	0.949	2365.047	129,940
1	2	2	4	3	20	0.003	0.985	496.292	132,340
2	2	2	4	3	20	0.025	0.986	284.205	142,340
1	1	3	4	3	20	0	0.956	2347.05	128,440
2	1	3	4	3	20	0	0.956	2316.931	138,440
1	2	3	4	3	20	0.019	0.984	364.081	140,840
2	2	3	4	3	20	0.122	0.987	157.798	150,840
1	1	2	2	5	20	0	0.968	2394.53	122,740
2	1	2	2	5	20	0	0.965	2360.751	132,740
1	2	2	2	5	20	0	0.98	1873.405	135,140
2	2	2	2	5	20	0	0.982	1865.02	145,140
1	1	3	2	5	20	0	0.963	2391.649	131,240
2	1	3	2	5	20	0	0.965	2361.708	141,240
1	2	3	2	5	20	0	0.974	1926.889	143,640
2	2	3	2	5	20	0	0.98	1841.387	153,640
1	1	2	4	5	20	0	0.951	2387.81	142,340
2	1	2	4	5	20	0	0.955	2352.933	152,340
1	2	2	4	5	20	0.202	0.986	121.199	154,740
2	2	2	4	5	20	0.683	0.991	43.297	164,740
1	1	3	4	5	20	0	0.954	2291.88	150,840
2	1	3	4	5	20	0	0.947	2332.031	160,840
1	2	3	4	5	20	0.439	0.985	69.218	163,240
2	2	3	4	5	20	0.961	0.991	21.431	173,240

샘플 홀더 수가 36인 나머지 1/2 일부 실험 결과가 표 11.15에 제시되어 있다. 실험 결과를 검토함으로써 검사 셀의 자원에 대하여 동일한 기본 결론을 도출할 수 있다. 또한, 샘플 홀더 개수가 시스템 성능에 중요한 영향을 줄 수 있음이 명백하다. 더 많은 샘플 홀더는 수용 용량이 작은 설계 대안의 성능을 저해하는 것으로 보인다. 높은 수용 능력을 갖는 시스템에 대한 샘플 홀더 수의 영향력은 어느 정도 혼합되어 있지만, 일반적으로 36개의 샘플 홀더는 아마도 이 시스템에 너무 많다는 것이 결과를 통해 나타나고 있다. 물론, 이것은 모두 실험계획에서 수행되기 때문에, 이 결론들을 완벽히 검정하기 위해 더 엄밀한 통계 검정이 실시될 수 있다. 여기서는 현재 실험계획에 기초한 검정을 수행하지 않을 것이지만, 이 결과는 시스템 응답을 더 잘 조사하는 데 도움이 될 수 있는 다른 실험계획을 설정하는 목적으로 사용될 것이다.

표 11.12의 초기 결과와 두 개의 1/2 일부 실험 분석을 사용하여, 셀 3, 4 그리고 5의 용량에 초점을 맞추도록 다른 실험들의 집합이 설계되었다. 이 실험은 표 11.16에 주어져 있다. 이

표 11.15 샘플 홀더수 = 36인 경우의 1/2 일부 실시

셀 자원 수					샘플			시스템	총
1	2	3	4	5	홀더 수	비긴급 확률	긴급 확률	체류 시간	비용
1	1	2	2	3	36	0	0.776	2319.323	106,532
2	1	2	2	3	36	0	0.764	2260.829	116,532
1	2	2	2	3	36	0	0.729	1816.568	118,932
2	2	2	2	3	36	0	0.714	1779.53	128,932
1	1	3	2	3	36	0	0.768	2238.654	115,032
2	1	3	2	3	36	0	0.775	2243.56	125,032
1	2	3	2	3	36	0	0.73	1762.579	127,432
2	2	3	2	3	36	0	0.717	1763.306	137,432
1	1	2	4	3	36	0	0.796	2244.243	126,132
2	1	2	4	3	36	0	0.79	2268.549	136,132
1	2	2	4	3	36	0.202	0.9	111.232	138,532
2	2	2	4	3	36	0.385	0.915	72.86	148,532
1	1	3	4	3	36	0	0.806	2255.19	134,632
2	1	3	4	3	36	0	0.795	2251.548	144,632
1	2	3	4	3	36	0.36	0.899	76.398	147,032
2	2	3	4	3	36	0.405	0.911	68.676	157,032
1	1	2	2	5	36	0	0.771	2304.784	128,932
2	1	2	2	5	36	0	0.771	2250.198	138,932
1	2	2	2	5	36	0	0.738	1753.819	141,332
2	2	2	2	5	36	0	0.717	1751.676	151,332
1	1	3	2	5	36	0	0.78	2251.174	137,432
2	1	3	2	5	36	0	0.771	2252.106	147,432
1	2	3	2	5	36	0	0.726	1781.024	149,832
2	2	3	2	5	36	0	0.716	1794.93	159,832
1	1	2	4	5	36	0	0.787	2243.338	148,532
2	1	2	4	5	36	0	0.794	2243.558	158,532
1	2	2	4	5	36	0.541	0.897	54.742	160,932
2	2	2	4	5	36	0.898	0.932	28.974	170,932
1	1	3	4	5	36	0	0.791	2263.484	157,032
2	1	3	4	5	36	0	0.799	2278.707	167,032
1	2	3	4	5	36	0.604	0.884	49.457	169,432
2	2	3	4	5	36	0.994	0.983	16.588	179,432

표 11.16 두 번째 실험 인자와 수준

	수준	
인자	하한	상한
Cell 3 기계 대수	2	3
Cell 4 기계 대수	3	4
Cell 5 기계 대수	4	5
홀더수	20	24

실험 집합은 $2^4 = 16$ 요인실험이다. 그 결과가 표 11.17에 제시되어 있다. 계약 요구를 충족시킬 확률이 높은 시스템이 표의 상단에 위치하도록 결과가 정렬되어 있다. 결과로부터, 시스템이 요구를 만족시키도록 하기 위해 셀 3은 최소한 3 단위의 용량이 필요하다는 것이 명백하다. 또한 셀 4는 요구를 충족시키기 위해 4대의 검사장비를 필요로 하는 것이 거의 확실하다. 그래서 셀 5에서 4 또는 5대의 검사장비, 그리고 20~24개의 홀더로 검색 공간이 좁혀진다.

표 11.17 샘플 홀더수 = 20인 경우의 1/2 일부 실시

셀 자원 수					샘플			시스템	총
1	2	3	4	5	홀더 수	비긴급 확률	긴급 확률	체류 시간	비용
2	2	3	4	5	24	0.988	0.99	16.355	174,788
2	2	3	4	4	24	0.97	0.988	19.41	163,588
2	2	3	4	5	20	0.961	0.991	21.431	173,240
2	2	3	4	4	20	0.945	0.989	25.27	162,040
2	2	3	3	4	24	0.877	0.987	30.345	153,788
2	2	3	3	5	24	0.871	0.988	31.244	164,988
2	2	2	4	5	24	0.812	0.984	34.065	166,288
2	2	2	4	4	24	0.782	0.986	35.289	155,088
2	2	3	3	5	20	0.734	0.991	39.328	163,440
2	2	3	3	4	20	0.731	0.992	40.37	152,240
2	2	2	3	4	24	0.687	0.987	42.891	145,288
2	2	2	4	5	20	0.683	0.991	43.297	164,740
2	2	2	3	5	24	0.656	0.98	46.049	156,488
2	2	2	4	4	20	0.627	0.989	45.708	153,540
2	2	2	3	5	20	0.561	0.987	52.71	154,940
2	2	2	3	4	20	0.492	0.985	59.671	143,740

표 11.18 최종 실험 집합의 결과

	셀 자원 수					샘플			시스템	총
시나리오	1	2	3	4	5	홀더 수	비긴급 확률	긴급 확률	체류 시간	비용
1	2	2	3	4	4	20	0.917	0.987	26.539	162,040
2	2	2	3	4	4	21	0.942	0.987	23.273	162,427
3	2	2	3	4	4	22	0.976	0.989	20.125	162,814
4	2	2	3	4	4	23	0.974	0.988	19.983	163,201
5	2	2	3	4	4	24	0.979	0.989	18.512	163,588
6	2	2	3	4	5	20	0.958	0.988	21.792	173,240
7	2	2	3	4	5	21	0.967	0.987	19.362	173,627
8	2	2	3	4	5	22	0.984	0.988	18.022	174,014
9	2	2	3	4	5	23	0.986	0.988	16.971	174,401
10	2	2	3	4	5	24	0.98	0.987	16.996	174,788

현재 상황을 위한 최선의 구성안을 선정하는 작업을 마무리하기 위해, 셀 5 자원 용량 (4, 5)와 샘플 홀더 개수 (20, 21, 22, 23, 24)의 10개 실험 조합을 프로세스 분석기로 각 시나리오에 대해 10회 반복실험을 실시하였다. 결과가 표 11.18에 나타나 있다. 추가로 최선(가장 높은)의 보통 순위 확률을 갖는 해를 선정하기 위해 다수 비교 절차가 결과에 적용되었다. 비교 결과가 그림 11.20에 제시되어 있다. 다수 비교 절차는 95% 신뢰수준으로 시나리오 3, 4, 5, 7, 8, 9, 그리고 10이 최적이라는 것을 나타내고 있다. 이들 사이에 근본적으로 차이가 없기 때문에, 가장 싼 구성안이 선택될 수 있는데, 그것은 인자 수준 (2, 3, 3, 4, 4 그리고 22)로 총 비용 $162,814의 시나리오 3이다.

이 절의 결과에 근거하여, 문제에 대한 확고한 해가 결정되었다. 그러나 여러분에게 OptQuest를 적용하는 경험을 제공하기 위해, 이 상황에 대해 OptQuest를 적용해보기로 한다.

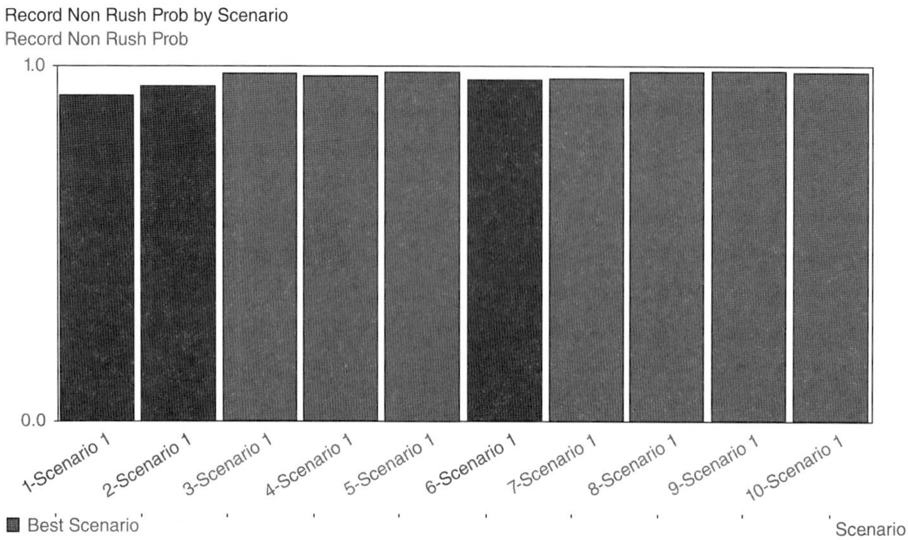

그림 11.20 보통 순위 확률에 대한 다수 비교 결과

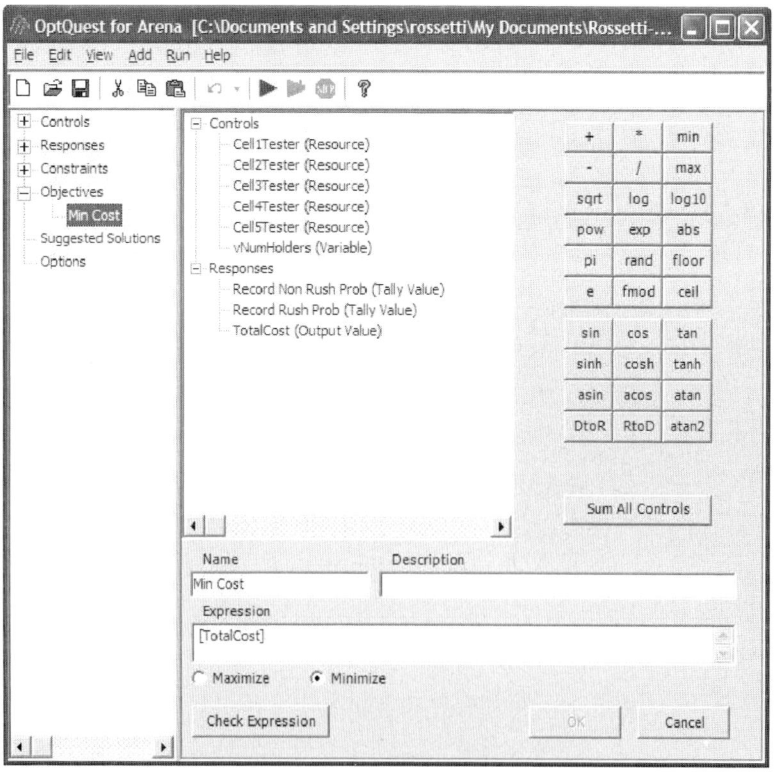

그림 11.21 OptQuest 목적함수 정의

11.5.2 문제에 OptQuest 적용하기

그림 11.21에서 볼 수 있듯이, Arena^{TM}를 위한 OptQuest가 통제와 반응(response) 변수를 정의하고 계약 조건을 충족시키는 보통 및 긴급 샘플의 확률이 0.97 이상이 되어야 하는 조건하에서 총 비용을 최소화하는 최적화 모델을 설정하는 데 사용될 수 있다. OptQuest를 실행할 때, OptQuest에게 좋은 출발점을 제공하는 것이 좋은 아이디어이다. 높은 자원 수준의 경우가 예비 실험에서 이미 가능해로 알려져 있기 때문에, 최적화는 높은 자원 수준 경우와 범위의 중간에 있는 샘플 홀더의 수(예를 들어, 27개)를 사용함으로써 시작될 수 있다.

시뮬레이션 최적화는 총 79회의 시뮬레이션 후에 수동으로 멈춰질 때까지 약 6시간(괘종시계 시간으로) 넘게 실행되었다. 그림 11.22로부터, 최적해는 셀 1과 2에 두 대의 검사장비와 셀 3에 3대의 검사장비, 셀 4와 5에 검사장비 4대, 그리고 샘플 홀더 개수는 23개였다. 이 구성안의 총 비용은 $163,201이다. 이 해는 프로세스 분석기에 근거한 해와 비교했을 때, 샘플 홀더를 한 개 더 가지고 있다. 물론 만약 OptQuest만을 단독으로 사용하여 분석을 했다면, 이것을 알지 못했을 것이다. OptQuest은 최고의 해를 파일에 저장한다. 이 해들을 살펴보면, OptQuest의 휴리스틱 알고리즘이 검사 셀 (2, 2, 3, 4 ,4)를 기본 구성으로 찾아내고 샘플 홀더 개수를 조

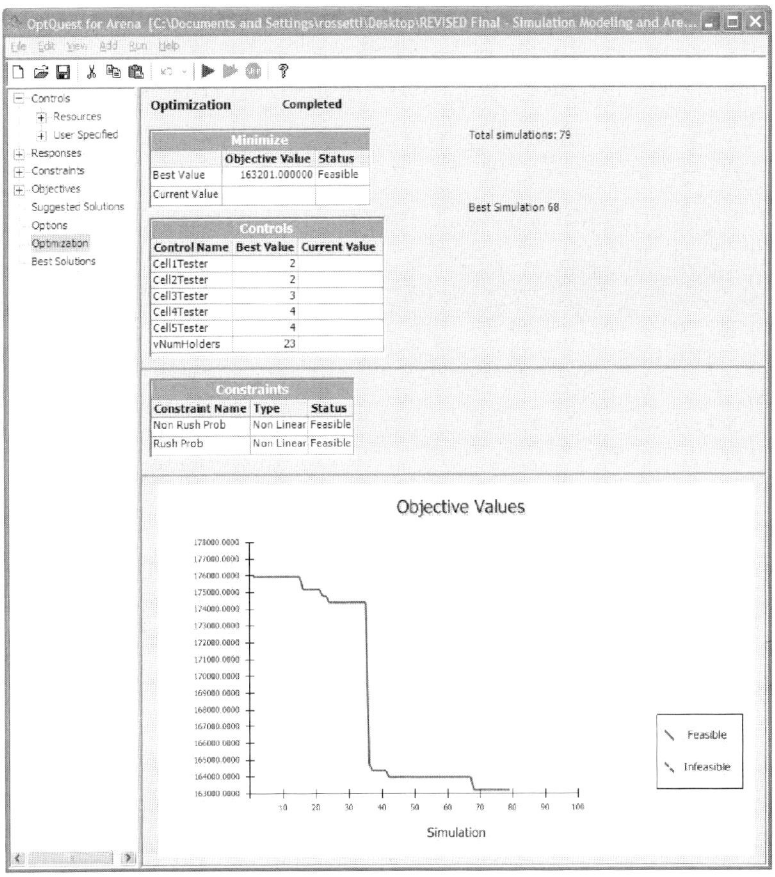

그림 11.22 OptQuest 결과

사하고 있다는 점이 명백히 드러난다. 만일 최적화가 더 오래 지속되도록 허락된다면, 22개의 샘플 홀더를 추천할 것으로 예상된다. 이 단계에서, OptQuest가 추천한 해를 더 좋게 다듬기 위해 프로세스 분석기를 사용하여 최적해들(그림 11.22)의 최종 집합을 더 상세히 조사할 수 있다. 이것은 이전의 절에서 이미 수행되었기 때문에, 여기에 다시 포함하지 않기로 한다.

11.5.3 새로운 로직 대안의 조사

이제 제안 기본 구성을 사용할 수 있으므로, 로직 대안이 추가 비용을 투입하여 성능을 향상시킬 수 있는지 검토해볼 필요가 있다. 또한 제어 로직을 위해 추천 개수를 결정해야 한다. 로직 대안을 포함시키기 위해 기본 모델을 쉽게 수정할 수 있다. 이것은 적재/양하 서브모델로 구현된다. 추가로 새로운 로직의 사용을 켜고 끌 수 있게 하기 위해 플래그 변수가 사용되고 프로세스 분석기는 로직이 모델에 포함될지 여부를 제어할 수 있다. 모델이 *SMTesting.doe* 파일에 구현되어 있으므로 참고하기 바란다.

이전의 분석에 관련된 인자 개수를 줄이기 위해서, 신규 로직이 검사 셀의 용량 할당과 유효할 정도로 상호작용하지 않는 것으로 가정한다. 그러나 추천 개수는 적재/양하 스테이션에서 대기 중인 샘플 수를 확인하기 때문에, 이 인자들 사이에 어느 정도 상호작용이 있을 수 있다. 이 가정들을 토대로 해서, 신규 로직을 포함하는 10개의 시나리오를 설계하였다. 이들은 20~24개로 변화하는 홀더를 갖는 제안 검사장비 구성 (2, 2, 3, 4, 4)과 추천 개수(suggested number, SN)로 2와 3을 갖는다. 표 11.19는 이 실험들의 결과를 나타낸다. 결과로부터, 새로운 로직은 보통 샘플과 긴급 샘플을 위한 계약을 충족시키는 확률에 큰 영향을 주지 못하는 것이 확실하다. 사실 시나리오 3을 살펴보면, 신규 로직은 사실 보통 순위의 샘플에 해를 끼치고 있다. 분석을 완료하기 위해서는 좀 더 엄밀한 통계적 비교 분석이 행해져야 하지만, 이 일은 간결한 관계로 생략하도록 한다.

모든 분석 이후에 얻은 결과는 다음과 같다. SM Testing은 (2, 2, 3, 4, 4) 구성과 22개의 샘플 홀더로 운영되어야 하고, 이때 총 비용은 $162,814이다. 제어 로직의 추가 구입은 정당화되지 않는다.

표 11.19 신규 로직 분석 결과

	셀 자원 수					샘플				시스템
시나리오	1	2	3	4	5	홀더 수	SN	비긴급 확률	긴급 확률	체류 시간
1	2	2	3	4	4	20	2	0.937	0.989	23.937
2	2	2	3	4	4	21	2	0.956	0.988	21.461
3	2	2	3	4	4	22	2	0.957	0.989	21.159
4	2	2	3	4	4	23	2	0.972	0.989	19.011
5	2	2	3	4	4	24	2	0.975	0.986	18.665
6	2	2	3	4	4	20	3	0.926	0.989	25.305
7	2	2	3	4	4	21	3	0.948	0.988	22.449
8	2	2	3	4	4	22	3	0.968	0.989	20.536
9	2	2	3	4	4	23	3	0.983	0.988	18.591
10	2	2	3	4	4	24	3	0.986	0.987	18.17

11.6 민감도 분석

여기의 실제 규모의 사례연구는 제조 시스템 설계에 대한 시뮬레이션 응용을 확실히 보여주고 있다. 시스템 구성 요소들 사이의 복잡하고 동적인 관계와 확률적 환경(예를 들어, 도착, 고장, 등) 때문에 이 분석에서 시뮬레이션의 적용은 결정적이다. 사례연구에 대해 수행된 분석에 기초하여, SM Testing은 제안 설계안이 현 상황에서 충분하다고 확신했다. 그러나 문제에 대해 수행될 수 있는(아마도 반드시) 몇몇 추가 단계가 있다.

특히, 설계안에 대해 좀 더 확신을 갖기 위해, "통제할 수 없는" 인자들에 대해 민감도 분석을 실시할 수 있다. 앞의 절에서는 통제할 수 있는 설계 파라미터들에 집중하여 분석이 이루어졌지만, 다른 인자와 제안 해의 가정에 대한 민감도를 조사하는 것이 매우 유익하다. 검증되고 유효성이 평가된 모델이 있으므로 도착률, 고장률, 수리 시간, 버퍼 크기 등을 변경하면서 이것들이 제안 해에 어떤 영향을 주는지 알아볼 수 있다. 추가로 경진대회 문제를 모델링하고 분석하는 과정에서 명시적으로 또는 암시적으로 몇몇 가정을 설정하였다. 예를 들어 검사장비 고장을 모델링할 때 Arena™의 FAILURE 모듈을 사용하였다. 이 모듈은 어떤 자원의 고장이 발생할 때, 그 자원의 모든 단위가 동시에 고장 나는 것으로 가정한다. 이것은 현실과 다를 수 있다. 개개의 단위별로 고장이 발생하도록 모델링하기 위해서는 모델을 수정해야 한다. 수정이 이루어진 이후, 이것이 제안 해와 차이가 있는지 조사할 수 있다. 시뮬레이션에서 다른 상황 또한 생략되었다. 예를 들어, 검사를 반복할 가능성에 대한 정보가 없기 때문에, 검사 셀에서 검사가 반복될 수 있다는 사실은 그대로 방치되었다. 이 상황은 모델링될 수 있고 재검사 확률을 가정할 수 있다. 이 가정에 대한 민감도 또한 조사할 수 있다.

모델링 가정에 추가하여, 실험 분석 과정에서도 가정들이 설정되었다. 예를 들어 기본 자원 구성 (2, 2, 3, 4, 4)는 제어 로직이 도입되더라도 변경되지 않는 것으로 가정하였다. 이것 또한 민감도 분석에서 검토될 수 있다. 7장에서 민감도 분석 수행에 대해서 다루었으므로, 여기서는 민감도 분석을 수행하는 방법에 대해서는 다루지 않기로 한다. 다수의 연습문제가 여러분에게 이 이슈들을 해결하도록 요구할 것이다.

11.7 프로젝트 완료하기

시뮬레이션 사용의 중요 단계는 핵심 의사결정자에게 연구 제안의 가치를 납득시키는 것이다. Arena™ 모델에 대한 애니메이션을 개발하는 것이 이런 면에서 특히 유용하다. SM Testing 모델을 위하여, Arena™ *doe* 파일에 애니메이션이 준비되어 있다. 애니메이션(그림 11.23)은 컨베이어, 자원 사용 그리고 대기열을 보여주며, 시스템을 모니터하는 용도로 다수의 변수를 가지고 있다. 추가로, 애니메이션과 모델 로직을 쉽게 볼 수 있도록 사용자 정의 뷰를 사용한다.

서면으로 된 보고서 또한 시뮬레이션 프로젝트의 핵심 요구 사항의 하나이다. Chung [2004]은 프로젝트와 관련된 보고서와 프레젠테이션을 위해 몇 가지 가이드라인을 제공하고 있다. 시뮬레이션 프로젝트 보고서를 위한 윤곽 사례의 하나로 다음을 참고하기 바란다.

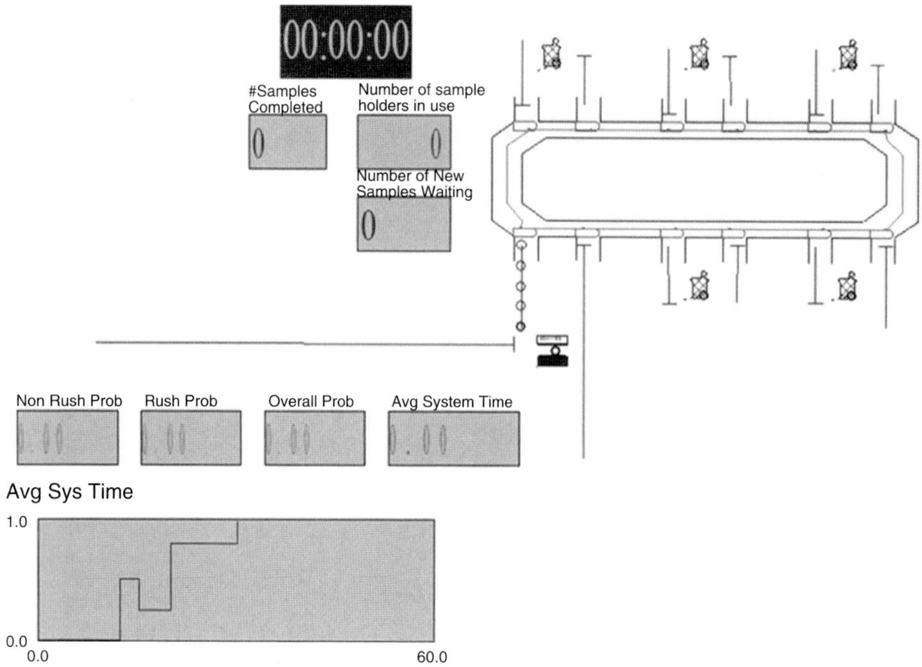

그림 11.23 애니메이션 개요

1. **경영진을 위한 요약**
   (a) 문제, 적용 방법, 결과 그리고 제안을 포함하는 개략적인 요약을 제공하라. 의사결정자 관점에서 기술하라.
   (b) 경영진을 위한 우수한 요약은 다음 특징들을 포함한다: 문제의 핵심적인 사실, 간단명료하게 요약된 분석 방법, 결과와 명쾌하게 연결된 추천 사항들, 명확한 의사결정 추천 항목들, 주요 성능 평가 척도들로 제시되는 핵심적인 상충 항목들, 의사결정자의 수행사항들
2. **서론**
   (a) 시스템과 문제의 개략적인 개관을 제공하라. 보고서의 독자가 보고서에서 기대하고 있는 것에 초점을 맞춰라.
3. **시스템과 문제 서술**
   (a) 연구 대상 시스템을 기술하라. 분석자가 여기의 설명을 보고 모델을 개발할 수 있도록 시스템에 대해 기술해야 한다. 해결해야 할 문제를 기술하고, 사용할 핵심 성능 평가척도를 나타내고, 그리고 달성해야 할 주요 목표/목적을 기술하라. 예를 들어, 이 장에 있는 경진대회 문제에 대한 기술은 시스템과 문제를 서술하는 우수한 예이다.
4. **해와 모델링 접근법**
   (a) 해결해야 할 모델링 이슈들에 대해 기술하라. 모델을 위한 입력자료와 이것들을 어떻게 확보할 것인지 기술하라. 각 주요 모델링 이슈에 대하여, 접근 방법을 개념적으로 간략히 기술하라. 이 서술은 시스템에 대한 서술과 연관되어 있어야 한다. 활동 다

이어그램 또는 의사코드를 제공하고 이들 하나하나가 개념 모델과 어떻게 연관되어 있는지 기술하라. 주요 산출물들과 이들의 수집 방법을 기술하라.

(b) Arena™ 모델의 전체 흐름을 기술하고 개념 모델과 연결시켜라. 독자가 중요하거나 교묘한 모델링 이슈를 이해하는 데 도움을 줄 수 있는 중요한 모듈들을 상세히 설명하라.

(c) 중요한 가정들을 서술하라. 이것들이 여러분의 해답에 끼칠 잠재적인 영향 그리고 여러분의 가정을 검토하기 위해 채택한 절차들에 대해 논의하라.

(d) 모델 검증/타당성 평가 절차를 기술하라. 여러분의 중요한 분석을 기술하라. 만일 기대되는 산출물과 관련하여 시스템으로부터 얻은 데이터를 확보하고 있다면, 통계 기법들을 이용하여 시뮬레이션 산출물과 시스템 산출물을 비교하라. 이 통계 기법들에 대한 상세 내용은 Balci [1998a]의 우수한 논의를 참고하기 바란다.

5. 실험과 분석

(a) 전형적인 시뮬레이션 실행을 기술하라. 모델은 유한 주간 또는 안정상태 모델인가? 분석은 반복/절단법 또는 배치평균법으로 수행되는가? 만일 안정상태 시뮬레이션이면, 초기 워밍업 기간은 어떻게 처리했는가? 실행 기간은 어떻게 정했는가? 반복실험 횟수는? 보고서의 독자가 당신의 결과를 이해할 수 있도록 당신이 사용한 특별한 통계 방법을 기술하거나 참고문헌을 표시하라.

(b) 실험계획과 결과를 기술하라. 인자와 각각의 수준은 무엇인가? 모델에서 변수는 무엇인가? 산출물로 수집한 것은 무엇인가? 실험 결과를 기술하라. 그림과 표를 사용하고 그것들을 결과를 설명하는 부분에서 참조하라. 가정과 민감도 분석이 결과에 미치는 영향을 논의하라.

6. 결론과 제안

(a) 문제에 대한 해답을 제공하라. 결과와 분석에 기초하여 여러분의 제안을 뒷받침하라. 가능하면 대안들 형태로 해를 제시하라. 예를 들어, "*X*라는 가정하에, *Z*라는 이유 때문에 우리는 *Y*를 제안한다" 또는 "결과 *X*와 *Y*가 주어졌으므로, 우리는 *Z*를 제안한다."

7. 참고문헌

8. 부록

(a) 보조 자료(반드시 필요한 경우에만)

위의 자료에 추가하여, 시뮬레이션 보고서는 제안 내용을 실천하는 방법에 대한 계획을 포함할 수도 있다. 또한 보고서의 주요 이슈와 제안 사항을 포함하는 프레젠테이션을 준비해야 한다. 프레젠테이션은 보고서의 경영진을 위한 요약을 어느 정도 확장한 버전으로 생각할 수 있다. 중요한 점은 분석, 결과 그리고 제안에 대한 신뢰를 구축하는 것에 초점을 두어야 한다는 것이다. 신뢰를 구축하고 모델 이해도를 높이기 위해 프레젠테이션 중에 애니메이션을 사용하는 것이 좋다.

모델, 서면화된 보고서, 프레젠테이션 그리고 애니메이션에 추가하여, 모델/사용자 문서가 매우 유용하다. 문서화 부분에서 도움을 받기 위해 Arena^{TM}의 Tools 메뉴에 있는 Model Document Report를 파악해보는 것도 좋다. 이 도구는 모델을 구성하는 모듈들을 정리한 목록을 생성한다. 그러나 이것이 보고서에서 특정 언어와 관계 없는 방식으로 모델을 완벽히 기술하는 것을 대체하지는 않는다. 비록 시뮬레이션에 중심을 두지 않는 사용자가 모델과 상호작용을 하지 않더라도, 모델에 대한 사용자 설명서는 매우 유용하다. 이 문서는 모델 실행 방법, 입력자료 수정 방법, 출력자료 해석 방법 등을 포함한다. 한 번만 사용할 목적으로 개발한 모델이 자주 추가 분석을 위해 재발견되고 사용된다. 이 경우에 사용자 설명서가 매우 유용하다.

11.8 몇 가지 최종 고려 사항

이 장은 실제에 준하는 문제에 시뮬레이션을 적용하는 데 중점을 두었다. 이전 장들에서 다루었던 여러 가지 시뮬레이션 모델링 기법들이 해 도출에 사용되었다. 추가로 Arena^{TM}와 지원 도구들이 문제에 대한 모델 개발과 연구 대상 시스템을 분석하는 데 이용되었다. 마지막으로 문제에 대한 설계 대안을 제안하기 위해 실험계획 개념이 적용되었다. 여기의 완벽한 예제는 실세계에 시뮬레이션을 어떻게 적용하는지를 이해하는 데 큰 도움이 될 것이다.

이 책에서 몇몇 다른 시뮬레이션 이슈들을 충분히 다루지 못했지만, 여러분은 이 책의 자료를 바탕으로 엔지니어링과 비즈니스 문제에 시뮬레이션을 응용할 충분한 준비가 되었을 것이다. 시뮬레이션에 대해 더 공부하고 싶다면, Chung [2004]과 Banks [1998]를 참고하기 바란다. Chung [2004]의 13장은 몇 가지 시뮬레이션 응용 사례를 제공하고 있으며, Banks [1998]의 14~21장들은 건강, 국방, 물류 그리고 제조 분야에서의 시뮬레이션 적용을 예시하고 있다. 추가로 Banks [1998]의 22장과 23장은 시뮬레이션 프로젝트를 성공적으로 수행하고 관리하는 방법에 대해 실무 차원의 우수한 조언을 제공한다.

마지막으로, 시뮬레이션 모델링과 분석을 지원하는 다음과 같은 전문 학회와 단체에 참여하라.

- American Statistical Association (ASA)
- Association for Computing Machinery: Special Interest Group on Simulation (ACM/SIGSIM)
- Institute of Electrical and Electronics Engineers: Systems, Man, and Cybernetics Society (IEEE/SMC)
- Institute for Operations Research and the Management Sciences: Simulation Society (INFORMS-SIM)
- Institute of Industrial Engineers (IIE)
- National Institute of Standards and Technology (NIST)
- The Society for Modeling and Simulation International (SCS)

참여할 만한 좋은 기회로 Winter Simulation Conference (WSC)를 들 수 있다. 여러분은

인터넷에서 이들 조직과 WSC에 관한 정보를 쉽게 찾을 수 있다.

마지막 고려 사항으로 시뮬레이션 실무와 관련하여 다음 규칙을 고수하라.

1. 목적과 성능평가 척도가 명확히 정의된 시뮬레이션 연구만을 수행하라.
2. 문제를 더 단순하고 직접적인 방법으로 해결할 수 있을 때에는 절대로 시뮬레이션 연구를 수행하지 말라.
3. 항상 좋은 입력 확률분포를 얻기 위해 필요한 데이터를 주의 깊게 계획하고, 수집하고 그리고 분석하라.
4. 한 개의 표본에 기초한 시뮬레이션 결과나 의견은 절대로 수용하지 말라.
5. 시뮬레이션 실험을 위한 샘플 크기를 결정하기 위해 항상 통계적으로 타당한 방법을 사용하라.
6. 항상 시뮬레이션 결과를 보고하기 전에 통계적 가정(예를 들어, 독립성, 정규성, 등)이 충분히 타당한지 점검하라.
7. 항상 시뮬레이션 결과에 다음을 포함하여 보고하라. 표본크기, 표본평균, 표본변동 척도(예를 들어, 표본분산, 표본표준편차, 표본오차, 설정된 신뢰수준에 대한 절반폭 등)
8. 항상 신뢰할 수 있도록 검정되고 증명된 난수 발생기를 사용하여 시뮬레이션 실험을 실시하라.
9. 안정상태 시뮬레이션을 수행할 경우, 항상 초기 편의 영향을 완화시키는 단계를 밟아라.
10. 항상 디버깅, 사건 추적, 애니메이션 등의 기법을 사용하여 시뮬레이션 모델을 검증하라.
11. 항상 상식적이고 분석적인 사고 기법, 해당 분야 전문가와의 토의, 실제 데이터 그리고 민감도 분석 기법을 적용하여 시뮬레이션 모델의 타당성을 평가하라.
12. 항상 적절한 실험계획 기법을 사용하여 시뮬레이션 실험을 주의 깊게 계획하고, 수행하고 그리고 분석하라.

이 규칙들을 준수한다면, 여러분은 성공적이고 전문적인 시뮬레이션 경력을 쌓을 수 있을 것이다.

연습문제

11.1 SM Testing 경진대회 문제의 추천 대안에 대해 시간당 도착률을 10% 증감하는 민감도 분석을 실시하라. 추가로, 검사 셀 1, 3, 4 및 5의 고장 간격과 평균 수리 시간을 10% 증감하는 영향을 조사하라.

11.2 보통 및 긴급 샘플에 대해 계약 요구를 충족하는 비율을 95%로 설정하면, 제안 대안은 무엇인가?

11.3 각 검사 셀에서 개별 검사장비의 독립적인 고장을 다루도록 모델을 변경하라. 더 상세하게 모델링을 함으로써 제안 구성안이 변경되는가?

11.4 각 검사 셀에서 재검사가 실시되는 상황을 다루도록 모델을 변경하라. 재검사가 발생하는

확률을 3%로 가정하라. 그리고 이 가정에 대해 민감도 분석을 실시하라.

11.5 적재/양하 구역과 검사 셀의 버퍼 용량을 변경하면 제안 대안에 어떤 영향을 주는가?

11.6 적재/양하 구역을 두 개의 스테이션(즉, 각 스테이션이 각각 설비를 갖는 있는 적재용 스테이션과 양하용 스테이션)으로 분리하는 모델을 개발하라. 컨베이어 위의 어느 곳에 스테이션을 설치할 것인지 분석하고, 여러분의 설계안을 경진대회 문제의 제안 해와 비교하라.

11.7 PICKUP/DROPOFF를 대신해서 BATCH/SEPARATE를 사용하여 샘플 홀더와 샘플 사이의 상호작용을 표현하도록 모델을 수정하라. 여러분의 모델 결과를 이 장에서 제안하고 있는 결과와 비교하라.

11.8 다른 Rockwell Software/IIE 경진대회 문제들을 풀어 보라.

Bibliography 참고문헌

J. Ahrens and V. Dieter. Computer methods for sampling from the exponential and normal distributions. *Communications of the Association for Computing Machinery*, 15:873–882, 1972.

Air Force Systems Command. ASD Directorate of Systems Engineering and DSMC Technical Management Department. 1991.

S. C. Albright. *VBA for Modelers, Developing Decision Support Systems with Microsoft Excel*. Duxbury Thomson Learning, 2001.

C. Alexopoulos and A. F. Seila. Output data analysis. In J. Banks, editor, *Handbook of Simulation*. John Wiley & Sons, New York, 1998.

J. April, F. Glover, J. Kelly, and M. Laguna. Simulation optimization using real-world applications. In B. A. Peters, J. S. Smith, D. J. Medeiros, and M. W. Rohrer, editors, *The Proceedings of the 2001 Winter Simulation Conference*. Institute of Electrical and Electronic Engineers, Piscataway, NJ, 2001.

R. G. Askin and J. B. Goldberg. *Design and Analysis of Lean Production Systems*. John Wiley & Sons, 2002.

R. G. Askin and C. R. Standridge. *Modeling and Analysis of Manufacturing Systems*. John Wiley & Sons, 1993.

S. Axsäter. *Inventory Control*. Springer Science + Business Media, 2006.

O. Balci. Principles of simulation model validation, verification, and testing. *Transactions of the Society for Computer Simulation International*, 14(1):3–12, 1997.

O. Balci. Verification, validation, and testing. In *The Handbook of Simulation*, pages 335–393. John Wiley & Sons, 1998a.

O. Balci. Verification, validation, and accreditation. In D. J. Medeiros, E. F. Watson, J. S. Carson, and M. S. Manivannan, editors, *Proceedings of the 1998 Winter Simulation Conference*, pages 41–48. IEEE Piscataway, New York, 1998b.

R. H. Ballou. *Business Logistics/Supply Chain Management: Planning, Organizing, and Controlling the Supply Chain*. Prentice-Hall, 5th edition, 2004.

J. Banks. *Handbook of Simulation: Principles, Methodology, Advances, Applications, and Practice*. John Wiley & Sons, 1998.

J. Banks, B. Burnette, H. Kozloski, and J. Rose. *Introduction to SIMAN V and CINEMA V*. John Wiley & Sons, 1995.

J. Banks, J. Carson, B. Nelson, and D. Nicol. *Discrete-Event System Simulation*. Prentice-Hall, 4th edition, 2005.

B. Biller and B. L. Nelson. Modeling and generating multivariate time- series input processes using a vector autoregressive technique. *Association for Computing Machinery Transactions on Modeling and Computer Simulation*, 13:211–237, 2003.

B. S. Blanchard and W. J. Fabrycky. *Systems Engineering and Analysis*. Prentice-Hall, Englewood Cliffs, NJ, 1990.

Simulation Modeling and Arena®, Second Edition. Manuel D. Rossetti.

G. Bolch, S. Greiner, H. de Meer, and K. Trivedi. *Queueing Networks and Markov Chains*. John Wiley & Sons, 2nd edition, 2006.

G. E. P. Box, G. M. Jenkins, and G. C. Reinsel. *Time Series Analysis: Forecasting and Control*. Prentice-Hall, 3rd edition, 1994.

G. E. P. Box and M. F. Muller. Note on the generation of random normal deviates. *Annals of Mathematical Statistics*, 29:610–11, 1958.

J. A. Buzacott and J. G. Shanthikumar. *Stochastic Models of Manufacturing Systems*. Prentice-Hall, 1993.

M. C. Cario and B. L. Nelson. Autoregressive to anything: time series input processes for simulation. *Operations Research Letters*, 19:51–58, 1996.

M. C. Cario and B. L. Nelson. Numerical methods for fitting and simulating autoregressive-to-anything processes. *INFORMS Journal of Computing*, 10:72–81, 1998.

G. Casella and R. Berger. *Statistical Inference*. Wadsworth & Brooks/Cole, 1990.

C. R. Cash, D. G. Dippold, J. M. Long, B. L. Nelson, and W. P. Pollard. Evaluation of tests for initial conditions bias. In J. J. Swain, D. Goldsman, R. C. Crain, and J. R. Wilson, editors, *Proceedings of the 1992 Winter Simulation Conference*, pages 577–585. Institute of Electrical and Electronics Engineers, Piscataway, NJ, 1992.

R. C. Cheng. The generation of gamma variables with nonintegral shape parameters. *Applied Statistics*, 26(1):71–75, 1977.

S. Chopra and P. Meindl. *Supply Chain Management: Strategy, Planning, and Operations*. Prentice-Hall, 3rd edition, 2007.

C. A. Chung. *Simulation Modeling Handbook: A Practical Approach*. CRC Press, 2004.

R. B. Cooper. *Introduction to Queueing Theory*. CEEPress Books, 3rd edition, 1990.

L. Devroye. *Non-Uniform Random Variate Generation*. Springer-Verlag, New York, 1986.

G. S. Fishman. *Discrete-Event Simulation: Modeling, Programming, and Analysis*. Springer, New York, 2001.

G. S. Fishman. *A First Course in Monte Carlo*. Thomson Brooks/Cole, 2006.

G. S. Fishman and L. S. Yarberry. An implementation of the batch means method. *INFORMS Journal on Computing*, 9:296–310, 1997.

F. Glover, J. P. Kelly, and M. Laguna. New advances for wedding optimization and simulation. In F. Farrington, H. B. Nembhard, D. T. Sturrock, and G. W. Evans, editors, *The Proceedings of the 1999 Winter Simulation Conference*. Institute of Electrical and Electronic Engineers, Piscataway, NJ, 1999.

F. Glover and M. Laguna. *Tabu Search*. Kluwer Academic Publishers, Norwell, MA, 1997.

P. W. Glynn and W. Whitt. Extensions of the queueing relation and $L = \lambda W$ and $H = \lambda G$. *Operations Research*, 37:634–644, 1989.

D. Goldsman and B. L. Nelson. Comparing systems via simulation. In J. Banks, editor, *Handbook of Simulation*. John Wiley & Sons, New York, 1998.

D. Gross and C. M. Harris. *Fundamentals of Queueing Theory*. John Wiley & Sons, New York, 3rd edition, 1998.

D. Gross, J. F. Shortle, J. M. Thompson, and C. M. Harris. *Fundamentals of Queueing Theory*. John Wiley & Sons, 2008.

G. Hadley and T. M. Whitin. *Analysis of Inventory Systems*. Prentice-Hall, 1963.

J. Henriksen and T. Schriber. Simplified approaches to modeling accumulating and non-accumulating conveyor systems. In *Proceedings of the 1986 Winter Simulation Conference*. Institute of Electrical and Electronic Engineers, 1986.

T. E. Hull and A. R. Dobell. Random number generators. *SIAM Review*, 4:230–254, 1962.

F. P. Kelly. *Reversibility and Stochastic Networks*. John Wiley & Sons, 1979.

W. D. Kelton, R. P. Sadowski, and D. T. Sturrock. *Simulation with Arena*. McGraw-Hill, 3rd edition, 2004.

D. G. Kendall. Stochastic processes occurring in the theory of queues and their analysis by the method of imbedded markov chains. *Annals of Mathematical Statistics*, 24:338–354, 1953.

J. F. C. Kingman. The heavy traffic approximation in the theory of queues. In *Proceedings of the Symposium on Congestion Theory*, 1964.

J. P. C. Kleijnen. Analyzing simulation experiments with common random numbers. *Management Science*, 34:65–74, 1988.

J. P. C. Kleijnen. Experimental design for sensitivity analysis, optimization, and validation of simulation models. In J. Banks, editor, *Handbook of Simulation*. John Wiley & Sons, New York, 1998.

L. Kleinrock. *Queueing Systems*, volume 1. John Wiley & Sons, 1975.

E. K. Lada, J. R. Wilson, and N. M. Steiger. A wavelet-based spectral method for steady-state simulation analysis. In *Proceedings of the 2003 Winter Simulation Conference*, 2003.

A. Law. *Simulation Modeling and Analysis*. McGraw-Hill, 4th edition, 2007.

L. J. LeBlanc and M. R. Galbreth. Verifying documentation standards in spreadsheet analysis. *Decision Sciences Journal of Innovative Education*, 7(1):81–88, 2009.

P. L'Ecuyer. Testing random number generators. In *The Proceedings of the 1992 Winter Simulation Conference*, pages 305–313. Institute of Electrical and Electronic Engineers, 1992.

P. L'Ecuyer, R. Simard, and W. D. Kelton. An object-oriented random number package with many long streams and substreams. *Operations Research*, 50:1073–1075, 2002.

L. Leemis. Nonparametric estimation of the cumulative intensity function for a nonhomogeneous poisson process. *Management Science*, 37(7):886–900, 1991.

L. M. Leemis and S. K. Park. *Discrete-Event Simulation: A First Course*. Prentice-Hall, 2006.

J. D. C. Little. A proof for the queuing formula $L = \lambda W$. *Operations Research*, 9:383–387, 1961.

J. R. Litton and C. H. Harmonosky. A comparison of selective initialization bias elimination methods. In *Proceeding of the 2002 Winter Simulation Conference*, 2002.

M. Livny, B. Melamed, and A. K. Tsiolis. The impact of autocorrelation on queueing systems. *Management Science*, 39(3):322–339, 1993.

B. D. McCullough and D. A. Heiser. On the accuracy of statistical procedures in microsoft excel. *Computational Statistics and Data Analysis*, 52:4570–4578, 2008.

L. H. Miller. Table of percentage points of kolmogorov statistics. *Journal of the American Statistical Association*, 51(273):111–121, 1956.

D. C. Montgomery and G. C. Runger. *Applied Statistics and Probability for Engineers*. John Wiley & Sons, 4th edition, 2006.

J. A. Muckstadt and A. Sapras. *Principles of Inventory Management: When You Are Down to Four, Order More*. Springer, 2010.

S. Nahmias. *Production and Operations Analysis*. McGraw-Hill, 4th edition, 2001.

B. E. Patuwo, R. L. Disney, and D. C. Mcnickle. The effect of correlated arrivals on queues. *IIE Transactions*, 25(3):105–110, 1993.

C. D. Pegden, R. E. Shannon, and R. P. Sadowski. *Introduction to Simulation Using SIMAN*. McGraw-Hill, 2nd edition, 1995.

S. G. Powell, K. R. Baker, and B. Lawson. A critical review of the literature on spreadsheet errors. *Decision Support Systems*, 46(1):128–138, 2008.

K. Rajalingham, D. Chadwick, B. Knight, and D. Edwards. Quality control in spreadsheets: a software engineering-based approach to spreadsheet development. In *Proceedings of the 33rd Hawaii International Conference on System Sciences*, 2000.

A. Ravindran, D. Phillips, and J. Solberg. *Operations Research Principles and Practice*. John Wiley & Sons, 2nd edition, 1987.

B. D. Ripley. *Stochastic Simulation*. John Wiley & Sons, 1987.

S. Robinson. Automated analysis of simulation output data. *Proceedings of the 2005 Winter Simulation Conference*, 763–770, 2005.

S. Ross. *Introduction to Probability Models*. Academic Press, 6th edition, 1997.

M. D. Rossetti. JSL: an open-source object-oriented framework for discrete-event simulation in Java. *International Journal of Simulation and Process Modeling*, 4(1):69–87, 2008.

M. D. Rossetti and P. J. Delaney. *Control of Initialization Bias in Queueing Simulations Using Queueing Approximations*. Institute of Electrical and Electronics Engineers, Piscataway, NJ, 1995.

M. D. Rossetti and Z. Li. Exploring exponentially weighted moving average control charts to determine the warm-up period. In M. E. Kuhl, N. M. Steiger, F. B. Armstrong, and J. A. Joines, editors, *Proceedings of the 2005 Winter Simulation Conference*, pages 771–780. Institute of Electrical and Electronics Engineers, Piscataway, NJ, 2005.

M. D. Rossetti and F. Seldanari. Multi-objective analysis of Hospital Delivery Systems. *Computers and Industrial Engineering*, 41:309–333, 2001.

B. W. Schmeiser. Batch size effects in the analysis of simulation output. *Operations Research*, 30:556–568, 1982.

T. J. Schriber and D. T. Brunner. How discrete-event simulation software works. In J. Banks, editor, *Handbook of Simulation: Principles, Methodology, Advances, Applications, and Practice*, chapter 24. John Wiley & Sons, New York, 1998.

L. Schruben. Detecting initialization bias in simulation output. *Operations Research*, 30:569–590, 1982.

L. Schruben, H. Singh, and L. Tierney. Optimal tests for initialization bias in simulation output. *Operations Research*, 31:1167–1178, 1983.

E. A. Silver, D. F. Pyke, and R. Peterson. *Inventory Management and Production Planning and Scheduling*. John Wiley & Sons, 3rd edition, 1998.

N. Singh. *Systems Approach to Computer-Integrated Design and Manufacturing*. John Wiley & Sons, 1996.

J. Soto. Statistical testing of random numbers. In *Proceedings of the 22nd National Information Systems Security Conference*, 1999.

K. E. Stecke. Machine interference: assignment of machines to operators. In G. Salvendy, editor, *Handbook of Industrial Engineering*, chapter 57. John Wiley & Sons, 1992.

N. M. Steiger and J. R. Wilson. An improved batch means procedure for simulation output analysis. *Management Science*, 48(12):1569–1586, 2002.

H. C. Tijms. *A First Course in Stochastic Models*. John Wiley & Sons, 2003.

P. D. Welch. A graphical approach to the initial transient problem in steady state simulation. In *10th IMACS World Congress on System Simulation and Scientific Computation*, pages 219–221, 1983a.

P. D. Welch. The statistical analysis of simulation results. In S. Lavenberg, editor, *Computer Performance Modeling Handbook*, pages 267–329. Elsevier, 1983b.

K. P. White, M. J. Cobb, and S. C. Spratt. A comparison of five steady-state truncation heuristics for simulation. In Proceeding of the 2000 Winter Simulation Conference, 2000.

W. Whitt. The queueing network analyzer. *The Bell System Technical Journal*, 62(9):2779–2815, 1983.

W. Whitt. Planning queueing simulations. *Management Science*, 35(11):1341–1366, 1989.

W. Whitt. Approximations for the GI/G/m queue. *Productions and Operations Management*, 2(2):114–161, 1993.

J. R. Wilson and A. A. B. Pritsker. A survey of research on the simulation startup problem. *Simulation*, 31(2):55–58, 1978.

P. H. Zipkin. *Foundations of Inventory Management*. McGraw-Hill, 2000.

Appendix A 일반 분포

A.1 이산형 분포

표 A 1

베르누이 분포	Ber(p)
모수:	$0 < p < 1$, 성공 확률
PMF:	$P\{X = 1\} \quad = p$ $P\{X = 0\} \quad = 1 - p$
기대값:	$E[X] = p$
분산:	$Var[X] = p(1 - p)$
Arena™ 생성:	DISC(p, 1, 1.0, 0[,Stream])
스프레드 시트 생성:	= IF(RAND()< p, 1, 0)
모델링:	1회 시행에서 성공 횟수

표 A 2

이항 분포	Binom(n, p)
모수:	$0 < p < 1$, 성공 확률, n, 시행 횟수
PMF:	$P\{X = x\} = \binom{n}{x} p^x (1 - p)^{n-x}, \quad x = 0, 1, \ldots, n$
기대값:	$E[X] = np$
분산:	$Var[X] = np(1 - p)$
Arena™ 생성:	사용 불가, 베르누이 중첩 사용
스프레드 시트 생성:	=**BINOM.INV**(n,p,**RAND**())
모델링:	n회 시행에서 성공 횟수

표 A 3

기하 분포	Shifted Geo(p)
모수:	$0 < p < 1$, 성공 횟수
PMF:	$P\{X = x\} = p(1-p)^{x-1} \quad x = 1, 2, \ldots,$
기대값:	$E[X] = 1/p$
분산:	$\text{Var}[X] = (1-p)/p^2$
Arena^{TM} 생성:	1 + AINT(LN(1-UNIF(0,1))/LN(1-p))
스프레드 시트 생성:	= 1 + INT(LN(1-RAND())/LN(1-p))
모델링:	첫 성공까지 실행 횟수

표 A 4

음이항 분포 1	NB1(r,p)
모수:	$0 < p < 1$, 성공 횟수, r번째 성공
PMF:	$P\{X = x\} = \binom{x-1}{r-1} p^r (1-p)^{x-r}, \quad x = r, r+1, \ldots,$
기대값:	$E[X] = 1/p$
분산:	$\text{Var}[X] = (1-p)/p^2$
Arena^{TM} 생성:	사용 불가, r번째 성공까지 계수
스프레드 시트 생성:	사용 불가, r번째 성공까지 계수
모델링:	r번째 성공까지 시행 횟수

표 A 5

음이항 분포 2	NB2(r,p)
모수:	$0 < p < 1$, 성공 횟수, r번째 성공
PMF:	$P\{Y = y\} = \binom{y+r-1}{r-1} p^r (1-p)^y, \quad y = 0, 1, \ldots$
기대값:	$E[Y] = r(1-p)/p$
분산:	$\text{Var}[Y] = r(1-p)/p^2$
Arena^{TM} 생성:	사용 불가, r번째 성공까지 계수
스프레드 시트 생성:	사용 불가, r번째 성공까지 계수
모델링:	r번째 성공까지 실패 횟수

표 A 6

포아송	Pois(λ)
모수:	$\lambda > 0$
PMF:	$P\{X = x\} = \frac{e^{-\lambda}\lambda^x}{x!}, \quad x = 0, 1, \ldots$
기대값:	$E[X] = \lambda$
분산:	$\text{Var}[X] = \lambda$
Arena^{TM} 생성:	POIS(λ[,Stream])
스프레드 시트 생성:	사용 불가, lookup 테이블로 근사화
모델링:	시간 구간 동안 발생 횟수

표 A 7

이산 일양분포	DU(*a*, *b*)
모수:	$a \le b$
PMF:	$P\{X = x\} = \frac{1}{b-a+1}, \quad x = a, a+1, \ldots, b$
기대값:	$E[X] = (b+a)/2$
분산:	$\text{Var}[X] = ((b-a+1)^2 - 1)/12$
Arena™ 생성:	AINT(UNIF(*a*, *b*) + 0.5)
스프레드 시트 생성:	=RANDBETWEEN(*a*, *b*)
모델링:	정수들 범위에 걸친 동일 발생 횟수

A.2 연속형 분포

표 A 8

일양분포	$U(a, b)$
모수:	$a =$ 최소, $b =$ 최대, $-\infty < a < b < \infty$
PDF:	$f(x) = \begin{cases} \frac{1}{b-a} & \text{if } a \le x \le b \\ 0 & \text{기타} \end{cases}$
CDF:	$F(x) = \begin{cases} 0 & \text{if } x < a \\ \frac{x-a}{b-a} & \text{if } a \le x \le b, \\ 1 & \text{if } b > x \end{cases}$
역 DCF:	$F^{-1}(p) = a + p(b-a)$ if $0 < p < 1$
기대값:	$E[X] = \frac{a+b}{2}$
분산:	$V[X] = \frac{(b-a)^2}{12}$
Arena™ 생성:	UNIF(Min,Max[,Stream])
스프레드 시트 생성:	= a + RAND()*(b-a)
모델링:	데이터와 작업 시간이 부족하면 범위에 걸쳐 동일 발생을 가정

표 A 9

정규 분포	$N(\mu, \sigma^2)$
모수:	$-\infty < \mu < +\infty$ (mean), $\sigma^2 > 0$ (variance)
CDF:	정규적인 수식이 없음
역 CDF:	정규적인 수식이 없음
기대값:	$E[X] = \mu$
분산:	$Var[X] = \sigma^2$
Arena™ 생성:	NORM(μ, σ[,Stream])
스프레드 시트 생성:	= NORM.INV(RAND(), μ, σ)
모델링:	작업 시간, 오류

표 A 10

지수 분포	EXPO($1/\lambda$)
모수:	$\lambda > 0$
PDF:	$f(x) = \begin{cases} 0 & \text{if } x < 0 \\ \lambda e^{-\lambda x} & \text{if } x \geq 0 \end{cases}$
CDF:	$F(x) = \begin{cases} 0 & \text{if } x < 0 \\ 1 - e^{-\lambda x} & \text{if } x \geq 0 \end{cases}$
역 CDF:	$F^{-1}(p) = (-1/\lambda) \ln (1 - p)$ if $0 < p < 1$
기대값:	$E[X] = 1/\lambda$
분산:	$Var[X] = 1/\lambda^2$
Arena™ 생성:	EXPO(mean[,Stream])
스프레드 시트 생성:	= ($-1/\lambda$)LN(1-RAND())
모델링:	도착 시간 간격, 고장 시간, 매우 가변적인 작업 시간

표 A 11

와이블 분포	WEIB(β, α)
모수:	$\beta > 0$ (scale), $\alpha > 0$ (shape)
CDF:	$F(x) = \begin{cases} 0 & \text{if } x < 0 \\ 1 - e^{(-x/\beta)^\alpha} & \text{if } x \geq 0 \end{cases}$
역 CDF:	$F^{-1}(p) = \beta[-\ln (1 - p)]^{1/\alpha}$ if $0 < p < 1$
기대값:	$E[X] = \left(\frac{\beta}{\alpha}\right) \Gamma \left(\frac{1}{\alpha}\right)$
분산:	$Var[X] = \left(\frac{\beta^2}{\alpha}\right) \{2\Gamma \left(\frac{2}{\alpha}\right) - \left(\frac{1}{\alpha}\right) (\Gamma \left(\frac{1}{\alpha}\right))^2\}$
Arena™ 생성:	WEIB(scale, shape[,Stream])
스프레드 시트 생성:	= $(\beta)(-LN(1 - \text{RAND}()) \wedge (1/\alpha)$
모델링:	작업 시간, 고장 시간

표 A 12

얼랑 분포	Erlang(r, β)
모수:	$r > 0$, integer, $\beta > 0$ (scale)
CDF:	$F(x) = \begin{cases} 0 & \text{if } x < 0 \\ 1 - e^{(-x/\beta)} \sum_{j=0}^{r-1} \frac{(x/\beta)^j}{j} & \text{if } x \geq 0 \end{cases}$
역 CDF:	정규적인 수식이 없음
기대값:	$E[X] = r\beta$
분산:	$\text{Var}[X] = r\beta^2$
Arena™ 생성:	ERLA(E[X], r[,Stream])
스프레드 시트 생성:	= GAMMA.INV(RAND(), r, β)
모델링:	작업 시간, 리드 타임, 고장 시간

표 A.13

감마 분포	Gamma(α, β)
모수:	$\alpha > 0$, shape, $\beta > 0$ (scale)
CDF:	정규적인 수식이 없음
역 CDF:	정규적인 수식이 없음
기대값:	$E[X] = \alpha\beta$
분산:	$\text{Var}[X] = \alpha\beta^2$
Arena™ 생성:	GAMM(β, α[,Stream])
스프레드 시트 생성:	= GAMMA.INV(RAND(), α, β)
모델링:	작업 시간, 리드 타임, 고장 시간

표 A 14

삼각 분포	TRIA(a, m, b)
모수:	a = 최소, m = 최빈, b = 최대,
CDF:	$F(x) = \begin{cases} 0 & x < a \\ \frac{(x-a)^2}{(b-a)(m-a)} & a \leq x \leq m \\ 1 - \frac{(b-x)^2}{(b-a)(b-m)} & m < x \leq b \\ 1 & b < x \end{cases}$
역 CDF:	$F^{-1}(p) = \begin{cases} a + \sqrt{(b-a)(m-a)p} & 0 < p < \frac{m-a}{b-a} \\ b - \sqrt{(b-a)(b-m)(1-p)} & \frac{m-a}{b-a} \leq p \leq 1 \end{cases}$
기대값:	$E[X] = (a + m + b)/3$
분산:	$\text{Var}[X] = \frac{a^2+b^2+m^2-ab-am-bm}{18}$
Arena™ 생성:	TRIA(min, mode, max[,Stream])
스프레드 시트 생성:	VBA 함수로 $F^{-1}(p)$를 실행
모델링:	데이터가 제한적일 경우 작업 시간 및 활동 시간

표 A 15

베타 분포	BETA(α_1, α_2)
모수:	형상 모수 $\alpha_1 > 0, \alpha_2 > 0$
CDF:	정규적인 수식이 없음
역 CDF:	정규적인 수식이 없음
기대값:	$E[X] = \frac{\alpha_1}{\alpha_1+\alpha_2}$
분산:	$\text{Var}[X] = \frac{\alpha_1\alpha_2}{(\alpha_1+\alpha_2)^2(\alpha_1+\alpha_2+1)}$
Arena^{TM} 생성:	BETA(α_1, α_2[,Stream])
스프레드 시트 생성:	BETA.INV(RAND(), α_1, α_2)
모델링:	데이터가 제한적일 때 활동 시간 확률

표 A 16

대수정규분포	LOGN(μ_l, σ_l)
모수:	$\mu = \ln\ (\mu_l/\sqrt{\sigma_l^2 + \mu_l^2}) \quad \sigma^2 = \ln\ ((\sigma_l^2/\mu_l^2) + 1)$
CDF:	정규적인 수식이 없음
역 CDF:	정규적인 수식이 없음
기대값:	$E[X] = \mu_l = e^{\mu+\sigma^2/2}$
분산:	$\text{Var}[X] = \sigma_l^2 = e^{2\mu+\sigma^2}(e^{\sigma^2} - 1)$
Arena^{TM} 생성:	LOGN(μ_l, σ_l[,Stream])
스프레드 시트 생성:	LOGNORM.INV(RAND(), μ, σ)
모델링:	작업 시간, 고장 시간

Appendix B 통계표

표 B 1 표준 정규 누적 분포

z	−0.09	−0.08	−0.07	−0.06	−0.05
−3.9	0.000033	0.000034	0.000036	0.000037	0.000039
−3.8	0.000050	0.000052	0.000054	0.000057	0.000059
−3.7	0.000075	0.000078	0.000082	0.000085	0.000088
−3.6	0.000112	0.000117	0.000121	0.000126	0.000131
−3.5	0.000165	0.000172	0.000178	0.000185	0.000193
−3.4	0.000242	0.000251	0.000260	0.000270	0.000280
−3.3	0.000349	0.000362	0.000376	0.000390	0.000404
−3.2	0.000501	0.000519	0.000538	0.000557	0.000577
−3.1	0.000711	0.000736	0.000762	0.000789	0.000816
−3	0.001001	0.001035	0.001070	0.001107	0.001144
−2.9	0.001395	0.001441	0.001489	0.001538	0.001589
−2.8	0.001926	0.001988	0.002052	0.002118	0.002186
−2.7	0.002635	0.002718	0.002803	0.002890	0.002980
−2.6	0.003573	0.003681	0.003793	0.003907	0.004025
−2.5	0.004799	0.004940	0.005085	0.005234	0.005386
−2.4	0.006387	0.006569	0.006756	0.006947	0.007143
−2.3	0.008424	0.008656	0.008894	0.009137	0.009387
−2.2	0.011011	0.011304	0.011604	0.011911	0.012224
−2.1	0.014262	0.014629	0.015003	0.015386	0.015778
−2	0.018309	0.018763	0.019226	0.019699	0.020182
−1.9	0.023295	0.023852	0.024419	0.024998	0.025588
−1.8	0.029379	0.030054	0.030742	0.031443	0.032157
−1.7	0.036727	0.037538	0.038364	0.039204	0.040059
−1.6	0.045514	0.046479	0.047460	0.048457	0.049471
−1.5	0.055917	0.057053	0.058208	0.059380	0.060571
−1.4	0.068112	0.069437	0.070781	0.072145	0.073529
−1.3	0.082264	0.083793	0.085343	0.086915	0.088508
−1.2	0.098525	0.100273	0.102042	0.103835	0.105650
−1.1	0.117023	0.119000	0.121000	0.123024	0.125072
−1	0.137857	0.140071	0.142310	0.144572	0.146859
−0.9	0.161087	0.163543	0.166023	0.168528	0.171056
−0.8	0.186733	0.189430	0.192150	0.194895	0.197663
−0.7	0.214764	0.217695	0.220650	0.223627	0.226627
−0.6	0.245097	0.248252	0.251429	0.254627	0.257846
−0.5	0.277595	0.280957	0.284339	0.287740	0.291160
−0.4	0.312067	0.315614	0.319178	0.322758	0.326355
−0.3	0.348268	0.351973	0.355691	0.359424	0.363169
−0.2	0.385908	0.389739	0.393580	0.397432	0.401294
−0.1	0.424655	0.428576	0.432505	0.436441	0.440382
0	0.464144	0.468119	0.472097	0.476078	0.480061

표 B 2 표준 정규 누적 분포

z	−0.04	−0.03	−0.02	−0.01	0
−3.9	0.000041	0.000042	0.000044	0.000046	0.000048
−3.8	0.000062	0.000064	0.000067	0.000069	0.000072
−3.7	0.000092	0.000096	0.000100	0.000104	0.000108
−3.6	0.000136	0.000142	0.000147	0.000153	0.000159
−3.5	0.000200	0.000208	0.000216	0.000224	0.000233
−3.4	0.000291	0.000302	0.000313	0.000325	0.000337
−3.3	0.000419	0.000434	0.000450	0.000466	0.000483
−3.2	0.000598	0.000619	0.000641	0.000664	0.000687
−3.1	0.000845	0.000874	0.000904	0.000935	0.000968
−3	0.001183	0.001223	0.001264	0.001306	0.001350
−2.9	0.001641	0.001695	0.001750	0.001807	0.001866
−2.8	0.002256	0.002327	0.002401	0.002477	0.002555
−2.7	0.003072	0.003167	0.003264	0.003364	0.003467
−2.6	0.004145	0.004269	0.004396	0.004527	0.004661
−2.5	0.005543	0.005703	0.005868	0.006037	0.006210
−2.4	0.007344	0.007549	0.007760	0.007976	0.008198
−2.3	0.009642	0.009903	0.010170	0.010444	0.010724
−2.2	0.012545	0.012874	0.013209	0.013553	0.013903
−2.1	0.016177	0.016586	0.017003	0.017429	0.017864
−2	0.020675	0.021178	0.021692	0.022216	0.022750
−1.9	0.026190	0.026803	0.027429	0.028067	0.028717
−1.8	0.032884	0.033625	0.034380	0.035148	0.035930
−1.7	0.040930	0.041815	0.042716	0.043633	0.044565
−1.6	0.050503	0.051551	0.052616	0.053699	0.054799
−1.5	0.061780	0.063008	0.064255	0.065522	0.066807
−1.4	0.074934	0.076359	0.077804	0.079270	0.080757
−1.3	0.090123	0.091759	0.093418	0.095098	0.096800
−1.2	0.107488	0.109349	0.111232	0.113139	0.115070
−1.1	0.127143	0.129238	0.131357	0.133500	0.135666
−1	0.149170	0.151505	0.153864	0.156248	0.158655
−0.9	0.173609	0.176186	0.178786	0.181411	0.184060
−0.8	0.200454	0.203269	0.206108	0.208970	0.211855
−0.7	0.229650	0.232695	0.235762	0.238852	0.241964
−0.6	0.261086	0.264347	0.267629	0.270931	0.274253
−0.5	0.294599	0.298056	0.301532	0.305026	0.308538
−0.4	0.329969	0.333598	0.337243	0.340903	0.344578
−0.3	0.366928	0.370700	0.374484	0.378280	0.382089
−0.2	0.405165	0.409046	0.412936	0.416834	0.420740
−0.1	0.444330	0.448283	0.452242	0.456205	0.460172
0	0.484047	0.488034	0.492022	0.496011	0.500000

표 B 3 표준 정규 누적 분포

z	0	0.01	0.02	0.03	0.04
0	0.500000	0.503989	0.507978	0.511966	0.515953
0.1	0.539828	0.543795	0.547758	0.551717	0.555670
0.2	0.579260	0.583166	0.587064	0.590954	0.594835
0.3	0.617911	0.621720	0.625516	0.629300	0.633072
0.4	0.655422	0.659097	0.662757	0.666402	0.670031
0.5	0.691462	0.694974	0.698468	0.701944	0.705401
0.6	0.725747	0.729069	0.732371	0.735653	0.738914
0.7	0.758036	0.761148	0.764238	0.767305	0.770350
0.8	0.788145	0.791030	0.793892	0.796731	0.799546
0.9	0.815940	0.818589	0.821214	0.823814	0.826391
1	0.841345	0.843752	0.846136	0.848495	0.850830
1.1	0.864334	0.866500	0.868643	0.870762	0.872857
1.2	0.884930	0.886861	0.888768	0.890651	0.892512
1.3	0.903200	0.904902	0.906582	0.908241	0.909877
1.4	0.919243	0.920730	0.922196	0.923641	0.925066
1.5	0.933193	0.934478	0.935745	0.936992	0.938220
1.6	0.945201	0.946301	0.947384	0.948449	0.949497
1.7	0.955435	0.956367	0.957284	0.958185	0.959070
1.8	0.964070	0.964852	0.965620	0.966375	0.967116
1.9	0.971283	0.971933	0.972571	0.973197	0.973810
2	0.977250	0.977784	0.978308	0.978822	0.979325
2.1	0.982136	0.982571	0.982997	0.983414	0.983823
2.2	0.986097	0.986447	0.986791	0.987126	0.987455
2.3	0.989276	0.989556	0.989830	0.990097	0.990358
2.4	0.991802	0.992024	0.992240	0.992451	0.992656
2.5	0.993790	0.993963	0.994132	0.994297	0.994457
2.6	0.995339	0.995473	0.995604	0.995731	0.995855
2.7	0.996533	0.996636	0.996736	0.996833	0.996928
2.8	0.997445	0.997523	0.997599	0.997673	0.997744
2.9	0.998134	0.998193	0.998250	0.998305	0.998359
3	0.998650	0.998694	0.998736	0.998777	0.998817
3.1	0.999032	0.999065	0.999096	0.999126	0.999155
3.2	0.999313	0.999336	0.999359	0.999381	0.999402
3.3	0.999517	0.999534	0.999550	0.999566	0.999581
3.4	0.999663	0.999675	0.999687	0.999698	0.999709
3.5	0.999767	0.999776	0.999784	0.999792	0.999800
3.6	0.999841	0.999847	0.999853	0.999858	0.999864
3.7	0.999892	0.999896	0.999900	0.999904	0.999908
3.8	0.999928	0.999931	0.999933	0.999936	0.999938
3.9	0.999952	0.999954	0.999956	0.999958	0.999959

표 B 4 표준 정규 누적 분포

z	0.05	0.06	0.07	0.08	0.09
0	0.519939	0.523922	0.527903	0.531881	0.535856
0.1	0.559618	0.563559	0.567495	0.571424	0.575345
0.2	0.598706	0.602568	0.606420	0.610261	0.614092
0.3	0.636831	0.640576	0.644309	0.648027	0.651732
0.4	0.673645	0.677242	0.680822	0.684386	0.687933
0.5	0.708840	0.712260	0.715661	0.719043	0.722405
0.6	0.742154	0.745373	0.748571	0.751748	0.754903
0.7	0.773373	0.776373	0.779350	0.782305	0.785236
0.8	0.802337	0.805105	0.807850	0.810570	0.813267
0.9	0.828944	0.831472	0.833977	0.836457	0.838913
1	0.853141	0.855428	0.857690	0.859929	0.862143
1.1	0.874928	0.876976	0.879000	0.881000	0.882977
1.2	0.894350	0.896165	0.897958	0.899727	0.901475
1.3	0.911492	0.913085	0.914657	0.916207	0.917736
1.4	0.926471	0.927855	0.929219	0.930563	0.931888
1.5	0.939429	0.940620	0.941792	0.942947	0.944083
1.6	0.950529	0.951543	0.952540	0.953521	0.954486
1.7	0.959941	0.960796	0.961636	0.962462	0.963273
1.8	0.967843	0.968557	0.969258	0.969946	0.970621
1.9	0.974412	0.975002	0.975581	0.976148	0.976705
2	0.979818	0.980301	0.980774	0.981237	0.981691
2.1	0.984222	0.984614	0.984997	0.985371	0.985738
2.2	0.987776	0.988089	0.988396	0.988696	0.988989
2.3	0.990613	0.990863	0.991106	0.991344	0.991576
2.4	0.992857	0.993053	0.993244	0.993431	0.993613
2.5	0.994614	0.994766	0.994915	0.995060	0.995201
2.6	0.995975	0.996093	0.996207	0.996319	0.996427
2.7	0.997020	0.997110	0.997197	0.997282	0.997365
2.8	0.997814	0.997882	0.997948	0.998012	0.998074
2.9	0.998411	0.998462	0.998511	0.998559	0.998605
3	0.998856	0.998893	0.998930	0.998965	0.998999
3.1	0.999184	0.999211	0.999238	0.999264	0.999289
3.2	0.999423	0.999443	0.999462	0.999481	0.999499
3.3	0.999596	0.999610	0.999624	0.999638	0.999651
3.4	0.999720	0.999730	0.999740	0.999749	0.999758
3.5	0.999807	0.999815	0.999822	0.999828	0.999835
3.6	0.999869	0.999874	0.999879	0.999883	0.999888
3.7	0.999912	0.999915	0.999918	0.999922	0.999925
3.8	0.999941	0.999943	0.999946	0.999948	0.999950
3.9	0.999961	0.999963	0.999964	0.999966	0.999967

표 B 5 Student 분포에서의 백분율 지점 $t_{\nu,\alpha}$

ν \ α	0.1	0.05	0.025	0.01	0.005	0.0025	0.001	0.0005
1	3.078	6.314	12.706	31.821	63.657	127.321	318.309	636.619
2	1.886	2.920	4.303	6.965	9.925	14.089	22.327	31.599
3	1.638	2.353	3.182	4.541	5.841	7.453	10.215	12.924
4	1.533	2.132	2.776	3.747	4.604	5.598	7.173	8.610
5	1.476	2.015	2.571	3.365	4.032	4.773	5.893	6.869
6	1.440	1.943	2.447	3.143	3.707	4.317	5.208	5.959
7	1.415	1.895	2.365	2.998	3.499	4.029	4.785	5.408
8	1.397	1.860	2.306	2.896	3.355	3.833	4.501	5.041
9	1.383	1.833	2.262	2.821	3.250	3.690	4.297	4.781
10	1.372	1.812	2.228	2.764	3.169	3.581	4.144	4.587
11	1.363	1.796	2.201	2.718	3.106	3.497	4.025	4.437
12	1.356	1.782	2.179	2.681	3.055	3.428	3.930	4.318
13	1.350	1.771	2.160	2.650	3.012	3.372	3.852	4.221
14	1.345	1.761	2.145	2.624	2.977	3.326	3.787	4.140
15	1.341	1.753	2.131	2.602	2.947	3.286	3.733	4.073
16	1.337	1.746	2.120	2.583	2.921	3.252	3.686	4.015
17	1.333	1.740	2.110	2.567	2.898	3.222	3.646	3.965
18	1.330	1.734	2.101	2.552	2.878	3.197	3.610	3.922
19	1.328	1.729	2.093	2.539	2.861	3.174	3.579	3.883
20	1.325	1.725	2.086	2.528	2.845	3.153	3.552	3.850
21	1.323	1.721	2.080	2.518	2.831	3.135	3.527	3.819
22	1.321	1.717	2.074	2.508	2.819	3.119	3.505	3.792
23	1.319	1.714	2.069	2.500	2.807	3.104	3.485	3.768
24	1.318	1.711	2.064	2.492	2.797	3.091	3.467	3.745
25	1.316	1.708	2.060	2.485	2.787	3.078	3.450	3.725
26	1.315	1.706	2.056	2.479	2.779	3.067	3.435	3.707
27	1.314	1.703	2.052	2.473	2.771	3.057	3.421	3.690
28	1.313	1.701	2.048	2.467	2.763	3.047	3.408	3.674
29	1.311	1.699	2.045	2.462	2.756	3.038	3.396	3.659
30	1.310	1.697	2.042	2.457	2.750	3.030	3.385	3.646
31	1.309	1.696	2.040	2.453	2.744	3.022	3.375	3.633
32	1.309	1.694	2.037	2.449	2.738	3.015	3.365	3.622
33	1.308	1.692	2.035	2.445	2.733	3.008	3.356	3.611
34	1.307	1.691	2.032	2.441	2.728	3.002	3.348	3.601
35	1.306	1.690	2.030	2.438	2.724	2.996	3.340	3.591
40	1.303	1.684	2.021	2.423	2.704	2.971	3.307	3.551
45	1.301	1.679	2.014	2.412	2.690	2.952	3.281	3.520
50	1.299	1.676	2.009	2.403	2.678	2.937	3.261	3.496
∞	1.282	1.645	1.960	2.326	2.576	2.807	3.090	3.291

표 B 6 자유도 ν인 카이 제곱 분포에서 백분율 지점 $\chi^2_{\nu,\alpha}$

ν \ α	0.1	0.05	0.025	0.01	0.005	0.0025	0.001	0.0005
1	2.706	3.841	5.024	6.635	7.879	9.141	10.828	12.116
2	4.605	5.991	7.378	9.210	10.597	11.983	13.816	15.202
3	6.251	7.815	9.348	11.345	12.838	14.320	16.266	17.730
4	7.779	9.488	11.143	13.277	14.860	16.424	18.467	19.997
5	9.236	11.070	12.833	15.086	16.750	18.386	20.515	22.105
6	10.645	12.592	14.449	16.812	18.548	20.249	22.458	24.103
7	12.017	14.067	16.013	18.475	20.278	22.040	24.322	26.018
8	13.362	15.507	17.535	20.090	21.955	23.774	26.124	27.868
9	14.684	16.919	19.023	21.666	23.589	25.462	27.877	29.666
10	15.987	18.307	20.483	23.209	25.188	27.112	29.588	31.420
11	17.275	19.675	21.920	24.725	26.757	28.729	31.264	33.137
12	18.549	21.026	23.337	26.217	28.300	30.318	32.909	34.821
13	19.812	22.362	24.736	27.688	29.819	31.883	34.528	36.478
14	21.064	23.685	26.119	29.141	31.319	33.426	36.123	38.109
15	22.307	24.996	27.488	30.578	32.801	34.950	37.697	39.719
16	23.542	26.296	28.845	32.000	34.267	36.456	39.252	41.308
17	24.769	27.587	30.191	33.409	35.718	37.946	40.790	42.879
18	25.989	28.869	31.526	34.805	37.156	39.422	42.312	44.434
19	27.204	30.144	32.852	36.191	38.582	40.885	43.820	45.973
20	28.412	31.410	34.170	37.566	39.997	42.336	45.315	47.498
21	29.615	32.671	35.479	38.932	41.401	43.775	46.797	49.011
22	30.813	33.924	36.781	40.289	42.796	45.204	48.268	50.511
23	32.007	35.172	38.076	41.638	44.181	46.623	49.728	52.000
24	33.196	36.415	39.364	42.980	45.559	48.034	51.179	53.479
25	34.382	37.652	40.646	44.314	46.928	49.435	52.620	54.947
26	35.563	38.885	41.923	45.642	48.290	50.829	54.052	56.407
27	36.741	40.113	43.195	46.963	49.645	52.215	55.476	57.858
28	37.916	41.337	44.461	48.278	50.993	53.594	56.892	59.300
29	39.087	42.557	45.722	49.588	52.336	54.967	58.301	60.735
30	40.256	43.773	46.979	50.892	53.672	56.332	59.703	62.162
31	41.422	44.985	48.232	52.191	55.003	57.692	61.098	63.582
32	42.585	46.194	49.480	53.486	56.328	59.046	62.487	64.995
33	43.745	47.400	50.725	54.776	57.648	60.395	63.870	66.403
34	44.903	48.602	51.966	56.061	58.964	61.738	65.247	67.803
35	46.059	49.802	53.203	57.342	60.275	63.076	66.619	69.199
40	51.805	55.758	59.342	63.691	66.766	69.699	73.402	76.095
50	63.167	67.505	71.420	76.154	79.490	82.664	86.661	89.561
60	74.397	79.082	83.298	88.379	91.952	95.344	99.607	102.695
70	85.527	90.531	95.023	100.425	104.215	107.808	112.317	115.578
80	96.578	101.879	106.629	112.329	116.321	120.102	124.839	128.261
90	107.565	113.145	118.136	124.116	128.299	132.256	137.208	140.782
100	118.498	124.342	129.561	135.807	140.169	144.293	149.449	153.167

표 B 7 콜모고로프-스미르노프 검정 임계치

n	$D_{0.1}$	$D_{0.05}$	$D_{0.01}$
10	0.36866	0.40925	0.48893
11	0.35242	0.39122	0.46770
12	0.33815	0.37543	0.44905
13	0.32549	0.36143	0.43247
14	0.31417	0.34890	0.41762
15	0.30397	0.33760	0.40420
16	0.29472	0.32733	0.39201
17	0.28627	0.31796	0.38086
18	0.27851	0.30936	0.37062
19	0.27136	0.30143	0.36117
20	0.26473	0.29408	0.35241
25	0.23768	0.26404	0.31657
30	0.21756	0.24170	0.28987
35	0.20185	0.22425	0.26897
Over 35	$1.22/\sqrt{n}$	$1.36/\sqrt{n}$	$1.63/\sqrt{n}$

Miller(1956) 참조. 추가적인 값들은 http://www.ciphersbyritter.com/JAVASCRP/NORMCHIK.HTM#KolSmir에서 계산할 수 있음.

Appendix C
ARENA의 분포, 연산자 및 함수

표 C 1 Arena 분포

베타 분포	BETA(Alpha,Alpha2[,Stream])
정규 분포	NORM(Mean,SD[,Stream])
연속형 경험 분포	CONT(Prob1,Value1,Prob2,Value2, … [,Stream])
비균질 지수 분포	비정형 포아송 분포
경험적 이산분포	DISC(Prob1,Value1,Prob2,Value2, … [,Stream])
포아송 분포	POIS(Mean[,Stream])
K-얼랑 분포	ERLA(Mean,k[,Stream])
대수 정규 분포	LOGN(LogMean,LogStd[,Stream])
0과 1 사이의 난수	RA
지수 분포	EXPO(Mean[,Stream])
삼각 분포	TRIA(Min,Mode,Max[,Stream])
감마 분포	GAMM(scale,shape[,Stream])
일양 분포	UNIF(Min,Max[,Stream])
존슨 분포	JOHN(shape1,shape2,scale,location[,Stream])
와이블 분포	WEIB(scale,shape[,Stream])

Simulation Modeling and Arena®, Second Edition. Manuel D. Rossetti.

표 C 2 **Arena의 수리 및 논리 연산자**

연산자	작업	우선순위
수리 연산자		
**	승	1(highest)
/	나눗셈	2
*	곱셈	2
−	뺄셈	3
+	덧셈	3
논리 연산자		
.EQ., ==	등식 비교	4
.NE.,<>	비등식 비교	4
.LT.,<	작음 비교	4
.GT.,>	큰 비교	4
.LT.,<=	작거나 같음 비교	4
.GE.,>=	크거나 같음 비교	4
.AND.,&&	결합 비교(and)	5
.OR.,||	분리 비교(or)	5

표 C 3 **Arena의 수학 함수**

함수	설명
ABS(a)	Absolute value
ACOS(a)	Arc cosine
AINT(a)	Truncate
AMOD($a1$, $a2$)	Real remainder, returns($a1-(\text{AINT}(\frac{a1}{a2})\times \text{a2})$)
ANINT(a)	Round to nearest integer
ASIN(a)	Arc sine
ATAN(a)	Arc tangent
COS(a)	Cosine
EP(a)	Exponential(e^a)
HCOS(a)	Hyperbolic cosine
HSIN(a)	Hyperbolic sine
HTAN(a)	Hyperbolic tangent
MN($a1$, $a2$, …)	Minimum value
MOD($a1$, $a2$)	same as AMOD(AINT($a1$), AINT($a2$))
MX($a1$, $a2$, …)	Maximum value
LN(a)	Natural logarithm
LOG(a)	Common logarithm
SIN(a)	Sine
SQRT(a)	Square root
TAN(a)	Tangent

Appendix D 대기행렬 이론 공식

표 D 1

M/M/1에 대한 P_0와 P_n의 결과		
$\lambda_n = \lambda$ $\mu_n = \mu$ $r = \lambda/\mu$	$P_0 = 1 - r$	$P_n = P_0 r^n$
M/M/c에 대한 P_0와 P_n의 결과		
$\lambda_n = \lambda$ $\mu_n = \begin{cases} n\mu & 0 \le n < c \\ c\mu & n \ge c \end{cases}$ $\rho = \lambda/c\mu \quad r = \lambda/\mu$	$P_0 = \left[\sum_{n=0}^{c-1} \frac{r^n}{n!} + \frac{r^c}{c!(1-\rho)}\right]^{-1}$	$P_n = \begin{cases} \frac{(r^n)^2}{n!} P_0 & 1 \le n < c \\ \frac{r^n}{c!c^{n-c}} P_0 & n \ge c \end{cases}$
M/M/1/k에 대한 P_0와 P_n의 결과		
$\lambda_n = \begin{cases} \lambda & n < k \\ 0 & n \ge k \end{cases}$ $\mu_n = \begin{cases} \mu & 0 \le n \le k \\ 0 & n > k \end{cases}$ $\rho = \lambda/c\mu$ $\lambda_e = \lambda(1 - P_k)$	$P_0 = \begin{cases} \frac{1-r}{1-r^{k+1}} & r \ne 1 \\ \frac{1}{k+1} & r = 1 \end{cases}$	$P_n = \begin{cases} P_0 r^n & r \ne 1 \\ \frac{1}{k+1} & r = 1 \end{cases}$
M/M/c/k에 대한 P_0와 P_n의 결과		
$\lambda_n = \begin{cases} \lambda & n < k \\ 0 & n \ge k \end{cases}$ $\mu_n = \begin{cases} n\mu & 0 \le n < c \\ c\mu & c \le n \le k \end{cases}$ $\rho = \lambda/c\mu \quad r = \lambda/\mu$ $\lambda_e = \lambda(1 - P_k)$	$P_0 = \begin{cases} \left[\sum_{n=0}^{c-1} \frac{r^n}{n!} + \frac{r^c}{c!} \frac{1-\rho^{k-c+1}}{1-\rho}\right]^{-1} & \rho \ne 1 \\ \left[\sum_{n=0}^{c-1} \frac{r^n}{n!} + \frac{r^c}{c!}(k-c+1)\right]^{-1} & \rho = 1 \end{cases}$	$P_n = \begin{cases} \frac{r^n}{n!} P_0 & 1 \le n < c \\ \frac{r^n}{c!c^{n-c}} P_0 & c \le n \le k \end{cases}$

Simulation Modeling and Arena®, Second Edition. Manuel D. Rossetti.

M/G/c/c에 대한 P_0와 P_n의 결과

$$\lambda_n = \begin{cases} \lambda & n < c \\ 0 & n \geq c \end{cases}$$
$$\mu_n = \begin{cases} n\mu & 0 \leq n \leq c \\ 0 & n > c \end{cases} \qquad P_0 = \left[\sum_{n=0}^{c} \frac{r^n}{n!}\right]^{-1} \qquad P_n = \frac{r^n}{n!}P_0 \quad 0 \leq n \leq c$$
$$\rho = \lambda / c\mu \quad r = \lambda/\mu$$
$$\lambda_e = \lambda(1 - P_k)$$

M/M/1/k/k에 대한 P_0와 P_n의 결과

$$\lambda_n = \begin{cases} (k-n)\lambda & 0 \leq n < k \\ 0 & n \geq k \end{cases}$$
$$\mu_n = \begin{cases} (k-n)\lambda & 0 \leq n \leq k \\ 0 & n > k \end{cases} \qquad P_0 = \left[\sum_{n=0}^{k}\prod_{j=0}^{n-1}\left(\frac{\lambda_j}{\mu_{j+1}}\right)\right]^{-1} \qquad P_n = \binom{k}{n} n! r^n P_0 \quad 0 \leq n \leq k$$
$$r = \lambda/\mu \quad \lambda_e = \lambda(k - L)$$

M/M/c/k/k에 대한 P_0와 P_n의 결과

$$\lambda_n = \begin{cases} (k-n)\lambda & 0 \leq n < k \\ 0 & n \geq k \end{cases}$$
$$\mu_n = \begin{cases} n\mu & 0 \leq n < c \\ c\mu & n \geq c \end{cases} \qquad P_0 = \left[\sum_{n=0}^{k}\prod_{j=0}^{n-1}\left(\frac{\lambda_j}{\mu_{j+1}}\right)\right]^{-1} \qquad P_n = \begin{cases} \binom{k}{n} r^n P_0 & 1 \leq n < c \\ \binom{k}{n} \dfrac{n!}{c^{n-c}c!} r^n P_0 & c \leq n \leq k \end{cases}$$
$$r = \lambda/\mu \quad \lambda_e = \lambda(k - L)$$

표 D 2 여러 가지 대기행렬 시스템 L_q에 대한 결과식

M/M/1	$L_q = \dfrac{r^2}{1-r}$
M/M/c	$L_q = \left(\dfrac{r^c\rho}{c!(1-\rho)^2}\right)P_0$
M/M/1/k	$L_q = \begin{cases} \dfrac{\rho}{1-\rho} - \dfrac{\rho(k\rho^k + 1)}{1-\rho^{k+1}} & \rho \neq 1 \\ \dfrac{k(k-1)}{2(k+1)} & \rho = 1 \end{cases}$
M/M/c/k	$L_q = \begin{cases} \dfrac{P_0 r^c \rho}{c!(1-\rho)^2}[1 - \rho^{k-c} - (k-c)\rho^{k-c}(1-\rho)] & \rho < 1 \\ \dfrac{r^c(k-c)(k-c+1)}{2c!}P_0 & \rho = 1 \end{cases}$
M/G/c/c	$L_q = 0$
M/M/1/k/k	$L_q = k - \left(\dfrac{\lambda+\mu}{\lambda}\right)(1 - P_0)$
M/M/c/k/k	$L_q = \sum_{n=c}^{k}(n-c)P_n$

표 D 3　M/M/c $\rho = \lambda/c\mu$ 결과식

c	P_0	L_q
1	$1-\rho$	$\dfrac{\rho^2}{1-\rho}$
2	$\dfrac{1-\rho}{1+\rho}$	$\dfrac{2\rho^3}{1-\rho^2}$
3	$\dfrac{2(1-\rho)}{2+4\rho+3\rho^2}$	$\dfrac{9\rho^4}{2+2\rho-\rho^2-3\rho^3}$

표 D 4　M/G/1와 M/D/1에 대한 결과식

Model	Parameters	L_q
M/G/1	$E[ST] = \dfrac{1}{\mu}$; $Var[ST] = \sigma^2$; $r = \lambda/\mu$	$L_q = \dfrac{\lambda^2\sigma^2 + r^2}{2(1-r)}$
M/D/1	$E[ST] = \dfrac{1}{\mu}$; $Var[ST] = 0$; $r = \lambda/\mu$	$L_q = \dfrac{r^2}{2(1-r)}$

Appendix E 재고 이론 분석 결과식

(r, q) 재고 모델에 대한 분석 결과식

- h는 단위당 시간당 보관비용($/unit/time).
- b는 단위당 시간당 추후 납품 비용($/unit/time).
- k는 주문당 비용($/order/time).
- r은 재주문점
- Q는 재주문량
- L은 일정한 리드 타임(시간 단위로 측정)
- λ는 시간당 개수의 평균 고객 수요율
- 구간에서 발생하는 사건의 수를 나타내는 비율이 λ인 포아송 분포의 확률 질량 함수 $g(x; t)$는 다음과 같다.

$$g(x; t) = P\{X(t) = x\} = \frac{e^{-\lambda t}(\lambda t)^x}{x!}$$

- 포아송 분포 누적함수 $G(x; t)$는 다음과 같다.

$$G(x; t) = P\{X(t) \le x\} = \sum_{i=0}^{x} g(x; t)$$

- 포아송 분포의 여 누적 분포함수 $G^0(x; t)$는 다음과 같다.

$$G^0(x; t) = 1 - G(x; t)$$

Simulation Modeling and Arena®, Second Edition. Manuel D. Rossetti.

- 포아송 1차 손실 함수 $G^1(x; t)$는 다음과 같다.

$$G^1(x;t) = -(x - \lambda t)G^0(x;t) + (\lambda t)g(x;t)$$

- 포아송 2차 손실 함수 $G^2(x; t)$는 다음과 같다.

$$G^2(x;t) = \left(\frac{1}{2}\right)\left\{\left[(x-\lambda t)^2 + x\right] G^0(x;t) - (\lambda t)(x - \lambda t)g(x;t)\right\}$$

- 보유 재고가 없는 경우 시간의 안정 상태 기대 비율 $\overline{SO}$는 다음과 같다.

$$\overline{SO} = \frac{1}{Q}\{G^1(r;L) - G^1(r+Q;L)\}$$

- 추후 납품 수요의 안정 상태 기대값 $\overline{BO}$는 다음과 같다.

$$\overline{BO} = \frac{1}{Q}\{G^2(r;L) - G^2(r+Q;L)\}$$

- 보유재고의 안정 상태 기대값 $\overline{I}$는 다음과 같다.

$$\overline{I} = \frac{1}{2}(Q+1) + r - \lambda L + \overline{BO}$$

- 주문 빈도인 시간당 주문 수 $\overline{OF}$는 다음과 같다.

$$\overline{OF} = \frac{\lambda}{Q}$$

- 시간당 총 비용($/time) $\overline{TC}$는 다음과 같다.

$$\overline{TC} = k\overline{OF} + h\overline{I} + b\overline{BO}$$

Appendix F 유용한 수식

$F(x) = P\{X \leq x\} = \int_{-\infty}^{x} f(u)\, du$	$\mathrm{Var}[X] = \mathrm{E}[X^2] - (\mathrm{E}[X])^2$
$\mathrm{Cov}[X, Y] = \mathrm{E}[XY] - \mathrm{E}[X]\,\mathrm{E}[Y]$	$\mathrm{Corr}[X, Y] = \dfrac{\mathrm{Cov}[X, Y]}{\sqrt{\mathrm{Var}[X]\mathrm{Var}[Y]}}$
$\bar{X}(n) = \dfrac{1}{n}\sum_{i=1}^{n} X_i$	$\bar{Y}(n) = \dfrac{1}{t_n - t_0}\int_{t_0}^{t_n} Y(t)\, dt$
$S^2(n) = \dfrac{1}{n-1}\sum_{i=1}^{n} (X_i - \bar{X})^2$	$\bar{x} \pm t_{\alpha/2,n-1}\dfrac{s}{\sqrt{n}}$
$n \geq \left(\dfrac{z_{\alpha/2}s}{E}\right)^2$	$n \cong n_0\left(\dfrac{h_0}{h}\right)^2$

$n = \left(\frac{z_{\alpha/2}}{E}\right)^2 \hat{p}(1-\hat{p})$	$R_{i+1} = (aR_i + c) \bmod m$ $z = y \bmod m$ $= y - m\left\lfloor \frac{y}{m} \right\rfloor$
$\chi_0^2 = \sum_{j=1}^{k} \frac{(c_j - np_j)^2}{np_j}$ reject if $\chi_0^2 > \chi^2_{\alpha,k-s-1}$	$D_n^+ = \max_{1\le i\le n} \left\{ \frac{i}{n} - \hat{F}(x_{(i)}) \right\}$ $D_n^- = \max_{1\le i\le n} \left\{ \hat{F}(x_{(i)}) - \frac{i-1}{n} \right\}$ $D_n = \max\{D_n^+, D_n^-\}$
$L = \lambda W \quad L_q = \lambda W_q$ $B = \lambda \mathrm{E}[ST] = \frac{\lambda}{\mu}$ $L = L_q + B$ $W = W_q + \mathrm{E}[ST]$	$P\left\{ \bigcap_{i=1}^{k} E_i \right\} \ge 1 - \sum_{i=1}^{k} \alpha_i$
$h = t_{\alpha/2,n-1} \frac{s}{\sqrt{n}}$	$\hat{p} \pm z_{\alpha/2}\sqrt{\frac{\hat{p}(1-\hat{p})}{n}}$

Appendix G ARENA패널별 모듈

표 G 1 **Basic Process 패널 모듈**

CREATE	패턴을 따라 개체를 생성하여 모델로 유입하는 데 사용한다
DISPOSE	모델에서 활동을 완료한 개체를 제거하는 데 사용한다
PROCESS	개체가 자원을 활용하는 활동을 표현하는 데 사용한다
ASSIGN	모델에서 속성, 변수 등을 지정하는 데 사용한다
RECORD	모델에서 통계치를 수집해서 도표화하는 데 사용한다
BATCH	개체들을 일시적 혹은 영구적인 결합 개체로 만드는 데 사용한다
SEPARATE	기존 개체를 복제하거나 묶음 개체를 분리하는 데 사용한다
DECIDE	개체를 확률이나 조건에 따라 다양한 경로로 분리하는 데 사용한다
VARIABLE	모델에서 사용될 변수 정의에 사용한다
RESOURCE	개체가 점유하고 해제할 수 있는 자원 수량 정의에 사용한다
QUEUE	모델에서 흐름이 정지된 개체의 대기행렬 정의에 사용한다
ENTITY	모델 내에서 사용되는 개체 종류 정의에 사용한다
SET	목록 상의 위치에 따라 인덱스가 부여되는 목록 정의에 사용한다
SCHEDULE	자원의 배치 일정이나 시간 기반의 도착 패턴 정의에 사용한다

Simulation Modeling and Arena®, Second Edition. Manuel D. Rossetti.

표 G 2 Advanced Process 패널 모듈

SEIZE	개체가 일정 수의 자원 점유를 요구한다. 자원이 가용하지 않으면, 대기행렬에서 대기한다.
DELAY	개체가 사건 스케줄을 통해 이동하는 중에 시간 경과를 허용한다.
RELEASE	개체가 점유한 자원을 해제한다.
MATCH	개체들이 특정한 짝짓기 기준이 충족될 때까지 대기행렬에서 대기한다.
HOLD	신호가 주어지거나 조건이 충족될 때까지 개체를 대기행렬에 유지시킨다.
SIGNAL	HOLD 모듈 대기행렬의 개체가 진행해 나가도록 신호를 보낸다.
PICKUP	한 개체가 자신의 그룹에 다른 개체들을 선발해서 포함시킨다.
DROPOFF	한 개체가 자신의 그룹에서 다른 개체들을 제거한다.
SEARCH	하나의 대기행렬에서 탐색 기준에 맞는 개체를 찾는다.
REMOVE	하나의 대기행렬에서 다른 개체들을 제거하도록 한다.
STORE	개체를 STORAGE에 위치시킨다.
UNSTORE	STORAGE에 있는 개체를 소거한다.
ADJUST VARIABLE	일정 비율로 목표값 변수를 조정한다.
READWRITE	모델에서 데이터의 입력, 출력을 실행시킨다.
FILE	READWRITE 모듈에서 사용되는 OS 파일의 특성을 정의한다.
EXPRESSION	모델에서 사용될 이름 지정 논리/수리 표현식을 정의한다.
STORAGE	개체를 포함하게 될 위치 혹은 개념을 표현한다.
ADVANCED SET	목록 상 위치에 의해 인덱스를 부여하는 목록을 정의한다.
FAILURE	시간 패턴 혹은 사용 지표에 따라 스케줄에 없는 자원 용량의 변경에 사용된다.
STATISTIC	시간 기반, 관측 기반 혹은 반복실험 통계량을 정의하고 관리하는 데 사용된다.

표 G 3 Advanced Transfer 패널 모듈

STATION	개체가 처리되기 위해 옮겨 가는 위치를 표시하는 데 사용된다.
ROUTE	일정 시간 경과를 가지고 작업장 사이를 이동하게 한다.
ENTER	STATION, DELAY 및 EXIT/FREE를 통합해서 표현한다.
LEAVE	DELAY 옵션이 있는 ROUTE나 TRANSPORT나 CONVEY를 나타낸다.
PICKSTATION	개체가 기준에 따라 다음 작업장을 선택하게 해 준다.
ACCESS	컨베이어 공간을 요청한다. 공간이 가용하지 않으면 대기한다.
CONVEY	컨베이어 상의 공간을 점유한 후 목적지 작업장으로 컨베이어를 타고 이동한다.
EXIT	컨베이어에서 빠져 나간다.
START	정지된 컨베이어가 개체 이동을 시작한다.
STOP	컨베이어가 개체 이동을 중지한다.
ALLOCATE	이동 장비가 이동 없이 개체에 할당된다. 개체는 이동 장비의 제어권을 갖는다. 이동 장비가 가용하지 않으면 개체는 대기행렬에서 대기한다.
MOVE	할당된 이동 장비를 목적지 작업장으로 이동시킨다.
REQUEST	픽업을 위해 이동 장비를 요청한다. 요청 개체는 이동 장비가 가용할 때까지 대기하다가 픽업 장소로 이동한다.
TRANSPORT	개체를 REQUEST에 이어서 원하는 위치로 MOVE하는 것과 같다.
FREE	개체가 할당된 이동 장비를 해제하게 한다.
HALT	이동 장비의 상태를 비활성으로 변경한다.
ACTIVATE	이동 장비 상태를 활성으로 변경한다.
SEQUENCE	개체가 작업장 이동 시 활용될 작업장과 속성들로 이루어진 미리 지정된 경로를 지정해 준다.
CONVEYOR	컨베이어를 세그먼트 집합으로 정의하고 컨베이어 속도 및 공간 속성을 정의한다.
SEGMENT	컨베이어 상에서 두 작업장 사이의 거리를 세그먼트로 정의한다.
TRANSPORTER	이동할 수 있는 모바일 자원 및 그 특성을 고정 경로 혹은 자유 경로로 정의한다.
DISTANCE	자유 경로 이동 장비에 대해 작업장 간 출발-목적지 거리들을 정의한다.
NETWORK	이동 장비 유도 경로를 나타내는 교차점 간의 이동 장비 링크 목록을 정의한다.
NETWORKLINK	유도 경로 네트워크에서 교차점 사이의 공간 제약 경로의 특성치를 정의한다.
ACTIVITY AREA	작업장 그룹에 대한 총괄적 통계량을 수집할 수 있도록 영역 일부로서의 작업장을 정의한다.

표 G 4　　기타 유용한 블록, 속성 및 변수

IF-ELSEIF-ELSE-ENDIF	이 모듈들은 Blocks 패널에 있으며 표준적인 로직 기반의 제어 흐름에 사용된다.
WHILE-ENDWHILE	이 모듈들은 Blocks 패널에 있으며 반복 루프에 사용된다.
BRANCH	이 모듈은 Blocks 패널에 있으며, 확률적 및 조건적 분위기에 의한 개체 복제가 있는 결로 결정에 사용된다.
TNOW	현재 시뮬레이션 시간.
NREP	현재 반복 실험 횟수.
MREP	최대 반복 실험 횟수.
J	SEARCH 모듈의 인덱스.
NQ(queue name)	주어진 이름의 대기행렬에서의 대기 개체 수.
MR(resource name)	주어진 이름의 현재 자원 용량.
NR(resource name)	주어진 이름의 가동 중인 자원의 수.
NE(station)	주어진 작업장으로 이동한 개체의 수.
Entity.SerialNumber	생성 시 할당된 개체 번호. 복제품은 동일 번호를 갖는다.
Enity.Jobstep	개체의 시퀀스 상의 현재 위치.
Entity.Sequence	이동 옵션 사용 시 개체의 시퀀스.
Entity.Station	개체의 위치 혹은 목적지.
Entity.CurrentStation	개체의 현 위치.
Enity.CreateTime	개체 생성 시 TNOW 값.
IDENT	모델이 있는 동안 개체에 부여된 고유 번호 값. 어떤 개체도 동일한 번호를 갖지 않는다.

Index 찾아보기

가

가동(busy) • 564, 565
가동률 계산 • 572
가중화(reweighting) • 55
간섭 • 422
감마(gamma) • 250
개념 도표(conceptual diagram) • 14
개별 기계의 도착률 • 422
개체(entity) • 168
개체 전달방법(transfer mechanism) • 179
개체수(work in process, WIP) • 173
개체의 형태(Entity type) • 129
개체이동단계(entity movement phase, EMP) • 151
검사 작업자 • 503
검증(verification) • 13, 15, 128
검정 기준(testing criterion) • 27
경험(empirical) • 258
경험적 탐색방법(heuristic search) • 7
계단 함수(step function) • 309
계층적 하위모델 • 210
고장(failed) • 564, 565, 666
고장간격 평균시간(mean time between failures, MTBF) • 652
고정 간격형 • 520
고정된 샘플링 방법(fixed sampling method) • 357
고정된(fixed) 표본크기 • 325
고차원 카이제곱 검정 • 31
공분산 정상(covariance stationary) • 36, 332, 354
공약수(common factor) • 23
공정 계획(process plan) • 455
공정 시간(processing time) • 177
공통 난수 방법(method of common random numbers) • 367
관측 기반(tally-based) • 313
광역변수(global variable) • 183
교차 실험 계획법(factorial experimental design) • 16
귀무가설(null hypothesis) • 27
규범적(prescriptive) 모델링 • 6
극단적인 값 • 28
기계 간섭 모델 • 423
기대 현가(expected present value) • 79
기대치(expected value) • 28
기준값(critical value) • 27
기타 시간 · 비용 • 584
기하분포(geometric distribution) • 247

나

난수(random number) • 8, 170
난수 검정 • 27
난수 발생방법(random number generator) • 17
난수 생성기(random number generator) • 20
난수 스트림(random number stream) • 25
누적형 • 520

다

다중 비교 절차(multiple comparison procedure) • 16
단봉(unimodal) • 265
단봉분포(unimodal distribution) • 244
단순 관측치(tally) • 308
단순대기행렬모형(simple queueing model) • 285
단일서버 대기행렬(single-server queuing) 시스템 • 328
대기(wait) • 568
대기 네트워크 • 449
대기 시간 · 비용 • 584
대기행렬(queue) • 115, 168, 310
대기행렬 이론 • 414
대기행렬모형 • 3
대기행렬의 길이 • 520
대기행렬의 성능척도(performance measure) • 285
대립가설(alternative hypothesis) • 27
대상시스템 • 4
대수 정규(Lognormal) • 250
대안생성(alternative generator)과정 • 7
데이터 수집 시스템 • 651
도움말(Help) • 137
독립 샘플링 구현 • 378
독립적(independent)
독립적인 반복실험 • 313
동적 시뮬레이션(dynamic simulation) • 73
동적(dynamic) 시스템 • 5

라

로직의 결합 • 501
리틀 공식 • 406
링크(북마크: bookmarks) • 101

마

마르코프(Markov) • 125
마코비안(Markovian) • 125
마코비안 단일 대기행렬 시스템 • 409
모델 구축(model building) • 11, 222
모델 변환(model translation) • 15
모델의 무작위성(randomness) • 17
모듈(module) • 101
모멘트법(the method of moment) • 257
모수(parameter) • 168
몬테칼로(Monte-Carlo) • 73
몬테칼로(Monte-Carlo) 시뮬레이션 • 99
몬테칼로법 • 73
무기억성(the lack of memory property) • 249
무시(ignore) • 568
무작위 간격형 • 520
무작위(random) • 516
무작위성 모델링 • 286
무작위적(random) • 20
무차별 영역(indifference zone) 365
무한대기(infinite hold) • 443
무한구간(infinite-horizon) • 309, 312
무한구간(infinite-horizon) 시뮬레이션 • 305
묶음(BATCH) • 219
문서화와 적용(documentation and implementation) • 11
문제구성(problem formulation) • 11
미래 사건달력(future event list) • 168
미래가(future value) • 80
민감도 분석(sensitivity analysis) • 286, 379, 687

바

반복루프 • 203
반복방법(iterative method) • 324
반복-삭제 방법(replication-deletion method) • 305
반복식(iterative equation) • 84
반복실험(replication) • 306
반복실험 간 통계(across replication statistics) • 306

반복실험 내(within replication) • 313, 314
반복실험 내 통계(within replication statistics) • 306
반복실험 방법(replications method) • 305
반복실험 통계 데이터 • 675
반복절단법(deletion method) • 337, 677
반응변수(response variable) • 380
배치의 수(number of batches) • 355
배치평균법 • 353, 676
배칭(batching) • 16
베르누이 분포(Bernoulli distribution) • 245
베르누이 시행(Bernoulli trial) • 46, 245
베타(Beta) • 250
베타분포 • 249
변동계수(coefficient of variation) • 53
변수(variable) • 168, 666
변환 확률 • 411
복수 비교(multiple comparison) 통계기법 • 380
복합 도착 과정(compound arrival process) • 172
본페로니 부등식(Bonferroni inequality) • 386
부가가치 시간 · 비용 • 584
분산 감소(variance reduction) • 368
분산 감소 기법(variance reduction technique) • 16, 368
분포(IID) • 27
비교(comparison) • 13
비균질(nonhomogeneous) 포아송 과정 • 558
비누적형 • 520
비부가가치 시간 · 비용 • 584
비안정적 행태(nonstationary behavior) • 332
비정상(nonstationary) • 285, 556
비정상 포아송과정(nonhomogeneous Poisson process) • 285
비활동(inactive) • 564, 565

사

사 분위(quartiles) • 244
사건(event) • 5, 115, 168
사용된 적재 장치 혹은 공간 • 520
삼각(triangular) • 250
삼각분포(triangular distribution) • 220, 249
상관도(correlogram) • 38
상쇄(trade-off) • 402
상쇄관계(trade-off) • 338
상태 변수(state variable) • 308
색인(index) • 229
샘플 • 657
샘플 홀더 • 657
샘플링(sampling)오차 • 126
생성(create) • 169
선입선출규칙(FCFS) • 403
선취(preempt) • 568
선형 합동 생성기(linear congruential generator, LCG) • 21
설명적(descriptive) 모델링 • 6
성과지표(metrics) • 13
성능 평가척도 모델링 • 673
소멸(dispose) • 169
소프트웨어 엔지니어링 다이어그램(software engineering diagram) • 14
속성(attribute) • 168
속성 집합(attribute set) • 169
솎음(thinning) • 559
손실(negative return) 80
수리 작업자 • 503
수리 작업자 자원집합(RepairWorkers) • 502
수학적/논리적 연산자 • 199
순서 있는 리스트(ordered list) • 370
순서통계량(order statistic) • 33, 244
순차적 샘플링 방법(sequential sampling method) • 357
순환 • 429
순환형(cyclical) • 516
스칼라 변수(scalar variable) • 183, 184
스케줄 • 666
스트림(stream) • 24
스펙트럼 방법(spectral method) • 360

스프레드시트 • 65
시간 기반(time-persistent) • 313
시간 지속(time persistent) 관측치 • 308
시간 지속 관측치(time persistent observations) • 308
시간 지속 변수(time persistent variable) • 308
시간-가중 평균(time-weighted average) • 310
시간-지연상태(Time-Delayed State) • 152
시계갱신단계(clock update phase, CUP) • 151
시계열도표(time series plot) • 253
시뮬레이션 • 1
시뮬레이션 기간 • 674
시뮬레이션 모델링 • 3
시뮬레이션 방법론(methodology) • 9
시뮬레이션 언어 • 8
시스템(system) • 116, 168, 648
시스템 모델링 • 113
시스템 분류도(classification) • 5
시스템 상태(system State) • 168
시스템 속성(system attribute) • 169
시스템 정의서(system definition statements) • 13
시스템 평균 도착률 • 408
시스템의 모델 • 365
신뢰계수(confidence coefficient) • 388
신뢰구간의 절반 폭(half-width) • 84
신뢰수준(confidence level) • 83, 354
신호 대기(wait for signal) • 443
실행 모수(Run Parameters) • 121
실행 설정 모수(run setup parameter) • 677
실행 파라미터 • 674
실험설계와 분석(experimental design and analysis) • 11

아

안정 상태 확률 • 411
안정상태 시뮬레이션(steady-state simulation) • 309, 312
양의 상관관계(positive correlated) • 37
얼랑(Erlang) • 250
얼랑 상실 공식(Erlang loss formula) • 421
역 CDF 방법(inverse transform 혹은 inverse CDF method) • 40
역 누적분포함수(CDF) • 19
역 변환법 • 40, 43
역변환 기법(inverse transform technique) • 329
연속 시스템 • 5
연속 확률변수 적합화 • 262
연속적-이산적 혼합모형 • 6
연속형 확률변수(continuous random variable) • 241
예측(prediction) • 13
와이블(Weibull) • 250
완전주기(full period) • 22
왜도(skewness) • 244
왼쪽 꼬리 • 84
요인의 제한(blocked on a factor) • 368
용량(capacity) • 564
우선순위(preferred order) • 516
운반 시간 · 비용 • 584
운용과학(operations research) • 124
워밍업 문제(warm-up problem) • 334
워밍업 지점(warm-up point) • 334
워크샘플링법(work sampling method) • 556
유도경로 네트워크 • 546
유도경로 이동 장비 • 510
유의수준(significant level) • 27
유입률 • 411
유출률 • 411
유한 모집단 • 422
유한 용량 대기행렬 • 420
유한구간(finite horizon) • 312
유한구간(finite-horizon) 시뮬레이션 • 305
유휴(idle) • 564, 565
율전도(rate inversion) • 559
음의 상관관계(negative correlated) • 37
의사 무작위(pseudorandom) • 20
의사결정 변수(decision variable) • 306

의사코드(pseudo-code) • 101
이동된 기하(truncated geometric) • 46
이동된 기하분포(shifted geometric distribution) • 68
이동된 분포(shifted distribution) • 56
이산 사건 동적시스템(DEDS) • 99
이산 사건 시계 • 109
이산 시스템 • 5
이산경험분포 • 260
이산분포 적합화 • 252
이산사건 시뮬레이션 • 6
이산자료(discrete data) • 34
이산형 확률변수(discrete random variable) • 241
이송시간 • 520
이항분포(binomial distribution) • 246, 247
일양(Uniform) • 250
일양분포(uniform distribution) • 8
임계치(critical value) • 34
임의성(randomness) • 7
임의적(random)인 행태 • 5
임의표본(random sample) • 105
입력 자료의 준비(input data preparation) • 15
입력모수(input parameter) • 305
입력분석기(input analyzer) • 251, 275

자

자기상관(autocorrelation) • 331
자기상관도(autocorrelation) • 36
자기상관도표(autocorrelation plot) • 253
자원(resource) • 115, 168, 666
자원집합(resource sets) • 305, 307
자유경로 이동 장비 • 510
작업단계의 순차목록 • 455
재귀적 알고리즘(recursive algorithm) • 21
재생 방법(regenerative method) • 360
적재지점(ride point) • 519
적합도(goodness of fit) • 251
절단분포(truncated distribution) • 54
절반폭 비율 방법(half-width ratio method) • 315
점 추정치(point estimate) • 82
정규(normal) • 250
정상(stationary) • 556
정적 시뮬레이션(static simulation) 73
정적(static) 시스템 • 5
제곱근 인원배정 규칙(square root staffing rule) • 418
제곱오차(square Error) • 279
제공 부하(offered load) • 408, 668
조건 탐색(scan for condition) • 443
조건부 지연(conditional delay) • 16, 152
조건적 경로 선택(conditional routing) • 180
조사(investigation) • 13
종료 시뮬레이션(terminating simulation) • 312
종속(correlated)
종자(seed) • 21
주간 단위 • 313
주기적 모수 추정(steady-state cyclical parameter estimation) • 313
준비상태(Ready State) • 151
중간 이탈(reneging) • 441
중심극한정리(central limit theorem) • 315, 361
중심함수(majorizing function) • 50
중앙값(median) • 244
중첩(convolution) • 40, 49
중첩 관계(convolution relationship) • 49
지그재그선 • 115
지수 확률변수(exponential random variables) • 329
지수(exponential) • 250
지수분포(exponential distribution) • 8
지시변수(indicator variable) • 86, 314
지연 옵션(delay option) • 179
직선/호 115
직접적인 연결 방식 • 454
진단 작업자 • 503
진단 작업자 자원집합(DiagnosticWorkers) • 502
집합 • 666

차

차트 마법사(chart wizard) • 385
참조 셀(cell reference) • 87
채택-기각(acceptance-rejection) • 40
채택-기각법(acceptance-rejection method) • 50
처리 능력 • 520
첨도(kurtosis) • 244
초기 이탈(balking) • 441
초기 편의 문제(initialization bias problem) • 334
초기 편의 방지기법(initialization bias prevention) • 16
초지수분포(hyperexponential distribution) • 53
총체적 오류 확률(overall error probability) • 387
최단 거리(smallest distance) • 516
최우추정법(the method of maximum likehood) • 257
최장 거리(largest distance) • 516
최적화(optimization) • 13
추정량(estimator) • 82
출력값(output) • 305

카

카이제곱 분할표 검정(chi-square-based contingency table test) • 558
컨텍스트 다이어그램(context diagram) • 14
컴퓨터 시뮬레이션 • 2, 4
콜모고로프-스미르노프 검정 • 33

타

타당성 검토(validation) • 13, 129
통계적으로 유의한(statistically significant) 관점 • 365
특정 멤버(specific member) • 516
특정지점(selected point) • 5
특정한 제품보관단위(stock-keeping unit, SKU) • 492

파

패턴 검정 • 39
편의 추정량(biased estimator) • 331
평가모델(evaluative model) • 7
평가와 반복(evaluate and iterate) • 11
평균 완료율(throughput rate) • 407
평균 주문 빈도수 • 465
포아송과정(Poisson process) • 8
포아송분포(Poisson distribution) • 48, 252, 248, 558
표본경로(sample path) • 306
표본공분산(sample covariance) • 37
표본분산(sample variance) • 37
표본오차(sample error) • 75
표본자기상관도(sample autocorrelation plot) • 38
표본크기 결정 기법(sample size determination techniques) • 316
표본평균(sample average) • 37
표준 시계열 방법(standardized time series method) • 360
표현식 • 203, 666
프로세스 흐름(process flow) • 114, 182
플로우차트(flow Chart) • 14
피드백(feedback) 과정 • 7
필터링(filtering) • 343

하

학습 곡선(learning curve) 모델 • 556
함축적인 가정 • 498
합동 추정량(pooled estimator) • 364
해석적 형태(analytical form) • 258
해제(released) • 120
해체(SEPARATE) • 219
혼합과 절단분포(mixed and truncated distribution) • 40
혼합분포(mixture distribution) • 53
확률밀도함수(PDF) • 50, 242

확률변량(random variate) • 40
확률변수(random variable) • 8, 241
확률분포 • 241
확률사상(randomness) • 19
확률의 변화율 • 411
확률적 경로 선택(probability routing) • 180
확률적(stochastic)인 행태 • 5
확률질량함수(probability mass function, PMF) • 242
확정적(deterministic) 시스템 • 5
활동(activity) • 114, 116, 167
활동 다이어그램(activity diagram) • 14, 370
활동 주기 다이어그램(activity cycle diagram) • 114
활동 흐름 다이어그램(activity flow diagram) • 14, 114
활동기준 원가 계산(activity-based costing, ABC) 분석 • 580
활성개체(active entity) • 179
활성상태(active state) • 151
후입선출규칙(LIFO) • 403
휴면상태(dormant state) • 152
히스토그램(histogram) • 253

숫자

1분위(first quartile) • 244
1차원 (one-dimensional) 배열 • 174
2차원(two-dimensional) 배열 • 174
3분위(third quartile) • 244

A

ABC(activity based costing) • 178
Abline • 273
ACCESS • 522
ACTIVATE • 510
Advanced Transfer • 100
AG • 599
AGV • 540
ALLOCATE • 510
ALTER • 565
Animate 툴바 • 192
ARENA • 9, 99
ASSIGN • 102, 185, 222
ATTRIBUTES • 179, 634
AVERAGE • 82, 87

B

Basic Process • 116
BATCH • 153, 180, 219, 588
BETA • 102
BRANCH • 197, 200
Build Expression • 185
busy(가동 중) • 131

C

CANCEL TRACE • 150
CDF • 51, 636
CEL • 152
Constant • 170
CONT • 285
CONVEY • 522, 536, 591
CONVEYOR • 522
COUNT • 87
COUNTERS • 380
COUNTIF(range, criteria) • 29
CREATE • 101, 115, 185, 557
Crystal Reports • 123
CUP • 151
cvs(comma separate value) • 253
CYC • 371

D

DECIDE • 126, 155, 295, 467, 536
DEDS • 99

Definition • 607
DEGREE • 9
DEGREE 방법론 • 10
DELAY • 120, 147, 373, 595
DISC • 102, 185, 246, 285
DISPOSE • 101, 116, 172
DISTANCE • 511
DL • 153
DRGREE • 647
DROPOFF • 181, 597
DSTATS(시간 기반 통계) • 380

E

EMP • 151
END • 543
ENDWHILE • 203
ENTER • 501, 514
ENTINGROUP • 599
Entities per Arrival • 171
ENTITY • 118, 129, 155, 205, 585
Entity Statistics • 320
EOF • 612
ER • 372, 516
EXIT • 522, 536
expo • 71
Expression • 170, 321

F

failed(고장) • 131
FAILURE • 667
FAILURES • 574
FAVG • 578
FCATS • 578
FCFS • 404
FCOUNT • 578
FHILIM • 579
FIFO • 444
FILE • 188
FILES • 181
First • 227
First Creation • 118, 171
FLOLIM • 579
Flow Process • 100
FREE • 510, 546
Frequency • 607
FRESTR • 579
FRQTIM • 579
FSTAND • 579
FTOT • 579
FTOTR • 579
FVALUE • 579

G

GRPTYPE • 599

H

HALT • 510
Help • 170
HOLD • 180, 401, 444

I

IDENT • 176
idle(유휴) • 131
IF · Then DECIDE • 216
IF-ELSE-ENDIF • 197
IF-ELSEIF-ELSE-ENDIF • 201
IID 27
inactive(비활성) • 131
INFORMS(Institute for Operation Research and Management Science) • 9
INTERSECTIONS • 540
ISG • 599

K

K-S 검정 • 33

L

Last • 227
LCG • 21
LCG 역 변환법 • 40
LCG의 주기(period) • 22
LEAVE • 501
LNB • 371
LRC • 371

M

MATCH • 181, 227, 597
Max Arrivals • 171
MEMBER • 371, 603
MEMIDX • 371
MG • 599
MN • 103
MOVE • 510
MR(자원명) • 565
MX • 103

N

Navigate 101
NETWORK • 540
NETWORK LINK • 540
NG • 599
NORM • 102
NORMDIST • 639
NORMINV • 81
NOTRA 변환 • 637
NQ(queue name) • 127
NR(자원명) • 565
NSG • 599
NUMMEM • 371

O

OptQuest • 679, 685
ORUNHALF • 325
OUTPUT • 298, 325

P

PDF • 50, 242
Pharmacist • 119
PICKSTATION • 589, 591, 639
PICKUP • 181, 597
PMF • 68, 242
PMMLCG • 23, 26
POISSON(평균) • 248
POR • 371
PROCESS • 101, 120, 295
Product • 227
ProModel • 9
PV • 80

Q

QUEUE • 147, 155, 180, 440

R

RAN • 372
RAND • 66
RANDBETWEEN • 66
READWRITE • 181, 187, 611
RECORD • 102, 181
RELEASE • 116, 370
REMOVE • 439
Report • 101
REQUEST • 510
RESOURCE • 119, 498, 658
RESOURCES • 139
Rnd • 71
ROUTE • 401, 454, 497, 662
Run Controller • 138, 143

S

SAG • 599
SCHEDULE • 170, 561
SEARCH • 439
SEGMENT • 522
SEIZE • 116, 120, 370, 595
SEIZE-DELAY-RELEASE • 503
SEPARATE • 152, 180, 219, 439, 588
SEQUENCE • 401, 454, 596, 660
SET • 373, 502
SIGNAL • 401, 444
SIMAN • 100, 138, 200, 543, 623
SIMSCRIPT • 9
Simulation MC 탭 • 75
SM Testing • 649, 687
SNB • 371
SQRT • 103
SRC • 372
START • 522, 543
STATE • 565
STATESET • 509
STATION • 401, 454, 497
STATISTIC • 181
STATISTICS • 319, 346, 577
STDDEV • 87
STOP • 522
SUBMODEL • 204
Sum • 227

T

T.INV • 84
TALLY • 380
Time Between • 320
Time Between Arrivals • 117
Time Interval • 320
TNOW • 187, 298
TRANSPORT • 510
TRANSPORTER • 180, 509
Type • 170

U

UML • 153
UNIF • 102
UR • 372, 516

V

Value • 171
VARIABLE • 101, 155, 174
VBA 사건 • 623
VBA(Visual Basic for Applications) • 71, 622
VCR • 122
VIEW CALENDAR • 147
VIEW QUEUE • 149
VLOOKUP • 68
WATCH • 149

W

WHILE • 203
WHILE-ENDWHILE • 207, 211